데이비드 그레이버David Graeber

인류학자. 뉴욕 주립대학교를 졸업하고 시카고 대학교에서 인류학 석사와 박사 학위를 받았다. 박사 논문을 쓰며 마다가스카르에서 수행한 인류학 현장 연구는 그의 학문적 기초가 되었다. 예일 대학교, 골드스미스 런던 대학교, 런던 정경대학교에서 인류학 교수를 역임했다. 인류학적 근거를 통해 수천 년간 구성되어온 사회구조를 드러내고, 현대의 전 지구적 자본주의의 병폐를 비판하고, 우리가 다르게 만들어나갈 수 있는 세상을 상상하는 데 앞장섰다. 영향력 있는 인류학자이자 독창적 사상가인 그는 '월가를 점령하라Occupy Wall Street'를 비롯한 세계 정의 운동에 활발하게 참여한 행동하는 지식인이기도 했다. 〈하퍼스 매거진〉〈가디언〉〈뉴욕 리뷰 오브 북스〉〈배플러〉 등에 많은 글을 기고했고, 주요 저서로 《부채, 그 첫 5,000년의 역사》《불럿 잡》 등이 있다. 2020년 9월, 59세의 나이로 세상을 떠났다. 전 세계에서 학자이자 활동가로서 그의 삶과 작업에 대한 추모가 이어졌다.

데이비드 웬그로David Wengrow

고고학자. 유니버시티칼리지런던 고고학 연구소 비교고고학 교수. 옥스퍼드 대학교에서 고고학과 인류학 박사 학위를 받았다. 뉴욕 대학교와 베이징 대학교 그리고 오클랜드, 프라이부르크, 쾰른의 대학들에서 방문교수를 지냈다. 농경과 문자의 기원, 고대 예술, 초기 도시와 국가의 출현 등을 주제로 학술적인 글을 써왔고, 저서로 《무엇이 문명을 만드는가?》《괴물의 기원》 등이 있다. 아프리카와 중동의 여러 지역에서 고고학 현장조사를 지휘해왔다. 〈가디언〉〈뉴욕 타임스〉 등에 글을 기고했고, 2021년 아트리뷰에서 선정하는 '현대예술계에서 가장 영향력 있는 인물' 10위에 올랐다.

김병화 옮김

대학교에서 고고학과 철학을 공부했다. 읽고 싶은 책을 더 많은 사람들과 함께 읽고 싶은 마음에서 번역을 하게 되었다. 그렇게 하여 나온 책이 《불럿 잡》《외로운 도시》《세기말 비엔나》《모더니티의 수도, 파리》《짓기와 거주하기》 등 여러 권이다. 같은 생각을 가진 번역가들과 함께 번역 기획 모임 '사이에'를 결성하여 활동하고 있다.

모든 것의 새벽

모든 것의 새벽

1판 1쇄 인쇄 2025. 4. 25.
1판 1쇄 발행 2025. 5. 2.

지은이 데이비드 그레이버, 데이비드 웬그로
옮긴이 김병화
감수 이상희

발행인 박강휘
편집 박민수 | 디자인 유상현 | 마케팅 이유리 | 홍보 이한솔, 이아연
발행처 김영사
등록 1979년 5월 17일(제406-2003-036호)
주소 경기도 파주시 문발로 197(문발동) 우편번호 10881
전화 마케팅부 031)955-3100, 편집부 031)955-3200 | 팩스 031)955-3111

값은 뒤표지에 있습니다.
ISBN 979-11-7332-195-5 03900

홈페이지 www.gimmyoung.com   블로그 blog.naver.com/gybook
인스타그램 instagram.com/gimmyoung 이메일 bestbook@gimmyoung.com

좋은 독자가 좋은 책을 만듭니다.
김영사는 독자 여러분의 의견에 항상 귀 기울이고 있습니다.

데이비드 그레이버
데이비드 웬그로

THE DAWN OF EVERYTHING

모든 것의 새벽

다시 쓰는 인류 역사

A NEW HISTORY OF HUMANITY

김병화 옮김 | 이상희 감수

김영사

들어가는 말이자 헌사

　　데이비드 롤프 그레이버David Rolfe Graeber는 쉰아홉 살이던 2020년 9월 2일에 세상을 떠났다. 10년 이상 우리의 시간을 점하고 있던 이 책의 집필을 마친 지 꼭 3주가 지난 뒤였다. 처음에 우리가 이 책을 시작한 것은 더 '진지한' 학술적 임무에서 잠시 벗어나 기분 전환을 하기 위해서였다. 실험, 또는 게임이나 마찬가지였다. 한 인류학자와 한 고고학자가 인류 역사에 관한 거대한 대화grand dialogue 같은 것을 재구축해보려는 게임 같은 것 말이다. 과거 우리 분야에서는 그런 거대한 대화가 상당히 흔했지만, 우리는 거기에 현대적 증거를 추가했다. 규칙도, 마감 시한도 없었다. 우리는 쓰고 싶은 것을 쓰고 싶을 때 썼는데, 시간이 지날수록 거의 매일 쓰다시피 하게 되었다. 작업에 추진력이 붙자, 원고가 완성되기 전 마지막 단계에서는 하루에도 두세 번씩 만나서 이야기를 하기가 예사였다. 그러다보면 원래 누가 무슨 발상을 들고 왔으며, 어떤 새로운 사실이나 보기를 제시했는지도 잊어버렸다. 모든 것이 '기록 보관소'에 들어갔고, 그것은 순식간에 규모가 커져 책 한 권의 범위를 벗어났다. 그렇게 만들어진 결과물은 이것저것 덧댄

것이 아니라 진정한 집대성이다. 우리의 글쓰기와 사유는 수많은 지류들이 계속 추가되어 나중에 하나의 큰 강물로 합쳐지는 그런 형태로 진행되었다. 이렇게 자연스럽게 시작된 지적 여정을 끝내기 싫었고, 이 책에서 소개된 수많은 개념들을 발전시키면서 관련 사례들을 계속 추가한다면 유용하리라는 것을 깨달은 우리는 후속작을 쓸 계획을 세웠다. 적어도 세 권쯤은 써야 할 터였다. 그래도 일단 이 첫 권을 어딘가에서 끝내야 했다. 그리고 8월 6일 오후 9시 18분에 데이비드 그레이버가 그 특유의 트위터 스타일의 멋을 부리며(또 짐 모리슨Jim Morrison을 슬쩍 인용하면서) 선언했다, 끝났다고. "내 두뇌가 마비된 놀라움에 충격받아 멍이 든 것 같아."[My brain feels bruised with numb surprise. 도어스The Doors의 노래 〈Soul Kitchen〉의 가사 Your brain seems bruised with numb surprise를 살짝 바꾼 것—옮긴이] 우리는 시작할 때와 똑같은 방식으로 끝에 다다랐다. 대화하고, 초고를 계속 주고받으며 읽고, 같은 자료를 공유하고, 시간 가는 줄 모르고 토론하다가 새벽이 될 때도 많았다. 데이비드는 일반적인 인류학자를 한참 뛰어넘는 사람이었다. 그는 활동가였고, 국제적으로 명망 있는 대중 지식인이었으며, 사회정의와 해방에 관한 자신의 이념에 부응하는 삶을 살려고 노력했고, 억압받는 이들에게 희망을 주고 수많은 사람들이 뒤를 따르도록 영감을 주었다. 이 책을 데이비드 그레이버(1961~2020)에 대한 다정한 기억에, 그리고 그의 소망대로 그의 부모인 루스 루빈스타인 그레이버(1917~2006)와 케네스 그레이버(1914~1996)에게 바친다. 평화롭게 함께 쉴 수 있기를.

데이비드 웬그로

일러두기

1. 'Native American' 'Amerindian' 'Aboriginal' 'indigenous' 등의 용어는 '선주민'으로 옮겼다.
   'Indian'은, 저자들이 그 역사적 의미를 존중해 사용한 것으로 보여 그대로 '인디언'으로 옮겼다.
2. 'mound'는 흙을 쌓아 가운데가 솟은 지형을 말한다.
   '둔덕'으로 옮겼고, 지명인 경우에는 '마운드'로 두었다(예시: 마운드빌).
3. 사회는 그 규모에 따라 아래와 같이 옮겼다.
   hamlet-부락, village-마을, town-소도시, city-도시

인류의 어린 시절에 고하는 작별 인사

또는, 이것이 불평등의 기원에 관한 책이 아닌 이유

"이 분위기는 정치적으로, 사회적으로, 철학적으로 어디서든 감지된다. 우리는 그리스인들이 카이로스Kairos라고 부른, '신들의 변신'을 위한, 그러니까 근본적 원리와 상징의 변신을 위한 적절한 때에 살고 있다."

_카를 구스타프 융, 《발견되지 않은 자아The Undiscovered Self》(1958)

인류 역사의 거의 모든 시간은 돌이킬 길 없이 사라졌다. 우리가 속한 종種인 호모 사피엔스는 적어도 20만 년간 존재해왔지만, 그 대부분의 시간 동안 무슨 일이 벌어졌는지 우리는 거의 알지 못한다. 가령 스페인 북부의 알타미라 동굴에서 적어도 1만 년 넘는 기간에 걸쳐 그림과 조각이 만들어졌다. 대략 기원전 2만 5000년에서 1만 5000년 사이였다. 추정컨대 이 시기에 극적인 사건들이 많이 발생한 것 같다. 그러나 어떤 사건들이었는지 우리는 알 길이 없다.

대부분의 사람들에게는 이 사실이 별로 의미가 없다. 대부분은 인간 역사에서 폭넓게 진행되는 흐름에 대해 거의 생각하지 않고 살아가기 때문이다. 신경 쓸 이유가 별로 없다. 그에 대한 질문이 제기되는 것은 대개 세계가 큰 혼란에 빠지고 왜 인간이 서로를 그토록 사악하게 대하는지 성찰하게 될 때다. 전쟁은 왜 일어나며, 탐욕, 수탈, 타인의 고통에 대한 체계적인 무관심의 원인은 무엇인가. 우리는 항상 그런 존재였는가, 아니면 어느 시점에 뭔가가 심각하게 잘못되었는가?

그것은 기본적으로 신학적 논쟁이다. 본질적으로 그 질문은 이렇게 제기된다. 인간은 선천적으로 선한가, 아니면 악한가? 하지만 생각해보면 이런 용어로 구성된 그 질문은 거의 의미가 없다. '선'과 '악'은 순수하게 인간적인 개념이다. 물고기나 나무가 선한지 악한지 따질 사람은 아무도 없다. '선'과 '악'이란 인간이 자신을 다른 사람과 비교하기 위해 만든 개념이기 때문이다. 인간이 근본적으로 선한지 악한지 따지는 것은 인간이 근본적으로 뚱뚱한지 말랐는지를 따지는 것과 마찬가지라는 주장도 가능하다.

그렇기는 하지만 선사시대의 인간에 대해 성찰할 경우에는 어쩔 수 없이 이런 종류의 질문으로 돌아올 수밖에 없다. 기독교도의 대답이 무엇인지는 우리 모두 익히 알고 있다. 인간은 과거에 순진한 상태로 살았지만 원죄로 오염되었다고. 우리는 신과 같아지고 싶어 했고 그 때문에 벌을 받았다고. 이제 우리는 타락한 상태로 살면서 미래의 구원을 갈망하고 있다고. 오늘날 이 이야기가 회자되는 전형적인 형태는 장자크 루소가 1754년에 쓴 《인간 불평등 기원론Discourse on the Origin and the Foundation of Inequality Among Mankind》의 최신 변주들이다. 그 논문에 따르면, 과거에 우리는 수렵 채집인이었고, 작은 무리를 지어 장기간 아이같이 순진무구한 상태로 살았다. 이런 무리는 평등했다. 그들은 규모가 워낙 작았기 때문에 평등할 수 있었다. '농업혁명'이 일어난 뒤, 그리고 도시가 출현한 뒤 이 행복한 상황은 끝이 나고, '문명'과 '국가'가 등장했다. 이는 또 문자 기록과 과학, 철학이 출현했다는 의미였지만, 동시에 인간의 삶에서 나쁜 것들, 즉 가부장제, 상비군, 대량 학살, 수많은 시간을 서류 작성에 쏟게 만드는 불쾌한 관료들이 모조리 등장했다는 의미이기도 하다.

물론 이는 매우 조잡한 단순화이지만, 산업심리학자에서 혁명이론가에 이르기까지 누구든 '물론 인간 존재는 진화 역사의 대부분 기간 동안 열 명에서 스무 명 남짓의 사람들로 이루어진 무리에서 살아왔다'거나 '농업은 인류가 행한 최악의 실수일 것이다'라는 식의 주장을 할 때마다 표면에 떠오르는 기초적인 이야기로 보이는 것은 사실이다. 그리고 앞으로 보게 되겠지만, 수많은 대중적 필자들은 아주 노골적으로 이런 논의를 한다. 문제는, 이 어딘가 우울해 보이는 역사관의 대안을 추구하려다 보면 유일하게 구할 수 있는 대안이 이보다 더 나쁘다는 것을 금방 알게 된다는 점이다. 루소가 싫다면 토머스 홉스는 어떤가.

1651년에 출간된 홉스의 《리바이어던Leviathan》은 여러 측면에서 현대 정치 이론의 기초가 되는 문헌이다. 그에 따르면 인간은 원래 이기적인 존재이므로, 원초적인 자연 상태에서의 삶은 결코 순진하지 않았다. 그것은 분명히 "고독하고, 빈곤하고, 사악하고, 잔인하고, 짧았을" 것이다. 기본적으로 전쟁 상태, 만인이 만인을 상대로 벌이는 싸움의 상태였을 것이다. 이런 미개한 상태에서 조금이라도 발전이 있었다면, 그것은 주로 루소가 불평해온 억압적 기구인 정부, 궁정, 관료제, 경찰 덕분이었을 것이다. 이런 상태는 또 매우 오랫동안 지속되었다. 영어의 '정치politics' '예절polite' '경찰police'이라는 단어가 모두 똑같이 들리는 데는 이유가 있다. 모두 도시를 뜻하는 그리스어의 폴리스polis라는 단어를 어원으로 하기 때문이다. 혹은 라틴어에서 도시를 가리키는 키비타스civitas 또한 '예절 바름civility' '시민의civic'라는 단어의 어원이며, '문명civilization'의 현대적 의미도 그것에서 나온다.

이 관점에서 볼 때 인간 사회의 기초에는 우리의 저열한 본능에 대한 집단적 억압이 있다. 그리고 그런 억압의 필요성은 다수의 인간이 한 장소에 살 때 더욱 커진다. 그렇다면 현대의 홉스 지지자들은 이렇게 주장할 것이다. 그렇다, 인간은 진화의 역사상 거의 모든 시간 동안 소규모 무리로 살아왔고, 주로 후손들의 생존이라는 공통의 관심사(진화생물학자들이 '부모로서의 투자'라 부르는 것)를 가졌기 때문에 살아남을 수 있었다. 그러나 이런 무리도 결코 평등이라는 기초 위에 세워지지는 않았다. 이 버전에서는 항상 어떤 '우두머리 수컷alpha male' 지도자가 있었다. 위계와 지배, 냉소적인 이기심이 항상 인간 사회의 기초였다. 우리는 단기적 본능보다 장기적 이익을 우선하는 것이 우리에게 이롭다는 것을 집단적으로 배웠을 뿐이다. 혹은 최악의 충동을 경제같이 사회적으로 유용한 분야에서만 발휘되도록 제한하고 다른 분야에서는 그것을 금지하는 법을 만드는 편이 더 낫다.

독자 여러분은 우리의 말투에서 탐지해낼 수 있을 텐데, 우리는 이 두 대안 중 하나를 고르는 선택을 그리 좋아하지 않는다. 우리의 반대는 대략 세 가지 범주로 분류될 수 있다. 인간 역사의 전반적인 과정에 대한 설명에서 보듯이, 그런 대안은

첫째, 전혀 사실이 아니다.
둘째, 심각한 정치적 함의를 가진다.
셋째, 과거를 불필요하게 지루한 것으로 취급한다.

이 책은 더 희망적이고 더 흥미로운 다른 이야기를 하려는 시도다. 그것은 지난 몇십 년간의 연구가 우리에게 알려준 것을 더 잘 설명해

준다. 그리고 부분적으로는 고고학, 인류학, 그와 관련된 분야들에 축적되어 있는 증거들을 한데 조합하는 문제다. 그런 증거들은 인간 사회가 지난 3만 년가량의 세월 동안 어떻게 발전해왔는지에 대한 완전히 새로운 설명 방향을 가리킨다. 이 연구의 대부분은 우리에게 익숙한 서사를 거스르는 방향으로 향한다. 하지만 지극히 훌륭한 발견도 전문적인 연구 범위를 벗어나지 못하거나 과학적 출판물의 행간을 읽지 않으면 좀처럼 그 모습이 보이지 않기가 일쑤다.

새로 그려지는 그림이 기존의 것과 얼마나 다른지 잠시 맛을 보기로 하자. 이제는 농경이 등장하기 전의 인간 사회가 소규모의 평등한 무리로만 이루어지지 않았음이 명백해졌다. 그와 반대로 농경이 출현하기 이전 수렵 채집인의 세계는 대담한 사회적 실험의 세계였다. 그것은 진화 이론의 지루한 추상화보다는 다양한 정치적 형태들이 참여하는 축제 행렬과 더 비슷했다. 또 농경은 곧 사유재산의 시작을 의미하지 않았고, 불평등을 향한 돌이킬 길 없는 전진의 표시도 아니었다. 사실 최초의 농경 공동체들 가운데 많은 수는 비교적 지위와 위계로부터 자유로웠다. 그리고 계급적 차이가 돌처럼 굳어지지도 않았다. 세계 최초의 도시들 가운데 놀랄 만큼 많은 수가 확고한 평등주의 노선에 따라 조직되었고, 독재적 지배자나 야심적인 전사–정치가를 필요로 하지도 않았다. 지배적인 행정부도 없었다.

그런 이슈에 관한 정보는 세계 곳곳에서 쏟아져 들어왔고, 전 세계 연구자들 역시 민족지와 역사적 자료를 새로운 시선으로 검토하기 시작했다. 그 퍼즐 조각들은 이제 완전히 다른 세계 역사를 창조하기 위해 존재한다. 하지만 그것을 접하는 것은 소수의 특권적인 전문가들뿐이다(또 그 전문가들도 자신들이 가진 깨알만 한 퍼즐 조각들을 좁은 전문 분야 밖의 다른 사람들이 가진 자료와 비교하도록 내놓기를 망설이는 경향이 있다).

아직 아무도 전체 퍼즐이 만드는 그림을 보지 못했음을 알고 있지만, 그래도 이 책에서 우리는 이 퍼즐 조각들을 한데 짜 맞추는 것을 목표로 한다. 그 과제는 엄청난 것이고 그 이슈도 너무나 중요해서, 우리 눈에 보이기 시작하는 그림의 진정한 함의를 이해하기 시작하는 일조차 오랜 기간의 연구와 토론을 거치지 않으면 불가능할 것이다. 하지만 그 과정을 출범시킨다는 것이 핵심이다. 금방 밝혀질 문제 하나는 역사의 '큰 그림', 현대의 홉스와 루소 추종자들 모두가 공유하는 그림이 실상과는 거의 상관 없다는 점이다. 그러나 지금 우리 눈앞에 놓인 새로운 정보를 이해하기 위해서는 방대한 분량의 데이터를 쌓고 걸러내는 것만으로는 충분하지 않다. 개념의 변화 또한 필요하다.

개념을 바꾼다는 것은 곧 사회적 진화라는 현대적 개념으로 이어진 최초의 발걸음을 역추적해본다는 의미다. 인간 사회가 발전의 단계에 따라 배열되고, 각 단계는 각각의 특징적인 테크놀로지와 조직형태(수렵 채집인, 농부, 도시 산업사회 등등)를 갖추고 있다는 것이 사회적 진화다. 앞으로 보게 되겠지만, 그런 개념은 18세기 초반의 몇십 년 동안 지지를 얻었던 유럽 문명 비평의 보수주의적 역풍에 뿌리를 둔다. 그러나 그 비평의 기원은 계몽주의 철학자들에게 있지 않았다(처음에 그들이 그것을 다분히 찬양하고 모방하기는 했지만). 그것은 유럽 사회에 대한 아메리카 선주민(휴런웬다트족Huron-Wendat) 출신 정치가인 칸디아롱크Kandiaronk 같은 선주민 해설자들과 관찰자들에게서 유래한다. 그들에 대해서는 다음 장에서 더 많이 살펴볼 예정이다.

'선주민 비평indigenous critique'이라 불리게 될 것을 다시 살펴본다는 말은 유럽식 표준 고전의 외부에서 들어오는 사회사상, 특히 서구 철학자들이 역사의 천사나 악마 역할을 떠맡기는 경향이 있던 그런 선주민들의 사상이 기여한 바를 진지하게 받아들인다는 의미다. 그 두 역할은

모든 것의 새벽

어느 것이든 그들과의 지적인 교환 혹은 대화가 제대로 이루어질 가능성조차 아예 배제한다. 악마라고 여기는 사람과 토론하기 힘든 것만큼 신으로 여기는 대상과도 토론하기 힘들다. 그들이 생각하고 말하는 것은 거의 모두 무의미하거나 심원한 의미를 지닌 것으로 간주될 터이기 때문이다. 우리가 이 책에서 다룰 인물들은 거의 모두가 죽은 지 오래되었다. 어떤 식으로든 그들과 대화를 나눌 길은 없다. 그럼에도 불구하고 우리는 살아 있다면 함께 이야기 나눌 수 있었을 법한 사람들로 이루어진 시대일 거라 여기고 선사先史를 쓰기로 작정했다. 단순히 전범이나 표본, 봉제 인형이나 어떤 무자비한 역사 법칙의 장난감으로 존재하는 사람들이 아닌 현실의 사람들로 이루어진 시대 말이다.

확실히 역사에는 어떤 경향들이 있다. 어떤 것은 강력하다. 그 흐름은 너무 강해서, 거슬러 헤엄치기가 매우 어렵다(어떻게든 그 일을 해내는 사람이 항상 있게 마련이지만). 하지만 '법칙'이란 우리가 스스로 만드는 것들일 뿐이다. 이것이 두 번째 반론으로 이어진다.

왜 홉스와 루소의 역사관은
둘 다 심각한 정치적 의미를 갖는가?

홉스적 역사 모델에 담긴 정치적 의미는 새삼 다듬어 말할 필요가 없다. 인간은 기본적으로 어딘가 사악하고 이기적인 존재이며, 이타주의나 협동 정신보다는 냉소적이고 이기적인 계산에 의거하여 결정을 내린다는 견해는 우리 경제 시스템의 기초적인 가정이다. 따라서 우리가 바랄 수 있는 것은 기껏해야 자산의 축적과 자기 권력 확대를 향한 더 세련된 내적·외적 통제력에 불과하다. 인류가 어떻게 원초적인 평등적 순진성의 상태에서 타락하여 불평등으로 내려갔는지에 대한 루소의 설명이 더 낙관적으로 보이지만(적어도 추락하기 전에는 더 나은 어딘가에 있었다고 하니), 요즘 그 설명은 우리가 살아가는 시스템이 부당할 수도 있으며 현실적으로 기대할 수 있는 것은 기껏해야 약간의 소박한 자극뿐이라고 우리를 설득하는 데 주로 사용된다. 이 측면에서 '불평등'이라는 용어는 그 자체로 매우 의미심장하다.

2008년의 재정 붕괴와 그 이후 발생한 소동의 와중에, 불평등이라는 문제, 그리고 불평등의 긴 역사는 토론의 중심 주제로 떠올랐다. 지식인들 사이에서, 또 어느 정도는 정치가 계층에서도 사회적 불평등의 수준이 통제를 벗어났으며, 세계에서 발생하는 문제 대부분이 어떤 식으로든 유산자와 무산자 간의 격차가 점점 더 커지는 상황을 유발했다는 데에는 의견 일치가 이루어졌다. 이 점을 지적하는 것 자체가 세계 권력 구조에 대한 도전이다. 하지만 그와 동시에 그 이슈의 윤곽 자체가 그 구조로 이득을 얻는 사람들의 입지가 궁극적으로는 더 공고해지는 방향으로 결정된다. 그것이 그 문제를 풀어줄 유의미한 해결책이 도저히 발견될 수 없음을 암시하기 때문이다.

어쨌든 그 문제를 이와 다르게 설정했다고 생각해보자. 그 문제가 50년 전, 혹은 100년 전에는 어떤 형태였을지 상상해보자는 것이다. 예컨대 자본의 집중, 혹은 독과점, 혹은 계급적 권력 등으로. 이런 것들과 비교하면 '불평등'이라는 단어는 실질적으로는 어중간한 조치와 타협을 고무하는 방향으로 설계된 것처럼 들린다. 자본주의를 전복하거나 국가권력을 무너뜨린다는 상상은 가능하지만, 불평등을 철폐한다는 것이 어떤 의미일지는 분명하지 않다. (어떤 종류의 불평등인가? 부의 불평등? 기회의 불평등? 우리가 '불평등을 철폐했다'고 말할 수 있으려면 사람들이 정확히 어떻게 평등해야 하는가?) '불평등'이라는 용어는 기술 관료적

모든 것의 새벽

개혁가들의 시대에 알맞게 사회문제들을 설정하는 방식인데, 그런 사람들은 애초에 사회적 변화에 대한 어떤 진정한 비전이 논의조차 되지 않는다고 가정하고 나온다.

불평등을 토론하면 숫자를 다루고 지니계수와 역기능의 한계치를 따지고, 세금 체제나 사회복지 기구를 조정하는 등의 작업을 하게 된다. 심지어 사태가 얼마나 악화되었는지를 수치화하여 대중에게 충격을 주기도 한다('상상할 수 있겠는가? 세계 인구 가운데 최고 부유층 1퍼센트가 전 세계 부의 44퍼센트를 소유하고 있다!'). 하지만 그러면서도 그런 토론은 그런 '불평등한' 사회적 배치에 관해 사람들이 실제로 반대하는 요소들을 다루지 않고도 이런 온갖 일을 할 수 있게 해준다. 가령 어떤 이들은 자신들의 부를 타인에 대한 권력으로 전환하기도 하고, 다른 이들은 본인들의 요구가 중요하지 않고 자신들의 삶이 원래 무가치하다는 통고를 받는 결말에 이르기도 한다. 우리는 이 마지막 조항이 불평등의 불가피한 결과라고, 그리고 불평등은 어떤 복합적이고 기술적으로 복잡한 대규모 도시 사회에서 살다보면 피할 수 없는 결과라고 믿어야 하는 입장이다. 아마 불평등은 언제나 우리와 함께 있을 것이다. 정도의 차이가 있을 뿐이다.

오늘날, 불평등에 대한 사유가 붐을 일으키고 있다. 2011년 이래로 다보스 세계 경제 포럼에서 '세계적 불평등'이라는 것이 빠지지 않고 주요 쟁점으로 등장했다. 불평등 지수, 불평등 연구를 위한 연구소, 그리고 오늘날의 재산 분배에 대한 집착을 석기시대로 투사하려고 애쓰는 출판물들의 흐름이 줄기차게 이어진다. 구석기시대 매머드 사냥꾼들의 소득 수준과 지니계수를 계산해보려는 시도까지 있었다(두 가지 모두 매우 낮게 나왔다).[1] 마치 그런 사회에서는 '모든 사람은 똑같이 가난하므로 모두가 평등하다'는 식의 표현을 정당화해줄 수학적 공식을 찾아내야 한다고 생각하는 것 같았다. 그런 표현은 루소 시대에도 이미 인기를 누리고 있었다.

순진하고 평등한 원초적 상태에 관한 이런 이야기는 최종적으로 '불평등'이라는 용어 자체의 용도가 그렇듯 인간 조건에 관한 간절한 비관주의를 상식처럼 보이게 만드는 효과를 낳는다. 이는 우리 자신을 역사의 광폭 렌즈를 통해 봄으로써 나타나는 자연스러운 결과다. 그렇다. 진정으로 평등한 사회에서의 삶은 피그미족Pygmy이나 칼라하리 부시먼Kalahari Bushman의 일원이라면 가능할 것이다. 하지만 오늘날 진정한 평등 사회를 만들어내고 싶다면 당신은 그 어떤 실질적인 사유재산도 없는 수렵 채집인의 소규모 무리로 되돌아갈 방법을 찾아내야 할 것이다. 채집인들이 채집 활동을 하려면 매우 넓은 영역을 확보해야 하므로, 전 세계 인구 가운데 99.9퍼센트가 줄어들어야 할 것이다. 그 외에 우리가 바랄 수 있는 최대치는 우리 얼굴을 영구적으로 짓밟을 장화의 크기를 조절하는 것뿐이다. 아니면 장화가 나아가는 길에서 잠시라도 몸을 피할 수 있는 여지를 조금이라도 얻어내는 것이거나.

더 정확하고 더 희망적인 세계 역사의 그림을 향해 나아가는 첫걸음은 에덴동산을 완전히 포기하고 수십만 년 동안 사람들이 공유했던 이상적인 사회적 조직 형태라는 개념을 없애는 데서 시작할지도 모른다. 이상한 일이지만, 이는 흔히 반동적인 움직임으로 간주되곤 했다. '그래서 당신은 참된 평등이 절대 달성되지 않을 거라고 말하는가? 그게 불가능하다고?' 그런 반대는 비생산적이면서 솔직하게 말하자면 비현실적으로 보인다.

제일 먼저, 대략 1만 년 전, 사람들이 알타미라 동굴 벽에 그림을 그렸을 시절, 아무도, 알타미라에서뿐만 아니라 지구상 어디에서도 다른 사회조직 형태를 시도해보지 않았다. 그럴 기회가 있었을까? 둘째, 다른 형태의 사회조직을 시도할 능력 그 자체가 우리를 인간이 되게 하는 어떤 본질 아닌가? 말하자면, 자기 창조의 능력과 자유까지도 가진 존재 말이다. 앞으로 보게 되겠지만, 물질적 자원(토지, 칼로리, 생산수단)이 확실히 중요하다고는 해도 인간의 역사에서 궁극적인 질문은 그런 것을 얻을 기회가 평등한지가 아니라 함께 살아갈 방법에 관한 결정에 도움을 줄 능력이 평등한가다. 물론 그 능력을 행사한다는 것은 애당초 결정해야 할 뭔가 의미 있는 것이 있어야 한다는 뜻이기도 하다.

만약 다들 주장하듯이, 우리 종의 미래가 이제 뭔가 다른 것(부가 제멋대로 권력으로 전환될 수 없는 시스템이라든가, 각자의 필요가 중요하지 않거나 그들의 삶에 원천적인 가치가 없다는 등의 말을 들을 일이 없는 사회 같은 것)을 창조할 우리의 능력에 달려 있다면, 궁극적으로 중요한 것은 우리를 애당초 인간으로 만들어주는 자유를 재발견할 수 있는가 하는 것이다. 거슬러 올라가서 1936년에 이미 선사학자 V. 고든 차일드V. Gordon Childe는 《인간은 스스로를 창조한다Man Makes Himself》라는 책을 썼다. 그의 성차별적인 어법[man, himself라는 단어로 대변되는 고든 차일드의 시각을 가리킴 ─ 옮긴이]은 잠시 제쳐두고 말한다면, 이것이 바로 우리가 불러일으키고 싶은 정신이다. 인간은 집단적 자기 창조의 투사물이다. 인간의 역사에 그런 식으로 접근한다면 어떨까? 처음부터 인간을 상상력 풍부하고, 지적이고, 장난스러운 존재로 이해될 자격이 있는 존재로 대한다면 어떨까? 인간 종이 어떤 이상적인 평등 상태에서 전락한 존재라는 이야기를 하지 않고, 자신을 재발명할 가능성을 상상도할 수 없게 만드는 그런 엄격한 개념적 족쇄에 우리가 어떻게 얽매이게 되었는지를 묻는다면 어떨까?

인류 역사의 긴 기간에 대한 기존의 이해가 대부분 틀렸음을 보여주는 간략한 예 몇 가지

(또는 장자크 루소의 영원한 복귀)

이 책을 처음 시작했을 때, 우리의 원래 의도는 사회적 불평등의 기원에 관한 질문들에 새로운 답을 찾으려는 데 있었다. 그러나 이것이 말 그대로 별로 좋은 접근법이 아님을 깨닫기까지는 오래 걸리지 않았다. 인간의 역사를 이런 식으로 개괄하는 것은 인류가 한때 목가적인 상태에서 살았으며 모든 것이 잘못되기 시작한 특정한 지점이 지목될 수 있다고 가정해야 한다는 뜻인데, 그렇게 되면 우리가 정말 흥미롭다고 느낀 질문들 중 어느 것 하나도 도저히 제기할 수 없게 된다. 거의 모든 사람이 이와 동일한 덫에 걸린 것처럼 보였다. 각 분야의 전문가들은 일반화하기를 거부했다. 기꺼이 위험을 무릅쓰기로 한 극소수의 사람들은 한결같이 루소의 변주곡 비슷한 것을 만들어냈다.

이런 일반론 가운데 하나인 프랜시스 후쿠야마Francis Fukuyama의 《정치 질서의 기원The Origins of Political Order: From Prehuman Times to the French Revolution》(2011)을 임의로 선정하여 예로 들어보자. 다음은 무엇을 고대 인간 사회에 관해 얻은 통념이라 인정할 수 있는지에 대한 후쿠야마의 견해다. "초기 단계에서 인간의 정치적 조직은 침팬지 같은 고등 영장류에게서 보이는 무리 수준의 사회와 비슷하다." 후쿠야마는 그것이 '사회조직의 기본 형태'로 간주될 수 있다고 주장한다. 그런 다음 그는 정치적 불평등의 기원이 농경의 발전에 있다고 지적한 점에서 루소가 대략 옳았다고 단언한다. 수렵 채집인 사회는 (후쿠야마에 따르면) 사유재산이라는 개념이 없었으며, 땅뙈기에 표시를 하여 '여긴 내 거야'라고 주장할 만한 동기가 거의 없었기 때문이다. 그래서 이런

식의 무리 수준의 사회는 '고도의 평등주의'였다는 것이다.[2]

재레드 다이아몬드Jared Diamond는 《어제까지의 세계: 전통사회에서 우리는 무엇을 배울 수 있는가?The World Until Yesterday: What Can We Learn from Traditional Societites?》(2012)에서 그런 무리(1만 1,000년 전만 해도 인간이 이런 집단에서 살았다고 믿어지는)는 대부분 생물학적으로 연결된 '고작 수십 명의 사람들'로 구성되었다고 주장한다. 이런 작은 집단은 아주 빈약한 수준의 생존을 영위한다. 그들은 '4,000제곱미터 넓이의 숲에 사는 야생 동물과 식물 종들을 사냥하고 채집하여' 살아간다. 그리고 다이아몬드에 따르면, 그들의 사회적 생활은 부러울 만큼 단순하다. 결정은 '직접 만나서 토론하는 과정'을 통해 내려진다. '개인 소유물이라 할 것은 거의 없고' '공식적인 정치 지도자나 강력하게 전문화한 경제도 없다'.[3] 다이아몬드는 슬프게도 인간이 유의미한 수준의 사회적 평등을 달성할 수 있는 것은 그런 원초적인 무리 짓기 내에서만 가능하다고 결론짓는다.

몇 세기 전의 루소도 그랬듯이, 다이아몬드와 후쿠야마에게, 그 평등성을―영원히, 그리고 모든 곳에서―종식시킨 것은 농경의 발명과 그것으로 유지되는 더 높은 인구 수준이었다. 농경은 '무리bands'에서 '부족tribes'으로의 변이를 가져왔다. 잉여 식량이 축적됨으로써 인구가 늘었고, 몇몇 '부족'이 '족장 사회chiefdoms'라 알려진 위계적 사회로 발전할 수 있게 되었다. 후쿠야마는 이 과정을 에덴동산을 떠나는, 거의 성경의 내용과 비슷한 장면으로 그렸다. "작은 무리를 이룬 인간들이 장소를 옮기고 다른 환경에 적응하면서 새로운 사회 제도를 개발하여 자연 상태에서 벗어나기 시작했다."[4] 그들은 자원을 두고 전쟁을 벌였다. 키가 막 자라기 시작하여 군살이 빠지고 사춘기에 도달한 이런 사회들은 틀림없이 곧 난관에 봉착하게 되었을 것이다.

이제 성장하여 적절한 지도부를 임명해야 할 때가 되었다. 위계가 출현하기 시작했다. 그런 추세에 저항해봤자 무의미했다. 다이아몬드와 후쿠야마에 따르면, 위계란 인간이 대규모의 복잡한 조직 형태를 채택하게 되면 피할 수 없는 것이기 때문이었다. 새 지도자들이 좋지 못한 행동을 하기 시작해도 이제는 돌이킬 길이 없어졌다. 지위를 영구적이고 세습적인 것으로 만들고, 승리의 상징으로 두개골을 수집하고 여성 노예들을 첩으로 거느린다 할지라도, 혹은 경쟁자의 심장을 흑요석 칼날로 찌른다 할지라도 말이다. 오래지 않아 족장들은 '왕', 심지어는 '황제'로 일컬어질 당위가 있음을 사람들에게 납득시켰다. 다이아몬드는 다음과 같이 참을성 있게 우리에게 설명한다.

> 인구가 많을 경우, 결정을 내리는 지도자, 그 결정을 집행할 집행부, 결정과 법률을 관리하는 관료가 없으면 일이 제대로 처리되지 않는다. 아나키스트이거나 국가와 정부가 없는 삶을 꿈꾸는 독자들에게는 애석한 일이지만, 왜 여러분의 꿈이 비현실적인지는 그것이 설명해준다. 여러분은 당신을 받아들여줄 아주 작은 무리나 부족을 찾아내야 할 것이다. 그런 무리에서는 서로 모르는 사람은 한 명도 없고, 왕, 대통령, 관료 들이 필요하지 않다.[5]

이는 아나키스트만이 아니라 현재의 상황을 바꿀 만한 대안이 없는지 궁금해하는 그 누구에게도 합당하지 않은 음울한 결론이다. 그렇지만 진정으로 놀라운 것은 저 말투에 담긴 자신감에도 불구하고 그런 발언이 실제로는 어떤 과학적 증거에도 기초하고 있지 않다는 사실이다. 앞으로 알게 되겠지만, 소규모 그룹이 유달리 평등한 경향이 있다고 믿을 이유는 없다. 혹은 거꾸로 대규모 그룹이 반드시 왕과 대통령, 관료제 등을 가질 것이라고 믿을 이유도 없다. 이런 발언들은 그저 사실처럼, 심지어 역사의 법칙처럼 꾸미고 있는 수많은 편견에 불과하다.[6]

행복의 추구에 관해

우리가 말하는 대로 그것은 1754년에 루소가 처음 한 이야기의 끝없는 반복일 뿐이다. 현대의 여러 학자들은 문자 그대로 루소의 비전이 옳았음이 입증되었다고 말할 것이다. 만약 그렇다면, 그것은 아주 드문 우연의 일치다. 루소 본인도 순진무구한 자연 상태가 실제로 존재했다고 주장한 적은 한 번도 없다. 반대로 그는 자신이 사유 실험을 하고 있다고 주장했다. "우리가 수행하게 될 그런 종류의 연구를 역사의 진실로 여기면 안 된다. 그것은 오로지 가설적이고 조건적인 추리로서만 다루어져야 한다. 그것은 실제의 기원을 드러내기보다는 사물의 본성을 명료히 밝히는 데 더 적합하다. (…)"[7]

루소가 본 자연 상태 및 그것이 농경의 등장으로 인해 어떻게 전복되었는가 하는 상황에 대한 묘사는 결코 그런 상태를 연속적인 진화 단계들의 기초로 삼으려는 의도에서 나온 것은 아니었다. 스미스Smith, 퍼거슨Ferguson, 밀러Millar 같은 스코틀랜드 철학자들이(나중에는 루이스 헨리 모건Lewis Henry Morgan도) '미개성savagery'과 '야만성barbarism'을 이야기할 때 가리켰던 그런 기초로 말이다. 루소는 결코 이런 식의 다른 상태들이 채집, 목축, 농경, 산업 등 생산 양식의 역사적 변화에 각각 상응하는 사회적·도덕적인 발전 수준이라고 생각하지 않았다. 오히려 루소가 제시했던 것은 하나의 우화, 그것을 통해 인간 정치의 근본적인 패러독스, 즉 무엇 때문에 자유를 향한 우리의 내재적 추진력이 어떤 식으로든 여러 번 되풀이하여 '불평등을 향한 자발적인 행진'으로 이어지게 되는지를 탐구하려는 시도에 더 가까웠다.[8]

루소는 농경의 발명이 처음에는 사유재산으로, 그리고 사유재산에서 그것을 보호해줄 문명한 정부의 필요로 이어지는 과정을 묘사하는 식으로 설명을 전개한다. "모두들 자신을 얽어맬 사슬을 향해 달려가면서도 스스로는 자유를 확보하고 있다고 믿는다. 시민적 질서의 이득을 식별하기에 충분한 이성은 갖고 있지만 그것의 위험을 예견하기에 충분한 경험은 없기 때문이다."[9] 루소가 그린 상상적인 자연 상태는 1차적으로 논점을 예시하기 위한 방법으로 고안되었다. 사실 그가 그 개념을 발명하지는 않았다. 자연 상태란 하나의 수사학적 장치로서 유럽 철학에서 한 세기 동안이나 이미 사용되고 있었다. 자연법 이론가들에게 널리 채택된 그 개념은 일종의 성찰을 위한 구름판 역할을 하며, 정부의 기원에 흥미를 가진 사실상 모든 사상가(로크Locke, 흐로티위스Grotius 등등)가 신 노릇을 하면서 인류의 원초 조건에 대한 자기 나름의 변주를 들고 나올 수 있게 해주었다.

《리바이어던》에서 인간 사회의 원초적 상태는 틀림없이 'Bellum omnium contra omnes', 즉 '만인에 대한 만인의 투쟁'이었을 것이라고 쓴 홉스의 주장 역시 대략 비슷했다. 그의 말에 따르면, 그런 상태는 절대적인 지배 권력이 창출되어야만 극복될 수 있다. 그는 모두가 그런 원초적 상태에서 살았던 시절이 실제로 있었다고는 말하지 않았다. 어떤 사람은 홉스가 말한 투쟁 상태라는 것이 사실은 그의 모국인 영국이 17세기 중반에 내전으로 빠져들던 사태에 대한 우화였다고 추측한다. 왕당파였던 저자는 그 사태로 인해 파리로 망명을 떠나야 했다. 사실이 어떻든, 이 상태가 실제로 존재했다는 주장에 홉스 본인이

제일 가까이 간 지점은 국왕의 최고 권위 아래 있지 않은 사람은 왕 본인뿐이며, 사람들은 항상 서로 투쟁하고 있는 것처럼 보인다고 지적한 부분이었다.

이 모든 사실에도 불구하고 많은 현대 저자들은 또 다른 저자들이 루소의 《인간 불평등 기원론》을 다루는 것과 동일한 방식으로 《리바이어던》을 다룬다. 그러니까 그것이 역사의 진화론적 연구를 위한 기초 작업인 것처럼 다룬다는 말이다. 그리고 이 두 저작의 출발점은 전혀 다른데도 도달한 결과는 어쩐지 비슷하다.[10]

심리학자 스티븐 핑커Steven Pinker는 이렇게 말한다. "국가가 생기기 이전 사람들의 폭력이라는 문제에서 홉스와 루소가 한 이야기는 헛소리였다. 둘 다 문명 이전의 삶에 관해서는 전혀 아는 바가 없었다." 이점에 관해 핑커의 말은 전적으로 옳다. 그러나 동시에 그는 또 우리에게 1651년에 글을 쓰던(알지도 못하는 내용인데도) 홉스가 어쨌든 옳게 추측하는 데 성공했고, 인류 역사에서 폭력과 그 원인에 대해 '지금도 충분히 타당할 만큼 훌륭한' 분석을 제시했다고 믿으라고 요청한다.[11] 이는 여러 세기 동안 이루어진 경험적 연구에 대한 놀라운—그리고 당연히 파멸적인—판결일 것이다. 그 연구가 진실이어야겠지만 말이다. 앞으로 보게 되겠지만, 그것은 진실과는 거리가 멀다.[12]

핑커는 전형적인 현대판 홉스주의자라 할 수 있다. 대표 저작인 《우리 본성의 선한 천사—인간은 폭력성과 어떻게 싸워왔는가The Better Angels of Our Nature: Why Violence Has Declined》(2012), 그리고 뒤이어 나온 저서인 《지금 다시 계몽—이성, 과학, 휴머니즘, 그리고 진보를 말하다Enlightenment Now: The Case for Reason, Science, Humanism, and Progress》(2018)에서 그는 오늘날 우리가 전체적으로 선조들이 경험한 것보다

훨씬 덜 폭력적이고 덜 잔인한 세계에서 살고 있다고 주장한다.[13]

20세기 역사에 대해 아는 것이 많은 사람들은 물론 하루 중 많은 시간 동안 뉴스를 보는 사람들에게도 이것은 이해하기 힘든 주장으로 보일지도 모른다. 그러나 핑커는 감정을 배제한 객관적인 통계적 분석을 본다면 우리가 전례 없는 평화와 안전의 시대에 살고 있음을 알게 되리라고 확신한다. 그리고 이것이 주권국가에서 살아가는 것의 논리적 결과라고 주장한다. 그런 국가는 우리의 진화상 먼 과거에 있었던 '무정부적 사회anarchic societies'(그가 쓰는 표현)와 반대로 제각기 국경 내에서 폭력을 합법적으로 사용할 독점권을 갖고 있다. 먼 과거의 사회에서 거의 모두의 삶은 전형적으로 "불쾌하고 잔혹하고 짧았다".

핑커도 홉스처럼 국가의 기원에 관심을 가졌는데, 그가 생각하는 변화의 핵심 쟁점은 농경의 출현이 아니라 도시의 등장이다. "고고학자들은 인간이 약 5,000년 전에 문명이 출현할 때까지는 무정부 상태에서 살았다고 말한다. 그때 처음으로 정착 농부들이 도시와 국가로 뭉쳐졌고, 최초의 정부로 발전해나갔다."[14] 투박하게 말하자면, 그다음에 이어질 이야기는 현대의 심리학자들이 연구를 진행하면서 꾸며낸 것이다. 독자들은 과학의 열정적인 옹호자라면 증거에 대한 광범위한 평가를 통해 그 토픽에 과학적으로 접근하리라고 기대할지도 모른다. 그러나 핑커는 인류의 선사시대에 대한 바로 이런 접근법에 별로 흥미를 느끼지 않는 것 같다. 그는 이런 것보다는 일화, 이미지, 세상을 놀라게 하는 발견들의 예에 의존한다. 1991년에 언론의 주목을 끈 발견인 '티롤의 설인雪人 외치Ötzi the Tyrolean Iceman'[기원전 3300년경 살았던 것으로 추정되는 현재까지 가장 오래된 유럽인 미라. 여러 개의 도구, 의복과 함께 발견되었으며, 다양한 과학적 분석의 소재를 제공했다. 이탈리아와 오스트리아의 국경 부근인 외츠탈 알프스에서 발견되어 '외치'라는 이름이 붙었다—옮긴이]가 그런 예다.

핑커는 어느 지점에서 이렇게 묻는다. "고대인들이 남긴 흥미로운 시체는 모두 수상한 짓의 결과물이라는 말은 어떤 의미인가?" 이에 대한 명백한 응답이 있다. 그 질문은 애당초 당신이 어떤 시체를 흥미롭다고 여기는지에 따라 달라지는 것 아닌가? 그렇다, 5,000년 전보다 좀 더 과거에 알프스를 걸어 다니던 우리가 외치라 부르게 될 누군가가 옆구리에 화살을 맞고 산 자들의 세상을 떠났다. 그러나 이 고대인을 핑커의 논의에 들어맞는 외치라는 존재가 아니라 원초적 여건에서 살던 인류의 전형적인 모델로 여길 특별한 이유는 없다. 하지만 우리의 모든 행동이 저마다 마음에 드는 증거를 고르는 데 불과하다면 우리는 외치가 아니라 고고학자들에게 로미토Romito 2(외치가 발견된 장소인 칼라브리아주 암벽 거주지의 이름을 딴 호칭)라 알려진 훨씬 더 이른 시기의 매장지를 얼마든지 선택했을 수도 있다. 그렇게 할 경우 어떤 의미일지 잠시 살펴보기로 하자.

로미토 2는 1만 년 된 무덤으로, 희귀한 유전적 장애(전완하퇴말단의 형성이상acromesomelic dysplasia)를 가진 한 남성이 묻혀 있다. 그 장애는 심각한 소인증으로, 그 남성은 그로 인해 실제 생활에서 공동체의 비정상적인 존재였던 동시에 생존에 꼭 필요한 높은 고도에서 진행되는 사냥에 참여할 수 없었다. 그의 병증에 대한 연구 결과 그의 건강과 영양이 전반적으로 빈약하기는 했지만, 그가 속한 공동체의 수렵 채집인들은 이 남자를 애써 양육하여 어린 시절을 거쳐 초기 성인기까지 길러냈음이 밝혀졌다. 다른 모든 사람들과 같은 몫의 고기를 그에게 나눠주었고, 최후에는 잘 보호된 무덤을 정성 들여 만들어주기도 했다.[15]

이런 사례가 로미토 2 하나만은 아니다. 구석기시대 수렵 채집인들의 무덤에 대한 고고학자들의 공정한 평가에서 건강 관련 장애가 발견된 빈도는 매우 높았다. 하지만 이런 사람들이 죽을 때까지 놀랄 만큼 높은 수준의 보살핌을 받아왔다는 사실도 발견했다(보살핌 이상의 경우도 있다. 일부 무덤은 대단히 사치스럽게 꾸며져 있었다).[16] 고대 무덤의 증거에서 얻어진 건강 관련 지표들이 발견되는 통계적 빈도를 근거로 하여 인간 사회가 원래 어떤 형태였는지 일반적 결론을 내리고 싶은 생각이 있었다면, 우리는 홉스와(그리고 핑커와도) 정반대의 결론에 도달했을 것이다. 원래 인간이라는 종種은 기르고 보살핌을 베푸는 종이며, 삶이 불쾌하고 잔혹하거나 짧아야 할 필연성이 전혀 없다는 주장이 나올 수 있다.

우리가 실제로 이렇게 한다고 주장하려는 것은 아니다. 앞으로 보게 되겠지만, 구석기시대에 좀 특이한 개인들이 매장되었을 뿐이라고 믿을 이유는 있다. 단지 상황을 다른 방향으로 끌어간다면 얼마나 쉬울지를 지적하고 싶을 뿐이다. 그러나 쉽기는 해도, 솔직히 말해 그다지 새로운 사실을 알려주지는 않는다.[17] 실제 증거들을 이해해나가면서 우리는 항상 고대 인류가 누린 사회적 삶의 현실이 현대의 자연 상태 이론가들이 짐작했을 법한 것보다 훨씬 더 복잡했고, 훨씬 더 흥미로웠음을 깨닫게 된다.

자신의 구미에 맞는 증거만 사용하며, 그런 증거를 우리의 '현대판 선조들'의 대표로, 즉 자연 상태에서 인간이 어떤 모습이었을지를 보여주는 모델로 내세우는 경향을 띠는 인류학적 사례 연구에 대해 말하자면, 그중에서도 루소의 전통을 따르는 연구자들은 하드자족Hadza, 피그미족, 쿵 부시먼!Kung Bushman 같은 아프리카 채집인들을 선호하는 편이다. 홉스의 추종자들은 야노마미족Yanomami을 선호한다.

야노마미족은 전통적으로 베네수엘라 남부와 브라질 북부에 걸친 아마존 열대우림을 점유하여 주로 플랜테인과 카사바를 길러 살아가는 선주민이다. 1970년대 이후 야노마미족은 그들을 연구한 유명한 민족지학자 나폴리언 새그넌Napoleon Chagnon이 붙인 '맹렬한 종족'이라는 이름이 말해주듯, 폭력적인 야만인의 전형이라는 평판을 얻었다. 하지만 이는 야노마미족에게는 매우 부당한 처사다. 통계적으로 볼 때 그들이 유달리 폭력적이지는 않기 때문이다. 다른 아메리카 선주민 집단들과 비교할 때 야노마미족의 살인율은 평균이거나 그보다 낮다.[18] 하지만 여기서도 실제 통계는 극적인 이미지나 일화보다 효과가 적다. 야노마미족이 그처럼 유명해지고 그처럼 야단스럽다는 평판을 얻게 된 진짜 이유는 새그넌 본인에게 있다. 그가 1968년에 쓴 저서 《야노마뫼 — 맹렬한 사람들Yanomamö: The Fiece People》은 수백만 부 팔렸고 〈도끼 전투The Ax Fight〉 같은 영화 시리즈로도 제작되었는데, 그런 영화는 부족 간 전쟁의 생생한 모습을 관객들에게 보여주었다. 이런 사태 속에서 새그넌은 한동안 세계에서 가장 유명한 인류학자로 떠올랐고, 그 과정에서 야노마미족은 원시사회 폭력의 악명 높은 사례 연구 대상이 되어, 사회생물학이라는 신흥 분야에서 학문적으로 중요한 자리를 차지했다.

새그넌에 대해 공정하지 못한 판단을 내리면 안 된다(그런 사람들도 있다). 그는 야노마미족이 석기시대의 살아 있는 흔적으로 간주되어야 한다고 주장한 적이 없다. 오히려 그들이 명백히 그런 존재가 아니라는 지적을 자주 남겼다. 그와 동시에, 인류학자로서는 좀 드문 일인데, 그는 1차적으로 그들 문화의 긍정적 면모가 아니라 그들이 갖지 못한 것을(가령 문자언어, 경찰력, 공식적인 사법 체계 등) 기준으로 그들을 규정하려는 경향이 있었다. 그 때문에 그들이 원시인의 전형으로 설정되어버린 것이다.[19] 새그넌의 논리는 야노마미족의 성인 남자는 다른 성인 남자를 죽임으로써 문화적·생식적으로 유리한 입지에 올라선다는 점을 중심으로 한다. 그리고 이 폭력과 생물학적 적성 사이의 피드백은—만약 고대에 인간들이 일반적으로 그런 여건에서 생존했다면—인간 종 전체의 진화라는 차원에서 크나큰 결과를 낳았을지도 모른다.[20]

이는 단지 하나의 상당한 가정이 아니라 엄청난 가정이다. 다른 인류학자들은 질문을 쏟아내기 시작했고, 그 질문들이 항상 우호적인 것은 아니었다.[21] 직업상의 비행에 관련된 고발이 섀그넌을 겨냥했고 (대부분 현장에서의 윤리적 기준에 관련된 것이었다), 다들 어느 한쪽 편을 들었다. 이런 고발 가운데 일부는 근거가 없었지만 섀그넌의 옹호자들이 그를 너무나 열띠게 편든 나머지 그는 (또 한 명의 유명 인류학자인 클리퍼드 기어츠Clifford Geertz가 말한 것처럼) 엄격하고 과학적인 인류학자의 전형으로 떠받들어졌을 뿐만 아니라 그에게 혹은 그의 사회다위니즘에 의문을 표하는 사람은 전부 '마르크스주의자' '거짓말쟁이' '학술적 좌파 문화인류학자' '아야톨라ayatollahs' '정치적으로 올바른 피 흘리는 심장politically correct bleeding hearts'이라고 공격당했다. 지금도 인류학자들로 하여금 상대방을 극단주의자라고 비난하게 만들려면 그 방법은 간단하다. 나폴리언 섀그넌의 이름을 거론하면 된다.[22]

여기서 요점은 '국가 없는' 종족인 야노마미족이 핑커가 '홉스적 덫'이라 부른 것의 본보기 역할을 하게 되어 있다는 점이다. 부족사회에서 개인들은 습격과 전쟁의 반복을 벗어나지 못하며, 날카로운 무기에 찔리거나 보복의 몽둥이에 맞아 폭력적인 죽음을 겪을 위험에 매우 가까운 상태에서 위태롭고 힘든 삶을 살아가게 된다. 핑커의 말에 따르면, 그것은 진화가 우리에게 할당한 불행한 운명이다. 우리가 그런 운명을 가까스로 피한 것은 스스로 민족국가와 법정과 경찰력이 공동으로 펼치는 보호 아래 기꺼이 들어가기로 한 덕분이다. 또 핑커

모든 것의 새벽

가 유럽 '문명화 과정'의 독점적인 유산이라고 본 이성적 토론과 자제력의 미덕을 받아들임으로써 그렇게 할 수 있었다. 계몽주의 시대를 만들어낸 것은 그 유산이다. (다르게 표현하자면, 볼테르와 경찰이 없었더라면, 섀그넌이 발견한 내용을 두고 벌어진 난투극은 학술적인 전투만이 아니라 신체적인 것이 될 수도 있었다.)

이 논리에는 문제가 많다. 가장 명백한 것에서 시작하기로 하자. 현재 우리가 가진 자유, 평등, 민주주의의 이상이 서구 전통의 산물이라는 생각은 사실 볼테르 같은 사람들에게는 엄청나게 놀랍게 느껴졌을 것이다. 앞으로 보겠지만, 그런 이상들을 선전했던 계몽주의 사상가들은 이구동성으로 그런 사상이 외국인들의 입에서 나온 것이라 말했기 때문이다. 심지어 야노마미족 같은 야만인들의 입을 빌려 발언하게 만들기까지 한다. 이는 전혀 놀랄 일이 아니다. 플라톤에서 마르쿠스 아우렐리우스, 에라스뮈스에 이르는 서구 사상의 전통에서는, 자신들은 그런 사상에 반대했을 것이라고 분명하게 말하지 않은 사람이 없다시피 하기 때문이다. 민주주의라는 단어가 유럽에서 발명되었을 수는 있지만(당시 그리스는 문화적으로 볼 때 영국 같은 나라보다는 북아프리카와 중동에 훨씬 더 가까웠으므로 그랬을 가능성은 낮다), 19세기 이전의 유럽에서 활동한 저자들 가운데 그것이 심각하게 나쁜 정부 형태 이외에 다른 어떤 것을 낳으리라고 예상한 사람은 단 한 명도 없었다고 봐도 무방하다.[23]

당연한 일이지만, 홉스의 입지를 선호하는 쪽은 정치 영역의 우측에 있는 사람들이며, 루소의 입지는 좌성향의 사람들에게 선호된다. 핑커는 합리적 중도파로 자처하면서, 양쪽 극단주의자로 보이는 사람들을 비난한다. 하지만 그러면서도 그는 왜 20세기 이전에 인간이 이룬 모든 진보의 중요한 형태들이 스스로를 '백인종'이라 일컫는(그리고 이제 일반적으로 자신들을 더 널리 인정되는 동의어인 '서구 문명'이라 부르는) 집단의 것으로만 한정된다고 주장하는가? 이에 동의할 이유는 전혀 없다. 합리주의, 합법성, 숙의 민주주의 등등의 첫 번째 태동이라 해석될 수 있는 것들을 세계 곳곳에서 확인하기도 마찬가지로 쉬울(사실은 좀 더 쉬울) 것이며, 그런 다음에야 그들이 현재의 세계적 시스템으로 융합되는 이야기를 할 수 있다.[24]

이와 반대로, 좋은 것들은 모두 유럽에서만 나온다는 주장은 그런 주장을 펴는 사람의 작업을 인종 말살을 위한 반동적 변론으로 읽힐 수 있게 만든다. (보아하니 핑커에게는) 노예화, 강간, 대량 살인, 문명 전체의 파괴─유럽 권력이 다른 세계에 자행한 행위들─가 그저 인간이 항상 그랬던 대로 행동하는 또 하나의 사례에 불과하기 때문이다. 결코 특이한 것이 아니었다는 말이다. 이 논리에 따르면, 정말 중요한 것은 그런 논리 덕분에 자유, 법 앞의 평등, 생존자들의 인권이라는 '순수하게' 유럽적인 것이라고 여기는 견해가 퍼뜨려질 수 있었다는 점이다.

핑커는 과거의 불유쾌함이야 어찌 되었든 인간 종이 밟아온 전체적인 길에 대해 낙관적이 될 이유, 행복해질 충분한 이유가 있다고 장담한다. 실제로 빈곤 감소, 소득 불평등, 평화와 안전 같은 영역에서 심각한 말썽이 빚어질 여지가 있기는 하다고 그는 양보한다. 하지만 모든 점을 고려할 때, 그리고 오늘날 지구상의 인구수와 관련하여 생각할 때, 지금 우리가 가진 것은 인간 종이 그 역사에서 지금까지 달성해온 어떤 것에 비해서든 굉장한 발전이다(당신이 흑인이거나 시리아 거주민이 아닐 때의 이야기지만). 핑커의 입장에서, 현대의 삶은 거의 모든 측면에서 그 이전의 것보다 우수하다. 그리고 이 점에서 그는 매일매일 모든 방식으로 모든 것이─보건, 안전, 교육, 삶을 편안하게 해주는 수단, 그 밖에 생각할 수 있는 모든 기준에서—실제로 점점 더 나아지고 있음을 보여준다고 주장하는 정교한 통계를 제시한다.

숫자를 가지고 따지기는 어렵지만, 어떤 통계학자에게 물어보더라도 통계의 효용은 그것이 근거한 전제에 국한된다고 말할 것이다. 서구 문명이 정말 모두의 삶을 더 낫게 만들었는가? 이는 궁극적으로 인간의 행복을 어떻게 측정하는가 하는 문제로 귀결된다. 이것은 대답하기 힘들기로 악명이 높은 문제다. 한 가지 삶의 방식이 정말 더 만족스럽고 충만하며 행복하거나 다른 것보다 더 선호할 만하다고 결정해주는 방법으로 지금까지 발견된 유일하게 믿을 만한 것은, 사람들에게 두 가지 모두를 충분히 경험하게 허용하고 선택지를 준 다음 그들이 실제로 행동하는 것을 지켜보는 것이다. 가령, 핑커가 옳다면, a) 인간 발달 과정에서 '부족' 단계가 처했던 격렬한 혼돈과 빈곤 상태와 b) 서구 문명의 상대적 안정과 번영 사이에서 선택해야 할 경우 제정신인 사람이라면 누구든 망설이지 않고 안전 쪽으로 달려갈 것이다.[25]

그러나 여기서 경험적 자료를 활용할 수 있는데 그것은 핑커의 결론 가운데 대단히 잘못된 점이 있다고 시사한다.

지난 몇 세기 동안 개인들이 바로 이 선택을 해야 하는 위치에 섰던 사례는 무수히 많았다. 그리고 그들이 핑커가 예측했던 대로 행동한 경우는 거의 없었다. 몇몇은 자신들이 왜 그런 선택을 했는지에 대한 명료하고 합리적인 설명을 남겼다. 어느 스페인계 가정에서 태어난 브라질 여성 엘레나 발레로Helena Valero의 사례를 살펴보기로 하자. 핑커는 이 여성이 1932년에 부모와 함께 먼 리오 디미티를 따라 여행하던 중에 야노마미족에게 납치되었던 '백인 소녀'라고 알려준다.

20년 동안 발레로는 야노마미족의 여러 가정과 함께 살았고 두 번 결혼했으며 마침내 자신이 살던 공동체에서 중요한 위치에 올랐다. 핑커는 발레로가 나중에 서술한 본인 삶의 이야기를 간략하게 인용한다. 거기서 그녀는 야노마미족의 습격의 잔혹성을 묘사한다.[26] 하지만 그는 1956년에 그녀가 야노마미족을 떠나 원래 가족을 찾아 나섰고 다시 '서구 문명'에서 살게 되었지만, 수시로 굶주리고 끊임없이 거부 당하여 외로움을 느끼게 되었다는 사실을 언급하지 않았다. 얼마 뒤 충분한 상황 인식에 근거하여 판단할 능력이 생기자 엘레나 발레로는 야노마미족과의 삶이 더 좋다고 판단하고 그들과 함께 살기 위해 돌아갔다.[27]

발레로의 사연은 결코 특이한 사례가 아니다. 남북 아메리카 대륙의 식민주의 역사는 선주민 사회에 사로잡히거나 입양된 정착민들의 사연으로 가득하다. 그들은 머물고 싶은 곳을 선택할 수 있었고 거의 모두 남아서 선주민들과 사는 쪽을 선택했다.[28] 이는 납치된 아이들의 경우에도 마찬가지였다. 다시 친부모와 마주하면 거의 모두가 보호받기 위해 양부모 가족에게 달려갔다.[29] 반면 결혼이나 입양을 통해 유럽 사회에 편입된 아메리카 선주민들은 불운한 엘레나 발레로와는 달리 상당한 부를 누리고 교육을 받은 경우에도 거의 어김없이 정반대로 행동했다. 되도록 빨리 탈출하거나 적응하려고 최선을 다했지만 결국 실패하고 선주민 사회로 돌아가서 삶의 마지막 시간을 보냈다.

이 전체 현상에 대한 가장 웅변적인 설명 중 하나는 벤저민 프랭클린이 한 친구에게 써 보낸 개인 서신에서 발견된다.

한 인디언 아이가 우리 세계에서 길러지고, 우리 언어를 교육받고 우리의 관습 속에서 살아왔네. 그러나 그가 자신의 친족을 만나러 가고 인디언들과 함께 돌아다니더라도 그를 설득하여 돌아오게 할 방법은 없지. 우리에게 복귀하는 것이 인디언으로서만이 아니라 일반 남자의 입장에서도 자연스럽지 않다는 것은 이 사례에서 명백해지네. 백인 남녀가 어렸을 때 인디언에게 납치되어 그들과 함께 얼마간 산 일이 있었네. 친지들이 몸값을 내고 영국인들과 함께 머물도록 최대한의 친절을 베풀었지만, 얼마 안 가서 그들은 우리의 생활 방식과 그것을 유지하기 위한 수고와 고통에 역겨움을 느끼고, 기회가 생기자마자 자연으로 달아났지. 그들을 다시 찾아올 길은 없네. 내가 들은 한 사례에서, 그 사람은 귀환하면 훌륭한 장원의 주인이 될 터였는데도 그것을 관리하려면 어느 정도 신경을 써야 한다는 것을 알고는 그것을 동생에게 넘겨주고 본인 몫으로는 총과 사냥용 겉옷만 받고 그대로 황야로 돌아갔다네.[30]

이렇게 불러도 될지 모르지만, 그와 같은 문명의 시험에 휘말린 사람들은 자신들을 잡아간 사람들과 함께 지내기로 한 결정에 대한 명료한 이유를 들 수 있었다. 몇몇은 그들이 아메리카 선주민 사회에서 발견한 자유의 미덕을 강조했다. 그 자유에는 성적 자유 외에 땅과 부를 계속 추구할 때 예상되는 수고로부터의 자유도 있었다.[31] 다른 사람들은 공동체 구성원 가운데 아무도 빈곤이나 굶주림, 결핍의 상태로 전락하지 않게 하려는 '인디언들'의 마음 씀씀이를 지목했다. 그들이 빈곤 그 자체를 두려워했다기보다는 명백히 비참한 처지에 놓인 사람이 아무도 없는 사회에서 사는 삶이 무한히 더 행복하다고 느낀 것이다(아마 오스카 와일드Oscar Wilde가 자신은 빈민을 보거나 그들의 사연을 듣는 것이 싫어서 사회주의를 옹호한다고 선언했던 것과 비슷하리라). 거친 노숙자와 부랑자로 가득 찬 도시에서 자란 사람이라면─그러니까 불행하게도 우리 거의 대부분이─이런 상황을 피할 수 없다는 사실을 알게 될 때마다 다소 충격을 받는다.

또 다른 사람들은 '인디언' 가정에 받아들여진 외부인들이 자신을 받아들여준 공동체에서 인정받고 눈에 띄는 지위에 쉽게 올라서고, 족장의 가족원이 되거나 스스로 족장이 되기도 한다는 점을 지적했다.[32] 서구의 선동가들은 평등이나 기회에 대해 끝없이 발언한다. 그런데 이 사회들에는 그런 것이 말로만이 아니라 실제로 존재했던 것 같다. 그러나 이보다 훨씬 더 흔한 이유는 그들이 아메리카 선주민 공동체에서 경험한 강렬한 사회적 연대와 관련이 있다. 상호 보살핌, 사랑, 무엇보다도 행복의 질은 유럽으로 돌아가게 되면 도저히 복제해낼 수 없는 것들이었다. '안전'은 여러 형태를 띤다. 자신이 화살에 맞을 확률이 통계적으로 낮다는 것을 알 때 느껴지는 안전이 있다. 그리고 자신을 깊이 보살펴줄 사람이 이 세상에 있다는 것을 아는 데서 오는 안전도 있다.

어찌하여 인간 역사에 대한 관례적인 담화는 틀렸을 뿐만 아니라 쓸데없이 지루한가

매우 거칠게 표현하자면, 선주민의 삶은 '서구의' 크고 작은 도시에서 영위되는 삶보다 훨씬 더 흥미롭다. 특히 그런 도시에서 단조롭고 반복적이고 개념적으로 공허한 활동을 장시간 해야 하는 삶에 비하면 더욱 그러하다. 그런 대안적 삶이 어떻게 하면 무한히 매력적이고 흥미로운 것이 될 수 있을지 상상하기도 힘들다는 사실은 아마 삶 그 자체보다는 우리 상상의 한계에 대한 성찰일 것이다.

표준적인 세계 역사 서사의 가장 해로운 측면 가운데 하나는 바로 그것들이 모든 것을 고갈시키고, 인간을 종이로 만들어 세운 전형적인 배경 인물로 환원하며, 이슈들을 단순화하여(우리는 생래적으로 이기적이고 폭력적인가, 아니면 선천적으로 친절하고 협동적인가?) 그것 자체가 인간적 가능성에 대한 우리의 감지 능력을 훼손하고 나아가서는 파괴하도록 유도한다는 점이다. 그리하여 '고상한' 야만인은 결국 야만인과 똑같이 지루한 존재이고, 더 나아가 그들이 실제로 존재하지 않는 인물이라고 말하는 것이 그 서사의 핵심이다. 엘레나 발레로 본인은 이 점에 관해 완강했다. 야노마미족은 악마가 아니지만 천사도 아니라고. 그들은 우리와 똑같은 인간이라고.

이제, 우리는 여기서 분명히 해야 한다. 사회 이론은 언제나 약간은 단순화를 거치지 않을 수 없다. 가령, 거의 모든 인간의 행동에는 정치적 면모, 경제적 면모, 심리적–성적 면모 등등이 있다고 할 수 있다. 사회 이론은 대체로 우리가 오로지 논쟁을 위한 논쟁을 하면서 단 한 가지 일만 진행되고 있는 듯이 구는 허구의 게임이다. 본질적으로 우리는 그렇게 하지 않으면 눈에 보이지 않을 패턴들을 탐지하기 위해 모든 것을 만화로 환원한다. 그리하여 사회과학에서 실제로 이루어진 모든 진전은 다 끝나고 보면 좀 우스꽝스러운 것들을 말할 용기에 근거한다. 카를 마르크스, 지크문트 프로이트, 클로드 레비스트로스Claude Lévi-Strauss의 연구는 이 점에 관해 유달리 눈에 잘 띄는 사례들이다. 세계에 대해 뭔가 새로운 것을 발견하려면 세계를 단순화해야 한다. 그러나 그 발견이 이루어지고 한참 뒤에도 사람들이 계속 단순화한다면 문제가 생긴다.

홉스와 루소는 동시대인들에게 충격적이고 심오한 것들을 말해주었고, 상상의 문을 새로 열어주었다. 그러나 지금은 그들의 사상이 그저 지루한 상식에 불과하다. 인간사를 계속 단순화하는 행동을 정당화해줄 것은 그들에게 하나도 없다. 오늘날 사회과학자들이 과거의 세대들을 단순하고 2차원적인 캐리커처로 축소하는 것은, 우리에게 뭔가 독창적인 것을 보여주기 위해서라기보다 사회과학자들이 생각할 때 '과학적'으로 보이려면 그래야 하기 때문이다. 그러나 실제로는 그 때문에 역사가 빈곤해진다. 또 그 때문에 가능성을 감지할 우리의 감각도 빈곤해진다. 문제의 핵심으로 넘어가기 전에 예시 하나를 들어 이 서문을 마무리하기로 하자.

애덤 스미스Adam Smith 이후 내내 경쟁적 시장 교환의 현대적 형태가 인간 본성에 뿌리박고 있음을 입증하려고 노력하는 사람들은 '원시적 거래primitive trade'라는 것의 존재를 지목했다. 수만 년 전에 이미 물건들이—흔히 보석, 조개껍질, 또 다른 장식품—엄청나게 먼 거리를 이동했다는 증거가 발견된다. 이는 인류학자들이 나중에 전 세계에서 '원시적 통화'로 사용되었다고 보게 될 그런 물건들이었다. 이것이 분명 어떤 형태로든 자본주의가 모든 시대에 존재했음을 입증하는 것 아닐까?

이는 완전한 순환 논리다. 이 논리에 따르면, 귀중품들이 먼 거리를 움직인다는 것은 교역의 증거다. 교역이 발생한다면 어떤 종류든 상업적 형태를 띠지 않을 수 없다. 따라서 예를 들어 3,000년 전에 발트해 지역의 호박이 지중해까지 이동했다면, 혹은 멕시코만의 조개껍질이 오하이오까지 운송되었다면, 그런 사실은 곧 시장경제의 배아적 형태가 존재했다는 증거다. 시장은 보편적 현상이다. 따라서 시장이 분명히 존재했을 것이다. 따라서 시장은 보편적이다. 기타 등등.

그런 저자들이 실제로 말하고 있는 것은 그들 자신은 귀중품들이 움직일 다른 방식을 상상할 수 없다는 것이다. 하지만 상상력 부족은 논거가 될 수 없다. 그들은 마치 독창적으로 보이는 어떤 것을 제시하는 데 겁을 내거나, 설사 제시한다 하더라도 그런 것들이 정확하게 무엇인지 추측하지 못하도록 모호하게 과학적인 것처럼 들리는 언어('범지역적 상호작용 영역trans-regional interaction spheres' '다중 스케일적 교환 네트워크multi-scalar networks of exchange')를 써야 한다고 느끼는 것 같다. 그런데 사실 인류학에서는 시장경제와 조금도 비슷해 보이는 것이 전혀 없는 상황에서도 귀중품이 먼 거리를 이동하는 사례가 끝없이 나타난다.

20세기 민족지학의 토대가 된 교재인 브로니슬라브 말리노프스키Bronislaw Malinowski의 1922년 저작 《서태평양의 항해자들Argonauts of the Western Pacific》은 파푸아뉴기니 마심 제도의 '쿨라의 사슬kula chain' 속에서 남자들이 귀중한 가보 조개껍질인 암셸arm-shell과 목걸이(가장 중요한 것에는 고유의 이름과 그 이전 소유자들의 역사가 딸려 있다)를 서로 교환하기 위해 횡목을 단 카누를 타고 위험한 바다를 건너 과감한 원정을 떠나는 모습을 묘사한다. 이들은 이런 물건을 잠시 보유만 할 뿐, 다른 섬에서 원정단이 오면 그들에게 넘겨준다. 상속되는 귀중품은 수백 킬로미터 거리의 바다를 건너 사슬처럼 이어진 섬들을 끝없이 순환하며, 암셸과 목걸이는 그 반대 방향으로 순환한다. 외부인들의 눈에는 이 관행이 무의미해 보인다. 그러나 마심 제도의 남자들에게 그것은 궁극의 의미를 가진 모험이며, 이런 방식으로 자신이 한 번도 본 적 없는 장소에 자신의 이름을 퍼뜨리는 것보다 더 중요한 일은 없다.

이것이 '교역'인가? 아마 그럴지도 모른다. 하지만 그것은 교역이라는 단어가 가진 의미에 대한 평범한 이해의 범주를 무너뜨린다. 사실 그런 장거리 교환이 시장이 없는 사회에서 어떻게 작동하는지를 묘사하는 민족지학 문헌은 상당히 많다. 물물교환은 발생한다. 다양한 그룹들이 각자 특히 잘하는 것을 가져올 수도 있다. 한 그룹은 깃털 공예로 유명하며, 다른 그룹은 소금을 잘 만들고, 또 다른 그룹에서는 여성들이 전부 도공陶工이다. 이런 식으로 자신들이 직접 만들지 못하는 것들을 얻는다. 때로 어떤 그룹은 사람과 사물을 이리저리 옮겨주는 일을 전문으로 하게 될 것이다. 하지만 그런 지역적 네트워크는 대체로 친근한 상호 관계 그 자체를 위해 개발되는 경우가 많다. 또는 서로를 이따금씩 방문할 구실이기도 하다.[33] 그리고 그런 것이 '교역'과 전혀 비슷하지 않을 가능성은 그 외에도 충분히 있다.

사람들이 말하는 인류 과거에서의 '장거리 상호작용 구역long-distance interaction spheres'이라는 것이 실제로는 어떤 모습이었을지 독자들에게 맛보기로 그런 사례 몇 가지만 열거해보자. 모두 북아메리카에서 가져온 자료들이다.

1. **꿈 혹은 비전을 실현하는 원정**: 16세기와 17세기에 이로쿼이어를 쓰는 사람들 사이에서는 자신의 꿈을 문자 그대로 실현하는 것이 지극히 중요했다. 많은 유럽인이 인디언들이 며칠씩 집을 떠났다가 그들이 갖기를 바랐던 물건, 트로피, 수정, 심지어는 개 따위의 동물을 갖고 돌아오는 것을 보고 놀라워했다. 어떤 이웃이나 친척의 소유물(주전자, 장식품, 가면 등등)에 대해 꿈을 꾼 사람은 그것을 달라고 요구하는 것이 정상이었다. 그래서 그런 물건은 여러 도시를 돌아다니게 되는 경우가 흔했다. 대평원 지역에서는 어떤 희귀하거나 이국적인 물건을 찾아 먼 거리 여행을 하겠다는 결정이 비전 실현 원정의 일부가 될 수 있었다.[34]

2. **여행하는 치유사와 예능인**: 1528년에 조난을 당한 알바르 누녜스 카베자 데 바카Álvar Núñez Cabeza de Vaca라는 스페인인이 플로리다에서 출발하여 현재 텍사스가 된 곳을 지나 멕시코까지 갔

을 때, 그는 마법사와 치유사로 활동하면서 쉽게 다른 마을들로 (심지어는 서로 전쟁 중인 마을들로도) 넘어갈 수 있다는 것을 알았다. 북아메리카의 많은 지역에서 치유사는 동시에 예능인이기도 했고, 중요한 인맥을 맺는 경우가 많았다. 예능인이 자신의 목숨을 구해주었다고 생각하는 사람들은 일반적으로 자신이 가진 물건을 예능인에게 주고 그들 무리가 나눠 갖게 했다.[35] 그런 방식으로 귀중품들이 아주 먼 곳까지 쉽게 이동할 수 있었다.

3. **여성들의 도박**: 북아메리카의 여러 선주민 사회에서 여성들은 상습적으로 도박을 했다. 인근 마을의 여성들이 자주 만나서 주사위 놀이를 하거나 바가지와 자두 씨앗으로 놀이를 한다. 또 게임을 할 때 각자 가진 조개껍질 구슬이나 다른 개인 장신구 같은 것을 내기에 건다. 민족지학 문헌에 통달한 고고학자 워런 드보어Warren DeBoer는 아메리카 대륙의 절반에 흩어져 있는 수많은 현장에서 발견된 조개껍질이나 다른 이국적 물품들 가운데 많은 수가 매우 오랜 기간에 걸쳐 마을 사이에서 벌어진 이런 식의 게임에서 끝도 없는 도박에 내걸렸다가 잃게 된 물건일 것으로 추측했다.[36]

이런 사례는 계속 열거할 수 있다. 그러나 이쯤 되면 우리가 제기하려는 논점을 독자들이 대략 파악했으리라 짐작한다. 다른 시간대와 장소에 살던 인간이 무엇을 하는지 단순히 짐작만 할 때는 언제나 훨씬 덜 흥미롭고 특이한 맛이 없는 추측들이 나온다. 간단하게 말해, 실제로 벌어졌을 법한 것보다 인간적 면모가 훨씬 적다.

이어질 내용에 관해

이 책에서 우리는 인류의 새로운 역사를 제시할 뿐만 아니라 독자들을 새로운 역사학으로 불러들이려 한다. 그것은 우리 선조들의 인간성을 완전히 복원하는 학문이다. 우리는 인간이 어떻게 해서 불평등해졌는지를 묻기보다는 애당초 '불평등'이 왜 그처럼 이슈가 되었는지를 묻는 데서 시작할 것이다. 그런 다음 우리의 현재 지식 상태에 더 밀접하게 상응하는 다른 이야기를 점진적으로 구축하려 한다. 인간이 아주 작은 규모의 수렵 채집인 무리에서 살면서 과거 진화 역사의 95퍼센트에 달하는 기간을 보낸 것이 아니라면 그들은 그동안 무슨 일을 해왔는가? 농사를 짓고 도시에서 산다는 것이 곧 계층 질서와 지배 구조로 뛰어든다는 뜻이 아니라면 그것들은 어떤 함의를 가지는가? 대개 '국가'의 출현을 표시한다고 여겨지는 그 기간 동안 실제로는 무슨 일이 벌어지고 있었는가? 그런 질문들에 대한 답은 흔히 예측하지 못했던 것들이고, 인간의 역사가 지나온 경로가 단단하게 확정된 것이라기보다는 우리가 짐작하는 것보다 더 장난 같은 가능성들로 가득 찬 것임을 시사한다.

그렇다면 한 가지 의미에서 이 책은 고든 차일드가 과거 1930년대에 '신석기시대 혁명' 혹은 '도시 혁명' 같은 용어를 발명했을 때 했던 일과는 달리, 단순히 새로운 세계 역사를 쓸 기초를 놓으려는 시도다. 그런 시도이니 만큼 이 책은 서술의 수준이 고르지 않고 불완전할 수밖에 없다. 그러면서도 이 책은 또 다른 어떤 것이기도 하다. 이것은 올바른 질문을 찾아내기 위한 탐색이다. 만약 '불평등의 기원은 무엇인가?'라는 것이 역사에 대해 우리가 던져야 할 가장 큰 질문이 아니라면, 무엇이 그런 큰 질문일까? 한때 잡혀갔던 사람들이 다시 야생으로 달아나는 사연들이 명확하게 말해주듯, 루소가 완전히 착각한 것은 아니었다. 무언가가 사라졌다. 그것이 무엇인지에 대해 루소의 생각이 좀 특이했을 뿐이다(그래서 최종적으로는 틀렸다). 그렇다면 우리는 그것을 어떻게 특징지어야 할까? 그리고 그것은 실제로 어느 정도나 사라졌는가? 오늘날 사회 변화의 가능성에 대해 그것은 어떤 의미를 갖는가?

지금까지 약 10년간 우리는—그러니까 이 책의 두 저자는—바로 이 질문을 놓고 서로 대화를 계속해왔다. 이 책이 그 질문('사회적 불평등의 기원은 무엇인가?')의 역사적 뿌리를 추적하여 17세기에 있었던 유럽 식민지 개척자들과 아메리카 선주민 지식인들 사이의 일련의 만남으로 거슬러 올라가는 데서 시작하는 어딘가 흔치 않은 구조를 갖게 된 것은 이 때문이다. 그런 만남이 이제 우리가 계몽주의라 이름 지은 것, 그리고 인간 역사에 대한 우리의 기본적 개념에 미친 영향은 우리가 대개 인정하려 드는 것보다 더 미묘하면서도 심각하다. 우리가 알아낸 것처럼, 그것들을 다시 검토하는 일은 인간의 과거를 오늘날의 우리가 어떻게 해석하는지에 충격적인 영향을 미친다. 농경, 재산, 도시, 민주주의, 노예제, 문명 그 자체의 기원 등에 대한 해석도 모두 인간의 과거다. 결국 우리는 각자가 생각하는 진화를 적어도 어느 정도는 반영하게 될 책을 쓰기로 했다. 우리가 나눈 대화에서 진정한 돌파구는 루소 같은 유럽 사상가들로부터 완전히 벗어나서 그들에게 궁극적인 영감을 준 선주민 사상가들로부터 도출된 관점을 고려하기로 결정한 순간에 나타났다.

그러니 바로 그 지점에서 시작하기로 하자.

2

사악한 자유

선주민 비평과 진보의 신화

　장자크 루소는 우리에게 사회적 불평등의 기원에 관한 이야기를 남겼다. 그 이야기는 지금까지도 계속 되풀이하여 끝없이 변주되면서 회자되고 또 회자된다. 인간이 원래 가졌던 순진성에 관한, 그리고 원초적 단순성의 상태에서 어디로 향하는지도 알지 못한 채 기술적 발견의 여정을 떠나는 이야기다. 그러나 그 여정을 가다보면 우리는 궁극적으로 '복잡성'을 얻고 예속되지 않을 수 없다. 문명에 관한 이 양가적 이야기는 어떻게 생겨났는가?

　지성사가들은 역사의 위인Great Man 이론을 진정으로 포기한 적이 한 번도 없었다. 그들은 마치 어느 한 시대의 모든 중요한 이념들의 발원지를 누군가 특별한 개인, 플라톤이나 공자나 애덤 스미스나 카를 마르크스 같은 인물에게서 찾을 수 있는 것처럼 쓴다. 그런 저자들의 저술을 이미 술집이나 만찬장이나 공원에서(또는 강의실에서) 다루어지고 있던 토론에 개입한 탁월한 사례가 아니라, 그들이 없었더라면 절대 기록되지 않았을 어떤 것으로 보는 것이다. 그것은 윌리엄 셰익스피어가 영어라는 언어를 발명했다는 듯이 구는 것과 좀 비슷하다. 사실 셰익스피어가 구사한 가장 훌륭한 문장들 가운데 상당수가 당대에 흔히 쓰이던 표현이었음이 밝혀졌다. 그것들은 엘리자베스 시대의 영국 남녀라면 누구라도 일상의 대화에 썼을 법한 문장들이며, 그것을 누가 처음 썼는지는 누가 평범한 농담을 했는지만큼이나 불분명하다. 설령 셰익스피어가 아니었더라면 그런 문장들이 점차 사용되지 않고 아마 오래전에 잊혔을 것이라 해도 말이다.

이 모든 것이 루소에게 해당된다. 지성사가들은 때로 마치 루소가 1754년에《인간 불평등 기원론》을 씀으로써 그 개인이 사회적 불평등에 관한 논쟁을 출발시킨 것처럼 쓴다. 그러나 사실 그가 그 글을 쓴 것은 그 주제로 열린 논문 현상 공모에 내기 위해서였다.

유럽 중심주의에 대한 비판이 초래한 역효과로 선주민 사상가들이 꼭두각시가 될 가능성에 대해

1754년 3월, 디종 과학, 예술, 인문학 아카데미Académie des Sciences, Arts et Belles-Lettres de Dijon라 알려진 학회가 '인간에게서 불평등의 기원은 무엇이며, 그것은 자연법에 의해 정당화되는가?'라는 제목의 전국 논문 현상 공모를 공포했다. 이 장에서 우리가 하고 싶은 것은 다음의 질문이다. 앙시앵레짐하의 프랑스에서 전국 논문 현상 공모를 개최하는 학자 집단이 애당초 이 주제가 적절한 질문이라고 느낀 이유가 무엇일까? 어쨌든 그 질문이 제기된 방식은 사회적 불평등의 기원이 실제로 있다고 가정한다. 즉 인간 존재가 평등했던 시기가 있었으며, 그 뒤에 이런 상황을 변화시킬 어떤 일이 발생했음을 당연시한 것이다.

이는 사실 루이 15세 치하 같은 절대군주제 아래 살아가는 사람들에게는 아주 충격적인 일이다. 따지고 보면 당시 프랑스에서는 누구든 평등한 사회에서 살았던 개인적 경험은 별로 없었을 것이다. 당시의 문화에서는 인간의 상호작용의 거의 모든 면모―먹는 것, 마시는 것, 일, 사교 등―가 정교한 우선순위와 사회적 차별의 의례에 의해 드러났다. 이 현상 공모에 논문을 제출한 필자들은 하인들이 모든 필요한 일들을 처리해주는 생활을 해온 남자들이었다. 그들은 공작과 대주교의 후원을 받아 생계를 이었고, 어떤 건물에 들어가면서 그 안에 있는 사람들의 정확한 중요도 순위를 모르고 들어갈 일은 거의 없었다. 루소도 그런 남자였다. 야심적인 젊은 철학자인 그는 궁정에서 영향력을 펼쳐 앞길을 닦아보려는 정교한 기획을 하고 있었다. 본인이 사회적 평등성을 가장 가까이에서 맛보았을 기회는 만찬에서 똑같은 크기로 잘린 케이크 조각을 받을 때 정도였을 것이다. 그렇지만 당시에는 이런 상황이 어딘가 자연스럽지 않다는 데 모두가 동의했다. 항상 이렇지는 않았을 것이라고 말이다.

왜 그랬는지를 이해하고 싶다면 우리는 프랑스만이 아니라 더 큰 세계에서 프랑스가 차지하고 있던 위치도 봐야 한다.

사회적 불평등 문제에 대한 매혹은 1700년대에는 비교적 새로운 현상이었으며, 모든 면에서 오랫동안 별로 중요하지 않은 지역이던 유럽이 갑자기 세계경제 속으로 통합된 이후 벌어진 충격이나 혼란과 관련이 있었다.

중세에 세계 다른 지역에서 북부 유럽에 대해 조금이라도 아는 바가 있었던 사람들은 모두 그곳을 가끔씩 이웃들을 공격해대는 일('십자군 전쟁')을 제외하면 세계의 교역과 정치와는 대체로 무관한 종교적 광신자들로 가득한 외지고 그다지 매력 없는 후진 지역이라 여겼다.[1] 당시 유럽 지성인들은 그저 이제 막 아리스토텔레스와 고대 세계를 알게 된 수준이었고, 다른 지역에서 사람들이 무엇을 생각하고 토론하고 있는지 거의 알지 못했다. 물론 이 모든 상황은 15세기 후반, 포르투갈 함대가 아프리카를 돌아 인도양으로 돌진했을 때, 특히 스페인이 아메리카 대륙을 정복했을 때 변했다. 갑자기 유럽의 더 강력한 몇몇 왕국들이 지구상의 방대한 지역을 장악했고, 유럽 지성인들은 중국과 인도 문명뿐만 아니라 예전에는 상상도 못 했던 사회적·과학적·정치적 이념을 접하게 되었다. 이런 새 이념의 홍수가 초래한 최종 결과가 '계몽주의'라 알려진 현상이다.

물론 역사가들이 이런 상황에 대해 말해주는 방식은 대개 이와 다르다. 우리는 지성사를 대체로 위대한 책을 쓰거나 위대한 사유를 하는 개인들이 만들어낸 어떤 것으로 여기도록 배워왔다. 하지만 이런 '위대한 사상가들'은 거의 배타적으로 자기들끼리 서로를 참조하면서 이런 활동을 수행한 것으로 추정된다. 그렇기 때문에 계몽주의 사상가들이 외국의 자료에서 생각을 얻었다고 공개적으로 주장한 경우에도(독일 철학자 고트프리트 빌헬름 라이프니츠Gottfried Wilhelm Leibniz가 자국민들에게 중국식 행정 모델을 채택하자고 주장한 경우처럼) 동시대 역사가들은 그들이 진지하게 그렇게 생각한 것은 아니라고 주장하는 경향이 있었다. 또는 자신들이 중국이나 페르시아나 아메리카 선주민의 사상을 받아들인다고 말할 때도, 그것은 진짜 중국, 페르시아나 아메리카 선

모든 것의 새벽

주민의 사상이 전혀 아니라 그들 본인이 꾸며냈지만 이국적인 '타자'가 말하도록 했을 뿐이라고 주장했다.[2]

이런 것들은 놀랄 정도로 거만한 추정이다. 마치 '서구 사상'이라는 것(후대에 그렇게 알려진 형태의)이 너무나 강력하고 단일한 이념 집합체여서 다른 누구도 거기에 의미 있는 영향을 끼칠 수 없다는 듯하다. 또 명백히 사실이 아니기도 하다. 라이프니츠의 경우를 보라. 18세기와 19세기가 지나는 동안 유럽 정부들은 점차 모든 정부는 대체로 단일한 언어와 문화를 가진 인구를 제대로 지배해야 한다는 생각을 채택하게 되었다. 그 정부를 운영하는 것은 인문학을 공부하고 경쟁 시험을 치러 합격한 관료 공무원들이다. 그들이 그렇게 했다는 것이 놀랍게 보일 수도 있다. 그때까지 유럽의 어떤 역사시대에서도 그와 조금이라도 비슷한 것은 존재하지 않았으니까. 그러나 그와 거의 똑같은 시스템이 중국에서는 이미 여러 세기 전부터 시행되고 있었다.

우리는 라이프니츠와 그의 동료, 추종자 들이 중국식 행정 모델을 옹호한 것이 유럽인들이 그와 아주 비슷해 보이는 어떤 것을 채택했다는 사실과 정말 무관하다고 주장하려 하는가? 이 사례에서 정말 특이한 사실은 라이프니츠가 자신이 받은 지적 영향에 대해 매우 솔직했다는 점이다. 그의 생전에도 교회 당국은 여전히 유럽의 거의 모든 국가에서 엄청난 권력을 휘두르고 있었다. 비기독교적 방식이 어떤 식으로든 우월할 수도 있다는 주장을 펼치는 사람은 무신론자라고 고발될 위험이 있었다. 무신론은 사형에 처해질 수도 있는 범죄였다.[3]

불평등 문제도 대체로 마찬가지다. 우리가 '사회적 불평등의 기원은 무엇인가?'가 아니라 '사회적 불평등의 기원에 관한 질문의 기원은 무엇인가?'라고 묻는다면(달리 말한다면, 1754년에 디종 아카데미는 어찌하여 이것이 제기할 만한 적절한 질문이라고 생각하게 되었는가 하는 것이다), 우리는 즉시 멀리 떨어진 사회들, 특히 북아메리카 동부의 수림 지대에 있는 사회들의 본성에 관해 유럽인들이 논쟁해온 긴 역사를 맞닥뜨리게 된다. 게다가 이런 수많은 대화는 유럽인과 아메리카 선주민 사이에서 자유freedom, 평등의 본성, 또 이성과 계시종교의 본성에 관해 벌어진 토론을 참조하고 있다. 이런 주제들은 실제로 거의 모두가 나중에 계몽주의 정치사상의 중심이 된다.

여러 유력한 계몽주의 사상가들은 실제로 그 주제에 관한 자신들의 생각 가운데 일부가 아메리카 선주민들에게서 그대로 가져온 것이라고 주장했다. 비록 오늘날까지도 지성사가들은 그럴 리가 없다고 주장하지만 말이다. 이들의 추정에 따르면 선주민들은 완전히 다른 우주에서 살아왔고, 다른 현실에 거주했으며, 그들에 관해 유럽인들이 한 말은 모두 단순히 그림자극의 투영에 불과하며, 유럽 전통 그 자체에서 도출된 '고상한 야만인'의 환상이다.[4]

물론 그런 역사가들은 전형적으로 이런 입장을 서구의 거만에 대한 비평으로 간주한다. ('어떻게 당신은 인종 학살자인 제국주의자들이 곧 짓밟혀 없어질 사회에 속한 자들의 말에 실제로 귀를 기울인다고 주장할 수 있는가?') 그러나 그런 시각 역시 그 나름으로 서구적인 거만의 형태로 보일 수 있다. 유럽 상인, 선교사, 정착민 들이 자신들이 신세계라 부른 곳에서 만난 사람들과 실제로 긴 대화를 나누었다는 것은 의심의 여지 없는 사실이다. 또 그들과 오랜 시간 함께 살기도 했다. 그들의 파멸 계획에 공모하면서도 그랬다. 또 우리는 자유와 평등의 원리(몇 세대 이전의 그들 나라에는 거의 존재하지 않던 원리)를 포용하게 된 유럽 사람들 대다수가 이런 만남에 대한 해석과 설명이 자신들의 사유에 심오한 영향을 미쳤다고 주장했다는 것도 알고 있다. 그들이 옳았을 가능성을 부정한다는 것은 사실상 선주민이 역사에 어떤 실질적 영향도 미칠 수 없다고 주

　　　　　　　　모든 것의 새벽

장하는 것이나 마찬가지다. 그것은 사실 비서구인들을 어린아이 취급하는 방식이며, 바로 그 저자들이 비난했던 관행이다.

최근 들어 이런 추정에 도전하는 미국 학자들의 수가 점점 늘고 있다.[5] 그 대부분은 선주민의 후예다. 여기서 우리는 그들의 발자국을 따라가려 한다. 기본적으로 우리는 그 이야기를 다시 풀어볼 예정이다. 일단 유럽의 식민지 개척자들과 그들의 교섭 상대자인 선주민들이 벌인 대화에 참여한 모든 진영이 성인이며, 최소한 가끔씩은 그들이 서로의 말을 들었다는 가정에서 출발한다. 이 지점에서 출발하면 익히 알고 있던 역사도 갑자기 매우 다르게 보이기 시작한다. 사실 우리는 아메리카 선주민들이 점차 그들 나름으로 유럽의 제도에 대해 놀랄만큼 일관성 있는 비평을 개발했을 뿐만 아니라, 이런 비평이 유럽 자체에서 매우 진지하게 받아들여졌다는 사실을 알게 될 것이다.

그것이 매우 진지하게 받아들여졌다는 말은 과장이 아니다. 유럽의 청중들에게 선주민의 비평은 인간 해방의 가능성을 드러내며 그들의 체제에 가해지는 충격으로 다가갔다. 그 가능성의 문은 한번 열리고 나면 도저히 간과될 수 없는 것이었다. 실제로 그 비평에서 표현된 이념들은 유럽 사회가 구성된 기본 바탕에 너무나 큰 위협으로 받아들여졌기 때문에, 오로지 그것을 반박하기 위해 하나의 이론 체계 전체가 생성되었다. 곧 보게 되겠지만, 우리가 앞 장에서 요약했던 사연은 전부—사회가 점점 커지고 복잡해지면서 자유가 상실되는 인류 문명의 양가적 진보에 관한 우리의 표준 역사에 관한 메타 담화—대체로 선주민의 비평이 가하는 위협을 중화하려는 목적에서 발명되었다.

제일 먼저 강조해야 할 것은 '사회적 불평등의 기원'이란 중세에는 아무도 이해하지 못했을 문제였다는 사실이다. 지위와 위계는 태초부터 존재하는 것으로 전제되었다. 13세기의 철학자 토마스 아퀴나스에 따르면, 에덴동산에서도 아담의 서열이 분명 이브보다 높았다. '사회적 평등', 따라서 그 반대말인 불평등은 하나의 개념으로 존재하지 않았다. 최근 이탈리아의 두 학자가 진행한 중세 문헌에 대한 연구에 따르면, 콜럼버스 이전에는 라틴어에서 aequalitas나 inaequalitas, 또는 영어, 프랑스어, 스페인어, 독일어, 이탈리아어에서 그 단어에 상응하는 단어가 사회관계를 묘사하는 용도로 사용된 흔적이 없다. 따라서 중세 사상가들이 사회적 평등성 개념을 거부했다고 말할 수는 없다. 그들에게는 그런 것이 존재한다는 생각이 한 번도 떠오른 적이 없었던 것 같다.[6]

사실 '평등'과 '불평등'이라는 용어는 17세기 초반에 와서야 자연법 이론의 영향으로 통용되기 시작했다. 그리고 자연법 이론은 대체로 유럽이 신세계에서 얻어낸 발견들의 도덕적·법적인 의미를 두고 벌어진 토론 과정에서 발생했다.

코르테스Cortés와 피사로Pizarro 같은 스페인 모험가들이 더 높은 당국의 허가 없이 정복을 진행했다는 것을 기억해야 한다. 그 뒤에 본국에서는 유럽에 아무런 위협을 가하지 않은 사람들을 상대로 벌어진 그런 노골적인 공격이 진정으로 정당화될 수 있는지에 관해 치열한 논쟁이 벌어졌다.[7] 쟁점은, 예수의 가르침을 배울 기회를 가졌고 그래서 그 가르침을 능동적으로 거부했다고 추정할 수 있는 구세계의 비기독교도와 달리, 신세계의 거주민들은 단순히 기독교 사상을 한 번도 접하지 못했음이 아주 분명하다는 데 있었다. 그래서 그들은 이단자로 분류될 수도 없었다.

정복자들은 일반적으로 인디언들을 공격하기 전에 그들에게 개종하라고 요구하는 라틴어 포고령을 읽어주는 것으로 이 문제를 처리했다. 스페인 살라망카 대학교 같은 곳의 법학자들은 이 원정에 감동받지 않았다. 동시에, 아메리카의 거주민들을 전적으로 이방인이어서 아예 인간의 범주에 속하지 않는 존재로 치부하고, 그래서 문자 그대로 동물처럼 취급하려는 시도 역시 별로 환영받지 못했다. 법학자들은 식인종조차 정부와 사회, 법률을 갖고 있으며, 자신들의 (식인종적인) 사회적 설정을 옹호할 논리를 구축할 수 있으므로, 그들은 명백히 신에게서 추론의 능력을 부여받은 인간이라고 지적했다.

그다음에 법적·철학적 질문이 이렇게 형성되었다. 인간 존재가 순전히 인간이 됨으로써 갖는 권리는 무엇인가. 그러니까 그들은 '자연적으로' 어떤 권리를 가질 수 있는가라는 것이다. 설령 그들이 문자화된 철학이나 계시종교의 가르침에 무지하고, 성문법도 없는 자연 상태에 존재하더라도 말이다. 이 문제에 대해 치열한 논쟁이 벌어졌다. 여기서 우리가 자연법 이론가들이 내놓은 정확한 공식에 매달릴 필요는 없다(그들은 아메리카인들이 자연권을 가졌다는 것까지는 허용했지만, 어쨌든 그들에 대한 처우가 너무 폭력적이거나 억압적이지 않은 한 자신들의 정복을 정당화하는 데로 귀착했다). 그러나 이 맥락에서 중요한 것은 그들이 개념적인 문을 열었다는 데 있다. 토머스 홉스, 휘호 흐로티위스, 존 로크 같은 저자들은 다들 출발점으로 삼는 성경의 서사를 건너뛰고, 다음의 질문으로 시작할 수 있었다. 인간이 가진 것이 인간성뿐이라면, 자연 상태의 인간은 어떤 모습이었을까?

이런 저자들은 저마다 서반구에서 가장 단순한 사회라고 여겨진 것들을 자연 상태에 투입했고, 그럼으로써 인류의 원초적 상태는 좋은 쪽으로든 나쁜 쪽으로든(가령 홉스는 분명 나쁜 쪽이었다고 느꼈다) 자유와 평등 상태였다고 결론지었다. 여기서 잠시 멈추고, 이 평결을 내리게 된 이유를 살펴볼 필요가 있다. 그것이 결코 명백하거나 그럴 수밖에 없는 결론은 아니었기 때문이다.

　제일 먼저, 17세기의 자연법 이론가들이 단순해 보이는 사회들—
아스테카나 잉카 같은 도시형 문명이 아니라 북아메리카 동부 수림
지대의 알곤킨족Algonkians이나 카리브족Carib, 아마존족Amazonians 같
은 사회들—을 원시시대의 표본으로 확정했다는 사실은 우리에게는
명백해 보일 수도 있겠지만 당시에는 자명하지 않았을 것이다.

　왕 없이 삼림지대에 살며 석기만 사용하는 사람들을 만나본 그 이
전의 저자들은 그들을 어떤 식으로든 원시 부족이라 보았을 것 같지
는 않다. 스페인 선교사 호세 데 아코스타Jose de Acosta 같은 16세기 학
자들은 자신들이 만난 것이 어떤 고대 문명의 몰락한 흔적이거나 방
랑하던 중에 야금술과 시민 협치의 기술을 잊어버린 난민들이라고 결
론지었을 가능성이 크다. 모든 진정한 지식은 태초에 신이 준 것이며,
대홍수 이전에 도시들이 존재했고, 자신들의 지적인 삶을 대체로 고
대 그리스와 로마의 잃어버린 지혜를 복원하려는 시도라 여기는 사람
들에게는 그런 결론이 명백한 상식이었을 것이다.

　15세기에서 16세기에 걸친 르네상스 시대 유럽에서 역사는 진보
의 이야기가 아니었다. 그것은 대체로 재앙의 연속이었다. 자연 상태
라는 개념의 도입이 이런 모든 상황을 말 그대로 뒤엎은 것은, 적어도
금방 뒤엎은 것은 아니었지만 그래도 17세기 이후의 정치철학자들은
문명의 겉치레가 없는 인간을 타락한 야만인이 아닌 어떤 존재로, 일
종의 '날것 그대로인' 인간으로 상상할 수는 있었다. 그리고 이것은 또
그들로 하여금 인간이라는 것이 무엇을 의미하는지에 대한 새로운 질
문을 잔뜩 던지게 해주었다. 알아볼 만한 법률이나 정부 형태를 갖지
않은 사람들 사이에도 어떤 사회적 형태가 존재할까? 결혼은 존재할

까? 그것은 어떤 형태일까? '자연인'은 본성상 군집 생활을 할까, 아니면 서로를 기피하는 성향이 있을까? 자연종교 같은 것이 존재할까?

그러나 이런 질문은 지금도 남아 있다. 18세기 들어 유럽 지식인들은 왜 '인간들 사이의 불평등의 기원은 무엇인가?' 같은 질문이 완벽하게 자연스러워 보일 정도로 원시적 자유의 이념, 특히 평등 이념에 사로잡히게 되었는가? 그 시기 이전에는 사회적 평등이 가능하다고 생각조차 하지 못했던 것을 고려하면 이는 특히 이상해 보인다.

우선, 그에 대한 준비는 되어 있었다. 어느 정도의 민간의 평등주의는 중세에도 이미 존재했다. 그런 것은 사육제나 메이데이, 크리스마스 같은 대중 축제 기간에 표면에 드러났다. 그런 시기에 사회의 대다수가 '거꾸로 뒤집힌 세상'이라는 발상에 환호했고, 권력자와 당국이 땅바닥으로 추락하며 조롱당했다. 흔히 그런 명절은 원초적 '평등의 시대'로 돌아가는 순간으로 설정된다. 크로노스 혹은 사투르누스의 시대, 혹은 코케인의 땅land of Cockaygne[무한한 물질적 풍요와 끝없는 쾌락이 수고와 노력 없이도 주어지는 일종의 환락의 낙원―옮긴이]으로 돌아가는 것이다. 때로 대중 봉기도 이런 이념을 내세운다.

사실, 그런 평등주의 이념이 어느 정도로 평소에 획득된 위계적인 사회적 합의의 부작용인지가 분명해진 적은 한 번도 없다. 가령, 모두가 법 앞에 평등하다는 우리의 통념은 원래 모두가 왕 앞에, 혹은 황제 앞에 평등하다는 생각이 그 기원이다. 한 인간에게 절대 권력이 부여된다면, 다른 모든 사람은 동등한 비교 대상이 된다. 이와 비슷하게 초기 기독교는 모든 신도가 그들이 '주the Lord'라고 부르는 신 앞에서 (어떤 궁극적인 의미에서) 평등하다고 주장했다. 이런 예에서 보듯이, 일반 피조물이 그 밑에서 사실상 동등해지는 군림하는 권력은 피와 살로 된 실제 인간이어야 할 필요가 없다. '사육제의 왕'이나 '메이 퀸'을 옹

립할 때 핵심은 그들은 폐위되기 위해 존재한다는 데 있다.[8]

고전문학 교육을 받은 유럽인들은 그리스와 로마의 자료에 등장하는 오래전의 행복하던 평등 질서에 대한 성찰을 익히 알고 있었을 것이다. 그리고 평등이라는 개념은 적어도 기독교 국가들에서는 레스 푸블리카res publica, 혹은 코먼웰스commonwealth의 개념에서도 발견된다. 또 그런 개념도 고대에 선례가 있다. 이 모두는 평등한 상태가 18세기 이전의 유럽 지식인들이 전혀 상상하지 못할 일은 아니었음을 말해준다. 그러나 그중 어느 것도 왜 문명을 알지 못하는 인간들이 그처럼 평등한 상태로 살았으리라고 거의 보편적으로 추정하게 되었는지는 설명해주지 않는다. 사실 그런 이념은 고전의 선례가 있었다. 하지만 그 반대 주장도 똑같이 고전의 선례가 있었다.[9] 대답을 얻으려면 우선 아메리카의 거주민들이 우리와 똑같은 인간임을 확인하게 해주는 주장으로 돌아가야 한다. 아메리카 선주민들의 관습이 아무리 이국적이고 심지어 도착적으로 보일지라도 그들은 위의 주장을 지지하는 방향으로 논리적으로 자신들을 방어할 수 있었다.

우리가 주장하려는 것은 아메리카인 지식인들―'아메리카인'이라는 단어는 당시에 사용되던 방식대로 서반구의 선주민들을 지칭하는 용어로 쓰려고 한다. 그리고 '지식인'이란 추상적 관념에 대해 따지는 버릇이 있는 모든 사람을 지칭한다―이 이 개념적 혁명에서 실제로 어떤 영향력을 행사했다는 것이다. 이것이 특히 급진적인 이념으로 여겨지는 것은 매우 이상한 일이지만, 오늘날 주류 지성사가들 사이에서 이는 거의 이단으로 취급된다.

이것을 특히 이상하게 만드는 것은 그 누구도 유럽인 모험가, 선교사, 무역상, 정착민, 그리고 아메리카 해안에 자리 잡은 또 다른 사람들이 오랜 세월 동안 선주민들과 대화를 나누면서 그들의 언어를 배우고 그들의 기술을 갈고닦았다는 사실을 부정하지 않는다는 것이다. 아메리카 선주민들이 스페인어, 영어, 네덜란드어, 프랑스어를 배우는 수고를 한 것과 마찬가지다. 정말로 생소한 외국어를 배워본 사람이라면 그 누구도 배우는 과정에서 낯선 개념을 파악하기 위해 엄청난 상상적 노력이 소모된다는 사실을 부인하지 않을 것이다. 우리는 또 선교사들이 직업적 임무 수행의 일환으로 긴 철학적 토론에 참여했다는 것도 알고 있다. 양편 모두에서 여러 사람들이 단순히 호기심에서, 혹은 상대방의 관점을 이해해야 할 당면한 실무적 이유에서 상대편과 논의를 진행했다. 마지막으로, 여행기나 선교사의 보고서—흔히 그런 교류의 요약이나 발췌문을 담고 있는 것들—가 인기 있는 문학 장르였고, 교육받은 유럽인들이 열심히 읽은 문헌이라는 것을 부정하는 사람은 없을 것이다. 18세기 암스테르담이나 그르노블의 중산층 가정에는 모두, 책장에 적어도 《뉴프랑스의 예수회 보고서Jesuit Relations of New France》(프랑스가 차지한 북아메리카 식민지가 뉴프랑스라는 이름으로 알려져 있었다)와 먼 이국으로 떠난 항해자들이 쓴 글이 한두 편은 있었을 것이다. 그런 책들이 인정받은 것은 대체로 그 속에 놀랍고 일찍이 보지 못했던 이념이 들어 있었기 때문이었다.[10]

역사가들은 이 모든 상황을 알고 있다. 그런데도 유럽인 저자들이 이념과 개념, 논의를 선주민 사상가들로부터 빌려 왔음을 명백히 말할 때도 그런 말을 진지하게 받아들이면 안 된다고 결론짓는 사람이 압도적 다수다. 모두 일종의 오해나 가공일 뿐이고, 기껏해야 이미 존재하던 유럽적 사상을 순진하게 선주민에게 투사한 것에 불과하다는 것이다. 유럽인들의 서술에 등장하는 아메리카인 지식인들은 서구가 덧씌운 전형을 대변할 뿐인 것으로 보인다. '고상한 야만인'이거나, 또

사악한 자유

는 전복적 사상(이신론이나 합리적 유물론, 또는 결혼에 관한 비관례적 견해 같은 것들)을 소개한 탓에 곤경에 처했을 저자들이 끌어대는 그럴듯한 핑계로서 꼭두각시 역할을 하거나.[11]

확실히, 유럽 문헌에서 '야만인'의 것으로 치부되는 논의 가운데 키케로나 에라스뮈스의 글과 조금이라도 비슷해 보이는 부분을 만나면, 사람들은 자동적으로 어떤 '야만인'도 정말로 그런 사상을 전개했을 수는 없다고 짐작하게 된다. 아니면 문제의 그 대화가 실제로는 절대로 이루어지지 않았다고까지 생각한다.[12] 이런 사유 습관은 서구 문헌을 공부하고 키케로와 에라스뮈스를 익힌 사람들에게는 매우 편리하다. 그런 습관이 없었더라면 그들은 선주민들이 세상에 대해 어떤 생각을 하는지, 무엇보다도 그들이 유럽인에 대해 어떻게 생각하는지를 실제로 배워야 했을 테니까.

우리는 그 반대 방향으로 진행하려고 한다.

우리는 초기의 선교사들과 뉴프랑스, 특히 5대호 지역에서 작성된 여행기를 살펴보려고 한다. 이런 것들이 프랑스 사회에 대해 선주민들이 실제로 어떻게 생각하는지 알아보기 위해, 또 그 결과로 그들 자신의 사회를 어떻게 다르게 생각하게 되었는지를 알아보기 위해 루소 본인이 가장 자주 읽었을 글들이기 때문이다. 우리는 아메리카 선주민들이 침입자들의 제도를 매우 강하게 비판하는 견해를 전개했다고 주장하려 한다. 이 견해는 먼저 유럽의 제도에 자유가 없었다는 점에 집중하고, 나중에 그들이 유럽식 사회적 합의와 더 친숙해진 다음에야 평등성에 초점을 맞춘다.

선교사의 보고서와 여행기가 유럽에서 그토록 인기를 누린 이유는 엄밀하게 말해 그것이 독자들에게 일종의 비평을 제공했기 때문이었다. 그와 함께 사회적 가능성의 감각, 그러니까 자신들에게 친숙한 방식이 유일한 것이 아니라는 인식도 따라왔다. 이런 책은 매우 다른 방식으로 일을 처리하는 사회가 명백히 존재함을 보여주었다. 우리는 그처럼 많은 주요 계몽주의 사상가들이 개인 자유와 정치적 평등성에 대한 자신들의 이념이 아메리카 선주민들로부터 고취되었다고 주장한 데에는 이유가 있다고 말하려 한다. 그것이 사실이기 때문이다.

뉴프랑스의 주민들은 유럽인 침입자들을, 특히 관용, 사교성, 물질적 부, 범죄, 징벌, 자유의 문제에서 어떤 존재로 보았는가

'이성의 시대'는 토론의 시대였다. 계몽주의는 대화에 뿌리박고 있었다. 대화는 주로 카페나 살롱에서 이루어졌다. 계몽주의의 고전이라 할 문헌들은 대화록의 형태인 것이 많다. 대부분은 명백히 살롱에서 영감을 얻은 쉽고, 투명하고, 대화체인 스타일을 가꾸었다. (당시, 나중에 프랑스 지식인들의 특징으로 유명해지게 되는 모호한 문체로 글을 쓴 것은 독일인들이었다.) '이성'에 대한 호소는 무엇보다도 논의 스타일이었다. 프랑스혁명의 이념─자유liberty, 평등, 박애─은 그런 긴 토론과 대화 과정에서 취했던 바로 그 형태를 취했다. 여기서 다만 우리가 제안하려는 것은 그런 대화가 계몽주의 역사가들이 짐작하는 것보다 더 먼 과거로도 이어진다는 것이다.

이렇게 묻는 것으로 시작해보자. 뉴프랑스의 거주민들은 16세기에 자신들의 땅에 상륙하기 시작한 유럽인들을 어떻게 이해했는가?

당시에, 뉴프랑스라 알려진 지역에는 주로 몬타녜나스카피족Montagnais-Naskapi, 알곤킨족, 이로쿼이족Iroquois의 언어를 쓰는 주민들이 살고 있었다. 해안 가까운 지역에는 어부, 삼림 거주자, 사냥꾼 들이 살았는데, 대부분이 텃밭 농사도 지었다. 웬다트족Wendat(휴런Huron)은 바다에서 더 먼 내륙의 큰 강 계곡에 모여 살면서 요새화된 읍내 주변에서 옥수수, 스쿼시 호박, 콩을 길렀다. 흥미롭게도, 초기의 프랑스인 관찰자들은 그런 경제적 차이를 전혀 중요시하지 않았다. 특히 두 지역 모두에서 채집이나 농경은 대부분 여성들의 일이었기 때문이다. 그들은 남자들이 주로 수렵과 이따금씩 벌어지는 전쟁에 전념했음을 알아차렸다. 이는 남자들이 어떤 면에서는 태생적인 귀족으로 간주될 수 있다는 의미였다. '고상한 야만인'이라는 관념은 그런 평가에서 유래했을 수 있다. 원래 그것은 성품의 고상함을 가리키는 것이 아니라 단순히 인디언 남성은 수렵과 전투에만 관심을 갖는다는 사실을 가리켰다. 정착민들의 본국에서 이런 일은 귀족들이 했기 때문이다.

하지만 '야만인'이라는 캐릭터에 대한 프랑스인들의 평가가 단연코 잡다한 경향이 있었다 하더라도, 프랑스인들에 대한 선주민들의 평가는 그런 면이 확연히 덜했다. 예를 들면, 프랑스인 피에르 비아르Pierre Biard는 알곤킨어를 쓰는 노바스코샤의 미크마크족Mi'kmaq에게 복음을 전파하도록 파견된 전직 신학 교수였다. 그는 그곳의 프랑스 요새 근처에서 한동안 살았다. 비아르는 미크마크족을 높이 평가하지 않았지만 그런 감정은 상대편도 마찬가지였다고 보고했다. "그들은 자신들이 프랑스인보다 낫다고 여긴다. 그들이 말한다. '왜냐하면 당신들은 항상 서로 싸우고 다투기 때문이다. 우리는 평화롭게 산다. 당신들은 시기심이 많고 항상 서로를 죽이고 있다. 당신들은 도둑이고 거짓말쟁이다. 당신들은 탐욕스럽고, 관대하지도 친절하지도 않다. 우리는 빵 한 조각만 있어도 이웃과 나눠 먹는다.' 그들은 이런 이야기를 계속한다."[14] 비아르를 가장 짜증 나게 만든 것은 줄기차게 자신들이 프랑스인들보다 '더 부유하다'고 단언하는 미크마크족의 주장이었다. 프랑스인들이 물질적으로 더 많이 가졌다는 것은 미크마크족도 인정했다. 하지만 그들은 다른 더 큰 자산을 갖고 있었다. 바로 편안과 안식과 시간이었다.

20년 뒤 명상수도사Recollect Friar[15]인 가브리엘 사가르Gabriel Sagard는 웬다트족에 대해 이와 비슷한 글을 썼다. 사가르는 처음에는 웬다트족의 생활을 심하게 비판했다. 그는 그것이 원천적으로 죄에 물든 삶이라고 묘사했다(그는 웬다트 여성이 모두 자신을 유혹하려 한다는 생각에 사로잡혀 있었다). 그러나 체류가 끝날 무렵에는 그들의 사회적 합의가 여러 면에서 본국 프랑스의 것보다 우월하다는 결론에 도달했다. 뒤에 이어진 글에서 그는 분명히 웬다트족의 견해를 반영하고 있었다. "그들은 소송도 없고 이 생활에서 이득을 얻으려고 고생하지도 않는다. 그런 것을 얻으려고 우리 기독교도들이 가하는 그토록 많은 수고와 채워질 길 없는 탐욕에 대해 그들은 고요한 삶과 평화로운 성향에 입각하여 정당하고 합리적인 비난을 가한다."[16] 비아르가 관찰한 미크마크족과 비슷하게 웬다트족은 특히 프랑스인들이 서로에게 보이는 관용이 부족하다는 데 분개했다. "그들은 호의에 응답하며 읍과 마을에 거지가 한 명도 없도록 서로 필요한 것을 제공하며 도와준다. 그리고 프랑스에 그토록 궁핍한 거지가 많다는 이야기를 들은 그들은 그것을 아주 나쁜 일로 여겼고, 그것이 우리에게 자선의 마음이 부족한 탓이라고 생각하여 우리를 심하게 비난했다."[17]

웬다트족도 이와 비슷하게 프랑스인들의 대화 습관을 편견 섞인 눈길로 보았다. 사가르는 자신을 맞은 주인의 유창한 언변과 이성적인 논의 능력, 거의 매일 열리는 공동체 업무를 둘러싼 대중적 토론으로 연마된 기술에 놀라고 감명받았다. 이와 반대로 그의 집주인은 프랑스 남자들이 한데 모여 서로를 끊임없이 억압하고 대화 도중에 끼어들고, 빈약한 논리를 내세우고, 전체적으로(혹은, 넌지시) 별로 명석하지 못한 모습을 보여주던 것을 자주 언급했다. 프랑스인들은 혼자서 무대를 장악하려 애쓰고, 다른 사람들이 각자의 논지를 소개할 수단을 허용하지 않으며, 물질적인 생존 수단을 한손에 틀어쥐고 나누기를 거부한다. 아메리카인들이 프랑스인들을 일종의 홉스주의적인 '만인에 대한 만인의 투쟁' 상태에 사는 사람들로 보았다는 인상을 피하기 힘들다. (아마 이런 초기의 접촉 시기에 특히 아메리카인들이 만난 유럽인들이 대체로 선교사, 상인, 덫 사냥꾼, 군인, 그러니까 거의 남자로 구성된 집단이었다는 것은 언급해둘 만한 점이다. 처음에는 프랑스 식민지에 여성은 거의 없었고, 아이들은 더 적었다. 이 때문에 그들 사이의 경쟁과 상호 보살핌 부족이 더 극단으로 치닫게 되었을 것이다.)

사가르가 쓴 웬다트족과의 체류 기록은 프랑스와 유럽 전역에서 큰 영향력을 발휘한 베스트셀러가 되었다. 로크와 볼테르 모두 아메리카 사회에 대한 자신들의 묘사의 주요 출처로서 《휴런족 땅에서의 대여행Le grand voyage du pays des Hurons》을 인용했다. 여러 명의 저자가 썼고 훨씬 더 범위가 넓은 《예수회 보고서》는 1633년에서 1673년 사이에 나왔는데, 이 역시 유럽에서 널리 읽히고 토론되었다. 여기에도 웬다트족의 눈으로 본 프랑스인에 대한 이와 비슷한 충고가 실려 있다. 선교사가 제출한 이 71권짜리 현장 보고서에 관한 가장 놀라운 점 하나는 아메리카인도, 프랑스인 교섭자도 '평등'이라는 개념 자체에 대해서는 별로 언급하지 않았던 것으로 보인다는 점이다. 예를 들면 égal이나 égalité라는 단어는 거의 등장하지 않으며, 아주 드물게 등장하더라도 '성별 간의 평등'(예수회는 이 주제를 특히 추문으로 여겼다)을 지칭하는 경우뿐이다.

당시 상황은 이러했던 것으로 보인다. 문제의 예수회가 웬다트족 혹은 미크마크족이나 몬타녜나스카피족과 논쟁하는 중이었든 아니든, 그들 종족은 후대의 인류학자들이 평등하고 규모 작은 수렵 채집인 무리라고 본 형태로 조직되어 있었다. 웬다트족의 경우는 인류학적인 기준에서 평등하지 않다고 보일 수도 있는데, 공식적인 정치 관직과 전쟁 포로 계층이 있었기 때문으로 예수회는 포로를 '노예'라 불렀다. 반면 우리 귀에는 프랑스인들의 경쟁성과 이기심, 나아가 자유freedom에 대한 적대적 태도에 대해 불평하는 수많은 아메리카인들의 목소리가 들린다.

이런 교류에서 아메리카 선주민들이 일반적으로 자유로운 사회에서 살았고, 유럽인들은 그러지 못했다는 사실이 진정으로 토론의 주제가 된 적이 없었다. 양편 모두 이것이 사실이었다는 데 동의했다. 그들 사이의 의견 차이는 개인의 자유가 바람직한가 아닌가 하는 점에 있었다.

이는 아메리카인들에 대한 초기의 선교사들이나 여행자들의 설명은 오늘날의 거의 모든 독자에게 실로 개념적 이해가 어려운 지점이다. 우리 대부분은 본질적으로 우리와 이질적인 존재이며 미지의 타자이기도 한 아메리카 선주민들과 달리, 이 '서구' 관찰자들이 17세기 사람들이라 할지라도 그저 우리 자신의 좀 더 이른 버전이라는 생각을 당연시한다. 그러나 실제로는 이런 문헌의 저자들은 여러 면에서 우리와 전혀 다른 존재였다. 개인적 자유, 남녀의 평등, 성적 관습이나 대중 지배 등─혹은 그런 점에서는 심층심리학 이론 같은 주제도[18]─의 질문에 대한 대답으로 따지자면, 17세기 유럽인들보다는 아메리카 선주민들의 태도가 독자 여러분의 그것과 훨씬 더 비슷할 확률이 높다.

개인의 자유에 관한 이런 견해의 차이는 특히 크다. 오늘날 자유민주주의 체제에서 사는 사람이 자유를 반대하는 말을 하기는 거의 불가능하다. 적어도 추상적인 의미에서는 그렇다(물론 실제로는 우리의 생각은 대개 훨씬 더 균형 잡혀 있다). 이것은 계몽주의와 미국독립혁명과 프랑스혁명이 남긴 영속적인 유산 가운데 하나다. 우리는 개인의 자유란 원천적으로 좋은 것이라고 믿는 경향이 있다(비록 전면적 개인의 자유 위에 세워진 사회—경찰과 감옥, 또는 일체의 강제적 기구를 배제하려 하는—는 순식간에 무너져 격렬한 혼돈에 빠질 것이라고 보는 사람도 일부 있지만). 17세기 예수회는 확실히 이런 가정을 공유하지 않았다. 그들은 개인의 자유를 동물적인 것으로 간주하는 편이었다. 1642년에 예수회 선교사 르 죈Le Jeune은 몬타녜나스카피족에 대해 이렇게 썼다.

그들은 자신들이 야생 나귀 새끼와 같은 자유를 마땅히 생득적으로 누려야 한다고 생각한다. 자신들이 원할 때 외에는 누구에게도 종속되지 않는다. 그들은 내가 우리 대장을 두려워하는 점에 대해 100번이나 나를 꾸짖었다. 그들은 자신들의 대장과 웃고 장난도 치기 때문이다. 그들에게서 족장의 모든 권위는 그의 말에 달려 있다. 언변이 유창한 사람은 강력하다. 그가 설사 죽도록 떠들고 장광설을 늘어놓는다 해도 야만인들을 즐겁게 해주지 못한다면 복종시키지 못할 것이다.[19]

그러나 몬타녜나스카피족이 논의한 바에 따르면, 프랑스인들은 상급자들을 끊임없이 두려워하며 살아가는, 노예보다 별로 나을 것이 없는 존재였다. 그런 비판이 예수회의 보고서에 꾸준히 나타난다. 게다가 그런 기록은 유목민 무리에서 사는 사람들만이 아니라 웬다트족 같은 도시형 종족들에게서도 나온다. 뿐만 아니라 선교사들은 아메리카인들 편에서 볼 때 이 비판이 단지 말에만 그치는 것이 아님을 기꺼이 인정했다. 웬다트족의 정치인들은 부족민들이 원하지 않는 일을 강제로 시킬 수 없었다. 랄르망Lallemant 신부(그가 보낸 서신이 《예수회 보고서》의 원래 모델이 되었다)는 1644년에 웬다트족에 대해 이렇게 지적했다.

나는 세상에 그들보다 더 자유롭거나 자신들의 의지를 어떤 권력에든 복종시키는 능력이 그들만큼 결핍된 사람이 있다고 믿지 않는다. 이곳의 아버지들은 자녀들에 대한 통제력이 없고, 혹은 족장은 부족민을 통제하지 못하며, 혹은 그 나라의 법률도 주민들을 통제하지 못할 정도다. 단지 각자가 그런 것에 기꺼이 복속하는 경우는 예외다. 죄를 범한 자에 대한 처벌은 없으며, 자신의 생명과 재산이 위험에 처했다고 확신하지 못하면서 범죄를 저지르는 사람도 없다.(…)[20]

랄르망의 설명은 《예수회 보고서》에서 볼 수 있는 자료 가운데 일부가 당시의 유럽 청중들에게 정치적으로 얼마나 큰 도전이었는지, 또 왜 그처럼 많은 사람들이 그것에 매혹되었는지를 느낄 수 있게 한다. 살인자도 처벌을 면할 수 있다는 방침이 얼마나 큰 논란을 야기하는지에 대해 더 자세히 부연한 뒤, 그 선한 신부는 평화를 유지하는 수단이라는 점에서 웬다트족의 사법 시스템이 효과가 없지 않다고 인정했다. 사실 그 시스템은 놀랄 만큼 잘 작동했다. 웬다트족은 피의자를 처벌하기보다는 피의자의 가계 전체나 일족에게 보상을 떠맡겼다. 그렇게 함으로써 자신들의 친족을 통제할 책임이 모두에게 지워지게 된다. 랄르망은 "범죄로 인한 피해를 감당하는 것은 피의자가 아니라 개인들의 범행에 대해 보상해야 하는 모든 구성원이다."라고 설명한다. 휴런족 한 명이 알곤킨족이나 또 다른 휴런족 한 명을 살해한다면, 부족 전체가 모여 '그들이 겪을지도 모르는 보복을 막기 위해', 슬퍼하는 피해자의 친척들에게 줘야 할 선물의 수효를 의논한다.

랄르망의 서술에 따르면, 웬다트족의 '족장'은 "부족민들에게 필요한 것을 제공하도록 설득한다. 누구에게든 강제하는 일은 없다. 단지 자신들의 기여분을 공개하고 싶어 하는 사람들만 참여한다. 마치 각자의 부의 규모에 따라, 그리고 영예를 얻고 싶어서, 또 공공의 복지를 염려하는 것처럼 보이기 위해 서로 경쟁하는 듯 보이기도 한다". 랄르망은 "더 놀라운 것은 이런 형태의 정의가 이들 모두를 규제하며, 매우 온건한 방식임에도 프랑스에서처럼 범죄자 개인을 처벌하는 방법보다 무질서를 더 효과적으로 제어하는 것 같다는 사실이다"라고 인정한다. 그리하여 "개인들은 그들 자신의 의지 외에 다른 어떤 충동에도 복종하지 않고 어떤 법도 준수하지 않는 자유의 정신을 갖게 된다".[21]

여기서 언급해둘 만한 이야기는 많다. 하나는 그 서술은 일부 사람들이 실제로 부자로 여겨졌다는 사실을 명백히 한다는 것이다. 웬다트족 사회는 그런 의미에서 '경제적으로 평등'하지는 않았다. 그러나 우리가 경제적 자원이라 여기는 것과 여기서 부로 지칭되는 것 사이에는 차이가 있다. 전자에 속하는 자원인 토지의 경우, 가문이 소유하고, 여성들이 거기서 노동하며, 그 산물은 대체로 여성 집단에 의해 분배된다. 반면, 여기서 말하는 '부'란 왐펌wampum(롱아일랜드에서 나는 쿼호그 대합 껍질로 세공한 구슬을 엮은 끈이나 벨트 같은 것을 지칭하는 단어)이나 다른 보물 같은 것으로, 이런 물건은 주로 정치적 목적 때문에 존재했다. [왐펌은 북아메리카 북동부 지역에서 초기 식민지 무역의 통화로 사용되었지만 부족들 간 거래 용도로 쓰인 것은 아니다. 이들은 모든 외교적 행위에는 반드시 왐펌을 주고받는 과정이 포함되어야 한다고 보았다. 어떤 메시지를 전할 때 왐펌 벨트 위에서 행해졌고, 그럼으로써 벨트가 그 '말' 자체로 간주된다. 즉 왐펌은 각자가 주장한 것의 물질적 구현물로 간주된다. 이 왐펌을 교환하는 것이 가장 기본적인 대화 시작 방식이다—옮긴이]

부유한 웬다트족 남자는 주로 이와 같은 극적인 기회에 나누어주기 위해 그런 귀중품을 쌓아두었다. 토지와 농경 산물이든, 왐펌과 그 비슷한 귀중품이든, 어느 경우에도 물질적 자원이 권력으로 변형될 길은 없었다. 적어도 한 사람이 다른 사람을 위해 일하게 만들거나, 그들이 원치 않는 일을 강제로 하게 만들 만한 종류의 권력은 아니었다. 부의 축적과 교묘한 분배는 기껏해야 그 남자가 정치적 직위에 오르는('족장'이나 '대장'이 되는 것—프랑스인들의 기록은 이런 용어를 무차별적으로 쓰는 경향이 있다) 길을 더 쉽게 만들어주었을 뿐이다. 하지만 예수회 사람들이 모두 계속 강조했듯이, 단순히 정치적 직위를 쥐고 있다고 해서 다른 사람에게 지시할 권리를 갖는 것은 아니다. 혹은 더 정확하게 말하자면, 공직에 있는 사람은 자신이 원하는 대로 지시를 내릴 수 있지만, 그 누구도 그 지시를 따라야 할 의무가 없다.

물론 예수회 사람들에게 이 모든 것은 터무니없는 일이었다. 사실 선주민의 자유의 이념을 대하는 그들의 태도는 오늘날의 프랑스인들이나 캐나다인들의 그것과는 정반대다. 원칙적으로 자유freedom는 바람직한 이상理想이다. 랄르망 신부는 선주민의 현실에서는 그런 시스템이 아주 잘 작동한다고 기꺼이 인정하려 했다. 그로 인해 발생되는 무질서는 프랑스에서보다 훨씬 적었다. 그러나 예수회 사람들은 원칙적으로 자유에 반대했다고 그는 지적했다.

이는 말할 것도 없이 믿음의 정신과 아주 반대되는 성향이다. 믿음의 정신은 우리의 의지만이 아니라 마음, 판단, 그리고 인간의 감성sentiments을 우리의 감각에는 알려지지 않은 힘에, 지상의 것이 아닌 법률, 타락한 본성의 감성과 법에 전적으로 반대되는 법률에 복종시키라고 요구한다. 여기에 더해, 그들에게는 가장 공정해 보이는 부족국가의 법률이 기독교도의 삶의 순수성을 수천 가지 방식으로 공격한다. 그중에서도 결혼 방식에 대한 공격이 문제가 된다.[22]

《예수회 보고서》는 이런 내용으로 가득 차 있다. 논란에 휘말린 선교사들은 아메리카의 여성들이 자신의 신체를 완전히 마음대로 처리한다고 보고했다. 따라서 미혼 여성이 성적 자유를 누리고 기혼 여성은 뜻대로 이혼할 수도 있다는 것이었다. 예수회에는 이것이 터무니없는 일이었다. 그런 죄에 물든 행동은 자연적인 성향에 뿌리내린 더 일반적인 자유 원리의 연장이라 믿었으며, 내재적으로 치명적이라고 보았다. 어떤 사람의 주장에 따르면, '야만인들의 사악한 자유'는 '신의 법에 순응'하는 데 놓인 가장 큰 장애물이었다.[23] 심지어 '주lord' '서약' '복종' 같은 개념을 번역하기 위한 선주민의 용어를 찾기도 지극히 어려웠다. 그 기저에 있는 신학적 개념을 설명하는 것은 거의 불가능했다.

유럽인들은 아메리카 선주민들로부터 이성적인 토론, 개인적 자유, 인위적 권력의 거부 간의 관계에 대해 어떻게 배웠는가

그런데 정치적 기준에서 프랑스인들과 아메리카인들이 토론한 것은 평등이 아니라 자유freedom에 대해서였다. 《예수회 보고서》 총 71권에서 정치적 평등을 특정한 언급은 1648년에 있었던 어떤 사건에 대한 설명에서 지나치듯 나온 것뿐이다. 그것은 퀘벡시 근처에 살던 기독교화된 웬다트족의 정착지에서 일어난 사건이었다. 불법 주류를 잔뜩 싣고 지역사회로 들어가던 배 한 척이 소란을 일으킨 뒤, 총독은 웬다트족 지도부에 알코올성 음료의 금지에 동의하도록 설득하여 그 내용을 담은 포고령을 발표했다. 이 포고령의 배후에는 결정적으로 처벌의 위협이 깔려 있다고 총독은 지적했다. 랄르망 신부는 이 사건도 기록한다. 그가 볼 때 이것은 분수령이 될 만한 사건이었다.

태초부터 프랑스인이 나타날 때까지, 야만인들은 부족민들에게 뭔가를 그처럼 진지하게 금지하고, 아무리 가볍게라도 처벌을 가한다는 게 무슨 뜻인지 전혀 몰랐다. 그들은 자유로운 인간이며, 저마다 자신을 다른 사람과 똑같이 중요한 존재로 여긴다. 그들이 족장에게 복종하는 것은 자신들의 뜻에 맞을 때뿐이다.[24]

여기서 평등은 자유의 직접적인 연장이다. 사실 그것은 자유의 표현이다. 또 '법 앞에서의 평등'이라는 (유라시아식) 의미와 비슷한 면모는 거의 없다. 법 앞에서의 평등은 궁극적으로 지배자 앞에서의 평등이다. 그러니까 여기서도 똑같이 복종하는 자들 간의 평등이다. 이와 반대로 아메리카인들은 자신들이 보기에 적절한 명령에 복종하거나 불복할 자유를 똑같이 누린다는 점에서 평등하다. 웬다트족과 호디노쇼니의 파이브 네이션스Five Nations of the Haudenosaunee[온타리오호 주변에 살면서 이로쿼이어를 쓰는 세네카, 오네이다, 오논다가, 카유가, 모호크 등 다섯 부족으로 구성된 연합체―옮긴이]가 이룬 민주적 통치는 후대의 유럽 지도자들에게 큰 감명을 주었는데, 이것 역시 동일한 원리의 표현이다. 어떤 강압도 허용되지 않았다면, 그렇게 존재했던 사회적 결속력은 분명히 이성적인 토론, 설득력 있는 주장, 사회적 합의의 성립을 통해서 창출된 것일 수밖에 없다.

여기서 우리는 우리가 시작한 문제로 돌아간다. 개방적이고 이성적인 토론 원리의 신격화로서의 유럽 계몽주의라는 것 말이다. 웬다트족이 보인 논리적 전개의 탁월함에 대해(예수회원들의 설명에서도 줄곧 등장하는 주제다) 사가르가 투덜대면서도 보였던 존경심은 앞에서 언급한 바 있다. 이 지점에서 예수회원들이 가톨릭계의 지식인이었다는 점을 유념해야 한다. 고전 수사학과 토론 기술에 대한 훈련을 받은 예수회원들은 무엇보다 먼저 아메리카인들과 토론하고, 기독교 신앙의 우월성을 납득시키기 위해 그들의 언어를 익혔다. 그렇지만 그들은 수시로 자신들이 상대해야 했던 반박 논리의 수준에 깜짝 놀라고 감명받곤 했다.

바로Varro나 쿠인틸리아누스Quintilianus의 저술도 모르는 사람들이 어떻게 그런 수사학적 탁월성에 도달할 수 있었을까? 이 문제를 살펴보던 예수회원들이 거의 예외 없이 알게 된 것은 아메리카인들이 공적인 문제를 처리하는 개방적 태도였다. 1630년대에 캐나다의 고위급 예수회원이던 르 죈 신부는 이렇게 말했다. "그들 가운데 자신들의 지식 한도 내의 어떤 문제에 대해 우호적인 태도로 대화를 하거나 매우 훌륭하게 추론하지 못하는 사람은 거의 없었다. 마을에서는 거의 매일 위원회가 열렸고, 거의 모든 문제에 대해 이야기하는 능력이 개발되었다." 혹은 랄르망의 말을 빌리자면 이렇다. "솔직히 나는 이렇게 말할 수 있다. 지성의 문제에 관해 말하자면 그들은 유럽인들보다 그리고 프랑스에 사는 사람들보다 결코 덜 지혜롭지 않다. 나는 사람들이 다른 어떤 가르침도 받지 않고 오직 자연에게서 이처럼 잘 준비되고 열정적인 웅변 능력을 얻을 수 있으리라고는, 또 공적인 문제에 관한 더 명료한 관점이나 그들이 익숙한 일들에 대한 더 신중한 관리가 가능하리라고도 전혀 상상하지 못했다. 그런데 감탄스럽게도 수많은 휴런족 사람들은 그런 능력을 지니고 있었다."[25] 몇몇 예수회원들은 랄르망보다 더했다. 일말의 좌절감까지 느끼면서 그들은 이렇게 말했다. 신세계의 야만인들은 자신들이 본국에서 상대하던 부류의 인간들보다 어쩐지 더 영리해 보인다고("그들은 거의 모두가 업무, 연설, 예절, 통상, 술수, 섬세한 감각 등에서 프랑스의 약삭빠른 시민들이나 상인들보다 더 뛰어나다").[26]

그렇다면 예수회는 자의적 권력의 거부, 공개적이고 포괄적인 정치 토론, 이성적 논쟁을 즐기는 취향 사이의 본질적인 관련성을 명백히 깨닫고 인정한 것이다. 대부분의 경우에 사람들이 원치 않는 일을 하도록 강제할 수단을 절대 갖고 있지 않은 아메리카 선주민 정치 지도자들은 수사적 능력으로 유명했다. 이들과 맞서 인종 학살 작전을 추진하던 완고한 유럽 장군들도 그들의 유창한 발언을 듣고 눈물을 흘리게 된다고 보고하곤 했다. 그러나 설득력은 반드시 논리적 주장이라는 형태로 발휘되지 않을 수도 있다. 단순히 감성에 대한 호소, 열정 부추김, 시적 은유의 사용, 신화나 경구 속 지혜의 사용, 아이러니와 에두른 표현, 유머, 모욕의 구사, 혹은 예언이나 계시가 사용될 수도 있다. 그리고 이런 방법 중 무엇을 얼마나 우선시하느냐 하는 것은 그 발언자가 속한 수사적 전통에, 그리고 그 발언을 듣는 청중들의 추정된 성향에 전적으로 달려 있다.

이성적 토론에 그와 같은 무게를 실어준 것은 이로쿼이어를 쓰는 웬다트족이나 그 남쪽에 있는 호디노쇼니의 파이브 네이션스의 발언자들로 보인다. 그들은 그런 토론을 나름대로 즐거운 오락으로 여기기도 했다. 이 사실 하나만도 역사에 미치는 영향은 크다. 바로 이런 형태의 토론, 이성적이고, 회의적이고, 경험적이고, 대화체로 진행되는 토론이 얼마 지나지 않아 유럽 계몽주의와 동일시되기 때문이다. 그리고 예수회원들과 똑같이 계몽주의 사상가들과 민주 혁명가들도 그것을 원천적으로 자의적 권력, 특히 오랫동안 성직자들이 쥐고 있던 권력에 대한 거부와 관련되는 것으로 보았다.

지금까지 진행된 우리의 논의를 정리해보기로 하자.

17세기 중반 유럽의 법·정치 사상가들이 평등한 자연 상태라는 발상을 다루기 시작했다. 그것은 인간의 기본 존재 상태라는 최소한의 의미를 말한다. 그들의 생각에 따르면 이는 정부, 문자, 종교, 사유재산, 그 밖에 서로를 구별해주는 중요한 수단들이 없는 사회와 같은 기본 상태다. '평등'과 '불평등' 같은 용어는 지식인 서클에서 이제 막 통용되기 시작했다. 이 무렵 프랑스의 선교사들이 처음으로 현재의 노바스코샤와 퀘벡이 속한 지역의 거주민들에게 복음을 전파하러 나섰다.[27] 유럽의 독서 대중은 그같이 원초적인 사회가 어떤 모습일지 점점 더 호기심을 키우고 있었다. 하지만 그들은 자연 상태에서 살아가는 남녀가 이성적 회의주의자이자 개인 자유의 옹호자라고 생각하기는커녕 유독 '고상하다'고 상상할 특별한 성향도 없었다.[28] 그들을 그런 존재로 보게 된 것은 대화를 통한 만남의 산물이었다.

앞에서 보았듯이, 처음에는 양쪽 모두—뉴프랑스의 식민지인들이나 그들이 만난 선주민 교섭 상대자들이나—'평등'에 대해 할 이야기가 별로 없었다. 오히려 그들의 논의는 주로 자유liberty와 상호 지원, 혹은 자유freedom와 공산주의라 불릴 만한 내용에 집중되어 있었다. 우리는 공산주의라는 단어로 우리가 무엇을 의미하는지 분명히 해야 한다. 19세기 초반 이후, '원시적 공산주의'라 적절하게 일컬어질 수 있는 것이 있는지 없는지에 대해 활발한 토론이 이루어졌다. 이런

모든 것의 새벽

토론의 중심에는 거의 예외 없이 북동부 아메리카 수림 지대의 선주민 사회들이 있었다. 그런 토론의 기원은 프리드리히 엥겔스가 《가족, 사유재산, 국가의 기원The Origin of the Family, Private Property and the State》(1884)에서 이로쿼이족을 원시적 공산주의의 최고 모델로 든 데 있다. 여기서 공산주의란 항상 공동 소유권, 특히 생산 자원의 공동 소유를 가리킨다. 이미 보았듯이, 아메리카의 여러 사회들은 약간 모호하기는 해도 이런 의미에 해당될 수 있다. 여성들은 생산된 작물을 집단적으로 저장하고 소비했지만, 그래도 개인적으로 밭을 소유하고 경작했다. 남성들은 사냥한 동물과 전리품을 공유하는 것이 관습이었지만, 자신의 도구와 무기를 개인적으로 소유했다.

그러나 '공산주의'라는 단어를 쓰는 또 다른 방식이 있다. 자산 체제가 아니라 '능력에 따라 일하고, 필요에 따라 가져간다'는 원래 의미로 쓰는 것이다. 거기에는 또한 모든 사회에 적용되는 어떤 최소한의, '기본baseline' 공산주의가 있다. 다른 사람의 필요가 충분히 크다면(가령 물에 빠져 허우적대고 있다면), 그리고 그 필요를 충족시킬 대가가 그리 크지 않다면(밧줄을 던져달라고 부탁하는 정도라면), 정상적인 인간은 당연히 그 부탁을 들어줄 것이다. 이런 종류의 기본 공산주의는 인간이 가져야 할 사회성의 기초로 간주될 수도 있다. 불구대천의 원수가 아닌 한 이런 식의 요구를 거부할 사람은 없을 테니까. 이 공산주의에서의 변수는 그런 기본 공산주의가 적절하게 연장될 수 있는 한도가 어디까지라고 느끼는가에 있다.

많은 사회에서─그리고 당시의 아메리카 사회들도 거기에 포함되는 것으로 보인다─식량을 달라는 요구를 거절한다는 것은 생각도 못 할 일이었을 것이다. 그러나 17세기에 북아메리카에 거주하던 프랑스인들에게는 분명히 그렇지 않았다. 그들이 생각하는 기본 공산주의의 범위는 매우 제한적이었던 것으로 보이며, 식량과 주거로까지 확대되지 않았다. 아메리카인들에게는 이것이 대경실색할 일이었다. 그러나 우리는 앞에서 매우 다른 평등 개념의 대립을 목격한 것처럼, 여기서는 궁극적으로 매우 다른 개인주의 개념 간의 충돌을 목격하고 있다. 유럽인들은 끊임없이 이득을 추구하는 반면, 북동부 수림 지대의 사회들은 이와 반대로 자율적 삶의 수단을 서로에게 보장한다. 아니면 적어도 어떤 남녀도 타인에게 예속되지 않도록 보장한다. 우리가 공산주의를 말할 수 있다면, 그것은 개인의 자유에 반대되는 것이 아니라 그것을 지원하는 것으로 존재했다.

유럽인들이 5대호 주위의 대부분 지역에서 만난 선주민들의 정치 시스템에 대해서도 같은 말을 할 수 있다. 모든 것은 그 누구의 의지도 타인의 의지에 예속되지 않도록 보장하는 방향으로 작동했다. '평등'이라는 용어가 양쪽 사람들 사이에서 벌어지는 논의에 등장하게 된 것은 세월이 흘러 아메리카인들이 유럽에 대해 더 많이 알게 되고, 유럽인들이 아메리카식 개인의 자유 이념을 자신들의 사회로 번역하는 것이 어떤 의미일지 생각하게 된 뒤의 일이었다.

웬다트족의 철학자-정치가인 칸디아롱크는
어떤 사람인가? 인간의 본성과 사회에 관한
그의 시각은 유럽의 계몽주의 살롱에서
어떻게 새로이 생명을 얻었는가?
('분열생성'이라는 개념의 소개와 함께)

선주민 비평—유럽 사회에 대한 꾸준한 도덕적·지적 공격으로,

17세기 이후 아메리카 선주민 관찰자들이 널리 발언한 내용—이 어떻게 진화했으며, 그것이 유럽인들의 사유에 미친 전체 영향을 이해하려면 우리는 먼저 두 남자, 즉 라옹탕 남작Baron de la Hontan, 루이아르망 드 롬다르세Louis-Armand de Lom d'Arce라는 프랑스의 몰락 귀족과 칸디아롱크라는 비상하게 뛰어난 웬다트족 정치가의 역할에 대해 이해해야 한다.

1683년에 17세이던 라옹탕(나중에 이 이름으로 알려지게 됨)은 프랑스 군대에 입대하여 캐나다에 배치되었다. 그 뒤 10년 동안 그는 수많은 작전과 탐험 원정에 참여했고, 나중에는 총독-장군인 프롱트낙Fronte-nanc 백작의 부관이 되었다. 알곤킨어와 웬다트어 모두에 유창해지는 과정에서 그는 여러 선주민 정치인들과 가까운 친구가—적어도 그의 설명으로는—되었다. 라옹탕은 나중에 말하기를, 자신이 종교적 문제에서 회의적인 입장이 되었고, 예수회와 정치적으로 적대 입장에 섰기 때문에, 이런 선주민들이 기독교적 가르침에 대한 의견을 자신과 기꺼이 공유하려 했다고 주장했다. 그중 한 명이 칸디아롱크였다.

이로쿼이어를 쓰는 네 부족의 연합인 웬다트 연합체의 핵심 전략가인 칸디아롱크(그의 이름은 '사향쥐muskrat'를 뜻하며, 프랑스인들은 흔히 그를 그저 '쥐'라고 불렀다)는 당시에 복잡한 지정학적 게임에 개입되어 있었다. 그 게임은 영국인, 프랑스인, 호디노쇼니의 파이브 네이션스가 서로 맞서게 만들어 웬다트족에게 재앙이 될 호디노쇼니의 공격을 저지하려는 것이 원래 목적이었지만, 장기적으로는 유럽인 정착촌의 팽창을 막기 위해 선주민들의 포괄적인 동맹을 창출하려는 것을 목표로 했다.[29] 그를 만난 사람은 친구든 적이든 누구나 그가 진정으로 놀라운 인물, 즉 용감한 전사, 탁월한 연설가, 비상하게 숙련된 정치가였음을 인정했다. 그는 또 생의 마지막까지 기독교에 대한 강경한 반대자

였다.[30]

라웅탕 본인의 경력은 좋지 못하게 끝났다. 영국 함대에 맞서 노바 스코샤를 지켜냈는데도 총독과 충돌하는 바람에 프랑스 영토를 떠나야 했다. 불복종 죄로 궐석재판을 받은 그는 그 뒤 10년을 대부분 망명자 신세로 보냈고, 유럽 각지를 돌아다니며 고국인 프랑스로 돌아갈 길을 애써 모색했지만 성공하지 못했다. 1702년에 라웅탕은 암스테르담에서 무척 가난하게 살고 있었다. 그를 만난 사람은 그가 돈 한 푼 없는 비렁뱅이로 어디 속한 곳도 없이 첩자 노릇을 하더라고 전했다. 그러다가 그가 캐나다에서 겪은 모험을 다룬 책들을 연이어 출판하면서 상황이 변했다.

두 권은 그의 아메리카 모험담이었다. 세 번째 책은 《지혜로운 야만인 여행자와 나눈 신기한 대화Curious Dialogue with a Savage of Good Sense Who Has Travelled》(1703)라는 제목으로, 라웅탕과 칸디아롱크가 나눈 대화 네 편을 연속으로 실었다. 그 책에서 그 웬다트족 현인은 몬트리올, 뉴욕, 파리를 직접 본 자신의 민족지학적 관찰을 근거로 발언하면서, 유럽의 종교, 정치, 건강, 성생활에 대한 관습과 사상에 지극히 비판적인 눈길을 던진다. 이 책들은 폭넓은 독자를 얻었고, 오래지 않아 라웅탕은 상당한 유명 인사가 되었다. 그는 하노버 궁정에 자리를 잡았는데, 그곳은 라이프니츠의 본거지이기도 했다. 라이프니츠는 라웅탕과 친구가 되어 그가 병이 들어 1715년경 세상을 떠날 때까지 후원했다.

라웅탕의 저작에 대한 비판은 모두 그 대화가 허구이며, '아다리오Adario'(그 책에서 칸디아롱크를 가리킨 이름)가 발언했다고 소개된 논의가 실제로는 당연히 라웅탕 본인의 것이라고 추정한다.[31] 어느 면에서 이런 결론은 놀랍지 않다. 아다리오는 프랑스를 방문했을 뿐만 아니라 수도원 내의 정치부터 법률적인 문제에 이르는 모든 일에 대해 의

견을 제시한다. 종교에 관한 논쟁에서 그는 이신론理神論의 입장을 옹호하는 것처럼 들릴 때가 많다. 이 입장은 당시 유럽의 보다 과감한 지식인 서클에서 점점 더 인기를 얻고 있던 종류의 합리적 회의주의를 포용하면서 정신적 진실은 계시가 아니라 이성에 따라 추구되어야 한다고 주장한다. 또 라옹탕의 대화 스타일이 고대 그리스의 풍자 작가 루키아노스의 글에서 부분적으로 영감을 얻은 것은 사실이다. 또 당시 프랑스에서 교회의 검열권이 횡행했던 점을 고려할 때, 자유사상가가 기독교를 공격하는 글을 출판하려면 상상 속 외국인 회의주의자의 공격에서 신앙을 수호하는 척하는 대화를 구성한 다음 그를 모든 토론에서 반드시 패배시키는 것이 가장 쉬운 방법이었을 것이다.

그러나 최근 몇십 년간 선주민 학자들은 칸디아롱크 본인에 대해 알려진 바에 입각하여 자료를 재조명했고, 그리하여 매우 다른 결론에 도달했다.[32] 현실의 아다리오는 유창한 언변만이 아니라 라옹탕의 책에 기록된 바로 그런 종류의 유럽인들과 토론을 벌인 것으로 유명했다는 것이다. 바버라 앨리스 만Barbara Alice Mann의 지적에 따르면, 서구 학자들이 입을 모아 그 대화들이 상상의 산물이라고 주장하지만, "그것이 진짜였다고 받아들일 충분한 이유가 있다". 먼저, 칸디아롱크의 연설 기술과 눈부신 재치를 직접 본 사람들의 설명이 있다. 피에르드 샤를부아Pierre de Charlevoix 신부는 칸디아롱크를 "정신적 능력 면에서 아마 그 누구도 그를 능가하지 못했을 정도로" "유창한 화술을 타고난" 사람이라 묘사했다. 회의에서 비상한 능력을 발휘한 연설가인 그는 "사적인 대화에서도 마찬가지로 탁월했으며, [위원회 위원들과 협상자들은] 그를 도발하여 재치 있는 답변을 듣는 데서 즐거움을 느꼈다. 그의 답변은 언제나 활기차고, 재치로 가득했으며, 일반적으로 대답이 불가능한 수준이었다. 그는 캐나다에서 [총독] 프롱트낙 백작을 상대할 수 있는 유일한 인물이었고, 백작은 그를 자주 초대하여 식사를 함께 하면서 자신의 장교들에게 즐거움을 베풀 기회를 주었다".[33]

달리 말한다면, 1690년대에 몬트리올을 거점으로 한 총독과 그의 장교들은(아마 가끔 그의 부관이었던 라옹탕도 포함되었을 것이다) 계몽주의 살롱의 원조라 할 것을 개최하고, 칸디아롱크를 초대하여 거기서 《지혜로운 야만인 여행자와 나눈 신기한 대화》에 실린 것과 똑같은 종류의 문제들을 토론하게 했다는 것이다. 그리고 거기서 합리적 회의주의자의 입장을 취한 것은 칸디아롱크였다.

게다가 칸디아롱크가 실제로 프랑스에 갔다고 믿을 이유도 충분히 있다. 그러니까, 웬다트 연합체는 루이 14세의 궁정을 방문할 사절단을 1691년에 실제로 보냈다. 당시 칸디아롱크의 직위는 연합체 위원회의 대변인이었는데, 이 위치에 있던 그가 사절로 파견되었으리라는 추정은 논리적으로 타당하다. 아다리오가 유럽의 상황에 대한 깊은 지식과 유럽인의 심리에 대한 이해를 가졌다는 설정이 개연성이 낮아 보일지도 모르지만, 칸디아롱크는 여러 해 동안 유럽인들과의 정치적 협상에 참여해온 사람이었고, 주위 사람들과 정기적으로 모임을 열어 그들의 논리와 이해관계, 맹점과 반응을 예견해보곤 했다. 마지막으로, 아다리오의 것이라 지목된, 기독교에 대한, 그리고 더 일반적으로는 유럽의 방식들에 대한 수많은 비판은 대략 같은 시기에 이로쿼이어를 쓰는 다른 발언자들의 입으로 기록된 비판들과 거의 정확하게 일치한다.[34]

라옹탕 본인은 자신이 휴런호와 미시간호 사이의 해협에 있는 미칠리매키노에서 칸디아롱크와 다양한 주제로 대화를 나누던 중에, 혹은 그 후에 적어둔 메모를 근거로 《지혜로운 야만인 여행자와 나눈 신기한 대화》를 썼다고 주장했다. 나중에 그는 총독의 도움을 받아, 그리고 당연히 프롱트낙 본인의 식탁에서 벌어진 이와 비슷한 토론들에 대한 회상으로 보완된 이 메모들을 재구성했다. 그 과정에서 본문은 당연히 과장되고 윤색되었으며, 아마 라옹탕 본인이 암스테르담에서 최종 판본을 만들었을 때 또다시 변형되었을 것이다. 그러나 기본 논지는 칸디아롱크 본인의 것이라고 믿을 이유가 얼마든지 있다.

라옹탕은 자신의 《회고록Memoirs》에서 이런 논의 몇 가지를 예고한다. 그 책에서 그는 실제로 유럽에 가본 아메리카인들—여기서 그는 우선적으로 칸디아롱크 본인, 그리고 갤리선의 노예로 일해야 했던 과거의 수많은 포로들을 생각하고 있었을 것이다—이 돌아와서 문화적으로 우월하다는 유럽인들의 주장을 경멸했다고 지적한다. 그의 글에 따르면, 프랑스에 갔던 아메리카 선주민들은

(…) 우리 도시에서 잘못과 무질서를 보고는 우리가 돈에 놀아난다고 계속 놀렸다. 자산의 차이가 사회를 유지하는 데 얼마나 유용한지 그들에게 설명해봤자 소용이 없었다. 그들은 그 문제에 관해 당신이 하는 모든 이야기를 장난으로 취급한다. 간단하게 말해 그들은 서로 말다툼을 하거나 싸우지도 않고 중상모략하지도 않는다. 그들은 예술과 과학을 대수롭지 않게 여기고, 우리가 준수하는 지위의 차이를 비웃었다. 그들은 우리를 노예의 범주에 집어넣었고, 살 만한 가치가 없는 삶을 사는 비참한 영혼들이라 불렀다. 우리가 모든 권력을 손에 쥔 한 인간[국왕]에게 복종하며 다른 어떤 법도 아닌 오로지 그의 의지에만 구속됨으로써 스스로를 천하게 만든다고 비난했다.

다른 말로 하면, 여기서 우리는 최초의 선교사들이 상대해야 했던

유럽 사회에 대한 온갖 익숙한 비판들—시시한 다툼, 상호 지원의 결핍, 권위에 대한 맹목적 복종—을 보지만, 거기에 사유재산의 조직화라는 새로운 요소가 더해졌다. 라옹탕은 계속 말한다. "그들은 어느 한 사람이 다른 사람보다 더 많이 가지며, 부자가 가난한 자보다 더 많은 존경을 받는다는 것을 이해할 수 없다고 생각한다. 간단히 말해, 그들은, 우리가 그들에게 부여한 야만인이라는 이름이 우리에게 더 잘 어울린다고 말한다. 우리의 행동에 지혜의 모습을 보여주는 것이 전혀 없기 때문이다."

프랑스인의 사회를 가까이에서 관찰할 기회가 있었던 아메리카 선주민들은 자신들 사회와의 핵심적 차이, 상황이 달랐더라면 별로 눈에 띄지 않았을 차이 하나를 깨달았다. 그들 자신의 사회에는 부를 타인에 대한 권력으로 전환할 명백한 방법이 없는 반면(그래서 부의 차이가 개인의 자유에 아무 영향을 미치지 못한다), 프랑스에서는 상황이 극단적으로 달랐다. 소유에 대한 권력은 곧바로 인간 존재에 대한 권력으로 바뀔 수 있었다.

그러나 여기서 칸디아롱크 본인에게 무대를 맡겨보자. 《지혜로운 야만인 여행자와 나눈 신기한 대화》의 첫 주제는 종교 문제에 관한 것인데, 라옹탕은 자신의 분신으로 하여금 침착하게 기독교의 원죄와 구원 논리의 논리적 모순과 비일관성을 해체하고 지옥 개념에 특별한 관심을 쏟게 했다. 칸디아롱크는 복음서의 역사성에 대해 의심의 눈길을 던지면서, 기독교도가 끝없이 분파로 나뉘고 각 분파는 저마다 자신들이 전적으로 옳으며 다른 분파는 모두 지옥에 갈 것이라고 확신한다는 사실을 계속 강조한다. 그의 말을 살짝 맛보기로 하자.

칸디아롱크: 이보게, 형제여. 싸우자고 들지 마시게. (…) 기독교

도가 신성한 경전을 믿는 것은 당연하지. 어렸을 때부터 그 이야기를 너무나 많이 들어왔으니까. 그렇기는 해도, 그런 편견 없이 태어난 웬다트족 같은 사람들에게는 문제를 꼼꼼하게 따져보아 타당성이 없다면 아무것도 아닌 게 되어버리지.

그러나 예수회가 우리에게 위대한 혼령의 아들의 삶과 죽음에 대해 말해준 것들을 10년 동안 곰곰 생각해보았으니, 어떤 웬다트 부족민이든 그 개념에 반대하는 이유를 스무 가지는 들 수 있다네. 나로 말하자면, 신이 지상에 내려올 만큼 자신의 기준을 낮출 수 있다면, 그는 모든 사람을 바라보면서 그렇게 하게 될 것이고, 의기양양하게 온갖 치장과 장엄을 걸치고, 최대한 많은 사람들이 보는 앞에서 내려올 것이라고 항상 주장해왔네. (…) 그는 이 나라에서 저 나라로 막강한 기적을 수행하면서 돌아다니고, 그럼으로써 모든 사람에게 똑같은 법칙을 부여했겠지. 그러면 우리는 세계 사방에서 모두 똑같은 종교, 균일하게 전파되고 똑같이 알려진 종교를 갖게 되었을 것이고, 그때부터 1만 년 미래에 이르기까지 우리 후손들에게 이 종교의 진실성을 입증하게 되었겠지. 그런데 실제로는 그의 말과 달리 세상에는 오륙백 가지 종교가 있고, 모두가 다른데, 당신은 프랑스의 종교만 좋고, 신성하고, 진실하다고 하는군.[35]

마지막 구절은 아마 칸디아롱크의 가장 의미심장한 요점일 것이다. 전지전능한 존재가 자유의사에 따라 육신에 스스로를 가두어 끔찍한 고통을 겪었는데, 그 모두가 하나의 종種, 완전하지 못하게 설계된 존재, 그중 일부만 천벌에서 구원될 예정인 그런 존재를 위해 그렇게 한다는 예수회의 확신이 가진 지독한 자기중심성을 지적한 것이다.[36]

그다음에 법을 주제로 하는 장 하나가 이어진다. 거기서 칸디아롱크는 유럽 스타일의 징벌적 법은 영원한 천벌이라는 종교적 교리처럼 인간 본성의 그 어떤 내재적 타락에 의해서가 아니라, 이기적이고 탐욕스러운 행동을 권장하는 사회적 조직 형태에 의해 강요된다는 입장을 취한다. 라옹탕은 이에 반대한다. 이성이 모든 인간에게 동등하다는 것은 옳지만, 심판과 처벌의 존재 자체가 모두가 이성의 지시를 따를 수 있지는 않다는 사실을 보여준다는 것이다.

　라옹탕: 이것이 사악한 자가 처벌받아야 하고 선한 자가 보상받아야 하는 이유요. 그렇지 않다면 살인, 강도, 중상모략이 어디에든 확산될 것이며, 한마디로 우리는 지구상에서 가장 비참한 인간이 될 테니까.

　칸디아롱크: 내 입장에서 본다면, 나는 당신이 이미 그런 것보다 어떻게 더 비참해질 수 있는지 알기 힘들다네. 강제로 선해져야 하고 오직 처벌받을 두려움 때문에 악을 삼가야 하는 유럽인들은 어떤 종류의 인간이며, 어떤 종류의 존재인가? (…)

　당신은 우리에게 심판이 없다는 것을 보았지. 그렇게 되는 이유가 무엇인가? 글쎄, 우리는 서로에게 절대로 법적 소송을 걸지 않아. 왜 그렇게 하지 않는가? 돈을 받아들이거나 사용하지 않겠다는 결정을 내렸기 때문이지. 우리가 왜 공동체 안에 돈을 허용하지 않기로 했는가? 그 이유는 이렇다네. 법을 갖지 않기로 결정했기 때문이야. 왜냐하면, 세계가 생겨난 이래 우리 선조들은 법 없이 만족스럽게 살 수 있었기 때문이지.

　사실 웬다트족에 법률이 있었다는 점을 감안한다면, 이는 칸디아롱크가 솔직하지 못했던 부분이다. 그러나 그가 사용한 법이라는 용어는 분명히 강제적이거나 징벌적인 법이라는 의미였다. 그는 계속하여 프랑스 사법 시스템의 단점을 분석하며, 특히 사법적 처형, 위증, 고문, 마녀 심판, 빈자와 부자에 대한 차별적 정의 등을 성찰한다. 결론적으로 그는 자신의 원래 관찰로 돌아온다. 프랑스가 사람들이 나쁘게 행동하도록 권장하는 정반대의 제도를 유지하지 않는다면, 사람들이 좋은 행동을 하도록 강제하는 제도 전체가 불필요해질 것이라고. 그런 제도는 돈, 재산권, 그리고 그로 인한 물질적 자기 이익의 추구로 이루어진다.

칸디아롱크: 난 유럽 사회의 상태에 대해 6년 동안 숙고해왔는데, 아직도 그들이 비인간적이지 않게 행동하는 방식을 하나도 떠올릴 수 없다네. 난 정말로 '내 것'과 '네 것'을 당신들처럼 구별하는 방식을 고수하는 한 다른 길이 있을 수 없다고 생각하네. 당신들이 돈이라 부르는 것이 악마 중에서도 악마로 보이네. 프랑스의 독재자는 모든 악의 근원이며, 영혼의 재앙이고 산 자들의 도살장이지. 돈의 나라에서 살아가면서 자신의 영혼을 보존할 수 있다는 생각은 호수 바닥에서 생명을 유지할 수 있다는 생각과도 같다네. 돈은 사치, 색욕, 음모, 협잡, 거짓말, 배신, 불성실, 세상 모든 최악의 행동들의 아버지이지. 아버지는 자녀들을 팔아버리고, 남편은 아내를 팔고, 아내는 남편을 배신하고, 형제는 서로를 죽이고, 친구들은 가짜인데, 모두가 돈 때문이야. 이 점을 고려할 때, 우리 웬다트족이 은을 보기만 하고 건드리지 않은 것이 옳지 않았던가?

1703년의 유럽인들에게 이것은 매우 혼란스러운 문제였다.

나머지 대화의 많은 부분은 프랑스인이 유럽식 문명을 채택하는 데서 오는 이점을 두고 칸디아롱크를 설득하려 애쓰고, 칸디아롱크는 프랑스인이 웬다트식 삶의 방식을 채택하는 편이 훨씬 나을 것이라고 되받아치는 내용으로 이루어진다. 그는 말한다. 당신은 진심으로 내가 파리 주민들처럼 살면 행복할 거라고 생각하는가? 셔츠를 입는 데 오전 두 시간을 소모하고 화장을 하고, 어쩌다가 유산을 받고 태어난 뻔뻔한 멍청이들과 거리에서 마주칠 때마다 절을 하고 티격태격 살아가는 생활을 하는 게 행복할까? 당신은 정말로 내가 지갑 가득 주화를 갖고 있는데도 배고픈 사람에게 금방 나누어주지 않을 수 있을 거라고 생각하는가? 내가 검을 갖고 있는데도 빈민들을 끌어다가 해군으로 밀어 넣는 불한당을 보는 즉시 그것을 빼 들지 않을 거라고 생각하는가? 반대로 라옹탕이 아메리카식 삶의 방식을 채택한다면, 적응하는 데 시간이 좀 걸리겠지만, 결국 그도 훨씬 더 행복해질 것이라고 칸디아롱크는 그에게 말한다. (앞 장에서 보았듯이, 칸디아롱크가 옳았다. 선주민 사회에 받아들여진 정착민들 가운데 원래 사회로 돌아가고 싶어 한 사람은 거의 없었다.)

칸디아롱크는 유럽의 사회 시스템 전체가 해체되는 편이 훨씬 나을 것이라고까지 제안했다.

라옹탕: 당신이 살아가는 동안 한 번이라도 그들의 말을 들어보시오. 친구여, 유럽의 국가들이 금과 은 없이, 아니면 그와 비슷한 귀중한 상징물 없이는 살아남을 수 없음을 보지 못하오? 그것 없이는 귀족, 사제, 상인, 그 밖에 흙을 일구어 일할 체력이 없는 수많은 사람들이 그냥 굶어 죽지 않겠소. 우리의 왕들은 왕이 되지 못할 것이오. 그러면 우리에게 병사가 있겠소? 왕이나 그런 사람들을 위해 누가 일하겠소? (…) 그런 사태는 유럽을 혼돈 속으로 던져 넣고 상상할 수 없이 암담한 혼란을 창출하겠지.

칸디아롱크: 솔직히 당신은 귀족, 상인, 사제 들의 요구에 호소함으로써 내 마음을 흔들겠다고 생각하는가? 내 것과 네 것이라는 개념을 포기한다면 인간들 사이의 그런 구별도 해체되겠지. 평준화하는 평등이 지금 웬다트족에서 이루어지고 있는 것처럼 당신들 사이에서도 이루어지겠지. 그리고 이기심을 퇴치한 뒤 첫 30년 동안, 먹고 마시고 자고 쾌락만 누리던 자들이 고통을 겪고 죽는 동안 당신 세계가 어느 정도는 황폐해지겠지. 하지만 그런 세계의 탄생은 우리 방식의 삶에는 적합할 걸세. 그런 것이 인간의 정의여야 한다고 우리 웬다트족이 믿어온 성질들을 나는 거듭하여 제시했었네. 지혜, 이성, 형평성 등등. 그리고 그와 분리된 물질적 이해관계의 존재가 그 모든 것을 거꾸러뜨림을 입증했지. 이해관계에 따라 움직이는 인간은 이성을 가진 인간일 수 없네.

여기서 마침내 '평등'이 자의식적인 이상형으로 불려 나온다. 하지만 그것은 아메리카의 제도, 가치와 유럽의 그것들을 오랫동안 대립시켜온 결과로서, 그리고 유럽의 문명화 담론을 거꾸로 되돌리는 계산된 도발로서 불려 나왔을 뿐이다.

현대의 해석자들이 칸디아롱크를 그처럼 쉽게 궁극의 '고상한 야만인'으로(따라서 단순히 유럽식 환상이 투사된 존재로) 가볍게 취급할 수 있었던 이유 하나는 그의 주장 가운데 너무나 뻔하게 과장된 것이 많았기 때문이다. 웬다트족이나 다른 아메리카의 부족사회들이 법률을 갖고 있지 않았으며, 절대 다투지 않았고, 부의 불평등이 전혀 없었다는 것은 사실이 아니다. 그렇기는 해도, 우리가 보았듯이 칸디아롱크가 펴는 논리의 기본 입장은 북아메리카에 간 프랑스 선교사들과 개척지 정착민들이 다른 아메리카 선주민들로부터 들은 것과 완전히 일관되어 있었다. 《지혜로운 야만인 여행자와 나눈 신기한 대화》가 낭만적인 성향이 있기 때문에 그가 실제로 말한 것을 진실하게 반영하지 못한다는 주장은 곧 사람들이 스스로를 낭만적인 존재로 그리지 못한다고 추정하는 것이다. 하지만 그런 상황에 놓인 숙련된 토론자라면 누구나 그렇게 행동할 법하다. 그리고 모든 기록 자료는 칸디아롱크가 그들이 만난 사람들 중 아마 가장 숙련된 토론가였으리라는 사실에 동의한다.

1930년대로 돌아가면, 인류학자 그레고리 베이트슨Gregory Bateson 은 '분열생성schismogenesis'[이항 대립하는 두 요소가 서로의 차이를 극대화하는 방향으로 발전하는 경향을 말한다―옮긴이]이라는 용어를 통해 사람들이 서로를 반대함으로써 스스로를 규정하려는 성향을 설명했다.[37] 두 사람이 사소한 정치적 불일치점에 대해 논쟁을 벌였고, 각자 입장이 너무나 완강하다보니 한 시간쯤 지나자 결국은 이데올로기적으로 정반대 편에 서게 된 상황을 상상해보자. 심지어 오로지 상대방의 논점을 얼마나 철저하게 반박하는지를 보여주려는 목적만으로 일상적인 상황에서는 절대 받아들이지 않을 극단적인 입장을 취하기도 한다. 처음에 두 사람은 약간 다른 취향을 가진 온건한 사회민주주의자로 시작한다. 그러나 열띤 논쟁을 시작하고 몇 시간도 지나지 않아, 한쪽은 레닌주의자가 되고 다른 쪽은 밀턴 프리드먼[신자유주의 경제사상을 전개한 경제학자―옮긴이]의 옹호자가 된다. 토론에서 이런 식의 일이 일어날 수 있음을 우리는 안다. 베이트슨은 그런 과정이 문화적 차원에서 제도화될 수 있다고 주장했다. 파푸아뉴기니에서 남녀 아이들은 어찌하여 그처럼 판이하게 행동하게 되었을까? 아무도 남자아이와 여자아이가 어떤 식으로 처신해야 하는지 명시적으로 지시하지 않았는데도 말이다. 단지 연장자들을 따라 하는 것만이 아니었다. 남자아이들과 여자아이들이 저마다 다른 성의 행동이 불쾌하게 느껴짐을 알게 되고, 그들과 최대한 다르게 행동하려고 노력하기 때문이기도 하다. 처음에는 학습된 사소한 차이로 시작되지만 그런 차이점들이 계속 과장되어 여성들이 모든 면에서 스스로를 남성이 아닌 존재로 인식하고 실제로 그런 존재가 되는 것이다. 그리고 물론 남성들도 여성에 대해 똑같이 행동한다.

베이트슨이 관심을 가진 것은 사회 내에서의 심리적 과정이었지만, 그와 비슷한 것이 사회들 사이에서도 발생한다고 믿을 이유는 얼마든지 있다. 사람들은 스스로를 이웃과 대립시켜 규정한다. 그래서 도시인들은 더욱 도시적이 되고, 야만인들은 더욱 야만적이 된다. 만약 '민족적 성격national character'이라는 것이 정말 존재한다고 말할 수 있다면, 그것은 오로지 그런 분열생성적 과정의 결과로서만 존재할 수 있다. 영국인들은 프랑스인들과는 최대한 달라지고 싶어 하며, 프랑스인들은 독일인들과 최대한 달라지고 싶어 한다는 식이다. 적어도 그들이 서로 논쟁할 때는 단연코 모두 각자의 차이를 과장할 것이다.

17세기에 북아메리카 동부 해안을 따라 벌어지던 문명들 간의 그와 같은 역사적인 대면에서, 우리는 상충하는 두 절차를 보게 되리라고 예상할 수 있다. 한편으로는 분열된 양측의 사람들이 서로에게서 배우고 상대방의 사상, 관습, 기술을 받아들이리라는(아메리카인이 유럽식 머스킷 총을 쓰고, 유럽인 정착민들이 아동을 훈육할 때 더 관용적인 아메리카식 접근법을 쓰기 시작한 것처럼) 것이 당연히 예상된다. 동시에 그들은 거의 예외 없이 정반대 행동도 한다. 대조되는 지점들을 포착하고 그런 것을 과장하거나 이상화하여, 결국 어떤 측면에서는 자신들의 새 이웃과는 전혀 다른 방식으로 행동하려고 노력하기까지 한다.

칸디아롱크가 화폐의 문제에 집중하는 것이 그런 상황의 전형적인 예다. 오늘날까지, 볼리비아에서 타이완에 이르기까지, 전 세계 경제 속으로 통합된 선주민 사회들은 거의 예외 없이, 마셜 살린스Marshall Sahlins의 표현에 따르면, 백인들의 '돈에 입각한 삶의 방식'과 반대되는 방향으로 자신들의 전통을 설정한다.[38]

라옹탕의 책이 그처럼 성공하지 않았더라면 이 모든 것은 사소한 화젯거리에 그쳤을 것이다. 하지만 그 책들은 유럽인의 감수성에 엄청난 충격을 주게 된다. 칸디아롱크의 의견은 독일어, 영어, 네덜란드어, 이탈리아어로 번역되었고, 한 세기가 넘도록 여러 판본으로 계속 출판되었다. 자존감 있는 18세기 지식인이라면 거의 틀림없이 그 책들을 읽었을 것이다. 또 비슷비슷한 글이 넘쳐나는 계기가 되기도 했다. 1721년 무렵, 파리의 극장 애호가들은 델릴 드 라 드레베티에르Delisle de la Drevetière의 희극인 《야만인 광대L'Arlequin sauvage》를 보러 몰려들었다. 이는 한 젊은 선장이 프랑스에 데려온 웬다트족의 이야기로, 주인공은 프랑스 사회의 악을 사유재산, 돈, 특히 빈민을 부자들의 노예로 만드는 괴물 같은 불평등 탓으로 돌리며 분노에 찬 긴 독백을 선보인다.[39] 그 희곡은 그 뒤 20년 동안 거의 매년 재공연되었다.[40]

더욱 놀라운 것은 프랑스 계몽주의의 주요 인물 거의 모두가 자신의 사회에 대해 어떤 상상 속 외부인의 시각에서 라옹탕 스타일의 비평을 시도해보았다는 사실이다. 몽테스키외는 페르시아인을 골랐고, 다르장d'Argens 후작은 중국인, 디드로는 타히티인, 샤토브리앙은 나체즈인[미국 미시시피주 지역에 살던 아메리카 선주민 부족─옮긴이], 볼테르의 《랭제뉘L'Ingénu》는 웬다트와 프랑스 혼혈인을 선택했다.[41] 모두가 칸디아롱크에게서 그대로 빌려 온 주제들과 논지들을 선택하여 발전시켰고, 여행기에 실린 다른 '야만인 비평가들'의 구절로 보완했다.[42] 실제로, '서구인의 시선'이라는 것―그러니까 낯설고 이국적인 문화를 이성적이고 객관적으로 바라본다고들 말하는 방식으로 나중에 유럽 인류학의 특징으로 규정된 것―의 진짜 기원이 여행기가 아니라, 이런 상상적인 회의주의적 선주민들에 대한 유럽인들의 서술에 놓여 있다는 주장이 강력하게 제기될 수 있다. 유럽 그 자체의 이국적인 호기심의 대상에 대해 눈썹을 찡그리고 내재적으로 바라보는 것이다.

아마 이 장르에서 가장 인기 있었던 책 한 권을 들라면 1747년에 출간된《어느 페루 여성의 편지Letters of a Peruvian Woman》일 것이다. 저명한 살롱 여주인인 그라피니Graffigny 부인이 쓴 것으로, 상상 속의 납치된 잉카 공주의 눈으로 프랑스 사회를 바라보는 내용이다. 여성이 주인공이면서도 주인공의 결혼이나 죽음으로 끝나지 않는 최초의 유럽 소설이라는 점에서 페미니즘의 이정표 같은 책으로 간주된다. 그라피니의 잉카인 여주인공 질리아는 가부장제에 대해 그런 것만큼이나 유럽 사회의 허영과 부조리에 대해서도 비판적이다. 19세기에 그 소설은 일부 지역에서 국가사회주의라는 개념을 일반 대중에게 소개한 첫 작품으로 기억되었다. 질리아는 왜 프랑스 국왕이 온갖 종류의 중과세를 매기면서도 사파 잉카Sapa Inca[사파는 쿠스코 잉카의 지배자를 부르는 칭호―옮긴이]와 같은 방식으로 단순히 부를 재분배하지 못하는지 의아해했다.[43]

1751년에 자기 책의 2판을 준비하던 그라피니 부인은 다양한 친지들에게 편지를 보내 수정에 대한 의견을 부탁했다. 편지를 받은 사람 중 하나가 23세의 신학교 학생이자 신진 경제학자인 A. R. J. 튀르고A. R. J. Turgo였다. 그가 보낸 답장이 남아 있는데, 길고 매우 비판적인(건설적이지만) 내용을 담고 있다. 튀르고의 서한은 본인의 지적 발전 과정에서 결정적인 순간을 표시한다는 점에서 지극히 중요하다. 이 지점에서 인간의 사유에 대한 그의 가장 장기적인 공헌—물질적 경제 진보라는 이념—이 역사의 일반 이론이라는 방향에서 이루어지기 시작했기 때문이다.

튀르고가 말하는 조물주 같은 힘에 대한, 그리고 그가 유럽 문명에 대한 선주민 비평을 뒤집어 사회적 진화에 대한 거의 모든 현대적 견해의 기초를 놓은 방식에 대한 설명
(혹은, '자유'에 관한 논의는 어떻게 '평등'에 관한 논의가 되었는가)

잉카제국은 도저히 '평등주의적'이라고는 할 수 없다. 실제로 그 나라는 제국이었다. 그러나 그라피니 부인은 그곳을 자애로운 전제주의로 표현했다. 모두가 궁극적으로는 왕 앞에서 평등한 곳이라고. 질리아의 프랑스 비판은 칸디아롱크의 전통에 따라 작성된 모든 상상적 외부인의 비판처럼 프랑스 사회에서의 개인적 자유의 부족과 그 폭력적 불평등에 집중한다.[44] 하지만 튀르고는 그런 생각이 불편하고 위험하기까지 하다고 보았다.

이론상으로는 튀르고도 인정했다. 그래, '우리는 모두 자유와 평등의 이념을 사랑하지'. 하지만 더 넓은 맥락을 고려해야 한다. 현실에서는 야만인들이 누리는 자유와 평등은 그들의 우월성의 상징이 아니다. 그것은 모든 가정이 대체로 자급자족적이며 따라서 모두가 똑같이 가난한 사회에서만 가능한 것이므로 열등성의 상징이다. 튀르고는 이렇게 과감하게 발언했다. 튀르고의 추론에 따르면, 사회가 진화하면서 기술이 진보한다. 개인들 간의 재능과 능력의 선천적인 차이(항상 존재했던 것)가 점점 더 커지고, 결국 그것은 더 복잡해지는 노동 분업의 기초를 형성한다. 우리는 웬다트족과 같은 단순한 사회에서 우리의 복잡한 '상업적 문명사회'로 진보한다. 우리 사회에서 일부 구성원의 가난과 박탈은—아무리 통탄스럽다 해도—전체 사회의 번영을 위한 필요조건이다.

튀르고는 그라피니 부인에게 보낸 답장에서 그런 불평등을 피할 길은 없다고 결론지었다. 그의 말에 따르면, 유일한 대안은 잉카 스타일로 대대적인 국가 개입을 통해 사회적 여건을 균일하게 창출하는 것이다. 모든 주도권을 압살하고 그럼으로써 경제적·사회적 재앙을 낳게 되는 강제적 평등을 실현한다는 것. 이 관점에서 볼 때, 튀르고는 그라피니 부인에게 소설을 고쳐서 책의 끝에서는 질리아가 이런 끔찍한 의미를 깨닫게 하라고 제안한 것이다.

놀랄 일도 아니지만, 그라피니는 그의 조언을 무시했다.

몇 년 뒤, 튀르고는 일련의 세계사 강의에서 이 사상을 다듬게 된다. 그는 이미—상당한 기간 동안—전반적인 사회적 발전을 위한 추동력으로서 기술적 진보가 무엇보다 중요함을 주장해왔다. 이런 강의에서 그는 이 주장을 발전시켜 경제적 발달 단계를 단정적으로 제시하는 이론을 만들었다. 그는 사회적 진화가 항상 수렵에서 시작하여 목축으로 넘어가고, 그다음에는 농경으로 나아갔다가, 마지막에는 당대와 같은 도시 상업 문명의 단계에 도달한다고 추론했다.[45] 여전히 수렵인이나 목축인, 단순한 농부로 살아가는 사람들은 사회 발전의 이전 단계의 흔적으로 보는 것이 가장 좋다.

이런 식으로 사회 진화의 이론—지금은 너무나 익숙해서 우리가 그 기원에 대해서는 거의 생각도 하지 않지만—이 처음 유럽에서 가공되었다. 그것은 선주민 비평의 위력에 대한 정면 응답이었다. 몇 년 안에, 모든 사회를 네 단계로 나눈 튀르고의 해결책이 그의 친구이자 지적 동지인 글래스고의 애덤 스미스의 강의에도 등장했고, 케임스Kames, 애덤 퍼거슨Adam Ferguson, 존 밀러John Millar 같은 스미스의 동료들에 의해 인간 역사에 대한 일반 이론으로 가공되었다. 새 패러다임은 얼마 안 가서 유럽 사상가들, 더 일반적으로는 유럽 대중이 아메리카 선주민을 생각하는 방식에 깊은 영향을 미치기 시작했다.

이전에 북아메리카에서의 생존 양식과 노동 분업이 중요하지 않거나 기껏해야 부차적인 의미밖에 갖지 못하는 문제라고 여겼던 관찰자들은 이제 그것들이 유일하게 중요한 문제라고 추정하기 시작했다. 모든 사람은 똑같은 거대한 진화의 사다리에 따라, 식량을 얻는 1차적인 양식에 의거하여 분류될 터였다. '평등한' 사회란 이 사다리의 맨 아래로 내몰렸고, 거기서 기껏해야 우리의 먼 선조들이 어떻게 살았을지에 대한 약간의 통찰을 제공했을 뿐이었다. 그러나 부유하고 강력한 사회의 주민들이 현재에 어떻게 처신해야 하는지를 논하는 대화의 대등한 상대로 대접받지 못했던 것은 확실하다.

잠시 지금까지 나온 이야기들을 정리해보자. 살펴본 대로, 1703년에서 1751년 사이에 유럽 사회에 대한 아메리카 선주민들의 비판은 유럽의 사유에 엄청난 영향을 미쳤다. 유럽의 관습에 처음 노출되었을 때 아메리카인들이 불쾌감과 혐오감을 광범위하게 표현하면서 시작되었던 것이 포르투갈어에서 러시아어에 이르는 수십 가지 언어로 수많은 대화를 거치며 차츰 진화하여, 권위, 건강, 사회적 책임, 그리고 무엇보다도 자유freedom의 본성에 대한 논의로 발전했다. 프랑스의 관찰자들은 거의 모든 아메리카 선주민들이 개인의 자율성과 행동의 자유를 최고의 가치로 본다는 것—어떤 인간 존재가 다른 존재의 의지에 복종하는 일을 최소화하는 방식으로 자신의 삶을 운영하며, 그런 이유로 프랑스 사회를 본질적으로 파벌적 노예의 삶으로 본다는 것—을 명백히 깨달으면서 수많은 다른 방식으로 반응했다.

예수회 같은 일부는 자유의 원리를 직설적으로 비난했다. 다른 사람들—식민지 정착민, 지식인, 본국의 독서 대중—은 그것을 도발적이고 매력 있는 사회적 제안이라 보았다. (덧붙여 말하는데, 이 문제에 관한 그들의 결론은 선주민 집단에 대한 감정과는 별 관계가 없다. 그들은 선주민 학살을 기꺼이 방관했다—비록, 공정을 기하기 위해 말하자면, 양편으로 나뉜 지식인 진영 가운데 외국인들에 대한 공격을 강하게 반대한 대중적 인물도 있기는 했지만.) 사실 유럽의 제도에 대한 선주민 비평은 위력이 너무나 강해 기존의 지적·사회적 합의를 반대하는 사람이라면 누구나 최고의 무기로 선택할 법했다. 앞에서 보았듯이, 그것은 위대한 계몽주의 철학자라면 거의 모두가 참여한 게임이었다.

그 과정에서 자유에 대한 논의도 점점 평등에 관한 논의로 변해갔다. 라옹탕과 칸디아롱크에게서는 이런 변화가 이미 일어나고 있었음을 우리는 알고 있다. 하지만 무엇보다도 '야만인'의 지혜에 대한 그 모든 호소는 여전히 기득권의 오만에 도전하기 위한 방식이었다. 그 오만은 교회의 판단과 그것이 떠받들던 기득권 세계를 유지하는 중세적 확실성이 기독교의 정론을 수용한 것인 만큼 지구상의 다른 누구보다도 반드시 더 우월하다는 데 기인한다.

튀르고의 사례는 그런 특정한 문명과 진화와 진보의 개념—지금까지 우리가 계몽주의 사상의 핵심으로 생각해온 것들—이 실제로는 그 비판적 전통에서 상대적으로 얼마나 늦게 등장했는지를 알려준다. 무엇보다도 이는 이런 개념들의 발전이 선주민 비평의 위력에 대한 직설적인 반응으로 나타났음을 보여준다는 점이 가장 중요하다. 실제로 계몽주의 사상가들이 뒤집어엎고, 뒤흔들어 주변으로 내몰려 했던 유럽 우월성이라는 감각 자체를 되살리기 위해 엄청난 노력이 투입된다. 그다음 세기, 또 그 뒤에도 그렇게 하는 과정에서 그런 이념들은 확실히 놀랄 만큼 성공적인 전략이었다. 하지만 수많은 모순도 발생했다. 가령, 유럽의 식민 제국들은 역사상 다른 어떤 제국과도 다르게 스스로 영속하지 못하는 존재임을 인정하지 않을 수 없었다. 그런 제국은 예속민들, 적어도 웬다트족과는 달리 지구상에서 대부분 제거하지 못한 예속민들이 문명으로 나아가는 행진의 속도를 높여줄 일시적인 운반차의 역할만 주장할 뿐이었다.

이 지점에서 우리는 완전히 한 바퀴 돌아와서 다시 루소를 만나게 된다.

장자크 루소는 어떻게 명망 있는 논문 현상 공모에서 우승한 뒤 다음 경연에서는 실패했지만(허용된 단어 수 초과로), 마침내 인류 역사 전체를 정복하게 되었는가

그라피니 부인과 튀르고 사이의 서신 교환은 1750년대 초반에 프랑스에서 벌어지던 지적 토론의 느낌이 어떤지 맛보게 해준다. 그런 것이 적어도 루소가 친숙했던 살롱 출입자들의 분위기였다. 자유와 평등은 보편적 가치인가, 아니면 적어도 그 순수한 형태에서는 사유 재산에 기초한 체제와 상반되는가? 예술과 과학의 발전은 세계에 대한 이해를 더 발전시키고, 그럼으로써 도덕적 진보를 이루게 하는가?

아니면 선주민들의 비판이 옳았고, 프랑스의 부와 힘은 단지 부자연스럽고 병적이기까지 한 사회적 합의의 도착적인 파생 효과에 불과한가? 이런 것들이 당시 모든 토론자들의 입에 올랐던 질문이었다.

오늘날 이런 토론에 대해 우리가 뭔가를 알고 있다면, 그것은 대체로 그런 토론들이 루소의 논문에 미친 영향 덕분이다.《인간 불평등기원론》은 수많은 교실에서 가르쳐지고 토론되고 분석되었는데, 이는 좀 이상한 현상이다. 당시 기준으로 보아 그 책은 여러 면에서 상궤를 매우 벗어나 특이했기 때문이다.

루소의 생애 초년에 사람들은 그를 주로 작곡가 지망생으로만 알았다. 그가 사회사상가로서 명성을 얻은 것은 1750년, 같은 학회인 디종 아카데미가 후원한 어느 현상 공모에 참가한 데서 시작되었다. 주제는 '과학과 예술의 회복이 도덕적 발전에 기여했는가?'였다.[46] 루소는 기여하지 못했다는 주장을 대단히 열정적으로 설파한 논문을 제출하여 1등 상을 탔고 전국적인 명성을 얻었다. 그의 주장에 따르면, 우리의 기초적인 도덕적 제도는 근본적으로 건전하고 건강하다. 형식을 내용보다 더 귀중하게 여기도록 권장하는 문명은 타락한다.《예술과 과학에 관한 논의Discourse on the Arts and Sciences》에 나오는 거의 모든 예는 고전 그리스와 로마의 문헌에서 가져왔다. 하지만 루소가 각주에서 암시한 영감의 출처는 다른 곳이었다.

나는 감히 저 행복한 나라들에 대해 말하지 못한다. 그런 나라는 우리는 통제하지 못해 골머리를 썩이는 악덕들의 이름조차 모르고 살아간다. 또 공공의 질서를 유지하는 단순하고 자연적인 방식을 가진 아메리카의 야만인들에 대해서도 감히 말할 수 없다. 몽테뉴라면 플라톤의 법칙보다도, 또는 한 민족을 지배하기 위해 꿈이라도 꿀 수 있을 만큼 완벽한 철학을 가진 어떤 것보다도 그런 공공 질서를 더 선호했을 것이다. 그는 그들에 대해 감탄할 줄 아는 자들을 위해 이런 놀라운 보기들을 수없이 인용한다. 더욱이 그의 말에 따르면, 그들은 브리치breech[반바지]도 입지 않는다고 한다![47]

루소의 우승은 상당한 논란을 불러일으켰다. 최소한 예술과 과학의 발전에 헌신하는 아카데미가 예술과 과학이 완전히 반反생산적이라고 주장하는 논의에 최고 영예를 수여한 점에서 논란의 여지가 발생한 것이다. 루소로 말하자면, 그는 그 뒤 여러 해 동안 그 논문에 대한 비판을 반박하는 글을 쓰고 널리 알리면서 지냈다(그와 함께 새로 얻은 명성을 이용하여 희극 오페라인 〈마을의 점쟁이〉The Village Soothsayer도 공연했는데, 이 오페라는 프랑스 궁정에서 인기를 얻었다). 디종 아카데미는 1754년에 사회적 불평등의 기원을 주제로 하는 새 현상 공모를 하겠다고 발표했는데, 이는 분명 이 신참을 혼내줄 의도에서 열린 것이었을 터.

루소는 미끼를 물었다. 그는 더욱 정교한 논문을 제출했다. 누가 봐도 충격을 받고 당황스러워하도록 설계된 논문이었다. 그러나 그 논문은 상을 받지 못했을 뿐만 아니라(탈베르 수도사라는 종교적 기득권층의 대리인이 낸 매우 관례적인 논문이 수상했다), 판정관들은 루소가 제출한 글이 허용된 길이를 넘어섰기 때문에 전체를 다 읽지도 않았다고 발표했다.

루소의 논문은 확실히 괴상했다. 또 정확하게 말하자면, 알려진 대로의 내용도 아니었다. 사실 루소는 인간 사회가 목가적인 순진무구한 상태에서 시작되었다고 주장하지 않는다. 그보다는 좀 혼란스럽게 최초의 인간들이 본질적으로는 선했지만, 그럼에도 불구하고 폭력을 두려워하여 체계적으로 서로를 기피했다고 말한다. 그리하여 자연 상태에 있는 인간은 고독한 존재이며, 이를 근거로 루소는 '사회' 그 자체—그러니까 개인들 사이에서 진행되는 어떤 연합이든—가 인간의 자유에 대한 제약이 아닐 수 없다고 주장하게 된다. 언어도 타협의 표시였다. 그러나 루소가 소개하는 진정한 혁신은 인류가 '은총으로부터 전락'하는 결정적인 순간에 온다. 그의 주장에 따르면 그것은 재산 관계의 출현으로 촉발된 순간이다.

루소가 보는 인간 사회의 모델—그가 거듭 강조하는 바에 따르면, 문자 그대로 받아들일 것이 아니라 단지 사고 실험에 불과한 것—은 세 단계로 구성된다. 순수한 상상의 세계인 자연 상태에서 개인들은 서로 고립되어 살아간다. 석기시대 야만의 단계는 언어가 발명된 이후의 시대다(그는 여기에 당시 북아메리카의 거주민 대부분과 실제로 관찰 가능한 다른 '야만인들'을 포함한다). 마지막으로 문명 단계가 오는데, 이는 농경과 야금술이 발명된 이후의 시대다. 각 단계는 도덕적 쇠퇴를 나타낸다. 그러나 루소가 신중하게 강조하는 것처럼, 이 우화 전체는 인간이 애당초 사유재산이라는 개념을 어떻게 받아들일 수 있게 되었는가를 이해하기 위한 방법이다.

땅 한 뙈기에 울타리를 두르고 '이건 내 것이다'라고 말했는데, 사람들이 단순해서 자신의 말을 믿는 것을 알게 된 최초의 인간이 문명사회의 진정한 설립자였다. 누군가가 그 울타리를 뜯어내고 구덩이를 메우고는 동료 인간들에게 다음과 같이 소리쳤더라면 인류가 얼마나 많은 범죄, 전쟁, 살인, 얼마나 많은 참상과 공포를 겪지 않을 수 있었을까. '이 사기꾼의 말을 조심하시오. 지구의 과실은 모든 사람의 것이며 지구 그 자체는 누구의 것도 아님을 잊는다면 당신들은 실패한 것이오!' 그러나 그런 말이 나올 무렵에는 사태가 예전처럼 진행될 수 없는 어느 지점에 도달했을 가능성이 매우 높다. 사전에 등장한 여러 관념에 의존하면서 제각기 차례로 연이어 출현할 수밖에 없는 개념인 재산 개념은 인간의 마음에서 단번에 형성된 것이 아니었다.[48]

여기서 루소는 수많은 아메리카 선주민들을 당혹스럽게 만든 바로 그 질문을 던진다. 유럽인들은 어떻게 부를 권력으로 전환할 수 있었는가? 그들은 어떻게 하여 어떤 사회에든 어느 정도는 존재하는 물질의 불평등한 분배라는 별것 아닌 상황을 타인들에게 지시를 내리고 그들을 하인과 노동자와 소총수로 부리는 능력으로, 또는 그저 사람들이 고열로 시달리며 길거리에 쓰러져 죽어가도 자기 일이 아니라고 느낄 수 있는 능력으로 변환할 수 있었는가?

루소가 라옹탕의 글이나 《예수회 보고서》를 그대로 인용하지는 않았지만, 당시의 지식인이라면 누구나 그랬듯이 그도 분명히 그런 내용을 잘 알고 있었다.[49] 그리고 그의 저술은 똑같은 비판적 질문을 담고 있다. 왜 유럽인들은 그토록 경쟁적인가? 그들은 왜 식량을 서로 나누어 먹지 않는가? 왜 그들은 타인들의 지시에 복종하는가? 연민pitié이라는 주제—야만인들이 서로에게 지니고 있는 자연스러운 공감력이자 2단계에 오른 문명에서 벌어질 최악의 파괴 행위를 유보할 수 있는 성질—에 관한 루소의 긴 보충 설명은 그 책에서 선주민들이 경악하여 내뱉는 탄식을 고려해야만 납득할 수 있다. 유럽인들은 서로를 아끼지 않는 것 같고, '관대하지도 친절하지도 않은' 것 같다는 탄식 말이다.[50]

그렇다면 그 논문이 거둔 놀라운 성공의 이유는, 그 센세이셔널한 스타일에도 불구하고, 그것이 정말로 18세기 유럽의 가장 시급한 사회적·도덕적 관심사에 관한 상충하는 두 입장, 혹은 세 입장 간의 영리한 타협물이라는 데 있다. 그것은 선주민 비평, 전락이라는 성경적 서사의 메아리, 그리고 그 무렵, 튀르고와 스코틀랜드 계몽주의 사상가들에 의해 막 선언되기 시작한 물질적 발달의 진화적 단계 같은 것과 최소한 무척 닮은 어떤 것들을 통합하는 데 성공한다. 본질적으로 루소는 웬다트족이 개괄한 온갖 이유를 기준으로 볼 때 문명한 유럽이 대체로 인색한 존재들이라는 칸디아롱크의 견해에 동의한다. 그리고 재산이 문제의 근원이라는 데도 동의한다. 그들 사이의 한 가지—중요한—차이는, 루소는 칸디아롱크와 달리 사회가 다른 어떤 기초 위에 세워질 수 있다는 전망을 가질 수 없다는 점이다.

선주민 비평을 프랑스 철학자들이 이해할 수 있는 용어로 번역하는 과정에서 사라진 것이 바로 이런 가능성의 감각이었다. 칸디아롱크 같은 아메리카인들에게 개인의 자유와 공산주의, 그러니까 여기서 우리가 쓰는 의미에서의 공산주의 사이에는 모순이 없었다. 공유가 당연한 것으로 추정되며, 실제로 적이 아닌 사람들은 서로의 필요에 응할 것이라고 예상될 수 있다는 그런 의미의 공산주의 말이다. 아메리카인들의 관점에서 개인의 자유는 '기본적 공산주의baseline communism'의 어느 수준에 필요한 전제 조건이었다. 결국 굶고 있거나 눈보라가 몰아치는데 옷이나 집이 없는 사람은 살아남기 위해 필요한 일 외에 다른 어떤 일을 할 진정한 자유가 없기 때문이다.

이와 반대로, 개인적 자유라는 유럽식 개념은 사유재산 개념에 필연적으로 묶여 있다. 법적으로 이 결합은 무엇보다도 고대 로마의 남성 가부장의 권력에서 유래한다. 로마의 가부장은 자신의 동산과 소유물, 자녀와 노예 등을 마음대로 처리할 수 있었다.[51] 이 관점에서 자유는 항상 다른 것을 대가로 하여 집행되는—최소한 잠재적으로는—어떤 것으로 규정된다. 게다가 고대 로마법에서는(현대 유럽 법에서도) 가정의 자족성을 강하게 강조한다. 따라서 진정한 자유freedom란 근본적인 의미에서의 자율을 의미한다. 의지의 자율만이 아니라 다른 어떤 인간에게도(자신의 직접 지시를 받는 자들을 제외한) 의존하지 않는 상태를 가리키는 것이다. 항상 타인의 도움에 의지하지 않고 살고 싶었다고 주장했던 루소는(실제로는 정부들과 하인들에게 자신의 일을 모두 떠맡겼으면서도) 바로 이 논리를 자신의 삶에서 실행했다.[52]

루소의 글에 따르면, 우리 선조들은 지구를 개인이 소유한 땅뙈기로 나누는 치명적인 결정을 내리고, 그들의 자산을 보호할 법적인 구조와 이런 법을 집행할 정부를 만들면서 자신들의 자유liberty를 보존할 수단을 만들고 있다고 생각했다. 그러나 실제로는 '자신들을 얽어맬 사슬을 향해 달려간' 것이다.[freedom은 권리로서의 자유, 원하는 대로 행동할 자유를 말하며, liberty는 법적으로 구속받지 않을 자유, 법령으로부터의 자유를 가리킨다—옮긴이] 이는 강력한 이미지이지만, 루소가 이 상실된 자유liberty가 실제로 어떻게 보일 거라고 느꼈는지는 불명확하다. 특히 그는 어떤 인간관계든, 설사 상호 부조하는 것일지라도, 관계 자체가 자유를 억제하는 것이라고 주장했으니 더욱 그렇다. 그가 순수하게 상상적인 시대, 모든 개인이 숲에서 홀로 떠도는 시대를 만들어내고 만 것은 놀랍지도 않다. 더 놀라운 것은 (아마) 우리 자신의 지평선의 한계가 너무 자주 그의 상상 세계에 의해 규정되어버린다는 것이다. 어쩌다가 이렇게 되었을까?

선주민 비평, 진보의 신화, 좌파의 탄생 간의 관계에 대한 고찰

앞에서 언급했듯이, 프랑스혁명의 여파 속에서 보수파 평론가들은 무엇에 대해서건 루소를 탓했다. 많은 이들은 그를 기요틴에 가야 할 사람이라 여겼다. 자유롭고 평등하던 고대의 상태를 복원한다는 꿈은 정확하게 튀르고가 예견한 결과로 이어졌다고 그들은 주장했다. 혁명적 테러를 통해서만 강제될 수 있는 잉카 스타일의 전체주의가 시행되었다는 것이다.

미국독립혁명과 프랑스혁명이 일어나던 시기에 정치적 급진파들이 루소의 이념을 받아들인 것은 사실이다. 가령, 1776년에 쓰인 한 선언문의 일부로 알려진 다음의 발췌문을 보자. 이는 진화론과 국가 발생의 직접적인 기원인 사유재산에 대한 비판을 융합한 루소의 입장을 거의 완벽하게 복제한다.

가족이 늘어나면서 생존 수단은 무너지기 시작했다. 유목(떠돌이) 생활은 중단되었고, 재산PROPERTY이 존재하기 시작했다. 인간은 주거를 선택했다. 농업은 그들을 서로 섞이게 했다. 언어는 보편어가 되었다. 함께 살면서, 남자들은 자신의 힘과 다른 사람들의 힘을 재기 시작했고, 약한 자가 강한 자와 구별되었다. 이는 말할 것도 없이 상호 방어라는 발상, 한 개인이 다양한 가족들을 지배하고, 그럼으로써 적의 침입으로부터 그들 본인과 밭을 방어한다는 발상을 창조했다. 그러나 그럼으로써 자유LIBERTY는 기초에서부터 훼손되었고, 평등EQUALITY은 사라졌다.[53]

이 문장은 '일루미나티Illuminati 비밀 결사'의 선언문이라 알려진 것에서 발췌한 것이다. 일루미나티는 아담 바이스하우프트Adam Weishaupt라는 바이에른의 법학 교수가 프리메이슨 내에 조직한 혁명적 간부회의 네트워크로서, 18세기 후반에 실존한 조직이었다. 그들의 목적은 계몽된 국제주의자, 혹은 반국가적인 엘리트를 교육하여 자유와 평등의 복원을 위해 일하게 만드는 데 있었다.

그 결사는 곧바로 보수파들의 비방을 받아, 세워진 지 10년도 채 되지 않은 1785년에 금지되었다. 그러나 우파 음모가들은 그것이 계속 존속하면서 막후에서 프랑스혁명을(또는 나중에 러시아혁명을) 조종했다고 주장했다. 이는 어리석은 말이지만, 그런 환상이 가능했던 한 가지 이유는 아마 일루미나티가 교리에 대한 올바른 해석으로 훈련된 혁명적 전위가 인간의 역사가 나아갈 전반적인 방향을 이해할 수 있고, 그럼으로써 역사에 개입하여 그 진보의 속도를 높일 수 있으리라고 주장한 최초 집단이었기 때문일 것이다.[54]

극보수주의라 할 수 있는 입장—진보는 도덕적 퇴락을 낳을 수밖에 없다는—으로 경력을 시작한 루소가 결국은 그처럼 많은 보수파들의 최고 숙적이 되었다는 사실은 아이러니하게 보일 수도 있다.[55] 그러나 배신자에게는 항상 특별한 쓴맛이 기다리고 있는 법이다.

많은 보수주의자들이 루소가 전도양양하던 출발점에서 정반대 쪽으로 돌아가 이제 우리가 정치적 좌파라고 생각하는 것을 창조했다고 본다. 그들의 이런 생각이 틀린 것은 아니다. 루소는 좌파 사유의 형성 과정에서 정말 결정적으로 중요한 인물이었다. 18세기 중반의 지적 토론이 지금 우리에게 너무나 이상하게 보이는 이유 하나는 바로 우리가 좌/우 분열이라고 부르는 것이 그때는 아직 확고해지지 않았기 때문이다. 미국독립혁명이 일어나던 시기에는 '좌'와 '우'라는 용어 자체가 아직 존재하지 않았다. 그 직후의 10년이 낳은 산물인 그런 용어는 원래 1789년의 프랑스 국민의회에서 귀족파와 민중파가 각각 나눠 앉은 자리를 가리키는 말이었다.

인간 본성의 근본적인 건전성이나 자유와 평등이 존재하던 사라진 시대에 관해 루소가 내뱉은 말 자체에 프랑스혁명을 유발한 책임이 있지 않음을 강조하자(사실은 그렇게 할 필요가 없어야 하지만). 그가 그런 생각을 상퀼로트sans culottes[퀼로트란 귀족 계층이 입던 무릎까지 오는 반바지로서, 수공업자, 상인 등 파리의 평민들은 길고 헐렁한 바지를 입었기 때문에 반바지를 입지 않는 계층이라는 의미의 이 이름으로 불렸다―옮긴이]들의 머리에 집어넣어 봉기를 유도한 것은 아니었다(앞에서 지적했듯이, 유럽 역사의 대부분의 기간 동안 당시와는 다른 세상을 실현할 수 있다고 상상하지 못했던 계층은 지식인뿐이었던 것 같다). 그러나 선주민 비평과 원래는 그것을 반박하기 위해 개발된 진보의 교리를 한데 합침으로써, 루소는 사실상 하나의 지적 기획으로서 좌파 설립 선언문을 쓴 셈이 되었다.

같은 이유에서, 우파적 사유는 애당초 진보의 이념뿐만 아니라 선주민 비평에서 출현한 전통 전체에 대해서도 의심을 품었다. 오늘날 우리는 '고상한 야만인의 신화'를 거론하는 것이 주로 정치적 좌파에 속한 이들이었고, 과거 유럽이 먼 곳의 사람들을 이상화하거나 심지어 설득력 있는 견해를 그들의 것으로 돌리는 태도가, 실제로는 그 필자들이 절대 제대로 이해하지 못할 종족들에 대해 유럽인들이 품은 환상의 낭만적인 투사일 뿐이라고 추정한다. 야만인에 대한 인종주의적 비하, 야만인의 순진무구함에 대한 단순한 찬양은 항상 동일한 제국주의자의 양면으로 여겨져 왔다.[56] 그렇지만 그 주제를 가장 폭넓게 검토해온 현대의 인류학자 테르 엘링슨Ter Ellingson의 설명에 따르면, 원래 이것은 명백히 우파적인 입장이었다. 엘링슨은 '고상한 야만인' 신화 같은 것은 전혀 존재하지 않았다고 결론지었다. 적어도 행복한 원초적 순진의 시대에서 살아가는 단순한 사회의 전형이라는 의미에서는 그렇다. 오히려 여행자들의 기록을 보면 훨씬 더 양가적인 그림이 그려진다. 그것은 복잡하고, 때로는 일관성이 없고(여행자들이 보기에는), 미덕과 악덕이 혼재하는 이질적인 사회의 묘사다. 탐구될 필요가 있는 것은 '고상한 야만인의 신화라는 신화'라 불릴 만한 것이다. 일부 유럽인들은 왜 그처럼 순진함의 입장을 타인들에게 떠넘기기 시작했을까? 그에 대한 대답은 유쾌하지 않다. '고상한 야만인'이라는 구절은 사실 루소로부터 한 세기쯤 뒤에 조롱과 학대의 용어로 대중화되었다. 그것은 1859년—대영제국이 권력의 절정기에 달했던 시기—에 영국 민족학회를 장악하여 열등한 종족의 멸절을 요구한 노골적인 인종주의자 파벌이 채택했던 용어다.

그 발상의 창시자들은 루소를 비난했지만, 오래지 않아 문학사 연구자들은 '고상한 야만인'의 흔적을 찾아 사방의 문서고를 뒤지고 다녔다. 이 장에서 논의된 거의 모든 문헌이 검열되었는데, 모두가 위험하고 낭만적인 환상으로 기각되었다. 그러나 처음에는 이런 기각을 한 쪽은 정치적 우파였다. 엘링슨은 특히 질베르 시나르Gilbert Chinard의 예를 든다. '고상한 야만인' 개념이 아메리카의 여러 대학에서 서구 문학의 수식어로서 자리 잡게 된 데는 시나르가 1913년에 쓴《17세기와 18세기 프랑스 문학에서 아메리카와 그 이국적 꿈L'Amérique et le rêve exotique dans la littérature française au XVIIe et au XVIIIe siècle》이 1차적으로 영향을 미쳤을 것이다. 시나르는 자신의 정치적 의제를 밝히는 데 전혀 거리낌이 없었으니 말이다.

이 개념이 형성되는 과정에서의 핵심 인물로서 라옹탕을 인용한 시나르는 루소가 라옹탕의《회고록》이나 칸디아롱크와의《지혜로운 야만인 여행자와 나눈 신기한 대화》에서 특정한 논의들을 빌려 왔다고 주장했다. 더 넓은 의미에서 말하자면 그는 어떤 기질적인 유사성을 탐지한다.

《야만인과의 대화》의 저자와 가장 많이 닮은 사람은 다른 누구보다도 장자크[루소]다. 수많은 결점과 함께 근본적으로 천박한 동기를 가진 그는 자신의 스타일에 열정과 열성을 불어넣었다. 그 같은 열성은 《인간 불평등 기원론》 외에 다른 어떤 곳에서도 발휘되지 않았다. 루소처럼 저자는 아나키스트다. 루소처럼 그는 도덕적 감수성이 결여되어 있다. 또 루소처럼 그는 상당한 정도로 스스로를 자신과 적대 관계에 있는 인간 종이 가하는 박해의 제물로 상상한다. 루소처럼 그는 비참한 사람들의 고통에 대해 분개하며, 루소보다 더 큰 소리로 무장하라고 외친다. 그리고 무엇보다도 루소처럼 그는 우리가 겪는 모든 고통을 재산 탓으로 돌린다. 이 점에서 그는 예수회 선교사들과 장자크 간에 직접 연관이 있다고 볼 수 있게 한다.[57]

시나르에 따르면, 예수회(라옹탕의 표면상의 적들)도 궁극적으로는 심히 전복적인 개념을 뒷문으로 들여오는 게임을 하고 있었다. 그들이 교섭자들의 분노한 관찰을 인용한 동기는 순진하지 않았다. 위의 단락에 대해 직접 해설을 달면서, 엘링슨은 시나르가 여기서 도대체 무엇에 대해 이야기하는지 아주 합리적으로 질문한다. 라옹탕, 예수회, 루소가 저지른 일종의 아나키스트 운동인가? 프랑스혁명을 설명할 음모 이론인가? 그래, 그것과 아주 가깝다, 엘링슨은 이렇게 결론짓는다. 시나르에 따르면, 예수회원들은 '야만인들'이 좋은 품성을 가졌다는 인상을 전해줌으로써 '위험한 이념'을 선전했고, '이 인상은 군주 국가와 종교의 이익에 상반되는 것으로 보인다'. 사실 시나르는 루소를 근본적으로 '예수회 선교사들의 계승자'라 규정했으며, 선교사들이 '우리 사회를 변화시킬 혁명적 정신들, 그들의 보고서를 읽고 불이 붙어

우리를 아메리카 야만인들의 상태로 되돌려놓을 정신들'을 등장시킨 책임이 있다고 주장했다.[58]

유럽인 관찰자들이 교섭 상대자인 선주민들의 견해를 정확하게 전달했는지 여부는 시나르가 전혀 상관할 바가 아니었다. 시나르의 표현에 따르면, 아메리카 선주민들은 '우리와는 다른 종족'이며, 그 어떤 의미 있는 관계도 맺어질 수 없는 존재들이었다. 심지어 레프러콘[leprechaun[아일랜드의 전설에서 금 단지를 숨겨놓았다고 전해지는 노인 요정. 붙잡는 사람에게 속임수를 쓰고 사라진다고 한다—옮긴이]의 정치적 견해를 기록하는 편이 차라리 나을 것이라고까지 말한다.[59] 그가 볼 때 정말 중요한 것은 관련된 백인들의 동기였다. 그런데 이런 사람들은 명백히 불만분자들이며 말썽꾼들이다. 그는 그린란드 이누이트족의 관습을 기술하는 글을 쓰면서 사회주의와 일루미니즘을 섞어 넣은 어느 초기의 관찰자를 비난한다. 일루미나티 비밀 결사에게서 빌려 왔을 법한 렌즈로 야만인들의 관습을 보았다는 것이다.[60]

'어리석은 야만인의 신화'를 넘어
(왜 이 모든 것이 이 책에서 우리의 기획에 그토록 중요한가)

여기는 우익의 비판이 좌익의 비판으로 변신한 과정을 기록할 만한 곳은 아니다. 어느 정도는 그 변신을, 그저 프랑스 역사나 영국 문학을 연구한 학자들이 17세기 미크마크족이 실제로 무슨 생각을 했는지 진지하게 알아내야 할 처지에 놓였을 때 게으름을 피운 탓으로 돌릴 수도 있다. 미크마크족의 생각은 중요하지 않다고 말하는 것은 인종주의적 발언이다. 그러나 그 출처가 인종주의자의 글이라는 이유로 그것을 알 수 없는 문제라고 말하는 것은 어쩐지 책임 회피로 보인다.

선주민들의 자료와 엮이기를 꺼리는 태도 역시, 역사적으로, 낭만화되어온 사람들의 편에서 본다면 어느 정도는 완전히 합법적인 저항에 근거한다. 듣는 입장인 사람들에게는, 당신이 열등한 종족이며 그렇기 때문에 당신의 이야기가 모두 무시될 수 있다는 말을 듣는 것이나, 당신은 자연의 순진한 아이이거나 고대적 지혜의 구현자이며, 그렇기 때문에 당신이 하는 말은 모두 이루 말할 수 없이 심오하게 취급되어야 한다는 말을 듣는 것이나 모두 똑같이 불쾌하다고 말한 사람이 많았다. 두 태도는 의미 있는 대화를 막기 위해 고안된 것으로 보인다.

1장에서 지적했듯이, 이 책을 쓰려고 나섰을 때 우리는 스스로가 사회적 불평등의 기원을 다루는 신생 학문에 기여하고 있다고 생각했다. 그러나 이것은 실제 증거에 근거한 학문이다. 연구가 진행되면서 우리는 '사회적 불평등의 기원은 무엇인가?'라는 것이 정말 얼마나 이상한 질문인지 깨닫게 되었다. 원초적 순진에 대한 암시는 별도로 치더라도, 이런 식의 문제 설정 방식은 사회에서 무엇이 잘못되었는지, 그리고 그 잘못에 대해 무엇을 할 수 있고 무엇을 할 수 없는지에 대해 어떤 진단이 내려져 있음을 시사한다. 그리고 이미 보았듯이, 그것은 우리가 '평등주의적'이라 부르게 된 사회에 사는 사람들이 실제로 무엇을 느끼는지가 그들과 다른 사회의 사람들 사이에 차이를 만든다는 사실과는 거의 무관한 때가 많다.

루소는 야만인을 단순한 사고 실험의 문제로 축소하여 그 질문을 피해 갔다. 그는 프랑스 계몽주의의 중심인물들 가운데 아마 유럽 사회를 외국인의 관점에서 보려고 시도하는 대화록이나 기타 상상적 저작물을 쓰지 않은 유일한 존재였을 것이다. 사실 그는 자신이 설정한 '야만인'으로부터 그들 고유의 상상적 힘을 모조리 빼앗는다. 그들의 행복은 전적으로 사태를 다르게 생각해보거나 어떤 방식으로든 스스로를 미래로 투사해보는 능력의 결여에서 나온 것이다.[61] 따라서 그들에게는 철학이 전혀 없었다. 이것이 아마 그들이 처음 재산을 분배하고 그것을 보호하기 위해 정부를 구성하기 시작했을 때 야기될 재앙을 아무도 예견하지 못했던 이유일 것이다. 인간 존재가 그 정도로 먼 앞날을 생각할 수 있게 되었을 때, 최악의 피해는 이미 저질러졌다.

앞서 1960년대에 프랑스 인류학자 피에르 클라스트르Pierre Clastres는 실상은 이와 정반대였다고 주장했다. 우리가 단순하고 순진한 존재라고 상상하고 싶어 했던 사람들, 즉 지배자, 정부, 관료, 지배계급 등이 없는 사회에서 사는 사람들이 사실은 상상력이 부족해서가 아니라, 우리보다 더 상상력이 풍부하기 때문에 그런 사회에서 사는 것이라면 어떨까? 우리는 진정으로 자유로운 사회가 어떤 모습일지 그려보기가 어렵다. 그러나 그들은 자의적인 권력과 지배가 어떤 것인지 어렵지 않게 그려볼 수 있을 것이다. 아마 그들은 그것을 상상할 뿐만 아니라, 의식적으로 그런 것을 피할 수 있도록 자신들의 사회를 설정할 수 있을지도 모른다. 다음 장에서 보게 되겠지만 클라스트르의 주장에는 한계가 있다. 그러나 그는 인류학자들이 연구한 종족들이 인류학자들 본인과 똑같이 자의식이 있고 상상력을 가졌다고 주장함으로써 이미 가해진 피해를 복원하는 데 그 전후의 누구보다도 더 많이 기여했다.

루소는 수많은 범죄를 저질렀다고 고발되었다. 그러나 그는 그런 고발 거의 모두에 대해 무고하다. 그가 남긴 유산에 어떤 해로운 요소가 정말로 있다면 이것이다. 즉 그가 실제로 한 일도 아니지만 '고상한 야만인'의 이미지를 퍼뜨린 일이 아니라, '어리석은 야만인의 신화'라 불릴 만한 것을 퍼뜨린 일 말이다. 비록 그가 볼 때는 야만인들이 그런 어리석은 상태에서 행복을 누리고 있었다고 해도 그렇다. 19세기 제국주의자들은 이 전형성을 열렬하게 채택했고, 거기에 표면적으로 과학적인 정당화만 다양하게—다윈적 진화론에서 '과학적' 인종주의에 이르기까지—추가하여 순진한 단순성의 개념을 정교하게 다듬고, 전 세계에 남아 있는 자유민들을(혹은 유럽 제국주의의 팽창이 계속됨에 따라, 예전에는 자유민이던 사람들을) 더 이상 위협적이 아니라고 판단한 개념적 공간으로 몰아넣을 핑계로 삼은 것이다. 우리가 해체하려는 것은 바로 이 작업이다.

'자유, 평등, 박애'가 프랑스혁명의 구호였다.[62] 요즘 '평등'을 자신들의 주된 주제로 삼는 학과들—철학과 정치학, 법학의 하부 분과들—이 많이 있다. 다들 평등이 하나의 가치라는 데 동의한다. 그런데 그 용어가 실제로 무엇을 가리키는지에 대한 동의는 전혀 이루어지지 않은 것 같다. 기회의 평등? 조건의 평등? 법 앞의 형식적 평등?

이와 비슷하게, 17세기의 미크마크족, 알곤킨족, 웬다트족 같은 사회들은 '평등한 사회'라고 수시로 일컬어진다. 또는 그들은 '무리' 혹은 '부족' 사회라고 지칭되는데, 대개 같은 의미로 추정된다. 그 용어가 정확하게 무엇을 가리키도록 되어 있는지는 전혀 명확하지 않다. 우리가 이야기하는 것은 하나의 이데올로기, 사회 속의 모든 구성원들이 똑같아야 한다는 믿음에 대해서인가? 명백히 모든 방식에서 똑같아야 한다는 것이 아니라, 특히 중요하다고 간주되는 일부 측면에서는 똑같아야 한다는 믿음 말이다. 아니면 사람들이 실제로 똑같은 사회에 대한 이야기여야 할까? 이 두 가지가 실제로 현실에서는 어떤 의미일 수 있을까? 사회의 모든 구성원이 똑같이 토지를 구할 수 있고, 서로를 똑같이 존엄하게 대우하며, 공적인 집회에서 자신의 의견을 피력할 자유를 똑같이 가진다는 의미인가? 아니면 관찰자가 부과할 수 있는 어떤 측정 기준에 대해, 현금 수입, 정치적 권력, 칼로리 섭취, 주거의 규모, 개인적 소유물의 숫자와 품질 같은 기준들에 대해 말하는 것인가?

평등이 개체를 지워버린다는 의미일까, 아니면 개체의 찬양일까? (어쨌든 모든 구성원이 완전히 똑같은 사회와 구성원들이 아예 달라서 어떤 식으로도 비교가 불가능한 사회는 외부 관찰자의 눈에는 똑같이 '평등해' 보일 것이다.) 가령 구성원들이 쉰 살 넘게 살아남으면 장로長老, elder가 되는 어떤 사회가 있다고 할 때, 그 장로들이 신처럼 대접받고 모든 중요한 결정을 내린다면, 그런 사회에서 평등을 이야기할 수 있을까? 남녀 성별의 관계는 어떨까? '평등하다'고 지칭되는 많은 사회에서 실제로는 성인 남자들끼리만 평등하며, 남녀 간의 관계는 전혀 평등하지 않은 경우가 종종 있다. 또 다른 경우에는 상황이 더 모호하다.

가령, 어떤 사회에서 남자와 여자가 각기 다른 종류의 일을 해야 할 뿐만 아니라, 애당초 왜 일이(혹은 어떤 종류의 일이) 중요한지에 대해 견해가 다르고, 그래서 어느 한편이 더 높은 지위를 가진다고 느낄 수도 있다. 혹은 그들 각각의 역할이 워낙 달라서 비교하는 것 자체가 무의미할 수도 있다. 북아메리카에서 프랑스인들이 접한 많은 사회가 이 범주에 속한다. 그들은 어떤 관점에서 보면 모계사회이고, 다른 관점에서는 가부장제로 보일 수 있다.[63] 그런 경우에 성평등을 이야기할 수 있는가? 혹은 남자와 여자가 최소한의 외적 기준에 의거해서도 평등해야만 그렇게 말할 수 있을까? 예를 들면, 가정 폭력의 위협으로부터 똑같이 자유롭다거나, 자원을 접할 권리가 동등하다거나, 공동체의 일에서 동등한 발언권을 얻는 것 같은 기준 말이다.

이런 질문 어느 것에 대해서도 명백하고 일반적으로 받아들여지는 대답은 없기 때문에, '평등주의적egalitarian'이라는 용어의 사용은 끝없는 토론을 낳았다. 사실 '평등주의적'이라는 말이 무슨 의미인지도 전혀 명확하지 않다. 궁극적으로 그 이념이 채택된 것은 어떤 분석적인 실체가 있기 때문이 아니라, 17세기의 자연법 이론가들이 자연 상태에서의 평등에 대해 성찰한 것과 동일한 이유에서였다. '평등'은 미리 정의되어 있는 기본 값이며, 문명의 모든 겉치레가 벗겨졌을 때 남게 되리라고 상상하는 인류의 원형질적인 내용물 같은 것을 가리킨다. '평등한' 종족이란 왕자, 판사, 감독자, 세습적인 사제가 없고, 대개 도시나 문자도 없으며, 농경도 없이 살아가는 사람들이다. 그들은 불평등의 가장 현저한 징표들이 부재한다는 의미에서만 평등한 사회다.

사회적 불평등을 다룬다고 주장하는 모든 역사적 저작은 실제로는 문명의 기원에 관한 탐구다. 그것은 또한 튀르고의 것과 같은 역사관이 함축되어 있는 탐구다. 튀르고의 역사관은 '문명'을 전반적으로 더 크게 번창할 것이 확실시되는 사회적 복잡성의 시스템으로 인식하지만, 그와 동시에 어떤 타협이 자유와 평등의 영역 내에서 반드시 만들어져야 한다고 약속한다. 우리는 서로 다른 종류의 역사를 쓰려고 시도할 것이며, 그것들은 또 '문명'에 대한 상이한 이해를 필요로 한다.

분명하게 말하자면, 군주, 판사, 관찰자나 세습 사제, 또는 문자, 도시, 농경이 인류 역사의 일정 시점이 되어야 등장한다는 사실을 우리가 흥미롭게 여기지 않거나 중요시하지 않는 것은 아니다. 정반대다. 하나의 생물 종으로서 우리가 현재 처한 곤경을 이해하려면, 이런 것들이 처음에 어떻게 존재하게 되었는지를 이해하는 것이 절대적으로 중요하다. 그러나 그렇게 하려면, 우리는 먼 선조들을 장차 인간이 그 속에서 형성될 일종의 원액 같은 것으로 취급하고 싶은 충동을 물리쳐야 한다. 고고학, 인류학, 또 관련 분야들에서 축적되고 있는 증거들에 따르면, 선사시대의 인간들은—17세기의 아메리카 선주민들, 프랑스인들과 똑같이—자신들의 사회에서 무엇이 중요한지에 대한 매우 구체적인 관념을 갖고 있었고, 이런 관념들은 상당히 다양했다. 그렇기 때문에 그런 사회를 균일하게 '평등주의적'이라고 부르는 것은 그들에 대해 거의 아무것도 말해주지 않는다.

말할 것도 없이 대개 기본적으로 어느 정도는 평등했다. 인간은 신들 앞에서 똑같이 무력하다는 가정이나, 누구의 의지도 타인에게 영구히 종속되어서는 안 된다는 강한 감정이 있었다. 오랫동안 영구적인 군주, 판사, 감독관, 세습 사제가 등장하지 못하게 확실히 막기 위해서라도 아마 분명히 그랬을 것이다. 하지만 평등을 하나의 명시적인 가치로 전면에 내세우는 '평등'이라는 자의식적인 관념은 (모두에게 똑같이 적용되는 자유의 이데올로기, 혹은 존엄성, 혹은 참여에 반대되는 것으로서) 인간의 역사에서 비교적 늦게 등장한 것으로 보인다. 그리고 등장했을 때도 만인에게 적용되는 경우는 드물었다.

예를 하나 들어보자. 고대 아테네의 민주주의는 그 시민들—비록 그들은 전체 인구의 10~20퍼센트에 불과했지만—이 각자 공공의 결정에 참여할 동일한 권리를 가졌다는 의미에서 시민들의 정치적 평등에 기초했다. 우리는 이런 동등한 시민 참여의 개념이 정치적 발전에서 하나의 이정표이며, 2,000년쯤 뒤에 부활하고 확장되었다고 배워왔다(19세기 유럽에서 '민주주의'라는 이름표를 받은 정치 시스템은 고대 아테네와 전혀 무관하지만, 이는 별로 중요하지 않다). 더 중요한 것은, 대부분 귀족 출신이던 당시 아테네 지식인들이 이런 제도 전체를 번지르르한 싸구려로 여기는 경향이 있었으며, 그들 대부분은 농노의 노동에 의지하여 집단적으로 생활하는, 전체 인구에서 차지하는 비율이 훨씬 더 낮은 적은 수의 인원들에 의해 지배되는 스파르타의 정부 체제를 훨씬 선호했다는 사실이다.

또한 스파르타의 시민들은 스스로를 호모이오이Homoioi라 불렀는데, 이는 '동등한 자들' 혹은 '모두 똑같은 이들'이라 번역될 수 있다. 그들은 모두 똑같이 엄격한 군사훈련을 거쳤고, 나약한 사치와 개인적 특이성을 똑같이 고고하게 멸시했으며, 공동체의 대중 식당에서 식사하며 전쟁 준비를 하는 데 삶의 대부분을 바쳤다.

그렇다면 이것은 불평등의 기원에 관한 책이 아니다. 다만 동일한 여러 질문에 대해 다른 방식으로 대답하는 것이 목적이다. 이 세계가 뭔가 지독히 잘못되어버린 것은 확실하다. 그 인구 가운데 매우 적은 일부가 거의 모든 사람들의 운명을 통제하며, 그것도 점점 더 큰 파멸을 불러오는 방식으로 그렇게 하고 있다. 우리는 어쩌다가 이런 상황이 발생했는지 알기 위해 이 문제를 추적하여 왕, 사제, 감독관, 판사들의 등장이 처음에 무엇에 의해 가능했는지를 보여주는 지점으로 거슬러 올라가야 한다. 그러나 정확한 대답이 무엇일지 우리가 미리 알고 있다고 추정할 여유는 이제 없다. 칸디아롱크 같은 선주민 비평가들의 안내를 받아 인간의 과거에 대한 증거에 새로운 눈으로 접근해야 한다.

3

빙하시대 녹이기

사슬에 묶임과 사슬에서 풀려남:
인간 정치의 변화무쌍한 가능성

거의 모든 사회는 전설적인 창조의 시대를 상상한다. '옛날 옛적에 는 세상이 달랐다'라고 동화는 시작한다. 물고기와 새도 말을 할 수 있었고, 동물이 인간으로, 인간이 동물로 변신할 수 있었다고. 그런 시절에는 불, 혹은 요리, 혹은 결혼 제도, 혹은 반려동물 기르기 등 완전히 새로운 일들이 이제는 일어날 수 없는 방식으로 존재할 수 있었다. 그 때보다 못한 지금의 우리는 세상을 결코 똑같은 방식으로 변화시키지 못하는 채로, 각자만의 불을 피우고, 각자만의 결혼을 하고, 각자만의 반려동물에게 먹이를 주는 등 그 시절의 주요 활동을 끝없이 반복하는 존재에 불과하다.

어떤 면에서, '인간의 기원'에 관한 설명은 고대 그리스인들이나

폴리네시아인들에게 신화가 가졌던 것, 혹은 오스트레일리아 선주민에게 드림타임the Dreamtime[오스트레일리아 원주민들의 우주관. 그들은 세상이 창조될 당시 꿈의 시대가 있었다고 믿는다. 꿈의 시대란 시작은 있으나 끝은 알 수 없는 시대다. 창조의 신들이 활동하면서 꿈의 시대가 시작되었다. 오스트레일리아 원주민Aborigine들은 창조를 완수한 신들이 흔적을 곳곳에 남겨두고 모습을 감추었지만 과거, 현재, 미래를 아우르는 영원, 즉 꿈의 시대 속에 존재한다고 믿는다―옮긴이]이 했던 것과 비슷한 역할을 우리에게 한다. 이는 과학적 엄격성이나 설명의 가치를 폄훼하려는 것이 아니다. 그저 그 둘이 어딘가 비슷한 기능을 달성하는 것에 대한 관찰이다. 말하자면, 지난 300만 년을 기준으로 생각한다면, 인간과 동물의 경계(오늘날 우리가 생각하는 대로의)가 아직 불분명하던 시대가 실제로 있었다. 또 어쨌든 누군가는 불을 붙여야 했고, 요리를 하거나 최초로 결혼식을 치러야 했던 시대도 있었다. 이런 일들이 일어났다는 것을 우리는 안다. 그래도 어떻게 하여 그렇게 되었는지는 정말 모른다. 무슨 일이 일어났을지 이야기를 만들어내고 싶은 유혹을 물리치기는 매우 힘들다. 우리 자신의 두려움, 욕망, 집착, 관심사를 반영하는 이야기 말이다. 그렇기 때문에 그 먼 시대가 우리의 집단적 환상이 그려질 광대한 화폭이 될 수 있는 것이다.

이런 인류 선사先史의 화폭은 확연하게 현대적이다. 저명한 문화 이론가 W. J. T. 미첼W. J. T. Mitchell은 이렇게 말한 적이 있다. 공룡은 본질적으로 현대적인 동물이라고. 셰익스피어의 시대에는 그런 동물이 존재했다는 것을 아무도 몰랐으므로. 이와 비슷하게, 아주 최근까지도 거의 모든 기독교도는 고대 인간에 대해 알 가치가 있는 모든 내용이 창세기에 들어 있다고 생각했다. 19세기 초반까지도 '지식인들'―과학자도 포함―은 대체로 우주가 기원전 4004년 10월 하순 이전에

모든 것의 새벽

는 존재하지도 않았으며, 모든 인간이 16세기 뒤에 바벨탑이 무너져서 인류가 분산되기 이전까지는 똑같은 언어(히브리어)를 썼다고 여기고 있었다.[1] 그 시기에는 아직 '선사'가 없었다. 오로지 역사만 있었다. 그 역사에서 엄청나게 틀린 부분이 일부 있다 할지라도 그랬다. '선사'라는 용어가 흔히 쓰이게 된 것은 1858년에 데번의 브릭섬 동굴에서 발견된 것들이 알려진 이후였다. 그곳에서 인간이 만들었다고밖에는 할 수 없는 돌도끼가 동굴 곰, 털이 긴 순록, 그 밖에 멸종한 생물 종의 잔해 곁에서 발견되었는데, 모두 밀폐된 암석 덮개 밑에 놓여 있었다. 이 발견과 그 이후에 이어진 고고학적 발견들이 기존의 증거들을 전면 재고하도록 불을 댕겼다. 갑자기 '인류 역사에서 밑바닥이 떨어져 나간'[2] 것이다.

문제는 선사라는 것이 극도로 긴 기간이라는 점이다. 그 기간은 300만 년이 넘고, 우리는 그동안 선조들이 최소한 한때는 석기를 사용했음을 알고 있다. 이 대부분의 기간에 증거는 지극히 드물다. 그동안 우리 손에 들어온 인류 활동의 증거가 문자 그대로 이빨 하나, 또는 부싯돌로 만든 석기의 박편 한 줌에 불과한 단계도 있다. 그런 먼 시기에 대해 우리가 파악할 수 있는 기술이 10년, 20년씩 지날 때마다 큰 폭으로 개량되기는 하지만, 얼마 안 되는 자료로는 할 수 있는 일이 별로 없다. 따라서 무엇으로든 그 간극을 채워 넣고, 우리가 실제로 아는 것 이상으로 알고 있다고 주장하고 싶은 유혹을 물리치기는 어렵다. 과학자들이 이런 식으로 행동할 때 그 결과는 흔히 현대 과학이 도외시해야 하는 바로 그 성경의 이야기와 수상하게 닮은 모습이 되어가곤 한다.

예를 하나 들어보자. 1980년대로 돌아가보면, 인간 종 전체의 공통 조상이라고 주장되는 '미토콘드리아 이브Mitochondrial Eve'에 관한 열광이 엄청나게 불어닥쳤다. 그런 선조의 물리적 흔적을 실제로 발견했다고 주장하는 사람은 아무도 없었다. 그러나 미토콘드리아—우리가 모계를 통해 물려받은 미세한 세포 동력원들—내 DNA의 배열을 연구한 결과, 그런 이브가 12만 년 전까지도 분명히 존재했음이 입증되었다. 그리고 이브 본인을 발견할 수 있다고 생각하는 사람은 아무도 없었지만, 다양한 두개골 화석이 동부 아프리카 리프트 밸리(구석기시대 유물이 보존된 '천연 함정' 같은 곳이지만, 주위 환경이 더 개방되자 망각 속으로 쓸려 들어간 지 오래인 곳)에서 발견됨으로써 이브가 어떤 모습이었을지, 또 어디서 살았을지 힌트가 던져지는 것 같았다. 과학자들이 찬반 양론으로 나뉘어 토론을 계속하고 있는 동안, 대중 잡지들은 에덴동산의 현대 버전, 인류를 길러낸 원래의 인큐베이터, 우리 모두에게 생명을 준 자궁인 사바나에 대한 이야기를 싣기 시작했다.

우리 가운데 많은 수가 아마 마음속으로 이와 비슷한 인류 기원의 그림을 담고 있을 것이다. 그러나 더 최근의 연구에 따르면 그런 그림은 결코 사실일 수 없다. 실제로 생물인류학자들과 유전학자들은 이제 그와 전혀 다른 그림에 대해 합의를 이루는 중이다. 모든 인간이 동일한 곳에서 출발하여 바벨탑의 붕괴를 거친 뒤 동부 아프리카에서 흩어져 지구상의 다양한 국가와 민족이 된 것이라기보다는, 아프리카에 살던 초기의 인류가 오늘날 우리가 익히 아는 것보다 훨씬 더 신체적으로 다양한 존재였던 것으로 보인다.

현대의 우리 인간은 서로 간의 차이를 과장하는 경향이 있다. 그리고 그런 과장이 결과적으로 재앙으로 이어지는 경우가 많다. 전쟁, 노예제, 제국주의, 일상의 인종주의적 탄압 같은 것들에서, 지난 수백 년 동안 인간의 사소한 외형적 차이들이 너무나 많은 인간들의 고통을 정당화하는 근거로 취급되어왔다. 그렇기 때문에 이것들이 얼마나 사소한 차이인지 우리는 쉽게 잊어버린다. 어떤 생물학적으로 유의미한 기준에서도 살아 있는 인간은 거의 구별하기 힘들다. 보스니아, 일본, 르완다, 배핀섬 등 어디로 가든 여러분은 똑같이 작고 날씬한 얼굴과 턱, 구형의 두개골과 대체로 동일한 체모가 배치된 모습을 보리라고 기대할 수 있다. 같은 형체를 볼 뿐만 아니라 우리의 행동도 여러 면에서 대체로 비슷하다(가령, 오스트레일리아의 오지든 아마존 지역이든 눈을 굴리는 것은 어디에서나 '참 바보 같네!'라는 의미의 표현이다). 같은 의미가 인식에도 적용된다. 각기 다른 인간 집단들이 자신들의 인식 능력을 매우 다른 방식으로 실현한다고 생각할지도 모른다. 그리고 어떤 면에서는 물론 그렇게 한다. 그러나 여기서도 이런 인지된 차이의 대부분은 비교를 위한 실질적인 근거가 없기 때문에 발생한다. 가령, 명사, 동사, 형용사가 없는 인간 언어는 없다. 그리고 인간들이 매우 다른 형태의 음악과 춤을 즐길 수도 있지만, 음악과 춤을 애당초 즐기지 않는 인간 종족은 없는 것으로 안다.

그러나 몇백 년을 되짚어 올라가보면 이 모든 것은 전혀 사실이 아니었다.

인간 진화 역사의 거의 모든 기간에 우리는 실제로 아프리카에서 살았지만 과거에 생각했던 것처럼 동부 사바나 지역에서만 살지는 않았다. 우리의 생물학적 선조는 모로코에서 희망봉 사이의 어느 곳에든 분포되어 있었다.[3] 이런 인구 가운데 일부는 수만 년, 심지어 수십만 년 동안 사막과 열대우림 때문에 가까운 친족들로부터 차단되고 격리된 채 살았다. 그리하여 지역적인 특성이 강하게 발달했다.[4] 현대의 관찰자가 그 결과를 본다면 아마 오늘날, 혹은 가까운 과거에 우리가 직접 경험한 것보다는 호빗과 거인, 엘프가 사는 세상과 더 비슷해 보일 것이다. 우리 현대인 ― 위에서 언급된 상대적으로 균일한 '우리'—을 이루고 있는 그런 요소들은 이 과정에서 아주 뒤늦게 조합된 것으로 보인다. 달리 표현하자면, 현재 인간들이 서로 다르다고 생각한다면 이는 대체로 착각이라는 말이다. 또 지금 존재하는 그런 차이조차 선사시대의 거의 모든 기간 동안 아프리카에서 틀림없이 벌어졌을 것들에 비하면 전적으로 사소하고 외형적인 것에 불과하다.

우리의 선조 인간들은 서로 아주 다른 존재였던 것만은 아니었다. 그들은 더 작은 두뇌를 갖고 있었고, 원숭이와 더 비슷한 호모 날레디Homo naledi 같은 종과 공존했다. 이런 선조들의 사회는 어떤 것이었을까? 적어도 이 지점에서 우리는 대부분의 경우 아는 바가 거의 없음을 솔직하게 인정해야 한다. 두개골 유류물과 이따금씩 발견되는 부싯돌 석기 박편만으로—기본적으로는 이것이 우리에게 있는 거의 전부다—재구성할 수 있는 것은 그 정도다. 대부분의 경우 우리는 선조들의 피부색, 식단, 혹은 그 밖의 것은 말할 것도 없고, 목 아래에서 무슨 일이 벌어졌는지도 제대로 모른다. 우리가 아는 것은 대부분 여전히 짐작만 할 수 있는 방식으로 상호작용하고 교잡하며 멀어졌다가 다시 합류한 이런 인간들이 구성한 원초적 모자이크의 복합적 산물이 우리라는 것이다.[5] 짝짓기나 자녀 양육 같은 행동, 지배적인 위계의 존재 혹은 부재, 언어와 원언어proto-language의 형태 같은 것이 적어도 신체적 유형만큼 다양했을 것이고, 그리고 아마 그보다는 분명히 훨씬 더 다양했으리라고 추측하는 것은 타당해 보인다.

아마 우리가 진정으로 확신을 갖고 말할 수 있는 것은, 선조에 관한 한, 우리는 모두 아프리카인이라는 것이다.

현생 인류는 아프리카에서 처음 출현했다. 그들이 아프리카를 벗어나 유라시아로 퍼져나가기 시작했을 때, 그들은 네안데르탈인이나 데니소바인 같은 다른 인간 무리와 마주쳤다. 차이는 크지 않았지만 그래도 다른 존재이던 이런 다양한 무리들은 서로 섞여 교배했다.[6] 이런 다른 인간 무리가 멸종한 뒤에야 우리는 지구 위에 거주하는 단일한 인간인 '우리'를 거론할 수 있다. 이 모든 것이 깨우쳐주는 것은 그저 우리의 먼 선조들의 사회적이고 심지어는 물리적인 세계가 우리에게는 얼마나 근본적으로 다르게 보일까 하는 것이다. 또 최소한 기원전 4만 년 전까지는 이것이 아마 사실이었을 것이다. 그들 주위에 있는 동식물군의 범위는 오늘날 존재하는 어떤 것과도 크게 달랐다. 그런 온갖 상황으로 인해 그들과 우리의 유사성을 끌어내기가 지극히 어려워졌다. 역사나 민족지 기록에는 인간의 상이한 하부 종들이 서로 혼교하고 상호작용하고 협동하지만, 때로는 서로 죽이기도 하는 상황과 비슷한 어떤 것도 전혀 존재하지 않는다. 또 설사 그런 것이 있었다 한들 고고학적 증거가 너무 드물고 산발적이어서 먼 선사시대가 정말 우리의 시대와 비슷한지 어떤지를 검토할 수가 없다.[7]

우리가 고대 선조들의 사회적 조직에 대해 합리적으로 추론할 수 있는 것은 오로지 그것이 지극히 다양했을 확률이 높다는 것이다. 고대의 인간은 해안과 열대우림부터 산지, 사바나까지 무척 다양한 자연환경에서 살았다. 그들은 오늘날의 인간보다 훨씬, 훨씬 더 신체적으로 다양했다. 아마 그들의 사회적 차이는 신체적 차이보다도 더 컸을 것이다. 다른 말로 한다면, 인간 사회의 '원래' 형태라는 것은 없다는 뜻이다. 그런 것을 찾으려는 탐색은 신화 창조가 되어버린다. 그 결과로 얻어진 신화가 1960년대에 등장하여 스탠리 큐브릭Stanley Kubrick의 영화 〈2001: 스페이스 오디세이〉에 나오는 '살인자 유인원'의 모습을 하고 있든, '수생 유인원'[수생 유인원 가설은 해양성 포유류, 즉 물속 삶에 적응한 조상에게서 인류가 기원했다고 주장한다. 인간이 털이 없고 피하지방이 많은 점을 근거로 든다―옮긴이]이 되든, 심지어 아주 재미있기는 하지만 환상의 성격이 강한 '마약 유인원'(유인원이 독버섯 같은 환각 물질을 우연히 먹고 나서 의식이 출현했다는 이론)이 되든 상관없다. 이런 신화들은 지금까지도 유튜브 시청자들에게 재미를 안겨준다.

이 점에서 분명히 해둘 것이 있다. 신화에는 잘못이 없다. 우리 종의 본성을 반영하는 어떤 방식으로 먼 과거에 대한 이야기를 꾸며내는 성향은, 그 자체로는 예술이나 시처럼, 먼 선사시대에 명확해지기 시작한 확연히 인간적인 특성 가운데 하나다. 그리고 이런 이야기 가운데 일부—예를 들면 확연히 인간적인 사회성의 형성은 집단적인 자녀 양육 관행에서 유래한다고 보는 페미니즘 이론 같은 것—는 정말로 현대의 인류에게 수렴하는 경로들에 대해 중요한 이야기를 해줄 수 있다.[8] 하지만 그런 통찰은 어디까지나 부분적일 수밖에 없다. 에덴 동산은 없었고, 단 한 명의 이브는 존재하지 않았기 때문이다.

왜 '사피엔트 패러독스'가
관심을 다른 곳으로 돌리는 미끼인가:
우리는 인간이 되자마자 인간의 일을 하기 시작했다.

오늘날 인간은 아주 균일한 종이다. 이 균일성은 진화론적으로 보면 그다지 오래된 것이 아니다. 그것의 유전적 기초는 대략 50만 년 전에 확립되었지만, 호모 사피엔스가 '출현한' 더 최근에 속하는 하나의 단일한 시점, 그러니까 현생 인류를 이루는 온갖 다양한 요소들이 결정적으로 수렴하는 놀라운 창조의 순간을 특정하여 지목할 수 있다고 생각한다면 그건 오산이다.

지금 우리가 복잡한 상징적 인간 행동, 혹은 간단하게 '문화'라고 부르는 것의 최초의 직접적 증거를 생각해보자. 현재 기준으로 그것의 시점은 최대 10만 년 전으로 올라간다. 아프리카 대륙의 정확하게 어디에서 이 문화의 증거가 튀어나오는지는 대체로 보존의 여건과 이제껏 고고학적 탐사를 가장 잘 허용한 국가들의 순서에 따라 결정된다. 남아프리카 해안 지역을 따라 만들어진 암벽 거주지는 가장 중요한 자료 출처로서, 선사시대의 퇴적물 속에서 기원전 8만 년경에 만들어진 자루 달린 도구와 조개껍질 및 적색 황토 안료를 표현의 재료로 쓴 증거가 발견된다.[9] 아프리카의 다른 지역에서도 비교적 오래된 발견물이 나왔지만, 더 후기, 대략 4만 5,000년 전─인간 종이 유라시아를 차지하느라 분주할 때─에야 그 비슷한 증거들이 더 광범위하게, 더 많은 양으로 나타나기 시작한다.

1980년대와 1990년대에 들어 4만 5,000년쯤 전에 뭔가 심오한 일이 일어났으리라는 추정이 널리 퍼졌다. 관련 문헌에서 '후기 구석기 혁명Upper Palaeolithic Revolution', 심지어는 '인간 혁명Human Revolution'이라고도 다양하게 일컬어지는 시기에 어떤 급작스러운 창조적 개화가 발생했다는 것이었다.[10] 그러나 지난 20년 동안 이런 생각이 거의 틀림없이 우리가 가진 증거에 있는 편향들로 만들어진 착각임이 연구자들에게는 점점 더 분명해졌다.

그 이유는 다음과 같다. 이 '혁명'의 증거 대부분은 세계의 한 부분, 유럽에만 한정되어 있다. 그곳에서 그런 증거들은 기원전 4만 년경 네안데르탈인이 호모 사피엔스로 대체되는 상황과 결부된다. 그중에는 수렵과 수공예 도구의 더 발전된 형태와 뼈, 상아, 점토로 형상을 만든 최초의 명백한 증거도 포함된다. 유명한 '여성 인형들',[11] 숨이 막힐 만큼 정확하게 관찰된 동물 형상들이 동굴에 빽빽하게 새겨지고 그림으로 그려졌다. 의복을 제작하고 인체를 장식하는 더 정교한 방식도 그런 범주에 속한다. 또 뼈로 만든 피리 같은 악기도 최초로 확인되었고, 원자재가 먼 곳에서까지 정규적으로 교환되었으며, 대개 사회적 불평등의 최초 증거로 간주되는 대규모 장례식도 발견되었다.

이 모든 것이 인상적이지만, 우리의 유전자 시계와 문화 시계의 진행 속도가 일치하지 않는다는 인상을 준다. 이런 질문이 들리는 것 같다. 왜 인류의 생물학적 탄생과 인간의 전형적인 행동 형태의 광범위한 출현 사이에 수만 년이라는 간극이 있는가? 우리가 문화를 창조할 수 있게 된 때와 그것을 마침내 실행할 수 있었던 시기 사이에 왜 그런 간극이 있는가? 그 사이의 기간에 우리는 실제로 무엇을 하고 있었는가? 수많은 연구자들은 이 물음에 당혹스러워했고, 심지어 그것에 이름도 붙여주었다. '사피엔트 패러독스sapient paradox'[유전적·해부학적 현생 인류의 등장과 현생 인류와 관련된 복잡한 행동의 발달 또는 문명의 등장 사이에 왜 긴 시간 간극이 있는가 하는 의문을 가리킨다. 더 구체적으로 말하자면, 왜 후기 구석기 문화가 나온 이후 오랜 정체 상태를 거쳐 마지막 빙하시대가 끝날 때가 되어서야 신석기 문화가 등장하게 되었을까 하는 의문이다—옮긴이]라고.[12] 몇몇 연구자들은 심지어 인간 두뇌에 어떤 뒤늦은 변이가 있다고 가정하고 후기 구석기 혁명에서 보이는 외견상 탁월한 문화적 능력을 그것으로 설명하려고도 했지만, 그런 견해는 진지하게 받아들여질 수 없다.

사실, 문제 전체가 신기루임이 갈수록 명백해지고 있다. 유럽에서 나온 고고학적 증거가 풍부한 까닭은 유럽의 각국 정부가 부유한 편이고, 유럽의 전문적 연구소, 지식 사회와 대학 학부들이 세계 다른 지역의 것보다 자기들 구역의 선사시대를 훨씬 더 오랫동안 탐구해왔기 때문이다. 그러나 세월이 흐르면서 다른 지역에서의 고대인들의 행동적 복잡성에 관한 새로운 증거가 축적된다. 아프리카만이 아니라 아라비아반도, 동남아시아, 인도아대륙 등등.[13] 지금 이 글을 쓰고 있는 동안에도 케냐의 팡가 야 사이디Panga ya Saidi라는 해안에 있는 어느 동굴에서 6만 년 전으로 거슬러 올라가는 조개껍질로 만든 구슬과 가공된 염료의 증거가 발견되었다.[14] 그리고 보르네오섬과 술라웨시섬에서의 연구는 동굴 미술이라는 생각지도 못했던 세계에 관해 시야를 열어주고 있다. 유라시아 대륙의 다른 쪽 끝에서 발견된 그런 미술은 라스코와 알타미라의 유명한 그림들보다 수천 년 앞선 것들이다.[15] 복잡한 회화 미술의 더욱 오래된 사례들이 아프리카 대륙의 다른 곳에서도 또 언젠가 틀림없이 발견될 것이다.

그렇다면 유럽은 무대에 늦게 올라온 편이다. 현대인들이 그곳을 처음 차지한 뒤에도—기원전 4만 5000년경부터 시작하여—그 대륙은 여전히 인구가 희박했고, 새로 당도한 인간들이 아주 잠깐 동안이지만 더 주류에 속하던 네안데르탈인 무리(다양한 종류의 복잡한 문화적 활동에 참여하던)와 공존했다.[16] 그들이 당도한 직후에 그같이 급작스러운 문화적 개화 현상이 일어난 것처럼 보이는 까닭은 기후, 인구학과 관련이 있을지도 모른다. 대충 요약해보자면, 빙상氷床이 이동함으로써 유럽의 인류는 그 이전의 인간 종들보다 더 혹독하고 한정된 지역에서 살게 되었다는 것이다. 사냥감이 풍부하던 계곡과 초원은 북쪽으로는 툰드라에 막히고 남쪽으로는 울창한 해안 수림에 막혔다. 선조들은 상대적으로 포위된 여건에서 이합집산하고 매머드, 바이슨, 사슴 무리의 계절적 이동을 따라다니면서 살았으리라고 짐작된다. 인간의 절대적인 숫자는 여전히 놀랄 만큼 적었던 것으로 보이지만,[17] 인간들의 상호작용의 밀도는 급격히 높아진 것으로 보이며, 한 해 중 특정한 시기에는 특히 그랬던 것 같다. 그리고 이와 함께 문화적 표현이 폭발적으로 발전하는 놀라운 상황이 발생했다.[18]

왜 아주 수준 높은 연구자들조차 여전히 사회적 불평등에 어떤 '기원'이 있다는 생각을 포기하지 않으려고 애쓸까?

곧 보게 되겠지만, 고고학자들이 후기 구석기시대(대략 기원전 5만 년에서 기원전 1만 5000년 사이)라 부르는 시기에 형성된 사회들—'군왕'의 무덤과 공동체가 쓰는 대형 건물이 있는—은 소규모의 평등한 채집인 무리로 구성된 세계에 대한 우리의 상상을 완전히 무너뜨리는 것 같다. 그 차이가 너무 커서, 일부 고고학자들은 기존과 정반대의 입장을 취하기 시작했다. 즉 빙하시대의 유럽이 '위계적인' 혹은 '계층화된' 사회로 이루어졌다고 설명하는 것이다. 이 점에서 그들은 우월행동dominance behavior[타인을 통제하고 영향력을 행사하며 우월감을 발휘하려는 행동과 태도—옮긴이]이 우리 유전자에 설정되어 있다고 주장하는 진화심리학자들과 공통의 명분을 택했다. 사회가 초소형의 무리 수준을 넘어서는 순간, 타인을 지배하는 형태를 띠지 않을 수 없다고까지 주장하는 것이다.

플라이스토세 고고학자가 아닌—그러니까 증거를 상대해야 할 의무가 없는—거의 모든 사람은 그저 그런 증거를 무시하고 예전과 전혀 다름 없는 입장을 견지하면서, 수렵 채집인들이 마치 원초적 순진 상태에서 살았다고 추정될 수 있는 것처럼 글을 쓴다. 크리스토퍼 뵘Christopher Boehm의 표현에 따르면, 우리는 '홉스파 매와 루소파 비둘기' 사이의 전쟁을 끝없이 반복하는 운명에 처한 것 같다. 인간을 선천적으로 위계적인 존재로 보거나, 아니면 선천적으로 평등적인 존재로 보는 두 입장의 충돌이 벌어진다.

뵘 본인의 연구는 이 측면에서 의미심장하다. 진화인류학자이며 원시인 연구의 전문가인 그는 인간이 지배-복종 행동에 가담하려는 본능적인 성향을 갖고 있고 그것은 당연히 유인원 선조들로부터 물려받은 것이기는 하지만, 사회를 확연히 인간적으로 만드는 것은 의식적 결정이 그 방향으로 내려지지 않게 만드는 우리의 능력이라고 주장한다. 아프리카와 남아메리카, 동남아시아에 존재하는 평등한 채집인 무리에 대한 민족지학적 설명을 통해 신중하게 작업해온 뵘은 장래의 허풍쟁이들과 불량배들을 현실로 데려오기 위해 집합적으로 채용된 수많은 전술―조롱, 모욕, 따돌리기(그리고 구제불능의 소시오패스의 경우, 아예 처단하기도 한다)[19]―을 밝혀낸다. 다른 유인원들 사이에 그런 전술과 비슷한 것은 전혀 없다.

예를 들면, 고릴라는 가슴을 두들겨 상대방을 조롱하지 않지만 인간은 수시로 그렇게 한다. 더 놀라운 것은 괴롭히는 행동은 본능적일 수도 있지만 괴롭힘에 반발하는 것은 그렇지 않다는 점이다. 그것은 심사숙고한 전략이며, 그런 것을 채택하는 채집 사회는 뵘이 '계산적 지성actuarial intelligence'이라 부른 것을 보여준다. 말하자면 그들은 자신들이 다르게 행동할 경우, 가령 숙련된 수렵인을 조직적으로 무시하거나 수렵해온 코끼리 고기를 분배하는 임무를 (그 짐승을 실제로 잡은 사람이 아니라) 무작위적으로 선택된 한 사람에게 맡기는 식의 일 처리 방식을 따르지 않을 경우 자기 사회가 어떤 모습이 될지 알고 있다는 말이다. 그는 이것, 즉 자신의 사회가 취할 수 있는 상이한 방향들에 대해 의식적으로 성찰하고, 다른 방향이 아니라 바로 그 방향을 왜 선택해야 하는지 공개적으로 논의할 수 있는 능력이 정치의 본질이라고 결론짓는다. 이런 의미에서 아리스토텔레스가 인간은 '정치적 동물'이라고 말한 것은 옳았다고 할 수 있다. 그것이 바로 다른 영장류들은 절대 하지 않는 그런 일이기 때문이다. 최소한 우리가 아는 바로는 그렇다.

이것은 탁월하고도 중요한 논의다. 하지만 수많은 저자들처럼, 뵘은 그것이 가진 전체 함의를 고려하기를 이상하게 꺼리는 것처럼 보인다. 이제 우리가 그 일을 해보자.

만약 인간이 자의식을 가진 정치적 행위자이며, 그럼으로써 광범위한 사회적 조처를 포용할 수 있다는 사실이 인간성의 본질이라면, 이는 곧 인간 역사의 많은 시간 동안 인간이 다양한 사회적 조처들을 실제로 개척했어야 했다는 의미가 아닐까? 혼란스럽게도 결국 뵘은 모든 인간 존재가 아주 최근까지도 개척하기보다는 완전히 똑같은 조처들을 따르는 쪽을 선택했다고 추측한다. 우리는 '위계적 사회가 출현하기 전에는 수천 세대 동안 평등적 사회를' 고수해왔고, 그럼으로써 초기의 인간은 아무렇지도 않은 듯 다시 한번 에덴동산으로 도로 내던져졌다. 우리가 집단적으로 위계 사회로 돌아온 것은 농경이 시작된 뒤의 일이었다고 그는 주장한다. 뵘의 주장에 따르면, 1만 2,000년 전까지 인간은 기본적으로 평등주의적이었고, '대등한 자들의 사회에서 가족 이외에 아무 지배자도 없는 상태로' 살았다.[20]

따라서, 뵘의 주장에 따르면, 약 20만 년 동안 정치적 동물들이 모두 한 가지 방식으로 살기를 선택했다. 물론 그러다가 나중에는 자신을 구속하는 사슬 속으로 곧바로 달려들기 시작했으며, 유인원의 것과 같은 지배 패턴이 재출현했다. 그래서 '홉스파 매와 루소파 비둘기' 사이의 전쟁을 처리하는 해결책은 이렇게 제시된다. 인간의 유전적 본성은 홉스적이지만 정치적 역사는 루소가 묘사한 것과 아주 비슷하다고. 그렇다면 결과는? 수만 년 동안 아무 일도 일어나지 않았다는 이상한 주장으로 귀결된다. 이는 불편한 결론이다. 특히 '구석기시대의 정치'가 존재했다는 고고학적인 실제 증거를 몇 가지 살펴보면 더욱 그렇다.

거대한 구조물, 군왕의 무덤, 또 다른 예상치 못한
빙하시대 사회의 면모들이 수렵 채집인들이
어떤 존재였는지에 대한 우리의 추측을 어떤 식으로
뒤엎는지, 또 '사회적 계층화'가 3만 년 전쯤에도
있었다는 말이 무슨 의미일지에 대한 검토

　부유한 수렵 채집인의 무덤으로 시작해보자. 관련된 사례들은 도르도뉴에서 돈강에 이르는 유라시아 서부에서 찾아볼 수 있다. 그중에는 암벽 주거와 야외 정착지에서 발견된 것들도 있다. 가장 오래된 증거 몇 가지는 러시아 북부의 숭기르Sunghir와 브르노 남쪽 모라비아 분지의 돌니 베스토니체Dolní Věstonice 유적지 같은 곳에서 나오며, 그 연대는 3만 4,000년 전에서 2만 6,000년 전 사이로 추정된다. 여기서 우리가 본 것은 공동묘지가 아니라 개인의 단독 무덤이나 소규모 무덤으로, 시신이 충격적인 자세로 놓여 있고 장신구로 장식되어—거의 미라처럼 바싹 마른 것도 있었다—있었다. 숭기르 유적에서는 매머드 상아와 여우 이빨을 공들여 갈아서 만든 구슬 수천 개가 장식에 사용되었다. 원래 그런 구슬은 모피와 동물 가죽으로 만든 의복을 장식했을 것이다. 가장 사치스러운 그런 의복 가운데 하나는 두 소년의 합동 분묘에서 나온 것인데, 시신 곁에는 매머드 어금니를 곧게 가공하여 만든 거대한 창이 놓여 있다.[21]

　세 명이 매장된 돌니 베스토니체의 어느 무덤에는 나이 든 남자 곁에 젊은 남자 두 명과 정교하게 가공된 머리 장식이 묻혀 있고, 세 명 모두 적색 황토 안료로 붉게 물들인 흙으로 만든 침상에 누워 있다.[22] 이와 비슷한 고대의 것으로 현대의 이탈리아와 프랑스 국경 가까운 곳에 있는 리구리아 해안에서 드러난 동굴 무덤군이 있다. 고고학자들이 '군주Il Principe'라 부르는 특히 호화스럽게 매장된 시신을 포함한 젊은 남자와 성인 남자들의 시신들이 충격적인 자세로 놓여 있고, 바다 조개껍질과 사슴 송곳니로 만들어진 구슬 등의 장신구가 이국적인 부싯돌로 만든 칼날과 함께 풍부하게 사용되었다. 군주라는 이름이 붙은 것은 그 시신이 현대인이 보기에 왕족의 의장처럼 보이는 차림으로 매장되었기 때문이다. 플린트로 만든 왕홀, 엘크 뿔로 된 곤봉, 구멍 뚫린 조개껍질과 사슴 이빨로 정성을 다해 가공한 화려한 머리장식 등. 더 서쪽에 있는 도르도뉴로 가면 1만 6,000년 된 젊은 여성의 무덤을 만난다. 그 무덤은 '리비에르 지역의 생제르맹 부인'이라 불리는 여성의 것으로, 조개껍질과 수사슴 이빨로 만들어진 호화스러운 장신구 세트가 복부와 두부에 걸려 있다. 그 이빨은 그곳에서 300킬로미터 떨어진 스페인령 바스크 지역에서 사냥한 사슴의 것이었다.[23]

그런 발견은 선사시대의 인간 사회에 대한 전문가들의 견해를 완전히 바꾸어놓았다. 이론들의 추세는 평등한 소규모 무리였다는 과거의 견해에서 극단적인 반대편으로 이동하여, 지금은 일부 고고학자들이 인간 사회가 농경이 시작되기 수천 년 전에 이미 지위, 계급, 세습 권력에 따라 나눠져 있었다고 주장한다. 앞으로 보게 되겠지만, 이 주장이 옳을 가능성은 매우 낮으나, 이런 고고학자들이 지적하는 증거는 충분히 진실해 보인다. 예를 들어, 부장품을 만드는 데 투입된 엄청난 노동량(몇몇 연구자들은 숭기르 유적에서 발견된 구슬을 만드는 데만도 1만 시간의 노동이 필요했다고 추산한다)이나 고도로 발전하고 표준화된 생산 방식을 보면 전문화한 장인이 존재했으리라고 추측할 수 있으며, 이국적이고 특별히 취급되는 재료가 아주 먼 곳에서 운반되어 오는 방식이라든가 그런 부가 어린아이와 함께 매장된 소수의 사례는 특히 시사하는 바가 커서, 일종의 세습되는 지위가 존재했음을 암시한다.[24]

최근의 고고학적 연구가 낳은, 그래서 고고학자들로 하여금 선사시대 수렵 채집인에 대한 견해를 바꾸게 만든 또 하나의 예상치 못했던 상황은 거대 구조물의 출현이다. 유라시아에 있는 이런 구조물의 가장 유명한 사례는 튀르키예 남동부의 하란 평원을 바라보는 게르무스산맥에 위치한 석조 신전이다. 1990년대에 그 평원의 북쪽 경계를 조사하던 독일 고고학자들이 그 지방에서 괴베클리 테페Göbekli Tepe라 부르는 장소에서 아주 오래된 고대 유적을 발견했다.[25] 그 뒤로 그들이 찾아낸 것은 진화의 수수께끼로 간주되었다. 사람들을 당혹스럽게 만드는 주원인은 거석 스무 개로 이루어진 울타리였는데, 기원전 9000년경 처음 세워졌고 그 뒤 여러 세기 동안 거듭 변경을 거쳤다. 이런 울타리가 세워진 것은 마지막 빙하시대가 거의 끝날 무렵, 삼림과 초원이 뒤섞인 이 평원의 주변에서 중동 지역을 점령한 야생 동식물 종들이 번성하던 시기였다.

괴베클리 테페에 세워진 울타리는 거대하다. 그중에는 거대한 T자 모양의 원기둥들이 있다. 몇 개는 높이가 약 5미터에 무게는 1톤까지 나가는 이 돌들은 그 장소나 근처 채석장의 기반암인 석회암으로 조각되었다. 적어도 200개가 넘는 그 원기둥들은 연결 구멍 위로 들어 올려져 거친 석조 벽과 연결된다. 울타리 하나하나는 각기 고유한 조각품으로, 사나운 육식동물과 독이 있는 파충류의 세계에서 가져온 형상들, 수렵으로 잡은 동물들, 물새, 작은 부식동물들의 형상이 조각되어 있다. 암벽에는 동물 형상들이 다양한 깊이의 부조로 조각되어 있다. 어떤 것은 수줍은 듯 표면만 긁혀 있지만, 또 다른 것들은 3차원적 조각으로 대담하게 등장한다. 이런 악몽에 나올 것 같은 존재들은 각기 다른 방향으로 갈라진다. 일부는 지평선으로 행진하고, 다른 것들은 땅속으로 들어간다. 가끔은 원기둥 자체가 일종의 서 있는 신체,

인간 같은 관절과 의복을 갖춘 형상을 이룬다.

이런 놀라운 구조물의 존재는 그것을 만들기 위해 엄밀한 협동이 정말 큰 규모로 시행되었음을 의미한다. 전체 계획에 따라 다수의 울타리가 동시에 건설되었다면(이는 쟁점 중의 하나다) 더욱 그렇다.[26] 그러나 더 큰 문제가 남는다. 누가 그것을 만들었는가? 당시에 그리 멀리 떨어져 있지 않던 인간 집단들이 이미 작물을 경작하고 있었다 하더라도, 우리가 아는 한 괴베클리 테페를 건설한 사람들은 농사를 짓지 않았다. 그들은 철 따라 야생 곡물과 다른 식물들을 수확하고 가공했지만, 그들을 '농부의 원형'으로 보거나, 그들이 작물 재배를 중심으로 생계를 영위하는 데 관심이 있었다고 볼 필연적인 이유는 전혀 없다. 사실 그들이 살던 지역 주위에서 과일, 나무딸기, 견과류 등 야생의 식용 식물을 구할 수 있었던 사실로 볼 때, 그들이 작물을 재배해야 할 특별한 이유는 없다. (실제로 괴베클리 테페의 건설자들이 농경을 시작했던 근처의 집단들과 매우 놀라운 방식으로 달랐다고 생각할 이유는 많지만, 이 논의는 뒤에서 다루려고 한다. 지금 여기서 우리가 관심을 둔 것은 오로지 거대한 구조물이다.)

일부 사람들은 괴베클리 테페의 구조물이 높은 지대에 세워진 것과 방향성이 천문학이나 시간 측정 기능과 관련된다고 본다. 원기둥들이 이어진 방식이 천체 운동의 특정한 순환 주기와 일치한다는 것이다. 그러나 고고학자들은 이 주장에 회의적이다. 그들은 과거에는 구조물에 지붕이 씌워져 있었으며, 그것들의 배치가 세월이 흐르는 동안 여러 번 바뀌었다고 지적한다. 그러나 지금까지 여러 다른 학문 분야의 학자들을 가장 당혹스럽게 만든 것은 좀 다른 문제다. 이 유적은 수렵 채집인 사회가 대규모의 공공사업과 기획, 거대한 건설 작업을 지원할 제도를 발전시켰고, 그럼으로써 농경을 채택하기 이전에 복잡한 사회적 위계가 있었다는 명백한 증거가 된다.[27] 그러나 다시 말하지만, 문제는 그렇게 단순하지 않다. 왜냐하면 이 두 현상―위계 질서와 시간 측정 단위―은 밀접하게 서로 얽혀 있기 때문이다.

괴베클리 테페가 흔히 특이 현상으로 소개되지만, 사실 빙하시대까지 거슬러 올라가는 더 이른 시대의 수렵 채집인들이 다양한 종류의 거대 구조물을 건설했다는 증거는 엄청나게 많다.

2만 5,000년 전에서 1만 2,000년 전 사이의 유럽, 크라쿠프에서 키이우에 이르는 지역에서 공공사업은 이미 인간 서식지의 특징이 되어 있었다. 이 빙하 주변부를 횡단하여 인상적인 원형 구조물의 흔적이 발견되었는데, 그 구조물은 플라이스토세 지형에서 차지하고 있던 두드러진 위치에서, 그리고 규모와(가장 큰 것은 직경 13미터가 넘는다) 내구성, 심미적 품격 면에서 일반적인 임시 거주지와 명백히 다르다. 각 구조물들은 모두 거대한 매머드 수십 마리에서 뽑아낸 엄니와 뼈로 만든 골조 위에 세워졌다. 그런 골조는 순전히 기능적인 측면만 고려된 구조물을 넘어서는 순서와 패턴으로 배열되어 있어서 우리가 만약 보았더라면 아주 충격적인 모습이었을 것이고, 당시 사람들에게는 장대해 보였을 것이다. 길이가 최대 40미터에 달하는 거대한 목조 울타리도 있었는데, 그에 관한 흔적으로는 기둥을 박았던 구멍과 내려앉은 바닥만 남아 있다.[28] 십중팔구 괴베클리 테페에는 나무로 만든 똑같은 구조물도 있었을 것이다.

장대하다는 것은 항상 어느 정도는 상대적인 개념이다. 그러니까 건물이나 구조물은 보는 사람이 실제로 경험한 적이 있는 다른 건물과 구조물에 비교되었을 때만 '장대하다'고 할 수 있다. 명백히 빙하시대에는 기자의 피라미드나 로마의 콜로세움 정도 되는 규모의 것은 하나도 만들어지지 않았다. 그러나 우리가 이제껏 설명해온 종류의 구조물도 그들 시대의 기준에서는 공공의 사업으로 간주되고 수준 높은 설계와 대단히 큰 규모의 노동 협업을 요구했을 수밖에 없다. 러시아의 유디노보 유적에 대한 조사에 따르면, 흔히 '매머드 하우스mammoth houses'라 불리는 구조물은 실제로는 결코 주거지가 아니라 엄격한 의미에서의 기념물이었으리라고 짐작된다. 그것은 거대한 매머드 사냥이 끝났음을(그리고 대규모의 사냥 그룹의 연대를) 기념하기 위해 신중하게 기획되고 건설된 구조물이었다. 동물 사체를 처리하고 고기와 가죽이 분배된 뒤 남은 것 중 오래 견디는 재료는 모두 그 건설에 사용되었다. 나중에 그 위에 퇴적물이 덮여 그 지형에서 오래 살아남은 표식이 되었다.[29] 우리가 지금 이야기하는 것은 실로 어마어마한 분량의 고기다. 각 구조물에(유디노보에는 이런 구조물이 다섯 개 있었다) 수백 명의 인간을 석 달가량 먹일 수 있는 매머드가 충분히 있었다.[30] 그런 매머드 기념물이 세워진 유디노보, 메치리히, 코스텐키 같은 야외 정착지는 흔히 아주 먼 거리에서 오는 주민들이 호박이나 조개껍질, 동물 가죽 같은 것을 교환하는 중심지가 되었다.

그래서 멀리 빙하시대까지 거슬러 올라가는 이런 석조 신전, 군왕의 무덤, 매머드 기념물, 거래와 공예 생산의 번창하는 중심지가 존재했다는 이 모든 증거를 우리는 어떻게 이해할 것인가? 그것들은 별다른 일이 전혀 일어나지 않았다고—적어도 몇몇 설명에 따르면—알려진 구석기시대의 세상에서 무슨 일을 하고 있었을까? 당시의 인간 사회를 이해하려면 침팬지나 보노보 무리와의 비교를 통한 방법이 제일 나을 텐데? 놀랄 일은 아니지만, 아마 일부는 평등한 황금시대라는 발상을 완전히 포기하고 이것이 강력한 지도자, 심지어 왕조 같은 것으로 지배되는 사회임이 분명하다고 결론짓는 것으로 대응한 듯하다.

그리고 그렇기 때문에 인간의 사회적 진화 배후에는 그런 구조물에서 보이는 허세와 강압적 권력이 항상 지속적으로 남아 있었다는 것이다. 그러나 이런 대응 역시 제대로 된 설명이 아니다.

대형 무덤이든 거대한 구조물이든 빙하시대 사회에서의 제도적 불평등의 증거는 이따금씩만 나타난다. 사치스럽게 꾸며진 무덤이 여러 세기를 건너뛰어, 또 수백 킬로미터 떨어진 곳에서 나타난다. 증거가 불완전하다는 이유로 이런 사실을 다루지는 않는다 할지라도, 왜 그런 증거가 애당초 그처럼 드문드문한지는 물어보아야 할 것이다. 어쨌든 이런 빙하시대의 '군주들'이 말하자면 청동기시대의(르네상스 시대는 차치하고라도) 군주들처럼 행동했다면, 중앙 집권화한 권력이 통상 보여 주는 요새, 창고, 궁전 등의 겉치레도 나타나야 할 것이다. 그러나 수만 년 동안 우리 앞에 나타난 것은 그런 것이 아닌 거대한 구조물, 장엄한 무덤이며, 그것을 제외하면 '국가states'와 조금이라도 닮은 뭔가를 가리키는 것은 물론, 서열화된 사회의 성장을 가리키는 것도 거의 없다. 인간의 사회적 삶의 고대적 기록이 왜 이 이상하고 단속적인 방식으로 유형화되는지 이해하려면 우리는 먼저 '원시적' 사고방식에 대해 아직 남아 있는 선입견을 버려야 한다.

그 '원시적' 민중이 어쨌든 의식적 성찰을 할 수
없었다는 좀처럼 사라지지 않는 가정을 폐기하고
특이 현상의 역사적 중요성에 관심을 갖자

앞 장에서 우리는 루소의 유산에 들어 있는 정말로 음흉한 요소가 '고상한 야만인'이 아니라 '어리석은 야만인' 개념이라고 주장했다. 우리는 대부분의 19세기 유럽인들이 가졌던 노골적인 인종주의는 떨쳐 냈을지 모르지만, 또는 떨쳐냈다고 생각하는지 모르지만, 현대의 수 준 높은 사상가들 가운데 수렵 채집인의 '무리'를 자신들이 만났을 법 한 누군가보다 침팬지나 보노보의 무리와 비교하는 것이 더 적절하다 고 생각하는 경우가 그리 드물지는 않다. 역사가 유발 하라리Yuval Noah Harari의 저서《사피엔스—유인원에서 사이보그까지, 인간 역사의 대 담하고 위대한 질문Sapiens: A Brief History of Humankind》(2014)에 나오는 다음의 구절을 살펴보라. 하라리는 고대의 인간 역사에 대한 우리의 지식은 지극히 한정되어 있고, 사회적 합의는 지역에 따라 엄청나게 달라진다는 완벽하게 합리적인 관찰에서 출발한다. 그가 자신의 관점 을 과도하게 강조하는 것은 사실이지만(그는 우리가 사실은 아무것도 모른 다고, 빙하시대에 대해서도 아는 바가 없다고 주장한다), 기본 요점은 잘 표현 했다. 그다음에 이런 말이 나온다.

> 채집인의 사회정치적 세상은 우리가 거의 아는 바가 없는 또 하 나의 영역이다. (…) 학자들은 사유재산의 존재, 핵가족, 단혼제 관 계 같은 기본적인 논점에 대해서도 합의를 이루지 못한다. 서로 다 른 무리는 상이한 구조를 가졌을 가능성이 크다. 몇몇 무리는 아주 성질 나쁜 침팬지 무리만큼 위계질서가 엄격하고 긴장된 분위기이 고 폭력적이었을 수도 있다. 또 다른 무리들은 보노보 무리만큼 느 긋하고 평화롭고 문란했을 수도 있다.

그래서 사람들은 모두 농경이 시작되기 전까지 무리를 이루어 살 았을 뿐만 아니라 이런 무리는 기본적으로 유인원 비슷한 성격을 갖 고 있다는 것이다. 이렇게까지 말할 수 있는 것은, 하라리가 얼마든지

모든 것의 새벽

'아주 성질 나쁜 바이크족만큼 각박하고 폭력적'이며 '히피 공동체만큼 느긋하고 평화롭고 음란할 수 있다'고 썼을 수도 있었기 때문이다. 일반적으로는 하나의 인간 무리를 또 다른 인간 무리일 수도 있는 것과 비교하는 것이 당연하다고 여길 것이다. 그런데 왜 하라리는 바이크족이 아니라 침팬지를 비교 대상으로 골랐는가? 둘 사이의 주된 차이로, 바이크족은 자신들의 삶의 방식을 선택한 데 있다고 본다는 느낌을 피하기 어렵다. 그런 선택은 정치적 의식을 함축한다. 적절한 삶의 방식에 대해 토론하고 성찰하는 능력 말이다. 이는 유인원은 하지 않는다고 뷤이 우리에게 상기시키는 바로 그 점이다. 그러나 하라리는 여러 다른 사람들처럼 어쨌든 고대 인간을 유인원과 비교하는 편을 택했다.

이런 식으로 '사피엔트 패러독스'가 다시 등장한다. 그것은 실재하는 어떤 것으로서가 아니라 우리가 증거를 판독하는 괴상한 방식의 부수 효과로서 등장한다. 우리가 현대인의 두뇌를 가졌지만 헤아릴 수 없는 긴 시간 동안 모종의 이유로 원숭이처럼 살기로 결정했다고 주장하거나, 아니면 우리의 원숭이 같은 본능을 극복하고 끝없이 다양한 방식으로 자신의 삶을 운영할 능력을 가졌지만 똑같이 불분명한 어떤 이유에서 한 가지 방식으로만 삶을 영위하기로 선택했다거나 하는 것이다.

아마 여기서 진정한 물음은 '자의식을 가진 정치적 행위자'가 된다는 것이 무슨 의미인가 하는 것일 터이다. 철학자들은 인간의 의식을 자각을 기준으로 규정하는 경향이 있지만, 그와 달리 신경학자들은 우리가 대부분의 시간을 자동적으로 움직이고, 그 어떤 의식적인 성찰 없이 습관적인 형태에 따라 활동하면서 보낸다고 말한다. 우리가 자각을 할 수 있는 것은 대개 아주 짧은 시간뿐이다. 그 짧은 시간, 우리가 어떤 생각을 붙들고 문제를 풀어보는 이런 '의식의 창문'은 대략 평균 7초간 열린다. 그러나 신경학자들(그리고 거의 모든 현대 철학자들도 포함해야 한다)이 거의 절대로 알아차리지 못하는 것은, 여기에 우리가 누군가에게 말을 하고 있는 동안이라는 커다란 예외가 있다는 사실이다. 대화하는 중에는 생각을 붙들 수 있고 어떤 문제에 대한 성찰을 여러 시간 끝도 없이 이어갈 수 있다. 물론 이것은 우리가 혼자서 뭔가를 파악하려고 애쓸 때에도 누군가와 토론하거나 그에게 설명하는 상상을 하는 이유이기도 하다. 인간의 생각은 원천적으로 대화적이다. 고대의 철학자들은 이 점을 예리하게 깨달은 편이다. 중국에서든 인도나 그리스에서든 그들이 책을 집필할 때 대화록 형태로 쓰는 경향을 보인 까닭이기도 하다. 인간은 서로 토론할 때, 상대방의 견해를 흔들려고 애쓸 때, 혹은 공통의 문제를 풀어보려고 할 때에야 자의식이 완전히 발휘된 상태가 된다. 한편 우리는 진정한 개인적 자의식이란 소수의 현인들이 오랜 연구와 훈련, 규율, 명상을 통해 달성할 수 있었던 어떤 것으로 생각한다.

지금 우리가 정치적 의식이라 부르는 것은 항상 최우선의 자리를 차지해왔다. 이런 의미에서 지난 몇 세기 동안 서구 철학 전통이 취한 방향은 어딘가 비정상적이다. 그 철학 전통은 저술의 전형적인 양식으로서 대화체를 포기한 것과 비슷한 시기에 고립되고, 이성적이고, 자의식적인 개인을 어디에나 있을 수 있는 정상적인 인간 존재의 기본 형태로 여기기 시작했다. 문자 그대로 동굴이나 수도원의 독방에서, 혹은 사막의 돌기둥 꼭대기에서 오랜 시간 고립되어 지낸 뒤에야 얻을 수 있다고 하는 드문 업적이 아니라 말이다.

더 이상한 것은 18세기와 19세기에 유럽 철학자들이 일종의 경이적인 역사적 업적으로 여기게 된 것이 정치적 자의식이었다는 점이다.

이는 계몽주의와 그에 뒤이어 미국독립혁명과 프랑스혁명이 일어남으로써 비로소 가능해진 현상이다. 그것이 일어나기 전에는 사람들이 맹목적으로 전통이나 신의 의지라고 여기는 것을 따랐다고 알려졌다. 농부들이나 대중 반군들이 억압적 체제를 뒤엎으려고 봉기했을 때도 그들은 자신들이 그런 일을 하고 있다고 인정할 수 없었고, 자신들은 '고대의 관습'을 복구하거나 일종의 신성한 열망을 실행하고 있다고 믿었다. 빅토리아시대의 지식인들이 볼 때 자의식적으로 자신들이 선호하는 사회적 질서를 상상하고 그것을 실현하려고 노력하는 민중이라는 개념은 현대 이전에는 말 그대로 적절하지 않았다. 또 대부분은 자신들의 시대에도 그런 것이 좋을지에 대해서도 의견이 심각하게 갈렸다.

이 모든 것은 우리가 앞 장에서 논의한 바 있는 유럽 정치사상에 영향을 미친 17세기의 웬다트족 철학자-정치가인 칸디아롱크에게 매우 놀랍게 여겨졌을 것이다. 당시의 수많은 북아메리카 부족들처럼 칸디아롱크의 웬다트족은 자신들의 사회를 의식적인 합의에 의해 창출된 연합으로 보았고, 이 합의는 재협상을 통해 계속 이어졌다. 그러나 19세기 말 20세기 초에는 유럽과 아메리카의 많은 사람들이 칸디아롱크 같은 사람은 실제로는 존재할 수 없었다고 주장하는 지경에 이르렀다. 그들의 주장에 따르면, '원시적' 민중은 정치적 자의식을 가질 수 없을 뿐만 아니라 개인 수준에서 충분히 의식적인 생각조차, 아니면 적어도 의식이라는 이름에 합당한 의식적 생각도 할 수 없다. 그들이 '서구의 이성적인 개인'(말하자면 영국인 열차 차장이나 프랑스 식민지 관리 같은)은 항상 완전한 자기 인식 상태에 있다고 추정될(명백히 터무니없는 추정이지만) 수 있다는 허세를 부렸던 것처럼, '원시적'이거나 '미개하다'고 분류된 사람은 누구나 '추론 능력이 발달하기 전 정신 상태 pre-logical mentality'로 행동하거나 신화적 꿈 세계에서 산다고 주장했던 것이다. 그들은 기껏해야 생각 없는 순응주의자이며, 전통의 족쇄에 구속되어 있었다. 심한 경우, 그들은 제대로 된 의식이나 어떤 종류의 비판적 사유도 가질 수 없었다.

그런 이론들은 유럽 사회에 대한 선주민 비평에 반대하는 반동 일파의 흔적으로 간주될 수 있을 것이다. 칸디아롱크 같은 인물의 것으로 돌려진 논의는 서구의 '고상한 야만인' 환상이 단순히 투사된 것으로 치부될 수 있다. 진짜 야만인은 완전히 다른 정신세계에서 사는 것으로 간주되었기 때문이다. 오늘날 명망 있는 학자라면 아무도 그런 주장을 하지 않을 것이다. 적어도 인류의 정신적 통일성에 대한 공허한 덕담이라도 한다. 그러나 실제로는 우리가 보았듯이 변한 것이 거의 없다. 지금도 학자들은 경제 발전의 초기 단계에서 사는 사람들, 특히 '평등주의자'로 분류된 사람들이 문자 그대로 모두 똑같이 집합적 집단 사고collective group-think 단계에서 사는 존재로 취급될 수 있다고 쓴다. 인간 간의 차이가 어떤 형태로든 드러난다면—다른 '무리들'이 저마다 서로서로 다르다면—그것은 대형 유인원 무리에서 보이는 차이와 동일한 차이일 뿐이다. 그들에게는 정치적 자의식, 또는 지금 우리가 비전의 정치visionary politics라 부르는 것은 분명히 있을 수 없었을 것이다.

어떤 수렵 채집인들이 영구히 '무리'에서 산 것이 아니라 한곳에 모여 거대한 지형적 구조물을 만들고, 보존식품을 다량으로 저장하고, 특정한 개인을 왕족으로 대우했다면, 현대 학자들의 평가에서 그들의 자리는 기껏해야 새로운 발달 단계에 놓였을 가능성이 크다. 그들은 수렵 채집의 스케일을 따라 '단순한' 단계에서 '복잡한' 단계로 이동하여, 농경과 도시 문명에 한 걸음 더 가까이 다가간 것이다. 하지만 그들은 여전히 튀르고 같은 진화론적 족쇄에 붙들려 있고, 역사 속에서 그들의 생존 양상에 의해 자리가 규정되었으며, 우리는 알고 있지만 그들은 알지 못했던 어떤 추상적인 발달 법칙을 맹목적으로 실행하는 역할을 맡은 셈이다. 확실히 그들이 스스로 어떤 종류의 세계를 창조하려고 애쓴다고 생각하는지 물어볼 생각을 했던 사람은 별로 없다.[31]

그런데, 분명히 이 법칙에는 언제나 예외가 있었다. 선주민들과 그들의 언어로 이야기하고 그들이 서로 토론하는 것을 지켜보며 오랜 세월을 보낸 인류학자들은 코끼리를 사냥하거나 연꽃 봉오리를 채집하여 살아가는 사람들도 중장비를 운전하고 레스토랑을 경영하거나 대학교 학과를 운영하는 것을 생업으로 삼는 사람들만큼이나 회의적이고, 상상력 풍부하고, 사려 깊고, 비판적인 분석을 할 수 있음을 잘 아는 편이다. 20세기 초반의 폴 래딘Paul Radin 같은 소수의 학자는 1927년에 낸 저서 《철학자 원시인Primitive Man as Philosopher》에서, 적어도 자신이 가장 잘 아는 사람들—위니베고Winnebago와 기타 북아메리카 선주민들—은 사실 평균적으로 더 사려 깊었다고 결론지었다.

래딘 본인도 동시대인들에게 약간 괴짜로 여겨진 인물이었다(그는 언제나 제대로 된 학계의 직업을 기피했다. 시카고에 떠돈 소문에 따르면 그는 그곳에서 강사 자리를 얻었는데 첫 강의를 앞두고 어찌나 겁에 질렸는지 가까운 고속도로로 나가서 차에 치여 다리를 부러뜨렸고, 그 학기의 남은 기간 동안 병원에서 기쁘게 책을 읽으면서 지냈다고 한다). 아마 우연의 일치는 아닐 테지만, 자신이 가장 잘 알던 '원시' 사회에 관해 그가 정말 놀랍게 여긴 것은 그들이 괴짜를 포용하는 관용의 폭이었다. 그는 이것이 단순히 퀘벡에 간 예수회원들에게 그토록 강한 인상을 준, 강압에 대한 거부의 논리적 연장이라고 보았다. 그는 만약 위니베고족 사람이 신이나 혼령이 실제로 존재하지 않는다고 판단하고 그들을 달래기 위한 제의 수행을 거부하기로 했다면, 심지어 장로들의 집단적 지혜가 틀렸다고 단언하고 그 자신의 개인적인 우주관을 만들어냈다면(이런 일은 실제로 둘 다 수시로 발생했다), 그런 회의론자는 분명 놀림거리가 되었을 것이고, 가까운 친구들과 가족들은 신들이 어떤 식으로든 그를 처벌하지 않을까 걱정할 수도 있다고 말했다. 그러나 그들은 그를 처벌하겠다는 생각을 전혀 하지 않을 것이고, 그에게 억지로 순응하라고 강요하는 일도 절대 없다. 사냥이 잘되지 않는 것을 그의 탓으로 돌린다거나 그래서 그가 통상의 제의를 수행하겠다고 동의할 때까지 먹을 것을 나눠주지 않겠다고 한다거나 하는 일은 없다.

어떤 인간 사회에나 회의론자와 비순응주의자가 있다고 믿을 이유는 얼마든지 있다. 차이점은 타인들이 그런 사람들에게 어떻게 반응하느냐에 있다.[32] 래딘은 그런 차이가 초래하는 지적인 결과, 그렇게 조화하지 못하는 성격들이 만들어낼 수 있는 종류의 성찰 시스템에 관심이 있었다. 다른 연구자들은 그 정치적 함의에 주목했다. 약간 특이한 사람들이 지도자가 되는 일은 흔히 있다. 정말 특이한 사람은 영적인 인물이 될 수도 있지만, 위기라든가 전례없는 상황이 벌어질 때 능력을 발휘하는 일종의 잠재적 재능과 통찰력을 가진 존재가 될 수 있고 흔히 그렇게 된다. 가령 토머스 바이덜먼Thomas Beidelman의 관찰에 따르면, 20세기 초반의 누에르족Nuer—남수단의 목축민족으로 정부 비슷한 것을 일체 거부하는 것으로 유명하다—에는 법규를 잘 활용하는 정치인과 촌락의 '황소bulls'(지금 우리가 '경영자 유형'이라 부르는 사람들)뿐만 아니라 지역의 분쟁을 중재하는 '지상의 사제들', 마지막으로 예언가들도 있었다. 정치가들은 흔히 관습을 벗어나 있다. 가령 어떤 지역의 '황소'가 실제로는 여성인데도 그 부모가 사회적인 이유로 남자라고 발표한 경우가 드물지 않았다. 사제는 항상 그 지역에서 이방인이었다. 그러나 예언자는 더 극단적인 종류의 인물이었다. 그는 침을 흘리고, 실없는 말을 하고, 공허하게 응시하고, 뇌전증 환자처럼 행동할 수도 있다. 아니면 많은 시간 동안 덤불 속 땅바닥에 조개껍질을 늘어놓고 디자인을 하면서 무의미하게 행동할 수도 있다. 혹은 황야에서 장시간 지내기도 하고, 심지어 배설물이나 재를 먹기도 한다. 바이덜먼의 말에 따르면, "예언자는 방언을 읊고, 황홀경에 빠지고, 금식하고, 물구나무서기를 하고, 머리에 깃털을 꽂고, 낮보다 밤에 활동하고, 심지어 지붕 위에 올라앉아 있기도 한다. 어떤 사람은 항문에 막대기를 꽂고 쪼그리고 앉는다."[33] 신체적 기형인 사람도 많다. 남녀 옷을 바꿔 입거나, 관습을 벗어난 성별 관행을 따르는 경우도 있다.

달리 말하자면, 이들은 심각하게 비정통적인 사람들이었다. 그런 문헌에서 우리는 식민지 이전 시절의 누에르족 정착촌을 보완해주는 것이 극단적인 개인이라 부를 수 있을 존재들이 속한 모호한 경계 지역이라는 인상을 받는다. 이들은 우리 사회에 있었더라면 지독한 괴짜나 확실한 동성애자에서 신경 장애나 정신병이 있는 사람으로 분류될 가능성이 높다. 보통 예언자는 흥미 섞인 존경의 대상이다. 그들은 아픈 사람이지만, 그들의 병은 신과 접촉한 데서 오는 직접적인 결과다. 그리하여 거대한 재앙이나 전례 없는 사건이 발생할 때—역병, 외국의 침공 등—모두가 그 상황에 적절한 카리스마적 지도자를 찾기 위해 이 불분명한 경계 영역을 바라본다. 그 결과, 다른 상황에서라면 마을의 바보와 비슷한 삶을 살았을 개인이 갑자기 놀라운 예지와 설득력을 지닌 인물로 등장하는 것이다. 젊은이들에게 새로운 사회적 변화를 촉구하거나, 누에르족 전역에서 원로층을 협동시켜 차이를 잠시 무시하고 어떤 공통의 목표를 향해 동원할 수 있는 능력도 그런 영역에 속한다. 때로 그런 존재가 누에르족 사회가 어떤 사회가 되어야 하는지에 대한 완전히 다른 비전을 제안하기도 한다.

클로드 레비스트로스가 족장의 역할과 사회적 삶의 계절적 변주에 대해 남비콰라족에게서 배운 것

클로드 레비스트로스는 20세기 중반에 고대 인간이 우리와 대등한 지적 존재라는 생각을 진지하게 받아들인 몇 안 되는 인류학자들 중 한 명이다. 따라서 《야생의 사고The Savage Mind》에서 그가 전개한 유명한 논지는 신화적 사유가 어떤 논리 이전의 혼몽 상태를 나타내는 것이라기보다는 우리 시대의 과학만큼 수준이 높지만 다른 원리 위에 세워졌을 뿐인 일종의 '신석기시대 과학'으로 받아들여지는 편이 좋다는 것이었다. 그보다 덜 알려졌지만 우리가 지금 씨름하고 있는 문제와 관련이 더 큰 것이 그가 학자로서 초기에 쓴 정치적 저술이다.

1944년에 레비스트로스는 남비콰라족Nambikwara의 정치에 관한 논문을 발표했다. 남비콰라족은 브라질의 마투 그로수 북서쪽의 살기 힘든 여건으로 악명 높은 사바나 지역에 사는 종족으로, 일부 시간에는 농사를 짓고 일부 시간에는 채집을 한다. 그 당시 남비콰라족은 아주 초보적인 물질문화를 영위하는 지극히 단순한 종족으로 유명했다. 이 때문에 많은 사람들이 그들을 구석기시대를 직통으로 들여다보는 창문 같은 존재로 다루었다. 레비스트로스는 이런 태도가 잘못이라고 지적했다. 남비콰라족 같은 종족은 현대 국가의 그림자 속에 살면서 농부들과 도시민들과 교역하고, 때로는 고용 노동자 생활도 한다. 일부는 도시나 대농장 탈주자들의 후손일 수도 있다. 그렇기는 해도, 그는 그들이 삶을 운영하는 방식을 인간 조건, 특히 정치에 관련된 조건의 더 일반적인 특징에 대한 통찰의 연원으로 볼 수 있다고 지적한다.

레비스트로스가 볼 때 남비콰라족에게서 특히 의미 있는 점은 그들이 경쟁을 싫어하는데도(어쨌든 그들은 경쟁하여 얻어낼 부富라는 것이 거의 없다) 자신들을 이끌 족장을 임명한다는 점이었다. 그 결과 이루어진 집단의 합의가 무척 단순하다는 것은 '정부의 더 복잡하고 정교한 시스템 속에 숨겨진' 정치적 삶의 '몇몇 기본적인 기능들'을 드러내는 것일지도 모른다고 그는 느꼈다. 그는 족장의 역할이 사회적으로나 심리적으로나 유럽 사회에서 한 국가의 정치가가 맡는 역할과 상당히 비슷할 뿐만 아니라 비슷한 성격 유형을 가진 사람들을 끌어들인다고 지적했다. 즉 "대부분의 동료들과 달리 특권을 그 자체로 즐기고, 책임을 다하는 데서 강한 매력을 느끼며, 공공 업무의 부담이 그 자체의 보상을 가져다주는" 사람들 말이다.[34]

현대의 정치가는 다른 유권자들이나 이익집단들 사이에서 권모술수를 쓰고, 동맹을 중재하고 협상을 진행하는 역할을 한다. 남비콰라 사회에서는 이런 일이 별로 일어나지 않는다. 부나 지위 면에서 부족원들 간에 별로 차이가 없기 때문이다. 그렇기는 해도 족장은 현대의 정치가와 비슷한 역할을 한다. 한 해 중 다른 시기에 획득된 완전히 다른 사회적·윤리적 시스템 사이를 중재하는 것이다. 이 점에 대해 설명해보자. 1940년대에 남비콰라족은 사실상 아주 다른 두 사회에서 살았다. 우기에는 수백 명으로 구성된 언덕 위 촌락에서 거주하며 텃밭 농사를 지었다. 그 외의 나머지 시간에는 소규모의 채집인 무리로 쪼개져 흩어졌다. 족장들은 건기 동안 '유랑 원정'을 다니면서 영웅적인 지도자로 활동하여 명성을 쌓거나 잃었다. 그런 모험길에 그들은 일반적으로 지시를 내리고, 위기를 해결하고, 다른 때였더라면 받아들일 수 없는 전제적 태도라 여겨졌을 방식으로 행동했다. 살기가 훨씬 수월하고 물자가 풍성한 우기에 족장들은 자신들이 쌓은 평판에 따라 추종자들을 끌어모아 마을 안에서 자기 주위에 자리 잡게 한다. 거기서 그들은 부드러운 설득만으로도 집을 짓고 밭을 가꾸는 모범을 보임으로써 추종자들을 이끈다. 그렇게 하는 과정에서 그들은 병자들과 가난한 자들을 돌보고, 분쟁을 중재하며 누구에게도 뭔가를 강제하지 않는다.

이런 족장을 우리는 어떻게 생각해야 하는가? 레비스트로스는 그들은 가부장이 아니라고 결론지었다. 또 소소한 독재자도 아니었다(비록 한정된 기간 동안 그런 존재처럼 행동하는 것이 허용되었지만). 또 그들에게 신화적 권력이 투여되었다는 낌새도 없다. 무엇보다도 그들은 자원을 끌어모아 필요한 곳에 할당하며 아주 작은 배아 단계의 복지국가를 운영하는 현대 정치가들과 닮았다. 레비스트로스에게 가장 강한 인상을 준 것은 그들의 정치적 성숙도였다. 나중에 족장들에게 마을 광장에서 중재자와 외교관 역할을 하도록 자격을 부여하는 것은, 건기에 채집인들의 작은 무리를 지휘하고, 위기가 닥칠 때(강물을 건너고 사냥을 지휘할 때) 즉각적인 결정을 내리는 족장의 기술이었다. 하지만 그렇게 함으로써 그들은 사실상 진화인류학자들이(튀르고의 전통에 따르는) 완전히 다른 사회적 발달 단계로 간주하라고 요구하는 것들, 즉 수렵 채집인 단계와 농부 단계 사이를 매년 교대로 왕복 이동하는 셈이었다.

남비콰라족 족장을 그토록 유달리 눈에 익은 정치적 인물로 만드는 것은 바로 이런 특성이었다. 공동의 이익과 개인적 야망 간의 균형을 맞추면서도, 사실상 다른 두 가지 사회 시스템 사이를 이동하면서 유지하는 차분한 지혜라는 특성 말이다. 이런 족장은 모든 측면에서 자의식을 가진 정치적 활동가였다. 그리고 그들이 어떤 시간에 얻어진 어떤 시스템에서든 그처럼 초연한 시각을 가질 수 있었던 것은 그들의 유연성과 적응 능력 덕분이었다.

레비스트로스는 나중에 세계에서 가장 유명한 인류학자이자 프랑스에서 가장 유명한 지성인이 될 터였지만, 남비콰라족 지도력에 관한 그의 초기 논문은 처음 발표되었을 때 거의 아무도 알아주지 않았다. 오늘날까지도 아마존 연구자들 영역 밖에서 그 논문에 대해 아는 사람이 거의 없다. 한 가지 이유는 전후 시대에 레비스트로스가 자신이 속한 분야의 다른 사람들과 정반대 방향으로 움직이고 있었기 때문이다. 그는 수렵인들, 텃밭 농부들, 현대 산업민주주의자들의 삶 사이의 유사성을 강조한 데 반해, 거의 모든 다른 학자들, 특히 채집인 사회에 관심을 가진 모든 사람들은 튀르고 이론의 새로운 변형, 언어 측면이 갱신되고 밀물처럼 쏟아진 엄격한 과학적 데이터가 추가된 변형을 받아들이고 있었다. '미개성savagery' '야만성barbarism' '문명' 간의 낡은 구분법은 좀 지나치게 멸시적인 어조로 들리기 시작했기 때문에 그들은 그것을 벗어던지고 새로운 순서에 정착했다. 새로운 순서는 '무리'에서 '부족'으로, '족장'에서 '국가'로 나아갔다. 이런 경향의 절정은 1966년 시카고 대학에서 열린, 이정표라 할 "사냥하는 남자Man the Hunter" 심포지엄이었다. 이 심포지엄은 수렵 채집인에 관한 연구를 새로운 학문 영역으로 규정했는데, 참석자들은 그것을 '행동생태학behavioural ecology'으로 부르자고 제안했다. 그것은 아프리카 사바나와 열대우림에서 사는 무리들—칼라하리Kalahari의 산족San, 동부의 하드자족, 음부티 피그미족Mbuti Pygmies—에 대한 칼로리 수치, 시간 할당 연구, 그 밖에 이전의 연구자들은 쓰지 못했던 온갖 종류의 자료를 활용하는 엄격하게 정량화된 연구로 시작한다.

새로운 연구는 바로 이런 아프리카 사회들에 대한 대중적 관심이 급작스럽게 팽창하는 현상과 중첩되었다. 예를 들어, 마셜 일가the

Marshalls(인류학자들과 영화제작자들로 이루어진 미국의 가문)가 만든 칼라하리 부시먼에 관한 유명한 단편영화들[존 마셜이 아프리카 남부의 칼라하리 사막에서 1950년부터 2000년까지 계속 찍은 영상으로 이루어진 다큐멘터리 영화 〈John Marshall Ju/'hoan Bushman Film and Video Collection〉을 말한다. 그중에는 영화 23편과 5부로 구성된 비디오 시리즈 'A Kalahari Family'도 들어 있다. 현재 미국 스미스소니언 인문학 연구소 필름 보관소에 소장되어 있다—옮긴이]은 인류학 입문 과정과 전 세계 교육 텔레비전의 단골 목록이 되었고, 콜린 턴불Colin Turnbull의 《숲의 사람들The Forest People》 같은 베스트셀러도 마찬가지였다. 오래 지나지 않아 채집인이 사회적 발달 과정에서의 별도 단계에 해당하며, '작은 무리를 이루어 살고' '많이 돌아다니며', 연령과 성별 이외의 다른 어떤 사회적 구분도 거부하고, 분쟁을 중재나 폭력보다는 '해산'으로 해결한다는 사실을 거의 모두가 짐작하게 되었다.[35] 이런 아프리카 사회들이 적어도 일부 경우에는 다른 누구도 원치 않는 장소에서 사는 난민들이라는 사실, 혹은 민족지 기록에 채록된 여러 채집인 사회(지금쯤은 유럽의 정착 식민주의에 의해 대부분 쫓겨났을 것이고, 그래서 더 이상 정량적 분석의 대상이 되지 못할)는 이와 전혀 달랐다는 사실이 이따금씩 인지되었다. 그러나 그것이 특정한 의의가 있는 것으로 다루어지는 일은 좀처럼 없었다. 아주 작고 평등한 무리라는 이미지는 루소의 유산을 먹고 자란 자들이 수렵 채집인이란 그래야 한다고 여기는 바로 그 그림과 완벽하게 일치한다. 이제 그것을 지원할 엄격하고 정량화 가능한 과학적 데이터가(그리고 영화도!) 생긴 것 같다.

이런 새로운 현실에서, 레비스트로스의 남비콰라족은 별로 의미 있는 존재가 아니었다. 그들은 한 해에 7, 8개월 정도만 무리지어 채집하며 유랑하니까 따지고 보면 진화론적 기준에서 진정한 채집인이 아니라는 것이다. 그러므로 규모가 더 큰 그들의 정착 촌락은 평등했지만 채집인 무리로서의 그들은 위에서 그려낸 산뜻한 그림에 얼룩을 묻히지 않도록 무시될 수 있는 존재라는 외견상의 모순이 생긴다. 이런 개정된 인류 사회 진화의 틀 속에는 누에르족 예언자들에게서 예상되던 야성적 즉흥성은 물론 남비콰라족 족장에게서 너무나 자명해 보이는 정치적 자의식이 차지할 자리는 없었다.

선사시대로 돌아가서, 빙하시대와 그 이후의 사회적 삶에서 보이는 '극단적 개인주의'와 계절적 변형을 위한 증거를 검토할 차례

20세기의 남비콰라족, 위니베고족, 누에르족은 과거를 곧바로 보여주는 창문이 될 수 없다. 그들이 할 수 있는 것은 그들이 아니었더라면 찾을 생각도 못 했을 조사의 시각을 제안하는 것이다. 그들의 사회적 시스템을 검토하고 나면, 고대 인류 사회에서 사회구조가 계절에 따라 변한 증거가 있는지, 혹은 구석기시대에 매우 이례적인 개인들이 존중받았을 뿐만 아니라 중요한 정치적 역할도 수행했는지 당연히 물어볼 수 있을 것 같다. 결과적으로, 두 질문에 대한 대답은 모두 '긍정'이다. 사실, 증거는 감당하기 힘들 정도로 많다.

구석기시대의 호화 분묘로 돌아가보자. 그것은 흔히 '불평등', 혹은 모종의 세습적 귀족제가 출현했다는 증거로 해석된다. 무슨 이유 때문인지는 모르지만, 그런 주장을 전개한 사람들은 이런 유골 가운데 많은 수에(사실은 과반수에) 그 인물을 명백하고도 극적으로 주위 사회의 환경과 구별되게 만들었을 법한, 놀랄 만한 신체적 비정상성의 증거가 담겨 있음을 결코 알아차리지 못했거나, 알아차렸더라도 그 사실을 별로 중요시하지 않았던 것 같다.[36] 가령, 숭기르와 돌니 베스토니체 유적지에서 발굴된 사춘기 소년들의 유골에는 선천성 기형이 있다. 칼라브리아의 로미토 동굴에서 발견된 유해들은 비정상적으로 짧은데, 이것은 소인증이었던 사람이 최소한 한 명은 존재했다는 뜻이다. 한편 그리말디 동굴에서 발견된 유해들은 지금 표준으로도 엄청나게 큰데, 당시 사람들이 볼 때는 말 그대로 거인으로 보였을 것이다.

이 모든 것이 우연의 소치일 가능성은 극히 낮다. 사실 유골에 드러난 특징들이 해부학적으로 전형적인 것으로 보이는 이런 유해들이 다른 방식으로도 똑같이 충격적이었을지 궁금해진다. 결국, 예를 들어 백색증이나 간질 증세가 있는 예언자라든가 물구나무서기를 하거나 달팽이 껍질을 늘어놓으며 시간을 보내는 예언자의 행동은 고고학적 기록으로는 확인되지 않는다. 호화로운 부장품과 함께 매장된 구석기시대 개인들이 일상적으로 어떻게 생활했는지 우리가 알 수 있는 것은 별로 많지 않다. 그저 그들이 영양 상태가 좋았고, 다른 사람들과 똑같이 보살핌을 잘 받았다는 것만 안다. 그러나 우리는 최소한 그들이 궁극적인 개인으로, 그들의 동년배와는 최대한 다른 존재로 취급되었으리라고 주장할 수 있다.

이 모든 것은 마지막 빙하시대의 사회적 불평등에 대해 정말로 무엇을 우리에게 말해주는가? 먼저 그것은 우리가 세습적 엘리트의 등장에 대해 때 이른 언급을 일체 자제해야 한다는 의미다. 구석기시대의 유럽이 우연히도 대부분 척추 장애인, 거인, 소인으로 이루어진 계층적 엘리트를 만들어냈을 가능성은 극히 낮다. 둘째, 그런 개인들이 죽은 후에 받은 대우가 그들이 생전에 받은 대우와 얼마나 관련되는지는 모른다. 여기서 또 다른 요점은 우리가 어떤 사람들은 풍부한 부장품과 함께 매장되고 다른 사람들은 부장품 없이 매장되는 그런 상황을 다루는 게 아니라는 점이다. 그보다는 거의 모든 사람은 아예 매장되지도 않는 와중에 일부 사람들이 풍부한 부장품과 함께 매장되는 상황이 문제되는 것이다.[37] 후기 구석기시대에는 시신을 손상 없이, 그리고 옷을 입힌 채 매장하는 방식이 특별한 사례였던 것 같다. 시체는 거의 대부분 완전히 다른 방식으로 처리되었다. 살이 없어지고, 골격은 부서지고, 사람들 앞에 전시되고, 심지어 장신구나 가공품으로 처리되기까지 했다. (일반적으로 구석기시대의 사람들은 인간의 신체 부위를 우리보다 훨씬 마음 편히 다루었음이 분명하다.)

결여된 부분 없이 잘 손질된 형태의 시신은—그리고 옷을 입은 시신은 더욱—분명히 뭔가 특이한 경우였고, 본질적으로 이상한 사례임을 짐작하게 된다. 몇 가지 중요한 상황적 증거가 이 짐작을 강화해준다. 초기 구석기시대의 시신을 매머드 견갑골, 나무판, 돌 같은 무거운 물건으로 덮어서 보관하려는 시도가 많이 있었다. 아마 시신을 옷, 무기, 장신구로 잔뜩 뒤덮는 것도 이런 시도의 연장이었을 것이다. 찬양하기 위해서이기도 했지만 위험의 잠재력을 억제하려는 의도도 있었다. 이 역시 타당하다. 민족지 기록에는 고양되고 위험한 존재로 대우된 비정상적 존재—인간이든 다른 존재든—의 사례가 가득하다. 또는 생전에 이런 방식으로 대우되었으면, 사후에는 그와 다르게 대우되는 것이다.

여기서 많은 부분은 추측이다. 그 증거를 바탕으로 수많은 다른 해석도 가능하다. 그래도 이런 무덤이 어떤 종류의 세습적 귀족제가 출현했다는 표시라는 생각은 전혀 타당해 보이지 않는다. 무덤 속에 있는 것은 예외적이고 '극단적인' 개인이었다. 그들이 다루어진 방식—여기서 우리가 말하는 내용에는 과시적인 부의 전시만이 아니라 애초에 시신이 장식되고, 전시되고, 매장되었다는 사실 자체도 포함된다—은 그들이 똑같이 예외적인 존재로 죽었음을 나타낸다. 거의 모든 측면에서 비정상적인 그런 무덤이 산 자들 간의 사회적 구조를 대변해주는 존재로 해석될 길은 없다. 반대로, 그것들은 음악, 조각, 그림, 복잡한 건축에 관한 온갖 당대적 증거와 분명 관련이 있다. 그것을 어떻게 이해해야 할까?

여기서 계절성이 무대에 등장한다.

빙하시대 거의 내내 특이한 무덤과 거대한 구조물이 레비스트로스의 남비콰라족과 약간 비슷하게 살았던 사회들에 의해 만들어졌다. 그들은 한 해 중 어느 기간에는 흩어져서 채집 무리로 살았고, 또 다른 기간에는 정착지에 한데 집결하여 살았다. 그들이 작물을 심기 위해 모여 산 것은 분명히 아니다. 오히려 후기 구석기시대의 대형 유적은 이주 생활과 털이 긴 매머드, 초원 바이슨, 순록 등 동물 무리를 쫓아다니는 계절적 사냥과 주기적인 물고기 추적 및 견과류 수확과 연결된다. 이는 동부 유럽의 돌니 베스토니체 같은 활동의 중심지가 가진 기능에 대한 설명으로 보인다. 사람들은 그런 장소에서 풍족한 야생 자원으로 잔치를 벌이고, 복잡한 제의와 야심적인 예술 기획에 참여하며, 광물, 바다 조개껍질, 모피를 거래한다. 서유럽에서 이에 상응하는 것을 들자면 프랑스 페리고르와 칸타브리아 해안에서 발견되는 대형 암벽 주거지가 될 것이다. 그런 곳에서 보이는 연혁이 오랜 인간 활동의 기록은 앞의 것들과 비슷하게 계절에 따른 이합집산의 연례적 주기의 일부다.[38]

고고학 역시 이런 계절적 변주 패턴이 괴베클리 테페의 구조물 배후에 있음을 보여준다. 그곳의 석조 신전 주위에서 벌어진 활동은 한 여름에서 가을 사이에 놓이는 연례적 과잉의 기간에 상응한다. 그 기간에는 대규모의 가젤 무리가 하란 평원으로 내려온다. 그런 시기에 사람들도 그 장소에 모여 엄청난 분량의 견과류와 야생 곡류를 가공하여 잔치 음식으로 만들었고, 그런 음식이 아마 건축 작업에 연료 역할을 했을 것이다.[39] 이 거대한 구조물의 수명이 모두 비교적 짧았음을 시사하는 증거가 있다. 큰 잔치로 절정에 달했다가, 잔치가 끝나면 구조물의 벽은 남은 음식이나 다른 쓰레기로 순식간에 채워진다. 하늘에 닿도록 높은 위계가 세워졌다가 순식간에 다시 허물어진다. 연구가 계속되면 이런 상황 설명이 더 보완될 테지만, 축제 노동을 위한 계절적인 소집이라는 전체 패턴은 잘 확정된 것으로 보인다.

그처럼 진동하는 삶의 패턴은 농경이 발명된 한참 뒤까지도 지속되었다. 한 가지 예만 들어보자면, 그런 패턴은 영국의 솔즈베리평원에 세워진 유명한 신석기시대 구조물을 이해하는 열쇠일 수 있다. 세워진 돌의 배열 자체가 거대한 달력의 역할(다른 기능도 있지만)을 하기 때문만은 아니다. 하지의 일출과 동지의 일몰을 중심 틀로 삼는 스톤헨지는 이런 기념물 가운데 가장 유명하다. 그것은 사람들이 영국제도의 방방곡곡에서 한 해의 중요한 시기에 이 평원에 모여들어 목재나 석재로 세운 제의적 구조물, 여러 세기 동안 순차적으로 세워진 구조물 가운데 제일 마지막 사례였다. 꼼꼼한 발굴 결과 이런 구조물—지금은 신석기시대 귀족들의 선조에게 바쳐진 기념물이라고 그럴듯하게 해석되는 것들—가운데 많은 수가 세워진 지 고작 두어 세대 만에 해체되었음이 밝혀졌다.[40]

더 충격적인 이야기를 하자면, 스톤헨지를 세운 사람들은 농부가 아니었다. 아니, 통상적인 의미의 농부는 아니었다. 그들은 한때는 농부였지만, 이들이 거대한 구조물을 세웠다가 해체한 시기가 영국의 거주민들이 유럽 대륙으로부터 신석기시대의 농업경제를 도입한 것과 일치하는 점으로 볼 때, 최소한 농업의 핵심적인 한 측면을 거부한 것으로 보인다. 그들은 곡물의 재배를 포기하고 기원전 3300년경, 헤이즐넛을 채집하여 주식으로 삼는 방식으로 돌아간 것이다. 반면, 가정에서 키우는 돼지들과 소 떼는 그대로 유지하여, 계절에 따라 근처의 더링턴 월스에서 가축을 잡아 잔치를 벌였다. 더링튼 월스는 겨울에는 인구가 수천 명에 달하는 번성하는—자체적인 우드헨지Wood-henge[스톤헨지에서 북동쪽으로 3.2킬로미터 떨어진 지점에 있는 선사시대의 목조 구조물군—옮긴이]를 건설한—소도시였지만, 여름에는 대부분 비어 있었고 방치되었다. 스톤헨지의 건설자들은 채집인도 목축인도 아닌 그 중간 정도의 존재였던 것으로 보인다.[41]

이 모든 사항들은 결정적으로 중요하다. 어떻게 자의식에 의거한 판단이 아닌 다른 이유 때문에 농경을 포기할 수 있었을지 상상하기 힘들기 때문이다. 한 인구 집단이 다른 집단을 대체했다거나, 농부들이 어떤 식으로든 다른 강력한 채집인들에게 압도당해 작물 재배를 포기해야 했다는 증거는 없다. 영국의 신석기시대 거주민들은 곡물 농사의 장단점을 견주어보고 자신들은 다른 식으로 사는 게 좋겠다고 집단적으로 결정한 것으로 보인다. 어떻게 그런 결정이 내려질 수 있었을까? 우리는 끝내 모를 것이다. 그러나 스톤헨지 그 자체가 힌트 비슷한 것을 준다. 그것이 매우 큰 돌로 세워졌는데, 그중 몇 개('블루스톤')는 멀게는 웨일스에서 실려 왔고, 더링턴 월스에서 열린 잔치에서 소비된 소와 돼지는 다른 먼 지역에서 부지런히 몰아 온 것이었기 때문이다.[42]

다른 말로 하면, 또 그 자체로 놀랍기는 하지만, 기원전 3000년대에도 분명히 영국제도의 많은 지역에서 모종의 협동이 광범위하게 이루어질 수 있었다는 것이다. 스톤헨지가 지배 씨족의 고위급 설립자들에게 바쳐진 신전이라면—현재 몇몇 고고학자들이 주장하듯이—그들 계보의 일원들이 중요한 역할을 요구했을 가능성은 크다. 그런 행사에 그들이 개입한 데 힘입어 우주적인 역할도 맡았을 수 있다. 반면, 계절적인 이합집산의 패턴은 또 다른 물음을 던진다. 스톤헨지에 왕과 여왕이 있었다면 정확히 어떤 종류의 왕과 여왕이었을까? 어쨌든 그들의 궁정과 왕국은 한 해에 두어 달 동안만 존재했으며, 다른 시간에는 견과류 채집인들과 가축 몰이꾼들의 작은 공동체로 흩어졌을 것이다. 노동력을 소집하고, 식량 자원을 저장하며 수많은 상시적 사용인들을 먹여 살릴 수단을 가졌는데도, 의식적으로 그렇게 하지 않는 편을 선택하는 왕족은 어떤 왕족일까?

'버펄로 경찰'에 관해
(인간의 사회적·정치적 삶에서 계절성의 역할 재발견)

레비스트로스가 사회적 구조의 계절적 변주와 특정한 종류의 정치적 자유freedom 간에 분명한 관련이 있다고 보았음을 상기하자. 하나의 구조가 우기에 적용되고 다른 구조는 건기에 적용된다는 사실로 인해 남비콰라족의 족장은 자신의 사회적 관계social arrangement를 한 발자국 떨어져서 살펴볼 수 있다. 그것들을 단순하게 천연의 사물 질서 속에서 '주어진' 것이 아니라, 적어도 부분적으로는 인간이 개입할 여지가 있는 것으로 보는 것이다. 영국 신석기시대의 사례—흩어져 살아가는 단계와 거대 구조물을 건설하는 단계가 번갈아드는 양상—는 그런 개입이 가끔 어느 정도로 멀리 나갈 수 있는지를 가리킨다.

2차 세계대전의 한복판에서 글을 쓰던 레비스트로스는 아마 자신의 주장이 그 정도로 예외적이라고는 생각하지 않았을 것이다. 20세기 전반의 인류학자에게는 수렵과 목축, 채집을 많이 하는 사회들이 흔히 '이중적 형태double morphology'(레비스트로스의 대선배인 마르셀 모스Marcel Mauss가 쓴 용어)로 설정되어 있다는 것은 상식이었다.[43] 레비스트로스는 그저 그 용어에 담긴 정치적 함의의 몇 가지를 집중적으로 조명했을 뿐이었다. 그러나 이런 함의는 중요하다. 구석기시대에 유사한 계절적 패턴들이 있었다는 사실은 애초부터, 아니면 우리가 추적할 수 있는 한, 사람들이 상이한 사회의 가능성을 자의식적으로 실험하고 있었음을 의미한다. 여기서 이런 계절적 차이가 얼마나 컸는지 느끼려면 망각 속에 묻힌 이런 인류학적 문헌을 돌이켜보는 것이 도움이 될지도 모른다. 레비스트로스는 그런 문헌에 아주 친숙했을 것이다.

여기서 핵심적인 문헌은 마르셀 모스와 앙리 뵈샤Henri Beuchat가 쓴 〈에스키모인의 계절적 변형Seasonal Variations of the Eskimo〉(1903)이다. 필자들은 극지방의 이누이트족Inuit, 그리고 "그와 비슷한 다른 여러 사회들이 (…) 두 가지 사회적 구조를 가졌다는 관찰로부터 시작한다. 하나는 여름의 구조이고 다른 하나는 겨울의 구조인데, 그들은 법과 종교의 두 가지 시스템을 병행하여 보유한다". 여름에 이누이트족은 대략 20, 30명으로 이루어진 무리로 쪼개져 민물고기, 카리부, 순록을 사냥하는데, 이는 모두 남성 원로 한 명의 권위 아래 행해진다. 이 기간 동안 재산은 소유물로 표시되며, 가부장은 강제적이고 때로는 독재적이라고도 할 권력을 친족들에게 행사한다. 건기에 남비콰라족 족장이 행사하던 것보다 훨씬 더 강력하다. 그러나 물개와 바다코끼리가 북극권으로 모여드는 긴 겨울철에는 극적인 반전이 생긴다. 그때가 되면 이누이트족은 한데 모여 목재와 고래 뼈와 석재로 거대한 회의장을 짓는다. 이 기간 동안에는 평등, 애타성의 미덕과 집합적 삶이 우세해진다. 부는 공유되고, 남편들과 아내들은 바다의 여신인 세드나Sedna의 보호 아래 파트너를 바꾼다.[44]

모스는 이누이트족이 이상적인 사례 연구 대상이라고 생각했다. 북극권에서 살고 있으니 그들은 극한의 환경적 부담을 견뎌내야 했다. 그렇지만 모스의 계산에 따르면, 아북극권의 여건에서도 물리적 조건—사냥감이나 건축 자재 같은 것들을 얼마나 쉽게 구할 수 있는지—이 차지하는 비중은 기껏해야 전체 상황의 40퍼센트 정도다. (이누이트족과 물리적 여건이 거의 비슷한 북극권의 가까운 이웃 종족들은 아주 다른 방식으로 상황에 대처한다.) 크게 보아, 모스는 이누이트족이 이런 식으로 살아가는 것은 인간이라면 그런 식으로 살아야 한다고 느꼈기 때문이라고 결론지었다.

마르셀 모스가 프랑스 도서관들을 뒤져 이누이트족에 대해 쓰인 모든 것을 찾아다니던 대략 같은 시기에, 독일의 민족학자인 프랜츠 보애스Franz Boas는 캐나다 북서부 해안 지역의 수렵 채집인인 콰키우틀족Kwakiutl에 대한 연구를 수행하고 있었다. 보애스는 이 지역에서 사회가 가장 계층적인 형태로 가장 거창하게 결집되는 것은 여름이 아니라 겨울임을 알아냈다. 판자로 지은 궁전이 브리티시컬럼비아의 해안선을 따라 갑자기 솟아나며, 세습 귀족들이 평민과 노예로 분류된 동족들을 재판하고, '포틀래치Potlatch'라 알려진 큰 연회를 주관한다. 하지만 이런 귀족 궁정은 어로철인 여름에는 작업을 위해 해체되어 더 작은 씨족 대형으로 전환된다. 이 대형에도 서열은 있지만, 완전히 다른 서열이며 훨씬 덜 공식적인 구조로 이루어진다. 이 지역에서 사람들은 여름과 겨울에 각기 다른 이름을 쓴다. 한 해의 계절에 따라 문자 그대로 다른 사람이 되는 것이다.[45]

미국으로 이주한 보애스는 뉴욕 컬럼비아 대학의 교수가 되었는데, 그곳에서 그 이후 반세기 동안 미국의 인류학에서 이름을 알리게 될 거의 모든 사람의 수련을 담당했다. 그의 제자 가운데 한 명인 빈 태생의 미국 민족지학자 로버트 로위Robert Lowie(《철학자 원시인》의 저자인 폴 래딘의 가까운 친구이기도 했다)는 지금 몬태나주와 와이오밍주가 있는 지역에 살던 만단족-히다차족Mandan-Hidatsa과 크로족Crow 사이에서 현지 조사를 했고, 학자로 활동한 많은 시간을 대평원에 사는 19세기 부족 연합체들 사이에서의 계절적 변형이 갖는 정치적 함의를 고찰하는 데 쏟았다.

평원의 부족들plains nations은 과거에는 농부였지만 스페인인들에게서 달아난 말들을 길들여 유목 생활을 채택한 뒤에는 대부분 곡물 농사를 포기한 사람들이었다. 늦여름과 초가을에는 규모가 작고 기동성이 뛰어난 샤이엔족Cheyenne과 라코타족Kakota이 버펄로 사냥을 위한 보급 준비를 하기 위해 큰 마을로 모여든다. 한 해 중 가장 민감한 이 시기에 그들은 진행을 위협하는 반항자들은 모조리 가두고, 채찍을 휘두르거나 벌금을 부과하는 등 전면적 강제력을 행사하는 경찰력을 임명한다. 하지만 로위가 관찰했듯이, 이런 '명명백백한 독재'는 엄격히 계절적이고 일시적인 수준에서만 작동했다. 사냥철이―그리고 그 다음에 집단적으로 거행하는 선댄스Sundance 제의가―끝나면 그런 독재는 그가 아나키스트적 조직 형태라 부른 것에 자리를 내주고 사라지며, 사회는 다시 한번 작고 기동력 있는 무리로 쪼개진다. 로위가 관찰한 내용은 놀랍다.

사냥을 최대한 많이 하기 위해 경찰력―군대용 곤봉을 쓰건, 그 때그때 임시변통에 의거하건, 씨족적 친화력에 호소하건―은 명

모든 것의 새벽

령을 내리고 불복종자를 구속한다. 대부분의 부족들에게서 그들은 은밀하게 조달된 사냥물을 압수할 뿐만 아니라 복종하지 않는 자에게 채찍질을 가하고, 그의 재산을 파괴하고, 저항할 경우에는 죽인다. 평소에는 살인 사건이 일어나도 도덕적 처벌만 가하던 바로 그 조직이 버펄로 사냥철에는 가차 없는 국가 기관으로 변한다. 그러나 (…) 강압적 조치는 사냥철이 끝난 뒤에도 한동안 연장된다. 군인들은 족장들이 시기에 맞지 않는다고 판단한 전투를 벌이려 한 용사들을 강제로 제약하고, 그들에게 대량 이주를 지시하고, 대형 축제 때 군중을 감시하며, 그 외의 경우에도 법과 질서를 유지한다.[46]

"한 해의 많은 기간 동안 부족은 전혀 그런 식으로 존재하지 않았다. 그리고 일족이나 소규모 친족들은 합쳐져서 특별한 규율을 가진 조직이 필요 없는 생활을 추구한다. 따라서 군대는 수적으로 강한 집합이 부수적으로 낳은 결과이며, 상시적이기보다는 간헐적으로만 활동했다." 로위는 이렇게 주장한다. 그러나 병사들의 지배력은 일시적인 것이기는 해도 실재하는 힘이었다. 그리하여 평원 인디언들은 설사 실제로는 국가state를 발전시키지는 않았을지라도 사실 국가권력state power이 무엇인지 어느 정도 알고 있었다고 주장한다.

1950년대와 1960년대의 신진화론자neo-evolutionist들이 이런 현장 조사로 얻은 관찰이 남긴 유산을 딱히 어떻게 해야 할지 몰랐던 까닭은 알기 쉽다. 그들은 정치적 조직—무리, 부족, 군장사회, 국가 순서로 나아가는—의 별개 단계가 존재하는지를 놓고 논쟁하고 있었고, 또 정치적 발전 단계가 최소한 아주 개략적으로는 그와 비슷한 수렵채집인, 텃밭 농부, 농부, 산업 문명이라는 경제 발전 단계를 기준으로 측량되었다고 주장한다. 남비콰라족 같은 종족들이 한 해 내내 경제적 범주들 사이를 왕복하여 이동하는 양상만도 충분히 혼란스럽다. 샤이엔족, 크로족, 아시니보인족Assiniboine 또는 라코타족은 주기적으로 정치적 스펙트럼의 한쪽 끝에서 반대쪽 끝으로 도약하는 것처럼 보일 것이다. 그들은 일종의 무리/국가의 융합체였다. 다른 말로 하자면 그들은 모든 것을 엇나가게 만들었다.

그렇기는 해도 로위는 이 지점에 관해 절대적으로 명확한 입장을 보였다. 그리고 그런 점을 관찰한 인류학자가 결코 로위 혼자만은 아니었다.[47] 그리고 우리 관점에서 볼 때 가장 흥미로운 일인데, 그 역시 평원 인디언들이 독재 권력의 가능성과 위험을 예리하게 인식하고 있는 의식적인 정치적 행동가임을 강조했다. 그들은 제의 시즌이 끝나기가 무섭게 강제적 권위를 행사할 수단을 모두 해체해버렸을 뿐만 아니라, 그것을 행사하는 주체를 씨족이나 전사 클럽들 사이에서 돌아가며 맡도록 주의를 기했다. 한 해에 지배권을 쥐었던 사람은 그다음 해에는 다른 사람의 권위에 복종하게 될 터였다.[48]

학술계가 항상 진보하는 것은 아니다. 때로 그것은 뒤로 미끄러지기도 한다. 100년 전, 대부분의 사회과학자들은 주로 야생의 자원으로만 살아가는 사람들이 통상 아주 작은 '무리'만 이루고 산 것은 아니었음을 알고 있었다. 우리도 보았듯이, 그들이 그렇게 살았다는 추정은 1960년대에야 지지를 얻었다. 이 관점에서 볼 때, 앞에서 우리가 바이크족과 히피 공동체를 예로 든 것이 완전히 아무렇게나 끌어온 것은 아니었다. 이런 것들은 당시의 대중적 상상에 자주 등장했고, 인간 본성에 관한 토론에서 환기되곤 하던 이미지였다. 전후 시대에 만들어진 거의 모든 인기 있는 민족지 영화가 칼라하리 부시먼이나 음부티

피그미족에 집중되었던 것은 결코 우연의 소치가 아니다(그들은 '무리' 사회이며, 대략 히피 공동체 비슷한 모습으로 그려질 수 있다). 아니면 야노마미족이나 '맹렬한 사람들fierce people'(나폴리언 새그넌이 본 현실 버전에서는 폭주족과 좀 불쾌한 유사성을 실제로 갖고 있는—엘레나 발레로의 버전에서는 그렇지 않음을 기억하자—아마존 지역의 텃밭 농부horticulturalist들)도 그런 대상이었다.

이 새로운 진화론자의 서사에 나오는 '국가'가 무엇보다도 '강제력의 적법한 사용'에 관한 독점이라는 것으로 정의되기 때문에, 19세기 샤이엔족이나 라코타족은 11월이 되면 항상 '무리' 수준이던 것이 '국가' 수준으로 진화했다가 봄이 오면 다시 퇴보하는 것처럼 보였을 것이다. 분명히 말하지만 이는 바보 같은 이야기다. 그런 이론을 진지하게 주장하는 사람은 아무도 없다. 그런데도 그 점을 지적할 가치는 있다. 왜냐하면 처음에 제시된 가정이 훨씬 더 심각하게 터무니없다는 사실을 드러내주기 때문이다. 사회가 반드시 일련의 진화적 단계를 거쳐 진보한다는 생각 자체가 어리석다. 무리와 부족, 국가 등의 여러 형태 사이에서 습관에 따라 유동적으로 왕복하는 집단을 출발점으로 삼을 경우, 무리에서 부족으로, 군장사회로, 국가로 나아가는 진화를 거론할 수는 없다.

계절적인 이중성 또한 수렵 채집인을 '단순한' 유형과 '복잡한' 유형으로 분류하려는 더 최근의 시도를 혼란에 빠뜨린다. '복잡성'을 진단하는 특징으로 확인되어온 것들—영토, 사회적 지위, 물질적 부, 경쟁성의 전시—이 한 해의 특정한 계절에 나타나지만, 다른 계절에는 바로 그 동일한 인간들에게서 무시되기 때문이다. 확실히, 오늘날의 거의 모든 전문 인류학자들은 이런 범주가 완전히 부적합하다는 것을 인정하게 되었지만, 이를 인정한 결과는 주로, 그저 그들이 주제를 바꾸고 말거나 인간 역사의 넓은 범위에 대해 애당초 생각하지 말아야 한다고 주장하는 데 그쳤을 뿐이다. 아직 아무도 그 대안을 제시하지 않았다.

한편, 앞에서 보았듯이, 마지막 빙하시대의 계절에 따라 크게 달라지는 환경에서 우리의 먼 선조들이 이누이트족, 남비콰라족, 크로족과 매우 비슷하게 행동했다고 주장하는 고고학적 증거는 계속 쌓인다. 그들은 교대되는 사회적 설정 사이에서 계속 왕복하고, 거대한 구조물을 지었다가 다시 허문다. 한 해의 특정한 시기에 전제주의적 구조가 등장하도록 허용한 다음 그것들을 해체한다. 그 모든 행동은 특정한 사회적 질서가 결코 고정되거나 불변적이지 않다는 것을 아는 데서 나오는 것으로 보인다. 그와 동일한 개인들이 우리에게 때로는 무리처럼, 때로는 부족처럼, 또 때로는 지금 우리라면 국가인 줄을 알아볼 만한 특징을 최소한 몇 가지는 가진 것처럼 보이는 어떤 집단 속에서 삶을 영위했을 수 있다.

그런 제도적 유연성과 함께 어떤 주어진 구조의 경계선 밖으로 걸어 나갔다가 되짚어볼 능력도 생긴다. 우리가 살고 있는 정치적 세계를 만들고 해체하는 능력 말이다. 이는 최소한 마지막 빙하시대의 '왕자들'과 '공주들'에 대해서는 설명해준다. 그들은 무슨 동화나 시대극에 나오는 등장인물처럼 너무나 장엄한 고립 속에서 등장한다. 아마 그들이 문자 그대로 그렇게 살았는지도 모른다. 그들이 지배했다고 한들 아마 스톤헨지의 지배 씨족처럼 한 시즌 동안만 지배했을 것이다.[49]

모든 것의 새벽

'사회적 불평등의 기원은 무엇인가?'가 아니라 '우리는 어쩌다 고착되었는가?'가 진정한 문제인 까닭은?

우리가 옳다면, 그리고 인간 존재가 정말 지난 4만 년 동안의 대부분을 다른 사회적 조직 형태들 사이에서 이리저리 이동하고, 위계를 쌓아 올렸다가 다시 해체하면서 보냈다면, 그것이 지닌 함의는 매우 깊다. 무엇보다도 그것은 당시 국가 없는 사회에서 살던 사람들이 오늘날 사람들보다 정치적 자의식이 적었던 게 아니라 실제로는 정치적 자의식을 상당히 더 많이 갖고 있었다고 주장한 피에르 클라스트르의 말이 매우 옳음을 시사한다.

클라스트르는 1960년대가 낳은 또 하나의 산물이다. 레비스트로스의 제자인 그는 아마존의 족장이 성숙한 정치적 행동가라는 스승의 관점을 가슴 깊이 새겼다. 하지만 클라스트르는 아나키스트이기도 했고(그는 나중에 공용 문구류를 무단으로 사용했다는 빈약한 구실로 레비스트로스의 연구 그룹에서 추방되었다), 그 논의를 훨씬 더 멀리 전개해나갔다. 아마존의 족장들이 계산적인 정치가라는 것만이 아니었다. 그들은 자신들이 진정한 정치적 권력을 절대로 행사할 수 없도록 설계된 것처럼 보이는 사회적 환경에서 억지로 운신해야 했던 계산하는 정치가들이었다. 겨울에 그들이 이끄는 그룹은 규모가 아주 작고 중요도가 매우 낮았다. 여름에 그들은 전혀 '이끌지' 않았다. 그들의 집은 현대 복지 국가의 사회 복지관과 비슷했을 것이다. 하지만 그 결과, 물질적 부의 기준으로 말하자면, 그들은 실제로는 마을에서 가장 가난한 사람들이었다. 족장은 항상 모든 것을 남에게 나눠주는 사람이었기 때문이다. 또 그는 다른 누구보다도 더 열심히 일해 모범을 보여야 했다. 투피족Tupi이나 남비콰라족처럼, 마을에서 유일하게 여러 명의 아내를 두는 것이 허용되는 등 족장의 특권이 있는 부족에서도 그 특권은 양날의 검이었다. 아내들은 마을을 위해 잔치를 마련해야 했다. 아내들 중한 명이 다른 연인을 얻어도 족장이 할 수 있는 일은 별로 없었는데, 이런 일은 늘 일어났다. 족장으로 남아 있으려면 모든 사람과 우호적인 관계를 유지해야 했기 때문이다.

클라스트르의 주장에 따르면, 족장들이 이런 상황에 처하게 된 것은 그들 외에도 성숙하고 통찰력 있는 정치적 행동가들이 있었기 때문이다. 거의 대부분이 그랬다. 이들은 루소 식의 순진 같은 상태에 고착되어 더 복잡한 조직 형태를 상상하지 못하는 사람들이 아니었고, 대안적 사회질서를 생각해내는 면에서 일반적으로 우리보다 유능했고, '국가에 맞서는 사회'를 만들어냈다. 그들이 자의식적으로 스스로를 조직하는 방식에서는 우리가 '선진적 정치 시스템'과 결부시키는 독단적 권력과 지배 형태가 절대로 출현할 수 없다.

예상할 수 있는 일이지만, 클라스트르의 주장은 심한 논란을 야기했다. 그가 받은 비판 가운데 일부는 전부 타당하다(일례로 젠더 문제에 관한 한 그는 엄청나게 큰 맹점이 있었다). 그렇기는 해도 그 비판 대부분은 확고한 루소적 토대 위에 선 것이어서, 클라스트르가 원시적인, 혹은 고대의 사람들에게 지나치게 많은 상상력을 부여했다고 주장했다. 그런 사람들은 정의상 그런 것을 전혀 갖지 못한 존재여야 하는데 말이다. 그런 비판은 국가 없는 사회가 실제로 한 번도 체험하지 못한 어떤일의 출현을 방지하기 위해 스스로를 자의식적으로 조직한다는 주장이 어떻게 가능하냐고 반문한다.

이 반론에 답할 수 있는 방법은 많다. 예를 들면, 여러 세기 전의 아마존인들이 그들 서쪽에 있던 안데스 대제국들의 존재를 전혀 몰랐던가? 사람들은 통상 여기저기 돌아다녔다. 그랬으니 그들이 대륙의 이웃 지역에서 일어나는 발전에 대해 전혀 몰랐을 것 같지는 않다. 7장에서 보게 되겠지만, 훨씬 더 이른 시기에 아마조니아[남아메리카 아마존강 유역의 총칭—옮긴이] 자체에도 대형 정치 주체가 존재했다는 증거는 현재 많다. 아마 이런 것들은 그런 고대 왕국에서 달아났거나 그런 왕국을 전복하기도 한 반란자들의 후손일 것이다. 하지만 가장 명백한 반대는, 만약 문제의 아마존인들이 남비콰라족과 조금이라도 비슷했다면, 그들은 실제로 연례적인 채집 무리를 이루어 '원정'을 떠나는 기간 동안 독단적 지휘권이 발동되는 관계를 경험했으리라는 것이다. 그런데도, 이상하지만, 클라스트르 본인은 이 점을 한 번도 지적하지 않았다. 사실, 그는 계절성에 관한 이야기 자체를 전혀 하지 않는다.

이를 빠뜨린 것은 신기한 일이다. 또 그것을 빠뜨림으로써 마르셀 모스에서 로버트 로위에 이르는 더 이전 전통의 관 뚜껑에 클라스트르가 마지막 못을 박았다는 이유에서도 중요한 일이다. 그 전통에서는 '원시'사회가 본질적으로 유연하며 전형적으로 다양한 형태의 조직에 의해 성격이 규정된다. 이제 '원시'인들을 루소적인 순진무구한 존재로 보는 신진화론자들과 그들이 자의식을 가진 평등주의자들이었다고 주장하는 급진파 모두 그들이 매우 단순한 하나의 사회적 존재 양식에 고착되었다는 것을 당연시한다.

클라스트르의 경우에는 그것이 더욱 놀랍다. 1962년에 인디언 족장들의 권력 결여를 주장했던 원래 발언에서, 그는 자신의 논지 전체가 로위에게서 가져온 것이라고 매우 솔직하게 인정했기 때문이다. 14년 전에 로위는 몬트리올에서 티에라 델 푸에고에 이르는 지역의 아메리카 선주민 사회 대부분은 사실상 아나키스트였다고 주장한 바 있다.[50] "전형적인 인디언 족장은 입법자나 집행자, 판관이 아니라 평화를 가져오는 자, 빈민에게 시혜를 베푸는 자, 말 많은 폴로니어스[《햄릿》에서 오필리어의 아버지인 궁내 대신. 수시로 거짓말을 하지만 가끔은 의미 깊은 진실도 말한다─옮긴이]다"라는 것이 그의 주장이었다(그러니까 족장직의 실제 기능은 첫째, 분쟁을 중재하고, 둘째, 필요한 자에게 필요한 것을 주고, 셋째, 훌륭한 연설을 하여 사람들을 즐겁게 해주는 것이다). 이런 로위의 주장은 논점 하나하나까지 모두 클라스트르의 설명에서 정확하게 되풀이된다. 족장직이 설계된 목적은 사실상 그것이 절대로 강압의 수단이 되지 못하게 하는 데 있으며, 국가와 비슷한 권위는 어떤 종류든 종교적 선지자로부터 나와야만 한다는 것이 로위의 결론이다.

하지만 로위의 원래 논문에는 추가 항목이 하나 붙어 있음을 기억하라. 그것은 하향식 권위의 '원초적 씨앗evolutionary germs'에 관한 내용으로, 대평원 사회들의 계절적 '경찰들'과 '병사들'에 대해 상세하게 설명한다. 클라스트르는 이 부분을 빼놓았다. 왜 그랬을까?

그 대답은 아마 단순할 것이다. 계절성이 혼란을 안겨 주었기 때문이다. 사실 그것은 일종의 와일드카드다. 대평원의 사회들은 사냥철과 그 뒤에 이어지는 제의 시즌 내내 계속되는 강압적 권위 구조를 만들어냈고, 흩어져서 더 작은 그룹을 이룰 때는 그 구조가 해체된다. 하지만 중앙 브라질의 사회들은 마을이라는 설정에서는 효과가 없는 정치적 권위를 주장하는 방편으로 작게 쪼개져 채집하는 무리를 결성한다. 이누이트족의 경우, 여름에는 가부장들이 다스리지만, 겨울에는 가부장적 권위뿐만 아니라 성적 예절의 규율까지도 도전받고 전복되거나 그냥 사라져버린다. 콰키우틀족은 한 해 중 두 계절에 모두 위계적 사회를 유지하지만, 계절에 따라 위계의 형태는 달랐고, 한겨울 제의가 열리는 동안 그 수행자들('곰 댄서들bear dancers'과 '풀 댄서들fool dancers')에게 사실상의 경찰 권력을 부여하여 그 기간에만 행사할 수 있게 했다. 다른 시기에는 귀족들이 거대한 부를 장악했지만 추종자들에게 직접 지시를 내릴 수 없었다. 중앙아메리카의 수많은 채집인 사회들은 1년 내내 평등하지만, 남자가 주관하는 제의 질서와 여성이 주도하는 제의 질서가 매달 교대로 바뀌는 것으로 보인다.[51]

다른 말로 하자면, 단일한 패턴은 없다. 꾸준히 지속되는 현상은 오직 교대한다는 사실, 그리고 그 결과인 다양한 사회적 가능성에 대한 인식뿐이다. 이 모든 것은 '사회적 불평등의 기원'을 찾으려는 시도가 정말로 잘못된 문제 제기임을 확인해준다.

인간 존재가 만약 역사의 대부분의 시간에 상이한 사회적 합의 사이에서 유동성 있게 전진과 후퇴를 반복하고, 정기적으로 위계를 두고 또 해체했다면, 진짜 질문은 '우리는 어쩌다 고착되었는가?'가 되어야 할 것이다. 우리는 어쩌다가 단 하나의 양상에 처하게 되었는가? 우리는 어쩌다가 인간 종의 전형적인 성질인 정치적 자의식을 상실했는가? 우리는 어쩌다가 명성과 굴종을 일시적 방편도, 거창한 계절적 무대의 위풍당당함도 아닌, 인간 조건의 피할 길 없는 요소로 여기게 되었는가? 우리가 그냥 게임을 하는 것으로 시작했다면, 어느 지점에서 그것이 게임임을 잊어버렸는가?

그런 질문은 앞으로 이어질 장들에서 다루게 될 것이다. 지금 당장은 이 유연성과 정치적 자의식의 잠재력이 결코 완전히 사라지지는 않았음을 강조하는 것이 중심 문제다. 모스가 지적한 것도 대체로 같은 문제였다. 계절성은 지금 우리에게도 있다. 과거의 것에 비하면 지금은 빛이 약하고 위축된 그림자에 불과하더라도 그렇다. 예를 들어, 기독교 세계에는 지금도 조직의 가치와 형태를 어느 한도 내에서 뒤집어버리는 한겨울의 '휴가철holiday season'이 있다. 한 해 중 대부분의 기간 동안 소비자주의적 개인주의를 맹렬하게 팔고 다니던 매체와 광고주들이 갑자기 정말 중요한 것은 사회관계이며, 주는 것이 받는 것보다 더 낫다고 선언하기 시작한다. (모스가 살던 프랑스처럼 계몽된 국가에는 여름철에도 그랑드 바캉스grandes vacances가 있어서, 모두가 한 달 동안 일거리를 내려놓고 도시에서 벗어난다.)

여기에는 직접적인 역사적 관련이 있다. 앞에서 우리는 이누이트나 콰키우틀 같은 사회에서 계절적 소집 시기가 제의 시즌이기도 하다는 것을 보았다. 그런 시즌에는 모두가 춤과 제의와 연극에 흠뻑 빠져든다. 때로 이런 시즌에는 실제 강제 권력을 가진 임시 왕과 제의적 경찰을 만들어내는 일도 있다(비록 이상한 일이지만, 이런 제의적 경찰은 광대 노릇도 한다).[52] 아니면 이누이트족의 여름 주신제에서와 같이 위계와 예절의 규범을 해체하는 경우도 있다. 이 이분법은 지금도 거의 모든 곳의 축제 생활에서 볼 수 있다. 우리에게 친숙한 예를 들자면, 유럽 중세에 성인 축일에는 엄숙한 연극 행렬pageant과 광적인 사육제가 교대로 배열되어 있었다. 연극 행렬에서는 봉건제 생활의 모든 정교한 지위와 위계가 훤히 드러나 보이며(그 가운데 많은 것은 지금도 남아 있다. 가령 대학교 졸업식에서는 잠시 중세적 의상으로 갈아입는다), 사육제에서는 모두가 '세계를 뒤엎어버리는' 놀음을 한다. 사육제에서는 여성이 남성을 지배할 수도 있고, 아이가 정부를 맡을 수도 있으며, 하인이 주인에게 일을 시킬 수도 있고, 선조들이 죽음의 세계에서 돌아오고, '사육제의 왕'이 즉위했다가 퇴위당하고, 고리버들 용 같은 거대한 구조물이 세워졌다가 불태워지며, 모든 공식적인 지위가 해체되어 이런저런 형태의 바쿠스적인 혼란을 빚어내기도 한다.[53]

계절성의 문제에서처럼, 꾸준한 패턴은 없다. 제의 행사는 일상생활보다 훨씬 더 딱딱하고 형식적인 것일 수도 있고, 훨씬 더 야성적이고 장난스러울 수도 있다. 아니면 장례식과 밤샘 같은 행사에서처럼 그 두 상태 사이에서 왔다 갔다 할 수 있다. 페루, 베냉, 중국 등 거의 모든 곳의 축제적 삶도 마찬가지인 것 같다. 애당초 '제의'가 무엇인지를 정의하려는 인류학자들이 대체로 힘들어하는 것이 이 때문이다. 엄숙한 행사부터 따져보자면 제의는 에티켓, 예의범절의 문제다. 고위급 교회 제의 같은 것은 실로 식사 예절의 매우 정교한 버전이다. 심지어 우리가 '사회구조'라 부르는 것이 사실은 제의가 열리는 동안에만 존재한다고 주장하는 사람들도 있다. 결혼과 장례 기간에만 물리적인 집단으로 존재하는 가족, 지위와 우선권의 서열이 누가 어떤 식탁에 앉는지, 누가 먼저 발언하는지, 누가 희생 물소의 혹 윗부분을 잘라내는지, 웨딩 케이크를 누가 제일 먼저 잘라 가는지 등의 형태로 표현되는 가족이 있다고 상상해보라.

하지만 때로 축제는 완전히 다른 사회구조가 점령하는 순간이기도 하다. 일례로 '청년 수도원youth abbeys' 같은 축제는 중세 때 유럽 전역에 존재했던 것으로 보이는데, 그런 행사에서 소년 주교, 메이 퀸, 범죄의 군주, 비이성의 수도원장, 고주망태 왕자 같은 직함을 가진 이들이 크리스마스, 메이데이나 사육제 시즌 동안 정부의 기능을 여러 가지 맡아서 정부의 일상 형식을 외설적인 패러디로 만들어 연기한다. 그러므로 제의가 사실은 정반대 내용을 의미한다고 주장하는 또 다른 사유 학파가 있는 것이다. 진정으로 강력한 제의적 순간은 그런 집단적 혼란, 거품 같은 덧없음, 경계가 모호한 중간 지대, 창조적 연극이 벌어지는 순간들이다. 그런 순간들로부터 새로운 사회적 형식이 세상에 출현한다.[54]

또, 한 세기도 더 전에 시작되었지만 솔직히 별로 깨우쳐주는 내용은 없는 토론이 있다. 겉보기에는 가장 전복적인 것 같은 대중 축제가 실제로 외형만큼 전복적인지 아닌지에 관한 토론이 그것이다. 혹은 그것들이 실제로 보수적이라면, 일반 대중에게 성질을 좀 부릴 기회를 주고 일상의 순종적인 습관으로 돌아가기 전에 저열한 본능을 분출하도록 하는 것이다.[55] 우리가 보기에는 이런 토론들은 모두 핵심을 벗어나 있다.

그런 축제에 관해 정말 중요한 것은 그것들이 정치적 자의식의 불티를 살아 있게 만든다는 점이다. 그것들은 사람들로 하여금 지금과 다른 합의들이 실현 가능하다고 생각하게 해준다. 하나의 전체로서의 사회에 관해서도 마찬가지다. 사회를 이어 붙이고 있는 솔기를 터뜨리고 새로운 현실로 변화시키는 사육제에 대한 상상은 항상 가능했으니까. 인기 있는 바빌론의 세미라미스Semiramis 이야기에서는 작품명과 이름이 같은 하녀가 아시리아 왕을 납득시켜 해마다 열리는 축제 기간 동안 자신을 '하루 동안의 여왕'이 되게 만든다. 여왕이 되자 그녀는 즉각 그를 체포하고, 스스로를 여왕으로 선언하고 군대를 이끌어 세계를 정복한다. 메이데이는 국제 노동자의 날로 정해졌다. 영국의 수많은 농민 반란이 역사적으로 그 시끌벅적한 축제 동안 시작되었다는 것이 주된 이유다. '세계를 뒤엎어버리는' 연기를 한 마을 주민들은 실제로도 세계가 주기적으로 뒤엎어지는 쪽을 더 좋아하게 되고, 그런 상태를 유지하기 위한 수단을 동원하는 것이다.

중세의 농민들은 흔히 중세 지식인들보다 더 쉽게 평등 사회를 상상했다. 이제 우리는 그 이유를 깨닫기 시작했다. 계절적 축제는 오래된 계절적 변주 패턴의 희미한 메아리였을지도 모른다. 하지만 적어도 지난 몇천 년간의 인간 역사에서는 그것들이 정치적 자의식을 육성하는 데서 대체로 동일한 역할을 했으며, 사회적 가능성의 실험실로 작용했던 것으로 보인다. 최초의 왕들은 연극의 왕들이었을 수도 있다. 그런 다음에 실제 왕이 된 것이다. 이제 거의 모든(전부는 아닌) 현존 국왕들은 다시 한번 연극의 왕으로 역할이 축소되었다. 적어도 그들이 수행하는 기능이 주로 행사적 기능에 한정되고 실제 권력은 행사되지 않는 한 그렇다. 하지만 행사적 군주제를 포함한 모든 군주제가 사라진다 하더라도 어떤 사람은 여전히 왕 노릇을 할 것이다.

군주제가 의문의 여지 없는 정부의 양식이었던 유럽의 중세에도 '비이성의 수도원장', 크리스마스 왕, 그리고 그와 비슷한 존재들이 선거에 의해서든 계몽주의 시대에 홀연히 재부상한 집단적 결정의 형태인 추첨(복권)에 의해서든 선택되곤 했다. (더욱이, 그런 인물들은 아메리카 선주민의 족장들과 대체로 비슷한 방식으로 권력을 행사하는 경향이 있었다. 군사 원정 동안에만 명령을 내릴 수 있는 전쟁 족장이나, 형식적인 명예는 갖지만 누구에게도 무슨 일을 하라고 지시할 수 없는 촌장처럼 말이다.) 무수히 많은 사회에서 축제 기간은 가능한 정치 형태들의 백과사전 같은 것으로 읽힐 수 있었다.

사피엔스로 존재한다는 것은 정말 어떤 의미인가

우리가 시작한 지점에서 이 장을 끝내기로 하자. 우리는 너무 오랫동안 신화를 만들어왔다. 그 결과 대부분의 경우 잘못된 질문을 던져왔다. 축제 제의는 권위의 표현인가, 아니면 사회적 창조성의 수단인가? 그것들은 반동적인가 아니면 진보적인가? 우리의 최초 선조는 단순하고 평등했는가, 아니면 복잡하고 서열화된 존재였는가? 인간 본성은 순진무구한가 아니면 타락했는가? 하나의 종으로서 인간은 원천적으로 협동적인가 아니면 경쟁적인가, 친절한가 아니면 이기적인가,

선한가 아니면 악한가?

이 모든 질문은 아마 우리를 애당초 인간이 되게 만드는 어떤 것에 묶어줄 것이다. 그것은 바로―도덕적이고 사회적인 존재로서―그런 대안들 사이에서 협상하는 능력이다. 이미 관찰했듯이, 그런 질문을 물고기나 고슴도치에게 던져봤자 의미가 없다. 동물은 이미 '선과 악 너머의' 상태로 존재한다. 니체가 인간 역시 갈망할지도 모른다고 꿈꾸었던 바로 그런 상태 말이다. 아마 우리는 그런 것들에 대해 항상 따지도록 운명 지어져 있을 것이다. 그렇지만 확실히 다른 질문도 던지는 편이 더 흥미롭다. 어쨌든 여러 세대의 철학자, 역사가, 사회과학자 들을 붙들어놓고, 그들의 눈길을 홉스에서 루소로, 루소에서 홉스로 또다시 되돌아가게 만든 흔들리는 진자振子를 이제는 멈출 때가 되었다. 이제는 더 이상 인간의 이야기에 대해 평등한 출발점과 위계적인 출발점 사이에서 골라야 할 필요가 없다. '인간의 유년 시절'에 작별을 고하고 (레비스트로스가 주장했듯이) 초기 선조들이 단지 우리와 인지적으로 대등한 존재일 뿐만 아니라 지적으로도 대등함을 인정하자. 아마 그들은 우리가 그런 것만큼 사회질서와 창조성 간의 패러독스를 붙들고 씨름했을 것이다. 그리고 그것들을 우리만큼―적어도 그들 중에서 가장 반응성이 큰 자들은―많이, 또는 적게 이해했을 것이다. 그들은 아마 어떤 것은 더 잘 알고 다른 것은 덜 알았을 수도 있다. 그들은 무지한 야만인도, 현명한 자연의 아들딸도 아니었다. 그들은 엘레나 발레로가 야노마미족에 대해 말한 것처럼, 그저 우리와 같은, 인간이었다. 똑같이 지각이 있고, 똑같이 혼란스러워하는.

어찌 되었든 인간의 사회적 생활에 대해 알려진 가장 이른 시기의 증거가, 정치적 형태가 출현한 사육제 퍼레이드와 비슷하다는 것도 점점 더 분명해지고 있다. 그것은 진화 이론의 지루한 추상화보다는 이쪽과 훨씬 더 비슷하다. 여기 수수께끼가 있다면 이것이다. 왜 위계 형식들을 구축했다가 해체하면서 수천 년을 보낸 뒤에, 호모 사피엔스—영장류 가운데 가장 영리하다고 하는—는 영구적이고 고치기 어려운 불평등 시스템이 뿌리를 내리게 허용했는가? 이것이 정말로 농경을 채택한 결과였는가? 항구적인 마을에, 나중에는 소도시에 정착한 결과였는가? 우리는 루소가 그려본 것 같은 순간, 누군가가 처음에 땅뙈기 하나에 울타리를 두르고 '이건 내 땅이고 앞으로 항상 그럴 것이다!'라고 선언하던 순간을 찾아보아야 하는가? 아니면 또 한 번의 헛수고인가?

이런 것들이 이제 우리가 다루어야 할 질문들이다.

자유로운 인간, 문화의 기원, 사유재산의 등장

(등장 순서는 다를 수 있음)

　각자의 사회적 정체성을 변하는 계절에 따라 바꾼다는 것이 근사한 발상으로 보일지는 모르지만, 이 책을 읽는 사람 누구도 평생 직접 경험할 법한 일은 아니다. 그렇지만 아주 최근까지는 유럽 대륙에 여전히 이런 고대의 리드미컬한 사회구조의 진동에 공명하는 대중적 관행이 숱하게 있었다. 민담 작가들은 영국의 시골에서 남부 불가리아의 로도피산맥에 이르는 모든 곳에서, 짚으로 만든 곰이나 녹색 인간 등 식물과 동물로 위장하여 봄과 가을이면 매번 마을 광장에서 행진하는 사람들 무리에 대해 당혹스러워했다. 그들은 정말 고대 관행의 흔적인가, 아니면 최근의 부활이자 재발명인가? 아니면 흔적의 부활인가? 혹은 부활의 흔적인가? 어느 쪽인지 판단할 수 없을 때가 많다.

이런 제의의 대부분은 세월과 함께 차츰 이교적 미신으로 치부되거나 관광객용 관심거리로 재포장되었다(둘 다일 수도 있다). 대부분의 경우, 일상적 삶의 대안으로서 남은 것은 '공식 휴일'뿐이다. 그런 휴일은 일하는 사이사이에 끼어들어 있는, 미친 듯이 써대는 과도한 소비의 기간이며, 그 기간에 우리는 소비가 삶에서 정말 중요한 것은 아니라는 엄숙한 금지 명령을 발동한다. 앞에서 보았듯이, 먼 과거의 채집인 선조들은 사회적 형식 면에서 훨씬 대담한 실험을 해왔다. 그들은 사회를 해체했다가 재조립하여 전과 다른 규모로, 또 걸핏하면 근본적으로 다른 형식과 상이한 가치 체계를 가진 사회를 해마다 다른 방식으로 만들었다. 유라시아, 아프리카, 아메리카의 거대한 농경문화에서 사용되는 축제 달력은 그 세계와 그것에 수반된 정치적 자유의 한낱 먼 메아리에 불과한 것이 되었다.

그렇기는 해도, 물질적인 증거만으로는 그런 사실을 절대 알아내지 못했을 것이다. 우리가 연구를 계속하게 해주는 자료가 러시아 초원의 구석기시대 '매머드 건물'뿐이거나, 리구리아 빙하시대의 군왕 분묘와 관련된 물질적 유물뿐이었다면, 연구자들은 아마 틀림없이 태양계가 끝날 때까지 머리나 긁고 있었을 것이다. 인간 존재는 근본적으로 상상력을 가진 생물이겠지만(사실 우리는 그렇다고 주장해왔다), 아무도 그 정도로 상상력이 풍부하지는 않다. 누구나 그런 문제를 논리적으로 따질 수 있다고 생각하려면 극도로 단순하거나 극도로 오만해야 할 것이다. (또 설사 누군가가 누에르족 예언자, 콰키우틀족의 광대 경찰이나 이누이트족의 계절적인 아내 교환 난교 파티 같은 것을 순수하게 논리적 추정을 통해 생각해낼 수 있었다 할지라도, 그들은 곧 미친 사람 취급을 받았을 것이다.)

민족지 기록이 그처럼 중요한 까닭이 바로 이것이다. 누에르족과 이누이트족은 절대로 '우리 선조들의 과거를 내다보는 창문'이 되어서는 안 되는 존재였다. 그들은 바로 우리가 그렇듯이 현대가 만든 발명품이다. 하지만 그들은 우리가 절대로 생각해내지 못했을 가능성을 보여주며 사람들이 실제로 그런 가능성을 실행할 능력이 있고, 그것을 중심으로 사회적 시스템과 가치 시스템 전체를 구축할 수도 있음을 증명한다. 간단하게 말해, 그들은 인간 존재가 (다른) 인간 존재들이 때로 상상하려 드는 것보다 훨씬 더 흥미로운 존재임을 우리에게 상기시킨다.

이 장에서 우리는 두 가지 일을 하려 한다. 먼저 구석기시대에서 이어지는 우리의 이야기를 계속할 것이며, 선조들이 농사일에 손을 대기 전에 세계 전역에서 출현한 특이한 문화적 설정 몇 가지를 살펴볼 것이다. 둘째, 앞 장에서 우리가 제기한 질문에 대답하기 시작할 것이다. 우리는 어쩌다 고착되었는가? 몇몇 인간 사회는 어찌하여 우리의 가장 오래된 선조들의 특성이었던 것으로 보이는 유연하고 변화하는 관계 설정에서 멀어져, 특정한 개인들이나 그룹들이 타인들에 대해 영구적인 권력을 주장할 수 있는 방향으로 나아가기 시작했는가? 어쩌다가 남성이 여성에게, 연장자가 젊은이에게, 그리하여 결국은 실제로 지배하게 된 사제 계급이, 전사 귀족들이, 지배자들이 권력을 주장하게 되었는가?

인구는 증가하는데 대부분의 인간은 점점 더 작은 규모로 사는 것이 어째서 인류 역사의 전반적인 과정이 되었는지에 대한 설명

이런 일이 가능해지려면 수많은 다른 요소들이 먼저 들어맞아야 한다. 한 가지 조건은 애초에 우리가 별개의 독립된 '사회'라고 직관적으로 인식할 어떤 것이 존재해야 한다는 것이다. 후기 구석기시대 유럽의 매머드 사냥꾼들이 각기 구획되고 독립된 사회로 조직되었다고 말하는 것은 타당하게 들리지 않는다. 우리가 유럽의 민족들nations에 대해, 혹은 모호크족Mohawk, 웬다트족이나 몬타네나스카피족 등 캐나다의 퍼스트 네이션스First Nations of Canada[북아메리카 대륙 각지, 특히 오대호 부근의 현재 캐나다 지역에 넓게 퍼져 살던 선주민 부족들을 가리킨다. 지금도 존속하며 각기 보호구역에서 자치정부를 운영하고 있다―옮긴이]를 설명하는 내용과 비슷한 사회를 말한다면 말이다.

물론 우리는 후기 구석기시대 사람들이 쓰던 언어나 그들의 신화, 성인식, 영혼 개념 등에 대해 아는 바가 거의 없다. 하지만 스위스 알프스에서 외몽골 지역에 이르기까지, 놀랄 만큼 비슷한 도구가 흔히 사용되었다는 사실은 알고 있다.[1] 그들은 또 매우 비슷한 악기를 썼고, 비슷한 여성 인형을 조각했으며, 비슷한 장신구를 걸치고 비슷한 매장 의례를 거행했다는 것도 알고 있다. 게다가 그들의 인생에서 어느 지점에서는 남녀 개개인이 매우 먼 거리를 자주 여행했다고 믿을 이유도 있다.[2] 놀랍게도 수렵 채집인에 대한 현재의 연구는 이런 것이 우리가 마땅히 예상해야 할 바로 그런 사실이라고 주장한다.

동부 아프리카의 하드자족이나 오스트레일리아의 마르투족Martu 그룹들에 대한 연구는 현재의 채집인 사회가 수적으로는 작은 규모일지 몰라도 구성원들의 성격은 놀랄 만큼 국제적임을 보여준다. 채집인 무리가 더 큰 거주 그룹으로 모일 때도 절대로 가까운 친척들끼리 밀접하게 엮인 단위로 구성되지 않는다. 사실 1차적 생물학적 관계가 차지하는 비중은 전체 구성원들 가운데 평균적으로 고작 10퍼센트에 불과하다. 거의 모든 구성원은 더 넓은 범위의 개인들, 아주 먼 곳에서 온 많은 사람들로 충원되었다. 심지어 그들이 쓰는 모국어도 다를 수 있었다.[3] 이는 농부들과 목축인들로 둘러싸인, 사실상 제한된 영토 내에 붙잡혀 있는 현대의 수렵 채집인 그룹들에도 해당된다.

몇 세기 전에는 지역 조직의 형태가 수천 킬로미터 거리까지 확대될 수도 있었다. 예를 들어, 오스트레일리아 원주민은 자신들과 전혀 다른 언어를 쓰는 종족들 사이에서 이동하면서 대륙의 절반을 넘어가도 여전히 자신들의 고향에도 있는 종류의 토템을 쓰는 반족半族[한 사회가 외혼外婚 관계인 두 집단으로 이루어진 형태―옮긴이] 캠프를 만날 수 있었다. 이는 곧 그곳 거주민의 절반은 그들에게 호의를 빚고 있지만, '형제'와 '자매'로 대우되어야 한다는(그래서 성적 관계는 엄격하게 금지된다) 것을 의미한다. 다른 쪽 절반은 잠재적인 적이며 결혼이 가능한 상대자였다. 이와 비슷하게 500년 전 북아메리카 사람은 5대호 연안에서 루이지애나의 소택지沼澤地 지역까지 가면서도 자신들과 같은 곰, 엘크, 비버 씨족의 일원들이 있고 그래서 손님들을 맞아주고 먹을 것을 제공할 의무를 진 정착촌―그들과 전혀 다른 언어를 쓰는―을 만날 수 있었다.[4]

이런 장거리 조직 형태가 고작 두어 세기 전, 유럽인 정착민들이 옴으로써 파괴되기 전에 어떻게 작동했는지는 파악하기 어렵다. 그래서 우리는 유사한 시스템들이 4만 년쯤 전에는 어떻게 작동했을지 추측만 할 수 있다. 하지만 고고학자들이 발견한, 매우 멀리 떨어진 곳까지도 아우르는 놀랄 만한 물질적 균일성은 그런 시스템의 존재를 입증해준다. 우리가 당시의 그 용어를 이해할 수 있는 한도 내에서, '사회'는 여러 대륙에 퍼져 있었다.

이 상황의 많은 부분은 직관적인 느낌과 상반되는 것처럼 보인다. 우리는 기술의 발전이 세계를 더 좁게 만든다고 생각하는 데 익숙해져 있다. 물론 순수하게 물리적인 의미에서 이는 사실이다. 말의 사육과 항해술의 개선이라는 두 가지 사항만 보더라도 사람들의 이동이 훨씬 쉬워진 것은 확실하다. 그러나 그와 동시에 단순히 인구가 증가하는 것만으로도 인간 역사의 많은 기간 동안 실제로 여행한―적어도 장거리로 혹은 집에서 아주 먼 곳까지―사람들의 비율은 계속 줄어들 수밖에 없게 되었다. 오랜 세월 동안 있었던 상황을 조사해보면, 사회적 관계가 작동하는 규모는 더 커지지 않았다. 그것은 사실 점점 더 작아진다.

범세계적인 후기 구석기시대가 끝난 뒤 수천 년간의 복잡한 시대가 이어졌다. 그것은 기원전 1만 2000년경 시작되었는데, 처음으로 석기에만 의존하지 않고 개별 문화의 윤곽들을 추적하는 일이 가능해진다. 이 시기가 지난 뒤 일부 채집인들은 대규모 포유류 무리를 계속 따라다녔고, 다른 무리들은 해안 지역에 정착하여 어부가 되거나, 숲 속에서 도토리를 주웠다. 선사학자들은 이런 빙하시대 이후의 인구에 대해 '중석기시대Mesolithic'라는 용어를 썼다. 아프리카와 동부 아시아의 넓은 지역에서 그들의 기술적 혁신―토기, '미세 석기' 키트, 석기 연마 도구―은 야생 곡물, 뿌리, 기타 야채를 장만하고 먹는 새로운 방식이 있었다는 신호다. 잘게 썰고, 얇게 자르고, 갈고, 빻고, 물에 적시고, 물을 빼고, 끓이고, 저장하고, 훈연하는 등 육류와 식물성 식품과 물고기를 저장하는 여러 가지 방법들이 고안되었다.[5]

얼마 안 가서 이런 방법들은 사방으로 퍼졌고, 지금 우리가 요리법이라 부르는 것이 만들어질 길을 닦았다. 수프, 죽, 스튜, 국물, 현재 우리가 잘 알고 있는 발효 음료 등등. 하지만 요리법은 거의 모든 곳에서 차이의 표시이기도 하다. 매일 아침 일어나서 생선 스튜를 끓이는 사람은 자신을 아침 식사로 나무딸기와 야생 귀리로 죽을 끓여 먹는 사람과 다른 종류의 사람으로 여긴다. 그런 구별은 훨씬 더 재구성하기 어려운 비슷한 발달 양상들에도 당연히 궤를 같이 한다. 즉 의류 취향, 춤, 약물, 헤어스타일, 구애 제의 등에서의 차이, 친족 조직 형태와 공식적 화법의 차이 등이다. 이런 중석기시대 채집인들의 '문화 지역^culture areas'은 그래도 지극히 넓다. 사실, 곧 그것들과 나란히 발전될 신석기시대 버전—최초의 농업 인구와 관련된—은 일반적으로 더 작지만 대부분의 경우 그것들은 여전히 현대의 민족국가들에 비하면 상당히 넓은 영토 위에 퍼져 있다.

아마조니아나 파푸아뉴기니를 연구하는 인류학자들이 익히 아는 종류의 상황이 등장하기 시작하는 것은 한참 뒤의 일이다. 강의 골짜기 하나에만도 대여섯 가지 다른 언어를 사용하며 서로 아예 딴판인 경제 시스템이나 우주관을 가진 사람들이 모여 사는 상황 말이다. 물론 때로는 이런 미세 차별화^micro-differentiation로 나아가는 경향이 반전되기도 한다. 영어나 중국의 한어^漢語 같은 제국적 언어의 확산이 그런 경우다. 하지만 역사의 전체적 방향성은—적어도 아주 최근까지는—세계화와 정반대처럼 보일 것이다. 그것은 지역적 연대감^local allegiance이 증가하는 방향이다. 즉 문화적 창조성이 대단히 크지만 그 가운데 많은 부분이 사람들로 하여금 서로 대별되게 만드는 새 길을 찾아내는 방향으로 나아가는 것이다. 사실 몇몇 장소에서는 더 넓은 지역적 환대^hospitality의 네트워크가 살아남기도 한다.[6] 그래도, 전반적으로 우리 눈앞에는 세계가 전체적으로 더 작아지기보다는 대부분 인간들의 사회적 세계가 더 국지적으로 변해가고, 그들의 삶과 열정이 문화, 계급, 언어의 경계선에 에워싸일 가능성이 더 커지는 상황이 놓여 있다.

왜 이 모든 일이 발생하는지 물어볼 수도 있다. 인간이 자신들이 이웃과 다름을 증명하려고 그토록 많은 노력을 쏟게 만드는 메커니즘은 무엇인가? 이는 중요한 질문이다. 우리는 다음 장에서 이 문제를 훨씬 더 자세히 살펴볼 것이다.

지금 여기서는 그저 별도의 사회적·문화적 우주—공간이 제약되고 상대적으로 구획된—의 번성이 더 지속적이고 비타협적인 지배 형태의 출현에 다양한 방식으로 기여했음을 지적하는 데 그친다. 그처럼 많은 채집 사회가 뒤섞여 있는 구도는 명백히 개인들이 수많은 이유에서 일상적으로 이동하고 있었다는 증거다. 고향에서 자신의 개인적 자유가 위협당할 경우 가장 먼저 보이는 방법으로 다른 곳으로 빠져나가는 것도 그런 이동의 예다. 사회들이 상이한 정치적 합의들 사이를 주기적으로 이동할 수 있어서, 한 해 중 얼마 동안은 대규모로 소집되었다가 남은 기간 동안에는 여러 개의 작은 집단으로 흩어지는 인구의 계절적인 기복 현상이 나타나려면 문화적 유연함 역시 필요하다.

이것이 구석기시대의 군왕의 무덤—스톤헨지—에서 보이는 장엄한 연출이 연출의 수준을 넘어 더 멀리 진행되지 않은 것처럼 보이는 까닭을 설명하는 한 가지 이유다. 간단하게 말하면, 7월에 다시 대등한 지위로 만나게 될 사람에게 1월에 자의적인 권력을 행사하기는 어려우니까 그런 것이다. 문화적 경계선이 견고해지고 그 수가 많아지는 추세는 그런 가능성을 줄이는 쪽으로만 작용한다.

정확하게 '평등주의' 사회에서 무엇이 평등해졌는가?

중석기시대에 지역적인 문화적 세계의 등장은 상대적으로 자급자족적인 사회가 계절적 분산을 포기하고 상시 존재하는 하향식 위계적 설정으로 자리 잡을 가능성을 더 키웠다. 우리 식으로 말하자면, 고착된 것이다. 하지만 물론, 이것 자체는 왜 어느 특정한 사회가 그런 설정에 고착되었는지 거의 설명해주지 않는다. 우리는 '사회적 불평등의 기원' 문제와 완전히 다르지는 않은 어떤 것으로 돌아왔다. 하지만 이제 우리는 최소한 정말 무엇이 문제인지에 대해 조금은 더 예리하게 집중할 수 있게 되었다.

여러 번 되풀이하여 관찰했듯이, '불평등'은 명쾌하게 이해하기 힘든 용어다. 그래서 '평등 사회'라는 용어가 무엇을 의미해야 하는지조차 전적으로 분명하지는 않다. 대개 그 용어는 부정의 방식으로 규정된다. 그것은 위계(어떤 사람이나 어떤 인간 유형이 다른 사람이나 다른 인간 유형보다 더 우월하다는 믿음)의 부재, 혹은 지배나 수탈 관계의 부재를 의미한다. 이것만으로도 이미 아주 복잡한데, 우리가 평등주의를 긍정적인 용어로 규정하려고 시도하는 순간 모든 것은 훨씬 더 복잡해진다.

한편으로 '평등주의'('균일성'이나 '균질성'은 말할 것도 없고 '평등'과도 대립되는)라는 것은 어떤 종류의 이상형의 존재를 가리키는 것으로 보인다. 외부 관찰자가 세망족 수렵인 집단 같은 곳의 모든 구성원을 다분히 교체 가능한 존재, 공상과학영화에 나오는 어떤 외계인 군주의 총알받이 병사 같은 존재로 보려는 경향이 있다는 그런 이야기만이 아니다(이런 태도는 사실 상당히 불쾌할 것이다). 그보다는 세망족 본인들이 자신들이 똑같아야 한다고 느낀다는 의미다. 모든 점이 똑같다면 우스운 꼴이 될 테니까 그런 것은 아니지만 정말 중요한 측면에서는 똑같아야 한다는 것이다. 그것은 또한 이 이상형이 대체로 실현되었음을 암시하기도 한다. 그래서 1차 근사치로서 우리는 다음의 조건이 갖춰진다면 평등한 사회에 대해 말할 수 있다. 첫째, 어떤 사회에서 거의 모든 사람들이 자신들이 특히 중요하다고 합의한 어떤 특정한 방식으로 정말로 똑같아야 한다고 느낀다. 둘째, 그 이상이 실제로 대부분 달성되었다고 말해질 수 있다.

이 문제를 표현할 또 다른 방식은 다음과 같다. 만약 모든 사회가 특정한 핵심 가치(부, 경건성, 미美, 자유, 지식, 전투 기량)를 중심으로 조직되어 있다면, '평등 사회'는 모든(혹은 거의 모든) 구성원이 최상의 가치가 평등하게 분배되어야 하고, 일반적으로 그렇게 분배되어 있다고 동의하는 그런 사회다. 삶에서 가장 중요한 것이 부라고 여긴다면, 모두 대체로 동등하게 부유할 것이다. 배움이 가장 귀중한 것이라면, 모두가 지식을 접할 평등한 기회를 가진다. 가장 중요한 것이 신과의 관계라면, 어떤 사제도 없고 모두가 똑같이 숭배의 장소에 들어갈 수 있는 사회가 평등 사회다.

여기 뻔한 문제가 있음을 알아차렸을 것이다. 때로는 상이한 사회들이 근본적으로 상이한 가치 체계를 가지거나 한 사람에게 가장 중요한 것—최소한 모두가 그 사람에게 가장 중요하다고 주장하는 것—이 다른 사람에게 중요한 것과 거의 상관없기도 하다. 모두가 신 앞에서 평등하지만 인구의 50퍼센트는 아무 재산도 없고 따라서 법적·정치적 권리도 없는 소작인 신분인 어떤 사회를 상상해보라. 이 사회를 '평등 사회'라 부르는 것이 타당할까? 설사 소작인들을 포함한 모두가 궁극적으로 중요한 것은 오로지 개인과 신의 관계라고 주장하더라도 말이다.

이 딜레마에서 벗어날 길은 하나뿐이다. 평등을 측정할 보편적이고 객관적인 표준을 만드는 것이다. 장자크 루소와 애덤 스미스의 시대 이후, 이것은 거의 예외 없이 재산 분할 문제property arrangements에 집중함을 의미했다. 앞에서 보았듯이, 18세기 중반에서 후반에 이르는 이 지점에서야 유럽 철학자들은 인간 사회를 생존 수단에 따라 등급으로 분류하고, 그럼으로써 수렵 채집인이 인간 존재의 독립적인 변형태로 취급되어야 한다는 생각을 처음으로 하게 되었다. 역시 이미 보았듯이, 지금 우리도 다분히 이렇게 생각하고 있다. 하지만 농업에 의해 토지 재산이 출현하게 되었으므로 진정한 불평등을 가져온 것은 농업의 발명이었다는 루소의 주장 또한 그렇다. 이것이 오늘날에도 사람들이 계속하여 채집인들이 애초부터 평등 사회에서 살았다는 듯이 글을 쓰는 주된 이유 가운데 하나다. 농경에 의해 생산적 자산(토지, 가축)과 저장된 잉여(곡물, 양모, 유제품 등등)가 발생하지 않았다면, 누군가 타인 위에 영주로 군림할 실제의 물질적 기반은 없었을 터이기 때문이다.

물질적 잉여가 존재할 수 있게 되자마자 전업 공예 전문가, 전사戰士, 사제 들이 그것을 요구하고, 그 잉여의 일부분으로 먹고살게 되었다는 것은 상식으로도 알 수 있다(전사의 경우, 많은 시간을 투자하여 서로에게서 잉여를 훔쳐 올 새로운 방법을 궁리할 것이다). 그리고 오래 지나지 않아 상인, 법률가, 정치가가 뒤이어 나오지 않을 수 없다. 이런 새로운 엘리트들은 루소가 강조했듯이, 한데 뭉쳐 자신들의 자산을 보호할 것이며, 그리하여 사유재산의 출현에는 '국가'의 등장이 피할 길 없이 따라온다.

나중에 이 통념을 더 자세히 뜯어볼 것이다. 지금은, 이런 견해에 개략적인 진실이 있기는 하지만 너무 개략적이어서 거의 아무것도 제대로 설명하지 못한다고 말하는 것으로 충분하다. 물론 곡물 농사와 알곡 저장 덕분에 파라오 시대의 이집트, 마우리아 왕조나 중국의 한漢 왕조 같은 관료 체제가 존립할 수 있었다. 하지만 곡물 농사가 그런 국가의 등장에 책임이 있다고 말한다면, 이는 중세 페르시아에서 이루어진 미분微分의 발전이 원자탄의 발명에 책임이 있다고 말하는 것과 좀 비슷하다. 미분이 없었다면 핵무기는 절대 존재할 수 없었으리라는 말은 사실이다. 심지어 미분의 발명이 누군가가, 어디선가 결국은 핵무기를 만들어내게 될 사건들의 연쇄를 촉발했다고 주장할 수도 있다. 하지만 1100년대에 알투시Al-Tusi[이슬람 과학자이자, 수학자─옮긴이]가 다항식을 연구한 것이 히로시마와 나가사키 사태를 유발했다고 단언한다면 이는 분명히 터무니없는 이야기다. 농사의 경우도 이와 비슷하다. 중동에서 최초의 농부가 출현한 때로부터 우리가 최초의 국가라 부르는 것이 등장할 때까지 대략 6,000년의 간격이 있다. 그리고 세계의 많은 지역에서 농경이 그런 국가와 조금이라도 비슷한 어떤 것의 등장으로 이어진 적은 없었다.[7]

이 교차점에서 우리가 집중해야 할 것은 잉여의 개념, 그리고 그것이 제기하는 훨씬 더 폭 넓은─거의 실존적인─질문이다. 철학자들이 오래전에 깨달았듯, 이는 인간이라는 것이 무엇을 의미하는지에 대한 근본적인 물음을 제기하는 개념이다. 우리와 인간 아닌 동물을 나누는 것들 중 한 가지는, 동물은 자신들이 필요한 것 바로 그것만 생산한다는 점이다. 인간은 예외 없이 더 많이 생산한다. 우리는 과잉의 생물이며, 이것이 우리를 모든 종 가운데 가장 창조적인 동시에 가장 파괴적인 존재로 만드는 부분이다. 지배계급은 조공으로든, 노예제로든, 봉건적 세금으로든 외견상 자유로운 시장의 설정을 조작해서든, 잉여 가운데 가장 큰 몫을 자기가 가져가도록 사회를 조직한 자들이다.

19세기에 마르크스와 그를 추종하는 여러 급진파는 그런 잉여를 집합적으로, 공정한 방식으로(이것이 그가 구상한 '원시적 공산주의'라는 규범의 내용이며, 혁명으로 건설될 미래에는 다시 한번 가능해지리라고 생각한 것이다) 관리할 수 있다고 상상했지만, 현대의 사상가들은 더 회의적인 반응을 보인다. 사실 진정으로 평등한 사회를 유지할 유일한 방법은 모든 종류의 잉여를 축적할 가능성 자체를 없애버리는 것뿐이라는 생각

　모든 것의 새벽

이 지금 인류학자들 사이에서 지배적인 견해로 통한다.

수렵 채집인의 평등주의에 관한 현대의 최고 권위자는 일반적으로 영국의 인류학자 제임스 우드번James Woodburn이라 알려져 있다. 2차 세계대전 이후 몇십 년 동안 우드번은 탄자니아의 채집인 사회인 하드자족과 함께 살면서 연구를 진행했다. 그는 또 그들과 산 부시먼San Bushmen과 음부티 피그미족을 비교하고, 그 외에도 아프리카 밖의 다른 수많은 소규모 유랑 채집인 사회, 남인도의 판다람Pandaram이나 말레이시아의 바텍Batek 같은 종족도 연구했다.[8] 우드번의 주장에 따르면, 그런 사회는 우리가 아는 진정으로 평등한 유일한 사회다. 평등이 성별을 막론하고 적용되며, 노소 관계에서도 똑같이 실행되기 때문이다.

그런 사회에 집중한 덕분에 우드번은 무엇이 평등하며 무엇은 그렇지 않은가 하는 질문을 비켜 갈 수 있었다. 하드자족 같은 종족은 평등의 원리를 가능한 모든 대상에게 적용하는 것으로 보이기 때문이다. 단지 항상 공유되고 건네지는 물질적인 소유물만이 아니라 약초나 신에 대한 지식, 특권(유능한 사냥꾼은 조직 차원에서 조롱받고 폄하된다) 같은 것도 평등하게 다루어진다. 그런 모든 행동은 누구도 다른 사람에게 의존하는 관계를 맺으면 안 된다는 자의식적 에토스에 기초한다고 우드번은 주장한다. 이것은 앞 장에서 우리가 크리스토퍼 뵘으로부터 평등주의적 수렵 채집인의 '보험 통계적 지성'에 관해 들은 내용의 되풀이이지만, 우드번은 여기에 약간의 변주를 더한다. 그런 사회를 규정해주는 진짜 특징은, 엄밀하게 말해 물질적 잉여가 결여되었다는 점이다.

우드번이 볼 때 진정으로 평등한 사회는 '즉각 보상immediate return'

경제를 영위하는 사회다. 집에 가져온 식량은 그날 바로, 혹은 다음 날 먹는다. 남은 것이 있으면 공유되지만 절대로 저장되거나 보존 처리 되지는 않는다. 이런 현상은 거의 모든 채집인들, 모든 목축인들이나 농부들과 완전히 대조적인데, 이들은 '지연 보상delayed return' 경제를 영위하여, 미래의 어느 시점이 되어서야 결실을 맺을 수 있는 기획에 정기적으로 에너지를 투자하는 것을 특징으로 한다. 그는 그런 투자란 어떤 개인들이 다른 개인들에게 권력을 행사할 기반이 될 수 있는 지속적인 연대로 이어질 수밖에 없다고 주장한다. 뿐만 아니라 확실한 '보험 통계적 지성'이 있다고 우드번은 추측한다. 하드자족이나 다른 평등주의 채집인들은 이 모든 상황을 완벽하게 알고 있으며, 그럼으로써 그들은 남의 눈을 의식하느라 자원을 저장하거나 일체의 장기적 기획에 참여하기를 기피했다.

우드번의 '즉각 보상 수렵 채집인들'은 맹목적으로 사슬 속으로 뛰어드는 루소의 야만인들과는 전혀 다르게 포획의 사슬이 어디에 숨어 있는지 정확하게 알고 있으며, 그것을 멀리하는 방향으로 삶의 많은 부분을 영위한다. 이것은 희망적 사고나 낙관론의 기초처럼 들릴 수도 있겠지만 실제로는 전혀 그렇지 않다. 그것이 제시하는 것은, 다시 말하지만, 평등이라는 이름에 걸맞은 평등은 가장 단순한 채집인을 제외하면 본질적으로 불가능하다는 주장이다. 그렇다면 우리가 기대할 만한 미래는 어떤 종류인가? 아마 기껏해야 먼 미래의 어느 지점에서 다시 한번 평등한 사회 비슷한 것을 만들어낼 수 있을지도 모른다고 (〈스타트렉Star Trek〉에 등장하는 물질 재조합 장치replicator나 그와 비슷한 다른 즉각 만족 장치들이 발명됨으로써) 상상하는 정도일 것이다. 그러나 그동안, 우리는 확실하게 고착된다. 다른 말로 하면, 이것은 전부 에덴동산 이야기의 되풀이다. 단 이번에는 낙원이 되기 위한 수준이 더 높게 설정되었다.

우드번의 비전에서 정말 충격적인 것은 그의 집중 관찰 대상인 채집인들이 칸디아롱크, 그리고 그 이전 여러 세대의 캐나다의 퍼스트 네이션스 비평가들과 너무나 심각하게 다른 결론에 도달한 것처럼 보인다는 점이다. 그들은 모두 부의 차이가 권력의 체계적 불평등으로 번역될 수 있다고 거의 상상도 하지 못했다. 우리가 2장에서 묘사한 아메리카 선주민의 비평이 처음에는 아주 다른 어떤 내용이었음을 상기해보라. 그들은 유럽 사회가 상호 부조와 개인적 자유의 보호를 증진하지 못한다고 비판했다. 나중에 가서, 선주민 지식인들이 프랑스와 영국 사회의 작동 방식을 더 많이 접한 뒤에야 자산의 불평등성이 비판의 초점으로 떠올랐다. 아마 우리는 그들이 처음 밟아나간 사유의 궤적을 따라가야 할 것 같다.

인류학자들 가운데 '평등 사회'라는 용어를 좋아하는 사람은 거의 없다. 그 이유는 이제 곧 밝혀질 것이다. 그러나 그 용어는 그것만큼 강력한 대안이 전혀 제안되지 않았기 때문에 계속 사용되고 있다. 우리가 아는 가장 비슷한 것은 페미니스트 인류학자 엘리너 리콕Eleanor Leacock이 제안한 것으로, 우리가 평등 사회라 부르는 사회의 구성원들은 대부분 평등 자체보다는 그녀가 '자율성autonomy'이라 부르는 것에 더 관심이 있다는 것이다. 가령 몬타네나스카피족의 여성들이 중요시하는 것은 남녀가 평등한 지위로 보이는지 여부가 아니라, 여성이 개인적으로든 집단적으로든 자신의 삶을 살고 남성의 간섭 없이 자체적으로 결정을 내릴 수 있는지 여부다.[9]

다르게 표현하자면, 이 여성들이 볼 때 평등하게 분배되어야 하는 가치는 우리가 '자유'라고 부르게 될 바로 그것이다. 그렇다면, 아마 이런 사회를 '자유 사회'라고 부르거나, 예수회 신부 랄르망이 몬타네나스카피족의 이웃인 웬다트족에 대해 내린 평결을 따라 '자유민'이라고 부르는 것이 최선일 것이다. 자유민은 제각기 "자신을 타인들과 마찬가지로 중요한 존재로 여기며, 자신에게 흡족할 때에만 족장에게 순종한다".[10] 처음 보면, 웬다트족 사회는 세심한 헌법 구조와 족장들, 대변인들, 다른 공직자들이 있기 때문에 '평등' 사회의 명단에 올릴 선택지로 보이지 않을 수도 있다. 그러나 지시를 강요할 수단이 없는 '족장'은 제대로 된 족장이 아니다. 웬다트족과 같은 사회에서 평등은 개인적 자유의 직접적인 결과다. 물론 같은 말을 역으로도 할 수 있다. 그것을 실행할 수 없는 자유는 제대로 된 자유가 아니라고. 오늘날의 거의 모든 사람들은 자신들이 자유 사회에 산다고 믿는다(실제로, 그들은 최소한 정치적으로는 자신들의 사회에서 가장 중요한 것이 이 점이라고 흔히 주장한다). 그러나 미국 같은 나라의 도덕적 기초를 이루는 자유는 대체로 형식적인formal 자유다.

미국 시민은 원하는 대로 어디든 여행할 권리를 지닌다. 물론 이동과 숙식에 쓸 돈이 있다면 말이다. 그들은 상급자가 제멋대로 내린 지시를 따르지 않을 자유도 있다. 물론 그들이 직업을 구해야 하는 경우가 아니라면. 이런 의미에서, 오늘날의 거의 모든 사람은 진짜 족장과 연극 속의 자유로 버텨야 하는 반면, 웬다트족은 연극 속의 족장[11]과 진정한 자유를 누렸다고 할 수 있을 것이다. 더 엄밀히 말하자면, 하드자족, 웬다트족, 누에르족 같은 '평등' 민족은 실질적substantive 자유가 아닌 형식적 자유에는 별 관심이 없었던 것으로 보인다.[12] 그들은 여행할 권리보다는 실제로 여행하는 것에 더 관심이 크다(따라서 그 문제는 전형적으로 낯선 이에게 친절을 베풀어야 하는 의무로 표현된다). 상호 부조—현대 유럽 관찰자들이 흔히 '공산주의'라 칭하는 것—는 개인의 자율성이 지켜지기 위한 필수 조건으로 여겨졌다.

이는 평등주의라는 용어를 둘러싼 혼란 가운데 적어도 일부를 설명하는 데 도움이 될 것이다. 명시적인 위계가 등장할 수는 있지만, 그럼에도 대체로 연극적인 것으로 남거나, 사회생활의 아주 제한된 측면으로 스스로 제한될 수도 있다. 잠시 수단의 누에르족에게로 돌아가보자. 옥스퍼드 대학의 사회인류학자 E. E. 에번스프리처드 E. E. Evans-Pritchard 가 1940년대에 누에르족에 관한 민족지학 연구를 발표한 이후, 누에르족은 아프리카 '평등' 사회를 위한 패러다임으로 내세워졌다. 그들은 정부 기관과 조금이라도 닮은 것은 하나도 없었고, 개인의 독립성을 높이 평가하는 것으로 유명했다. 그러나 1960년대에 캐슬린 고프 Kathleen Gough 같은 페미니스트 인류학자는 지위의 평등 같은 주제가 여기서 제대로 거론될 수 없음을 보여주었다. 누에르족 공동체에서 남성은 '귀족'(그들이 사는 땅에 대해 선조 때부터 소유권을 가진 사람들)과 '이방인', 그리고 다른 공동체를 습격하여 잡아 온 전쟁 포로로 나뉘었다. 이들 가운데 어느 것도 순수하게 형식적인 구분이 아니다. 에번스프리처드는 그런 차이를 중요하지 않은 것으로 치부해버렸지만, 실제로는, 고프가 지적했듯이, 지위의 차이는 곧 여성을 얻을 차별적인 방도라는 의미를 함축하고 있다. 누에르족이 '제대로 된' 결혼이라 여기는 것을 치르는 데 필요한 소를 쉽게 모을 수 있는 것은 귀족뿐이었다. 즉, 자녀에 대한 아비로서의 권리를 주장하고, 죽은 뒤에 선조로서 기억될 수 있는 그런 결혼 말이다.[13]

그러면 에번스프리처드가 그냥 틀린 것인가? 딱히 그렇지는 않다. 사실 지위와 소를 얻는 차별적 방도가 의미를 갖는 것은 사람들이 결혼을 준비할 때이며, 그 외의 상황에서는 거의 아무 의미도 없다. 춤을 추거나 희생을 바칠 때와 같은 공식 행사에서도, 누가 누구 '위에' 있는지 결정하기는 불가능했을 것이다. 가장 중요한 것으로, 부(소의 숫자)의 차이는 절대 남에게 지시를 내리거나 공식적 복종을 요구할 능력으로 바뀌지 않는다. 흔히 인용되는 다음의 구절에서 에번스프리처드는 이렇게 썼다.

모든 누에르족이 자신을 이웃만큼 좋은 사람으로 여긴다는 것은 그들의 모든 동작에서 훤히 보인다. 그들은 지구의 주인인 것처럼 거드름을 피우며 걸어 다니는데, 실제로 그들은 자신들이 그렇다고 여긴다. 그들의 사회에는 주인도 하인도 없고, 오직 자신을 신의 가장 고귀한 피조물이라 여기는 평등한 사람들만 있다. (…) 지시한다는 듯한 의심만 들어도 상대방을 화나게 만들 수 있고, 그래서 그 지시를 수행하지 않거나 열성 없이 무시하는 태도로 일을 하는데, 이는 거절보다 더 모욕적이다.[14]

에번스프리처드는 여기서 남성에 대해 말한다. 여성은 어디 있는가?

고프가 볼 때, 일상사에서 여성은 남성과 똑같이 독립적으로 활동하지만, 결혼 시스템은 여성의 자유를 어느 정도 지워버렸다. 한 남자가 전형적인 신부 값인 소 40마리를 지불하는 것은, 무엇보다도 그가 한 여성이 낳은 자녀에 대한 부권을 주장할 권리만이 아니라 독점적인 성적 접근권도 획득했음을 의미하며, 또 대부분의 다른 측면에서도 아내의 일에 개입할 권리가 있다는 의미이기도 하다. 그러나 거의 모든 누에르족 여성은 '제대로 된' 결혼을 하지 않았다. 사실 시스템이 너무 복잡해져서, 자신의 결혼 상대자가 공식적으로는 유령이거나 다른 여성(혈통 유지를 위해 남성으로 공표된)임을 알게 되는 사람이 많다. 그럴 경우, 그들이 임신을 하거나 자녀들을 키우는 일은 다른 누구도 아닌 그들 자신만의 일이다. 성생활에서도, 남성에게든 여성에게든,

개인의 자유는 특별한 이유가 없는 한 존중된다.

자신이 먼 땅에서 환영받으리라는 것을 알기에 자신의 공동체를 떠날 수 있는 자유, 한 해 중 시기에 따라 상이한 사회구조 사이를 왔다 갔다 할 자유, 별다른 후과 없이 권위에 불복종할 자유, 이 모두는 우리의 먼 선조들에게서 당연한 전제였던 것으로 보인다. 오늘날의 사람들에게는 상상도 하기 힘든 내용이지만. 인간의 역사는 원초적 순진 상태에서 시작하지 않았을지도 모른다. 그러나 인간은 지시받는 상태에 대한 자의식적 거부감을 갖고 태어나기는 한 것 같다.[15] 이것이 사실이라면 우리는 적어도 최초의 질문을 다시 다듬어볼 수 있다. 진짜 수수께끼는 족장이나 심지어는 왕과 여왕이 처음 등장한 게 언제인가가 아니라, 그들을 웃음의 대상으로 치부하여 궁정에서 몰아내는 것이 언제부터 불가능해졌는가이다.

이제 역사의 많은 부분이 지나는 동안, 정착 인구는 갈수록 많아지고, 강력한 생산력은 더 커지고, 물질적 잉여도 더 늘어나고, 사람들이 다른 누군가의 지시를 받으며 사는 시간은 갈수록 길어진다. 이런 추세 사이에 모종의 관련이 있다는 결론을 내리는 것이 타당해 보인다. 하지만 그 관련의 본성, 그리고 실제 메커니즘은 전혀 분명하지 않다. 현대사회에는 정치적 군주가 없기 때문에 우리는 스스로를 자유인이라 여긴다. 한편 우리는 '경제'라 불리는 것이 자유가 아니라 '효율성'을 기초로 하여 완전히 다르게 조직되어 있고, 따라서 사무실과 상점 공간은 지휘의 엄격한 사슬에 따라 전형적으로 배열되어 있다고 단순히 가정한다. 그렇다면 불평등의 기원에 관한 그처럼 많은 당대의 추측이 경제적 변화에, 특히 일의 세계에 집중되는 것도 놀랄 일이 아니다.

여기서도 우리는 사용 가능한 수많은 증거가 크게 잘못 해석되었다고 생각한다.

일에 관한 집중은 자산에 관한 집중과 똑같은 것이 아니다. 자산의 통제가 처음에 어떻게 지휘 권력으로 바뀌었는지 알고 싶다면, 찾아봐야 할 곳은 당연히 일의 세계이겠지만. 인간 발달 단계를 대체로 사람들이 식량을 얻는 방식을 중심으로 구성함으로써, 애덤 스미스와 튀르고 같은 사람들은 일―예전에는 어딘가 평민적인 관심으로 여겨지던 것―을 중심에 놓지 않을 수 없게 되었다. 여기에는 단순한 이유가 있다. 그 덕분에 자신들의 사회가 자명하게 우월하다고 주장할 수 있게 되었기 때문이다. 이는 생산노동 이외의 다른 기준을 썼더라면―그 당시에―방어하기 훨씬 힘든 주장이었을 것이다.[16]

튀르고와 스미스는 1750년대에 이런 방식으로 글을 쓰기 시작했다. 그들은 발달의 정점을 '상업 사회'라 칭했다. 그 사회에서 복잡한 노동 분업을 위해 원시적 자유가 희생될 수밖에 없었지만 그 덕분에 전반적인 부와 자산이 눈부시게 증가할 수 있었다. 그 뒤의 수십 년 동안 방적기, 아크라이트의 수직기, 그리고 나아가서 증기기관과 석탄의 위력, 마지막으로는 영구적인(그리고 갈수록 자의식이 강해지는) 산업적 노동계급의 등장이 토론의 기준을 완전히 바꾸어놓았다. 갑자기 예전에는 꿈도 꾸지 못했을 정도의 생산력이 존재하게 되었다. 하지만 사람들이 일해야 하는 시간도 어마어마하게 늘었다. 새로운 공장에서는 하루에 열두 시간에서 열다섯 시간까지, 그리고 일주일에 엿새 일하는 것이 표준으로 여겨졌다. 휴일은 최소한으로만 주어졌다. (존 스튜어트 밀은 '지금까지 발명된 노동을 절약해준다는 모든 기계는 단 한 사람의 노고도 덜어주지 않았다'고 항의했다.)

그 결과, 그리고 19세기 내내, 거의 모든 사람은 인간 문명이 나아간 전반적인 방향이 기술 진보가 역사의 주된 원동력임을 당연시했으며, 진보가 인간 해방의 문제라면 이는 곧 '불필요한 노고'에서 해방된다는 의미가 아닐 수 없다고 주장했다. 미래의 언젠가는 과학이 우리를 적어도 가장 비천하고, 성가시고, 영혼을 파괴하는 노동 형태에서 결국은 해방할 것이라고. 사실 빅토리아시대에는 많은 사람들이 이런 상황이 이미 발생하고 있다고 주장하기 시작했다. 산업화한 농경과 노동 절약적인 새로운 장치들이 이미 우리를 모두가 여가와 유복한 삶을 누릴 수 있는 세상으로, 그리고 눈을 뜨고 있는 시간 대부분을 타인의 지시를 수행하려고 돌아다닐 필요가 없는 세상으로 인도하고 있다고 그들은 주장했다.

당연히, 이런 주장은 시카고의 급진파 노동조합원들에게는 괴상해 보이지 않을 수 없었다. 그들은 1880년대까지도 하루 여덟 시간 노동을 쟁취하기 위해 경찰과 회사가 고용한 용역들과의 치열한 투쟁에 가담해야 했으니 말이다. 즉 중세의 평균적 영주들이 농노들에게 기대하기에는 비합리적이라고 여겼을 법한 일상 노동 체제에 대한 권리를 쟁취하려 한 것이다.[17] 그렇지만 그런 작전에 대한 재빠른 반격으로서, 빅토리아시대의 지식인들은 그 정반대 주장이 사실이라고 주장하기 시작했다. 그들의 입장에서 볼 때 '원시인'은 생존을 위해 끊임없이 노력해야 했다. 고대 인간 사회에서의 삶은 영구적인 노고였다. 유럽에서나 중국에서나 이집트에서 농부들은 새벽부터 저녁이 올 때까지 일해 근근이 생계를 이었다는 것이다. 그리고 디킨스 시대의 끔찍한 노동 체제도 실제로는 그 이전의 상황에 비하면 개선된 편이었다는 주장이 이어진다. 우리가 논쟁하는 것은 모두 개선의 속도 문제라고 그들은 주장했다. 20세기가 밝아올 무렵 그런 추론은 보편적 상식으로 받아들여졌다.

마셜 살린스가 1968년에 쓴 논문 〈원조 풍요 사회The Original Affluent Society〉가 그처럼 획기적으로 받아들여지고, 지금 우리가 거기에 함축된 의미와 한계 모두를 검토해야 하는 것은 그 때문이다. 아마 이제껏 쓰인 인류학 논문 가운데 가장 영향력이 컸을 그 논문은 빅토리아시대의 낡은 통념—1960년대에도 여전히 우세하던—을 뒤집어엎어 토론과 논쟁을 순식간에 끓어오르게 만들었고, 사회주의자부터 히피에 이르는 모든 사람을 자극했다. 그 논문이 없었다면 등장하지 않았을 학설들이 많다(원시주의Primitivism, 역성장론Degrowth). 그러나 살린스가 글을 쓴 것은 고고학자들이 농경 이전의 인간에 대해 아는 바가 아직 상대적으로 적었던 시대였다. 적어도 지금 우리가 아는 바에 비하면 그렇다. 그렇다면 먼저 그의 논의를 살펴보고, 그다음에 오늘 우리가 가진 증거로 넘어가서 상황이 어떻게 전개되는지 보는 편이 좋겠다.

마셜 살린스가 말하는 '원조 풍요 사회'에 대해 논의하고, 통찰력이 뛰어난 사람들도 실제 증거 없이 선사시대에 대해 글을 쓰면 어떤 일이 벌어지는지 생각해보자

마셜 살린스는 1950년대에 신진화론자로서 학자 생활을 시작했다. 〈원조 풍요 사회〉가 발표되었을 때도 그의 이름이 가장 널리 알려진 것은 엘먼 서비스Elman Service와 함께 진행한 인간 정치적 발달의 4단계 이론 덕분이었다. 인간은 무리에서 부족으로, 족장 사회로, 그리고 국가로 나아간다. 이런 용어는 지금도 널리 사용되고 있다. 1968년에 살린스는 파리 클로드 레비스트로스의 연구소에서 1년간 와달라는 초청에 응했다. 나중에 그가 전한 바에 따르면, 그곳에서 그는 매일 피에르 클라스트르(《국가에 대항하는 사회Society Against the State》를 쓰게 될) 와 함께 점심 식사를 하면서 민족지 자료에 대해 논하고 사회가 진화 할 준비가 무르익었는지 여부를 놓고 토론했다.

당시는 프랑스 대학가가 혼란에 빠져 있던 시절이었다. 결국은 1968년 5월의 학생·노동자 봉기로 이어지게 될 학생 시위와 거리 시위가 사방에서 일어나고 있었다(그동안 레비스트로스는 고고한 중립을 취했지만, 살린스와 클라스트르는 열정적으로 참여했다). 이런 모든 정치적 동요 속에서, 일의 성질, 일할 필요, 일의 거부, 점진적인 일의 배제는 모두 정치적·지적 서클에서 토론의 열띤 주제가 되었다.

루소가 발명한 '공상의 선사시대speculative prehistory' 장르가 낳은 진정으로 위대한 사례 가운데 아마 맨 마지막일 살린스의 논문은 장 폴 사르트르의 잡지 《현대Les Temps modernes》에 처음 실렸다.[18] 그 논문 은 적어도 노동 시간의 문제에 관한 한 빅토리아시대가 내세운 지속 적 개선의 담화는 매우 후진적이라고 주장했다. 기술 진화는 물질적 필요로부터 사람들을 해방하지 못했다. 사람들이 일하는 시간은 줄어 들지 않았다. 그는 모든 증거로 볼 때 인간 역사의 과정에서 대부분의 사람들이 일하면서 보내는 전체 시간은 계속 늘어나는 경향이 있다고 주장했다. 또 이전 시대 사람들이 반드시 현대의 소비자들보다 더 가 난한 것도 아니라는 더 도발적인 주장도 전개했다. 그의 주장에 따르 면, 실제로 고대 역사의 많은 시간 동안 인간은 물질적으로 풍요한 삶 을 수월하게 누렸다고 얼마든지 말할 수 있다.

사실, 우리 기준으로는 채집인은 지극히 가난해 보일 것이다. 그러 나 우리의 표준을 적용하는 것은 명백히 부당하다. '풍요'는 절대적인 기준이 아니다. 그것은 자신이 행복하고 편안한 삶을 사는 데 필요하다고 느끼는 모든 것을 손쉽게 구할 수 있는 상황을 가리킨다. 그 기준에 따르면, 우리가 아는 거의 모든 채집인들은 부유하다고 살린스는 주장했다. 여러 수렵 채집인들, 그리고 텃밭 농부들도 '일'로 간주될 수 있는 활동에 할애하는 시간이 하루에 두 시간에서 네 시간가량이었던 것 같다는 사실 자체가 그들의 필요가 얼마나 쉽게 충족될 수 있었는지를 입증한다.

계속 이어가기 전에, 살린스가 제시한 큰 그림이 옳은 것으로 보인다는 말을 해둘 필요가 있다. 위에서 지적했듯이, 평균적으로 억압하에서 살아간 중세 농노도 아홉 시에서 다섯 시까지 근무하는 현대의 사무직이나 공장 노동자보다 적게 일했으며, 스톤헨지를 짓기 위해 큰 석판을 끌고 온 헤이즐넛 채집인과 유목민의 평균 작업 시간은 분명히 그보다 더 적었다. 그런 상황을 최고 부자 나라에서도 극히 최근에 들어서야 바뀌기 시작했는데 말이다(분명히 우리 대부분은 빅토리아시대의 부두 인부들만큼 많은 시간 일하지 않지만, 노동 시간의 전체적인 감소율은 아마 우리가 생각하는 것만큼 크지 않을 것이다). 그리고 대다수 세계 인구의 상황은 나아지지 않고 여전히 나빠지는 쪽이다.

그에 비해 대부분의 독자들이 살린스의 논문에서 가져간 이미지는 시간이 흐르면서 타당성을 점점 잃었다. 그것은 그늘에서 빈둥거리고, 구애하고, 둥글게 모여 앉아 북을 치거나 이야기를 나누는 데 대부분의 시간을 보내는 행복한 수렵 채집인의 그림이다. 그리고 이것은 모두 산족, 음부티족, 하드자족에게서 그가 알아낸 민족지학 사례들과 관련이 있다.

앞 장에서 우리는 칼라하리의 주변부에 사는 쿵 부시먼과 세렝게티 평원에 사는 하드자족이 1960년대에 고대의 인류 사회가 어떤 모습이었을지를 보여주는 예로서(채집인치고는 아주 일반적이지 않은 경우였지만) 그처럼 유명해진 여러 이유를 제시했다. 하나는 단순히 자료의 가용성이었다. 1960년대에 자신들의 전통적인 생활양식을 여전히 유지하고 있던 채집인은 그들뿐이었으니까. 또 인류학자들이 일과日課 연구time-allocation studies, 즉 다른 사회의 일원들이 어느 전형적인 하루동안 무슨 일을 하는지, 또 그 일을 하는 데 얼마나 많은 시간을 들이는지를 체계적으로 기록하는 연구를 수행하기 시작한 것도 그 시기였다.[19] 아프리카의 채집인들과 함께 한 그런 연구는 당시 루이스 리키Louis Leakey와 메리 리키Mary Leakey가 탄자니아의 올두바이 협곡 같은, 그 대륙의 다른 지역에서 해나가고 있던 유명한 화석 고인류의 발견과 맥을 같이하는 것으로 보였다. 이런 현대 수렵 채집인들이 지금의 우리 종족이 진화해온 것으로 보이는 환경과 다르지 않은 사바나 환경에서 살았기 때문에, 여기서 ─ 이런 생존 인구들에게서 ─ 인간 사회의 원래 상태 비슷한 것을 일견할 수도 있겠다고 상상하게 된다.

더욱이 이런 초기의 시간 할당에 대한 연구의 결과는 엄청난 놀라움을 안겨주었다. 2차 세계대전이 끝난 뒤의 몇십 년 동안, 거의 모든 인류학자들과 고고학자들은 여전히 인간은 원시적인 '생존을 위한 투쟁을 해야 했다'는 19세기의 낡은 서사를 당연시하고 있었다. 우리가 듣기에, 당시의 흔한 수사법은 가장 수준 높은 학자들의 것도 대부분 놀랄 만큼 멸시적인 어조를 띤다. 인류학자 로버트 브레이드우드Robert Braidwood는 1957년에 "오로지 잡아먹기 위해 평생 동물을 쫓아다니거나, 이런저런 덤불을 돌아다니면서 나무딸기를 따는 남자는 정말로 동물처럼 살고 있다"고 썼다.[20] 하지만 시간 할당 연구 같은 최초의 정량적 연구는 그런 발언들을 총괄적으로 반박하는 증거를 제시했다. 그들은 나미비아나 보츠와나의 사막 같은 매우 비우호적인 환경에서도 채집인들은 자신들의 무리 인원 전부를 쉽게 먹여 살릴 수 있었고, 그러고도 매주 5일 정도는 잡담하고, 토론하고, 놀이하고, 춤을 추거나 재미 삼아 여행하는 지극히 인간적인 활동에 참여할 시간이 있었음을 보여주었다.

1960년대의 연구자들은 또 농경이 전혀 놀라운 과학적 진보가 아니었고 채집인들(먹을 수 있는 식물의 생장 주기의 모든 면모를 아주 잘 아는 축에 속했던 사람들)이 곡물과 야채를 심고 수확하는 방법을 완벽하게 알고 있었음을 깨닫기 시작했다. 그들이 농사를 짓지 않은 것은 단순히 농사를 지어야 할 이유가 딱히 없었기 때문이었다. '몽공고mongongo 넛이 사방에 천지인데 왜 식물을 심어야 하는가?' !쿵족 한 명이 이렇게 말했다. 그의 말은 농경의 기원에 관한 논문 약 1,000편에 인용되었다. 사실, 일부 선사학자들이 기술적 무지라고 여긴 것이 실제로는 자의식적으로 내려진 사회적 결정이었다고 살린스는 결론지었다. 그런 채집인들은 "자신들의 여가를 지키기 위해 신석기시대 혁명을 거부했다".[21] 살린스가 끼어들어 더 큰 결론을 끌어낼 때까지도 인류학자들은 여전히 이 모든 상황을 이해하려고 애쓰는 중이었다.

고대의 채집인들이 누리던 여가의 에토스('풍요로 가는 선禪의 길Zen road to affluence')가 무너진 시기는, 혹은 그렇게 되었다고 살린스가 본 시기는 사람들이 결국—무슨 이유에서든—한 장소에 정착하고 농업의 노고를 받아들이기 시작했을 때와 같다. 그들의 그런 행동에는 엄청난 대가가 따랐다. 단지 노동 시간이 끝없이 늘어난 것만이 아니라 대부분의 채집인들이 가난, 질병, 전쟁, 노예 생활에 시달리게 되었고, 끝없는 경쟁과 새로운 쾌락과 새로운 권력과 새로운 부의 형태에 대한 영혼 없는 추구가 그런 상황에 연료를 공급했다. 살린스의 '원조 풍요 사회'는 시간 할당에 관한 연구의 결과를 가져다가 교묘한 동작 하나로 인간 문명에 관한 전통적 이야기의 근간을 뒤흔들었다. 우드번처럼, 샬린스는 루소가 내놓은 전락의 버전—인간이 너무 어리석어서 자산을 모으고 저장하고 지키는 우리 행동이 낳을 법한 결과에 대해 성찰하지 못하고 '맹목적으로 족쇄에 구속된다'는 생각—을 기각하고[22] 우리를 곧바로 에덴동산으로 도로 데려간다. 농경의 거부가 의식적인 선택이었다면, 그것을 받아들이는 것도 마찬가지다. 우리는 지식의 나무의 열매를 먹기로 했고, 그 때문에 처벌받았다. 성 아우구스티누스가 말한 대로, 우리는 신에게 반항했고, 신이 내린 심판은 우리 자신의 욕망이 우리의 이성적인 선한 감각에 반항하는 방향으로 나아가게 했다. 원죄에 대해 우리가 받은 처벌은 무한하게 생겨나는 우리의 새로운 욕망이다.[23]

여기서 성서 이야기와 근본적인 차이가 있다면, (샬린스의 말에 따르면) 전락이 한 번만 일어난 게 아니라는 점이다. 우리는 쓰러지지 않았고, 천천히 정신을 다시 차리기 시작했다. 그러나 노동과 풍요의 문제에 관해 말하자면, 새 기술적 돌파구는 모두 우리를 더 심하게 쓰러지게 하는 것으로 보인다.

샬린스의 논문은 탁월한 도덕 이야기morality tale다. 그러나 한 가지 명백한 결함이 있다. '원조 풍요 사회'를 위한 논의 전체가 하나의 허약한 전제 위에 놓여 있다. 그것은 선사시대의 거의 모든 인간이 정말로 아프리카 채집인들이 보여주는 바로 그런 특정한 방식으로 살았다는 전제다. 샬린스도 전적으로 인정하고 싶어 하지만, 이는 단지 짐작일 뿐이다. 논문을 마무리하면서, 그는 칼라하리의 부시먼 같은 한계적 수렵인이 정말로 캘리포니아의 채집인들(힘든 노동에 큰 가치를 두는)이나 아메리카 북서부 해안 지역의 채집인들(차등적 지위가 있는 사회에서 살고 부를 그득 쌓아둔)보다 구석기시대의 여건을 더 많이 보여주는지 아닌지

물었다. 아마 아닐 것이라고 살린스는 인정했다.[24] 흔히 간과되는 이 관찰은 매우 중요하다. 그것이 살린스가 자신이 쓴 '원조 풍요 사회'라는 구절이 옳지 않다고 시사하는 것은 아니다. 그렇다기보다 그는 자유인들이 자유로워지는 방법이 여럿 있는 것처럼, (원조) 풍요 사회가 풍요해지는 방법이 하나 이상 있었으리라는 것을 인정한다.

현대의 수렵 채집인들 모두가 힘든 노동보다 여가를 더 귀중히 여기지는 않는다. 또 모두가 !쿵족이나 하드자족처럼 개인적 소유에 대해 느슨한 태도를 갖지는 않는다. 일례로, 북서부 캘리포니아의 채집인들은 탐욕스럽기로 악명이 높다. 그들 삶의 많은 부분은 조개껍질 화폐와 신성한 보물의 축적을 중심으로 돌아가며, 그렇게 하기 위해 악착같은 근로 윤리를 고수한다. 반면, 캐나다 북서부 해안 지역의 어로 채집인들은 계층화가 심하게 진행된 사회에서 사는데, 그들 사회의 평민과 노예는 근면하기로 유명하다. 그들을 연구한 한 민족지학자에 따르면, 밴쿠버섬의 콰키우틀족은 좋은 집을 짓고 잘 먹고 살았을 뿐만 아니라 보급을 아낌없이 받았다. "각 주택은 그들이 만든 멍석, 상자, 시더 나무 껍질과 모피로 만든 담요, 나무 접시, 뿔로 만든 숟가락, 카누 등을 보유하고 있다. 식량 생산에서나 제조에서나 같은 물건을 더 많이 만들어 노력을 더 많이 소모하는 것이 과잉이라고 느끼는 지점은 없는 것 같았다."[25] 콰키우틀족은 자신이 사는 곳에 소유물을 한도 없이 쌓아둘 뿐만 아니라 그런 것을 디자인하고 가공하는 데서 끝없는 창조성을 발휘함으로써, 민족지학 박물관의 자랑거리가 될 만큼 아름답고 놀라운 섬세한 결과물을 만들어낸다. (레비스트로스는 세기 전환기의 콰키우틀족은 서로 다른 피카소 열두 명이 동시에 작업하고 있는 사회 같았다고 언급했다.) 이는 물론 일종의 풍요다. 그러나 그 풍요는 !쿵족이나 음부티족의 것과는 완전히 다르다.

그렇다면 어떤 것이 인간사의 최초 상태와 더 비슷한가. 느슨한 하드자족인가, 아니면 북서부 캘리포니아의 근면한 채집인인가? 지금쯤은 이런 것이 우리가 던지지 말아야 할 바로 그런 종류의 질문이라는 것이 독자들에게도 명백해졌을 것이다. 진정으로 '원조original'인 상황은 없다. 그런 것이 존재한다고 주장하는 사람은 정의상 신화를 믿는 사람들이다(적어도 살린스는 이 점에 대해 매우 솔직했다). 인간은 농업에 손을 대기 오래전부터 수만 년 동안 상이한 삶의 방식을 실험해왔다. 차라리 변화의 전반적인 방향을 찾아보는 편이 더 나을 것이다. 그렇게 하면 그것이 우리가 던진 질문에 어떻게 관련되는지를 이해하게 된다. 인간은 어찌하여 한때는 우리의 사회적 관계의 본성이던 유연성과 자유를 잃고 영구적인 지배와 복종의 관계로 고착되었는가.

이는 곧 3장에서 시작한 이야기를 계속 이어가, 채집인 선조들을 따라 빙하시대(혹은 플라이스토세)를 벗어나서 홀로세라 알려진 온난한 기후 단계로 들어간다는 의미다. 그러면 유럽을 벗어나 멀리 떨어진 곳, 일본과 북아메리카의 카리브해 같은 곳을 살펴보게 될 것이다. 그런 곳에서는 완전히 새롭고 예상치 못한 과거가 등장하기 시작한다. 그것들을 정돈된 진화의 분류 상자에 억지로 밀어 넣으려는 완고한 학자들의 노력에도 불구하고, 가능한 한 멀리서 작고, 유목적이고, 평등한 '무리'의 관점에서 살펴보는 것이다.

북아메리카와 일본의 고대 수렵 채집인들에 관한 새로운 발견이 어떻게 사회 진화를 뒤집어버리는가

현대의 루이지애나에는 파버티포인트Poverty Point라는 맥 빠지는 이름을 가진 장소가 있다. 이곳에는 기원전 1600년경 아메리카 선주민들이 벌인 거대한 토목공사의 흔적이 아직 남아 있다. 지금은 짙은 초록의 잔디밭과 잘 다듬어진 잡목림으로 야생 생물 보호 구역과 골프장의 중간쯤 되는 장소로 보인다.[26] 풀로 덮인 둔덕과 능선이 꼼꼼하게 다듬어진 초지에서 단정하게 솟아올라 동심원을 그리다가 바이우메이컨Bayou Macon과 만나 부식되어 쓸려 간다(bayou는 촉토족Choctaw의 단어인 bayuk에서 유래하여 루이지애나식 프랑스어를 거쳐 만들어진 단어다. 습지 상태의 개울들이 미시시피강의 주류에서 갈라져 나와 넓게 펼쳐지는 지형을 말한다). 이런 토목공사는 자연의 위력에 사라질 위기가 많았고, 초기 유럽인 정착민들도 눈에 훤히 띄는 그 존재감을 부정하려고 애를 썼지만(아마 고대 거인족의 거처였거나 이스라엘의 사라진 부족 가운데 하나가 있는 곳일지도 모른다고 추측했다) 그것들은 살아남았다. 이는 미시시피강 하류에 고대 문명이 있었던 증거이며, 그들이 이룬 업적이 어떤 규모였는지 말해주는 증언이다.

고고학자들은 파버티포인트에 있는 이런 구조물이 한때는 200만 제곱미터가 넘게 펼쳐져 있던 거대 구조물 구역을 형성한다고 믿는다. 거기에는 흙으로 쌓인 거대한 둔덕 두 개가(모틀리마운드, 로어잭슨마운드라 불리는) 양옆으로 딸려 있는데, 각각 남쪽과 북쪽에 위치한다. 이것이 무엇을 의미하는지 밝히려면 유라시아의 최초 도시들—남부 이라크의 우루크나 펀자브의 하라파 같은 시민 생활의 초기 중심지들—이 전체 200만 제곱미터 정도의 면적을 가진 정착촌으로 시작했다는 것을 알아두면 좋을 것이다. 이는 파버티포인트의 제의 구역이 그런 도시의 생활 구조 전체를 넉넉히 수용하고도 남는 넓이라는 말이다. 고대 유라시아의 도시들처럼, 파버티포인트는 큰 강에서 생겨났다. 고대에는 확실히 수로 운송이 육지 운송보다 한없이 쉬웠기 때문이다. 대량의 산물을 옮길 때는 특히 그랬다. 그런 도시들처럼, 그곳 역시 훨씬 더 큰 문화적 상호작용의 핵심이 되었다. 북쪽으로는 5대호 지역과 남쪽으로는 수백 킬로미터 떨어진 멕시코만 지역에서도 사람들과 물자가 파버티포인트로 모여들었다.

하늘에서 보면—'신의 눈'으로 보면—파버티포인트의 잔재는 어떤 푹 꺼진 거대한 원형극장처럼 보인다. 이는 어떤 거대한 농경 문명이라 해도 될 만큼 많은 군중과 권력이 모이는 곳이다. 그곳의 제의적 기간 시설을 만들기 위해 100만 세제곱미터에 가까운 흙이 처리되었다. 그 시설은 거의 확실하게 하늘을 향하고 있었을 것이다. 하늘에 자기 존재를 증명하듯이 둔덕 가운데 일부는 거대한 새 형상을 띠고 있었다. 그러나 파버티포인트에 온 사람들은 농부가 아니었다. 문자도 쓰지 않았다. 그들은 미시시피강 하류의 지극히 풍부한 야생 자원(물고기, 사슴, 견과류, 물새)을 이용하는 사냥꾼이었고, 어부였고, 채집인이었다. 그리고 그들은 이 지역에 대중 건축물을 짓는 전통을 처음으로 확립한 수렵 채집인이 아니었다. 이런 전통의 기원은 파버티포인트가 세워지기 훨씬 전인 기원전 3500년경으로 거슬러 올라갈 수 있다. 그 시기는 대략 유라시아에 도시가 처음 등장한 때이기도 하다.

고고학자들이 흔히 지적하듯이, 파버티포인트는 '돌이 없는 지역에 세워진 석기시대 유적'이다. 그러므로 그곳에서 발견된 엄청난 분량의 석재 도구, 무기, 그릇, 보석 장신구는 모두 다른 곳에서 가져온 것들임이 분명하다.[27] 그 토목공사의 규모를 보면 한 해의 특정 시기에 아마 수천 명이 현장에 모였을 것으로 추측된다. 그 숫자는 역사상 알려진 그 어떤 수렵 채집인의 인구수보다도 크다. 그에 비해 훨씬 불분명한 것은 무엇이 그들로 하여금 각자 토산물인 구리, 부싯돌, 수정, 납석, 기타 광물들을 가지고 그곳으로 오게 만들었는가 하는 것이다.

혹은 얼마나 자주 모였으며, 얼마나 오래 머물렀는지도 불분명하다. 우리는 그저 모른다.

우리가 아는 것은 파버티포인트의 화살과 창 촉이 짙은 빨강, 검정, 노랑, 심지어 파란색을 띤 돌로 만들어졌다는 사실인데, 우리가 알 수 있는 것은 그런 색깔뿐이다. 고대의 분류법은 틀림없이 더 세분화되었을 것이다. 만약 살촉을 만들 돌이 그처럼 신중하게 선별되었다면, 우리는 그저 끈, 섬유, 약물, 그리고 식량이나 독이 될 수 있는 그곳의 토종 생물들로는 무슨 일이 벌어졌을지 상상밖에 할 수 없다. 우리가 강하게 확신할 수 있는 또 다른 사항은 여기서 벌어진 일을 설명하는 데, '교역trade'이라는 단어는 그리 쓸모가 없다는 것이다. 무엇보다도 교역은 양방향으로 진행되는데, 파버티포인트에서는 수출이 이루어졌다는 분명한 증거가 나오지 않는다. 또는 어떤 종류든 상품이 존재했다는 증거도 없다. 활발한 교역에 참여했던 것으로 보이는 우루크나 하라파 같은 초기 유라시아 도시의 유적을 연구한 사람이 보면 상품의 부재는 놀랄 만큼 확연하다. 그런 도시를 발굴하는 현장이라면 가내수공업 규모를 넘어서는 분량의 각종 도기가 잔뜩 있거나 도시적 공예품이 광범위하게 멀리에서도 발견되게 마련이다.

파버티포인트의 문화적 범위는 넓지만, 이런 종류의 상품 문화는 전혀 보이지 않는다. 사실 그 현장에서 무슨 일이, 적어도 물질적인 차원에서 별다른 일이 벌어졌는지도 분명치 않다. 단지 '요리 공cooking balls'이라 알려진 알쏭달쏭한 토기가 발견될 뿐이다. 그것들은 도저히 교역 상품으로는 보이지 않는다. 직물과 옷감은 중요했을 테지만, 파버티포인트의 가장 큰 자산은 무형적인 것이었을 가능성을 인정해야 한다. 오늘날의 거의 모든 전문가들은 그 구조물을 달력 계산과 천체의 움직임에 관련된 신성한 기하학의 표현으로 본다. 파버티포인트에

　모든 것의 새벽

비축된 것이 있었다면, 그것은 아마 지식이었을 것이다. 제의에 관한 지적 자산, 비전을 달성하는 탐험, 노래, 춤, 그림 같은 것들 말이다.[28]

우리는 그 자세한 내용을 알 수 없다. 하지만 고대의 채집인들이 이 지역 전체에서, 그리고 고도로 통제된 방식으로 복잡한 정보를 교환했다는 것은 단지 짐작에만 그치지 않는다. 흙을 쌓은 구조물을 꼼꼼히 검토해보면 물질적 증거가 나온다. 거대한 미시시피 계곡 전역에, 또 그 너머 상당한 지역에 이르기까지, 같은 시기에 만들어진 규모가 더 작은 유적들이 있다. 그런 현장의 둔덕과 능선의 다양한 형상은 놀랄 만큼 균일한 기하학적 원리를 고수한다. 그것은 아메리카의 상당한 지역에 걸쳐 고대인들이 공유했던 것으로 보이는 측정과 비율의 표준 단위에 의거하는 것이다. 기저에 있는 적분 시스템은 끈과 줄을 이용하여 알아낸 이등변삼각형의 변형적 성질에 기초한 것으로, 그런 다음 거대한 토목공사의 배치에 확대 적용된 것으로 보인다.

2004년에 발표된, 고고학자이자 콜럼버스 이전 시대의 중앙아메리카 사회에 관한 권위자인 존 클라크John Clark의 이 놀라운 발견은[29] 학술 공동체로부터 미적지근한 수용 내지 확연한 불신이라 할 반응을 얻었다. 비록 그것을 실제로 반박한 사람은 아무도 없었지만, 다수가 단순히 그것을 무시하는 편을 택했다. 클라크 본인은 이런 결과에 놀랐던 것으로 보인다. 11장에서 이 상황의 더 광범위한 함의를 다시 검토하려 한다. 지금 여기서는 클라크가 발견한 내용에 대한 해당 분야 전문가 두 명의 평가 결과를 언급해보자. 그들은 클라크가 제시하는 증거가 "측정의 표준 단위에 관한 것만이 아니라 루이지애나에서 멕시코, 페루에 이르는 지역에서 발견된, 그런 표준을 여러 개 활용한 최초의 둔덕 복합군이 보여주는 기하학적 배치와 설치 간격에 대한 것이기도 하다"고 인정한다. 그처럼 먼 거리에서 같은 측정 시스템이 사용되었다는 사실의 발견은, 가장 크게 기대하자면 현대 고고학의 가장 도발적인 계시 가운데 하나가 될 수 있고, 최소한으로 보더라도 "그런 작업을 한 사람들은 단순한 일상적 채집인이 아니었다"고 결론짓는다.[30]

'단순한 일상적 채집인'이라는 것이 존재했는가 하는 (지금은 무의미해진) 개념을 제쳐둔다면, 클라크의 이론이 미시시피강 하류 지역과 동부 수림 지대의 주변 지역에만 해당된다 하더라도,[31] 여전히 굉장한 발견일 것이다. 무슨 경이적인 우주적 우연의 소치를 다루고 있지 않은 한, 그것은 누군가가 정확한 공간 측정을 위한 기하학 지식과 수학적 기술과 그와 관련된 노동 조직 형태를 매우 먼 거리까지 전달했음을 의미하기 때문이다. 이것이 사실이라면, 그들은 다른 형태의 지식도 공유했을 가능성이 크다. 우주론, 지리, 철학, 의학, 윤리, 식물학, 동물학, 재산관, 사회구조, 미적 감각 등등.

파버티포인트의 경우, 이것은 지식과 물질적 재화가 거래된 형태로 여겨져야 할까? 아마 그럴 것이다. 그러나 재화와 사상의 이동은 다른 방식으로도 운영될 수 있었을 것이다. 우리가 확실히 아는 것은 파버티포인트에 모인 사람들이 우리 눈에는 한 해 중 적어도 어느 기간 동안 부유하고 영향력 있는 지적 생활을 주관하는 작은 도시들과 아주 비슷해 보이는 무언가를 만들어내지 못한 것이 농업적 기반의 부재 때문은 아니었던 것 같다는 점이 전부다.

오늘날 파버티포인트는 국립공원이며 유네스코 세계유산으로 지정되어 있다. 이 장소는 국제적으로 중요하지만, 세계 역사에서 어떤 의미를 가졌는지에 대한 탐구는 아직 거의 시작되지도 않았다. 메소포타미아의 도시국가만 한 크기의 수렵 채집인 메트로폴리스인 파버

모든 것의 새벽

티포인트는 아나톨리아의 괴베클리 테페 복합군이 상대적으로 '팟벨리힐potbelly hill'('올챙이배 언덕'이라는 뜻으로, 튀르키에어로 '괴베클리 테페'의 의미가 바로 이것이다) 수준으로 취급될 만한 규모다. 하지만 학술 전문가들의 작은 공동체를 벗어나면, 그리고 물론 그 지역 주민들과 방문객을 제외하면 그곳에 대해 들어본 사람은 매우 드물다.

이 시점에서 확실하게 던질 수 있는 질문은 분명히 다음과 같다. 왜 파버티포인트가 전 세계에 더 널리 알려지지 않았는가? 왜 그것은 도시 생활의 기원, 중앙 집중화와 그것이 인간 역사에 미친 영향을 논의할 때 더 현저하게 부각되지 않는가(혹은 아예 거론되지도 않는가)?

한 가지 이유는, 물론, 파버티포인트와 그보다 오래된 장소들(근처의 워시타 분지에 있는, 왓슨스브레이크에서 보이는 훨씬 더 오래된 둔덕 복합군 같은)이 '고대시대Archaic'이라 알려진 아메리카 선사시대의 한 단계로 분류되어 있기 때문이다. 아케익 시대는 기원전 8000년경 베링육교Beringia(과거에 유라시아와 아메리카를 연결하던)가 물에 잠긴 시기와 기원전 1000년경 북아메리카의 일부 지역에 옥수수 농사가 처음 채택되고 널리 퍼지던 시기 사이의 엄청나게 긴 기간을 포괄한다. 한마디로, 그것은 7,000년간 이어져온 역사다. 이 기간에 최초로 이름을 붙인—연대기적 모욕이나 마찬가지인—고고학자들의 기본 입장은 '이 기간이 특별히 중요한 사건이 발생하기 전 시기'라는 것이었다. 그래서 온갖 중요한 일들이 실제로 일어나고 있었고, 그것도 미시시피 분지에만 한정되지 않았다는 부정할 수 없는 증거가 나오기 시작하자 고고학계는 민망스러움을 숨길 수 없었다.

대서양 연안과 멕시코만 주변에는 수수께끼 같은 구조물이 있다. 파버티포인트만큼 놀랍지만 그보다도 덜 알려진 것들이다. 조개껍질이 엄청나게 쌓여 만들어진 그것들은 작은 고리 모양부터 북동 플로리다의 세인트존스리버 계곡의 것처럼 거대한 U자 형의 '원형극장' 같은 것까지 다양한 형태를 가진다. 이것들은 자연적 구조물이 아니었다. 그것들 역시 수렵 채집인 대중이 수천 명씩 모이던 곳에 있는 건조 공간建造空間[자연적 구조물이 아닌, 사회적 기간시설을 포함하여 인간이 만든 모든 구조물을 말한다—옮긴이]이었다. 이 대륙의 다른 쪽 연안, 북쪽과 서쪽 멀리, 브리티시컬럼비아의 바람 많은 해안에는 놀라운 것들이 더 많이 등장한다. 멀리 기원전 2000년 전까지도 올라가는, 이미 전쟁의 굉장한 광경에 익숙하고 장거리 상업도 익히 겪어본, 놀랄 만한 크기의 정착지와 요새가 태평양을 마주 보고 서 있다.[32]

수렵 채집인의 역사라는 문제에서 진화적 기대가 고고학적 기록과 거대한 충돌을 빚어내는 곳은 북아메리카만이 아니다. 일본과 그 인근 섬들에서, 또 하나의 단일한 성질로 구축된 '조몬Jōmon'이라는 거대 문화가 기원전 1만 4000년에서 기원전 300년에 이르는 1만 년이 넘는 기간 동안 채집인 역사에 영향을 미쳤다. 일본 고고학자들은 조몬 기간을 더 작게 나누는 데 많은 시간을 쏟았는데, 이는 더 선구적인 북아메리카 학자들이 지금 그들의 '아케익' 시대를 대하는 것과 똑같이 섬세한 방식이다. 그러나 그들을 제외하면 박물관 관람자들이든 고교 교과서 독자들이든 모두 '조몬'이라는 용어에서 극명하게 단일한 의미만 본다. 그것은 쌀농사가 일본에 들어오기 전의 긴 기간을 포괄하는 용어로, 아무 일도 일어나지 않은 시기, 지루한 보수주의라는 인상을 준다. 새로운 고고학적 발견은 이제 이런 인상이 얼마나 틀렸는지를 밝히고 있다.

일본의 새로운 민족적 과거의 창조는 현대화가 낳은 어딘가 모순적인 결과다. 1960년대에 있었던 일본의 경제성장 이후 수천 곳의 고고학적 유적이 발견되고 발굴되고 꼼꼼히 기록되었다. 그런 유적은

모든 것의 새벽

도로나 철로 건설 기획의 결과이기도 했고, 주택이나 핵 발전소의 건설 현장이나 2011년의 도호쿠 지진 같은 환경적 재난의 여파 속에서 실행된 엄청난 구조 노력 가운데 발견되기도 했다. 그 결과 엄청난 양의 고고학적 정보의 문서고가 만들어졌다. 이 데이터의 미궁에서 드러나기 시작하는 정보는 관개 쌀농사가 한반도를 거쳐 일본에 들어오기 전의 일본 사회를 전혀 다른 모습으로 제시한다.

일본 군도 전역에서, 기원전 1만 4000년에서 기원전 300년 사이에 정착지의 분열과 분산이 100년 주기로 진행되었다. 목조와 석조의 거대 구조물이 우후죽순처럼 솟아났고, 곧이어 해체되거나 방치되었다. 사치스러운 무덤 등 정교한 제의 전통이 번성했다가 쇠퇴했다. 전문화된 공예가 발달했다가 쇠락했으며, 그중에서 도예, 목공예, 칠공예가 놀라운 수준으로 발달했다. 야생 식량 조달의 전통을 보자면, 지역적으로 강한 대조를 보이는 현상이 뚜렷하다. 그런 지역적 차이는 해양에 적응하는 형태에서 도토리를 기초로 하는 경제에 이르기까지 다양하며, 모두 큰 저장 용기를 써서 자원을 저장한다. 섬유와 오락용 약물을 얻기 위해 인도산 대마가 사용되기 시작했다. 산나이 마루야마에서 발견된 것과 같은, 거대한 창고와 제의적 신성 구역으로 보이는 장소가 있는 거대한 마을도 있었다.[33]

망각 속에 묻혀 있던 농경 이전의 일본 역사 전체가 다시 표면에 떠오르고 있다. 그 역사는 지금은 대체로 단편적인 데이터 수치와 국가 유산 문서고로만 존재한다. 장래에 조각들이 짜 맞춰지면 어떤 그림이 떠오를지 누가 알겠는가?

유럽 역시 빙하시대 이후에 비농경인들의 활기차고 복잡한 역사가 전개된다. 핀란드어로 '야틴키르코Jätinkirkko'라 불리는 거대 구조물을 예로 들어보자. 그곳은 스웨덴과 핀란드 사이의 보트니아해에 있는 '거인들의 교회'라는 곳으로, 어떤 곳에서는 높이가 195미터에 달하는 거대한 석조 보루 수십 개가 기원전 3000년에서 기원전 2000년 사이에 해안의 채집인들에 의해 세워졌다. 또 중부 우랄산맥 동쪽 사면에 있는 시기르스코에 호수 기슭의 어느 이탄 구덩이에서 꺼낸, 정교하게 조각된 약 5미터 길이의 토템폴인 '빅 아이돌Big Idol'도 있다. 기원전 8000년경에 제작된 것으로 추산되는 아이돌은 오래전에 사라진 대형 목재 채집인 예술 전통에서 유일하게 남은 것이다. 그 전통은 과거에 북방의 하늘을 지배한 기념물들을 만들어냈다. 그다음으로는 다량의 호박이 부장된 카렐리아와 남부 스칸디나비아의 무덤이 있다. 그들의 정교한 부장품들과 표현력 풍부한 자세로 놓여 있는 시신들은 지금은 잊힌 중석기시대 예절의 메아리를 들려준다.[34] 그리고 앞에서도 보았듯이, 스톤헨지의 주요 부분들이 건설되던 단계가 과거 오래전부터 고대의 농부들과 관련이 있는 것으로 여겨져왔지만, 이제는 곡물 재배가 사실상 포기되고 가축 사육과 함께 헤이즐넛 채집이 다시 한번 영국제도에서 우세해지는 시기로 거슬러 올라간다.

북아메리카로 돌아가면, 일부 연구자들은 약간은 어색하게 '신고대시대New Archaic'라는 것을 거론하기 시작한다. 이것은 이제껏 예상치 못했던 '왕 없는 거대 구조물'의 시대다.[35] 하지만 우리가 이제는 거의 전 세계적으로 인정된 채집인 구조물의 존재 배후에 놓여 있는 정치 시스템에 대해, 혹은 그런 구조물 기획이 왕이나 다른 종류의 지도자와 관련되는지 아닌지에 대해서도 아직도 아는 바가 거의 없다는 것이 사실이다. 우리가 아는 것은 이것이 아메리카, 일본, 유럽, 또 당연히 거의 모든 다른 장소에서 이루어지는 사회 진화에 관한 논의의 성격을 영구히 바꾼다는 것이다. 분명히 채집인들은 마지막 빙하시대가 끝날 때 신석기시대 농부들 무리가 역사의 극장을 다시 열어주기를 기다리면서 무대 뒤에서 돌아다니고 있지는 않았다. 그렇다면 왜 이 새로운 지식이 인류의 과거에 대한 우리의 설명과 좀처럼 합쳐지지 않았을까? 왜 거의 모두(적어도 태고 시대 북아메리카나 조몬 시대의 일본에 대한 전문가가 아닌 모두)가 그런 일은 농경이 도입되기 전에는 불가능했던 것처럼 말하고 있는가?

물론 고고학 논문을 접하지 못하는 사람들은 대답해야 할 책임에서 제외될 수 있다. 현존하는 더 광범위한 정보는 대개 분산되어 등장하며 가끔은 선정적인 소문으로, 또는 단일한 그림을 그려내기 매우 힘든 토막 뉴스로 제공된다. 반면 학자들과 전문 연구자들이 그토록 무지한 상태로 남아 있는 것은, 그렇게 되려고 상당히 애쓰지 않으면 불가능한 일이다. 잠시 특정한 형태의 지적 체조에 필요한 요소를 몇 가지 살펴보자.

채집인들이 어린아이 같은 단순한 상태로 살았다는 주장이 어떻게 지금까지 살아남았을까
(혹은, 비형식적 오류)

먼저, 왜 일부 전문가들조차 자유분방하고 게으른 채집인 무리라는 발상을 그토록 떨쳐버리지 못하는지 물어보자. 그리고 그 발상과 한 쌍을 이루는, '문명'이라고 불릴 만한 것—소도시town, 전문화된 장인들, 비교적祕敎的 지식의 전문가들—이 농경 없이는 존재할 수 없었으리라는 가정의 경우도 마찬가지다. 왜 파버티포인트 같은 장소가 전혀 존재하지 않았던 것처럼 계속 역사를 쓰는가? 그것이 공허한 학계 용어('아케익 시대' '조몬' 등등)의 사용이 낳은 즉흥적인 결과일 수는 없다. 우리가 볼 때 진정한 대답은 유럽의 식민지 팽창이 낳은 유산과 더 관련이 크다. 특히 토지에 대한 재산권 표현과 관련하여, 선주민의 사유 시스템과 유럽적 사유 시스템에 그것이 미친 영향이 그러하다.

살린스가 '원조 풍요 사회'라는 개념을 내놓기 오래전에 유럽 문명의 선주민 비평가들이 했던 주장, 즉 수렵 채집인들은 자신들이 원하고 필요로 하는 것을 너무나 수월하게 얻을 수 있기 때문에 다른 인간들보다 훨씬 더 잘 살았다는 주장을 상기해보라. 그런 견해는 이르게는 16세기에 이미 발견되었다. 예를 들어, 바로 그런 이유로 자신들이 프랑스인들보다 더 부자라고 주장함으로써 비아르 신부를 너무나 언짢게 만들었던 미크마크족 교섭 상대를 기억해보라. 칸디아롱크도 비슷한 논지를 폈다. 그는 "캐나다의 야만--인들은 가난하지만, 내 것 네 것을 따지다가 온갖 종류의 범죄를 저지르는 당신들보다 더 부자"라고 주장했다.[36]

앞에서 보았듯이, 칸디아롱크 같은 선주민 비평가는 수사학적 상황에 휩쓸리면 자신이 든 사례를 자주 과장하곤 한다. 심지어 자신들이 천국에 있는 것처럼 행복하며 자연의 순진무구한 아이들이라는 생각을 하루 종일 굴리기도 한다. 그들의 이런 태도는 자신들 눈에는 유럽식 생활 스타일의 기괴한 도착성으로 보이는 것을 밝혀내기 위해서였다. 아이러니한 것은, 그렇게 함으로써 그들 역시—자연의 순진무구한 자녀들이므로—자신들이 사는 토지에 대해 아무런 선천적인 권리가 없다고 주장하는 자들의 손에 자주 놀아났다는 사실이다.

여기서는 유럽 정착민들이 갖고 싶어 한 영토에 먼저 살고 있다는 불운한 사람들을 추방하기 위한 법적인 근거가 무엇인지 조금 이해하는 것이 중요하다. 그것은 19세기의 법률가들이 거의 예외 없이 '농경의 근거Agricultural Argument'이라 부르게 된 것으로, 오스트레일리아, 뉴질랜드, 사하라 이남의 아프리카, 아메리카 대륙에서 수많은 선주민들을 사전 통보 없이 그 조상들이 살던 땅에서 쫓아내는 데 중요한 역할을 한 원칙이었다. 그 원칙을 집행하는 과정에는 전형적으로 강간, 고문, 대량 학살이 수반되었고, 한 문명 전체를 파괴하는 일도 흔했다.

선주민의 땅을 빼앗아 식민지로 삼는 과정은 흔히 채집인들이 실제로는 자연 상태에서 살고 있다는 포괄적인 주장으로 시작했다. 이는 곧 그들은 땅의 일부이기는 해도 그것을 소유할 법적 권리는 없다는 의미였다. 그럼으로써 그 땅의 현 거주자가 실제로는 일하고 있는 것이 아니라는 생각이 추방의 전체 근거이자 전제가 되었다. 그 논쟁은 존 로크의 《통치론Second Treatise of Government》(1690)으로 거슬러 올라간다. 로크는 이 논문에서 재산권은 반드시 노동에서 도출된다고 주장했다. 땅을 경작하면서 사람들은 땅과 "자신의 노동을 혼합한다". 이런 식으로 하여 땅이 어떤 의미에서는 자신의 연장이 되는 것이다. 로크의 원리에 따르면 게으른 선주민들은 그런 일을 하지 않았다. 로크 추종자들은 그들이 '지주地主가 되지' 않았고, 최소한의 노력을 들여 자신들의 필요를 충족시키기 위해서만 땅을 이용한다고 주장했다. 선주민의 권리에 관한 권위자인 제임스 털리James Tully는 그 주장에 담겨 있는 역사적인 의미를 명시한다. 사냥과 채집에 사용된 땅은 빈 땅으로 간주되었고, "원주민들이 수천 년 동안 그들의 것이라고 잘못 믿어온 땅을 지키기 위해 유럽인들에게 자신들의 법과 관습을 강요하려 한다면, 자연법을 어기는 것은 그들이다. 따라서 그들은 처벌받거나 야만적인 짐승처럼 '박멸'되어야 한다"는 것이다.[37] 이와 비슷한 방식으로, 선주민이란 자유방임적이고, 게으르며, 물질적 야심에서 해방된 삶을 살아간다는 전형적인 견해가 아시아, 아프리카, 라틴아메리카, 오세아니아에서 유럽인 정복자, 대농장 감독관, 식민지 관리 수천 명에게 채택되어, 관료적 공포를 무기로 지역민들을 강제로 노동시키는 핑계로 쓰였다. 그리고 노골적인 노예화 외에 징벌적인 세금 부과, 부역 노동, 채무 노예노동 등 모든 방법이 동원되었다.

선주민 법을 연구하는 학자들이 오랫동안 지적해왔듯이, '농경 논쟁'은 그 자체로도 터무니없는 이야기다. 유럽 스타일의 농업 외에도 땅의 생산성을 관리하고 개선할 방법은 여럿 있다. 정착민이 야만적이고 손대지 않은 황무지라고 여기는 땅은, 대개 알고 보면 선주민들이 소각 관리, 잡초 제거, 잡목림 식림, 비료 주기, 가지치기를 통해, 또는 특정한 야생 식물군의 서식지를 넓히기 위해 하구 땅을 계단식으로 관리하고, 조개의 번식력을 높이기 위해 개펄에 대합 밭을 조성하며, 연어, 농어 등을 잡기 위한 보를 만드는 등의 방법으로 수천 년 동안 능동적으로 관리되어온 땅이었다. 그런 처리법은 흔히 노동 집약적이며, 숲과 늪지와 구근 밭과 초지와 어로 구역에 각각 누가 출입할지를 정하고 한 해 중 특정 시기에 어떤 종을 누가 수확할 자격을 갖는지를 정해주는 선주민의 법에 따라 규제되어왔다. 오스트레일리아의 여러 지역에서 토지를 관리하는 이런 선주민의 기술은 워낙 탁월하여, 최근의 한 연구는 '채집'이라는 용어 사용을 완전히 중단하고 대신에 다른 종류의 농업이라 불러야 한다고 주장했다.[38]

그런 사회가 로마법이나 영국 보통법English Common Law과 같은 의미에서 사적 재산권을 인정하지 않을 수는 있겠지만, 그들에게 어떤 재산권도 없었다고 주장하는 것은 부당하다. 단지 재산이라는 것이 다르게 이해되었을 뿐이다. 덧붙여 말하자면, 이는 하드자족이나 쿵부시먼에게도 해당된다. 또 앞으로 보게 되겠지만, 다른 여러 채집인 종족도 실제로는 지극히 복잡하고 수준 높은 소유권 개념을 갖고 있었다. 종종 이런 선주민 재산 시스템이 자원에 대한 다른 접근법의 기초를 이루는데, 그러다보면 사회 계급 비슷한 것이 출현하기도 한다.[39] 하지만 대개는 그렇게 되지 않는다. 족장이 결코 강제력을 기르지 못하게 하는 것과 똑같이, 그런 일이 일어나지 않도록 사람들이 조처를 취하기 때문이다.

그럼에도 불구하고 우리는 적어도 일부 채집인 사회가 사제 계급 카스트, 왕족, 상비군 같은 것을 지원할 수 있는 경제적 기초를 가졌다는 사실은 인정해야 한다. 이 요점을 잘 보여주는 한 가지 극적인 사례를 살펴보기로 하자.

16세기에 유럽인 모험가들이 묘사한 최초의 북아메리카 사회 가운데 하나가 칼루사족Calusa이었다. 이 사회는 비농경민족으로 탬파베이에서 키즈The Keys에 이르는 플로리다의 서부 해안 지역에 살았다. 그곳에서 그들은 작은 왕국을 세웠다. 통치의 중심지는 칼로스Calos라 불리는 수도였고, 오늘날 마운드 키Mound Key라 알려진 30만 제곱미터 면적의 높은 조개무지가 그 위치를 표시해준다. 물고기, 조개, 대형 해양성 동물이 칼루사족의 주식이었고, 사슴, 너구리, 다양한 새들로 영양을 보충했다. 칼루사족은 전투용 카누 군단도 보유했으며, 이것으로 근처의 주민들을 습격하여 가공된 식량, 가죽, 무기, 호박, 금속, 노예 등을 공물로 약탈해 오곤 했다. 그러다가 1513년 6월 4일에 샬럿 하버에 들어온 후안 폰세 데 레온Juan Ponce de León 앞에 중무장한 수렵채집인들이 탄 잘 조직된 카누 함대가 나섰다.

몇몇 역사가들은 칼루사의 지도자를 '왕'이라 부르는 데 반감을 보이며, '최고 족장paramount chief' 같은 용어를 선호한다. 하지만 직접 본 사람들의 설명에 따르면 그의 높은 지위에 대해 의심할 여지는 전혀 없다. '칼로스Carlos'라 알려진 남자, 유럽인과 최초로 접했을 당시 칼로스Calos를 지배하던 존재는 외관도 유럽의 왕처럼 보였다. 그는 황금관을 쓰고 구슬을 꿴 발찌를 찼으며 목재 왕좌에 앉았다. 그리고 그렇게 하도록 허용된 칼루사인이 오직 그뿐이라는 점이 결정적이었다. 그의 권력은 절대적인 것으로 보였다. "그의 의지가 법이었고, 불복종은 죽음으로써 처벌받았다."[40] 그는 또 자연의 재생을 보장하는 비밀 제의를 수행할 책임을 졌다. 그의 예속민들은 항상 무릎을 꿇고 복종한다는 뜻으로 손을 들어 올려 그를 맞이했고, 통상 전사 귀족들과 사제들로 구성된 지배 계급의 대표단이 그를 수행했다. 이들은 그와 함께 대개 정부의 업무에 몰두했다. 그리고 금, 은, 구리를 가공하는 궁정 야금술사 등 전문적 장인들의 서비스를 자유롭게 이용할 수 있었다.

스페인 관찰자들은 전통적인 관행이 있었다고 전했다. 칼루사족의 지배자나 그의 본처가 죽으면 그 예속민의 자녀 중 일정한 수가 순장되어야 한다. 대부분의 정의에 따르면, 이 모든 것을 볼 때 칼로스는 그저 왕이 아니라 신성한 왕, 아마 신적인 존재였을 것 같다.[41] 이런 합의의 경제적 기초에 대해서는 더 아는 바가 없지만, 궁정 생활이 존재할 수 있었던 것은, 자원이 매우 풍부했던 해안 지방의 어장을 이용하는 복잡한 시스템만이 아니라 해안의 습지를 파내어 만든 운하와 인공 호수 덕분이기도 했던 것 같다. 또한 운하와 인공 호수가 있었기에 상설—비계절적이라는 의미—정착지가 존속될 수 있었다(비록 거의 모든 칼루사인은 여전히 흩어져 어로 생활을 하다가 한 해의 특정한 시기에만 특정 장소에 모이며, 그동안에는 큰 도시들의 규모가 확실히 줄어든다.)[42]

그렇다면 어느 모로 보든, 칼루사족은 극단적인 형태의 불평등을 허용하는 단일한 경제적·정치적 양상에 정말로 '고착되어' 있었다. 하지만 그들은 그렇게 하면서 씨앗 한 알도 뿌리지 않았고, 동물 한 마

모든 것의 새벽

리도 사육하지 않았다. 장기적인 불평등이 출현하기 위한 필수 조건이 농경이라는 견해를 고수하던 사람들이 이런 사례를 접할 경우, 그들 앞에는 두 가지 선택지가 놓인다. 이런 사례를 무시하거나, 중요하지 않은 특이 사례의 일종이라고 주장하는 것이다. 당연히 그들은 이런 종류의 일―이웃을 공격하고, 부를 저장하고, 정교한 궁정 제의를 만들어내고, 영토를 수호하는 등등―을 하는 채집인들은 결코 채집인이 아니거나, 최소한 진짜 채집인은 아니라고 말할 것이다. 다른 기준에서 본다면 그들은 틀림없이 사실상 농업을 실행하는(야생 작물만으로) 농부일 것이다. 아니면 아직 농부는 아니지만 농부가 되어가는 '도중에' 있는 것인가?

이 모든 주장은 앤터니 플루Antony Flew가 '진짜 스코틀랜드인은 아니다No True Scotsman'라는 식의 논의(논리학자들에게 '임기응변의 구원ad hoc rescue' 절차라 알려진)라 부른 것의 훌륭한 보기다.[어떤 그룹을 일반화하는 데 흔히 들어 있는 논리적 오류. 어떤 주장을 반증하는 증거가 제시될 때 그것을 정의에 맞지 않는 사례라고 말하여 반박을 피하는 방식. 어떤 종교의 신도는 전부 착하다고 주장하려는데, 상대방이 착하지 않은 신도의 예를 들면 그 신도는 진정한 신도가 아니기 때문에 그렇다고 주장하는 식이다―옮긴이] 이 논리를 알지 못하는 사람을 위해 설명하자면, 다음과 같다.

해미시 맥도널드라는 스코틀랜드 사람이 〈글래스고 모닝헤럴드Glasgow Morning Herald〉를 들고 앉아 있다고 상상해보자. 그가 〈브라이턴의 섹스 광인이 다시 출몰하다〉라는 기사를 읽는다. 해미시는 충격을 받아 "스코틀랜드 사람이라면 그런 짓을 안 할 거야"라고 단언한다. 다음 날, 그는 또다시 〈글래스고 모닝헤럴드〉를 읽으며 앉아 있다. 이번에는 한 애버딘 남자가 너무나 잔혹한 행동을 했는데, 그에 비하면 브라이턴의 섹스 광인이 신사처럼 보일 지경이라는 기사를 본다. 이 사실은 해미시의 견해가 틀렸음을 말해주지만 그가 그 사실을 인정하려 들까? 그러지 않을 것이다. 이번에 그는 이렇게 말한다. "진짜 스코틀랜드 사람이라면 그런 짓을 하지 않을걸."[43]

철학자들은 이런 스타일의 논쟁을 전형적인 '정보의 오류', 또는 이런저런 순환논법이라고 못마땅해한다. 그저 하나의 명제를 단언하고(예를 들어, '수렵 채집인들에게는 귀족제가 없다'), 그런 다음 계속 정의를 바꾸어가면서, 제기될 수 있는 온갖 반박 논리에 맞서 그 명제를 방어하는 것이다. 우리는 일관된 접근법을 선호한다.

채집인이란 생물학적으로 길들여진 식물과 동물을 1차 식량 공급원으로 삼지 않는 사람들이다. 따라서 많은 수의 채집인들이 사실상 복잡한 토지 보유 시스템을 갖고 있거나, 왕을 떠받들거나, 노예제를 실행했음이 분명해진다고 해도, 그들의 활동 양상이 이렇게 변화한다고 해도 그 때문에 그들이 뭔가 마술처럼 원농부proto-farmers로 바뀌지는 않는다. 또 '복잡한' 또는 '풍요한' 또는 '지연 보상' 수렵 채집인 같은 끝없는 하위 범주가 새로 만들어지는 것이 정당화되지도 않는다. 그런 행태는 아이티의 인류학자 미셸롤프 트루요Michel-Rolph Trouillot가 '야만인이라는 틀savage slot'이라 부른 것 속에 그들을 붙잡혀 있게 하는 또 다른 방식, 그들의 역사가 그들의 생존 양식에 의해 규정되고 제한되는 또 다른 방식, 마치 정말로 하루 종일 게으름을 피우고 있을 사람들이지만 어떤 이유로 인해 마음이 너무 앞서 나간 사람들로 간주되는 방식일 뿐이다.[44] 그보다 그것은 원래의 단언이, 출처가 불분명한 해미시 맥도널드의 단언처럼, 단순히 틀렸음을 의미할 뿐이다.

채집에 적합한 영토에 정착한 채집인들이
어떤 면에서든 흔치 않은 경우라는
특히 어리석은 주장의 처리

학술적 사유 가운데, 농업혁명의 신화를 지지하고 그럼으로써 칼루사족 같은 부족을 진화상의 변덕이나 비정상 사례로 치부하는 또 다른 인기 있는 방식이 있다. 그들이 그런 식으로 행동한 것은 오로지 '비전형적atypical'인 환경에 살고 있었기 때문이라고 주장하는 것이다. 대개 '비전형적'이라는 말은 열대우림의 멀고 궁벽한 지역이나 사막의 주변부 같은 곳과 반대되는 다양한 종류의 습지―해안이나 강의 계곡―를 가리킨다. 열대우림이나 사막의 주변부 같은 장소는 오늘날의 채집인들 거의 대부분이 살고 있는 곳이기 때문에, 수렵 채집인들이 실제로 분명히 그런 곳에서 살았을 것이라고 추정된다. 그것은 특히 이상한 주장이지만 아주 진지한 사람들이 많이들 그렇게 주장하곤 한다. 그러니 잠깐 그 주장을 다뤄야 할 것이다.

20세기 초반에서 중반까지 동물을 사냥하고 야생 식량을 채집하는 것으로만 생계를 유지하던 사람들은 거의 모두 다른 사람들은 별로 원하지 않는 땅에서 살았다. 채집인에 대한 가장 좋은 설명 가운데 다수가 칼라하리사막이나 북극권 같은 장소에서 나온 것은 그 때문이다. 그러나 1만 년 전에는 사정이 달랐다. 인간은 모두 채집인이었다. 전체 인구밀도도 낮았다. 따라서 채집인들은 그들이 좋아하는 어떤 종류의 땅에서든 마음대로 살아갈 수 있었다. 모든 요소가 동등하다면, 야생 자원으로 살아가는 자들은 그런 자원이 풍부한 곳에 모이는 경향이 있을 것이다. 이런 사실은 누구에게나 자명할 것이라고 생각하겠지만, 아마 그렇지 않았던 모양이다.

오늘날 칼루사족 같은 사람들이 풍부한 자원 기반을 가졌다는 점에서 '비전형적 채집인'이라고 말하는 사람들은 고대 채집인들이 강이나 해안(이동과 소통을 위한 천혜의 이점도 제공하는 장소)을 꺼리고 이런 종류의 장소를 기피한다는 생각을 우리에게 주입하고 싶어 한다. 그들을 20세기의 수렵 채집인들(오늘날 자세한 과학적 자료를 구할 수 있는 종류)과 하나로 묶음으로써 후대의 연구자들에게 자신들의 생각을 강요하고 싶어 안달했기 때문이다. 그들은 채집인들이 사막과 산지와 우림 지대가 없어진 뒤에야 마지못해 더 풍부하고 더 편안한 환경을 점령하기 시작했다고 믿으라고 우리에게 요구한다. 우리는 이것을 '나쁜 장소는 모두 누군가가 차지했다!'라는 논지라 부를 수도 있겠다.

사실, 칼루사족에게 비전형적인 점은 전혀 없었다. 그들은 그저 플로리다 해협 근방에서 살던 테케스타^{Tequesta}, 포조이^{Pojoy}, 제가^{Jeaga}, 조브^{Jobe}, 아이스^{Ais} 같은 부족들(몇몇은 그들 자체의 왕조에 의해 지배되는)을 포함하는 수많은 어로 채집인들 중 하나였다. 칼루사족은 그들과 정규 교역을 해왔고, 전투도 했으며, 왕조들끼리 통혼도 했다. 그들은 제일 먼저 무너진 아메리카 선주민 사회들 가운데 하나였는데, 이유는 뻔하다. 그곳의 해안과 하구가 스페인 식민지인들이 처음 상륙하고, 질병을 전염시키고, 사제, 공물, 결국은 정착민들을 데려온 곳이었기 때문이다. 이는 아메리카에서 오세아니아에 이르는 모든 대륙에서 되풀이된 패턴이었다. 예외 없이 가장 매력이 큰 항구, 부두, 어장의 주변 땅이 영국, 프랑스, 포르투갈, 스페인, 네덜란드나 러시아 정착민들에게 제일 먼저 탈취되었다. 그들은 갯벌의 염분 습지와 해안의 석호에서 물을 빼고 곡물과 환금 작물을 길렀다.[45]

그런 것이 칼루사족과 그들의 고대 어장과 사냥터의 운명이었다. 플로리다가 18세기 중반 영국에 할양되었을 때, 칼로스 왕국에서 살아남은 얼마 안 되는 마지막 백성들은 스페인 주인들에 의해 배에 실려 카리브해의 섬들로 옮겨졌다.

인간 역사의 대부분의 기간 동안 어부, 사냥꾼, 채집인 들은 넓은 제국과 겨룰 필요가 없었다. 따라서 대부분의 경우 그들 자신이 수변환경을 가장 적극적으로 점령하는 인간이었다. 고고학적 증거들은 이런 사실을 점점 더 많이 입증한다. 가령, 오래전부터 사람들은 아메리카에 제일 먼저 정착한 것이 주로 육지를 통해 이동한 인간(소위 '클로비스인Clovis people')이었다고 생각해왔다. 1만 3,000년 전쯤 그들은 러시아와 알래스카 사이를 잇는 땅인 베링육교를 건너고, 남쪽으로는 대륙 빙하 사이를 뚫고 얼어붙은 산지를 지나 힘들게 전진했다. 모두, 어떤 이유에서건, 그들 누구도 배를 만들어 해안을 따라 항해할 생각을 하지 않았던 모양이다.

더 최근에 나온 증거를 보면 실제 상황은 매우 달랐으리라는 짐작이 가능하다. (또는 베링육교를 지나가는 육지 경로의 고고학적 지도를 본 어느 나바호인의 표현에 따르면, "어떤 다른 종족은 그렇게 왔는지 모르겠지만, 우리 나바호족은 다른 길로 왔다").[46]

사실, 유라시아의 사람들은 당시에는 진정으로 '신세계'이던 곳에 훨씬 더 일찍, 1만 7,000년쯤 전에 들어왔다. 더욱이 그들은 정말로 배를 건조하고, 환태평양 지역을 거치는 해안 경로를 따라, 연안의 섬들과 일렬로 형성된 해조류 군락지를 디디고 건너가서 나중에는 칠레 남부 해안 어딘가에 도착했다. 초기에 동쪽으로 횡단한 움직임도 있었다.[47] 물론 이런 첫 아메리카인들이 자원이 풍부한 해안 서식지에 도착하고서도 금방 그곳을 버리고, 어떤 알지 못할 이유로 남은 생애를 산을 타고, 숲을 뚫고 끝없이 단조로운 평원을 돌아다니며 보내는 쪽을 택했을 수도 있다. 그러나 그들 가운데 많은 수는 바로 그 장소에 머물렀고, 흔히 그런 장소에서 인구밀도가 높고 안정적인 정착지를 일구었다.

문제는 최근까지도 이 주장을 떠받쳐야 할 토대가 항상 침묵에 잠겨 있었다는 사실이다. 해수면이 상승하여 세계 대부분 지역의 해안 서식지의 초기 기록이 물에 잠겼기 때문이다. 대체로 고고학자들은 물질적 흔적은 부족하지만 그런 서식지가 분명히 존재했다는 주장에 저항하는 방향으로 기울어져 있었다. 그러나 수중 환경 조사 기술이 발전하면서 그런 주장은 설득력이 더 강해지고 있다. 초기 인간들의 분산과 정착에 대한 확연히 물에 젖은(하지만 또 솔직하게 말하자면 더 상식에 부합하는) 설명이 마침내 가능해지고 있다.[48]

마침내 재산의 문제로 돌아와서, 그것과 신성함과의 관계에 대해 묻다

홀로세 초기에 세계 전역에서 형성되기 시작한 명확한 문화적 우주 거의 모두는 결핍보다는 풍요로운 환경에 둘러싸여 있었을 가능성이 크다. 이는 !쿵족보다는 칼루사족의 여건에 해당했다. 그렇다면 칼루사족에도 정치적 관계가 형성되어 있었을 가능성이 역시 크다는 의미인가? 여기서 주의할 점이 몇 가지 있다.

칼루사족이 우리가 보기에 소규모 왕국 같은 것을 지원할 수 있을 만큼 충분한 경제적 잉여를 갖고 있었다는 것이, 충분한 양의 물고기를 비축한 사회에서는 반드시 그런 결과가 발생한다는 것을 의미하지는 않는다. 어쨌든 칼루사족은 해양 민족이었다. 그들은 당연히 근처의 루이지애나에 살던 나체즈족의 위대한 태양the Great Sun 같은 신성 군주가 지배하는 왕국과 중앙아메리카의 제국들을 익히 알고 있었을 것이다. 그들이 단순히 더 강력한 이웃을 모방했을 수도 있다. 혹은 그냥 괴짜였는지도 모른다. 마지막으로 우리는 칼로스 같은 신성 군주가 어느 정도의 권력을 가졌는지 정말 모른다. 여기서 나체즈족을 살펴보면 도움이 될 것이다. 그들은 농경 종족이었고, 칼루사족보다는 기록이 훨씬 더 잘 남아 있으며, 그들 자체의 거창한 소위 절대군주가 있었다.

나체즈의 태양, 그 군주는 이렇게 불렸다. 그는 그가 무제한적인 권력을 행사하는 것처럼 보이는 마을에 살았다. 사람들은 그의 모든 동작을 정교한 복종의 예식과 굽신거림으로 맞아주었다. 그는 마음대로 처형을 명할 수 있었고, 예속민의 소유물을 무엇이든 빼앗을 수 있었으며, 하고 싶은 일은 거의 다 했다. 그런데도 이 권력은 그 자신이 신체적으로 현존하는 곳에서만 가능했다. 그래서 대체로 왕의 마을에만 한정되는 권력이었다. 대부분의 나체즈족은 왕의 마을에 살지 않았다(사실 대체로 그곳을 피하는 경향이 있었는데, 그럴 이유는 충분했다). 그곳 이외의 지역에서 왕의 대리인이 받는 대접은 몬타네나스카피족의 족장이 받는 대접과 별로 다르지 않았다. 대리인의 지시에 복종할 마음이 없으면 예속민들은 그냥 그들을 비웃었다. 다른 말로 하면, 나체즈의 태양의 궁정은 순수하게 텅 빈 무대도 아니었고—위대한 태양이 처형한 자들은 확실히 사망했으니까—술레이만 대제나 아우랑제브 황제의 궁정도 아니었다. 그것은 거의 정확하게 그 중간에 존재하는 어떤 곳이었다.

칼루사족의 왕위도 이와 비슷한 형태였을까? 스페인 관찰자들은 명백히 그렇게 생각하지 않았지만(그들은 절대왕정 같은 것으로 보았다), 그런 살벌한 연극적 행위의 절반 정도는 전형적으로 외부인에게 인상을 남기기 위한 것인 만큼, 그 자체에 대해서는 알려주는 바가 매우 적다.[49]

지금까지 우리는 무엇을 알아냈는가?

가장 분명한 것은, 이제는 농경이 발명되어 모든 것이 엇나가기 전까지는 인간이 대체로 칼라하리 부시먼과 비슷하게 살았다는 주류의 견해를 관에 넣고 뚜껑에 최종 못질을 할 수 있다는 것이다. 설사 플라이스토세의 매머드 사냥꾼들을 어떤 이상한 비정상 형태로 치부할 수 있다손 치더라도, 빙하가 물러난 직후의 기간에 대해서도 같은 말을 할 수는 없다. 그 시기에 수십 개의 새 사회들이 자원이 풍부한 해안과 강 하구와 강이 뚫은 골짜기에서 형성되기 시작했고, 사람들이 모여 상시 유지되는 대형 정착지를 세우고, 완전히 새로운 산업을 만들어내고, 수학적 원리에 따른 구조물을 건설하고, 지역 특유의 요리법을 만들어내는 등등의 활동을 시작했다.

또 이런 사회 가운데 일부는 왕궁과 상비군을 유지할 수 있는 물질적 기간 시설을 개발했다는 것도 알아냈다. 비록 아직은 그들이 실제로 그랬다는 명백한 증거는 없지만 말이다. 가령, 파버티포인트를 세울 만한 토목공사를 하려면 엄청나게 많은 인간 노동력이 필요했을 것이고 신중하게 계획된 작업을 엄밀하게 진행시킬 체제가 있어야 했을 테지만, 그 노동이 어떻게 조직되었는지에 대해 우리는 아직 아는 바가 거의 없다. 수천 년에 걸친 조몬 문명의 발굴 현장을 조사한 일본의 고고학자들은 온갖 종류의 보물을 발견했지만, 그런 보물이 어떤 종류든 귀족이나 지배 특권층에 의해 독점되었다는 반박 불가능한 증거는 아직 찾아내지 못했다.

이런 사회에 어떤 형태의 소유권이 존재했는지 우리는 정확하게 알

모든 것의 새벽

지 못한다. 우리가 시사할 수 있고 그것을 지원할 증거가 충분히 있는 것은, 문제의 장소들 모두—파버티포인트, 산나이 마루야마, 핀란드 카스텔리의 거인 교회, 또는 후기 구석기시대 거물들의 초기 무덤들—가 어떤 의미로 신성한 장소였다는 사실이다. 이것이 말해주는 바는 별로 없어 보이지만, 그래도 중요한 사항이다. 사유재산의 '기원'에 대해 일반적으로 짐작되는 것보다 훨씬 더 많은 이야기를 해주기 때문이다. 왜 그런지는 이 논의를 마무리할 때 다시 설명해보겠다.

다시 인류학자 제임스 우드번과 '즉각 보상' 수렵 채집인들을 대상으로 한 그의 연구 가운데 덜 알려진 내용으로 돌아가보자. 평등주의를 주장하는 것으로 널리 알려진 이런 채집인 그룹에서도, 그의 지적에 따르면, 어떤 성인도 타인에게 직접 명령을 내리면 안 되며 개인들은 재산권을 사적으로 주장하면 안 된다는 규칙의 충격적인 예외가 하나 있다. 이 예외는 제의 영역, 신성 영역에 속한다. 하드자족과 여러 피그미족 그룹의 종교에서 남자(가끔은 여성도 해당)의 성년을 위한 통과의례 숭배는 소유권의 독점적인 주장의 기초가 된다. 대개는 제의적 특권인데, 이는 일상의 세속적 삶에서 배타적 재산권을 최소화하는 경향과 완전히 대조된다. 우드번은 제의적이고 지적인 재산의 이 다양한 형태가 일반적으로 비밀이나 기만, 흔히는 폭력의 위협으로 보호된다고 주장한다.[50]

여기서 우드번은 특정 피그미족 그룹의 성년이 된 남자가 숲속의 비밀 장소에 숨겨두는 신성한 나팔을 예로 든다. 여성들과 아이들은 그런 신성한 보물에 대해 알면 안 된다. 동료 남자들도 몰래 따라가서 엿보면 안 되며, 그럴 경우 공격받거나 강간당하기까지 한다.[51] 신성한 나팔, 신성한 피리, 또 아주 노골적인 남근 상징물에 관련된 놀랄 만큼 비슷한 관행이 파푸아뉴기니와 아마조니아의 특정한 당대 사회에서는 흔한 일이었다. 그곳에서는 복잡한 비밀 놀이가 매우 자주 행해진다. 그런 악기는 숨겨진 장소에서 정기적으로 꺼내 오는데, 사람들은 그 소리를 혼령의 목소리로 알아듣는 시늉을 하거나, 의상을 차려입고 혼령들이 인간에게 빙의되어 여성들과 아이들을 겁주는 가장행렬의 일부로 사용한다.[52]

이제, 이런 신성한 물건들은 개인의 자율성이 최고의 가치로 여겨지는 사회, 혹은 우리가 단순하게 '자유 사회'라 부르는 곳에 존재하는 유일하게 중요하고 배타적인 재산 형태다. 그것은 단순히 신성한 맥락에만, 또는 인간이 혼령의 화신이 되는 경우에만 엄격하게 한정되는 소유 관계는 아니다. 절대적인—혹은 오늘날 '사적'이라 부를 만한—재산 역시 그렇다. 그런 사회에는 사적 재산 개념과 신성 개념 간의 심오한 형식적 유사성이 있다고 판명된다. 두 가지 모두 본질적으로는 배제의 구조다.

이 가운데 많은 부분은 에밀 뒤르켐Émile Durkheim의 고전적인 '신성'의 정의, '격리된' 것이라는 정의에 따르자면, 한 번도 명백히 드러나거나 자세히 설명되지는 않았고 암묵적이다. 때로는 문자 그대로, 또 다른 경우에는 상징적으로 세상에서 격리되어 연단 위에 놓인다. 더 높은 힘이나 존재와 인지 불가능하게 연결된 것이기 때문이다. 뒤르켐의 주장에 따르면 신성의 가장 명료한 표현은 폴리네시아의 타부tabu라는 용어인데, 그것은 '건드리면 안 됨'이라는 의미다. 하지만 절대적인 것, 사유재산에 대해 이야기할 때, 우리가 말하는 내용도 뭔가 아주 유사하지 않은가? 그 기저에 놓인 논리와 사회적 영향 면에서는 거의 동일하지 않은가?

영국의 법률 이론가들이 자주 말하기를, 개인 재산권은 최소한 명

목상으로는 '전 세계에 대항하여' 행사된다. 자동차 한 대를 가진다면, 당신은 전 세계 그 누구도 그 차에 타거나 그것을 쓰지 못하게 막을 권리를 갖는 것이다. (생각해보면, 당신이 당신의 차에 대해 가진 정말로 절대적인 권리는 이것뿐이다. 자동차를 가지고 당신이 할 수 있는 다른 모든 것은 엄격하게 제약된다. 어디서 어떻게 운전하는지, 주차하는지 등등. 하지만 당신은 전 세계 그 누구도 당신 차에 올라타지 못하게 막을 수는 있다.) 이 경우, 그렇게 하는 목적은 따로 떼어놓고, 비가시적이든 가시적이든 차단하고 울타리를 치는 데 있다. 그것이 어떤 초자연적인 존재에 묶여 있기 때문이 아니라, 살아 있는 어떤 특정한 인간 개인에게 신성한 것이기 때문이다. 그 외의 다른 측면에서는 모두 동일한 논리다.

사유재산과 신성 개념 간의 밀접한 유사성을 인정한다면, 유럽의 사회사상에서 역사적으로 너무나 이상한 점도 인정하게 된다. 말하자면, 자유 사회와는 매우 다르게 우리는 이 절대적이고 신성한 성질을 모든 인간의 권리와 자유를 위한 패러다임으로 간주한다. 이것이 정치학자 C. B. 맥퍼슨C. B. Macperson이 '소유적 개인주의possessive individualism'라고 한 말의 의미다. 모든 인간의 집이 그의 성인 것과 마찬가지로, 살해당하거나 고문당하거나 제멋대로 감옥에 갇히지 않을 당신의 권리는 당신이 자신의 신체를 소유한다는 생각에 의존한다. 당신의 동산動産과 소유물을 당신이 소유하고, 당신의 땅이나 집이나 차 등등에서 타인을 배제할 법적 권리를 갖는 것과 마찬가지다.[53] 앞에서 보았듯이, 이 특정하게 유럽적인 신성 개념을 공유하지 않는 사람들은 정말로 살해당하고 고문당하거나 독단적으로 투옥될 수도 있었다. 그리고 아마조니아에서 오세아니아에 이르기까지, 그들은 자주 그랬다.[54]

거의 모든 아메리카 선주민 사회의 경우, 이런 종류의 태도는 심각하게 이질적이었다. 그것이 다른 곳에 적용되는 경우라고는 오로지 신성한 물건에 대해, 아니면 인류학자 로버트 로위가 오래전에는 선주민 재산 가운데 가장 중요한 형태의 많은 수가 비물질적이거나 무형적이었다고 지적하면서 '사크라sacra'라고 이름 붙인 것에 대해서뿐이었다. 마법 공식, 이야기, 의학 지식, 특정한 춤을 출 권리, 망토에 특정한 패턴을 수놓을 권리 등등. 무기, 도구, 심지어 사냥할 영토 등은 흔히 자유롭게 공유되었다. 하지만 한 계절이 지나 다음 계절이 돌아올 때까지 사냥감이 번식하도록 지켜주거나, 사냥감을 추적할 때 행운이 깃들게 해주는 비교적祕敎的인 힘은 개인적으로 보유되고 조심스럽게 보호되었다.[55]

사크라가 물질적 요소와 비물질적인 요소를 둘 다 보유하는 경우는 아주 많았다. 콰키우틀족의 경우, 유산으로 상속된 잔치용 나무 접시의 소유권은 그 접시에 담을 만한 특정한 구역에 열리는 나무딸기를 채집할 권리도 함께 전달했다. 또 특정한 잔치에서 특정한 노래를 부르면서 그 열매를 선물할 권리도 접시의 소유자에게 귀속되었다.[56] 그런 형태의 신성한 자산은 끝없이 복잡하고 가변적이다. 가령, 북아메리카의 평원 사회들 가운데 신성한 꾸러미bundle(통상적으로는 물체만이 아니라 춤과 제의와 노래도 수반하는)는 그 사회에서 사유재산으로 취급되는 유일한 물건이었다. 그것은 개인들에게 배타적으로 소유될 뿐만 아니라, 세습되고 구매되고 판매될 수 있었다.[57]

흔히 토지나 다른 자연 자원의 진짜 '소유주'는 신이나 혼령이라고들 한다. 죽음을 피할 수 없는 존재인 인간은 단지 점유자, 침탈자에 불과하며, 기껏해야 관리자일 뿐이다. 사람들은 자원에 대해 약탈자의 태도―실제로는 신들에게 속한 것을 도용하는 사냥꾼의 경우―나 관리자의 태도(어떤 마을이나 어떤 사람의 주택, 혹은 궁극적으로 그것을 유지하고 관리할 책임이 있는 영토의 '소유자owner' 혹은 '주인master'인 경우) 등 다양한 태도를 취했다. 아마조니아에서처럼, 이런 태도는 공존하기도 한다. 그곳에서 소유권ownership(또는 '지배력mastery' ─ 이 둘은 항상 같은 단어다)의 패러다임은 야생동물을 사로잡은 다음 그들을 반려동물로 기르는 것이다. 그것이 바로 자연 세계의 폭력적인 전유專有가 양육이나 '관리'로 전환되는 지점이다.[58]

아마조니아의 선주민 사회와 함께 연구하는 민족지학자들이 호수, 산, 재배 품종, 리아나 숲, 동물 등 주위의 거의 모든 것이 소유주가 있거나 잠재적으로 소유되었음을 발견하는 경우는 드물지 않다. 또 민족지학자들이 역시 지적하듯이, 그런 소유권은 항상 지배와 보살핌의 이중적 의미를 지닌다. 소유주가 없다는 것은 노출되고 보호받지 못한다는 의미다.[59] 인류학자들이 토템 시스템이라 일컫는 것에서, 오스트레일리아와 북아메리카에서 우리가 발견한 그런 종류의 시스템 안에서, 관리의 책임은 특히 극단적인 형태를 띤다. 모든 인간 씨족은 특정한 동물 종을 '소유한다'고 한다. 그럼으로써 그들은 '곰 씨족' '엘크 씨족' '독수리 씨족' 등등이 된다. 하지만 이는 곧 그 씨족의 일원은 그 종의 동물을 사냥하고 죽이고 상처를 입히거나 잡아먹지 못한다는 것을 의미한다. 사실, 그들은 그 동물의 존재를 널리 알리고 그것이 번영하도록 기원하는 제의에 참여해야 한다.

로마법에서 재산의 개념 ─ 오늘날 거의 모든 법률 시스템의 기초 ─ 을 특이해 보이게 만드는 것은 관리와 공유의 책임을 최소한으로 줄였거나 심지어는 완전히 없애버렸다는 점이다. 로마법에는 소유에 관련된 세 가지 기본권이 있다. 우수스usus(사용권), 프룩투스fructus(예를 들면 나무의 과일 같은 재산의 산물을 향유할 권리), 아부수스abusus(재산을 파괴하거나 손상할 권리)가 그것이다. 첫 두 권리만 가졌다면 이는 우수프

룩트라 칭해지고, 법적으로 진정한 소유로 간주되지 않는다. 그렇다면 진정한 법적 재산을 규정하는 특징은 그것을 보살피지 않을, 혹은 심지어는 자신의 뜻대로 그것을 파괴할 선택권이 있느냐 하는 것이다.

이제 우리는 마침내 사유재산의 도래에 대한 일반적인 결론에 접근하고 있다. 최후의 것인 동시에 특히 충격적인 사례인 오스트레일리아 서부 사막의 유명한 성년 제의가 이 결론을 예시할 수 있다. 이 제의에서는 각 씨족의 성인 남성이 특정한 영토의 수호자나 안내자로 나선다. 아란다족Aranda의 언어로 추링가churinga 혹은 쓰링야tsurinja라 알려진 특정한 사크라가 있는데, 이는 고대에 각 씨족의 영토를 사실상 만들어낸 선조들이 남긴 유물이다. 그것들은 대부분 토템 문양이 새겨진 매끈한 나뭇조각이나 돌조각이다. 같은 물건이 그 땅에 대한 법적 자격을 체현할 수도 있다. 에밀 뒤르켐은 그것들이 신성의 원형이라고 여겼다. 사물이 일상 세계에서 격리되어 경건한 헌신의 대상이 된다. 사실상 '씨족의 성궤'인 것이다.[60]

주기적으로 행해지는 성년식의 제의 기간 동안, 남성 아란다족 청년들의 새 배우자들은 그 땅의 역사와 그곳에서 어떤 자원이 나는지 배운다. 그들은 또 그것을 보살피는 책임감도 충실하게 주입받는다. 이는 특히 추링가 및 그것과 결부된 신성한 장소를 유지할 임무를 의미한다. 그런 장소에 대해 제대로 아는 것은 애당초 성년이 된 사람들 뿐이다. T. G. H. 스트렐로T. G. H. Strehlow—인류학자이자 루터파 선교사의 아들로서, 20세기 초반에 아란다족과 오랫동안 함께 살면서, 아란다족 출신이 아닌 사람들 가운데 이 주제에 관한 최고의 권위자가 되었다—가 관찰한 대로, 임무의 무게는 공포, 고문, 절개를 통해 전달된다.

신참이 할례를 받고 나서 한두 달 뒤, 두 번째 주요 성년 의례가 이어진다. 그것은 요도 절개다. (…) 신참은 이제 한 남자를 그 재산에 걸맞은 사람으로 만들기 위해 설계된 모든 필수적인 신체적 수술을 거쳤으며, 노인들의 명령에 암묵적으로 순종하도록 배웠다. 새로 발견된 그의 맹목적 복종은 어린 시절 그의 특징이던 오만과 전반적인 통제 불능의 기질과는 정반대다. 선주민 아이들은 대개 부모들에게서 응석받이로 자란다. 어머니는 자녀들의 모든 변덕을 다 받아주며, 아버지는 규율을 잡는 데 필요한 어떤 행동도 하지 않는다. 늦은 나이에 행해지는 전통적 성년 의례에 포함된 의도적인 잔혹성은 오만무례하고 무법적이던 소년들의 과거 건방짐에 대해 처벌하고, 그들을 순종적이고 책임 있는 '시민'으로 훈련하기 위해 면밀하게 계산된 것이다. 그 과정을 견딤으로써 그들은 투덜거리지 않고 원로들에게 복종할 것이며, 그들 씨족의 신성한 고대 전통에 어울리는 상속자가 될 것이다.[61]

여기 소개된 것은, 제의적 맥락에서 관찰된 행동이 어떻게 일상생활에서 지배적으로 보이는 자유롭고 평등한 관계의 정반대 형태를 띠는지를 괴로울 만큼 명료하게 보여주는 또 하나의 사례다. 배타적인 (신성한) 재산 형태가 존재하는 것은 그런 맥락에서만이며, 그런 곳에서는 엄격한 하향식의 위계가 강제되고, 지시가 내려지면 책임감 있게 복종이 이루어진다.[62]

선사시대를 다시 돌아보면—앞에서 이미 지적했듯이—괴베클리테페, 파버티포인트, 산나이 마루야마, 스톤헨지 같은 곳에 어떤 형태의 재산권이나 소유권이 존재했는지 정확하게 알기란 불가능하다. 후기 구석기시대의 '왕자들'과 함께 묻힌 신분의 표시들이 그들의 개인적 소유물인지 아닌지도 사실상 모르는 것이나 마찬가지다. 지금 우리가 주장할 수 있는 것은 더 많은 요소들을 폭넓게 고려할 때 때로는 기하학적인 정확성을 기하며 설정된 그런 신중한 협동에 의해 배치된 제의적 극장들이 다른 상황에서라면 자유로웠을 사람들 사이에서 재산권에 대한 배타적 요구가—반문 없는 복종에 대한 엄격한 요구와 함께—나왔을 가능성이 큰, 바로 그런 종류의 장소라는 것이다. 사유재산에 '기원'이 있다면 그것은 신성의 발상만큼이나 오래되었다. 그것은 아마 인류 그 자체만큼 오래되었을 것이다. 여기서 제기할 적절한 질문은 이 일이 언제 일어났는가가 아니라, 그것이 결국 어떻게 인간사의 그토록 많은 측면들을 지배하게 되었는가일 것이다.

오랜 세월 전에

왜 캐나다의 채집인들은 노예를 두었는데 캘리포니아의
채집인들은 그러지 않았는지, 또는 '생산 양식'의 문제

농경이 등장하기 직전 우리의 세계는 유랑하는 수렵 채집인 무리
의 세계와는 거리가 멀었다. 그 단계는 여러 장소에 형성된 정주형 마
을과 소도시로 표시된다. 일부는 그때 이미 세워진 지 오래되었고, 거
대한 성역과 비축된 자산도 있었는데, 그 가운데 많은 부분이 제의 전
문가들, 고도로 숙련된 기능공들과 건축가들의 작업 결과다.

역사의 광범위한 진행을 살펴보는 학자들은 거의 모두가 농경 이
전의 세계를 완전히 무시하거나 그 세계를 어떤 괴상한 비정상 상태
로 치부해버린다. 문명의 잘못된 출발점이라는 것이다. 구석기시대의
사냥꾼들과 중석기시대의 어부들은 죽은 이를 귀족처럼 묻어주었는
지도 모른다. 하지만 계급 계층화의 '기원'은 여전히 훨씬 더 늦은 시

기에서 탐색되고 있다. 루이지애나 파버티포인트의 규모는 고대 도시에 필적하며 적어도 그 정도의 기능을 갖고 있었지만, 도시 일반의 역사는 물론 북아메리카 도시를 다루는 거의 모든 역사에 전혀 등장하지 않는다. 일본의 1만 년에 달하는 문명이 쌀농사와 야금술의 도래에 대한 전주처럼 쓰인 것도 마찬가지다. 플로리다 키스의 칼루사족조차 흔히 '초기 족장 사회incipient chiefdom'로 칭해질 정도다. 중요시되는 것은 그들이 어떤 존재인가가 아니라 그들이 뭔가 다른 것, 즉 '제대로 된' 왕국 같은 것으로, 그 예속민들이 작물로 공물을 바칠 수 있는 그런 집단으로 바뀌는 문턱에 있을 수도 있다는 사실이다.

이런 특이한 사고 습관은 '복합적 수렵 채집인' 집단 전체를 진화의 고속도로에서 어딘가 벗어난 비정상 형태나, 끝내 발현되지 않은 '농업혁명'의 첨단에서 어정거리는 존재로만 다루라고 요구한다. 이런 사고 습관을 비교적 적은 인구를 거느리고 복잡한 역사적 상황 속에서 살아가는 집단인 칼루사족 같은 종족에게 적용하는 것은 매우 좋지 않다. 그런데 동일한 논리가 북아메리카 대륙의 태평양 연안, 오늘날의 광역 로스앤젤레스에서 밴쿠버 주변까지 미치는 지역의 선주민 집단 전체의 역사에 꾸준히 적용되었다.

크리스토퍼 콜럼버스가 1492년에 스페인의 팔로스데라프론테라에서 출항했을 때, 아메리카 대륙은 수십만 명, 혹은 수백만 명이 집으로 삼고 살던 땅이었다.[1] 그들은 채집인이었지만 하드자, 음부티, 쿵 부시먼과는 전혀 달랐다. 지극히 사냥감이 풍부한 환경에서 살며, 한 해 내내 마을에 머무를 때도 많은 캘리포니아의 선주민들은 부지런하기로 유명했고, 거의 강박에 가까울 정도로 부의 축적에 집착하는 경우가 많았다고 알려졌다. 고고학자들은 흔히 그들이 토지 운영에 적용한 기법을 일종의 초기 단계의 농업이라고도 규정했다. 일부 학자들은 선주민의 캘리포니아Aboriginal California를 비옥한 초승달 지역의 선사시대 주민들—1만 년 전에 중동 지역에서 밀과 보리를 기르기 시작한—이 살았던 곳의 모델로 쓰기도 했다.

고고학자들의 입장에서 보면 타당한 비교다. 생태학적으로 볼 때 캘리포니아는—그 지중해성 기후와 비상하게 비옥한 토양, 그리고 미세 환경의 엄밀한 병치(사막, 수풀, 계곡, 해안, 산맥)가—중동의 서쪽 측면(그러니까 현대의 가자 지구나 암만에서 북쪽으로 베이루트와 다마스쿠스에 이르는 지역)과 놀랄 만큼 유사하다. 반면, 캘리포니아 선주민들의 시각에서 볼 때 농경의 발명자들과의 비교는 무의미하다. 그들은 중앙아메리카에서 4,000년쯤 전에 처음 그곳에 당도한 옥수수 같은 열대작물이 가까운 곳에—특히 그 남서부 이웃에—존재했다는 사실을 모를 수 없었다.[2] 또 북아메리카 동부 해안의 자유민들은 거의 모두 적어도 몇 가지의 식량 작물을 받아들였지만, 서부 해안의 자유민들은 모두 똑같이 그것을 거부했다. 캘리포니아의 선주민들은 농업을 받아들이기 전의pre-agricultural 상태가 아니었다. 오히려 그들은 반농업적anti-agricultural이었다.

처음으로 문화적 차이의 문제를 생각해야 할 시점

이같이 농업에 대한 거부가 조직적으로 이루어지는 상황은 그 자체로 아주 흥미로운 현상이다. 오늘날 그것을 설명하려 시도한 사람들은 대부분 그것이 거의 전적으로 환경적 요인 탓이라고 본다. 캘리포니아에서 도토리나 잣이 주식이었고, 더 북쪽으로 가면 수자원이 주식이었던 것은, 단순히 생태적으로 그런 방식이 북아메리카의 다른 지역에서 채택된 옥수수 농사보다 더 효율적이기 때문이었다. 전체적으로는 이 설명이 분명히 사실이었다. 그러나 폭이 수천 킬로미터에 달하고 상이한 생태계가 여럿 혼재하는 지역이었으니, 옥수수 경작에 더 유리했을 법한 지역이 몇 군데 없었을 리는 없다. 그리고 효율성이 유일한 고려 요소였다 하더라도 해안을 따라 어딘가에 누군가는 받아들일 만한 몇 가지 다른 재배종—콩, 애호박, 호박, 수박, 또 수없이 다양한 잎채소들—이 있었을 수 있었다.

모든 재배 식량에 대한 조직적인 거부는 여러 캘리포니아인들과 북서부 해안 종족들이 담배를 심고 길렀던 사실을 알게 되면 더욱 놀랍다. 그들은 제의적인 목적에 쓰거나 특별한 잔치에서만 사치품으로 소비하는 또 다른 식물—스프링뱅크 클로버springbank clover와 퍼시픽 실버위드pacific silverweed 같은 것—도 심고 길렀다.[3] 달리 표현하자면, 그들은 식물을 심고 기르는 기술을 완벽하게 알고 있었다. 그런데도 그들은 일상 식량을 심거나 주식으로서 작물을 다룬다는 생각 자체를 전반적으로 거부했다.

이런 거부의 이유 가운데 하나는 중요하다. 우리가 제기한—4장의 시작 부분에서—훨씬 광범위한 질문에 답을 줄 수도 있는 힌트이기 때문이다. 그것은 이런 질문이었다. 인간이 자신이 이웃과 다름을 입증하려고 그토록 많은 노력을 쏟는 이유는 무엇인가? 마지막 빙하 시대가 끝난 이후, 고고학 기록의 성격이 점점 더 '문화 지역'에 의해 규정되는 비중이 커지고 있음을 상기해보라. 즉 고유한 의복, 요리, 건축의 특징적 스타일이 생기고, 또 당연히 우주의 기원에 관한 이야기, 사촌 간의 결혼에 관한 규칙 등등이 있는 지역 집단이 중요해지는 것이다. 인간이 계속 더 분화하여 자신과 이웃을 구분하는 새로운 방법들을 끝도 없이 들고 나오는 방향으로 발전하는 것이 중석기시대 이후의 광범위한 추세였다.

　이런 세분화 과정이 애당초 왜 발생했는지에 대해 인류학자들이 거의 생각하지 않는 것은 신기하다. 그 과정은 대개 인간이 존재하는 이상 피할 수 없고 자명한 사실로 취급되었다. 어떤 설명이 주어지면, 그것은 언어가 낳은 영향으로 추정되었다. 부족이나 민족국가는 대체로 '민족-언어' 그룹으로 칭해졌다. 즉 그들에게 정말 중요한 것은 그들이 같은 언어를 쓴다는 사실이라는 것이다. 같은 언어를 쓰는 사람들은 다른 모든 요소가 동일할 경우 같은 관습과 감수성과 가족생활 전통을 받아들인다. 또 한편, 언어는 일반적으로 자연적인 처리 과정 같은 것에 의해 서로에게서 가지를 쳐나가는 것으로 추정된다.

　이런 추론의 노선에서 결정적인 돌파구는 그리스어, 라틴어, 산스크리트어가 같은 뿌리를 가진다는 깨달음이었다. 이는 대개 18세기 말 벵골에서 근무한 영국 식민지 관리인 윌리엄 존스William Jones의 공으로 인정된다. 얼마 지나지 않아 언어학자들은 켈트어, 게르만어, 슬라브어가―페르시아어, 아르메니아어, 쿠르드어 등도―모두 동일한 '인도·유럽'어족'Indo-European' family에 속한다고 판단했다. 다른 언어들, 예를 들면 셈어, 튀르크어, 동아시아의 언어들은 그렇지 않았다. 이런 다양한 어족 간 관계에 대한 연구는 나중에 언어연대학glottochronology으로 이어졌다. 그것은 하나의 공통의 근원에서 어떤 과정을 거쳐 서로 다른 언어가 갈라져 나오는지를 연구하는 학문이다. 모든 언어는 계속 변하며, 그 변화가 비교적 일정한 속도로 일어나는 것처럼 보이기 때문에, 튀르크어가 언제, 어떻게 몽골어에서 갈라지기 시작했는지 재구성할 수 있었다. 또는 스페인어, 프랑스어, 핀란드어, 에스토니아어, 하와이어, 말라가시어 등등의 언어들 사이의 상대적인 발생 시기의 차이는 어떻게 발생했는지 같은 문제도 마찬가지다. 이 모든 연구는 결국 일련의 언어 계통수family tree를 구축하게 되었고, 사실상 모든 유라시아 언어를 '노스트라틱Nostratic'이라는 단일한 가설적인 조상으로 추적해 올라가려는—지금도 매우 논란의 여지가 많은—시도이기도 했다. 노스트라틱은 구석기시대 후반의 어느 시점에 존재했거나, 모든 인간의 언어가 발생한 최초의 근원이었다고 믿어졌다.

언어가 이처럼 표류하듯 흩어지는 바람에 한 언어가 영어, 중국어, 아파치어처럼 판이한 언어들로 진화하게 된다는 생각이 이상해 보일지도 모른다. 그러나 여기서 다루어지는 시간 단위가 비상하게 길다는 점을 고려한다면, 어떤 미세한 세대 변화라도 누적되다보면 나중에는 한 언어의 어휘와 음향 구조, 심지어 문법까지도 완전히 바꾸어놓을 수 있는 것으로 보인다.

문화적 차이가 대체로 언어에서 발생하는 일과 상응한다면, 더 일반적으로 인류의 서로 다른 문화들이 점진적 표류라는 비슷한 과정의 산물이어야 할 것이다. 한 인구 집단이 이주하거나 고립되면서, 그들은 그 자체의 특징적인 언어만이 아니라 고유의 전통적인 관습도 형성했다. 이런 모든 현상은 대체로 검토되지 않은 수많은 가정을 포함하지만—가령, 언어들은 애당초 왜 항상 변하는가?—중심 논점은 이것이다. 설사 그런 설명을 확정된 사실로 받아들인다 한들 그것은 우리가 지상에서 실제로 관찰하는 것들을 제대로 설명해주지 못한다는 것이다.

20세기 초반 북부 캘리포니아의 민족-언어 지도를 살펴보라. 그것은 당시 민족학자들이 규정한 북아메리카의 '문화 지역'의 더 큰 지도의 일부다.

여기 우리가 보는 것은 느슨하게 유사한 문화적 관행을 가졌지만 대다수가 완전히 상이한 어족에서 끌어온—심지어는 아랍어, 타밀어, 포

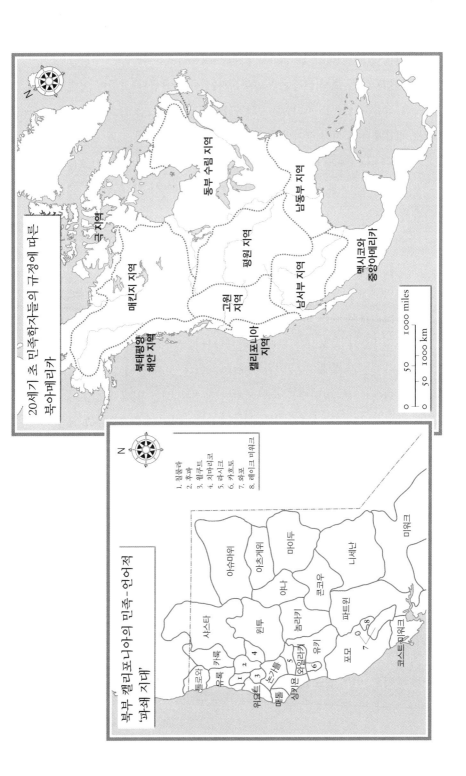

20세기 초 민족학자들의 규정에 따른
북아메리카

극지역

매킨지 지역

북태평양 해안 지역

동부 수림 지역

고원 지역

평원 지역

캘리포니아 지역

남서부 지역

남동부 지역

멕시코와 중앙아메리카

0   50   1000 miles
0   50   1000 km

N

북부 캘리포니아 민족-언어적 '파쇄 지대'

1. 칠룰라
2. 후파
3. 휠쿠트
4. 치마리코
5. 다시크
6. 카초토
7. 와포
8. 레이크 미워크

N

톨로와
유록
카룩
사스타
아슈마위
아춰게위
마이두
나세안
미워크
휜투
아나
콘코우
유기
파트윈
포모
유키
논라키
윈툰
싱카욘
와일라키
매톨
신카우
코스트미워크

스포트

르투갈어같이 거리가 먼 어족도 있다—잡다한 언어를 쓰는 사람들의 집합이다. 이런 모든 그룹은 느슨한 유사성을 공유한다. 그들이 어떻게 하여 식량을 모으고 처리하는지의 면에서, 그들이 가장 중요시하는 종교 제의에서, 정치적 생활의 조직 등에서 그렇다. 하지만 그들 사이에는 미묘하거나 그렇게 미묘하지는 않은 차이들도 있다. 그래서 각 그룹의 일원들은 자신들을 유록Yurok, 후파Hupa, 카룩Karuk 등 먼 종족으로 간주하게 된다.

이런 지역적 정체성은 실제로 언어적 차이에 따라 분포한다. 그러나 가까이 살면서도 다른 어족에서 나온 언어를 쓰는 종족들(아타바스칸Athabascan, 나데네Na-Dene, 우토아즈텍Uto-Aztecan 등) 사이에는, 실제로는 같은 어족에서 나온 언어를 쓰지만 북아메리카의 다른 먼 지역에 사는 종족들보다 공통점이 훨씬 많다. 캐나다 북서부 해안에 사는 퍼스트 네이션스에 대해서도 똑같이 말할 수 있다. 그들은 서로 무관한 다양한 언어를 쓰지만, 다른 측면에서는 북서부 해안 밖의 캘리포니아 등지에 살면서 같은 어족에 속하는 언어 사용자들보다 훨씬 더 가깝게 닮았다.

물론, 유럽 식민지 건설이 아메리카 선주민들의 분포에 심각한 영향을 미치고 재앙을 불러왔지만, 우리가 여기서 보는 것은 더 깊은 문화-역사적 연속성을 반영한다. 그것은 주민들을 깔끔하게 구분되는 민족-언어 집단으로 분류해줄 현대의 민족국가가 부재할 때 인간 역사의 다양한 지점에서 발생하곤 하는 과정이다. 당연히 세계가 각기 고유한 역사를 가진 균질적인 단위로 나뉜다는 발상 자체는 대체로 현대의 민족국가가 낳은 산물이며, 그런 단위들은 저마다 오랜 영토적 계통을 주장하려는 욕망을 갖고 있다. 최소한 우리는 그런 균일성을 과거로, 언어 분포의 직접적인 증거가 존재하지도 않았던 인류 역사의 더 먼 기간으로 투사하기 전에 더 깊이 생각해야 한다.

　이 장에서, 우리는 인류 역사의 많은 부분에서 문화적 세분화의 과정을 실제로 밀어붙인 게 무엇인지 탐구하고 싶다. 그런 과정은 인간의 자유가 한때는 당연시되다가 어쩌다 결국 사라지게 되었는지를 이해하는 데 결정적으로 중요하다. 이 문제를 탐구하는 데서 우리는 북아메리카의 서부 해안 지역에 살던 비농경 종족의 역사에 집중하려한다. 그들의 농경 거부가 시사하듯이, 이런 과정은 학자들이 대개 상상하는 것보다 자의식이 훨씬 더 강하게 발휘되었을 가능성이 크다. 앞으로 보게 되겠지만, 몇몇 경우에 그들은 자유 그 자체의 본성에 관한 명시적인 성찰과 논쟁을 했던 것으로도 보인다.

‘문화 지역’이라는 문제가 과거에 논의되었던 매우 부적합하고 때로는 공격적이지만 가끔은 시사하는 점도 있었던 방식을 검토해보자

　이전 세대의 학자들은 이런 지역적 사회 군집regional clusters of societies을 어떻게 묘사했는가? 20세기 중반까지 가장 흔하게 사용된 용어는 ‘문화 지역culture areas’(혹은 ‘문화권culture circles’)이었다. 이것은 요즘은 잊혔거나 악평 때문에 쓰이지 않게 된 개념이다.

　‘문화 지역’이라는 개념은 19세기 말엽에서 20세기 초반에 처음 등장했다. 르네상스 이후 인류의 역사는 대체로 대이주大移住의 이야기로 읽혔다. 은총으로부터 전락한 인간은 에덴동산으로부터 점점 더 멀어져 방랑한다. 인도·유럽어나 셈계 언어의 분산을 보여주는 계통수는 이런 사고방식에 힘을 더해준다. 그러나 인류의 발전이라는 개념은 그와 정반대 방향으로 끌려갔다. 그것은 '원시' 종족이 규모가 아주 작고, 고립된 공동체를 이루어, 서로에게서 또 세계로부터 단절되어 산다고 상상하도록 연구자들을 부추겼다. 물론 애당초 그들을 인류 발전의 초기 단계의 표본으로 다룰 수 있게 한 것이 바로 이런 사고방식이다. 모두가 서로 늘 접촉하는 사이였다면, 이런 종류의 진화론자적 분석은 제대로 된 성과를 내지 못할 것이다.[4]

이와 반대로 '문화 지역' 개념은 대체로 박물관에서 나온 것이다. 특히 북아메리카에서 그랬다. 미술과 유물을 관리하는 큐레이터들은 자신들이 가진 재료를 배열하여 인간이 상황에 적응하는 상이한 단계 (초기 미개인lower savagery, 후기 미개인upper savagery, 초기 야만인lower barbarism 등등)에 관한 이론들을 예시할지 결정해야 했다. 혹은 실제 사건이었든 상상된 것이었든 고대 이주의 역사를 추적해야 할지의 문제도 있었고(아메리카의 맥락에서는 어족에 따라 종족을 체계화한다는 의미로 해석되는데, 특별히 타당한 이유는 없이 그저 '인종적' 계보'racial' stocks에 상응하기 위한 것으로 추정되었다), 단순히 그들을 지역적 군집에 따라 정리해야 할지를 결정하는 문제도 있었다.[5] 이런 문제 중 마지막 것은 가장 제멋대로인 것으로 보이지만, 결과적으로는 그것이 제일 좋은 성과를 얻었다. 예를 들어, 동부 수림 지역에 살던 상이한 부족들의 미술과 기술은, 말하자면 아타바스칸 언어 사용자들이 쓰던 재료들보다도 훨씬 더 공통점이 많았던 것으로 나타났다. 또는 주로 어업이나 옥수수 재배에 의존하던 종족들보다도 더 많았다. 이 방법은 고고학적 재료를 다룰 때도 성과가 있었다. 오스트레일리아의 V. 고든 차일드 같은 선사학자들은 가정생활, 미술, 제의에 관련된 증거들의 지역 군집을 형성하는 중부 유럽 전역의 신석기시대 마을에서 비슷한 패턴을 관찰했다.

처음에는 문화 지역 접근법을 주창한 가장 저명한 인물이 프랜츠

모든 것의 새벽

보애스였다. 기억을 되살려보면, 보애스는 이주한 독일 민족학자였다.[6] 그는 1899년에 뉴욕 컬럼비아 대학의 인류학과 교수가 되었다. 그는 또 미국 자연사박물관에서 민족지학 컬렉션의 책임자 자리에도 올랐다. 그가 관리한 동부 수림 지역과 북서부 해안 지역의 전시실은 한 세기가 지난 지금도 여전히 대중적인 인기가 높다. 박물관에서 보애스의 제자이자 후임이던 클라크 위슬러Clark Wissler는 뉴펀들랜드에서 티에라델푸에고에 이르는 아메리카 전체를 열다섯 개의 지역 시스템으로 나누고, 각 구역을 고유한 특징적 관습, 심미적 스타일, 식량을 얻고 준비하는 방식, 사회조직의 형식 등에 따라 분류했다. 얼마 지나지 않아 다른 민족학자들도 비슷한 프로젝트를 수행했고, 유럽에서 오세아니아에 이르는 지역들을 위치에 따라 배치했다.

보애스는 완강한 반인종주의자였다. 독일계 유대인인 그는 특히 인종과 우생학에 대한 미국인들의 집착이 자신의 모국에서 받아들여지는 양상에 대해 불쾌하게 여겼다.[7] 위슬러가 우생학적 사고를 일부 받아들이기 시작하자 이 두 사람은 좋지 않게 절교했다. 하지만 원래 문화 지역 개념을 만들어낸 자극은 정확하게 인류 역사에 대해 이야기할 길을 찾으려는 데서 나왔다. 그것은 어떤 근거로든, 누군가는 더 우수한 유전적 자원을 가졌거나 도덕적·기술적 진화의 더 발전한 수준에 도달했다고 주장함으로써 인종들 간의 우열 가리기를 피하는 역사다. 대신에 보애스와 그의 제자들은 인류학자들에게 당시 '문화적 특징culture traits'(도자기, 스웨트 로지sweat lodge[북미 인디언의 정화 제의용 오두막으로, 달구어진 화산석에 물을 뿌려 증기를 발생시키고 땀을 흘리게 하면서 기도를 올리는 시설이다. 인디언에게 땀을 흘리는 의식은 깊은 영적 체험이다─옮긴이], 청년들을 경쟁하는 전사 사회로 조직하기)이라 지칭되던 것의 분포를 재구성하고, 위슬러식으로 말하자면, 왜 특정 지역의 부족들이 '동

일한 문화 특질의 그물망'을 공유하는지를 이해하기 위해 노력하자고 제안했다.[8]

이것은 역사적 움직임, 또는 특정한 관습과 사상의 '전파diffusion' 과정의 재구성에 매료되는 특이한 현상을 초래했다. 20세기에 들어선 이후의 인류학 학술지를 넘겨보면, 일정한 수의 논문 가운데 과반수가 이런 유형임을 알게 된다. 그들은 가령, 아프리카나 오세아니아의 다양한 지역에서 사용된 악기와 당대의 놀이에 대해 특별한 관심을 보였다. 이는 모든 문화 특질 가운데 이것들이 현실적인 고려나 제약의 영향을 가장 덜 받는 것으로 보이며, 따라서 그들의 분포가 문화 간의 접촉과 영향의 역사적 패턴을 밝혀줄 수도 있기 때문이다. 어느 특별히 활발한 토론의 영역은 고양이 요람cat's cradles이라 알려진 실뜨기 놀이string-figure game에 관한 이야기였다. 1898년 당시 영국 인류학계의 대표적 인물이던 앨프리드 해든Alfred Haddon과 W. H. R. 리버스W. H. R. Rivers 교수는 토러스해협을 탐험하던 중에 아이들 놀이에서 쓰이는 다양한 실뜨기 다이어그램을 분석할 균일한 방법을 개발했다. 그 방법을 쓰면 체계적인 비교가 가능해진다. 얼마 지나지 않아, 여러 다른 사회들에서 특정한 실뜨기 패턴(종려나무, 바고보 다이아몬드……)의 기원과 유포에 관한 경쟁 이론들이 《왕립 인류학회 저널Journal of the Royal Anthropological Society》이나 그와 유사한 학술적 지면에서 열띤 경합을 벌였다.[9]

그렇다면 뻔한 질문은 이것이다. 왜 문화 특질들은 그런 식으로 뭉치는가. 그리고 그것들이 애당초 어떻게 지역적 패턴에 '휘말리게' 되었는가. 보애스 본인은, 특정 지역(산지와 사막이 천연 장벽을 형성하는) 내에서 지리적 여건이 사상의 유통을 결정했을 수도 있지만, 그동안 이런 지역 내에서 발생한 일들은 사실상 역사적으로는 우발적으로 일어났다고 확신했다. 다른 사람들은 지배적인 에토스나 주어진 지역 내

조직의 형태에 관해 가설을 세웠다. 혹은 언젠가는 스타일, 습관, 사회적 형태의 흥망성쇠를 설명하거나 예측하기까지 하는 자연과학 같은 학문을 세우게 되리라고 꿈꾸었다. 이런 문헌을 읽는 사람은 이제는 거의 없다. 오늘날 그것은 실뜨기 놀이처럼, 기껏해야 그 학문 분야의 유년 시절에 대한 재미있는 상징물 정도로 여겨질 뿐이다.

그래도 여기서 중요한 이슈들이 제기되었다. 오늘날까지 그 누구도 그에 대해 제대로 발언할 수 없었던 이슈들이다. 예컨대, 왜 캘리포니아의 사람들이 서로는 그처럼 비슷했고, 아메리카 북서부나 캐나다 북서부 해안에 살던 이웃들과는 그처럼 달랐는가? 아마 이 질문에 대해 가장 통찰력 있는 공헌을 한 것은 마르셀 모스일 터다. 모스는 1910년에서 1930년 사이에 집필된 민족주의와 문명에 관한 일련의 논문들에서 '문화 지역'의 개념을 다루었다.[10] 모스는 문화적 '전파'라는 발상이 대부분 난센스라고 생각했다. 대부분의 인류학자들이 지금 드는 이유들(그것이 무의미하고 흥미가 없다는) 때문이 아니라,[11] 그 자신이 느끼기에 그것은 거짓된 가정에 기초하기 때문이었다. 즉 사람, 기술, 사상은 보통 이동하지 않는다는 가정 말이다.

그와 정반대 가정이 사실이라고 모스는 주장했다. 그는 과거의 사람들은 아주 많이 돌아다닌 것으로 보인다고 썼다. 오늘날 사람들보다 더 많이 돌아다녔다. 그리고 그 당시에 바구니, 깃털 베개, 혹은 수레바퀴 같은 것들이 한두 달 걸리는 거리에서 일상적으로 사용되고 있었다면, 누구나 그런 것들의 존재를 몰랐으리라고는 도저히 생각할 수 없다. 같은 추측이 조상 숭배나 엇박자 북 리듬에도 해당된다. 모스는 더 나아갔다. 그는 환태평양 지역 전체가 한때는 하나의 문화 교환 영역이었다고 확신했다. 항해자들이 규칙적으로 바다를 건너다녔다는 것이다. 그 또한 그 지역 전체에 걸쳐 놀이가 분포된 양상에 관심이 있었다. 그는 대학교에서 '환태평양 지역에서의 미끄러운 장대, 공놀이, 또 다른 놀이들에 대해'라는 과목을 가르친 적이 있었다. 이 수업에 대한 그의 전제는, 최소한 놀이에 관한 한, 태평양에 면한 모든 지역—일본에서 뉴질랜드, 캘리포니아에 이르는—은 사실상 단일한 문화 지역으로 다루어질 수 있다는 것이었다.[12] 소문에 따르면, 모스가 뉴욕의 미국 자연사박물관을 찾아갔을 때, 보애스가 맡은 북서 해안 전시 구역에 전시되었던 유명한 콰키우틀 전투용 카누를 보았는데, 그가 처음 보인 반응은 이제 고대 중국이 어떤 모습이었을지 정확히 알겠다고 말한 것이었다.

모스가 자신의 입장을 과장했지만, 그럼에도 불구하고 그의 과장은 '문화 지역'이라는 문제 전체를 흥미로운 방식으로 재구성하도록 이끌었다.[13] 누구나 주변 사람들이 무슨 일을 하고 있는지 대략적으로 안다면, 그리고 외국의 관습, 미술, 기술에 대한 지식이 널리 퍼져 있다면, 아니 최소한 쉽게 접할 수 있다면, 우리가 던질 질문은 왜 특정한 문화 특질이 퍼지는가가 아니라 왜 다른 문화 특질은 퍼지지 않는가가 되어야 한다. 모스가 느끼기에 그에 대한 대답은, 바로 이것이 문화가 이웃 문화에 맞서 자신을 규정하는 방식이기 때문이라는 것이다. 사실상 문화는 거부의 구조다. 중국인은 칼과 포크가 아니라 젓가락을 쓰는 종족이다. 타이는 젓가락이 아니라 숟가락을 쓰는 종족이다. 이런 식으로 나아간다. 미술과 음악의 스타일, 식탁 예절 같은 미학 영역에서도 이 관점이 통할지는 알기 쉽다. 그렇지만 모스는 이 관점이 명백하게 적응력이 있거나 실용적인 이익을 주는 기술에도 해당된다는 것을 발견했다. 예를 들면, 그는 알래스카의 아타바스카족이 그들이 보기에도 자기들 보트보다 환경 적응력이 훨씬 큰 게 분명한 이누이트족의 카약을 꾸준히 거부해왔다는 사실에 흥미를 느꼈다. 이누이트족 또

한 아타바스카족의 설상화雪上靴 사용을 거부했다.

특정한 문화에 해당되는 어떤 항목은 문화 지역, 혹은 모스가 말한 '문명'에도 똑같이 해당된다. 기존의 거의 모든 스타일, 형식, 기술이 항상 누구에게나 잠재적으로 사용될 수 있었으므로, 이런 것들 역시 차용과 거부가 혼합된 과정을 통해 항상 일어나지 않을 수 없다. 모스는 결정적으로 중요한 것은 이 과정에 자의식이 심하게 개입하는 경향이 있다는 점이라고 지적했다. 그는 특히 중국 궁정에서 외국의 스타일과 관습을 채택할지 여부를 놓고 벌어진 토론을 예로 들기를 좋아했다. 주周 왕조의 어느 왕이 훈족(만주)의 의복을 입는 것과 전차를 모는 대신 말을 타는 것을 거부하던 고문들과 대봉신들에게 던진 놀라운 논제 같은 것이 그런 예다. 그는 제의와 관습의 차이, 미술과 의복의 차이를 그들에게 알려주려고 노력했다. 모스는 이렇게 썼다. "사회들은 서로에게서 차용하여 살아가지만, 상대방의 것을 받아들이기보다는 차용의 거부를 통해 자신을 규정한다."[14]

그런 성찰이 역사가들이 '고급' 문명(즉 문자 문명)이라고 여기는 것에만 한정된 것도 아니었다. 이누이트족이 설상화를 신은 사람을 처음 만났을 때 느낀 거부감이 단순히 본능적인 것만은 아니었다. 그들은 나중에도 자신들의 입장을 바꾸기를 거부했다. 그들은 설상화를 채택하거나 하지 않는 것이 스스로 자신을 어떻게 생각하는지에 대해 어떤 말을 해줄지에 대해 성찰했다. 모스는 실제로 사람들이 이웃과 자신을 비교함으로써 자신들을 별개의 집단으로 생각하게 된다고 결론지었다.

이런 틀에 의거하여 볼 때, 재구성된 '문화 지역'이 어떻게 형성되었는가 하는 질문은 필연적으로 정치적 질문이 된다. 그것은 농경을 수용할지 말지와 같은 결정이 단순히 칼로리상의 이익 계산이나 무작위적인 문화 취향의 문제만이 아니라, 가치에 대한 질문, 인간이 정말로 어떤 존재인지(그리고 스스로를 어떤 존재로 여기는지)에 대한 질문, 그리고 서로서로 어떤 관계를 맺어야 하는지에 대한 질문일 수도 있다고 주장한다. 그것은 실제로 우리의 계몽주의 이후 지적 전통이 자유freedom, 책임, 권위, 평등, 연대, 정의 같은 개념을 통해 표현하려 하는 그런 이슈들이다.

모스의 통찰을 태평양 연안에 적용하고
왜 월터 골드슈미트가 캘리포니아 선주민들을
'개신교 채집인'이라고 묘사했는지 검토해본다.
여러 측면에서 어이없는 표현이지만
그래도 뭔가 전해주는 바가 있다

　그러면 다시 태평양으로 돌아가자. 20세기가 시작될 무렵부터 인류학자들은 북아메리카 서부 지역의 선주민들을 '캘리포니아'와 '북서부 해안'이라는 두 개의 광역 문화 지역으로 나누었다. 모피 교역이 시행되고 그다음 단계인 골드러시의 영향으로 선주민 집단이 재앙 속에 빠지고 많은 수가 몰살당하는 19세기가 오기 전에, 이런 집단들은 서부 해안의 대부분 지역을 차지하여 고리처럼 이어지는 채집인 사회를 세웠다. 그것은 그 당시 아마 세계에서 가장 큰 채집인의 연속적 분포였을 것이다. 다른 모든 것을 제쳐두더라도, 그것은 매우 효율적인 생활 방식이었다. 북서부 해안 지역과 캘리포니아에 거주하는 사람들은 근처의 대분지와 아메리카 남서부에서 옥수수, 콩, 호박을 경작하던 주민들보다 인구밀도가 높았다.

다른 기준에서 보자면, 북부와 남부 구역은 생태학적으로 또 문화적으로 매우 달랐다. 캐나다 북서부 해안 지역의 주민들은 어로에 의지하는 비중이 높았다. 특히 연어와 율라칸[eulachon, 북태평양산 바다빙어의 일종―옮긴이]같이 바다에서 돌아와 강을 거슬러 올라가서 알을 낳는 소하성溯河性 어류를 포획했다. 해양성 포유류, 육지 식물, 사냥감도 다양했다. 두어 장 앞에서 보았듯이, 이런 집단은 1년이라는 시간을 해안 지역에 머물면서 매우 복잡한 제의를 올리는 대형 겨울 마을과, 봄과 여름에 거주하면서 더 실용적으로 식량의 보급에 집중하는 더 작은 사회 단위에 소속되는 기간으로 나누었다. 전문 목수인 그들은 지역의 목재(전나무, 가문비나무, 미국삼나무, 주목, 시더)를 가공하여 조각하고 물감을 칠한 가면, 그릇, 부족 문장, 토템폴, 장식이 많은 주택과 카누 등을 보유한 눈부신 물질문화를 형성했다. 이런 공예는 세계에서도 가장 인상적인 예술 전통의 하나로 꼽힌다.

그 남쪽에 있던 캘리포니아의 원주민 사회들은 세계에서 가장 다양한 서식지를 차지하고 살았다. 그들은 불태우기, 철거하기, 가지치기 등의 꼼꼼한 기술로 관리되는 어마어마하게 다양한 육지 자원을 활용했다. 이 지역의 '지중해성' 기후와 산지, 사막, 언덕, 강의 계곡, 해안선이 빽빽이 모여 있는 지형 덕분에 지역 내에 동식물군은 풍부했고, 부족 간의 교역 시장에서 자원들이 거래되었다. 거의 모든 캘리포니아인들은 숙련된 어부이자 사냥꾼이었지만, 나무에서 나는 산물―특히 견과류와 도토리―을 주식으로 삼는 고대의 방식을 따르는 경우도 많았다. 그들의 예술 전통은 북서부 해안 지역의 것과 달랐다. 주택 외관은 일반적으로 평범하고 단순했다. 박물관 큐레이터들을 기쁘게 했던 북서부 해안 지역의 가면이나 기념물 조각과 비슷한 것은 거의 없었다. 오히려 심미적 활동은 음식을 저장하고 대접하는 데

사용되는 정교한 패턴을 가진 광주리를 엮는 데 집중되었다.[15]

광범위한 지역에 분포한 이 두 사회 집단 사이에는 또 다른 중요한 차이가 있었다. 어떤 이유에서인지 오늘날의 학자들은 그 차이를 그다지 중요하게 거론하지 않는다. 클래매스강 이북의 지역에는 집단 간의 공격에 가담하는 전사 귀족 계급에 지배되는 사회들이 있었는데, 그들 사회의 주민 가운데 많은 수가 전통적으로 동산 노예chattel slaves[완전히 자산처럼 소유되는 노예로서 자유민으로 살지 못한다―옮긴이]였다. 그곳에 사는 사람들이 기억하는 한 이는 사실이었던 것으로 보인다. 그러나 그 남쪽에서는 이런 일이 전혀 없었다. 이런 상황은 정확히 어떻게 발생했는가? 버릇처럼 다른 집단을 공격하여 포로를 노예로 삼는 채집인 사회들의 대'가족'과 노예를 전혀 두지 않는 사회 사이의 경계는 어떻게 하여 그어졌는가?

학자들 사이에서 이 점에 관한 토론이 활발하게 벌어졌으리라고 생각하겠지만, 실제로는 그러지 않았다. 오히려 대부분의 학자들은 이 차이를 사소한 것으로 여기고, 캘리포니아와 북서부 해안 지역의 사회 전체를 '부유한 채집인affluent foragers' 또는 '복합적 수렵 채집인complex hunter-gatherers'이라는 단일한 범주로 묶는 편으로 기울었다.[16] 그들 사이의 차이가 조금이라도 의식될 경우, 그것은 대개 그들의 대조적인 생존 양식에 대한 기계적 반응으로 이해되었다. 그들의 주장에 따르면 수산aquatic(물고기를 기초로 하는) 경제는 단순히 전투적인 사회를 길러내는 경향이 있지만, 영토적terrestrial(도토리를 기초로 하는) 채집 경제는 무슨 이유에서인지 그렇지 않았다.[17] 우리는 그런 최근 논쟁의 장점과 한계를 간단하게 살펴볼 것이다. 하지만 먼저 더 앞선 세대가 수행한 민족지학 연구 가운데 몇 가지를 다시 찾아보면 도움이 될 것이다.

캘리포니아 선주민 연구에서 가장 놀라운 연구 중 일부는 20세기의 인류학자 월터 골드슈미트Walter Goldschmidt의 것이다. 그의 핵심적인 글 중 하나는 '지식사회학에 대한 민족학의 기여an ethnological contribution to the sociology of knowledge'라는 별로 눈길을 끌지 못하는 제목을 달고 있는데, 캘리포니아 북서부의 한쪽 구석, 오리건주가 시작되는 산맥 바로 남쪽 지역을 차지한 유록족 및 관련 집단들에 대한 연구였다.[18] 골드슈미트와 그의 인류학 서클 일원들에게 유록족은 사회적 삶의 모든 측면에서 화폐가—이들은 끈으로 엮은 흰색 뿔조개 껍질, 그리고 선홍색의 딱따구리 두피로 만든 머리띠를 화폐로 썼다—중심 역할을 맡은 것으로 유명했다.

여기서 일단 북아메리카의 여러 다른 지역에 자리 잡은 정착민들이 수많은 다양한 물건을 '인디언 화폐'라고 불렀다는 사실을 언급해 둘 필요가 있다. 흔히 조개껍질이나 살아 있는 조개가 화폐로 쓰였다. 하지만 거의 모든 경우 그 단어는 화폐처럼 보이지만 실제로는 화폐가 아닌 물건에 유럽식 범주를 투사한 것이다. 실제로도 아마 이런 예로 가장 유명할 왐펌wampum은 정착민들과 북동부 선주민들 사이에서 행해진 교역의 거래 통화로 쓰이게 되었고, 나중에는 아메리카의 여러 주에서 정착민들 간의 거래 통화로 받아들여지기도 했다(예를 들면, 매사추세츠와 뉴욕에서 왐펌은 상점이 환영하는 법정 통화였다). 그러나 선주민들 사이의 거래에서, 그것이 뭔가를 팔거나 사는 데 사용된 적은 거의 없다. 오히려 벌금을 내고, 계약과 합의를 체결하고 기억하는 방식으로 쓰였다. 이 사실은 캘리포니아에서도 마찬가지였다. 하지만 특이하게도, 캘리포니아에서는 화폐가 다들 그렇게 사용되리라고 예상하는 방식으로 사용되었던 것으로 보인다. 즉 구매, 임대, 대부의 도구로 쓰인 것이다. 캘리포니아에서는 일반적으로, 그리고 특히 그 북서부 구석에서는 선주민 사회에서 화폐의 중심 역할이 검약과 단순성에 대한 문화적 강조, 낭비적인 쾌락의 불인정, 그리고 일work에 대한 찬양과 혼합되었는데—골드슈미트에 따르면—막스 베버Max Weber가 1905년에 발표한 유명한 논문《프로테스탄티즘의 윤리와 자본주의 정신The Protestant Ethic and the Spirit of Capitalism》에서 서술한 청교도적 태도와 기묘한 유사성을 가졌다.

이 비교는 좀 과도한 것으로 보일 수 있고, 또 여러 면에서 그랬다. 하지만 골드슈미트가 실제로 해오던 비교를 이해할 필요는 있다. 사회학 수업을 받은 적이 있는 사람이라면 익히 알 만한 베버의 논문은 오해되는 경우가 많다. 베버의 집필 의도는 아주 특정한 질문에 답을 하려는 데 있었다. 즉 왜 자본주의가 다른 어떤 곳이 아니라 서부 유럽에서 발생했는가 하는 질문이었다. 그가 규정한 자본주의는 그 자체로서 일종의 도덕적 지상 명령이었다. 그는 세계 거의 어디에나, 그리고 특히 중국, 인도, 이슬람 세계에 상업이 있었고, 부유한 상인과, 엄연한 '자본주의자'라 불릴 만한 사람들이 있었다고 지적한다. 그러나 거의 모든 곳에서, 엄청난 부를 얻은 사람들은 결국은 현금을 손에 쥐게 된다. 그들은 궁궐을 짓고 삶을 즐기거나, 그들이 속한 공동체가 가하는 엄청난 도덕적 압력하에서 종교적 건물이나 공공사업, 혹은 흥청망청하는 대중적 축제에 소득을 쓴다(대개는 두 가지 모두 조금씩 했다).

반면, 자본주의는 끊임없는 재투자를 요구한다. 부를 엔진으로 사용하여 더 많은 부를 창출하고, 생산을 늘리고, 작업을 확대하는 등등의 일을 하는 것이다. 하지만 자신이 속한 공동체에서 이런 식으로 행동하는 최초의 사람이 된다고 상상해보라고 베버는 제안한다. 그렇게 행동한다면 모든 사회적 기대를 저버리고, 거의 모든 이웃들에게, 당신의 고용인이 될 확률이 높은 사람들에게 완전히 멸시될 것이다. 확고부동하게 일편단심으로 그런 식으로 행동할 수 있으려면 '일종의 영웅이어야 할 것'이라고 베버는 주장했다. 그는 이 때문에 자본주의가 성립할 수 있으려면 칼뱅주의 같은 기독교의 청교도적 줄기가 필요하다고 보았다. 청교도주의는 자신의 이익을 소비할 수 있는 거의 모든 것이 죄악이라고 믿었을 뿐만 아니라, 청교도 신도 집단에 들어가면 지옥에 떨어질 이웃들이 드러내는 적대감을 견딜 수 있도록 지원해주는 도덕적 공동체에 소속된다.

확실히 이런 주장 가운데 19세기의 유록 마을에 해당되는 것은 하나도 없었다. 캘리포니아 선주민들은 서로를 임금노동자로 고용하지 않았고, 이자를 받고 돈을 빌려주지 않았으며, 상업 활동으로 얻은 소득을 생산의 증대를 위해 재투자하지 않았다. 문자 그대로의 의미에서 '자본주의자'는 없었다. 그러나 그곳의 분위기는 사유재산을 문화적으로 굉장히 강조하는 편이었다. 골드슈미트가 지적하듯이, 천연자원이든 화폐나 부의 물품이든 모든 재산은 '사적으로(그리고 대부분의 경우 개인적으로) 소유되었다'. 낚시, 사냥, 채집하는 땅도 거기에 포함되었다. 개인의 소유권은 소외할 권리까지 전부 가진 완결된 것이다. 골드슈미트는 그처럼 고도로 발전한 재산 개념은 화폐의 사용을 요구한다고 주장했다. 북서부 캘리포니아에서 "돈은 모든 것을, 부, 자원, 식량, 명예, 아내를 산다"고 하는 데서 볼 수 있듯이 말이다.[19]

이 매우 보기 드문 재산 체제는 폭넓은 에토스와 상응하는데, 골드슈미트는 그 에토스를 베버의 자본주의 '정신'과 비교했다(비록 그것이 자본주의가 실제로 어떻게 작동하는지보다는 자본주의자들이 세계를 어떤 것으로 구상하는지에 더 잘 상응한다고 반박해야겠지만). 유록족은 우리가 '소유욕 강한 개인주의자possessive individualists'라 부를 만한 사람들이었다. 그들은 우리가 모두 동등하게 태어났으며, 자제력, 자기부정, 힘든 노력을 통해 스스로를 확립해나가는 것은 각 개인에게 달린 문제임을 당연하게 받아들였다. 더욱이 이 에토스는 실천에 대체로 적용되었던 것으로 보인다.

앞에서 보았듯이, 북서부 해안 지역의 선주민들은 캘리포니아의 선주민들 못지않게 근면했으며, 두 경우 모두 부를 축적한 자들은 집단적 축제를 주최하여 많은 부를 나눠줄 것으로 기대되었다. 그러나 그 기저에 깔린 에토스는 전혀 달랐다. 부유한 유록족은 겸손하다고 여겨진 반면, 콰키우틀족의 족장은 자랑이 많고 허영심이 강했다. 그런 풍조가 워낙 심하여, 어느 인류학자는 그들을 편집성 조현병 환자와 비교하기까지 했다. 부유한 유록족은 조상을 별로 내세우지 않았던 데 비해, 북서부 해안의 가정들은 세습적 특권을 가진 지위를 열심히 노리고, 평판을 높이고 태초부터 존재했다는 명예직과 상속되는 보물을 차지하기 위해 휘황찬란한 잔치를 열던 중세 유럽의 귀족 가문들이나 왕조의 장원들과 공통점이 많았다.[20]

이웃하는 집단들 간의 그처럼 놀라운 문화적 차이가 완전히 우연의 소치라고 생각하기는 힘들다. 하지만 또 이런 대비가 어떻게 발생했는가 하는 물음에 대답하기 시작한 연구를 하나라도 찾아보는 것도 무척 힘들다.[21] 캘리포니아 선주민들과 북서부 해안 지역의 주민들이 스스로를 오늘날 캘리포니아인들과 뉴요커들이 서로를 대하는 방식과 어딘가 비슷하게 서로 대립하는 존재로 규정한다고 볼 수 있을까? 만약 그렇다면, 그런 삶의 방식의 얼마나 많은 부분이 다른 종족 집단과 다르기를 바라는 욕망을 동기로 출발했다고 제대로 설명할 수 있을까? 여기서 우리는 앞에서 다룬 바 있는 논의, 17세기 프랑스 식민지인과 북아메리카 동부 수림 지역의 웬다트족 사이에서 이루어진 지적 만남을 이해하기 위해 도입된 개념인 분열생성의 논의를 다시 꺼내 와야 한다.

분열생성은 서로 접촉하고 있는 사회들이 어떻게 결국은 차이점들이 이루는 공통된 시스템 안에서 합쳐지는지를 설명한다. 아마 고전적인 역사적 예('고전적classic'이라는 용어의 두 가지 의미 모두에서)로는 기원전 5세기 고대 그리스의 도시국가 아테네와 스파르타를 들 수 있을 것이다. 마셜 살린스의 표현을 가져와보자.

> 왕조 차원에서 상호 연결된 그들은 당시 호혜적으로 구성되었다. (…) 아테네와 스파르타는 바다와 육지, 국제주의자와 외국인 혐오증, 상업과 경제 자립성, 사치와 검약, 민주주의와 과두정치, 도시와 시골, 자생적인 것과 이민, 만연체logomanic와 간결함laconic의 관계였다. 이 둘 사이의 이분법을 늘어놓자면 끝이 없다. (…) 아테네와 스파르타는 반대 유형이었다.[22]

각 사회는 상대방의 거울 이미지를 보여준다. 그렇게 하면서 각자에게 없어서는 안 되는 제2의 자아alter ego가 된다. 절대로 그렇게 되고 싶지 않지만 없어서는 안 되며 항상 있어야 하는 본보기인 것이다. 이와 비슷한 논리가 캘리포니아와 북서부 해안 지역의 채집 사회들의 역사에도 적용될 수 있을까?

'개신교 채집인'과 '어부 왕' 사이의 분열생성에 대한 변론

베버의 의미로 북부 캘리포니아 채집인들의 '정신spirit'이라고 묘사될 수 있는 것에 대해 더 자세히 들여다보자. 근원을 돌아보면, 그것은 골드슈미트의 표현법으로는 일련의 윤리적 명령이었다. "일하라는 도덕적 요구이며 그 연장으로서 이득의 추구다. 자기부정의 도덕적 요구이고, 도덕적 책임감의 개인화다."[23] 이것에 묶여 있는 것은 칼라하리 부시먼의 자율성에 못지않게 절대적인 개인적 자율성에 대한 열정이다. 형태는 놀랄 만큼 다를지라도 말이다. 유록족의 남자는 빚을 지거나 다른 누구에게든 의무가 계속되는 상황에 놓이지 않도록 주의하여 피한다. 자원의 집합적 관리도 꺼린다. 채집의 터전은 개인적으로 보유되며 식량이 부족해질 때 임대될 수는 있다.

자산은 신성하며, 약탈자를 총살할 수 있다는 것은 법적인 의미에 그치지 않는다. 영적인 가치도 지닌다. 유록족의 남자는 흔히 돈에 대해 오래 성찰하며, 부유함을 나타내는 최고의 물건―귀중한 가죽과 흑요석 칼날은 축제 때만 전시된다―은 최상의 사크라다. 외부인의 눈에 유록족은 문자 그대로 청교도적인 존재로 보인다. 골드슈미트가 전하는 바에 따르면, 야심적인 유록 남자는 "일체의 탐닉―먹고, 성적인 만족을 얻고, 놀거나 나태하게 구는 것 등―을 금하라는 가르침을 받는다". 대식가는 '저속하다'고 여겨진다. 젊은 남녀는 신체를 날씬하고 유연하게 유지하기 위해 천천히, 소박하게 먹어야 할 필요를 배운다. 부유한 유록 남자들은 매일 스웨트 로지에 모이는데, 거기서는 아주 작은 구멍을 기어서 지나가야 할 필요가 있어서 금욕적 가치에 대한 시험이 거의 매일 치러진다. 과체중인 신체로는 그런 구멍을 도저히 통과할 수 없다. 식사는 특징이 없고 스파르타적으로 차려지며, 장식은 단순하고, 춤은 소박하고 절제되어 있다. 세습되는 지위나 직함은 없다. 부를 물려받은 사람도 자신이 개인적으로 열심히 일했고 검약하며 업적을 이루었음을 계속 강조한다. 부자는 운이 덜 좋은 자들에 대해 관대해야 하고, 자신의 땅과 소유물을 보살펴야 하며, 나누고 돌보아야 할 책임은 다른 모든 곳의 채집 사회들에 비하면 소박하다.

이와 대조적으로, 북서부 해안 지역의 사회들은 외부의 관찰자들 사이에서는 과잉의 전시를 하면서 즐거움을 느끼는 것으로 악명이 높다. 유럽 민족학자들이 그들을 잘 알게 된 것은 포틀래치라는 잔치를 통해서였다. 포틀래치는 대개 귀족들이 새로운 귀족 직함을 받아들일 때 열린다(귀족들은 흔히 평생 이런 직함을 여럿 모은다). 이런 잔치에서 그들은 엄청난 인심을 넉넉히 베풀어 자신의 장엄함을 과시하고 일상의 세속적 소유물에 대한 경멸을 드러내며, 율라칸 기름, 각종 나무딸기, 기타 기름지고 통통한 물고기를 풍성하게 내놓아 경쟁자들을 압도한다. 그런 잔치는 극적인 경연이 열리는 무대이기도 하며, 때로는 조상 전래의 구리 방패와 기타 보물을 뽐내듯이 부수는 것으로 절정을 이루기도 한다. 처음으로 식민지인들과 접촉하기 시작한 19세기 초반에 노예를 제물로 바치고 죽이는 데서 행사의 절정에 도달한 것도 마찬가지였다. 모든 보물은 둘도 없이 독특했다. 화폐와 비슷한 것은 없었다. 포틀래치는 폭식과 탐닉을 행하는 행사이자, 신체를 번질거리고 살지게 유지하기 위해 계획된 '기름진 잔치grease feasts'였다. 귀족들은 자신들을 산에 비유하곤 했다. 경쟁자들을 압살하고 짓누르기 위해 선물을 낙석처럼 마구 쏟아부었기 때문이다.

북서부 해안 집단 가운데 우리가 제일 잘 아는 것은 보애스가 현지 조사를 진행한 부족인 콰크와카와크족Kwakwaka'wakw(콰키우틀)이다. 그들은 원기 왕성한 장식미술―가면 속의 가면에 대한 애호 성향―과 가짜 피, 덫으로 놓인 문, 격렬한 광대 경찰 등 제의 때 구사하는 연극적 무대 효과로 유명해졌다. 주변의 모든 사회들―누트카Nootka, 하이다Haida, 침시안Tsimshian 등―도 동일하게 대범한 에토스를 공유한 것으로 보인다. 이와 유사하게 휘황찬란한 물질문명과 공연이 알래스카 남부에서 워싱턴주 지역에 이르는 구간에서 내내 발견된다. 그들은 또 세습적인 귀족과 평민, 노예로 이루어지는 동일한 기본 사회구조도 공유한다. 이 지역 전체에 걸쳐, 코퍼강 삼각주에서 케이프 멘도시노에 이르는 2,400킬로미터 구간에서 노예를 얻기 위한 집단들 간의 공격은 만연했고, 사람들이 기억하는 한 오래 존속했다.

북서부 해안 지역의 이 모든 사회들에서, 제의에서 수호 혼령과 연결할 특권을 누린 것은 귀족뿐이었다. 그 혼령이 귀족의 직함과 습격에서 포획된 노예를 보유할 권리를 수여한다. 뛰어난 예술가와 장인을 포함하는 평민은 대체로 어느 귀족 가문과 연대할지를 결정할 자유가 있었다. 족장들은 잔치를 열어주고 오락을 제공하고 영웅적 원정에 참여할 수 있게 해주어 그들의 충성심을 두고 경쟁했다. "너희 백성을 잘 보살펴라. 그들이 너희를 좋아하지 않는다면, 너희는 아무것도 아니다." 어느 젊은 누우차눌트Nuu-chah-nulth(누트카) 족장에게 원로가 건넨 조언이다.[24]

여러 측면에서, 북서부 해안 지역 귀족들의 행태는 엄격한 명예 의식과 후견 관계를 가진 마피아 수장의 행태와 비슷하다. 혹은 사회학자들이 '궁정 사회court societies'라 부르는 것과도 비슷하다. 이는 봉건 시대의 시칠리아 같은 곳에서 볼 법한 종류의 설정인데, 마피아는 그들 문화 코드의 많은 부분을 여기서 가져왔다.[25] 하지만 우리가 배운 바에 따르면 이것은 채집인들에게서 보게 되리라고 예상할 수 있는 내용이 결코 아니다. 이런 '어부 왕들fisher-kings' 각각을 지지하는 추종자의 수는 100명에서 200명을 넘는 경우가 드물고, 캘리포니아의 마을 하나 정도의 규모다. 북서부 해안 지역이나 캘리포니아 문화 지역 어디에도 과도하게 커진 정치적·경제적 혹은 종교적 조직은 전혀 없었다. 하지만 실제로 존재한 아주 작은 공동체 내에서는 완전히 다른 사회생활의 원리가 적용되었다.

이 모든 상황으로 인해 유록족의 유명 인사들과 예술적 성향의 콰키우틀족을 한꺼번에 '풍요한 채집인'이나 '복합적 수렵 채집인'으로 뭉뚱그리려 하는 인류학자들의 습관이 어딘가 바보처럼 보이기 시작한다. 이는 텍사스 석유 회사 사장과 중세 이집트 시인이 둘 다 밀을 많이 먹었으니 모두 '복합적 농경주의자'라고 하는 말과 마찬가지다.

하지만 이 두 문화 지역의 차이를 어떻게 설명할 수 있을까? 제도적 구조(북서부 해안 지역에서의 지위 시스템과 포틀래치의 중요성, 캘리포니아에서의 화폐와 사유재산의 역할)에서 출발하여 각 사회의 에토스가 어떻게 거기에서 출현하는지를 이해하려고 노력하면 될까? 아니면 그 에토스가 먼저 나왔고—인류의 본성과 우주 속에서 그것의 역할에 관한 특정한 개념—제도적 구조가 거기에서 등장한 것인가? 아니면 둘 다 환경에 대한 상이한 기술적 적응의 영향일 뿐인가?

이런 것들은 사회의 본성에 관한 근본적인 질문이다. 이론가들은 이 문제를 놓고 여러 세기 동안 씨름해왔고, 아마 앞으로도 여러 세기 동안 그럴 것이다. 문제를 좀 더 기술적으로 대하기 위해 사회의 형태를 궁극적으로 결정짓는 것이 무엇인지 물어볼 수 있다. 경제적 요인인가? 조직의 명령 체계인가? 문화적 의미와 사상인가? 모스의 발자국을 따라가면서, 우리는 위의 대답에 더하여 네 번째 가능성을 제기해볼 수 있다. 사회들은 사실상 자기 결정적인가? 서로를 참조하면서도 1차적으로는 스스로를 구축하고 재생산하는 그런 존재로서?

바로 이 사례에 대해 우리가 제시할 대답에는 많은 것이 걸려 있다. 태평양 연안의 선주민의 역사는 1만 년 전 비옥한 초승달 지역의 첫 '원농부들proto-farmers'이 어떤 모습이었는지를 알려주기에는 별로 좋은 모델이 아닐 수도 있다. 하지만 그 역사는 그것만이 비출 수 있는 조명을 다른 종류의 문화적 과정에 비춰준다. 위에서 조사했듯이, 그 과정은 더 긴 세월은 아니더라도 그만큼은 오래 진행되어왔다. 특정한 시기에 특정한 장소에서 특정한 채집인 집단이 영구적 불평등, 지배 구조와 자유의 상실을 받아들이게 된 것이다.

생각해볼 수 있는 설명을 하나씩 검토해보자.

캘리포니아와 북서부 해안 지역 선주민 사회들의 가장 놀라운 차이는, 캘리포니아 사회에는 형식적 등급과 포틀래치 제도가 없다는 점이다. 후자는 사실 전자의 결과다. 캘리포니아에도 분명히 잔치와 축제는 있지만, 직함 시스템이라는 것이 없기 때문에, 포틀래치의 특징으로 알려진 거의 모든 사항이 없다. 즉 '고급' 요리와 '저급' 요리의 구분, 등급에 따라 좌석을 배치하고 대접하는 도구를 달리 사용하는 것, 기름진 음식을 반드시 먹어야 하는 것, 경쟁적으로 주어지는 선물, 자신을 과장하는 연설, 혹은 그 밖에 직함의 특권을 놓고 벌어지는 귀족들 간 경쟁의 온갖 공개적인 표현 형태 등이 없는 것이다.[26]

여러 면에서, 캘리포니아 부족들의 계절적인 모임은 포틀래치의 원리를 정확하게 거꾸로 뒤집는 것으로 보인다. 사치스러운 음식이 아니라 일상적인 주식이 대접되며, 위협적이고 엄격하게 조직된 춤보다는 제의적인 춤을 추는데, 춤의 내용으로는 남녀와 노소 간의 사회적 경계를 유머러스하게 위반하는 것들이 흔히 다루어진다(이런 모임은 다른 경우에는 엄격하게 살아가는 유록족이 약간의 오락을 즐기도록 허용하는 몇 안 되는 기회 가운데 하나였던 것 같다). 흑요석 칼날과 사슴 가죽 같은 귀중품은 절대로 제물로 바쳐지거나 적을 모욕하거나 도전하는 의미의 선물로 주어지지 않고, 조심스럽게 포장이 풀려 임시 '춤꾼 대장'

에게 위탁된다. 마치 그 물건의 소유주들이 자신에게 부당한 관심을 끌어오지 않기를 얼마나 간절히 원하는지 강조하는 것 같다.[27]

캘리포니아의 지역 수장은 확실히 그런 모임 행사를 주관하여 이득을 얻었다. 사회적 연결이 맺어지고 명성이 높아졌으니, 곧 나중에 돈을 벌 기회로 이어지는 경우가 흔했다.[28] 하지만 잔치의 후원자들이 스스로를 과장하는 것으로 보일 수 있었던 만큼, 그들 본인은 자신의 역할을 폄하하려고 무척 애를 썼다. 어찌 되었거나 이익을 얻고 싶어 하는 비밀 욕망이 그런 행사의 동기라고 여기는 것은 극단적으로 환원적이며, 캘리포니아 교역 잔치와 '사슴 가죽 춤deerskin dances'에서 실제로 자원의 재분배가 이루어졌고, 기록에도 잘 남아 있듯이 이웃 마을에서 온 집단들 간의 연대감 진작이 중요시된 점을 생각한다면, 좀 모욕적이기까지 하다.[29]

그러므로 우리가 말하고 있는 것은 완전히 다른 정신으로 수행된('재분배를 위한 잔치'라는 점에서) 동일한 기본적인 제도인가, 아니면 전혀 다른 두 제도인가, 아니면 심지어는 포틀래치와 반反포틀래치인가? 그것들을 어떻게 구별할 것인가? 분명히 이슈는 훨씬 더 폭이 넓고, '문화 지역'의 본성 자체와 그 영역들 사이의 문턱이나 경계가 실제로 무엇으로 구성되는지를 건드린다. 우리는 이 문제를 풀 열쇠를 찾고 있다. 그것은 노예제도다. 앞에서 지적했듯이, 노예제는 북서부 해안 지역에서는 퍼졌지만 캘리포니아의 클래매스강 남쪽에는 존재하지 않았다.

북서부 해안 지역에서 노예들은 벌목이나 물을 길어 오는 작업을 주로 했지만, 특히 대량의 수확 작업, 연어나 다른 소하성 어류를 씻고 가공하는 작업에 투입되었다. 그러나 선주민들이 노예를 부린 것이 실제로 얼마나 오래전부터 시작되었는지에 대한 합의는 없었다. 18세기 후반에 유럽인들이 이 지역에 대해 남긴 첫 기록은 노예를 언급했고, 그런 관행에 대해 약간의 놀라움을 표현했다. 본격적인 동산 노예제는 선주민들이 살던 북아메리카의 다른 지역에서는 보기 드문 현상이었기 때문이다. 이런 기록은 북서부 해안 지역 인구의 4분의 1가량이 예속된 삶을 살았을 것이라고 시사한다. 이는 대략 로마제국이나 고전기 아테네, 심지어 아메리카 남부의 목화 농장에서 볼 수 있는 비율과 비슷하다. 더욱이 북서부 해안 지역에서의 노예제는 세습적 지위로 이어졌다. 당신이 노예라면 당신 자녀들도 노예가 될 운명이라는 것이다.[30]

우리가 가진 자료는 한정적이지만, 이런 유럽인들의 설명이 당시 기준으로는 최근에 이룬 혁신을 묘사하는 것일 가능성은 언제나 있다. 그러나 당대의 고고학적·민족-역사적 연구는 노예제라는 제도가 북서부 해안 지역에서는 아주 오래전부터 있었음을 시사한다. 그것은 유럽인들의 배가 수달 펠트나 담요를 거래하려고 누트카 사운드에 정박하기 여러 세기 전의 일이었다.

노예제, 그리고 더 일반적으로 '생산 양식'의 성격에 관해

문자 기록의 도움을 받지 않고 고고학적 기록에서 '노예제를 찾아내기'란 극도로 어렵다. 그러나 서부 해안 지역에서는 적어도 나중에 노예제도 속에서 공존하게 되는 요소들이 대략 같은 시기, 즉 중기 태평양시대the Middle Pacific period라 불리는 기원전 1850년경에 몇 가지나 등장하는지를 관찰할 수 있다. 이때는 믿을 수 없이 풍성한 자원인 소하성 어류가 대량으로 잡히는 것을 처음 관찰할 수 있었던 시기다. 후대 여행자들의 묘사에 따르면 연어가 어찌나 대량으로 헤엄치는지 고기 때문에 물이 보이지 않았을 정도였다. 그러나 이 시기에는 노동의 수요가 대폭 강화되기도 했다. 바로 이 무렵 전쟁의 첫 징조와 방어 요새 건설, 교역망 확대가 나타나는 것은 우연의 소치가 아닐 것이다.[31] 그 밖에 다른 단서들도 있다.

기원전 1850년에서 기원후 200년 사이, 중간 태평양 시대의 묘지에서는 죽은 이를 처리하는 문제에서 극도로 큰 불균형이 보이는데, 그 이전에는 이런 현상이 나타난 적이 없었다. '맨 위', 즉 최고 특권층의 무덤에서는 신체를 장식하는 공식 체계를 볼 수 있다. 또 시신을 앉은 자세, 기울어진 자세, 혹은 또 다른 고정된 자세로 전시하는 좀 음산한 양식이 있는데, 그것은 아마 산 자들 사이에서의 제의적 자세와 태도에서 나타나는 엄격한 위계를 참조한 양식이었을 것이다. '맨 밑바닥'에서는 그와 정반대의 극단이 보인다. 개인의 신체를 절단하고 인골을 재활용하여 도구와 그릇을 만들고, 인간을 무덤의 신에게 공물로 '바치는' 것이다(인신 공양 같은 것). 이런 데서 우리는 공식적 지위의 넓은 범위, 높은 계급부터 그들의 생사가 중요시된 적이 거의 없는 사람들에 이르는 스펙트럼을 보게 된다.[32]

캘리포니아로 돌아가보면, 우리 눈에 곧바로 띄는 것은 고대에 해당하는 이런 모든 특징들의 부재다. 케이프 멘도시노의 남쪽에서 우리는 다른 종류의 중간 태평양을 만나게 되는 것 같다. 사실은, 더 '평화로운' 태평양이다. 그러나 이런 차이를 두 집단 사이의 접촉 부재 탓으로 돌릴 수는 없다. 고고학적·언어적 증거는 그와 반대로 서부 해안의 많은 지역에 인적·물적인 흐름이 광범위하게 있었음을 증명하기 때문이다. 카누를 이용한 활발한 해양 상업이 이미 해안과 섬의 사회들을 연결했고, 조개껍질 구슬, 구리, 흑요석, 그 밖에 수많은 유기물 상품을 태평양 연안의 다양한 생태계 전역에 전달하고 있었다. 다양한 맥락의 증거들 역시 집단 간 전쟁과 교역의 한 특징으로서 인간 포로가 이동한 사실을 지적한다. 이르게는 기원전 1500년경에 살리시해Salish Sea 주변 해안의 몇 지점에 이미 공격에 대비하는 보루와 은신처가 갖추어져 있었다.[33]

지금까지 우리는 제대로 정의하지 않은 채 노예제라는 단어를 사용해왔다. 이는 다소 현명하지 못한 태도다. 아메리카 선주민의 노예제는 유럽이 카리브해 지역이나 미국 남부에서 유지했던 대농장 노예제는 물론, 고대 그리스나 로마의 가내 노예제와도 매우 다른 어떤 특별한 면모들을 갖고 있기 때문이다. 어떤 종류든 노예제는 아메리카의 선주민들 사이에서는 매우 흔치 않은 제도였지만, 이처럼 분명히 아메리카 선주민적인 특징 몇 가지는 적어도 광범위한 윤곽 면에서는 열대 지역을 포함한 대륙 전역의 많은 지역에 공통적으로 나타났다. 그런 지역에서는 가장 오래된 스페인인들의 자료에 15세기에 이미 노예제의 지역적 형태가 있었음이 기록되어 있다. 브라질 인류학자 페르난도 산토스그라네로Fernando Santos-Granero는 그런 특징을 지닌 아메리카 선주민 사회를 가리키는 용어를 만들었다. 그는 그들을 '포획 사회capturing societies'라 부른다.[34]

그가 말하는 것이 무엇인지 깊이 캐보기 전에 노예제 자체를 정의해보자. 노예가 농노나 몸종peon, 포로, 죄수와 다른 점은 그들에게는 사회적 연대가 없다는 점이다. 최소한 법적인 의미에서의 가족, 친척, 공동체가 노예에게는 없다. 그들은 다른 인간들과 어떤 약속도 할 수 없고 계약도 맺을 수 없다. 영어의 자유free라는 단어가 실제로는 친구friend를 의미하는 어근에서 유래하는 것이 이 때문이다. 노예는 친구를 가질 수 없다. 완전히 다른 누군가의 권력에 예속되어 있고, 주인이 원하는 바로 그 일을 하는 것이 그들의 의무이므로 타인들에게 헌신할 수 없기 때문이다. 로마의 군단병이 전투에서 사로잡혀 노예가 되었다가 탈출하여 귀환할 경우, 그는 아내와 다시 결혼하는 등 자신의 모든 사회관계를 복원하는 복잡한 과정을 거쳐야 한다. 노예가 됨으로써 그 이전의 모든 관계가 단절된 것으로 간주되기 때문이다. 서부 인디언 사회학자 올랜도 패터슨Orlando Patterson은 이것을 '사회적 죽음'의 조건이라 일컬었다.[35]

놀랄 일도 아니지만, 노예의 원형은 대개 전쟁 포로들이다. 그들은 전형적으로 고향으로부터 먼 곳에서 그들에게 아무것도 빚지지 않은 사람들 속에 놓이게 된다. 전쟁 포로를 노예로 만드는 또 다른 실용적인 이유가 있다. 노예의 주인은 그들이 일할 수 있을 만큼 제대로 살아 있게 할 책임을 진다. 대부분의 인간 존재는 많은 보살핌과 자원을 필요로 하기 때문에, 열두 살에서 열다섯 살 정도가 될 때까지는 총체적으로 경제적인 손실을 입힐 수 있다. 노예가 자손을 낳게 하는 것은 경제적으로는 대개 이익이 되지 않는다. 전 세계적으로 가장 흔히 보는 노예가 군사 공격의 산물인 것은 이 때문이다(비록 빚의 덫에 걸리고, 징벌적인 사법적 결정이나 강도의 피해자인 경우도 많지만). 한쪽에서 보면, 노예를 공격하는 것은 다른 사회가 일할 능력을 가진 인간 존재를 만들기 위해 투자해온 보살핌 노동을 훔치는 것이다.[36]

그렇다면 다른 종류의 노예제 사회와 구별되는 아메리카 선주민 '포획 사회'들 간 공통점은 무엇인가? 표면적으로는, 별로 많지 않다. 그리고 무엇보다도 그들의 생존 양식은 상상 이상으로 다양하다. 산토스그라네로가 지적한 대로, 북서부 아마조니아에서 우세한 종족들은 정착형 텃밭 농사를 짓고 큰 강 유역에서 살아가는 어부였는데, 그들은 배후지에서 떠돌아다니는 수렵 채집인 무리들을 공격했다. 이와 대조적으로, 파라과이강 분지에서는 반유랑형 수렵 채집인들이 촌락의 농경인들을 공격했다. 남부 플로리다에서 지배력을 가진 집단(이 경우에는 칼루사족)은 대규모의 영구 정착촌에 사는 어로 채집인이었지만, 그들은 계절에 따라 어로 현장과 채집 터전들을 옮겨 다녔고, 어촌과 농촌 공동체를 모두 공격했다.[37]

이런 집단들을 그들이 행한 농경, 어로, 수렵의 정도에 따라 분류해도 그들의 실제 역사에 대해 알 수 있는 것은 거의 없다. 권력과 자원의 흥망성쇠에 대해 정말 중요한 것은, 다른 인구 집단을 '자원 공급원으로 삼기' 위한 조직적 폭력의 사용이다. 때로 채집인들―파라과이 종려 사바나의 과이쿠루Guaicurú나 플로리다 키스의 칼루사 같은―이 이웃의 농경 부족들에 비해 우월한 군사력을 갖기도 했다. 그런 경우, 노예를 사로잡고 공물을 걷으면 지배 사회는 기본적인 생존 노동을 면제받을 수 있었고, 엘리트층이 여가를 누리며 살아갈 수 있게 지원할 수 있었다. 또 전문화된 전사 카스트의 훈련도 지원했고, 그것은 더 많이 수탈하고 더 많은 공물을 얻는 수단이 되기도 했다.

다시 한번, '생계 양식modes of subsistence'에 따른 인간 사회의 계급 분류라는 발상이 결정적으로 순진해 보이는 것이 이 지점이다. 가령, 근처의 농경 집단에서 공물로 받은 '가내' 작물을 다량 소비하는 채집인을 무엇으로 분류할 것인가? '생산 양식'을 언급하는 마르크스주의자들은 가끔 공물 양식을 허용하지만, 이는 마르크스의 《자본론Capital》 3권에 나오듯 항상 농경 국가와 제국의 성장에 관련될 경우에만 그렇다.[38] 여기서 정말로 이론화되어야 하는 것은 단순히 포획의 희생자에 의해 실천된 생산 양식만이 아니라, 그들을 제물로 삼는 비생산자의 생산 양식이기도 하다. 그런데 잠깐. 비생산자의 생산 양식이라고? 이는 마치 자기모순적인 용어처럼 들린다. 하지만 그것은 우리가 '생산'이라는 단어를 엄밀하게 상품이나 식량의 창조에 한정할 때에만 그렇다. 그리고 아마 우리는 그렇게 하지 말아야 할 것 같다.

아메리카의 '포획 사회'는 노예 포획을 그 자체로 하나의 생존 양식으로 여겼지만, 그것은 칼로리를 생산한다는 통상의 의미와는 다르다. 공격자들은 거의 예외 없이 노예가 그들의 생명력이나 '활력'을 목적으로 포획되었다고 주장한다. 정복 집단이 흡수하는 활력 말이다.[39] 그런데 당신은 이것이 문자 그대로 사실이라고 할지도 모른다. 다른 인간의 노동을 직접적으로든 간접적으로든 수탈한다면, 당신은 그들의 에너지나 생명력으로 먹고사는 것이다. 그들이 당신에게 식량을 제공한다면 당신은 실제로 그것을 먹는다. 하지만 여기서는 그보다 약간 더 많은 일이 벌어지고 있다.

아마조니아의 소유권 개념을 기억해보자. 당신은 동물을 죽이든 식물 뿌리를 캐내든 자연에서 뭔가를 이용한다. 그렇지만 이런 최초의 폭력 행위는 포획된 것을 살려두고 길러주면서 보살핌의 관계로 변형된다. 노예 습격은 사냥(전통적으로 남성의 일)이 그렇듯이, 이와 비슷한 기준에서 거론된다. 그리고 포로는 붙잡힌 제물과 비슷하다. 사회적 죽음을 겪은 그들은 '애완동물' 비슷한 존재로 여겨진다. 포획자들의 집안에서 재사회화된 그들은 타인들의 손으로 보살펴지고, 요리하고 먹으며, 문명의 적절한 방식으로 교육받아야 한다. 간단하게 말해, 사육된다(이런 업무는 대개 여성의 일이다). 사회화가 완결되면 포로들은 더 이상 노예가 아니게 된다. 그러나 포로들은 때로 실제적이고 신체적인 죽음을 기다리는 영구적인 제물 무리의 일부로서, 사회적 사망 상태에 계속 남아 있을 수도 있다. 전형적으로 그들은 제의의 전문가들이 주관하는 집단 잔치(북서부 해안 지역의 포틀래치와 비슷한 행사)에

서 살해되며, 가끔은 적의 살을 먹는 일도 있다.[40]

이 모든 일이 이국적으로 보일지도 모른다. 그러나 그것은 세상 모든 곳의 수탈된 자들이 유사 이래 자신들의 상황에 대해 느껴온 추세를 되풀이한다. 대장들, 또는 지주들, 또는 상급자들이 피를 빨아 먹는 흡혈귀이며, 자신들은 기껏해야 애완동물이고 최악의 경우에는 가축으로 취급된다. 아메리카에서 몇 안 되는 사회들만이 그런 관계를 문자 그대로 실행했다. '생산 양식'이나 '생계 양식'에서 더 중요한 점은, 이런 종류의 수탈이 흔히 사회들 사이에서 진행 중인 관계의 형태를 띤다는 사실이다. 노예제는 거의 모든 경우에 이런 결과를 낳는 경향이 있다. 자신과 동일한 언어를 쓰며 자신이 사는 곳으로 어렵지 않게 이동할 수 있는 친척이 있는 사람에게 '사회적 죽음'을 부과하는 행위는 항상 문제를 유발하기 때문이다.

아메리카에 온 최초의 유럽 여행자들 가운데 일부가 '야만인' 남성들을 고국의 귀족들과 어떻게 비교했는지 상기해보자. 이 귀족들처럼, 그들도 거의 모든 시간을 정치와 사냥, 이웃 집단을 공격하고 전쟁을 벌이는 일에 쏟았기 때문이다. 한 독일인 관찰자는 1548년에 파라과이의 그란차코에 있는 아라와크 마을 주민은 과이쿠루 채집인들의 농노인데, 이는 '독일의 시골 주민과 영주의 관계와 같은 방식'이라고 말했다. 그가 말하려는 바는 과이쿠루 전사들과 슈바벤 봉건 남작을 구별할 여지가 거의 없다는 것이었다. 비록 봉건 영주가 집에서는 프랑스어를 썼고, 야생에서 잡아 온 사냥감으로 수시로 잔치를 벌이고 평생 쟁기에는 손 한번 대지 않고 독일어를 쓰는 농민들의 노동으로 먹고살았다 하더라도 말이다. 그렇다면 공물로 바쳐진 옥수수와 마니옥(카사바), 또 다른 농산물과 함께 더 먼 곳의 사회들을 공격하여 잡아 온 노예들을 거느리고 살아가는 과이쿠루족이 더 이상 단순한 '수렵

모든 것의 새벽

채집인'이 아니게 되는 (특히 다른 인간들을 사냥하고 채집하기도 한 만큼) 지점이 어디였는지 물어볼 수 있다.

실제로, 작물은 근처의 정복된 마을에서 공물로 보내왔지만, 공물을 바치는 마을은 하인도 보냈고, 더 먼 마을에 대한 공격은 여성을 사로잡는 것을 주목표로 삼는 편이었다. 여성은 첩으로, 간호사로, 가내 하인으로 쓸 수 있었다. 과이쿠루족의 '왕자들'은 이런 가내 하인들에게 온몸에 정교한 문신과 나선형 문양을 그리게 했고, 매일같이 여가 활동에 몰두할 수 있었다. 스페인 정복자들은 초반에 항상 과이쿠루족이 노예들을 신중하고 부드럽게 대했다고 언급했다. 애완용 앵무새와 개를 대할 때와 거의 똑같았다는 것이다.[41] 하지만 여기서는 정말로 무슨 일이 벌어지고 있었는가? 노예제가 다른 사회가 아이들을 길러내는 데 투자한 노동을 훔치는 제도라면, 그리고 노예가 사용되는 주목적이 아이들을 돌보거나 유한 계급을 보살피고 가꾸는 일이라면 모순적으로 보이겠지만, 포획 사회가 노예를 사로잡는 주목적은 사회 내부에서 보살핌 노동 능력을 늘리기 위한 것이었다고 생각된다. 여기 과이쿠루족 사회 내에서 궁극적으로 생산되는 것은 귀족, 왕자, 전사, 평민, 하인 등 특정한 종류의 인간들이었다.[42]

강조되어야 할 점은—우리 이야기가 전개되어가는 동안 매우 중요해질 테니까—이런 보살핌 관계의 심각한 양면성이다. 혹은 양날의 칼이라 하는 편이 더 낫겠다. 아메리카 선주민 사회는 전형적으로 '인간 존재human beings'로 대략 번역될 수 있는 몇 가지 용어로 자신들을 지칭했다. 유럽인들이 붙인 부족 이름은 대부분 그 이웃들이 비하하는 뉘앙스로 쓰던 용어였다(예를 들어, '에스키모'는 '생선을 익히지 않는 자들'이라는 의미였고, '이로쿼이'는 알곤킨어로 '악랄한 살인자'라는 뜻을 가진 단어에서 나왔다). 이 모든 사회들은 아이나 포로를 입양해서—이웃들 가운데 가장 미개하다고 여기는 종족의 사람들일지라도—보살피고 교육하여 그들을 제대로 된 인간 존재로 변모시키는 자신들의 능력에 자부심을 가졌다. 그다음 단계로, 노예는 비정상형이었다. 죽임을 당하지도 않고 입양되지도 않는 사람으로, 그 사이의 어딘가에 떠도는 존재였다. 정상적으로는 제물의 신세에서 애완물로, 그리고 가족으로 이어지는 과정의 중간 지점에 갑작스럽고 격렬하게 유보되어 있는 존재였다. 그런 노예 포로는 '타인을 보살피는' 역할에 붙들리게 된다. 타인들이 인간, 전사, 왕자, 특별히 귀중하고 특별한 종류의 '인간 존재'가 되도록 일하는 비인간인 것이다.

이런 예들이 보여주듯이, 인간 사회에서 폭력적인 지배의 기원에 대해 알고 싶다면, 우리는 바로 이곳을 보아야 한다. 단순한 폭력 행위는 지나가버린다. 반면 보살핌 관계로 변형된 폭력 행위는 오래 남는 경향이 있다. 이제 아메리카 선주민의 노예제가 실제로 무엇을 포함하고 있는지 명료하게 알게 되었으니, 북아메리카 태평양 연안으로 돌아가서 동산 노예제가 북서부 해안 지역에서 그토록 우세해지고, 캘리포니아에서는 그처럼 특이한 현상이 된 특정한 여건 가운데 일부를 이해하도록 해보자. 구전 역사 하나, 오래된 이야기로 시작하려 한다.

'워게 이야기' 검토—타인을 노예로 삼아 빠르게 부자가 되려 할 때 수반되는 위험에 대한 선주민들의 경고
(그리고 '총, 균, 쇠'의 입장에 몰두할 때 따르는 위험에 대해서도)

우리가 묘사하려는 이야기는 1873년에 지리학자 A. W. 체이스^{A. W.}

Chase에 의해 처음 서술되었다. 체이스는 그것을 오리건의 체트코 부족Chetco Nation 일원으로부터 들었다고 주장한다. 그 이야기는 워게Wogie('Wâgeh'라고 발음한다)라는 단어의 기원에 관한 것이다. 워게는 태평양 연안의 많은 지역에서 선주민들이 백인 정착자들을 일컫는 단어였다. 그 이야기는 학자들 사이에서는 그다지 인정받지 못했다. 그 이후약 반세기 동안 두어 번 되풀이하여 거론되었지만 그게 다였다. 하지만 이 오래 간과된 이야기에는 귀중한 정보가 담겨 있다. 특히 우리가탐구해오던 바로 그 캘리포니아와 북서부 해안을 연결하는 지역에서행해지던 노예제를 대하는 선주민들의 태도에 대한 정보가 있다.

오늘날 체트코 부족은 극소수만 남아 있다. 원래는 오리건주의 남쪽 기슭을 차지하고 있었지만, 19세기 중반에 침공해 온 정착민들의인종 학살로 대부분 사라졌다. 1870년대에는 얼마 안 되는 생존자들이 현재 링컨 카운티에 있는 실레츠 보호 구역Siletz Reservation에서 살고있었다. 다음은 그들의 선조들이 자신들의 기원과 자신들이 온 장소에 대해 체이스에게 말해준 내용이다.

체트코족은 오랜 세월 전에 조상들이 멀리 북쪽으로부터 카누를 타고 와서 강 하구에 상륙했다고 말한다. 그들은 두 개의 부족을 발견했는데, 하나는 자신들처럼 호전적인 종족이었다. 그들은곧 이 부족을 정복하고 말살했다. 다른 부족은 소극적인 사람들로서 훨씬 온건한 성향이었고, 피부색이 희었다. 이들은 스스로를'워게'라 불렀고, 새로 도착한 사람들도 그렇게 불렀다. 그들은 광주리, 의류, 카누를 만드는 기술이 뛰어났으며, 동물을 사냥하고 물고기를 잡는 방법을 많이 알고 있었는데, 침입자들은 그런 방법을알지 못했다. 싸우기를 거부한 워게들은 노예가 되었고, 호전적인 종족을 위해 일을 하여 음식과 거처, 도구들을 만들어냈다. 호전적인 종족들은 순식간에 살이 찌고 게을러졌다. 그러나 어느 날 밤, 큰 잔치가 벌어진 뒤, 워게들은 짐을 꾸려 달아났고, 더 이상 보이지 않았다. 첫 백인이 나타났을 때 체트코족은 그들이 돌아온 워게라고 생각했다. 그러나 얼마 지나지 않아 착각이었음을 깨달았지만, 백인들에 대한 그 호칭은 그대로 유지되었다. 그래서 인근의 연안 부족들은 모두 백인을 워게라 불렀다.[43]

이 이야기는 주장하는 바는 별로 없는 것 같지만 그 속에 담겨 있는 내용은 많다. 오리건주 해안에 살던 어느 채집인 집단의 생존자들이 유럽인들의 아메리카 대륙 식민화를 역사적 보복의 행동으로 서술하는 것은 놀랄 일이 아니다.[44] 또 어느 먼 옛날, 노예를 보유한 어떤 선주민 사회가 바닷길을 통해 남쪽으로 이주하여 새 영토를 얻고, 선주민들을 죽이거나 복속시키는 것 역시 있을 법한 일이다.[45]

과이쿠루족과 비슷하게, 공격자들은 자신들에게 없는 기술을 가진 종족을 제압하는 것을 중요시한 듯 보인다. '원체트코족proto-Chetco'이 얻은 것은 단순히 신체적 힘(워게의 노동)이나 보살핌이 아니라, 자신들과 완전히 다르지도 않으며 적어도 그 이야기에 따르면 여러 측면에서 더 유능했던 수렵 어로 채집인들이 축적해온 일 처리 수완savoir-faire이었다.

이 이야기에서 흥미로운 것 또 한 가지는 그 장소 여건setting이다. 체트코 부족은 주요 문화 지역 두 곳 사이의 중간 구역에서 살았는데, 그곳은 노예제도가 가장 솔직하게 토론되고 반박될 것이라 생각하게 되는 바로 그런 장소였다. 그리고 이 이야기에는 뚜렷한 윤리적 정취가 있다. 마치 누구든 타인을 노예로 삼거나 남을 공격하여 부와 여가

모든 것의 새벽

를 얻으려는 사람을 겨냥한 경고 이야기인 것처럼 말이다. 희생자들을 강제로 복속시켰고, 거기서 얻은 이득으로 '뚱뚱해지고 게을러졌으며', 이렇게 근래에 들어 나태해진 체트코족은 달아나는 위게를 추적할 수 없었다. 위게는 그들의 평화주의, 근면성, 공예 기술, 혁신의 능력 덕분에 이 모든 상황에서 벗어나게 되었다. 정말로 그들은 치명적인 보복을—적어도 정신적으로는—하게 된다. 유럽계 아메리카 정착민들이 '총, 균, 쇠'를 가지고 왔으니 말이다.[46]

이 점을 감안할 때, 위게의 이야기는 몇 가지 흥미로운 가능성을 가리킨다. 가장 중요한 것을 보자면, 그것은 캘리포니아와 북서부 해안 사이의 지역에 살던 집단들이 노예제를 거부한 데에 강한 윤리적·정치적 차원이 있었음을 시사한다. 그리고 사실, 일단 살펴보기 시작하면 이에 대한 더 많은 증거는 어렵지 않게 찾을 수 있다. 예를 들면, 유록족은 소수의 노예를 두었는데, 이는 주로 빚을 진 몸종들이나 친척들이 몸값을 내지 않은 포로들이었다. 하지만 그들에 관한 소문은 노예제를 강하게 부정하는 경향을 드러낸다. 한 가지 예를 들자면, 어느 영웅적인 반대자는 지나다니는 여행자들을 약탈하고 노예로 잡곤 하던 레메크웰롤메이Le'mekwelolmei라는 이름의 해양 모험가를 물리쳐 명성을 날렸다. 그를 전투에서 거꾸러뜨린 뒤, 우리의 영웅은 힘을 합치자는 패자의 호소를 거부한다.

"아니, 난 너처럼 되고 싶지 않다. 배를 해안으로 끌어와서 그들과 화물을 붙잡고, 사람들을 노예로 만드는 것 말이다. 네가 살아 있는 한, 너는 절대로 다시 독재자 노릇을 하지 못하고, 다른 사람들과 같아질 것이다."

"난 그렇게 하겠소." 레메크웰롤메이가 말했다.

"네가 돌아가서 예전처럼 행동한다면, 난 너를 죽일 테다. 혹시 지금 너를 노예로 삼아야 할지도 모르겠다. 그러나 난 그렇게 하지 않을 거다. 너의 집에 있으면서 네 것만으로 살아가고 다른 사람들을 건드리지 마라." 강둑을 거의 가득 메우고 서 있는 노예들에게 그는 말했다. "집에 돌아가라. 너희는 이제 자유민이다."

노예가 되었던 사람들이 그를 둘러쌌고, 흐느껴 울며 그에게 감사했다. 그리고 그의 배를 물까지 끌어다주고 싶어 했다. "아니, 내가 끌겠다." 그는 말하고, 한 손으로 배를 들어 강물로 가져갔다. 그래서 해방된 사람들은 모두 흩어졌다. 몇 명은 강 하류 쪽으로, 몇 명은 상류 쪽으로 올라가서 집으로 갔다.[47]

북서부 해안 지역 스타일로 바다에서 행해지는 공격은 아무리 부드럽게 말하더라도 도저히 칭찬받을 수 없는 일이었다.

그렇기는 해도 물어볼 수는 있다. 북서부 해안 지역에서 노예제가 유행했고 더 남쪽에는 노예제가 부재했다는 사실에 대한 더 솔직한 대답은 없는가? 그것을 어떤 식으로든 실행할 경제적인 동기가 많지 않다면 그에 대한 도덕적 부인을 표현하기는 쉽다. 생태학적 결정론자라면 거의 틀림없이 이 점을 논의할 것이다. 또 실제로 태평양 연안에 대해 그런 주장을 펴는 문헌이 있다. 아마 왜 서로 다른 해안 사회들이 애초에 그처럼 다른 모습을 하고 있는지 실제로 질문을 던지는 유일한 문헌일 것이다. 그것은 '최적 채집 이론optimal foraging theory'이라 불리는 행동생태학의 분과에 속한다. 그 이론의 주창자들은 몇 가지 흥미로운 논점을 제시했다. 그렇다면 더 나아가기 전에 그것들을 살펴보자.

질문: 물고기를 잡을래, 아니면 도토리를 주울래?

최적 채집 이론은 찌르레기나 꿀벌, 물고기 같은 비인간 종들에 대한 연구에 기원을 둔 예견적 모델링predictive modelling 스타일이다. 인간에게 적용되면, 그것은 경제적 합리성의 기준으로 행동을 그려낸다. 예를 들면 이와 같다. '채집인들은 최소한의 노동으로 칼로리상 최대한의 보상을 얻겠다는 의도에서 사냥과 채집 전략을 설계할 것이다.' 이것을 행동생태학자들은 '비용편익cost-benefit' 계산이라 부른다. 먼저, 채집인들이 최대한 효율적으로 움직이고 싶어 할 때 어떻게 행동할지를 상상한다. 그런 다음 그들이 실제로 어떻게 행동하는지를 검토한다. 실제 행동이 최적의 채집 전략에 상응하지 않는다면, 뭔가 다른 요소가 개입되고 있는 것이다.

이 관점에서 캘리포니아 선주민들의 행동은 전혀 최적의 행동이 아니었다. 앞에서 지적했듯이, 그들은 1차적으로 도토리와 잣을 주워 주식으로 삼았다. 그런데 캘리포니아처럼 자원이 풍부한 지역에서는 이런 일을 할 이유가 없다. 식량으로 쓸 만한 도토리와 잣의 분량은 얼마 안 되며, 그것을 가공하는 데는 엄청난 노동이 필요했다. 그것들을 먹을 수 있게 만들려면 등골이 휠 정도로 갈아내고 걸러서 유독 성분을 제거하고 양분을 뽑아내는 노동이 필요했다. 잣은 계절에 따라 수확량이 대폭 달라질 수 있었고, 풍작과 흉작의 기복이 심한 매우 불안정한 패턴을 이루었다. 또한 멀리 새크라멘토와 샌와킨강 합류점까지도 태평양 연안 내륙에서 물고기는 풍부하게 발견되었다. 물고기는 견과류보다 더 영양분이 많고 더 믿을 만하다. 그럼에도 불구하고, 연어와 다른 수산 식량은 캘리포니아의 식단에서 일반적으로 나무에서 얻는 작물에 비해 순위가 뒤로 밀렸다. 이것이 유럽인들이 당도하기

오래전의 상황이었던 것 같다.[48]

그렇다면, '최적 채집 이론'의 기준에서 볼 때, 캘리포니아인들의 행동은 비합리적이다. 연어는 한 해를 기준으로 엄청난 분량으로 잡히고 가공될 수 있으며, 단백질만이 아니라 기름과 지방을 제공한다. 비용편익 계산의 기준에서 북서부 해안 지역의 사람들은 캘리포니아인들보다 훨씬 더 합리적으로 행동했고, 수백 년 혹은 수천 년 동안 그래왔다.[49] 그렇기는 해도 그들 역시 선택지가 별로 없었다. 견과류 채집은 북서부 해안 지역(이곳 삼림의 주된 수종은 침엽수)에서는 진지하게 고려할 만한 선택지가 아니었기 때문이다. 또 북서부 해안 지역 주민들이 캘리포니아인들보다 훨씬 넓은 범위의 어종을 잡을 수 있었던 것도 사실이다. 율라칸(캔들피시) 같은 물고기는 기름을 만들기 위해 다량으로 소모되었으며, 주식의 재료이자 귀족들이 엄청난 분량의 기름을 써서 불타는 화덕에 끼얹고 가끔은 서로에게도 뿌리는 '기름진 잔치grease feasts'의 핵심 재료였다. 하지만 캘리포니아인들에게는 선택지가 있었다.

그렇다면 캘리포니아는 생태적 수수께끼다. 그곳 선주민의 대부분은 고된 노동, 명료한 실용성, 금전 문제에서의 신중함을 자랑으로 삼았던 것으로 보인다. 이는 '아무것도 상관하지 않는다'고 뽐내기 좋아하는 북서부 해안 지역 족장들의 야성적이고 과잉 성향인 자기 이미지 조성과는 크게 달랐다. 그런데 실상은 명백히 비합리적인 선택을 기초로 전체 지역 경제를 결정한 것이 캘리포니아인들이었다. 그들은 왜 그토록 풍부한 어장을 이용할 수 있는데도 참나무 숲과 피니언 소나무 숲pinion stands[pinion은 pinhao, 또는 브라질 소나무라고도 불리는 수종이다―옮긴이]을 집중적으로 이용하는 쪽을 선택했는가?

생태학적 결정론자들은 때로 식량 안정성에 호소하여 수수께끼를 풀려고 시도한다. 레메크웰롤메이 같은 강도떼가 적어도 일부 구역에서는 악당으로 간주될 수도 있겠지만, 강도떼가 없는 때는 없다고 그들은 주장한다. 그리고 이미 가공이 끝나 옮기기 쉽게 준비된 식량 더미만큼 도둑들과 공격자들에게 매력적인 것이 또 있겠는가? 하지만 우리 모두가 잘 알고 있듯이, 죽은 물고기는 그대로 내버려둘 수 없다. 물고기는 감염을 막으려면 즉시 먹거나 씻고, 포를 뜨고, 건조하고, 훈연해야 한다. 북서부 해안 지역에서는 봄과 여름에 이 과업이 시계처럼 정확하게 완료되었다. 그 작업은 그 집단이 물리적으로 살아남기 위해 꼭 필요했기 때문이다. 또 겨울철의 잔치 벌이기 경쟁에서 사회적으로 살아남기 위해서도 마찬가지였다.[50]

행동생태학의 기술적 언어로 말하자면, 물고기는 '선불제frontloaded'[초기 단계에 비용을 배분하는 방식—옮긴이]였다. 거의 모든 준비 작업을 즉각 해야 한다. 그렇기 때문에 물고기에 크게 의존한다는 결정—순수하게 영양학적인 기준에서는 당연히 타당하지만—이 자신의 목에거는 올가미가 되기도 한다고 주장할 수 있다. 그것은 가공되고 포장된 식량의 저장 가능한 잉여(단순히 보존 처리된 고기만이 아니라 지방과 기름도 포함한)를 만드는 데도 투자한다는 의미다. 이는 또 약탈자들에게 저항할 수 없는 유혹을 만들어주기도 한다는 뜻이다.[51] 반면, 도토리와 견과류는 그런 위험이나 유혹을 창출하지 않는다. 그것들은 '후불제back-loaded'다. 그것들은 단순한 방식으로 아주 여유 있게 수확할 수 있고,[52] 결정적으로, 저장하기 전에 미리 처리할 필요가 없다. 대신에 힘든 작업의 대부분은 소비하기 직전에 해야 한다. 거르고 갈아내어 죽과 빵과 비스킷을 만드는 작업 말이다. (원하지 않는다면 굳이 요리하지 않고도 먹을 수 있는 훈연 생선과는 정반대다.)

그러므로 생도토리 창고를 습격해봐야 의미가 없다. 따라서 올지도 모르는 습격자들을 대비하여 이 창고를 조직적으로 방어할 체계를 개발할 동기도 없다. 이제 여기에 논리가 보이기 시작한다. 연어잡이와 도토리 채집은 매우 다른 실제적 행동 유도성affordance을 가진다는 것이다. 즉, 실제로 매우 다른 행동을 유도한다. 이는 장기적으로는 매우 다른 종류의 사회를 만들어낼 것으로 예상된다. 한편은 호전적이며 습격 성향이 있고(또 식량을 다 먹은 뒤에는 포로를 데리고 있어봤자 도움이 되지 않는다), 다른 편은 본질적으로 평화적이다.[53] 그렇다면 북서부 해안 지역 사회가 전투적이었던 것은 전쟁을 막아주는war-proof 주식主食에 의존한다는 선택지가 없었기 때문이다.

이것은 확실히 깔끔하게 정리되는 이론이고, 아주 영리하고 그 나름대로 만족스럽다.[54] 문제는 그것이 역사적 현실과 부응하지 않는 것 같다는 점이다. 첫 번째이자 가장 확연히 보이는 어려움은, 말린 생선이든 어떤 종류든 식량을 빼앗는 것은 절대로 북서부 해안 지역 집단들이 행한 공격의 주된 목표가 아니었다는 사실이다. 불친절하게 말하자면, 전투용 카누에 실을 수 있는 훈제 생선의 분량에는 한계가 있다. 그리고 대량의 산물을 육상으로 운반하기는 더욱 어렵다. 아메리카의 이 지역에는 짐 싣는 동물이 전혀 없었다. 무엇이든 인간이 운반해야 했고, 여정이 길어지면 노예가 먹어야 하는 식량도 운반하는 짐만큼 많아질 가능성이 크다. 공격의 주된 목표는 절대로 식량이 아니라 언제나 사람이었다.[55] 하지만 이곳은 북아메리카에서도 가장 인구밀도가 높은 지역 가운데 하나였다. 그렇다면 사람에 대한 이런 굶주림은 어디에서 왔을까? 이것이 '최적 채집 이론'과 다른 '합리적 선택'의 접근법들이 전혀 대답할 수 없었던 종류의 질문이다.

사실, 노예제의 궁극적인 원인은 환경이나 인구학적 여건이 아니라 북서부 해안 지역이 가졌던 적절한 사회질서 개념에 있었다. 그리고 이는, 다른 어디서나 마찬가지로, 적절한 사회는 어떤 것이어야 하

모든 것의 새벽

느지에 대해 어딘가 다른 시각을 가졌던 인구 집단의 다른 구역들이 벌이는 정치적 조종의 결과였다. 단순한 현실을 보자면, 북서부 해안 지역의 가정에는 노동력이 부족하지 않았다. 하지만 그런 노동력의 많은 부분은 귀족 직함 소유자들의 것이었고, 그들은 자신들은 육체 노동에서 면제되어야 한다고 강력하게 느꼈다. 그들은 매너티나 범고래를 사냥할 수는 있었지만 자신들이 둑을 쌓거나 생선 내장을 따는 모습은 상상도 할 수 없었다. 직접 목격자의 설명에 따르면, 이런 상황은 봄과 여름에 자주 문제가 되었다. 물고기 수확의 규모가 수확물의 가공과 보존에 투입되는 일손의 숫자로 결정되었기 때문이다. 귀족들은 예법을 지키느라 그 일에 직접 참여하지 못했고, 낮은 계급의 평민들(한 민족지학자는 그들을 '영구적 떠돌이들perpetual transients'이라 불렀다)**[56]** 은 노동의 압박이 너무 강하거나 너무 자주 불러대면 즉각 경쟁 가문으로 달아날 터였다.

다른 말로 하자면, 귀족들은 평민들이 자신들을 위해 노예처럼 일해줘야 한다고 느꼈지만, 평민들은 생각이 달랐다. 그들은 대부분 예술에는 긴 시간을 기꺼이 투자했지만, 생선 가공은 전혀 다른 문제라고 느꼈다. 실제로 직함을 가진 귀족들과 예속민들 간의 관계는 끊임없는 협상의 주제였던 것으로 보인다. 때로는 누가 누구를 섬기는지가 분명치 않기도 했다.

높은 계급은 출생으로 얻어진 권리지만 귀족은 월계관에 의지할 수 없다. 그는 관대한 잔치와 포틀래치, 후하게 베푸는 행동을 통해 자신의 이름에 걸맞게 처신해야 한다. 그러지 않으면 그는 체면을 잃을 위험에 처할 뿐만 아니라 실제로 지위나 생명까지 잃을 수도 있다. 스와데시는 어느 독재적인 [누트카족의] 족장에 대해 이야기한다. 그는 평민들에게 통상적인 공물의 비율만이 아니라 어부들이 잡은 물고기 전부를 요구하다가 그들의 것을 '훔친' 죄목으로 살해당했다. 그의 후임은 관용을 베풀어 전임자를 능가했다. 그가 고래를 한 마리 잡고는 말했다. '그대들은 이것을 잘라서 한 덩이씩 가져가라. 작은 등지느러미 부분만 내 몫으로 남겨라.'[57]

귀족의 관점에서 본다면, 이런 상황은 일반적인 노동력이 아니라 한 해의 핵심 시기에 필요한 통솔 가능한 노동력의 영구적인 부족이라는 결과를 낳았다. 이것이 노예제가 다루어야 하는 문제였다. 그리고 그런 것이 이웃 씨족에서 온 '수확하는 사람들harvesting people'이 북서부 해안 지역의 선주민 경제에서 둑을 세우고, 조개밭을 만들거나 뿌리 식물 텃밭을 만드는 것 못지않게 필수적인 존재가 되게 한 직접적인 명분이었다.[58]

그리하여 우리는 북서부 해안 지역 노예제의 존재를 설명해주는 것은 생태학이 아니라 자유라고 결론지어야 한다. 직함이 있는 귀족들은 서로 간의 경쟁에 사로잡혀 예속민들로 하여금 자신들이 끝없이 벌이는 장엄함의 게임을 지원하도록 강요할 수단을 갖지 못했다. 그들은 강제로 바깥 세상을 바라보아야 했다.

그렇다면 캘리포니아의 경우는 어떤가?

우리가 떠나왔던 곳, 즉 '워게의 이야기'로 다시 돌아가자면, 출발점이 될 만한 논리가 갖추어진 곳은 이 두 문화 지역 사이의 경계 구역이다. 결과적으로, 유록족과 다른 북부 캘리포니아의 '개신교 채집인들'은 캘리포니아의 기준에서 보아도 특이했는데, 왜 그랬는지 이해할 필요가 있다.

모든 것의 새벽

태평양 '파쇄 지대shatter zone'에서의 차이의
배양으로 돌아가보자

캘리포니아의 선주민 집단에 대한 민족지학 연구의 개척자인 앨프리드 크로버Alfred Kroeber는 그 북서부 지역을 '파쇄 지대'[중간에 끼어 양쪽에서 공격받는 동네북 같은 구역—옮긴이]라 불렀다. 태평양 연안의 두 큰 문화 지역을 이어주는 다양성이 비상하게 큰 구역이었다. 여기서 민족적·언어적 집단의 분포—유록, 카룩, 후파, 톨로와Tolowa, 그외 열몇 개의 더 작은 사회들—가 아코디언의 주름상자처럼 압축되어 있다. 이런 초소형 부족국가들micro-nations 가운데 몇몇은 아타바스칸 어족의 언어를 썼다. 다른 종족들은 가구의 배치와 건축 면에서 귀족 제도의 흔적을 갖고 있는데, 그것은 북서부 해안 지역 어딘가에 있는 그들의 발원지와의 관련을 분명히 시사한다. 그렇기는 해도, 어떤 부족도 동산 노예제를 실행하지는 않았다.[59] 예외는 극히 드물었다.

이 대비를 이해하려면 제대로 된 북서부 해안 지역의 정착촌 어디에서든 세습 노예가 인구의 최대 4분의 1까지도 차지했을 수 있다는 점을 알아두어야 한다. 이는 놀라운 수치다. 앞에서 지적했듯이, 그 비율은 식민지 시대 남부에서의 면화 붐이 절정에 달했을 때, 그리고 고전기 아테네에서 가내 노예가 차지하던 인구 구성 비율에 맞먹는다.[60] 그렇다면, 이들은 비자유 노동이 가정경제의 기초를 이루고 귀족들과 평민들의 번영을 떠받드는 본격적인 '노예제 사회'였다. 언어적 증거나 또 다른 증거들이 시사하는 대로, 많은 집단이 북서부 해안 지역에서 남쪽으로 내려왔다고 추정한다면, 그리고 이 이동의 적어도 일부는 기원전 1800년경(노예제가 제도화되었을 무렵) 이루어졌다고 본다면, 물어볼 것은 다음과 같다. '파쇄 지대'에서 채집인들은 언제, 어떻게 노예를 보유하는 습관을 잃게 되었는가?

이 질문에서 '언제' 부분은 사실 장래 연구가 밝혀야 할 몫이다. '어떻게' 부분은 그에 비해 접근하기 쉽다. 이런 사회 여러 곳에서 우리는 포로의 지위가 영구화될 위험을 막기 위해 명시적으로 구상된 것으로 보이는 관습을 볼 수 있다. 가령 유록족은 승자가 전투에서 한 명을 죽일 때마다 배상금을 내는데, 같은 비율로 살인죄를 범할 때도 배상금을 낸다. 이것은 집단 간의 공격을 재정적으로 무의미하게, 도덕적으로 파산하게 만드는 매우 효과적인 방법이다. 크로버의 말을 빌리자면, "문명 세계에서 '패자에게는 비애뿐vae victis'이라는 말은 유록족에게서 적어도 금전적인 의미에서는 '승자에게 화가 있으라Woe to the victors'라는 경구로 대체되었을 가능성이 크다".[61]

체트코족이 경고의 의미로 전하는 워게 이야기에는 더 많은 단서가 들어 있다. 그것이 시사하는 바에 따르면 캘리포니아 '파쇄 지대'에 바로 인접한 인구 집단은 그들의 북부 이웃을 알고 있었다. 또 그들이 호전적이며, 그들이 복속시킨 자들의 노동 수탈 위에 쌓아 올린 사치스러운 삶을 누리는 성향이 있었다는 것도 알고 있었다. 이는 그들이 그런 수탈이 자신들의 사회에서도 가능한 줄 알고 있었지만 거부했다는 사실을 시사한다. 노예 보유는 자신들 사회의 중요한 가치를 훼손할 것이기 때문이었다('살이 찌고 게을러질' 것이다). 남쪽으로 방향을 돌리면, 캘리포니아 파쇄 지대에서는 사회생활의 여러 핵심 영역에서, 이 지역의 채집인들이 정말로 자신들의 공동체를 훌륭한 분열생성적 스타일로, 그러니까 마주 보는 거울에 끝없이 되비치는 이미지를 고려하면서 구축하고 있었다는 증거를 발견한다. 이는 북서부 해안 지역 주민들의 의식적인 반전이다. 몇 가지 예가 준비되어 있다.

가장 단순하고 외견상 가장 실용적인 세부 사항에서 힌트가 나타난다. 북서부 해안 지역의 가정에서는 어떤 자유민도 장작을 패거나 나무를 나르는 모습을 남에게 보여주지 않는다.[62] 그런 일은 자신의 지위를 훼손하고, 사실상 자신을 노예와 동급으로 놓게 된다. 이와 반대로, 캘리포니아의 족장은 바로 그런 행동을 엄숙한 공적 임무로 승격하고, 그런 행동을 스웨트 로지에서 행하는 핵심적 제의 속으로 통합한 것으로 보인다. 골드슈미트의 관찰에 따르면,

남자들은 모두, 특히 청년들은 땀을 내는 데 쓸 장작을 가져오라는 요구를 받는다. 이는 아동 노동의 착취가 아니라 중요한 종교적 행위이며, 중요한 의미를 지닌다. 산의 능선에서 특별한 나무가 운반되어 온다. 그것은 중요한 정화 제의에 쓰인다. 장작 모으기 자체도 '행운'을 얻는 수단이므로 종교적인 행동이다. 그것은 적절한 심리적 자세를 갖추고 행해져야 하며, 그런 자세에는 절제된 태도와 부의 획득에 대한 꾸준한 생각이 주된 요소들이다. 이 작업은 종교적·경제적 의미가 더해져서 어떤 목적을 향한 수단이 아니라 목적 그 자체가 되었다.

이와 비슷하게, 장작 모으기 다음에 이어지는 제의적인 땀 흘리기—캘리포니아 남성들의 신체에서 잉여의 액체를 정화하는 행동—는 북서부 해안 지역에서는 남성의 지위를 상징하던 과잉 지방분과 기름기 소비와 상반된다. 자신의 지위를 높이고 선조들에게 감명을 주기 위해, 북서부 해안의 귀족들은 포틀래치의 경연장에 피워진 불에 율라칸 기름을 끼얹었다. 캘리포니아 족장은 이와 반대로 스웨트 로지의 밀폐 공간에서 칼로리를 태운다.

캘리포니아 선주민들은 자신들이 거부하는 가치의 종류를 잘 알고

있었던 것으로 보인다. 그들은 심지어 그런 가치를 제도화하여 광대의 형상으로 나타내기도 했다.[64] 광대는 나태와 탐식, 과대망상증을 대중적인 익살로 표현하지만―지역의 문제와 불만을 터뜨리는 연단 구실도 하면서―가장 가까운 문명이 가장 선망하는 가치를 패러디하기도 한다. 이보다 더 심한 반전이 영적·심미적 삶의 영역에서 발생한다. 북서부 해안 지역의 예술 전통은 모두 거창한 구경거리와 기만에 관한 것들이다. 깜빡거리며 열리고 닫히는 가면의 연극적 재주, 예리하게 반대되는 방향으로 눈길을 끄는 표면적 형체들. 북서부 해안 지역의 선주민 언어에서 '제의'를 뜻하는 단어는 사실 '사기'나 '환각'으로 번역된다.[65] 캘리포니아의 영성靈性은 이것과 거의 정반대다. 그곳에서 중요한 것은 훈련과 성실한 수련, 힘든 일을 통한 내적 자아의 양성이었다. 캘리포니아의 예술은 가면의 사용을 전적으로 금한다.

더욱이, 캘리포니아의 노래와 시는 규율 있는 훈련과 일이 삶에서의 진정한 것과 연결되는 방식임을 보여준다. 그래서 북서부 해안 지역의 집단이 유럽인을 데려와서 사치스러운 명명 행사를 열어주는 것을 거부하지 않았지만, 그렇게 데려온 장래의 캘리포니아인은―19세기 후반에 유록족에게 입양된 로버트 프랭크처럼―십중팔구는 한 걸음 한 걸음 눈물 속에서 산에서 나무를 끌어옴으로써 '진짜 사람들real people' 사이에 설 자격을 얻었을 것이다.[66]

우리가 '사회'라 부르는 것이 인간 존재의 상호 창조임을 받아들인다면, 그리고 '가치'란 그 과정에서의 가장 의식적인 측면을 가리킨다는 것을 받아들인다면, 북서부 해안 지역과 캘리포니아가 서로 대립하지 않는다고 보기는 정말로 힘들다. 두 지역의 주민들은 과도하게 노동하지만, 그 노동의 형태와 기능은 더할 나위 없이 다르다. 북서부 해안 지역에서 가구, 서랍장, 기둥, 가면, 망토, 상자 등을 야단스럽게 많이 만드는 것은 포틀래치의 사치스러움과 연극성과도 일관된다. 그러나 이 모든 작업과 제의적 창조성의 궁극적인 목적은 명성과 직함을 귀족 지망자들에게 묶어주기 위한, 특정한 종류의 인물들을 치장하기 위한 것이다. 그 결과, 무엇보다도 북서부 해안 지역의 귀족 전통은 지금까지도 전례 없이 찬란한 수준에 속하는 것으로 널리 인정받는다. 그 전통은 외면성의 주제에 대한 강조, 즉 가면과 환각과 겉치레의 세계에 대한 집중을 특징으로 하여 금방 알아볼 수 있다.[67]

캘리포니아 파쇄 지대에 있는 사회들 역시 그들 나름의 방식으로 똑같이 사치스럽다. 하지만 그들이 뭔가를 '포틀래치'한다면 그것은 분명 노동 그 자체가 대상이다. 한 민족지학자가 유록족의 다른 이웃 종족인 아츠게위족Atsugewi에 대해 이렇게 썼다. "이상적인 개인은 부유하면서도 부지런한 사람이다. 새벽빛이 밝아오면 그는 일어나서 하루 일을 시작하고, 밤이 늦도록 활동을 멈추지 않는다. 일찍 일어나고 잠을 적게 자는 것은 큰 미덕이다. '그는 잠잘 줄 모른다'는 말은 지극히 큰 칭찬이다."[68] 부유한 남자—이런 사회는 모두 확고하게 가부장제임을 지적할 필요가 있다—는 그 자신과 아내들의 절제력과 노동 덕분에 전형적으로 자신에게 의지하는 더 가난한 사람들, 앞날을 대비하지 않는 백성, 어리석은 유랑민들을 부양하는 존재로 간주된다.

캘리포니아의 영성은 '개신교도'답게 내면성과 내성內省을 강조하기 때문에 북서부 해안 지역 행사들의 연기와 거울과 정반대 양상을 제공한다. 유록족의 경우, 올바르게 수행된 일은 모뿔조개나 벌새 두피 같은 귀중한 물건도 그 외면을 표현하는 데 그치는, 진정한 실재에 연결하는 방식이 된다. 당대의 한 민족지학자는 이렇게 설명한다.

훈련 중인 인물은 자신을 '쌓아 올려' 더 깨끗해질 때 자신을 더

'실제'인 존재로, 또 세계를 더욱더 '아름다운' 것으로 보게 된다. 그곳은 단지 '이야기'를 위한 무대, 지적 지식의 여건만이 아니라 경험 속에서 실재하는 장소다. (…) 가령, 1865년에 스포트Spott 대위는 주술사가 클래매스강 하구에서 첫 연어 행사를 준비하는 것을 도와주면서 여러 주일 동안 훈련했다. (…) '늙은 주술사는 스웨트 하우스에 쓸 장작을 가져오라고 그를 보냈다. 가는 길에 그는 걸음걸음마다 울었다. 왜냐하면 이제 그는 그것이 어떻게 시행되는지를 직접 목격하고 있기 때문이다.' (…) 눈물, 울음은 유록족의 영적 훈련 과정에서 개인적 갈망, 성실, 겸손, 열린 마음의 표현이며 결정적으로 중요하다.[69]

그런 노력을 통해 사람들은 자신의 진정한 소명과 목표를 발견했다. 그 민족지학자는 이런 말을 들었다. "다른 누군가가 너에게 간섭하려 한다면 그를 막아야 한다. 네가 그의 노예, 그의 '애완동물'이 되면 안 되기 때문이다."

청교도적인 태도를 지녔으며 일과 돈을 비상하게 문화적으로 강조하는 유록족은 반노예제 영웅을 찬양하기에는 좀 이상한 선택지로 보일지도 모른다(여러 칼뱅주의 노예제 반대론자도 별로 다르지 않았지만). 그러나 물론 우리는 이들을 영웅으로 소개하려는 것이 아니며, 북서부 해안 지역에 사는 그들의 이웃 종족들을 악당으로 여기지도 않는다. 우리는 그것을 문화가 종족들을 서로 대립하도록 규정하는 과정이 어떻게 항상 근원으로 들어가면 정치적이 되는지를 보여주는 하나의 방법으로 소개한다. 그런 과정이 올바른 삶의 방법에 대한 자의식적인 논의를 포함하기 때문이다. 의미심장하게도 그 논의는 인류학적 '문화 지역들'

사이의 이런 경계 구역에서 가장 치열하게 벌어진 것으로 보인다.

앞에서 언급했듯이, 유록족과 그 바로 곁의 이웃들은 캘리포니아의 기준에서도 어딘가 특이했다. 그렇지만 그들은 상반된 방식으로 특이했다. 한편으로 그들은 적은 수일지라도 노예를 실제로 보유했다. 그런데 중앙과 남부 캘리포니아의 거의 모든 종족들, 마이두Maidu, 윈투Wintu, 포모Pomo 등의 종족은 그 제도를 전적으로 거부했다.[70] 여기에는 적어도 두 가지 이유가 있는 것 같다. 첫째, 북서부를 제외한 모든 곳에서 남녀 개인의 돈과 기타 부는 그들이 죽을 때 제의에서 불태워진다. 따라서 이 제도는 사실상 평준화하는 메커니즘 역할을 했다.[71] 유록-카룩-후파의 영역은 모뿔조개가 실제로 상속될 수 있는 몇 안 되는 장소에 속했다. 이 사실을 다른 어떤 곳보다도 이곳에서 말다툼이 전쟁으로 이어지는 일이 훨씬 잦았다는 사실과 결합하면 북서부 해안 지역 계급 시스템의 축소형 버전이 나온다. 이 경우 유록족의 부유한 가문과 평민, 그리고 빈민이 권력을 삼등분한다.[72]

포로는 노예가 아니었다. 모든 자료를 보면 그들은 빠르게 복권되었으며, 그들을 죽이면 반드시 배상을 해야 했음을 알 수 있다. 그러나 이 모든 상황에는 돈이 필요했다. 이는 흔히 전쟁을 도발하는 중요 인물이 배상금을 내지 못하는 사람들에게 돈을 빌려주어 이 사건에서 두둑한 이익을 챙길 수 있음을 의미한다. 그리고 돈을 지불할 수 없는 자는 채무 몸종이 되거나 불명예스럽게 물러나서 숲속의 외딴집에 은둔해야 한다.[73] 여기서 볼 수 있는 것이 돈을 얻는 일에 대한 강한 관심 집중, 그로 인한 청교도주의의 득세, 또 이 두 지역 간의 불안정하고 혼란스러운 완충지대에 사는 데서 발생하는 긴장의 결과로서 발생한 노예 획득 목적의 공격에 대한 강한 도덕적 반대 등이다. 캘리포니아의 다른 지역에는 공식적인 족장이나 수장이 존재했는데, 그들은 강제적 권력은 행사하지 않았지만 배상금을 마련하는 집단적 모금을 통해 갈등을 해결했으며, 문화적 생활의 초점은 재산 축적보다는 매년 열리는 세계 재생의 제의를 준비하는 데 맞춰졌다.

여기서 상황이 완전히 바뀌었다고 할 수 있다. 포틀래치와 북서부 해안 지역에서 부와 세습 직함을 놓고 벌어지는 거창한 경쟁의 구체적인 목표는, 궁극적으로, 한겨울의 거대 가장 행렬에서 선망되는 역할을 얻는 것이었다. 그 행렬 역시 자연의 힘을 되살리기 위한 것이었다. 캘리포니아의 족장들 역시 궁극적으로는 세계를 재생하고 임박한 파멸에서 구해내기 위한 겨울철 가장 행렬에 관심이 있었다—그들은 캘리포니아인이었으므로 가면을 쓰지는 않았지만, 콰키우틀족의 한겨울 행사에서처럼, 신들이 지상으로 내려와서 춤꾼들로 가장하여 현신했다. 물론 캘리포니아 포모족이나 마이두족의 족장들은 그들과 달리 노예 노동력이나 세습 직함 시스템을 갖고 있지 않았으므로 전혀 다른 방식으로 제의를 운영해야 했다.

몇 가지 결론

불행하게도 환경결정론자들은 인간을 자동기계나 마찬가지인 존재, 이성적 계산이라는 경제학자의 환상을 실현하는 존재로 여기는 경향이 있다. 그들의 입장에서 보면, 그들은 인간이 변덕스럽고 상상력을 가진 존재임을 부정하지는 않는다. 단지 장기적으로는 이 사실이 별다른 차이를 낳지는 않는다고 보는 것 같다. 최적의 경로로 자원을 사용하지 않는 사람은 역사의 잿더미에 파묻힐 운명이다. 이런 종류의 결정론을 거부하는 인류학자는 전형적으로 문화에 호소하지만,

모든 것의 새벽

궁극적으로 설명이 불가능한 일이라고 주장하는 데 그칠 뿐이다. 영국인들이 그런 식으로 행동하는 것은 그들이 영국인이기 때문이다. 유록족은 오로지 유록족이기 때문에 그런 식으로 행동한다. 그들이 왜 영국인인지 유록족인지는 우리가 상관할 문제가 아니다. 인간은—역시 나름대로 똑같이 극단적인 이런 다른 관점에서 볼 때—기껏해야 어떤 지배적 혼령, 암호나 에토스에 따라 조합된 문화적 요소들의 자의적인 배치일 뿐이며, 그 에토스로 귀결되는 사회는 무작위적인 주사위 굴리기나 마찬가지로 설명 불가능한 것으로 간주된다.

그같이 노골적인 용어로 문제를 표현한다고 해서 양쪽 입장에 어떤 진실도 없다는 뜻은 아니다. 환경과 기술의 교차는 차이, 흔히 커다란 차이를 만들며, 어느 정도까지는, 문화적 차이란 정말로 주사위가 제멋대로 구르는 것과 같다. 왜 중국어가 성조聲調 언어tonal language이고 핀란드어는 교착어agglutinative language[어근과 접사가 결합하여 의미를 만들어내는 유형의 언어. 한국어가 여기 속한다—옮긴이]인지 '설명'할 방법은 없다. 그저 상황이 그런 식으로 벌어졌을 뿐이다. 그렇기는 해도, 언어적 차이의 임의성을 모든 사회 이론의 근거로 다룬다면—이것이 기본적으로 구조주의가 했고, 또 포스트구조주의도 계속하고 있는 일이다—그 결과는 환경결정론의 가장 극단적인 형태와 다름없는 기계적 결정론이 될 것이다. '언어가 우리를 말해준다.' 우리는 자신이 만들지 않은 행동 패턴을 끝없이 수행해야 하는 운명에 처해 있다. 사실 누구도 만들지 않은 것이다. 대륙판의 이동에 필적할 만한 어떤 획기적인 변동이 문화 차원에서 발생하여 우리가 똑같이 설명 불가능한 어떤 새로운 상황에 놓이지 않는 한 그렇다.

다른 말로 하면, 두 접근법은 모두 우리가 이미 사실상 고착되어버렸다고 추정한다. 우리가 자결성self-determination 개념을 그처럼 강조하는 것은 이 때문이다. 플라이스토세의 매머드 사냥꾼들이 계절에 따라 상이한 조직 형태 사이를 오가면서 어느 정도의 정치적 자의식을 발전시켰음이 분명하다고―함께 살아가는 상이한 생활 방식의 상대적 장점에 대해 생각했을 것이라고―짐작하는 것이 합리적인 것처럼, 마지막 빙하시대가 끝난 뒤 인간 사회의 성격을 규정해주는 문화적 차이의 복잡한 그물망도 어느 정도의 정치적 내성內省과 분명히 관련되어 있었을 것이다. 다시 한번 말하지만, 우리의 의도는 단순히 이런 문화 형태를 창조한 사람들을 지적 성인으로, 그들이 세우거나 거부한 사회적 세계에 대해 성찰할 능력을 가진 사람으로 다루려는 것일 뿐이다.

분명 이런 접근법은 다른 방식과 마찬가지로, 터무니없이 극단적으로 추구될 수 있다. 잠시 베버의 《프로테스탄티즘의 윤리와 자본주의 정신》으로 돌아가면, 일부 서클에서는 '국가가 선택한다'는 주장이 인기가 있다. 일부는 청교도가 되기로 선택했고, 다른 일부는 가톨릭을 선택했는데 이것이 미국이나 독일에서 많은 사람들이 부유하고, 브라질이나 이탈리아의 많은 사람들은 가난한 주된 이유라는 것이다. 이는 모든 사람은 스스로 결정을 내릴 자유를 가졌으므로 어떤 사람들은 금융 컨설턴트가 되고, 다른 사람들은 안전 요원이 되는 것이 전적으로 그들 자신의 책임이라는 주장만큼 터무니없다(대개 같은 부류의 사람들이 이 두 가지 주장을 모두 들고 나온다). 이런 상황을 가장 잘 표현한 것이 아마 마르크스일 것이다. 우리는 자신의 역사를 만들지만, 우리자신이 선택한 여건하에서 그렇게 하지는 못한다고.

사실 사회 이론가들이 항상 이 이슈를 토론하는 이유 하나는 '인간 주체human agency'―현재 사람들이 선호하는 단어다. 예전에는 '자유의지free will'라 불리곤 했다―로 인해 정말로 어느 정도의 차이가 초래될지 우리는 알지 못하기 때문이다. 역사적 사건들은 그 정의상 단 한 번만 발생하며, 이것이 다르게 전개되었더라면 '어땠을지'(스페인이 멕시코를 정복하지 않았을 수도 있을까? 증기기관이 프톨레마이오스 시대의 이집 트에서 발명되었을 수도 있을까? 그래서 고대에 산업혁명을 발생시켰을 수도 있을까?) 알아낼 진정한 방법은 없다. 또는 원래 질문의 요점이 무엇이어야 했는지도 알 수 없다. 우리는 미래의 사건을 예견할 수 없지만, 그런 사건이 발생하고 나면 그 순간부터 우리는 그것이 그렇게 될 수밖에 없었던 것이라 생각하지 않기가 힘들어진다. 그랬는지 아닌지 알아낼 방법은 없다. 그러니 자유와 결정론 사이의 다이얼을 정확하게 어디에 맞추고 싶어 하는지는 대체로 취향에 달린 문제다.

이 책이 주로 자유를 주제로 하고 있으므로, 그 다이얼을 평소보다 조금은 더 왼쪽으로 맞추고, 인간 존재는 우리가 보통 짐작하는 것보다 자신의 운명에 대해 집단적인 발언권을 더 많이 갖고 있을 가능성을 탐구하는 것이 적절해 보인다. 북아메리카의 태평양 연안 지역 선주민들을 '초기' 농부라거나 '새로 생겨나는' 복잡성 — 정말로 그들이 모두 자신들의 사슬을 향해 곧바로 달려들고 있다는 말의 최신판일 뿐인 — 의 사례로 규정하기보다 우리는 그들이 (얼추) 열린 눈으로 전진하고 있었을 가능성을 탐구해왔고, 그것을 지원할 증거를 풍부하게 발견했다.

우리는 노예제가 북서부 해안 지역에서 흔해진 것이 주로 야심적인 귀족제가 휘하의 자유민들을 믿을 만한 노동력으로 만들 수 없음을 알았기 때문이라고 주장해왔다. 그로 인해 일어나는 폭력은 계속 확산되어 결국은 우리가 북서부 캘리포니아의 '파쇄 지대'라 부르는 곳의 주민들이 차츰 그것으로부터, 적어도 그 최악의 극단적 형태로부터 차단할 수 있는 제도를 만들어내야 함을 깨닫게 되었다. 분열생성적 과정이 뒤따랐고, 그럼으로써 해안 지역 주민들은 갈수록 서로를 대립적으로 규정하게 되었다. 이는 결코 노예제에 대한 논의만이 아니었다. 그것은 가정의 구성, 법률, 제의, 예술에서 가치 있는 인간 존재란 어떤 것인지에 대한 개념에 이르기까지 모든 것에 영향을 미친 것으로 보이며, 일, 음식, 물질적 부에 대한 대조적인 태도에서 가장 자명하게 드러난다.[74]

이 모든 것은 외부인들이 이런 상황의 결과물인 각 문화 지역의 지배적 감수성이라고 보게 된 것, 즉 한 집단은 허장성세로 사치를 부리고 또 다른 집단은 엄격한 단순성을 고수하는 등의 태도를 형성하는 데서 결정적으로 작용했다. 하지만 그것은 북서부 최북단 구석을 제외한 캘리포니아 전역에서 노예제의 관행 및 그것에 수반되는 계급 시스템에 대한 압도적인 거부라는 결과도 낳았다. 그리고 허용되는 지역에서도 그 관행은 심하게 제약된 상태였다.

이것은 인류 역사의 초기 단계에서 비슷비슷한 지배 형태들의 등장에 대해 우리에게 무엇을 말해주는가? 물론 확실한 것은 하나도 없다. 캐나다 북서부 해안 지역 선주민 사회들을 피상적으로나마 상기시키는 발트 지역이나 브르타뉴 해안에 있던 중석기시대의 사회가 실제로 비슷한 원리에 따라 조직되었는지 아닌지 확실하게 알기는 힘들다. '복잡성'—노동의 협동이나 정교한 제의 시스템에 반영된 것 같은—이 있다고 해서 반드시 지배가 나타나지는 않는다. 하지만 그와 유사한 설정들이 세계의 어떤 부분에서, 어떤 시간에 어떤 장소에서 출현하고 있었을 가능성이 크며, 그런 것이 출현했을 때 시련을 겪지 않고 넘어가지는 않았다. 문화적 차이, 마지막 빙하시대가 끝난 뒤 더 많은 증거를 남기기 시작하는 그런 문화적 차이의 지역적 성장 과정은 아마 그 이후 시대의 것들만큼, 이 장에서 우리가 살펴본 것들만큼 정치적이었을 것이다.

둘째, 이제는 지배가 가정에서 시작한다는 것을 더 명료하게 알 수 있다. 이런 설정이 정치적 논쟁의 주제가 되었다고 해서 그 발상부터 정치적이었다는 뜻은 아니다. 하지만 우리가 노예제를 만나는 모든 곳에서 노예제는 처음에는 가정 내의 제도였다. 위계와 재산은 신성 개념에서 도출되었겠지만, 가장 잔인한 형태의 수탈의 연원은 가장 친밀한 사회관계에서 시작한다―양육, 애정, 보살핌의 도착 형태다. 확실히 이런 기원을 정부 내에서 찾아볼 수는 없다. 북서부 해안 지역 사회들에 조금이라도 과도하게 강압적인 정치체라고 여길 만한 것은 전혀 없었다. 그런 것에 가장 근접한 것이 연례 가장 행렬의 조직 위원회였다. 그보다 이 사회에는 대형 목조 주택과 직함을 가진 가문을 중심으로 하여 평민들과 그들의 개인 노예들이 그 중심에 연결되는 작은 궁정들이 끝없이 이어져 있다. 계급 시스템도 가정 내의 분할에 의거한다. 다른 곳의 비농경 사회에서도 이런 식이었을 가능성은 매우 크다.

마지막으로, 이 모든 것은 역사적으로 말해 위계와 평등이 함께, 서로에 대한 보완으로 출현하는 경향이 있다고 말한다. 북서부 해안 지역의 틀링기트족Tlingit이나 하이다족 평민들은 모두 똑같이 직함을 갖는 등급에서 배제됨으로써 사실상 평등했다. 그래서 그들은 귀족들에 비해―고유한 정체성에 따라―일종의 무차별적인 대중을 이룬다. 캘리포니아의 사회들이 그런 설정 전체를 거부하는 한, 그들은 자의식적으로 평등주의라고 묘사될 수 있지만, 그 의미는 아주 다르다. 이상하게 들릴 수도 있겠지만, 이것은 그들이 보여주는 돈에 대한 열광에서 가장 명백히 드러난다. 또 북서부의 이웃들과 비교해보아도 알려주는 바가 있다. 북서부 해안 지역 사회들에 모든 측면에서 신성한 요소인 부는 무엇보다도 상속재산인 보물로 이루어지는데, 그 가치는 각각의 보물이 독특하며 그와 동일한 것은 세상에 절대로 없다는 사실에 기초한다. 직함 보유자들 간의 평등이란 말 그대로 생각할 수도 없는 일이다. 그들이 궁극적으로 누가 누구보다 더 계급이 높은지에 대해 논란을 벌일지라도 그렇다. 캘리포니아에서 가장 중요한 부의 형태는 모뿔조개를 꿴 끈이나 딱따구리 두피 팔찌 하나하나가 어느 정도로 똑같은지, 또 그렇기 때문에 계산될 수 있는 것인지를 그 가치 평가 기준으로 삼는 통화로 구성되었다. 그리고 일반적으로 말해, 그런 부는 상속되는 것이 아니라 그 소유자가 죽으면 파괴된다.

이 이야기를 계속 이어나가는 동안, 우리는 이 역동성과 거듭 마주치게 될 것이다. 그것을 '아래로부터의 불평등'이라 부를 수도 있겠다. 지배는 처음에는 가장 친밀하고 가정적인 수준에서 출현한다. 자의식적으로 평등주의적인 정치는 그런 관계가 가정의 작은 세계를 벗어나서 공적 영역(그 과정에서 종종 성인 남자만의 배타적 영역으로 여겨지게 되는)으로 확장되지 못하게 막기 위해 출현한다. 이런 것이 고대 아테네 민주주의 같은 현상에서 절정을 이룬 종류의 역동성이다. 하지만 그들의 뿌리는 아마 시간적으로 훨씬 더 오래전으로, 농경과 농경 사회가 나타나기 훨씬 전으로 이어질 것이다.

모든 것의 새벽

6

아도니스의 정원

한 번도 일어나지 않은 혁명:
신석기시대 사람들은 어떻게 농경을 기피했는가

그러면 농경의 기원으로 눈을 돌려보자.

플라톤의 편견, 그리고 그것이 농경의 발명에
대한 우리의 사유를 흐리게 만든 과정에 대해

플라톤이 쓴다, "말해보라."

진지하고 지적인 농부가 자신이 좋아하고 기르고 싶어 하는 씨
앗을 여름철에 아도니스의 정원에 심었는데, 여드레 만에 다 자란

것을 보면 기뻐할까. 만약 그가 기뻐한다면 재미와 축제 분위기 때문일까? 그가 정말로 진지하게 여기는 분야에서는 농부로서의 기술을 발휘하여 적절한 환경에 심은 다음, 파종한 모든 것이 여덟 달 지나 완숙하는 것에 만족하지 않을까?[1]

여기서 플라톤이 언급하는 아도니스의 정원은 일종의 축제용 속성 농업으로서, 식량을 생산하지는 못한다. 철학자들에게 그것은 조숙하고 매혹적이지만 궁극적으로는 결실을 맺지 못하는 것을 가리키는 편리한 비유가 된다. 찌는 듯이 더운 여름날, 어떤 것도 성장하지 못할 때, 고대 아테네의 여성들은 광주리와 항아리에 이런 작은 정원을 만든다. 그 모든 정원에서는 빨리 싹을 틔우는 곡물과 허브가 섞여 자란다. 그런 급조된 묘판은 사다리 위로 운반되어 개인 주택의 평평한 옥상에 설치되고, 햇볕에 시들어버린다. 추락한 사냥꾼, 전성기에 멧돼지에게 살해된 아도니스의 때 이른 죽음을 식물학적으로 재현하는 것이다. 그런 다음 남자들과 공직자들의 공적인 눈길 앞에서 옥상의 제의가 시작된다. 창녀를 포함한 아테네 사회의 모든 계급 여성들에게 개방된 이 행사는 애도의 제의인 동시에 방종한 고주망태의 제의, 황홀경에 빠진 또 다른 행동들의 제의이기도 하다.

역사가들은 이 여성들의 제의의 근원이 메소포타미아의 풍요 제의인 두무지Dumuzi/탐무즈Tammuz에 있다는 데 동의한다. 두무지/탐무즈는 목동의 신이며 식물 생명의 화신으로, 여름마다 애도된다. 아마 고대 그리스에 재현된 그의 화신인 아도니스의 숭배는 기원전 7세기에 있었던 아시리아 제국의 팽창의 물결에 실려 페니키아에서 서쪽 그리스로 퍼진 것이 거의 틀림없다. 요즘 일부 학자들은 이 상황 전체를 가부장제적 가치관에 대한 격렬한 전복으로 본다. 이는 정식으로 국가가 후원하는 차분한 테스모포리아Thesmophoria(그리스 풍요의 여신인 데메테르에게 바치는 가을 축제)에 대한 반대 형태로서, 아테네 시민들의 아내들이 축하하고 그 도시의 삶이 의지하고 있는 진지한 농사에 바치는 제의다. 다른 학자들은 아도니스의 이야기를 반대로 읽는다. 농경이 등장하는 바람에 그늘로 밀려났지만 잊히지는 않은, 잃어버린 남성성의 메아리인 진지한 사냥의 원초적 드라마에 대한 진혼곡이라는 것이다.[2]

무슨 의미인지는 잘 알겠는데 이것이 농경의 기원과 무슨 관계가 있는가라는 질문이 나올 수 있다. 아도니스의 정원이 플라톤이 태어나기 8,000년쯤 전에 있었던 최초의 신석기시대 농경의 약동과 무슨 관계가 있는가? 어떤 의미로는 모든 것이 관련된다. 이런 학술적 토론은 이 결정적인 주제에 대한 현대적 탐구를 둘러싸는 그런 종류의 문제만 요약하기 때문이다. 농경이 애초에 더 늘어나는 인구에 공급할 더 많은 식량을 생산하기 위해 진지하게 행해진 일이었던가? 물론 거의 모든 학자들은 이것이 틀림없이 농경이 발명된 주된 이유였다고 짐작한다. 하지만 농경은 좀 더 장난스럽거나 모종의 전복적인 과정으로서, 혹은 다른 관심사의 부수적 결과로서 시작되었을 수도 있다. 즉 사냥과 채집이 진정으로 우선하지만, 어떤 특정한 장소에 더 오래 머무르고 싶어 한 욕구에서 나왔을 수도 있지 않을까. 이런 두 발상 가운데 어느 것이 최초 농장주들의 실제 사고방식이었을까. 위풍당당하고 실용적인 테스모포리아인가, 아니면 장난스럽고 자기 탐닉적인 아도니스의 정원인가?

당연히 신석기시대의 사람들—세계 최초의 농부들—본인들도 상당한 시간을 들여 비슷한 질문을 놓고 토론했을 것이다. 왜 그런지 의미를 파악하기 위해, 세계에서 가장 유명한 신석기시대의 유적인 차탈회위크Çatalhöyük를 살펴보기로 하자.

세계에서 가장 오래된 소도시인 차탈회위크가 어떻게 새로운 역사를 갖게 되었는지 논의해보자

튀르키예 중부의 코니아 평원에 자리 잡은 차탈회위크에 처음 사람들이 정착한 것은 기원전 7400년경이었다. 그 뒤 약 1,500년 동안 사람들은 이곳에 계속 거주했다(머릿속으로 헤아려 보자면, 이는 523년경 영향력이 최고조에 달했던 반달족의 여왕 아말라프리다Amalafrida와 현재 우리 사이에 놓인 시간과 대략 같은 기간이다). 그 유적은 놀라운 규모 때문에 명성을 얻었다. 면적이 약 13만 제곱미터인 그곳은 마을village이라기보다는 소도시town에 가까우며, 인구는 5,000명가량이었다. 그렇지만 그곳은 분명한 중심부나 공동체 시설이 없었고, 심지어 도로도 없었다. 그저 크기와 구조가 비슷한 집들이 빽빽하게 지어져 집에 들어가려면 지붕에서 사다리를 타고 들어가야 했다.

차탈회위크의 전체 평면도가 지루한 균일성의 에토스를 시사한다면, 똑같이 진흙으로 바른 벽의 미로, 그 건물 안에서의 삶은 그와 정반대의 방향을 가리킨다. 사실, 그 현장이 유명해진 또 다른 이유는 그 거주민들이 가진 확연히 음산한 인테리어 감각이다. 차탈회위크의 주택 내부를 들여다본 적이 있는 사람은 그 광경을 도저히 잊지 못할 것이다. 폭이 5미터를 넘지 않는 중앙의 거실에는 소나 다른 동물들의 두개골과 뿔이 벽에서 튀어나와 있고, 때로는 가구에서 밖으로 뻗어 나오기도 한다. 방들에도 선명한 벽화가 그려져 있고 부조 장식이 설치되어 있으며, 가족 가운데 죽은 이들의 신체 일부분을 그 아래에 보관하는―각 주택에 6명에서 60명의 유골이 보관되어 있었다―연단이 있어서 산 사람들이 그 위에서 생활한다. 모리스 센닥^{Maurice Sendak}이 본 '벽이 사방에서 세계로 변하는' 마법 주택의 환상을 상기하지 않을 수 없다.[3]

여러 세대를 거쳐 고고학자들은 차탈회위크를 '농경의 기원'에 대한 기념물로 보고 싶어 했다. 왜 그래야 하는지는 확실히 이해하기 쉽다. 그곳은 우리가 알고 있는, 주민들이 농경을 실행하고, 재배된 곡물, 콩, 길들여진 양, 염소로부터 가장 많은 영양분을 얻었던 최초의 대규모 정착촌 가운데 하나다. 그렇다면 그들을 V. 고든 차일드―《인간은 스스로를 창조한다》(1936)와 《인류사의 사건들What Happened in History》(1942)의 저자인 선사학자―의 시대 이후 '농업혁명'이라 지칭되어온 것들의 추종자로 보는 것은 타당해 보인다. 그리고 1960년대에 처음 발굴되었을 때 차탈회위크의 놀라운 물질문명은 이런 식으로 해석되었다. 옆에 고양이를 데리고 있는 모습 등의 점토로 된 여인 좌상은, 여성과 작물의 풍요를 관장하는 어머니 여신을 묘사한 것으로 이해되었다. 벽에 걸린 황소 두개골('부크라니아bucrania')은 사육 소의 머리뼈로 짐작되는데, 그것은 소 떼의 보호와 번식을 담당하는 황소 신에게 봉헌되었다. 일부 건물들은 '신당'으로 확인되었다. 이 모든 제의적 삶은 진지한 농업이 행해졌음을 가리키는 것으로 추정되었다. 이는 신석기시대의 연극 행렬pageant이며, 아도니스보다는 데메테르의 정신에 더 가깝다.[4]

그러나 더 최근에 이루어진 발굴들은 우리가 아도니스에게서 너무 빨리 손을 뗐음을 시사한다.[5] 1990년대 이후, 차탈회위크에 적용된 새로운 유적 조사 방법에 따라 놀라운 사실들이 연이어 밝혀졌고, 그럼으로써 우리는 세계에서 가장 오래된 도시의 역사와, 농업 일반의 기원에 대한 생각을 바꾸지 않을 수 없게 되었다. 알고 보니 그 소는 사육된 소가 아니었다. 그 인상적인 두개골은 사나운 야생 소 오록스^rochs의 것이었다. 그리고 신당으로 알았던 건물은 신당이 아니라, 사람들이 요리하고, 먹고, 수공 작업을 일상적으로 하는 주택이었다. 다른 건물들과 똑같았지만, 그 건물에 제의적인 장비가 집중적으로 더 많이 모여 있었을 뿐이다. 심지어 어머니 여신 인형 역시 관심 밖으로 밀려났다. 풍만한 여성 인형이 발굴에서 더 이상 출토되지 않았기 때문이 아니라, 새로운 발견물들이 신전이나 왕좌가 아닌 집 밖의 쓰레기 더미에서 머리가 부서진 채 종교적인 존중을 별로 받지 못한 것 같은 모습으로 나타나기 시작했기 때문이다.[6]

오늘날, 거의 모든 고고학자들은 풍만한 여성을 그린 선사시대 인형들을 '풍요의 여신'으로 보는 해석을 심히 불건전하게 여긴다. 그것들이 풍요의 여신이어야 한다는 생각 자체가 오래전에 구식이 된 '원시 가모장primitive matriarchy'에 관한 빅토리아시대의 환상의 결과라는 것이다. 19세기에는 가모장이 신석기시대 사회의 정치적 조직의 기본양식으로 간주되었다(뒤에 이어지는 청동기시대의 강압적인 가부장제와 반대로). 그로 인해 풍요로워 보이는 여성상은 거의 모두 여신으로 해석되었다. 요즈음, 고고학자들은 대개 많은 인형들이 그저 바비 인형의 지역적 버전(여성의 미에 대해 매우 다른 기준을 지닌 사회의 주민이 가졌을 법한 종류의 바비 인형)이었을 것이라고 지적한다. 아니면 그 다른 인형들이 전혀 다른 목적에 봉사했을 수도 있다(당연히 옳은 추측이다). 또는 왜 사람들이 여성 인형을 그토록 많이 만들었는지 우리는 전혀 알지 못하며, 앞으로도 절대로 모를 것이라고 주장함으로써 논의 전체를 기각할 수도 있다. 그렇게 되면 제안된 해석은 모두 신석기시대 아나톨리아의 주민들이 이해했을 법한 어떤 이야기가 아니라, 여성과 젠더 혹은 풍요에 대한 우리 자신의 가정을 투사한 것일 확률이 더 높아진다.

이 모든 이야기는 좀 현학적으로 들리는데, 앞으로 보게 되겠지만, 이런 치밀한 분석에는 엄청나게 많은 것들이 걸려 있다.

어딘가 학술적 접근 금지 구역 같은 곳에 들어가서 신석기시대 가모장제의 가능성을 논의해보자

오늘날 그런 도깨비 같은 처지에 놓인 것은 '원시 가모장'의 발상만이 아니다. 초기 농경 공동체에서 여성들이 특히 두드러진 위치에 있었다고 주장하는 것도 학술적 검열을 자극하는 일이다. 아마 완전히 놀랄 일은 아닐 것이다. 사회적 반군들이 1960년대 이후 수렵 채집인 무리를 이상화했던 것과 같은 방식으로, 고대의 시인 세대, 아나키스트, 보헤미안 들은 신석기시대를 상상 속의 은혜로운 신정 정치, 즉 이난나Inanna, 이시타르Ishtar, 아스타르테Astarte, 데메테르Demeter의 전능한 먼 조상들인 위대한 여신의 여사제들이 다스리는 정치 형태로 이상화하는 경향이 있었다. 그러니까 폭력적이고 가부장적인 인도·유럽어를 쓰는 기마인들이 초원에서 달려오고 중동의 경우에는 셈어를 쓰는 유목민들이 사막에서 들어와 그 전 사회를 점령하기 전까지는 그랬다는 것이다. 사람들이 이런 상상 속의 만남을 어떻게 파악했는지는 19세기 후반에서 20세기 초반에 걸친 대규모 정치적 분열의 연원이 되었다.

이 문제의 맛이라도 보기 위해, 마틸다 조슬린 게이지Matilda Joslyn Gage(1826~1898)를 살펴보자. 그녀는 당대 가장 저명한 미국의 페미니스트로 여겨지던 사람이었다. 또 반기독교도이기도 했고, 호디노쇼니족의 '가모장제'에 매력을 느꼈다. 그녀가 볼 때 그것은 신석기시대 사회조직으로서 잔존하는 몇 안 되는 사례 가운데 하나였다. 그리고 그녀는 선주민 권리의 완강한 옹호자이기도 했다. 그래서 나중에는 모호크 씨족의 어머니로 받아들여지기까지 했다. (그녀는 생애 말년을 헌신적인 사위이며 《오즈의 마법사》 시리즈의 저자인 L. 프랭크 바움L. Frank Baum의 집에서 보냈다. 《오즈의 마법사》는 열두 권짜리 연작으로, 많은 사람들은 그 책 속에 여왕들, 선한 마녀들과 공주들이 나오지만 적법한 남성 권력자는 한 명도 없다고 지적한다.) 《여성, 교회, 국가Woman, Church, and State》(1893)에서 게이지는 '가모장제 사회 혹은 모계 지배Matriarchate or Mother-rule로 알려진' 초기 형태의 사회가 보편적으로 존재한다고 전제했다. 그런 사회에서 통치와 종교의 제도는 가정에서 어머니와 자녀들의 관계를 모델로 한 것이다.

혹은 지크문트 프로이트가 가장 아끼던 제자 두 명 중 한 사람을 살펴보자. 오토 그로스Otto Gross는 1차 세계대전 전에 살았던 아나키스트였는데, 초자아superego는 사실상 가부장이고 그것이 파괴되어야 자애롭고 가모장적인 집단 무의식이 해방된다는 이론을 개발했다. 집단 무의식은 숨겨져 있지만 여전히 살아남아 있는 신석기시대의 잔재라고 그는 보았다. (그는 대체로 약물과 다자 간 성관계를 통해 이를 달성하려고 했다. 그로스의 연구는 그것이 프로이트의 다른 애제자 카를 융에게 미친 영향의 측면에서 기억된다. 융은 그로스의 집단 무의식이라는 발상은 남겨두었지만 정치적 결론은 거부했다.) 1차 세계대전이 끝난 뒤, 나치는 정반대의 관점에서 '아리안 침공'이라는 가설을 집어 들어, 상상 속에서 가부장적인 침입자를 지배 민족master race의 선조로 나타냈다.

'원시 가모장'이라는 주제가 선사시대에 대한 확연히 공상적인 독해에 그처럼 치열하게 정치적인 성격을 부여했으니, 그 이후 세대에 어딘가 민망스러운 처지에 몰린 것은—지적으로 금지 구역이라는 말과 같은 취급을 받았다.—전혀 놀랄 일이 아니다. 하지만 여기서 뭔가 다른 일이 벌어지고 있다는 느낌을 피하기는 어렵다. 정보가 삭제되는 정도가 대단히 심했으며, 과장되거나 때가 늦어버린 이론에 대한 단순한 의혹이라는 이유로 허용될 만한 수준을 훨씬 넘어섰다. 오늘날 학계에서 원시 가모장제에 대한 지지는 일종의 지적 범죄로, 거의 '과학적 인종주의'나 다름없는 것으로 다루어지고 있다. 그것을 주창한 사람들은 역사에서 배제되었다. 게이지는 페미니즘의 역사에서, 그로스는 (내향성introversion, 외향성extroversion 같은 개념을 발명했으며, 또 프란츠 카프카와 베를린 다다이스트들부터 막스 베버에 이르기까지 모두와 긴밀하게 함께 연구했음에도 불구하고) 심리학의 역사에서 지워졌다.

이는 좀 이상한 현상이다. 어쨌든 한 세기가량 시간이 지났으니 먼지가 가라앉기에 충분하고도 남을 만하다. 그런데도 그 문제는 왜 아직도 금기시되고 있는가?

오늘날의 이런 감수성의 많은 부분은 리투아니아계 미국인 마리야 김부타스Marija Gimbutas라는 고고학자가 남긴 유산에 대한 반작용으로 발생한다. 1960년대와 1970년대에, 김부타스는 동부 유럽 후기 선사에 관한 대표적인 권위자였다. 오늘날 그녀는 빅토리아시대의 어리석기 짝이 없는 낡은 환상을 현대적 위장을 걸쳐 되살려내려 시도했다는 고발을 받아 심리학계의 반란자 오토 그로스와 같은 괴짜로 취급받는다. 이런 비난은 사실이 아닐 뿐만 아니라(그녀의 연구를 무시하는 사람들 가운데 그녀의 저서를 실제로 읽어본 사람은 거의 없다), 이로 인해 연구자들이 어떻게 위계와 수탈이 가정 영역에 뿌리내리게 되었는지를 고찰하기조차 힘든 상황이 벌어졌다. 루소에게로 돌아가고 싶거나 정착 농업이 어떻게든 자동적으로 아내에 대한 남편의, 자녀에 대한 아버지의 권력을 발생시켰다고 하는 단순한 개념으로 돌아가고 싶어 하는 경우를 제외하면 말이다.

사실, 김부타스의 책―《구유럽의 여신들과 남신들The Goddesses and Gods of Old Europe》(1982) 같은―을 읽는다면 여러분은 저자가 그때까지는 남성만 하도록 허용되었던 일을 하려 시도하고 있음을 금세 깨닫게 된다. 그녀는 유라시아 문명의 기원에 대한 거대 서사를 만들어 내려 했다. 김부타스는 우리가 앞 장에서 논의했던 종류의 문화 지역을 자신이 짓는 건축물의 벽돌로 선택하고, 그것을 이용하여 여신을 숭배하는 농부들과 아리안족 침입자들에 대한 낡은 빅토리아시대식 이야기가 어떤 측면에서는(비록 모든 측면에서는 아니지만) 실제로 진실이었다고 주장했다.

김부타스는 주로 본인이 '구유럽'이라 칭한 문화 전통, 발칸반도와 지중해 동부 지역(북쪽으로도 연장되는)을 중심으로 하는 신석기시대 정착촌이 이루는 세계의 폭넓은 윤곽을 이해하려는 시도에 관심이 있었다. 김부타스가 보았듯이, 그 세계에서 남성과 여성은 동등한 가치를 지닌 존재였고, 부와 지위의 차별은 엄격하게 제한되었다. 그녀의 평가에 따르면, 오래된 유럽은 기원전 7000년에서 기원전 3500년경까지 지속되었는데, 이는 다시 말하지만 상당히 긴 기간이었다. 그녀는 이런 사회들이 본질적으로 평화로웠다고 믿으며, 최고 여신의 지휘 아래 있는 신들의 체계를 공유했다고 주장했다. 중동에서 발칸에 이르는 지역의 신석기시대 정착지에서 수백 개씩 발견된 여성 인형들이 그 여신 숭배의 증거다. 몇몇 인형은 가면을 쓰고 있었다.[7]

김부타스에 따르면, '구유럽'은 기원전 3000년에서 기원전 2000년 때 참혹한 종말을 맞았다. 흑해 북쪽의 폰토스 초원에서 발원한 소를 치는 종족들―'쿠르간족kurgan'이라 불리는―이 이주하여 발칸 지역을 점령했다. 쿠르간이란 고고학적으로 가장 식별하기 쉬운 이 집단의 특징, 그러니까 무기와 금제 장신구, 그리고 넘치도록 많은 동물 순장, 때로는 인간 '신하들'도 함께 묻힌 전사들(전형적으로 남성 전사)의 무덤 위에 흙을 덮은 고분tumulus 등의 특징을 가리킨다. 이 모든 특징들은 구유럽의 공동체적 에토스와 정반대의 가치를 증언한다. 침공해 온 집단은 귀족적이고 '남성 지배적androcratic'(가부장제 같은)이었으며, 극도로 호전적이었다. 김부타스는 인도·유럽어가 서쪽으로 확산되고, 여성들의 근본적인 종속에 기초한 새로운 종류의 사회가 세워지고 전사들이 지배 계급으로 승격된 현상이 그들의 책임이었다고 여긴다.

앞에서 지적했듯이, 이 모든 상황은 낡은 빅토리아시대의 환상과 닮은 점이 있다. 하지만 결정적인 차이가 있었다. 빅토리아시대 버전은 가모장제가 인류의 원래 존재 조건이라고 추정하는 진화적 인류학에 뿌리내리고 있다. 처음에, 사람들은 생리적 부계父系를 이해하지 못했을 것이며 아기를 낳는 일의 책임은 여성만의 것이라고 추측했을 것이다. 물론, 이는 그들에 앞섰던 수렵 채집인 공동체들이 적어도 초기 농부들만큼은 모계적이고 가모장적이었음을 의미한다. 이는, 증거는 하나도 없지만 많은 사람들이 실제로 첫 번째 원리에서 도출해냈던 주장이다. 그래도 김부타스는 이런 식의 논리를 제안하지는 않았다. 그녀는 중동과 신석기시대의 유럽에 여성의 자율성과 제의적 우선권이 있었다고 주장했다. 그러나 1990년대에 이르자 그녀의 생각 가운데 많은 부분이 에코페미니즘이나 뉴에이지 종교, 또 다른 수많은 사회운동의 헌장에 수용되었다. 그다음에는 철학서뿐만 아니라 터무니없는 내용을 담은 수많은 대중 서적에도 영감을 주었고, 그 과정에서 더 과장이 심한 낡은 빅토리아식 발상과 얽히게 된 것이다.

이런 온갖 상황 속에서 여러 고고학자들과 역사가들은 김부타스가 과학적 연구와 대중문학 사이의 물을 혼탁하게 한다고 결론지었다. 얼마 지나지 않아 그녀는 학계가 생각해낼 수 있었던 온갖 비난을 한 몸에 받게 되었다. 입에 맞는 증거만 취한다는 것에서부터 방법론적 발전을 따라잡지 못한다는 것까지, 역차별이라는 고발, 또는 '신화 창조'에 탐닉한다는 것 등. 심지어 대표적인 학술 저널에 실린 논문들이 구유럽의 종말에 관한 그녀의 이론이 기본적으로는 2차 세계대전이 끝날 무렵 외국 침입의 여파에 휩쓸려 모국 리투아니아를 떠난 본인의 격동적 삶의 경험을 환각 속에서 투사한 것이라고 주장하면서 모욕적이기 짝이 없는 공개적 정신분석까지 가했다.[8]

다행스럽게도, 1994년에 세상을 떠난 김부타스 본인은 이런 일을 대부분 겪지 않았다. 하지만 이는 그녀가 끝내 대응을 할 수 없었다는 뜻이기도 하다. 이런 비판의 일부, 아마 대부분에는 진실이 들어 있었을 수도 있다. 하지만 광범위한 역사적 논의를 전개하는 고고학자라면 누구든 당연히 이와 비슷한 비판의 대상이 될 수 있었다. 김부타스의 논의는 일종의 신화 창조인데, 그녀의 연구가 학계 공동체로부터 도매금으로 기각된 이유 가운데 일부는 이로써 설명된다. 하지만 이와 비슷한 신화 창조 작업에 개입한 남성 학자들은—그리고, 우리도 보았듯이, 그들도 자주 그렇게 한다—도전받지 않았을 뿐만 아니라 가끔은 명망 있는 저술상을 받고 자신들의 이름을 내건 명예 강연도 하곤 했다. 당연히 김부타스는 우리 같은 남성 필자들이 전적으로 지배하던(그리고 지금도 그렇게 하는) 거대 서사의 장르에 간섭하고, 그것을 의식적으로 뒤엎었다. 하지만 그녀가 받은 보상은 저술상이나 고고학의 존경받는 선구자들 사이의 한자리가 아니었다. 그것은 거의 보편적인 사후 악담의 소재였고, 심지어는 멸시적인 경멸의 대상이 되는 것이었다.

적어도 아주 최근까지는 그랬다.

지난 몇 년 동안 고대 DNA 분석—김부타스의 시절에는 불가능했던—으로 수많은 대표적 고고학자들이 그녀가 재구성한 내용 가운데 적어도 중요한 한 부분은 옳으리라고 인정하게 되었다. 인구유전학을 기초로 하여 제시된 이런 새로운 논의가 느슨하게라도 옳다면, 김부타스가 그런 일이 발생했다고 믿었던 그 시절인 기원전 3000년에서 기원전 2000년 무렵, 정말로 흑해 북쪽의 초원에서 목축인들이 팽창했을 것이다. 일부 학자들은 심지어 당시에 유라시아 초원 지대에서 대규모의 이주민들이 밖으로 나와서 인구 집단이 바뀌었고, 김부타스가 예견한 바대로 인도·유럽어가 중부 유럽의 넓은 지역 전역에 확산되었으리라고까지 주장한다. 다른 사람들은 훨씬 더 신중하다. 하지만 어느 쪽에 속하든 수십 년을 거의 침묵 속에서 보낸 뒤 사람들은 갑자기 그런 이슈에 대해, 따라서 김부타스의 연구에 대해 다시 이야기하기 시작했다.[9]

그러면 김부타스의 논의 가운데 나머지 절반인, 신석기시대 초기의 사회가 비교적 지위와 위계에서 자유로웠다고 하는 논의는 어떤가? 이 질문에 답을 시작하기 전에, 우리는 몇 가지 오해를 바로잡을 필요가 있다. 김부타스는 사실 신석기시대의 가모장제의 존재를 직설적으로 주장한 적이 없었다. 사실 그 용어는 각기 다른 저자에게 매우 다른 것을 의미하는 것으로 보였다. '가모장제'라는 것이 여성이 공식적 정치 차원에서 우세한 지위를 쥐는 사회를 의미한다면, 그런 사회의 존재는 인간 역사에서 지극히 드물었다고 확실하게 말할 수 있다. 개별 여성이 실제로 집행 권력을 휘두르고, 군대를 이끌거나 법을 제정하는 사례는 많이 있다. 하지만 통상적으로 여성들만 집행 권력을 행사하거나 군대를 이끌거나 법을 제정하게 되어 있는 사회는 거의 없다. 영국의 엘리자베스 1세, 중국의 섭정 황태후 혹은 마다가스카르의 라나발로나 1세처럼 강력한 여왕들도 다른 여성을 자신의 주보좌관, 지휘관, 판사, 공직자로 우선적으로 임명하지는 않았다.

어떤 경우든, 여성의 정치 지배를 나타내는 것은 다른 용어 ― '여권 정치gynarchy', 혹은 '여성 지배gynaecocracy' ― 다. '가모장제'라는 단어는 의미하는 바가 약간 다르다. 여기에는 어떤 논리가 있다. 어쨌든 '가부장제'가 남성이 공직을 행사한다는 사실을 최우선적으로 가리키지는 않는다. 그것은 무엇보다도 먼저 가부장들, 한 가정의 남성 우두머리들의 권위를 가리킨다. 이는 사회생활의 다른 분야에서도 남성 권력의 상징적 모델이 되고 경제적 기초로 행동하는 권위다. 가모장제는 동등한 상황을 참조하는데, 그 상황에서 가정 내 어머니의 역할이 이와 비슷하게 생활의 다른 측면에서의 여성 권력의 모델이자 경제적 기초가 되며(이것이 반드시 폭력적이거나 배타적인 의미의 지배는 아니다), 그런 상황에서 여성들은 일상의 권력 장악이라는 면에서 전반적으로 우세하다.

이런 식으로 살펴보면, 가모장은 충분히 실재했다. 칸디아롱크 본인은 당연히 그런 사회에서 살았다. 그의 시절에 웬다트족같이 이로쿼이어를 쓰는 집단들은 대여섯 명으로 이루어진, 가족용 통나무집들이 모여 있는 취락지에서 살았다. 각 통나무집은 여성 위원회에 의해 운영되었다. 남성 주민만의 위원회는 없었다. 그 위원회의 회원들이 의복, 도구, 식량 등 핵심적인 저장고를 모두 관리했다. 칸디아롱크 본인이 활동한 정치적 영역은 아마 웬다트족 사회에서 여성이 우세하지 않았던 유일한 경우였을 것이며, 그런 경우에도 남성 위원회의 결정에 거부권을 행사하는 여성들의 위원회가 있었다. 이 정의에 따르면, 호피족Hopi과 주니족Zuñi 같은 푸에블로 인디언 국가들 역시 가모장제에 해당되며, 수마트라의 무슬림 종족인 미낭카바우Minangkabau는 똑같은 이유에서 자신들을 가모장제라고 여긴다.[10]

사실 그런 가모장제라는 설정은 어딘가 특이하다. 적어도 지난 200년 정도의 시간을 다루는 민족지 기록에서는 그렇다. 그러나 그런 설정이 존재할 수 있음이 분명해지고 나면, 그들이 신석기시대에 더 흔했을 가능성을 배제하거나, 김부타스가─그곳에서 그런 설정을 조사하면서─뭔가 원천적으로 공상적이거나 오도된 방향으로 작업하고 있었다고 추정할 특별한 이유가 없다. 어떤 가설에 대해서도 마찬가지지만, 더 중요한 것은 증거의 경중을 평가하는 문제다.

그러면 이제 우리는 차탈회위크로 되돌아간다.

세계에서 가장 유명한 신석기시대 소도시에서의 삶은 실제로 어떠했을까?

최근에 차탈회위크의 축소형 미술에서 발견된 많은 것들은 여성 인형들이 제의적인 관심, 숙련된 공예 기술, 삶과 죽음에 대한 상징적인 성찰이 집중된 특별한 대상이었음을 보여주는 것 같다. 점토로 된 여성 인형 하나는 앞모습은 전형적으로 풍만한데, 바싹 말라붙은 팔을 지나가면 뒷면은 꼼꼼하게 조형된 해골로 변한다. 지금은 사라진 그 두상은 위쪽에 난 구멍 속에 고정되어 있었다. 또 다른 여성 인형 하나는 등 중앙에 아주 작은 구멍이 있고, 그 속에 야생 식물의 씨앗 하나가 놓여 있었다. 발굴자들은 매장용으로 사용된 집 안의 연단 안에서 석회석으로 특히 의미심장하고 정교하게 조각된 여성 인형 하나를 발견했다. 그 상세한 세공은 더 흔히 출토되는 점토 인형의 모습을 명료하게 설명해준다. 축 처진 가슴, 늘어진 뱃살, 지방 덩어리들은 한때 그렇게 믿어졌던 대로 임신부가 아니라 노인의 모습을 나타내는 것으로 보인다.[11]

그런 발견은 어디서나 출토되는 여성 인형들이 분명 모두 숭배의 대상인 것은 아니지만, 반드시 모두 인형이나 장난감도 아님을 시사한다. 여신들이었을까? 아마 아닐 것이다. 하지만 일종의 가모장일 수는 있다. 그들의 형태는 여성 원로에 대한 관심이 있었다는 증거다. 그리고 그와 맞먹을 남성 원로의 표현물은 발견된 적이 없다. 물론 이것이 남근 특징을 갖거나 남녀 특징이 혼합되거나, 혹은 표현이 너무나 개략적이어서 남성인지 여성인지, 심지어는 인간이기는 한지를 밝혀내려고 노력해봐야 소용없는 신석기시대의 여러 인형을 무시해야 한다는 뜻은 아니다. 이와 비슷하게, 이따금씩 발견되는 신석기시대의 인형과 가면의 관련성—중동과 동부 유럽에서 확인된다[12]—은 그런 범주적 구분이 의도적으로 흐려지거나 심지어는 전복되는 사건이나 행사에 관련된 것인지도 모른다(신들과 그 화신인 인간들이 거의 예외 없이 남성이던 북아메리카 태평양 연안의 가장행렬과 다르지 않다).

차탈회위크의 여성 주민들이 남성 주민들보다 더 나은 생활수준을 누렸다는 증거는 없다. 인간 치아와 해골에 대한 자세한 연구 결과로 식단과 건강의 기본적 출산 경력이 밝혀지는데, 사망한 남성과 여성 시신에 대한 제의적 처리 방식에서도 그런 내용이 밝혀진다.[13] 하지만 차탈회위크의 휴대 가능한 예술에서 남성 형태가 그와 비슷하게 정교하고 높은 수준으로 묘사된 사례는 없다는 것은 여전히 사실이다. 현재 전해지는 벽화에서 일관된 장면이 등장할 때 그들은 주로 사냥을 하고 멧돼지, 사슴, 곰, 황소 같은 동물을 괴롭히는 데만 관심을 보인다. 그런 작업에 참여하는 것은 남성들과 소년들인데, 각기 삶의 다른 단계에 처한 사람들로, 혹은 동물을 추적하는 성년식 시험을 통해 그런 단계에 들어가는 사람으로 묘사된다. 이런 활발한 신체들은 표범 가죽을 걸치고 있다. 사슴을 잡는 어떤 장면에서는 모두가 수염을 기르고 있다.

차탈회위크에서 새로이 진행된 조사 결과 더 명백히 드러나는 것한 가지는 사회생활의 거의 모든 측면에 가정 조직이 배어들어 있는 방식이다. 건설된 지역의 규모와 인구밀도가 상당히 높기는 하지만, 중앙 권력이 있었다는 증거는 없다. 각 가정은 그 자체로 하나의 세계였던 것으로 보인다. 저장, 생산, 소비의 장소가 각기 별도로 구분되어 있었다. 또한 각 가정은 각자의 제의, 특히 죽은 이를 처리하는 방식에 대해서는 결정권이 컸던 것으로 보인다. 물론 제의 전문가가 당연히 그들 사이에서 움직였겠지만 말이다. 가정의 자율성을 유지하는 책임을 어떤 사회 규칙과 습관이 담당했는지는 불분명하지만, 이런 규칙들의 학습이 주로 가정 자체 내에서 이루어졌다는 사실은 자명해 보인다. 가정의 제의를 통해서만이 아니라, 요리하고, 바닥을 청소하고, 벽에 회반죽을 덧바르는 등등 온갖 자잘한 일상생활이 그런 학습의 과정이었다.[14] 이 모든 것은 북서부 해안 지역을 막연하게나마 상기시킨다. 북서부 해안 지역에서 사회는 대가문들의 집합체였다. 다만 이 신석기 시대 가정의 주민들이 지위에 따라 구분된 흔적은 보이지 않는다.

차탈회위크의 주민들은 일상의 일정을 매우 중요시한 것으로 보인다. 이 사실은 시간이 흘러도 가정이라는 설정이 끈질기게 재생산되는 데서 가장 분명하게 드러난다. 개별 주택은 일반적으로 50년에서 100년가량 사용되었고, 그 뒤에는 조심스럽게 해체되어 새로 지어질 집의 기초 공사에 쓰인다. 같은 자리에서, 점토 벽 위에 점토 벽이 다시 세워지며, 수백 년 이어져서 1,000년이 다 되도록 계속된다. 더 놀라운 것은, 진흙으로 만들어진 화덕, 오븐, 저장 통, 연단 같은 자잘한 특징들이 똑같이 반복적인 건설 패턴을 따라 그와 비슷하게 긴 기간 동안 계속 만들어진다는 점이다. 특정한 이미지와 제의적인 배치도 한참 긴 시간 간격을 뛰어넘어 같은 자리에서, 다른 모습으로 거듭 되살아난다.

그렇다면 차탈회위크는 '평등주의 사회'였는가? 이렇다 할 자의식적인 평등주의적 이상형이 있었다는 징후는 없다. 그러니까 예술, 건축이나 물질문화에서의 균일성에 대한 관심 같은 것 말이다. 그럼에도 불구하고, 개별 주택들은 역사를 쌓아나가면서 어느 정도 누적적인 특권을 얻었던 것으로 보인다. 사냥으로 얻은 트로피, 매장용 연단, 흑요석이 집중된 밀도가 그런 특권의 반영이다. 흑요석은 검은색의 유리질 화산암으로, 200킬로미터가량 북쪽에 있는 카파도키아 고원지대에서 출토되는 자원이다. 사람들이 오래 거주해온 주택이 권위를 갖는다는 것은 장로들, 특히 원로 여성들이 영향력 있는 지위를 가진다는 생각과 일관되는 것으로 보인다. 하지만 더 특권이 있는 주택들은 특권층이 거주하는 동네에 모여 있지 않고 작은 집들 사이에 분포되어 있었다. 젠더 관계의 문제에서는, 어느 정도의 대칭성, 혹은 적어도 상호 보완성이 있었다고 인정할 수 있다. 회화 예술에서, 남성적 주제가 여성적 주제를 포괄하지도 않고, 그 역도 성립하지 않는다. 굳이 말하자면, 이 두 영역은 별개로, 서로 다른 거주 구역에 존재한 것으로 보인다.

차탈회위크에서 이루어진 사회생활과 노동의 기저에 깔린 현실은 무엇이었을까? 아마 이 모든 예술과 제의에 관해 가장 놀라운 점은 그것이 농경과 거의 무관하다는 것이다. 앞에서 지적했듯이, 가정용 곡물(보리와 밀)과 가축(양과 염소)은 영양분을 기준으로 할 때 야생 자원보다 훨씬 더 중요했다. 우리는 모든 주택에서 유기물 흔적이 다량으로 발굴되었기 때문에 이 사실을 안다. 그렇지만 1,000년간 이어진 공동체의 문화생활은 완강하게 수렵과 채집의 세계를 가리키고 있다. 이 지점에서 우리는 우리가 그리는 차탈회위크의 삶의 그림이 얼마나 완전한지, 또 그 그림과 현실 간의 가장 큰 간극이 어디에 있는지를 물어보아야 한다.

초기 농경 공동체에서 사회생활의 계절성은 어떻게 성과를 냈을까?

신석기시대 차탈회위크 현장에서 발굴된 부분은 전체의 5퍼센트 가량에 불과하다.[15] 심층 조사와 현장 탐사에서는 이 도시의 다른 부분들이 크게 다르다고 볼 특별한 이유가 나오지 않지만, 그럼으로써 우리가 정말 아는 것이 얼마나 적은지, 또 우리 역시 고고학 기록에서 무엇이 누락되어 있는지 생각해야 함을 상기하게 된다. 가령, 주택 바닥은 정기적으로 깨끗이 비질이 되었으며, 그 주위에 놓인 물건들의 배치는 과거 활동을 결코 그대로 나타내지 않는다. 그런 것은 미세한 조각들과 회벽에 박힌 찌꺼기를 신중하게 조사해야만 추적될 수 있다.[16] 살림살이의 표면과 가구를 덮었던 갈대 멍석의 흔적도 발견되었는데, 이는 상황을 더 혼란스럽게 만든다. 주택 안에서 벌어지고 있었던 모든 일을 우리가 모조리 알지는 못한다. 절반도 채 모를 수 있다. 또는 이런 비좁고 특이한 구조물 안에서 사람들이 실제로 얼마나 많은 시간을 보냈는지도 모른다.

이런 점들을 고려할 때, 차탈회위크 유적을 그 당시의 오래된 주변 환경과의 관련 위에서 더 폭넓게 살펴볼 필요가 있다. 고고학이라는 학문은 적어도 그런 환경의 개요 정도는 재구성할 수 있게 해준다. 차탈회위크는 계절에 따라 차르삼바강의 범람으로 형성되는 습지대wet-land(온통 진흙과 점토뿐인)에 자리 잡고 있다. 차르삼바강은 코니아 평원에 들어오면서 지류가 갈라진다. 그 현장은 한 해 중 많은 기간을 늪지에 둘러싸여 있었을 것이며, 높이 돋워진 건조한 땅이 중간중간 끼어 있다. 겨울은 춥고 습하며, 여름은 숨이 답답해질 정도로 덥다. 봄에서 가을까지 양과 염소는 평원 내 풀이 자라는 곳들을 돌아다니고, 가끔은 더 멀리 고원지대로 가기도 했을 것이다. 경작 가능한 작물은 십중팔구 늦은 봄에 차르삼바의 물이 빠진 범람원에 파종되고, 그곳에서 고작 석 달 만에 익어서, 늦여름이면 수확되고 처리되었을 것이다. 그것들은 아도니스의 계절에 빨리 자라는 곡물이다.[17]

이런 업무는 도시와 아주 가까운 곳에서 처리되었겠지만, 작업 배치와 일반적인 사회적 업무를 주기적으로 분산시켰다가 재소집하는 과정이 개입되지 않을 수 없었을 것이다. 그리고 아도니스의 제의가 상기시켜주듯이, 지붕 위에서 전혀 다른 종류의 사회생활이 벌어졌을 수도 있다. 사실 차탈회위크의 건설된 환경의 잔존 유적에서 드러나는 것은 대체로 겨울에 치중한 사회적 설정으로서, 수렵 및 죽은 이에 대한 존경에 집중된 치열하고 확연한 제의주의다. 한 해 중 그 시기에 수확을 마치고 나면 공동체의 삶이 위축되어 주택 안으로 들어가고, 양과 염소의 무리가 울타리 안으로 물러나면서 농경 노동에 필요했던 조직은 다른 종류의 사회적 현실에 밀려나게 된다.

사회구조의 계절적 변주[18]는 차탈회위크에서 잘 살아남았고, 이런 신중하게 균형 잡힌 교대 체제는 그 도시가 왜 존속되었는지 이해하게 해주는 핵심으로 보인다. 놀라운 정도의 물질적 평등이 한 집안에서, 그리고 다른 집들과의 관계에서도 가족생활의 일상적 상호 행동을 지배했다. 하지만 그와 동시에, 위계가 개발되어 활동의 리듬을 느리게 만들고, 산 자와 죽은 자를 연결하는 제의에서도 작동했다. 양치기와 경작에는 작물을 방어하고 가축 떼를 지키기 위한 노동의 엄격한 연간 분업이 당연히 포함되었다. 하지만 그렇다고 해도 그것은 가정의 제의적 삶에 끼어들지는 못했다. 제의적 삶에 에너지를 공급하는 것은 더 오래된 근원으로, 데메테르보다는 아도니스에 가까웠다.

그러나 차탈회위크의 사람들이 바로 어디에 작물을 심었는지에 관련된 어떤 논쟁이 벌어졌다. 처음에, 곡물 유물에 대한 세밀한 연구 결과는 그곳이 건조한 지형이었으리라고 시사했다. 코니아 분지에 있던 고대 늪지의 넓이를 감안한다면, 경작지는 도시에서 적어도 12킬로미터는 떨어진 곳에 위치했을 텐데, 당나귀나 소가 *끄*는 수레가 없었던 당시에 도저히 감당할 수 있는 거리로 보이지 않는다(이 지역은 소에게 고삐를 매기는커녕 아직 소를 가축화하지도 못한 단계임을 기억하라). 뒤에 이어지는 분석들은 더 국지적인 장소인 차르삼바 범람원의 비옥한 토양을 시사한다.[19] 경작지의 구별은 생태학적 이유만이 아니라 역사적인, 심지어는 정치적인 이유 등 여러 가지 이유에서 중요하다. 왜냐하면 그 실질적 현실을 우리가 어떻게 그려보는지가 신석기시대 농경의 사회적 결과를 우리가 어떻게 바라보는지와 직접 관련을 갖기 때문이다.

우리는 정확하게 왜 그런지를 보기 위해 더 넓은 시각을 가져야 한다.

비옥한 초승달 지역의 분열에 관해

1960년대에 차탈회위크가 처음 조사되었을 때, 집 안에 소의 두개골이 매달려 있는 주택들이 발견되는 바람에 많은 사람들이 코니아

평원이 동물 사육의 초기 요람이었다고 추측하게 되었는데, 그럴 만했다. 그러나 요즘에는 소(와 멧돼지)가 처음 가축화된 것이 차탈회위크가 처음 세워지기 1,000년 전이었고, 가축화된 장소도 전혀 다른 곳이었음이 알려져 있다. 그것은 티그리스강과 유프라테스강 계곡의 상부 지역 동쪽으로 멀리 떨어진 아시아 지역에 속하는 비옥한 초승달이라 알려진 곳이었다. 차탈회위크를 세운 이들은 대략 그 방면에서 가내 곡물, 콩, 양, 염소 등을 포함하는 농업경제의 기초를 얻었다. 그러나 그들은 소나 돼지를 가축으로 삼아 기르지는 않았다. 왜 그랬을까?

여기에 가축화를 거부할 환경적 장애물은 전혀 없었으니, 문화적 거부감의 요소가 있었으리라고 추측해야 한다. 가장 그럴 법한 설명의 후보 또한 가장 뻔한 것이다. 차탈회위크의 미술과 제의가 시사하듯이, 야생 소와 멧돼지는 제물로서 매우 귀중히 여겨졌으며, 아마 누구라도 기억할 수 있는 오래전부터 그랬을 것이다. 위신이라는 기준에서 볼 때 잃을 것은 많았다. 이런 위험한 동물들 주위에 더 온순하고 길들여진 변종이 모이게 되면 남성들의 피해가 특히 커진다. 소를 고대의 야생 형태—덩치가 크지만, 날렵하고 빠르고 매우 인상적인 짐승—그대로 둔다는 것은 그 지역의 인간 사회에 피해가 없도록 유지한다는 의미이기도 하다. 그리하여 소는 기원전 6000년경까지 야생의 매혹적인 존재로 남아 있었다.[20]

그렇다면, 정확하게 비옥한 초승달이란 무엇인가, 아니 무엇이었는가? 첫째, 이것이 완전히 현대적인 개념임을 지적해야 한다. 그 개념의 기원은 환경만큼이나 지정학적인 데 있었다. 비옥한 초승달이라는 용어가 만들어진 것은 19세기였는데, 그때 유럽의 제국주의 권력은 자신들의 전략적 이익에 따라 중동 지역을 갈라 먹고 있었다. 부분적으로는 고고학, 고대 역사와 현대의 제국주의 기관들 간의 긴밀한 연대 때문에, 그 용어는 연구자들 사이에서 지중해 동부 해안 지역(현대 팔레스타인, 이스라엘, 레바논)에서 시리아, 튀르키에, 이라크의 일부를 통과하여 자그로스산맥 기슭(대략 이란과 이라크의 국경 지역)에 이르는 지역을 묘사하는 용어로 널리 채택되었다. 지금 그 용어를 농경이 시작된 지역, 즉 대략 초승달 모양의 긴 띠처럼 생겼고 사막과 산맥으로 에워싸인 농경 가능한 지역을 가리키는 것으로 계속 쓰는 것은 선사학자들뿐이다.[21]

하지만 생태학적인 기준에서, 그곳에는 초승달이 하나가 아니라 두 개 있다. 혹은 얼마나 자세히 들여다보는지에 따라 당연히 더 많을 수도 있다. 마지막 빙하시대가 끝난 기원전 1만 년경, 이 지역은 명확히 구분되는 두 방향으로 발전했다. 지형학을 적용하면, '고지대 초승달'과 '저지대 초승달'을 하나씩 알아볼 수 있다. 고지대 초승달은 토로스산맥과 자그로스산맥의 기슭을 따라가서 오늘날 시리아와 튀르키에 사이의 국경선 북쪽으로 이어진다. 마지막 빙하시대가 끝날 무렵, 채집인들에게 그곳은 열린 변경 같은 곳이었을 것이다. 참나무와 피스타치오 숲으로 이루어진 넓은 벨트 지대이자 사냥감이 풍부한 초원 지대가 강 계곡과 교차하고 있다.[22] 남쪽에 있는 저지대 초승달은 피스타치오 나무가 우거진 숲이 특징이며, 비옥한 토양 지대가 강의 수계나 호수와 찬정鑽井 지대에 바싹 붙어 있다. 그곳 너머로는 사막과 황량한 대지가 펼쳐져 있다.[23]

기원전 1만 년에서 기원전 8000년 사이에, 비옥한 초승달 지역의 '고지대' 채집인 사회들과 '저지대' 구역들은 현저한 변형을 겪었지만, 그 변형은 서로 전혀 다른 방향으로 나아갔다. 그 차이는 생존 양식이나 서식지라는 용어로 쉽게 표현될 수 없다. 사실, 두 지역 모두에서 우리는 마을village, 부락hamlet, 계절적 숙영지, 웅장한 공공건물로 표시되는 제의와 행사 활동의 중심지 등 인간 정착의 복잡한 모자이크를 볼 수 있다. 또 두 지역 모두 수렵과 채집 활동을 넓은 범위로 수행하면서도 식물을 재배하고 가축을 길렀다는 증거를 다양하게 만들어냈다. 하지만 문화적 차이도 있다. 어떤 차이는 너무나 커서 앞 장에서 설명했던 것 같은 분열생성의 과정이 있었으리라고 시사할 정도다. 심지어, 마지막 빙하시대가 끝난 뒤 비옥한 초승달 지역에서도 '저지대'와 '고지대' 사이의 생태적 경계 지역ecological frontier은 태평양 연안 지역의 '개신교 채집인들'과 '어부 왕들' 간의 차이만큼이나 날카롭게 구별되는 문화적 최전방cultural frontier이 되었다는 주장도 가능하다.

고지대에서는 정착한 수렵 채집인들 사이에서 위계를 발생시키는 방향으로 나아가는 놀랄 만한 전환이 있었다. 이 전환이 가장 극적으로 표명된 곳은 괴베클리 테페의 거석 중심지와 최근에 그 근처에서 발견된 카라한 테페Karahan Tepe 같은 유적이다. 이와 대조적으로, 유프라테스강과 요르단 계곡의 저지대에는 그런 거석 구조물이 존재하지 않으며, 신석기시대의 사회들은 명확하지만 똑같이 조숙한 변화의 경로를 따라갔다. 이에 대해서는 곧 설명하려 한다. 게다가 이웃해 있는 이 두 사회 가족—'저지대인'과 '고지대인'이라 부르자—은 서로 잘 아는 사이였다. 우리가 이 사실을 아는 것은 그들이 먼 거리를 격하여 서로 내구성 재료를 거래했기 때문이다. 그런 것으로는 앞에서 북아메리카 서부 해안에서 귀중품으로 유통되는 것을 우리가 본 바 있는 그런 재료들도 있었다. 예를 들면 산지에서 나는 광물과 흑요석, 해안에서 얻는 모뿔조개 껍질 같은 것들이다. 튀르키에 고지대에서 나는 흑요석이 남쪽으로 흘러갔고, 조개껍질(아마 화폐로 사용되었을)은 홍해 연안에서 북쪽으로 흘러가, 고지대인들과 저지대인들이 계속 만나게 만들었다.[24]

이 선사시대 교역이 순회하는 경로는 그들이 인구 분포가 들쑥날쑥한 남쪽으로 이동하면서 축소되었다. 그 경로는 유프라테스강의 시리아 구간에서 시작하여 다마스쿠스 분지를 돌아 요르단 계곡으로 내려간다. 이것이 소위 '레반트 회랑Levantine Corridor'이라 불리는 구간을 이룬다. 그리고 이곳에 사는 저지대인들은 열성적인 공예 전문가이자 교역자였다. 각 촌락이 각자 고유한 전문성을 개발한 것처럼 보였다(석재 연마, 구슬 가공, 조개껍질 가공 등등). 그리고 산업은 특별한 '숭배용 건물cult building'이나 계절적인 숙소와 함께하는 경우가 많았는데, 이는 길드나 비밀 협회가 그런 기술을 관리했음을 시사한다. 기원전 9000년에서 기원전 8000년 무렵, 대규모 정착촌이 주요 교역로를 따라 개발되었다. 저지대 채집인들은 요르단 계곡의 유역을 따라 토양이 비옥한 지역을 차지하고, 교역으로 얻은 부를 이용하여 점점 늘어나는 정착 인구를 부양했다. 놀랄 만한 규모의 정착지들이 그런 형편좋은 위치에 세워졌고, 예리코나 바스타 같은 몇몇 지역은 넓이가 10만 제곱미터에 이를 정도였다.[25]

이 과정에서 교역의 중요성을 이해하는 것은 저지대 초승달이 대비와 결합이 밀접하게 공존하는 지형(이 점에서 캘리포니아와 매우 비슷하다)임을 인정하는 것이다. 그곳에서는 채집인들이 자신들에게 부족한 보완재—식품, 의약품, 약물drugs, 화장품 등을 포함한—를 교환할 기회가 항상 있었다. 야생 자원의 지역적인 성장 주기가 기후와 지형에 따라 첨예한 차이를 보이며 엇갈렸기 때문이다.[26] 농경 자체도 정확하게 이런 식으로, 즉 수많은 '적소適所, niche'에서의 활동이나 지역적인 전문화 형태의 하나로서 출발했던 것으로 보인다. 초기 농업을 확립한 작물—엠머 밀, 아인콘, 보리, 호밀 등—은 단 하나의 '핵심' 영역에서 길들여진(한때 그렇게 가정되었듯이) 것이 아니라, 요르단 계곡에서 시리아 쪽 유프라테스강에 이르는, 또 그보다 더 북쪽까지도 포함되는 레반트 회랑을 따라 여러 다른 지점에서 제각기 길들여진 것으로 보인다.[27]

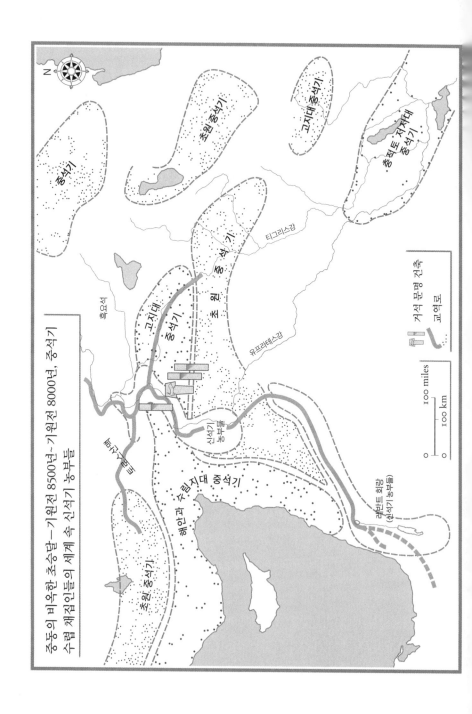

중동의 비옥한 초승달—기원전 8500년~기원전 8000년, 중석기
수렵 채집인들의 세계 속 신석기 농부들

N

중석기

초원 중석기

고지대 중석기

충적토 저지대
중석기

티그리스강

중석기
고지대

초원 중석기

유프라테스강

흑요석

신석기
농부들

해안과 수림지대 중석기

초원 중석기

레반트 회랑
(신석기 농부들)

거석 분명 건축
교역로

0   100 miles
0   100 km

더 고도가 높은 고지대 초승달 지역에서는 가축이(서부 이란에서는 양과 염소, 동부 아나톨리아에서는 소도 포함) 수렵과 채집의 계절적 순환의 일환으로 관리되었음을 보여주는 가장 오래된 증거가 몇 가지 발견된다.[28] 곡물 재배도 이와 비슷한 방식으로, 주로 견과류, 나무딸기, 콩 종류, 또 금방 구할 수 있는 먹을거리들을 포함하는 야생 자원 기반의 경제를 아주 소소하게 보완해주는 용도로 시작되었다. 그러나 재배는 대개의 경우 단순히 칼로리 문제만은 아니었다. 곡물 생산은 사람들을 새로운 방식으로, 대개는 반복적이고 노동 집약적으로, 또 당연히 상징적 의미가 잔뜩 부여된 방식으로 공동 과업을 수행하도록 불러 모았다. 그리고 그 결과로 얻어진 식품은 그들의 행사 생활 속에 편입되었다. 시리아 쪽 유프라테스강 둑에 있는 예르프 엘아마르Jerf el-Ahmar 유적은 비옥한 초승달 지역의 고지대와 저지대 영역이 만나는 지점으로, 곡물의 저장과 가공은 일상적인 주거 시설보다는 제의와의 관련이 가득한 지하의 거처에서 더 많이 처리되는데, 그곳에 가려면 지붕의 개구부로 출입해야 한다.[29]

저지대인과 고지대인 간의 대조점을 더 파헤치기 전에, 이런 가장 이른 형태의 농경이 실제로 어떤 것이었는지를 조금 더 자세히 고려하는 것이 중요해 보인다. 이를 위해 우리는 길들임domestication의 과정을 더 깊이 알아보아야 한다.

느리게 길들여진 밀, 우리가 어떻게 농부가 되었는지에 대한 대중적 이론

작물의 경우, 길들임은 식물이 야생에서 번식할 수 있는 특징을 재배되는 과정에서 상실할 때 발생하는 일이다. 가장 중요한 것은 인간의 도움 없이 씨앗을 퍼뜨리는 야생종의 능력이다. 밀의 경우, 줄기에서 자라는 씨앗은 작은 이삭spikelet이라 알려진 초소형 공기역학적 캡슐에 담겨 있다. 야생 밀이 익으면, 작은 이삭과 줄기(엽축이라 불리는 요소)의 연결이 부서진다. 작은 이삭은 해방되어 땅에 떨어진다. 그 가시 모양의 끝부분은 씨앗이 최소한 일부라도 살아남아 자랄 수 있을 만큼 깊이 흙을 뚫고 들어간다(다른 쪽 끝은 위로 치솟아서, 억센 수염 모양의 강모가 새와 설치류와 풀 뜯는 동물을 떨쳐낸다).

길들여진 변종에서는 이런 생존의 보조 요소들이 사라진다. 유전자 변이가 발생하여, 자발적인 종자 분산의 메커니즘을 삭제하고 밀을 튼튼한 생존자가 아니라 구제 불능의 의존자로 전환한다. 어미 식물에서 분리될 수 없으므로 엽축은 연결하는 역할을 한다. 넓고 사악한 세상을 차지하기 위해 퍼지는 대신, 강모는 완강하게 줄기 꼭대기 부분('이삭')에 고착되어 버틴다. 그리고 그런 상태로 남아 있다가 누군가에게 수확되거나 썩어버리거나 동물에게 먹힌다. 그렇다면 곡물의 이런 유전적이고 행동적인 변화는 어떻게 발생했으며, 발생하는 데 얼마나 오래 걸렸는가, 또 인간 사회에서 무슨 일이 일어났기에 그런 변화가 일어날 수 있었을까? 역사가들은 때로 이 질문을 뒤집어놓기를 좋아한다. 그들은 인간이 밀을 길들인 것과 똑같은 정도로 인간을 길들인 것이 밀이라고 상기시킨다.

유발 하라리는 이 지점에서 웅변을 펼치면서 우리에게 '잠시 동안 농업혁명을 밀의 관점에서' 생각해보라고 요청한다. 1만 년 전, 밀은 특별히 중요하지도 않은 야생 풀 한 종류에 불과했다고 그는 지적한다. 하지만 수천 년이라는 기간 안에 밀은 지구의 많은 지역에서 자라게 되었다. 그런 일은 어떻게 일어났을까? 하라리에 따르면, 밀이 자

모든 것의 새벽

신에게 이익이 되도록 호모 사피엔스를 조종함으로써 그렇게 되었다. "이 영장류는 1만 년 전쯤까지는 수렵하고 채집하면서 아주 편안하게 살아가고 있었다. 그러다가 밀을 길들이면서 점점 더 많은 노력을 쏟아붓기 시작했다." 밀이 돌을 좋아하지 않는다면 인간은 밭에서 돌을 치워야 했고, 밀이 다른 식물과 공간을 공유하기 싫어한다면 사람들은 뜨거운 태양 아래에서 다른 식물들을 뽑아내는 노동을 해야 했으며, 밀이 물을 간절히 원한다면 사람들은 여기서 저기로 물을 끌어오는 등의 일을 해야 했다.[30]

이 모든 것에는 뭔가 불가항력적인 요소가 있다. 하지만 그것은 전체 과정을 '밀의 관점에서' 보는 것이 합당하다는 전제를 실제로 받아들여야만 그렇게 된다. 그런데 다시 생각해보면, 왜 그래야 하는가? 인간은 큰 두뇌를 갖고 있고 지적 영장류인데, 밀은, 흠…… 일종의 풀이다. 물론, 어떤 의미로는 인간 아닌 종들이 스스로를 길들인 사례가 있기는 하다. 집쥐와 참새가 그런 종류이며, 아마 개도 그럴 것이다. 우연히도 그런 것들이 모두 중동 지역의 초기 신석기시대 마을에서 발견되었다. 장기적으로 볼 때, 인간이 그 작물의 노예가 되어버린 종이라는 말은 의심의 여지 없이 옳다. 밀, 쌀, 수수, 옥수수는 세계를 먹여 살리며, 그것들 없는 현대 생활을 상상하기는 힘들다.

하지만 신석기시대 농경의 시작을 이해하려면, 우리는 분명 그것을 현대가 아니라 구석기시대의 시점에서 보아야 하고, 어떤 부르주아 영장류 인간이라는 상상 속 종족의 관점에서 보면 안 되는 것은 말할 것도 없다. 물론 쉬운 일은 아니지만, 그렇게 하지 않으면 신화 창조의 영역으로 미끄러져 내려가버린다. 과거를 '그저 그런' 이야기로 재구성하고, 우리의 현재 상황을 뭔가 불가피하거나 미리 예정된 것으로 만들어버리는 것이다. 하라리의 개작된 이야기가 매력적인 것은,

그것이 어떤 증거에 기초했기 때문이 아니라, 예전에도 그것을 수천 번 들은 적이 있고 단지 등장인물들만 다를 뿐이기 때문이다. 사실 우리 가운데는 아기 때부터 그 이야기를 들어온 사람도 많다. 다시 한번 말하지만, 우리는 에덴동산에 돌아가 있다. 다만 지금은 인간을 금지된 지식의 열매를 따 먹도록 꾀어내는 것이 교활한 뱀이 아니다. 열매 자체(곡식의 종자)다.

우리는 이것이 어떻게 진행되는지 이미 알고 있다. 인류는 한때 자연의 축복에 힘입어 '아주 편안한 삶'을 살고 있었다. 하지만 그러다가 가장 치명적인 오류를 저질렀다. 더 편안한 삶—잉여와 사치의 삶, 신들처럼 사는 삶—을 살 수 있다는 전망에 유혹된 인간들은 자연의 조화로운 상태에 간섭해야 했고, 그럼으로써 부지불식간에 스스로를 노예로 만들어버렸다.

우리가 이 우화를 제쳐놓고 식물학자, 유전학자, 고고학자 들이 지난 몇십 년간 알아낸 것들을 살펴본다면 무슨 일이 일어날까? 밀과 보리에 관심을 집중해보자.

바로 이 곡물들은 마지막 빙하시대가 끝난 뒤 렌틸 콩, 아마, 강낭콩, 병아리 콩, 쓴살갈퀴 등과 함께 제일 처음 길들여진 것들에 속했다. 앞에서 지적했듯이, 이 과정은 중심지 한 곳이 아니라 비옥한 초승달의 여러 다양한 지역들에서 일어났다. 이런 곡물들의 야생 변종들은 오늘날에도 그곳에서 자라고 있어서, 연구자들은 이런 식물들이 행동하는 양식을 직접 관찰할 기회를 가질 수 있고, 1만 년 전에 이것들이 길들여지도록 이끈 기술적 과정의 특정한 면모들을 재구성할 수도 있었다. 그런 지식을 갖춘 그들은 같은 지역의 고고학 유적에서 수백 개씩 발견된 고대의 씨앗과 다른 식물 유물들을 검토할 수도 있다.

그러면 과학자들은 이런 길들임의 생물학적 과정(신석기시대의 재배와 비슷한 기술적 여건에서 재생산되는)을 선사시대에 실제로 일어났을 법한 실제 과정과 비교해보고, 어떻게 맞아떨어지는지 볼 수 있다.

일단 신석기 사회에 재배가 널리 퍼진 다음에는 곡물이 야생 형태에서 길들여진 형태('농업혁명' 같은 용어가 우리에게 기대하게 만드는 것이 바로 이런 것)로 비교적 빠르게, 또는 적어도 지속적으로 변형된 증거를 보리라고 기대할 수 있다. 하지만 사실 고고학의 연구 결과는 전혀 이런 것을 보여주지 않는다. 또 중동 지역이라는 배경에도 불구하고, 그런 발견물은 인간이 어떻게 불행하게도 밀과의 파우스트식 계약에 우연히 들어왔는지에 대한 에덴동산 스타일의 이야기와 조금이라도 닮은 어떤 것을 구성해내지 못한다. 그런 종류의 이야기가 우리의 현실과 얼마나 거리가 먼지는 몇십 년 전, 연구자들이 실제의 선사시대 곡물 길들임의 비율을 실험실 여건에서 달성된 결과와 비교하기 시작했을 때 이미 명백해졌다.

이런 종류의 야생 밀 실험이 처음 행해진 것은 1980년대였다.[31] 실험 결과 우리는 부싯돌로 만든 낫으로 떨어내거나 손으로 뿌리째 뽑아내는 단순한 수확 기술을 사용할 때 작물의 길들임으로 이어지는 핵심적인 유전자 변이가 최소 20, 30년에서 최대 200년에 걸쳐 달성될 수 있다는 사실을 알게 되었다. 필요한 것은 오로지 곡물 자체가 제공하는 힌트를 인간이 따라가는 것뿐이다. 이는 익기 시작한 뒤 줄기에 알곡을 남겨둔 채 수확한다는(노처럼 생긴 막대기로 곧바로 이삭을 때려 알곡을 떨어내는 것이 아니라, 베거나 뽑는 방식이다) 뜻으로, 새로 얻은 씨앗을 새로 만든 밭의 흙에 뿌리며(야생의 경쟁자들을 피해), 실수를 하면서 배우고, 성공한 공식을 다음 해에 다시 시도하는 것이다. 야생 곡물의 수확에 익숙해진 채집인들에게 이런 변화가 중대한 보급상의, 혹은 개념적인 도전은 아니었을 것이다. 그리고 먹을거리를 얻는 것 외에도, 이런 식으로 야생 곡물을 수확할 또 다른 좋은 이유가 있었을 수도 있다.

낫으로 수확하면 알곡만이 아니라 짚도 얻는다. 오늘날 우리는 짚을 음식 생산이 1차적 목적인 곡물 농사의 부산물로 여긴다. 하지만 고고학적 증거를 보면 원래는 우선순위가 그 반대였던 것으로 짐작된다.[32] 중동에서 인간 집단은 곡물이 주식이 되기 오래전에 영구 정착촌에 자리 잡기 시작했다.[33] 이 과정에서 그들은 야생 풀 줄기의 새로운 용도를 알아냈다. 그것은 불 피우는 연료이기도 했고, 진흙과 점토와 함께 반죽하여 무른 재료를 필수 건축 자원으로 변형하는 완충제가 되어 주택과 화덕, 저장 용기, 또 다른 고정된 구조물을 짓는 데 쓰였다. 짚은 또 광주리, 의복, 멍석, 지붕 이엉을 만드는 데도 쓰였다. 짚을 쓰기 위해 야생 풀을 열성적으로 거두는(낫으로 베어서든 그냥 뽑아서든) 인간의 활동은 이런 풀이 씨앗 분산이라는 자연적 메커니즘을 잃게 되는 핵심 조건 가운데 하나가 되기도 했다.

이제 여기에 핵심이 있다. 만약 속도를 조정하는 것이 인간이 아니라 작물이라면, 이 두 과정은 나란히 함께 진행되었을 수도 있었다. 그렇게 하여 큰 씨앗을 가진 풀들이 고작 20, 30년 만에 길들여졌을 수도 있는 것이다. 밀은 인간 조력자를 얻었을 것이고, 인간은 씨앗 손실이 별로 없이 효과적으로 수확할 수 있고 확실하게 저장할 수 있는 식물 자원을 얻었을 것이다. 하지만 그렇게 하려면 토양 관리와 탈곡과 키질이라는 수확 이후의 작업이 추가적으로 필요해진다(야생 곡물의 경우에는 이런 과정이 자연스럽게 일어난다). 인간들의 세대가 몇 번 지나는 동안, 인간과 작물 사이의 파우스트식 계약은 확고해졌을 것이다. 하지만 여기서 다시 증거는 이런 예상을 완전히 뒤엎는다.

사실, 최신 연구 결과를 보면 비옥한 초승달 구역에서 식물 길들임의 과정은 한참 뒤까지도, 야생 곡물이 처음 재배되기 시작하고 길게는 3,000년이 지난 뒤에도 완결되지 않았다.[34] (다시 한번, 여기서 거론되는 시간이 어느 정도의 규모인지 생각해보라. 트로이전쟁이 일어난 것으로 알려진 때와 현재 사이에 놓여 있는 시간이다.) 그리고 몇몇 현대 역사가들은 여기저기서 '몇천 년이라는 짧은 시간'을 마음대로 처리하는 사치를 스스로 누릴지 모르지만, 우리가 그 삶을 이해하려고 노력하고 있는 선사시대의 행위자actor들에게 이런 태도를 확대 적용할 수는 없다. 이 지점에서, 여러분은 우리가 '재배'라고 할 때 그것이 무엇을 의미하는지, 그리고 야생 식물의 번식 행동을 명백히 변화시키는 결과를 낳지 않았다면 그것이 언제 시작되었는지를 우리가 어떻게 알 수 있는지 합당하게 물어볼 수 있다. 그 대답은 잡초에(그리고 '식물고고학archaeobotany'이라 알려진 고고학의 한 독창적인 하부 분야에서 상상해낸 연구 방법에) 놓여 있다.

왜 신석기시대 농경은 진화하는 데 그렇게 오래 걸렸을까, 그리고 왜 루소가 상상한 것처럼 확정된 밭에 울타리를 치는 형태가 아니었을까?

2000년대 초반부터 식물고고학자들은 '길들임 이전의 재배pre-domestication cultivation'라 알려진 현상을 연구해왔다. 재배란 일반적으로 야생의 것이든 길들여진 것이든, 좋아하는 작물이 생존할 기회를 개선하기 위해 인간이 행하는 작업을 가리킨다. 이는 대개 최소한 잡초를 뽑고 흙을 갈아엎는 작업을 포함한다. 땅고르기는 야생 곡물 알곡의 크기와 형태의 변화를 유도한다. 비록 그런 변화가 길들임으로 이어지지는 않더라도 말이다(기본적으로는 그냥 크기만 커진다). 또 클로버, 호로파, 지치 같은 경작 가능한 잡초처럼 척박한 토양에서도 잘 번성하는 다른 식물군도 끌어들인다. 선명한 색을 자랑하며 빠르게 꽃을 피우고 빠르게 죽어버리는 미나리아재빗과(아도니스속!)도 여기에 포함된다.

1980년대 이후, 중동의 선사시대 현장에서 나온 통계 증거들이 축적되자 연구자들은 알곡 크기와 경작 가능한 잡초 식물군의 비율이 보여주는 시간에 따른 변화의 증거를 분석했다. 현재 그 증거는 수만 개를 헤아린다. 그것들이 보여주는 것은, 시리아 북부 같은 그 지역의 특정 구역에서 야생 곡물이 재배된 시기가 적어도 기원전 1만 년까지 거슬러 올라간다는 것이다.[35] 하지만 바로 그 지역에서 작물 길들임의 생물학적 과정(잘 부서지는 엽축에서 튼튼한 엽축으로의 핵심적 전환을 포함하는)은 더 최근인 기원전 7000년까지도 완결되지 않았다. 이는 그것이 진행되는 데 필요했을 시간, 그러니까 인간이 정말 아무것도 모른 채, 작물에서의 변화가 지시하는 궤적을 따라 그 전체 과정과 맞닥뜨렸더라면 걸렸을 시간보다 대략 열 배는 더 긴 시간이다.[36] 분명히 말하자. 그것은 인간 역사에서 3,000년인데, '농업혁명'이 되기에는, 심지어 농경으로 가는 길에서의 모종의 이행기 단계로 여겨지기에는 너무 긴 시간이다.

플라톤적 편견을 가진 우리가 볼 때, 이 모든 것은 너무 길고 불필요한 지연으로 여겨지지만, 신석기시대 인간들에게는 분명 그런 식으로 경험되지 않았던 모양이다. 우리는 이 3,000년을 인간 역사에서 그 나름으로 중요한 단계로 이해할 필요가 있다. 그것은 채집인들이 재배의 영역에 들락날락하면서도 결코 작물이나 동물 무리에 예속되지 않았던 것을 특징으로 하는 단계다. 그리고 앞에서도 보았지만, 플라톤이 경멸한 바로 그런 방식으로 농경의 가능성을 들었다 놨다 하는 태도가 비정상적이거나 특이하다고 볼 이유는 전혀 없다. 너무 귀찮은 일이 생기지 않는 한, 재배는 그저 초기의 정착 공동체들이 자신들의 환경을 관리하는 여러 방식 가운데 하나였을 뿐이다. 야생 식물 집단과 길들여진 식물 집단을 격리하는 것이 우리에게는 중요해 보일지 몰라도, 그들에게도 반드시 그렇지는 않았을 것이다.[37]

돌이켜볼 때, 이 접근법은 완벽히 타당하게 느껴진다. 태평양 연안의 '풍요한' 채집인들이 잘 알고 있었던 것처럼, 길들여진 곡물을 재배하는 것은 엄청나게 힘든 작업이다.[38] 진지하게 농사를 지으려면 토양을 진지하게 관리 유지하고 잡초를 제거해야 한다. 수확한 뒤 탈곡과 키질도 해주어야 한다. 이 모든 활동은 수렵, 야생 식량 채집, 공예품 생산, 결혼, 그리고 이야기하기, 도박, 여행, 가장행렬 준비는 말할 것도 없고 기타 수많은 일을 하는 데 방해가 되었을 것이다. 사실, 초기의 재배자들은 필요한 식량과 노동이라는 비용의 균형을 맞추기 위해, 식물이 길들여지기 시작했음을 알리는 형태학적 변화를 거스르는 행동을 전략적으로 선택했을 수도 있다.[39]

이 균형 잡기 행동에는 특별한 종류의 재배가 포함되는데 그것은 우리를 온전히 한 바퀴 돌아서 차탈회위크와 습지대라는 장소로 도로 데려간다. '범람 퇴수flood retreat' '범람 감수flood recession', 혹은 데크뤼décrue라 불리는 그것은 계절에 따라 범람하는 호수나 강의 주변에서 발생한다. 범람 퇴수 농법은 확연히 게으른 작물 재배법이다. 계절에 따라 발생하는 범람이 쟁기질, 연례적인 키질, 토양의 갱신 작업을 대신해준다. 물이 물러가면 범람한 토양이 깔린 비옥한 밭이 남는다. 그곳에서 씨앗이 퍼뜨려질 수 있다. 이것은 숲을 없애고 잡초 제거나 관개를 할 필요도 없는 작은 규모의 텃밭 재배다. 다만 물을 이리저리 유도하여 분배하기 위해 돌이나 흙으로 작은 담bunds을 쌓을 필요는 있었을지도 모른다. 찬정 지대의 주변부처럼 지하수 수위가 높은 지역 역시 이런 식으로 활용될 수 있었다.[40]

노동을 기준으로 할 때, 범람 퇴수 농법은 매우 부담이 적을 뿐만 아니라 중앙의 관리도 거의 필요 없다. 비판적으로 보자면, 그런 시스템은 토양의 울타리 치기와 측정을 원천적으로 거부하는 편이다. 어떤 주어진 땅뙈기든 한 해에는 비옥하고, 다음 해에는 범람하거나 건조해지므로, 어느 정해진 필지에 대한 장기적인 소유권을 갖거나 울타리 치기를 할 동기가 거의 없다. 땅 자체가 지하에서 움직이고 있다면 땅 위에 경계석을 세워봤자 의미가 없다. 어떤 형태로든 인간의 생태는 '원천적으로' 평등하지만, 루소와 그의 아류들이 들었더라면 아주 놀랐을 만큼, 이런 초기의 재배 시스템은 사유재산의 발달에 이용되지 않았다. 범람 퇴수 농법은 실질적으로 토지의 집단 소유, 적어도 토지 재분배의 유연한 시스템을 향해 나아가고 있었다.[41]

범람 퇴수 농법은 비옥한 초승달 지역과 특히 레반트 회랑의 더 건조한 저지대 구역에서의 초기 신석기시대 경제에서 특히 중요시되는 특징이었다. 그 지역에서 중요한 정착지는 흔히 오아시스나 호수 주변(가령, 예리코, 텔 아스와드)에서 아니면 강둑(가령, 아부 후레이라, 예르프 엘아마르)에서 개발되었다. 야생 곡물이 가장 빽빽이 자라는 구역이 실제로는 강우량이 더 많은 고지대 구역에 속했기 때문에, 그런 저지대 정착지의 주민들은 재배 작물과 야생 작물을 격리할 기회를 가졌다. 그리고 그럼으로써 고지대에서 알곡을 모아 오고 그것들을 저지대의 범람 퇴수 구역에 퍼뜨려 다양한 분화와 길들임의 과정을 출발시킨 것이다. 이로 인해 곡물 길들임의 지극히 긴 시간 단위가 더욱 눈길을

끈다. 고대의 재배자들은 한 장소에 머무는 데 필요한 작업을 최소한
으로 행한 것으로 보인다. 그들이 그 장소에 머문 것은 농경이 아니라
다른 이유, 즉 수렵, 채집, 어로, 교역 등등을 위해서였다.

과학자 여성에 관해

농경의 기원에 대한 에덴동산 스타일의 서사를 거부하는 것은 그
서사의 배후에 웅크리고 있는 성차별적인 가정을 거부하거나, 최소한
거기에 의문을 제기한다는 뜻이기도 하다.[42] 창세기는 원초적 순진성
의 상실에 대한 이야기인 것과는 별개로, 여성에 대한 혐오 면에서 역
사상 가장 오래 살아남은 선언문 가운데 하나이기도 하다. 이것에 비
길 만한 것으로는 (서구 전통에서) 헤시오도스, 혹은 플라톤 같은 그리
스 저자들의 편견밖에 없을 것이다. 결국 너무 약해 교활한 뱀의 유혹
에 저항하지 못하고 금지된 열매를 처음 깨물었던 것은 이브다. 지식
과 지혜를 갈망했던 것이 그녀였기 때문이다. 그녀가 받은 (그리고 그녀
이후 모든 여성이 받은) 처벌은 아이를 낳을 때 끔찍한 고통을 겪는 것과
남편의 지배 아래 살아가는 것이었다. 남편 본인에게는 이마에 땀을
흘리며 살아야 하는 운명이 주어졌다.

오늘날의 필자들은 '밀이 인간을 길들임'('인간이 밀을 길들임'과 반대
로)에 대해 글을 쓰지만, 실제로 그들이 하는 일은 구체적인 과학적(인
간적) 성취에 대한 질문을 뭔가 더 신비스러운 질문으로 바꿔놓는 것
이다. 이 관점에서 볼 때, 우리는 야생 식물을 조작하는 지적이고 실
질적인 작업을 모두 수행해온 것이 실제로 누구였는지에 대해 질문을
던지지 않는다. 여러 다른 토양과 수계에 있는 토지 자산을 조사하고,

수확 기술을 실험하고, 이런 기술이 성장과 번식, 영양 공급에 미치는 영향을 꾸준히 관찰하고, 그 사회적 함의에 대해 토론하는 등등의 작업 말이다. 대신에 우리는 금지된 열매의 유혹에 대해 서정적으로 읊어대고, 재레드 다이아몬드가 인간 종족의 역사에서 최악의 실수라 규정한—또다시 성서적인 뉘앙스를 풍기는—기술(농경)의 채택이 낳은 예기치 못했던 결과에 대해 계속 생각에 잠겨 있다.[43]

의식적이든 아니든 간에, 그런 설명에는 여성의 기여분이 배제되어 있다. 야생 식물을 수확하고 그것을 식량, 의약품, 광주리나 의복 같은 복잡한 구조물로 바꾸는 것은 거의 어디서나 여성의 활동이었고, 나중에 남성들이 수행하게 된 뒤에도 여성형 작업으로 젠더화되었다. 이런 상황이 인류학적 보편성이라고까지는 할 수 없지만, 우리가 아는 한 가장 그것에 근접해 있다.[44] 물론 항상 그렇지 않았을 수도 있다고 가설을 세워볼 수는 있다. 현재 상황이 정말로 지난 몇천 년 동안 전 세계에서 벌어진 젠더 역할과 언어 구조에서의 전환으로 인한 결과라고 생각할 수도 있다. 하지만 그런 세기적인 변화가 일어났다면 당연히 다른 흔적도 남았으리라고 생각함이 마땅한데, 아무도 그런 흔적이 무엇일지 힌트조차 주지 못했다. 사실, 어떤 종류의 것이든 고고학적 증거는 얻기 힘들다. 탄화 씨앗을 제외하면 선사시대에 식물이 문화적으로 어떤 일을 겪었는지 전해주는 것이 거의 없기 때문이다. 하지만 증거가 존재할 경우, 그런 증거는 식물을 기초로 하는 지식과 여성 사이에 그런 일을 추적할 수 있는 한 가장 오래전부터 강한 관련성이 있었음을 가리킨다.[45]

우리가 말하는 식물을 기초로 하는 지식이란 단순히 식물을 다루어 식품, 향료, 의약품, 염료, 독약 등을 생산하는 새로운 방식만이 아니다. 섬유에 바탕을 둔 공예와 산업의 발전 및 더 추상적인 지식도 거기

모든 것의 새벽

에 포함되는데, 이런 지식은 시간과 공간, 구조의 속성들을 발생시키곤 한다. 직물 짜기, 제빵, 그물, 멍석 짜기, 밧줄 꼬기는 식용 식물의 재배와 나란히 발전했을 가능성이 가장 큰 종목들이다. 이는 또 이런 공예의 실천과 (문자 그대로) 한데 얽혀 있는 수학적·기하학적 지식의 발전도 함축한다.[46] 그런 지식과 여성의 관련은 현재 남아 있는 인간 형체에 대한 묘사 가운데 가장 오래전의 것들로 거슬러 올라간다. 어디서나 발견되는 마지막 빙하시대의 조각된 여성 인형, 노끈으로 만든 치마와 벨트, 직조된 머리 장식을 두른 인형 같은 것들 말이다.[47]

　(남성) 학자들에게는 이런 종류의 지식에서 젠더가 나뉘는 측면을 다루지 않고 넘어가거나 추상적인 표현으로 덮어 가리려는 특이한 경향이 있다. 클로드 레비스트로스의 '야생의 사고'에 관한 유명한 발언을 생각해보라. 그는 저 '신석기시대 과학자들'이 현대 과학과 유사하지만, 일반화하는 법칙과 공리보다는 자연 세계와의 구체적인 상호작용에서 시작하는 발견의 경로를 만들어낸 것으로 상상했다. 그들의 실험법은 '감지 가능한 성질의 시각에서' 진행되며, 레비스트로스에 따르면 그것은 신석기시대에 개화하여 우리에게 농경과 동물 사육, 도예, 직조, 식량 저장과 준비 등의 기초를 제공했다. 형식적 성질과 이론의 규정에서 출발하는 현대의 발견법은 근대의 과학적 절차가 등장한 뒤 훨씬 최근에야 결실을 맺었다.[48]

　《야생의 사고》—표면적으로는 다른 종류의 지식인 신석기시대 스타일의 '구체의 과학science of the concrete'을 이해하는 데 바쳐진 책—어디에서도 레비스트로스는 그것의 '개화'를 담당했던 주체가 여성일 때가 많았을 가능성을 언급하지 않았다.

　이런 종류의 고려(어떤 상상 속의 자연 상태가 아니라)를 우리의 출발점으로 삼는다면, 신석기시대 농경의 발명에 대해 전혀 다른 종류의 물음이 제기된다. 사실 그것을 설명하려면 완전히 다른 새 언어가 필요해진다. 전통적인 접근법에 들어 있는 문제의 일부분은 '농경agriculture'과 '길들임domestication'이라는 단어 자체에서 발생하기 때문이다. 농경은 본질적으로 식량 생산에 관한 것인데, 그것은 인간과 식물 간에 맺어진 신석기시대 관계의 한 측면(아주 제한된)일 뿐이다. 길들임은 대개 '야생적 본성'의 제멋대로의 힘에 대한 어떤 형태의 지배나 통제의 의미를 함축한다. 페미니즘 비평가들은 이미 두 개념 배후에 있는 젠더적인 전제를 드러내는 작업을 많이 해왔는데, 그런 전제 가운데 어느 것도 고대 재배자들의 생태학을 설명하는 데 적합해 보이지 않는다.[49]

중요시해야 할 지점을 농경과 길들임이 아니라 식물학이나 텃밭 농사로 옮겨본다면 어떨까? 우리는 단번에 신석기시대 생태학의 현실에 더 가까워질 것이다. 그들은 야생적인 자연을 길들이거나 한 줌의 풀씨에서 최대한 많은 칼로리를 쥐어짜내는 데는 전혀 관심이 없었던 것으로 보인다. 그들이 진정으로 관심을 가졌던 것은 마당의 텃밭을 만드는 일이었던 것 같다. 그것은 인공의 서식지로서 흔히 일시적인 것이며, 그 안에 수용되는 생태적 규모는 그들이 선호하는 종에 한정되어 있었다. 그런 종에 포함되는 식물들을 현대의 식물학자들은 '잡초' '약물' '허브' '식량 작물' 등 서로에게 경쟁적인 집합으로 구분하지만, 신석기시대 식물학자들(교과서가 아니라 직접 경험에서 배운 사람들)은 함께 자라게 하는 편을 선호했다.

그들은 밭을 고정적으로 정해두기보다는 호숫가와 샘물가의 충적토를 이용했는데, 그 장소는 매년 달랐다. 그들은 나무를 베고, 밭을 갈고, 물을 길어 오는 것이 아니라 이런 노동의 많은 부분을 자신들을

모든 것의 새벽

위해 해주도록 자연을 '설득하는' 길을 찾았다. 그들의 방법은 지배와 계급 분류의 과학이 아니라, 굽히고, 달래고, 보살피고, 어르는 과학이다. 심지어 자연의 힘을 속여 넘겨 가장 바람직한 결과를 확보할 가능성을 높이기까지 한다.[50] 그들의 '실험실'은 식물과 동물이 사는 실제 세계였고, 면밀한 관찰과 실험을 통해 그 본원적 성향을 이용했다. 이런 신석기시대 재배 양식은 매우 성공적이기도 했다.

비옥한 초승달 지역의 저지대, 요르단강과 유프라테스강 계곡 같은 곳에서는 이런 종류의 생태 시스템이 3,000년간 정착지와 인구의 성장을 지원했다. 그것이 모두 매우 광범위한 이동이나 어떤 '진지한' 농경을 위한 리허설에 불과하다고 여기고 넘어간다면 진짜 핵심을 놓치게 된다. 그것은 또 많은 사람들이 신석기시대 생태학과 당대의 미술과 제의에서 보이는 여성의 존재 간의 명백한 연결로 간주한 것을 무시하는 행태이기도 하다. 이런 인형들을 '여신'이라 부르든 '과학자'라 부르든, 아마 그들의 존재 자체가 여성의 지위에 대한 새로운 인식의 신호라는 깨달음보다는 중요한 문제가 아닐 것이다. 그런 인식은 분명 이런 새로운 사회 형태를 한데 묶어주는 데서 여성들이 이룬 구체적인 성취에 기초한다.

선사시대에서의 과학적 혁신을 연구할 때 겪는 곤란의 일부는 실험실이 없는 세계가 어떤 것인지 상상해야 한다는 점이다. 실험실이 잠재적으로 모든 곳에 어디에나 있는 세계라고 하는 것이 더 정확하겠다. 이 점에서 레비스트로스는 훨씬 더 핵심에 근접해 있다.

(…) 과학적 사고에는 확연히 구별되는 두 가지 양상이 있다. 이는 결코 인간 심성 발달 과정에서 상이한 단계의 기능이 아니라 자연이 과학적 탐구의 대상이 될 수 있는 두 가지 상이한 전략 수준

이다. 하나는 대략 지각과 상상력에 적응했고, 다른 하나는 그것과 멀찌감치 거리를 둔다. 이는 마치 신석기시대의 것이든 현대의 것이든, 모든 과학의 목표인 필연적 관련에 도달할 수 있는 경로가 둘 있는 것과도 같다. 하나는 감각적 직관과 아주 가깝고, 다른 것은 감각적 직관으로부터 더 멀리 떨어져 있다.[51]

앞에서 보았듯이, 레비스트로스는 첫 번째 발견 경로를 '구체성의 과학'이라 불렀다. 그리고 인류 대부분의 위대한 과학적 발견—농경의 발명, 도예, 야금술, 항해술, 거대 건축물, 식물과 동물의 분류와 길들임 등등—이 엄밀하게 다른 종류의 (신석기시대의) 여건 아래 이루어졌음을 상기해야 한다. 그렇다면, 결과로 따져볼 때 이 구체적 접근법은 당연히 과학이다. 그렇지만 '구체성의 과학'은 고고학 기록에서는 실제로 어떤 모습으로 나타나는가? 우리가 이해하려고 애쓰는 혁신의 과정과 우리 사이에 수천 년의 시간이 가로놓여 있는데, 어떻게 그것이 실제로 작동하는 것을 보기를 바랄 수 있을까? 여기서 대답은 정확히 그 '구체성'에 있다. 한 영역에서의 혁신은 다른 수많은 영역에서 메아리와 유사성을, 구체성이 없었다면 전혀 무관하게 보였을 현상들을 찾아낸다.

이런 상황을 우리는 신석기시대 초기의 곡물 재배에서 분명히 볼 수 있다. 범람 퇴수 농법이 가능하려면, 사람들이 늪지와 호숫가같이 진흙을 토대로 하는 환경에 지속 가능한 정착촌을 세우고 살아야 한다. 그렇게 한다는 것은 흙과 점토라는 자원과 친밀해져야 하고, 다른 여건들 아래 그것들의 비옥성을 면밀히 관찰해야 할 뿐만 아니라, 건축의 재료로서나 심지어 추상적 사유의 도구로서도 그것들을 실험해야 한다는 뜻이다. 흙과 점토—밀, 왕겨와 섞은—는 새로운 재배 형

모든 것의 새벽

태를 지원하는 동시에 건축의 기본 재료가 되었다. 즉, 최초의 영구적 주택을 짓는 핵심 재료였고, 화덕과 가구, 단열재를 만드는 데 쓰였다. 사실 그것은 세계의 이 지역에서 뒤늦게 발명된 토기를 제외하면 거의 모든 것에 사용되었다.

하지만 점토는 같은 시기에 같은 장소에서 완전히 다른 종류(문자 그대로)의, 즉 남성과 여성, 인간과 동물 사이 관계를 묘사하는 재료로도 쓰였다. 인간은 그 가소성 좋은 성질을 이용하여 머리를 써야 할 문제를 해결했고, 많은 사람들이 그것을 후대 수학적 표기 시스템의 원조로 보는 작은 기하학적 토큰을 만들었다. 고고학자들은 이런 초소형 수적 도구가 무리 동물들, 풍만한 여성 형상들과 직접 관련이 있다고 보았다. 그런 종류의 미니어처는 신석기시대의 영성spirituality에 관한 현대의 여러 추측을 자극했고, 나중에 이런 창조적이고 생명을 주는 점토의 성질에 그 반향을 남기게 된다.[52] 곧 보게 되겠지만, 흙과 점토는 심지어 산 자와 죽은 자 간의 관계를 재규정하기까지 한다.

이런 식으로 볼 때 '농경의 기원'은 경제적인 변천이라기보다는 미디어 혁명에 더 가까운 것으로 보이기 시작한다. 그것은 또한 텃밭 농사에서 건축, 수학, 열역학에 이르는, 그리고 종교에서 젠더 역할의 재규정에 이르는 모든 것을 포괄하는 사회적 혁명이기도 하다. 이 신세계에서 누가 무엇을 하고 있었는지 우리는 정확하게 모르지만, 여성의 작업과 지식이 그것을 만들어내는 데서 중심 역할을 했다는 것은 명백한 사실이다. 전체 과정은 환경적 재앙이나 인구통계학적 위기 상황에 의해 강제된 것이 아니라 매우 여유 있고 장난스럽기까지 했고 대규모의 폭력적 갈등은 눈에 띄지 않았다. 게다가 그것들은 모두 근본적인 불평등이 도저히 발생할 수 없는 방식으로 수행되었다.

이 모든 것이 가장 명백하게 해당되는 곳이 비옥한 초승달 지역의 저지대 구역, 특히 요르단 계곡과 유프라테스강 계곡을 따라가는 구역에서 발달한 초기 신석기시대 사회다. 그러나 이런 공동체들은 결코 외따로 발달하지 않았다. 논의되고 있는 거의 전체 시기에서 고지대 초승달 지역—토로스산맥과 자그로스산맥 기슭 및 그 인근 초원 지역—역시 다양한 야생 식물과 동물 자원의 관리에 능숙한 정착민들의 본향이었다. 그들 역시 마을에 자주 거주했고, 각자에게 적합한 재배와 목축의 전략을 수용하면서도, 식단의 많은 부분은 길들여지지 않은 종류에서 얻었다. 하지만 다른 측면에서는 그들은 분명히 저지대의 이웃들과는 달랐다. 그 가장 알기 쉬운 차이점은 괴베클리 테페의 유명한 구조물 등 거석 건축물의 건설이다. 이런 집단 가운데 일부는 저지대 신석기시대의 사회와 가까이, 특히 유프라테스강 상류 유역에 살았지만, 그들의 미술과 제의는 세계에 대한 근본적으로 다른 방향을 시사하는데, 이들 간의 차이는 북서부 해안 지역 채집인들과 캘리포니아 이웃들 간의 차이만큼 명백하다.

농사를 지을까 말까: 그것은 모두 당신 머릿속에 있다(괴베클리 테페로 돌아가는 지점)

비옥한 초승달의 고지대와 저지대 구역 간의 경계 영역에 괴베클리 테페가 있다. 그것은 사실 기원전 8000년대에 현대의 시리아와 튀르키예 국경 근처인 우르파 계곡 주변에 세워진 일련의 거석 건설의 중심부 가운데 하나다.[53] 그 대부분은 아직 발굴되어 있지 않고 거대한 T자형 원기둥의 꼭대기만 깊은 계곡 토양 위로 튀어나온 것이 보인다. 직접 증거는 아직 부족하지만, 이런 석조 건축 스타일은 아마 목재로 시작된 건축 전통의 정점을 나타낼 것이다. 괴베클리 테페의 조각 미술 전통의 배후에도 나무로 만들어진 원형이 있을지 모른다. 그런 미술에서는 소박한 여성과 가축 인형과, 점토로 만들어진 촌락 모형이 주종인 저지대의 시각 미술과는 한참 거리가 먼 무시무시한 형상들이 등장한다.

　매체로서나 메시지 면에서나, 괴베클리 테페는 고대 농경 공동체 세계와 극단적으로 다르다. 아직도 서 있는 그곳의 잔재는 돌로 만들어졌는데, 유프라테스강과 요르단 계곡에서는 돌이 건축 자재로 거의 쓰이지 않았다. 이런 돌기둥에는 야생동물과 해로운 동물들이 위주인 그림이 조각되어 있다. 그런 동물들은 거의 전적으로 수컷이며, 찌꺼기를 먹는 동물과 포식자들이다. 어느 석회암 기둥에는 사자가 고부조로 조각되어 있는데, 이를 갈면서 발톱을 뻗치고 있으며, 페니스와 고환이 노출되어 있다. 다른 곳에는 사악한 멧돼지가 웅크리고 있는데, 그것도 남근을 드러내고 있다. 가장 자주 반복되는 이미지는 인간의 머리를 집어삼키는 맹금류의 그림이다. 토템폴과 비슷한 어느 놀라운 조각은 제물과 포식자를 덧씌워 짝 지우는 방식으로 구성되어 있다. 살이 다 없어진 두개골과 눈이 매서운 맹금이 짝을 이루는 식이다. 다른 곳에서는 살을 먹는 새들과 다른 육식류들이 인간의 두개골을 쥐고 이리저리 던지고 노는 모습이 그려져 있다. 한 거대한 원기둥에는 그런 형체 아래에 머리 없는 남자가 페니스가 발기한 모습으로 조각되어 있다(아마 이것은 일종의 사후 강직으로 인한 발기, 혹은 목이 매달리거나 머리가 잘릴 때 척추에 가해지는 큰 트라우마의 결과로 발생하는 '지속 발기priapism'의 묘사일 것이다).[54]

　이런 그림은 우리에게 무엇을 말하고 있는가? 초원-수림 지역의 고지대 주민들 사이에서는 사냥감의 머리를 잘라 갖는 것이 관습이었을까? 네발리 초리Nevali Çori의 정착지—역시 우르파주에 속하며 괴베클리 테페의 것과 비슷한 거대 구조물이 있다—에서 잘린 해골이 묻힌 무덤이 발견되었는데, 그중에는 부싯돌로 만든 단검이 턱 밑에 여전히 꽂혀 있는 젊은 여성의 해골도 있었다. 예르프 엘아마르—유프라테스강 상류에 있으며, 저지대 초승달 지역이 고지대에 근접하는 곳—에서는 놀랍게도 머리가 없는 해골(이번에도 젊은 여성의)이 엎어진 자세로 불에 탄 건물 안에 그대로 놓여 있는 현장이 발견되었다.[55] 괴베클리 테페에는 인간의 머리를 베어내는 모습이 조각으로 묘사되어 있다. 인간 동형적 조각이 만들어졌지만, 그 윗부분이 깨뜨려지고 돌로 만들어진 그 머리는 신전 내의 원기둥 가까운 곳에 묻혀 있다.[56] 이 모든 상황에서, 고고학자들은 그런 관행을 분쟁이나 살육과 연결 짓는 데 신중을 기하는데, 이는 타당한 태도다. 이 시기에 전쟁은 물론 인간들 사이에 폭력이 있었다는 증거는 지금도 별로 많지 않다.[57]

여기서 우리는 에르가니 평원의 차외뉘 테페시Çayönü Tepesi에서 나온 증거도 살펴봐야 할 것 같다. 이곳은 선사시대의 대규모 정착지 현장으로, 공공건물뿐만 아니라 돌로 세운 기초 위에 지은 지하 주택도 있다. 이 정착지는 언덕 지형인 디야르바키르에 위치한 티그리스강의 지류 유역에 위치하며 괴베클리 테페로부터 북쪽으로 멀리 떨어지지 않은 곳으로, 수렵 채집을 하면서 가끔 유목도 하는 공동체가 대략 같은 시기에 세운 곳이다.[58] 이 정착촌의 중심 가까이에 오래된 구조물이 서 있는데, 고고학자들은 이를 '해골의 집House of Skulls'이라 부른다. 450명가량의 인간 유골, 머리 없는 시신들과 두개골 90개가량이 모두 그곳의 작은 칸막이 안에 몰아넣어져 있기 때문이다. 어떤 두개골

모든 것의 새벽

에는 척추뼈가 붙어 있는데, 이는 살이 아직 사라지기 전의(그렇다고 살아 있는 것은 아닌) 신체에서 절단된 것임을 가리킨다. 머리 대부분은 젊은 성인이나 사춘기 연령대, 삶의 절정에 달한 인간의 것이며, 열 개는 아이들의 것이다. 이런 것이 적의 것이거나 제물로 요구된 트로피 두개골이었다면, 그들은 생명력 때문에 선택된 것이다[전리품으로서 상대편의 시신에서 머리뼈를 꺼내 수집, 전시하곤 했다—옮긴이]. 두개골은 장식된 흔적이 전혀 없이, 드러난 모습 그대로였다.[59]

해골의 집에 있는 인간 유골은 대형 초식동물의 것과 함께 놓여 있었고, 외벽에는 야생 소 두개골이 올려져 있었다. 이 건물이 사용된 시기의 후반에는 많은 인원을 소집할 수 있을 만큼 툭 트인 광장의 입구 근처에 윤을 낸 석재 테이블이 세워졌다. 그 표면과 관련된 물건들에 남은 혈흔에 대한 연구 결과, 이것이 대중적 희생 제의와 시신의 처리가 수행된 제단이었음이 확인되었다. 인간과 동물 모두가 제물로 쓰였다. 이 재구성된 내용의 세부 사항이 옳든 그르든, 정복된 동물과 인간의 유골을 결부하는 것은 의미심장하다. 해골의 집은 대화재로 종말을 맞았다. 그 뒤 차외뉘 주민들은 전체 신전 단지를 자갈과 흙으로 두껍게 덮어버렸다.

아마 우리가 해골의 집에서 그 존재를 감지했지만 좀 다른 형태를 띠는 것이 아마조니아나 다른 곳들에서 익히 보아온 복합적 관념일 것이다. 포식 사냥은 원래는 생존을 위한 활동이었지만, 다른 인간 존재에 대한 지배를 모방하고 실행하는 방식으로 살짝 변했다. 결국은 유럽의 봉건 영주도 자신들을 사자, 매, 포식 짐승과 동일시하지 않았던가(그들은 머리를 기둥 위에 꽂아두는 상징도 좋아했다. '저자의 목을 쳐라!'는 영국 군주제와 동일시되는 매우 인기 있는 구절이다).[60] 그러나 괴베클리 테페 자체는 어떠한가? 머리를 트로피로서 전시하는 것이 정말로 그 현장이 가진 기능의 중요한 특징이었다면, 암시적인 돌 조각만이 아니라 어떤 직접적인 흔적이 틀림없이 남아 있을 것이다.

지금까지 괴베클리 테페에서 인간 유골은 거의 나오지 않았다. 그러므로 그 현장에서 지금까지 발굴된 선사시대 인골 몇백 개 가운데 약 3분의 2가 정말로 두개골 파편이나 안면 뼛조각이고, 그런 파편에 살을 떼어낸 흔적, 심지어 참수의 흔적도 남아 있다는 사실이 더욱 주목할 만하다. 그런 것들 중에는 석조 신전 구역에서 발견된 세 개의 두개골 파편이 있는데, 거기에는 깊은 절개와 드릴로 뚫은 구멍 같은 더 정교한 유형의 문화적 개조가 행해진 증거가 남아 있다. 두개골을 끈으로 매달거나 장대 위에 올려둘 수 있게 한 것이다.[61]

앞 장들에서는 왜 농경이 우리가 짐작해온 것보다 인간사에서 별로 열광의 대상이 아니었는지를 파헤쳐왔다. 이제 우리는 마침내 이 장에서 다룬 다양한 논의의 줄기들을 한데 모아 이 사실이 왜 중요한지에 대해 이야기할 지점에 당도했다. 개괄적으로 말해보자.

신석기시대의 농경은 서남부 아시아에서 작물을 기르고 동물을 치는 일련의 지역적 전문화 과정으로 시작되었는데, 그 과정은 그 지역의 여러 곳에 분산되어 진행되었고, 특정한 구심점은 없었다. 이런 지역적 전략은 수렵과 채집을 위한 최적의 장소와 교역의 동반자 관계를 얻고 유지하기 위해 추진되었던 것으로 보인다. 재배가 행해졌지만 수렵과 채집은 비중이 줄어들지 않고 계속되었다. 앞서 1장에서 논의했듯이, '교역'은 우리가 통상 상상했던 것처럼 물질적 이익보다는 사회성, 낭만이나 모험과 더 관련이 있었을지도 모른다. 그렇기는 해도, 이유가 무엇이든, 수천 년 동안 그런 지역적 혁신—이삭이 부서지지 않는 밀에서 온순한 양까지 모든 것—은 마을들 사이에서 교환되었고, 중동 전역의 사회 연합에서 상당한 정도의 균일성이 이루어졌다. 이란의 자그로스산맥에서 지중해 동부 해안 지역에 이르기까지, 표준적인 혼합 농경의 '패키지'가 출현했고, 그 지역을 넘어 퍼져나갔지만, 그 성공률은 앞으로 보게 될 것처럼 매우 들쑥날쑥했다.

그러나 농경은 아주 초기 단계에서부터 새로운 경제를 훨씬 뛰어넘는 것이었다. 그것은, 몇천 년이 지난 우리 시대까지도 끈질기게 남아 있으며 그 이후 광범위한 인간들 사이에서 어김없이 등장해 사회적 존재감을 발휘하는, 삶과 제의의 패턴을 창조했다. 추수 때의 축제에서부터 의자에 앉는 습관, 빵과 함께 치즈를 먹는 법, 문으로 출입하는 것, 혹은 창문을 통해 세상을 바라보는 것에 이르는 모든 것이 그것과 관련되어 있다. 앞에서 보았듯이, 원래는 이 신석기시대 생활양식의 많은 부분이 그 대안이라 할 비옥한 초승달의 초원과 고지대 구역에서 발달한 문화 패턴과 나란히 발달했다. 그것은 거대한 석조 구조물의 건설, 그리고 여성의 관심이 대체로 배제된 남성의 정력과 포식성의 상징을 가장 명백한 특징으로 한다. 이와 반대로 유프라테스강과 요르단강 계곡에 세워진 저지대 정착촌에서 발달한 미술과 제의는 여성을 분명한 사회 형태의 공동 창조자로 소개한다. 그 사회 형태는 재배와 목축, 촌락 생활에서의 생산 루틴을 통해 학습되었고, 섬유나 점토 같은 부드러운 재료를 가공하고 결합하여 상징적 형태를 만들어냄으로써 찬양된다.[62]

물론, 우리는 이런 문화적 대립을 우연의 소치로, 혹은 환경적인 요인으로 간주할 수도 있다. 하지만 두 문화 패턴이 밀접하게 이웃해 있는 점을 고려할 때, 그리고 그 문화를 담당한 집단들이 어떻게 물품을 거래했고 서로의 존재를 잘 알고 있었는지를 고려한다면, 실제로 발생한 일을 자의식적인 상호 차별화, 혹은 앞 장에서 우리가 추적했던 아메리카 대륙 서부 해안 지역의 채집 사회들 사이에서 본 것과 비슷한 분열생성의 결과로 보는 것 역시 똑같이 가능하다. 아마 이쪽이 더 타당할 것이다. 고지대인들이 자신들의 예술적·제의적 삶을 포식성 남성 폭력의 주제를 중심으로 조직할수록, 저지대 주민들은 더욱더 여성적 지식과 상징을 중심으로 조직하는 경향이 있었다. 그리고 그 반대도 마찬가지였다. 의지할 만한 문자 자료가 없으므로, 우리가 찾을 수 있는 그런 상호 대립에 대한 가장 명백한 증거를 얻을 수 있는 것은 상황이 (우리의 경우, 문자 그대로) 반전될 때, 가령 한 집단의 일원들이 이웃 집단의 매우 특징적인 몇 가지 행동에 대립하는 행동을 거창하게 과시할 때 같은 경우다.

그런 증거는 찾기 어렵지 않다. 저지대의 마을 주민들도 고지대의 이웃들처럼 인간의 머리에 제의적으로 큰 의미를 부여했지만, 고지대인들에게는 완전히 낯설었을 방식으로 그것을 다루었기 때문이다. 무슨 말인지 간단하게 설명해보자.

아마 레반트 회랑의 초기 신석기시대 마을(이스라엘, 팔레스타인, 요르단, 레바논, 시리아령 유프라테스강)에서 발견된 것 중 가장 잘 알아볼 수 있는—그리고 확실히 가장 끔찍한—대상은 '두개골 초상화skull portraits'일 것이다. 이는 여성, 남성, 가끔은 아이들의 무덤에서 시신이 썩어 살이 떨어져 나간 뒤 가져와 2차 처리를 한 두상들이다. 신체에서 떼어낸 두개골을 깨끗이 씻고 점토로 꼼꼼하게 조형한 다음 석고를 겹겹이 바르면 뭔가 전혀 다른 물건이 된다. 안구가 있던 구멍에는 흔히 조개껍질을 붙이고, 살과 피부가 있던 자리는 점토와 석고로 메운다. 적색과 흰색 물감이 칠해져 생명을 더한다. 두개골 초상화는 상속되는 보물로 다루어지며, 조심스럽게 보관되고 여러 세대를 거치는 동안 수선된다. 그것은 괴베클리 테페가 쇠락하던 기원전 7000년대에 최고의 인기를 누렸고, 그 관행은 멀리 차탈회위크까지 퍼졌다. 그곳에서는 그런 방식으로 조형된 두상 하나가 어느 매장된 여성의 가슴에 안겨 있는 친밀한 형태로 발견되었다.[63]

이런 흥미진진한 물건이 20세기 초반에 예리코에서 처음 관심을 받게 된 이후, 고고학자들은 그 의미를 두고 혼란에 빠졌다. 많은 학자들이 그것을 조상에 대한 관심과 존경의 표현으로 본다. 하지만 두개골을 안식의 자리에서 가지고 나와 점토와 석고, 조개껍질, 섬유, 염료를 겹겹이 더하여 생명을 모방하는 방법 외에도 조상에게 존경과 슬픔을 표현할 방법은 말 그대로 수없이 많다. 심지어 비옥한 초승달 지역의 저지대 부분에서도 이런 처리법은 소수의 개인들에게만 적용되었다. 무덤에서 가지고 나온 인간의 두개골은 흔히 텅 빈 상태로 방치되거나, 제의적 물건으로서 복잡한 역사를 지니기도 한다. 후자의 예가 남부 시리아의 텔 카라사에서 발견된 두개골 여러 개인데, 이것들은 얼굴 부분만 의도적으로 절단한 것으로 사후의 시신 훼손 행위로 여겨진다.[64]

요르단과 유프라테스강 계곡과 그 인근의 해안 지대에서 인간 두개골을 전시하는 관행은 역사가 더 길어서, 신석기시대가 시작되기 전인 나투프Natufian 수렵 채집인들의 시대까지 거슬러 올라간다. 하지만 역사가 길다는 것이 반드시 두개골 초상화를 만들 장식적 재료를 추가하는 등 후대의 제의적 혁신을 위한 전적으로 지역적인 맥락이 있었다는 의미는 아니다. 아마 두개골 초상화를 이 특정한 방식으로 만드는 것은 단지 죽은 자와 재연결하는 것만이 아니라, 그 가죽을 벗기고, 자르고, 구멍 뚫어 머리를 트로피로 모으는 논리를 부정하는 것이기도 할 것이다. 적어도 그것은 비옥한 초승달 지역의 저지대와 고지대 주민들이 식물과 동물이 처음 길들여졌던 수백 년 동안 내내 서로 아주 다른—그리고 어떤 면에서는 상호 대립하는—문화적 궤적을 따라가고 있었음을 시사하는 또 다른 신호다.[65]

의미론적 함정과 형이상학적 신기루

과거 1970년대에 데이비드 클라크David Clarke라는 케임브리지의 한 탁월한 고고학자는 현대적 연구에서는 인간의 진화라는 오래된 구조물의 거의 모든 측면, "현대인의 발달, 길들임, 야금술, 도시화, 문명에 대한 설명들이 긴 안목으로 본다면 의미론적 함정과 형이상학적 신기루가 되어버릴지도 모른다"고 예언했다.[66] 이제 보면 그의 말이 옳았던 것 같다.

조금 더 요약해보자. 인간의 사회적 진화라는 오래된 건물에서 초석은 역사에서의 특별한 장소를 채집인 사회에 할당하는 것이었고, 그것은 역사의 경로에 관해 모든 것을 바꾸었다고 추정되는 '농업혁명'에 대한 전주곡이 될 예정이었다. 이런 관례적인 담화에서 채집인들이 하는 일은 농업이 아닌 모든 것이었다(그래서 함축적으로 농업이 무엇인지를 설명하기도 한다). 농부가 정주형定住形이라면, 채집인은 이동성移動性이어야 했다. 농부가 능동적으로 식량을 생산한다면, 채집인은 단지 채집만 해야 한다. 농부가 사유재산을 가진다면, 채집인은 그것을 포기해야 한다. 농경 사회가 불평등하다면, 이는 채집인들의 '원천적인' 평등성과 대립한다. 마지막으로, 채집인의 특정 집단이 농부와 어떤 공통점을 가진다면, 주류의 서사에서는 이들이 성격상 '초기적incipient'이고, '신생의emergent' 것이고, 혹은 '비정상적deviant'인 것이어야 한다고 주장한다. 그래서 채집인의 운명은 농부로 '진화'하거나 아니면 시들어 죽는 것이다.

지금쯤이면 독자들에게도 기존의 이런 서사가 내세우는 그 어떤 주장도 활용 가능한 증거에 부응하지 않는다는 것이 점점 더 명백해졌을 것이다. 오랫동안 '농업혁명'의 요람이라 여겨져온 중동의 비옥한 초승달 지역에서, 사실은 구석기시대의 채집인에서 신석기시대 농부로의 '전환' 같은 것은 일어나지 않았다. 주로 야생 자원으로 먹고살던 단계에서 식량 생산에 근거하는 삶으로의 이행은 약 3,000년에 걸쳐 이루어졌다. 그리고 농업으로 인해 부가 더 불평등하게 집중될 가능성이 생겼다 하더라도, 이런 일은 거의 모든 경우에 그 가능성의 씨앗이 뿌려지고 나서 1,000년 뒤에야 일어나기 시작했다. 그 사이의 수백 년 동안, 사람들은 사실상 시험 삼아 짓는 농사, '취미 농사play farming'를 시도하고 있었고, 각자의 사회적 구조를 이리저리 전환하면서 생산 양식을 바꾸었다.

분명히 말하지만, 그처럼 지나치게 길고 복잡한 과정을 다룰 때는 '농업혁명' 같은 용어를 쓰는 것이 더 이상 의미가 없다. 그리고 최초의 농부들이 불평등으로 나아가는 첫걸음을 뗄 수 있는 에덴동산 같은 나라는 없으므로, 농경이 사회적 지위, 불평등, 사유재산의 기원을 표시한다는 식으로 이야기하는 것은 더욱 무의미하다. 비옥한 초승달 지역에서 계층화와 폭력이 뿌리 깊은 고질이 된 비슷한 사례는 농경 의존도가 더욱 낮아진 고지대 집단들에게서 찾아볼 수 있다. 반면 그들의 상대자라 할 저지대 집단은 작물의 생산을 중요한 사회적 제의와 관련지었는데, 확실하게 더 평등주의적인 모습을 보인다. 그리고 이 평등성의 많은 부분은 예술과 제의에 반영된 여성들의 경제적, 사회적 존재감의 증가와 관련이 있다. 그런 의미에서 김부타스의 연구는 대범하게 수행된 탓으로 때로는 캐리커처처럼 소략해지기도 하지만 핵심을 완전히 벗어나지는 않았다.

이 모든 논의에서 뻔한 질문이 제기된다. 앞서 말한 저지대 집단의 예에서 보듯이 농경을 받아들이는 것이 실제로는 인류가, 혹은 그들 중 일부가 폭력적인 지배와는 거리가 먼 길을 가게 했다면, 그런데 이후에 그런 길을 가지 못한 것은 어쩌다가 무엇이 어떻게 잘못되어서였을까?

자유의 생태학

농경이 세계 곳곳에서 처음
뛰고, 넘어지고, 허세를 부리는 모습들

어떤 면에서, 중동의 비옥한 초승달 지역은 그곳에서 무슨 일이 일어났는지 우리가 참으로 많이 알고 있다는 바로 그 이유에서 특이한 사례다. 오랫동안 식물과 동물 길들임의 도가니로 인정되어온 그곳은 고고학자들이 유럽 밖 다른 어떤 곳보다 더 집중적으로 연구해온 지역이었다. 이런 증거가 누적된 덕분에 우리는 작물과 동물의 길들임으로 나아가는 첫걸음에 수반된 사회적 변화 일부분을 밝혀낼 수 있게 되었다. 심지어 부정적 증거도 도움이 되었다. 예를 들면, 전쟁이 중동 지역 초기 농경 사회의 중요한 특징이었다는 식의 논의를 어떻게든 설득력 있게 제기하기는 어렵다. 그 주장이 사실이라면 지금쯤 그에 관련된 증거가 기록으로 드러났어야 할 테니 말이다. 반면 교역과 전문적 공예의 번창에 대한, 그리고 예술과 제의에서 여성 인형의 중요성에 대한 증거는 풍부하다.

같은 이유로 우리는 비옥한 초승달의 저지대 지역(특히 요르단 계곡을 지나가는 레반트 회랑)과 그 고지대 부분(동부 튀르키예의 평원과 기슭)을 비교해볼 수 있다. 고지대에서는 마을 생활과 지역 산업이 똑같이 조숙하게 발달한 현상이 남성 상징과 약탈적 폭력의 이미지로 장식된 거석 구조물의 건립과 결부되어 있다.[1] 몇몇 학자들은 이 모든 발달을 '농경의 탄생'을 향해 일반적으로 같은 방향으로 나아가는 단일한 과정의 한 부분으로 보려고 노력했다. 하지만 최초의 농부들은 보급 면에서 농업이 어떤 의미를 갖는지 알고 있어 그것에 대규모로 참여하기를 기피한, 농사지을 마음이 별로 없는 농부들이었다. 마찬가지로 다양한 야생 자원이 있는 지역에 정착해 살던 그들의 고지대 이웃 역시 좁은 범위의 작물과 가축에 자신들의 생존을 묶어둘 만한 동기가 더욱 적었다.

만약 초기 농경의 요람 한 곳만의 상황도 그 정도로 복잡했다면, 마치 이행할 기회가 단 한 번뿐이며 의미하는 바도 한 종류뿐이라는 듯 '농경으로의 이행이 갖는 사회적 함의는 무엇이었는가?'라고 질문하는 것은 당연히 더 이상 의미가 없다. 확실히 곡물 파종과 양의 사육이 단순히 '평민들의 비극'을 막기 위해 더 불평등한 사회적 합의를 반드시 받아들여야 한다는 의미라고 가정하는 것은 잘못이다. 여기에 패러독스가 있다. 인간 역사를 다루는 거의 모든 연구는 실제로 이와 비슷한 추정을 내놓는다. 하지만 압박을 받는다 하더라도, 그런 논점을 진지하게 옹호하는 사람은 거의 없을 것이다. 누가 보아도 뻔한 허수아비 논법straw man[상대의 생각과 의견을 왜곡하여 인용한 다음 그 왜곡된 주장에 대해 반론하는 잘못된 논법, 또는 그 왜곡된 가상의 주장을 가리킨다. '스트로맨 논법'이라고도 한다—옮긴이]이기 때문이다. 농경 사회를 연구하는 학생이라면 누구나, 토지를 사유화하거나 토지 관리를 감독자 계급에 넘겨주는 일 없이, 농업을 지속 가능하게 확대하고 싶어 하는 사람들은 항상 그렇게 해낼 방법을 찾아냈다는 것을 알고 있다.

공동체 보유communal tenure, '공동경작open-field'의 원칙, 밭의 주기적 재분배, 목초지의 협동 관리 등은 별로 보기 드문 일이 아니었고, 같은 장소에서 여러 세기 동안 실행되는 경우가 흔했다.[2] 러시아의 미르mir는 유명한 사례지만, 그와 비슷한 토지 재분배 시스템이 한때는 스코틀랜드 하일랜드에서 발칸 지역에 이르는 유럽 전역에, 일부에서는 아주 최근까지도 존재했다. 이를 가리키는 앵글로색슨어 단어는 런리그run-rig 또는 런데일rundale이었다. 물론 재분배의 규칙은 경우마다 달랐다. 어떤 곳에서는 지분에 따라per stirpes[다른 요소에 상관없이 자녀 수에 따라 균등 분배한다는 상속 규칙. 참여하는 사람 수에 따라 균등 분배하는 방법—옮긴이] 분배되며, 또 다른 경우에는 한 가족 내의 인원수에 따라 분배된다. 대개 각 필지의 정확한 위치는 추첨으로 결정되며, 각 가족은 토질이 각기 다른 구역 하나마다 한 필지씩 받는다. 그렇게 하면 한 가족이 자기 밭에 가기 위해 다른 가족보다 더 먼 거리를 움직일 필요가 없고, 더 척박한 토질에서 일해야 하는 일도 없어진다.[3]

물론 그런 일은 유럽에서만 일어난 것은 아니었다. 헨리 섬너 메인Henry Sumner Maine—옥스퍼드 대학에서 초대 역사학, 비교사법학 교수가 된—은 1875년에 쓴 《고대 제도의 역사 강의Lectures on the Early History of Institutions》에서, 이미 인도에서 아일랜드까지의 주기적인 토지 재분배와 런데일 유형의 제도와 관련된 사례를 논의하면서, 자신이 살고 있는 최근까지도 "경작 가능한 땅을 나누어 소작인 가족들이 주기적으로, 때로는 연례적으로 돌려가며 농사짓는 방식의 농장이 흔했다"고 지적했다. 그리고 토지 보유가 '마르크 연합mark association' 사이에서 분배되던 산업 시대 이전의 독일에서, 각 소작인은 세 종류 토질의 밭을 받게 된다. 중요한 점은, 그는 이런 것이 '점유 양식'으로서의 재산 형태는 아니며 여러 채집인 집단에서 발견되는 접근권과 다르지 않다고 지적한다는 것이다.[4] 이런 사례는 계속 열거할 수 있다(팔레스타인의 마샤mash'a 시스템이나 발리의 수박subak 등).[5]

간단히 말해, 더 오래전 시기에 농경이 채택된 것이 사유재산권의 시작, 텃세, 혹은 채집인 평등주의로부터의 불가역적인 이탈을 의미한다고 추측할 이유는 문자 그대로 없다. 그런 일이 이따금씩 발생했을 수는 있지만, 더 이상 이것이 기본적인 전제로 여겨질 수 없다. 앞 장에서 보았듯이, 농경이 출현하고 적어도 첫 몇천 년 동안 중동의 비옥한 초승달 지역의 현실은 실제로 그와 정반대 상황이었던 것으로 보인다. 만약 초기 농경의 요람 한 군데에서의 상황이 우리가 본 진화적 예상과 그만큼 달랐다면, 농경이 출현한 다른 장소에서는 어떤 사연이 전해질지 추측만 할 수 있다. 사실 고고학적인 증거만이 아니라 유전적이고 식물학적인 새로운 증거에 따라 이런 다른 장소들이 계속 늘어나고 있다. 알고 보니 그 과정은 사람들이 짐작했던 것보다 훨씬 더 깔끔하지 못하며 방향도 하나로 통일되지 않았다. 그래서 우리는 과거에 가정했던 것보다 훨씬 더 넓은 범위의 가능성을 고려해야 했다. 이 장에서는 상황이 얼마나 많이 변하고 있는지를 보여주고 이제 막 출현하고 있는 놀랍고 새로운 패턴 가운데 몇 가지를 가리키려 한다.

지리학자들과 역사가들은 식물과 동물이 처음에는 소수의 '핵nucle-ar' 구역에서 길들여졌다고 믿곤 했다. 그곳들은 나중에 대규모의 정치적으로 집중된 사회들이 나타나게 되는 같은 구역이었다. 중동에서는 밀과 보리, 양, 염소, 돼지, 소가 길들여졌고, 중국에서는 쌀(자포니카),

대두, 다양한 돼지 품종이 길들여졌다. 현재 페루 영토인 안데스 지역
에서는 감자, 퀴노아, 라마가 길들여졌으며, 중앙아메리카에서는 옥수
수, 아보카도, 칠리가 길들여졌다. 작물 길들임의 초기 중심지와 중앙
집권화한 국가의 등장이 지리적으로 그처럼 깔끔하게 배열되어 있으
니 전자가 후자를 낳았다는 추측이 자연스럽게 나오게 되었다. 식량
생산이 대규모의 인구와 행정, 전사, 정치가라는 특권 계급을 부양할
잉여 칼로리를 제공하여 도시, 문자, 집중된 정치조직의 등장에 책임
이 있다는 것이었다. 농경을 발명하면 ─ 그러니까 과거에 이야기가 이
렇게 진행되었다 ─ 당신은 결국 당신이 기른 곡물의 상당량을 가져가
버릴 아시리아 전사 계급, 유가儒家 관료, 잉카의 태양왕, 아즈텍의 사
제들이 등장하는 경로에 서게 될 것이다. 지배 ─ 그리고 가장 흔한 일
이지만 폭력적이고 추악한 지배 ─ 가 당연히 뒤따를 것이다. 단지 시
간문제일 뿐이다.

　고고학이 이 모든 것을 바꾸었다. 현재 전문가들은 길들임의 독자
적인 중심지를 열다섯 곳에서 스무 곳가량 밝혀냈는데, 그중 많은 수
가 중국, 페루, 중앙아메리카, 메소포타미아(뒤에서 보게 되겠지만, 이런
곳들도 모두 아주 다른 경로를 따랐다)와는 아주 다른 발전 경로를 따랐다.
그와 같은 초기 농경 중심지들에 이제 인도아대륙(갈색 수수, 녹두mung-
bean, 말콩horse gram, 인디카indica 쌀, 혹소가 길들여진 곳), 서부 아프리카의
초원 지대(펄 밀렛pearl millet), 뉴기니의 중앙 산악 지대(바나나, 타로, 얌),
남아메리카의 열대우림(마니옥, 땅콩), 그리고 북아메리카의 동부 수림
지대 등이 추가되어야 한다. 북아메리카에서는 중앙아메리카에서 옥
수수가 도입되기 훨씬 전부터 그 지역 특유의 종자 작물들 ─ 명아주,
해바라기, 섬프위드sumpweed ─ 이 길러지고 있었다.[6]

　우리는 비옥한 초승달 지역에 비해 이런 다른 지역의 선사에 대해

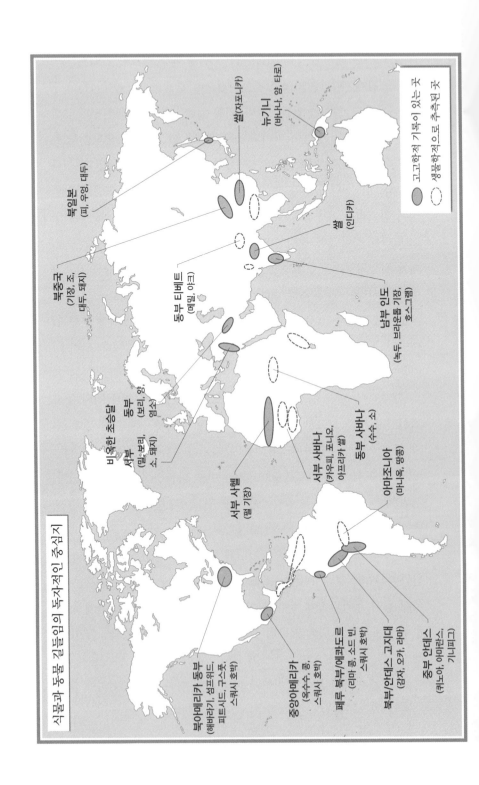

식물과 동물 길들임의 독자적인 중심지

- **북아메리카 동부** (해바라기, 섬포아드, 피트시드, 구스풋, 스쿼시 호박)
- **중앙아메리카** (옥수수, 콩, 스쿼시 호박)
- **페루 북부/에콰도르** (리마콩, 스드 빈, 스쿼시 호박)
- **북부/안데스 고지대** (감자, 오카, 라마)
- **중부 안데스** (카노아, 아마란스, 기니피그)
- **아마조니아** (마니옥, 땅콩)
- **동부 사바나** (수수, 소)
- **서부 사바나** (카우피, 포니오, 아프리카 쌀)
- **서부 사헬** (펄 기장)
- **북아프리카 동부** (피, 우엉, 대두)

- **비옥한 초승달 서부** (밀, 보리, 소, 돼지)
- **동부** (보리, 양, 염소)
- **동부 티베트** (메밀, 야크)
- **북중국** (기장, 조, 대두, 돼지)
- **남부 인도** (녹두, 브라운톱 기장, 호스그램)
- **쌀** (인디카)
- **쌀** (자포니카)
- **뉴기니** (바나나, 얌, 타로)

○ 고고학적 기록이 있는 곳
◌ 생물학적으로 추측된 곳

서는 아는 것이 훨씬 적다. 그중 어느 곳도 식량 생산에서 국가의 형성에 이르는 일선적인 궤적을 따라가지 않았다. 또 농경이 그곳 이외에 인근 지역으로 급속히 확산되었다고 추측할 어떤 이유도 없다. 식량 생산이 채집인, 어부, 수렵인 들에게 언제 누가 보든 이로운 일로 여겨진 것은 아니었다. 넓은 붓으로 대범하게 상황을 그리는 역사가들은 가끔 실제로 그랬던 것처럼, 혹은 '농경의 확산'을 막는 유일한 장벽이 기후나 지형 같은 자연적 장벽뿐이었던 것처럼 글을 쓴다. 이는 일종의 패러독스다. 왜냐하면 농사에 매우 적합한 환경에 살고 곡물 농사의 가능성을 확실히 알고 있던 채집인들조차 그것을 채택하지 않기로 결정했기 때문이다. 재레드 다이아몬드의 말을 들어보자.

몇몇 지역이 다른 지역보다 식량 생산이 시작되기에 훨씬 더 적합했던 것처럼, 그것이 전파되는 정도 역시 세계 각지에서 매우 다양했다. 현재 식량 생산에 생태학적으로 매우 적합한 몇몇 지역은 선사시대에는 전혀 그렇지 못했다. 심지어 선사시대에 식량을 생산하던 지역들이 근처에 있었는데도 말이다. 아메리카의 남서부에서 농경과 목축이 모두 캘리포니아 선주민들에게 도달하지 못한 것과, 뉴기니와 인도네시아에서 오스트레일리아로 전파되지 못한 것, 그리고 남아프리카의 나탈주에서 남아프리카의 케이프로 농경이 전파되지 못한 것들이 가장 눈에 띄는 예들이다.[7]

5장에서 보았듯이, 농경이 캘리포니아에 '도달'하지 못했다는 말은 딱히 그 문제의 필연적인 요약은 아니다. 이는 그저 낡은 전파론자적 접근법의 최신 버전일 뿐이다. 그들은 문화적 특징(실뜨기 놀이, 악기, 농경 등등)을 확인하고 그것들이 전 세계로 어떻게 이동하는지를 추정하며, 왜 어떤 장소에서는 그렇게 하지 못하는지를 따진다. 현실에서는 농경이 북아메리카의 다른 어떤 곳에 도달한 것과 같은 시기에 캘리포니아에도 '도달'했으리라고 믿을 이유는 충분하다. 단지 (격렬한 노동을 장려하는 노동 윤리와 혁신 정보의 급속한 전파를 허용하는 지역적 거래 시스템이 있었음에도) 그곳 사람들이 노예제를 거부한 것과 똑같이 단호하게 그 관행을 거부했을 뿐이다.

아메리카의 남서부에서도, 유럽인들이 오기 500년쯤 전의 전반적인 추세를 보면, 일부 장소에서는 수천 년 동안 길러오던 옥수수와 콩을 점차적으로 포기하고 채집 생활 방식으로 복귀하려는 방향으로 가고 있었다. 굳이 따지자면, 이 시기에 전파를 수행한 것은 캘리포니아 사람들이었다. 원래 그 나라 동부에서 왔던 사람들은 새로운 채집 기술을 가져와서 예전에 농업을 하던 사람들을 대체했는데, 이런 현상이 멀리는 유타주와 와이오밍주에까지 이르렀다. 스페인인들이 남서부에 당도했을 무렵, 그 지역을 과거에 지배했던 푸에블로 인디언 사회들은 수렵 채집인 사회에 완전히 둘러싸여 고립된 농업 국소지로 줄어들어 있었다.[8]

길들여진 작물과 동물의 전 세계 이동에 관한 논의에 쓰이는 용어의 몇 가지 문제에 대해

세계사 책에서 우리는 '유라시아에 급속히 퍼진 작물과 가축' 또는 '비옥한 초승달 지역의 식물 패키지가 아일랜드에서 인더스에 이르는 지역에서 식량 생산을 시작했'거나 '옥수수가 달팽이 같은 속도로 북쪽으로 전파되었다'라는 등의 구절을 흔히 만난다. 수천 년 전 신석기

시대 경제의 팽창을 묘사하는 데 그런 언어는 얼마나 적절한가?

오히려 그런 용어는 지난 몇 세기 동안의 경험, 구세계에서 길들여진 것들이 실제로 아메리카와 오세아니아의 환경을 정복했던 경험을 반영하는 것으로 보인다. 그때 작물과 가축은 들불처럼 '퍼질' 수 있었고, 흔히 기존의 서식지를 고작 몇 세대 만에 알아볼 수 없을 정도로 변형했다. 하지만 이는 종자 재배 자체의 본성보다는 제국주의와 상업적 팽창의 탓이 더 컸다. 종자를 운반하는 자가 군대를 소유하고 이익을 얻기 위해, 사업을 확장할 필요에 따라 끝도 없이 돌진하는 사람이라면 그것은 매우 빠르게 퍼질 수 있다. 그러나 신석기시대의 상황은 이와 전혀 달랐다. 특히 마지막 빙하시대가 끝난 뒤 초반의 몇천 년 동안, 거의 모든 사람들은 아직 농부가 아니었고, 농부들이 심은 작물은 무수히 많은 야생 포식자, 기생충과 싸워야 했는데, 그 대부분은 그 이후로 농업의 지형에서 제거된 존재들이다.

애당초, 길들여진 식물과 동물은 그들을 심고 돌보는 인간이 특별한 노력을 하지 않는 한 그들이 원래 살던 생태적 한계를 벗어나서 '확산될' 수 없다. 적합한 환경은 발견되어야 할 뿐만 아니라 김매기, 거름주기, 계단식 밭 만들기 등등의 작업을 통해 개조되기도 해야 한다. 그에 포함된 지형의 개조는 우리 눈에는 규모가 작아 보일지 몰라도—생태적 임기응변에 불과한 수준—그 지역의 기준으로는 충분히 넉넉했고, 길들여진 생물 종의 범위를 확장하는 데 결정적으로 중요했다.[9] 물론, 항상 가장 저항이 적은 경로나, 신석기시대 경제로 더 잘 유도하거나 유도하지 못하는 지형학적 특징과 기후 체제가 있었다. 재레드 다이아몬드가 《총, 균, 쇠Guns, Germs and Steel》(1997)에서 논의했던 유라시아의 동서 축이나, 이언 모리스Ian Morris의 《왜 서양이 지배하는가Why the West Rules–For Now》(2010)의 '운 좋은 위도lucky latitudes'는 이런 종류의 생태학적 회랑이다.

이런 저자들이 지적하듯이, 유라시아는 아메리카나 아프리카의 급격한 기후 다양성에 비길 만한 것이 별로 없다. 유라시아에서는 육생陸生 생물이 열대와 온대 사이의 경계를 넘지 않고도 대륙을 이동할 수 있다. 이와 달리 양쪽 끝이 북에서 남으로 늘어진 대륙들은 환경 여건이 다르고, 아마 그런 생태학적 변동에 순응하는 능력이 적을 것이다. 그런 점에서 유라시아의 기본적인 지리적 성격은 확실히 견실하다. 적어도 지난 역사의 1만 년 동안은 그랬다. 비옥한 초승달 지역에 기원을 두는 곡물이 왜 오늘날 아일랜드와 일본같이 먼 장소에서도 잘 자라는지는 그것으로 설명된다. 또 어느 정도까지는, 아메리카의 작물―옥수수나 스쿼시 호박(처음에는 열대지방에서 길들여진)―이 왜 그 발원지 밖에서 유라시아 작물들이 비교적 빠르게 받아들여진 것과 반대로, 아메리카 대륙의 온대 북부 지역에서 받아들여지기까지 수천 년의 세월이 흘러야 했는지 설명해줄 수도 있다.

그런 관찰이 인간의 역사를 큰 기준에서 이해하는 데 어느 정도로 도움이 될 수 있을까? 지리는 역사에 대한 단순한 정보를 제공하는 데 그치지 않고 어느 정도까지 역사를 설명할 수 있을까?

과거 1970년대와 1980년대에 앨프리드 W. 크로즈비Alfred W. Crosby 라는 지리학자가 생태가 역사의 경로를 어떻게 형성했는지에 대한 여러 중요한 이론들을 제시했다. 무엇보다도, 그는 '콜럼버스의 교환Co-lumbian exchange', 즉 1492년에 유럽인들이 아메리카에 당도함으로써 시작된 비인간 종들의 놀라운 대륙 간 이동 및 그것이 전 세계의 문화와 경제, 요리법의 지형에 미친 혁신적 영향에 최초로 관심을 집중시킨 인물이었다. 담배, 후추, 감자, 칠면조가 유라시아로 흘러들어 갔고,

옥수수, 고무, 닭이 아프리카에 도입되었다. 감귤류 과일, 커피, 말, 당나귀, 소가 아메리카로 이동했다. 크로즈비는 계속하여 16세기 이후 유럽 경제가 전 세계에서 누린 번영이 그가 '생태적 제국주의ecological imperialism'라고 부른 과정에 의해 설명될 수 있다고 주장했다.[10]

북아메리카와 오세아니아의 온대 지방은 크로즈비가 지적했듯이, 유라시아 작물과 가축에 이상적으로 잘 맞았다. 기후 때문만은 아니었고, 선주민 경쟁자가 별로 없었고, 다양한 균류나 곤충, 인간이 기른 밀을 먹는 전문적 기술을 개발한 들쥐 같은 지역의 기생충도 없었기 때문이었다. 그런 새로운 환경에 풀려나온 구세계의 길들여진 생물들은 과도하게 번식하여, 일부 경우에는 다시 야생으로 돌아가기까지 했다. 이들은 지역의 동식물군을 능가하여 자라고, 그들이 먹고 살던 초지를 집어삼켜 기존의 생태계를 뒤엎고, '신유럽'을 만들어냈다. 그것은 유럽 환경의 복제품으로, 예를 들면 오늘날 뉴질랜드의 북섬을 여행하다가 볼 수 있는 종류의 그런 환경이다. 본래 서식지에 대한 생태적 공격에는 천연두나 홍역 같은 감염성 질병도 있다. 그런 질병은 인간과 소가 한집에서 거주하는 구세계적 환경에서 발원한 것이다. 유럽의 식물들이 질병이 없는 곳에서 무성하게 살아가는 동안, 가축(혹은 그들과 함께 사는 데 익숙해진 인간들)과 함께 들어온 질병은 선주민들을 재앙으로 몰아넣어, 심하게는 전체 인구의 95퍼센트를 죽이기까지 했다. 물론 정착민들이 선주민을 노예로 삼거나 적극적으로 학살한 일이 많았지만, 그렇게 하지 않은 곳에서도 그런 결과가 발생했다.

이 시각에서 볼 때, 현대 유럽 제국주의의 성공은 콜럼버스, 마젤란, 쿡 등의 특정한 업적보다는 비옥한 초승달 지역에 뿌리를 두는 '구세계의 신석기시대 혁명'에 많은 것을 빚지고 있다. 하지만 16세기 이전 농경 확산의 이야기는 결코 일방통행 방식이 아니었다. 사실, 그것이 나아간 길을 보면 잘못된 출발, 일시적 후퇴와 반전도 수없이 많다. 이것은 우리가 시간을 더 거슬러 올라갈수록 더 사실로 드러난다. 왜 그런지 이유를 알아보려면, 중동 지역을 넘어 초기의 농경 집단이 마지막 빙하시대 이후 세계의 다른 지역들에서도 어떻게 해나갔는지를 살펴보아야 할 것이다. 하지만 제일 먼저 말해두어야 할 기본 요점이 있다. 이런 이슈에 대한 우리의 논의는 왜 인간 역사의 지난 1만 년 정도의 세월에만 한정되어 있는가? 인간은 20만 년 이상 살아왔는데, 농경은 왜 그보다 더 일찍 발달하지 못했을까?

농업은 왜 더 일찍 발달하지 않았는가?

인간 종이 존재하게 된 이후로, 농업경제에 도움이 될 만한 온난한 기후가 고고학적 기록에 흔적을 남길 만큼 길게 유지된 기간은 둘뿐이었다.[11] 첫 번째는 이임 간빙기Eemian interglacial였는데, 대략 13만 년 전에 있었다. 세계의 기온이 현대의 기온대보다 살짝 더 높게 안정되었고, 침엽수림이 멀리 북쪽의 알래스카와 핀란드까지도 확산되었다. 하마가 템스강과 라인강 둑에서 햇볕을 쬐었다. 하지만 이 기후가 인간 집단에 미친 영향은 당시에는 지리적으로 범위가 제한되었다. 두 번째 기간은 현재 우리가 살고 있는 시대다. 1만 2,000년쯤 전 이 기간이 처음 시작되었을 때, 인간은 이미 세계의 모든 대륙에, 그리고 여러 다른 종류의 환경에서 살고 있었다. 지질학자들은 이 기간을 그리스어 holos(전체), kainos(새로운)에서 따와 홀로세Holocene라 불렀다.

여러 지구과학자들은 이제 홀로세가 지나갔고 완결되었다고 여긴다. 적어도 지난 두 세기 동안 우리는 새로운 지질학적 시대인 인류

세Anthropocene에 접어들었다. 그것은 역사상 처음으로 인간 활동이 지구 기후변화의 주된 운전자가 된 시대다. 인류세가 정확하게 언제 시작되는가는 과학적 쟁점이다. 거의 모든 전문가들은 산업혁명 시기를 가리키지만, 몇몇은 그 기원을 더 이르게, 1500년대 후반에서 1600년대 초반으로 설정한다. 그 시기에 지구 표면에서 전 세계적으로 대기 기온이 하락했는데―'소빙하기'의 일부―자연의 힘만으로는 이 현상이 설명되지 않는다. 아메리카에서는 유럽 인구의 팽창이 큰 역할을 했을 확률이 높다. 정복과 감염 질병의 영향으로 아마 선주민 인구의 90퍼센트 정도가 사라졌을 것이고, 조성된 농경지와 여러 세기 동안 관개가 실행되어온 지역을 삼림이 다시 빼앗았다. 중앙아메리카, 아마조니아, 안데스 지역에서는 50만 제곱킬로미터에 달하는 경작된 땅이 다시 야생으로 돌아갔을 것이다. 식물에서 얻는 탄소의 양이 지구 시스템을 변화시키기에 충분한 규모로 증가하여, 인간이 밀어붙인 지구 냉각의 단계를 가져왔다.[12]

출발점을 어디로 정하든 인류세는 어떤 면에서는 인류를 위한 '깨끗한 종이' 같았을 홀로세의 유산으로, 우리가 해온 일의 결과물이다. 그 출발 지점에서는 많은 것이 실제로 새것이었다. 얼음이 물러가면서 식물군과 동물군―예전에는 작은 피신처에 한정되던―이 널리 퍼져 새로운 광경을 연출했다. 사람들은 불을 놓고 토지를 개간하여 자신들이 선호하는 생물 종을 지원했다. 지구온난화가 전 세계의 해안 지대에 미친 영향은 좀 더 복잡하다. 얼음이 녹자 예전에는 얼음 밑에 있던 해안 대지가 상승하여 표면으로 올라왔고, 다른 해안은 녹은 빙하수와 합쳐져 상승하는 해수면 아래로 가라앉았기 때문이다.[13] 여러 역사학자들에게, 홀로세의 시작점은 그것이 농경의 기원의 여건을 창조했기 때문에 중요하다. 하지만 앞에서 이미 보았듯이, 세계의 많은 지역에서 그 시기는 채집인들에게도 황금시대였으며, 이 채집인들의 낙원은 곧 최초의 농부들이 밭을 가꾸던 환경이었음을 기억할 필요가 있다.

채집인 인구가 가장 활발하게 늘어난 것은 빙하가 물러가면서 새로이 노출된 해안 지대의 환경에서였다. 그런 장소는 야생 자원의 보고였다. 염수 생선과 바닷새, 고래, 돌고래, 물개, 수달, 게, 새우, 굴, 총알고둥, 기타 온갖 생물 종이 번성했다. 산지의 빙하에서 내려오는 물이 합쳐진 담수 강들과 호수들은 농어와 잉어로 가득했고, 이동성 물새를 끌어들였다. 강 하구, 삼각주, 호숫가 주변에서는 매년 어로와 채집이 점점 더 가까운 범위에서 행해졌고, 그로 인해 인간의 군집이 유지되는 패턴이 빙하시대의 것과는 크게 다른 형태로 발전하게 되었다. 빙하시대에는 매머드나 다른 대형 사냥감의 긴 계절적 이동이 사회생활 가운데 많은 부분의 윤곽을 결정했었다.[14]

이 빙하시대 이후 세계의 많은 지역에서 관목 덤불과 수풀이 평평한 초원과 툰드라를 밀어냈다. 채집인들은 그 이전 시대에서처럼 다양한 토지 관리 기술을 활용하여 과일과 견과류 나무 같은, 그들이 원하는 식물 종의 성장을 촉진했다. 기원전 8000년경, 그들의 노력은 세계의 대형 식물군 가운데 홀로세의 더 온난하고 더 폐쇄적인 식생에 적합하지 않은 3분의 2가량이 소멸하는 데 기여했다.[15] 확대되는 수림 지대는 영양분 많고 저장하기 쉬운 식량을 지극히 풍부하게 제공했다. 인간은 야생 견과류, 나무딸기류, 과일, 잎과 버섯 등을 새로운 복합 도구(세석기細石器)로 처리했다. 숲이 초원을 밀어낸 곳에서, 인간의 사냥 기술의 중심은 대형 동물을 잡기 위한 계절적 협동에서 활동 범위가 더 작은 작은 포유류, 엘크, 사슴, 멧돼지, 야생 소 같은 동물에게 집중하는, 기회를 잘 포착해야 하는 다재다능한 전략으로 이동했다.[16]

돌이켜 생각하면, 농부들이 문화적 약자로서 완전히 새로운 이 세계에 들어왔다는 사실을 잊어버리기 쉽다. 그들이 최초로 세력을 확장하던 상황은 현대의 농업 제국이 말하는 문명화 임무missions civilisatrices와는 상상할 수도 없이 거리가 멀었다. 앞으로 보게 되겠지만, 대개의 경우 그들은 채집인들이 남기고 떠난 육지의 빈틈을 메웠다. 너무 멀거나, 들어가기 힘들거나, 단순히 사냥꾼들과 어부들과 채집인들이 지속적으로 관심을 가질 만한 바람직한 요소가 없는 지리적 공간을 차지하고 들어온 것이다. 그런 장소에서도 홀로세의 아웃라이어 경제outlier economy는 결정적으로 불운하기도 했고 운이 좋기도 했다. 이 사실이 초기 신석기시대의 중부 유럽에서만큼 극적으로 예시된 곳은 어디에도 없을 것이다. 그곳에서 농경은 처음이자 가장 현저한 실패를 겪었다. 이 실패가 왜 일어났는지 그 이유를 더 잘 이해하기 위해, 우리는 아프리카, 오세아니아, 남아메리카의 열대 저지대 지역의 농경 집단의 더 성공적인 확장을 살펴보게 될 것이다.

역사적으로 말해, 이런 사례들 사이에 직접적인 연관은 없다. 하지만 그들이 집단적으로 보여주는 것은 초기 농경 사회의 운명이 어떤 방식으로 흔히 '생태적 제국주의'보다는 사회생태학자 머리 북친Murray Bookchin이 말한 '자유의 생태학ecology of freedom'이라는 것에 달려 있는가 하는 것이다.[17] 이 말은 아주 구체적인 어떤 것을 의미한다. 농부가 '실존적으로 재배에 개입하는' 사람이라면,[18] 자유의 생태학(간단하게 말하자면 '취미 농사play farming')은 정확하게 그와 반대인 여건을 말한다. 자유의 생태학은 인류 사회가 농사를 짓기도 하고 짓지 않기도 하며 (자유로이) 움직이고자 하는 모습을 묘사한다. 전업 농부가 아니면서도 농사를 짓는 것, 농업의 엄격한 보급 문제에 너무 많이 얽매이지 않고도 작물과 동물을 기르는 것, 그리고 생사를 걸고 재배해야 하는 상황이 오지 않도록 방지하기에 충분히 넓은 식량 네트워크를 보유하는 것 등이다. 씨앗 한 알을 심고 그것을 최후의 배수진처럼 여기는 세계사의 관례적 서사에서 배제되곤 한 것이 바로 이런 종류의 생태적 유연성이다.

농경의 안팎으로 이처럼 자유롭게 움직이는 것, 혹은 그 문턱에서 머무는 것은 결국 알고 보면 인간 종이 과거의 오랜 기간 동안 성공적으로 해온 일이었다.[19] 그런 유동적인 생태적 설정―텃밭 경작, 호수나 오아시스 주변 범람 퇴수 농법, 소규모의 지형 관리(가령 불 지르기, 가지치기, 계단식 밭 조성)와 반야생 상태에서 동물의 길들임과 사육과 광범위한 수렵, 어로, 채집 활동의 혼합―은 과거 세계 여러 지역 인간 사회의 전형적인 모습이었다. 흔히 이런 활동은 수천 년 동안 유지되어왔고, 많은 수의 인구를 먹여 살리는 일도 드물지 않았다. 앞으로 보게 되겠지만, 그것도 식물과 동물을 처음 길들인 첫 인간 집단의 생존에서 결정적인 요소였을지도 모른다. 생물 다양성biodiversity―바이오파워bio-power가 아니라―은 신석기시대 식량 생산 증가의 초기 열쇠였다.

신석기시대의 교훈적인 이야기: 회색 곰과 중부 유럽 최초 농부들의 놀라운 운명

킬리안슈테텐, 탈하임, 슐레츠, 헤르크스하임은 모두 오스트리아와 독일의 황토 평원에 있는 초기 신석기시대 유적지들의 이름이다. 이런 이름은 모두 고대 농경이라는 매우 낯선 사연을 전해준다.

기원전 5500년경부터 시작하여 비슷한 문화적 외관―'선형 토기Linear Pottery' 전통이라 알려진—을 가진 마을들이 이런 장소에 세워졌다. 그곳에서 중부 유럽 최초의 농부들이 살았다. 하지만 대부분의 다른 고대 농경 정착촌과는 달리, 이런 마을들은 격동의 시기에 종말을 맞았는데, 공동묘지가 파이고 채워진 것이 그런 표시였다. 이런 무덤의 내용물은 한 공동체 전체가 학살되었거나 그런 시도가 행해졌다는 증거다. 조잡하게 파인 구덩이나 기존의 도랑에 남녀노소를 막론한 유해가 버려진 쓰레기처럼 어지럽게 뒤섞여 있다. 그들의 뼈는 고문, 절단, 폭력에 의한 죽음의 표시를 나타낸다. 관절을 부러뜨리고, 두피를 뜯어내고, 식육을 위해 도살한 것 등이다. 킬리안슈테텐과 아스판의 유해 무리에 젊은 여성들은 없는데, 아마 그들은 포로로 활용되었기 때문일 것이다.[20]

신석기시대의 농업경제는 남동쪽에서 온 이주민들이 중부 유럽에 들여온 것인데, 궁극적으로는 그곳에 농업을 들여온 사람들의 후손들에게 재앙을 안겨주는 결과를 낳았다.[21] 중부 유럽 평원에 당도한 이 신참들이 이룬 최초의 정착촌은 비교적 자유로운 사회였고, 공동체 내에서나 공동체 사이에서나 지위의 차이가 있었다는 낌새는 거의 없다. 그들의 기본적인 가족 단위—통나무집—는 모두 대체로 비슷한 크기였다. 그러다가 기원전 5000년경 집의 크기에 차이가 나타나기 시작했다. 또 죽은 자와 함께 묻는 부장품의 종류에도 차이가 생겼다. 사람들은 정착지 주위에 큰 구덩이를 팠는데, 그 안에서 화살, 도끼, 인골 같은 전쟁의 증거가 발견되었다. 때로 정착지가 침략당하면 이런 구덩이는 방어에 실패한 거주민들의 무덤이 되었다.[22]

정확한 연대가 표시된 이런 재료의 질과 양 덕분에, 연구자들은 이런 변화에 수반되는 인구학적 추세를 모델링으로 재현할 수 있었다. 재현된 결과는 놀라웠다. 중부 유럽에서 농경은 도래한 직후 처음에는 인구의 대량 증가 현상과 결부되었다. 이는 물론 예상할 만한 바로 그런 일이다. 하지만 그 뒤에는 예상했던 것 같은 '계속 상승하는up and up' 인구통계학적 성장 패턴이 따르지 않았다. 대신에 재앙 같은 하락이 왔고, 기원전 5000년에서 기원전 4500년경 사이 급상승했다가 폭락하며 한 지역 전체가 거의 몰락하다시피 하는 현상이 발생했다.[23] 이런 전기 신석기시대의 집단들은 어딘가에 당도하여 정착했는데, 여러 곳에서(그러나 전부는 아님이 강조되어야 한다) 그 수가 줄어들어 거의 눈에 띄지도 않을 정도가 된 한편, 다른 장소에서는 통혼을 통해 더 안정된 채집인 주민의 지위를 확보했다. 대략 1,000년의 공백을 겪은 뒤에야 광범위한 곡물 농사가 중부와 북부 유럽에서 다시 등장했다.[24]

선사시대를 설명하는 이전의 서사는 단순히 신석기시대의 식민지 건설자들이 선주민 채집인들에게 인구적으로나 사회적으로나 우세를 점했으리라고 추정하는 쪽으로 기울었다. 식민지 건설자가 선주민 인구를 밀어내고 자리 잡았거나, 교역과 통혼을 통해 더 우월한 삶의 방식으로 전환했다고 보는 것이다. 그러나 현재 온난한 기후대의 유럽에 기록으로 남은 고대 농경의 흥망성쇠는 이런 상황 묘사와 상충되며, 채집인들의 세계에서 신석기시대 경제가 살아남을 가능성이 있는지에 대해 더 넓은 의문을 던진다. 이 물음을 다루려면, 우리는 채집인 자체에 대해, 그리고 빙하시대가 끝나고 홀로세로 들어간 뒤에 그들이 자신들에게 남아 있던 플라이스토세 전통을 어떻게 발전시켰는지를 좀 더 잘 알아야 한다.

유럽의 후빙기시대(중석기시대) 채집인에 대해 우리가 아는 것 대부분은 발트해와 대서양 연안에서 발견된 내용에서 얻은 것들이다. 훨씬 더 많은 내용이 바다에 빠져버렸다. 우리는 홀로세의 이런 수렵 채집인의 장례 관습을 통해 그들에 관한 매우 많은 것을 알게 된다. 북부 러시아에서 스칸디나비아를 지나 브르타뉴 해안까지 분포했던 그들에 대해 알려주는 것은 그들의 선사시대 묘지에서 발견된 내용들이다. 사치스럽게 장식된 무덤이 많았다. 발트해와 이베리아반도 지역의 무덤에는 다량의 호박이 들어 있었다. 충격적인 자세로—앉아 있거나 혹은 기대어 있거나, 심지어 물구나무서기를 하고 있기도 했다—놓여 있는 시신에는 지금은 대체로 헤아리기 힘든 복잡한 위계를 시사하는 암호가 담겨 있다. 북부 유라시아 대륙의 주변부에서, 이탄 구덩이와 물이 들어찬 현장들을 보면 목조각 전통이 있었으리라고 추측할 수 있다. 그 전통은 장식된 스키, 썰매, 카누, 태평양 북서부 연안의 토템폴과 닮은 구조물 등을 만들어낸 목각 전통의 면모를 흘낏 엿보게 해준다.[25] 플라이스토세의 암석 미술 묘사를 상기시키는 엘크와 순록 뿔을 꼭대기에 장식한 지팡이가 광범위한 지역에서 발견된다. 이는 권위를 나타내는 불변의 상징물로서, 각 지역의 채집인 집단의 경계에 한정되지 않는다.[26]

중석기시대 기득권 집단이 서 있던 유리한 입지에서는 이주해 오는 농부들이 정착한 유럽의 깊은 내륙이 어떻게 보였을까? 아마 해안 지역 환경과 같은 명백한 이점을 갖지 못한 생태적인 막다른 골목으로 보였을 것이다. 정확하게는 이런 관점 덕분에 애당초 선형 토기 식민지 건설자들이 황토 평원에서 서쪽과 북쪽으로 자유롭게 퍼져나갈 수 있었는지도 모른다. 그들은 이전에 거의 아무도 살지 않았던 영역으로 이동하고 있었다. 그런 움직임이 각 지역의 채집인들을 의식적으로 기피하는 정책을 반영한 것인지는 불분명하다. 더 분명하게 알 수 있는 것은, 이런 전진의 물결은 새로운 농경 집단이 더 인구가 조밀한 해안 지대에 접근하면서 부서지기 시작했다는 것이다. 이것이 실제로 정확하게 무엇을 의미했을지는 모호할 때가 많다. 가령, 브르타뉴의 중석기시대 유적지에서 발견된, 해안 지역 채집인들이 남긴 인간 유골 가운데 여러 젊은 여성들의 식단에서 육지 단백질의 수준이 이례적으로 높음이 밝혀진다. 이는 그 집단의 다른 인구들에게서 해양성 식품의 비중이 일반적으로 우세한 현상과 대조된다. 내륙 출신의 여성들(당시까지는 대체로 생선이 아니라 육류를 먹고 살아온)이 해안 집단에 합류하고 있었던 것으로 보인다.[27]

이것은 무엇을 말해주는가? 농경 공동체에 대한 채집인들의 공격 등으로 여성이 붙잡혀 왔다는 암시일 수도 있다.[28] 이것은 추측에 불과하다. 여성들이 비자발적으로 이동했는지 확실히 알 수는 없다. 혹은 그들은 남성들의 명령에 따라 이동했는지도 모른다. 그리고 공격과 전쟁은 명백히 당시 실제로 있었던 일이지만, 유럽에서의 신석기시대 농경이 초기에 겪은 실패를 그런 이유만으로 돌리는 것은 단순한 판단이다. 앞으로의 논의 과정에서 우리는 더 광범위한 설명 몇 가지를 살펴보려 한다. 하지만, 제일 먼저, 우리는 유럽의 사례를 잠시 유보하고 고대 농경의 성공 사례 몇 가지를 검토해야 한다. 먼저 아프리카에서 시작하여 오세아니아로 이동했다가 마지막으로는 좀 다르지만 교훈적인 아마조니아의 사례를 볼 것이다.

신석기시대 농경이 자리를 잡은 매우 상이한 장소들: 나일 계곡의 변화(기원전 5000년에서 기원전 4000년경), 그리고 오세아니아 섬들의 식민지화 (기원전 1600년에서 기원전 500년경)

선형 토기 정착촌이 중부 유럽에 자리 잡을 무렵, 신석기시대의 농업경제가 아프리카에 처음 등장했다. 그 아프리카식 변종은 궁극적으로는 동일한 기원을 가진 것으로, 서남아시아에서 유래했다. 그것은 똑같이 기본적인 작물 종류(엠머 밀과 아인콘)와 동물들(가축화한 양과 염소, 소, 그리고 아마 각 지역별로 아프리카 오록스 잡종도 좀 있었을 것)이다. 하지만 아프리카가 이 신석기식 패키지를 받아들인 방식은 다른 지역과 더없이 달랐다. 마치 최초의 아프리카 농부들이 그 패키지를 풀어 일부 내용물을 꺼내 버리고, 완전히 그 지역의 발명품으로 착각할 만큼 전혀 다른 방식으로 재포장한 것과 같다. 그리고 여러 측면에서는 실제로 그렇게 되었다.

이 현상의 많은 부분이 발생한 장소는 그때까지는 채집인들이 대체로 관심을 갖지 않았던 지역이었지만, 얼마 안 가서 인구적·정치적 변화의 중요한 축이 되는 이집트와 수단의 나일 계곡이다. 기원전 3000년경, 나일 삼각주가 있는 나일강 하류 지역을 정치적으로 통합함으로써, 고대 이집트라는 지중해에 면한 최초의 영토 왕국이 만들어지게 된다. 그러나 이 왕국과 후대의 모든 나일 문명들의 문화적 뿌리는 기원전 5000년에서 기원전 4000년 사이에 있었던 농경의 채택으로 중력의 중심이 아프리카에 더 굳건하게 놓이게 한, 훨씬 더 이르게 발생한 변화에 놓여 있다. 이런 첫 아프리카 농부들은 그들 자신들의 모습을 본떠 신석기시대를 재발명했다. 곡물 재배는 중요하지 않은 시도로 격하되었고(원래 지위를 다시 얻은 것은 몇 세기나 지난 뒤의 일이었다), 화덕과 가정이 각자의 사회적 정체성을 나타낸다는 생각도 대체로 폐기되었다. 그 대신에 들어온 것이 매우 상이한 신석기시대, 유연하고, 활기차고, 말을 타고 여행하는 신석기시대였다.[29]

이 신석기시대의 새로운 경제 형태는 가축 사육 및 그것과 혼합된 연례적 어로, 수렵, 나일강의 비옥한 범람원과 지금은 그 인근 사막이

된 오아시스와 계절적인 임시 천(와디wadi)에서 이루어지는 채집 활동에 크게 의존했다. 그때까지는 그곳에 매년 비가 내려 물이 있었다. 목축업자들은 주기적으로 이 '녹색 사하라' 안팎으로, 홍해 연안의 동쪽과 서쪽으로 돌아다녔다. 신체를 꾸며 전시하는 복잡한 시스템이 개발되었다. 화장용 염료와 광물을 이용하는 개인 장식의 새로운 형태가 등장했는데, 이런 재료는 인근의 사막에서 채굴된 것들이었다. 그리고 현란한 구슬 세공, 빗, 팔찌, 상아와 뼈로 만든 또 다른 장신구들이 나일 계곡을 따라 중부 수단에서 중이집트까지 내내 형성되어 있는 신석기시대의 묘지에서 풍부하게 발견되었다.[30]

이런 장신구 가운데 오늘날까지 전해지는 것들은 전 세계 박물관의 전시장을 장식하면서, 파라오가 있기 전에 거의 모든 사람이 왕, 여왕, 왕자, 공주처럼 매장될 수 있었음을 상기시킨다.

전 세계에서 신석기시대의 대팽창이 발생한 다른 곳은 오세아니아의 섬들이다. 그 기원은 아시아의 다른 쪽 끝, 쌀과 수수를 기르는 타이완과 필리핀의 문화다(더 오랜 뿌리는 중국에 있다). 기원전 1600년경, 농경 집단이 충격적으로 분산하기 시작했고, 이곳을 출발점으로 하여 동쪽으로 8,000킬로미터 떨어진 폴리네시아가 그 종착지가 되었다.

'라피타 문화층Lapita horizon'이라 알려진(장식된 토기가 처음 발견된 뉴칼레도니아의 유적 이름을 딴 것)['horizon'은 고고학 용어로 층, 문화층을 의미한다—옮긴이] 이 때 이른 팽창은—세계 최초의 대양 항해용 횡목 카누를 등장시킨—흔히 오스트로네시아 언어의 확산과 연결된다. 열대지방의 기후에 잘 적응하지 못하는 쌀과 수수는 팽창의 초기 단계에 폐기되었다. 하지만 라피타 문화층이 전진함에 따라, 쌀과 수수의 자리는 전진 과정에서 만난 풍부한 덩이뿌리와 과일 작물들의 조합으로 대체되었고, 그와 함께 동물 길들임의 규모가 더 커졌다(돼지, 개와 닭의 합류. 쥐 또한 이 과정에 편승했다). 이런 생물 종은 라피타 식민지 건설자들과 함께 예전에는 사람이 살지 않던 섬들—피지, 통가, 사모아 등—로 이동하여, 그곳에서 뿌리를 내렸다(타로와 다른 덩이뿌리 식물의 경우, 문자 그대로).[31]

중부 유럽의 선형 토기 농부들처럼, 라피타 집단은 인구가 원래 많던 중심지들은 피했던 것으로 보인다. 그들은 오스트레일리아의 채집인 거점에 넓게 정박했다가, 농경의 지역적 형태가 와기Wahgi 계곡 주변의 고지대에서 이미 잘 확립되어 있던 파푸아뉴기니를 대부분 피해 갔다.[32] 그들은 무인도와 사람 없는 석호 지역에 마을을 세우고, 죽마竹馬 위에 올라앉은 집을 지었다. 여행길에 주된 도구로 가져간 돌도끼를 써서 수풀의 나무를 베어내고 텃밭을 만들어 작물—타로, 얌, 바나나 등—을 길렀다. 그들은 이런 작물로 동물 사육을 보완했고, 생선, 조개, 바다거북, 야생 조류, 과일박쥐 등을 잡아 영양가 높은 식단을 구성했다.[33]

유럽의 첫 농부들과 달리, 라피타 문화층의 운반자들은 확산되는 과정에서 계속 경제를 다양화했다. 그리고 이는 작물과 동물에만 한정되지 않았다. 동쪽으로 항해하면서 라피타 사람들은 특징적인 토기의 흔적을 남겼는데, 이는 고고학 기록에 그들이 가장 일관되게 남긴 신호였다. 도중에 그들은 새로운 재료도 많이 만났다. 가장 귀중한 것, 특정한 조개껍질 같은 것들은 여러 가지로 쓸 수 있는 장신구로—팔찌, 목걸이, 펜던트 등—가공되었는데, 이는 멜라네시아와 폴리네시아 섬 문화에 영향을 남겨, 여러 세기가 지난 뒤인 1774년에 (미처 깨닫지 못한 채 라피타의 걸음을 따라온) 쿡 선장은 뉴칼레도니아를 보고는 그곳이 스코틀랜드를 연상시킨다고 썼다.

라피타의 이름난 아이템 중에는 새 깃털 머리 장식(토기에 묘사된), 판다누스 잎으로 짠 멍석, 흑요석 등이 있다. 그 생산지인 비스마르크 제도에서 수천 킬로미터 떨어진 곳까지 유통되는 흑요석 칼날은 문신을 새기고 염료와 식물 재료를 문질러 넣기 위해 피부에 상처를 낼 때 쓰인다. 문신 자체는 남아 있지 않지만, 라피타 항아리에 장식으로 각인된 그 바탕 문양은 피부에서 토기로 옮겨진 문신의 기본 윤곽에 대한 힌트를 준다. 최근에도 행해지는 폴리네시아의 문신과 보디페인팅—한 유명한 인류학 연구에서 '신체를 그림으로 감싸기'라고 표현했던 것—의 전통을 보면, 더 오래된 시절의 이 활기찬 개념적 세계에 대해, 또 그런 관행을 저 먼 태평양 섬들까지 운반했던 사람들에 대해 우리가 얼마나 아는 게 없는지 떠올리게 된다.[34]

아마조니아의 사례와 '취미 농사'의 가능성에 대해

처음 보면 '신석기시대 양식'의 이 세 가지 변형—유럽식, 아프리카식, 오세아니아식—은 공통점이 거의 없는 것으로 보일 수도 있다. 그러나 그것들은 중요한 특징 두 가지를 공유한다. 첫째, 제각기 농경에 진지하게 몰두했다. 셋 중에서 유럽의 선형 토기 문화는 곡물과 가축 기르기에 가장 깊이 말려들었다. 나일 계곡은 소 사육에 몰두했으며, 라피타 문화는 돼지와 얌 기르기에 전력을 쏟았다. 세 경우 모두 목적으로 삼았던 생물 종은 완전히 길들여졌고, 살아남기 위해 인간의 손길에 의존했으며 야생에서는 더 이상 도움받지 않고 번식할 수 없었다. 여기서 거론되는 인간에 대해 말하자면, 그들은 특정한 식물과 동물이 필요로 하는 것을 중심으로 자신들의 생활 방향을 정했다.

울타리 치기, 보호하기, 식단의 기초 마련하기 같은 일들이었다. 그들 모두 '진지한' 농부가 되었다.

둘째, 세 변형 모두 기존 인간들이 대체로 살고 있지 않던 땅에 농경을 의도적으로 퍼뜨린 경우였다. 이동성이 높았던 나일 계곡의 신석기인들은 계절에 따라 이웃의 초원-사막으로 터를 넓혔지만, 나일 삼각주, 수단의 게지라gezira, 또 주요 오아시스(호숫가의 어로 채집인들의 세력이 우세했고, 농경은 대체로 자신들의 사정에 적합한지 여부에 따라 채택했다가 기각한 파이윰Fayum 같은 경우)처럼 이미 정착 인구밀도가 높았던 지역은 기피했다.[35] 이와 비슷하게, 유럽의 선형 토기 문화는 중석기 채집인들이 방치하여 사용되지 않는 강의 제방과 황토밭 같은 틈새 구역에 뿌리내렸다. 라피타 문화층 역시 비교적 폐쇄적인 시스템이었고, 필요할 때만 다른 집단과 교류했지만, 그러지 않으면 새 자원은 그들 고유의 생활 패턴으로 포용했다. 진지한 농부들은 견고한 경계, 민족적이고 때로는 언어적이기도 한 경계를 둘러친 사회를 형성하는 경향이 있었다.[36]

그러나 초기 농부들의 팽창이 모두 이런 '진지한' 변형은 아니었다. 남아메리카의 저지대 열대 지역에서, 고고학 연구는 홀로세의 식량 생산 전통 가운데 확연히 더 장난스러운 사례를 발굴했다. 비슷한 관행의 증거가 최근까지도 아마조니아 지역에서 발견되었다. 가령 브라질의 마토 그로소 지역의 남비콰라족에게서 발견한 증거가 그런 예다. 20세기에 들어 한참 뒤까지도, 그들은 우기를 강변 마을에서 지내면서 텃밭과 과수원을 정리하여 달고 쓴 마니옥, 옥수수, 담배, 콩, 면화, 땅콩, 박 등등 온갖 작물을 길렀다. 재배는 느긋하게 처리해도 되는 일이었고, 여러 다른 종들을 따로 구분하여 기르느라 애를 쓰지도 않았다. 그리고 건기가 시작되면 이런 뒤죽박죽 뒤엉킨 텃밭은 그대로 방치된다. 전체 집단은 작은 유랑 무리로 쪼개져 사냥하고 채집하러 나서며, 다음 해에는 똑같은 과정을 흔히 다른 장소에서 되풀이한다.

대아마조니아 지역에서, 그같이 농경을 선택했다가 포기하는 계절적 이동은 광범위한 선주민 사회에서 확인되며, 오래전부터 행해진 것이다.[37] 반려동물을 키우는 관습 역시 그렇다. 흔히들 아마조니아에서는 자체적으로 동물을 길들이지 않았다고 주장하는데, 생물학적 관점에서 보면 이 주장은 옳다. 그러나 문화적 시각에서 본다면 상황은 더 복잡해진다. 여러 우림 지대 집단은 길들인 온갖 숲속 동물들을 작은 동물원처럼 거느리고 다닌다. 원숭이, 앵무새, 페커리 야생 돼지collared peccary 등등. 이런 반려동물은 흔히 사냥당해 잡아먹힌 동물의 새끼인 경우가 많다. 인간 양부모에게 받아들여지고, 어렸을 때는 먹이를 얻어먹고 보살핌을 받다가, 주인에게 완전히 의존하게 된다. 이런 복종은 성체가 되어서도 지속된다. 반려동물은 잡아먹히지 않는다. 또 그 주인들이 새끼를 치는 데 관심이 있는 것도 아니다. 반려동물들은 저마다 공동체의 구성원으로서 살아가며, 사람들은 반려동물들을 아이들처럼 키우며 애정의 대상이자 즐거움의 원천으로 여긴다.[38]

아마조니아의 사회들은 '야생'과 '길들임'에 대한 우리의 관례적인 구분법을 다른 방식으로 흐리게 만든다. 그들이 일상적으로 식량을 위해 사냥하고 잡아 오는 동물 중에는 페커리 야생 돼지, 아구티 등 우리가 '야생동물'로 분류할 법한 것들이 있다. 하지만 그 지역에서는 바로 그 종들이 이미 길들여진 것으로 여겨진다. 적어도 그들을 보호하고 예속하는 초자연적인 '동물의 주인'에게 매여 있다는 의미로는 그러하다. 남자든 여자든 '동물의 주인'이라는 존재는 실제로 수렵 사회에서는 매우 흔하다. 때로 그들은 특정한 종류의 짐승의 거대하거나 완벽한 표본, 그 종의 화신이라 할 모습을 띤다. 그러면서도 그것들은 인간이나 그 생물 종의 인간 비슷한 모습을 가진 주인으로 나타난다. 그런 모든 생물 종, 즉 사슴, 물개, 카리부 등등의 영혼은 사냥꾼에게 죽고 난 뒤에는 그에게로 돌아간다. 아마조니아에서, 이는 실제로 사냥할 때는 사람들이 혼령의 역할을 찬탈하지 않기 위해 그런 특정 생물 종의 번식에 개입하지 않는다는 뜻이다.

다른 말로 하면, 아마조니아에서는 인간이 다른 생물 종을 1차적으로 돌보는 존재인 동시에 소비자가 되는 뻔한 문화적인 경로는 없다. 관계는 너무 멀거나(사냥감일 경우) 너무 친밀하다(반려동물일 경우). 여기서 우리가 상대하는 사람들은 작물과 가축을 기르는 데 필요한 생태적 기술을 모두 갖고 있지만, 그럼에도 그 문턱에서 물러서서 채집인(아니면 삼림인forester이라 부르는 편이 더 낫겠다)과 농부 사이에서 신중한 균형을 잡고 있는 사람들이다.[39]

아마조니아는 이 '했다 안 했다 하는 농경in-and-out-of-farming' 게임이 어떻게 일시적인 일 이상의 것이 될 수 있는지 보여준다. 그것은 수천 년이 넘는 시간 동안 실행되어온 것으로 보인다. 그 시기 동안 식물을 길들이고 토지를 관리했다는 증거는 있지만, 농경문화에 몰두하는 일은 거의 없었다.[40] 기원전 500년경 이후, 신열대 방식의 식량 생산이 오리노코와 리오네그로의 심장부에서 퍼져나가, 강의 수계를 따라 열대우림을 지나가서 결국은 볼리비아에서 앤틸리스제도에 이르는 경로에서 주된 생존 방식으로 확립되었다. 그 유산을 가장 분명히 보여주는 것이 아라와크족의 언어를 쓰는 생존 집단과 역사적 집단의 분포도다.[41]

아라와크어를 쓰는 집단은 최근 몇 세기 동안 문화 융합의 장인으로 이름을 날렸으며, 교역자이자 외교관으로 다양한 동맹을 주선했고, 많은 경우에 상업적 이익을 얻었다. 2,000년도 더 전에, 이와 비슷한 전략적인 문화적 혼합의 과정이 (더 '진지한' 농부들의 기피 전략과는 많이 다르게) 아마존 분지를 중심으로 하여 적용된 지역적 시스템을 가져온 것으로 보인다. 아라와크어와 그 파생 언어들은 모두 오리노코강과 아마존강 하구에서 페루에 속하는 상류 발원지에 이르기까지, 바르제아várzea(범람원에 계단식으로 형성된 대지)를 따라 이어지는 전역에서 사용되었다. 하지만 그 언어 사용자들 사이에는 공유된 유전자상의 선조라 할 것이 거의 없었다. 변종 방언은 사용자들 서로에 대해서, 혹은 어떤 초언어Ur-language라 추정되는 언어를 쓰는, 아라와크어가 아닌 다른 언어를 쓰는 집단과 구조적으로 더 가깝다.

이것은 고르게 확산되는 과정이 전혀 아니라 어떤 과녁을 정해둔 집단들이 카누를 타고 운반하고 교역하는 주경로를 따라 서로 엮여 짜이는 현상이라는 인상을 준다. 그 결과, 중심이라는 명확한 경계가 없이 이리저리 뒤섞인 문화적 거래의 네트워크가 형성되었다. 아마조니아 도자기, 면직물, 피부 페인팅에 남은 그런 격자 문양은 열대우림의 한쪽 끝에서 다른 쪽 끝까지 놀랄 만큼 비슷한 스타일로 되풀이되며, 이런 연결 원칙을 표본으로 삼고 인간 신체를 복잡한 관계의 지도망 속으로 매달아놓는 것 같아 보인다.[42]

아주 최근까지도, 아마조니아는 고립된 부족들의 초시간적 피신처로 여겨져왔다. 아마 그들은 루소나 홉스의 자연 상태와 최대한 가까울 것이다. 앞에서 보았듯이, 그런 낭만적인 사고방식은 1980년대까지도 '현대의 선조들', 즉 진화적 과거를 들여다보는 창문 역할을 야노마미족 같은 집단에 떠맡기는 연구를 통해 인류학에 잔존했다. 고고학과 민족사학 분야에서의 연구는 이제 이런 그림을 뒤집어놓는다.

이제 우리는 서기가 시작될 무렵, 아마조니아의 지형에 이미 도시와 계단식 대지, 거대 구조물, 페루의 고지대 왕국에서 카리브해에 이르는 도로 등이 잔뜩 설치되어 있었음을 알고 있다. 16세기에 그곳에 당도한 최초의 유럽인들은 활발한 범람원 정착민들이 이웃 동네를 점령한 최고 족장의 지배를 받았다고 설명했다. 이런 설명을 고향에 있는 후원자들에게 강한 인상을 주기 위한 모험가들의 과장된 이야기로 치부하고 무시하고 싶은 유혹은 있지만, 고고학에 의해 이 우림 지대 문명의 윤곽이 시야에 들어오게 되면서 그렇게 하기가 점점 더 힘들어진다. 부분적으로는 이런 새로운 이해 자체가 통제된 연구의 결과다. 또 부분적으로는 산업으로 인해 삼림이 사라진 결과이기도 하다. 삼림이 줄어들어 아마존강 상류의 분지(서쪽으로 안데스산맥을 바라보는)에 있던 거대한 규모의 전통적 토목공사가 모습을 드러냈는데, 그 유적지는 엄밀한 기하학적 계획에 따라 실행되고 도로망으로 연결되어 있었다.[43]

이 고대 아마조니아 문명개화의 이유는 정확하게 무엇이었던가? 몇십 년 전까지도 이런 모든 발달은 또 하나의 '농업혁명'의 결과라고 설명되어왔다. 기원전 첫 번째 밀레니엄에, 마니옥 농사가 강화되어 아마조니아의 인구 규모를 키웠고, 열대 저지대 전역에서 인구 팽창의 파도를 유발했다고 추정되었다. 이 가설은 이르게는 기원전 7000년경의 것으로 연대가 측정된 작물화한 마니옥의 발견에 기초한다. 더 최근에는 남부 아마조니아에서 옥수수와 스쿼시 호박의 재배가 비슷하게 이른 시기의 것으로 추적되었다.[44] 하지만 기원전 500년경부터 시작하여 문화가 수렴하던 결정적인 시기에 이런 작물이 광범위하게 길러졌다는 증거는 거의 없다. 사실 유럽과 접촉한 뒤에도 계속 주식 작물로 남은 것은 마니옥뿐이었다. 이 모든 사실은, 적어도 아마조니아의 초기 주민 일부는 식물 길들임에 대해 잘 알고 있었지만 그것을 경제의 기초로 선택하지 않았고, 그보다는 더 유연한 종류의 농업 수림 생활을 선택했음을 시사한다.[45]

현대의 우림 지대 농업은 화전 농법과 소수의 작물을 넓은 면적에 재배하는 데 초점을 맞춘 노동 집약적인 방법에 의존한다. 우리가 지금까지 설명해온 더 고대의 양식은 재배되는 식물의 종류가 훨씬 넓었고, 기르는 장소는 마당의 텃밭이나 정착촌 가까운 숲속의 작은 공터였다. 그런 고대 식물의 재배는 특별한 토양(더 정확하게는 '인공흙an-throsols')에 의존했는데, 이것을 그 지역에서는 '인디언들의 검은 흙terra preta de índio'과 '갈색 흙terra mulata'이라 불렀다. 이는 일반 열대지방의 토양보다 잠재력이 훨씬 풍부한 검은 흙을 말한다. 검은 흙의 비옥함은 마을의 일상생활(검은 흙을 형성) 그리고/혹은 그 지역에서 이전에 발생한 화재와 경작(갈색 흙)에서 생기는 음식물 찌꺼기, 배설물, 숯 같은 유기물 부산물을 흡수한 데서 얻어진다.[46] 고대 아마조니아에서 토양의 비옥화는 연례적으로 이루어지는 것이 아니라 느린 속도로 계속 진행되는 과정이었다.

아마존에서나 다른 곳에서나, 이런 종류의 '취미 농사'는 최근에 선주민들에게 유리한 쪽으로 작용했다. 생존하기 위한 정교하고 예측 불가능한 일정을 따르다보면 식민지 국가의 출현이 훌륭하게 방지된다. 문자 그대로 자유의 생태학이기 때문이다. 어느 한 장소에 머물기를 거부하며, 고정된 자원에 장기적으로 몰두하지 않고, 식량 대부분을 눈에 보이지도 않는 지하에서 (감자 같은 덩이줄기와 뿌리채소처럼) 길러내는 집단을 감시하고 세금을 매기기는 어렵다.[47] 그런 면도 있지만 아메리카 열대지방의 더 오랜 역사는 이와 비슷하게 느슨하고 유동성 있는 식량 생산 패턴이 유럽인들이 오기 훨씬 전부터 대륙 전체의 규모로 문명의 성장 수준을 유지해왔음을 보여준다.

사실 이 특정한 종류의 농경(더 기술적인 용어로는 '저수위 식량 생산low-level food production')은 비옥한 초승달 지역과 중앙아메리카의 가장 오래전 재배자들을 포함하는, 매우 넓은 범위의 홀로세 사회의 특징이었다.[48] 멕시코에서 스쿼시 호박과 옥수수의 길들여진 종류는 기원전 7000년경에도 있었다.[49] 하지만 이런 작물은 그로부터 5,000년 뒤에야 주식이 되었다. 이와 비슷하게 북아메리카의 동부 수림 지대에서 그 지역의 씨앗 작물들이 재배된 것은 기원전 3000년경이지만, 기원후 1000년쯤이 되기 전에 '진지한 농사'란 없었다.[50] 중국도 비슷한 패턴을 따라갔다. 기원전 8000년경 북부의 평원에서 채집과 개의 지원을 받는 수렵의 부족분을 메꾸기 위해 수수 농사가 소규모로 시작되었다. 그러다가 황허강 유역의 분지에서 수수의 재배가 시작되기 전까지, 그런 상태가 약 3,000년간 계속되었다. 이와 비슷하게 양쯔강의 하류와 중류 유역에서 완전히 길들여진 벼가 등장하는 것은 야생 벼가 무논에서 처음 재배된 지 1,500년이 지난 뒤의 일이다. 기원전 5000년경 지구 기온이 잠깐 동안 낮아져서 야생 벼와 견과류 자원을 고갈시키지 않았더라면 더 오래 걸렸을 수도 있다.[51]

중국의 두 지역 모두에서, 돼지는 길들여지고 나서 한참 뒤까지도 식단의 중요도 면에서 야생 멧돼지와 사슴에 뒤처졌다. 이는 비옥한 초승달 지역의 고지대 수림 지대에서도 동일했는데, 이곳은 차외뉘와 해골의 집이 있는 곳으로, 인간과 돼지의 관계는 돼지가 완전히 길들여졌다기보다는 돼지를 길들이기 위해 인간이 아양을 떠는 형태로 오랫동안 유지되고 있었다.[52] 그래서 아마조니아를 '구세계 신석기'의 '신세계'식 대안으로 들고 나오고 싶은 유혹은 있지만, 실상을 보면 홀로세에 양쪽 반구 모두에서 진행되는 발전은, 적어도 변화의 전반적인 속도 면에서는 점점 비슷해지기 시작했다. 그리고 두 경우 모두에서 그들은 갈수록 비혁명적으로 보인다. 출발점에서, 세계의 농경 사회 대다수가 정신 면에서는 아마존 스타일이었다. 그들은 수렵, 채집의 문화적 가치와 결합 상태를 유지하면서도 농경의 문턱에서 맴돌고 있었다. 루소의 《인간 불평등 기원론》에 나온 '미소 짓는 평야smiling fields'는 아직도 한참 먼 미래의 일이다[루소의 《인간 불평등 기원론》에 나오는 "소유권이 들어섰고 노동을 하지 않을 수 없게 되어, 광대한 숲이 보기에 즐거운 평야campagnes riantes로 싹 바뀌었다"고 한 부분을 가리키는 것으로 보인다. 이 책의 저자는 riantes를 smiling이라고 영역했지만, 도서출판 b에서 나온 《인간 불평등 기원론》(이충훈 옮김) 115쪽에는 '시원한 평야'라고 번역되어 있다—옮긴이].

계속 연구를 하다보면 아마조니아, 오세아니아, 심지어 나일 계곡의 최초 유목민들의 초기 농경 집단에도 중부 유럽에서 관찰된 것과 비슷한 인구통계학상의 기복이 있었음이 밝혀진다. 실제로 모종의 쇠락, 아니면 적어도 정착촌의 중요한 개편이 비옥한 초승달 자체에서 기원전 6000년대에 발생했다.[53] 어찌 되었든 이런 다양한 지역들에 대해 사용 가능한 증거의 분량이 저마다 다르다는 점을 고려할 때 이들 간의 대조점들을 너무 단정적으로 대해서는 안 된다. 그렇기는 해도 현재까지 알려진 것을 기초로 적어도 처음 던진 질문을 재구성하여 물을 수 있다. 왜 유럽의 특정 지역의 신석기시대 농부들은 당시까지 전례 없었던, 혹은 다른 곳에서는 감지되지 못했을 만큼 심한 인구 감소를 겪었을까?

아주 세부적인 사항에 그 힌트가 있다.

알고 보니 곡물 농사가 서남아시아에서 발칸반도를 거쳐 중부 유럽으로 옮겨 가는 동안 어떤 중요한 변화를 겪었던 것이다. 원래 세 종류의 밀(아인콘, 엠머 밀, 저절로 탈곡되는 종류)과 보리 두 종류(껍질이 있는 것과 없는 것)가 재배되고 있었고, 각기 다른 콩 다섯 가지(강낭콩, 렌틸 콩, 쓴살갈퀴, 병아리콩, 풀완두)도 있었다. 이와 반대로, 선형 토기 문화의 대다수 유적에는 단지 포영苞穎 밀glume wheat(엠머 밀과 아인콘)과 한두 종류의 콩만 있었다. 신석기시대의 경제는 점점 더 다양성의 범위가 좁아지고 균일해졌으며, 중동 지방에 있던 원형의 축소판 아류가 되어가고 있었다. 게다가 중부 유럽의 황토 지형에서는 지형적인 변수와 새로운 자원을 추가할 기회가 거의 없었다. 한편 채집인 집단의 인구밀도가 높았기 때문에 해안 지방으로 팽창하기에는 제약이 있었다.[54]

유럽의 초기 농부들에게는 거의 모든 것이 단 하나의 식량 그물망을 중심으로 돌아가게 되었다. 곡물 농사가 공동체를 먹여 살렸다. 그 부산물—겨와 짚—은 땔감이 되었고, 동물의 사료가 되었으며, 건축의 기초 자재와 토기를 빚는 첨가제이자 주택에 바르는 회반죽에 쓰이기도 했다. 가축은 이따금씩 고기, 유제품, 털을 주었고, 또 텃밭에 뿌릴 비료도 제공했다.[55] 윗가지로 엮고 짚을 섞은 진흙으로 벽을 바른 통나무집과 넉넉지 않은 물질문화를 가진 이 최초의 유럽 농부 정착촌은 훨씬 후대의 시골 농촌 사회와 특이하게 닮은 점이 있다. 무엇보다도, 그들 역시 동일한 취약점에 노출되어 있었을 가능성이 가장 크다. 즉 외부로부터 주기적으로 들어오는 공격만이 아니라 내적으로 발생하는 노동의 위기, 토양 고갈, 질병, 흉년 같은 상황은 연이어 비슷비슷하게 형성된 공동체 전역을 휩쓸었으며, 서로 도움을 줄 가망은 거의 없었다.

신석기시대 농경은 실패할 위험이 있었던 실험이었고, 종종 실패했다.

그러나 왜 그것이 모두 문제가 되는가?
(목적론적 추론의 위험에 관한 빠른 복습)

이 장에서 우리는 세계 최초의 농부들 일부가 세계 곳곳에서 뛰고, 넘어지고, 허세를 부리며 성공과 실패를 겪는 운명을 추적해왔다. 하지만 이 모든 것은 인류 역사의 전반적인 경로에 대해 무엇을 말해주는가? 회의적인 독자들은 이렇게 반대할지도 모른다. 분명, 넓은 관점에서 볼 때 중요한 것은 농경을 향해 비틀거리며 나아가는 첫걸음이 아니라 그 장기적인 효과라고. 결국은 늦어도 기원전 2000년경 농경은 중국에서 지중해에 이르기까지 대도시를 부양하고 있었다. 또 기원전 500년경에는 어떤 형태로든 식량 생산 사회가 유라시아의 대부분을 장악했고, 남아프리카, 아북극권, 그리고 아열대 기후대의 몇 안되는 도서 지역만 거기서 제외되었다.

회의주의자는 계속 반대할지도 모른다. 농경만으로도 채집인들이 제대로 활용하지 못했거나 그럴 의사가 없었던 토지의 잠재력을 풀어놓을 수 있었다고. 사람들이 이동성을 포기하고 정착하려 하는 한, 작은 밭뙈기로도 잉여 식량을 생산할 수 있었다. 특히 쟁기와 관개가 도입된 이후로는 더욱 그러했다. 설사 일시적인 쇠퇴나 재앙 수준의 실패가 있었다 하더라도, 장기적으로는 점점 더 많아지고 밀도가 높아지는 인구를 부양하기 위해, 토지 활용을 강화할 수 있는 사람들을 선호하는 쪽으로 추세는 항상 기울어졌다. 그리고 동일한 회의론자들은 홀로세가 시작될 때 500만이던 세계 인구가 1800년경에는 9억으로, 그리고 지금은 수십억으로 늘어난 것이 오로지 농경 덕분이었다는 결론을 내릴 것이다.

또한 이 점을 감안할 때, 그런 많은 인구는 대중을 조직할 명령 체계나 공식적인 지도부 없이 어떻게 먹고살 수 있었을까? 상근 행정관, 군인, 경찰, 또 다른 비식량생산자들은 농업이 제공하는 잉여에 의해서만 부양될 수 있는데 말이다. 이런 것은 타당한 질문으로 보이며, 첫 번째 질문을 던지는 사람은 예외 없이 두 번째 질문도 던지게 된다. 하지만 그렇게 함으로써 그들은 역사와 관계를 단절할 위험이 생긴다. 단순히 이야기의 출발점에서 종착점으로 건너뛸 수는 없고, 그렇다면 중간에 무슨 일이 일어났는지 짐작만 해야 한다. 글쎄, 그렇게 할 수도 있겠지만, 그럴 경우 여러분은 이 책에서 내내 다루어온 바로 그 이야기로 되돌아가게 된다. 그러므로 그렇게 하지 말고, 농경의 기원과 확산에 대해 우리가 알게 된 것을 아주 간략하게 요약해본 다음, 지난 5,000년 정도의 기간 동안 인간 사회에서 실제로 무슨 일이 일어났는지 더 극적인 사건들을 검토해보자.

이제 우리가 알게 되었듯이, 농경은 흔히 결핍의 경제로서 출발했다. 더 이상 할 수 있는 일이 없는 상황에서 농경을 고안해내지 않을 수 없었다. 그렇기 때문에 농경은 지상의 야생 자원이 매우 희박한 지역에서 처음 발생하는 경향이 있었다. 그것은 홀로세 전기의 사람들이 취했던 전략 가운데 특이하게 튀는 사례였지만 폭발적인 성장 잠재력을 갖고 있었고, 특히 곡식 작물 외에 가축이 추가된 뒤에는 더욱 그러했다. 그렇다고는 해도, 그것은 생뚱맞은 굴러온 돌이었다. 최초의 농부들이 농부 아닌 자들에 비해 쓰레기를 더 많이 배출했고, 흔히 진흙을 불에 구워 집을 지었기 때문에, 그들의 흔적은 고고학자들의 눈에 더 잘 띄었다. 그것이, 같은 시기에 훨씬 더 풍족한 환경에서, 여전히 야생 자원에 대부분 의존하는 인구 집단에서 벌어지고 있는 행동을 놓치는 일이 없기를 원한다면 상상력으로 빈 곳을 채워 넣어야 하는 한 가지 이유다.

괴베클리 테페나 시기르스코에 호수같이 계절에 따라 세워진 거대 구조물은 홀로세의 수렵 어로 채집인들 사이에서 큰 일거리가 진행되고 있었다는 우리가 바랄 수 있는 한 가장 명백한 신호다. 고고하게 서 있기를 원한다는 명백한 신호다. 하지만 비농경 인구들은 그런 구조물을 세우지 않는 나머지 시간에는 어떤 일을 했으며, 어디서 살았을까? 그들이 살았을 법한 후보지 가운데 동부 튀르키예의 고지대나 우랄산맥 기슭 같은 고지대의 수림 지역이 있다. 하지만 이곳에서는 거의 모든 건축물이 목재로 지어져 잔존하는 것은 거의 없다. 가장 큰 공동체들은 호수 주위와 강, 해안 지역, 특히 그런 것들이 교차하는 지역에 집중되었을 것이 거의 틀림없다. 삼각주 지대―남부 메소포타미아, 나일강과 인더스강 하류 유역 같은 곳―에서는 세계 최초의 도시들이 등장했고, 규모가 크고 인구밀도가 높은 정착지에 사는 것이 인간 사회의 발달에 대해 어떤 영향을 미쳤는지(그리고 미치지 않았는지) 정확하게 알아내려면 그곳에 관심을 가져야 한다.

8

상상의 도시

메소포타미아, 인더스 계곡, 우크라이나,
중국의 유라시아 첫 도시민들
그리고 그들이 왕 없이 도시를 건설한 방법

도시는 상상 속에서 시작된다.

엘리아스 카네티^{Elias Canetti}는 그렇게 주장했다. 그는 20세기 중반 중부 유럽에서 활동한 소설가이자 사회철학자이며, 정확히 어떻게 상대해야 할지 아무도 알지 못했던 색다른 사상가 가운데 한 명으로 취급되었다. 카네티는 작은 공동체에서 살던 구석기시대의 수렵 채집인들은 큰 공동체의 주민들은 어떤 모습일지 궁금해하면서 살 수밖에 없었으리라고 추측했다. 그는 셀 수 없이 많은 수가 무리지어 함께 움직이는 군집 동물들을 충실하게 묘사한 동굴 벽에 그 증거가 남아 있다고 느꼈다. 인간이 무리를 짓는다면 그 얼마나 지독히도 빛나는 모습일지 그들이 어찌 궁금해하지 않을 수 있었을까? 당연히 그들은 규모 면에서 죽은 자가 산 자를 수적으로 압도한다고 여겼다. 만약 죽은 사람이 모두 한 장소에 모여 있다면 어떻게 될까? 그것은 어떤 느낌일까? 카네티는 이런 '보이지 않는 군중'이 상상 속에서만 존재한 것이었다 할지라도 어떤 의미에서는 인류 최초의 도시라고 주장했다.

이 모든 것이 공상처럼 (사실 상상에 관한 상상이다) 보일지도 모른다. 하지만 현대의 인간 인지에 대한 연구가 이룬 진전 덕분에 우리는 카네티가 뭔가 중요한 것, 거의 모두가 간과해온 어떤 것을 건드렸음을 짐작할 수 있다. 매우 큰 사회 단위는 항상, 어떤 의미에서는 상상 속의 존재다. 또는 살짝 다른 방식으로 표현한다면, 친구, 가족, 이웃, 우리가 실제로 직접 아는 사람과 장소에 연결되는 방식과, 제국, 국가, 대도시, 대체로, 혹은 최소한 거의 모든 시간 우리 머릿속에 존재하는 현상에 연결되는 방식 사이에는 언제나 근본적인 차이가 있다. 사회이론의 많은 부분은 우리 경험의 이 두 차원을 일치시키려는 시도로 보일 수 있다.

교과서로 쓰일 만한 표준적 인류 역사에서 규모는 결정적으로 중요하다. 인간이 진화 역사의 거의 대부분을 보냈다고 여겨지던 채집인들의 초소형 무리는 규모가 작았기 때문에 비교적 민주적이고 평등했을 수 있다. 인간의 사회적 감수성, 또는 이름과 얼굴을 기억하는 능력은 인간이 진화 역사의 95퍼센트를 기껏해야 몇십 명으로 이루어진 아주 작은 무리에서 보냈다는 사실에 의해 대체로 결정되었다고 통상 추정되어왔다. 그리고 그것이 자명한 사실이라고 단언되기도 한다. 이렇게 우리는 작은 팀으로 활동하도록 설계된 존재다. 그러므로 대규모 인간 군집은 정의상 뭔가 부자연스러운 것처럼 취급되며, 인간은 그런 군집 속에서의 생활을 처리하는 데 심리적으로 잘 준비되어 있지 않다고 여겨진다. 이것이 더 큰 공동체가 작동하려면 그처럼 정교한 '보조 시설'이 필요한 이유라고 그 논의는 흔히 주장한다. 그래서 도시 계획자, 사회사업가, 조세 감사관, 경찰 같은 것들이 있어야 한다는 것이다.[1]

만약 그렇다면, 최초의 도시의 출현, 한 장소에 상시 정착한 사람들이 처음으로 대량 집중된 현상이 곧 국가의 등장에 해당된다는 판단은 완벽하게 타당할 것이다. 긴 세월 동안 이집트, 메소포타미아, 중국, 중앙아메리카 등지에서 얻은 고고학적 증거는 이 판단을 확인해주는 것으로 보였다. 그런 증거는 한 장소에 충분히 많은 인원이 모인다면 그들은 문자나 그와 비슷한 것을 개발하고, 행정관, 저장과 재분배 장비, 작업장, 감독자 등등을 갖추지 않을 수 없음을 보여주는 것 같다. 오래 지나지 않아 그들은 스스로를 사회적 계급으로 나누기 시작할 것이다. '문명'은 그것과 함께 오는 패키지로서 등장했다. 그것은 일부에게는 비참과 고통을 의미했지만(일부는 어쩔 수 없이 농노, 노예, 빚에 몰린 몸종으로 전락할 테니까), 또 철학, 예술, 과학적 지식이 축적될 가능성도 허용한다.

그러나 증거들은 더 이상 이런 종류의 주장을 제기하지 않는다. 사실 지난 40, 50년 동안 우리가 알게 된 사실 가운데 많은 부분은 그때까지의 통념들을 혼란 속에 몰아넣었다. 이제 우리는 몇몇 지역의 도시는 여러 세기 동안 자치를 시행해왔으며 신전이나 궁궐 같은 것은 전혀 존재할 낌새도 없었다가 나중에야 등장하게 된다는 것을 알고 있다. 신전이나 궁궐이 끝내 출현하지 않은 곳도 있다. 계급이나 행정관, 혹은 그 어떤 지배 계층의 증거도 없는 고대 도시도 많다. 또 다른 도시에서는 중앙 집권적 권력이 출현했다가 사라지는 모습이 보인다. 따라서 도시 생활이 존재한다는 사실만으로 반드시 어떤 특정한 형태의 정치조직이 나타난다고 볼 수는 없는 것 같고, 실제로도 절대로 그렇지 않았다.

여기에는 온갖 중요한 함의가 있다. 무엇보다 그것은 인간의 가능성을 덜 비관적으로 평가하게 해준다. 현재 대다수 세계 인구가 도시에 살고 있다는 사실이 여러분이 짐작하는 것과 같은 정도로 우리의 삶의 방식을 결정하지 않을 수도 있기 때문이다. 하지만 그 점에 대해 생각하기를 시작하기도 전에, 우리는 애당초 어쩌다가 상황을 그토록 심하게 오판했는지 물어볼 필요가 있다.

'규모'라는 악명 높은 이슈를 이제 다루어보자

'상식'은 특이한 표현이다. 때로 그것은 정확하게 보이는 그대로를 의미한다. 현실 속 경험에서 도출된, 어리석고 뻔한 함정을 피하는 실용적 지혜 말이다. 만화 속 악당이 세상을 파멸시킬 수 있는 장치의 '자기 파괴' 버튼을 누른다거나, 비밀 거점의 환풍기 통로를 막아두지 않은 것을 가리켜 상식이 없다고 말하는 것이 바로 이런 경우다. 또 한편으로는, 단순한 상식처럼 보이는 것이 가끔 실제로는 그렇지 않기도 하다.

오랫동안, 여성이 전투 능력이 부족하다는 것은 거의 보편적인 상식으로 여겨져왔다. 어쨌든 여성은 체구가 작고 상체의 힘이 부족한 편이라고 지적되었다. 그러다가 여러 군대에서 진행된 실험 결과, 여성이 사격 능력도 훨씬 뛰어난 경향이 있음이 드러났다. 이와 비슷하게 소규모 그룹에서 서로를 더 평등하게 대하며 민주적으로 결정을 내리기가 상대적으로 쉬우며 그룹에 인원수가 많아질수록 그렇게 하기가 어려워진다는 것이 거의 보편적인 상식이었다. 그런데 생각해보면, 이는 사실 겉으로 보이는 것만큼 상식이 아니다. 왜냐하면 오래 존속해온 그룹들은 분명히 그렇지 않기 때문이다. 세월이 흐르면서, 가족은 물론 가까운 친구들 그룹도 결국은 복잡한 역사가 형성되어 무슨 일에 대해서든 결정을 내리기가 거의 매번 힘들어진다. 반면 그룹이 클수록 당신이 특히 혐오하는 사람의 비중도 클 가능성은 낮아진다. 하지만 다양한 이유 때문에 규모의 문제는 이제 학자들만이 아니라 거의 모든 사람에게 단순한 상식의 문제가 되었다.

이 문제가 전형적으로 우리의 진화적 유전의 결과로 여겨지는 만큼, 잠시 그 근원으로 돌아가서 로빈 던바Robin Dunbar 같은 진화심리학자가 이 질문을 일반적으로 어떻게 규정했는지 살펴보면 도움이 될지 모른다. 다들 수렵 채집인의 사회적 조직이—고대에든 현대에든—여러 다른 층위나 수준에서 작동하며, 러시아 인형처럼 다른 조직 속에 '층층이 담겨 있는nested' 것을 관찰하는 데서 시작한다. 가장 기본적인 사회 단위는 부부 관계를 맺어 후손에게 함께 투자하는 가족이다. 스스로와 후손들을 부양하기 위해, 이 핵가족은 긴밀하게 연결된 다섯이나 여섯 명의 가족으로 구성된 '무리bands'로 뭉치지 않을 수 없다(또는 그렇게 논의가 진행된다). 제의가 열릴 때, 혹은 사냥감이 유달리 풍부할 때, 그런 무리들은 한데 뭉쳐 대략 150명으로 이루어진 '주민 그룹residential groups'(혹은 '씨족clan')을 형성한다. 이 그룹의 규모는—던바의 말에 따르면—대략 한 집단의 최대 용량, 그 일원들이 각기 머릿속에서 서로의 존재를 인지할 수 있는, 신뢰하는 관계의 한계에 해당한다. 그리고 그는 이것이 우연의 소치가 아니라고 주장한다. 150명('던바의 수Dunbar's Number'라 알려지게 된)을 넘으면 '부족tribes' 따위의 더 큰 그룹이 형성되지만, 던바는 이런 더 큰 그룹은 혈족을 기초로 하는 더 작은 무리의 연대감을 가질 수 없고, 따라서 그 내부에서 갈등이 발생하게 된다고 단언한다.[2]

던바는 그렇게 '담겨 있다'는 설정이 진화 시간상의 아주 먼 옛날에 인간의 인지력을 형성한 요인들에 포함된다고 여긴다. 그래서 오늘날에도 군대의 부대나 교회의 신도들 같은, 사회적 헌신을 고도로 요구하는 수많은 기관들이 여전히 150명 정도의 창립 인원을 중심으로 움직이는 경향을 보인다는 것이다. 매력적인 가설이다. 진화심리학자들이 구성한 대로, 그 가설은 살아 있는 현대의 수렵 채집인들이 실제로 이 사회관계를 핵가족으로부터 무리로, 상주 그룹으로 점점 단위를 키워 올라가는 고대적 방식이라는 것의 증거를 실제로 제공한다는 생각에 의거한다. 그런 점점 더 커지는 그룹은 서로의 친족에 대한 충성심과 같은 것을 재생하지만 그 규모가 더 커지며, 나아가서는 '형제애', 혹은 '자매애' 같은 것에 도달하게 된다는 것이다. 그러나 여기서 말썽이 생긴다.

우리의 가장 강한 사회적 연대가 생물학적으로 밀접한 친족 관계를 기초로 한다고 추정하는 진화적 모델에 대해서는 확실한 반박이 있다. 많은 인간들은 가족을 별로 좋아하지 않는다. 그리고 이 사실은 다른 누구에게나 마찬가지로 현대의 수렵 채집인들에게도 해당된다. 가까운 친척들 사이에서 평생을 살아간다는 것이 너무나 끔찍해서, 오로지 그들에게서 멀어지기 위해 멀리 떠나려는 사람들이 많다. 현대 수렵 채집인들에 대한 새로운 인구학적 연구들—탄자니아의 하드자족에서 오스트레일리아의 마르투족에 이르는 전 세계 사례들에 대한 통계적 비교를 이용한[3]—은 상주 그룹들은 생물학적 친족으로 구성되지 않는 방향으로 기울어짐을 보여준다. 인간유전체학human genomics이라는 신흥 학문 분야는 멀리 플라이스토세에 이르는 고대의

수렵 채집인들 역시 이와 비슷한 상황이었다고 주장하기 시작한다.[4]

가령 현대의 마르투족이 자신들이 모두 어떤 공통의 토템 선조에게서 내려온 후손이라고 말할지 모르지만, 실제로는 어떤 상주 그룹에서든 처음 시작했을 때의 생물학적 혈족이 차지하는 구성 비율은 전체 인원의 10퍼센트에 못 미친다. 거의 모든 구성원은 유전적으로 가까운 관계를 공유하지 않으며, 출신지가 매우 넓은 영역에 흩어져 있고, 같은 언어를 쓰는 집단에서 자라지도 않은, 훨씬 더 넓은 범위에서 들어온 사람들이다. 마르투족이라 인정받으면 어떤 사람이든 마르투족 무리의 잠재적 일원이며, 하드자족, 바야카BaYaka, 쿵산!Kung San 부시먼 등등의 경우에도 사정은 마찬가지다. 한편, 정말 모험적인 사람들은 흔히 자신이 속했던 더 큰 집단을 완전히 포기하기도 한다. 오스트레일리아 같은 곳에도 이런 현상이 있다는 것은 더욱 놀라운 일이다. 그곳에는 매우 정교한 친족 시스템이 있고, 그 안의 거의 모든 사회적 설정이 토템 선조에게서 내려오는 유전적 계보를 중심으로 조직되기 때문이다.

그렇다면, 그런 경우의 친족은 정말로 사회적 애착을 가리키는 일종의 은유로 보일 수도 있다. 우리가 국제주의를 표현하려고 할 때 모든 인간은 형제라고 말하는 것과 같은 식의 어법이다(설령 친형제가 견딜 수 없는 사람일지라도, 또 서로 몇 년씩 말도 하지 않는 사이라도 그렇게 말한다). 게다가 공통의 은유는 흔히 매우 먼 거리로까지도 확대되는데, 과거 북아메리카 전역에 거북이 씨족이나 곰 씨족이 존재하던 방식에서, 또는 오스트레일리아 전역에 반족半族이 존재했던 데서 그런 예를 볼 수 있다. 이 때문에 각자의 가까운 생물학적 친족에게 환멸을 느낀 사람들이 멀리 떨어진 곳에 가서도 환영을 받는 일이 비교적 간단한 문제가 되었다.

이는 마치 현대의 채집인 사회가 근본적으로 다른 두 규모로 동시에 존재하는 것과도 같다. 하나는 작고 친밀한 규모이며, 다른 것은 광대한 영토, 심지어는 대륙에까지 확장되는 규모다. 이는 이상해 보일지 모르지만 인지과학의 시각에서 볼 때는 완벽하게 타당하다. 인간의 사회적 인지를 다른 영장류들의 인지와 가장 뚜렷하게 갈라놓는 것이 상이한 규모 사이를 이동하는 바로 이 능력이다.[5] 유인원들은 애정이나 지배를 갈망할지 모르지만, 어떤 승리든 모두 일시적이고 상황이 뒤집힐 가능성은 계속 열려 있다. 어떤 것도 영원하리라고 생각되지 않는다. 실제로는 아무것도 상상되지 않는다. 인간은 성향상 자신이 개인적으로 아는 150명가량의 인간들과, 그리고 수백만 명 혹은 수십억 명의 다른 인간들과 공유하는 상상의 구조 속에서 동시적으로 살아간다. 현대 국가의 경우가 그렇듯이, 때로는 이런 것들이 친족의 연대를 토대로 한다고 생각된다. 때로는 그렇지 않다.[6]

적어도 이 점에서 현대의 채집인들은 현대의 도시 주민들이나 고대의 수렵 채집인들과 다르지 않다. 우리 모두는 아마 앞으로도 만날 일이 없을 사람들과 관련되어 있다고 느낄 능력을 갖고 있다. 그것은 대부분의 시간 동안 '가상현실'로 존재하며, 마음속에 담겨 있고 상상하고 제의를 거행하는 인지적 작업을 통해 상기되는, 그 자체의 규칙과 역할과 구조를 가진 가능적 관계의 세계로 존재하는 거대 사회에 참여할 능력이다. 채집인들은 때로 작은 그룹으로 존재할지도 모르지만, 소규모 사회에서 살지는 않는다. 그리고 아마 한 번도 그렇게 살지는 않았을 것이다.[7]

이런 이야기 가운데 어느 것도 규모─절대적 인구 크기라는 의미에서─때문에 생기는 차이는 없다고 말하지는 않는다. 이런 것들이 우리가 흔히 상식적이라고 추정하는 방식에서 반드시 중요시되지는 않는다는 의미다. 적어도 바로 이 특정한 요점에서는 카네티가 옳았다. 대중사회란 그것이 물리적 실재가 되기 전에 정신적으로 존재한다. 그리고 결정적으로, 그것은 물리적 실재가 된 뒤에도 정신적으로 존재한다.

이 지점에서 우리는 도시라는 주제로 돌아갈 수 있다.

도시는 형체가 있는 존재다. 그 물리적 기간 시설의 특정한 요소들―벽, 도로, 공원, 하수도―은 수백 년 동안 또는 심지어 수천 년 동안 변하지 않을 수도 있다. 하지만 인간의 기준에서 그것들은 절대 안정적이지 않다. 사람들은 친척을 방문하고, 교역을 하고, 공격하고, 여행하는 등등의 목적을 가지고 영구적으로든, 명절과 축제 때 계절적으로든 끊임없이 그 속으로 들어갔다가 나온다. 매일매일의 일정을 수행하는 과정에서도 그렇게 한다. 하지만 도시는 이 모든 것을 초월하는 생명을 갖고 있다. 돌이나 벽돌이나 어도비 벽돌의 영구성 때문은 아니다. 또 도시에 사는 거의 모든 사람이 실제로는 서로를 개인적으로 만나기 때문도 아니다. 그들이 흔히 서로를 도시에 속하는 사람으로, 그러니까 런던 사람, 모스크바 사람, 콜카타 사람 등으로 생각하고 행동하기 때문이다. 도시사회학자 클로드 피셔Claude Fischer가 한 말을 보자.

거의 모든 도시 거주민들은 감각으로 지각되고 한정된 삶을 산다. 도심에 가는 일은 드물고, 도시에서도 자신들이 살지도 일하지도 않는 지역은 거의 알지 못하며, 도시 인구의 아주 작은 한 조각만 본다(사회학적으로 의미 있는 방식으로). 분명 어떤 기회가 있을 때는―러시아워라든가 풋볼 경기가 열릴 때 등등―수천 명의 낯선 사람들 사이에 있게 되지만, 그 상황이 그들의 개인적 삶에 어떤 직접적인 영향을 미치지는 않는다. (⋯) 도시민들은 접촉하지만 서로 침투하지는 않는 작은 사회적 세계에 산다.[8]

이 말은 전부 같은 정도로 고대 도시에도 해당된다. 가령, 아리스토텔레스는 바빌론이 너무나 커서, 외국 군대에 점령당하고 2, 3일 지난 뒤에도 그 도시 내에 아직 그 소식이 전해지지 않은 구역도 있었을 정도라고 주장했다. 다른 식으로 표현하자면, 고대 도시에 사는 사람의 시각에서 본다면, 도시 그 자체는 더 이전의 씨족이나 반족 사회가 수백 킬로미터 확장된 지형과 완전히 다르지 않은 어떤 것이었다는 말이다. 그것은 1차적으로 인간의 상상 속에 세워진, 자신들이 한 번도 만나지 못한 사람들과 우호적 관계를 맺을 가능성을 허용하는 구조물이었다.

4장에서 우리는 인간 역사의 많은 기간 동안, 대부분의 사람들이 활동하는 지리적 범위가 실제로는 줄어들고 있었다고 주장했다. 구석기시대의 '문화 지역'은 여러 대륙을 망라했다. 중석기시대와 신석기시대의 문화 구역도 여전히 거의 모든 현대적 민족-언어 그룹(인류학자들이 '문화'라 부르는 것)이 차지한 본거지의 영토보다 훨씬 넓은 지역을 포괄했다. 도시는 수축 과정의 일부다. 도시민은 거의 평생의 삶을 몇 킬로미터 반경 안에서 보낼 수도 있고, 많은 사람들이 실제로 그랬기 때문이다. 그 이전 시대 사람들이라면 이는 생각도 못 할 일이었을 것이다. 이 점에 대해 생각해보는 한 가지 방법은 어떤 광대한 지역 시스템, 오스트레일리아나 북아메리카 거의 전역을 아우르는 정도의 넓은 시스템이 그 실질적인 성질은 그대로 유지한 채 하나의 도시 공간 안에 압축되는 모습을 상상하는 것이다. 최초의 도시 형성이 대략 그런 방식으로 진행되었다면, 그 과정에서 인간의 인지 능력이 감당하기 힘든 상황이 있었으리라고 추정할 이유는 없다. 무한하고, 영원하고, 대부분 가상적인 집단 안에서 사는 것은 사실상 인간이 내내 해왔던 일이다.

그렇다면 여기서 정말로 새로운 점은 무엇인가? 고고학적 증거로 돌아가보자. 인류 역사상 수만 명의 사람들이 거주하는 정착지가 거의 모든 대륙에 처음 출현한 것은 약 6,000년 전의 일이다. 그런 곳이 처음에는 단 한 곳만 있었다. 그러다가 늘어났다. 지금 우리가 그런 곳에 대해 아는 내용을 도시, 국가, 관료제, 사회 계급이 모두 함께 출현하는 구식의 진화론적 순서에 끼워 맞추기가 그토록 어려운 이유 가운데 하나는,[9] 단순히 이런 도시들이 서로 너무나 다르기 때문이다. 계급 구분, 부의 독점, 행정의 위계가 없는 도시가 존재한다는 정도가 아니다. 도시들이 보여주는 이같이 극단적인 다양성은 원래 도시 형태에 관한 의식적 실험이 행해졌을 가능성을 암시한다.

현대의 고고학은 이런 초기 도시 가운데 권위주의적 지배의 흔적이 있는 경우가 놀랄 만큼 적다는 사실을 보여준다. 또 그들의 생태는 과거에 믿어지던 것보다 훨씬 더 다양했다. 도시들은 반드시 농노들이나 농민들이 등골이 휘는 노동에 시달리면서 도시 거주자들이 소비할 곡물을 생산하여 수레에 잔뜩 실어 오는 배후지에 의존하는 곳이 아니었다. 분명 더 후대에는 그런 상황이 점점 더 일반화되었지만, 초기 도시에서는 대개 소규모의 텃밭 농사와 동물 사육이 적어도 같은 정도로는 중요했다. 또 강과 바다의 자원 역시 마찬가지였으며, 그런 이유로 숲이나 습지에서 야생의 계절적 식량을 채집하고 사냥하는 일도 계속되었다. 이런 특정한 혼합은 도시가 세계 속에 존재한 위치에 크게 의존했지만, 역사의 첫 도시 거주자들이 항상 환경에, 혹은 서로에게 가혹한 발자국을 남긴 것은 아니었다는 사실이 점점 더 분명해지고 있다.

이런 초기 도시들에서의 삶은 어떤 것이었을까?

앞으로 우리는 다음 장에서 중앙아메리카로 넘어가기 전에, 주로 유라시아에서 무슨 일이 있었는지를 설명하려 한다. 물론, 전체 이야기가 다른 지리적 시각에서도 나올 수 있지만(사하라 이남의 아프리카 같은 경우, 중부 니제르 삼각주에서 도시 발전의 지역적 궤적은 이슬람교가 전파되기 오래전으로 거슬러 올라간다), 이 주제와 과도하게 어긋나는 일 없이 책한 권에서 다룰 수 있는 것은 그 정도뿐이다.[10] 우리가 살피는 각 지역은 고고학자나 역사가가 걸러내고 무게를 가늠할 각기 다른 범위의 자료들을 제공한다. 거의 모든 경우에 문자 증거는 부재하거나 지극히 한정된 범위에 그친다. (여기서 우리가 다루는 것은 대부분의 경우에 아직 매우 이른 시기의 인간 역사뿐이며, 그 문화 전통은 우리 것과는 매우 다르다.)

우리는 세계 최초의 도시들의 문자로 기록되지 않은 제도들을 끝내 자세히 재구성하지 못할 수도 있다. 그렇기는 해도 남아 있는 증거들은 우리의 관례적 서사를 뒤엎을 뿐만 아니라, 그런 것이 없었더라면 절대로 고려하지 못했을 가능성들에 우리 눈을 열어주기에도 충분히 튼튼하다. 특정한 사례를 보기 전에 애당초 도시들이 왜 출현했는지부터 적어도 잠깐이라도 살펴보아야 한다. 앞의 여러 장에서 우리가 논의했던 일시적이고 계절적인 소집이 점차 영구화되고 1년 내내 거주하는 정착지가 되었는가? 그렇다면 충분히 감사할 만큼 이야기가 단순해진다. 그러나 불행히도 그랬던 것 같지는 않다. 현실은 더 복잡하고, 항상 그렇듯이 훨씬 더 흥미롭다.

도시의 세계가 존재할 무대를 폭넓게 설정해보고, 그것들이 애당초 왜 등장했는지 생각해보기

도시가 어디에 나타났든 간에 그것들은 세계 역사에서 새로운 단계를 규정했다.[11] 그것을 '초기 도시 세계'라 부르자. 이는 여러모로 볼 때 인류 과거의 이상한 단계를 지칭하기에는 확실히 밋밋한 용어다. 아마 그것은 지금 우리가 파악하기에 가장 어려운 것 중 하나일 것이다. 그것이 너무나 친숙한 동시에 낯설기 때문이다. 친숙한 부분을 먼저 살펴보기로 하자.

이런 초기 도시의 거의 어디에서나 우리는 도시의 통일성에 대한 거창하고 자의식적인 발언, 조화롭고 흔히 아름다운 패턴으로 배열된 건축 공간을 보게 되는데, 이런 것들은 도시 차원에서의 어떤 계획이 있었음을 분명히 반영한다. 문자 자료가 있는 곳(고대 메소포타미아 같은)에는 자신들을 친족이나 민족적 연대의 용어가 아니라 단순히 한 도시의 '사람들'로(혹은 '아들과 딸'이라고) 칭하는 큰 시민 그룹이 있다. 그들은 창건 선조들, 신들 혹은 영웅들에 대한 헌신과 그 시민적 사회 기간 시설과, 항상 최소한 몇 번의 대중적 축제 행사를 포함하는 제의적 달력으로 통합되어 있다.[12] 시민들의 축제는 사람들이 일상생활에서 경의는 표하지만 보통은 볼 수 없던 상상적인 구조가 잠시 유형적이고 물질적인 형태를 띠고 나타나는 순간들이었다.

증거가 있는 곳에서는 차이도 발견된다. 도시에 사는 사람들은 흔히 멀리서 왔다. 멕시코 계곡의 대도시 테오티후아칸Teotihuacan은 기원후 3, 4세기에 이미 유카탄반도와 멕시코만 연안 지역처럼 먼 곳에서도 사람들을 끌어모으고 있었다. 이주민들은 각자의 동네에 정착했고, 마야도 아마 그런 곳 중 하나였을 것이다. 광대한 인더스강 범람원

전역에서 온 이주민들은 하라파의 묘역에 사랑하는 이들을 묻었다. 일반적으로 고대 도시들은 구역으로 나뉘었는데, 그런 구역들은 서로 오래 지속되는 경쟁 관계를 만들어냈고, 최초의 도시에서도 마찬가지였던 것 같다. 성벽과 성문과 해자로 표시되어 확고하게 굳어진 이런 종류의 동네들은 아마 어떤 근본적인 측면을 보더라도 현대의 그런 동네들과 다르지 않았을 것이다.[13]

이런 도시들이 적어도 우리에게는 이상해 보이는 것은 그곳에 없는 것들 때문이다. 테크놀로지와 관련된 부분이 특히 그런데, 선진적 야금술, 강화된 농경, 행정 기록 같은 사회적 기술, 심지어 바퀴 같은 것도 없었다. 이 가운데 어떤 것이든, 이 초기 도시 세계의 어디에 우리가 관심을 보이느냐에 따라 존재했을 수도 있고 존재하지 않았을 수도 있다. 여기서 아메리카의 거의 모든 지역에 유럽인이 침공하기 전에는 금속제 도구도 말도, 당나귀, 낙타 혹은 황소도 없었다는 점을 상기할 필요가 있다. 사람과 물건의 이동은 도보, 카누나 썰매travois로 이루어졌다. 하지만 콜럼버스 도래 이전에 세워진 테오티후아칸이나 테노치티틀란Tenochtitlan 같은 수도들의 규모는 중국이나 메소포타미아의 가장 오래된 도시들이 왜소해 보일 지경이며, 청동기시대 그리스의 '도시국가들'(티린스나 미케네 같은)은 기껏해야 요새가 있는 촌락에 불과한 존재가 되어버린다.

사실을 따져보면, 가장 큰 초기의 도시들, 인구가 가장 많았던 도시들은 유라시아—기술적·보급적 면에서 유리하던—가 아니라 중앙아메리카에 있었다. 중앙아메리카에는 바퀴 달린 탈것이나 범선도, 동물을 이용한 견인 도구나 이동 수단도 없었고, 야금술이나 문자를 사용하는 관료제는 더욱 적었다. 이는 뻔한 질문을 제기한다. 애당초 왜 그토록 많은 사람이 같은 장소에 살게 되었을까? 관례적인 설명은 테크놀로지 요인에서 궁극적인 원인을 찾는다. 도시는 '농업혁명'의 지연되었지만 피할 수 없는 결과였다고. 농업혁명은 인구를 계속 증가시켰고 또 다른 발전을 연쇄적으로 촉발했다. 예를 들면 수송과 행정 분야에서의 발전은 많은 인구가 한 장소에서 살도록 지원할 수 있었다. 이런 많은 인구는 그들을 관리할 국가를 필요로 했다. 그러나 앞에서 보았듯이, 이 설명 가운데 어떤 부분도 사실에 의거하지 않는 것으로 보인다.

사실 단일한 설명은 찾기 힘들다. 가령, 테오티후아칸은 매우 큰 도시였던 것 같다. 인구가 가장 많을 때는 10만에 달했는데, 주로 일련의 화산 분출과 그와 관련된 자연재해들로 인해 여러 지역의 주민들이 전부 집을 떠나 테오티후아칸에 정착하게 되었다.[14] 생태적 요인은 흔히 도시 형성 과정에서 어떤 역할을 했지만, 이 특정 사례와 농경 강화의 관련은 불분명한 정도에 그치는 것으로 보인다. 그래도 어떤 패턴이 있다는 힌트는 있다. 유라시아의 여러 지역에서, 또 아메리카의 몇몇 지역에서 도시의 출현은 두 번째 변화, 기원전 5000년경 시작된 빙하기 이후 생태적 여건들이 뒤섞이는 과정과 아주 밀접하게 이어진다. 적어도 두 가지 환경 변화가 여기서 작동하고 있다.

첫 번째 변화는 강과 관련된다. 홀로세가 시작될 무렵, 세계의 큰 강들은 거의 모두 아직도 야성적이었고 예측 불가능했다. 그러다가 7,000년쯤 전에 홍수 발생 양상이 변하기 시작하여 더 안정된 순서를 따르게 되었다. 이로 인해 황허강, 인더스강, 티그리스강 등 최초의 도시 문명과 결부되는 강들의 유역에 매우 비옥하고 넓은 범람원이 조성되었다. 이와 병행하여, 홀로세 중기에 극지방 빙하가 녹는 속도가 느려져서 전 세계의 해수면이 적어도 이전의 그 어느 때보다도 훨씬 더 안정되었다. 이 두 과정의 복합적 영향은 극적이었다. 특히 큰 강들이 바다와 만나 계절적으로 비옥한 미사微砂를 바닷물이 밀어 올리는 것보다 더 빠르게 퇴적시키는 곳에서는 더욱 그랬다. 이것이 오늘날 우리가 미시시피강 하구, 나일강이나 유프라테스강 하구 등지에서 보는 부채처럼 생긴 거대한 삼각주의 기원이었다.[15]

매년 강물의 활동으로 체질하듯 흙을 걸러낸 물이 풍부한 토양, 이동성 사냥감과 물새가 좋아하는 비옥한 습지와 수변 서식지로 이루어진 그런 삼각주의 환경은 인간들이 주로 관심을 갖는 대상이었다. 신석기시대의 농부들은 그런 환경에 이끌렸고, 그들과 함께 작물과 가축이 따라갔다. 사실상 이것이 신석기시대 텃밭 농사가 처음 시작되었던 그런 종류의 강, 샘물, 호숫가 환경의 규모가 커진 버전인 점을 감안하면 그렇게 되었다고 해서 놀랄 일도 아니지만, 한 가지 중요한 차이가 있다. 수평선 뒤로는 넓은 대양이 있고, 그 앞에는 수생 자원을 공급해주는 방대한 습지가 있어서 농사의 위험을 완충해주며, 건축과 제작을 지원할 유기물 재료(갈대, 섬유, 점토)를 영속적으로 공급하는 것이다.[16]

이 모든 요소가 더 내륙에 있는 충적토의 비옥함과 합쳐져 유라시아에서 더 전문화된 농사 형태가 성장하도록 촉진했다. 동물이 끄는 쟁기의 사용(기원전 3000년에는 이집트에서도 채택됨)과 양모를 얻기 위한 양의 교배도 그런 요인에 포함된다. 따라서 광범위한 농경은 도시화의 원인이 아니라 결과였을 수 있다.[17] 어떤 작물과 동물을 기를지 선택하는 것은 흔히 냉혹한 생존의 문제보다는 초기 도시의 신흥 산업과 더 관련이 컸다. 특히 직물 생산과, 알코올성 음료, 발효시킨 빵, 유제품 생산 같은 도시 요리법의 대중적인 형태 말이다. 도시경제에서 사냥꾼과 채집인, 어부와 가금 사육자는 농부와 목축인 못지않게 중요했다.[18] 반면 소농민층은 더 나중에 이루어진 2차적 발전의 산물이었다.

습지와 범람원은 고고학적 자료가 살아남는 데 유리한 여건이 아니다. 흔히 도시가 이런 곳을 차지한 가장 이른 단계는 그 뒤에 쌓인 미사 층이나 도시가 남긴 것들 아래에 묻혀 있다. 세계의 여러 지역에서 얻을 수 있는 가장 오래된 증거는 도시 확장이 이미 성숙해진 단계에 관련된다. 상황이 눈에 들어올 때쯤이면, 우리는 이미 습지의 대도시, 혹은 도심의 네트워크가 기존의 모든 알려진 정착지들을 열 배 정도 능가하는 상황을 보게 된다. 과거 습지에 세워진 이런 도시 가운데 일부는 아주 최근이 되어서야 역사적 시야 속에 들어왔다. 부들밭에서 태어난 독생자처럼 나타나는 것이다. 그 결과는 놀라울 때가 많으며, 그 속에 담긴 함의는 여전히 불분명하다.

지금 우리는 중국의 황허강 하류 유역의 산둥성에서 3제곱킬로미터가 넘는 면적을 차지하는 정착지들―룽산전龍山鎮과 야오왕청堯王城 같은―이 기원전 2500년경에 이미 존재했었음을 알고 있다. 이는 중국 중부 평원의 가장 오래된 왕조가 나타나기 1,000년도 더 전의 일이다. 태평양의 반대편 기슭에서는 대략 같은 시기에 페루의 리오 수페Rio Supe 계곡에서 거대한 제의적 중심지가 발달했다. 카랄Caral 유적에서는 고고학자들이 잉카제국보다 4,000년이나 더 앞선 시대에 만들어진 지하 광장과 거대한 연단을 발굴해냈다.[19] 이런 거대한 도심부를 둘러싸고 인간이 거주한 범위는 아직 확인되지 않았다.

이런 새로운 발견들은 고고학자들이 세계 최초 도시들이 분포한 상황에 대해 알아내야 할 것이 여전히 많음을 보여준다. 또 그런 도시들이 한때는 도시의 필수 토대일 것으로 추정되었던 전제 정부와 문자를 쓰는 행정 체계보다 얼마나 더 오래되었는지도 암시한다. 이와 비슷한 발견이 마야문명의 저지대에서도 출현하는데, 그곳에서 발굴된 정말로 어마어마한 규모의―그리고 지금까지는 군주제나 계층화의 증거를 보여주지 않는—제의 중심지는 기원전 1000년 전까지로도 거슬러 올라갈 수 있다. 이는 고전시대 마야 왕들의 등장보다 1,000년 이상 오래된 시기인데, 그런 왕들의 도시는 확연히 규모가 더 작았다.[20] 또 이런 사실은, 아주 흥미롭지만 대답하기 어려운 질문을 제기한다. 갈대와 섬유와 점토 외에 또 무엇이 가장 오래된 도시화 실험들을 한데 묶어주고 있었는가? 그들을 한데 이어주는 사회적 접착제는 무엇이었는가? 몇 가지 사례를 내놓을 때가 되기는 했지만, 티그리스강, 인더스강, 황허강 같은 거대 강의 계곡 문명을 검토하기 전에, 우리는 동유럽의 내륙 초원 지대를 찾아가려 한다.

'메가 유적'에 관해, 그리고 우크라이나에서 발견된 고고학적 현장이 도시의 기원에 관한 통념을 어떻게 뒤집는가에 관해

흑해 주변 국가들의 옛 역사는 황금으로 넘쳐흐른다. 적어도 소피아, 키이우, 트빌리시의 주요 박물관을 찾아간 관람객들은 충분히 이런 인상을 받을 만하다. 헤로도토스의 시대 이후, 이 지역에 갔던 외국인들은 항상 전사 왕들의 호화스러운 장례와 그에 뒤따르는, 말들과 신하들의 대량 학살에 대한 무시무시한 이야기를 잔뜩 싣고 귀국하곤 했다. 1,000년도 더 뒤인 10세기경, 여행자 이븐 파들란Ibn Fadlan도 거의 똑같은 이야기로 아랍의 지배자들에게 강한 인상을 주고 그들을 흥분시켰다.

그리하여 이런 지역에서 '선사시대prehistory'(혹은 때로 '원사시대proto-history')라는 용어는 항상 귀족 제도를 가진 부족의 유산과 보물이 잔뜩 묻힌 호화스러운 무덤을 환기시키곤 했다. 그런 무덤이 확실히 발견되기는 했다. 그 지역의 서쪽 측면인 불가리아에서는 황금에 젖은 바르나Varna의 묘지로 시작한다. 이 묘지는 기묘하게도 지역의 고고학자들이 구리 시대로 일컫는 기원전 4000년대에 속한다. 그 동쪽으로 러시아 최남단에서는 그 직후 허세적인 장례식의 전통이 나타났는데, 이는 쿠르간kurgan이라 알려진 고분과 관련된다. 쿠르간은 실제로 어떤 종류의 것이든 전사 군주의 안식처를 나타낸다.[21]

하지만 알고 보니 이것만이 전부가 아니었다. 사실 장엄한 전사의 무덤은 이 지역 선사시대에서 가장 흥미로운 부분도 아니었다. 도시도 있었다. 우크라이나와 몰도바의 고고학자들은 이 사실의 낌새를 1970년대에 처음으로 알아차렸다. 당시 그들은 자신들이 예전에 만났던 어떤 것보다도 오래되고 훨씬 규모가 큰 인간 정착지의 존재를 감지하기 시작했다.[22] 계속된 연구 결과, 흔히 메가 유적mega-sites이라 불리는 이런 정착지—현대의 지명으로는 탈리얀키, 마이데네츠케, 네벨리브카 등등—는 기원전 3000년대 전기와 중반기 몇백 년 동안 존재한 것으로 판명되었으며, 이는 여기가 메소포타미아에서 가장 오래된 것으로 알려진 도시들보다도 앞선 곳임을 의미한다. 또 면적도 더 넓었다.

하지만 지금도 학계가 도시의 기원을 논의할 때 이런 우크라이나의 유적을 거론한 적은 거의 없었다. 사실 '메가 유적'이라는 용어의 사용은 일종의 완곡어법으로, 더 광범위한 청중에게 이런 것이 제대로 된 도시가 아니라 어떤 이유에서인지 규모 면에서 지나치게 커져버린 촌락 같은 곳으로 간주되어야 함을 알리는 용도로 쓰였다. 몇몇 고고학자들은 심지어 그런 곳을 직설적으로 '너무 커진 마을'이라 부르기도 한다. 우크라이나의 메가 유적을 도시의 기원이라는 매력적인 영역에 받아들이기 꺼리는 현상을 우리는 어떻게 설명해야 할까? 도시의 기원에 대해 일시적으로 관심을 보이는 사람도 우루크나 모헨조다로 는 들어봤지만 탈리얀키라는 이름은 들어본 적이 없는 것은 무엇 때문 일까?

그 대답은 대체로 정치적인 데서 나온다. 몇 가지는 단순하게 지정 학적인 이유 때문이다. 초기의 발견 작업 가운데 많은 수가 냉전 시대 에 동구권에 의해 진행되었는데, 이로 인해 서구 학계 서클에서 그런 발견 내용이 받아들여지는 속도가 느려졌을 뿐만 아니라 어떤 놀라운 발견 소식도 최소한 약간씩 회의적인 시각에서 받아들여지는 경향이 있었다. 심지어 선사시대 정착지 자체의 내적인 정치적 생명도 관련 이 있었을 것이다. 즉 정치의 통상적 관점에 따르자면 도시는 전혀 없 었다는 것이다. 중앙 집권화된 정부나 행정 체계, 혹은 지배계급의 어 떤 형태가 발굴되었다는 증거가 없었다. 다른 말로 하자면, 이런 어마 어마한 정착지는 진화론자들이 '복잡한' 사회가 아니라 '단순한' 사회 라 부를 것들의 주요 특징을 모조리 지니고 있었다는 것이다.

여기서 어슐러 르 귄Ursla Le Guin의 단편 〈오멜라스를 떠나는 사람 들The Ones Who Walk Away from Omelas〉을 떠올리지 않기가 힘들다. 그것 은 상상 속 도시인 오멜라스에 관한 이야기다. 그곳은 왕, 전쟁, 노예, 비밀경찰이 없는 도시였다. 르 귄은 지적한다. 우리는 그런 공동체를 '단순하다'고 치부하는 경향이 있지만, 사실 오멜라스의 이 시민들은 "단순한 백성이 아니고, 바보 같은 목동도, 고귀한 야만인도, 맹목적인 유토피아인도 아니다. 그들은 우리 못지않게 복잡한 존재다". 문제는 "현학자들과 궤변가들의 부추김을 받아 갖게 된, 행복을 뭔가 바보 같 은 것이라 여기는 습관이 우리에게 있다"는 것이다.

르 귄은 정곡을 찔렀다. 분명히 마이데네츠케나 네벨리브카 같은 우크라이나의 메가 유적에 살던 주민들이 쿠르간 무덤을 세운 군주들에 비해, 혹은 그들의 장례식 때 제의적으로 희생된 신하들에 비해 얼마나 상대적으로 행복했는지 알 길은 없다. 혹은 후대에 흑해 연안을 따라 건설된 그리스 식민지의 주민들에게 밀과 보리를 공급했던(짐작만 할 수 있는 일이지만) 예속 노동자들의 경우도 마찬가지다. 그리고 이 이야기를 읽은 사람이라면 누구나 알겠지만, 오멜라스에도 문제가 있었다. 하지만 쟁점은 여전히 남는다. 왜 우리는 많은 인구가 신전도, 궁궐도, 군사적 요새도 없이—그러니까 거만, 자기 비하, 잔인을 과시하는 일 없이—자체적으로 방어하고 통치할 방법을 알아낸 사람들이 그런 것을 알아내지 못한 사람들보다 어떤 면으로든 덜 복잡한 존재일 것이라고 짐작하는가?

왜 우리는 그런 장소에 '도시'라는 이름을 베풀기를 망설이는가?

우크라이나와 인근 지역의 메가 유적에 사람이 산 것은 대략 기원전 4100년에서 기원전 3300년 사이의 일이었다. 대략 8세기 동안 사람들이 살았다는 것인데, 그 뒤에 이어지는 도시 전통들보다 상당히 더 긴 시간이다. 그들은 왜 그곳에 있었는가? 메소포타미아와 인더스 계곡의 도시들처럼, 그들은 홀로세 중기의 생태적 기회를 틈타 생겨난 것으로 보인다. 이 경우에는 범람원의 활동이 아니라 흑해 북쪽 평지에 토양이 쌓이는 과정을 통해서였다. 이런 흑토 지대(러시아어로는 체르노젬chernozem)는 전설적인 비옥도를 자랑하는 땅이다. 남부크강과 드니프로강 사이의 땅은 고대 후기 제국들의 곡창지대였다(그리스의 도시국가들이 애초에 이 지역에 식민지를 세우고 지역 주민들을 노예나 농노로 삼은 것이 이 때문이었다. 고대 아테네는 대체로 흑해의 곡식이 먹여 살렸다).

기원전 4500년경, 체르노젬은 카르파티아산맥과 우랄산맥 사이에 넓게 퍼져 있었는데, 그곳에서는 툭 트인 평원과 수림 지대가 모자이크처럼 조합되어 인구밀도 높은 인간 거주 지역을 부양할 수 있었다.[23] 신석기시대 사람들은 다뉴브강 하류 유역에서 동쪽으로 이동하여 카르파티아산맥을 지나 그곳에 정착했다. 우리는 그들이 왜 그랬는지는 모르지만—강의 계곡과 산의 고개를 지나오는 이동 과정 내내— 결속력 있는 사회적 정체성을 얻었다는 사실은 안다. 그들의 마을은 흔히 규모가 작고, 주거와 여성 인형과 요리하고 대접하는 방식에 반영되는 비슷한 문화 활동을 공유했다. 이 특정한 '생활 디자인'에 붙여진 고고학적 명칭은 쿠쿠테니트리폴리예Cucuteni-Tripolye 문화인데, 이는 그것이 처음 기록된 장소의 이름을 딴 것이다.[24]

그러므로 우크라이나와 몰도바의 메가 유적들은 무無에서 나타난 것이 아니었다. 그곳은 그 구성단위가 대형 정착지로 뭉쳐지기 오래전에 이미 존재한 광역 공동체가 물리적으로 실현된 형태였다. 지금은 이런 정착촌 수십 곳이 자료로 기록되어 있다. 현재까지 알려진 가장 큰 곳—탈리안키—은 면적이 3제곱킬로미터에 달하며, 남부 메소포타미아의 도시 우루크의 초기 단계의 규모를 능가한다. 그 유적에서 중앙 집권화한 행정 체계나 공동체적 저장 시설의 증거는 보이지 않는다. 또 어떤 정부 건물, 요새 시설, 거대한 구조물도 발견되지 않았다. 아크로폴리스나 시민 센터도, 우루크에서 발견된 에안나Eanna('하늘의 집')라는 공공시설에 해당할 만한 높이 돋워진 장소나 모헨조다로의 대욕장 같은 곳도 없다.

우리가 발견한 것은 주택들이다. 탈리안키에는 1,000채 이상의 주택이 있다. 장방형의 주택, 가로 5미터가량, 길이는 그 두 배쯤인, 돌로 기초를 놓은 뒤 통나무로 골격을 세우고 지푸라기와 점토를 섞어 벽을 바른 주택이다. 부속 텃밭이 딸린 이런 주택들은 깔끔한 원형으로 배치되어 있어서, 하늘에서 내려다보면 모든 메가 유적은 중심을

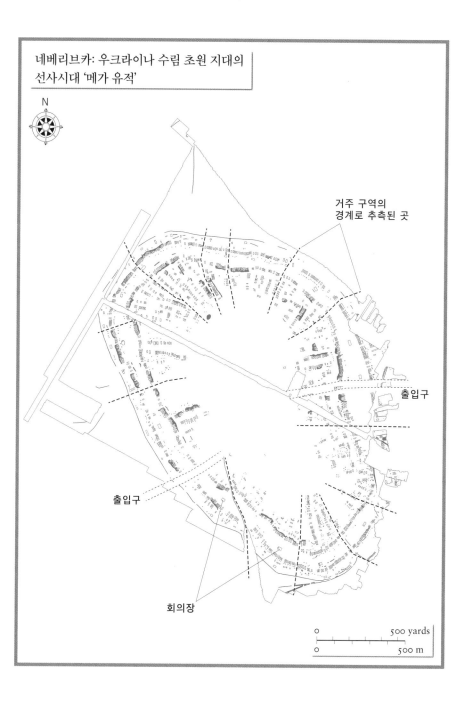

네베리브카: 우크라이나 수림 초원 지대의
선사시대 '메가 유적'

N

거주 구역의
경계로 추측된 곳

출입구

출입구

회의장

0   500 yards

0   500 m

큰 원들이 간격을 두고 둘러싸서 동심원을 이루는 나무 둥치의 단면과 닮았다. 가장 안쪽의 원은 정착지 중간에 있는 큰 공터를 에워싸고 있는데, 초기의 발굴자들은 처음에 그곳에서 장엄한 건물이나 거대한 무덤같이 뭔가 극적인 내용을 발견할 것이라고 기대했다. 그러나 발견된 모든 사례에서 중심 지역은 그냥 공터였다. 아마 그곳의 기능은 대중 집회부터 행사나 계절에 따른 가축 몰이 등을 하는 장소였을 테고, 이 세 기능이 모두 해당되었을 수도 있다.[25] 결과적으로 우크라이나 메가 유적의 표준적인 고고학적 설계는 핵심이 없이 살만 있는 구도가 되었다.

그 규모만큼이나 놀라운 것은 이런 대형 정착지의 분포다. 정착지들은 모두 서로 아주 가까이 자리 잡고 있는데, 그 사이의 간격은 기껏해야 10~15킬로미터 정도에 불과하다.[26] 따라서 그곳의 전체 주민들—메가 유적 한 곳당 수천 명이며, 일부 경우에는 1만 명이 넘기도 한다—은 공동 배후지에서 자원을 가져와야 했을 것이다. 하지만 그들이 남긴 생태 발자국은 지극히 얕다.[27] 이에 대해서는 여러 가지로 설명이 가능하다. 일부 학자들은 메가 유적에 한 해 중 일부 기간에만, 혹은 한 계절에만 사람이 살았으리라고 주장했다.[28] 그러면 그곳은 3장에서 논의했던 일시적 소집 현장 같은 곳의 도시 규모 버전이 되는 것이다. 그러나 이 주장은 그들 주택의 실질적인 성격과는 어울리지 않는다(벌목, 기초 다지기, 튼튼한 벽 만들기 등의 작업에 소모된 노력을 고려해보라). 더 가능성이 큰 설명은, 메가 유적이 영구히 상주하는 곳은 아니지만 엄격하게 계절적이지도 않았고, 그 중간의 어디쯤에 위치한 거의 모든 다른 도시들과 많이 비슷하다는 것이다.[29]

우리는 또 메가 유적의 주민들이 대규모의 삼림 파괴를 피하기 위해 자신들의 생태계를 의식적으로 관리했는지도 살펴봐야 한다. 이

모든 것의 새벽

는 그들 경제에 대한 고고학적 연구와도 일관된 것으로, 그 연구 결과에 따르면 정착지의 범위 내에서 소규모 텃밭 농사가 가축 사육, 과수 재배, 광범위한 수렵, 채집 활동과 함께 행해졌다고 한다. 그런 방식을 택할 때 지속 가능성뿐만 아니라 다양성도 사실 놀라울 정도로 커진다. 주민들의 식물성 식단에는 밀, 보리, 콩과 식물 외에 사과, 배, 체리, 자두, 도토리, 헤이즐넛, 살구도 포함되어 있었다. 메가 유적의 거주민들은 농사를 짓고 삼림을 활용하는 동시에 붉은 사슴, 노루, 멧돼지를 사냥했다. 그것은 거대한 규모의 '취미 농사'였다. 이는 도시 인구가 엄청나게 다양한 야생 식품과 함께 소규모의 재배와 목축을 통해 자급자족하는 형태다.[30]

이런 삶의 방식은 결코 단순하지 않았다. 과수원, 텃밭, 가축, 삼림을 관리하는 일 외에도, 이런 도시의 주민들은 동부 카르파티아산맥의 수원과 흑해 연안에서 소금을 다량 수입했다. 플린트석은 드네스트르 계곡에서 톤 단위로 생산되어 도구를 만드는 재료로 충당되었다. 가정에서의 토기 생산도 번창했고, 생산품은 선사시대 세계에서 가장 수준 높은 토기로 대접받았다. 그리고 구리가 발칸반도에서 정기적으로 공급되었다.[31] 고고학자들 사이에서 이 모든 것이 어떤 종류의 사회적 설정을 요구하는지에 대한 확고한 합의는 없지만, 대부분은 그 보급상의 어려움이 엄청났을 것이라는 데 동의할 것이다. 잉여물이 분명히 발생했을 것이며, 누군가가 재고와 공급을 장악하여 타인들 위에 군림하고, 그 전리품을 노리고 분쟁을 벌일 여지는 충분히 있었다. 그러나 여덟 세기가 넘는 기간 동안 전쟁이나 사회적 특권층이 발생했다는 증거는 거의 나타나지 않았다. 메가 유적의 진정한 복잡성은 그들이 그런 현상을 예방하기 위해 채택한 전략에 놓여 있다.

이런 일들은 모두 어떻게 이루어졌는가? 문자 기록이 없는 상태이니(혹은 타임머신이 없으므로) 친족과 세습에 대해, 혹은 이런 도시의 사람들이 집단적 결정을 어떻게 내렸는지에 대해 우리가 할 수 있는 이야기에는 심각한 한계가 있다.[32] 그렇기는 하지만, 개인 가정의 수준에서 시작하는 힌트는 몇 가지 존재한다. 이런 가정은 저마다 대략 공통적인 계획이 있었지만, 또한 저마다 그 나름대로 특유했다. 각 주택마다 끊임없이 혁신이 이루어졌으며, 친교의 규칙에 따라 장난스럽기까지 했다. 각 가족 단위는 가정 제의에 각기 변주를 살짝 만들어내는데, 그것은 음식을 대접하고 먹는 데 쓰는 그릇들을 마련하는 각기 고유한 방식에 반영된다. 그런 그릇은 흔히 황홀할 정도로 강렬한 염료를 쓴 디자인으로 그려졌고, 형태도 눈이 어지럽도록 다양하다. 마치 모든 가정이 각기 고유한 심미적 스타일을 발명하는 미술가들의 집합인 것 같았다.

이런 가정용 도자기 중에는 여성의 신체를 상기시키는 것들도 있다. 또 주택의 잔해 속에서 가장 흔히 발견되는 다른 물품 중에 점토로 만든 여성 인형이 있다. 집의 모형과 가구와 그릇의 초소형 복제품도 전해진다. 이는 잃어버린 사회적 세계의 소형 표상으로서, 가정에서 여성이 현저한 역할을 했음을 확인해준다.[33] 이 모든 것은 이런 가정 내의 문화적 분위기에 대해 약간의 이야기를 전해준다(앞에서 유라시아 선사시대에 대한 논의를 전개했던 마리야 김부타스가 왜 아나톨리아와 중동의 초기 농경 사회에 문화적 뿌리를 둔 쿠쿠테니트리폴리예 문화를 '구유럽'의 일부로 여겼는지 쉽게 알 수 있다). 그러나 이런 가정들은 왜 그처럼 많은 수가 한곳에 모여 우크라이나 메가 유적의 특징이라 할 설계에 따라 거대한 동심원형으로 배열되었을까?

이런 유적에서 받는 첫인상은 엄격한 균일성, 사회적 상호작용의 폐쇄 회로 같은 것이지만, 더 자세히 연구해보면 규정으로부터의 끊임없는 일탈이 드러난다. 개별 가정은 때로는 셋씩 혹은 열씩 모인 그룹으로 한데 뭉치곤 한다. 도랑이나 구덩이가 경계를 표시했다. 어떤 현장에서 이런 그룹들은 한데 뭉쳐 도시의 중심에서 주변으로 방사형으로 뻗어가는 동네를 형성하며, 때로는 더 큰 거주구district나 구역quarter을 이루기도 한다. 저마다 회의장이 최소한 한 곳은 있는데, 그것은 일반 주거용 주택보다는 더 큰 건물로, 많은 주민들이 거기에 주기적으로 모여 우리는 짐작만 할 수 있는 활동을 수행한다(정치적 모임일까? 법률적 처리일까? 계절에 따른 축제일까?).[34]

고고학자들의 신중한 분석에 따르면, 우크라이나 메가 유적이 가진 외형상의 균일성이 어떻게 상향식으로, 지역적 결정 과정을 거쳐 발생했는지가 드러난다.[35] 이는 개별 가정의 일원들—적어도 그 동네 대표들—이 그 정착지 전체의 개념적 틀을 공유하고 있었다는 뜻이다. 또 이 틀이 원과 그것의 변화로 나타나는 성질의 이미지에 기초하고 있었다고 타당하게 추론할 수 있다. 어떻게 시민들이 이런 정신적 이미지를 실제로 구현하고, 그것을 그처럼 엄청난 규모의 활용 가능한 사회적 실체로 바꾸어놓을 수 있었는지를 이해하려면 우리는 고고학에만 의지할 수는 없다. 다행히 민족수학ethno-mathematics이라는 신흥 분과는 그런 시스템이 실제로 어떻게 작동했을지 정확하게 보여준다. 우리가 아는 것 중 가장 도움이 되는 것이 피레네자틀랑티크Pyrénées-Atlantiques 고원지대에 있는 전통 바스크인 정착지의 사례다.

이런 현대적 바스크 사회들—프랑스 남서쪽 모퉁이에 들어앉아 있는—역시 자신들이 산들로 이루어진 원에 둘러싸여 있다고 상상한 것처럼 공동체를 원형으로 구상했다. 이런 상상은 그들이 생각하는 가정과 가족 단위의 이상적 평등성을 강조하는 방법이었다. 이런 기존 공동체의 사회적 설정이 고대 우크라이나의 것과 동일할 확률은 확실히 낮다. 그럼에도 불구하고, 그들은 그런 원형의 배열이 어떻게 자의식적인 평등주의 프로젝트에 포함될 수 있는지를 말해주는 탁월한 예가 되어준다. 그런 공동체에서는 "누구나 왼쪽 이웃과 오른쪽 이웃이 있다. 누구도 첫째가 아니고, 누구도 마지막이 아니다".[36]

예를 들면, 생트앙그라스Sainte-Engrâce 마을 공동체에서 원형으로 된 마을의 틀은 계산 도구의 기능도 가진, 핵심적인 과제와 임무를 계절에 따라 돌아가며 배당하는 역동적인 모델이었다. 일요일마다 한 가정이 지역 교회에서 빵 덩이 둘을 축성하여, 하나는 먹고 남은 하나를 그 '첫 번째 이웃'(오른쪽 이웃집)에게 준다. 그다음 일요일에는 그 이웃이 자신의 오른쪽 이웃에게 똑같은 일을 한다. 이런 식으로 시계 방향으로 계속 이어가서 100가구가 있는 동네라면 한 바퀴 완전히 도는 데 약 2년이 걸린다.[37]

그리고 이런 행사가 흔히 그렇듯이, 온전한 우주론, 인간 조건에 대한 이론이 그 속에 구현되어 있다. 빵 덩이는 '정액'으로, 생명을 주는 어떤 것으로 칭해진다. 한편 죽고 병든 자에 대한 보살핌은 그 반대로, 시계 반대 방향으로 돌아간다. 하지만 그 시스템은 또한 경제적 협동의 기초이기도 하다. 어떤 가정이든 자신이 해야 할 임무가 돌아왔을 때 임무를 수행할 수 없는 상황이라면 신중하게 계획된 보완 시스템이 개입하며, 첫 번째, 두 번째, 때로는 세 번째 이웃까지도 잠시 임무를 대신해준다. 이것이 또 사실상 거의 모든 형태의 협동의 모델이 된다. '첫 번째 이웃'과 그 대체자라는 바로 이 시스템, 호혜성이 연쇄적으로 이어지는 모델이 파종과 수확에서 치즈 제조와 돼지 도축에 이르기까지, 한 가족이 해낼 수 있는 것 이상의 일손을 필요로 하는 어떤 일에서든 채택된다. 가정들은 단순히 자신의 필요에 따라 일상의 노동 일정을 정하는 것이 아니다. 다른 가정에 해주어야 하는 임무의 일정도 고려해야 하며, 또 다른 가정에 대한 그들의 일정, 또 계속 그런 식으로 일정의 연쇄를 고려해야 한다. 그런 임무—소 떼를 고지대의 목초지로 몰아가기, 젖 짜기, 양털 깎기, 가축 떼 지키기 등의 일거리—를 조정하는 데는 열 개 가정의 일손이 합쳐져야 할 수도 있으며, 또 그 가정들이 수많은 다른 종류의 일감의 일정을 조정해야 하는 점을 감안하면, 그것이 얼마나 복잡한 업무인지 감이 잡히기 시작한다.

달리 표현한다면, 그런 '단순한' 경제라는 것이 실제로 그처럼 단순한 경우는 드물다. 엄청나게 복잡한 보급 업무가 필요한 경우가 많은데, 그런 것은 상호 지원의 복잡한 시스템을 기초로 하여 해결되며, 어떤 업무든 중앙 집권화된 통제력이나 행정부를 전혀 필요로 하지 않는다. 이 지역의 바스크 마을 주민들은 각 가정이 궁극적으로 동일한 존재이며 다른 가정들과 똑같은 책임을 진다고 주장하는 점에서 자의식적인 평등주의자다. 하지만 그들은 공동체 회의를 통해 스스로를 통치하는 방법(게르니카 같은 곳에서 더 이전 세대의 바스크 동네 주민들이 만들어낸 것으로 유명한) 대신에 순번제, 연쇄적 대체제, 교대제 같은 수학적 원리에 의존한다. 하지만 결과는 동일했고, 그 시스템은 가정의 수, 혹은 각 개인 일원들의 능력에 따른 변화를 지속적으로 고려하여, 평등한 관계를 장기적으로 유지할 수 있을 만큼 유연했고, 그동안 내부 갈등은 없다시피 했다.

그런 시스템이 소규모로만 작동할 것이라고 짐작할 이유는 없다. 100가구로 이루어진 마을은 이미 던바가 제기한 150인이라는 인지의 문턱(우리가 마음속에 기억할 수 있는 신뢰하는 안정적 인간관계의 숫자로서, 던바의 주장에 따르면, 이 규모를 넘어서면 우리는 족장과 행정권을 내세워 사회적 일거리를 맡겨야 한다)을 진작에 한참 넘어섰다. 그리고 바스크의 마을들과 도시들은 이보다 훨씬 더 컸다. 그러니 적어도 그런 평등주의 시스템이—다른 맥락에서—수백 가정, 혹은 수천 가정으로까지도 확대될 수 있음을 알 수 있다. 우크라이나의 메가 유적으로 돌아오면, 우리는 아직 알려지지 않은 것이 많음을 인정해야 한다. 기원전 3000년대 중반, 그런 유적의 대부분은 기본적으로 폐기되었다. 왜 그랬는지 우리는 지금도 모른다. 한편 그들이 우리에게 전해주는 것은 중요하다. 도시 규모의 조직도 매우 평등할 수 있었다는 증거가 그것이다.[38] 이 점을 기억해두면서 우리는 유라시아의 다른 지역에서 나온 더 잘 알려진 사례들을 새로운 시각에서 볼 수 있다. 메소포타미아에서 시작해보자.

메소포타미아, 그리고 '그리 원시적이지 않은' 민주주의에 대해

'메소포타미아'란 '두 강 사이의 땅'이라는 뜻이다. 고고학자들은 때로 이 지역을 '도시의 심장부'라 부르기도 한다.[39] 범람원들이 한 해의 다른 시기에는 건조한 이라크 남부의 지형에 걸쳐 있고, 페르시아만의 맨 윗부분에 가까워지면서 습지로 변한다.[40] 이곳에서 도시의 생명은 적어도 기원전 3500년까지 거슬러 올라간다. 티그리스강과 유프라테스강 사이의 북풍이 더 많이 부는, 강들이 비를 머금은 평원을 통해 지나가는 지역에서는 도시의 역사가 더 오래전, 기원전 4000년 이전으로 올라갈 수도 있다.[41]

우크라이나의 메가 유적이나 곧 살펴보게 될 인더스 계곡의 청동기시대의 도시들과 달리, 메소포타미아는 고고학자들이 그 고대 무덤에 삽을 대기 전에 이미 현대인들의 기억에 들어와 있었다.[42] 성경을 읽은 사람이라면 바빌로니아와 아시리아의 왕국에 대해 알고 있었다. 그리고 빅토리아 여왕의 제국 시대에 성서학자들과 동양학자들은 니네베나 님루드 같은, 성서 내용에 관련된 문자 기록이 있는 유적들을 발굴하기 시작했다. 그들은 네부카드네자르Nebuchadnezzar나 센나케리브Sennacherib, 혹은 티글라트필레세르Tiglath-Pileser 같은 전설적인 인물들이 지배했던 도시를 발굴하고 싶어 했다. 이 도시들이 발견되기는 했다. 하지만 그런 장소나 다른 곳에서 훨씬 더 거창한 것이 발견되었다. 기원전 18세기 바빌론의 지배자이던 함무라비Hammurabi의 법전이 새겨져 있는 현무암 석주石柱가 서부 이란의 수사에서 발굴되었고, 니네베에서는 우루크 우화에 나오는 지배자를 기린 《길가메시 서사시》가 새겨져 있는 점토판이 나왔다. 그리고 남부 이라크에 있는 우르Ur의 왕릉에는 성서에 나오지 않는 기원전 2500년경의 왕들과 여왕들이 놀라운 부장품과 제물로 바쳐진 신하들의 유골과 함께 매장되어 있었다.

더 놀라운 것들도 있었다. 가장 오래된 도시와 왕국의 유적 ─ 우르의 왕릉 등 ─ 은 예전에는 알려져 있지 않았고 성경에도 언급되지 않은 문화에 속해 있었다. 그것은 히브리어와 아랍어가 파생되어 나온 셈어족과 무관한 언어를 썼던 수메르 문화였다.[43] (사실, 바스크인의 경우처럼, 수메르어가 실제로 어떤 어족에 속했는지에 대한 합의는 아직 없다.) 그러나 일반적으로는 이 지역에서 고고학적 작업이 시행된 이후 첫 몇십 년간, 19세기 후반에서 20세기 초반에 이르는 기간 동안 고대 메소포타미아와 제국과 군주제 간의 연관성은 기대했던 대로 확인되었다. 적어도 처음 살펴봤을 때, 수메르인들도 마찬가지로 보였다.[44] 사실 분위기가 그렇게 잡혔다. 우르에서 발견된 것들에 대한 대중적인 관심이 너무나 강해서, 1920년대에는 《일러스트레이티드 런던 뉴스Illustrated London News》(영국의 '세계를 내다보는 창문'이던)가 레너드 울리Leonard Woolley의 왕릉 발굴에 대해 30편의 특집 기사를 실었다.

이 모든 상황이 도시, 군주제, 귀족제를 가진 문명인 메소포타미아라는 인기 있는 장면을 강조했다. 그런 내용은 모두 성서 기록 배후에 있는 '진실'을 드러낸다는 흥분으로 물들어 있었다('칼데아의 우르'는 수메르인의 도시일 뿐만 아니라, 히브리어 성서에서는 가부장 아브라함의 탄생지로 나타난다). 그러나 현대 고고학과 금석학이 거둔 주요 업적 가운데 하나는 그 그림을 전부 수정한 일이었다. 사실은 메소포타미아가 절대로 영원한 '왕들의 땅'이 아니었음을 보여주려는 것이다. 진짜 이야기는 훨씬 더 복잡하다.

가장 오래된 메소포타미아의 도시들—기원전 3000년대에서 2000년대 초반까지 존재한—에는 군주제의 명확한 증거가 전혀 남아 있지 않다. 그렇다면 뭔가가 그곳에 없었음을 확실하게 입증하기는 어렵다는 반론이 나올 수도 있다. 그러나 그런 도시에 군주제가 있었다는 증거가 어떤 것일지 우리는 알고 있다. 500년 뒤에는(기원전 2800년경 이후) 사방에서 군주제가 출현하기 시작했기 때문이다. 궁궐, 귀족들의 무덤, 왕에 관한 명문銘文 등이 도시의 방어벽과 그것을 수호하기 위해 조직된 민병대 같은 것들과 함께 발견되었다. 그러나 도시의 탄생 및 메소포타미아 도시 생활의 기본 요소들—고대 도시 사회를 이루는 건축의 기본 자재—은 이 '초기 왕조' 시기보다 상당히 더 이르게 시작되었다.

이런 원래의 도시적 요소에는 왕이 통치하는 국정國政에서 창제된 것이라고 잘못 규정되었던 것들이 포함된다. 역사가들이 프랑스어로 코르베corvée라 부르는 제도 같은 것 말이다. 이는 계절에 따라 자유

시민들을 징발하여 도시의 기획에 의무적으로 참여하게 만드는 제도를 가리키는데, 항상 강력한 지배자가 받아 가는 일종의 세금 같은 것이라고 추정되었다. 세금을 물품이 아니라 노역으로 납부한다는 것이다. 그렇지만 메소포타미아의 관점에서 볼 때, 코르베는 이미 아주 오래전부터 있던 것이다. 인류 자체만큼이나 역사가 오랜 제도였다. 홍수 신화인 아트라하시스Atrahasis ―구약 성경의 노아 설화의 원형 ―는 신들이 처음에 인간을 창조하여 자신들을 대신해 코르베를 수행하게 했다고 말한다. 메소포타미아의 신들은 특이하게도 직접 일하는 편이었고, 원래는 그런 일을 몸소 했었다. 결국 관개용 운하를 파느라 지친 그들은 반신半神을 창조하여 일을 맡겼지만, 그들 역시 반항했고―루시퍼가 천국에서 받을 법한 것보다는 훨씬 더 긍정적인 평가를 들은 뒤―신들은 그들의 요구를 인정하여 인간을 창조했다는 것이다.[45]

누구나 코르베를 수행해야 했다. 가장 권력이 강했던 후대의 메소포타미아 지배자들도 중요한 신전을 지을 때는 흙을 담은 바구니를 들고 참여해야 했다. 코르베를 뜻하는 수메르어 단어 두브시그dubsig는 이 흙 바구니를 가리키는 것으로, 한 인간이 바구니를 머리에 들어 올리는 모습의 상형문자다. 기원전 2500년경 조각된 우르난셰Ur-Nanshe의 봉헌 부조 같은 기념물에 그런 동작을 하는 왕들이 기록되어 있다. 자유민들은 몇 주일간, 때로는 몇 달씩 두브시그를 수행했다. 그 일을 할 때 고위 성직자들과 행정관들이 장인들, 목동들, 농부들과 함께 일을 했다. 후대의 왕들은 면제받을 수 있었고, 부자들에게는 세금을 내거나 타인을 대신 고용하여 일을 시키게 할 수 있었다. 그래도 누구나 어떤 식으로든 기여했다.[46]

왕을 기리는 송가는 코르베 일꾼들의 '행복한 얼굴'과 '기뻐하는 마음'을 묘사한다. 당연히 여기에는 선전의 요소가 들어 있지만, 군주제와 제국의 시대에도 이런 계절적인 기획은 축제 분위기 속에서 수행되었고, 일하는 사람은 빵, 맥주, 대추야자, 치즈, 고기 등의 보상을 넉넉히 받았다. 또 카니발 비슷한 성격도 있었다. 이때는 도시의 도덕적 질서가 뒤집히고, 시민들 사이의 차별이 사라지는 시기였다. 〈구데아의 송가Hymns of Gudea〉— 구데아는 도시국가 라가시의 지사知事(엔시ensi)였다— 는 그런 행사가 벌어지는 분위기를 전해준다. 기원전 2000년대 말엽에 만들어진 그 송가는 도시의 수호신 닌기르수Ningirsu의 집인 에닌누Eninnu라는 신전의 복원을 찬미한다.

> 여자들은 바구니를 옮기지 않았다.
> 최고위 전사들만이 건설했다.
> 그에게는 채찍이 휘둘러지지 않았다.
> 어머니는 (말 안 듣는) 아이를 때리지 않았다.
> 장군,
> 대령,
> 대위,
> (그리고) 징집된 병사,
> 그들은 (모두) 일을 똑같이 나누었다.
> 감독관은 정말로 (마치)
> 손에 쥔 부드러운 양털 같았다.[47]

  시민들이 일반적으로 받는 더 지속적인 혜택 가운데 지사들이 빚을 탕감해주는 것이 있었다.[48] 그리하여 노역 징집의 시기는 신 앞에서의 절대적인 평등의 시간—노예들도 주인들과 같은 입지에 설 수 있었던 시기―이었다. 그와 함께 상상 속의 도시가 실현되었고, 주민들이 제빵공이나 술집 주인, 그런저런 동네의 주민, 혹은 나중에는 장군이나 노예라는 일상의 정체성을 벗어버리고, 잠시라도 그 도시의 일부분이나 그곳을 유지해주는 관개 운하망을 짓거나 고치는 라가시, 혹은 키시, 에리두, 혹은 라르사의 '백성'으로 모이는 것이다.

도시가 어떻게 세워졌는지에 대해 이런 방식이 최소한 그 일부라도 설명해준다면, 그런 축제를 순전히 상징적인 전시 행사로만 치부하기는 힘들다. 게다가, 마찬가지로 왕조 이전 시대에서 유래한다고 전해지는 다른 제도들도 있었다. 그런 제도는 일반 시민이 정부에서 중요한 역할을 하도록 보장해주었다. 후대 도시국가의 지극히 전제적인 지배자도 시의회나 동네의 구역 집회, 주민 총회에는 응답해야 했다. 그런 모든 행사에는 흔히 여성들이 남성들과 함께 참여했다.[49] 한 도시의 '아들들과 딸들'은 발언권이 있었고, 징세나 외교 문제 등 모든 일에 영향을 줄 수 있었다. 이런 도시 집회는 고대 그리스에서만큼 강력한 힘을 갖지는 않았을지 모르지만, 또 한편으로는 노예제도 메소포타미아에서는 훨씬 덜 발달했으며, 여성도 정치에 훨씬 더 많이 참여했다.[50] 외교 서신에서, 법인 단체들이 가끔 인기 없는 지배자나 정책에 반대하여 봉기한 흔적들이 보이며, 성공하는 경우도 종종 있었다.

이런 전반적인 상황에 대해 현대의 학자들이 쓰는 용어가 '원시적 민주주의primitive democracy'다. 그러나 이런 제도가 어떤 면에서든 조야하거나 투박하다고 여길 특별한 이유가 없으므로, 그다지 좋은 용어는 아니다. 당연한 일이지만, 연구자들이 이 이상한 용어를 계속 쓴 결과 논의가 더 넓게 이루어지지 못했는데, 이는 거의 전적으로 아시리아학이라는 전문적 분야에만 한정된 현상이다. 아시리아학이란 고대 메소포타미아와 설형문자로 된 문자 유산에 대한 연구를 말한다. 이 논의와 그 속에 함축된 의미를 더 자세히 들여다보자.

메소포타미아에 '원시적 민주주의'가 있었다는 의견은 1940년대에 덴마크의 역사가이자 아시리아학인 토르킬드 야콥센Thorkild Jacobsen에 의해 처음 제기되었다.[51] 오늘날 그 분야의 학자들은 그의 생각을 더 확대했다. 구의회와 원로회—도시 대중의 이익을 대변하는 모임—는 야콥센이 생각했던 것처럼 단순히 가장 오래된 메소포타미아 도시의 특징만이 아니었다. 아시리아, 바빌로니아, 페르시아 제국에 이르는 메소포타미아의 후대 역사 전반에 그런 것이 존재했다는 증거가 있으며, 그런 역사의 기억은 성경 문헌을 통해 살아남았다.

대중 의회와 시민 총회(수메르어로 우킨ukkin, 아카드어로는 푸룸puhrum)는 단지 메소포타미아 도시만이 아니라 그들이 둔 식민지(아시리아가 아나톨리아에 세운 카네시의 카룸 같은), 인근의 히타이트, 페니키아, 필리스틴, 이스라엘 종족들의 도시 사회에서도 정부의 상설 요소였다.[52] 사실, 고대의 근동 지역의 어떤 곳에서도 대중 집회라 할 만한 형태가 없는 도시는 거의 찾을 수 없다. 또는 여러 집회가 있기도 하다(예를 들면, '젊은이'와 '노인'의 이익을 각각 대변하는 다른 집회 같은). 군주제의 전통이 뿌리를 깊이 내리고 있던 시리아의 초원 지대와 북부 메소포타미아 같은 지역에서도 이런 상황은 동일했다.[53] 그렇기는 하지만, 이런 집회가 어떻게 작동했으며, 구성원은 누구였는지, 어떤 장소에서 모였는지 등에 대해 우리는 거의 아는 바가 없다.[54] 마찬가지로 고대 그리스의 한 관찰자는 그런 집회 가운데 일부를 민주적으로, 다른 것들을 과두제로, 또 다른 것들을 민주제와 과두제와 군주제 원리의 혼합이라고 설명했을 수 있다. 그러나 대부분의 경우, 전문가들도 짐작만 할 수 있다.

기원전 9세기에서 기원전 7세기에 이르는 기간에 분명한 증거가 몇 가지 전해진다. 아시리아의 센나케리브와 아슈르바니팔Ashurbanipal 같은 황제들은 잔혹성과 반란자들에게 자행한 유혈적인 복수를 뽐내는 거대 구조물의 건설로 성경 시대 때부터 유명했다. 그러나 충성하는 예속민들을 상대할 때 그들은 놀랄 만큼 불간섭주의였고, 때로는 집단적 결정을 내리는 시민 단체들에 거의 전적인 자율권을 허용하기도 했다.[55] 우리가 이런 상황을 아는 것은 아시리아 궁정에서 멀리 떨어진 남부 메소포타미아의 주요 도시들―바빌론, 니푸르, 우루크, 우르 등등―에 배치된 지사들이 군주에게 보낸 서신 덕분이다. 이런 서신 가운데는 니네베의 고대 제국 수도에 있던 왕궁 문서고에서 발굴된 편지들이 많았다. 도시 지사들은 그런 편지로 시민 의회가 내린 결정을 아시리아 궁정에 전달했다. 우리는 이런 서신을 통해 외교 정책부터 지사 선출에 이르는 문제들에 관한 '민중의 의지'를 알게 된다. 또 그런 시민 단체들은 가끔 군인 교육이나 시민 기획을 지원하기 위한 세금 등의 문제를 직접 처리하여, 상급자들이 서로 충돌하게 만들기도 했다.

지역의 행정 분야에서는 동네의 구역(아카드어로는 밥툼bābtum인데, 이는 '문'을 뜻하는 단어에서 유래한다)이 움직였으며, 때로는 마을이나 부족 지배 형태의 몇 가지 특징을 도시의 여건에서 복제한 것으로도 보인다.[56]* 살인을 다루는 재판, 이혼과 재산 분쟁은 거의 대부분 시의회에서 다루어진 것 같다. 니푸르에서 발견된 문헌을 보면 살인 사건 심판을 위해 소집된 그런 총회가 어떻게 구성되었는지 매우 자세히 서술되어 있다. 소집된 배심원 가운데는 새잡이 한 명, 도자기공 한 명, 정원사 두 명, 신전에서 근무하는 병사 한 명이 있었다. 트리니다드의 지식인 C. L. R. 제임스C. L. R. James는 '요리사가 수장 자리에 앉아 있어도 다스릴 수 있는' 5세기의 아테네에 대해 언급한 적이 있었다. 메소포타미아, 적어도 그곳의 여러 지역에서는 이 말이 문자 그대로 사실이었던 것으로 보인다. 육체노동자라고 해서 법과 정치에 대한 직접 참여에서 배제되지 않았다.[57]

고대 메소포타미아 도시에서의 참여 정부는 구역—때로는 민족 계보에 따라, 혹은 소속된 직업에 따라 규정되는—에서 더 큰 도시 구역으로, 최종적으로는 도시 전체에 이르는 다중적인 층위로 조직되었다. 개별 시민의 이익이 매 층위마다 대변되지만, 지금 남아 있는 문자 기록에는 이런 도시 정부 시스템이 실제로 어떻게 작동했는지 자세한 내용은 답답할 정도로 없다. 역사가들은 이런 정보의 부족을 총회의 핵심 역할 탓이라고 본다. 총회는 다양한 규모로 활동하면서 자신들이 숙고한 내용(지역의 재산 분쟁, 이혼, 상속 사건, 도둑이나 살인자에 대한 고발 등등의 문제에 관한)을 대체로 중앙정부로부터 독립된 방식으로 지휘하며 문자로 기록된 권한의 근거가 필요 없다.[58]

고고학자들은 역사가들에게 전반적으로 동의하지만, 그런 정치적 문제에 대해 고고학이 어떻게 독자적인 시각을 제시할 수 있을지 의문을 품는 것은 타당하다. 그에 대해 대답을 줄 수 있는 곳이 기원전 2000년경, 라르사의 왕들이 지배한 중요한 중심지인 마슈칸샤피르Mashkan-shapir 현장이다[현대 이라크의 바그다드 남동쪽 140킬로미터 지점인 텔 아부 두와리Tell Abu Duwari 지역—옮긴이]. 메소포타미아의 거의 모든 도시가 그렇듯, 마슈칸샤피르의 도시적 지형은 지구라트 연단 위에 높이 돋워진 그 중심 신전—여기서는 지하 세계의 신인 네르갈Nergal 사당—에 지배된다. 그러나 이 도시의 항구, 성문, 주거 구역에 대한 집중적인 연구를 진행한 결과, 부富, 공예 생산, 행정적 수단 등이 상업적이거나 정치적인 권력 중심지 없이 다섯 개의 중심 구district에 놀랄 만큼 균등하게 분포되어 있음이 드러났다.[59] 일상적인 업무를 기준으로 할 때, 도시 주민들은 (심지어 군주제하에서도) 자치를 행했는데, 아마 애초에 군주가 등장하기 이전부터 그렇게 해왔을 것이다.

상황은 전혀 다른 방향으로 발전할 수도 있었다. 때로 외부에서 전제적 지배자가 들어오게 되면 도시의 삶은 전복된다. 마슈칸샤피르가 훨씬 남쪽에서 번영을 누리던 대략 같은 시기에, 시리아령 유프라테스강의 대부분을 정복한 림Lim의 아모리족Amorite 왕조—야기드 림, 야후둔 림, 짐리림—가 그런 경우였다. 림 왕들은 마리Mari(현대의 시리아령 유프라테스강 유역에 있는 텔 하리리Tell Hariri)라는 고대 도시를 활동 중심지로 정하고, 그 심장부에 있는 정부 건물을 차지했다. 그들의 침입으로 마리의 도시 인구가 대거 탈출한 것으로 보인다. 이곳을 떠난 주민들은 더 작은 소도시로 이동하거나 시리아 쪽 초원에 흩어져 천막을 치고 살던 유랑 목축인들과 합류했다. 기원전 1761년에 바빌론의 함무라비가 마리를 침공하기 전, 아모리족 왕들의 마지막 '도시'에는 왕궁, 하렘, 부속 신전, 얼마 안 되는 다른 관청 건물 외에 다른 것이 거의 없었다.[60]

이 시기에 쓰인 서신에는 이런 종류의 정복 군주들과 도시 집회의 기득권 세력 간의 적대감이 드러나 있다. 테루Terru—고대 후리Hurri의 수도인 우르케시(현대의 텔 모잔Tell Mozan)의 영주—가 짐리림에게 보낸 편지는 그 도시의 의회와 총회 앞에서 그가 무능함을 전해준다. 한번은 테루가 짐리 림에게 말한다. "제가 군주를 즐겁게 해드리는 존재이므로 제 도시의 주민들은 저를 경멸합니다. 그들 손에 죽을 뻔했던 위기가 두세 번 있었습니다." 그러자 마리의 왕은 대답한다. "너의 도시 주민들이 나 때문에 너를 경멸한다는 것은 몰랐구나. 우르케시시가 다른 사람의 것이라 할지라도 너는 내게 속한다." 테루가 여론('우르케시의 입')을 피해 달아나서 근처 도시로 피신해야 했다고 자백했을 때

이 모든 관계가 위기에 처했다.[61]

그러므로 대부분의 메소포타미아 도시인들은 도시 생활을 관리할 지배자를 전혀 필요로 하지 않았고, 자율적인 자치 통치 단위로 조직되어 있었던 것으로 보인다. 그들은 공격적인 독재 군주가 등장하면 그들을 몰아내거나 아예 도시 전체를 포기하는 방식으로 대응했다. 이 중 어느 것도 '메소포타미아 도시에서 왕들이 등장하기 전에 있었던 정부의 성격은 어떤 것이었는가?'라는 질문에 대답해주지 않는다(시사해주는 점은 확실히 있지만). 대신에 그에 대한 대답은 하나의 도시에서 발견된 내용에 살짝 걱정스러울 정도로 의존한다. 현대에는 와르카Warka, 성경에서는 에레크Erech라고 불리는 우루크가 그곳인데, 그 도시의 후대 신화는 야콥센이 '원시적 민주주의'에 대한 연구를 시작하는 계기가 되었다.[62]

(기록된) 역사와 (구전) 서사시가
어떻게 시작되었는지 설명해보자:
도시의 대형 의회와 언덕 위의 작은 왕국들

기원전 3300년경, 우루크는 면적이 약 2제곱킬로미터인 도시로서, 남부 메소포타미아 범람원에 있는 이웃 도시들을 압도할 정도였다. 이 시기에 우루크의 인구 추정치는 2만 명에서 5만 명까지 편차가 심하다. 최초의 거주 구역 위에는 후대의 도시 정착지가 세워졌고, 그런 정착지는 기원전 4세기 알렉산드로스대왕의 시대까지도 존속했다.[63] 설형문자는 우루크에서 기원전 3300년경 발명된 것으로 보인다. 그리고 숫자가 쓰인 점토판과 다른 형태의 행정 표기에서 그 초기 발달 단계를 볼 수 있다. 도시 신전에서 작성된 장부 기록은 그 시점에서 문자의 주된 기능이었다.[64] 수천 년 뒤 설형문자가 마침내 쇠퇴를 겪은 것도 역시 우루크 신전에서였지만, 그 무렵 그것은 더 정교하게 발전하여 무엇보다도 세계 최초의 기록된 문학과 법전을 남겼다.

도시 우루크의 원래 형태에 대해 우리는 무엇을 알고 있는가? 기원전 3000년대 후반, 그곳에는 높은 아크로폴리스가 있었는데, 그 대부분의 면적은 에안나라는 높이 돋워진 공공 구역이 차지하고 있었다. 에안나는 이난나Inanna 여신에게 봉헌된 '하늘의 집'이었다. 그 구역의 맨 위에는 거대한 구조물 아홉 채가 있었는데, 그 구조물 가운데 외부에서 들여온 석회암으로 된 초석과 계단실의 파편들, 그리고 유색 모자이크로 장식된 원기둥이 늘어선 홀의 파편들만 남아 있다. 이런 넓은 시립 구조물의 지붕은 원래는 분명히 외국에서 들여온 목재로 이어졌을 것이다. 아마 메소포타미아의 《길가메시 서사시》의 배경을 이루는 시리아의 '시더 숲'에서 벌채된 목재가 강을 통해 운반되었을 것이다.

도시 역사가들에게 우루크는 여전히 뭔가 이상한 존재다. 이제껏 알려진 것 중 가장 오래된 그곳의 건축 설계도는 우크라이나의 메가 유적을 뒤집어놓은 것과 약간 비슷한 모양으로, 오로지 핵심만 있고 핵심을 둘러싸는 살은 없다. 에안나 성역 이외에 이 현장에서 초기의 발굴자들이 무시했던 거주 구역에 대해 우리가 아는 것은 거의 아무것도 없다. 다르게 표현해보면, 우리는 그 도시의 공공 구역은 살짝 엿보지만, 그것을 대립적으로 규정해줄 사적인 구역은 전혀 보지 못한 것이다. 그렇기는 해도, 우리가 알고 있는 것에 의지해 계속 밀고 나가보자.

이런 공공건물에는 대부분 큰 공동 연회장이 있었던 것으로 보이는데, 명백히 일반 주택의 설계도를 모델로 했으면서도 신들의 집으로 건설되었다.[65] 또 엄청나게 큰 지하 광장을 가진 대궁정도 있었다. 폭이 50미터인 그 지하 광장을 빙 둘러 긴 의자가 두 겹으로 놓여 있으며 나무와 정원에 물을 주는 수로가 갖추어져 있다. 그런 나무는 야외 집회가 열릴 때 꼭 필요한 그늘을 제공해준다. 이런 종류의 설정—장엄한 야외 신전들에 공공 회의를 위한 비슷한 성격의 공간이 딸려 있는—은 대중 총회가 우루크를 통치했다면 그랬으리라고 기대하게 되는 바로 그런 모습이었다. 그리고 야콥센이 강조했듯이, 《길가메시 서사시》(왕조 이전 시대의 우루크에서 시작되는)에서는 도시의 젊은이들을 대상으로 하는 모임을 포함하여 그런 총회의 이야기가 거론된다.

알기 쉬운 비교 대상을 가져와보자. 페리클레스 시대(기원전 5세기)의 아테네에서는 공공 신전이 아고라를 가득 채웠지만, 실제 민주적 총회는 프닉스Pnyx라는 야외 공간에서 열렸다. 프닉스는 500인 시민 의회가 개최되기 위한 시설이 있는 낮은 언덕으로, 그 인원들—추첨에 의해 선발되어 차례로 돌아가면서 회원이 되는—은 도시의 일상 업무(다른 시민들도 모두 감당할 것으로 예상되는)를 운영하도록 임명되었다. 프닉스에서의 회의는 6,000명에서 1만 2,000명 사이 몇 명이라도 수용할 수 있었는데, 그들은 도시 전체 인구의 약 20퍼센트에서 선발된 성인 자유민 남성으로 이루어진 그룹들이었다. 우루크의 대궁정은 그보다 훨씬 더 크다. 기원전 3500년경 우루크의 전체 인구가 얼마였는지는 거의 알려져 있지 않지만, 고대 아테네의 인구와는 결코 비슷한 규모일 것 같지 않다. 그렇다면 이는 참여자들의 폭이 훨씬 더 넓을 수 있음을 시사하는데, 여성들이 완전히 배제되지 않았다면, 그리고 고대 우루크가 후대의 아테네처럼 그 인구의 30퍼센트가량을 참정권 없이 상주하는 외국인으로, 또 최대 40퍼센트가량을 노예로 규정하는 곳이 아니라면 충분히 타당한 추정이다.

이런 설명 가운데 많은 부분은 추측이지만, 분명한 것은 후대에는 사정이 변한다는 것이다. 기원전 3200년경, 에안나 신전 구역에 있던 원래의 공공건물들은 습격당해 온통 부서졌고, 그 신성한 지형은 문이 달린 일련의 궁정과 지구라트를 중심으로 개조되었다. 기원전 2900년경, 라이벌 관계에 있는 도시국가들의 왕들이 우루크에 대한 지배권을 놓고 싸웠다는 증거가 있다. 이 분쟁에 대비하여 약 9킬로미터 길이의 요새화된 성벽(길가메시가 세운 것으로 나중에 일컬어지는 구조물)이 도시의 주위를 둘러싸고 세워졌다. 몇백 년 이내에 도시의 지배자들은 스스로를 여신들과 신들의 이웃으로 일컬었으며, 하늘의 집현관 앞에 자신의 궁궐 같은 집을 짓고, 신성한 벽돌 건물에 자신의 이름을 새겨 넣었다.[66]

다시 한번 말하는데 민주적인 자치 통치의 증거라는 것은 항상 약간 모호하지만, 국왕의 통치가 존재했다면 그 증거를 착각할 여지는 전혀 없다.

우루크가 유명해진 것은 글쓰기 덕분이다. 그곳은 우리가 문자 기록을 대량으로 갖게 된 최초의 도시이며, 이런 자료 가운데 일부는 왕의 지배가 들어서기 이전으로 거슬러 올라간다. 애석하게도, 그런 자료는 읽을 수는 있지만 해석하기는 지극히 어렵다.

그 대부분은 설형문자가 쓰인 점토판인데, 아크로폴리스의 토대를 파고 들어간 쓰레기 구덩이에서 재발견된 것이며, 도시 생활을 내다보는 매우 좁은 창문밖에 제공해주지 않는 것 같다. 그 절대다수는 관료제 아래 통용된 영수증이며, 물품과 용역의 거래를 기록한 것들이다. 이 중에는 '교과서'도 있는데, 필경사들이 당시의 표준 행정 어휘에 친숙해지도록 훈련하는 용도로 필사하는 문자표로 구성된 것이다. 이런 교과서의 역사적 가치는 불분명하다. 왜냐하면 필경사들은 온갖 종류의 설형문자를 쓰도록—젖은 점토판에 갈대 철필로 눌러 써야 하는—배워야 했을 테지만 실제 생활에는 그 문자가 거의 쓰이지 않았기 때문이다. 그런 학습은 당시에 제대로 된 글쓰기 훈련으로 간주된 과정의 일부였을 수도 있다.[67]

그렇기는 해도, 인간, 동물, 사물 사이의 복잡한 관계를 관리하는 필경사 학교가 존재했다는 사실만으로도 커다란 '신들의 집' 안에서 단순한 제의적 모임 이상의 훨씬 더 많은 일이 벌어졌음을 알 수 있다. 관리되어야 하는 물건과 산업이 있었고, 순식간에 이 특정한 형태의 도시 생활에 너무나 필수적인 것이 되어버려 현재까지도 우리에게 남아 있는 교육 기법을 개발한 시민 집단이 있었다. 이런 혁신 가운데 몇 가지가 얼마나 지배적이 되었는지를 알려면, 그저 이 책의 거의 모든 독자들이 처음에 교실에서 줄을 맞춰 앉아 표준 교과 과정을 가르치는 교사를 마주 보며 읽기를 배웠으리라는 것을 기억해보라. 이런 약간은 엄격한 학습 방식 자체가 수메르에서 발명되었고, 우리 세계의 사실상 거의 모든 곳에서 발견된다.[68]

그렇다면 이런 신들의 집에 대해 우리는 무엇을 알고 있는가? 무엇보다도, 그런 곳은 여러 면에서 분명히 교회보다는 공장과 더 닮았다. 증거가 남아 있는 것 중 가장 오래된 곳에도 상당히 많은 분량의 인간 노동력이 투입되었고, 작업장과 원자재 저장고가 있었다. 수메르의 신전들이 운영되던 세부적인 방식들을 지금 우리도 사용한다. 가령 인간 노동력을 정량화하여 표준 작업량과 시간 단위로 나누는 방식 같은 것 말이다. 수메르의 관리들은 온갖 종류의 일들을—날과 달과 해 등—60진법으로 셈했는데, 그 셈법은 최종적으로는 (수많은 다양한 전파 경로를 거쳐) 우리가 쓰는 시간 계산 시스템을 유도하게 된다.[69] 그들의 장부 기록은 현대 산업주의, 재정, 관료제의 고대적 못자리다.

이런 신전의 노동자들이 정확하게 누구였는지, 또는 어떤 종류의 사람들을 이런 식으로 조직하고, 식사를 배당하고, 노동의 결과물을 분류하여 목록을 작성했는지—그들이 신전에 영구히 예속되었는지, 또는 일반 시민들이 각자의 연례 코르베 임무를 수행한 것인지—는 판단하기 힘들 때가 많다. 그러나 노동자 명단에 아이들이 있었다는 사실을 보면, 적어도 일부는 그곳에 살았음을 짐작하게 된다. 그렇다면 이는 아마 달리 갈 곳이 없었기 때문이었을 가능성이 크다. 후기 수메르 신전들이 뭔가 중요한 존재라면, 이 노동력은 도시의 온전한 수요로 구성되었을 것이다. 과부, 고아, 그리고 빚, 범죄, 갈등, 빈곤, 병, 또는 신체장애 등으로 취약해져 도움이 필요한 존재들이 신전에 피신한 것이다.[70]

그러나 지금 당장은 그저 설형문자 장부의 기록에서 보듯이, 이런 신전 작업장에서 발달한 수많은 종류의 산업을 강조하는 데서 그치기로 하자. 그런 산업 가운데는 최초의 대규모 낙농업과 양모 생산이 있다. 또 발효 빵, 맥주, 포도주, 표준화한 포장 도구 같은 것도 있었다. 80종에 달하는 생선—담수어와 염수어—이 행정 장부에 기록되어 있고, 그와 관련된 기름과 식품도 신전 저장고에 보관되고 저장되어 있었다. 이런 것에서 우리는 이 신전 구역의 최우선적인 경제적 기능이 한 해의 주요 시기에 협동 노동을 조직하고, 일반 가정에서 만들어지는 것들과 차별화된 가공 물품에 대한 품질 관리를 제공하는 데 있었으리라고 추론할 수 있다.[71]

이 특정한 종류의 작업은 관개수로의 유지와 도로와 제방의 건설과는 달리, 중앙 행정부의 통제 아래 일상적으로 수행되었다. 다른 말로 하면, 메소포타미아 도시 생활의 초기 단계에서, 보통은 국가 부문의 업무(즉, 공공사업, 국제 관계 등)로 간주될 것들의 많은 부분이 지역이나 도시 단위의 총회에서 운영되었다는 것이다. 한편 하향식 관료제 업무 처리 방식은 지금 우리라면 경제나 상업 부문이라고 여길 것들에 한정되어 있었다.[72]

물론, 우루크의 주민들은 '경제'라는 명시적인 개념을 갖고 있지 않았다. 아주 최근까지는 아무도 그렇지 못했다. 수메르인들에게, 이 모든 공장과 작업장의 최종 목적은 도시의 신들과 여신들이 식량, 좋은 옷, 보살핌을 받을 휘황찬란한 거처를 제공하는 것이었고, 그것은 또 그들을 숭배하고 축제를 개최한다는 뜻이기도 했다. 후자의 활동은 아마 이 초기 시대에서 전해지는 몇 안 남은 서사적 미술품인 우루크 항아리에 그려져 있는 내용일 것이다. 그 항아리의 장식에는 이난나 여신의 신전 구역으로 들판과 과수원과 가축의 공물을 가지고 걸어가는 더 큰 남성 뒤를 따라 행진하는, 똑같이 생긴 수많은 알몸의 남성들이 새겨져 있다.[73]

행진을 이끄는 더 크게 그려진 남성—혹은 여러 문헌에서 '우루크 남자'라고 불린다—이 누구인지는 정확히 밝혀져 있지 않다. 역시 우루크를 무대로 하여 훨씬 뒤에 나온 길가메시 이야기에 따르면, 청년 총회의 지도자 한 명이 루갈lugal 혹은 왕의 지위로까지 출세했다고 한다. 그러나 이와 비슷한 일이 일어났다 하더라도 기원전 3000년대의 문자 기록에는 아무 흔적도 남아 있지 않다. 그 시기에 해당되는 우루크 공직자의 명단이 남아 있지만, 루갈은 그중에 없기 때문이다(이 단어는 훨씬 뒤, 궁전과 다른 명확한 왕족의 표시가 있던 시기인 기원전 2600년경에야 등장한다). 그러므로 군주제—의례적인 것이든 다른 것이든—가 남부 메소포타미아의 최초 도시에서 어떤 중요한 역할을 담당했다고

생각할 이유는 없다. 오히려 사실은 그와 정반대다.[74]

하지만 초기의 명문銘文들은 도시 생활을 보여주는 아주 좁은 창문만 열어줄 뿐이다. 양모 의복과 다른 신전에서의 상품의 대량생산에 대해 우리는 약간 알고 있다. 또 이런 양모와 다른 신전 생산물들이, 강가의 계곡에서는 구할 수 없지만 주위의 고지대에서는 풍부하게 생산된 목재, 금속, 보석과 교역되었으리라고―어떤 식으로든―추론할 수 있다. 이 교역이 그 가장 이른 시기에 어떤 방식으로 운영되었는지 알려진 바는 거의 없지만, 고고학적 증거를 통해 우루크가 자신들의 소형 버전인 식민지를 교역로상의 여러 전략적 지점에 건설하고 있었음을 우리는 알고 있다. 우루크 식민지들은 상업적 거점이자 종교적 중심지였던 것으로 보이며, 그런 곳의 흔적은 멀리 북쪽으로는 토로스산맥까지, 동쪽으로는 멀리 이란의 자그로스산맥에 이르는 지역에서 발견된다.[75]

고고학 문헌에서 언급되는 '우루크의 팽창Uruk expansion'은 수수께끼다. 폭력적인 정복, 무기나 요새화의 실질적인 증거는 없지만, 근처 주민들의 삶을 변화시키고, 도시 생활의 새로운 습관을 전파하려는 노력은 있었던 것으로 보인다. 이 점에서, 우루크의 사절들은 거의 선교사와도 같은 열정을 지니고 행동했던 것 같다. 신전이 세워졌고, 그와 함께 새로운 종류의 의복, 새로운 낙농 제품, 포도주, 양모 제품이 각 지역 주민들에게 전해졌다. 이런 산물이 완전히 새로운 것은 아니었을 수도 있지만, 신전들이 생산한 것은 표준화의 원리였다. 도시의 신전 공장은 문자 그대로 균일한 패키지로 제품을 생산하고 있었고, 그 순수성과 품질 관리는 신들의 집에 의해 보증되었다.[76]

그 전체 과정은 어떤 의미에서는 식민주의적이었고 그에 대한 저항이 없지 않았다. 결국 우리가 '국가'라고 부르는 것―그리고 구체적으로는 귀족제와 군주제—의 등장은 그 역반응이라는 더 큰 맥락이 아니라면 제대로 이해되지 않는다.

아마 이 측면에서 가장 의미 깊은 유적은 동부 튀르키예의 말라티아 평원에 있는 '사자의 언덕', 아르슬란테페Arslantepe일 것이다. 우루크가 큰 도시가 되어가던 것과 대략 같은 시기에, 아르슬란테페도 그 나름으로 중요한 지역 중심지로 올라서고 있었다. 유프라테스강의 위쪽 끝부분이 안티토로스산맥을 향해 휘어지는 곳으로, 금속과 목재 자원이 풍부하게 산출되었다. 그 유적이 처음 생명을 얻은 것은 아마 일종의 계절적인 교역 시장 같은 곳으로서였을 것이다. 해발고도가 약 1,100미터인 그곳은 겨울에는 눈으로 뒤덮였을 것이다. 그 정상의 면적은 5만 제곱미터를 넘지 않으며, 실제로 그 장소에 사는 사람은 기껏해야 몇백 명을 넘지 않았을 것이다. 그러나 그 5만 제곱미터 안에서 고고학자들은 놀라운 정치적 발전 과정의 증거를 발굴해냈다.[7]

아르슬란테페의 사연은 기원전 3300년경, 신전이 그곳에 세워지면서 시작된다. 이 신전은 우루크와 그 식민지들에 있는 신전과 유사했다. 메소포타미아 범람원에 있는 어떤 신전들과도 비슷하게, 식품 저장 지역이 있었고, 행정적으로 처리된 문서고가 신중하게 배치되었다. 그러나 두어 세대가 지나기 전에 이 신전은 해체되었고, 그 자리에는 거대한 사적 구조물이 세워졌다. 그 구조물에는 큰 회의실과 거주 구역이 있었고, 그 외에 저장 지역, 무기고도 있었다. 검과 창 촉—비소를 다량 함유한 구리로 정교하게 세공되었으며, 당시 저지대의 공공건물에서 발견되던 어떤 것들과도 아주 다른—무더기는 폭력에 대한 통제력뿐만 아니라 그것을 자행할 수단에 대한 찬양의 표시다. 이는 개인적인 전투와 살해의 새로운 미학이다. 발굴자들은 이 건물에 '알려진 것 중 세계 최초의 궁궐'이라는 이름표를 붙였다.

기원전 3100년 이후로 현재 동부 튀르키예에 속하며 당시에는 도시 문명의 주변부이던 구릉 지대 전역에서 전사 귀족제 등장의 증거가 발견된다. 그들은 금속제 창과 검으로 중무장을 하고, 언덕 위 요새나 작은 궁궐로 보이는 곳에서 살았다. 관료제의 흔적은 모조리 사라진다. 그 대신에 귀족들의 가정―베어울프의 미드홀mead hall[연회 홀feasting hall이라고도 한다. 초기 게르만족의 마을에서 단순한 방 하나짜리 큰 건물이던 미드 홀은 5세기부터 중세 전기까지 영주와 그의 가신들의 거주지였으며, 동시에 영주가 공식적으로 손님을 맞이하거나 신하의 사회 활동을 감독할 수 있는 장소이자 지역 공동체가 모이는 사교의 장소이기도 했다―옮긴이]이나 19세기 태평양 북서부 해안 지역을 상기시키는―뿐만 아니라 살았을 때 분명히 어떤 종류의 영웅적인 개인으로 간주되었을, 금속제 무기, 보물, 정교한 직물, 음주 도구 등이 엄청나게 많이 부장된 남자들의 무덤이 최초로 발견되었다.[78]

이런 무덤과 그것을 만든 자들, 도시 생활의 최전선에서 살고 있던 자들에 대한 모든 것은 사치스러움의 표상이다. 좋은 음식, 음료, 개인이 소유한 보석이 다량으로 쌓여 있었다. 그런 장례가 점점 강화되어 초인 정신을 경쟁적으로 과시했다는 징후도 있다. 값을 따질 수 없는 트로피, 상속 보물, 비길 데 없이 장엄한 상품이 제공되었거나 의도적으로 파괴되었다. 어떤 것에는 무덤 옆에서 공물로 살해된 것으로 보이는 자들의 부속 무덤도 딸려 있었다.[79] 빙하시대의 '왕자들'과 '공주들'의 무덤이 외따로 있었던 것과는 달리, 온통 그런 무덤으로 가득한 묘지도 있다. 반Van호로 가는 길에 있는 바수르 회위크Başur Höyük 같은 곳이 그런 예인데, 아르슬란테페에서는 전사 귀족제 사회에서 우리가 예상할 수 있는 바로 그런 종류의 물리적 기간 시설(요새와 창고 등)이 발견된다.

여기서 보게 되는 것이 긴 내세를 기대하는 귀족주의적 에토스의 시작이자 유라시아 역사에서 그것이 광범위하게 가지를 쳐나가는 모습이다(이 주제는 앞에서 우리가 헤로도토스가 제기한 스키타이 민족의 묘사를 슬쩍 우회적으로 언급했을 때 건드린 바 있으며, 볼가강 유역에 있던 '야만적인' 게르만 부족들에 대한 이븐 파들란의 관찰도 같은 범주다). 우리가 보고 있는 것은 헥터 먼로 채드윅Hector Munro Chadwick이 '영웅적 사회'라 불러 유명해진 것의 최초 등장 장면이다. 그리고 이 사회들은 모두 그의 분석에서 그것이 거기쯤에서 등장할 것이라고 예상한 바로 그런 곳에서 등장한 것으로 보인다. 즉 관료제적 질서를 가진 도시들의 주변부에서 등장한 것이다.

1920년대에 집필 활동을 한 채드윅—케임브리지 대학의 앵글로색슨학 교수였는데, J. R. R. 톨킨J. R. R. Tolkien은 대략 같은 시기에 옥스퍼드 대학에서 같은 분야를 담당했다—은 처음에 서사시의 위대한 전통(노르딕 사가, 호메로스의 작품,《라마야나Ramayana》)이 항상 당시 도시 문명과 접촉하고 그것에 채택되었지만 결국은 바로 그 문명의 가치를 거부한 사람들 사이에서 등장하는 것으로 보이는 이유에 관심을 가졌다. 오랫동안, 그가 생각한 '영웅적 사회' 개념은 좋은 평을 받지 못했다. 그런 사회가 실제로는 존재하지 않았지만, 호메로스의 《일리아스》에서 표현된 사회들처럼, 서사문학에서 회고적으로 재구성되었다는 추정이 널리 퍼져 있었다.

그러나 고고학자들이 더 최근에 발견했듯이, 영웅적 매장의 매우 생생한 패턴이 있고, 또 그것은 연회, 음주, 어떤 개인 남성 전사의 미모와 명성이 문화적으로 강조되는 현상을 가리킨다.[80] 그리고 그것은 유라시아 대륙의 청동기시대가 진행되는 동안, 도시 생활의 주변 지역에서 여러 번 거듭 나타나는데, 흔히 놀랄 만큼 비슷한 형식을 띠고 있다. 그런 '영웅적 사회'의 공통적 특징을 찾아가다보면, 우리는 채드윅이 비교한 바로 그 서사시 전통에서 아주 일관성 있는 목록을 볼 수 있다(각 지역에서 서사시들의 최초 버전은 영웅들의 매장이 이루어진 때보다 훨씬 더 늦게 쓰였지만, 더 이전의 관습을 이해하는 데 도움을 준다). 그 목록은, 그 속에 포함된 거의 모든 특징들이 북서부 해안 지역의 포틀래치 사회나 뉴질랜드의 마오리족 사회에도 충분히 잘 적용된다.

이 모든 문화는 중앙 집중화한 권력이나 지배 원리는 없는(또는 있더라도 아마 대체로 상징적이거나 형식적일) 귀족제의 것이었다. 단일한 중심 대신에 수많은 영웅적 존재들이 신하와 노예를 놓고 서로 치열하게 경쟁한다. 그런 사회에서 '정치'란 영웅적인 개인들 사이의 개인적 충성이나 원한으로 인한 빚의 역사로 이루어졌다. 게다가 모두 제의적인, 또 사실은 정치적인 생활의 1차적 업무로서 게임 같은 경연에 집중한다.[81] 그런 연극적 행위에서 흔히 엄청난 분량의 전리품이나 부가 사라지거나 건네진다. 더욱이 그런 모든 그룹들은 근처 도시 문명의 특정한 특징에 공공연히 저항한다. 무엇보다도, 글쓰기에 관한 한, 그들은 기계적인 암기나 구술 작문의 정교한 기술에 참여하는 시인이나 사제를 대체하는 경향이 있다. 적어도 그들 자신의 사회 안에서는 상업도 거부했다. 따라서 표준 통화는 물리적 형태로든 신용 형태로든 기피되는 편이었고, 그보다는 고유한 면이 있는 물질적 보물이 주된 관심의 대상이었다.

이런 다양한 경향의 흔적을 문자 증언이 없었던 시대로까지 거슬러 올라가 추적할 수 없다는 것은 말할 필요도 없다. 하지만 또한 현대의 고고학이 이런 종류의 '영웅적 사회'의 궁극적 기원을 밝힐 수 있게 허용하는 한, 그것은 정확하게 세계 최초의 도시 대팽창의 공간적·문화적 주변 영역에서 발견될 것이다(사실, 튀르키예 고지대에 있던 최초의 귀족들의 무덤 가운데 몇몇은 버려져 있던 우루크 식민지의 폐허를 그대로 파고 들어갔다).[82] 귀족제와 군주제 자체도 아마 처음에는 메소포타미아 평원의 평등주의 도시에 대한 반대에서 등장했을 것이다. 이런 메소포타미아의 도시들에 대해 그들은 대동소이한 혼합된 감정을 가졌겠지만, 결국은 고트족의 알라리크Alaric가 나중에 로마와 로마가 대표하는 모든 것에 대해 느꼈던 것, 혹은 칭기즈칸이 사마르칸트Samarkand나 메르브Merv에 대해, 혹은 티무르가 델리Delhi에 대해 느꼈던 것과 비슷하게 적대적이고 살인적인 감정을 가졌다.

인더스문명은 군주제 등장 이전에 존재한 카스트제도의 사례인가

우루크의 팽창에서 앞으로 1,000년을 빠르게 돌려 기원전 2600년경으로 달려가보자. 인더스강 유역, 현재의 파키스탄 신드주에 속하는 아무것도 없는 곳에 도시 하나가 세워졌다. 모헨조다로였다. 이 도시는 그곳에 700년 동안 존속했다.[83] 그 도시는 당시 인더스 계곡에서 번성했던 새로운 사회 형태의 가장 위대한 표현으로 여겨진다. 고고학자들이 단순히 '인더스' 혹은 '하라파' 문명으로 알게 되는 사회 형태였다. 남아시아 최초의 도시 문화이기도 했다. 여기서 우리는 청동기시대 도시—세계 최초의 대규모의 기획된 인간 정착지—가 지배계급과 관리자 엘리트가 부재한 상태에서도 출현할 수 있다는 증거를 더 많이 발견하게 될 것이다. 하지만 인더스 계곡의 문명은 몇 가지 유례없이 수수께끼 같은 특징도 보여준다. 고고학자들은 이 점에 대해 한 세기가 넘도록 계속 논쟁을 벌여왔다.[84] 그 문제와 그것이 있는 핵심 위치—모헨조다로 현장—를 조금 더 자세히 소개해보자.

처음 살펴볼 때, 모헨조다로는 청동기시대 세계의 도시로서 가장 완벽하게 보존된 사례라는 명성이 잘 어울린다. 그곳에 관한 모든 것이 어마어마하다. 그곳이 지닌 대담한 현대성은 그 현장의 첫 발굴자들 역시 간과하지 않았고, 그들은 특정 지역들을 '시가지' '경찰 막사' 등으로 지칭했다(이런 최초의 해석 가운데 많은 수가 나중에는 착각이었음이 드러났지만). 도시의 대부분은 벽돌로 지은 주택이 격자무늬처럼 배열된 도로와 긴 대로, 복잡한 배수로와 위생 시스템을 가진 저지대의 타운이 차지한다(테라코타로 만든 하수관, 개인용과 공용 화장실과 욕실이 어디에나 있었다). 이 놀랄 만큼 안락한 시설 위로 상부 성채가 군림하고 있다. 그곳은 높직하게 세워진 시민 센터로서, 대욕장의 언덕the Mound of the Great Bath이라고도 알려져 있다(그렇게 알려진 이유는 나중에 설명하겠다). 도시의 이 두 구역은 모두 범람원 위에 흙을 쌓아 돋운 거대한 인공 기단 위에 세워져 있고, 상부 성채는 표준 규격에 따라 제작된 구운 벽돌로 쌓은 담벼락 안에 수용되어 있는데, 담벼락은 전체를 뺑 둘러 세워져, 인더스강의 둑이 무너지더라도 방어할 수 있게 되어 있다.[85]

인더스문명이라는 더 넓은 범위에서 보면, 모헨조다로와 겨눌 만한 경쟁자는 하나뿐이다. 그것이 하라파 유적지다(혹은 하라파 문명이라고도 불린다). 모헨조다로와 비슷한 규모인 그곳은 인더스강의 지류인 라비강 상류 방향으로 600킬로미터가량 떨어진 곳에 있다. 같은 시기에 지어지고 동일한 문화계에 속하는, 큰 도시와 촌락 등 다양한 규모의 다른 여러 유적지가 존재한다. 그것들은 현대의 파키스탄 영토 대부분과 인더스강 범람원의 범위를 한참 넘어 북부 인도에까지 퍼져 있다. 예를 들어, 쿠치Kutch 대습지의 소금 평원 가운데 있는 어느 섬에 놀라운 돌라비라Dholavira 유적이 자리 잡고 있다. 그곳은 빗물과 지역 개울에서 넘치는 물을 담아두기 위해 벽돌로 지은 열다섯 곳의 저수지가 있는 소도시다. 인더스문명은 멀리 북부 아프가니스탄의 옥수스강에도 식민지 거점을 두었는데, 쇼르투가이Shortugai 유적은 그 모체인 도시 문화의 소형 복제품이라 할 모습을 보여준다. 그 현장은 중앙아시아 고지대에서 나는 풍부한 광물 자원(라피스, 주석, 다른 보석과 금속 등)을 이용하기 위해 이상적인 위치에 자리 잡고 있다. 그런 재료는 저지대의 장인들과 멀리는 이란, 아라비아, 메소포타미아에 이르기까지, 그들과 거래하는 상업 파트너들에게 귀중하게 취급되었다. 구자라트의 캄바트만에 있는 로탈에는 아라비아해에 면한 항구도시의 폐허가 남아 있는데, 그 항구는 인더스문명의 기술자들이 해상 교역을 위해 지은 것으로 보인다.[86]

인더스문명에는 자체의 문자가 있었는데, 그 도시와 함께 나타났다가 사라진 것으로 보인다. 그 문자는 아직 해독되지 않았다. 현재 남아 전해지는 것은 주로 짧은 문장 몇 개인데, 저장 용기, 구리 도구, 돌라비라에서 나온 거리 표지판에 찍혀 있거나 새겨진 것들뿐이다. 짧은 명문銘文에는 아주 작은 석재 부적도 새겨져 있는데, 거기에는 그림 장식 무늬나 작은 동물 형상 같은 것이 놀랄 만큼 정교하게 조각되어 있다. 이 대부분은 물소, 코끼리, 코뿔소, 호랑이, 기타 지역 동물들의 사실적인 묘사지만, 주로 유니콘 같은 환상 속의 짐승 모습도 있다. 부적의 기능에 대해서는 논란이 있다. 담으로 구획된 도시의 이곳에서 저곳으로 출입하기 위한 신분증으로 쓰였는가, 아니면 행사에 참석하기 위한 입장권이었는가? 혹은 불특정 다수가 돌려보는 상품에 알아볼 수 있는 표시를 하기 위한 관리의 일환이었을까? 그러니까 상품 브랜딩의 청동기시대 버전 같은 것이었을까? 아니면 이 모든 기능을 전부 포함하는 것일 수도 있을까?[87]

인더스 문자가 해독되지 않은 것과는 별개로, 하라파와 모헨조다로에는 수수께끼 같은 면모가 많다. 둘 다 20세기 초반에 발굴되었는데, 당시는 고고학이 대규모로 진행되는 꼼꼼하지 못한 광역의 사업이었다. 때로는 수천 명의 인원이 동시에 발굴하고 있기도 했다. 이 정도 규모의 작업이 서둘러 진행되다보니 도로 계획, 주거 동네, 전체 제의적 구역 등의 놀라운 공간이 노출되었다. 그러나 그 현장이 세월에 따라 발전한 과정을 기록하는 일이 소홀히 처리되었는데, 이는 더 신중한 방법으로만 풀어낼 수 있는 과정이다. 가령, 초기의 발굴자들은 구운 벽돌로 쌓은 건물의 기초만 기록했다. 그 위에 놓인 상부 구조는 더 연한 흙벽돌로 지어졌는데, 급속한 발굴 과정에서 간과되거나 부주의로 부서지는 일이 흔했다. 대형 시립 구조물의 상부 층들이 원래는 섬세한 목재로 되어 있었지만, 썩었거나 고대에 재활용되기 위해 철거되었다. 계획상으로는 도시 건설 과정에서 하나의 단계로 보이는 것이, 실제로는 그 도시 역사―500년 이상 사람들이 살아온 도시―의 다양한 시기에 만들어진 상이한 요소들로 이루어지는 가짜 복합군이다.[88]

이 모든 것이, 알려졌지만 실제로는 알려지지 못한 사실을 잔뜩 남겨둔다. 그 도시의 크기나 인구도 거기에 속한다(최근의 추산으로는 거주자가 4만 명가량이었다고 하지만, 실제로 몇 명이었는지는 짐작만 할 수 있을 뿐이다).[89] 그 도시의 경계를 어디에 그려야 할지도 분명치 않다. 몇몇 학자들은 계획상의 하부 도시와 상부 성채라는 금방 알아볼 수 있는 구역만 그 도시의 본래 영역으로 규정하는데, 그 전체 면적은 1제곱킬로미터 정도다. 다른 학자들은 그 도시의 면적이 훨씬 더 넓었다는 간헐적으로 나타나는 증거에 주목한다. 아마 위에서 말한 크기의 세 배 정도는 될 텐데―이런 영역을 '하부, 하부 도시'라 부른다―이미 오래전에 범람원의 흙 밑에 잠긴 지역이다. 이는 판자촌 주민들이 존재한다는 사실도 흔히 잊게 만드는, 자연과 문화 사이에서 벌어진 음모의 통렬한 예시다.

그러나 우리를 더 전망 있는 방향으로 인도하는 것은 이 마지막 논점이다. 온갖 문제는 많지만, 모헨조다로와 펀자브 지방에 있는 그 자매 격의 유적들은 남부 아시아 최초의 도시들에서 시민 생활의 성격이 어떤 것인지 조금은 들여다보게 해준다. 그리고 이 장을 시작할 때 우리가 제기했던 더 광범위한 문제에 대한 통찰도 제공한다. 인간 사회에서 규모와 불평등 정도 사이에 인과관계가 성립하는가?

모헨조다로에서의 부의 분배에 대한 고고학의 설명을 잠시 살펴보자. 우리의 예상과는 반대로, 상부 성채에 물질적 부가 집중되지는 않았다. 사실은 그와 정반대다. 금속, 보석, 가공된 조개껍질은—예를 들면—하부 도시의 가정들이 널리 구할 수 있는 물건이었다. 고고학자들은 주택의 바닥 아래에 있는 금고에서 그런 물건들을 발굴했다. 그리고 그런 물건의 무더기가 유적지의 모든 구역에 흩어져 있었다.[90] 팔찌, 보관寶冠, 기타 번쩍이는 개인적 장식물을 착용한 인물들의 테라코타 인형들 역시 마찬가지였다. 상부 성채에는 이런 것이 없었다.

문자와 표준 중량과 척도 역시 하부 도시 전역에 분포되어 있었다. 야금술과 도자기 생산부터 구슬 가공 등에 이르는 공예 분야 직업과 산업의 증거 역시 마찬가지다. 모두 아래쪽에서, 하부 도시에서 번성했지만, 주요 시립 구조물이 세워져 있는 그 도시의 상부 성채에는 이런 것이 부재했다.[91] 개인의 과시를 위해 제작된 물건은 도시의 가장 높은 구역에서는 들어설 자리가 없었던 것 같다. 대신에 상부 성채를 규정하는 것은 대욕장 같은 건물이었다. 대욕장은 길이가 대략 12미터에 깊이가 2미터가량인 커다란 풀장으로, 벽돌을 꼼꼼하게 쌓고 석고와 아스팔트로 마무리했으며, 나무판을 댄 계단을 통해 양쪽으로

들어갈 수 있게 되어 있다. 이는 모두 최고 수준으로 지어진 건축물이지만, 특정한 지배자에게 바쳐진 기념물이라는 표시나, 개인의 허세를 나타내는 어떤 표시도 없다.

왕과 관련된 조각이나 어떤 다른 형태의 기념물적인 묘사가 없기 때문에, 인더스 계곡에는 '얼굴 없는 문명'이라는 이름이 붙기도 했다.[92] 모헨조다로에서 시민 생활의 초점은 궁전이나 기념비가 아니라 신체 세정을 위한 대중 시설이었던 것으로 보인다. 벽돌로 만들어진 욕탕의 바닥과 계단 역시 하부 도시의 거의 모든 주택에는 기본적으로 딸려 있는 시설이었다. 시민들은 청결이라는 것을 매우 구체적으로 익숙하게 생각했던 것으로 보인다. 매일 씻는 것이 그들 가정의 일상에 속했던 것 같다. 어떤 차원에서 대욕장은 이런 주거용 세정 시설의 확대판이었다. 그러나 또 다른 차원에서는 상부 성채에서의 삶이 하부 도시의 삶을 부정하는 것으로 보인다.

대욕장이 사용된 기간 동안―그리고 그것은 여러 세기 동안 사용되었다―근처에 산업 활동이 있었다는 증거는 보이지 않는다. 아크로폴리스의 골목이 좁아서 소가 끄는 수레나 그와 비슷한 상업적 교통 수단이 이용될 수 없었다. 여기서 사회생활과 노동의 초점은 욕장 자체―그리고 목욕이라는 행위―였다. 욕장에 인접한 공동 숙소와 창고에는 직원들이 살았고(순번제로 돌아갔는지 아니면 상주 거주였는지는 알 수 없다) 필수 보급품을 보관했다. 상부 성채는 특별한 종류의 '도시 내 도시'였고, 그곳에서는 일상적인 가정 조직의 원리가 거꾸로 돌아갔다.[93]

이 모든 것은 카스트 시스템의 불평등성을 상기시킨다. 카스트란 점층적인 청정 정도에 따라 나뉜 서열에 따라 조직된 사회적 기능의 계층적 분업 체계다.[94] 하지만 남아시아에서 카스트에 관한 최초의 언급은 1,000년 뒤, 《리그베다Rig Veda》에 나온다. 《리그베다》는 희생의 송가 모음집으로, 기원전 1200년경 처음 집필되기 시작한다. 카스트 제도는 후대의 산스크리트 서사시에서 묘사된 바에 따르면, 네 세습 계급 즉 네 바르나varna로 이루어진다. 사제(브라민), 전사 혹은 귀족(크샤트리아), 농부와 상인(바이샤), 노동자(수드라)인데, 너무나 비천하여 바르나에서도 아예 배제되는 존재도 있다. 맨 위의 지위는 세계를 여는 자들에게 속하며, 그들은 개인적인 지위의 겉치레를 금지함으로써 더 높은 정신적 차원으로 올라간다. 상업, 산업, 지위에 관해 모두 활발하게 경쟁할 수도 있지만, 부와 권력 혹은 번영을 얻기 위한 투쟁은 항상―존재의 위대한 구도에서는―사제 카스트의 순수보다 더 낮은 가치로 간주된다.

바르나 시스템은 가능한 모든 사회적 시스템 중에서도 특히 '불평등'하지만, 그 속의 지위는 각 구성원이 얼마나 많은 물질적 이익을 쌓거나 권리를 차지하는지보다 특정한 (오염하는) 실질―신체적 더러움과 찌꺼기, 또한 생사와 생리에 연결된 신체적 물질―에 대한 관계 및 그것을 처리하는 사람과 더 많은 관련이 있다. 이 모든 것은 지니계수 또는 재산을 기초로 하는 '불평등' 척도를 문제의 사회에 적용하고자 하는 현대의 학자들에게는 심각한 문제가 된다. 반면, 그리고 우리가 가진 자료들 사이에 있는 커다란 시간차에도 불구하고, 그것은 모헨조다로의 다른 수수께끼 같은 특징들 몇 가지를 이해하게 해줄지도 모른다. 예를 들면, 궁궐과 가장 많이 닮은 주거 건물이 상부 성채가 아니라 하부 도시의 길거리―진흙탕이나 하수관, 논밭에 더 가까운 곳으로, 세속의 지위를 겨냥한 겨룸이 응당 일어나는 곳―에 비좁게 자리 잡고 있는 현상 같은 것이다.[95]

분명히 우리는 산스크리트 문학에서 환기되는 사회 세계를 훨씬 더 이전의 인더스문명에 무차별적으로 투사할 수 없다. 최초의 남아시아 도시들이 정말로 카스트 스타일의 원리에 따라 조직되었다면, 우리는 1,000년도 더 뒤에 쓰인 산스크리트 문헌에서 서술된 지위 시스템과 크게 다른 차이를 즉각 알아차렸어야 할 것이다. 산스크리트 문헌에서는 두 번째로 높은 지위(브라민 바로 아래)가 크샤트리아라 알려진 전사 계급의 몫으로 남겨져 있다. 청동기시대에 속하는 인더스 계곡에서는 크샤트리아 계급과 조금이라도 비슷한 전사 귀족의 증거나 《마하바라다Mahabharata》나 《라마야나》 같은 후대의 서사 이야기에 나오는 그런 그룹과 결부된 허세 가득한 행위 같은 것이 보일 기미는 전혀 없다. 하라파나 모헨조다로 같은 최대의 도시들에도, 거창한 희생 제의나 연회의 증거, 군사적 용맹이나 유명한 업적의 찬양, 또는 누구나 명성과 보물을 열망하여 벌어지는 무술 경기의 흔적, 귀족들의 장례 등은 보이지 않는다. 그런 일들이 당시 인더스의 도시에서 벌어지고 있었다면, 그것을 알 만한 방법은 여러 가지 있을 것이다.

인더스문명은 상업적이거나 정신적인 이상향이 아니었다. 또 완전히 평화로운 사회도 아니었다.[96] 그러나 카리스마적인 권력자가 있었다는 증거도 없다. 전쟁 지도자, 입법자 같은 존재 말이다. 모헨조다로에서 출토된 작은 황색 석회석제의 망토 두른 조각상이 문헌에서는 '사제왕priest-king'이라 불리는데, 흔히 그런 존재로 알려진다. 그러나 사실 그 인형이 실제로 사제왕이나 다른 어떤 권위 있는 인물이라고 믿을 특별한 이유는 없다. 그것은 단순히 석회석으로 만든, 청동기시대의 수염 기른 도시 남자의 형상일 뿐이다. 과거 세대의 학자들이 그를 '사제왕'이라 부르겠다고 주장한 사실은 증거에 담겨 있는 어떤 내용보다는 고대 아시아 도시에서 틀림없이 벌어졌으리라고 생각한 것에 관한 그들 자신의 가정에 더 가깝다.

세월이 흐르면서, 전문가들은 사제왕, 전사 귀족, 또는 우리가 인더스 계곡의 도시 문명에서 '국가'로 인정할 만한 어떤 것이 있었다는 증거가 없다는 데 대체로 동의하게 되었다. 그렇다면 '평등주의 도시'에 대해서도 같은 말을 할 수 있는가? 또 그렇다면, 어떤 의미에서인가? 만약 모헨조다로의 상부 성채가 문자 그대로 다른 누구보다도 '높은' 어떤 금욕적 결사에 지배되었고 성채 주위의 지역이 부유한 상인들에 의해 지배되었다면, 집단들 사이에 명백한 위계가 존재한 것이다. 하지만 이것이 반드시 집단 자체가 내부에서도 위계에 따라 조직되었다는 의미는 아니다. 혹은 금욕적 고행자들과 상인들이 매일매일의 통치 문제에서 다른 누구보다도 발언권이 더 컸다는 의미도 아니다.

자, 이 지점에서 반론이 나올 수 있다. '그래, 기술적으로는 그 말이 사실일 수도 있겠지, 그러나 솔직하게 말해, 그들이 위계에 따라 움직이지 않았을 확률, 혹은 순수하거나 부유한 자가 도시의 업무를 운영하는 데서 발언권이 더 크지 않았을 확률이 얼마나 되겠는가?' 사실, 우리 대부분은 큰 규모에서 자의식적인 평등주의가 어떻게 작동할지 상상하기도 힘들 것 같다. 그러나 이것은 단순히 사람들이 한데 모인 집단의 규모가 충분히 커질 때마다 어떤 식으로든 그들에 대한 전제주의적 지배로 자연스럽게 귀결되는 진화적 서사를 우리가 얼마나 자동적으로 받아들이게 되었는지를 입증하게 해줄 뿐이다(그리고 암시적으로, 개념적인 돌파구로서 '민주주의'라 불리는 어떤 것이 한참 뒤에야—아마 역사상 한 번, 고대 그리스에서—출현한 것도).

학자들은 먼 과거에 민주주의 제도가 어떤 형태로든 존재했다는 명백하고 반박 불가능한 증거를 요구하는 경향이 있다. 그들이 어찌하여 하향식 권위 구조에 대해서는 그와 비슷하게 엄격한 증거를 요구하지 않는지 생각하면 놀랍다. 이 두 번째 구조는 대개 역사의 기본 양상으로 취급된다. 다른 어떤 증거도 부재할 때 보게 되리라고 예상하게 되는 종류의 사회구조 말이다.[97] 이런 사고 습관이 어디에서 비롯되는지 관찰할 수는 있지만, 그런 관찰이 초기 인더스 도시들의 일상적 통치가 금욕주의적 사회집단의 존재와 함께 평등주의 노선을 따라 진행되었을 수도 있는지 판정하는 데 도움이 되지는 않을 것이다. 우리는 후대에, 자료가 더 잘 남은 남부 아시아 역사시대에 그런 사례가 있는지 질문하여 해석의 경기장을 평탄하게 만드는 것이 더 도움이 되리라고 주장한다.

사실 그런 사례를 찾기는 어렵지 않다. 불교 사원, 혹은 상가sangha가 출현하게 되는 사회적 환경을 살펴보라. 상가라는 단어는 사실 붓다의 생전에 ─ 대략 기원전 5세기경 ─ 여러 남부 아시아 도시들을 다스린 대중 총회를 가리키는 것으로 처음 쓰였다. 그리고 초기 불교 문헌들은 붓다 본인이 이런 공화국의 사례들, 그리고 특히 사람이 많이, 자주 모이는 대중 집회의 개최를 공화국이 중요시한 데서 영감을 얻었다고 주장한다. 초기 불교 상가는 모든 구성원들의 관심사에 관해서는 반드시 모든 승려가 한데 모여 만장일치로 결정을 내려야 하며, 합의가 깨질 때만 과반수의 의견에 따라야 한다고 요구했다.[98] 오늘날도 상가에서는 이런 원칙이 지켜지고 있다. 세월이 흐르는 동안 불교 사원들은 통치라는 측면에서 크게 변했다. 많은 사원들은 실제로는 지극히 위계적으로 변하기도 했다. 그러나 여기서 중요한 것은 2,000년 전에도 금욕주의적 집단의 구성원들이 현대 유럽이나 라틴아메리카의 반전제주의적 활동가들이 하는 것과 매우 비슷한 방식으로(합의 과정에서 다수결에 의지하기는 하지만) 결정을 내리는 것이 어떤 면에서든 특이하게 여겨지지 않았다는 점이다. 또 이런 통치 형태가 평등의 이념에 기초하며, 전체 도시들이 그와 똑같아 보이는 방식으로 통치되고 있었다는 것도 중요하다.[99]

계속 더 물을 수 있다. 공식적인 카스트의 위계가 존재하는데도 통치의 실천은 평등주의 노선을 따라 이루어지는 사회로 알려진 사례가 있는가? 모순처럼 들리지만, 그 대답은 여기서도 긍정이다. 그런 합의의 증거는 풍부하며, 그중 몇 가지는 오늘날에도 계속 이어지고 있다. 아마 가장 잘 기록된 것은 발리섬에서 행해지는 세카seka 시스템일 것이다. 발리의 주민들은 중세에 힌두교를 받아들였다. 발리인들은 카스트로 나뉘었을 뿐만 아니라 사회가 전면적인 위계로 구상되어, 그 속의 모든 그룹만이 아니라 모든 개인도 다른 모든 사람들과의 관계에서 자신이 놓인 정확한 위치를 알고 있다(아니면 적어도 알아야 한다). 그렇다면 원리상으로는 평등이란 없으며, 거의 모든 발리인들은 우주의 거대한 구도에 따라 항상 이렇게 되어야 한다고 주장할 것이다.

그러나 그와 동시에, 공동체, 신전, 농업 생활의 관리 같은 실제 업무는 세카 시스템에 따라 운영된다. 세카 시스템에서 모든 사람은 평등한 기준에서 참여하며 합의에 따라 결정이 내려진다. 가령, 어떤 동네의 연합이 공공건물의 지붕 수리 문제나 곧 다가올 춤 경연에서 무슨 음식을 대접할지 같은 문제를 논의하려고 모일 때, 자신이 유달리 높고 힘이 있다고 여기는 사람들은 땅바닥에 그려진 원 안에 비천한 이웃들과 함께 앉아야 하는 상황에 화가 나서 참석하지 않을 수도 있다. 그러나 그럴 때는 결석에 대한 벌금을 내야 한다. 이 벌금은 잔치나 수리의 비용으로 쓰이곤 한다.[100] 현재 우리는 그런 시스템이 4,000년도 더 전에 인더스 계곡에서도 지배했는지 알 길이 없다. 그 사례는 단순히 사회적 위계라는 포괄적인 개념과 지역 통치의 실천에서의 공학이 반드시 필연적으로 일치하지 않는다는 점을 강조해줄 뿐이다.

덧붙여 말하자면, 같은 일이 왕국과 제국에도 해당된다. 아주 흔하게 거론되는 이론 하나는 이런 것들이 대체로 강의 계곡에서 처음 나

모든 것의 새벽

타나는 경향이 있다고 주장한다. 그곳에서 농경을 하려면 복잡한 관개 시스템을 유지해야 하는데, 그런 시스템은 또한 행정적 협동과 통제 형태를 필요로 하기 때문이라는 것이다. 발리는 역사의 거의 모든 기간에 여러 개의 왕국들로 쪼개져 있었고, 끝없이 이런저런 분쟁을 겪어왔다. 그곳은 또 관개에 의한 복잡한 습식 쌀농사 시스템으로 지구상에서 가장 높은 밀도의 인구를 부양해낸 작은 화산섬으로도 유명하다. 그런데도 이런 관개 시스템을 유지하는 데서 왕국이 한 역할은 없었던 것으로 보인다. 이 시스템은 일련의 '물사원water-temples'에 의해 지배되었다. 하지만 물의 분배는 농부들 스스로에 의해, 평등주의 원칙에 입각한 더욱 복잡한 합의제 결정 시스템에 의해 관리된다.[101]

중국 선사시대의 '도시 혁명'으로 보이는 사례에 관해

이 장에서 지금까지 우리는 유라시아의 별개의 세 구역에서 도시가 처음 출현했을 때 무슨 일이 일어났는지를 살펴보았다. 각 경우에 우리는 군주제나 전사 엘리트가 존재했다는 어떤 증거도 없다는 것과, 그와 함께 각각의 도시가 공동체의 자치 제도를 개발했을 가능성도 지적했다. 그런 광범위한 테두리 안에서 각 지역적 전통은 서로 매우 다르다. 우루크와 우크라이나 메가 유적의 팽창 현상이 보이는 차이는 이 점을 특히 명료하게 보여준다. 두 경우 모두 명백한 평등주의 에토스를 개발한 것으로 보이지만, 서로 놀랄 만큼 다른 형태를 띤다.

이런 차이를 순수하게 형식적인 차원에서 표현할 수 있다. 역사의 어느 시점에서든 자의식적 평등주의 에토스 하나가 극단적으로 반대되는 두 형태 가운데 하나로 구현될 수도 있다. 우리는 누구나 정확하게 (적어도 우리가 중요하다고 여기는 방식으로) 똑같을 수 있고 똑같아야 한다고 주장할 수 있다. 혹은 그와 달리, 모두는 서로와 전적으로 달라서 순전히 비교할 기준이 없다고도 주장할 수 있다(가령, 우리는 모두 고유한 개인이며, 그래서 우리 누구도 다른 사람보다 더 낫다고 간주될 근거가 없다는 것처럼). 실제 생활에서의 평등주의는 통상 이 두 입장을 조금씩 포함하는 경향이 있다.

그렇지만 메소포타미아에서는—가정에서 만들어낸 표준화한 산물들, 신전 고용인에 대한 균일한 임금 할당, 대중 집회 등과 함께—대체로 첫 번째 버전을 포용한 것으로 보인다. 각 가정이 고유한 장인적 스타일과 각기 특유한 가정용 제의를 개발한 것으로 보이는 우크라이나의 메가 유적은 둘째 버전을 받아들였다.[102] 인더스 계곡은—우리의 해석이 대략 정확하다면—그 외의 세 번째 가능성을 나타내는 것으로 보인다. 그 버전에서는 특정 분야에서 나타나는 엄격한 평등주의가(심지어 벽돌도 정확하게 같은 크기로 만들어진다) 다른 분야에서 명백히 드러나는 위계주의로 보완된다.

우리가 세계 어떤 지역에서든 출현하는 최초의 도시들이 어김없이 평등주의 원리에 기초하고 있다고 주장하는 것이 아님을 강조해야 한다(사실 그에 대한 완벽한 반박 사례를 곧 보게 될 것이다). 우리가 말하려는 것은 고고학적 증거는 이런 것이 놀랄 만큼 흔히 나타나는 패턴임을 보여주며 이는 규모가 인간들의 사회에 미치는 영향에 관한 관례적인 진화론적 가정과 상반된다는 사실이다. 우리가 지금까지 고찰해온 사례들 각각에서—우크라이나의 메가 유적, 우루크 메소포타미아, 인더스 계곡—조직된 인간 정착지의 규모가 극적으로 증가하더라도 지배 엘리트들의 손에 부나 권력이 집중되는 결과를 낳지는 않았다. 간단하게 말해, 고고학 연구는 증거를 제시해야 할 책임을 도시의 기원과 계층적 국가의 등장 사이에 인과관계가 있다고 주장하는 이론가들에게 넘겼는데, 이제 그들의 주장은 갈수록 공허해 보인다.

지금까지 우리는 대부분의 경우 여러 세기 동안 사람들이 살아온 도시들에 대한 사실상 일련의 스냅숏 같은 시야들을 제공했다. 그런 도시들이 각기 나름의 소동과 변화와 존재의 위기를 겪지 않았을 가능성은 낮다. 어떤 경우에는 분명히 겪었으리라고 확신할 수 있다. 예를 들면, 모헨조다로에서는 도시가 무너지기 약 200년 전 대욕장이 이미 폐허가 되었음을 우리는 알고 있다. 산업 시설과 일반 거주지는 하부 도시 너머로 확장되어 상부 성채에까지 이어졌으며, 대욕장이 있던 장소에도 연장되었다. 하부 도시 안에서 이제는 공예 작업장이 딸린 정말로 궁전 같은 차원의 건물들이 발견된다.[103] 이런 '다른' 모헨조다로는 여러 세대 동안 존속했으며, 이 도시의 (당시에 이미 여러 세기 묵은) 위계를 다른 어떤 것으로 바꾸려는 자의식적인 기획을 나타내는 것으로 보인다. 그러나 고고학자들은 아직 그 다른 것이 무엇일지 제대로 파악하지 못했다.

우크라이나의 도시들처럼 인더스의 도시들도 결국은 완전히 폐허가 되었고, 영웅적인 귀족들에게 휘둘리는 훨씬 규모가 작은 사회들로 대체되었다. 메소포타미아의 도시에서는 결국 궁전이 나타난다. 전반적으로 본다면 역사가 균일하게 전제주의 방향으로 전진한다고 생각해도 틀리지 않을 수 있다. 그리고 아주 장기적으로 보면 그렇게 되었다. 적어도 우리가 역사를 기록했던 시점에는 영주들과 왕들과 장래의 세계 황제들이 사방에서 출현했다(비록 도시의 제도들과 독립적인 도시들이 완전히 사라진 것은 아니었지만).[104] 그렇다고 해도 이런 결론으로 몰려가는 것은 현명하지 못할 것이다. 극적인 반전이 그와 다른 방향에서 때때로 발생했다. 중국에서 그런 일이 있었다.

중국에서 고고학은 도시의 탄생과 최초로 이름을 가진 왕조인 상商의 출현 사이에 커다란 간극이 있음을 밝혀냈다. 북중부에 있는 허난성河南省의 안양安陽에서 20세기 초반에 신탁 명문銘文이 새겨진 뼈[갑골甲骨]가 발견된 뒤, 중국에서의 정치사는 기원전 1200년경 권좌에 오른 상의 지배자들로부터 시작되었다.[105] 아주 최근까지 상 문명은 그 이전의 도시 문명('얼리강二里崗'과 '얼리터우二里頭')과 귀족제적이거나 '유목적인' 요소의 혼합으로 생각되었다. 이 두 번째 문명은 청동 주조 기술과 새로운 유형의 무기를 보유했고, 말이 끄는 전차도 사용했는데, 이것은 후대 중국 역사에서 너무나 많은 소동을 야기하게 되는 강력하고 이동성 강한 사회들이 태어난 고향인 아시아 내륙의 초원에서 처음 개발된 것이었다.[106]

상 왕조 이전에는 별로 흥미로운 일이 일어나지 않았다고 알려졌다. 고작 몇십 년 전만 해도 초기 중국에 관한 교과서는 그저 먼 옛날로 거슬러 올라가는 장기간의 '신석기' 문화를 소개할 뿐이었다. 그 문화는 농경의 기술적 경향과 토기 제작의 지역적 전통 양식과 제의에 쓰이는 옥 제품 양식상의 변화를 기준으로 규정된다. 이런 것들이 다른 곳에 사는 신석기시대 농부들의 모습과 대체로 비슷하리라는 가정이 기저에 깔려 있다. 마을에 살고, 배아적 형태의 사회적 불평등을 키우고, 도시의 등장을 가져오게 될 갑작스러운 도약으로 나아가는 길을 준비하며, 도시에서는 최초의 왕조 국가와 제국을 예비하는 것이다. 그러나 이제 우리는 이런 일이 전혀 일어나지 않았음을 알고 있다.

오늘날 중국의 고고학자들은 '후기 신석기시대', 혹은 '룽산龍山, Long-shan' 시기를 언급한다. 그 시기는 이견의 여지 없이 도시라고 말해질 요소들을 특징으로 한다. 기원전 2600년경에 이미 흙으로 다진 담벼락으로 둘러싸인 정착촌들이 산둥성山東省의 해안 지역에서 산시성山西省 남부의 산맥들에 이르는 황허강 계곡 전역에 확산되는 모습이 보인다. 그런 정착촌의 규모는 3제곱킬로미터가 넘는 중심 촌락에서 마을 정도의 크기에 불과하지만, 그래도 보루를 갖춘 아주 작은 현縣에 이르기까지 다양하다.[107] 인구가 집중되는 주요 허브는 동쪽으로 멀리 떨어진 황허강 하류 유역에 있다. 또 허난성 서쪽인 산시성에 속하는 펀허汾河[황하의 지류] 계곡에도 있으며, 남쪽의 장쑤江蘇와 북쪽의 저장浙江 지역의 양저우揚州 문화에도 있다.[108]

신석기시대 도시 가운데 가장 큰 곳들에는 묘지가 있는데, 그곳에 있는 개인 무덤에는 조각된 제의용 옥이 수십 개, 때로는 수백 개씩 묻혀 있다. 이런 것들은 관직의 표식이거나 제의 때 쓰이는 화폐 형태일 것이다. 그런 옥을 수없이 비축하고 조합하는 조상 숭배 제의에서는 죽은 자와 산 자를 함께 아우르는 공통의 가치 척도에 따라 서로 다른 지위가 규정될 여지가 생긴다. 그렇게 발견된 내용을 문자로 기록된 중국 역사 연감에 받아들인 결과 불편한 상황이 벌어졌다. 우리가 언급하고 있는 것이 바로 그런 일이 일어나지 않았을 것으로 추정되어 오던 긴 격동의 시대였기 때문이다.[109]

문제는 단순히 시간의 문제만이 아니라 공간의 문제이기도 하다. 놀랍게도 '신석기시대'에 도시 생활을 향해 나아간 가장 놀라운 도약 가운데 몇 가지는 이제 멀리 북쪽에서, 몽골과의 변경 지역에서 발생한 것으로 알려진다. 후대 중국 황제들(그리고 그들을 서술한 역사가들)의 시각에서 볼 때, 이런 지역은 이미 절반은 '유목-야만인'이었고, 결국은 장성 밖으로 나가게 된다. 고고학자들이 다른 곳도 아닌 그곳에서 4,000년 전의 도시, 4제곱킬로미터의 면적에 펼쳐졌으며, 거대한 석벽이 에워싼 궁전과 계단식 피라미드를 가진 도시, 상 왕조보다 거의 1,000년이나 앞서 예속하는 시골 배후지 위에 군림하던 도시를 발견하리라고는 아무도 예상하지 않았다.

투웨이兎尾 강변의 스마오石峁에서 이루어진 발굴은 이 모든 것과 함께 복잡한 공예와 전쟁의 증거를 풍부하게 제시했으며, 기원전 2000년 경 있었던 전쟁, 대량 살해와 포로 매장의 증거도 보여주었다.[110] 여기서 우리는 후대의 궁정 전통의 연감에서 상상되던 것보다 훨씬 더 활발한 정치적 장면을 발견한다. 그중 몇 가지는 포로로 잡힌 적을 참수하는 따위의 섬뜩한 내용이며, 조상들의 옥도끼와 왕홀 수천 개를 도시 성벽의 거대한 석벽 돌 사이의 빈틈에 묻어버려 4,000년 뒤에 고고학자들의 번뜩이는 눈이 그것들을 발굴해낼 때까지 아무도 찾아내지 못하게 한 것도 있었다. 이 모든 행동은 경쟁 계파를 파멸시키고, 그들의 사기를 떨어뜨리고, 그들을 불법화하려는 의도에서 나왔을 가능성이 크다("전체적으로 보자면 너희는 그저 벽에 박힌 또 하나의 옥일 뿐이야" [핑크 플로이드의 유명한 노래 〈더 월The wall〉 가사 중 'All in all you're just another brick in the wall'을 응용한 것—옮긴이]).

타오쓰陶寺 유적—스마오와 동시대의 유적이지만 훨씬 남쪽의 진난晉南 분지에 있는 곳—에서는 아주 다른 이야기가 들린다. 기원전 2300년에서 기원전 1800년 사이에 타오쓰는 세 단계의 확장을 거쳤다. 첫째, 어떤 마을의 폐허에 0.6제곱킬로미터가량의 면적을 가진 요새화된 소도시가 형성되어 나중에는 3제곱킬로미터 면적의 도시로 확대되었다. 초기와 중기에 타오쓰는 스마오에서 본 것만큼 극적인, 혹은 후대의 제국 중국 수도에서 볼 법한 사회적 계층화의 증거를 제시한다. 도시를 둘러싸는 거대한 성벽, 도로망과 보호된 커다란 저장고 구역이 있었다. 또 평민과 엘리트의 구역이 엄격하게 격리되었으며, 어떤 종류든 궁전일 가능성이 가장 큰 곳에 공예 작업장과 달력 기능을 하는 구조물이 한데 모여 있다.

타오쓰의 초기 도시 묘지에 있는 무덤은 명확하게 구별되는 사회적 계급으로 나뉜다. 평민의 무덤은 소박하고, 엘리트층의 무덤은 옻칠된 그릇, 제의용 옥도끼 수백 개와 돼지를 잡아 사치스럽게 벌인 잔치의 유물로 가득하다. 그러다가 갑자기, 기원전 2000년경, 모든 것이 변한 것 같다. 발굴자의 설명을 빌려보자.

도시 성벽은 무너져 평탄해졌고, (…) 원래의 기능에 따른 분업 시설은 파괴되어 공간의 통제가 불가능해졌다. 이제 거의 전체 유적지가 평민 거주 지역이 되었고, 중기의 큰 도시 성벽의 경계를 넘어가기도 했다. 도시의 크기는 점점 더 커져, 전체 면적이 3제곱킬로미터에 달했다. 뿐만 아니라 남쪽에 있는 제의 구역은 폐기되었다. 예전의 궁전 구역 안에는 이제 2,000제곱미터 넓이의 흙으로 다진 허술한 기초가 있는데, 그 주위를 비교적 낮은 지위의 사람들이 썼던 쓰레기 구덩이가 둘러싸고 있다. 과거에 낮은 층 엘리트들의 거주 구역이던 곳에는 석기 작업장이 들어섰다. 도시는 분명히 수도로서의 지위를 잃었고, 무정부 상태에 빠져 있었다.[111]

더욱이 이것이 아마 틀림없이 상당한 정도의 폭력을 포함했을 의식적인 변화 과정이었다는 힌트가 있다. 평민 무덤이 엘리트층의 무덤을 없애고 그 자리를 차지했고, 시신이 섬뜩하고 폭력적으로 다루어진 것은 발굴자의 말에 따르면 '정치적 보복 행위'의 증거로 판단된다.[112]

이제, 현장에 관한 발굴자의 1차적 판단에 의문을 제기하는 것은 좋지 못한 태도로 보이지만, 두어 가지 관찰을 하지 않을 수 없다. 첫째, 표면상의 '무정부 상태'(다른 곳에서는 '몰락과 혼돈'이라 묘사된 것)[113]는 상당한 기간 동안, 그러니까 200~300년 정도 지속되었다. 둘째, 그 혼란기에 타오쓰 유적의 전체 규모는 2.8제곱킬로미터에서 3제곱킬로미터로 넓어졌다. 이는 그 시기가 몰락기라기보다는 엄격한 계급 시스템이 철폐된 뒤에 널리 확산된 번영의 시대였다는 말로 들린다. 궁전이 파괴된 뒤, 사람들은 홉스가 말한 '만인의 만인에 대한 투쟁' 상태로 전락하지 않았고, 그저 각자의 생활을 이어갔다. 아마 그들이 볼 때 더 평등한 지역 자치 시스템인 것에 따라 살았을 것이다.

여기, 펀허 유역에서, 우리는 세계 최초로, 혹은 적어도 도시에 관한 한 최초로, 자료가 남은 사회혁명의 증거를 보고 있는지도 모른다. 물론 다른 해석도 가능하다. 그러나 최소한 타오쓰의 사례는 그곳을 세계 최초로 자의식이 개입한 사회 실험이 이루어진 도시로 간주하게 한다. 그곳은 도시가 어떤 곳일 수 있는지에 대한 매우 다른 비전들이 때로는 평화롭게, 때로는 대단한 폭력의 폭발과 함께 충돌할 수도 있는 상황이다. 한 장소에 사는 사람들의 수가 늘어나는 것은 사회적 가능성의 범위를 크게 늘릴 수도 있지만, 결코 그런 가능성들 가운데 어느 것이 최종적으로 실현될지를 미리 결정해주지는 않는다.

다음 장에서 보게 되겠지만, 중부 멕시코의 역사는 우리가 말해온 것 같은 혁명—정치적 종류의 도시 혁명—이 우리가 생각했던 것보다 인류 역사에서 훨씬 더 흔했을 가능성이 크다고 시사한다. 다시 말하지만, 우리는 최초 도시들의 문자화되지 않은 헌법을 재구성하여 세계 각지에 등장시키거나, 그곳의 초기 몇백 년 동안 시행되었던 개혁을 재구성하는 일을 끝내 하지 못할지도 모른다. 그러나 이런 것이 존재했다는 사실을 더 이상 의심할 수는 없다.

9

등잔 밑이 어두운

아메리카에서 사회적 주택 문제와 민주주의의 선주민 기원

1150년경, 멕시카^{Mexica}라는 종족이 아스틀란^{Aztlán}이라는 곳—어디인지는 현재 알려져 있지 않은—에서 남쪽으로 이주하여 멕시코 계곡의 심장부에서 새 거점을 찾았다. 그곳의 현재 지명은 그 종족의 이름에서 유래한다.[1] 그곳에서 그들은 나중에 아즈텍 3중 동맹이라는 제국을 만들어내게 된다.[2] 그리고 테노치티틀란에 수도를 건설한다. 그 수도는 텍스코코 호수 안에 있는 섬의 도시로서, 사슬처럼 이어진 큰 호수들과 호수 도시들 가운데 하나이며, 산으로 에워싸인 도시 지형의 한 부분이다. 자체의 도시 전통을 갖고 있지 않은 멕시카족은 자신들이 발견한 다른 도시를 모델로 삼아 테노치티틀란을 설계했다. 하루면 갈 수 있는 계곡 속에 방치되어 있던 폐허 상태의 도시가 그 모델이었다. 그들은 그 폐허 속의 도시를 테오티후아칸, '신들의 장소'라 불렀다.

테오티후아칸에는 한동안 사람이 살지 않았다. 멕시카족이 당도한 12세기경에는 그 도시의 원래 이름을 기억하는 사람도 없는 것 같았다. 그렇기는 해도, 새로 당도한 사람들은 그 도시가—세로 고르도^{Cer-ro Gordo}를 배경으로 세워진 거대한 피라미드 두 기가 있는—이국적이면서도 매력적이라고 여겼고 무시하기에는 너무 규모가 컸다. 그들은 그것을 자신들의 대도시 설계의 모델로 썼을뿐더러, 테오티후아칸을 신화로 뒤덮고, 아직 무너지지 않은 유적을 수많은 이름과 상징의 무더기 속에 가두었다. 그리하여 지금도 우리는 테오티후아칸을 대체로 아즈텍(쿨후아멕시카^{Culhua-Mexica})의 눈을 통해서 보고 있다.[3]

테오티후아칸에 아직 사람들이 살고 있던 시절에 그곳을 언급한 문자 기록 가운데 멀리 동쪽에 있는 마야 저지대에서 어쩌다가 한 번씩 발견되는 얼마 안 되는 명문銘文들이 있는데, 거기서는 그곳을 '부들^{cattail reeds}의 장소'라 부른다. 그 이름은 나후아틀^{Nahuatl}어에서의 '토얀^{Tollan}'이라는 단어에 해당하는 것으로, 물가에 세워진 원초적이고 완벽한 도시를 떠올리게 한다.[4] 그 외에 우리에게 있는 것은 16세기에 번역된 연대기로서, 스페인어와 나후아틀어로 기록되어 있으며, 테오티후아칸을 산의 웅덩이와 원시적 공터로 가득하며, 태초에 지구가 솟아오른 장소라고 묘사한다. 지구 다음에는 신들이 나왔고, 그다음에는 신비스러운 물고기인간 종족이 뒤를 이었으며, 그들의 세계가 파괴된 다음 인간의 세계가 왔다.

역사적인 기준에서 그런 자료는 별로 쓸모가 없다. 특히 이런 신화가 사람들이 도시에 살고 있을 때 실제로 그곳에서 구술되었는지, 아니면 그저 아즈텍인들에 의해 만들어진 것인지 알 길이 없기 때문에 더욱 그렇다. 그렇기는 해도, 이런 이야기의 유산은 계속 이어진다. 가령 '태양의 피라미드' '달의 피라미드' '사자死者의 길' 같은 이름을 만든 것은 아즈텍인들이었고, 고고학자들과 관광객들은 모두 지금까지도 그 도시에서 가장 눈에 띄는 기념물이자 그들 모두를 잇는 도로를 묘사할 때 그런 이름을 사용한다.[5]

테노치티틀란의 건설자들은 천문학적 계산은 용이하게 해냈으면서도 사람들이 언제 테오티후아칸에서 사라졌는지 정확하게 알지 못했거나 알 필요가 없다고 여겼다. 적어도 여기서는 고고학이 그 빈틈을 메워줄 수 있었다. 지금 우리는 도시 테오티후아칸이 멕시카족이 오기 전 여덟 세기 동안, 그리고 스페인인들이 오기 1,000년도 더 전에 전성기를 누렸음을 알고 있다. 그것이 세워진 시기는 기원전 100년경이며, 몰락한 것은 기원후 600년경이었다. 또 그 몇백 년 동안 테오티후아칸은 제국으로서 전성기를 누리던 시기의 로마와 쉽게 비견될 수 있을 정도로 장엄하고 수준 높은 도시가 되었다.

테오티후아칸이 정말 로마처럼 대제국의 중심이었는지 우리는 사실 모른다. 그러나 보수적으로 평가하더라도 그 인구는 10만 명가량이었다.[6] (아마 모헨조다로, 우루크, 또는 앞 장에서 논의된 유라시아의 다른 고대 도시 인구의 최대 다섯 배에 달했을 것이다.) 절정에 달했을 때는 멕시코 계곡과 그 주위의 땅에 적어도 100만 명이 흩어져 살았을 것이다. 그들 가운데 많은 수는 그 위대한 도시에 한 번밖에 가보지 못했거나, 방문한 사람을 통해 간접적으로만 알았을 것이나, 그럼에도 테오티후아칸을 전 세계에서 가장 중요한 장소로 여겼다.

이 정도의 논의는 고대 멕시코를 연구하는 거의 모든 학자들과 역사가들에게 대체로 받아들여진다. 논쟁의 대상이 되는 문제는 테오티후아칸이 어떤 종류의 도시였으며, 그곳이 어떻게 통치되었는가이다.

이 질문을 중앙아메리카 역사나 고고학 연구 분야의 전문가에게 던져 보면(우리도 자주 해보았듯이) 아마 동일한 반응을 얻게 될 것이다. 눈을 한 번 굴리고 체념한 태도로 그 장소에는 뭔가 '괴상한' 것이 있다고 인정하는 것이다. 단지 그 비상한 규모 때문만이 아니라, 그곳이 초기 중앙아메리카 도시로서 마땅히 작동했어야 하는 예상치에 부응하기를 완강하게 거부하기 때문이다.

이 지점에서 독자는 다음에 무슨 이야기가 나올지 아마 짐작할 수 있을 것이다. 모든 증거는 테오티후아칸이 그 권력이 절정에 달했을 때 군주 없이 스스로 통치하는 방법을 찾았다고—훨씬 더 이른 시기의 선사시대 우크라이나, 우루크 시대의 메소포타미아, 청동기시대의 파키스탄의 도시들이 그랬듯이—주장한다. 그렇지만 이곳은 그곳들과는 매우 다른 기술적 기초 위에서, 또 더욱 큰 규모로 그렇게 했다.

그러나 먼저 배경을 좀 살펴보자.

앞에서 보았듯이, 역사 기록에 왕이 등장할 때, 그들은 착각할 수 없는 흔적을 남기는 경향이 있다. 왕이 있는 곳에 궁궐과 풍요한 무덤과 그들의 정복을 찬양하는 기념물이 있으리라고 예상할 수 있다. 이 모든 것은 중앙아메리카에도 해당된다.

더 넓은 지역으로 보면, 유카탄반도와 인근의 고원지대에 있는 멕시코 계곡에서 멀리 떨어진 일련의 왕조 정치단체들이 그런 패러다임을 설정했다. 오늘날의 역사가들은 이런 정치 형태가 고전 마야 시대임을 알고 있다(약 150년에서 900년 사이. '고전시대Classic'이라는 용어는 고대에 사용된 그들의 문어文語와 지금 문제 삼고 있는 연대기 기간에도 적용된다). 티칼, 칼라크물 혹은 팔렝케 같은 도시들은 왕의 신전, 구기 경기장(가끔은 목숨을 걸기도 하는 경쟁적인 분위기), 전쟁과 굴욕당한 포로들의 이미지(흔히 구기 경기가 끝난 뒤 공개적으로 살해된다), 왕의 선조들을 찬양하는 복잡한 달력 관련 제의들, 그리고 살아 있는 왕들의 업적과 전기 기록에 장악되어 있다. 현대의 상상에서 이런 것은 몬테 알반(오악사카에 있으며, 약 500년에서 800년까지 존속)에서 툴라(중부 멕시코에 있으며 약 850년에서 1150년까지 존속)까지, 그리고 멀리 북쪽으로는 카호키아(현재 이스트세인트루이스 근처이며, 약 800년에서 1200년까지 존속)에 이르는 지역 전체에 있었던 고대 도시들과 결부된다.

놀랍게도 테오티후아칸에는 이 모든 것이 존재하지 않았던 것으로 보인다. 마야의 도시들과는 달리 그곳에는 전반적으로 문자로 쓰인 명문銘文이 거의 없다.[7] (이 때문에 테오티후아칸에는 문자를 익숙하게 사용하던 마야인과 사포텍인Zapotec 소수 집단을 포함하는 충분히 국제적인 구성원들이 있었지만, 그 주민 대다수가 어떤 언어를 썼는지 우리는 알지 못한다.)[8] 그러나 회화 예술은 충분히 남아 있다. 테오티후아칸의 시민들은 공예와 그림 분야에서 생산성이 높은 장인이어서, 거대한 석조 조각부터 손바닥 안에 들어갈 수 있는 초소형 테라코타 인형까지 인간의 넘치는 활동력이 생생하게 전해지는 벽화 등 온갖 것을 남겨주었다(브뤼헐Bruegel이 그린 사육제 장면과도 비슷하며 여러분의 눈에도 지나치게 생소하지 않을 분위기의 그림들). 그렇기는 해도, 그런 이미지 수천 가지 가운데 신하들을 때리고, 묶어두거나 또 다른 방식으로 지배하는 지배자의 표현은 단 하나도 보이지 않는다. 이는 그런 화제畫題를 끊임없이 다루었던 당대의 마야와 사포텍 미술과는 다르다. 오늘날 학자들은 테오티후아칸의 그림들을 연구하여 왕에게 어울리는 형태로 해석될 만한 어떤 것을 찾아내려 하지만, 대체로 실패한다. 많은 작품들이 그런 노력을 의도적으로 좌절시키는 것처럼 보이기도 한다. 예를 들면, 어떤 장면에는 모든 사람 형체가 똑같은 크기로 그려져 있다.

중앙아메리카의 고대 왕국에서 왕권을 나타내는 또 다른 핵심적 요소인 제의적인 구기 경기가 테오티후아칸에는 부재한다는 사실 역시 눈에 띈다.[9] 또 티칼의 시히야흐 찬 카윌Sihyaj Chan K'awiil이나 팔렝케의 키니치 하나브 파칼K'inich Janaab Pakal 같은 거대한 무덤에 비길 만한 것도 발견되지 않았다. 학자들의 노력이 부족한 탓은 아니었다. 고고학자들은 태양과 달의 피라미드 주변과 깃털 달린 뱀의 신전 지하를 샅샅이 훑었지만 왕의 무덤이나 도굴당한 묘실로 이어지는 길은 없고 지하 미궁과 광석이 덕지덕지 붙은 사당으로 이어지는 통로만 발견했을 뿐이다. 이런 것들은 물론 다른 세계의 존재를 불러오는 시설이지만, 신성한 지배자의 무덤은 아니었다.[10]

몇몇 학자들은 테오티후아칸에서 외부 관례에 대한 자의식적인 거부는 그 뿌리가 더 깊다고 주장했다. 가령, 도시의 화가들은 중앙아메리카 이웃들 사이에서 발견되는 형식적·구성적 원리를 알고 있었고, 의도적으로 그런 것을 전도하려고 시도했던 것으로 보인다. 마야와 사포텍 미술이 베라크루스에 있던 그 이전의 올멕Olmec 왕들에게서 유래하는 곡선과 유려한 형태를 선호하는 부조 조각의 전통을 이용한다면, 테오티후아칸의 조각은 인간과 인간 비슷한 형체를 각진 벽돌에 딱 들어맞는 평면 구성으로 보여준다. 몇십 년 전, 이런 대비를 본 에스터 파스토리Esther Pasztory — 헝가리계 미국인 미술사가로서 경력의 대부분을 테오티후아칸 미술과 형체를 연구하는 데 바쳤다 —는 급진적인 결론에 도달했다. 그녀의 주장에 따르면, 고지대의 테오티후아칸과 저지대의 마야에서 우리가 본 것은 최소한 의식적인 문화적 전도 — 혹은 분열생성이라 일컬어진 것 — 가 도시 문명 규모로 이루어진 사례다.[11]

파스토리가 볼 때, 테오티후아칸은 그 사회가 당대 중앙아메리카

모든 것의 새벽

의 다른 어떤 곳과도 다른 방식을 표현하기 위한 새로운 미술 전통을 창조했다. 그렇게 하는 과정에서 그들은 지배자와 포로에 대한 구체적인 시각적 수사법과 귀족적 개인 전반에 대한 찬양 두 가지 모두를 거부했다. 이 점에서 그들은 그 이전의 올멕 문화 전통이나 당대의 마야 정치집단과도 놀랄 만큼 달랐다. 테오티후아칸의 시각 미술이 뭔가를 찬양했다면, 그것은 온전한 공동체 전체와—몇 세기에 걸쳐—'왕조 차원의 개인숭배'가 출현하지 못하게 막아내는 데 성공한 공동체의 집단적 가치였다고 파스토리는 주장했다.[12]

파스토리의 말에 따르면, 테오티후아칸은 단순히 정신적인 면에서 '반反왕조적'일 뿐만 아니라 그 자체가 도시 생활에서의 유토피아적 실험이었다. 그것을 창조한 사람들은 자신들을 이제까지와는 다른 새로운 종류의 도시, 군주나 영주 없는, 민중을 위한 토양을 만들어내고 있다고 생각했다. 파스토리의 발자국을 따라가는 다른 학자들은 다른 가능성들을 거의 모두 배제하고 그녀와 비슷한 결론에 도달했다. 그들이 내린 결론에 따르면, 테오티후아칸은 그 초기에 전제주의적인 지배로 가는 길을 한동안 따라갔지만, 300년경 갑자기 방향을 바꾸었다. 아마 일종의 혁명 같은 것이 일어났을 것이고, 그 이후에는 도시 자원의 더 평등한 분배와 일종의 '집단 통치' 같은 것이 확립되었을 것이다.[13]

그 현장을 가장 잘 아는 사람들 사이에서 이루어진 전반적인 합의에 따르면, 테오티후아칸은 사실 일종의 자의식적으로 평등주의적인 노선을 따라 운영되는 도시였다. 앞에서도 보았듯이, 세계사의 기준에서 볼 때 이는 학자들이—혹은 다른 사람들도—추정하는 것처럼 전혀 괴상하거나 비정상적인 현상이 아니다. 그저 중앙아메리카라는 맥락에서 테오티후아칸을 이해해보아도 이 또한 사실이다. 그 도시가 뜬금없이 무에서 생겨난 것은 아니었다. 중앙아메리카의 왕권과

한 묶음으로 엮인다고 인정할 만한 '일괄적 요소들'의 존재가 있을 수도 있지만, 그와 매우 다른, 감히 공화적이라고도 할 수 있을 만한 전통 역시 있었다.

이 장에서 우리가 제안하려는 것은 중앙아메리카 역사의 이 간과된 흐름을 표면으로 끌어 올리는 것이다. 그것은 도시 공화제의 흐름이며, 대규모 사회복지 프로젝트, 그리고 선주민 민주주의의 형태로서, 그 흐름은 스페인인에게 정복되던 시기와 그 이후까지도 계속 이어진다.

마야 저지대의 이방인 왕들의 예,
그리고 테오티후아칸과 그들의
친화성에 대한 최초의 검토

그 도시 자체, 그리고 중부 멕시코의 계곡과 고원지대는 내버려두고, 그 동쪽에 폐허로 남아 있는 고전 마야의 열대 수림 왕국으로 떠나보자. 그 왕국은 멕시코의 유카탄반도와 현대의 과테말라, 벨리즈, 온두라스, 엘살바도르의 영역을 차지하고 있었다. 5세기에 이런 마야 도시국가들, 그중에서도 가장 크고 유명하던 티칼의 미술과 문자에 뭔가 놀라운 일이 일어났다.

이 시기의 마야 기념물에 섬세하게 조각된 장면에는 이방인임을 금방 알아볼 수 있는 옷차림을 하고 왕좌에 앉은 인물이 나온다. 테오티후아칸 스타일의 옷과 무기(아틀라틀atlatl이라 불리는 창 발사기와 깃털 달린 방패 등등)는 그 지역 지배자들의 의상과 화려한 장식품과는 명백히 구별된다. 온두라스 서부, 과테말라와의 국경 근처에서 작업하는 고고학자들은 코판Copán 유적에 있는 신전의 기저 층에서 이런 이방인 왕의 실제 무덤의 것으로 여길 만한 부장품을 발굴했다. 그 기저 층은 나중에 일곱 차례의 건설을 더 겪었다. 여기서 나온 상형문자 기록은 이런 개인들 가운데 적어도 몇 명은 실제로 부들의 땅에서 왔다고 설명한다.[14]

여기서 (적어도) 두 가지는 매우 설명하기 힘들다. 첫째, 왜 테오티후아칸 군주로 보이는 사람들의 그림이 티칼의 왕좌에 있는가? 당시 테오티후아칸 자체에는 왕좌에 앉은 군주라 할 이와 비슷한 그림이 없었는데 말이다. 둘째, 테오티후아칸인이 어떻게 965킬로미터 떨어진 왕국을 상대로 군사 원정을 감행하여 성공했을 수 있는가? 대부분의 전문가들은 이 두 번째 문제는 보급상의 이유로 아예 불가능하다고 추측한다. 그리고 그들의 말이 아마 맞을 것이다(비록 이에 대해 단정적인 결론은 내리지 말아야 하지만, 어쨌든 보급의 기준에서 생각한다면 잡다한 인원들로 구성된 스페인인들이 수백만 인구의 중앙아메리카 제국들을 무너뜨리게 될 것이라고 예상할 수 있는 사람이 있었을까?). 첫 번째 질문은 확실히 더 신중하게 살펴보아야 한다. 왕좌에 앉은 왕이라 묘사된 개인들이 정말로 중부 멕시코에서 왔는가?

여기서 우리가 다루는 것이 단순히 이국적인 취향을 지닌 지역 영주들일 수도 있다. 미술과 명문銘文에서 마야의 거족들이 때로는 테오티후아칸 전사들처럼 차려입거나, 때로는 제의에서 피를 뽑은 뒤 테오티후아칸의 혼령을 보기도 했고, 전반적으로 '서부의 영주들과 귀부인들'로 차려입기를 즐겼다는 것을 우리는 알고 있다. 그 도시는 확실히 마야인들이 이국적인 환상의 장소, 일종의 먼 곳의 샹그릴라Shangri-La[실제로는 티베트의 쿤룬산맥에 있는 불교 성지의 지명이지만, 영어권에서 동양의 전설 등에서 전해지는 신비스러운 낙원, 이상향을 포괄적으로 칭하는 단어가 되었다. 어딘가에 있을 것만 같은데 찾기는 어려운 숨겨진 낙원, 등 장인물 등이 찾아 헤매게 되는 이상적인 장소―옮긴이로 볼 만큼 멀리 떨어져 있었다. 그러나 단순히 그런 이유에만 그치지 않았으리라고 볼 근거가 있다. 무엇보다도, 사람들은 두 곳을 정기적으로 왕래했다. 테오티후아칸에서 나는 흑요석이 마야의 신들을 장식했고, 테오티후아칸의 신들은 마야 저지대에서 나는 초록색 케트살새 깃털로 장식되었다. 용병들과 상인들이 두 도시를 왕복했고, 순례자와 외교 사절의 방문이 이어졌다. 테오티후아칸에서 온 이주민이 마야 도시에서 신전을 지었고, 심지어 테오티후아칸 도시 안에 벽화가 잔뜩 그려진 마야인들의 동네도 있었다.[15]

이런 테오티후아칸 왕들을 그린 마야 그림의 수수께끼를 우리는 어떻게 풀 수 있을까? 자, 무엇보다도, 역사에서 장거리 교역로에 대해 배운 바가 있다면, 그런 경로가 온갖 종류의 파렴치한들로 가득하다는 것도 알 수 있을 것이다. 떼강도, 탈주자, 협잡꾼, 밀수업자, 전도사, 첩자, 또는 이런 여러 요소를 함께 가진 자들도 있었을 것이다. 이는 중앙아메리카의 다른 어느 곳에서도 마찬가지였다. 가령 아즈텍인들은 포치테카pochteca라는 중무장한 전사 상인 집단을 고용했는데, 이들은 자신들과 거래하는 도시들에 대해 정보를 수집했다.

또한 역사는 모험심 많은 여행자들의 이야기로도 가득하다. 그들은 어떤 낯선 사회로 가서 기적처럼 왕이나 신성한 힘의 화신이 되기도 한다. 제임스 쿡 선장같이 '이방인 왕'이 된 사람은―1779년에 하와이에서 닻을 내린 뒤―로노Lono라는 고대 폴리네시아 풍요의 신의 지위를 받았거나, 에르난 코르테스Hernán Cortés처럼 자신들이 그런 존재로서 환영받아야 한다고 최선을 다해 지역민들을 설득했다.[16] 전 세계 왕조 역사의 놀랄 만큼 많은 비율이 바로 이런 식으로, 어딘가 먼 곳에서 한 남자(거의 항상 남자였다)가 신비스럽게 나타남으로써 시작된다. 어느 유명한 도시에서 온 모험적인 여행자가 그런 사고방식에서 이득을 얻으리라는 것은 뻔한 노릇이다. 이런 일이 5세기에 마야 저지대에서도 일어날 수 있었을까?

티칼에 남은 명문에서 이런 특정한 이방인 왕들과 그들의 가까운 관련자들의 몇몇 이름을, 아니면 적어도 그들이 마야 귀족이 되어 채택한 이름들을 알 수 있다. 그중에서 시히야흐 카크Sihyaj K'ahk'('불에서 태어난')라 불리는 자는 자신이 직접 지배한 적은 없었고, 테오티후아칸의 왕자 여러 명을 마야 왕좌에 앉히는 데 도움을 준 것으로 보인다. 또 이런 왕자들이 높은 지위의 이 지역 여성과 결혼했으며, 그들의 자손이 마야의 지배자가 되었다는 것도 알고 있다. 그들 또한 자신의 선조와 테오티후아칸의 관련을 '서쪽의 토양'이라 부르며 찬양했다.

코판에 있는 무덤을 살펴봄으로써, 왕의 지위로 올라가기 전에 이런 모험심 많은 개인들 가운데 적어도 일부는 지극히 다채로운 삶을 살았음을 알게 된다. 그들은 싸우고 여행하고 또 싸웠으며, 원래는 코판 출신도, 테오티후아칸 출신도 아니라 아예 다른 곳 출신이었을 수도 있다.[17] 모든 증거를 고려할 때, 마야 왕조의 조상들은 원래 장거리 여행을 장기로 하는 집단의 일원이었을 것으로 보인다. 상인, 용병, 전도사, 심지어 첩자일 수도 있었다. 그들은 아마 아주 갑작스럽게 왕의 지위에 올랐을 것이다.[18]

우리 시대에도 이와 매우 비슷한 상황이 있었다. 몇 세기 전에, 마야 문화―그리고 그 가장 큰 도시 대부분―의 초점이 북쪽의 유카탄 반도로 옮겨 갔을 때, 멕시코 중부의 영향력이 이와 비슷하게 물결처럼 파급되었는데, 그것이 가장 극적이고 명백하게 나타난 곳이 도시 치첸 이트사Chichén Itzá였다. 그곳에 있는 전사의 신전은 톨텍의 수도

인 툴라Tula(후대의 토얀)를 가장 직접적인 모델로 삼은 것으로 보인다. 다시 말하건대 우리는 무슨 일이 일어났는지 정말로 알지 못하지만, 스페인 통치 아래 비밀리에 글을 쓴 후대의 연대기 작가들은 똑같은 용어로 이트사를 묘사했다. 뿌리 뽑힌 전사들 무리, 서쪽에서 온 '말을 더듬거리는 외국인들', 유카탄에서 여러 도시들을 지배했다가 시우Xiu 라는 톨텍 망명 왕조─혹은 적어도 자신들이 원래 톨텍인이었다고 주장하는 망명자들─와의 장기간 경쟁 관계에 들어서게 된 사람들이 라고.[19] 이런 연대기는 온통 망명자들이 황야에서 헤매고 다녔다는 설명, 일시적인 영광의 기간, 탄압에 대한 고발, 미래에 식민지가 된다는 음산한 예언 같은 것으로 가득하다. 다시 한번 말하지만, 우리가 다루는 것은 마야인들 사이에 퍼져 있던 왕은 마땅히 어딘가 먼 곳에서 와야 한다는 생각인 듯하며, 적어도 두어 명의 뻔뻔한 이방인이 이런 생각을 이용한 상황으로 보인다.

이 모든 것은 짐작에 불과하다. 그렇기는 해도, 티칼 같은 장소에서 나온 그림과 기록이 테오티후아칸보다는 왕권에 대한 마야인들의 생각에 대해 더 많은 것을 말해준다는 것은 분명하다. 테오티후아칸에서는 군주제에 대한 필연적 증거가 아직 한 줄기도 발견되지 않았다. 그런데 마야 저지대의 '멕시코' 왕들은 거창한 의장을 걸치고 왕좌에 앉아서, 그들의 고향이라 알려진 곳에서는 있을 수 없는 바로 그런 종류의 거창한 정치적 행동에 가담하고 있다. 그렇다면 테오티후아칸은 군주제가 아니라 무엇이었을까? 우리가 볼 때, 이 질문에 대한 답은 하나가 아니다. 그리고 5세기도 더 지난 지금, 대답이 하나여야 할 특별한 이유도 없다.

고고학자들이 수행한 도시 지형에 대한 최대한 철저한 조사 결과

모든 것의 새벽

를 짜 맞춰 작성한 테오티후아칸의 표준 건축학적 설계도의 중심 부분을 살펴보자.[20] 그 정도 규모—전체 면적이 20제곱킬로미터—의 건축 환경까지 전부 기록된 것인 만큼 고고학자들은 당연히 그것을 모두 한 번에, 한눈으로 보고 싶어 한다. 현대의 고고학자들은 흔히 모헨조다로와 다른 '최초 도시들'의 수백 년, 혹은 수천 년의 역사를 압축하여 한 장의 지도에 연대기적으로 정리해 넣은 도면 비슷한 것을 우리 앞에 내놓는다. 그것은 시각적으로는 아주 근사하지만, 실제로는 아주 평평하고 인공적이다. 테오티후아칸의 경우, 그것은 조화로우면서도 오해될 수도 있는 인상을 준다.

중심부에는 전체 신기루를 고정하는 거대한 기념물—피라미드 두 기와 깃털 달린 뱀의 신전 등의 시우다델라Ciudadela(성채)가 서 있다. 그 도시의 인구를 수용하기 위해 작지만 그래도 인상적으로 정해진 거처가 몇 킬로미터에 걸쳐 퍼져 있다. 훌륭한 석공 기술로 건설된 약 2,000가구에 달하는 다세대 공동 주거 시설이 단정한 직각 격자무늬에 맞추어 도시의 의식적儀式的 중심을 향해 배열되어 있다. 그것은 거의 완벽하게 기능적인 도시의 번영과 위계의 이미지다. 뭔가 모어More의 《유토피아Utopia》나 캄파넬라Campanella의 《태양의 도시City of the Sun》 같은 것을 보고 있는 느낌이다. 하지만 문제가 있다. 주거 시설과 피라미드는 엄격하게 말해 동일한 범주에 속하지 않는다. 적어도 그것들 전부가 그렇지는 못하다. 그들의 건설은 상이한 시간 단계에 시행되었다. 또 신전도 보기와는 다르다.

사실, 역사적 기준에서 볼 때 그것은 모두 거대한 환상에 속한다. 여기서 무슨 일이 벌어지는지 이해하려면, 아무리 잠정적이더라도, 기본적으로 그 도시의 발전 순서를 연대기적으로 재구성해보려는 시도라도 해야 한다.

테오티후아칸의 사람들은 어떻게 거대한 구조물 건축과 인신 공양에 등을 돌리고, 그 대신 놀랄 만한 사회적 주거 기획에 착수했을까?

테오티후아칸이 도시 차원으로 성장하는 과정은 기원 원년경 시작되었다. 그 무렵 전체 인구는 남부 변경에서 일어난 지진 활동을 피하기 위해 멕시코 분지와 푸에블라 계곡을 가로질러 이동하기 시작했다. 포포카테페틀Popocatépetl 화산의 플리니형 폭발[로마 역사가 플리니우스가 79년에 목격한 베수비오 화산의 분출처럼, 강력하고 다량의 화산재와 화산탄을 광범위하게 분출하여 기후에 영향을 미칠 만한 폭발 유형—옮긴이]도 그런 지진 활동에 속한다. 50년에서 150년 사이에 사람들이 테오티후아칸을 향해 이동하여 주변 지역이 텅 비게 되었다. 마을들과 소도시들이 버려졌고, 그 이전부터 피라미드 건설의 전통이 있던 쿠이쿠일코Cuicuilco 같은 도시 전체가 버려지기도 했다. 버려진 다른 정착지는 몇 미터 두께의 화산재 아래에 묻혀 있다. 포포카테페틀에서 고작 13킬로미터 떨어진 푸에블로의 테팀파Tetimpa 현장에서 고고학자들은 테오티후아칸의 시민적 건축을 예견케 하는—더 작은 규모로—주택들을 발굴했다.[21]

여기서 그 이후의 연대기는 몇 가지 유용한, 아니면 적어도 생각을 자극하는 설명을 제공한다. 대규모 탈출에 관한 민중의 기억은 스페인의 라틴아메리카 정복 전쟁 때까지도 살아남아 있었다. 프란체스코회 수도사 베르나디노 데 사하군Bernadino de Sahagún의 저술에 실려 있는 그런 전승 가운데 하나는, 테오티후아칸이 어떤 식으로 다른 정착지에서 온 원로, 사제, 현자 들의 정치 연합으로 세워졌는지 말해준다. 도시가 성장하면서 그것은 이런 더 작은 전통들을 병합했고, 옥수수 신들과 마을의 조상신들이 도시적인 불과 비의 신들과 어깨를 비비며 공존하게 되었다.

테오티후아칸의 '구도시'라 부를 수 있을 법한 것은 한 구역의 신전이 특정한 동네를 섬기는 교구 시스템에 따라 조직되었다. 이런 구역 신전의 배치―중앙 광장을 둘러싸고 건물 세 채가 있는―역시 테팀파에서 마을 조상들의 숭배를 수용하던 그 이전 구조물의 설계를 따른다.[22] 100년에서 200년 사이에 해당하는 이런 초기에, 테오티후아칸의 주거 구역은 거대한 판자촌 같은 모습이었을 수도 있다. 하지만 우리는 그 신흥 도시의 모습도, 그 도시가 경작지 이용권과 다른 자원을 시민들에게 어떻게 분배했는지도 전혀 알지 못한다.[23] 옥수수가 광범위하게 경작되어, 인간과 가축이 먹었다. 사람들은 칠면조, 개, 토끼, 산토끼를 길렀고 잡아먹었다. 콩도 길렀고, 흰꼬리 사슴과 페커리 야생 돼지도 잡았으며, 야생 과일과 야채도 활용했다. 멀리 떨어진 해안 지대에서 해산물이 운반되어 왔는데, 아마 훈제하거나 염장했을 것이다. 그러나 도시경제의 다양한 부문들이 이 무렵 어느 정도 통합되었는지, 또 더 넓은 배후 지대에서 자원들이 정확하게 어떻게 도입되었는지는 전체적으로 밝혀져 있지 않다.[24]

우리가 말할 수 있는 것은 테오티후아칸이 도시로서의 정체성을 거대한 구조물 건설을 중심으로 창조하려고 시도했다는 것이다. 더 넓게 퍼진 도시 한복판에 신성한 도시를 세우는 것이었다.[25] 이는 수천 명의 노동력이 동원되어야 하는, 완전히 새로운 지형을 테오티후아칸의 중심부에 창조한다는 뜻이다. 산 같은 피라미드와 인공 강이 건설되어 책력 용도의 제의를 공연할 무대를 마련했다. 엄청난 도시 공학 작업이 수행되어 리오 산후안과 리오 산로렌초 운하의 물길이 돌려졌고, 도시의 직교 격자와 연계되어 물길이 지나던 강변의 습지대가 견고한 토대로 바뀌었다(이 모든 것이 일하는 동물이나 금속제 도구의

테오티후아칸: 중심부에 있는 주요 구조물을 둘러싼
거주용 공동주택

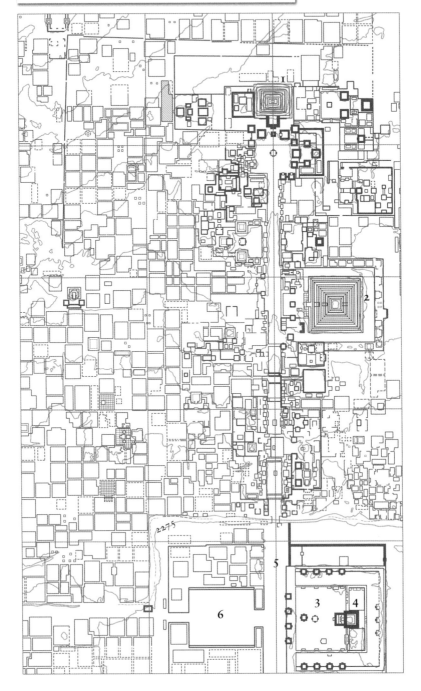

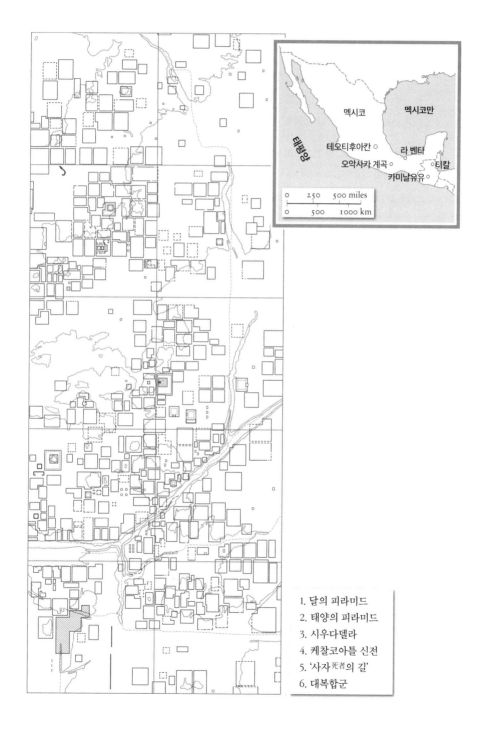

멕시코

멕시코만

태평양

테오티후아칸 ○

라 벤타

오악사카 계곡 ○

○ 티칼

카미날유유 ○

| | 250 | 500 miles |
| 0 | 500 | 1000 km |

1. 달의 피라미드
2. 태양의 피라미드
3. 시우다델라
4. 케찰코아틀 신전
5. '사자^{死者}의 길'
6. 대복합군

도움 없이 수행되었다는 사실을 기억하라). 이는 또한 대형 건축 프로그램의 기초를 놓아 태양과 달의 피라미드와 깃털 달린 뱀 신전을 건립하는 방향으로 이어졌다. 그 신전은 홍수 때 산후안에 들어온 물을 받아 계절적인 호수로 변하는 지하 광장에 면하고 있었는데, 호수의 물은 깃털 달린 뱀의 색채 조각과 신전 정면에 붙은 조개껍질에 철썩대면서 늦은 봄에 내리기 시작하는 빗물에 반짝거렸다.[26]

거대 구조물 건설의 모든 작업에는 노동력과 자원만이 아니라 인간 생명을 바치는 공양이 요구되었다. 건설의 중요한 단계마다 항상 제의적 살해의 고고학적 증거와 결부된다. 피라미드 두 기와 신전에서 나온 인간 유골을 합치면 희생자의 수는 수백에 이를 것이다. 그들의 시신은 대칭적으로 배열되어 그 위로 솟아오를 구조물의 평면도를 그리게 될 구덩이나 참호에 놓였다. 태양의 피라미드의 모퉁이에서는 공양으로 바쳐진 아기들이 발견되었다. 달의 피라미드 아래에서는 이방인 포로가 일부는 참수되고 일부는 다른 부위가 절단되었다. 그리고 깃털 달린 뱀 신전에는 남성 전사들의 시신이 놓여 있는데, 죽을 때 팔이 뒤로 묶였고, 생전의 직업에서 쓰던 도구와 트로피가 함께 묻혔다. 시신들 사이에서 흑요석 칼과 창 촉, 조개껍질과 녹옥으로 된 자잘한 장신구, 인간 치아와 턱뼈(몇 개는 교묘하게 조개껍질로 위장되어 있었다)로 만들어진 목장식이 함께 발견되었다.[27]

이 지점에서─200년경─여러분은 테오티후아칸의 운명이 결정되어 있었다고 생각할 것이다. 그 운명은 전사 귀족제와 세습 귀족들이 지배하는 도시국가라는 강한 전통을 가진 고전 중앙아메리카 문명의 반열에 오르는 것이라고. 그리고 그다음 단계로 우리는 그곳에서 도시의 주요 건물을 둘러싼 권력 집중을 볼 것이라고 예상한다. 부와 특권의 초점인 지배자가 거주하는 사치스러운 궁전, 궁전에 인접하여 엘리트 친족들이 사는 구역, 그들의 군사적 정복을 기리기 위한 거대 구조물 미술의 발달, 그것이 유발한 수익성 높은 공물과 신에 대한 봉사 등을 보게 되리라고. 그러나 발견된 증거들이 하는 이야기는 이와 전혀 다르다. 테오티후아칸의 시민들은 다른 경로를 선택했기 때문이다.

사실 테오티후아칸의 정치적 발달이 거쳐 간 궤적 전체를 보면 갑자기 완전히 엉뚱한 방향으로 엇나간 것 같다. 시민들은 궁전과 엘리트를 위한 구역을 짓지 않고 도시 개조라는 놀라운 프로젝트에 착수하여, 부나 지위와 상관없이 도시의 거의 모든 인구에 고품질의 공동주택을 공급했다.[28] 문자 자료가 없어서 그들이 왜 그렇게 했는지 우리는 알 수 없다. 고고학자들은 아직도 이런 사건들의 정확한 순서를 자신 있게 구별하지 못한다. 그러나 뭔가가 정말로 일어났다는 것은 아무도 의심하지 않는다. 지금 우리가 해보려는 것은 그것이 무엇인지 윤곽을 그려보는 일이다.

300년경 테오티후아칸의 운명에서 큰 방향 전환이 일어난 것으로 보인다. 그 무렵, 혹은 그 직후에 깃털 달린 뱀 신전의 신성이 모독당했고 공물 저장고가 약탈당했다. 그곳은 화재로 소실되었을 뿐만 아니라 정면 현관에 세워져 있던 가고일gargoyle[교회 등의 건물에서 빗물 배출구 역할을 하는 괴물 모양의 장식―옮긴이]같이 생긴 깃털 달린 뱀의 두상 여러 개가 깨지거나 갈려 없어져 밑동만 남았다. 큰 계단이 딸린 연단이 그 서쪽에 세워졌는데, 그 때문에 신전의 남은 부분이 중앙 대로에서는 보이지 않게 되었다. 육중하게 재건된 테오티후아칸의 폐허를 오늘날 방문하여 안경 쓴 것 같은 신들과 깃털 달린 뱀 머리를 보고 싶다면, 고고학자들이 아도사다adosada라 부르는 이 연단 위로 올라가야 할 것이다.[29]

이 시점에서 새 피라미드의 건축은 모두 영구히 중단되었고, 더 이상 제의적으로 허가된 살해가 행해진 증거는 없이 태양과 달의 피라미드는 그 후 550년경까지 도시의 구조물로 계속 이용되었다—그 밖의 덜 치명적인 목적의 행위가 있었다고 해도 그에 대해 우리가 아는 바는 거의 없다.[30] 대신에, 300년 이후에 우리가 보는 것은 특이하게도 훌륭한 석조 주택의 공급이라는 방향으로 도시의 자원이 유입되는 현상이다. 그런 주택은 부유하거나 특권을 가진 사람들만이 아니라 테오티후아칸 주민의 절대다수를 위한 시설이었다. 이런 인상적인 공동주택은 도시 전역에 걸쳐 규칙적인 필지로 설치되었는데, 아마 이 시기에 이루어진 혁신은 아니었을 것이다. 그것들이 도시 격자 방식으로 건설되기 시작한 것은 아마 약 1세기 전부터였을 것이고, 이 집들을 지을 자리를 만들어주기 위해 더 오래되고 더 허술한 주거를 철거하는 작업 역시 그때 시행되었을 것이다.[31]

처음에 고고학자들은 석조 공동주택을 궁전이라고 생각했는데, 200년경에 처음 그 건설이 시작되었을 때는 그런 용도였을 수 있다. 그 당시 도시는 정치적 집중화 과정에 착수한 것으로 보인다. 그러나 300년 이후, 깃털 달린 뱀 신전이 신성모독을 당하던 때에도 공동주택의 건설은 계속 이어져서 나중에는 도시의 10만 명가량의 주민들이 사실상 '궁전'에서, 아니면 적어도 매우 안락한 여건에서 살게 되었다.[32] 그러니 이런 공동주택은 무엇이었으며, 그 속에서 사람들은 어떤 종류의 집을 꾸몄는가?

증거로 본다면 우리는 소규모의 핵가족을 떠올려야 한다. 그들은 각기 통합 배수 시설과 석고로 잘 마감된 바닥과 벽을 갖춘 단층 건물에서 편안하게 살았다. 각 가족은 더 큰 공동주택 블록 안에서 방 몇 개로 이루어진 각자의 단위를 가졌고, 개별 현관을 통해 그곳 외에 달리 창문이 없는 방들에 빛이 들어갔던 것으로 보인다. 평균 공동주택 복합군마다 평균적으로 대략 100명가량이 수용되었고, 그들은 중정에서 일상적으로 서로 마주쳤을 것이다. 이 중정은 아마 합동으로 지켜졌을 가정 제의의 구심점이었던 것 같다. 이런 공동 공간에는 대부분 표준적인 도시 건설의 스타일(탈루드타블레로talud-tablero라 알려진 건축법)로 된 제단이 설치되어 있었고, 벽에는 흔히 선명한 색상으로 벽화가 그려져 있었다. 일부 마당에는 피라미드 모양의 신전이 있었는데, 이는 이 건축 형태가 도시 내에서 하나로 고정되지 않은 새로운 역할을 맡았음을 시사한다.[33]

테오티후아칸의 자세한 평면도를 처음으로 작성한 르네 미용René Millon은 공동주택 복합군이 실제로는 사회 주거 형태, '점점 더 인구가 많아져 거의 혼돈 상태가 되어가고 있는 도시에서 도시 생활을 위해 설계된' 주거 형태로 창안된 것이라고 느꼈다.[34] 각 블록은 원래 비슷한 규모와 차원으로 설정되었다. 각기 약 3,600제곱미터 면적의 필지에 세워졌지만, 이 이상적 구도에서 약간씩 벗어나는 것도 있었다. 방과 마당의 배치는 엄격하게 똑같은 모양은 아니었고, 최종적으로 각 복합군은 고유한 형태로 마무리되었다. 가장 소박한 공동주택에도 안락한 생활양식이 영위된 흔적이 있었고, 수입된 물건과 옥수수 토르티야, 달걀, 칠면조, 토끼 고기, 우윳빛의 풀케pulque(가시 있는 용설란을 발효시킨 알코올성 음료)라는 음료가 활용되었다.[35]

다른 말로 하자면, 빈민이 거의 없었다. 그뿐만 아니라, 많은 시민들은 우리 시대를 포함하여 도시 역사의 어떤 시대에도 그 정도로 넓은 도시 사회의 구역에서 좀처럼 달성되지 못한 생활수준을 누렸다. 테오티후아칸은 정말로 군주제와 귀족제에서 경로를 바꾸어 '민중의 토안'이 되는 길을 갔다.

그러나 이 놀라운 변화는 어떻게 달성되었는가? 깃털 달린 뱀 신전의 약탈을 제외하면, 폭력 행사의 흔적은 거의 없다. 땅과 자원은 이웃한 가족 그룹들에 할당되었던 것으로 보인다. 이 다민족 도시에서 60명에서 100명가량의 사람이 모여 사는 각 공동 거주 그룹은 두 종류의 공동체 생활을 누렸을 것이다. 하나는 친족 기반의 그룹으로, 가족 연대가 공동주택 블록을 훨씬 넘어서까지 연장되었다. 때로 이 연대는 도시 밖으로 확장되기도 했는데, 곧 보게 되겠지만 이는 골치 아픈 일을 불러올 수도 있었다. 다른 하나는 더 엄격하게 공동주택과 동네에서의 공동 거주에 의거하는 생활이었고, 흔히 의상 제작이나 흑요석 가공 같은 공예 직업의 공유에 의해 강화되곤 했다.

두 종류의 도시 공동체는 공존했고, 인간적인 규모를 유지했으며, 우리가 아는 현대적인 '주택단지' 개념, 핵가족들이 단일한 고층 건물 안에 수천 가구씩 격리되어 사는 형태와는 전혀 다른 영역이었다. 그러므로 우리는 다시 시작할 때의 질문으로 돌아온다. 세습적 엘리트 집단이나 다른 유형의 통치 계급이 없었다면, 이 '신新테오티후아칸'을 한데 묶어주는 것은 무엇이었을까?

문자 증거가 없으니 세부 내용의 복원은 끝까지 불가능할 수 있지만, 이제는 행정을 담당하는 왕족이나 사제 계급으로 이루어진 특권층이 기획안을 쓰고 지시를 내리는 하향식 시스템은 없었으리라고 보아도 좋을 것이다. 그보다는 통치하는 위원회의 위임을 받은 지역 총회에 권력이 분배되었으리라고 더 높은 확률로 추측할 수 있다. 이런 공동체 연합의 흔적이 조금이라도 남아 있다면, 그것은 '3신전 복합군'이라 알려진 신전 구역에 있을 것이다. 적어도 그런 복합군 20개소가 도시 전역에 흩어져 있으면서 공동주택 2,000동을 위해 봉사한다. 이는 공동주택 블록 100동당 복합군 하나의 비율이다.[36]

이는 정부를 메소포타미아 도시 구역, 혹은 8장에서 논의했던 우크라이나 메가 유적의 집회소, 또 후대 중앙아메리카 소도시의 바리오스barrios와 규모 면에서 비슷한 유권자를 가진 동네 위원회에 위임한다는 의미다. 이 정도 규모의 도시가 이런 방식으로 강한 지도자나 광범위한 관료제 없이 여러 세기 동안 성공적으로 운영되었다고는 상상하기 힘들지도 모른다. 그러나 앞으로 보게 되겠지만, 스페인의 라틴아메리카 정복 전쟁 이후 후대의 도시들을 직접 목격한 기록들을 보면 이 생각에 신빙성이 더해진다.

테오티후아칸의 도시 정체성이 가진 더 열광적인 또 다른 얼굴이 그 벽화에 드러나 있다. 그런 그림을 엄숙한 종교적 도상화로 보려는 시도가 있었지만, 이런 장난스러운 그림 장면―350년경부터 공동주택 복합군의 내부 벽에 그려진―은 정말로 사이키델릭하게 보인다.[37] 흘러가는 인형들이 식물, 인간, 동물 몸뚱이가 한데 뭉쳐진 데서 출현하며, 정교한 의상을 입은 인간 형체들이 주위를 둘러싸고 있고, 가끔 환각성 씨앗과 버섯을 손에 쥔다. 그리고 군중 장면 중에는 무지개가 머리에서 터져 나오는, 꽃을 먹는 자들이 있다.[38] 그런 장면은 흔히 인간을 거의 등신대로 묘사하며, 아무도 다른 사람보다 높은 곳에 위치한 사람은 없다.[39]

물론, 이런 벽화는 테오티후아칸 사람들이 자신들이 그런 모습이라면 좋겠다고 상상한 것의 표현이다. 사회적 현실은 항상 더 복잡하다. 테오티후아칸 도시 중심의 남쪽에 자리 잡고 있는 테오판카스코Teopancazco라 알려진 도시 한 구역의 고고학 발굴은 이런 현실이 어느 정도까지 복잡해질 수 있는지 보여준다. 테오판카스코에서 발견된, 350년경까지 거슬러 올라가는 가정생활의 흔적은 그곳 주민들의 유복한 삶을 드러내주며, 조개껍질 장신구가 달린 목면 의상은 그들이 원래는 걸프만 지역에서 왔고 그 뒤로도 그 지역과 계속 교역했음을 알려준다. 그들은 그곳으로부터 비상할 정도로 난폭한 제의를 포함하여 지금까지는 그 도시의 다른 어디에서도 기록되지 않은 관습 또한 함께 가져왔다. 이런 것들에는 외국의 적들을 사로잡아 참수하는 행위도 있었는데, 공양용 그릇에 담겨 땅에 묻힌 그 머리들이 가정집 안에서 발견되었다.[40]

이제 여기서 대규모로 영위되는 공동체 생활이라는 발상과 공존하기 매우 힘든 것이 분명한 어떤 일이 벌어지고 있다. 이것이 바로 우리가 말하려는 논점이다. 테오티후아칸의 도시 사회의 표면 아래에서는 끊임없이 이 도시를 들락거리는 근본적으로 상이한 민족적·언어적 배경을 지닌 집단들 사이에 온갖 종류의 사회적 긴장이 들끓고 있었다. 외국의 교역 상대자들과 관계를 공고히 하고, 먼 곳의 사람들과 친분을 쌓고, 때로는 그 친구들의 영향을 받아 돌아오기도 했음이 분명하다. (티칼의 왕좌에 올랐던 테오테후아칸의 약탈자가 고향으로 돌아왔더라면 무슨 일이 일어났을지 상상할 수 있다.) 550년경, 도시의 사회적 구조의 솔기가 터져나가기 시작했다. 그런 사태가 일어나지 않을 수 없게 만든 외국의 침공 등의 유력한 증거는 없다. 다섯 세기 전에 한데 융합되었던 것만큼이나 갑작스럽게, 도시의 주민들은 다시 흩어져서 그들의 토양을 등지고 떠났다.[41]

테오티후아칸의 흥망성쇠는 중앙 멕시코에서의 인구 집중과 분산의 대략 주기적인 패턴을 작동시켰다. 그 주기는 300년경에서 1200년경 사이에 툴라의 해체와 톨텍 국가의 몰락에 이르기까지 여러 번 되풀이되었다.[42] 이 긴 기간 동안 테오티후아칸과 그 거대한 도시 실험은 무엇을 남겼는가? 전체 사건을 올멕의 위계에서 톨텍의 귀족제와 최종적으로는 아즈텍 제국주의로 나아가는 길에서의 일시적인 문제

(지극히 큰 문제이긴 했지만)로 보아야 할 것인가? 아니면 테오티후아칸의 평등주의적 측면이 그들 자체의 별개의 유산을 남긴 것일까? 이 두 번째 가능성을 제대로 고려한 사람은 거의 없지만, 그 질문을 던질 이유는 충분히 있다. 특히 스페인인들이 초기에 멕시코 고지대에 대해 남긴 설명은 지극히 시사적인 재료를 제공한다. 그중에는 유럽인들의 눈에 공화국이라고, 심지어 민주주의라고밖에는 볼 수 없는 선주민 도시들에 대한 설명도 있다.

아스테카 제국이 스페인 침입자들과 손을 잡았을 때 저항한 선주민 공화국인 틀락스칼라의 사례, 도시 의회에서 민주적인 숙고 과정을 거쳐 그들의 운명에 대한 결정이 내려지는 방식에 대해

('인디언의 심리'에 유럽인의 기술이 미친 현란한 영향과 반대로)

이 점을 염두에 두고 매우 다른 문화적 접촉 사례를 살펴보기로 하자. 그것은 아메리카에서 유럽인들의 팽창이 시작되던 시점으로 돌아가 틀락스칼라Tlaxcala라는 이름의 선주민 도시국가에 관한 것으로, 그곳은 현재 멕시코의 푸에블라주에 인접한 지역에 있었으며, 스페인의 아스테카 제국 정복, 혹은 3중 동맹Triple Alliance에서 핵심적인 역할을 맡았다. 다음은 찰스 C. 만Charles C. Mann이 자신의 저서 《1491년1491》(2005)에서 1519년에 에르난 코르테스가 그곳을 지나갔을 때 벌어진 일에 대해 묘사한 내용이다.

내륙에서 바다를 향해 전진한 스페인인들은 처음에는 틀락스칼라족과 계속 싸웠다. 틀락스칼라는 동맹국의 거듭된 간섭에도 불구하고 독립성을 유지해온 작은 왕국 네 곳의 연합이다. 이방인들은 총, 말, 강철 칼날을 가졌으므로, 수적으로는 엄청나게 유리한 틀락스칼라를 상대로 싸울 때마다 이겼다. 하지만 코르테스의 세력은 싸울 때마다 줄어들었다. 그가 거의 모든 것을 잃을 위기에 처했을 때 틀락스칼라의 네 왕이 갑자기 태도를 바꾸었다. 인디언 지도자들은 전투의 결과로 보아 유럽인을 모조리 없앨 수 있었겠지만, 그 과정에서 자신들도 엄청난 피해를 입게 될 것이므로 쌍방에 이득이 될 거래를 제안했다. 코르테스가 자신들과 손을 잡고 가증스러운 3중 동맹에 대한 합동 공격에 가담하겠다면, 그들은 코르테스에 대한 공격을 멈출 것이며 그와 남은 스페인인들, 그리고 수많은 인디언의 목숨을 살려주겠다고.[43]

그런데 이 설명에는 기본적인 문제점이 있다. 틀락스칼라에는 왕이 없었다. 따라서 그것은 어떤 의미로도 왕국의 연합이라고 불릴 수 없었다. 그렇다면 만은 왜 그렇다고 생각하게 되었을까? 수상 경력이 있는 과학 분야의 언론인이지만, 16세기 중앙아메리카 역사에 관해서는 전문가가 아닌 그는 2차 자료에 의존했고, 결과적으로는 수많은 문제가 여기서 시작되었던 것으로 보인다.

아마 만은 (추론할 능력이 있는 사람이라면 당연히 그렇겠지만) 틀락스칼라가 왕국 외의 다른 어떤 존재였다면—공화국이나 민주정이나 일종의 과두정 같은 형태였다면—2차 문헌에는 이것이 의미하는 바에 대한, 현대 세계사에서의 전환점으로서 스페인의 침공을 보는 우리의 의견뿐만이 아니라 중앙아메리카 선주민 사회의 발전, 혹은 정치 이론 전반에 대한 활발한 토론이 가득 실려 있었을 것이라고 추측했음이 분명하다. 이상한 일이지만, 그의 이런 추측은 틀렸다.[44] 우리도 비슷한 입지에 서 있음을 알았지만, 우리는 조금 더 깊이 파고들어야겠다고 판단했다. 우리가 알아낸 것은 심지어 우리에게도 상당한 충격이 아닐 수 없다. 만의 설명과 코르테스 본인이 자신의 왕인 신성로마제국 황제 카를 5세에게 제출한 보고서를 비교하는 데서 시작해보자.

1519년에서 1526년 사이에 기록된 《5편의 보고서Five Letters of Relation》에서 에르난 코르테스는 멕시코 알티플라노altiplano[안데스산맥의 정상에 있는 고원 형태의 분지―옮긴이]의 남쪽 끝, 산으로 에워싸인 푸에블라 계곡에 들어갔던 이야기를 풀어놓는다. 당시에 그 계곡에는 수많은 선주민 도시가 있었는데, 그 가운데 가장 큰 곳으로 피라미드가 산재한 촐룰라Cholula와 도시 틀락스칼라가 있었다. 코르테스가 함께 싸울 선주민 동맹을 찾은 것은 사실 틀락스칼라에서였다. 처음에 그는 촐룰라에 접근했다가 다음에는 모크테주마Moctezuma 2세의 군대를 무너뜨리고 인근의 멕시코 계곡에 있던 아스테카 수도 테노치티틀란을 파괴했다. 코르테스는 틀락스칼라와 그곳에 의지하는 시골 지역의 인구를 15만 명가량으로 추산했다. 그는 카를 5세에게 올리는 보고서에서 이렇게 말했다. "이 도시에는 시장이 있습니다. 그곳에서 3만 명이 넘는 사람들이 물건을 사고 팝니다." 그리고 이 지역에는 "넓게 펼쳐진 비옥한 계곡 땅이 모두 경작되고 파종되어, 놀고 있는 빈 땅이 없습니다. 그 면적은 둘레가 360킬로미터 정도에 달합니다". 또 "지금까지 관찰된 사람들 사이에서의 정부 단체는 최고 통치자가 없다는 점에서 베네치아, 제노바, 피사 공화국과 매우 비슷합니다".[45]

코르테스는 아직도 지방의회라는 것이 신기하게 취급받던 스페인 지역에서 온 하급 귀족이었다. 공화국에 대해 아는 바는 거의 없었을 것이고, 따라서 그런 문제에 대해 믿을 만한 판단을 내릴 사람이라고 보기는 힘들다. 아마 그랬을 것이다. 하지만 1519년쯤에는 중앙아메리카의 왕이라는 존재에 대해 알게 되었고, 그들을 활용하거나 무장해제시키는 일에서 상당한 경험을 쌓았을 것이다. 중앙아메리카 본토에 상륙한 이후로 그가 해온 것이 대체로 이런 일이었기 때문이다. 틀락스칼라에서는 그런 존재를 하나도 찾을 수 없었다. 대신에, 처음 틀락스칼테카^{Tlaxcalteca} 전사들과 충돌한 뒤, 그는 도시 민중 의회의 대리인을 상대하게 되었다. 그들의 모든 결정은 집단에서 인준되어야 했다. 이런 사건들의 역사가 우리에게 어떻게 전해지는지를 기준으로 볼 때, 상황이 확실히 이상하게 변하는 것이 이 지점이다.

여기서 우리가 다루는 것이 다들 현대 세계사의 결정적인 사건 가운데 하나로 평가하는 내용임은 강조해둘 필요가 있다. 그것은 스페인의 아스테카 제국 정복으로 직결되는 동시에 그 뒤에 아메리카 전역에서 이어지는 유럽인 정복의 청사진이 되어주는 사건들이다. 그 누구도—기술적 진보의 힘, 혹은 '총, 균, 쇠'의 힘에 대한 제아무리 열정적인 신봉자라 할지라도—1,000명도 안 되는 스페인인들이 틀락스칼라에서 온 2만 명가량의 전사를 포함한 선주민 동맹의 도움 없이 테노치티틀란(13제곱킬로미터가 넘는 면적을 차지하고 인구 25만 명을 수용하는 고도로 조직된 도시)을 정복할 수 있었으리라고 주장하지는 않을 것이라 짐작할 수 있다. 그렇다면, 그곳에서 정말로 무슨 일이 벌어졌는지 알기 위해서는 왜 틀락스칼테카가 코르테스와 손을 잡기로 결정했는지, 또—수만 명의 인구가 있지만 그들을 다스릴 최고 군주가 없는데도—그렇게 하겠다는 결정을 어떻게 내리게 되었는지 반드시 알아야 한다.

첫째 문제에 관해 우리가 가진 자료는 명백하다. 틀락스칼테카는 오래 묵은 빚을 청산하려고 나섰다. 그들의 시각에서 볼 때, 코르테스와의 동맹은 아즈텍의 3중 동맹에 대항하는 투쟁, 푸에블라 계곡과 멕시코 계곡 사이에서 벌어지는 '꽃의 전쟁Flowery Wars'에 유리한 결말을 가져올 수 있을 것이었다. 대개 그렇듯이, 우리가 가진 자료는 대부분 아즈텍 엘리트층의 시각을 반영하는데, 그들은 제국이 채운 족쇄에 대한 틀락스칼라의 장기적인 저항을 게임과 제국적 허세 중간의 어떤 행동처럼 보여주는 편을 선호했다. (아즈텍인들이 나중에 스페인 정복자들에게 주장한 바에 따르면, 그들은 결국 제국의 병사가 어디서든 훈련할 장소가 필요했고, 사제들은 신들에게 바칠 인간 제물을 가두어둘 곳이 필요했다는 등등의 이유로 틀락스칼테카가 독립적으로 남아 있는 것을 허용했다고 한다). 하지만 이는 허풍이었다. 사실 틀락스칼라와 그 게릴라 부대인 오토미Otomí는 여러 세대에 걸쳐 아즈텍을 성공적으로 밀어내고 있었다. 그들의 저항은 단지 군사적인 것만이 아니었다. 틀락스칼테카는 야심적 지도자, 나아가서는 잠재적 배신자의 출현에 반대하는 방향으로 작용하는 시민적 에토스를 길러냈다.

여기서 우리는 문제의 핵심에 당도한다.

정치적으로 말하자면, 아스테카 수도 테노치티틀란과 도시국가 틀락스칼라는 정반대의 이념을 구현했다(고대 스파르타와 아테네의 경우와 마찬가지다). 그렇지만 이 역사에 대해 알려진 바는 거의 없다. 우리가 아메리카 정복에 대해 익숙하게 해온 이야기는 전혀 다른 내용이기 때문이다. 1521년에 있었던 테노치티틀란의 몰락은 인간 사회에서 일어나는 변화를 이면에서 이끈다고 느껴지는 근본적인 흐름의 예시로 흔히 호출된다. 즉 역사가 흘러가는 방향과 구체적 진행 양상을 결정짓는 힘이라는 것이다. 앨프리드 크로즈비와 재레드 다이아몬드에게서 시작하는[47] 이 노선의 필자들은 정복자들이 그들 측면에서 명백한 운명 비슷한 것을 가졌다고 반복하여 지적해왔다. 신이 지시한 그런 종류의 운명을 그들이 직접 예견했다는 것이 아니라, 신석기시대에 머무르던 구세계 미생물들의 눈에 보이지 않는 군대가 가진 멈출 수 없는 힘이 스페인인들과 함께 행군하여 천연두의 물결을 가져갔기에 선주민 인구를 10분의 1로 줄였고, 청동기시대의 유산인 금속제 무기, 총, 말이 그 구제 불능의 선주민들에게 충격을 주고 겁을 주었다는 것이다.

우리는 유럽인들이 아메리카에 이런 파괴의 대리자들만이 아니라 현대 산업 민주주의도 도입했다고 즐겨 말한다. 그런 요소는 그곳에서는 어디에서도 배아 형태로도 존재하지 않았던 것들이라고 말이다. 그 말에 따르면 이 모든 것은 하나의 문화적 패키지로 한꺼번에 당도했다. 선진 야금술, 동물의 힘을 이용한 운송 수단, 알파벳 문자 체계, 기술적 진보에 필수적이라 알려진 자유로운 사고의 성향 같은 것들이 한꺼번에 움직였다는 것이다. 이와 대조적으로, '선주민들'은 모종의 대안적이고 신비스러운 우주 속에 존재해왔다고 추정된다. 정의상 그들은 정치적 제도에 대해 논의하거나 세계사의 경로를 바꾼 결정에 관한 명석한 숙고를 진행하지 못하는 존재였다. 유럽인 관찰자들이 그들이 그런 행동을 했다고 보고하더라도, 그 보고가 잘못된 것이었거나 그들 자신이 민주적 통치에 대해 가졌던 상념을 '인디언들'에게 투사한 것으로 여겨졌다. 그런 상념이 유럽 본토에서도 거의 실행되지 않았던 때에도 말이다.

앞에서 보았듯이, 이런 역사 독해 방식은 계몽주의 철학자들에게 매우 이질적이었을 것이다. 그들은 자신들의 자유와 평등에 대한 사유를 신세계의 사람들에게 많이 빚지고 있다고 생각했으며, 이런 이념들이 산업의 진보와 공존 가능하다고는 결코 확신하지 않았기 때문이다. 우리는 또다시 매우 강력한 현대적 신화를 상대하고 있다. 그런 신화는 사람들이 무슨 말을 하는지 알려줄 뿐만 아니라 어떤 일이 묵과되어버리도록 확실하게 처리하는 경향이 훨씬 더 심하다. 틀락스칼라에 관한 초기의 중요한 자료들 가운데 일부는 한 번도 번역된 적이 없었으며, 최근에 등장한 새로운 자료들은 전문가 그룹 밖에는 제대로 알려지지도 않았다. 이 상황을 바로잡을 수 없는지 알아보기로 하자.

틀락스칼테카는 정확히 어떻게 하여 전장에서 코르테스와 손을 잡아 스페인인들이 아스테카 제국에 확실히 승리하게 만들겠다는 결정에 도달했는가? 그것이 의견이 심각하게 나뉘는 난감한 문제임은 분명하다(다른 푸에블라 도시에서도 그렇다. 가령, 촐룰라에서는 같은 딜레마 때문에 여섯 칼폴리calpolli ─ 도시 구역 ─ 의 지도부 사이에 균열이 일어나, 그중 셋이 다른 셋을 인질로 잡았으며, 그 인질들은 틀락스칼라로 몰래 달아났다).[48] 틀락스칼라 자체에서는 그 논의가 촐룰라에서 일어난 것과는 아주 다른 형태를 띠었다.

그 몇 가지 증거를 베르날 디아스Bernal Díaz의 유명한 저서 《신에스파냐 정복의 역사적 실화Historia verdadera de la conquista de la Nueva España》(1568)에서 볼 수 있다. 이 책에는 스페인인들이 틀락스칼라의 전사들, 사절단들과 했던 거래에 관해 언급한 긴 단락이 있다. 많이 활용되는 또 다른 자료는 메스티소 역사가 디에고 무뇨즈 카마르고Diego Muñoz Camargo가 쓴 《틀락스칼라 역사Historia de Tlaxacala》(1585)라 알려진 삽화 딸린 문서다. 그리고 프란체스코회 수도사 베나벤테의 토리비오Toribio of Venavente가 쓴 중요한 글도 있다. 하지만 가장 자세한 ─ 우리 생각으로는 결정적인 ─ 자료는 거의 인용된 적이 없는 책이다. 사실 그 책은 적어도 역사가들 사이에서는 거의 읽히지도 않았다(비록 르네상스 인문주의 전문가들은 가끔 그 문장 스타일에 관해 언급하지만). 바로 미완성 저서인 《신에스파냐 연대기Crónica de la Nueva España》인데, 이는 멕시코 대학 초기의 학장 가운데 한 명인 프란시스코 세르반테스 데 살라사르Francisco Cervantes de Salazar가 1558년에서 1563년 사이에 작성한 기록이다.[49]

세르반테스 데 살라사르는 1515년경 스페인의 톨레도에서 태어나 유명한 살라망카 대학교에서 공부하여 누구보다도 우월한 학문적 명성을 얻었다. 플랑드르에서 한동안 시간을 보낸 뒤 그는 세비야 대주교의 라틴어 비서가 되었다. 이 직위를 통해 그는 카를 5세의 궁정에 출입할 수 있게 되었고, 그곳에서 에르난 코르테스가 신세계에서 겪은 일을 보고하는 것을 들었다. 이 젊고 재능 있는 학자는 얼마 안 가서 정복자의 열성 팬이 되었고, 코르테스가 1547년에 세상을 떠난 뒤 몇 년 안 되어 세르반테스 데 살라사르는 멕시코를 향해 출항했다. 그곳에 도착한 그는 코르테스의 아들이자 상속자가 소유한 건물에서 라틴어를 가르쳤지만, 얼마 지나지 않아 새로 세워진 대학교의 중심인물이 되었고, 동시에 성직도 수행했다. 그는 남은 평생 성직과 학자로서의 임무 사이를 오가면서 성공과 실패를 모두 겪었다.

1558년에 주로 1세대 정복자들 혹은 그 후손들로 이루어진 멕시코 자치시는 세르반테스 데 살라사르의 학술적 능력에 감명받아 그의 가장 큰 소원을 들어주기로 했다. 매년 200골드 페소를 지급하여 발견과 정복을 주제로 하는 신스페인의 일반 역사 작성을 지원하기로 한 것이다. 이것은 상당한 지원금이었고, 2년 뒤 세르반테스 데 살라사르(이미 상당한 분량의 원고를 작성해두었던)는 추가 지원금을 받았는데, 그것은 한동안의 현장 조사를 지원하기 위한 자금이었다. 그는 그 기간 동안 틀락스칼라와 그 주위를 반드시 찾아가서 정복 전쟁을 직접 겪고 살아온 지역 유지들과 그 직계 후손들로부터 유용한 역사적 증거를 얻어야 했다.[50]

자치시는 임명된 연대기 작가를 엄격하게 통제하여 석 달마다 한 번씩 원고에 대해 보고하게 한 것으로 보인다. 그가 마지막으로 제출한 것은 1563년이었는데, 그 무렵 그는 최선을 다해 모면하려고 노력했지만, 교회 내의 지독한 분쟁에 휘말려 대심문관인 강력한 페드로 모야 데 콘트레라스Pedro Moya de Contreras의 반대편에 속하게 되었다. 그 괴로운 시절에 세르반테스 데 살라사르는 마르틴 코르테스 및 다른 가까운 관련자들이 여러 방식으로 스페인 왕권에 대항하는 반란자로 수감되고, 고문당하거나 유배되는 모습을 보았다. 세르반테스 데 살라사르는 여러모로 타협하여 그런 운명은 피했지만, 그의 평판은 나빠졌고, 지금까지도 그는 베르나디노 데 사하군 같은 사람에 비하면 흔히 대단찮은 학자로 간주된다. 최종적으로는 두 학자의 연구가 비슷한 운명을 겪게 되었고, 서인도제도의 제국 위원회와 스페인 대심문관에게 전달되어 '우상 숭배적 관행'에 관련된 문제에 필수 검열을 받았으며(선주민 정치의 문제에 대해서는 아닌 것 같지만), 원본이든 사본이든 유통이 금지되었다.[51]

결과적으로 여러 세기 동안 세르반테스 데 살라사르의 《신에스파냐 연대기》는 사실상 시야에서 사라졌다.[52] 세르반테스 데 살라사르가 쓴 미완성의 《신에스파냐 연대기》가 재발견된 것은 젤리아 마리아 마그달레나 너톨Zelia Maria Magdalena Nuttall(1857~1933)—사라진 법규집을 발견했고, 새로운 영역을 개척해나간 고고학자이자 인류학자—의 놀라운 노력 덕분이었다. 너톨은 《신에스파냐 연대기》를 1911년에 마드리드의 국립도서관에서 발견했다. 뿐만 아니라 그의 생애와 그 책이 작성된 상황에 대해 전하는 대부분의 세부 사항 역시 너톨의 노력 덕분에 전해질 수 있었다. 그녀는 멕시코시티의 시의회 문서고에서 그런 자료를 찾아냈지만, (놀랍게도) 그녀보다 먼저 그곳에 갔던 덜 신중한 역사가들은 주목할 만한 것을 하나도 발견하지 못했음을 알게 되었다. 《신에스파냐 연대기》는 1914년에야 출판되었다. 지금까지도 그 책의 독자들을 그 16세기 산문 스타일로 안내하고, 중앙아메리카의 선주민 도시에서 발생한 정치적 사건의 기록으로서 그 책의 중요성을 알려줄 비평적인 소개문이나 주석은 나오지 않았다.[53]

비판자들은 세르반테스 데 살라사르가 그가 서술하는 사실들이 있고 나서 몇십 년 뒤에 글을 썼다는 점도 강조했다. 그러나 스페인의 라틴아메리카 정복 전쟁에 관한 다른 핵심 자료들의 경우도 사정은 동일했다. 또 그가 특히 사하군 같은 유형의 유능한 민족지학자가 아니었다는 사실도 지적되었다. 그는 멕시코 선주민 전통보다는 호라티우스와 리비우스 연구에 더 깊이 빠져 있었기 때문이다. 이런 모든 내용이 사실일 수도 있다. 당시 주류이던 문학 전통이 기회만 닿으면 언제든 그리스, 특히 로마 사례를 불러오는 경향이 있었으니 말이다. 그렇기는 해도 《신에스파냐 연대기》는 확실히 살라사르의 고전 훈련의 투사 같은 것은 아니다. 그것은 스페인인들이 침공해 온 이후 관찰된 선주민 인물과 제도에 대한 그 어떤 고전 자료와도 닮지 않은 풍부한 묘사를 담고 있으며, 많은 경우 직접 경험에 의한 서술들이 그런 묘사를 뒷받침한다. 그런 다른 서술에는 세르반테스 데 살라사르가 제시하는 세부 내용은 빠져 있다.

우리에게 특히 흥미로운 것은 연대기의 확장된 부분, 틀락스칼라의 통치 의회를 직접 다루며 스페인 침입자들과 동맹을 맺을지 숙고하는 내용이다. 그 부분에는 스페인 측의 대표단과 틀락스칼테카 측이 주고받은 연설과 외교적 선물에 대한 긴 묘사가 들어 있다. 위원회에서 행해진 그들의 연설은 많은 감탄을 불러일으켰다. 세르반테스 데 살라사르에 따르면, 틀락스칼라 측에서 발언한 사람들 중에 원로 정치인이 있었는데, 그는 지금까지도 틀락스칼라주에서 영웅시되는 같은 이름의 시코텐카틀Xicotencatle이라는 장군의 아버지이자[54] 상업의 대가이며 종교 전문가였고 당대 사법계의 최고 권위자이던 대大

시코텐카틀이었다. 살라사르가 이 놀라운 문장에서 묘사한 것은 명백히 왕궁의 업무가 아니라 원숙한 도시 의회의 업무였다. 의회는 합리적인 논의와 장시간의 숙고를 통해, 필요하다면 몇 주일씩이라도 심의한 뒤에 결정을 내리고 합의를 추구했다.

결정적인 부분은 이 책 3권에 나온다. 코르테스는 여전히 새로 만난 토토낙Totonac 동맹자들과 함께 도시 밖에 진을 치고 있었다. 토의가 진행되는 장소인 틀락스칼라 시의회와 스페인 진영 사이를 사절단이 왕복했다. 환영 인사와 손에 키스하는 행위가 여러 번 진행된 뒤 막시시카친Maxixcatzin이라는 영주—'붙임성 있는 화법과 대단한 신중함'으로 유명한—가 틀락스칼테카에 자신의 인도를 따르고 (진실로 신과 조상들이 명한 바를 따르기 위해) 코르테스와 손을 잡고 공통의 적인 아즈텍 탄압자들에게 맞서 일어서자는 유창한 호소로 회의를 시작한다. 그의 논리는 의회에서 널리 받아들여지지만, 당시 100살이 넘었으며 거의 앞을 보지 못하던 대시코텐카틀이 개입한다.

'막시시카친에게 반대하여 시코텐카틀이 행한 용감한 연설'을 담은 한 장이 이어진다. 그는 '내부의 적'에 저항하는 것만큼 어려운 일은 없다는 점을 의회에 상기시킨다. 이방인들이 도시 안으로 받아들여진다면 그런 일이 생길 것이다. 시코텐카틀은 묻는다.

왜, (…) 막시시카친은 이런 사람들을 신으로 여기는가. 그들은 황음무도한 바다가 우리를 망치려고 던진 흉악한 괴물과 더 비슷해 보인다. 그들은 황금과 은과 보석과 진주를 게걸스레 삼키고, 옷을 입은 채 잠을 자며, 전반적으로 잔인한 괴물이 보일 법한 태도로 처신한다. (…) 그들과 그들이 끌고 온 아귀 같은 사슴[스페인의 말]의 끝도 없는 식욕을 채워주려면 온 나라의 닭과 토끼와 옥수수밭을 동원해도 부족하다. 왜 우리가, 굴종 없이 살아왔으며 한 번도 왕을 인정한 적이 없는 우리가 우리의 피를 쏟아 스스로 노예가 되어야 하는가?[55]

의회 의원들이 시코텐카틀의 말에 흔들렸음을 우리는 알게 된다. "서로 말을 나누며 웅성거리기 시작했다. 저마다 자신들이 느낀 것을 발언하면서 목소리가 커졌다." 의회는 양분되었고 합의를 이루지 못했다. 그다음에 이어진 것은 합의 결정 과정에 참여해본 사람이라면 익히 알 만한 것이었다. 따져야 할 문제가 생기면 투표를 하기보다는 누군가가 창의적인 종합을 제안한다. 테밀로테쿠틀Temilotecutl — 그 도시의 네 '수석 사법관' 중 한 명 — 이 교묘한 제안을 들고 끼어들었다. 토론하는 양편을 모두 만족시키기 위해 코르테스를 도시로 초대하지만, 그가 틀락스칼테카에 들어오는 순간 도시의 최고 장군인 소小시코텐카틀이 오토미 전사 부대 하나를 이끌고 그를 사로잡는 것이다. 매복이 성공하면 그들은 영웅이 될 것이고, 실패한다면, 거칠고 충동적인 오토미 전사들 핑계를 대고 침공자들과 손을 잡으면 된다는 것이다.

틀락스칼라와 코르테스 사이에 동맹을 체결시킨 사건들을 여기서 재현할 필요는 없다.[56] 틀락스칼라의 민주주의에 관해 우리가 가진 자료가 어떤 내용인지, 그리고 그 정치가들이 발휘하는 합리적인 토론 능력에 대해서는 독자들에게 지금까지 말한 것으로 충분하다. 그런 설명은 현대 역사가들의 손에서는 별로 성과를 보지 못했다. 일부는 데 살라사르가 묘사한 것이 실제로는 결코 일어나지 않았다거나, 단순히 어떤 고대 그리스 아고라나 로마 원로원에서 있었던 장면을 '인디언'의 입에 옮겨놓은 상상에 불과하다고까지 주장했다. 하지만 《신에스파냐 연대기》가 오늘날의 학자들에게 검토되는 일이 드물었더라도,

그것은 선주민의 정부 형태에 대한 역사적 정보 자료로서보다는 주로 초기 가톨릭 박애주의의 문학적 장르에 대한 공헌으로서였다. 이는 라 옹탕 글의 주석자들이 칸디아롱크가 실제로 주장했을 법한 내용에 대해 진정으로 관심을 갖기보다, 어떤 구절들이 루키아노스 같은 그리스 풍자 작가들에 의해 고쳐졌을지에 집중한 것과 비슷한 태도였다.[57]

여기 미묘한 속물주의가 작용하고 있다. 신중한 정치 서술이 역사적 실상을 반영한다는 것을 누구든 직설적으로 부인한다는 것은 아니다. 단지 아무도 이 사실을 특히 흥미롭게 여기는 것 같지 않을 뿐이다. 역사가들에게 흥미롭게 보이는 것은 언제나 이런 설명과 유럽 문헌 전통, 혹은 유럽의 기대치와의 관계다. 대체로 같은 일이 틀락스칼라에서 발견된 문헌들의 처리 과정에서도 발생했다. 스페인의 라틴아메리카 정복 전쟁 이후 몇십 년간 자치시 의회에서 진행된 회의의 길고 자세한 기록인 《틀락스칼란 악타스Tlaxcalan Actas》는 선주민 정치인의 연설 기술과 합의에 따른 결정이라는 원칙과 합리적인 토론 능력을 길게 확인해준다.[58]

이 모든 것이 역사가에게 관심거리가 될 것이라고 생각할지도 모른다. 그러나 그들에게 정말 토론할 가치가 있다고 보인 것은, 그런 문헌에 등장하는 민주적 관습을 '영민한 인디언들'이 어느 정도로 그들의 유럽인 지배자들의 정치적 기대치에 맞춰 응용하느냐였다. 사실상 일종의 정교한 연극인 셈이었다.[59] 왜 16세기의 스페인 사제들, 하급 귀족들과 병사들이 민주적 절차에 대해 감명받는 것은 차치하고 그것에 대해 조금이라도 아는 바가 있으리라고 그 역사가들이 생각하게 되었는지 그 이유는 불분명하다. 당시 유럽에서 교육받은 사람들의 의견은 거의 하나같이 반민주적이었으니 말이다. 그 만남에서 뭔가 새로운 것을 배운 쪽이 있다면, 그것은 확실히 스페인인들이었다.

현재의 지적 분위기 속에서 틀락스칼테카가 결코 냉소주의자나 피해자가 아니라고 주장하는 것은 약간 위험해 보일 수 있다. 순진한 낭만주의라는 비난에 노출될 위험이 있는 것이다.[60] 사실 요즘에 유럽인들이 아메리카 선주민들로부터 도덕적·사회적 가치에 관해 조금이라도 배운 것이 있다고 주장하려는 시도는 대개 은근한 조롱과 '고상한 야만인' 설정에 빠졌다는 비난, 혹은 가끔씩 거의 히스테리에 가까운 비난을 받기 쉽다.[61]

하지만 스페인어 자료에 기록된 토의 내용이 선주민 집단 정부의 행동 방식을 잠깐 들여다본 것처럼 정확하게 글로 표현된 그대로라는 주장이 강력하게 제기될 수 있다. 또 이런 토의 내용이 투키디데스나 크세노폰의 글에 기록된 토론과 피상적으로라도 닮은 점이 있다면, 글쎄, 정치적 토론을 진행하는 방식의 선택지가 그리 많지 않기 때문이 아닐까. 이 점을 명백히 확인해주는 스페인어 자료가 적어도 하나는 있다. 여기서 우리는 수도사 베나벤테의 토리비오를 만난다. 그는 남루한 외모 때문에 지역민들에게 모톨리니아Motolinia('고통받는 자')라 불렸는데, 이 별명을 기꺼이 사용했다. 우리가《신에스파냐의 인디오 역사Historia de los Indios de la Nueva España》(1541)를 얻게 된 것은 모톨리니아와 그의 틀락스칼테카 정보원들―대시코텐카틀의 손자일 가능성이 매우 큰 안토니오 시코텐카틀을 포함한―덕분이다.[62]

모톨리니아는 틀락스칼라는 군주도, 심지어 순번제 공직자(촐룰라와 같은)도 없었으며, 단지 시민 전체에게 보고해야 하는 선출된 공직자 의회만 있는 진정한 선주민 공화국이었다는 코르테스의 원래 주장을 확인해준다. 틀락스칼라 고위 의회의 인원수가 정확하게 몇이었는지는 분명하지 않다. 스페인 측 자료에 따르면 50명에서 200명에 이르기까지 다양하다. 아마 어떤 의제가 제출되었는지에 따라 달라졌을 것이다.

불행하게도, 그는 이런 개인들이 어떻게 공직에 선출되었는지, 또는 어떤 사람이 피선거권을 갖는지에 대해서는 자세히 말해주지 않는다(왕정을 포함한 다른 푸에블라 도시들에서는 공직 임무를 칼폴리 대의원 사이에서 순번제로 운영한다). 그러나 틀락스칼테카 양식의 정치적 훈련과 교육이라는 주제에 대해서는 모톨리니아의 설명은 생생하게 살아난다.

틀락스칼라 의회에서 한자리 차지하고 싶어 하는 사람은 개인적 카리스마나 경쟁자를 능가할 능력을 보여주는 것이 아니라 자기 비하, 심지어 수치의 정신을 실행해야 한다. 그들은 도시 주민들에게 복종하도록 요구받는다. 이런 복종은 그저 겉보기에만 그치지 않는다. 저마다 경쟁자에게 예속되며, 야심에 대한 적절한 보상으로 간주되는 대중적 비난에 반드시 노출되어야 하고, 그다음에는—자아가 너덜너덜해진 상태로—장기간 은둔하면서 정치가 후보자는 금식, 수면 부족, 피흘리기, 도덕적 지시에 따른 엄격한 절제를 겪어야 한다. 입문식은 신임 공직자가 '등장하여' 잔치를 열고 축하하는 것으로 끝난다.[63]

이런 선주민 민주주의에서 공직을 맡으려면 현대의 선출직 정치에서 당연시되는 것들과는 매우 다른 성격 특징이 필요한 것은 분명하다. 현대의 정치에서 필요한 성격 특징에 관해 이야기할 때는 고대 그리스의 필자들이 전제적 성향을 지닌 카리스마적 지도자를 뽑는 선거 경향을 잘 알고 있었다는 사실을 상기할 필요가 있다. 이 때문에 그들이 선거를 민주주의 원칙과는 매우 어긋나는 정치적 임명의 귀족제적 양식으로 여긴 것이다. 또 유럽 역사의 많은 기간 동안 공직 임명의 진정한 민주적 방식은 추첨이라고 여겨졌던 것도 그 때문이다.

코르테스는 틀락스칼라를 농업과 상업의 이상향이라고 찬양했겠지만, 모톨리니아의 설명에 따르면 그 시민들이 자신들의 정치적 가치에 대해 생각할 때 그 가치의 기원이 사실은 사막에 있다고 보았다고 한다. 아즈텍을 포함한 나후아틀의 다른 발언자들처럼, 틀락스칼테카는 자신들이 치치멕Chichimec의 후손이라고 즐겨 주장하곤 했다. 이들은 사막과 수풀에서 절제하며 살아가는 원래의 수렵 채집인들로 알려진 사람들이다. 그들은 원시적인 오두막을 짓고 마을이나 도시 생활은 알지 못하며 옥수수와 요리된 음식을 거부하고 의복이나 체계적 종교 없이 오로지 야생 식량으로만 먹고살았다.[64] 틀락스칼라에서 자문관 후보자들이 견뎌야 하는 시련은 치치멕의 품성(궁극적으로 이것은 도시 전사로서 갖는 톨텍의 미덕으로 균형이 잡혀진다. 그리고 올바른 균형점이 어디인지는 틀락스칼테카인 사이에서 많이 논의되는 주제다)을 육성할 필요를 상기시키는 것이었다.

이 모든 것이 좀 귀에 익은 듯 들린다면, 왜 그런 것인지 스스로에게 물어봐야 한다. 스페인 수도사들은 당연히 공화적 덕성을 언급한 이런 종류의 구세계의 글에서 울려 나오는 메아리를 들었을 것이다. 성서의 예언자들로부터 이븐 할둔Ibn Khaldun에 이르기까지, 그런 사람들을 관통하는 똑같은 본연의 흐름, 그리고 말할 필요도 없이 그들만의 금욕 윤리 같은 것 말이다. 편지들은 워낙 친밀한 내용이어서, 이 경우에는 틀락스칼테카가 자신들의 문화를 기록할 때 실제로 즉각 인식되고 이해될 것임을 아는 용어로 자신들을 스페인인들에게 소개한 것이 아닌지 의아해질 정도다. 확실히 우리는 틀락스칼라의 시민들이 정복자들에게 이익이 될 놀라운 연극적인 구경거리를 상연했음을 알고 있다. 1539년에 있었던 십자군 거리 공연인 〈예루살렘의 정복Conquest of Jerusalem〉도 그런 예다. 그 연극의 클라이맥스는 무어인 분장을 한 (실제) 이교도들에 대한 합동 세례였다.[65]

스페인 관찰자들은 틀락스칼테카나 아즈텍의 자료에서 과거에 '고상한 야만인'이었다는 것이 무슨 의미인지를 배웠을 수도 있다. 또 그 주제에 관한 선주민 멕시코인들의 사상이 루소 시절에 유력해지고 있던 유럽 정치사상의 광범위한 흐름에 들어갔을 가능성도 배제할 수 없다. 루소가 설파한 자연 상태의 지도는 그들이 살았으리라고 추정되는 '원시적 오두막 주거'에 이르기까지, 치치멕에 대한 모톨리니아의 설명과 놀랄 정도로 충실하게 부합한다. 아마 그 모든 일이 단순하고 평등한 수렵 채집인들에게서 어떤 식으로 시작되었는지에 관해 우리가 알고 있는 진화 이야기의 씨앗 일부가 바로 여기, 도시에 거주하는 아메리카 인디언들의 상상 속에 뿌려졌는지도 모른다.

잠깐 이야기가 다른 길로 샜는데⋯⋯

서로의 위치를 설정하려는 이 모든 시도 와중에, 스페인의 라틴아메리카 정복이 있던 시기의 틀락스칼라의 정치적 구성원에 대해 우리는 정말로 어떤 결론을 내릴 수 있는가? 그것이 정말로 제대로 작동하는 도시 민주주의였을까? 만약 그렇다면, 그런 민주주의는 콜럼버스 이전의 아메리카 대륙에 얼마나 많이 존재했을까? 혹은 천년왕국설을 믿는 수도사들이 추종자들에게 제시한 '이상적 연방체'라는 전략적 기획과 같은 신기루였을까? 역사와 미메시스의 요소가 둘 다 작동하고 있었는가?

우리가 활용할 수 있는 것이 문자 기록뿐이라면 언제나 의심의 여지는 있을 것이다. 그러나 고고학자들은 14세기경이면 도시 틀락스칼라는 사실상 이미 테노치티틀란과 완전히 다른 토대 위에 조직되어 있었음을 확인해준다. 궁전이나 중앙 신전의 흔적은 없으며, 대형 연회장(다른 중앙아메리카 도시에서 왕들의 제의를 위한 중요한 설정임을 기억하라)도 없었다. 대신에 고고학 조사에서 거의 전적으로 시민들의 주거 시설에 잘 할당된 도시 지형이 드러난다. 그 도시는 20개 이상의 구역 광장 주변에 똑같이 높은 기준으로 건설되었으며, 모두 흙으로 쌓은 거대한 계단식 대지 위에 높직하게 자리 잡고 있다. 가장 큰 자치회 집회가 열린 곳은 티자틀란Tizatlan이라는 시립 복합 건물군이었지만, 이곳은 도시 밖에 있었으며, 넓은 입구를 통해 들어가게 되어 있는 대중 모임을 위한 공간이 딸려 있었다.[66]

그리하여 현대의 고고학적 연구는 코르테스가 멕시코 땅에 발을 디디기 오래전에 선주민 공화정이 존재했음을 확인해준다. 후대의 문자 자료로 보건대 그것이 민주주의라는 것은 의심의 여지 없이 인정된다. 우리가 알고 있는 당시 중앙아메리카의 다른 도시들과는 매우 대조적이다. 비록 5세기경의 아테네 역시 주위의 군소 왕국들과 과두정으로 둘러싸인 국외자 같은 존재였다는 말은 해야겠지만. 또 이런 대조를 과장해서도 안 된다. 이 장에서 우리가 알게 된 것은 틀락스칼라의 정치적 전통이 비정상이 아니라 그 대강의 골격이 1,000년 전에 테오티후아칸에서 시도되었던 사회복지 실험으로 거슬러 올라갈 수 있는 도시 발달의 폭넓은 흐름에 놓여 있다는 사실이다. 포기된 그 도시와 아스테카가 특별한 관계에 있었다고 주장하지만, 틀락스칼라는 적어도 아스테카의 수도 테노치티틀란 못지않게 그 유산의 일부분이었다. 게다가 정말로 가장 중요한 방식에서는 그 이상이었다.

결국, 전통을 깨뜨린 것은 테노치티틀란에 있던 아스테카 지배자들이었다. 그들은 어느 면에서는 당대 유럽의 지배적인 정치적 모델에 더 가까운 포식자 제국, 또는 그 이후 '국가the state'로 알려지게 될 것을 창조했다. 다음 장에서, 우리는 돌아가 이 용어를 살펴보려고 한다. 국가란 정확하게 무엇인가? 그것은 정말로 인간 역사의 완전히 새로운 단계를 표시하는가? 그 용어는 앞으로도 쓸모가 있을까?

국가에 기원이 없는 이유

주권, 관료제, 정치의 소박한 시작

  '국가의 기원'에 대한 탐구는 '사회적 불평등의 기원'에 대한 탐구만큼이나 장기간 이어졌고 열띤 토론의 주제였다. 또 여러 면에서 그것과 마찬가지로 헛수고다. 오늘날 전 세계 거의 모든 사람이 국가의 권위 아래 살고 있다. 이와 마찬가지로, 파라오의 이집트, 중국의 상왕조, 잉카제국, 베냉 왕국 같은 과거의 정치집단들은 국가로, 혹은 최소한 '초기 국가'로 불릴 자격이 있다. 그러나 국가라는 것이 실제로 무엇인지에 대해 사회 이론가들 사이에 합의가 없으므로, 이 모든 사례들을 포괄하지만 범위가 너무 넓어서 완전히 무의미해지지는 않을 정도의 정의에 어떻게 도달하는지가 문제된다. 이는 놀랄 만큼 해내기 어려운 일이다.

'국가'라는 용어가 흔하게 사용된 것은 장 보댕Jean Bodin이라는 프랑스의 법률가가 그 개념을 고안해낸 16세기 후반의 일이었다. 보댕은 다른 글들과 함께 마녀, 늑대인간, 마법사의 역사에 관한 영향력 있는 논문도 썼다. (오늘날 그는 심각한 여성 혐오자로 기억된다.) 하지만 체계적 정의를 최초로 시도한 사람은 독일의 철학자 루돌프 폰 예링Rudolf von Jhering이다. 그는 19세기 후반에, 국가란 주어진 영토 안에서 강제력을 합법적으로 사용할 독점권을 주장하는 기관으로 규정되어야 한다고 주장했다(이 정의는 나중에 사회학자 막스 베버Max Weber의 견해와 동일시되게 되었다). 이 정의에 따르면, 정부는 어느 정도의 땅을 소유하고, 그 영역 안에서 그 대리인이 사람을 죽이고, 때리고, 그의 신체를 절단하거나 그를 감옥에 가둘 수 있는 유일한 기관이라고 주장할 때 '국가'가 된다. 혹은 폰 예링이 강조했듯이, 누가 그것을 대리하여 그렇게 할 권리를 가질지 결정할 수 있는 기관이 국가다.

폰 예링의 정의는 현대 국가에서 아주 잘 작동했다. 그러나 얼마 안 가서 인간 역사의 대부분 기간에 지배자들은 그런 거창한 주장을 하지 않았거나, 했더라도 강제력에 대한 독점권 요구는 파도나 기후를 통제하겠다는 주장과 같은 대접을 받았다. 폰 예링과 베버의 정의를 유지하자면 함무라비 시대의 바빌론, 소크라테스 시대의 아테네나 정복왕 윌리엄 시대의 영국은 전혀 국가가 아니었다고 결론지어야 할 것이다. 그러지 않으려면 더 유연하고 균형 잡힌 정의를 가져와야 한다. 마르크스주의자들이 그런 정의를 하나 내놓았다. 그들은 국가가 역사에 처음 출현한 것은 새로 생긴 지배계급의 권력을 보호하기 위해서였다고 주장했다. 한 무리의 사람들이 일상적으로 다른 사람의 노동으로 먹고살게 되면, 그들은 지배 기구를 만들어내지 않을 수 없다. 공식적으로는 그들의 재산권을 보호하기 위해, 실제로는 그들의 이익을 보존하기 위해서였다(루소의 전통과 매우 비슷한 사유 노선이다). 이 정의는 바빌론, 아테네, 중세 영국을 다시 국가의 범주에 받아들였지만, 수탈을 어떻게 정의하는가와 같은 새로운 개념적 문제도 가져왔다. 그리고 그것은 국가가 자애로운 기관이 될 가능성을 아예 배제하기 때문에 자유주의자들이 받아들일 수 없는 정의였다.

20세기의 많은 기간 동안 사회과학자들은 더 순수하게 기능적인 기준에서 국가를 규정하는 편을 선호했다. 그들의 주장에 따르면, 사회가 더 복잡해지면서 사람들은 만사를 조정하기 위해 하향식 지시 구조를 만들어낼 필요가 점점 커졌다. 바로 이것이 본질적으로는 지금도 거의 모든 사회 진화 이론가들이 따르는 논리다. '사회적 복잡성'의 증거는 자동적으로 어떤 종류든 통치 기구가 존재한다는 증거로 취급된다. 만약 네 층의 위계를 가진 정착촌(예를 들면 도시, 소도시, 마을, 촌락)이 있고, 그런 정착촌 가운데 적어도 일부는 전업 기술 전문가(도공, 대장장이, 남녀 수도사, 직업 군인이나 음악가)를 보유하고 있다면, 그것이 운영하는 어떤 기구든 국가가 되는 것이 필연적인 결과다. 그리고 그 기구가 무력의 독점을 요구하지 않거나, 예속된 노동자들의 노고로 먹고사는 특권 계급을 지원하지 않는다 하더라도, 그런 일은 조만간 일어나지 않을 수 없다. 이런 정의 역시 장점이 있다. 특히 매우 오래전의 사회에 대해 성찰할 때 그렇다. 그런데 그런 사회의 본성과 조직은 단편적인 흔적들로부터 조심스럽게 추측되어야 한다. 반면 위의 논리는 완전히 순환적이다. 기본적으로, 오로지 국가는 복잡한 것이므로 복잡한 사회 설정은 국가라야 한다고 말할 뿐이다.

실제로, 지난 세기에 나온 이런 '고전적인' 이론적 공식은 거의 모두가 바로 이 가정에서 출발했다. 어떤 대규모의 복잡한 사회는 반드시 국가를 필요로 한다는 가정 말이다. 이 주장의 진짜 문제는 '왜?'

였다. 그렇게 하는 데 합당한 실제적 이유가 있었는가? 아니면 그런 사회라면 반드시 물질적 잉여를 산출하게 되고, 물질적 잉여가 있으면─가령 태평양 북서부 해안 지역의 훈제 생선 같은─불균등한 몫을 차지하는 사람도 반드시 생기는 걸까?

8장에서 이미 보았듯이, 이런 가정은 최초의 도시들에는 딱히 잘 들어맞지 않는다. 가령 초기의 우루크는 그 단어의 어떤 의미로든 '국가'였다고 생각되지 않는다. 게다가 고대 메소포타미아 지역에서 하향식 지배가 실제로 출현한 것은 저지대 강 계곡의 '복잡한' 메트로폴리스에서가 아니라 주변을 에워싸는 산기슭에 세워진 작고 '영웅적인' 사회에서였다. 그 사회들은 행정 원리 자체에 반감을 갖고 있었고, 그 때문에 '국가'라 불릴 조건을 갖추지도 못한 것 같다. 만약 이 후자 그룹에 대해 민족지학적으로 비교할 만한 사례가 있다면, 그것은 태평양 북서부 지역의 사회들일 것이다. 그곳에서도 정치적 지도력이 허세 많고 허영심 많은 전사 귀족들의 손에 쥐여 있었고, 직함, 보물, 평민들과의 동맹, 노예 소유권 등을 놓고 과시적인 경쟁이 벌어졌기 때문이다. 여기서 하이다족, 틀링기트족, 또 그 외에 국가라는 기구로 불릴 수 있는 어떤 것을 결여했을 뿐만 아니라 일체의 형식적 정부 기관도 갖고 있지 못했던 다른 부족들을 상기해보라.[1]

'국가'라는 것이 두 가지 통치 형태(관료주의적인 것과 영웅적인 것)가 한데 융합될 때 처음 출현한다고 주장할 수도 있다. 이에 대한 논거가 제시될 수도 있다. 그러나 마찬가지로 그것이 애당초 그처럼 중요한 이슈이기나 한지 물을 수도 있다. 국가 없이도 군주제, 귀족제, 노예제, 또 가부장적 지배의 극단적 형태가 있을 수 있는가(실제로 분명히 그랬다). 그리고 그와 마찬가지로 국가 없이도 복잡한 관개 시스템을 유지하거나 과학과 추상적 철학을 개발할 수 있다면(역시 실제로도 그랬던 것으로 보인다), 우리가 어떤 하나의 정치적 실체는 '국가'라고 묘사하고 싶어 하고 다른 정치 실체는 그렇지 않다고 확정함으로써 인간 역사에 대해 실제로 배우는 게 무엇인가? 우리가 할 수 있는 더 흥미롭고 더 중요한 질문이 있지 않을까?

이 장에서 우리는 그런 것이 있을 가능성을 탐구하려고 한다. 정부들 사이에, 예를 들면 고대 이집트와 현대 영국 정부 사이에 깊은 내적 유사성이 반드시 있다고 추정하고 그 유사성이 정확하게 어떤 것인지 알아내는 것을 우리의 과제로 삼는 대신, 전체 문제를 새로운 눈으로 본다면 역사는 어떻게 보일까? 도시가 등장한 거의 모든 영역에서 결국은 강력한 왕국과 제국이 등장했다는 데는 의심의 여지가 없다. 그것들 사이의 공통점은 무엇이었는가? 그런데 사실 그것들이 어떤 공통점을 갖기는 했는가? 그것들의 형태는 인간 자유와 평등의 역사에 대해, 혹은 그 상실의 역사에 대해 어떤 이야기를 해주는가? 그들이 해주는 이야기가 있다면, 그것들은 어떤 방식으로 그 이전에 있었던 것과의 근본적인 단절을 표시하는가?

지배의 기본적인 세 가지 형태에 관한 이론과 인간 역사에서 그것이 갖는 함의에 대한 탐구

이 과제를 시작할 최선의 방법은 첫 번째 원리로 돌아가는 것이다. 초보적이라고 해도 될 근본적인 자유의 형태에 대해 우리는 이미 이야기해왔다. 이동의 자유, 불복종의 자유, 사회관계를 재구성할 자유 등이다. 그런데 이와 비슷하게 초보적인 지배 형태에 대해서도 이야기할 수 있는가?

루소가 그의 유명한 사유 실험에서 모든 것이 사유재산으로, 특히 토지 재산으로 되돌아간다고 느꼈던 것을 상기해보라. 인간이 최초로 장벽을 세우고 "이 영토는 내 것이고, 나만의 것이다"라고 말했던 그 끔찍한 순간, 그 이후 이어지는 모든 지배 형태, 그리고 그럼으로써 모든 재앙이 피할 수 없는 것이 되었다. 앞에서 보았듯이, 사회의 기초, 사회 권력의 토대로서 재산권에 대한 이 강박은 서구 특유의 현상이다. 정말로 '서구the West'라는 것이 어떤 실질적인 의미를 가진다면, 그것은 사회를 이런 기준에서 구상하는 그 법적·지적 전통을 가리킬 것이다. 그러므로 살짝 다른 종류의 사유 실험을 시작하려면, 바로 여기서 출발하는 것이 좋을지도 모른다. 봉건 귀족, 혹은 지주 귀족, 혹은 부재지주의 권력은 '토지를 기반으로 한다'고 말할 때 그 진정한 의미는 무엇인가?

우리는 흔히 공허한 추상이나 고답적인 허세를 배제하고 단순한 물질적 현실에 대해 발언하는 방식으로 그런 화법을 쓴다. 가령, 19세기 영국의 지배적인 두 정당인 휘그당과 토리당은 자신들을 이념을 두고 논쟁하는 사이로 나타내기를 좋아했다. 자유 시장 자유주의 대 어떤 전통 개념의 대립이라는 식으로 말이다. 역사적 유물론자라면 여기에 반대할 것이다. 사실 휘그당은 상인 계급의 이익을 대변하며 토리당은 지주 계급의 이익을 대변한다고. 그들의 말이 물론 옳다. 그 말을 부정하는 것은 바보짓이다. 그러나 우리가 의문을 던지는 것은 '토지'(또는 다른 형태의) 재산이라는 전제 자체가 유독 물질적이라는 점이다. 그렇다. 흙, 돌, 풀, 덤불, 농장 건물, 곡물 창고는 모두 물질적인 것들이다. 그러나 '토지 재산'에 대해 실제로 말해지는 내용은 특정한 영토 내에서의 흙, 돌, 풀, 덤불 등등에 대한 개인의 배타적인 접근과 통제권 주장이다. 현실적으로 이것은 다른 사람을 그곳에 들어가지 못하게 막을 법적 권리를 뜻한다. 이런 의미에서, 그 땅에 대한 당신의 주장에 아무도 도전할 생각을 하지 못하거나, 여기에 동의하지 않는 사람들이나 허가 없이 들어가고 떠나기를 거부하는 사람들에게 당신 뜻대로 무기를 들고 위협하거나 공격할 능력을 가졌다면, 그리고 그럴 경우에만 그 땅은 '당신 것'이다. 침입자에게 당신이 직접 총을 쏘더라도, 그렇게 하는 것이 당신의 권한에 속한 일이라고 동의해줄 타인들이 필요하다. 다른 말로 하자면, '토지 재산'은 실제의 흙, 바위나 풀이 아니다. 그것은 도덕성과 폭력의 위협이 미묘하게 혼합되어 유지되는 법률적인 이해다. 사실 토지 소유권은 루돌프 폰 예링이 영토 내에서 국가가 갖는 폭력의 독점권이라고 한 논리 바로 그것을 정확하게 예시한다. 단지 민족국가nation state의 것보다는 훨씬 작은 영토 내의 일일 뿐이다.

이 모든 것은 약간 추상적으로 들릴 수도 있겠지만, 현실에서 일어나는 일에 대한 단순한 묘사다. 누구든 땅을 점유하거나 건물을 점거하거나 정부를 전복하려고 해본 사람이라면 통렬하게 알고 있을 것이다. 궁극적으로는 이 모든 일이 누군가가 당신을 무력으로 제거하라는 명령을 받을지, 또 그런 명령이 내려질 때 그 지시를 실제로 기꺼이 따를 것인지의 여부로 귀착된다는 것을 누구나 알고 있다. 혁명의 승리가 공개된 전투에서 얻어지는 경우는 좀처럼 없다. 혁명가들이 승리하는 것은 그들을 진압하라고 보내진 자들이 총 쏘기를 거부하거나 그저 집에 돌아가버리기 때문이다.

그렇다면 그것은 재산이 정치적 권력처럼 궁극적으로 (마오 의장이 아주 우아하게 표현했듯이) '총구에서 나온다'는, 혹은 기껏해야 총 쏘기를 훈련받은 자들의 충성심을 명령할 능력에서 나온다는 의미인가?

아니다. 혹은 정확하게 그렇지 않다.

왜 그렇지 않은지 살펴보고 좀 다른 종류의 재산을 예로 들어 우리의 사유 실험을 계속해보자. 다이아몬드 목걸이가 하나 있다고 치자. 헐리우드 스타 킴 카다시안Kim Kardashian이 수백만 달러짜리 다이아몬드 목걸이를 걸고 파리의 거리를 걷는다면, 그녀는 자신의 부를 자랑하는 것만이 아니라 폭력을 휘두를 수 있는 자신의 힘을 자랑하는 것이기도 하다. 눈에 보이든 보이지 않든, 장래의 도둑들을 처리하도록 훈련된 무장 보안 요원이 없다면 그녀가 그렇게 행동하지 못하리라는 것을 누구든 짐작하기 때문이다. 온갖 종류의 재산권은 궁극적으로는 폰예링 같은 법률 이론가들이 에둘러서 '무력force'이라 부르는 것으로 뒷받침되고 있다. 그러나 잠시 지구상의 모든 사람이 갑자기 신체적으로 취약해진다면 무슨 일이 벌어질지 상상해보자. 또는 그들 모두가 아무도 타인을 해치지 못하게 만드는 약물을 마셨다고 해보자. 그런 경우에도 킴 카다시안이 보석에 대한 독점적 권한을 유지할 수 있을까?

글쎄, 그녀가 너무 일상적으로 그것을 자랑했다면 아마 그러지 못할 것이다. 누군가가 낚아챌 테니까. 하지만 평소에는 금고에 보관해둔다면 당연히 유지할 수 있을 것이다. 그녀 자신만 알고 있고 사전에 공지되지 않은 행사에 참여하는 신뢰하는 청중들에게만 드러낸다면 아마 그럴 수 있을 것이다. 그러므로 타인들이 갖지 못하는 권한을 갖게 해주는 제2의 방법이 있다. 킴과 그녀의 가장 가까운 지인들만 그 다이아몬드가 평소에 어디 보관되는지, 혹은 그녀가 그것을 걸고 언제 나타날지 알고 있다. 이 논리는 궁극적으로 토지 재산, 상점의 물건 등등 '무력의 위협'에 의해 지켜지는 모든 형태의 재산에 적용된다. 만약 인간이 서로를 해칠 능력이 없다면 어떤 것이 자신들에게 절대적으로 신성하다거나 '세계 전체'를 상대로 그것을 지키겠다고 선언할 수 없을 것이다. 그들은 배제되는 데 동의한 사람들만 배제할 수 있다.

그래도 실험을 한 걸음 더 진행시켜 지구상의 모든 사람이, 비밀을 지키지 못하게 만들지만 여전히 타인을 신체적으로는 해치지 못하게 하는 또 다른 약물을 마셨다고 상상해보자. 무력과 정보를 접할 능력이 이제는 동등해졌다. 킴이 그래도 다이아몬드를 지킬 수 있을까? 아마 그럴 것이다. 하지만 그녀가 자신이 킴 카다시안이며 다른 누구도 가질 수 없는 물건을 가질 자격이 있는 고유하고 특별한 존재임을 모든 사람에게 납득시킬 수 있어야만 가능하다.

우리는 이런 세 원칙—폭력의 통제, 정보의 통제, 개인적 카리스마라 부르자—이 사회적 권력을 만들 수 있는 세 가지 토대라고 주장한다.[2] 폭력의 위협은 가장 의지할 만한 것이며, 그 때문에 어디서나 균일한 법률 시스템의 기반이 된다. 카리스마는 가장 영속성이 없는 편이다. 대개 세 가지 모두가 어느 정도는 공존한다. 개인들 간의 폭력이 드문 사회에서도 지식에 기초한 위계는 얼마든지 볼 수 있다. 무엇에 관한 지식인지는 그리 중요하지도 않다. 어떤 기술적인 노하우(구리 야금술이나 허브 약학 같은 것)일 수도 있고, 혹은 완전히 터무니없는 것에 관한 지식(27개 지옥과 39개 천국의 이름, 그리고 그곳을 여행하면 만날 가능성이 높은 생물 등등에 관한 지식)일 수도 있다.

오늘날 너무 복잡해서 관료제적 관리가 필요한 입문식이—아프리카와 파푸아뉴기니의 일부 지역 같은 곳에서—아주 흔해졌다. 그런 경우, 다른 어떤 공식적인 지위 구분이 없는 사회에서 신참들은 점점 더 높아지는 지식수준을 단계적으로 접하게 된다. 그런 지식의 위계가 없는 곳에도 언제나 개인차는 분명히 있을 것이다. 어떤 사람들은 다른 사람들보다 더 사랑스럽고, 더 재미있고, 더 영리하고, 신체적으로 더 매력적이다. 이 때문에 차별이 생기지 않도록 정교한 안전장치를 개발해온(가령, 하드자족 같은 '평등주의적' 채집인들이 사냥에 성공한 사냥꾼을 제의적으로 조롱하는 것처럼) 집단에서도 어떤 식으로든 항상 차이는 생긴다.

앞에서 지적했듯이, 평등주의 에토스는 두 방향 중 하나를 택할 수 있다. 그런 개인적인 변덕을 전적으로 부정하고 사람들이 완전히 똑같은 존재로 대우된다고(적어도 대우받아야 한다고) 주장하거나, 사람들의 변덕을 찬양할 수도 있다. 마치 모든 사람은 워낙 심각하게 다르므로 전반적인 서열 매김이 아예 불가능하다고 시사하는 방식으로. (어쨌든 최고의 어부와 최고로 존엄한 원로, 최고의 재담꾼을 어떻게 비교하겠는가?) 그런 경우에 '극단적인 개인'이—그를 이렇게 부를 수 있다면—어떤 탁월한, 나아가서는 지도자 역할을 맡는 일이 생길 수 있다. 여기서 우리는 누에르족 예언자, 혹은 아마조니아의 샤먼, 말라가시의 음포마시mpomasy, 또는 천문을 읽는 마법사를 생각할 수 있다. 혹은 놀랄 만큼 비정상적인 신체적 특징을 가졌던(아마 다른 특징도 있었을 것이다) 개인들에게 매우 자주 집중하는 후기 구석기시대의 호화로운 무덤을 생각해볼 수 있다. 그러나 그런 사례들이 암시하듯이, 그와 같은 캐릭터들은 너무나 특이하기 때문에, 그들의 권위를 어떤 종류든 지속적인 권력으로 바꿔놓기는 힘들 것이다.

이 세 원칙에서 정말로 우리 관심을 끄는 것은 각각의 원칙이 현대 국가의 토대로 보이는 제도의 근거가 되었다는 점이다. 폭력에 대한 통제의 경우, 이는 분명하다. 현대 국가는 '주권'이다. 그것은 과거에 왕들이 가졌던 권력을 쥐고 있는데, 실천 면에서 이는 폰 예링이 말한 영토 내 강제력의 합법적 사용에 관한 독점권을 바꾸어 말한 것이다. 이론상 진정한 주권은 법에 우선하며 그 위에 있는 권력을 행사한다. 고대의 왕들은 좀처럼 이 권력을 체계적으로 강요할 수 없었다(그들의 절대 권력이라는 것은 사실 어떤 시점에 그들이 자신들이 서 있거나 앉아 있는 곳의 100미터 이내에서 폭력을 제멋대로 휘두를 수 있는 유일한 사람들이라는 의미였다). 관료제를 다룬 위대한 사회학자 베버가 오래전에 주장했듯이, 행정조직은 항상 정보의 통제만이 아니라 어떤 종류든 '공식적 비밀' 역시 근거로 하고 있다. 비밀 요원이 항상 현대 국가의 전설적 상징이 되는 것은 이 때문이다. 살인 면허를 가진 제임스 본드는 카리스마, 비밀, 해명 불가능한 폭력을 쓸 권리를 합친 거대한 관료제 기계의 지지를 받는 존재다.

정보를 저장하고 표로 정리하는 수준 높은 행정 기술과 주권의 복합은 개인적 자유에 대한 온갖 종류의 위협—감시 국가와 전체주의 체제를 가능케 한다—을 끌어들이지만, 이 위험은 제3의 원칙, 즉 민주주의로 상쇄된다는 장담을 우리는 항상 듣는다. 일반적인 감정에 따르면 현대 국가는 민주적이거나 적어도 민주적이어야 한다. 그러나 현대 국가에서 민주주의는 고대 도시에서 공동의 문제에 대해 집단적으로 성찰하던 총회의 작업 같은 것과는 매우 다르게 구상된다. 그보다는, 우리가 알게 된 민주주의는 사실상 본모습보다 부풀려진 개인들 몇몇이 행동하고 나머지 사람들은 대체로 방관자로 밀려나는 승자와 패자 간의 게임이다.

현대 민주주의의 이런 측면에 대한 고대의 선례를 찾고 있다면, 아테네, 시라쿠사나 코린트의 민회가 아니라—모순적이지만—《일리아스》에 서술된 양자 간의 끝없는 토론[agon] 같은, 경기, 결투, 게임, 선물, 공양 등 '영웅시대'에 펼쳐진 귀족들의 경연을 봐야 한다. 9장에서 지적했듯이, 후기 그리스 도시들의 정치철학자들은 실제로는 선거를 공직 후보자를 선출하는 민주적인 방식으로 여기지 않았다. 민주주의 방법은 현대의 배심원과 비슷하게 당첨제, 혹은 추첨제였다. 선거는 귀족제의 양식에 속하는 것이라 여겨졌다(귀족제란 '최고들의 지배'를 뜻한다). 그래서 평민들이—구식의 영웅적 귀족제에서의 신하들과 비슷하게—좋은 태생의 사람들 사이에서 누가 최고로 여겨지는지를 판단하도록 하는 것이다. 그리고 이 맥락에서 좋은 태생이란 말 그대로 대부분의 시간을 정치 활동에 쓸 여유가 있는 사람들을 뜻한다.[3]

폭력, 정보, 카리스마에 접하는 능력이 사회 지배의 가능성 자체를 규정하는 것처럼, 현대의 국가는 주권, 관료제, 경쟁적 정치 무대의 복합물로 규정된다.[4] 그렇다면 역사를 이 시각에서 검토해야 하는 것 역시 자연스러워 보인다. 그러나 그렇게 하려고 시도하자마자 우리는 이 세 원칙이 오늘날 정부로부터 우리가 기대하게 된 바로 그런 엄밀한 스타일로 서로를 보강하기는커녕 함께 가야 할 실질적인 이유가 없음을 깨닫는다. 무엇보다도, 지배의 기초적인 세 형태는 역사적 기원이 제각기 완전히 다르다. 우리는 이 점을 고대 메소포타미아에서 이미 보았다. 그곳에서 원래는 강 계곡의 관료제적 상업 사회가 언덕 위의 영웅적 정치단체 및 이런저런 거창한 경연을 통한 신하들의 충성심 경쟁을 자극하는, 그들의 끝없이 자잘한 군왕 행세와 긴장 관계에 있었다. 반면 언덕 주민들은 행정이라는 원칙 자체를 거부했다.

또 고대 메소포타미아의 도시들이 진정한 영토주권을 어느 정도 달성했다는 설득력 있는 증거는 없다. 왕조가 지배하던 시절에도 마찬가지였다. 그래서 여기서 현대 국가의 배아 버전과 비슷한 어떤 것을 보려면 아직 한참 더 지나야 한다.[5] 다른 말로 하면, 그들은 말 그대로 폰 예링이 말한 의미에서 국가가 아니었다는 것이다. 설사 그들이 국가였다 하더라도, 단순히 주권을 기준으로 국가를 규정하는 것은 의미가 없다. 루이지애나의 나체즈의 사례를 상기해보라. 그들의 위대한 태양은 자신의 (좀 작은) 위대한 마을 안에서 절대 권력을 휘둘렀다. 그곳에서 그는 마음먹은 대로 처형을 지시하고 물자를 수탈할 수 있었지만, 그의 백성들은 그가 주위에 없으면 대체로 그를 무시했다. 동아프리카의 나일강 유역 주민인 실루크Shilluk의 신성한 왕권도 이와 비슷한 노선에서 작동했다. 왕이 직접 참석한 곳에서는 그가 할 수 있는 일이 거의 무한하지만, 그의 지배 권력을 더 안정적이거나 광범위한 것으로 변환할 행정 기구와 조금이라도 닮은 것은 없었다. 세금 제도도, 왕의 명령을 강제할 시스템도 없었고, 심지어 그 명령이 이행되었는지 여부에 대한 보고도 없었다.

이제 우리는 현대 국가가 사실은 인간 역사의 특정 지점에서 합쳐지게 된 여러 요소들의 복합물임을 알아가기 시작한다. 그리고 이제 그것들은 거의 확실하게 다시 해체되는 과정에 있다(예를 들어 현재 WTO나 IMF 같은 세계적 관료 기구가 그에 상응하는 전 세계적 주권의 원리도 없이 존재하는 것을 생각해보라). 역사가들, 철학자들이나 정치학자들이 고대 페루나 중국에서의 국가의 기원에 대해 논의할 때, 그들이 정말 하고 있는 일은 좀 특이한 요소들의 구도를 더 이전 시대로 투사하는 것이다. 보통은 지배 권력 같은 것이 행정 시스템 같은 어떤 것과 한데 공존하는 순간을 찾아보려는 시도를 통해 그렇게 한다(경쟁적인 정치 무대는 대개 선택의 여지가 있는 것으로 취급된다). 그들에게 흥미로운 것은 바로 이런 요소들이 애당초 어떻게, 왜 공존하게 되었는가 하는 것이다.

가령 인류의 정치적 진화에 대해 이전 세대의 학자들이 하던 표준적 이야기는 국가가 복잡한 관개 시스템, 혹은 대량으로 모인 사람과 정보를 관리하기 위한 필요에서 생겼다는 것이었다. 여기서 하향식 권력이 발생했고, 그것은 민주주의 제도에 의해 완화되었다. 그것은 다음과 같은 발달 순서를 시사한다.

행정 → 주권 → (결국은) 카리스마적 정치

8장에서 보았듯이, 고대 유라시아에서 얻은 당대의 증거는 이제 다른 패턴을 가리킨다. 도시 행정 시스템이 문화적 역반응을 자극하여(분열생성의 또 다른 예), 고지대에서 티격태격하는 군주국(도시 주민들의 시각에서 본다면 '야만인들')[6]이라는 형태를 낳으며, 결국은 그런 몇몇 군주들이 도시에 자리 잡아 권력을 체계화하는 방향으로 나아가게 된다.

행정 → 카리스마적 정치 → 주권(분열생성에 의한)

이 공식은 메소포타미아 같은 몇몇 경우에 충분히 발생했을 수 있지만 그런 발달이 (적어도 우리 눈에는) 국가와 닮은 어떤 것에 도달할 유일한 길인 것 같지는 않다. 다른 장소에서 다른 시간에—흔히 위기의 순간에—그 과정은 추종자들을 자극하여 과거와 근본적으로 단절하게 만드는 카리스마적 개인의 출중한 역할을 올려 세우는 것으로 시작했을 수 있다. 결국 그런 선두 인물은 일종의 절대적이고 우주적인 권위를 갖게 되며, 그것이 마침내 관료제적 역할과 관직 시스템으로 변환된다.[7] 그렇다면 그 경로는 다음과 같이 보일 수 있다.

카리스마적 비전 → 주권 → 행정

우리가 여기서 상대하는 것은 특정한 공식이 아니라 기저에 깔린 목적론이다. 이 모든 설명은 이 과정에서 있을 수 있는 최종 지점은 하나뿐이라고 추정하는 것으로 보인다. 이 다양한 지배 유형이 어떤 식으로든 한데 모여, 18세기 말엽 아메리카와 프랑스의 근대 국가들이 취했던 특정한 형태와 비슷한 어떤 것을 이루게 되어 있다는 것이다. 그 형태가 양차 세계대전 이후 그 외의 세계에도 점차 덧씌워졌다.

이것이 사실이 아니라면?

여기서 우리가 하려는 것은 어떤 선입견도 없이 세계 최초로 존재했던 왕국들과 제국들 중 몇몇의 역사에 접근한다면 어떻게 될지 보려는 것이다. 국가의 기원 문제와 함께 우리는 실제로 무슨 일이 벌어졌는지 더 면밀히 살펴보기 위해 '문명의 탄생'이나 '사회적 복잡성의 등장' 같은 이와 비슷하게 모호하고 목적론적인 개념도 배제하려 한다. 대규모의 지배 형태가 처음에 어떻게 등장했으며, 그것들은 실제로 어떤 모습이었는가? 그것들은 지금까지 존속하는 설정들과 어떤 관계가 있는가?

정의定義에 대해 아무리 까다롭게 구는 사람이라도 그것이 어떤 종류의 '국가'라는 것에 대체로 동의할 만한 콜럼버스 이전 아메리카에서의 사례 몇 가지를 검토하는 것으로 시작해보자.

아스테카, 잉카, 마야에 관해
(그리고 스페인인에 대해서도)

현재 내려져 있는 일반적인 합의에 따르면 스페인의 라틴아메리카 정복 전쟁 당시 아메리카에 모호하지 않은 '국가'는 아스테카와 잉카 둘뿐이었다. 물론 스페인인들은 그들을 그렇게 보지 않았다. 에르난 코르테스는 편지와 보고서에서 도시, 왕국에 대해, 그리고 가끔씩은 공화국에 대해 썼다. 그는 아스테카의 지배자인 모크테주마를 '황제'로 부르기를 꺼렸다. 아마 본인의 주군인 '가장 가톨릭적인 황제 카를 5세'의 기분을 거스르고 싶지 않았기 때문일 것이다. 하지만 이런 왕국이나 도시 가운데 어느 것이 '국가'로 불릴 자격이 있는지 없는지 따져볼 생각은 한 번도 해보지 않았을 것이다. 당시에는 그 개념 자체가 거의 존재하지 않았으니 말이다. 그렇기는 해도, 현대의 학자들이 몰두하고 있는 문제이므로, 이런 정치집단을 하나씩 차례로 살펴보자.

먼저 일화 하나로 시작하려 한다. 정복 전쟁이 있고 나서 얼마 되지 않았을 때 스페인 측의 자료에 기록된 것인데, 아스테카의 수도 테노치티틀란이 스페인의 무력에 함락되기 직전 그곳의 아이들이 벌인 봉기에 관한 기록이다. "남자아이들은 태어나면 화살 네 개와 방패 하나를 받는다. 산파는 그들이 용감한 전사가 되기를 기원한다. 그들은 태양 앞에 네 번 나아가서 삶의 불확실성과 전쟁에 나가야 할 필요를 전해 듣는다. 반면 여자아이들은 앞으로 가사에 헌신한다는 상징으로 물레 가락과 베틀의 북을 선물로 받는다."[8] 이 관행이 얼마나 널리 퍼져 있었는지는 말하기 힘들지만, 이는 아스테카 사회에 관한 어떤 근본적인 이야기를 가리킨다. 여성은 테노치티틀란에서 상인, 의사, 여사제로 중요한 위치를 점하고 있지만, 전쟁과 포식과 공물을 토대로 하는 권력을 소유하고 상승하는 귀족의 계급에서는 배제되어 있었다. 아즈텍인들에게서 이 같은 여성 정치권력의 잠식이 어디까지 진행되었는지는 불분명하다(특정 증거의 노선, 예를 들면 궁정의 고위급 자문관의 임무 가운데 시후아코아틀Cihuacoatle—혹은 '뱀 여인'—의 역할이 포함되는 것을 보면 그리 멀리까지 진행되지는 않았던 것 같다). 우리가 아는 것은 흔히 성적 폭력을 통해 표현되는 남성성이 제국을 확장시키는 추진력의 일부가 되었다는 것이다.[9] 실제로, 정복된 여성을 강간하고 노예로 삼는 것은 베라크루스의 아스테카 예속민들이 코르테스와 부하들에게 전달한 최우선의 불만 사항에 속했고,[10] 이들은 1519년에는 미지의 스페인 약탈자 무리와 손잡을 기회를 기꺼이 잡았다.

아스테카나 멕시카의 귀족 남성은 삶을 영원한 경쟁, 혹은 정복으로 보았던 것 같다. 이는 자신들의 기원이 전사들과 식민지 건설자들의 유랑하는 공동체에 있다고 본 그들의 문화적 성향 탓이다. 그들의 사회는 우리가 탐구했던 더 최근의 다른 아메리카 인디언 사회들과 다르지 않지만, 무한히 더 큰 규모의 '포획하는 사회'였던 것으로 보인다. 전쟁에서 붙잡힌 적은 생명력 유지를 위해 살려두고 보살폈지만―때로는 호화스러운 환경에서―결국은 신에게 바칠 원초적 생명의 빚을 갚기 위해, 또 그 외의 여러 다른 이유 때문에 제의 전문가들에게 살해된다. 테노치티틀란의 템플로 마이요르Templo Mayor에서는 그런 제의의 결과로 종교적인 다량의 유혈 사태가 벌어졌고, 일부 스페인 관찰자들은 이것을 아스테카 지배계급이 사탄과 손잡았다는 명백한 증거로 받아들였다.[11]

이것이 아스테카가 이웃들에게 강한 인상을 주려고 시도한 방식이다. 그리고 그들은 오늘날까지도 인간의 상상 속에 자신들의 각인을 남기고 있다. 포로 수천 명이 가면을 쓴 신의 화신들에게 심장이 뜯겨 나가기를 기다리고 있는 장면은 머릿속에서 몰아내기 쉬운 것이 아님을 인정해야 한다. 그러나 다른 측면에서 볼 때, 16세기 아스테카는 스페인인들에게 어딘가 친숙한 인간 정부의 그림을 보여주는 것 같았다. 확실히 카리브해 지역에서, 또는 늪지대와 유카탄반도의 사바나에서 그들이 만난 다른 어떤 것보다도 친숙했다. 군주제, 공직자 지위, 군대 간부, 조직적 종교(아무리 '악마적인' 것이라도)는 모두 매우 선진적이었다. 일부 스페인인들이 언급했듯이, 멕시코 계곡에서의 도시계획은 그들의 본국인 카스티야의 도시에서 본 것보다 더 우월해 보였다. 스페인의 것 못지않게 정교한 지출에 관련된 법률은 피통치자와 통치자 사이에 예절 바른 거리를 유지했고, 패션에서 성도덕에 이르는 모든 것을 규제했다. 공물과 세금은, 평민 사이에서 지명되고 행정 지식을 정치권력(귀족 남자와 전사들만의 것)으로 전환할 수 없는 칼픽스케calpixque가 감독했다. 정복한 땅의 현지 귀족은 그대로 두었고, 그들을 아스테카 궁정의 후견인에게 묶어두는 후견 시스템으로 그들의 복종을 확보했다. 여기서도 스페인인들은 새로 얻은 영토에서 지역 우두머리들이 왕실에 매년 십일조를 보내기만 하면 자치를 허용하는 아에케 프린치팔리aeque principali 관행과의 공통점을 발견했다.[12]

그들의 주인이 된 스페인 합스부르크가처럼, 아스테카 전사 귀족들은 상대적으로 소박한 출신에서 등장하여 세계 최대의 제국 가운데 하나를 만들어냈다. 그러나 페루 안데스에서 그들의 정복자가 발견한 것에 비하면, 그들의 3중 동맹도 빛이 바랜다.

유라시아에서든 스페인에서든 산은 왕과 황제의 강제력에서 달아날 피신처가 되어준다. 반군들, 강도떼, 은자들이 고지대에 숨었다. 그러나 페루의 잉카에서는 모든 것이 그 반대 방향으로 돌아가는 것으로 보였다. 산악 지대는 제국 권력의 등뼈가 되었다. 안데스 코르딜레라 꼭대기에 구현된 이런 전복된(유럽인들이 보기에) 정치 세계가 '단단히 묶인 구역들'이라는 의미를 가진 타완틴수유Tawantinsuyu 초왕국이었다.[13]

더 정확하게 말하자면, 타완틴수유는 사파 잉카 영토의 주요 행정 단위인 수유suyu 넷을 가리킨다. 잉카의 황족 혈통은 그곳의 풀조차 황금으로 만들어졌다고들 하는 수도 쿠스코Cuzco에 자리 잡고, 키토에서 산티아고에 이르는 남아메리카의 서부 연안 지역 전역에 분산되어 있는 수백만의 예속민들로부터 주기적인 공물, 미타mit'a—순번제로 담당하는 노동 공물, 혹은 코르베—를 받아냈다.[14] 80개가 넘는 인접 주들과 수많은 민족 집단에 대해 어느 정도의 지배권을 행사하던 잉카는, 15세기 말에는 여기저기 흩어진 수많은 영토의 지배자인 합스부르크가도 꿈에서나 볼 수 있을 '우주적 군주monarchia universalis' 같은 것을 성취해냈다. 그럼에도 타완틴수유는 국가로 간주되기에는 아직 한참 부족했다. 그것은 아직 제대로 성장하지 못한 미성숙한 국가였다.

아스테카의 대중적 이미지는 대량 학살자의 이미지인 반면, 잉카의 대중적 인상은 대개 행정의 대가로 그려진다. 앞에서 보았듯이, 그라피니 부인 같은 계몽주의 사상가들과 그녀의 독자들은 복지국가, 혹은 국가사회주의라는 것이 무엇일지에 대한 그들의 첫인상을 안데스 제국에 대한 설명을 성찰함으로써 형성했다. 실제로는 잉카의 효율성이란 결단코 수준이 고르지 않았다. 어쨌든 그 제국은 길이가 4,000킬로미터에 달했으니까. 쿠스코에서 상당히 떨어진 곳의 마을, 찬 찬Chan Chan이나 기타 왕권 중심지에서 제국의 기구는 기껏해야 가끔 등장하는 존재였고, 대체로 마을은 자율적으로 움직였다. 연대기 기록자들과 후안 폴로 데 온데가르도 이 사라테Juan Polo de Ondegardo y Zárate 같은 공직자들은 전형적인 안데스 마을에 정말로 복잡한 행정 기구가 있기는 하지만, 그 기구가 아이유ayllu라는 집단 연합을 토대로 하는 완전히 자체적인 것으로 보인다는 사실을 알고 당혹스러워했다. 공물을 바치거나 코르베 노역을 하라는 제국의 요구에 부응하려면, 지역 공동체들은 그저 이런 집단을 살짝 자극하기만 하면 되었다.[15]

잉카제국의 제국으로서의 중심은 아스테카의 경우와는 선명한 대조를 보였다. 모크테주마는 장엄함을 자랑했지만(그의 궁궐에는 새장부터 코미디를 보여주는 소인 극단이 머무는 구역까지 온갖 것이 다 있었다), 공식적으로는 그저 틀라토아니tlatoani, 즉 귀족 의회에서의 첫 발언자에 불과했고, 그의 제국은 공식적으로 세 도시의 3중 동맹이었다. 걸핏하면 피가 낭자한 온갖 장면이 벌어지기는 했지만, 아스테카 제국은 실제로는 귀족 가문들의 연합체였다. 사실 그 거창한 장면 자체도 적어도 부분적으로는 아스테카 귀족들을 대중적 구기 경기에서, 또는 철학적 토론에서 경쟁하도록 밀어붙인 그 귀족적 우월 의식과 동일한 정신에 뿌리박고 있었던 것으로 보인다. 이와 반대로, 잉카는 지배자 자체가 태양의 화신이라고 주장했다. 모든 권위는 단 하나의 발광체―사파 잉카(유일무이한 잉카) 본인―에서 나와 왕족 자녀들의 서열을 통해 아래로 쏟아져 내린다. 잉카 궁정은 인큐베이터, 지배자를 위한 온실이었다. 그 벽 안에 각인된 그림에는 살아 있는 왕과 그의 누이인 왕비Coya로 구성된 가정만이 아니라 행정부의 수장들, 최고 사제들, 왕국의 황실 수호대도 포함되어 있었는데, 그 대부분은 왕의 혈연이었다.

　사파 잉카는 신이므로 절대 죽지 않았다. 선왕의 시신은 고대 이집트의 파라오와 매우 비슷하게 보존 처리되고 천에 감겨 미라로 만들어졌다. 파라오들처럼 그들은 무덤에서 궁정을 열었고, 과거에 지배하던 영지에서 먹을 것과 입을 것을 정기적으로 봉헌받았다. 그러나 무덤 안에 미라 상태로 계속 남아 있었던 이집트의 파라오 시신과 달리, 페루의 미라 왕들은 바퀴 달린 수레에 실려 나가서 공식 행사에 참석하고 축제를 후원했다.[16] (새 지배자가 제국을 확장해야 했던 이유 하나가 바로 이것이었다. 그들은 전 지배자의 군대를 물려받기만 했기 때문이다. 그의 궁정, 토지, 신하는 여전히 죽은 잉카의 것이었다.) 잉카 본인의 신체를 둘러싼 이 특이한 권력 집중에는 이면이 있었다. 왕의 권위를 위임하기가 지극히 어렵다는 점이었다.

　가장 중요한 공직은 '명예 잉카'였다. 그는 지배자와 직접 연결되지는 않았지만, 똑같은 귀 장신구를 걸 수 있었고 그의 인격의 외연으로 간주되었다. 그 모습을 복제한 조각상이나 다른 대리물이 사용될 수도 있겠지만―이 문제를 둘러싼 정교한 제의적 의전 절차가 있었다―그래도 뭔가 중요한 일을 하려면 사파 잉카의 인격적 존재가 필요했다. 이는 곧 궁정이 계속 이동하고 있었으며, 왕 개인이 은과 깃털을 안에 댄 가마에 실려 '네 구역'으로 정기적으로 운반되어야 했다는 뜻이다. 군대와 보급품을 운반해야 할 필요 못지않게 이 운반 역시 왕궁 시스템에 엄청난 부담을 안겼다. 그들은 세계에서 가장 복잡하고 험난한 지형을 잘 유지되는 고속도로와 계단식 통로, 그리고 중간중간에 사당huacas과 왕실 금고에서 가져온 것들이 저장되고 인원이 배치된 정거장이 있는 연속적인 네트워크로 변환했다.[17] 최후의 사파 잉카인 아타후알파Atahualpa가 피사로의 부하에게 납치되어 살해된 것은 쿠스코의 성벽에서 멀리 떨어진 그런 연례 순회 여행에서였다.

아스테카의 경우와 마찬가지로, 잉카제국이 굳건히 확립되는 과정에는 엄청난 성적 폭력이 개입되었고, 그로 인해 젠더 역할이 바뀌었다. 이 경우에, 관례적인 결혼 제도로 시작되었던 것이 계급 지배의 주형鑄型이 되었다. 전통적으로, 사람들이 사회적 지위로 구분되던 안데스의 그 지역에서 여성은 그들 자신의 가문보다 계급이 더 높은 가문과 결혼하게 되어 있었다. 그렇게 함으로써 신부의 계보가 신랑의 계보에 '정복'된다는 것이었다. 처음에는 일종의 제의적인 어법으로 시작되었던 것이 나중에는 문자 그대로 해석되며 체계적인 것으로 변한 것으로 보인다. 새 영토를 정복하고 나면, 잉카는 그곳에 즉각 신전을 짓고 그 지역 동정녀 일정 수를 '태양의 신부'로 할당한다. 이 여성들은 가족으로부터 차단되고 영구히 동정녀로 살거나 사파 잉카가 마음대로 이용하고 처리하도록 그에게 바쳐진다. 결과적으로, 왕의 백성들은 집합적으로 '정복된 여성들'이라 불릴 수 있었다.[18] 그리고 지역 귀족들은 자신의 딸들을 궁정의 유력한 자리에 집어넣으려고 경쟁하곤 했다.

그렇다면 유명한 잉카의 행정 시스템이란 무엇인가? 그런 것이 분명히 존재하기는 했다. 기록은 대체로 키푸khipu(또는 quipu)라 불리는 끈 매듭의 형태로 남아 있다. 그것은 페드로 시에사 데 레온Pedro Cieza de León의 《페루 연대기Crónica del Perú》(1553)에 이렇게 설명되어 있다.

각 주의 중심에는 '매듭 관리자/정리하는 자khipukamayuqs'라 불리는 회계원이 있고, 이런 매듭을 통해 은, 금, 의류, 가축, 양털, 기타 물건부터 아주 사소한 것들에 이르기까지 그 구역의 사람들에게서 공물로 받은 것의 내용을 기록하고 정리한다. 그리고 같은 매듭으로 그들은 한 해에, 또는 10년이나 20년간 받은 것들을 기록하는데, 그 기록을 어찌나 잘 정리했는지 샌들 한 켤레도 빠뜨리지 않았다.[19]

그러나 스페인 연대기 작성자들은 세부 사항은 거의 전해주지 않았고, 키푸의 사용이 공식적으로 금지된 1583년 이후, 지역의 전문가들은 자신들의 전승을 문자로 남길 동기를 거의 갖지 못했다. 잉카 스타일의 키푸와 그에 관련된 지식 형태가 훨씬 최근까지도 계속 사용되어왔음이 밝혀진, 먼 안데스 오지의 공동체들에서 그에 관한 새로운 정보 출처가 아직 발견되기는 하지만 그것이 어떻게 작성되는지 우리는 정확하게 알지 못한다.[20] 학자들 사이에서는 키푸가 문자 형태로 간주되어야 할지를 두고 논쟁이 벌어진다. 우리가 조금이라도 갖고 있는 자료들은 주로 수 체계 위주의 내용으로, 색에 따라 맺어진 매듭을 1에서 1만까지 위계에 따라 배열한 것이다. 그러나 그것은 가장 정교한 끈 묶음에 지형과 계보에 관한 암호가 담겨 있는 기록으로, 아마 십중팔구는 서사와 노래도 함께 담겨 있을 것이다.[21]

여러 면에서 이 두 거대한 정치단체—아스테카와 잉카—는 정복자들에게 이상적인 과녁이었다. 둘 다 쉽게 파악 가능한 수도를 중심으로 조직되어 있었고, 쉽게 동향이 파악될 수 있어서 납치되거나 살해될 수 있는 왕이 그곳에 거주하고 있었으며, 지시에 복종하는 데 오랫동안 익숙해져 있거나, 혹은 중심에서 나오는 권력을 무시하고 싶은 마음이 조금이라도 있다면 바로 장래의 정복자들과 힘을 합쳐 그렇게 할 가능성이 큰 사람들이 그를 둘러싸고 있었다. 제국이 대체로 군사력을 토대로 한다면, 더 우월한 무력을 갖춘 쪽이 영토를 장악하기가 상대적으로 쉽다. 그 중심지만 장악하면—1521년에 코르테스가 테노치티틀란을 포위하여 그렇게 했듯이, 혹은 1532년에 피사로가 카하마르카Cajamarca에서 아타후알파를 사로잡았듯이—그 외의 다른 모든 것은 금방 처리되기 때문이다. 완강한 저항(테노치티틀란은 1년 넘게 잔혹한 시가전을 거친 뒤에야 함락되었다)이 있을 수도 있지만, 한번 함락되고 나면 정복자들은 이미 존재했던 많은 지배 메커니즘을 손에 쥐고 복종에 길든 예속민들에게 지시를 전달할 수 있었다.

그처럼 강력한 왕국이 없는 곳에서는—북아메리카와 아마조니아의 많은 지역에서처럼, 그런 것이 전혀 존재하지 않았거나, 주민들이 중앙정부를 의식적으로 거부했기 때문에—사태가 훨씬 더 까다로워질 수 있다.

다양한 마야어를 쓰는 사람들이 살고 있던 지역들, 유카탄반도와 과테말라와 그 남쪽에 있는 치아파스의 고지대 같은 지역이 그런 탈중심화의 좋은 예다.[22] 처음에 스페인인들이 침투하던 시절, 이 지역은 스페인 정착민들에게는 아주 작은 영지, 소도시, 마을, 계절에 따른 촌락이 끝없이 이어지는 것처럼 보이는 곳들로 나뉘어 있었다. 정복은 부지런히 움직여야 하는 긴 작업이었고, 끝이 난다고 해도 (또는 최소한 그것이 완결되었다고 스페인이 판단하자마자) 새로운 권력 당국은 끝없이 이어지는 것처럼 보이는 대중 봉기를 마주해야 했다.

1546년에 이미 마야 반군 연합이 스페인 정착민들에게 저항하여 봉기했으며, 잔혹한 보복이 있었음에도 저항은 결코 완전히 사라지지 않았다. 예언자 운동은 18세기에 이르러 두 번째 대규모 저항의 물결을 불러왔다. 그리고 1848년에는 대규모 봉기가 정착민들의 후손을 유카탄반도에서 거의 완전히 몰아냈는데, 파종 철이 오자 그곳 수도 인 메리다 포위에 지장이 생겼다. 그로 인해 '신분 전쟁Caste War'이 여 러 세대 이어졌다. 1910년대에 멕시코혁명이 일어났을 때에도 킨타나 로오Quintana Roo의 여러 지역에는 여전히 반군들이 버티고 있는 곳들 이 있었다. 사실 오늘날 치아파스의 여러 지역을 장악하고 있는 사파 티스타Zapatistas 운동의 경우, 동일한 반란이 형태를 달리하여 이어지 는 것이라고 주장할 수도 있다. 또한 사파티스타 운동은 대형 국가나 제국이 여러 세기 동안 존재하지 않았으며 여성이 무장 항쟁의 조직 가로서, 또 선주민 전통의 수호자로서 반식민지 투쟁에서 가장 현저 하게 전면에 나선 것이 이런 지역이었음을 보여준다.

이제 마야를 예술사 책에서 익히 보아온 신세계 문명화의 세 거 두—아스테카, 마야, 잉카—중 하나로 알고 있는 사람들에게는 이런 반권위주의의 흐름이 놀랍게 여겨질 수도 있다. 고전 마야 시기라 불 리는 대략 150년에서 900년 사이의 예술 대부분은 지극히 정교하고 아름답다. 거의 모두가 지금은 페텐Petén의 울창한 열대우림으로 변한 곳에 한때 존재했던 도시가 그 터전이었다. 처음 보면, 이 시기의 마야 는 안데스나 중부 멕시코의 많은 지역처럼 크기만 작은 왕국으로 조 직되어 있었던 것처럼 보인다. 하지만 최근까지 우리가 떠올리는 장 면은 주로 거대 조각상과 지배 엘리트층의 요구로 작성된 상형문자 명문銘文이었다.[24] 예상할 수 있는 일이지만, 이런 것들은 위대한 지배 자(아하우ajaw라는 직함의 보유자)의 업적에 집중되어 있다. 특히 경쟁하 는 두 왕조—티칼과 칼라크물Calakmul의 '뱀 왕'—의 지도력하에서 저 지대에 대한 헤게모니를 놓고 경쟁하는 독립 도시국가들과의 동맹 등 정복자로서의 업적이 중요시되었다.[25]

이런 거대 구조물들은 그런 지배자들이 신격화한 선조들과 소통하기 위해 수행하는 제의에 대해 많은 것을 알려준다.[26] 그러나 예속민들이 우주적 권력을 주장하는 지배자에 대해 어떤 생각을 가졌는지는 물론, 예속민들의 일상생활이 어땠는지에 대해서는 거의 알려주는 바가 없다. 고전 마야 시대에는, 식민지 시대에 그러했듯이 예언자 운동이나 간헐적인 반란이 있었다 하더라도, 그런 것에 대해 당장은 우리가 알 길이 거의 없다. 그러나 고고학 연구가 이런 상황을 바꾸어줄지도 모른다. 우리가 아는 것은, 고전기의 마지막 세기에는 여성이 단순히 배우자, 공주, 모후로서가 아니라 그들 스스로 강력한 지배자이자 영적인 매개로서 조각과 명문에 새로이 등장한다는 사실이다. 또 우리는 9세기의 어느 시점에 고전 마야의 정치 시스템이 해체되며, 대도시의 대부분이 폐허가 되었다는 것도 알고 있다.

무슨 일이 있었는지에 대해 고고학자들 사이에서는 논란이 벌어진다. 어떤 이론들은 대중 저항―꼬리를 무는 배반, 대중 운동이나 전면적인 반란―이 분명히 어떤 역할을 했을 것이라고 추정한다. 그들 대부분은 당연히 원인과 결과 사이에 너무 확고한 경계선을 긋지 않으려고 한다.[27] 그 시기를 버텨내고 심지어 더 커지기까지 한 몇 안 되는 도시 사회 가운데 하나의 위치가 도시 치첸이트사 주위의 북부 저지대였다는 사실은 중요하다. 여기서 왕권은 그 성격이 대폭 변해서 더 순수하게 제의적이거나 연극적인 것이 되었고―제의에 워낙 예속되어 있어서 더 이상 어떤 진지한 정치적 개입이 불가능해질 정도로―일상의 통치는 대부분 저명한 전사들과 사제들의 집단이 이룬 연정聯政의 손으로 넘어갔다.[28] 사실, 과거에 이 '고전 이후' 시대의 왕궁이라 추정되던 곳이 재해석되어 현재는 지역 대의원들의 회의장(포폴나popolna)으로 여겨진다.[29]

페텐에 있던 도시들이 몰락한 지 여섯 세기 뒤, 스페인인들이 당도했을 무렵, 마야의 사회들은 철저하게 탈중앙 집중화되었고, 놀랄 만큼 다양한 소도시와 영지로 쪼개졌는데, 왕이 없는 곳들이 많았다.[30] 16세기 후반에 쓰인 예언적 연감인 《칠람 발람Chilam Balam》이라는 책들은 강압적 지배자에게 내려지는 재앙과 참상에 대해 끝없이 숙고한다. 다른 말로 하면, 이 특정한 지역의 표시이던 반란의 정신이 적어도 샤를마뉴 시대(8세기)로까지 거슬러 올라갈 수 있다고 믿을 이유가 충분하다. 그리고 그 여러 세기에 걸쳐 강압적인 마야 지배자들은 아주 규칙적으로, 반복적으로 처분되었다.

말할 것도 없이 고전 마야의 예술 전통은 세계에서 이제껏 보지 못했던 수준으로 장엄하다. 이와 비교하면 '포스트 고전' 시대—900년에서 1520년 사이로 알려진 시기—의 예술적 산물은 흔히 조야해 보이고 낮은 평가를 받는다. 반면, 우리 같으면 아무리 예술을 후원한다고 해도 살아 있는 인간 신체에서 심장을 뜯어내는 것을 자신의 가장 중요한 업적 가운데 하나로 꼽는 군소 군벌의 전제 권력 아래 살기를 선택할 사람이 얼마나 되겠는가? 물론 역사는 대개 그런 기준에 따라 사유되지 않는다. 왜 그런지 의문을 가져볼 가치가 있는 문제다. 단순하게는 '포스트 고전'이라는 명칭도 이유 가운데 하나다. 나중에 붙인 이름일 뿐임을 시사하기 때문이다. 이는 사소해보일지 몰라도 중요한 문제다. 그런 사고 습관은 역사의 더 큰 사건들이 휩쓰는 와중에 상대적으로 자유롭고 평등한 기간이 주변으로 밀려나게 되는 한 가지 이유이기 때문이다.

이는 중요한 문제다. 지배의 세 형태로 돌아가기 전에 이 문제를 계속 살펴보자.

'시간의 형태'에 관한,[31] 그리고 성장과 쇠퇴의 은유가 어떻게 눈에 띄지 않는 정치적 편향을 우리의 역사관에 집어넣었는지에 관한 여담

역사와 고고학에는 '포스트post' '원형proto' '중간intermediate' 혹은 '최종적terminal'이라는 단어가 넘칠 정도로 많이 나온다. 이는 어느 정도 20세기 초반 문화 이론의 산물이다. 당대에 저명한 인류학자였던 앨프리드 크로버는 수십 년 동안 문화가 성장하고 쇠퇴하는 리듬과 패턴의 배후에 확인 가능한 법칙이 있는지 판단하려는 연구 기획을 진행했다. 예술적 패션, 경제 호황과 불황, 지적 창의성과 보수주의, 그리고 제국의 팽창과 몰락 사이에 어떤 체계적인 관계가 성립될 수 있는지 여부를 알고자 한 것이다. 그것은 흥미로운 질문이었지만, 오랜 세월이 지난 뒤 그가 내린 궁극적 결론은 '그런 법칙은 없다'는 것이었다. 저서 《문화 성장의 설정Configurations of Cultural Growth》(1944)에서 크로버는 인류의 전체 역사에서 예술, 철학, 과학, 인구의 관계를 살펴보았지만 어떤 일관된 패턴이 있다는 증거를 찾지 못했다. 또 그런 패턴은 같은 노선을 계속 밟아나간 더 최근의 몇몇 연구에서도 파악되지 못했다.[32]

그럼에도 불구하고, 과거에 대해 쓰고 있는 지금 우리는 거의 예외 없이 그런 패턴이 정말로 존재했던 것처럼 사유를 진행하고 있다. 문명은 일반적으로 꽃처럼—자라고, 개화하고, 시드는—표현되거나 아니면 무슨 거대한 건물처럼 힘들게 건설되었다가 갑자기 '무너지는' 성향을 가졌다고 표현된다. 후자의 용어는 고전 마야의 몰락 같은 상황에 무차별적으로 사용되는 경향이 있다. 그것은 정말로 정착지 수백 곳이 갑작스럽게 버려지고 수백만 명이 사라진 상황이었다. 그런

데 그 개념은 이집트 고왕국의 '몰락'에도 똑같이 사용된다. 하지만 이집트의 경우 급작스럽게 쇠퇴한 것은 오직 북부에 있던 도시 멤피스에서 지배하던 이집트 엘리트층의 권력뿐이었다.

마야의 경우에도, 900년에서 1520년 사이의 기간 전체를 '포스트 고전' 시대라고 쓰는 것은 그 기간에서 정말로 중요한 점은 그 기간이 어느 정도로 황금시대의 쇠락으로 보일 수 있는가 하는 것뿐임을 함축하는 것 같다. 이와 비슷하게 '원궁전 시대의 크레타Proto-palatial Crete' '왕조 이전 이집트Predynastic Egypt' 혹은 '성장기의 페루Formative Peru' 같은 용어는 어떤 조급증 같은 느낌을 전해준다. 마치 미노스인, 이집트인, 안데스인 들이 여러 세기 동안 그런 황금시대―그리고 그것은 강력하고 안정된 정부의 존재를 암시한다―가 오기까지 그 시대를 위한 기초 작업만 하면서 살기라도 했던 것처럼 말이다.[33] 이런 상황이 우루크에서 어떻게 실행되었는지 앞에서 본 바 있다. 그곳에서 적어도 일곱 세기 동안의 집단적 자치(과거의 학계에서는 이것 역시 '왕조 이전'이라 일컬어졌다)가 단지 메소포타미아의 '진짜' 역사에 대한 전주로만 치부되고 넘어갔다. 그리고 진짜 역사는 정복자, 군주, 입법자, 왕 들의 역사로 표현되었다.

몇몇 기간은 서문으로, 또 다른 기간은 후기로 중요하지 않게 취급된다. 또 다른 것들은 '중간 단계'가 된다. 고대 안데스와 중앙아메리카가 대표적 사례인데, 그래도 아마 가장 친숙한 예는 또다시 이집트일 것이다. 박물관에 자주 가는 사람들은 물론 고대 이집트 역사를 고왕국, 중왕국, 신왕국으로 나누는 방식을 잘 알 것이다. 각 시기는 중간기로 구분되며, 중간기는 흔히 혼란과 문화적 쇠퇴의 시대로 묘사된다. 그런데 사실 이는 단순히 단일한 이집트 지배자가 없었던 시기였을 뿐이다. 권위가 지역의 파벌들로 분산되었거나, 곧 보게 되겠지만, 그 성격이 완전히 변했다. 전체적으로 볼 때, 이런 중간기는 이집트 고대 역사의 3분의 1가량을 차지하며, 일련의 외국인들이나 봉신封臣 왕들이 다스린 시기로(그저 후반이라고만 알려진) 이어지며, 그들 나름으로 매우 중요한 정치적 발전을 이루었다.

하나만 예를 들어본다면, 기원전 754년에서 기원전 525년 사이― 3차 중간기와 후반에 걸친 시기―테베에서 결혼하지 않고 자녀가 없는 공주 다섯 명(리비아와 누비아 후손)이 차례로 '신의 아내 아문Amun' 의 지위에 올랐는데, 이는 당시 종교적으로 최고일 뿐만 아니라 경제적·정치적으로도 대단한 무게를 지녔던 직함과 역할이었다. 공식적인 자리에서 이 여성들은 왕과 똑같이 꽃 테두리cartouche[카르투슈는 고대 이집트에서 왕의 이름이나 부적 등을 상형문자로 적은 두루마리 모양의 장식, 또는 그것을 기록한 타원형의 패널이다―옮긴이]로 둘러싸인 '왕좌 이름'을 받으며, 왕실의 축제를 주도하고 신에게 공물을 바치는 모습을 보인다.[34] 그들은 또 이집트에서 가장 부유한 장원을 소유했으며, 거기에는 넓은 땅과 다수의 사제들과 필경사들이 직원으로 딸려 있었다. 여성이 그 정도 규모의 권력을 휘두를 뿐만 아니라, 그 권력이 오직 독신 여성에게만 해당되는 공직에 결부되어 있다는 점에서, 이는 역사적으로 특이한 사례다. 하지만 이 정치적 혁신은 거의 논의되지 않았다. 아마 과도기적인(심지어 퇴폐적이기도 한) 성격을 가진 '중간기'나 '후반'이라는 틀에 갇힌 시각으로 그것을 취급했기 때문일 것이다.[35]

고왕국, 중왕국, 신왕국으로의 분리 자체가 지금으로부터 수천 년 전의 그리스 자료, 가령 기원전 3세기쯤의 이집트 연대기 기록자 마네토Manetho가 쓴 《아에깁티아카Aegyptiaca》 같은 자료, 심지어 그보다 더 오래된 상형문자 기록에서 유래하는 것이므로 매우 구식이라고 추측할 수도 있다. 그렇지는 않다. 사실 이 3분법은 19세기 후반의 근대 이집트학자들이 제안하여 쓰기 시작한 것으로, 그들이 도입한 용어(주로 라이히Reich나 제국empire 좀 뒤에 쓰인 왕국Kingdom 같은 것들)는 명백히 유럽식 민족국가를 모델로 한 것이다. 독일, 특히 프로이센 학자들이 여기서 주도적인 역할을 했다. 고대 이집트의 과거를 통일과 해체가 주기적으로 교대하는 시리즈로 보려는 그들의 경향은 명백히 비스마르크의 독일, 곧 권위주의적 정부가 무한히 작은 영주국들을 한데 모아 통일국가를 조합해내려고 시도한 나라가 가졌던 정치적 관심의 반영이다. 1차 세계대전 이후 유럽 자체의 오래된 군주국 체제가 해체되면서, 아돌프 에르만Adolf Erman 같은 저명한 이집트학자들은 '중간기'에 역사상 고유한 위치를 허용하고, 고왕국의 끝과 그들 자신의 시대에 일어난 볼셰비키혁명을 비교했다.[36]

돌이켜보면, 이런 연대순으로 배열한 구도가 저자 본인들의 정치적 관심을 얼마나 많이 반영하는지는 쉽게 알 수 있다. 혹은 저자들이—과거로 돌아가면—자신을 지배 엘리트의 일부로 상상하거나, 자신들이 이 사회에서 맡은 역할과 어딘가 비슷한 역할을 거기서도 맡는다고 상상하는 경향도 있다. 이집트나 마야에서 박물관 큐레이터, 교수, 중급 기능직에 해당하는 존재가 되어보는 것이다. 하지만 이런 구도가 왜 사실상 표준이 되어야 할까?

중왕국(기원전 2055~기원전 1650)을 보자. 표준 역사에서 중왕국은 이집트가 1차 중간기의 소위 혼란이라는 것에서 빠져나와 강하고 안정적인 정부가 다스리는 새로워진 단계로 들어가서, 예술적·문학적 르네상스를 이룬 시기로 나타난다.[37] 그 '중간기'라는 시기가 정말로 얼마나 혼란스러웠는가 하는 질문은 보류하더라도(곧 이 질문으로 돌아가겠다), 중왕국 역시 똑같이 왕위 계승에 대한 폭력적 분쟁, 잘못된 세금 제도, 국가가 지원하는 소수민족 탄압, 이집트 남쪽 이웃 나라를 잔혹하게 약탈하여 노예와 황금을 들여오는 일은 물론 왕실의 광산 탐험과 건설 프로젝트를 지원하기 위한 강제 노동의 증대가 성행했던 시기로 나타날 수 있다. 그러나 장래의 이집트학자들이 아무리 그것들을 높이 평가하게 될지라도, 중왕국 때 쓰인 《시누헤 이야기The Story of Sinuhe》 같은 문학의 우아함과 오시리스 숭배의 번영은 수천 명의 징집 병사, 강제 노역자, 처형된 소수민족 들에게는 전혀 위안을 주지 못했다. 그 이전의 '암흑시대'에 그들의 조부 세대는 대부분 아주 평화롭게 살았는데 말이다.

덧붙여 말하자면, 시간 측면에서 사실인 것은 공간 측면에서도 사실이다. 인류 역사에서 지난 5,000년 동안—대략 이 장을 진행하면서 우리가 들어오게 될 기간—우리는 전통적으로 세계사를 도시, 제국, 왕국들로 구성된 체스판으로 보아왔다. 그러나 사실, 이 기간의 대부분 동안 이런 세력들은 정치적 위계에서 예외적으로 존재한 섬들이었고, 그 밖에는 훨씬 더 넓은 영토가 에워싸고 있다. 역사가가 그런 영토를 보게 될 경우, 그 주민들은 '부족 연맹' '근린 동맹', 또는 (여러분이 인류학자라면) '분절적 사회'[분절segment은 한 부족 내의 작은 집단 체계를 가리킨다—옮긴이] 등으로 서술된다. 그러니까 고정되고 감독받는 권위 시스템을 체계적으로 회피하는 사람들이라는 것이다. 아프리카, 북아메리카, 중앙아시아나 동남아시아 등 그처럼 느슨하고 유연한 정치 연합이 최근까지도 존속했던 지역에서 그런 사회가 어떻게 작동했는지 우리는 약간 알고 있다. 그러나 정작 이런 형태가 세계적으로 가장 흔한 정부 형태이던 시절에 그것들이 어떻게 작동했는지에 대해서는 답답할 만큼 아는 바가 없다.

아마 진정으로 근본적인 설명은 인류 역사를 중간에 놓인 시대와 장소의 관점에서 재구성하게 될 것이다. 그런 의미에서 이 장은 정말로 근본적인 설명은 아니다. 대부분의 경우 우리는 예나 다름없는 이야기를 하고 있다. 하지만 적어도 목적론적 사고 습관을 포기하면 어떤 일이 일어나는지 알려고 노력하는 중이다. 그런 습관은 우리 현대 민족국가의 배아적 버전을 위해 고대 세계를 세탁해버린다. 대신에 우리가 염두에 두는 것은—'국가의 탄생'을 표시하는 것으로 대개 받아들여지는 시간과 장소를 바라볼 때—사실은 매우 다른 종류의 권력이 어떻게 구체화되는지를 보고 있을 수도 있다는 점이다. 그 권력들은 저마다 고유한 폭력, 지식, 카리스마, 즉 우리가 말한 지배의 세 기본 형태의 혼합을 지니고 있다.

새로운 접근법의 가치를 시험할 방법 하나는 그것이 예전에는 비정상적 사례로 보이던 것을 설명하는 데 도움을 주는지 알아보는 것이다. 즉 엄청난 수의 사람들을 동원하고 조직했던 것은 부정할 수 없지만, 그 어떤 통상의 국가 정의에도 들어맞지 않는 것으로 보이는 고대의 정치집단 같은 것을 설명하는 데 새 접근법이 도움이 되는가? 이런 사례는 확실히 많다. 일반적으로 최초의 중앙아메리카 대문명으로 간주되는 올멕의 사례로 시작해보자.

스포츠로서의 정치에 관해: 올멕의 경우

고고학자들에게는 올멕을 정확하게 묘사하려면 어찌해야 하는가가 힘들게 씨름해야 할 문제였다. 20세기 초반의 학자들은 그것을 예술적, 혹은 문화'층'이라 불렀는데, 이는 대체로 그런 용어가 아니면 기원전 1500년에서 기원전 1000년 사이에 테후안테펙곶에 걸친 지역에서부터 과테말라, 온두라스, 남부 멕시코 대부분에 이르는 엄청나게 넓은 지역에 불쑥 출현했지만 어떤 의미를 가졌는지 불분명해 보이는 어떤 스타일―특정한 공통적 토기 유형, 인간 모습의 인형, 석조 조각 들로 쉽게 확인되는―을 어떻게 묘사해야 할지 알 수가 없었기 때문 이다. 올멕이 무엇이든 간에, 그들은 나중에 알려진 대로 후대 중앙아 메리카의 모든 문명을 낳은 '어머니 문화', 그 지역의 특징적인 달력 시스템, 상형문자, 구기 경기까지도 발명한 문화를 대표하는 것으로 보인다.[38]

동시에, 올멕이 하나의 통합된 민족적 혹은 심지어 정치적 그룹이 라고 간주할 이유는 전혀 없었다. 떠돌아다니는 전도사, 상업 제국, 엘 리트 패션 스타일, 그 외에도 수많은 추측들이 있었다. 결국, 고고학자 들은 실제로 올멕의 심장부가 베라크루스의 습지에 있었음을 알게 되 었다. 그곳은 멕시코의 걸프만 주변주를 따라 습지의 도시 산로렌초 와 라 벤타가 세워진 곳이다. 이 올멕 도시들의 내부 구조는 아직 잘 알려져 있지 않다. 대부분은 제의 구역을 중심으로 하여 넓은 근교가 둘러싼 형태였던 것 같다. 도시의 배치는 불확실하지만, 흙으로 쌓은 큰 피라미드 둔덕들이 있었다. 이런 거대한 도심들은 그런 곳 외에는 옥수수를 기르는 작은 정착촌들과 계절에 따라 이동하는 채집인 숙영 지들이 뿔뿔이 흩어져 있고 인공적인 건설의 영향을 비교적 적게 받 은 지형 한복판에 상대적으로 고립된 모습으로 자리 잡고 있다.[39]

그렇다면 우리는 올멕 사회의 구조에 대해 정말로 무슨 말을 할 수 있을까? 그것이 결코 평등하지 않았다는 것은 알고 있다. 그 사회에는 분명히 구별되는 엘리트층이 있었다. 피라미드나 다른 거대 구조물의 존재는, 적어도 한 해의 어느 시점에는 이 엘리트들이 기술과 노동력 의 대단한 자원을 자신들 뜻대로 처리할 수 있었음을 시사한다. 하지만 다른 모든 측면에서는 중심과 배후지 간의 연결이 매우 피상적인 것으로 보인다. 한 예로, 올멕 최초의 대도시인 산로렌초는 광역 지역 경제에 거의 아무런 영향도 주지 못한 것으로 보인다.[40]

올멕의 정치 구조를 계속 더 평가해보려면 많은 사람들이 그것의 특징으로 여기는 업적, 즉 일련의 지극히 거대한 두상 조각을 살펴봐야 한다. 몇 톤 무게의 현무암으로 조각된 이 놀라운 조각상은 고대 이집트 석조물에 비길 만한 수준이며 하나씩 외따로 서 있다. 각 조각상을 만들어내려면 이루 말할 수 없이 많은 시간을 들여 돌을 갈아내야 했을 것이다. 이 조각상들은 올멕 지도자들의 표상일 것 같은데, 당혹스럽게도 가죽 헬멧을 쓴 구기 경기자들의 모습으로 묘사되어 있다. 지금까지 발견된 조각들은 모두 충분히 비슷하게 생겼으며, 저마다 어떤 남성미의 표준적인 이상형 같은 것을 반영하는 것으로 보인다. 하지만 그러면서도 각자는 서로 매우 달라서, 특정한 개별 우승자의 고유한 초상 같기도 하다.[41]

구기 경기장이 실제로 있었다는 데는—고고학 기록으로는 지독하게 파악하기 힘든 사실이었지만—의심의 여지가 없다. 그리고 어떤 종류의 경기가 열렸는지는 모르지만, 그것들이 후대의 마야와 아스테카의 구기 경기와 조금이라도 비슷한 것이었다면 아마 길고 좁은 경기장에서 열렸을 것이며, 고위 가문 출신의 선수들이 묵직한 고무공을 엉덩이로 치면서 명성과 영예를 얻으려고 경쟁하는 방식이었을 것이다. 경쟁적인 경기와 올멕 귀족의 발흥 사이에 매우 직접적인 관련이 있다고 결론짓는 것이 합리적이고 논리적으로 보인다.[42] 문자 증거가 없으니 더 많은 이야기는 하기 힘들지만, 후대의 중앙아메리카 구기 경기를 조금 자세히 들여다보면 최소한 이것이 실제로 어떻게 진행되었는지 느낌은 올지도 모른다.

모든 것의 새벽

돌로 지어진 구기 경기장은 왕실의 주거와 피라미드식 신전과 함께 고전 마야 도시들의 공통된 특징이었다. 일부는 순수하게 제의적이었지만, 나머지는 실제로 경기에 쓰였다. 마야 신들 가운데 우두머리부터가 구기 경기자였다. 키체 마야K'iche Maya의 서사시《포폴 부Popol Vuh》에는 인간 영웅들과 지하 세계의 신들이 맞붙는 설정으로 구기 경기가 등장하며, 쌍둥이 영웅 우나푸Hunahpu와 스발란케Xbalanque의 탄생으로 이어진다. 이들은 생사를 건 경기에 직접 출전하여 신들을 무찌르고 천상에 올라 별들과 동등한 자리를 스스로의 힘으로 쟁취한다.

가장 위대한 마야 서사시가 구기 경기를 중심으로 한다는 사실은 그 경기가 마야 식의 카리스마와 권위에 얼마나 핵심적인 요소였는지 느끼게 해준다. 그리고 아마 가장 유명한 왕이었을 새 재규어 대왕Bird Jaguar the Great의 즉위(752)를 기념하는 약스칠란Yaxchilán에 세워진 명문銘文이 새겨진 계단은 이를 더욱 본능적인 방식으로 느끼게 해준다. 중앙의 블록에서 그는 구기 경기자로 등장한다. 소인小人 신하 두 명을 옆에 거느린 왕은 인간 포로의 신체―묶이고, 부러지고, 한데 뭉쳐진―를 담고 있는 거대한 고무공이 긴 계단을 굴러 내려오는 동안 그것을 찰 준비를 한다. 몸값을 받아내거나, 그 값을 받지 못한다면 구기 경기에서 살해할 고위급 적을 사로잡는 것은 마야 전쟁의 주요 목표였다. 이 특정한 불운한 인물은 보석 두개골Jewelled Skull이라는 인물이었을 수 있다. 그는 경쟁 도시 출신의 귀족이었는데, 그가 당한 굴욕이 새 재규어에게 너무나 중요했기 때문에, 그 사연이 근처 신전의 조각된 상인방上引枋(문틀·창틀의 일부로 문·창문을 가로지르는 가로대―옮긴이)에 중심 삽화로 새겨졌다.[43]

아메리카의 일부 지역에서 경쟁적 스포츠는 전쟁의 대체물 역할을 했다. 고전 마야 시대에 이 둘 중 하나는 정말로 다른 하나의 연장이었다. 전투와 경기는 왕족들 간에 벌어지는 주기적인 연례 경쟁에 속했으며, 생사를 걸고 진행되었다. 두 가지 모두 지배자의 삶에서 핵심 사건으로 마야의 거대 구조물에 기록되었다. 아마 거의 틀림없이 이런 엘리트들의 경기는 대중의 구경거리이기도 했을 것이며, 특정한 종류의 도시 대중—검투 경기를 즐기고 그럼으로써 대립의 관점에서 정치를 이해하게 되는 그런 부류—을 양성했을 것이다. 여러 세기 뒤에 스페인 정복자들은 테노치티틀란에서 열리는 아스테카 버전의 구기 경기를 묘사했는데, 선수들이 인간 두개골 더미 속에서 서로 맞붙는 경기였다. 그들은 경기의 경쟁적 열기에 도취한 평민들이 때로는 도박으로 가진 것을 모두 잃거나 스스로 노예 신세가 되는 일도 있었다고 전했다.[44] 경기의 난도가 너무 높았기 때문에, 한 선수가 경기장 측면을 장식하는 돌로 된 고리에 공을 통과시키면(고리가 너무 작게 만들어졌기 때문에 통과시키기가 거의 불가능했다. 통상적으로는 경기의 승리는 다른 방식으로 얻어진다) 경기는 즉각 끝난다. 그 기적을 연출한 선수는 내기에 걸린 모든 것과 함께 관중으로부터 약탈한 것이 있다면 그것도 받았다.[45]

정치적 경쟁과 조직적 스펙터클을 강렬하게 융합한 올멕이 왜 오늘날 후대 중앙아메리카 왕국들과 제국들의 문화적 창시자로 간주되는지는 알기 쉽다. 그러나 올멕 자체가 많은 인구를 지배하기 위한 사회 기간 시설을 만들어냈다는 증거는 거의 없다. 지금까지 알려진 바로는, 그 지배자들은 자신들의 권력을 광역 배후지 전체로 확장하게 해주었을 법한 안정적인 군사적 혹은 행정적 기구를 지휘하지 않았다. 대신에 그들은 문화적 영향력이 제의적 중심지로부터 훌륭하게 퍼져나가도록 주관했는데, 이런 중심지는 농사 달력의 요구에 따라 예정된 특정한 경우에만(제의적인 구기 경기 같은) 사람들이 빽빽하게 모여들고 한 해의 다른 시기에는 대체로 비워져 있는 공간이었다.

다른 말로 하면, 이런 것들이 어떤 의미로든 '국가'였다면, 그것들은 클리퍼드 기어츠가 '극장 국가theatre state'라고 불렀던 것의 계절적 버전이라고 보는 편이 가장 좋은 정의일 것이다. 그런 곳에서 조직된 권력은 거창하지만 잠시 후에는 사라지는 스펙터클로서 간헐적으로만 실현된다. 외교에서 자원 비축에 이르는 어떤 일이든 '국가 업무'로 간주될 수 있는데, 제의가 국가 업무에 도움을 주었다기보다는 국가 업무가 제의 수행에 도움을 주기 위해 존재한 것이다.[46]

차빈 데 우안타르ㅡ이미지 위에 건설된 '제국'?

남아메리카에도 이와 좀 유사한 상황이 있다. 잉카 이전에 일련의 전혀 다른 사회들이 학자들에게서 잠정적으로 '국가' 혹은 '제국'으로 확인된 일이 있었다. 이런 사회는 모두 나중에 잉카가 통제한 지역 안에 있는 페루령 안데스와 그 인근의 해안 배수 지대에서 발생했다. 그중 누구도 문자를, 적어도 우리가 알아볼 수 있는 형태의 문자를 갖고 있지 않았다. 그래도 서기 600년 이후로는 많은 사람들이 기록 보관을 위해 결승結繩[끈 매듭]문자와 아마 다른 형태의 표기법도 사용했을 것이다.

모종의 거대한 중심 구조물이 기원전 2000년대에 이미 리오 수페 지역에서 등장했다.[47] 나중에, 기원전 1000년에서 기원전 200년 사이에ㅡ페루의 북부 고지대에 있는 차빈 데 우안타르Chavín de Huántar에서ㅡ단일한 중심지 하나가 훨씬 넓은 지역에 영향력을 확장한다.[48] 이 '차빈 문화층'은 서로 다른 지역적 문화 셋에 자리를 내주고 물러났다. 중앙 고지대에서는 와리Wari라 알려진 군사화한 정치단체가 나타났다.

이와 병행하여 티티카카 호숫가에는 티와나쿠Tiwanaku라는 대도시—약 4제곱킬로미터의 면적으로 우루크나 모헨조다로의 대략 두 배 정도 규모—가 형성되어, 땅을 돋워 밭을 만드는 독창적인 시스템을 써서 볼리비아 고지대altiplano의 얼어붙는 추위 속에서도 작물을 길렀다.[49] 페루의 북쪽 해안 지역에서는 모체Moche라는 제3의 문화가 장례식을 통해 나타난 여성 지도력의 놀랄 만한 증거, 전사-여사제들과 여왕들의 황금이 넘치고 인신 공양이 곁들여진 사치스러운 무덤이라는 증거를 보여준다.[50]

19세기 후반과 20세기 초반에 이런 문명을 연구한 최초의 유럽인들은 거대한 구조물의 예술과 건축을 가지고 주위 지역에 그 '영향력'을 행사하는 도시나 도시군들이라면 어떤 것이든 분명히 국가나 제국의 수도일 것이라고 추정했다(또 그들은 지도자들이 전부 남자라고 추정했는데, 이 역시 나중에 똑같이 오류임이 밝혀진다). 올멕에서도 그랬지만, 그 영향력의 놀랄 만큼 많은 부분이 행정적, 군사적 혹은 상업적 제도와 관련된 기술의 전파보다는 이미지의 형태—안데스의 경우, 작은 도기 그릇과 개인 장신구와 직물에 그려져 분포되었다—로 발휘된 것으로 보인다.

페루령 안데스의 모스나 계곡 높은 곳에 자리 잡은 차빈 데 우안타르 자체를 살펴보자. 고고학자들은 예전에 그곳이 기원전 1000년에서 기원전 1년 사이에 잉카 이전 제국의 수도였다고 믿었다. 동쪽으로는 아마조니아 열대우림까지 닿고 서쪽으로는 태평양 연안에 이르며, 그 사이의 모든 고지대와 해안 배수 지대를 포함한 지역을 장악한 국가라고 말이다. 그런 권력은 돌을 잘라서 지은 차빈 건축물의 높은 수준과 규모, 비길 데 없이 풍부한 거대한 조각상, 그리고 광대한 지역에 걸쳐 토기, 보석, 직물에 등장하는 차빈 모티프의 존재와 상응하는 것 같았다. 그런데 차빈은 정말로 '안데스의 로마' 같은 존재였던가?

사실, 이를 주장할 만한 증거는 거의 나오지 않았다. 차빈에서 무슨 일이 실제로 벌어지고 있었는지 알려면 우리는 현재 거론하고 있는 종류의 이미지들을 더 자세히 살펴봐야 하며, 차빈이 가졌던 권력 개념에서 비전과 지식이 갖는 더 광범위한 의미에 대해 그것들이 어떤 이야기를 해주는지 알아야 한다.

차빈의 예술은 그림으로 이루어져 있지 않으며, 회화적 서사는 더욱 아니다. 적어도 직관적으로 알아볼 만한 의미에서는 그렇다. 또 그것은 상형적 문자 체계로 보이지도 않는다. 우리가 다루고 있는 것이 실재하던 제국이 아님을 상당히 확신할 수 있는 이유 가운데 하나가 이것이다. 실제 제국들은 매우 크면서도 매우 단순한 스타일의 묘사적 예술을 선호하는 경향이 있다. 그래야 그 의미가 대상으로 삼은 모든 대상에게 쉽게 이해될 수 있기 때문이다. 페르시아 아케메네스왕조의 황제가 자신의 모습을 산의 사면에 조각한다면 누구든, 자신이 알지 못하는 땅에서 온 대사일지라도(혹은 어떤 먼 미래 시대의 골동품 연구자라도) 그것이 매우 위대한 왕의 이미지임을 알아볼 수 있도록 새겼을 것이다.

이와 반대로, 차빈의 이미지들은 초심자를 대상으로 한 것이 아니었다. 볏이 달린 독수리가 몸을 웅크리고 장식품의 미로 속으로 사라진다. 인간의 얼굴에 뱀 같은 독니가 자라나거나, 인간의 얼굴이 고양이처럼 찡그린 표정으로 일그러진다. 물론 다른 형체들도 우리의 관심을 전혀 끌지 못한다. 어느 정도 연구가 진행된 뒤에야 가장 기초적인 형태들이 초심자의 눈에 모습을 드러내게 된다. 상당한 관심이 있으면 우리는 결국 반복적으로 나타나는 열대 수림의 동물들 — 재규어, 뱀, 카이만 등 — 의 이미지를 알아볼 수 있다. 그러나 눈이 그것들에게 익숙해지면서 동시에 그것들은 우리의 시야 밖으로 빠져나가고, 서로의 신체를 들락날락하거나 복잡한 패턴 속으로 녹아들어간다.[51]

이런 이미지 가운데 일부를 학자들은 '괴물'이라 불렀지만, 고대 그리스 항아리나 메소포타미아 조각—켄타우로스, 그리핀 등등—에 나오는 단순한 구성 형태들 혹은 모체에서 발견한 그들과 대응할 만한 존재들과는 공통점이 전혀 없다. 우리는 완전히 다른 종류의 시각적 우주 속에 들어와 있다. 그곳은 수시로 모습을 바꾸는 존재의 영역이며, 어떤 신체도 안정적으로 유지되거나 완결되지 않는 곳이다. 그리고 부지런히 정신을 훈련해야만 얼핏 시각적 난장판 같은 곳으로부터 조금씩 형체를 식별할 수 있게 된다. 이런 어떤 견해에 대해서도 어느 정도 확신을 가지고 말할 수 있는 이유 하나는 차빈의 예술이 훨씬 더 넓은 아메리카 선주민 전통의 초기적인 (그리고 장대한) 표현으로 보이기 때문이다. 그 전통에서 이미지는 무엇을 나타내거나 표현하려는 것이 아니라 비상한 기억력에 대한 시각적 힌트 역할을 한다.

최근까지만 해도 수많은 선주민 사회에는 여전히 지하 세계의 혼령들과 동물 친구들의 세계로 떠나는 샤먼 여행의 제의적 공식, 계보학, 또는 그에 대한 기록의 비교적祕敎的 지식을 전해주는 대략 비슷한 종류의 시스템들이 쓰이고 있었다.[52] 유라시아에서는 비슷한 기법들이 고대의 '기억 기술'로 개발되었는데, 그것은 이야기, 연설, 비슷한 재료의 목록을 암기하려고 노력하는 사람들이 저마다 익숙한 '기억 궁전'을 갖고 있는 기술이다. 이것은 정신적 통로나 방으로 이루어져 있으며, 그 속에서 충격적인 일련의 이미지들이 배열되고, 각각 특정한 일화, 사건이나 이름에 힌트가 되어준다. 그런 시각적 힌트를 그리거나 조각할 때 무슨 일이 일어날지, 또 어떤 맥락이 있는지 전혀 모르는 후대의 고고학자들이나 미술사가들이 무엇을 발견하게 될지는 상상만 할 수 있을 뿐이다. 기억된 그 이야기가 무엇에 관한 것일지 알 수 없는 것은 당연하다.

차빈의 경우, 이런 이미지들이 샤먼의 여정의 기록이라고 짐작한다면 이는 상당히 안전한 판단일 수 있다. 이미지 자체의 특이한 성격이기 때문만이 아니라 환각 상태에 관련된 정황 증거가 풍부하기 때문이기도 하다. 차빈 자체에서도 코담배 뜨는 숟가락, 정교한 작은 절구, 골각제 파이프가 발견되었다. 그런 물건에 새겨진 이미지 가운데 이빨과 뱀 머리 장식을 단 남자가 산페드로 선인장 둥치를 높이 쳐들고 있는 모습이 조각된 것이 있다. 이 식물은 이 지역에서 지금도 만들어지는, 향정신성 환각을 보도록 유도하는 메스칼린을 기초로 하는 용액인 우아추마Huachuma의 기본 재료다. 또 다른 조각된 형태들은 모두 외형상 남성인데, 빌카 잎사귀Anadenanthera sp. 그림으로 에워싸여 있다. 그 잎사귀는 강력한 환각 성분을 갖고 있다. 잎사귀를 갈아 코로 들이마시면 코에서 점액질이 분비되는데, 이런 상태가 차빈의 주요 신전 벽에 달려 있는 조각된 두상에 충실하게 묘사되어 있다.[53]

사실, 차빈의 거대 구조물이 있는 지형에서 세속적 정부와 관련된다고 보이는 것은 하나도 없다. 명백히 군사적 요새나 행정적 구역으로 보이는 것은 없다. 반면 거의 모든 것이 제의 수행과 비교적 지식의 계시나 은폐와 어떤 관련이 있는 것으로 보인다.[54] 흥미롭게도, 이것은 선주민 정보원들이 17세기에 그곳에 당도한 스페인 군인들과 연대기 기록자들에게 계속 말해온 바로 그런 내용이다. 그들의 말에 따르면, 기억할 수 있는 사람이 있는 한 차빈은 순례의 장소였고, 또 초자연적 위험이 있는 장소였다. 전국 각지에서 온 주요 가문의 수장들이 환상을 보고 신탁, 즉 '돌의 발언'을 듣기 위해 그곳에 모였다. 초기에는 의심이 있었지만, 고고학자들은 점차 그들의 말이 옳다고 인정하게 되었다.[55]

그곳에는 제의와 환각 상태의 증거만이 아니라 그 장소만의 특별한 건축물도 있다. 차빈의 신전들에는 돌로 만들어진 미궁과 공중 계단이 있는데, 이런 것들은 공동체의 숭배 행위가 아니라 개인적인 시련과 입문식, 환상의 모험을 위해 설계된 것으로 보인다. 그것들은 좁은 복도에서 끝나는 고통스러운 여정을 시사한다. 그 복도는 단 한 사람만 지나갈 수 있는 크기인데, 그곳을 넘어서면 뒤엉킨 이미지들이 조각된 거석이 있는 아주 작은 성소가 있다. 그런 기념물로 가장 유명한 것은 '엘 란존El Lanzón'('창lance')이라 불리는 돌기둥인데, 그것은 4미터의 화강암 말뚝으로, 그것을 둘러싸고 차빈의 구신전이 세워져 있다. 이 돌기둥은 흔히 샤먼 우주의 양쪽 끝을 연결하는 중심 기둥인 악시스 문디axis mundi이기도 한 신을 나타내는 것으로 추정된다. 그것의 훌륭한 복제품이 페루 국립박물관의 가장 중요한 자리에 전시되어 있다. 그러나 3,000년 된 원본은 이때껏 단 한 명의 관중에게도 그 형태나 의미가 온전히 파악되지 못한 채, 지금도 가느다란 틈새로 들어오는 빛을 받으며 어두운 미로 속에 서 있다.[56]

만약 차빈—잉카의 먼 선배—이 '제국'이었다면, 그것은 비교적 지식과 연결된 이미지 위에 세워진 것이었다. 반면 올멕은 스펙터클과 경쟁과 정치적 지도자의 개인적 속성을 기초로 삼아 세워진 '제국'이었다. 분명히 말해, 여기서 우리가 '제국'이라는 용어를 쓰는 것은 최대한 느슨한 의미다. 두 정치집단 모두, 예를 들면 로마나 한漢 제국은 물론 잉카나 아스테카 제국과도 전혀 비슷하지 않았다. 또 그들은 '국가의 지위'로서의 그 어떤 중요한 기준도 충족시키지 않았다. 적어도 국가에 대한 가장 표준적인 사회학적 규정(폭력의 독점, 차등적인 행정적 위계 등등)에 따르면 그렇다. 통상의 해결책은 그런 체제를 '복합적 족장 사회'로 묘사하는 것이지만, 이 역시 전혀 적절하지 않아 보인다. 여기에는 '얼마간 국가 비슷해 보이지만 국가는 아닌 어떤 것'이라는 의미가 축약되어 들어 있다. 실제로도 말해주는 바가 전혀 없다.

다른 상황이었다면 수수께끼 같아 보일 이 사례를, 우리는 이 장을 시작할 때 개요를 설명한 바 있는 지배의 초보적 세 원칙 ― 폭력의 통제(혹은 주권), 지식의 통제, 카리스마적 정치 ― 의 렌즈를 통해 바라보자고 제안한다. 그렇게 함으로써 우리는 각 원칙이 어떻게 특정한 지배 형태를 비상한 정도로까지 강조하여 특이하게 큰 규모로 발전시키는지를 볼 수 있다. 한번 시도해보자.

첫째, 차빈의 경우, 흩어져 사는 다수의 주민들에게 권력을 휘두르려면 분명히 특정한 종류의 지식에 대해 통제력을 확보해야 한다. 그 지식이란 후대의 관료제에서 발견되는 '국가 기밀'이라는 개념과 아마 별로 거리가 멀지 않겠지만, 내용은 분명 매우 다르고, 군사력으로 그것을 지원하는 일은 거의 없었다. 올멕 전통에서 권력은 위험이 가미된 분위기에서 개인적 인정을 놓고 경쟁하는 어떤 공식적인 방식과 관련되어 있었다. 그런 경기는 대규모의 경쟁이 벌어지는 정치 무대의 최고 본보기이지만, 그 무대에서 영토적 지배권이나 행정적 기구는 역시 빠져 있었다. 차빈에도 당연히 어느 정도의 개인적 카리스마와 경쟁이 있었다. 올멕에서도 역시 일부 사람들은 불가사의한 지식에 대한 장악력을 통해 영향력을 획득했다. 하지만 두 경우 모두 그들 누구든 강력한 주권의 원칙을 주장하고 있다고 생각할 이유를 제공하지는 않는다.

위 사례들이 지배의 세 가지 초보 형태 가운데 하나(차빈에서는 지식 통제, 올멕에서는 카리스마적 정치력)를 중심으로 하고 나머지 둘을 상대적으로 덜 중요하게 취급하면서 조직되는 것으로 보이므로, 이것들을 '1차 체제'라 부르기로 하자. 그렇다면 다음에 나올 질문은 분명히 세 번째 변수도 발견될 수 있는가 하는 것이다. 즉 주권의 원리를 개발하여(그러니까 개인이나 소그룹이 처벌받는 일 없이 폭력의 독점적 사용권을 허가받아) 지식을 통제하는 기구나 그 어떤 경쟁적 정치 무대도 없이 그것만을 극한으로 추구한 사회의 사례가 있는가 하는 질문이다. 사실, 예는 매우 많다. 확실히 그런 사회의 존재는 아마 고고학 증거만으로는 확정하기가 더 어렵겠지만, 이 세 번째 변형을 예시하기 위해 우리는 다행히 문자 자료를 활용할 수 있게 된 더 최근의 아메리카 선주민 사회를 살펴볼 수 있다.

항상 그렇듯이, 우리는 그런 자료에 대해 신중해져야 한다. 그런 자료가 유럽인 자신의 편향을 담고 있을 뿐 아니라, 그들이 거의 예외 없이 몰고 온 카오스적 파괴의 그물에 이미 걸려버린 사회를 묘사하기 때문이다. 그렇기는 해도 18세기의 남부 루이지애나에 살던 나체즈족에 대한 프랑스인들의 설명은 우리가 관심을 가진 바로 그런 종류의 설정을 묘사하는 것으로 보인다. 일반적인 합의에 따르면, 나체즈족(자신들을 테올로엘Théoloël, 혹은 '태양의 종족'이라 부른)은 리오그란데강 이북에서 확인 가능한 신성 왕권의 유일한 사례다. 그들의 지배자는 사파잉카나 이집트 파라오도 만족시킬 만한 절대적 권력을 누렸다. 하지만 관료제는 최소한으로만 있었고, 경쟁적 정치 무대 같은 것은 없었다. 우리가 아는 한 이렇게 설정된 조직을 '국가'라 부르려고 한 사람은 아무도 없었다.

'국가' 없는 주권에 관해

18세기 초반에 나체즈족에 대한 묘사를 남긴 프랑스의 예수회 수도사 마투랭 르 프티Maturin le Petit의 저술로 돌아가보자. 르 프티는 나체즈족이 현재 캐나다에 속하는 지역에서 예수회원들이 만난 사람들과는 전혀 다르다는 것을 알았다. 그는 특히 그들의 종교적 관행에 충격을 받았다. 그런 관행들은 프랑스의 모든 자료에서 '위대한 마을'이라 불리는 정착지를 중심으로 돌아갔는데, 그 마을의 중심부에는 광장을 사이에 두고 흙으로 돋운 거대한 연단 두 개가 있었다. 한쪽 연단에는 신전이 있었고, 다른 연단에는 일종의 궁전이라 할, '위대한 태양'이라 불리는 지배자의 집이 있었는데, 그곳은 4,000명이 들어갈 수 있을 만큼 컸다. 당시 나체즈족의 전체 인구가 대략 그 정도였다.

영원한 불이 타고 있는 신전은 왕조의 시조에게 봉헌되었다. 당대의 지배자는 동생('문신 새긴 뱀'이라 불리는)과 누나('흰 여성')와 함께 종교적 숭배에 매우 가까운 대우를 받았다. 그들 앞에 오는 사람은 누구나 절하고 울부짖어야 했고, 물러갈 때는 뒷걸음질로 나갔다. 아무도, 설사 왕의 아내들이라 할지라도 그와 식사를 함께 하지 않았다. 그가 식사하는 모습이라도 볼 수 있는 것은 최고 특권의 소유자들뿐이었다. 이것이 실제로 의미하는 바는 왕족 일원들이 평생 거대한 마을 영역 안에서만 살아가며 그 너머로 나가는 일이 거의 없다는 것이다.[57] 왕 본인은 주로 주요 제의나 전쟁이 있을 때만 등장한다.

르 프티와 다른 프랑스인 관찰자들은—당시에 물론 자신을 태양왕으로 꾸몄던 루이 14세의 종주권하에서 살아온—이들의 유사성에 매우 흥미를 느꼈고, 그래서 위대한 마을에서의 일상을 상당히 자세히 묘사했다. 나체즈족의 위대한 태양은 루이 14세만큼의 장엄함은 없었을지 몰라도, 이 측면에서 자신에게 부족한 것을 순전한 개인적 능력으로 보완한 듯 보였다. 프랑스인 관찰자들은 특히 나체즈족 예속민들에 대한 독단적인 처형과 재산 압수, 그리고 왕족의 장례식에서 궁정 신하들이 ─흔히 외견상으로는 아주 기꺼이─ 위대한 태양과 그 가까운 가족 일원을 따라가기 위해 자청해서 교살당하는 모습에 충격을 받았다. 그런 행사의 제물은 대체로 그 시점까지 왕을 직접 보살피고 신체적 요구에 응해주던 사람들이었다. 예외 없이 평민 출신이던 그의 아내들(나체즈족은 모계 전승이었으므로 왕위를 잇는 것은 흰 여성의 자녀들이었다)도 마찬가지였다. 프랑스인들의 설명에 따르면, 많은 인원이 자발적으로, 심지어는 기쁘게 가서 죽었다. 한 아내는 자신이 내세에서 마침내 남편과 식사를 함께 할 수 있기를 얼마나 꿈꾸었는지 이야기했다.

이런 설정이 낳은 모순적인 결과 하나는 한 해 중 대부분의 기간 동안 거대한 마을이 대체로 사는 사람 없이 비워져 있었다는 사실이다. 또 다른 관찰자인 피에르 드 샤를부아 신부의 지적에 따르면, "나체즈족의 거대한 마을에는 현재 오두막 몇 채밖에 없다. 대족장에게 야만인들이 가진 모든 것을 가져갈 권리가 있기에 사람들이 가능한 한 그에게서 멀리 떨어지려 하기 때문이라는 것이다. 따라서 이 부족 국가의 많은 마을들은 여기서 좀 거리를 두고 형성되었다".[58]

위대한 마을에서 멀리 떨어진 곳에서, 일반 나체즈족은 매우 다른 삶을 살았던 것 같고, 그들의 표면상의 지배자의 소원을 기쁘게 무시하는 모습도 흔히 보인다. 그들은 독자적인 상업과 군사적 원정을 행하며, 때로는 위대한 태양이 보내는 신하들이나 친척들을 통해 전해진 명령도 단호하게 거부했다. 나체즈 절벽 지역Natchez Bluffs region에 대한 고고학적 조사도 이 점을 지지한다. 18세기에 존재한 이 '왕국'은 실제로는 반半자치 구역과 상업 자원 면에서 거대한 마을 자체보다 더 크고 부유한 여러 정착촌들로 구성된 곳이었다.[59]

우리는 이런 상황을 정확히 어떻게 이해해야 하는가? 이런 상황이 모순적으로 보일지도 모른다. 그러나 역사적으로 그런 설정이 그리 특이하지는 않다. 위대한 태양은 고전적인 의미에서의 지배자였는데, 이는 곧 그가 법률보다 더 높은 원칙을 구현한다는 말이다. 따라서 어떤 법률도 그에게 적용되지 않는다. 이는 볼로냐에서 음반자 콩고Mbanza Congo에 이르기까지 거의 어디에서든 이런저런 형태로 우리가 보게 되는 우주론적 추론의 매우 흔한 사례다. 신들(혹은 신)이 도덕성에 구애되지 않는 존재로 보이듯—애당초 선과 악을 넘어서서 존재하는 원칙만이 선과 악을 창조할 수 있으므로—그와 똑같이 '신성한 왕들' 역시 인간적 기준에서 판단될 수 없다. 주위의 누구에게든 제멋대로 폭력적으로 행동하는 것 자체가 초월적 지위의 증거다. 그러면서도 동시에 그들은 사법 체계의 창조자이자 집행자일 것으로 기대된다. 나체즈족의 경우도 마찬가지였다. 위대한 태양은 태양의 아이의 후손이었는데, 그 아이는 보편적인 법률을 갖고 지상으로 내려왔다. 그 법률 가운데 가장 유명한 것이 도둑질과 살인에 대한 금지령이었다. 그러면서도 위대한 태양 본인은 허세를 부리며 이런 법률을 꼬박꼬박 어긴다. 마치 법에 우선하며 그래서 법을 창조할 수 있는 원칙이 자신의 정체성임을 입증하려는 것처럼 말이다.

이런 종류의 권력에는 (최소한 지배자의 유리한 지점에서 볼 때) 그것이 지독하게 사적인 것이 되는 경향이 있다는 문제가 있다. 누구에게든 좀처럼 위임할 수가 없다. 왕의 지배권이 미치는 범위는 왕 본인이 걷고, 다가가고, 보고, 실려 갈 수 있는 곳까지다. 그 범주 내에서 그것은 절대적이다. 그 범주를 넘어서면 그 권력은 급속히 줄어든다. 따라서 행정 시스템이 없는 곳에서(그리고 나체즈족 왕에게 딸린 보조자도 몇 명 되지 않는다), 노동하고, 공물을 바치고, 복종하라는 요구는 가증스러워 보일 수는 있겠지만 그냥 무시된다. 헨리 8세나 루이 14세 같은 르네상스 시대의 절대주의 군주도 자신의 권위를 위임하는 데 매우 큰 어려움을 겪었다. 즉 예속민들에게 왕실의 대리인을 왕 본인을 대하는 것과 동일한 공경과 복종심으로 대하라고 납득시키는 일 말이다. 설사 행정 기구를 개발했다 하더라도(물론 그들이 그랬듯이), 행정가들이 실제로 지시받은 대로 행동하게 하려면, 또 같은 기준에서 그들이 그렇게 행동하지 않을 경우 그런 상황을 왕에게 전달하게 하려면 어떻게 해야 하는가 하는 문제가 추가로 대두된다. 막스 베버가 즐겨 지적했듯이, 1780년대까지도 프로이센의 프리드리히대왕은 전국의 농노를 해방하려고 거듭 노력했지만 성과가 없었음을 알게 되었다. 관료들이 그런 포고령을 그냥 무시했거나, 왕의 위임자에게 추궁당할 경우 포고령의 문장이 실제로 왕이 의도한 것과 정반대의 내용으로 해석되어야 한다고 우겼기 때문이었다.[60]

이런 의미에서, 프랑스인 관찰자들의 생각이 전혀 엉뚱했던 것은 아니었다. 나체즈족 궁정은 정말로 일종의 베르사유궁전의 초집약적 버전으로 간주될 수 있다. 한편으로, 위대한 태양이 현존하는 곳에서 그의 권력은 더욱 절대적이었다(루이는 실제로 손가락만 까딱거려 누군가를 그 자리에서 처형할 수는 없었으니까). 반면 그 권력을 확대하려는 그의 능력은 더욱 제한되었다(루이는 어쨌든 행정력을 손에 쥐고 있었다. 비록 현대의 민족국가에 비하면 상당히 제한적인 것이었지만). 나체즈족 지배자는 사실상 갇힌 존재였다. 심지어 이 권력이, 특히 그 자애로운 측면은 어느 면에서 갇힌 상태에 의존했다는 주장도 있었다. 어느 설명에 따르면 왕의 주요 제의적 역할은 백성들에게 원래의 입법자로부터 오는 축복—건강, 풍요, 번영—을 베푸는 것이었다. 원래의 입법자는 생전에는 너무나 무섭고 파괴적이어서 결국은 석상으로 변신하고 아무도 자신을 보지 못할 신전에 숨기로 동의했다.[61] 이와 비슷한 방식으로, 왕은 엄밀하게 말해 갇혀 있는 한 신성하며 그런 축복을 유도할 수 있었다.

나체즈족의 사례는 왕의 갇혀 있음이 그들이 갖는 제의적 힘의 열쇠 가운데 하나가 되는 더 일반적인 원칙을 보기 드물게 명료하게 보여준다. 지배자는 항상 자신을 도덕적 질서와 상징적으로 단절한 존재로 나타낸다. 몇몇 자료로 남은 사례에서 보듯, 왕들이 자신을 확립하기 위해 터무니없는 일을 벌이고, 형제들을 학살하며, 자매들과 결혼하고, 조상들의 유골을 모독하며, 문자 그대로 궁전 밖에 나가서는 지나가는 사람을 아무나 쏘아 죽이는 것은 이 때문이다.[62] 그렇지만 바로 그런 행동이 왕을 잠재적인 입법자이자 대재판관으로 확립시킨다. 이는 '높은 신들'이 흔히 번개를 아무렇게나 던져대는 존재이면서도, 인간들의 도덕적 행위를 심판하는 것과 대략 비슷하다.

사람들은 독단적 폭력의 성공적인 집행을 어떤 의미에서 신성하다고 보는, 혹은 최소한 그것을 어떤 초월적 힘과 동일시하는 운 나쁜 성향을 갖고 있다. 우리는 난동을 벌이고도 처벌받지 않는(최소한 그가 그 장소에 실제로 없다면) 어떤 불한당이나 깡패 앞에 무릎을 꿇지 않을 것이다. 그러나 어떤 인물이 자신을 진정으로 법 위에 서는 존재로 확립하게 된다면―다른 말로 하면 신성하거나 별개의 존재라면―또 다른 명백한 보편적 원칙이 개입한다. 그를 일상의 인간 생활의 진창에서 별개로 떼어놓으려 하다가는 바로 그 인물이 온갖 제약에 속박되어버린다는 것이다. 폭력적인 남자는 보통 존경의 징표를 요구하지만, 우주적인 차원의―'땅을 밟지 않고' '태양을 보지 않고'―존경의 징표는 그가 폭력적으로든 다른 어떤 방식으로든, 행동할 자유에 심각한 제약이 되는 경향이 있다.[63]

역사의 대부분의 기간 동안 이는 주권을 유지하는 내적 동력이었다. 지배자들은 그들 권력의 자의적 본성을 확립하려고 시도한다. 예속민들은, 단순히 왕들을 기피하지 않는 한, 지배자들의 신 같은 인격을 끝없는 미궁처럼 이어지는 제의적 제약으로 에워싸려고 한다. 그런 제약은 너무나 정교해서 지배자들은 사실상 궁전에 갇히게 된다. 혹은 제임스 프레이저James Frazer의 《황금 가지The Golden Bough》를 통해 처음으로 유명해진 '신성 왕권'의 사례들에서처럼, 그들 스스로 제의적 죽음을 마주하게 된다.

지금까지 우리는 처음에 시작한 세 원칙—폭력, 지식, 카리스마—각각이 1차 체제에서 어떻게 하여 어떤 면에서는 우리가 국가라 여기는 것과 닮았지만 다른 면에서는 명백히 닮지 않은 정치 구조의 토대가 되는지 살펴보았다. 그 어떤 것도 결코 '평등주의적 사회'라 불릴 수 없었지만—그들 모두 매우 명확히 구분된 경계 속에 사는 엘리트층을 중심으로 조직되었다—그와 동시에 그런 엘리트의 존재가 앞에서 본 장들에서 우리가 설명해온 기본적 자유를 어느 정도까지 제한하는지 전혀 분명하지 않다. 가령 그런 체제가 이동의 자유를 손상하는 데 큰 역할을 했다고 믿을 이유는 거의 없다. 나체즈족의 예속민들이 위대한 태양에게서 멀리 떨어지기를 선택할 때는 아무런 반대도 없었던 것으로 보인다. 대개의 경우 그들은 그렇게 했다. 또 지배자 바로 근처에(그리고 결단코 한정된 곳에) 있지 않는 한 명령을 받거나 내린다는 것에는 어떤 분명한 의미도 없었다.

국가 없는 주권에 대해 잘 알려주는 또 다른 유용한 사례는 남수단의 최근 역사에서 누에르족과 함께 나일강 유역에서 살아가던 종족인 실루크에게서 발견된다. 개요를 설명하자면, 20세기 초반의 누에르족은 명령을 내리고 받는 듯이 보이는 상황을 극도로 싫어했기 때문에 인류학자들의 문헌에서 평등주의적이라 흔히 일컬어지는 종류의(그러나 실제로는 전부 다 그렇지는 않은) 목축 사회였다. 실루크족은 누에르족의 언어와 가까이 연결된 서부 나일로트어를 썼으며, 대부분은 과거 언젠가는 그들이 한 종족이었다고 믿는다. 누에르족이 목축에 적합한 땅을 차지한 반면, 실루크족은 백나일강 유역의 비옥한 땅에서 살았는데, 이로써 그들은 두라durra라고 불리는 토산 곡물을 기를 수 있었으며, 많은 인구를 부양할 수 있었다. 그러나 실루크족은—누에르족과는 달리—왕이 있었다. 레스reth라 알려진 이 실루크 군주는 나체즈족의 위대한 태양과 많은 부분 유사한 지배권을 적나라하게 구현하는 존재로 볼 수 있었다.

위대한 태양과 실루크의 레스는 모두 어떤 행동에 대해 전혀 처벌받지 않을 사면권을 갖고 있었지만, 그런 행동의 대상은 면전에 있는 사람들뿐이었다. 둘 다 통상적으로는 고립된 수도에 거주했으며, 그곳에서 주민들의 풍요와 행복을 보장해주기 위한 정기적인 제의를 거행했다. 20세기 초반에 쓰인 어느 이탈리아 선교사의 말을 들어보자.

레스는 원칙적으로 아내 몇 명과 함께 작지만 유명한 언덕 마을인 파쿠다Pacooda, 곧 파쇼다Fashoda라 알려진 곳에서 고립되어 살아간다. (…) 그 개인은 신성하며 평민들은 접근하기 쉽지 않다. 정교한 예의범절을 갖춘 고위 계급이라야 만날 수 있다. 여행을 할 때와 같이 사람들 사이에 그가 등장하는 일은 드물고, 그럴 때는 경의를 불러일으킨다. 그래서 거의 모든 사람들은 숨거나 그가 지나가는 길을 피한다. 젊은 여자들이 특히 그렇게 한다.[64]

젊은 여자들의 경우 납치되어 왕실의 하렘에 끌려갈까봐 그렇게 하는 것이다. 그렇지만 왕의 아내가 되면 이득이 없지 않다. 왕의 아내들은 사실상 행정부 역할을 하며, 파쇼다와 각자의 출신 마을 간의 연결을 유지해주기 때문이다. 그것만으로도 충분히 강력하지만, 아내들은 합의하여 왕의 처형을 지시할 수 있다. 그런데 또한 레스 역시 하수인을 거느리고 있다. 이들은 흔히 고아, 범죄자, 탈주자, 기타 연대가 없어서 그에게로 이끌릴 만한 사람들이었다. 왕이 지역의 분쟁을 중재하려 하는데 한쪽 편이 중재에 따르기를 거부한다면, 그는 때로 그 반대편을 편들고, 반대하는 마을을 공격하여 부하들이 끌고 올 수 있는 소와 다른 귀중품들을 차지할 수 있었다. 그리하여 왕궁의 보물 창고는 거의 전적으로 외국인들이나 왕 자신의 예속민들에 대한 공격에서 훔쳐 오거나 약탈한 부로 채워져 있다.

이 모든 것은 자유로운 사회의 모델로는 매우 빈약한 사례로 보인다. 그러나 사실, 평범한 실루크족은 일상에서 누에르족만큼 치열하게 독립적인 태도를 유지했으며, 그들만큼이나 똑같이 지시받는 데 대한 강한 거부감을 가졌던 것으로 보인다. 심지어 '높은 계급'의 일원들(기본적으로는 예전 왕들의 후손)도 경의를 표하는 태도만 약간 기대할 수 있는데, 결코 그것을 복종이라 할 수는 없다. 실루크족의 어떤 오래된 전설이 이를 훌륭하게 요약해준다.

과거에 한 잔혹한 왕이 있었다. 그는 예속민들을 많이 죽였고, 여자들도 죽였다. 그의 백성들은 그를 두려워했다. 어느 날 백성들이 자신을 너무 두려워하기 때문에 자신이 요구하는 무슨 일이든 해준다는 것을 증명하기 위해, 그는 실루크의 족장들을 소집하여 자신을 한 젊은 여성과 함께 두고 주위를 빙 둘러 담벼락을 쌓으라고 명령했다. 그런 다음 자신을 내보내라고 명령했지만 그들은 명령에 따르지 않았다. 그래서 그는 죽었다.[65]

그런 구전이 믿을 만한 것이라면, 실루크족은 독단적이고 때로는 폭력적인 지배자가 가끔 등장하는 것이 온화하지만 더 체계적인 지배 방식보다 낫다는 판단을 의식적으로 한 것으로 보인다. 레스가 행정 기구를 설치하려 한 시도가 모두 굴복시킨 종족들로부터 공물을 받기 위한 행동이었다 할지라도 대중은 그에 대해 압도적으로 저항했으며, 그 계획을 포기하지 않을 경우 그는 완전히 쫓겨났다.[66]

실루크족의 레스와 달리, 차빈과 올멕의 엘리트층은 엄청난 노동력을 동원할 수 있었지만, 그들이 사슬처럼 연결되는 명령 체계를 통해 그렇게 했는지는 분명치 않다. 고대 메소포타미아에서 우리가 보았듯이, 코르베나 주기적인 노동 봉사는 축제 같은 분위기의 공익적이고 평등을 추구하는 행사가 될 수도 있다. (그리고 고대 이집트의 사례에서 보겠지만, 최고의 전제주의적 체제도 흔히 같은 정신에서 열리는 행사가 계속 유지될 수 있게 보장해주곤 한다.) 그렇다면, 마지막으로 우리는 그런 1차 체제가 우리가 제시한 자유의 세 번째 기본 형태에 미치는 영향을 고려해야 한다. 즉 계절적으로든 영구적으로든, 사회적 관계를 바꾸고 재협상할 자유 말이다. 물론 이는 평가하기 가장 힘든 것이다. 확실히 이런 새 권력 형태는 대부분의 경우 확고하게 계절적인 요소를 가졌다. 스톤헨지의 건설이 그랬듯이, 한 해의 특정한 시기에 전체 사회적 권위의 기구가 해체되어 사실상 부재하게 되는 것이다. 이해하기 가장 어려운 것은 이런 놀랄 만큼 새로운 제도적 장치, 그리고 그것을 유지해주는 물리적인 기간 시설이 애당초 어떻게 존재하게 되었는가 하는 점이다.

차빈 데 우안타르의 미궁 같은 신전이나 라 벤타의 왕궁 복합군의 설계를 누가 고안했을까? 그것들이 집단적으로 구상된 것인 한—아마 그랬을 가능성이 크다[67] ─ 그런 거대한 제작은 그것 자체가 인간이 누리는 자유의 특별한 실행으로 여겨졌을지도 모른다. 이런 1차 체제 가운데 어떤 것도 국가 형성의 사례로 간주될 수는 없었다. 이제는 그들이 국가였다고 주장하는 사람도 거의 없을 것이다. 그러므로 그것보다는 거의 모두가 국가로 간주될 수 있다고 동의하는, 그리고 여러 면에서 그 이후에 출현한 모든 국가의 패러다임 역할을 할 수 있는 사례들 가운데 하나를 살펴보자. 바로 이집트다.

보살핌 노동, 제의적 살해, '작은 거품 방울Tiny Bubbles'*이 어떻게 모두 고대 이집트의 기원에서 한데 모였을까

나체즈족에 관해 문자로 기록된 설명이 없고 오직 고고학적 흔적만 있다면, 위대한 태양 같은 존재가 나체즈족 사회에 존재했음을 우리가 알아낼 길이 있었을까? 아마 없었을 것이다. 위대한 마을에 아주 큰 둔덕이 몇 개 있고, 그것이 다양한 단계로 건설되었으며, 또 물론 기둥이 꽂혔던 구멍들이 그 위에 어떤 커다란 목조 구조물이 세워졌다는 증거를 제공하리라는 것을 알게 되었을 것이다. 그런 구조물 안에는 화덕과 쓰레기 구덩이가 많고, 흩어진 물건들이 당연히 그곳에서 벌어진 활동들을 가리킬 것이다.[68] 그러나 왕권의 존재를 부인하지 못하는 증거는 오로지 아마 호화롭게 장식되고 희생된 신하들로 둘러

---

* 'Tiny Bubbles'는 1960년대 팝송 제목. 술에 떠오르는 발효의 거품을 가리키는데 여기서는 술과 관련된 제반 활동을 암시한다 ─옮긴이

싸인 시신이 묻힌 무덤 형태로만 나타날 것이다. 그러니까 고고학자들이 어쩌다가 그 무덤을 찾아낸다면 말이다.[69]

　일부 독자들은 신하들의 시신에 둘러싸여 내세로 보내지는 죽은 군주라는 이야기를 들으면 고대 파라오의 이미지를 떠올릴지도 모른다. 이집트에서 가장 오래전에 알려진 왕들, 기원전 3000년경의 제1왕조의 왕들(실제로는 아직 '파라오'라고 지칭되지도 않았던)은 정말로 이런 식으로 매장되었다.[70] 하지만 이런 방식은 이집트에만 있지 않았다. 수십 명, 수백 명, 때로는 수천 명에 달하는 인간 제물, 특별히 이 행사를 위해 살해된 인간 제물로 둘러싸인 왕의 무덤은 메소포타미아의 초기 왕조적 도시국가인 우르에서 누비아의 케르마Kerma 정치집단, 중국의 상 왕조에 이르기까지 군주제가 결국 확립된 세계 거의 모든 곳에서 발견할 수 있다. 한국, 티베트, 일본, 러시아 초원에도 믿을 만한 문장으로 된 묘사가 있다. 이와 비슷한 일은 남아메리카의 모체와 와리 사회, 그리고 미시시피강 유역의 도시 카호키아Cahokia에서도 있었던 것으로 보인다.[71]

　이런 대량 살해에 대해 조금 더 생각해보는 편이 좋겠다. 거의 모든 고고학자들은 이제 그것들을 '국가 형성'의 과정이 정말로 진행되고 있었다는 더 믿을 만한 신호 가운데 하나로 여기기 때문이다. 그것들은 놀랄 만큼 일관된 패턴을 따른다. 그것은 거의 예외 없이 새로운 제국이나 왕국을 건설한 최초의 몇 세대가 가진 표시이며, 다른 엘리트 가문에서도 경쟁자들에게 흔히 모방되고 있다. 그러다가 그 관행은 서서히 사라진다(하지만 때로는 많이 완화된 형태로, 가령 주로 남아시아 많은 지역의 전사 카스트인 크샤트리아 가문에서 과부를 자살시키는 관행인 사티sati 등의 형태로 잔존하기도 한다). 초기 단계에, 왕의 매장을 둘러싼 제의적 살해의 관행은 거창하게 거행되는 경향이 있었다. 마치 지배자의 죽음이, 주권이 그 제의적인 족쇄에서 벗어나 왕국 내의 가장 높고 막강한 인간들을 포함하여 그 앞길에 있는 모든 것을 파괴하는 일종의 정치적 초인을 촉발하는 짧은 순간을 의미하는 것처럼 말이다.

흔히, 그 순간에 왕가의 가까운 일원들, 고위급 군대 장교들, 정부 관리들이 그 제물에 포함된다. 물론 문자 기록이 없는 무덤에서는 우리가 보는 것이 왕의 아내, 재상이나 궁정음악가의 시신인지, 전쟁 포로, 노예나 무작위적으로 길거리에서 붙들린(부간다나 베냉에서 종종 그랬다는 것을 우리는 알고 있다) 평민의 시신인지, 혹은 몰살된 하나의 군 부대 전체인지(중국에서 가끔 있었던 일이다) 식별하기 힘들 때가 많다. 혹시 정말로 우르의 왕의 무덤에서 왕과 왕비라고 알려진 개인들은 실제로는 그런 존재가 전혀 아니고, 그저 불운한 희생자, 대체자 혹은 왕족의 차림새를 한 고위급 사제와 여사제였는지도 모른다.[72]

설사 몇몇 경우가 단지 유달리 피비린내 나는 시대극 형태였다 할지라도 다른 경우는 명백히 그렇지 않았으므로 의문은 여전히 남는다. 왜 애초에 초기 왕국들은 이런 종류의 일을 행했는가? 그리고 왜 자신들의 권력이 더 굳건해지고 나서는 그 일을 중단했는가?

중국의 중원 평야에 위치한 상 왕조의 수도인 안양에서 지배자들은 내세로 떠날 때 중요한 신하들 몇 명을 데리고 가는 경향이 있었는데, 이들은 자발적으로—언제나 기쁘게 가지는 않았더라도—죽음의 길에 나섰고 그에 따른 합당한 명예를 수여받았다. 함께 묻힌 시신 가운데 이들은 일부에 불과했다. 자신의 무덤을 제의적 제물의 시신으로 둘러싸는 것은 왕의 특권이었다.[73] 이런 시신은 흔히 경쟁하는 혈통에서 잡아 온 전쟁 포로였던 것으로 보이며—신하들과 달리—그들의 시신은 체계적으로 절단되는데, 희생자들의 머리는 흔히 조롱하는 방식으로 배치된다. 상 왕조에서 이것은 그들 희생자들이 왕조의 조상이 될 가능성을 부정하는 방식으로 보이며, 이로써 그들 혈통의 생존자들은 통상 가족생활의 기본 의무 중 하나인 죽은 조상을 섬기고 음식을 차려 올리는 일에 참여할 수 없게 된다. 그런 가문은 본거지를 잃고 유랑하며 사회적으로 흠결이 있으므로 상 궁정의 지배를 받을 가능성이 높았다. 지배자는 결과적으로 경쟁자들이 아예 조상이 되지 못하게 막음으로써 스스로는 더 위대한 조상이 되는 것이다.[74]

이집트의 문제로 돌아가서 이 점을 염두에 둔다면 흥미로워진다. 표면적으로 우리가 가장 오래된 왕조에서 보는 것은 그와 정반대 현상인 것 같기 때문이다. 최초의 이집트 왕들, 적어도 여왕 한 명은 정말로 제의적 제물에 둘러싸여 매장되었지만, 희생자 한 명은 반드시 그들 자신의 내부자 무리에서만 선택되었던 것으로 보인다. 이에 대해 우리가 가진 증거는 5,000년 된 일련의 묘실에서 나온 것들이다. 오래전에 도굴되었지만 남부 이집트 저지대 사막에 있는 고대 도시 아비도스의 현장 근처에서 여전히 볼 수 있는 그것은 이집트 제1왕조의 무덤이다.[75] 각 왕 묘를 둘러싸고 신하 무덤이 길게 줄지어 있는데, 그 수가 수백에 달하여 일종의 원주 같은 형태를 이룬다. 그런 신하 무덤—생의 전성기에 살해된 왕의 시종들, 궁정 신하들의 무덤이다—에는 각기 그 개인의 공직 이름이 새겨진 묘비가 놓여 있다.[76] 매장된 자들 중에 포로나 적은 없는 것으로 보인다. 그렇다면, 왕이 죽을 때 그의 계승자가 선왕의 궁정 일원들의 죽음을 주관한 것 같다. 아니면 최소한 상당히 많은 인원의 죽음을 주관했을 것이다.

그럼 왜 이집트에서 국가가 태어나는 단계에 이런 온갖 제의적 살해가 시행되었을까? 신하 무덤이 가진 실제 목적은 무엇이었는가? 그것은 죽은 왕을 산 자들로부터 지키려는 것이었는가, 아니면 산 자를 죽은 왕으로부터 지키려는 것이었는가? 이 희생자들 가운데 생전에 왕들을 보살피는 임무를 맡았던 사람이 아주 많은 것은 무엇 때문일까? 아내들, 근위병, 관리, 요리사, 궁내관, 오락인, 궁정 소인, 그 외의 하인들이 지위에 따라 각기 무리 지어 왕 묘를 둘러싸고 있는 이유는 무엇인가? 여기에 심한 모순이 있다. 한편으로는 사랑과 헌신의 지극한 표현으로 보이는 제의가 있다. 그래서 일상적으로 왕을 왕으로 만들어주었던—음식을 가져다주고, 옷을 입히고, 머리를 손질하고, 병이 들었을 때 돌보고, 외로울 때 그의 곁에 있어주던—자들이 기꺼이 죽음으로 가서, 그가 내세에서도 계속 왕으로 살게 한다는 것이다. 동시에 이런 무덤은 그가 지배자라는, 가장 가까운 부하도 마치 담요, 게임판이나 맥주 항아리처럼 대수롭지 않게 처분 가능한 개인적 소유물로 처리할 수 있는 존재라는 표시다. 많은 사람들이 그것이 무엇을 의미하는지 생각해보았다. 아마 5,000년 전에 그 시신들을 배열하던 사람들도 많이들 궁금해했을 것이다.

당시의 문자 기록은 그 공식적 동기를 이해하는 데 별로 도움이 되지 않지만, 우리가 가진 증거 가운데 매우 충격적인 한 가지—이름과 직함의 목록—는 이런 왕 묘의 구성이 매우 잡다하다는 사실이다. 그 중에는 선왕과 선왕비의 혈족이 포함되어 있는데, 왕가의 여성 일원들과 비상한 기술이나 놀라운 개인적 특성 때문에 왕가의 일원으로 잡혀 와서 왕의 확장된 가족의 일원으로 간주되던 다른 개인들도 여러 명 있었다. 이 대량 장례 제의에 따라오는 폭력과 유혈 사태는 분명히 어느 정도는 그런 차이를 지우는 결과로 이어져서, 그들을 단일한 단위로 섞어버리고 하인들을 친척으로, 또 친척들을 하인으로 바꾸어 놓았을 것이다. 후대에는 왕의 가까운 친족들이 정확히 이런 방식으로 행동하여, 알곡을 갈거나 요리를 하는 등의 육체노동에 종사하는 소박한 자기 모습의 복제품을 왕 묘에 갖다놓았다.[77]

주권이 처음 팽창하여 한 사회의 일반적인 조직 원리가 되는 것은 혈족에게 폭력을 행사함으로써 가능해진다. 초기의 중국과 이집트에서 나타난 거창한 대량 학살의 단계는 그 외에 또 어떤 일을 수행했든 간에 막스 베버가 '가산제Patrimonial system'라 부른 것의 토대를 놓으려 했던 것으로 보인다. 그것은 왕의 모든 예속민이 왕가의 일원으로, 적어도 그들이 모두 왕을 돌보기 위해 일하는 정도에 따라 일족으로 여겨지는 체제를 말한다. 예전에는 모르는 사람이던 자를 왕가의 일원으로 바꾸어놓는 것과 그들 자신의 조상을 부정하게 만드는 것은, 그럼으로써 동전의 양면이 된다.[78] 혹은 다른 식으로 표현하자면, 친족을 만들기 위해 고안된 제의가 왕권을 만들어내는 방법이 된 것이다.

이 같은 왕의 무덤을 둘러싼 극단적인 제의적 살해의 형태는 이집트의 제2왕조기가 진행되는 동안 매우 갑작스럽게 종식되었다. 그러나 가산제적 정치단체는 계속 확대되었다. 그러나 이것은 누비아와 외부의 다른 부족들을 상대로 행해진 폭력을 통해 일찌감치 확정되었던 이집트의 외연 경계를 확장한다는 의미라기보다는[79] 그 내부의 예속민들의 삶을 개조한다는 의미에서의 확대였다. 몇 세대 지나기 전에 나일 삼각주와 나일 계곡이 왕의 영지로 분할되었으며, 각 영지는 각기 다른 전임 지배자들의 장례 숭배를 지원하는 데 열중했다. 그 이후 오래지 않아 전체가 '노동자로 이루어진 도시'가 세워져 전국에서 코르베 노동력을 끌어와 기자 평원의 피라미드들을 건설하는 데 몰두했다.[80]

기자의 거대한 피라미드가 건설된 이 지점에서 어떤 형태로든 국가가 존재한다는 것은 당연히 아무도 부정할 수 없다. 그러나 물론 피라미드는 무덤이기도 했다. 이집트의 경우, '국가 형성'은 나체즈족이나 실루크족과 비슷한 일종의 개인 주권 원리에 따라 시작되었는데, 그 원리가 제의라는 우리를 부수고 터져나오는 것은 바로 지배자의 사망을 가져오는 수단을 통해서다. 말하자면 왕의 죽음이 최종적으로 인간 삶의 많은 부분을 나일강 유역을 따라 재조직하는 토대가 되었던 것 같은 그런 경우다. 이런 일이 어떻게 일어날 수 있는지 이해하려면, 아비도스에 있는 제1 왕조의 무덤이 지어지기 전의 이집트는 어떤 곳이었는지를 볼 필요가 있다.

이집트 제1 왕조 직전의 몇 세기—기원전 4000년에서 기원전 3100년 사이의 선왕조pre-dynastic 시대와 원왕조proto-dynastic 시대라는 시기—에 무슨 일이 일어났는지 살펴보기 전에 같은 지역에서의 더 이른 선사시대로 눈을 돌려볼 필요가 있다.

나일 계곡의 경우—이집트와 수단—를 포함하여 아프리카의 신석기시대가 중동의 것과는 다른 형태를 띠었음을 기억하자. 기원전 4000년대에는 곡물 농사의 중요성이 작고 소의 중요성이 더 컸으며, 그 시대에 전형적으로 이용되던 다양한 종류의 야생과 재배된 식량 자원이 있었다. 아마 현대의 가장 좋은 비교 대상은—딱 들어맞는 것은 결코 아니지만—누에르, 딩카Dinka, 실루크나 아누아크Anuak 같은 나일강 유역의 사람들일 것이다. 그들은 작물을 기르기는 하지만 스스로를 목축인으로 간주하여, 계절마다 그때그때 급조된 숙영지 사이를 오가며 생활한다. 매우 느슨하게 일반화해본다면, 중동 지역(비옥한 초승달 지역)의 신석기시대에는 문화적 초점이—장식미술, 보살핌과 관심사라는 의미에서—주택에 놓였다면, 아프리카에서는 신체에 놓였다고 할 수 있다. 매우 이른 시기부터 우리는 아름답게 가공된 개인 장식용 물건들과 매우 정교한 신체 장식품 세트들이 부장된 무덤을 발견한다.[81]

여러 세기 뒤에 이집트의 제1 왕조가 등장했을 때, 왕에 관한 명문銘文을 담은 최초의 물건 가운데 '디엣 왕King Djet의 상아 빗'과 유명한 '나르메르 왕King Narmer의 팔레트'(남녀 모두가 사용한 화장품 재료를 갈고 섞는 데 쓰는 팔레트)가 있는 것은 우연의 소치가 아니다. 이런 것들은 기본적으로 신석기시대 나일 지역 거주자들이 1,000년 전에 자신들을 꾸미는 데 쓰던 물건들의 거창한 버전이며, 당연히 죽은 선조들에게 선물로 바쳐지는 것들이었다. 그리고 신석기시대와 선왕조 시대에는 그런 물건들이 여성, 남성, 아이 사이에서 널리 사용되고 있었다. 사실 매우 이른 시기부터 나일강 유역 사회에서는 인간 신체 자체가 일종의 기념물이 되었다. 미라 제작 기법의 실험이 제1왕조가 시작되기 훨씬 전부터 행해졌다. 이집트인들은 이르게는 신석기시대에 이미 신체를 영구히 보존하기 위해 방향제와 방부 효과가 있는 기름을 섞었으며, 그들의 매장지는 끝없이 변하는 사회적 지형에서 확고한 기준점이었다.[82]

그렇다면, 그처럼 놀랄 만큼 유동적인 상황이 어떻게 하여 거의 2,000년 뒤 제1왕조의 거창한 출현으로 이어지게 되는가? 영토 왕국은 무無에서 출현하지 않는다.[83] 아주 최근까지도, 기술적으로 선왕조 시대와 원왕조 시대라 불리는 기간에, 그러니까 기원전 3100년경 나르메르 왕이 나오기 전에 분명히 일어났을 법한 일에 대한 파편적인 힌트 외에 우리가 가진 것은 거의 없었다. 그런 상황에서는 더 최근 상황과의 유추로 넘어가고 싶은 유혹이 든다. 앞에서 보았듯이, 현대 나일강 유역의 사람들, 특히 실루크족은 개인의 자유를 매우 중요시하는 상대적으로 유동적인 사회가 오히려 어떤 체계적이고 전면적인 통치 형태보다는 독단적인 전제 군주―나중에 몰아낼 수 있는―를 선호할 수도 있다는 것을 보여준다. 그 선조들이 가축을 중심으로 삶을 조직했던 많은 종족들처럼 가부장적 조직 형태로 기울어진다면, 이는 더욱 사실이다.[84] 선사시대의 나일 계곡이 실루크족과 비슷한, 각자 정착지를 거느리고 있고 본질적으로는 확장된 가부장제 가족인 레스의 집합에 의해 지배되었다고 상상할 수도 있다. 그들은 서로 자잘하게 싸우고 분쟁에 얽히지만, 그러면서도 자신들이 표면적으로 지배하는 사람들의 삶을 다루는 태도 면에서는 별로 차이가 없다.

그렇지만 실제 고고학 증거를 대신할 수 있는 것은 없다. 그리고 최근 들어 그런 증거는 빠르게 쌓이고 있다. 새로운 발견들에 따르면, 기원전 3500년에는 이미, 그리고 제1왕조가 시작하기 500년쯤 전에도 나일 계곡 전역의 여러 장소에서, 그리고 누비아에 속하는 영토에서도 군소 군주들의 무덤이 발견된다는 사실이 밝혀졌다. 아직 문자는 제대로 개발되지 않은 때이므로 그들의 이름은 하나도 알려져 있지 않다. 이런 왕국들은 대부분 아주 작았던 것 같다. 우리가 아는 제일 큰 왕국은 나카다Naqada와 아비도스를 중심으로 한, 상上이집트에서 나일강이 굽어드는 곳 근처에 있던 왕국이다. 더 멀리 남쪽으로는 히에라콘폴리스Hierakonpolis가 있고, 하下누비아에는 쿠스툴Qustul 유적이 있다. 하지만 그런 왕국들 역시 통제된 광대한 영토를 가졌던 것 같지는 않다.[85]

그렇다면 제1왕조가 세워지기 전에 주권은 없었던 게 아니라 오히려 넘치도록 있었다. 아주 작은 왕국과 항상 혈연을 핵심으로 하며 잡다한 하수인들과 아내들, 하인들, 이런저런 보조자들의 집단으로 이루어진 아주 작은 궁정들이 지나치게 많았다. 이런 궁정 몇 군데는 나름대로 상당히 장엄했던 것으로 보이며, 커다란 무덤과 제물로 바쳐진 신하들의 시신을 남겼다. 가장 거창한 히에라콘폴리스의 무덤 중에는 남자 난쟁이 뿐만 아니라 다수의 10대 소녀들이 부장되었고, 개인 동물원처럼 여러 종류 동물들의 유골도 있었는데, 개코원숭이 두 마리와 아프리카 코끼리 한 마리 등 이국적 동물들이 모여 있었다.[86] 이런 왕들이 거창하고, 절대적이고, 우주론적인 권리를 주장했다는 온갖 표시가 남아 있다. 하지만 그들이 통치한 영토에 대해 행정적·군사적 통제력을 유지했다는 흔적은 없다.

이 지점에서 어떻게 그 이후의 이집트 왕조 시대의 거대한 농경 관료제로 나아가는가? 그 대답의 일부는 기원전 3000년대 중반 나란히 진행된 변화 과정에 놓여 있다. 이런 과정의 문제를 해결하는 데 고고학이 도움을 준다. 그것을 산 자가 죽은 자에게 지는 책임에 대한 확대된 논의나 토론의 일종으로 생각할 수도 있다. 죽은 왕은 살아 있는 왕처럼 여전히 우리의 섬김을 받아야 하는 존재인가? 이 섬김은 일상의 선조들에 대한 섬김과 다른가? 선조들은 허기를 느끼는가? 그렇다면 그들은 정확하게 무엇을 먹는가? 어떤 이유에서든, 기원전 3500년경 나일 계곡 전역에서 설득력을 발휘한 대답은 선조들은 정말로 배가 고파졌고, 그들이 요구한 것은 발효 빵과 발효 밀맥주, 잘 갖추어진 무덤 부장품의 표준 비품이 되어가던 항아리 그릇 등 당시에 상당히 이국적이고 사치스러운 음식으로 여겨지는 것들이었으리라는 것이다. 그러므로 경작 가능한 밀 농사가—나일 계곡과 나일 삼각주 지역에서는 오래전부터 친숙하던 것이지만—이 무렵 다듬어지고 강화되었다는 것은 우연의 소치가 아니었고, 적어도 부분적으로는 죽은 자들의 새로운 요구에 부응하려 한 결과였다.[87]

두 과정—농업과 제의—은 상호 강화하는 관계였고, 사회적으로 획기적인 영향을 가져왔다. 실제로 그 과정은 세계 최초의 농민으로 여겨질 수 있을 존재의 창조로 이어졌다. 신석기시대 사람들이 처음에 선호하던 세계 여러 지역에서 그랬듯이, 나일강의 주기적인 범람은 처음에는 땅의 영구적인 구획을 어렵게 만들었다. 그런 구획이 뿌리내리게 된 것은 생태적인 환경 덕분이 아니라 제의 행사 때 빵과 맥주를 제공해야 한다는 사회적 요구에 기인했을 가능성이 크다. 이는 경작 가능하고 분량이 충분한 땅을 구할 수 있는 문제만이 아니라 쟁기와 황소—기원전 3000년대에 도입된 또 다른 생산 수단—를 계속 보유할 수단의 문제이기도 했다. 그런 자원을 이용하지 못하는 가족들은 맥주와 빵을 다른 곳에서 구해야 했고, 그럼으로써 빚과 의무의 네트워크를 만들어냈다. 따라서 사실, 이집트 인구 가운데 상당수가 선조들을 독자적으로 섬길 수단을 갖지 못하게 되면서 중요한 계급 구분과 의존성이 등장하기 시작했다.[88]

이 가운데 하나라도 상상 속 이야기로 보인다면, 그것을 페루에서 잉카의 주권이 확장되면서 발생한 일과 비교해보면 된다. 여기서도 전통적이고 다양하며 유연한 일상 음식의 체제—이 경우는 동결 건조한 감자(추뇨chuño)로 만든 음식을 중심으로 하는—와 새로 도입된 완전히 다른 종류의 음식 간의 대립을 보게 된다. 후자의 예는 옥수수로 빚은 맥주(치차chicha)인데, 신들에게 어울리는 음식으로 여겨졌고 점차 제국의 음식이 되었다.[89] 스페인인들에게 정복되었을 무렵, 옥수수는 빈부를 막론하고 제의에 사용되던 필수 음식이었다. 신과 왕의 미라도 그것을 먹었다. 군대는 옥수수를 먹고 행군했다. 너무 가난해서 옥수수를 기르지 못하는 사람들—혹은 안데스산맥 정상 부근의 고원 분지 높은 곳에서 사는 사람들—은 다른 방식으로 그것을 구해야 했는데, 이들이 왕의 영지에 빚을 지게 되는 것은 흔히 그 때문이었다.[90]

페루의 경우, 스페인 연대기 기록자들 덕분에 취하게 하는 성분이 어떻게 하여 점차 제국의 생명력이 될 수 있었는지를 알 수 있다. 5,000년 전의 이집트에 대해서는 사실 세부 내용을 짐작만 할 수 있다. 우리가 이만큼이라도 아는 것은 고고학이라는 분야가 쌓은 놀라운 업적 덕분이다. 그리고 이제 조각들이 맞춰지기 시작한다. 가령, 제빵과 양조에 사용된 도구의 흔적은 기원전 3500년경의 것부터 발견되기 시작한다. 처음에는 묘지와 함께 있는 시설이었고, 그 뒤 몇 세기가 지나기 전에 궁전과 거대 분묘의 부수 시설로서 발견되었다.[91] 더후대의 타이Ty라는 관리의 무덤에서 나온 서술은 항아리로 구운 빵과 맥주가 단일 공정에서 어떻게 생산되는지, 그런 시설이 어떻게 작동되었는지를 알려준다. 왕의 권위가 점차 확대되고 행정력이 이집트 전역에 두루 미치게 되는 현상은 제1왕조 무렵, 혹은 그 조금 전에 표면상으로는 산 왕들이 아니라 죽은 왕들에게 바치는 보급을 관리하는 데 할당된 영지가 만들어지면서 시작되었다. 그러다가 나중에는 보급의 범위가 죽은 관리들까지 포함하게 되었다. 기자의 대피라미드가 건설될 무렵(기원전 2500년경), 거대한 노동자 무리가 왕실의 건설 프로젝트에 계절적으로 봉사하는 동안 그들을 부양하기 위해 빵과 맥주가 공장 규모로 제조되었다. 그렇게 보급을 받는 왕실 인원에는 왕의 '친척들', 혹은 최소한 돌보는 사람들이 포함되었으며, 그런 사람들도 적어도 일시적으로는 좋은 보급과 보살핌을 받았다.

기자에 있던 노동자 도시에서는 도기 주형이 수천 개 발견되었다. 이것들은 베자bedja 빵이라 알려진 커다란 공용 식빵을 만드는 데 쓰인 것들이다. 이 빵은 여럿이서 함께 식사할 때 왕실의 소 목장이 공급하는 육류, 그리고 향료가 들어간 맥주와 함께 먹었다.[92] 맥주는 고왕국 시대 이집트에서의 계절적인 노동 집단의 연대성 확립에 특히 중요했다. 왕의 피라미드 건설에 사용된 건축 벽돌의 뒷면에 그려진 그라피티가 소탈하고 단순한 표현으로 이 사실을 알려준다. 그중 하나에는 '멘카우레Menkaure 왕의 친구들'이라고 적혀 있고, 또 다른 석재에는 '멘카우레의 주정뱅이'라고 쓰여 있다. 이런 계절적 노동 분대(이집트학자들은 이들을 필레스phyles라 부른다)는 특별한 연령대를 대상으로 하는 제의를 통과하고 한배에 승선하는 선원들의 조직력을 모범으로 삼는 남자들로만 구성되었던 것 같다.[93] 그런 제의적 형제애가 물 위에서 발휘된 적이 있는지는 분명치 않지만, 항해 때 쓰이는 팀 기술과 왕의 피라미드 신전이나 다른 비슷한 기념물에 쓰이는 몇 톤 무게의 석회석과 화강암 돌덩이를 조작하는 데 쓰이는 기술 사이에는 분명히 유사성이 있다.[94]

이것과 산업혁명에서 발생한 일의 유사성을 찾아보면 흥미로울 수도 있겠다. 산업혁명 당시 규율의 기술, 사람들을 시계처럼 움직이는 기계로 변환하는 기술은 항해하는 배에서 처음 개척되었다가 나중에 가서야 공장 현장으로 전해졌다. 그러면 고대 이집트 선원들이 세계 최초의 생산 라인 기술자들의 모델이었을까? 그들이 자르고, 끌어가고, 들어 올리고, 연마하는 등 작업을 끝없이 다양한 단순하고 기계적인 구성 요소로 나누면서 그때까지 세계에서 누구도 본 적이 없을 만큼 인상적인 거대한 구조물을 만들어냈을까? 피라미드는 실제로 이런 방식으로 지어졌다. 예속민들을 거대한 사회적 기계로 변환하고 그 후 대중 잔치를 열어 축하하는 것이다.[95]

방금 우리가 개략적으로 서술한 내용은 세계 최초의 국가 형성의 사례들로 널리 여겨져왔다. 여기서 일반화의 방향으로 나아가기는 쉬울 것이다. 이는 아마 국가의 실제 모습일 것이다. 과도한 폭력과 복잡한 사회적 기계의 창조의 혼합물로서, 모두 외관상으로는 보살핌과 헌신의 행위에 바쳐졌다고 알려진 것 말이다.

여기에는 분명히 모순이 있다. 보살핌 노동은 어느 면에서는 기계적 노동의 정반대다. 그것은 보살핌의 대상─어린아이이든 어른이든 동물이든 식물이든─이 잘 살아가게 해주기 위해 그들이 가진 고유한 성질과 필요와 특이성을 인식하고 이해하는 문제다.[96] 보살핌 노동은 그 특수성으로 차별화된다. 우리가 오늘날 '국가'라 일컫는 기관들이 가진 공통점이 정말 있다면, 그중 하나는 분명히 이 보살핌의 충동을 밀어내고 추상적 관념으로 대체하려는 경향이다. 오늘날 그것이 규정하는 범위가 아무리 넓든 좁든, 이것이 대개 '민족국가'다. 우리가 너무 쉽게 고대 이집트를 현대 국가의 원형으로 보게 되는 것은 아마 이 때문일 것이다. 여기서도 대중의 헌신은 방향을 바꾸어 죽은 지배자와 죽은 엘리트라는 거대한 추상 관념으로 향했다. 이 전환 과정 덕분에 바로 전체 설정을 하나의 가족인 동시에 하나의 기계로 구상할 수 있었다. 그런 가족과 기계 속에서 모두가(물론 왕은 제외) 궁극적으로 교환 가능하다. 계절에 따른 분묘 건설 작업에서 지배자의 시신을 섬기는 일상의 봉사(최초의 왕의 명문이 빗과 화장용 팔레트에서 발견된 일을 상기해보라)에 이르기까지 인간의 거의 모든 활동은 상향식으로 이루어졌다. 지배자(죽은 왕과 산 왕)를 보살피는 일이든 신에게 음식을 바치고 섬기는 왕 고유의 과제를 돕는 일이든 말이다.[97] 한편 이 모든 활동은 하향식으로 흘러내리는 신의 축복과 보호의 흐름을 발생시키는 것으로 간주되었으며, 그런 축복은 가끔 노동자 도시에서 큰 잔치를 열어준다는 물질적 형태로 나타나곤 했다.

이 패러다임을 다른 어디에든 적용해보려 할 때 문제가 생긴다. 앞에서 지적했듯이, 이집트와 페루 사이에 몇몇 흥미로운 유사점이 있는 것은 사실이다(둘의 지형이 매우 다르다는 점을 감안하면 더욱 놀라운 일이기는 하다. 평탄하고 쉽게 항해할 수 있는 나일강 지역과 '수직 군도'인 안데스 지역은 대조적이다). 이런 유사점은 기묘한 세부 사항으로 표현된다. 가령 죽은 지배자가 미라로 만들어지고 그런 미라가 된 지배자가 계속 자신들의 시골 영지를 보유하는 방식 같은 것이다. 이는 살아 있는 왕들이 주기적으로 영토를 순회해야 하는 신으로 대접받는 것과 동일하다. 두 사회 모두 도시 생활에 대한 어떤 반감을 갖고 있다. 그들의 수도는 사실 제의적인 중심지이자 왕이 행세하는 무대로서, 상주하는 거주자는 비교적 적고, 지배 엘리트는 백성들을 목가적인 영지와 사냥터에서 살아가는 존재로 상상하기를 더 좋아한다.[98] 하지만 이 모든 것은 문헌들에서 '초기 국가'라 일컬어진 것들이 어느 정도로 완전히 다른 존재인지를 강조하는 데 쓰일 뿐이다.

중국에서 중앙아메리카에 이르기까지 일반적으로 '초기 국가'라 불리는 것들 사이의 차이점에 대해 생각할 때

이집트의 왕국과 잉카제국은 주권의 원칙이 관료제로 무장하고 영토 안에서 균일하게 확장할 때 어떤 일이 발생하는지 보여준다. 결과적으로, 그들은 국가 형성의 원초적 예로 매우 자주 소환된다. 둘이 시간적으로, 또 공간적으로 대폭 분리되어 있는데도 그렇다. 다른 표준적 '초기 국가'의 대부분은 이런 접근법을 취하지 않은 것으로 보인다.

가령, 초기 왕조시대 메소포타미아는 다양한 크기의 도시국가 수십 개로 이루어졌으며, 각 도시국가는 고유의 카리스마적인 전사 왕에 의해 통치되었다. 그들의 특별하고 개별적인 자질이 신들에게 인정받았다고 알려졌고, 그의 두드러진 신체적 활력과 매력이 그 표시였다. 그들은 모두 끊임없이 지배하려고 경쟁했다. 한 지배자가 통합 왕국이나 제국의 시작이라 묘사될 수 있을 무언가를 만들어낼 만큼 우세한 위치에 서는 것은 어쩌다가 있는 일이었다. 이런 초기 메소포타미아 지배자들 가운데 누군가가 실제로 '주권'을 주장했는지 아닌지는 분명치 않다. 적어도 도덕적 질서 너머에 존재하며 처벌 면제권을 받아 행동할 수 있다거나, 그들 스스로가 원하여 완전히 새로운 사회 형태를 창조할 수 있다는 절대적인 의미의 주권이라면 그렇다. 그들이 표면적으로 통치한 도시들은 여러 세기 동안 살아남았다. 그런 도시는 강한 자치 전통을 지닌 상업적 허브였고, 지역의 신전 행정 체계를 주관하는 고유한 도시 신들을 가지고 있었다. 이 경우에 왕들은 스스로가 신이라고 주장한 적이 거의 없었고, 그보다는 신의 대리인, 지상에 대한 영웅적 수호자였다. 간단하게 말해, 천상에서 적절하게 거주하는 지배 권력을 위임받았다는 것이다.[99] 그 결과 앞에서 보았듯이 원래 서로에게 대립하여 생성된 두 원칙 사이에 역동적인 긴장이 형성되었다. 하나는 강변 계곡의 행정 질서였고, 다른 하나는 주위 고지대의 영웅적이고 개인주의적인 정치 원칙이었다. 결국 주권은 신만의 것이었다.[100]

마야 저지대는 이와 또 달랐다. 고전 마야의 지배자(아하우)가 된다는 것은 사냥꾼이자 일급의 신 흉내쟁이, 전투에 돌입하거나 춤의 제의를 벌이는 동안 조상 영웅, 신이나 꿈속 괴물들의 혼령이 그 신체에 깃들이는 숙주 전사가 된다는 뜻이었다. 아하우는 사실 시시하게 티격태격하는 아주 작은 신이었다. 고전 마야 시대에 뭔가가 우주로 투사된 것이 있다면, 그것은 관료제 원리였다. 마야 연구자들은 대부분 고전기의 지배자에게 수준 높은 행정 기구는 없었지만 그들이 우주 자체가 일종의 예측 가능한 법칙에 지배되는 행정적 위계였다고 상상했다는 데 동의할 것이다.[101] 그것은 천체들의 복잡한 집합이거나 지하에 있는 바퀴 속의 바퀴 같은 것이었고, 그 자체로는 과거 수천 년 전에 있었던 중요한 신들의 정확한 탄생과 죽음을 성립시킬 수 없는 존재였다(가령 무완 마트Muwaan Mat라는 신은 현재의 우주가 창조되기 7년 전인 기원전 3121년 12월 7일에 탄생했다). 자신을 섬기는 백성들의 생일은 물론 수효나 부를 기록할 생각도 하지 않았을 테지만 말이다.[102]

그렇다면 이런 '초기 국가들'이 무슨 공통점을 하나라도 갖고 있는가? 당연히 기본적인 일반화는 몇 가지 해볼 수 있다. 모두가 시스템의 절정에 있을 때 거창한 폭력을 자행했다. 모두 궁극적으로는 어느 정도 가정의 가부장제적 조직을 모방하고 그것에 의존했다. 모든 경우에 정부 기구는 사회가 어떤 식으로든 계급적으로 분화된 체계의 정점에 위치했다. 하지만 앞의 여러 장에서 보았듯이, 이런 요소들은 중앙정부가 없더라도, 혹은 그것이 만들어지기 전에도 얼마든지 존재할 수 있었다. 또 그런 정부가 세워졌다 하더라도 형태가 서로 매우 다를 수 있었다. 가령 메소포타미아의 도시들에서 사회 계급은 흔히 토지 소작과 상업적 부에 기초했다. 신전은 도시의 은행과 공장이라는 이중의 역할을 했다. 그들이 섬기는 신들은 축제가 열릴 때만 신전을 떠나겠지만, 사제들은 더 넓은 범위로 움직이며, 상인들에게 이자가 붙는 대출을 해주고, 여성 직공들을 감독하고, 밭과 가축을 열심히 지킨다. 강력한 상인 협회가 있었다. 마야 저지대에서는 그런 문제가 어떤 식으로 나타났는지 알려진 바는 그보다 훨씬 적지만, 우리가 아는 바를 토대로 생각한다면, 권력이란 토지나 상업에 대한 통제보다는 통혼 관계와 영주들과 하급 귀족들 사이에서 집중적으로 맺어진 인맥을 통해 사람들과 충성심의 흐름을 직접 통제하는 능력에 더 많이 의거한다고 짐작할 수 있다. 그리하여 고전 마야 시대 정치는 전쟁을 벌여 '인간 자본'이라는 형태인 고위급 경쟁자를 사로잡는 데 초점을 맞추었다(메소포타미아의 자료에는 거의 나타나지 않는 현상이다).[103]

중국을 보면 사정은 더 복잡해지는 것 같다. 상 왕조 후반인 기원전 1200년에서 기원전 1000년 사이에 중국 사회는 다른 표준적인 '초기 국가'와 어떤 공통점이 있기는 했지만, 통합된 전체로 볼 때 완전히 특유하다. 잉카의 쿠스코처럼 상의 수도인 안양은 동서남북의 사방위를 기준으로 설계되었다. 그것은 전체 왕국을 위한 우주론적 닻이며, 왕실의 제의를 위한 장대한 무대였었다. 쿠스코와 이집트 수도인 멤피스(그리고 후대의 테베)처럼 그 도시는 산 자의 세계와 죽은 자의 세계 사이에 계류되어 있었고, 살아 있는 행정부만이 아니라 왕의 무덤과 그에 딸린 영묘 사당의 거점 역할을 했다. 그 산업 구역에서는 엄청난 분량의 청동 그릇과 옥으로 만든 물건이 생산되었는데, 그것들은 선조들과 소통하는 도구였다.[104] 그러나 가장 중요한 면에서는 상 왕조와 이집트의 고왕국이나 페루의 잉카 사이에 유사점이 거의 보이지 않는다. 무엇보다도, 상의 지배자들은 확대된 영토에 대한 주권을 주장하지 않았다. 그들은 왕궁에서 멀지 않은 황허강의 중류와 하류 유역에 집중되어 있는 길고 좁은 영역을 벗어난 곳에서는 명령을 내리지 못할뿐더러 안전하게 여행할 수도 없었다.[105] 심지어 그곳에서도 그들이 이집트와 페루나 마야의 지배자들과 같은 의미에서의 주권을 진정으로 주장하지 못했다는 인상을 받는다. 가장 명백한 증거는 고대 중국에서 점술이 대단히 중요시되었다는 사실인데, 그것은 우리가 살펴보아온 다른 사례 대부분과 놀랄 만한 대조를 보인다.[106]

사실상 왕이 내린 모든 결정은─전쟁이든, 동맹이든, 새 도시의 건설이든, 심지어 왕실의 사냥터를 확장하는 것 같은 외견상 사소해 보이는 문제든─신과 조상 혼령, 즉 지고의 권위에 의해 인증되어야만 진행될 수 있었다. 결정을 요하는 어떤 문제에 대해 인증받으리라는 절대적인 보장은 없었다. 상의 점술가들은 불에 태운 공물이라는 매개체를 통해 신들에게 호소했다. 그 과정은 다음과 같았다. 제의에서 신이나 조상에게 음식을 대접할 때, 왕이나 점술가들은 거북 껍질과 황소 뿔을 불로 구운 다음, 불에 탄 표면에 생긴 금을 일종의 신탁 문장으로 '읽는다'. 그 과정은 매우 관료주의적이다. 대답을 얻고 나면 점술가, 혹은 임명된 필경사는 뼈나 조개껍질에 그 해석을 새겨 권위를 부여하고, 그런 다음 신탁이 새겨진 명문은 후대에 자문의 재료로 쓰기 위해 저장된다.[107] 이런 신탁 원문이 우리가 실제로 알고 있는 중국 최초로 기록된 명문銘文이다. 그리고 일상의 용도로는 내구성이 낮은 매체에 문자가 기록되었을 가능성은 매우 크지만 전해지지 않으며, 후대 중국 왕조의 전형성이 된 다른 형태의 행정 활동이나 문서고, 혹은 정교한 관료제적 기구에 대해서도 아직 명백한 증거가 없다.[108]

마야처럼 상의 지배자들도 정기적으로 전쟁을 벌여 공양으로 바칠 살아 있는 인간 제물을 손에 넣었다. 상과 경쟁하는 궁정에도 각기 나름의 조상과 희생 제의와 점술이 있었으며, 상을 가장 높은 지위로—특히 제의적인 맥락에서—인정한 것 같기는 하지만, 그렇다고 해서 충분한 이유가 있다고 느끼기만 하면 실제로 그들과 전쟁을 벌이는 일이 모순으로 보이지는 않았다. 그런 경쟁 관계는 상 장례식의 호화스러움과 포로의 시신을 절단하는 현상을 설명하는 데 도움이 된다. 그 지배자들은 어떤 의미로는 여전히 '영웅적 사회'에서 전형적인 전시 효과를 노리는 게임을 하면서, 경쟁자를 능가하고 그에게 굴욕을 주기 위해 경쟁하고 있었다. 그런 상황은 원천적으로 불안정하며, 결국은 경쟁 왕조 가운데 하나이던 서주西周가 확실하게 상을 거꾸러뜨리고 스스로 하늘의 대리자로 자처했다.[109]

이 지점에서, 이 모든 사례들에서 우리가 진정으로 말하려는 바가 새롭고 전례 없는 기관의 배아 형태, 현대적인 정부 형태로 성장하고 진화하게 될 형태로의 발현이라는 의미에서의 '국가의 탄생'이 아니라는 사실이 분명해져야 한다. 우리가 이야기하는 것은 그것보다는 광범위한 지역 시스템에 대해서다. 이집트와 안데스의 경우, 지역 시스템 전체가 단일한 정부하에 통합(적어도 일부 기간 동안은)되었다. 이것은 실제로 매우 특이한 상황이었다. 대체로 이론적인 차원의 통합이던 중국의 상 왕조와 같은 설정이 그보다는 더 흔하다. 또는 지역적 헤게모니가 한두 세대 이상 오래 지속되는 일이 드물던 메소포타미아, 또는 두 권력 집단 간의 투쟁이 질질 끌었지만 둘 중 누구도 상대방을 완전히 넘어설 수 없었던 마야 같은 설정도 마찬가지다.[110]

우리가 여기서 개발해온 특정 이론을 기준으로 할 때, 지배의 세 기본 형태—폭력의 통제, 지식의 통제, 카리스마적 힘—가 각각 구체화하여 그 자체의 제도 형태를 만들어낼 수 있는 곳에서는 이런 '초기 국가'는 거의 모두 지배의 '2차' 체제라고 더 정확하게 묘사될 수 있다. 올멕, 차빈 혹은 나체즈 같은 1차 체제는 각각 위에서 말한 세 원칙 가운데 하나만 개발했다. 하지만 전형적으로 훨씬 더 폭력적인 2차 체제의 설정에서 지배의 세 원칙 가운데 두 가지가 전례 없는 거창한 스타일로 한데 모이게 되었다. 셋 중 어느 것 두 가지인지는 경우마다 다른 것 같다. 이집트의 초기 지배자들은 주권과 행정력을 혼합했고, 메소포타미아의 왕들은 행정과 영웅적 정치를 섞었다. 고전 마야의 아자우는 영웅적 정치와 주권을 한데 합쳤다.

우리는 어떤 사례에서든 이런 원칙 가운데 어떤 것도 초보적 형태로는 완전히 부재하는 것이 아님을 강조해야 한다. 사실, 실제로는 그중의 두 가지가 제도 형태로—정부의 토대로서 서로를 보완해주는 방식으로 섞여들어—구체화되는 반면, 지배의 세 번째 형식은 대체로 인간사의 영역에서 완전히 밀려나 인간과 무관한 우주 영역을 다루게 된 것으로(초기 왕조 메소포타미아에서의 신성 주권이나 고전 마야의 우주적 관료제에서처럼) 보인다. 이런 내용을 모두 염두에 두면서, 잠시 이집트로 돌아가 몇 가지 남은 논점들을 명확히 해보자.

이집트의 사례를 세 가지
초보적인 지배의 원칙에 비추어 재고해보고,
'암흑시대'의 문제를 다시 살펴보자

이집트 고왕국의 건축가들은 분명히 자신들이 만들어내는 세계를 뭔가 양식진주같이 극도로 고립된 환경에서 양성되는 것으로 보았다. 그들의 세계관은 조세르Djoser, 멘카우레, 스네페루Sneferu, 사후레Sahure 같은 왕들의 사후 숭배에 봉사하는 왕실 신전의 벽을 메우고 있는 석조 부조로 생생하게 기록되어 있다. 이곳 이집트에서 '두 나라'라고 하면 항상 왕과 신들이 동등한 출연 분량을 갖는 천상의 극장 국가와 지상의 영토가 둘 다 있는 것으로 나타난다. 그것은 시골 영지와 사냥터가 있고 복종의 지도가 그려진 세계로서, 각각의 구획된 토지는 전리품을 왕의 발 앞에 가져다놓는 시녀 한 명의 모습으로 현현한다. 이 이집트 세계관에서 통치 원리는 모든 것에 대한 군주의 절대 주권이며, 그의 거대한 장례식 구조물, 자신이 정복하지 못할 것은 아무것도 없으며, 죽음도 마찬가지라는 그의 도전적인 단언으로 상징된다.

그러나 이집트의 왕권은 야누스처럼 양면적이다. 그 안을 향하는 시선은 최고 가부장의 시선으로, 광대하게 확장된 가족, 거대한 집('파라오'라는 단어의 문자 그대로의 의미)을 감독한다. 그 밖을 향하는 시선은 그 나라의 거친 변경을 장악한 전쟁 지도자 혹은 사냥의 지도자로서의 왕이라는 그림에서 보인다. 왕이 그들에게 폭력을 휘두를 때 모두는 사냥감에 불과했다.[111] 그러나 이는 영웅적 폭력과는 매우 다르다. 어떤 면으로 그것은 정반대다. 영웅적 질서에서 전사의 명예는 그가 패배할 수도 있다는 사실 위에 세워진다. 명성이 그에게 너무나 중요하기 때문에, 그는 그것을 수호하기 위해 목숨과 존엄과 자유를 기꺼이 건다. 그러나 이런 고대 이집트의 지배자들은 결코 스스로를 이런 의미에서의 영웅으로 나타내지 않았다. 그들은 어쩌면 패배라는 생각조차 할 수 없었을 것이다. 그러므로 전쟁은 대등한 잠재력을 지닌 자들 간의 경합인 '정치적' 경연으로 표현되지 않는다. 그보다는 전투와 사냥은 모두 똑같이 소유권의 주장이었고, 왕이 백성에게 행사하며 궁극적으로는 신들과의 친족 관계에서 유래한 바로 그 주권의 끝없는 리허설이었다.

앞에서 관찰할 기회가 이미 있었지만, 어떤 형태든 주권은 너무나 절대적인 동시에 사적이어서, 파라오의 의지는 대리자에게 반드시 심각한 문제를 야기한다. 여기서도 국가의 모든 관리는 어떤 의미로는 왕 개인에게 딸린 존재가 되어야 했다. 대지주, 군대 지휘관, 사제, 행정관, 또 다른 정부 고위 관리 들은 모두 '왕의 비밀의 관리자' '왕이 아끼는 지인' '파라오의 음악 감독' '궁전의 손톱 관리자 감독', 심지어는 '왕의 아침 식사 감독관' 같은 직함을 가진다. 여기에 파워 게임이 존재하지 않았다는 말은 아니다. 직위를 노리는 경쟁, 잔재주, 이중 거래, 정치 음모가 없었던 왕궁은 결코 존재한 적이 없었다. 핵심은 이런 것들이 공적인 경쟁이 아니었고, 공개적으로 경쟁할 수 있도록 허가된 공간이 없었다는 것이다. 모든 것은 궁정에서의 삶에만 한정되어 있었다. 이런 사실은 고왕국 관리의 '무덤 전기tomb biography'에 얼마든지 명백히 나타나 있다. 그것은 개인의 자질이나 성취가 아니라 거의 전적으로

왕과의 관계 및 왕에 대한 보살핌이라는 기준에서 그들의 평생 업적을 서술한 책이다.[112]

그렇다면, 이 경우에 우리가 보는 것은 주권과 행정의 비대칭, 그리고 경쟁적 정치의 거의 완전한 부재인 것 같다. 정치적인 것이든 다른 어떤 종류든, 드라마틱한 공적 경연이 거의 없는 것이나 마찬가지였다. 이집트 고왕국의(또는 고대 이집트 역사의 더 이후 시기에도) 공식적 자료에는, 예를 들면 로마의 전차 경기나 올멕이나 사포텍의 구기 경기를 희미하게나마 상기시키는 요소는 전혀 없었다. 왕의 즉위를 기념하는 세드sed 축제[헤브세드Heb-Sed 축제라고 한다. 이집트에서 가장 오래된 축제. 메네스 왕이 시작한 이 축제는 왕의 즉위 30주년을 기념하여 열고 그 뒤 3년마다 개최했다―옮긴이]에서는 이집트의 왕들이 상이집트와 하이집트 두 땅의 통합을 축하하는 순회 경기를 개최하는데, 이는 단독 공연이라는 형태로 열렸고, 그 결과가 어떤 것일지에 대한 의심은 절대 없었다. 후대 이집트 문학에 경쟁적 정치가 등장하더라도(가끔씩 등장하기는 한다), 엄밀하게 신들 사이에서만 벌어진다.《호루스와 세스의 경쟁Contendings of Horus and Seth》 같은 작품이 그런 예다. 아마 죽은 왕들은 서로 경쟁하는지도 모른다. 하지만 주권이 필사자必死者들의 영역으로 내려올 무렵이면, 문제는 이미 해결된 뒤였다.

여기서 우리가 하고 있는 이야기가 완전히 분명해지도록 하는 말인데, 카리스마적 정치의 부재라는 말에서 우리가 뜻하는 바는 기사, 군벌, 정치가 등등 간의 제도화된 경쟁 관계와 함께 '스타 시스템' 또는 '명예의 전당'이 부재한다는 것이다. 결코 개별 인격의 부재에 대해 말하는 것이 아니다. 그저 순수한 군주제에서 중요한 것은 단 한 사람, 또는 기껏해야 몇 안 되는 개인들뿐이라는 의미다. 정말로 우리가 정부 형태로서 군주제의 매력을 이해하려고 노력한다면―기록에 남은 인류 역사의 많은 부분에서 그것이 인기 있는 형태였음은 부정될 수 없다―그것은 아마 보살핌의 성격과 절망적인 공포를 유발하는 감성을 동시에 동원하는 능력과 어떤 관련이 있을 것이다. 왕은 지고의 개인이며, 그의 변덕과 환상은 항상 응석받이 아기를 대하듯 들어줘야 한다. 그와 동시에, 대량의 폭력과 종종 (이집트에서처럼) 대량의 생산을 장악하는 권력을 보유하고 있는 만큼, 그는 극도의 추상화를 통해 모든 사람을 똑같은 존재로 만들 수 있다.

또 군주제는 아마 우리가 아는 정부 시스템 가운데 아이들이 결정적인 역할을 했던 유일한 사례일 것이다. 왕조의 계보를 이어나갈 군주의 능력에 모든 것이 의지하기 때문이다. 죽은 자는 어떤 체제에서도 숭배될 수 있다. 민주주의의 횃불을 자처하는 미국에서도, 건국 시조들에게 바치는 신전을 짓고 죽은 대통령들의 얼굴을 산의 절벽에 조각해둔다. 하지만 사랑과 보살핌의 순수한 대상인 아기가 왕국과 제국에서는 정치적 중요성만 가진다.

고대 이집트의 체제가 흔히 최초의 진정한 국가이자 모든 미래 국가의 패러다임으로 취급된다면, 그것은 대체로 최소한 특정한 순간에는 거의 모든 사람을 단 하나의 거대한 기계 속의 나사못 하나로 축소할 수 있는 행정 기구를 통해 절대 주권을 종합할 수 있었기 때문이다. 그것이 군주가 인간 사회와 떨어져 존재하고 제멋대로 폭력을 행사하고서도 처벌받지 않을 수 있는 능력이다. 부족한 것은 영웅적이고 경쟁적인 정치뿐이었는데, 그것은 신들과 죽은 자의 세계로 밀려났다. 하지만 물론 여기에는 중앙 권력이 무너지는 바로 그런 기간, '암흑시대'라는 기간에 적용되는 대단한 예외가 있었다. 그것은 1차 중간기 (기원전 2181~기원전 2055년경)로 시작되었다.

고왕국이 끝날 무렵에 이미 '노마르크nomarch' 혹은 지방 총독들은 본인들이 사실상 왕조 같은 존재가 되어 있었다.[113] 중앙정부가 각각 헤라클레오폴리스와 테베라는 경쟁 관계인 두 중심으로 분열되자, 그런 지방 지도자들은 정부의 거의 모든 기능을 떠맡기 시작했다. 흔히 '군벌'이라 일컬어지는 이 노마르크들은 사실 선왕조 시대의 자잘한 왕들과는 전혀 달랐다. 적어도 그들은 본인들의 기념물에서는 자신을 대중적 영웅, 심지어 성자에 가까운 존재로 나타냈다. 이런 것이 언제나 단순한 허세만은 아니었다. 몇몇은 그 이후의 여러 세기 동안 정말로 성자로서 존경받았다. 카리스마가 있는 지방 지도자들도 물론 언제든 이집트에 존재했지만, 가부장제적 국가가 와해되면서 그런 인물들은 각자의 개인적 업적과 특성(용감함, 관대함, 연설과 전략 기술)에 근거하여 권위를 요구할 수 있었다. 결정적으로는 사회적 권위 그 자체를 각자가 속한 지역 도시의 신들에게 바치는 공적인 봉사와 종교적 경건성이라는 소질과 그런 소질이 고취하는 대중적 지원에 기초하는 것으로 재규정하기 시작했다.

다른 말로 하면, 국가의 주권이 허물어질 때마다 영웅적 정치가 돌아왔다는 것이다. 그런 정치에는 우리가 고대 서사시에서 알고 있는 자들만큼 허영심 많고 경쟁적이지만 피를 보는 성향은 훨씬 덜한 카리스마적 인물들이 등장한다. 이런 변화는 테베 남쪽 엘모알라El-Mo'al-la에 있는 노마르크 안크티피Ankhtifi의 바위 무덤 같은 데서 나온 자전적인 명문銘文에서 뚜렷이 보인다. 다음은 그가 전쟁에서 자신이 맡은 역할에 대해 서술하는 내용이다. "나는 해결책이 없었을 때 정력적으로 계획을 세워 해결책을 찾아낸 사람이었다. 그리고 노메nome[행정 관리가 되는 영토]들이 (전쟁을 일으키기 위해) 함께 동맹했던 날, 지휘하는 언어와 평정한 마음을 가진 사람이었다. 나는 비길 데 없는 영웅이었

모든 것의 새벽

다. 공포가 퍼져 사람들이 침묵하고 상이집트는 감히 말할 용기가 없던 때 자유롭게 발언한 그런 영웅이었다." 더욱 놀라운 것은 그가 자신의 사회적 업적을 찬양하는 다음의 내용이다.

나는 배고픈 이들에게 빵을 주고 헐벗은 이들에게 옷을 주었다. 화장할 기름이 없는 이들에게 기름을 주었다. 맨발인 이들에게 샌들을 주었다. 아내가 없는 자에게는 아내를 주었다. 하늘에 구름이 끼고 아포피스의 모래톱에서 땅이 [바짝 말라 사람들이] 굶주림에 [죽어갈 위기에] 처할 때마다 도시 헤파트[El-Mo'alla]와 호르메르를 돌보았다. 남부에서 사람들이 왔고, 북쪽에서는 아이들과 함께 왔다. 그들은 보리를 얻기 위해 그것과 바꿀 고급 기름을 가져왔다. (…) 상이집트 전체가 굶주림으로 죽어가고 있었고, 사람들은 자신의 아이들을 잡아먹었다. 하지만 이 노메에서는 누구라도 굶어 죽지 않게 했다. (…) 필요한 것이 있는 자들이 이 노메에서 다른 노메로 떠나도록 한 번도 허락한 적이 없었다. 나는 견줄 자 없는 영웅이다.[114]

1차 막간기인 이 지점에 와서야 이집트에서 세습 귀족제가 자체적으로 존재하게 되었다. 안크티피 같은 지방 거물들은 자신들의 권력을 후손에게 전해주고 가족 규모를 확대했다. 귀족제와 개인적 정치는 고왕국에서는 그다지 인정받지 못했는데, 이는 바로 그것들이 주권의 원칙과 갈등했기 때문이다. 요약하자면, 고왕국에서 1차 막간기로의 이행은—이집트학의 정통 주류가 과거에 주장했듯이—'질서'에서 '혼란'으로의 이행이 아니라 권력의 행사를 구성하는 방식이 달라지는 이행, '주권'에서 '카리스마적 정치'로의 전환이었다. 이와 함께 강조점도 변했다. 민중이 신과 같은 지배자를 보살피는 것에서 권위를 얻을 합법적인 통로로서 민중을 보살피는 것으로 변한 것이다. 역사에서는 흔히 그렇지만, 고대 이집트에서 의미 있는 정치적 업적은 아무도 돌로 거창한 구조물을 세우지 않았기 때문에 무시되거나 간과되어온 바로 그런 기간(소위 '암흑시대')에 발생한다.

관료제의 진정한 기원을 찾으려는 과정에서, 놀랄 만큼 작은 규모로 보이는 것에서 그것을 발견함

이 지점에서 왜 고대 이집트가 그처럼 꼬박꼬박 국가 형성의 패러다임적 예로 내세워졌는지 충분히 쉽게 이해되었을 것이다. 그것은 우리가 지배의 2차 체제라 부른 것의 연대기적으로 가장 이른 사례이기 때문만이 아니다. 그것은 훨씬 더 뒤에 나온 잉카제국을 제외하고는 주권과 행정의 두 원칙이 함께 적용된 유일한 사례이기 때문이다. 다른 식으로 표현하자면, 그것은 일어났어야 했던 일의 모델에 완벽하게 들어맞는, 역사상 적당히 먼 시기에 일어난 유일한 사례다. 그 모든 추정은 정말로 우리가 8장을 시작할 때 묘사했던 사회 이론의 어떤 특정한 종류로 돌아간다. 아니, 사회 이론보다는 조직 이론이라고 하는 편이 더 낫겠다. 작고 친밀한 그룹은 (그 주장에 따르면) 비공식적이고 평등주의적인 문제 해결 수단을 채택할 수 있을지 모르지만, 다수의 인원이 한데 모여 도시나 왕국을 이루게 되면 순식간에 모든 것이 변한다.

이런 종류의 이론들은, 로빈 던바가 말한 대로, 사회 규모가 커지면 그런 사회는 "지시를 내릴 족장과 사회 규칙들이 준수되도록 확실히 통제할 경찰력"을 필요로 한다고 단순하게 추정한다. 혹은 재레드 다이아몬드처럼, "많은 인구는 결정을 내리는 지도자, 결정을 수행하는 집행자, 결정과 법칙을 운영하는 관료 없이 제대로 작동할 수 없다"고 말한다.[115] 다른 말로, 대규모 사회에서 살고 싶다면 주권과 행정부가 필요하다는 것이다. 그렇게 하기 위해서는 어떤 종류의 강제력(다시 말하지만, 모든 사람을 무기로 위협할 수 있는 능력)의 독점이 필요하다는 것은 대체로 당연시된다. 다음으로, 문자 체계는 거의 예외 없이 비개인적 관료제 국가의 업무에서 개발되었는데, 그런 관료제 국가는 과정 전체가 만든 결과물이라고 추정된다.

그런데 앞에서 이미 보았듯이, 이 가운데 어느 추정도 진정으로 사실이 아니며, 이런 추정에 근거한 예견은 거의 예외 없이 잘못임이 판명된다. 우리는 8장에서 그런 드라마틱한 사례를 보았다. 한때는 관료제 국가가 복잡한 관개 시스템이 있는 지역에서 출현하는 경향이 있다고 추정되었다. 운하를 유지하고 물의 공급을 통제하기 위해 행정관이 필요하기 때문이었으리라는 것이다. 그러나 사실은 농부들이 전부 자체적으로 매우 복잡한 관개 시스템을 조정할 수 있었으며, 초기의 관료들이 그런 문제와 관련이 있었다는 증거는 거의 없다. 도시의 주민들은 대개 그리 '평등주의적'이지 않지만, 십중팔구는 오늘날의 다른 어떤 도시 정부보다도 훨씬 더 참여적이었을 방식으로 놀라운 자치 능력을 발휘한 것으로 보인다. 한편 결과적으로 고대 황제들은 대부분 도시에 개입할 이유를 거의 알지 못했다. 백성들이 길거리를 어떻게 청소하며 배수로를 어떻게 유지하는지에 대해 아예 신경 쓰지 않았기 때문이다.

초기의 체제들이 지식 형태를 독점적으로 통제함으로써 지배의 토대를 구축했을 때, 이런 것들은 흔히 우리가 오늘날 특히 실용적이라고 여길 만한 종류의 지식이 아니었다는 사실도 관찰되었다(차빈 데 우안타르의 건설자들에게 영감을 준 것으로 보이는 샤먼적·향정신적 계시가 그런 예일 것이다). 실제로 목록, 장부, 회계 처리, 감독, 감사와 서류 등의 문서 보관소를 유지한다는 의미의 기능적 행정부의 최초 형태들은 바로 이런 종류의 제의적 맥락에서 출현한 것으로 보인다. 메소포타미아의 신전, 이집트의 조상 숭배, 중국의 점술 해독 등등이 그렇다.[116] 그러므로 이제 우리는 관료제가 단순히 인류 사회가 규모와 복잡성 면에서 어느 특정한 문턱을 넘어 발전했을 때 생긴 정보 관리의 문제에 대한 실질적인 해결책으로서 시작되지 않았다는 것 하나는 아주 확실하게 말할 수 있다.

그러나 이는 그런 기술이 처음에는 언제 어디서, 또 무슨 이유에서 생겼는가 하는 흥미로운 질문을 제기한다. 여기에는 놀라운 새 증거도 조금 있다. 최근의 고고학적 지식에 따르면 최초의 전문화한 행정 통제 시스템은 실제로는 아주 작은 공동체에서 출현했다. 이 주장의 가장 오래되고 명확한 증거는 중동 지역에 있는 일련의 아주 작은 선사시대 정착지에서 발견된다. 그 정착지는 차탈회위크의 신석기 유적이 지어지고(기원전 7400년경) 1,000년 후에 지어졌지만, 도시와 약간이라도 닮은 것이 출현하려면 아직 2,000년 이상이 더 지나야 했다.

그런 유적의 가장 좋은 예는 텔 사비 아비야드Tell Sabi Abyad로서, 시리아의 라카주에 있는 발리크 계곡에서 발굴을 하던 네덜란드 고고학자 팀이 조사한 곳이다. 8,000년쯤 전(기원전 6200년경), 선사시대 메소포타미아이던 곳에서 면적이 1만 제곱미터인 마을이 화재로 소실되었는데, 그 결과 흙으로 쌓은 벽과 점토로 된 내용물 대다수가 구워진 채 보존되었다. 주민들에게는 분명히 심각한 불운이었지만, 미래의 연구자들에게는 대단한 행운이었다. 덕분에 150명가량의 인원을 수용하던 후기 신석기시대 공동체의 조직을 들여다볼 유일무이한 기회가 생겼으니 말이다.[117] 발굴자들은 이 마을의 주민들이 중앙에 곡물 저장고와 창고 등의 저장 시설을 지었을 뿐만 아니라 그 시설에 무엇이 들어 있는지 파악하기 위해 어느 정도 복잡한 행정 수단을 활용했다는 사실도 알아냈다. 이런 수단 중에는 경제 관련 문서고도 있었는데, 그것은 우루크 및 다른 후대의 메소포타미아 도시에 있었던 신전 문서고의 작은 선구적 형태였다.

이것은 문자로 된 문서고가 아니었다. 문자는 3,000년은 더 지나야 나타나게 된다. 당시에 사용된 것은 점토로 만들어진 기하학적 토큰으로서, 이곳과 유사한 신석기시대 마을 여러 곳에서 사용된 것으로 보이는 종류이며, 특정한 자원이 어떻게 할당되는지 파악하기 위해 사용되었을 확률이 가장 높다.[118] 텔 사비 아비야드에서는 토큰과 함께 디자인이 각인된 소형 봉인이 가사용 그릇의 점토 마개에 내용물을 알려주는 인장을 찍고 표시하는 용도로 쓰였다.[119] 아마 가장 감탄할 만한 것은 그릇에서 마개를 연 뒤에도 나중에 참고하기 위해 그것을 마을 중앙 가까운 곳에 있는 특별한 건물―일종의 사무실이나 관청―에 보관하고 저장했다는 사실일 것이다.[120] 이런 발견 내용이 1990년대에 보고된 이후로, 고고학자들은 그런 마을의 관료제가 누구의 이익을 위해, 또 어떤 목적으로 작동했는지를 놓고 토론해오고 있다.

이 질문에 대답하는 과정에서, 텔 사비 아비야드의 중앙 관청과 보급소가 어떤 종류든 특이하게 큰 주택, 윤택한 장례, 혹은 다른 어떤 개인적 지위의 표시를 갖고 있지 않았다는 점을 지적해야 한다. 사실 이 공동체의 유적에서 놀라운 점은 그 균일성이다. 가령, 주위의 주거들은 모두 크기와 품질과 남아 있는 내용물들이 대략 동일하다. 내용물 자체로 미루어보면 핵가족이 복잡한 노동 분업의 단위였던 것으로 보이며,

다수의 가정이 협업해야 하는 과제도 종종 수행했던 것 같다. 소 떼를 초지로 몰아가야 했고, 다양한 곡물을 파종하고, 수확하고, 탈곡해야 했다. 또 베를 짤 재료인 아마를 심어야 했고, 그와 함께 도자기 굽기, 구슬 만들기, 석공과 단순한 야금 작업도 해야 했다. 그리고 물론 아이들도 길러야 했고, 노인들을 보살펴야 했으며, 집을 짓고 관리하고, 결혼과 장례식에서 협력하는 등 함께 해야 할 일은 수없이 많았다.

한 해의 생산 활동을 성공리에 마치려면 신중한 일정 조정과 상호 부조가 필수였을 것이다. 흑요석, 금속, 이국적 염료의 존재는 마을 사람들이 외부와 정기적으로 교류했다는 것도 알려준다. 물론 여행과 상업뿐만 아니라 통혼도 이루어졌을 것이다.[121] 전통 바스크 마을의 경우에서 이미 보았듯이, 이런 종류의 활동을 하려면 아주 복잡하고 수학적인 계산이 필요하다. 그렇기는 해도 이것 자체는 왜 측정과 자료 보관의 엄밀한 시스템에 의지해야 하는지를 설명해주지 않는다. 어쨌든, 인류 역사 전체에는 알려지지 않았지만 이와 비슷하게 새로운 기록 보관 기술을 만들어내지 않고서도 복잡한 과제와 책임감의 조합을 지닌 농경 공동체 수천 곳이 있었으니까.

이유가 무엇이든, 그런 기술의 도입은 선사시대 메소포타미아 마을과 주변의 언덕 지방에 심각한 영향을 미쳤던 것으로 보인다. 텔 사비 아비야드와 최초의 도시들 사이에는 2,000년의 시간차가 있음을 기억하라. 그리고 그 긴 시간 동안 중동 지역의 마을 생활은 일련의 놀라운 변화를 겪었다. 어떤 면에서, 소규모 공동체에 살던 사람들은 아직 그 누구도 도시를 본 적이 없었는데도 마치 어떤 종류의 대형 사회에 이미 살고 있었던 것처럼 행동하기 시작했다. 일반적인 느낌과는 반대로 들리지만, 그사이의 여러 세기 동안 남서부 이란에서 이라크의 많은 지역을 거쳐 튀르키예 고지대에 이르는 넓은 지역에 흩어져

모든 것의 새벽

있는 마을의 증거들이 그런 사실을 전해준다. 이 현상은 여러 면에서 앞의 장들에서 우리가 논의했던 '문화 지역' 혹은 환대 구역의 또 다른 버전이었다. 하지만 다른 요소가 하나 있다. 멀리 떨어진 가정들과 가족들 사이에 보이는 유사성의 토대에 문화적 균일성의 원리가 점점 더 많이 작용하게 된 것으로 보인다는 것이다. 그렇다면, 어떤 의미에서 이것은 최초의 '지구촌'의 시대였다.[122]

고고학적 기록에서, 그것들이 모두 어떤 모습일지는 모를 수가 없다. 여기서 우리가 말하는 것은 직접 경험에서 나온 이야기다. 우리 중 한 명이 이라크령 쿠르디스탄에서 대변화가 일어나기 전과 후에 존재한 선사시대 마을의 고고학적 조사를 지휘했기 때문이다. 기원전 4000년대에서 여러분은 행정 수단과 다른 새로운 미디어 테크놀로지가 중동의 넓은 지역에 전파되면서 마을의 생활로부터 겉으로 드러나는 차이, 혹은 개별성의 표시가 거의 모두 사라지는 현상을 보게 된다. 가정들은 이제 점점 더 표준적인 3분적 설계에 따라 지어졌고, 과거에는 개인의 기술과 창의성의 표현 수단이던 토기는 더 의도적으로 단조롭고, 균일하며, 때로는 거의 표준화한 방식으로 만들어진 것 같다. 공예품의 생산은 일반적으로 더 기계적으로 이루어졌고, 여성 노동은 새로운 형태의 공간적 통제와 격리에 종속되었다.[123]

사실 1,000년가량 지속된 이 기간 전체(고고학자들은 그것을 남부 이라크의 텔 알우바이드Tel al-'Ubaid의 지명을 따서 우바이드Ubaid 시기라 부른다)는 야금술, 텃밭 농사, 베 짜기, 요리, 장거리 무역에서의 혁신이 이루어진 시기였지만, 사회적으로 유리한 입지에서 보자면, 모든 것은 그런 혁신이 지위나 개인적 차별화의 표시가 되지 못하도록 막기 위해 행해진 것으로 보인다. 달리 말하자면, 마을 안팎에서 지위의 명백한 차이가 나타나지 못하게 막으려 했다는 것이다. 흥미롭게도, 지금 우리는 세계 최초의 도시가 출현하기 전 몇 세기에 명시적인 평등 이데올로기가 탄생하는 장면, 그리고 행정 수단이 부를 추출하고 축적하는 수단으로서가 아니라 바로 그런 일이 발생하지 못하게 예방하는 수단으로 구상되는 상황을 목격하고 있을 수도 있다.[124] 그런 소규모 관료제가 실제로 어떻게 작동했을지 이해하기 위해 우리는 잠시 아이유를 다시 살펴보려 한다. 앞에서 거론한 바 있는, 각기 자체적으로 만들어진 행정 체계를 가졌던 안데스 산지의 마을 연합 말이다.

아이유 역시 강력한 평등 원리를 기초로 했다. 그 일원들은 문자그대로 제복 같은 옷을 입었는데, 각 계곡마다 고유의 전통적 직물 디자인이 있었다. 아이유의 주요 기능 가운데 하나는 가정들이 더 커지거나 작아질 경우 어떤 가정도 다른 가정보다 더 부유해지지 않도록 농토를 재분배하는 것이었다. 실제로, '부유한' 가정이 된다는 것은 사실은 많은 미혼 자녀를 둔다는 뜻이며, 따라서 땅도 많이 필요했다. 부를 비교할 다른 근거가 없었기 때문이다.[125] 아이유는 또한 가정들이 계절적인 노동 징발을 피하도록 도와주었으며, 각 가정의 일할 수 있는 젊은 남녀의 수를 파악하여 어느 가정에서나 매우 중요한 순간에 일손이 모자라지 않게 했다. 또 노인이나 허약자, 과부, 고아, 장애인도 보살핌을 받을 수 있게 했다.

가정들 사이에서 책임은 호혜성의 원리에 따라 부여되었다. 기록이 작성되고 연말에는 특별히 많은 외상과 빚은 모두 탕감되었다. '마을 관료제'가 개입하는 것은 이 지점이다. 그렇게 한다는 것은 작업 단위가 피할 수 없는 논란—누가 누구에게 무슨 일을 해주었으며, 누가 누구에게 얼마를 빚졌는지—에 대한 명확한 해결책을 제공하는 방식으로 측정된다는 의미다.[126] 각 아이유는 자체의 키푸 끈을 갖고 있었던 것으로 보인다. 키푸는 빚이 등록되고 취소되는 과정을 추적하기 위해 항상 매듭으로 묶이고 또 새로 묶였다. 키푸가 발명된 것이 바로 그 용도 때문이었을 가능성이 있다. 다른 말로 하면, 실제로 사용된 행정 수단은 달랐을지라도 그것들이 존재한 이유는 선사시대 메소포타미아에서의 마을 회계 시스템에 대해 우리가 짐작한 것과 매우 유사하며, 비슷비슷하게 명시적인 평등성 이념에 근거하고 있다.[127]

물론, 그런 회계 처리 과정에는 그것들이 다른 목적으로 전용될 위험이 있다. 그것의 기저에 깔려 있는 등가성의 엄밀한 시스템은 거의 모든 사회적 설정에, 심지어 독단적인 폭력성('정복' 같은 것)에 기초한 사회에도 공정성과 형평성의 분위기를 부여할 가능성이 있기 때문이다. 주권과 행정이 복합될 경우 치명적으로 위험해질 가능성이 높아지며, 평등화하는 행정의 효과가 사회 지배의 도구, 심지어 독재의 도구가 되는 것이 바로 그 때문이다.

상기해보자. 잉카에서는 모든 아이유가 '정복된 여성'의 지위로 위축되었고, 키푸 끈은 잉카 중앙 행정부에 진 노동의 빚을 기록하는 데 사용되었다. 각 지역의 끈 기록과는 달리, 이것들은 확정되고 더 이상 협상의 여지가 없는 것이었다. 매듭은 절대로 풀리거나 새로 묶일 수 없었다. 여기서 우리는 잉카에 관한 몇 가지 신화를 넘어서야 한다. 그들은 흔히 가장 온건한 제국이었다고, 심지어 자애로운 원原사회주의적 국가였다고 소개된다. 사실, 잉카의 통치하에서 사회적 안정을 계속 공급한 것은 기존의 아이유 시스템이었다. 이와 대조적으로, 잉카 궁정이 설치한 포괄적인 행정 구조는 대체로 민중을 쥐어짜고 수탈하는 성격이었다(설령 지역에 파견된 궁정 관리들이 그것을 아이유 원리의 연장으로 잘못 소개하는 편을 선호했다 할지라도). 중앙 감시와 기록을 위해 가정은 10, 50, 100, 500, 1,000, 5,000 등등의 단위로 묶였다. 그 단위는 각각 각자의 공동체에 이미 지고 있는 것을 훨씬 넘어서는 노동

의무를 지었는데, 이는 기존의 동맹, 지리, 공동체 조직을 온통 뒤엎어놓지 않을 수 없는 방식으로 작동되었다.[128] 코르베 임무는 엄격한 측정 척도에 따라 균일하게 배당되었다. 노동 과제는 해야 할 일이 없다면 간단히 만들어질 수 있었다. 상습적 법률 위반자는 심각한 처벌을 받았다.[129]

결과는 예측 가능했고, 당시 스페인 연대기 기록자들이 직접 보고 남긴 설명에서 그에 관한 이야기를 들을 수 있다. 그들은 잉카의 정복과 통치 전략 및 지역에 대한 작업에 명백히 관심을 보였다. 공동체 지도자들은 사실상 국가 요원이 되었고, 법률을 이용하여 부자가 되거나 말썽이 생길 경우 스스로와 자신들의 구역을 보호하려고 노력했다. 노동의 빚을 갚지 못하거나 달아나거나 반란을 일으켰다가 실패한 자들은 잉카 궁정과 관리들의 하인, 신하, 첩의 신세로 전락했다.[130] 이런 새로운 세습 몸종 계급은 스페인 정복자들이 침공했을 무렵 급속히 팽창하고 있었다.

이런 이야기들 어느 것도 잉카가 유능한 행정 체계를 갖췄다는 평판이 근거 없다고 말하지 않는다. 잉카 행정가들은 분명히 출생과 사망을 정확하게 기록할 수 있었고, 가정의 수에 맞춰 연례 축제를 주관할 수 있었다. 그렇다면 왜 그처럼 이상하게 조야하고 획일적인 시스템을 명백히 더 균형 잡힌 기존의 체계(아이유)에 덧씌웠을까? 모든 상황에서 가해지는 확연한 가혹성이나 무의미한 법칙이라도 따르라는 요구 때문이라는 것은 불완전한 대답이라는 느낌을 피하기 어렵다. 이런 것이 아마 주권이 관료제 형태로 스스로를 표현하는 방식인지도 모른다. 그것은 모든 가정, 모든 개인의 고유한 역사를 무시함으로써, 모든 것을 숫자로 환원함으로써 형평성의 언어를 제공한다. 하지만 그와 동시에 할당량을 채우지 못하는 사람은 언제나 있게 마련

모든 것의 새벽

이고, 그럼으로써 항상 몸종, 하수인, 노예가 공급될 길이 열려 있는 것이다.

중동에서는 이와 매우 비슷한 일이 후대에 일어났던 것으로 보인다. 아마 가장 유명한 기록일 히브리어 성경의 예언서들은 강력한 저항의 기록들을 보존하고 있다. 그런 저항은 공물 요구가 농부를 빈곤으로 내몰고, 가축과 포도원을 저당 잡히고, 결국은 빚에 내몰려 아이들을 몸종으로 넘겨주게 되면서 일어났다. 혹은 부유한 상인들과 행정관들이 흉년, 홍수, 자연재해 때문에, 혹은 단순히 운 나쁘게 이웃에게 이자가 붙은 대출을 받았다가도 같은 결과로 이어졌다. 중국과 인도에서도 비슷한 불만이 기록되었다. 최초의 관료제 제국 설립에는 거의 항상 어떤 등가 시스템이 혼란에 빠진 상황이 함께한다. 여기에서 화폐와 빚의 역사를 개괄할 것은 아니므로[131] 우루크 시기의 메소포타미아 같은 사회가 상업적인 동시에 관료제적이었던 것은 우연의 소치가 아니라는 지적으로만 그치겠다. 돈과 행정은 모두 비슷한 비개인적 등가성 원리를 토대로 한다. 이 지점에서 우리가 강조하고 싶은 것은, 먼저 가장 폭력적인 불평등이 그처럼 법률적 평등을 내세운 허구로부터 얼마나 자주 발생하는가 하는 것이다. 한 도시의 모든 시민들, 혹은 도시의 신의 숭배자 전부, 혹은 그 왕의 예속민 전부는 궁극적으로 동일하다고, 적어도 어느 특정한 방식으로는 그렇다고 간주되었다. 개인으로서든, 후대의 더 가부장제인 시기에는 어떤 가부장의 보호 아래 놓인 가족으로서든, 그들 모두에게는 동일한 법률, 동일한 권리, 동일한 책임이 부과되었다.

여기서 중요한 것은 이 평등이 사람들을 서로 바꿔 끼울 수 있는 존재로 만들었고, 그럼으로써 지배자들이나 하수인들이 백성들의 고유한 상황을 전혀 고려하지 않고 비개인적인 요구를 할 수 있게 해주었다는 사실이다. 물론 '관료제'라는 단어가 오늘날 거의 어디에나 있는 그 혐오스러운 연관성을 갖게 되는 것은 이 때문이다. 그 단어 자체가 기계적 우둔함의 느낌을 불러온다. 그러나 비개인적인 시스템이 원래, 혹은 반드시 어리석다고 믿을 이유는 없다. 볼리비아의 아이유나 바스크의 위원회가—혹은 텔 사비 아비야드 같은 신석기시대 마을 행정, 그리고 이를 이어받은 메소포타미아의 도시 행정도 아마—명백히 불가능하거나 타당하지 않은 결과를 만들어냈다면, 언제나 말썽은 바로잡힐 수 있었다. 시골 공동체에서 살아보거나 대도시의 자치구나 교구 위원회에서 근무해본 사람이라면 알겠지만, 그런 형평성 부족 사태를 해결하려면 며칠씩 지루하게 논의하면서 많은 시간을 들여야 한다. 그래도 거의 언제나 그 누구도 완전히 불공정하다고 여기지 않을 해결책에 당도할 것이다. 관료제적 기계가 진정으로 괴물이 되는 것은 지배 권력이 투입되어 결과적으로 지역의 집행자가 "규칙은 규칙이다. 그에 대해 더 이상 논의하고 싶지 않다"라고 말함으로써다.

이 책을 진행하는 과정에서 우리는 거의 모든 인류 역사가 단순히 추정해온 원초적 자유 세 가지에 대해 언급할 기회가 있었다. 그것은 이동할 자유, 복종하지 않을 자유, 사회관계를 만들어내거나 변화시킬 자유다. 또 영어의 'free'라는 단어가 궁극적으로는 'friend'를 뜻하는 게르만어 단어에서 나왔다는 사실도 지적했다. 자유민과는 달리 노예는 친구를 가질 수 없다. 헌신이나 약속을 할 수 없기 때문이다. 약속할 수 있는 자유는 우리의 세 번째 자유를 이루는 가장 기본적인 최소한의 요소다. 힘든 상황에서 신체적으로 달아나는 것이 첫째 자유의 가장 기본적인 요소인 것과 같다. 사실, 인간의 모든 언어 가운데 '자유'를 뜻하는 가장 오래된 단어는 수메르어의 아마(르)기ama(r)-gi인데, 이는 문자 그대로 '어머니에게 돌아가다'라는 의미다. 수메르의 왕은 주기적으로 비상업적 빚을 모두 탕감해주고, 빚에 몰려 빚쟁이들의 집에 종으로 묶인 자들을 풀어주어 원래 친족에게 돌아가게 해주는, 빚으로부터의 자유 포고령을 내리곤 했다.[132]

모든 인간 자유에서의 가장 기본적인 요소인 약속과 헌신을 할 자유, 그래서 관계를 구축할 자유가 그 정반대의 것, 몸종, 농노나 영구적 노예가 되게 하는 것으로 변할 수 있는지 의문을 가질 수도 있다. 그런 일은 엄밀하게 말해 약속이 비개인적이고 전이 가능한 것이 될 때—한마디로 관료화될 때 발생한다고 우리는 주장한다. 그라피니 부인이 잉카 국가를 자애롭고 관료제적인 질서의 모델로 본 것이 사실은 자료의 오독에 기인한다는 것은 역사의 가장 큰 아이러니 가운데 하나이자 매우 흔한 일이다. 자치적인 지역 행정단위(아이유)가 가진 사회적 혜택을 실제로는 거의 전적으로 군대와 사제, 행정가 계급을 위한 보급 수단이던 제국적인, 잉카식 명령 구조가 베푼 것으로 착각하는 것이다.[133] 메소포타미아와 후대의 중국 왕들 역시 자신을 이집트 군주처럼 약자를 보호하고, 배고픈 자들에게 먹을 것을 주고, 과부들과 고아들을 편안케 해주는 존재로 전시하는 경향이 있었다.

약속을 지키려면 돈이 드는 것처럼, 보살핌의 원리를 실행하려면 국가 관료제가 필요하다고 말할 수 있다. 그러나 각각의 경우에 사회 생활의 가장 근본적인 건설 자재 가운데 하나가 수학과 폭력의 복합물에 의해 타락했다.

새로운 지식으로 무장하여 사회 진화의
기본 전제 몇 가지를 재고한다

사회과학자들과 정치철학자들은 한 세기가 넘도록 '국가의 기원' 문제를 토론해왔다. 이런 토론은 한 번도 해결된 적이 없었고, 앞으로도 영영 그럴 것 같다. 이 시점에서 우리는 적어도 왜 그런지는 알 수 있다. '불평등의 기원'에 대한 탐구와 많이 비슷하게, 국가의 기원에 대한 탐구도 거의 환상을 좇는 일이나 마찬가지다. 이 장을 시작할 때 지적했듯이, 스페인 정복자들은 자신들이 상대하는 것이 국가인지 아닌지 물을 생각도 하지 않았다. 그 개념이 당시에는 존재하지 않았기 때문이다. 그들이 사용한 언어, 왕국과 제국과 공화국 등의 용어가 더 쓸모가 있었고, 많은 면에서 더 나았다.

물론 역사가들은 여전히 왕국과 제국과 공화국이라고 말한다. 사회과학자들이 '국가' 및 '국가 형성'이라는 단어를 선호하게 되었다면, 그것은 이 단어가 일관되게 정의되지 않음에도 불구하고 대체로 더 과학적이라고 착각되기 때문이다. 왜 그런지는 분명치 않다. 그 이유 가운데 일부는 '국가'라는 개념과 근대 과학이 같은 시기에 출현했고, 어느 정도는 서로 얽혀 있기 때문일 수도 있다. 이유가 무엇이든, 기존의 문헌들이 점점 더 복잡해지는 위계와 국가 형성이라는 단일 서사에 끊임없이 집중하고 있기 때문에, 국가라는 용어를 다른 용도로 쓰기는 매우 힘들어졌다.

현재 지구가 거의 전부 국가로 뒤덮여 있다는 사실을 보면 명백히 그런 결과가 불가피했다고 말하기 쉽다. 하지만 우리의 현재 상황은 우리가 이 지점에 어떻게 당도했는지에 대해 실제 데이터와는 거의 아무런 상관이 없는 '과학적인' 가정을 사람들이 정기적으로 하도록 이

끈다. 현재 설정의 어떤 현저한 특징은 단지 되돌려져 투사된 것, 사회가 한번 어느 정도의 복잡성 수준에 도달했을 때 존재한다고 전제된 것일 뿐이다. 그것들이 부재한다는 확고한 증거가 나오지 않는 한 그렇다.

가령, 흔히 국가란 정부의 핵심 기능─군사적·행정적·사법적─이 전문가들의 손에 넘어갈 때 시작된다고 단순하게 추정된다. 농업적 잉여가 적절한 분량의 식량 확보라는 귀찮은 책임으로부터 많은 인구를 '해방'했다는 서사를 받아들인다면 이 추정은 타당해진다. 이는 현재의 세계적 노동 분업으로 이어질 과정의 시작을 시사하는 이야기다. 초기의 국가들은 이 잉여를 대체로 전업 관료, 사제, 군인 등을 부양하는 데 사용했을 수도 있지만, 그것은 또한─항상 우리는 상기하게 된다─전업 조각가, 시인, 천문가 들에게도 사용되었다.

이는 매우 흥미로운 이야기다. 또 우리의 현재 상황에 적용해보면 지극히 사실이다(적어도 현재 전체 인구 가운데 소수만 식량의 생산과 분배에 관련되어 있다). 그러나 우리가 이 장에서 다루어온 체제들 가운데 실제로 직업적 전문가들에 의해 운영된 것은 거의 없었다. 가장 명백하게 말하자면, 상비군을 가진 사례는 하나도 없었던 것으로 보인다. 전쟁은 대체로 농사를 짓지 않는 계절에 하는 일이었다. 사제와 법관 역시 전업인 경우는 극히 드물었다. 사실 이집트 고왕국, 중국의 상 왕조, 메소포타미아의 초기 왕조, 또는 고전기 아테네의 거의 모든 정부 기관을 맡은 직원들은 순환제로 일했고, 시골 영지의 관리자, 상인, 건설업자, 그 밖에 수많은 다른 직업인으로서 다른 삶을 살았다.[134]

더 살펴보자. 이런 많은 '초기 국가들' 자체가 어느 정도의 계절적 현상이었는지는 분명치 않다(적어도 이르게는 빙하시대에도 계절적 소집이 우리에게는 왕권과 조금 비슷해 보이는 어떤 연극적이고 과시적인 **퍼포먼스**를 벌이기 위한 무대일 수 있었다는 점을 상기해보라. 지배자들은 한 해 중 특정한 기간 동안만 궁정을 유지했으며, 몇몇 씨족들이나 전사 사회들에 겨울철에만 국가와 비슷한 경찰력이 허용되었다).[135] 전쟁 같은 정부의 업무는 한 해의 특정한 시간에 강력하게 집중하는 경향이 있었다. 건설 프로젝트, 거리 행진, 축제, 인구조사, 동맹의 맹세, 재판, 군중이 몰리는 처형 집행 들로 가득한 달이 있었고, 다른 기간에는 왕의 예속민들이(또 때로는 왕 본인도) 흩어져서 파종, 수확, 목축같이 더 시급한 필요에 부응하는 때가 있었다. 그렇다고 해서 이런 왕국들이 실재하지 않았다는 뜻은 아니다. 그들은 수천 명의 인간을 동원할 능력, 무엇보다도 수많은 사람을 죽이고 불구로 만드는 능력이 있었다. 그러나 그것은 그들이 사실은 간헐적으로만 실재하는 존재였음을 의미할 뿐이다. 그들은 나타났다가 해체되어 사라졌다.

이런 사태가 취미 농사play farming — 느슨하고 유연하여 사람들이 다른 계절적 활동을 몇 가지든 추구할 자유를 허용하는 재배 방식을 가리킬 때 우리가 쓰는 용어 — 가 진지한 농경으로 변한 것과 같은 방식으로, 연극의 왕국play kingdom이 더 실질적인 성격을 띠기 시작했다는 신호일 수 있을까? 이집트에서 나온 증거는 이 방향에서 해석될 수도 있겠다. 하지만 이런 과정이 둘 다 실제로 발생했을 때 그것이 궁극적으로 다른 어떤 것, 즉 가부장제 관계의 출현과 가정 내 여성의 권력 쇠퇴 같은 현상에 의해 추진되었을 수도 있다. 우리가 해야 하는 질문은 당연히 이런 것들이다. 민족지학은 또한 왕들이 거의 모든 백성들의 삶에서 자신이 이따금씩만 현존하는 존재로 만족하는 일은 거의 없다는 사실도 가르쳐준다. 실루크의 레스나 자바나 마다가스카르에 있는 더 작은 공국들처럼, 아무도 국가라고 하지 않을 왕국의 지배자들도 자신의 이름을 언급하지 않고서는 그 누구도 맹세를 하거나 결혼을 하거나 인사를 하지 못하게 함으로써, 스스로 일상의 사회생활 리듬 속에 개입하려고 노력할 것이다. 왕은 이런 방식으로 그 예속민들이 서로 관계를 정립하는 필수 수단이 된다. 이는 후대에 국가의 수장들이 자신의 얼굴을 화폐에 넣으라고 요구하는 것과 대략 비슷한 방식이다.

웨슬리교 목사이자 선교사인 리처드 B. 라이스Richard B. Lyth가 1852년에 설명한 바에 따르면, 피지의 카카우드로브Cakaudrove 왕국에는 해가 뜰 때 절대적으로 침묵해야 한다는 일상의 규칙이 있었다. 그때 왕의 전령은 왕이 카바kava 뿌리를 막 씹으려 한다고 선언하고, 그러면 그의 백성들이 모두 "씹으시오!"라고 소리친다. 그다음 천둥 같은 고함 소리가 나며 제의가 완성된다. 지배자는 태양이며, 백성들에게 생명과 질서를 부여한다. 그는 매일 우주를 재창조한다. 사실, 오늘날 거의 모든 학자들은 이 왕은 왕도 아니었으며, 단지 '족장 연방'의 수장으로서 아마 수천 명 정도를 다스렸을 것이라고 본다. 그 같은 희극적인 명령은 세계 거의 모든 곳의 왕실 제의에서 꼬박꼬박 행해지며, 제의의 장엄함은 지배자의 실제 권력과는 거의 아무런 관계도 없어 보인다(사람들이 원하지 않는 일을 하게 만드는 그들의 능력 역시 그렇다). 만약 '국가'라는 것이 어떤 의미를 가진다면, 그것은 정확하게 그런 주장 배후에 있는 전체주의적 충동, 제의를 사실상 영구히 지속시키고 싶어 하는 욕구를 가리킨다.[136]

이집트의 피라미드 같은 거대 구조물은 이와 비슷한 목적에 봉사한 것으로 보인다. 그런 것들은 특정한 종류의 권력을 영원한 것으로 보이게 만들려는 시도였다. 그것은 피라미드 건설이 진행 중이던 그 특정한 몇 달 동안에만 진정으로 표현되는 그런 종류의 권력이다. 우주적인 힘의 이미지를 투사하도록 구상된 명문들이나 물건들—궁전,

영묘, 신 같은 형체가 법률을 선언하거나 정복한 업적을 자랑하는 호화스러운 돌기둥—은 바로 그처럼 오래 버틸 확률이 가장 높은 것들이며, 따라서 세계의 주요 유산 현장과 오늘날 박물관에 전시된 유물의 핵심을 이룬다. 그들의 힘은 그처럼 대단하여 지금도 우리는 그들의 주문에 굴복할 위험을 무릅쓴다. 우리는 그것들을 얼마나 진지하게 받아들여야 할지 사실 잘 모른다. 어쨌든 카카우드로브 왕 휘하의 피지 백성들은 최소한 일상의 일출 제의에 기꺼이 가담할 만큼은 굴복했던 것 같다. 왕에게는 그들을 강요할 수단이 별로 없었으니 말이다. 그런데 아카드의 사르곤 대왕이나 중국의 시황제 같은 통치자들은 그런 수단을 많이 갖고 있었고, 그럼으로써 백성들이 그들의 더 거창한 주장을 어떻게 받아들였는지에 대해 우리가 할 수 있는 말은 더 적다.[137]

현대사회에서든 고대사회에서든, 권력의 현실을 이해하는 것은, 엘리트들이 자신이 할 수 있다고 주장하는 일과 실제로 할 수 있는 일 사이에 놓인 이 간극을 인정하는 일이다. 사회학자 필립 에이브럼스Philip Abrams가 오래전에 지적했듯이, 이 구분을 하지 못한 탓에 사회과학자들은 무수히 많은 막다른 골목으로 이끌렸다. 국가는 "정치적 실천의 가면 뒤에 있는 실재가 아니기 때문이다. 그것은 우리로 하여금 정치적 실천을 있는 그대로 보지 못하게 막는 가면 그 자체다". 뒤 문장을 이해하려면, 우리는 "국가의 존재가 아니라 국가의 부재를 염두에 둔 의미"에 주의해야 한다고 그는 주장했다.[138] 우리는 이런 지적이 현대의 정치체제보다 더하지는 않더라도 그것만큼은 강력하게 고대 정치체제에도 적용된다는 것을 이제는 볼 수 있다.

'국가'의 기원은 고대 이집트, 페루의 잉카, 중국의 상商같이 다양한 장소에서 오랫동안 추적되어왔다. 그러나 지금 우리가 국가로 여기는 것은 결코 꾸준히 이어져온 역사가 아니다. 그것은 청동기시대에 시작된 긴 진화 과정의 산물이 아니라, 주권, 행정, 카리스마적 경쟁이라는 서로 다른 기원에서 유래하는 세 가지 정치 형태가 합류한 결과였다. 현대 국가는 단순히 세 가지 지배 형태가 어쩌다가 한데 모인 방식의 하나지만, 이번에는 국왕들의 권력이 '민중'(혹은 '민족')이라는 실체에 의해 지탱된다는 개념, 관료제가 그 '민중'의 이익을 위해 존재한다는 개념, 그리고 오래되고 귀족적인 경연과 상賞의 변형 형태가 '민주주의'라는 라벨이 붙어 주어진다는 개념에 따라 모였을 뿐이다. 그리고 그 민주주의는 흔히 전국 선거라는 형태로 실시된다. 여기에 그럴 수밖에 없었던 것이라고는 전혀 없다. 요구되는 증거라면, 이 특정한 설정이 현재 어떻게 해체되고 있는지 관찰하는 것만으로도 충분하다. 앞에서 지적했듯이, 이제는 전 세계의 주권이나 경쟁적 정치의 세계적 무대와 비슷한 것이 전혀 없는 세계적 관료 체제(IMF와 WTO에서부터 JP모건 체이스 및 다양한 신용 평가 기관에 이르는 공적·사적인 것들)가 존재한다. 그리고 암호 화폐에서 민간 보안 업체에 이르기까지 온갖 것이 국가의 주권을 좀먹어 들어가고 있다.

지금쯤 뭔가 분명해진 것이 있다면 바로 이것이다. 한때 '문명'과 '국가'가 역사적인 하나의 묶음으로 우리에게 내려온(물려받든, 받지 않고 영구히 방치하든) 결합된 실체라고 추정되던 곳에서, 역사가 이제 입증하는 것은 이런 용어가 실제로 가리키는 것은 기원도 전혀 다르고 현재는 해체되는 과정에 있는 요소들의 복잡한 복합물이라는 사실이다. 이런 식으로 볼 때, 사회 진화의 기본 전제를 재고하는 것은 정치라는 이념 자체를 재고하는 것이다.

코다CODA: 문명, 빈 벽,
그리고 아직 쓰이지 않은 역사에 대해

　돌이켜 생각하면, '문명'이라는 용어―지금까지 별로 많이 논의하지 않았던―는 애당초 이런 식으로 사용되도록 되어 있었다. 사람들이 말하는 '고대 문명'은 대부분 이 장에서 우리가 서술해온 바로 그 사회들과 그 직계 후손들이 살았던 사회를 가리키고 있다. 파라오의 이집트, 잉카의 페루, 아즈텍의 멕시코, 한 왕조의 중국, 제국 시대의 로마, 고대 그리스, 또 어느 정도의 규모와 장엄함을 지닌 사회들 말이다. 이 모든 것은 심히 계층화한 사회였고, 대부분 전제적 정부, 폭력, 여성들의 근본적인 종속에 의해 유지되었다. 앞에서 보았듯이, 문명이라는 이 개념 배후에는 희생이 그림자처럼 웅크리고 있다. 항상 손에 닿지 않는 어떤 것을 위해 우리가 말한 기본 자유 세 가지와 삶 자체가 희생된다. 그것이 이상적인 세계 질서든, 하늘의 위임이든, 만족할 줄 모르는 신들이 내리는 축복이든 말이다. 몇몇 그룹에서 문명이라는 이념 자체가 부정적으로 평가된 적이 있다는 것이 이상한가? 여기 뭔가 아주 기본적인 것이 잘못되었다.

　문제 하나는 '문명'이라는 것이 단순하게 어원상으로 도시에서의 생활 습관을 가리킨다고 가정하게 되었다는 것이다. 그리고 도시는 국가를 함축하는 것으로 여겨졌다. 그러나 앞에서 보았듯이, 이는 역사적으로, 심지어 어원적으로도 사실이 아니다.[139] '문명civilization'이라는 단어는 라틴어 키빌리스civilis에서 유래하는데, 키빌리스는 사회들이 자발적인 연합을 통해 스스로 조직할 수 있게 하는 정치적 지혜와 상호 지원이라는 자질을 가리킨다. 다른 말로 하면, 그것은 원래 잉카의 궁정 신하들이나 상 왕조보다는 안데스의 아이유 연합이나 바스크 마을들이 보여준 유형의 자질을 의미했다는 것이다. 상호 지원, 사회적 협동, 시민 활동, 환대, 혹은 단순히 타인에 대한 보살핌이 정말로 문명을 만들어주는 것들이라면, 이 진정한 문명의 역사는 이제야 쓰이기 시작하는 중이다.

5장에서 보았듯이, 마르셀 모스는 그 방향으로 머뭇머뭇 첫걸음을 디뎠지만 대체로 무시되었다. 그리고 그가 고대했듯이, 그런 역사는 지리적으로 광대한 '문화 지역'이나 '상호작용 구역'에서 충분히 시작될 수 있다. 고고학자들은 왕국이나 제국보다, 혹은 도시들보다도 그런 곳을 이제 훨씬 더 오래전까지 추적해나갈 수 있다. 앞에서 보았듯이, 가정생활, 제의, 환대의 공통적 형태가 남긴 물리적 증거는 이 오랜 문명의 역사를 보여준다. 어떤 면으로는 그것이 거대한 구조물보다 훨씬 더 영감을 불러일으킨다. 당연히, 현대 고고학의 가장 중요한 발견은 바로 대체로 추측에만 의존했던 이들이 후진적이고 고립된 '부족들'만 보게 되리라고 예상했던 곳에 생생하고 넓게 펼쳐져 있는 이런 친족과 상업의 네트워크다.

이 책 전체에서 계속 다루었듯이, 세계 전역에서 작은 공동체들은 확대된 도덕적 공동체라는 진정한 의미에서의 문명을 형성했다. 영속적인 왕, 관료나 상비군 없이도 그들은 수학적 지식, 달력과 관련한 지식의 성장을 촉진했다. 몇몇 지역에서는 야금술을 개발했고, 올리브, 포도, 대추야자를 재배했으며, 발효 빵과 발효 밀맥주를 발명했다. 다른 지역에서는 옥수수를 기르고 식물에서 독과 약품, 향정신성 물질을 추출하는 법을 익혔다. 이 참된 의미에서의 문명은 직물과 광주리 짜기에 적용된 주요 직물 기술과 도자기 제작용 물레, 석재 산업과 구슬 가공, 돛과 항해술 등등을 개발했다.

한순간 생각해보면 여성들과 그들의 작업, 관심사와 혁신이 문명에 대한 이 더욱 정확한 이해의 핵심에 있다는 것이 눈에 보인다. 앞의 여러 장에서 보았듯이, 문자 없는 사회에서 여성들의 위치를 추적한 다는 것은 흔히 문자 그대로 물질문명을 짜나간 바탕에 남겨진 흔적을 활용한다는 뜻이다. 직물 디자인과 여성 신체를 모방하는 형태와 정교한 장식적 구조를 가진 색칠된 도기 같은 것 말이다. 예를 두 개만 들어본다면, 초기 메소포타미아 설형문자 자료나 페루의 차빈 신전의 배치에서 제시된 복잡한 수학적 지식이 마치 아테나가 제우스의 머리에서 튀어나왔듯이 남성 필경사나 서기의 머릿속에서 완전히 갖추어진 형태로 튀어나왔다고는 믿기 힘들다. 그보다는, 이런 것들이 더 이전 시기에 입체기하학, 베 짜기나 구슬 가공의 응용 미적분 같은 구체적인 연습을 통해 축적된 지식의 표현이라는 쪽이 훨씬 더 그럴듯하다.[140] 지금까지 '문명'으로 통해온 것이 사실은 여성들이 중심에 있었던 더 이전의 지식 시스템을 성차별적으로―자신들의 주장을 돌에 새겨 넣은 남성에 의해―전유한 것에 불과할 수도 있다.

이 장은 야심적 정치단체의 팽창, 그리고 소수에게로의 권력 집중이 여성의 폭력적인 종속은 아니더라도 그들의 주변화를 수반하고 있음을 지적하는 것으로 시작되었다. 이는 아즈텍 멕시코나 이집트 고왕국 같은 2차 체제에만 해당되는 것이 아니라 차빈 데 우안타르 같은 1차 체제에도 해당되는 것 같다. 그러나 사회의 규모가 커지고 더 중앙 집중화한 정부 형태를 띠게 되었는데도, 여성과 그들의 관심사가 계속 핵심 위치를 차지하는 경우는 어떤가? 그런 사례가 역사에 실재하는가? 여기서 우리의 마지막 사례가 등장한다. 크레타의 미노스문명이다.

청동기시대의 크레타에서 무슨 일이 일어났든 간에, 에게해의 섬들 가운데 가장 크고 제일 남쪽에 있는 그곳은 분명 '국가 형성'의 학술적 각본에는 딱히 잘 들어맞지 않는다. 하지만 나중에 미노스 사회라 불리게 될 것의 잔재는 주변부 취급을 받거나 무시되기에는 너무 인상적이고, 유럽의 심장(고전 세계가 될)에 너무 가까이 있었다. 1970년대에 유명한 고고학자 콜린 렌프루Colin Renfrew는 에게해 지역의 선사시대에 관한 자신의 중요한 저서에 '문명의 출현Emergence of Civilisation'이라는 제목을 붙여, 다른 곳에서 작업하는 고고학자들을 끝없이 혼란에 빠뜨리고 불편하게 만들었다.[141] 이런 높은 명성과 한 세기 이상 집중적으로 실행된 현지 조사에도 불구하고 미노스문명 시대의 크레타는 고고학 이론에는 여전히 일종의 보기 좋은 자극제일 뿐이고, 솔직하게 말하자면 그 주제를 들여다보려는 모든 외부인들에게 당혹감을 안겨주었다.

우리가 가진 지식 가운데 많은 부분이 파에스토스, 말리아, 자크로스 등 다른 주요 중심지와 함께 대도시인 크노소스에서 얻어진다. 이런 중심지들은 대개 기원전 1700년에서 기원전 1450년 사이에(신궁전Neopalatial 혹은 '신궁전New Palace' 시기) 존재한 '궁전 사회palatial societies'라 묘사된다.[142] 확실히 그곳들은 이 시기의 매우 인상적인 장소였다. 당시 약 2만 5,000명의 인구를 보유했던 크노소스는[143] 산업 지구와 저장 시설이 있는 커다란 궁전 복합군을 중심으로 하며, 동부 지중해의 다른 지역들에 있던 비슷비슷한 도시들과 여러모로 닮았다. 그들은 점토판에 글을 쓰는 체계('선형 문자 A')를 썼는데, 안타깝게도 전혀 해독되지 못한 상태다. 문제는 대략 같은 시기의 궁전 사회들—시리아령 유프라테스강의 마리Mari에 있는 짐리림Zimri-Lim이나, 북쪽으로는 아나톨리아의 히타이트, 또는 이집트—과 달리, 크레타의 미노스문명에는 군주제를 분명하게 가리키는 증거가 아예 없다.[144]

이는 자료 부족 탓은 아니다. 그 문자를 읽지는 못하더라도 크레타와 근처에 있는 테라Thera섬(산토리니)—화산재가 미노스문명에 속하는 아크로티리Akrotiri 마을을 두껍게 덮어 세세한 부분까지 훌륭하게 보존한 곳—에는 청동기시대 세계의 회화 예술의 가장 방대한 자료군 가운데 하나가 있다. 거기에는 단지 프레스코만이 아니라 상아 제품과 봉인에 새겨진 자세한 판각과 보석에 이르기까지 다양한 자료가 남아 있다.[145] 미노스 미술에서 권위를 가진 인물로 가장 자주 묘사되는 것은 어깨 위로는 이어져 있지만 가슴 부분에서 열리는 대담한 패턴의 치마를 입은 성인 여성들이다.[146] 여성들은 수시로 남성보다 더 큰 축척으로 그려지는데, 이는 그 이웃 지역 전체의 시각예술 전통에서 정치적 우월성을 나타내는 신호다. 그들은 크노소스의 주요 신전에서 발견된 봉인 각인에 새겨진 지팡이를 휘두르는 '산의 어머니' 같은 지휘력의 상징물을 들고 있다. 그들은 뿔이 달린 제단 앞에서 다산 기원 의례를 집행하고, 왕좌에 앉고, 주관하는 남성 없이 집회에서 모이고, 초자연적 생물과 위험한 동물을 옆에 끼고 등장한다.[147] 반면 남성들은 거의 전부 옷을 별로 입지 않았거나 나체인 육상 선수들로 묘사되어 있다(미노스 미술에서 여성은 나체로 그려지지 않는다). 혹은 공물을 운반하고 존엄한 여성 앞에서 복종하는 자세를 취하는 모습으로 그려진다. 시리아, 레바논, 아나톨리아, 이집트의 심히 가부장적인 사회(모두 당시 크레타인들이 교역과 외교를 위해 방문했으므로 잘 알려져 있던 지역들)에서는 이 모든 것과 비교할 대상이 없다.

미노스 궁전 미술과 그 다양한 여성 강자들에 대한 학술적 해석은 어딘가 혼란스럽다. 거의 모두가 20세기 초반에 크노소스를 발굴한 아서 에번스Arthur Evans를 따라, 그런 인물들을 어떤 지상의 권력도 휘두르지 않는 여신이나 여사제로—마치 실제 세상과 아무 연관성이 없는 것처럼—간주한다.[148] 그들은 대개 에게해 지역의 미술과 고고학에 관한 책에서 '정치' 혹은 '경제' '사회구조'와 대립하는 '종교와 제의' 섹션에 등장한다. 특히 정치는 미술과 거의 무관하게 재구성된다. 다른 학자들은 단순히 그 이슈를 아예 기피하며, 미노스의 정치 생활을 명백히 다르지만 궁극적으로는 판독 불가능한 것이라 묘사한다(젠더화한 감성이라는 게 있다면 이것이 그런 예다). 미노스 미술에서 권위 있는 지위에 오른 남성 이미지가 등장했다면 이런 일이 계속 일어났을까? 그러지 않았을 것이다. 같은 학자들이 대개 남성이 관련된 비슷한 장면—예를 들면 이집트의 분묘 벽에 그려진—혹은 심지어 케프티우Keftiu(크레타 소속의 섬)가 강력한 이집트 남성들에게 공물을 가져간 실제 사건의 표현을 진정한 권력관계가 반영된 것으로 전혀 어렵지 않게 파악하니 말이다.

또 다른 당혹스러운 증거 하나는 미노스 상인들이 해외에서 수입한 그릇의 성격이다. 미노스인은 교역 민족이었고, 교역자들은 대부분 남성이었던 것으로 보인다. 그러나 원궁전Proto-palatial 시대에서 시작하여, 그들이 해외에서 고향으로 가져간 것은 확연히 여성 취향의 물건들이었다. 이집트의 타악기 시스트럼sistrum, 화장품 항아리, 아이를 돌보는 어머니 인형, 풍뎅이 부적은, 남성이 지배하는 궁정 문화 지역이 아니라 왕족이 아닌 이집트 여성들의 제의와 하토르Hathor[이집트 신화에서 사랑과 미의 여신—옮긴이]를 숭배하는 여성 중심 제의에서 비롯된 것들이다. 하토르는 시나이 터키석 광산 근처의 신전과 항구 등 이집트 밖에서도 찬양되었다. 뿔이 난 이 여성은 그런 항구에서 여행자들의 수호자로 변신한다. 그런 항구 가운데 하나가 레바논 해안의 비블로스Byblos였는데, 그곳에서 화장품과 부적—크레타의 초기 분묘에서 나온 것과 거의 동일한 것들—이 한 무더기 신전에 바치는 공물로서 매몰되었다가 발굴되었다. 그런 물건은 아마 여성의 종교, 훨씬 후대에 있었던 이시스Isis 숭배 같은 종교와 함께 공식적인 남성 엘리트의 교역을 따라 이동했을 것이 거의 틀림없다. 이런 물건이 궁전의 형성 직전에(무시되어온 또 하나의 '원시대proto-periods') 만들어진 크레타의 특권적인 톨로스tholos 무덤[미케네 시기(기원전 1580년경에서 기원전 1100년경)의 그리스에서 만들어졌던 선사시대의 돌무덤을 일컫는다. 기원전 400년경에서 기원전 323년경 사이에 그리스에서 보편화되었던 둥근 구조물을 가리키기도 한다—옮긴이]에 집중된 현상은 적어도 여성이 그런 장거리 거래에서 주문자의 위치에 있었음을 시사한다.[149]

다시 말해, 이것 역시 다른 곳에서는 결코 볼 수 없는 사례다. 비교를 위해 약간 후대에 지어진 그리스 본토의 궁전들을 간략하게 살펴보자.

크레타의 궁전들은 요새화되지 않았고, 미노스 미술에는 전쟁 관련 언급이 거의 없으며, 대신에 연극 장면에 집중하며 의식주에 관심을 보인다. 이런 특징들은 모두 그리스 본토에서 일어나던 일과 대조된다. 기원전 1400년경 담벼락을 두른 성채가 미케네, 필로스, 티린스에서 세워졌고, 오래지 않아 그들의 지배자들은 크레타를 공격하는 데 성공했으며, 크노소스를 점령하고 그 배후지를 장악했다. 크노소스나 파이스토스에 비하면 그들의 거주지는 펠로폰네소스반도의 주요 고개에 자리 잡고 소박한 촌락으로 둘러싸인 언덕 요새들보다 나을 것이 없어 보였다. 그중 제일 큰 도시인 미케네의 인구는 6,000명가량이었다. 크레타의 궁전 사회가 이미 존재하던 도시가 아니라 전사 귀족으로부터 출현한 만큼 이는 놀랄 일이 아니다. 그 귀족들은 그 이전의 기억에 남을 만한 황금으로 만든 죽음의 가면, 남성 투사들과 사냥

집단의 모습이 새겨진 무기가 부장된 미케네의 구덩이식 무덤을 만든 집단이었다.[150]

이 제도적 근거―전사 집단의 지도자와 그의 사냥 팀―위에 얼마 지나지 않아 주로 크레타의 궁전에서 빌려 온 궁정식 세련이 추가되었고, 행정을 위해 그리스어를 쓰도록 문자(선형 문자 B)가 채택되었다. 선형 문자 B가 적힌 서판書板의 분석 결과는 소수의 문자를 익힌 관리가 행정 업무를 거의 대부분 직접 처리하여, 직접 작물과 가축을 검사하고 세금을 거두었으며, 원자재를 장인들에게 공급하고 축제를 위한 물품을 공급했음을 시사한다. 그런 일은 모두 상당히 제한적이고 규모가 작았으며,[151] 미케네의 와낙스wanax(지배자 혹은 감독자)는 성채 밖에서는 제대로 된 주권을 거의 행사하지 않았을 것이다. 성채를 둘러싼 주민들의 삶은 왕의 감시 범위를 넘어서는 곳에서 계속되었고, 왕의 주권이란 그저 주민들에게 부과되는 계절적 세금 정도로 때울 수 있는 일이었을 것이다.[152]

이런 미케네의 영주들은 메가론megaron 즉 대회의장에서 궁정을 열었는데, 비교적 잘 보존된 예가 필로스에 남아 있다. 초기 고고학자들은 이것이 호메로스 서사시에 나온 왕 네스토르Nestor의 궁전이었으리라고 상상하면서 약간 환상을 품기도 했지만, 호메로스의 왕 중 한 명이 이곳을 매우 편안하게 느꼈으리라는 것은 분명하다. 메가론은 천창이 뚫려 있고 중앙에 거대한 화로가 있는 장소였다. 왕좌도 있는 그 장소의 남은 부분은 거의 틀림없이 그늘 속에 잠겨 있었을 것이다. 벽에는 도살장에 끌려가는 황소와 리라를 연주하는 음유시인을 그린 프레스코화가 있다. 와낙스는 그림으로 묘사되지는 않았지만, 분명히 왕좌로 모여드는 이런 행진 장면의 초점에 있다.[153]

이것을 아서 에번스가 확인해준 크레타에 있는 크노소스의 '옥좌의 방'과 대비해볼 수 있다. 이 경우에 옥좌로 추정된 것은 열린 공간을 마주하고, 대칭으로 줄지어 배열된 석조 벤치로 둘러싸여 있어서, 소집된 무리가 장시간 편안하게 앉아 있으면서, 모두 눈으로 볼 수 있었다. 근처에는 계단식으로 된 욕실이 있었다. 미노스의 주택과 궁전에는 그런 '불제祓除의 방lustral basins'[제의를 위해 몸을 씻는 곳—옮긴이] (에번스가 붙인 이름)이 많이 있었다. 고고학자들은 그 시설의 기능에 대해 수십 년간 혼란스러워했는데, 아크로티리Akrotiri에서 그런 방 하나가 십중팔구는 월경에 관련된 행사일 여성 성년식 장면의 그림 바로 밑에서 발견되어 의문이 해소되었다.[154] 사실, 순수하게 건축학적인 근거에서는, 그리고 그것이 "남성에게 더 잘 맞춰진 것으로 보인다"는 에번스의 어딘가 억지스러운 주장을 무시한다면, 옥좌의 방의 중심 시설은 남성 군주 한 명의 의자라기보다는 의회 수장의 자리로 보는 편이 더 합리적이며, 그 자리는 여성 의원들이 이어가며 차지했을 확률이 더 높다.

크레타의 미노스문명에서 나온 활용 가능한 거의 모든 증거는 여성 정치 통치의 시스템을 시사한다. 그 문명은 사실상 여사제 집단이 주관한 일종의 신정이었다. 왜 현대 연구자들은 이 결론에 그토록 저항하는가? '원시 가모장제'의 주창자들이 1902년에는 과장된 주장을 했다는 사실에 모든 책임을 돌릴 수 없다. 학자들은 여사제 집단이 다스린 도시란 민족지학적 기록이나 역사적 기록에 전례가 없었다고 말하는 경향이 있다. 하지만 동일한 논리에 따라 남성이 지배하는데도 시각적 표상에서는 권위 있는 인물이 모두 여성으로 묘사된 왕국의 전례 역시 없었다고 똑같이 지적할 수 있다. 크레타에서는 뭔가 색다른 일이 분명히 일어나고 있었다.

확실히, 미노스 미술가들이 삶을 표현한 방식은 크레타의 이웃인

모든 것의 새벽

그리스 본토의 것들과는 심각하게 다른 감수성을 증언한다. '미노스식 욕망의 형태'라는 제목을 붙인 논문에서 잭 뎀프시Jack Dempsey는 성애적 관심이 여성의 신체에서 시작하여 삶의 거의 모든 면모에서 전시되는 것 같다고 지적한다. 옷을 별로 입지 않은 나긋나긋한 청년들이 황소 무리 안팎으로 이리저리 튀어나왔다가 들어갔다 하는 모습, 또는 운동을 하면서 빙빙 돌아가는 모습, 또는 옷을 입지 않은 소년들이 물고기를 운반하는 모습 등. 모두 후대 아시리아의 벽 부조는 물론, 필로스의 벽을 채우고 있던 뻣뻣한 동물 형상이나 짐리림의 궁정에 그려진 것들과도 한참 거리가 멀다. 미노스의 프레스코에서는 모든 것이 융합된다. 물론 날카로운 선으로 그려진 지도자 여성의 형체는 여기서 예외다. 그 여성은 혼자 따로 있거나 소수의 무리를 지어 있으며, 서로 즐겁게 이야기를 나누거나 어떤 구경거리를 보면서 감탄한다. 꽃과 갈대, 새, 꿀벌, 돌고래, 심지어 언덕과 산도 영구한 춤의 열광에 빠져 서로 얽혀들고 있다.

미노스의 물건들 역시 비상한 솜씨로 가공된 재료들이—진정한 '구체성의 과학'—서로 스며들어 토기가 딱딱한 조개껍질 같아지고, 돌과 금속과 점토의 세계가 한데 녹아들어 공통된 형태 영역으로 들어간다. 각각의 재료가 서로를 흉내 낸다.

이 모든 것은 바다의 그치지 않는 리듬으로 전개된다. 그것은 이 생명의 정원에 드리워진 영원한 배경이며, 모두가 놀랍게도 우리 방식의 '정치', 혹은 뎀프시가 '영구히 유임하는 권력에 굶주린 자아'라고 부른 것이 부재한 채 존재한다. 그의 유창한 표현에 따르면, 이런 장면이 찬양하는 것은 정치와 매우 상반된다. 그것은 "제의에 의해 유도되는 개별성으로부터의 해방이며, 공공연히 성애적인 동시에 영적일 수 있는 황홀감(ek-stasis, 즉 '자신을 넘어서 존재함')이다. 이는 개인을 길러주기도 하고 무시하기도 하며, 분리 불가능한 성적 에너지와 영적인 신성 에피파니로 약동하는 우주다". 미노스 미술에는 영웅은 없고 경기자만 있다. 궁전의 크레타는 호모 루덴스Homo ludens의 영역이었다. 혹은 페미나 루덴스Femina ludens라고 하는 편이 더 나을지도 모른다. 페미나 포텐스Femina potens['힘 있는 여성'이라는 의미의 라틴어—옮긴이]인 것은 물론이다.[155]

이 장에서 우리가 알게 된 것은 간략하게 요약될 수 있다. 대개 '국가 형성'이라 불리는 과정은 실제로는 머리가 어지러울 정도로 많은 매우 다른 일들일 수 있다. 그것은 명예를 건 게임일 수도 있고, 지독하게 잘못되어버린 기회일 수도 있으며, 죽은 자에게 음식을 바치는 특정한 제의가 수정 불가능하게 성장한 것일 수도 있다. 산업적 규모로 행해지는 도살, 여성이 가진 지식에 대한 남성들의 수탈, 여사제 집단에 의한 통치일 수도 있다. 그러나 더 연구하고 더 면밀히 비교해본 결과 가능한 후보들의 범위가 결코 무한하지 않다는 것도 알게 되었다.

사실, 권력이 그 범위를 확대할 수 있는 다양한 방법에는 논리적으로든 역사적으로든 제약이 있는 것으로 보인다. 이런 제약이 우리가 말하는 주권과 행정과 경쟁적 정치라는 '세 원칙'의 토대가 된다. 하지만 우리는 또 '국가'라는 그 어떤 관례적 정의를 고수함으로써 짐작했던 것보다 훨씬 더 흥미로운 일이—이런 제약 내에서도—벌어지고 있다는 것도 알 수 있다. 미노스 궁전 안에서는 실제로 어떤 일이 벌어졌을까? 어떤 의미로는 연극 무대, 어떤 의미로는 여성 성년식 협회이자 행정의 허브의 역할을 한꺼번에 하는 것이 있었던 것으로 보인다. 지배의 체제라는 것이 있기나 했던가?

우리가 다루어온 증거들의 균일하지 않은 성질을 상기할 필요도 있다. 크레타의 미노스문명, 혹은 테오티후아칸, 혹은 차탈회위크 등지에서 정교한 벽화 같은 것들이 보존되지 않았더라면 우리는 그런 곳에 대해 무슨 말을 하고 있었을까? 인간 활동의 다른 어떤 형태보다도 벽화는 거의 모든 문화 설정 속의 사람들이 하고 싶어 한 일을 보여주는 것 같다. 인류 그 자체가 시작된 이후 항상 그래왔다. 지금은 석조 건축용 돌덩이나 진흙 벽돌로 된 앙상한 울타리만 남아 있는 소위 '초기 국가들'에서도 비슷한 이미지들이 벽에 직접 그려졌을 뿐만 아니라 가죽과 직물에도 그려졌으리라는 것은 의심할 수 없다.

새로운 과학기술을 이용하는 고고학은 당연히 그런 '잃어버린 문명'을 더 많이 밝혀줄 것이다. 사우디아라비아의 사막이나 페루에서, 또 과거에는 텅 빈 것 같던 카자흐스탄의 초원과 아마조니아의 열대 우림에서 그 학문은 이미 그렇게 하는 중이다. 예전에는 짐작하지도 못했던 위치에 있는 큰 정착지들과 인상적인 구조물들의 증거가 해마다 축적되면서, 그것들의 드러난 표면 위에 현대 민족국가의 이미지를 덧씌우지 않도록 저항하고, 그런 증거가 어떤 다른 종류의 사회적 가능성을 증언할지 숙고하는 편이 현명할 것이다.

11

한 바퀴 돌아오다

선주민 비평의 역사적 토대에 대해

이 책이 시작한 곳으로부터 먼 길을 온 것 같다. 시작 지점은 웬다트족의 정치가 칸디아롱크와 17세기에 북아메리카의 선주민들이 전개한 유럽 문명 비판이었다. 이제 이야기가 온전히 한 바퀴 돈 시점이다. 18세기에 선주민 비평 ─그리고 화폐, 신앙, 세습 권력, 여성의 권리와 개인적 자유에 대해 그것이 제기한 심오한 질문들─은 프랑스 계몽주의의 대표적 인물들에게 엄청난 영향을 미치고 있었지만, 또한 오늘날까지도 대체로 손상되지 않고 유지되고 있는 인류 역사의 진화적 틀을 만들어낸 유럽 사상가들 사이에서 역풍도 맞게 되었다. 역사를 물질적 진보의 이야기로 나타내는 그 틀은 선주민 비평가는 자연의 순진한 자녀들로, 자유에 관한 그들의 견해는 교육받지 못한 삶의 방식이 남긴 단순한 파생 효과일 뿐 당대의 사회적 사상(시간이 흐를수록 유럽 사상만 의미하게 된)에 심각한 도전이 될 수 없는 존재로 변신시켰다.[1]

사실 우리는 이 출발점에서 별로 멀리 벗어나지 않았다. 지금까지 이 책을 써오면서 내내 도전해온 통념—수렵 채집인 사회, 농경이 낳은 결과, 도시와 국가의 등장에 대한—의 시원이 바로 여기 있기 때문이다. 그런 통념은 튀르고, 스미스, 그리고 선주민 비평에 대한 반발에서 시작되었다. 물론 인류 사회가 세월이 흐르면서 진화했다는 생각은 18세기만의, 혹은 유럽만의 것이 아니다.[2] 그 세기 유럽 필자들이 제시한 버전의 세계사에서 새로운 요소는 생계 수단에 따라 사회를 분류하자는 주장이었다(그래서 농경이 인간사의 역사에서 근본적인 단절이 될 수 있도록). 이는 사회들이 더 커지면서 더 복잡하게 성장하지 않을 수 없다는 가정이며, 그 복잡성은 단지 기능의 더 큰 차별화만이 아니라 인간 사회가 위계적 지위에 따라 하향식으로 통치되도록 개편된다는 뜻이기도 하다.

이 유럽식 버전이 초래한 여파는 너무나 효과가 커서, 여러 세대에 걸친 철학자, 역사가, 사회과학자, 그리고 그 이후 광범위한 인간의 이야기를 다루고 싶어 하는 거의 모든 사람은 그것이 어떻게 적절하게 시작해야 하고 어디로 이끄는지에 대한 지식에 확신을 갖게 되었다. 그것은 아주 작은 수렵 채집인 무리를 상상 속에서 불러 모으는 데서 시작하며, 현재와 같은 자본주의 민족국가들의 집합으로(또는 그 이후에 오게 될 상황에 대한 투사로) 끝난다. 그들 사이에서 벌어지는 일은 무엇이든 흥미로운 것으로 여겨졌다. 그러나 그것이 주로 우리가 그 특정한 길을 따라 움직이도록 기여하는 한에서만 그렇다. 이제껏 우리가 발견해왔듯이, 인류의 과거 가운데 방대한 부분이 역사의 시야에서 사라졌거나 사실상 보이지 않게 되어버린 것이 그로 인한 결과 가운데 하나다(자신들의 연구가 가진 함의를 다른 사람들은 물론 서로에게도 좀처럼 설명하지 않는 극소수 연구자들의 눈은 예외지만).

1980년대 이후 사회 이론가들은 흔히 우리가 메타담화에 대한 의심을 특징으로 하는 새로운 '포스트모던' 시대에 살고 있다고 주장하곤 했다. 이 주장은 흔히 일종의 초전문화hyper-specialization에 대한 정당화로 사용되었다. 자신의 지적 그물을 넓게 펼치는 것은―다른 분야의 동료들과 글을 비교해보는 것조차―단일한 제국주의적 역사 비전의 냄새를 풍긴다는 것이다. 바로 이 때문에 '진보의 이념'은 대개 역사와 사회에 대해 더 이상 그런 식으로 생각하지 않는 방식의 가장 중요한 예로 제시되었다. 하지만 그런 주장은 어색하다. 그런 주장을 하는 사람들도 거의 모두가 계속 진화론적으로 생각하기 때문이다. 더 나갈 수도 있다. 전문가들의 발견 내용을 엮어 짤 방법을 추구하는 사상가들, 인류 역사의 과정을 거대한 규모로 서술하기를 바라는 사람들은 아직 에덴동산과 타락과 그로 인한 지배의 불가피성이라는 성서적 개념을 완전히 넘어서지 못했다. 인간의 사회가 어떻게 진화했는지에 대한 '그저 그런just so' 이야기[어떤 문화적 관행이나 생물학적 특징, 인간과 동물의 행동 등에 대한 입증 불가능한 설명, 가설을 멸시적으로 일컫는 말이기도 하다―옮긴이]에 눈이 먼 그들은 눈앞에 현재 무엇이 있는지 절반도 채 보지 못하고 있다.

그 결과, 스스로가 자유와 민주주의와 여권의 신봉자라고 믿는 세계사의 바로 그 전시자들이 상대적 자유와 민주주의와 여권이 있던 역사시대를 그저 허다한 '암흑시대'의 하나로 계속 취급하는 것이다. 이와 비슷하게, 앞에서도 보았듯이 '문명'이라는 개념은 여전히 대체로 거만한 귀족, 제국 정복, 노예 노동 등을 그 규정 요소로 가지는 사회들이 차지할 몫으로 남겨져 있다. 규모가 크고 물질적 수준은 높지만 그런 일의 증거는 의심스럽게도 부족한 사회들의 부정할 수 없는 사례—가령 테오티후아칸이나 크노소스 같은 고대의 중심지—가 제시되면 일반적으로는 항복한다는 듯 손을 들고는 이렇게 말한다. 거기서 정말로 무슨 일이 벌어졌는지 누가 알겠어? 아니면 오지만디아스Ozymandias[영국 시인 셸리P.B.Shelly의 소네트에 나오는 이집트 왕. 고대 이집트 19왕조 3대 파라오인 람세스 2세의 그리스식 이름—옮긴이]의 옥좌의 방이 저기 어디엔가 숨겨져 있을 수도 있지만, 그저 우리가 아직 발견하지 못했다고 주장하는 것이다.

지난 5,000년의 시간에 대한 제임스 C. 스콧의 주장을 살펴보고 현재의 세계적 설정이 실제로 불가피했는지 물어볼 시간

여러분은 반대할지도 모른다. 아마 인류 역사의 많은 부분은 우리가 대개 인정하는 것보다 더 복잡했겠지만, 중요한 것은 결과라고 말이다. 최소한 2,000년 정도는 세계 인구의 대부분이 어떤 종류든 왕이나 황제 치하에서 살았다. 군주가 없었던 곳에도—예를 들면 아프리카나 오세아니아의 많은 지역—(최소한) 가부장제 또는 다른 종류의 폭력적 지배가 널리 퍼졌다. 일단 확립되고 나면 그런 제도는 없애버리기 매우 힘들다. 그러므로 당신의 반대는 이렇게 표현될 수 있다. '당신이 말하는 것은 전부 그 불가피성이 발생하기까지 좀 더 오랜 시간이 걸렸다는 말에 불과하다. 그렇다고 해서 그 불가피성의 정도가 낮아지는 것은 아니다.'

농경에서도 이와 비슷하다. 사실, 당신의 반대는 이렇게 전개될 것이다. '농경이 모든 것을 하룻밤 새 바꾸어놓지는 않았겠지만 후대의 지배 시스템을 위한 토대를 놓은 것은 확실하지 않는가? 사실은 그저 시간문제가 아니었던가? 막대한 잉여 곡물을 저장할 수 있는 가능성 자체가 실제로는 덫이 되지 않았나? 결국 이집트의 나르메르 같은 전사 군왕들이 부하들을 위한 보급품 비축을 시작할 수밖에 없지 않았던가? 그리고 그가 일단 비축하기 시작하자 확실히 게임은 끝이 났다. 경쟁 왕국들과 제국들이 금방 나타났다. 몇몇은 확장할 방법을 찾아낸다. 그들은 백성들로 하여금 점점 더 많은 곡식을 생산하게 했으며, 그 백성들의 수도 늘어나게 되었다. 이와 달리 잔존하는 자유민의 숫자는 안정적으로 유지되는 편이었다. 다시 한번 말하지만, 그런 왕국들 가운데 하나(혹은 결과적으로는 왕국들의 작은 집합체)가 세계 정복을 위한 성공적인 공식, 그러니까 총, 균, 쇠의 적절한 배합 비율을 갖고 등장하여 그 시스템을 다른 모든 사람들에게 강요하는 것은 단지 시간문제가 아니었던가?'

제임스 스콧—경력의 많은 부분을 인류 역사에서 국가(그리고 국가를 피하는 데 성공한 자들)의 역할을 이해하려는 데 바친 저명한 정치학자—은 이 농경의 덫이 어떻게 작동하는지 설득력 있게 묘사했다. 그의 주장에 따르면, 신석기시대는 범람 퇴수 농법으로 시작되었는데, 그런 지형은 일하기 쉽고 재분배를 권장하는 성격을 가졌다. 사실, 가장 많은 인구가 삼각주 같은 환경에 모여 살았지만, 중동 지역에서의 첫 번째 국가(그의 주 관심 대상은 주로 이곳과 중국이다)는 강의 상류, 곡물 농사—밀, 보리, 수수—에 특히 강하게 집중하고 다른 주식 작물은 상대적으로 작은 범위로 재배하는 지역에서 개발되었다. 스콧은 곡물의 중요성을 파악하는 열쇠는 그것이 오래 보관할 수 있고, 운반하기 쉽고, 원하는 대로 쉽게 나누고 수량화할 수 있으며, 그럼으로써 세금의 토대로 쓰이기에 이상적인 매체라는 점이라고 지적한다. 지상에서 자라는—덩이뿌리나 콩과 식물과는 달리—곡물은 또 눈에도 매우 잘 띄므로 수탈되기 쉬운 종류이기도 하다. 곡물 농경은 수탈적 국가가 성장하는 원인은 아니었지만, 확실히 그들의 재정적 요구에 부응하기 쉬운 대상이기는 했다.[3]

곡물은 화폐처럼 일종의 무시무시한 등가물이 될 수 있다. 그것이 애당초 어떤 지역에서 주류 작물이 된 이유가 무엇이든 간에(앞에서 보았듯이—예를 들면 이집트 같은 지역에서는—죽은 자에 대한 제의의 변화와 관계가 깊다), 한번 이런 일이 발생하고 나면 영구적 왕국이 언제든 출현할 수 있다. 그러나 스콧은 역사의 많은 기간 동안 이 과정은 새로 건설된 곡물 국가에 덫으로 변했다고 지적한다. 집중적 농경에 더 적합한 지역에만 한정하느라 주변의 고지대, 양치류 지대, 늪지 같은 곳은 대체로 손대지 않고 방치하기 때문이다.[4] 게다가 그런 제약 안에서도 곡물을 토대로 하는 왕국은 취약했다. 그들은 항상 인구 과잉, 생태 파괴, 그리고 너무 많은 인간과 가축, 기생충이 한 장소에 모일 때면 따라오는 것처럼 보이는 전염병의 무게에 짓눌려 무너지기 쉬웠다.

하지만 궁극적으로 스콧의 관심의 초점은 결코 국가가 아니었다. 그것은 '야만인'에게 맞추어져 있었다. '야만인'이란 스콧이 작은 섬처럼 고립된 권위주의적-관료제적 통치 지역을 둘러싸고 있으면서 대체로 그들과 공생 관계를 형성한 집단들을 가리키는 용도로 쓴 용어였다. 그들의 관계는 공격, 교역, 상호 회피의 혼합이었지만 그 혼합 비율은 끊임없이 변했다. 동남아시아의 고지대 종족들에 대해 스콧이 주장했듯이, 이런 몇몇 야만인들은 사실상 아나키스트가 되었다. 그들은 고지대 아래에 있는 계곡 사회들과는 정반대 방식으로, 혹은 자신들 사이에서 계층화한 계급이 등장하는 것을 막는 방향으로 삶을 운

모든 것의 새벽

영했다. 앞에서도 보았듯이, 관료제적 가치에 대한 그런 의식적인 거부—문화적 분열생성의 또 다른 예—는 '영웅적 사회'를 등장시킬 수도 있었다. 그것은 전쟁, 잔치, 자랑, 결투, 게임, 선물, 희생 등의 극적인 경연에서 명성을 얻은 소소한 영주들의 잡동사니식 집합이었다. 군주제 자체도 도시적 관료제 시스템의 주변에서 그런 식으로 출발했을 확률이 높다.

그러나 스콧의 이야기를 계속해보자. 야만인 군주제는 소규모이거나, 세력이 커졌더라도—알라리크, 아틸라, 칭기즈칸, 티무르 같은 인물들의 사례가 거창하게 보여주듯이—단명했다. 역사의 많은 기간 동안 곡물을 기르는 국가와 야만족은 풀 길 없는 긴장으로 한데 묶인 '어둠의 쌍둥이'였다. 양쪽 모두 자신들의 생태적 적소適所에서 해방될 수 없었기 때문이다. 국가가 우세하면 노예들과 용병들은 그쪽 방향으로 흘러갔고, 야만족이 우세할 때는 가장 위험한 군벌의 비위를 맞추기 위해 그쪽으로 공물이 흘러갔다. 이도 저도 아니면 몇몇 군주는 효과적인 연정을 조직하여 도시들을 쓸어버리고 폐허로 만들거나, 더 일반적으로는 그곳들을 지배하려 하다가 본인과 신하들이 신흥 지배 계급으로 흡수되어버리는 결과에 도달했다. "말을 타고 왕국을 정복할 수는 있지만 그곳을 통치하려면 말에서 내려야 한다"는 몽골의 속담이 있다.

그러나 스콧은 어떤 특정한 결론을 내리지 않는다. 그저 단순히 기원전 3000년에서 기원후 1600년 사이의 기간이 대부분의 세계 농부들에게 상당히 비참한 시기였지만 야만인들에게는 황금시대였다고 언급할 뿐이다. 이들은 인근 왕조 국가들과 제국들의 장점(약탈하고 강탈할 사치품)을 모조리 거두어들이면서 본인들은 상대적으로 편안하게 살았다. 또 그 기간은 왕조나 제국의 탄압을 받던 자들이 적어도 일부는 야만인들에게 합류할 수 있던 시기였다. 그는 역사의 대부분의 시간 동안 반란의 전형적인 형태가 이런 식이었다고 주장한다. 즉, 근처 야만족들의 대열로 탈주하는 것이다. 우리 식으로 이 문제를 표현하자면, 이런 농경 왕국들은 지시를 무시할 자유는 대부분 빼앗았지만 달아날 자유는 빼앗기가 훨씬 힘들었다는 말이 된다. 제국들은 능력이 대단히 뛰어났지만 단명했으며, 가장 강대한 제국들—로마, 한漢, 명明, 잉카—도 자신들이 통제할 수 있는 범위를 대규모 인원이 들고 나는 것은 막을 수 없었다. 500년 전까지만 해도, 세계의 많은 인구가 여전히 징세원의 감시를 벗어난 곳에서, 혹은 그 눈길을 벗어날 비교적 직설적인 수단을 보유한 채로 살았다.[5]

하지만 오늘날, 21세기 세계에서는 이런 일이 허용되지 않는다. 뭔가가 지독하게 잘못되었다. 적어도 야만인들의 시점에서 볼 때는 그렇다. 우리는 더 이상 그 세계에 살지 않는다. 단지 그것이 그처럼 오랫동안 존속해왔음을 인정하는 것만으로도 또 다른 중요한 질문을 던질 수 있게 된다. 지금 우리가 갖고 있는 유형의 정부, 영토 주권, 강력한 행정, 경쟁적 정치가 특정한 방식으로 융합된 정부는 어느 정도로 피할 수 없는 존재였을까? 이것이 정말로 인류 역사의 필연적인 귀결이었는가?

진화주의evolutionism가 가진 한 가지 문제는 그것이 서로 공생 관계 위에서 발달한 삶의 방식들을 인류 역사의 각기 구별되는 단계로 개편한다는 것이다. 19세기 후반에는 튀르고나 다른 사람들이 설정한 원래의 순서—수렵, 목축, 농경, 마지막으로 산업 문명—가 쓸모가 없음이 분명해지고 있었다. 그와 동시에 다윈 이론의 발표는 곧 진화론이 역사를 다룰 수 있는 유일한 과학적 접근법, 혹은 적어도 대학교에서 신뢰받을 만한 유일한 접근법으로 확립되었다는 의미였다. 그리하여 연구는 더 사용 가능한 범주를 찾는 방향으로 진행되었다. 루이스 헨리 모건Lewis Henry Morgan은 1877년에 낸 저서 《고대사회Ancient Society》에서 '미개'에서 '야만'을 거쳐 '문명'으로 나아가는 일련의 단계를 제안했는데, 이 이론이 인류학이라는 새로운 분야에서 널리 채택되었다. 한편 마르크스주의자들은 지배 형태, 즉 원시 공산주의에서 노예제, 봉건제, 자본주의로 옮겨 가고, 사회주의가(다음에는 공산주의가) 뒤따를 변천에 집중했다. 이 모든 접근들은 기본적으로 쓸모가 없었고, 결국은 폐기되어야 했다.

1950년대 이후, 일군의 신진화론 이론들이 등장하여 인간 집단이 환경으로부터 얼마나 효율적으로 에너지를 얻어내는지를 기준으로 진화의 순서를 새로이 설정하려고 시도했다.[6] 앞에서 보았듯이, 오늘날 이 진화 구도를 전부 다 지지하는 사람은 거의 없다. 사실 그 과제를 다루기 위해, 또는 그 논리에 대한 많은 예외를 지적하기 위해 다수의 문헌이 집필되었다. 우리는 '그 모든 것을 넘어섰고' '성장했다'는 것이 오늘날 그런 진화 구도를 만났을 때 거의 모든 인류학자들과 고고학자들이 보이는 표준 반응일 것이다. 하지만 우리 분야가 성장했는지는 몰라도, 그것들은 어떤 대안적 비전을 제시하지 않은 채 성장한 것으로 보이며, 그럼으로써 결과적으로 고고학자나 인류학자가 아닌 사람은 거의 모두 세계 역사를 큰 화폭에 그리거나 생각하려 할 때 도로 기존의 구도에 의지하는 경향이 생긴다. 그러므로 기존 구도의 기본 목차를 여기서 요약해보면 도움이 될 수도 있겠다.

무리 사회band societies: 가장 단순한 단계는 여전히 쿵 부시먼이나 하드자족 같은 수렵 채집인으로 구성되어 있다고 추정된다. 20명에서

40명가량으로 이루어진 이동하는 작은 무리로 살아가며, 형식적인 정치적 역할이나 최소한의 노동 분업도 없다. 그런 사회는 사실상 기본적으로 평등하다고 여겨진다.

부족Tribes: 누에르, 다야크 혹은 카야포 같은 사회들이다. 부족원은 전형적으로 '텃밭 농사꾼horticulturalist'으로 추정되는데, 이들은 농사를 짓기는 하지만 관개 작업을 하거나 쟁기 같은 무거운 장비를 쓰지 않는다. 그들은 평등주의적이다. 최소한 동일 연령대와 성별 내에서는 그렇다. 지도자는 비공식적이거나 적어도 강제력을 행사하지 않는다. '부족'은 인류학자들이 애호하는 복잡한 계보나 토템적 씨족 구조로 배열된다. 경제적 중심은 '빅 맨'들big men — 멜라네시아에서 전형적으로 보이는 존재 — 인데, 이들은 자발적으로 제의와 잔치를 후원하려는 기여자들을 연합하는 책임을 맡는다. 제의와 기술 전문화는 제한적으로, 대개 파트타임으로 이루어진다. 부족은 무리보다 인구수는 많지만, 정착지는 대략 같은 크기이며 중요도도 비슷하다.

족장 사회chiefdoms: 부족사회의 씨족들이 모두 결국은 동등한 반면, 족장 사회에서는 혈연 체제가 귀족, 평민, 노예가 있는 지위 체제의 토대를 이루고 있다. 실루크, 나체즈, 칼루사는 일반적으로 족장 사회로 취급된다. 폴리네시아의 왕국들이나 고대 갈리아의 영주들 역시 그렇게 여겨진다. 생산이 강화되어 상당한 잉여가 발생하고, 족장의 가문은 물론 전업으로 종사하는 기술과 제의 전문가 계급이 출현한다. 거주지를 기준으로 한 위계(족장의 주거와 다른 사람들의 주거의 구별)가 적어도 하나는 존재하며, 족장이 맡는 주된 경제적 기능은 재분배다. 때로는 강제 수단까지 써서 자원을 모은 다음 모두에게 분배하는

데, 대개 거창한 잔치가 그런 일을 행하는 무대다.

국가states: 앞에서 설명했듯이, 이것은 집중적인 곡물 농경, 폭력을 합법적으로 사용할 독점권, 직업적인 행정과 노동의 복잡한 분업을 특징으로 하는 경향이 있다.

20세기의 여러 인류학자들이 당시에 지적했듯이, 이 구도 역시 그리 쓸모가 없다. 현실에서 '빅 맨'들은 거의 전적으로 멜라네시아에만 있는 것으로 보인다. 제로니모Geronimo나 시팅불Sitting Bull 같은 '인디언 족장'은 부족의 수장인데, 그들의 역할은 파푸아뉴기니의 '빅 맨'들과는 전혀 달랐다. 앞에서 이미 지적했듯이, 신진화론적 모델에서 '족장'이라는 라벨이 붙는 존재는 대부분 우리가 보통 '왕'이라 생각하는 존재와 수상할 정도로 비슷해 보이며, 요새화된 성에서 살고, 담비 망토를 걸치며, 궁정 광대를 후원하고, 수백 명의 처첩, 환관들을 거느리는 모습이다. 그러나 그들은 자원의 대량 재분배에는 거의 참여하지 않는다. 최소한 어떤 체계적인 방식으로는 그렇다.

그런 비판에 대해 진화론자는 그 구도를 포기하는 것이 아니라 미세 조정하는 방향으로 대응했다. 혹시 족장 사회가 더 약탈적일지도 모르지만 그래도 근본적으로 국가와 다르다고 진화론자들은 주장했다. 게다가 그것들은 '단순한' 족장 사회와 '복잡한' 족장 사회로 다시 나뉠 수 있다. 전자에서 족장은 사실 명예 면에서만 빅 맨이며, 다른 사람들과 똑같이 일하고 최소한의 행정 보조만 받는다. 복잡한 버전에서 족장은 적어도 두 단계의 행정 직원의 지원을 받으며, 진정한 계급 구조를 허용한다. 마지막으로, 족장 사회는 '순환한다'. 이는 곧 단순한 영주들이 끊임없이, 흔히 매우 순차적으로 아주 작은 영지들을 정복하거나 지역 경쟁자들을 복종시킴으로써, 아주 작은 제국들을 주위 모아 스스로 복잡성의 다음 단계(행정 위계의 세 층위를 특징으로 하는)로 상승하려 한다는 뜻이다. 혹은 국가를 세우려 시도하기도 했다. 몇몇 야심 많은 족장은 성공했지만 거의 대부분은 실패했다. 각자의 생태적이거나 사회적인 한계에 도달한 것이다. 이로 인해 사람들은 고통받았고, 엉성한 장치 전체가 붕괴하여 어떤 다른 야심적인 왕조가 세계를, 또는 최소한 정복할 가치가 있다고 여겨지는 부분들을 정복하러 나서게 만든다.

학계에서는 그런 구도의 사용을 두고 기묘한 분리 상태가 심해졌다. 거의 모든 문화인류학자는 이런 종류의 진화론적 사유를 그들 학문 분야의 과거로부터 물려받기는 했지만, 오늘날 누구도 진지하게 다루지 못할 일종의 괴상한 유물로 여겼다. 반면 거의 모든 고고학자들은 대안으로 쓸 만한 용어가 없기 때문에 '부족' '족장 사회' 혹은 '국가' 등의 용어를 채택한다. 그러나 다른 사람들은 거의 모두 그런 구도를 모든 차후의 논의를 위한 자명한 토대로 다룰 것이다. 이 책 전체에서 우리는 이것이 모두 얼마나 기만적인지 입증하는 데 많은 시간을 썼다. 사람들이 그 일관성 결여를 아무리 여러 번 지적하더라도, 이런 사유 방식이 계속 버티고 있는 이유는 바로 다들 목적론적이지 않은 역사를 상상하기가 너무 힘들다고 여기기 때문이다. 즉 현재의 설정이 어떻게든 불가피함을 함축하지 않는 방식으로 역사를 구성하기가 너무 어려운 것이다.

앞에서 이미 언급했듯이, 역사 속에서 살아간다는 것의 가장 당혹스러운 특징 가운데 하나는 미래 사건의 경로를 예견하기가 거의 불가능하다는 것이다. 하지만 사건이 일단 발생하고 나면, 다른 일이 발생할 수도 있었다는 말이 무슨 의미를 가질지는 알기 힘들다. 제대로 된 역사적 사건이라면 아마 두 가지 성질을 갖고 있을 것이다. 사전에 예견될 수는 없다는 것과 단 한 번만 발생한다는 것이다. 다리우스가 실제로 승리했더라면 무슨 일이 벌어졌을지 알기 위해 가우가멜라Gaugamela 전투를 다시 치를 수는 없다. 무슨 일이 일어났을지—알렉산드로스가 유시流矢에 맞았고, 이집트의 프톨레마이오스왕조나 시리아의 셀레우코스왕국이 존재하지 않았더라면 등등—성찰하는 것은 잘해봤자 한가한 게임이다. '한 개인이 실제로 역사에서 얼마나 큰 차이를 만들 수 있는가?'와 같은 심오한 질문이 제기될 수도 있다. 그렇기는 해도 이런 것들은 절대 확정적으로 답할 수 없는 질문들이다.

페르시아제국이나 헬레니즘 시대의 로마제국과 같은 유일무이한 역사적 사건이나 상황 앞에 놓일 때 최선은 비교 프로젝트를 가동하는 것이다. 이는 최소한 일어났을 수도 있는 일들의 종류를 감지하고, 잘하면 그 뒤에 일어났을 수 있는 일들의 패턴을 파악하게 해준다. 문제는 스페인의 아메리카 침공 이후, 그리고 유럽의 식민지 제국들 이후 그런 일조차 제대로 할 수 없게 되었다는 것이다. 궁극적으로 단 하나의 정치 경제 체제만 존재하게 되었고 그것이 전 세계적인 것이기 때문이다. 현대의 민족국가, 산업자본주의, 정신병원의 확대가 어쩌다가 세계의 한 부분에 함께 존재하게 된 별개의 현상이 아니라 필연적으로 연결된 현상인지 평가하고 싶어도, 그것을 판단할 근거가 될 것이 전혀 없다.[7] 이 세 가지 모두 이 행성이 사실상 단일한 세계적 시스템이며 그와 비교할 다른 어떤 행성도 없는 시기에 출현했으니 말이다.

거의 모든 인류 역사에서 이미 그래왔다고 주장할 수 있고 또 많은 사람이 그렇게 한다. 유라시아와 아프리카는 이미 서로 연결된 단일한 시스템을 형성하고 있다. 분명히 인간, 사물, 사상이 (청동기시대와 철기시대의 선배들이 있을 동안) 인도양과 실크로드(혹은 청동기시대와 철기시대에 그것들보다 앞서 존재했던 것들)를 통해 왕래했다. 그 결과, 극적인 정치적·경제적 변화가 유라시아 대륙 전역에 걸쳐 대체로 상호 조율된 방식으로 발생하는 모습이 흔히 보인다. 유명한 예 하나를 들어 보면, 약 한 세기 전에 독일 철학자 카를 야스퍼스Karl Jaspers는 우리가 오늘날 알고 있는 사변 철학의 주요 학파는 모두 대략 같은 시기인 기원전 8세기에서 기원전 3세기 사이에 그리스, 인도, 중국에서 각각 독자적으로 출현했다고 지적했다. 게다가 그들은 모두 당시를 기준으로 그 얼마 전에 화폐 주조법을 발명하고 널리 채택한 도시들에서 등장했다. 야스퍼스는 이 시기를 축軸의 시대Axial Age라 불렀는데, 그 이후 다른 사람들은 그 의미를 확장하여 현대 세계의 주요 종교들이 탄생한 시기까지 포함하는 용어로 사용했다. 여기에는 페르시아의 예언자 자라투스트라(기원전 800년경)에서 이슬람교의 등장(기원후 600년경)까지도 포함된다. 이제 야스퍼스가 말하는 축의 시대의 핵심 시기─피타고라스, 붓다, 공자가 살던 시기에 상응하는─는 금속화폐의 발명과 사변적 사유의 새로운 형태만이 아니라 동산 노예제가 유라시아 전역에서 예전에는 거의 없었던 곳까지 확산되는 현상과도 상응한다. 더욱이 노예제는 축의 시대의 제국들(마우리아, 한漢, 파르티아, 로마)이 연이어 해체되고 그와 함께 지배적인 통화 체제도 무너지면서 결국은 몰락하게 된다.[8] 당연히, 유라시아는 그저 하나의 장소일 뿐이며 따라서 이런 과정들이 유라시아의 다른 장소들에서 어떻게 전개되었는지 비교해도 의미가 없다고 말한다면 잘못일 것이다. 이와 마찬가지로 그런 패턴이 인류 발달의 보편적 특징이라고 결론짓는 것도 잘못이다. 그것은 그저 유라시아에서 생겨난 패턴일 뿐이다.

아프리카, 오세아니아, 또는 북서부 유럽의 많은 지역은 이 시기의 대제국들과 너무 많이 얽혀 있어서─특히 기원전 5세기 무렵 발생했지만 분명히 그 이전에도 이미 존재했던 인도양과 지중해 지역에 집중된 육지와 해상 교역로 때문에 —그들이 별개의 비교 대상으로 간주될 수 있는지도 알기 힘들다. 실질적으로 유일한 예외는 두 아메리카 대륙이다. 물론 1492년 이전에도 두 반구 사이에 약간의 왕래가 간헐적으로는 있었다(그렇지 않았다면 애당초 아메리카 대륙에 인간이 살지도 않았을 것이다). 그러나 스페인의 침공 이전에 아메리카는 유라시아와 직접적이거나 정기적으로 소통하지 않았다. 어떤 의미로든 그들은 동일한 '세계 시스템'에 속하지 않았다. 이것은 중요하다. 진정으로 독립적인 비교 근거가 하나 있다는(남북 아메리카를 별도로 본다면 두 개일 수도 있다) 의미이기 때문이다. 여기서 이런 질문이 제기될 수 있다. 역사는 정말로 특정한 방향을 취하는가?

아메리카의 경우, 우리는 실제로 그 질문을 다음처럼 제기할 수 있다. 세계의 지배적 정부 형태로서 군주제의 등장이 정말로 불가피했던가? 곡물 농경이 정말로 덫이었으며, 밀이나 쌀이나 옥수수 농사가 충분히 확산되고 나면 어떤 사업가적 역량을 지닌 영주가 곡물 창고를 장악하여 관료적으로 운영되는 폭력의 체제를 세우는 것이 단지 시간문제에 불과했다고 말할 수 있는가? 또 그가 한번 그렇게 하고 나면 다른 사람들이 그를 모방하지 않을 수 없었던가? 콜럼버스 이전의 북아메리카의 역사로 판단하건대, 적어도 이 모든 질문에 대한 대답은 아주 명확한 '아니요'다.

사실 북아메리카의 고고학자들이 '무리' '부족' '족장 사회' '국가' 같은 말을 쓰지만, 그곳에서 실제로 일어난 것처럼 보이는 것들은 그런 모든 가정을 거부한다. 우리는 그 대륙의 서쪽 절반에서 유럽인 침공 이전의 몇 세기 동안 농경에서 멀어지려는 움직임이 어떤 식으로 존재했는지 이미 보았다. 또 대평원의 사회들 중에는 한 해 중 언제든 무리와 지금 우리가 국가와 동일시하는 특징들의 적어도 몇 가지를 공유하는 어떤 집단 사이를 오락가락한 것으로 보이는 사례가 흔하다. 다른 말로 표현하면, 사회 진화의 스케일에서 상반되는 양 끝이어야 하는 지점 사이를 오락가락했다는 것이다. 그 자체로 더욱 놀라운 것은 대륙의 동부에서 발생한 일이다.

대략 1050년에서 1350년 사이에 현재의 이스트세인트루이스에 해당하는 곳에 그 원래 이름은 잊혔지만 역사에는 카호키아라 알려진 도시가 있었다.[9] 그곳은 제임스 스콧이라면 전형적인 신흥 '곡물 국가grain state'라 부를 법한 영역의 수도였던 것으로 보인다. 그곳은 중국에서 송宋 왕조가 통치하던 무렵, 그리고 이라크에서는 아바스왕조가 다스리던 무렵, 그야말로 홀연히 갑작스럽고 장엄하게 출현했다. 카호키아의 인구는 절정기에 약 1만 5,000명에 달했는데, 그러다가 갑작스럽게 와해되었다. 카호키아가 그 휘하에 있던 사람들의 눈에는 무엇을 나타냈든 간에, 그것은 그 주민들 대다수에게 압도적이고 명확하게 거부당함으로써 끝이 난 것으로 보인다. 그것이 몰락한 뒤 여러 세기 동안 그 도시가 세워졌던 장소 및 그 주위의 수백 킬로미터에 달하는 강 주변 계곡들에는 어떤 인간도 들어가 살지 않았다. 그곳은 '텅 빈 구역'(어딘가 피에르 불Pierre Boulle의 《혹성 탈출Planet of Apes》에 나오는 금지 구역과 비슷한)이었으며, 폐허와 고통스러운 기억이 감도는 장소였다.[10]

카호키아를 이은 왕국들이 그 남쪽에 등장했지만 그들 역시 비슷하게 와해되었다. 유럽인들이 북아메리카 동부 해안에 당도했을 무렵, 이 '미시시피 문명'은 먼 기억에 불과했고, 카호키아의 예속민들과 그 이웃의 후손들은 자체적으로 폴리스 크기의 부족 공화국으로 재조직되어 자연환경과 신중한 생태적 균형을 이루고 살았던 것으로 보인다. 무슨 일이 있었을까? 카호키아와 다른 미시시피 도시의 지배자들

미시시피강 분지와 인근 지역의
몇몇 주요 고고학적 유적

슈피리어호

미시시피강

N

미주리강

미시간호

이리호

오하이오
호프웰
유적지

오하이오강

카호키아
에메랄드

앤젤

코먼 필드
크로스노   킨케이드
토워사기   터크
릴번   애덤스

핀슨

아칸소강

에터와

레드강

윈터빌
조지호

마운드빌

파버티포인트

멕시코만

0   100   200   300 miles
0   100 200 300 400 km

이 민중 봉기에 의해 전복되었거나, 대량 탈주로 인해 기초가 흔들렸거나, 생태적 재앙의 제물이 되었을까? 아니면 (더 확률이 높은 쪽을 보자면) 이 세 요인 모두가 복잡하게 섞였을까? 고고학자들이 언젠가는 더 확실한 대답을 줄지도 모른다. 그런 때가 오기까지 우리가 조금이라도 확신을 갖고 말할 수 있는 것은 16세기 이후 유럽 침입자들이 만난 사회가 그 이전 여러 세기 동안의 정치적 갈등과 자의식적인 토론을 통해 이루어진 결과물이었다는 것이다. 그 사회는 많은 경우에 자의식적인 정치 토론에 참여할 능력이 그 자체로 최고의 인간적 가치 가운데 하나로 여겨지던 곳이었다.

개인의 자유에 대한 헌신, 혹은 칸디아롱크 같은 인물의 회의주의적 합리주의도 이런 더 큰 역사적 맥락을 벗어나서 이해하기는 불가능하다. 아니면 적어도 그것이 우리가 이 장의 남은 부분에서 보여주겠다고 제안하는 바다. 후대의 유럽 저자들은 그들을 자연의 순진한 아이들로 여기는 편을 선호했지만 북아메리카의 선주민들은 사실 그들 고유의 긴 지적·정치적 역사를 물려받은 이들이었다. 그것은 유라시아의 철학자들과는 매우 다른 방향으로 그들을 인도했으며, 나중에는 거의 틀림없이 유럽만이 아니라 다른 모든 곳에서도 자유와 평등 개념에 깊은 영향을 미치게 되는 역사다.

물론 우리는 그런 주장을 원천적으로 가능성이 없고, 심지어 약간은 터무니없는 것으로 취급하라고 배웠다. 튀르고의 사례에서 보았듯이, 우리가 오늘날 알고 있는 진화 이론은 대체로 그런 거만한 태도를 확립하기 위해 만들어졌다. 그런 것들을 당연하거나 뻔한 것으로 보이게 하려는 것이다. 북아메리카의 선주민들은 별도의 시간에 살고 있는 존재이거나 인류 역사의 어떤 더 이전 단계가 퇴화한 흔적으로 여겨지며, 그렇지 않으면 아예 완전히 격리된 현실(요즘 '온톨로지ontology'라는 용어가 유행한다[온톨로지는 철학에서 '존재론'을 뜻한다. 최근에는 정보과학, 특히 지식 관리와 인공지능 분야에 활용되어 존재하는 사물과 사물의 관계 및 여러 개념을 구조적으로 조직하여 컴퓨터가 처리할 수 있는 형태로 표현하는 작업을 가리킨다—옮긴이].) 우리의 의식과는 근본적으로 다른 신화적 의식을 지닌 존재로 여겨진다. 적어도 플로티노스Plotinus, 샹카라Shankara, 장자莊子를 만들어낸 것들과 비슷한 지적 전통이라면 지식이 누적되는 문학 전통의 산물일 수밖에 없다고 추정되었다. 그런데 북아메리카가 문자 전통을 만들어내지 않았으므로—최소한 우리가 그런 것이라고 인정하기에 익숙한 종류의 전통은 아니었으므로[11]—정치적 지식이든 다른 지식이든 그들이 생산한 어떤 지식이든 필시 다른 종류의 것일 수밖에 없다. 우리 자신의 지적 전통과 비슷해 보이는 토론이나 입장의 유사성은 전형적으로 서구 범주의 순진한 투사의 일종으로 무시되곤 한다. 따라서 진정한 대화는 불가능하다.

아마 이런 종류의 논의는 웬다트족(휴런족)이 온딘농크Ondinnonk라 부른 개념을 설명하는 문헌을 인용하여 가장 직설적으로 반박될 수 있을 것이다. 온딘농크란 꿈을 통해 단언되는 영혼의 비밀스러운 욕망이다.

휴런족은 우리 영혼이 다른 욕망을 가진다고 믿는다. 그것은 선천적이고 은폐되어 있다. (…) 그들은 우리의 영혼이 이런 자연적인 욕망을 꿈이라는 수단을 통해 알려지게 한다고 믿는다. 꿈은 영혼의 언어다. 따라서, 그것이 욕망하는 것이 허용되지 않으면 그것은 화를 내고, 그 신체를 위해 보장하기를 원했던 선함과 행복을 신체에 주지 않을 뿐만 아니라 신체에 저항하여 반항하고, 다양한 질병을 일으키거나 죽음을 불러오기까지 한다.[12]

문헌 필자의 설명에 따르면, 꿈에서는 그런 은밀한 욕망이 일종의 간접적이고 상징적인 언어로 소통되는데, 그런 언어는 이해하기 어려운 것이어서 웬다트족은 서로의 꿈의 의미를 판독하거나 전문가에게 자문을 구하기 위해 엄청난 시간을 보냈다고 한다.

이 모든 것은 한 가지만 제외하면 프로이트 이론의 이상하게 엉성한 투사처럼 보일지도 모른다. 즉 그 문헌이 1649년에 쓰였다는 사실 말이다. 그것은 라그노Ragueneau 신부라는 사람이 써서 《예수회 보고서》에 실은 글인데, 프로이트의 《꿈의 해석The Interpretation of Dreams》(1899) 초판이 나오기 꼭 250년 전의 일이었다. 이 책의 출간은 아인슈타인의 상대성이론처럼 20세기 사유를 정립한 사건 가운데 하나로 널리 간주되는 사건이다. 게다가 우리가 자료를 얻은 출처는 라그노 외에도 있다. 같은 시기에 다른 이로쿼이족 일원들을 개종시키려 애쓰던 수많은 선교사들도 비슷한 이론을 보고했기 때문이다. 그들은 이런 이론을 터무니없고 확연한 거짓이라 여겼으며, 교섭 상대를 성경의 진리로 데려가기 위해 그것들을 반박하려고 시도했다.

이것이 곧 칸디아롱크가 성장한 공동체가 프로이트주의자로 구성되었다는 뜻인가? 그렇지는 않다. 프로이트의 정신분석학과 이로쿼이족의 실천 사이에는 중요한 차이가 있는데, 가장 현격한 차이는 치료법의 집단적 성격에 있다. '꿈의 추측'은 집단으로 실행되며, 꿈꾸는 자의 욕망을 문자 그대로, 또는 상징적으로 실현하려면 공동체 전체를 동원해야 할 수도 있다. 라그노는 겨울의 몇 달 동안 한 웬다트족 마을이 집단적 잔치와 연극을 개최하는 데 몰두했던 일들을 보고했는데, 문자 그대로 어떤 중요한 남성이나 여성의 꿈을 실현시켜주기 위한 행사였다. 여기서 핵심은 그런 지적 전통을 우리 것보다 열등한—또는 완전히 이질적인—것으로 치부하는 일은 매우 현명치 못하다는 것이다.

웬다트족과 호디노쇼니족의 특이한 측면은 그들의 전통이 정말로 잘 기록되어 있다는 점이다. 그에 비해 다른 여러 사회들의 기록은 그런 기록이 문자로 쓰이기 오래전에 완전히 파괴되었거나, 심적 외상이 남긴 흔적에 불과하다. 그처럼 영영 상실된 다른 지적 전통들이 또 어떤 것들일지 궁금증만 품을 수 있을 뿐이다. 그렇다면 우리가 이 장에서 앞으로 하려는 것은 정확하게 이 사실에 입각하여 200년에서 1600년 사이의 북아메리카 동부 수림 지대의 역사를 검토하는 것이다. 여기서 우리의 목적은 유럽 문명에 대한 선주민 비평의 지역적 뿌리를 이해하고, 이런 뿌리가 어떻게 카호키아에서, 혹은 그보다 훨씬 더 이르게 시작된 역사에 얽혀들었는지 알아보는 것이다.

북아메리카에서 얼마나 많은 지역이 단일하고 균일한 씨족 시스템을 갖게 되었는지 묻고, '호프웰 관계망 영역'의 역할을 살펴보기

퍼즐로 시작해보자. 앞에서 이미 대동소이한 씨족 이름들이 터틀섬Turtle Island(선주민들이 북아메리카 대륙을 가리키는 말) 전역의 어디에나 분포되어 있는 것을 볼 수 있다고 언급한 바 있다. 지역적 차이가 끝없이 많지만, 또 꾸준히 지켜지는 유사성도 있다. 곰이나 늑대나 매 씨족 출신의 여행자들은 현대의 조지아에서 온타리오나 애리조나까지 가더라도 도중의 어디에서든 숙식을 제공해줄 누군가를 만날 수 있었다. 북아메리카에서 문자 그대로 열 개가 넘는 전혀 무관한 어족들에서 유래하는 서로 다른 언어 수백 가지가 사용되었다는 점을 고려하면 이는 더욱 놀랍다. 시베리아에서 인간이 처음 건너왔을 때 씨족 체제가 완전히 성장한 형태로 당도했을 것 같지는 않다. 아마 분명히 그보다는 더 최근에야 발달했을 것이다. 하지만—여기에 우리가 풀어야 할 퍼즐이 있다—그 씨족들 간의 거리를 생각한다면, 어떻게 그런 일이 일어날 수 있었는지 상상하기도 힘들다.

이로쿼이족 연구의 원로인 엘리자베스 투커Elizabeth Tooker가 지난 1970년대에 지적했듯이, 북아메리카의 씨족들은 엄밀히 말해 전혀 친족 그룹으로 간주될 수 없기 때문에 이 퍼즐은 더욱 혼란스럽다. 그들은 저마다 서로 다른 토템 동물, 대개 비유적으로만 그들의 '선조'인 토템과의 영적 관계를 유지하는 데 몰두하는 제의적 사회에 더 가깝다. 사회 일원들은 사실 (모계든 부계든) 후손들로 구성되며, 동료 씨족 일원들은 서로를 형제와 자매로 여기므로 서로 결혼할 수 없는 사이다. 그러나 아무도 계보를 따지지 않으므로, 조상 숭배나 계보에 따른 재산권 요구는 없다. 모든 씨족원은 사실상 동등하다. 특정한 형태의 제의적 지식, 춤, 송가, 성물 꾸러미, 또 호칭들을 제외하면 다른 집단적 재산도 없다.

하나의 씨족은 일반적으로 아이들에게 붙여지는 고정된 이름 목록을 가진다. 이런 것 중 몇 개는 주로 이름이지만, 신성한 의장이 그렇듯 직접 세습되는 일은 드물다. 그보다는 어느 직함의 소유자가 세상을 떠날 때 가장 그럴듯한 후보자에게 맡겨진다. 게다가 공동체는 절대로 씨족 하나로만 이루어지지 않는다. 대개는 상당히 많은 씨족이 두 개의 절반(반족半族)으로 무리 지어 서로 경쟁자이자 보완자로 행동하고, 운동에서 경쟁하며, 죽은 이를 묻을 때 협동한다. 그것은 전반적으로 개인의 역사를 공적인 맥락에서 지워버리는 결과를 낳게 된다. 이름은 곧 직함이므로, 공동체의 절반의 수장이 항상 존 F. 케네디이고 다른 절반은 항상 리처드 닉슨인 것과 같다. 이런 직함과 이름의 융합은 특히 북아메리카에서 나타나는 현상이다. 그중 몇 가지 버전은 터틀섬의 거의 전역에서 보이지만, 세계의 다른 어디에서도 그와 비슷한 것을 우리는 보지 못한다.

마지막으로, 투커의 지적에 따르면 씨족은 외교에서 핵심적 역할을 했다. 단순히 여행자들에게 숙식을 제공하는 것만이 아니라 외교적 임무의 의전을 정하고 전쟁을 막기 위한 보상을 지급하거나 포로를 받아들이는 일도 포함된다. 포로들은 간단하게 이름을 새로 받고 새 공동체에 받아들여져 한 씨족 일원이 된다. 심지어 바로 그 분쟁에서 사망한 사람의 자리를 대체하기까지 한다. 그 시스템은 집단적으로든 개인적으로든 사람들의 이동 능력을 극대화하며, 사회적 구도를 개편하는 방향으로 설계된 것으로 보인다. 이런 매개 변수 안에는 거의 만화경같이 다양한 가능성의 무한한 범위가 있다. 하지만 이런 여러 변수들은 애초에 어디서 왔는가? 투커는 그것이 오래전에 잊힌 '교역 제국', 원래는 아마 중앙 멕시코에서 온 상인들이 세웠을 제국의 잔재일지도 모른다고 주장한다. 그러나 그 주장은 동료 학자들에게 진지하게 받아들여지지 않았다. 사실 그녀의 논문은 거의 인용되지 않았다. 그런 교역 제국이 존재했다는 증거는 없다.

제의적이고 외교적인 시스템이 제의와 외교에서 발원했다는 추정은 더 타당성이 있는 것 같다. 그런 현상이 일어날 수 있었다는—즉 북아메리카의 거의 모든 지역 사이에 적극적인 연대가 발달했다는—착각할 수 없는 증거를 우리가 처음으로 얻는 곳은 고고학자들이 '호프웰 관계망 영역Hopewell Interaction Sphere'이라 부르는 곳이다. 그것은 오하이오주의 사이오토Scioto와 페인트 크리크Paint Creek 강의 계곡을 중심으로 하는 네트워크를 말한다. 대략 기원전 100년에서 기원후 500

년 사이에 이 네트워크에 참여한 공동체들은 무덤 봉분 아래에 보물을 묻었는데, 대단히 많은 분량이 묻힌 경우도 많았다. 그런 보물로는 석영제 화살촉, 애팔래치아산맥에서 나는 운모와 흑요석, 5대호 지역에서 나는 구리와 은, 멕시코만 지역의 뿔고둥 껍질과 상어 이빨, 로키산맥에서 나는 회색 곰 어금니, 운철, 악어 이빨, 창꼬치 턱뼈 등등이 있었다.[13] 이런 재료의 대부분은 제의적 장비와 샤먼, 사제, 복잡한 조직 구조 속의 하급 관리들이 입는 장엄한 의상—금속제 파이프와 거울도 포함—을 만드는 데 쓰인 것으로 보인다. 그런 조직 구조의 엄밀한 성격은 재구성하기가 지독히 어렵다.

더욱 놀라운 점은 이런 무덤 가운데 많은 수가 거대한 토목 현장에서 가까운 거리에 위치한다는 것이었다. 어떤 것은 문자 그대로 고작 몇 킬로미터 떨어져 있을 뿐이다. 중앙 오하이오 계곡의 주민들이 그런 구조물을 지은 것은 고고학자들이 기원전 1000년경의 아데나Adena 시기라 부르는 시대가 시작된 이후, 그리고 그 이전의 북아메리카 역사의 '고대시대Archaic' 단계의 토목 작업이 등장하는 시기였다. 파버티포인트의 사례에서 이미 보았듯이, 누가 그것을 설계했든 그는 놀랄 만큼 수준 높은 천문학적 계산을 할 수 있었고 정확한 측정 시스템을 활용했다. 그런 사람들은 또 엄청난 규모의 노동을 동원하고 배치할 수도 있었을 거라고 생각할 수 있다. 그러나 여기서 우리는 주의해야 한다. 더 최근에 나온 증거는 둔덕 건설의 전통이 일부 경우에 춤추는 무대나 잔치, 놀이, 집회를 열 평탄한 야외 공간을 만든 부수 효과일 수 있음을 시사한다. 매년 중요한 제의가 열리기 전에 이런 공간은 비질이 되고 평평하게 다듬어지며, 흙과 쓰레기도 매번 같은 장소에 쌓인다. 여러 세기가 지나면 이것은 분명히 뭔가를 제작할 수 있는 매우 많은 분량의 재료가 될 수 있다. 예를 들면, 무스코기족Muskogee에게서 그런 인공 언덕은 매년 붉고, 노랗고, 검고, 흰 흙의 새로운 층으로 덮일 것이다. 이 작업은 순환제로 근무하는 책임자에 의해 운영되었으며, 하향식 지휘 구조는 불필요했다.[14]

그러나 그런 구조는 파버티포인트나 호프웰 토목공사 같은 정말 큰 구조물에는 해당되지 않는다. 이런 작업은 느린 축적 과정을 통해 성장하는 것이 아니라 사전에 계획되어야 한다. 가장 인상적인 유적은 거의 예외 없이 강의 계곡에 있으며, 일반적으로 물과 아주 가깝다. 그런 곳은 문자 그대로 축축한 진흙에서 출현한다. 어렸을 때 모래나 진흙을 가지고 놀았던 사람(고대의 아메리카 선주민을 포함한 거의 모든 사람)은 잘 알겠지만, 그런 재료로 구조물을 만들기는 쉬워도 축축한 곳에서 허물어지지 않거나 쓸려 가지 않도록 유지하기는 거의 불가능하다. 정말 인상적인 공학이 개입하는 것이 이 지점이다. 전형적인 호프웰 현장은 원형, 사각형, 팔각형 들—모두 진흙으로 만들어진—이 복잡하고 수학적으로 배열된 복합군이다. 가장 큰 것 중 하나인 오하이오주 리킹 카운티에 있는 뉴어크Newark 토목 작업은 아마 달 관측소로 쓰였던 것 같고, 넓이가 5제곱킬로미터에 이르며 높이는 5미터가 넘는 둑이 있다. 이런 종류의 안정적인—워낙 안정적이어서 지금도 남아 있다—구조물을 만들려면 꼼꼼하게 선별된 자갈과 모래층과 흙층을 교대로 쌓는 독창적인 건축 기술을 쓰지 않으면 안 된다.[15] 늪지대 위로 솟아오른 그것을 처음 보는 사람이라면, 거기서 한낮의 태양에도 녹지 않고 있는 얼음덩이를 보는 것과 비슷한 인상을 받을 것이다. 일종의 우주 차원의 기적이다.

앞에서 수학 계산을 하던 연구자들이 고대시대 단계 이후 아메리카 대륙의 많은 지역에서 행해진 기하학적 토목 작업에 동일한 측정 체계가 사용된 것을 알고는 얼마나 놀랐는지 이미 언급한 바 있다. 그들은 끈으로 만들어진 정삼각형을 기초로 한 것으로 보인다. 그러므로 멀리서, 그리고 넓은 지역에서 물자와 사람이 호프웰 둔덕 복합군Hopewell mound complexes으로 모여들었다는 사실 자체는 이상한 것이 아니다. 하지만 고고학자들이 역시 관찰했듯이, 호프웰을 만들어낸 '수림 지역 사람들'의 특징인 기하학 체계는 과거 관습과 단절한다는 표시 같은 것이다. 그것은 상이한 숫자 체계와 새로운 형태의 기하학의 도입이다.[16]

중부 오하이오가 바로 그런 중심지였다. 이런 새로운 호프웰 기하학 체계에 의거한 토목 작업이 행해진 현장은 미시시피강 계곡의 상류와 하류 유역 전역에 흩어져 있다. 일부는 작은 소도시 정도의 크기다. 그런 곳에는 회의장, 공방, 시신을 처리할 영안실과 죽은 이들을 안치할 토굴이 있을 수도 있고, 또 있는 경우가 많았다. 몇몇 장소에는 주거 관리자가 있었을 수도 있는데, 분명하지는 않다. 분명한 것은 한 해 대부분의 기간 동안 이런 현장은 대체로, 혹은 완전히 비어 있었다는 것이다. 오직 특정한 제의 행사가 열릴 때 그곳은 정교한 제의가 열리는 극장으로 생생하게 살아나며, 1, 2주 동안 그 지역 전체에서, 때로는 아주 먼 곳에서 몰려든 사람들로 혼잡해진다.

이것이 호프웰의 또 다른 퍼즐이다. 그곳은 고전적인 '곡물 국가'(스콧이 정의한 대로)를 창조하는 데 필요한 모든 요소를 갖고 있다. 가장 큰 중심지가 세워진 사이오토-페인트 크리크 저지대는 워낙 비옥하여, 후대에 유럽에서 온 정착민들은 '이집트'라는 별명을 붙였다. 그리고 적어도 그곳 주민 일부는 옥수수 재배에 대해 잘 알고 있었을 것이다. 그러나 그들은 대체로 이 작물을 기피했던—제한적이고 제의적인 목적을 제외하면—것과 동일한 스타일로 계곡 저지대도 대체로 기피했고, 그 지형에 갈라져 흩어진 외딴 주거지와 주로 고지대에서 살기를 선호했다. 그런 주거지는 한 가족으로 이루어지는 경우가 많았다. 아니면 기껏해야 서너 가족이 살았다. 때로 이런 아주 작은 그룹들은 여름 집과 겨울 집 사이를 오갔으며, 수렵, 어로, 채집, 그 지역의 잡초 작물을 작은 텃밭에 기르는 생활을 겸했다. 그런 밭에는 해바라기, 국화과 곡류, 명아주, 마디풀, 메이그라스, 그리고 야채를 조금 길렀다.[17] 아마 사람들은 이웃들과 통상적인 방식으로 접했을 것이다. 전쟁이나 어떤 종류든 조직적 폭력의 증거가 거의 없는 것으로 보아 그들 사이는 좋았던 것 같다.[18] 그러나 어떤 종류의 지속적인 마을이나 도시 생활은 끝내 만들어지지 않았다.[19]

호프웰 토목공사 같은 규모의 거대한 구조물은 일반적으로는 족장이나 종교 지도자 계층에 의해 통제된 다량의 농업적 잉여가 발생했음을 시사한다. 하지만 여기서는 이런 일이 일어나지 않았다. 여기 있는 것은 6장에서 이미 논의하면서 친숙해진 그런 종류의 취미 농사나, 샤먼과 대여섯 명의 친지들 사이에서 압도적으로 많은 시간을 보내는 기술자가 아니라 주기적으로 확대된 사회의 무대, 북아메리카 대륙의 많은 부분을 포함하는 사회의 무대로 걸어 나가는 사람들이다. 이는 후대의 수렵 지역 사회에 대해 우리가 아는 것과 워낙 충격적일 정도로 다르기 때문에, 이런 정착 패턴이 현실화되었을 때 정확하게 어떤 것을 의미했을지 재구성하기가 힘들다. 그러나 이 전반적인 상황은 '무리'에서 '부족'과 '족장 사회'로의 진행을 근거로 하는 관례적인 진화론자의 용어가 심각하게 부적절하다는 것을 보여준다.

그렇다면 이런 것은 어떤 종류의 사회인가?

우리가 확실하게 말할 수 있는 것 한 가지는 그들이 예술적으로 뛰어났다는 것이다. 호프웰 주민들은 생활 형태는 소박했지만 콜럼버스 이전의 아메리카에서 가장 수준 높은 이미지들을 만들어냈다. 정교한 동물 조각을 씌운 인형 모양의 파이프(황홀경을 유도할 수 있을 만큼 강력한 것, 다른 허브와 혼합한 것 등 여러 종류의 담배를 피우는 데 쓴 것), 표면에 정교한 디자인을 그려 넣고 불에 구운 토기 항아리, 흉갑으로 착용한 작은 구리판은 복잡한 기하학적 디자인으로 재단되었다. 이런 이미지의 대다수는 샤먼 제의, 환상 모험, 영혼의 여정(앞에서 지적했듯이, 거울이 특별히 강조된다) 외에도 주기적으로 열리는 사자死者의 축제도 떠올리게 한다.

사회적 영향력은 안데스의 차빈 데 우안타르처럼, 또는 파버티포인트에서처럼 비교적秘敎的 지식 형태를 장악하는 데서 나온다. 주된 차이는 호프웰 관계망 영역은 딱히 구별되는 중심과 단일한 수도가 없고, 차빈과는 달리 영구적 엘리트, 사제, 기타 특권층이 존재했다는 증거가 거의 없다는 것이다. 무덤을 분석하면 상이한 문장이 적어도 열 가지 이상 나오는데, 그 소속은 장례식의 사제에서 씨족 족장, 혹은 점술가에 이르기까지 다양하다. 놀랍게도 그것 역시 선진적인 씨족 체제의 존재를 드러내는 것으로 보인다. 중부 오하이오의 고대 주민들이 토템 동물의 일부—흔히 펜던트나 장신구 형태로 가공한 턱뼈, 이빨, 발톱, 꼬리 등—를 무덤에 부장하는 역사적으로 특이한—고고학자의 관점에서는 지극히 편리한—습관을 개발했기 때문이다. 후대에 북아메리카에서 모든 씨족들이 익숙하게 알고 있던 동물들인 사슴, 늑대, 엘크, 매, 뱀 등등이 모두 이미 표현되었다.[20] 정말 충격적인 것은 공직과 씨족 시스템이 이미 존재했음에도 불구하고, 이 두 시스템 사이에는 거의 아무런 관련이 없어 보인다는 점이다. 씨족이 때로 어떤 공직을 '보유'했을 수는 있지만, 세습적이고 지위 높은 엘리트층이 존재했다는 증거는 거의 없다.[21]

일부 학자들은 호프웰 제의의 많은 부분이 영웅 스타일의 잔치와

모든 것의 새벽

경연으로 이루어졌다고 주장한다. 경주, 게임, 도박 등의 행사―후대의 북동부 아메리카 대륙에서 행해지던 사자들의 잔치와 조금 비슷한―는 종종 굉장한 보물들을 흙과 자갈층으로 꼼꼼히 덮어버리고 아무도(아마 신이나 혼령은 예외겠지만) 다시 보지 못하게 하는 것으로 마무리되기도 했다.[22] 게임과 매장은 모두 부의 축적에 반대하는 싸움이었을 것이다. 다르게 표현하자면, 사회적 차이가 대체로 연극적인 영역에 남아 있도록 확실히 하기 위한 방법이었을 것이다. 사실 우리가 감지할 수 있는 그런 시스템상의 차이도 대체로 제의 시스템의 영향으로 보인다. 호프웰의 심장부는 3자 동맹으로, 거대한 유적군 셋으로 분해되는 것으로 보이기 때문이다.

북쪽 끝에서 호프웰 자체를 중심으로 하는 장례식 모임은 샤먼적 제의, 우주적 영역 사이를 여행하는 영웅적 남성 형체들에게 초점을 맞춘다. 남쪽에 있는 이런 가장 좋은 예는 오하이오 남서쪽의 터너Turner 유적에서 볼 수 있는데, 여기서는 비인간적 가면을 쓴 형체, 언덕 위 흙으로 지어진 사당과 지하 세계 괴물들의 이미지가 강조된다. 더욱 놀랍게도, 북쪽 유적군에서 공직의 표시를 단 채로 묻힌 사람들은 모두 남성인데, 남쪽에서는 같은 표시를 달고 묻힌 것이 전부 여성이다. (유적지의 중앙 군집은 두 측면 모두에서 혼성이다.)[23] 게다가 유적군들 사이에 서로를 이어주는 포장도로가 있는 것으로 보아 일종의 체계적인 협동이 분명히 있었다.[24]

이 지점에서 호프웰 관계망 영역을 앞 장에서 논의했던 현상인 기원전 4000년대에 메소포타미아에 세워졌던 우바이드 마을 사회와 비교하고 대조해보면 도움이 될 것이다. 좀 억지스러운 느낌은 있지만, 이 비교는 둘 다 최대한의 규모로 지어진 문화 지역이며, 각각의 반구에서 큰 강 유역—각각 미시시피강, 유프라테스강—을 상류에서 삼각주 지역까지, 그 주위의 평지와 해안 지역까지 전체적으로 포괄하는 최초 사례다.[25] 첨예하게 대조적인 지형과 환경적으로 적절한 장소들을 광범위하게 아우르는 그 정도 규모의 정규적인 문화 상호작용이 구축된다는 것은 흔히 역사에서 중요한 전환점의 표시다. 우바이드의 경우, 그것은 세계 최초의 도시의 토대를 놓은 어떤 자의식적인 표준화, 사회적 평등주의 형태를 창조했다.[26] 그러나 호프웰에서 발생한 일은 좀 다르게 보인다.

사실 여러 면에서 호프웰과 우바이드는 문화적으로 상극인 사례다. 우바이드 상호작용 영역의 통일성은 사람들과 가정들에서 보이는 개별적 차이를 억압한 데서 나온다. 이와 반대로 호프웰의 통일성은 차이의 찬양에 의거한다. 한 예를 들어보자. 후대의 북아메리카 사회들이 전체 씨족과 민족을 특징적인 머리 형태에 따라 구분하는(그래서 세네카족, 오논다가족이나 모호크족 전사를 멀리서도 간단하게 식별할 수 있다) 반면, 호프웰의 미술에서는—상당히 많은 수의 인물이 다루어지는데—같은 머리 스타일을 한 사람을 단 두 명도 찾기 힘들다. 모두가 마음껏 자신을 구경거리로 삼으려 하거나 사회라는 극장에서 어떤 연극적 배역을 맡은 것처럼 그려져 있다. 그리고 이런 개별적 표현성이 무한히 다양한 장난스럽고 특유한 헤어스타일, 옷차림, 장신구를 뽐내는 아주 사소한 인물 묘사에 반영되어 있다.[27]

하지만 이 모든 것은 넓은 지역에 걸쳐 섬세하게 조율되어 있다. 한 지역 안에서도 각 토목 작업은 연속적인 제의적 지형 속의 한 요소다. 토목 작업의 배치는 흔히 호프웰 달력의 어떤 특정한 부분(하지, 동지, 달의 양상 등등)을 참조하며, 사람들은 아마 온전한 제의적 사이클을 완결하기 위해 구조물들 사이를 정기적으로 왕래해야 했을 것이다.

이는 복잡한 작업이다. 수백 킬로미터 거리를 두고 사람들을 협동시키려면, 그래서 중심지에서 한 해에 한 번씩 5, 6일 정도만 지속되는 제의에 참여하도록 제시간에 맞춰 모일 수 있게 하려면 별, 강, 계절에 대해 얼마나 자세한 지식이 필요했을지 상상만 할 수 있을 뿐이다. 한 대륙의 동서남북 전역에 걸쳐 그런 시스템을 실제로 변형하려면 어느 정도의 작업이 필요했을지는 말할 필요도 없다.

후대에 사자들의 잔치 역시 이름을 '부활'시키는, 이제는 세상을 떠난 자들이 가졌던 직함이 산 자에게 넘겨지는 행사였다. 호프웰이 그 씨족 시스템을 북아메리카 전역에 퍼뜨린 것은 그런 메커니즘을 통해서였는지도 모른다. 심지어 호프웰의 그 거창한 장례가 400년경 종식된 이유는 대체로 호프웰의 작업이 끝났기 때문이었을 수도 있다. 가령, 그 제의 미술의 특유한 성격은 대륙 전체로 퍼진 표준화한 버전에 밀려났다. 집단들 사이의 연대를 수립하기 위해 더 이상 진흙탕에서 기적처럼 솟아오른 환상적이고 일시적인 수도로 가는 거대한 길이 필요하지 않았다. 그런 집단들은 이제 개인적 외교에 쓸 공유된 관용어, 낯선 이들과 상대할 공통된 규약 모음을 갖고 있었기 때문이다.[28]

아메리카에서 첫 번째 '국가'여야 할 것 같은 카호키아에 대한 이야기

호프웰의 여러 퍼즐 가운데 하나는 그 사회적 설정이 훨씬 더 뒤에 나올 제도들을 예견하는 것처럼 보인다는 점이다. '백색' 씨족과 '적색' 씨족 사이의 구분이 있었다. 전자는 여름, 원형 주택, 평화 유지와 관련되었고, 후자는 겨울, 사각형 주택, 전쟁과 관련이 있었다.[29] 후대의 선주민 사회들은 거의 모두가 평화 시대의 족장과 전쟁 족장을 구분했다. 군사적 분쟁이 생기면 완전히 다른 행정이 힘을 얻었다가 문제가 해결되고 나면 곧 사라진다. 이 상징의 일부가 호프웰에서 발원하는 것으로 보인다. 고고학자들은 심지어 그림 속의 어떤 인물이 전쟁 족장이라고 확인하기도 했다. 그러나 이런 상황에도 불구하고 실제로 전쟁이 일어났다는 증거는 거의 없다. 분쟁이 좀 다른, 더 연극적인 형태를 띠었을 수 있다. 더 나중에는 경쟁하는 국가나 '적대적인' 반족들이 흔히 공격적인 라크로스lacrosse 게임[열 명이 한 팀을 이루는 하키 비슷한 게임―옮긴이]을 통해 적대감을 해소하곤 했다.[30]

호프웰 중심지가 쇠퇴한 뒤 몇 세기 동안인 대략 400년에서 800년 사이에 우리 눈에 익은 일련의 발전 단계들이 나타나기 시작한다. 먼저, 몇몇 그룹이 옥수수를 주식으로 채택하여 미시시피강 유역의 범람원 계곡에서 기르기 시작했다. 둘째, 실제로 무력 분쟁이 더 자주 발생했다. 적어도 일부 장소에서는 이 때문에 주민들이 그 지역의 토목 구조물 주위에서 더 오래 살게 되었다. 특히 미시시피 계곡과 인근의 벼랑에는 흙으로 쌓은 피라미드와 광장을 중심으로 하는 패턴의 작은 마을이 생겼다. 그런 마을 가운데 일부에는 요새가 설치되었고 주위에는 널따란 무인 지대를 두었다. 또 몇 군데는 아주 작은 왕국과 비슷해졌다. 결국 이런 상황은 사실상 도시의 폭발적인 팽창으로 이어졌는데, 그 도심이 얼마 지나지 않아 멕시코 북쪽 아메리카에서 가장 큰 도시가 될 카호키아 유적이었다.

카호키아는 미시시피강을 따라 형성된 아메리칸 보텀American Bottom이라 불리는 광활한 범람원 평지에 자리 잡고 있다. 그곳은 사냥감이 많고 비옥한 환경이었으며, 옥수수 재배에 이상적이었다. 그렇지만 많은 부분이 늪지대였고, 안개가 끼고 얕은 웅덩이가 많은 지형이어서, 도시를 세우기에는 까다로운 장소였다. 언젠가 이곳을 방문한 적이 있던 찰스 디킨스Charles Dickens는 그곳을 '검은 진흙과 물이 끝없이 계속되는 수렁'이라고 묘사했다. 미시시피의 우주론에서 여기처럼 물이 많은 장소는 혼돈 속의 지하 세계―정확하고 예측 가능한 천상의 질서에 정반대되는 것으로 보이는―와 연결되는데, 카호키아에 지어진 최초의 대규모 건축물 가운데 몇 개가 방울뱀 둑길로 알려진 행진용 통로, 즉 그곳을 에워싸고 있는 물에서 솟아올라 주위의 능선 꼭대기에 만들어진 무덤을 향해 이어지도록 설계된 길(영혼의 길, 사자의 길)에 집중되어 있다는 것은 당연히 중요한 사실이다. 그렇다면 애당초 카호키아는 호프웰 유적의 몇몇 장소와 매우 비슷한 순례의 장소였을 가능성이 크다.[31]

　그 주민들 역시 호프웰과 똑같이 게임을 좋아했다. 600년경, 카호키아에, 또는 그 인근에 살던 누군가가 청키chunkey 경기를 고안해냈는데, 그것은 나중에 북아메리카에서 가장 인기 있는 운동 가운데 하나가 되었다. 청키는 복잡하고 협동이 많이 필요한 운동으로서, 달려가는 선수들이 굴러가는 바퀴나 공을 직접 건드리지 않고서 장대를 최대한 가까이 던지는 경기다.[32] 아메리칸 보텀을 따라 형성된 여러 토목 작업 현장에서 그 경기가 행해졌다. 그것은 그곳에 정착하러 온 점점 더 공통점을 잃어가는 여러 그룹의 사람들을 한데 묶어주는 수단이었다. 사회적 기준에서 그것은 중앙아메리카의 구기 경기와 규칙은 전혀 다르지만 공통점이 있었다. 그것은 전쟁의 대체물, 혹은 연장 형태가 될 수도 있었고, 전설과도 관련되어 있었다(여기서는 마야의 쌍둥이 영웅들처럼, 지하 세계의 신들을 만난 아침 별 레드혼의 전설을 말한다). 또 그것은 자신이나 가족까지도 내기에 거는 광적인 도박의 초점이 될 수도 있었다.[33]

청키가 한 배타적 엘리트층의 독점물로 변해감에 따라, 우리는 청키의 렌즈를 통해 카호키아와 그 배후 지역에서 사회적 위계가 등장하는 과정을 기록할 수 있다. 이를 알려주는 신호 하나는 돌로 만든 청키 원반이 일상의 무덤에서 사라지고 아름답게 가공된 버전의 원반이 최고 부유층의 무덤에 나타나기 시작하는 현상이다. 청키가 관중들의 운동으로 변했으며, 카호키아는 새로운 지역적 미시시피 엘리트층의 후원자가 되었다. 정확하게 어떤 방식으로 이 현상이 일어났는지 우리는 잘 모르지만—아마 종교적 계시로서였을 것이다—1050년경에는 카호키아의 규모가 급증하여, 아주 소박한 공동체이던 곳이 15제곱킬로미터가 넘는 면적에 넓은 광장 주위를 100개가 넘는 흙 둔덕이 둘러싸고 있는 도시로 변했다. 몇천 명이던 원래 인구가 카호키아와 그 위성도시에 자리 잡으려는 외부 인구가 유입되어 아마 1만 명 정도가 더 늘었을 것이며, 아메리칸 보텀 전체의 인구는 4만 명에 달했다.[34]

도시의 주된 부분은 마스터플랜에 따라 단 한 번 폭발적으로 발휘된 활동에 의해 설계되고 건설되었다. 거대한 광장 앞에 흙을 단단하게 다져 세운, 오늘날 수도승의 둔덕이라 알려진 피라미드가 그곳의 초점이었다. 서쪽에 있는 더 작은 광장에는 사이프러스 나무 기둥에 1년 중 태양이 지나가는 경로가 표시된 '우드헨지woodhenge'가 세워져 있다. 카호키아의 피라미드 가운데 몇 개는 그 꼭대기에 궁전이나 신전이 올라앉아 있다. 다른 것들에는 영안실이나 스웨트 로지가 있다. 외국인 주민—아니면 적어도 그들의 가장 중요하고 유력한 사절단—은 면밀한 계산을 거쳐 더 작은 광장과 흙 피라미드 주위의 동네에 배치된 새로 설계한 초가집에 묵게 했다. 많은 주민들이 각자 고유한 기술 전문성이나 민족적 정체성을 보유했다.[35] 수도승의 둔덕 정상에서 도시의 지배 엘리트들은 계획된 주거 구역을 감독하는 권력을 만끽했다.[36] 동시에 카호키아의 배후지에 있던 기존의 마을들과 촌락들은 해체되었고, 시골 인구는 흩어져서 한두 가문의 가정에 분산 수용되었다.[37]

이런 패턴에 관해 매우 놀라운 사실은 그것이 도시 밖에 있던 모든 자치 공동체가 거의 완전히 해체되었음을 시사한다는 것이다. 그 범위 안에 들어온 자들에게는 가정생활—위로부터의 끊임없는 감독 아래 이루어지는 생활—과 도시 자체의 굉장한 구경거리 외에 남은 것이 별로 없었다.[38] 그 구경거리는 참혹한 것일 수 있었다. 게임과 잔치와 함께 카호키아가 팽창하던 초기 몇십 년 동안 대량 처형과 매장이 공개적으로 실시되었다. 세계 다른 지역에서의 신흥 왕국이 그랬듯이, 이런 대규모 살해는 귀족들의 장례 제의와 직결되었다. 이 경우에 장례 시설은 한 쌍을 이룬 고위급 남성들과 여성들의 무덤을 중심으로 세워졌다.[39] 수의에 감싸인 그들의 시신은 수천 개의 조개껍질 구슬로 만들어진 평면 주위에 안치되었다. 그들 주위에는 흙 둔덕이 만들어졌는데, 월출月出의 최남단 방향에서 끌어온 방위각에 정확하게 맞춰져 있다. 그 내용 가운데 주로 젊은 여성들의(쉰 살이 넘었지만) 시신이 쌓여 있는 대형 분묘 네 기가 있는데, 이들은 특별히 이 행사를 위해 살해되었다.[40]

민족지학적·역사적 증거를 신중하게 조사한 학자들은 카호키아가—그리고 그곳을 모델로 삼은 후대의 왕국들이—어떤 모습이었을지를 개략적으로 재구성했다. 그 이전의 씨족 조직이 일부 잔존했지만, 오래전의 반족 시스템이 귀족과 평민 간의 적대 관계로 변형되었다. 미시시피 종족들은 모계사회였던 것으로 보이는데, 이는 미코mi-co(지배자)의 지위가 자신의 자녀들이 아니라 가장 나이 많은 조카에게 계승된다는 뜻이다. 귀족들은 반드시 평민과 결혼해야 했고, 그런 통혼이 여러 세대 이어지다보면 왕의 후손들은 귀족 지위를 완전히 상실할 수도 있다. 그러므로 평민이 된 귀족 무리가 항상 존재했고, 그런 무리에서 전사들과 행정가들을 발탁할 수 있었다. 족보는 신중하게 보존되었고, 왕의 선조들의 그림이 보관된 신전을 유지하는 데 전적으로 헌신하는 사제들이 있었다. 마지막으로, 전쟁에서의 영웅적 성취를 치하하는 직함 시스템이 있었는데, 이를 통해 평민들은 귀족이 될 수 있었다. 그것은 새인간鳥人, bird-man의 심상으로 상징되는 지위로서, 청키 경기에 참여할 특권도 따라왔다.[41]

새인간 상징은 특히 미시시피강 상류와 하류에서 등장하기 시작한 더 작은 왕국들―모두 50개가량―에서 드러나는데, 그중 제일 작은 것은 에터와Etowah, 마운드빌Moundville, 스피로Spiro라는 장소에 자리잡은 곳들이었다. 이 도시들의 지배자는 흔히 카호키아에서 제조된 귀중한 배지와 문장 같은 것들과 함께 매장되었다. 카호키아 자체에서 많이 보이는 신성한 이미지는 다른 모든 곳에서 보이는 매나 독수리 상징이 아니었고 그보다는 나이 든 여성, 빗자루를 들고 있는 여신의 모습을 한 콘마더Corn Mother ―집중적인 곡물 생산의 유명한 중심지에 걸맞게―의 형상이 많았다. 11세기와 12세기에 카호키아와 다양한 방식으로 연결되어 있는 미시시피의 정착지가 버지니아에서 미네소타에 이르기까지 각지에서 등장하는데, 이들은 이웃들과 공격적인 분쟁에 개입된 경우가 많았다. 대륙 전역을 포괄하는 교역로가 활성화되어 있었고, 새로운 보물을 만들 재료가 예전에 호프웰을 향해 그랬던 것처럼 아메리칸 보텀으로 흘러들어 갔다.[42]

이런 팽창 현상에서 중앙이 직접 통제하는 부분은 극히 일부였다. 우리가 언급하는 내용은 실제의 제국이라기보다 최종적으로는 무력으로 지원되는 미묘한 제의적 동맹인데, 상황이 점점 더 아주 빠른 속도로 폭력적인 방향으로 흐르기 시작했다. 카호키아에서 처음 도시가 폭발적으로 팽창한 지 한 세기도 안 되었을 때인 1150년경, 거대한 말뚝 울타리 장벽이 세워졌는데, 도시의 일부만 수용되고 나머지는 장벽 안에 들어가지 못했다. 이 울타리의 건설은 승리와 패배 사이를 넘나들며 오래 지속되는 전쟁과 파괴, 그리고 인구 감소가 시작되었다는 표시였다. 처음에 사람들은 대도시에서 달아나 배후지로 이동했고, 그다음에는 최종적으로 시골 강변의 충적층 저지대를 완전히 버린 것으로 보인다.[43] 동일한 과정이 이보다 작은 미시시피 소도시들 여러 곳에서 관찰된다. 대부분은 몇몇 왕족 계보의 숭배를 중심으로 집중되고 카호키아에서 후원을 받기 전에 협동적인 기업으로 시작한 것으로 보인다. 그러다가 한두 세기가 흐르는 동안 그런 도시는 차츰 비워지고(나중에 나체즈의 위대한 마을Great Village이 겪은 것과 대체로 같은 방식이었고, 이유도 아마 대동소이했을 것이다. 예속민들이 더 자유로운 삶을 찾아 다른 곳으로 간 것이다) 그러다가 마침내 침략당하고 불태워지거나 아니면 그냥 버려졌다.

카호키아에서 무슨 일이 있었든, 주민들에게는 지극히 불쾌한 기억을 남긴 것으로 보인다. 그 장소는 새인간 신화의 많은 내용과 함께 후대의 구전 전승에서 삭제되었다. 1400년 이후 아메리칸 보텀의 비옥한 전체 영역(도시의 전성기에는 인구가 최대 4만 명에 달했던 곳)이 카호키아에서 오하이오강에 이르는 영역과 함께 문헌에 비어 있는 구역the Vacant Quarter, 혹은 공백 구역Empty Quarter이라 일컬어지는 곳이 되었다. 과도한 크기의 피라미드들과 주택 벽돌들이 늪지로 굴러 들어가는 귀신 들린 황무지, 간혹 사냥꾼들이 지나다니기는 하지만 영구적인 정착민은 없는 곳이다.[44]

학자들은 카호키아가 '복잡한 족장 사회'나 '국가'로 간주될 수 있는지 아닌지를 두고 그랬던 것과 똑같이, 그곳의 몰락에서 생태적 요인과 사회적 요인이 차지하는 상대적 중요성에 대해 계속 논의한다.[45] 우리의 기준(앞 장에서 설정했던)에서 보자면 카호키아에 있었던 것은 2차 체제로서, 그 속에서 우리가 제시한 지배의 세 기초적 형태 가운데 두 가지—이번 경우에는 폭력에 대한 통제와 카리스마적 정치—가 합쳐져 강력하고 폭발력도 있는 혼합물을 만들어낸 것 같다. 이것은 경쟁적 운동과 전쟁을 비슷한 방식으로 융합한 고전 마야의 엘리트층이 보여준 것과 동일한 복합이다. 또 그들은 조직적인 구경거리나 포획, 혹은 또 우리가 짐작만 할 수 있을 다른 강압의 형태를 통해 방대한 인구를 자신들의 궤적 속에 끌어들여 주권을 확장했다.

카호키아와 고전 마야에서 경영 활동은 제의적 달력을 더 정교하게 만들고, 신성한 공간을 엄밀하게 조절하는 등 내세의 문제를 처리하는 행정에 집중된 것으로 보인다. 그러나 이런 방향은 현실 세계에, 특히 도시계획, 노동력 동원, 대중 감시, 옥수수 재배 주기에 대한 빈틈없는 감독에 영향을 미친다.[46] 아마 여기서 우리가 다루는 것은 현대의 민족국가와는 매우 다른 종류이기는 하지만 지배의 '3차' 체제를 창조하려는 시도인지도 모른다. 그 체제에서 폭력과 비교적秘教的 지식에 대한 통제가 점점 더 격화되는 경쟁 엘리트들과의 정치적 경쟁에 휘말리게 된다. 이것이 또한 두 경우 모두—카호키아와 마야—에서 그런 전체화하는(전체주의적이기까지 한) 프로젝트가 몰락했을 때, 왜 그처럼 갑작스럽고 포괄적으로 철저하게 몰락했는지 그 이유를 설명해주기도 한다.

관련된 요인들이 정확히 어떤 식으로 조합되었든 간에, 1350년이나 1400년쯤에 나타난 결과는 대량의 이탈이었다. 대도시 카호키아는 흔히 먼 곳에서 이주해 온 다양한 인구를 한데 묶어두는 지배자의 능력에 의해 세워졌지만, 결국 이런 주민들의 후손은 그냥 떠나버렸다. 비어 있는 구역은 카호키아 도시가 대변하던 모든 것에 대한 자의식적인 거부를 암시한다.[47] 어떻게 그런 일이 일어났을까?

카호키아 예속민의 후손들 사이에서 이주는 흔히 세 가지 기초적 자유를 융합하여 해방이라는 단일한 프로젝트를 끌어내고 전체 사회 질서를 재건설하는 것으로 해석된다. 떠나는 것, 복종하지 않는 것, 새로운 사회적 세계를 건설하는 것이다. 앞으로 보게 되겠지만, 오세이지족Osage — 원래는 오하이오강 계곡 중류에 있던 포트에인션트Fort Ancient 지역에 살았던 것으로 보이는 수족Sioux 부족원 — 은 '새 땅으로 간다'는 표현을 체제 변화를 가리키는 말로 사용했다.[48] 북아메리카의 이 지역은 인구밀도가 비교적 낮다는 점을 염두에 둘 필요가 있다. 이 지역에는 사람이 살지 않는 땅이 넓게 펼쳐져 있으며(흔히 폐허와 조각상 등의 흔적은 남아 있지만, 그곳을 건설한 자가 누구인지도 오래전에 잊힌 곳), 그렇기 때문에 사람들의 집단 이주가 어렵지는 않았다. 지금 우리가 사회적 운동이라 부를 것이 그때는 문자 그대로 물리적 이동의 형태를 띠곤 했다.

당시에 분명히 진행되었을 법한 이데올로기적 갈등이 어떤 것인지 파악하기 위해 에터와강 계곡의 역사를 살펴보기로 하자. 그곳은 조지아주와 테네시주에서 촉토족Choctaw의 선조들이 살던 지역의 일부다. 카호키아가 처음 성장할 무렵인 1000년에서 1200년 사이에, 이 지역에서 전면전의 시기는 끝나가고 있었다. 분쟁 이후의 정착 과정에서 작은 소도시가 세워졌다. 각 읍에는 신전-피라미드와 광장이 있었으며, 어떤 소도시에나 성인 공동체 일원들 전원이 모이는 용도로 설계된 커다란 회의소 건물을 중심으로 모여 있었다. 당시의 무덤 부장품에는 지위를 알려주는 특징이 보이지 않는다. 1200년경 에터와강 계곡은 무슨 이유에서인지 버려졌다. 그리고 반세기쯤 뒤에 사람들이 그곳으로 돌아왔다. 건설 붐이 뒤따랐고, 거대한 둔덕 꼭대기에 궁전과 영안실이 지어졌는데, 평민들의 눈에는 보이지 않도록 벽으로 에워싸여 있었다. 그리고 왕의 무덤은 공동체 회의소의 폐허 바로 위에 자리 잡았다. 그곳의 무덤에는 카호키아 자체의 공방에서 보내준 것으로 보이는 근사한 새인간 의상과 의장이 포함되었다. 더 작은 마을은 해체되었고, 그 주민 가운데 일부는 에터와로 옮겨 갔으며, 주변의 시골 지역에서 그들이 살던 자리에는 집들이 여기저기 흩어져 들어섰는데, 그런 정착 패턴은 우리 눈에 익숙하다.[49]

외곽의 해자와 튼튼한 나무 울타리 방벽으로 에워싸인 소도시 에터와는 이 시점에서 분명히 어떤 왕국의 수도였다. 1375년에 누군가가―외부의 적인지 내부의 반란자인지 우리는 모른다―에터와를 노략했고, 그 신성한 장소를 모독했다. 그런 뒤 잠시 그곳을 되찾으려는 시도가 있었지만 성공하지 못했고, 에터와는 다시 완전히 버려졌다. 그 지역 전체의 읍들이 모두 그렇게 되었다. 이 기간에 사제단은 남동부의 많은 지역에서 대부분 사라졌고, 전사인 미코들이 그들을 대체했던 것으로 보인다. 이따금씩 이런 군소 지배자들은 주어진 지역 안에서 최고의 지위에 오르지만, 그 이전에 존재한 것 같은 도시 생활을 만들어낼 제의적 권위나 경제적 자원은 갖고 있지 못했다. 1500년경 에터와강 계곡은 쿠사Coosa 왕국의 휘하에 들어갔다. 그 무렵이면 원래 주민 대부분은 이곳을 떠나서 이동한 것으로 보이며, 쿠사가 다스렸을 법한 다양한 토목 시설 외에는 남긴 것이 거의 없었다.[50]

그곳을 떠난 사람들 가운데 일부는 새 수도를 중심으로 모여들었다. 1540년에 에르난도 데 소토Hernando de Soto 탐험대의 한 멤버가 쿠사의 미코와 그의 핵심 영토(지금은 괴상하게도 작은 이집트라고 알려진 곳)에 대해 다음과 같이 묘사했다.

추장cacique은 주요 부하들이 어깨에 메고 운반하는 의자에 앉아 그를 환영하러 나왔다. 그는 쿠션에 앉았고, 여성들이 걸치는 숄과 모양과 크기가 비슷한 담비 가죽 망토를 걸쳤다. 그는 깃털 관을 썼고, 그의 주위에서는 여러 인디언들이 놀고 노래했다. 그 나라는 인구가 매우 많았고, 큰 읍도 여럿 있었으며, 읍과 읍 사이는 작물이 자라는 밭으로 이어져 있었다. 그곳은 매력적이고 비옥한 땅이었고, 잘 경작된 밭이 강을 따라 펼쳐져 있었다.

16세기와 17세기에는 이런 종류의 자잘한 왕국들이 남동부의 넓은 지역의 지배적 정치 형태였던 것 같다. 그들의 지배자는 공경을 다한 대접을 받았고, 공물을 받았지만, 그 지배력은 허약하고 불안정했다. 쿠사의 미코가 타는 가마는 그의 주요 경쟁자인 코피타체키Cofit-achequi 부인의 것처럼 휘하의 영주들이 운반했는데, 이는 주로 그 영주들이 미덥지 않으니 반란을 막기 위해 끊임없이 감시해야 했기 때문이었다. 데 소토가 떠난 직후에 그런 휘하의 영주 여러 명이 바로 그렇게 반란을 일으켜 쿠사 왕국을 몰락시켰다. 한편 중앙의 소도시들 밖에서는 훨씬 더 평등한 공동체 생활 형태가 형성되고 있었다.

미시시피 세계의 몰락과 그 유산에 대한 거부가 어떻게 유럽인들이 침입할 무렵 선주민 정치의 새로운 형태로 가는 길을 열었는가에 관해

18세기 초반, 이런 군소 왕국들과 둔덕과 피라미드를 건설하는 바로 그런 관행이 아메리카 남부와 중서부에서 사라지다시피 했다. 예를 들면, 대평원의 가장자리에서 흩어져 집을 짓고 살던 사람들은 계절에 따라 이동하기 시작하여 흙으로 지어진 읍내에는 아주 어린 아이들과 노인들을 남겨둔 채 주변의 고지대로 장기간의 수렵과 어로 작업을 하러 떠나곤 했으며, 그러다가 마침내 완전히 이동하게 되었다. 다른 지역들에서 소도시 시내는 제의의 중심지나 나체즈 스타일의 텅 빈 궁정으로 축소되는데, 그런 곳에서 미코는 존경의 표시는 계속 엄청나게 많이 받지만 실제 권력은 거의 행사하지 못한다. 그러다가 마지막으로, 그 지배자들이 확실히 사라질 때, 사람들은 계곡으로 내려가기 시작하지만, 이번에는 그들의 공동체는 매우 다른 원칙에 따라 조직된다. 수백 명, 또는 인구가 최대 1,000명이나 2,000명인 소도시에는 평등한 씨족 구조와 공동체 위원회 회관이 있다.

오늘날의 역사가들은 이런 발달을 다분히 전쟁의 충격, 노예제, 정복, 유럽인 정착민들을 따라 들어온 질병에 대한 반발로 보려는 경향이 있다. 그러나 그것들은 그 이전에 여러 세기 동안 계속 진행되어오던 과정들의 논리적 절정이었던 것으로 보인다.[52]

1715년, 야마시Yamasee 전쟁[식민지 아메리카의 역사에서 주로 야마시족으로 이루어진 인디언과 영국 식민지 정착민 간에 벌어진 분쟁(1715~1716). 사우스캐롤라이나 남동부에서 일어난 이 전쟁의 결과 이 지역의 인디언 세력이 완전히 무너졌다. 패배한 인디언들의 상당수는 플로리다로 도망쳐 탈주한 흑인 노예들 및 다른 인디언들과 합류해 훗날 이른바 세미놀레족으로 알려진 부족을 형성했다—옮긴이]이 있던 해에, 예전에 미시시피 계열의 영향력이 미치던 지역 전체에 걸쳐 자잘한 왕국들의 해체가 완결되고 나체즈 같은 외딴 지방 권력자들만 남았다. 토목공사와 주택은 모두 과거의 일이었고, 남동부는 초기의 민족지에서 익히 보던 종류의 부족 공화국들로 쪼개졌다.[53] 이런 일이 가능했던 것은 수많은 요인들 때문이었다. 첫째는 인구 요인이다. 앞에서 지적했듯이, 극소수의 예외는 있지만 북아메리카의 사회들은 모두 낮은 출생률과 낮은 인구밀도가 특징이었다. 이로써 이동할 때 유리했고, 농민들은 수렵, 어로, 채집의 성향이 더 강한 생존 양상으로 쉽게 전환할 수 있었다. 아니면 완전히 거처를 바꾸기도 했다. 한편, 여성들─스콧의 '곡물 국가' 중 하나에서는 남성 권력자들이 보기에 전형적으로 아기 낳는 기계에 불과했고, 임신하거나 젖을 먹이지 않을 때는 실잣기나 베 짜기 같은 산업 과제에 묶이는 존재─은 더 강력한 정치적 역할에 참여했다.

그런 자세한 내용이 세습적 지도력과 특권적인 비교적 지식의 역할을 놓고 벌어진 정치적 투쟁의 문화적 배경의 일부였다. 이런 전투는 비교적 최근까지도 계속 치러졌다. 식민지 시대에 아메리카 대륙 남동부에서 '5대 문명 부족'이라 알려졌던 국가들을 생각해보라. 이는 체로키, 치카소, 촉토, 크리크, 세미놀레 부족을 말한다. 그런 부족들은 모두 참여자가 동등한 발언권을 가지며 합의 도출의 과정에 의해 운영되는 공동체 위원회가 다스리는 패턴을 보여준다. 하지만 동시에 그 모두가 원로 사제들, 카스트, 군주의 흔적도 공통적으로 갖고 있다. 어떤 경우에는 세습적 지도부가 19세기까지도 남아 있으면서 더 민주적인 정부 형태를 선호하는 광범위한 추세에 거역하면서 최대한 버텼다.[54]

어떤 사람들은 평등주의적 제도 자체를 여름철의 녹색 옥수수 제의를 중심으로 하는 자의식적인 사회운동의 결과물로 본다.[55] 미술에 나타난 그들의 상징물은 고리처럼 엮인 사각형이었다. 건축학적으로 이 상징적 주형은 단지 회의장이나 주택만이 아니라 대중 회의에 쓰이는 사각형 운동장으로도 구현되었다. 이 운동장은 과거의 미시시피 지역 읍과 도시에는 없던 것이었다. 체로키족에는 특별한 지식을 전해주기 위해 하늘에서 파견되었다고 주장하는 사제들의 증거가 있다.

하지만 그와 함께 아니쿠타니^{Aní-Kutáni} 같은 이야기도 있다. 그것은 오래전에 남성 사제들의 세습적 카스트가 지배하던 신정 사회의 존재가 어떤 것이었는지, 그리고 그들이 자신들의 권력을 체계적으로 남용하는 방식, 특히 여성을 어떻게 체계적으로 학대했는지를 말하고, 그래서 사람들이 봉기를 일으켜 그들 모두를 학살했다는 이야기였다.⁵⁶

이로쿼이족의 연설자들이 예수회 선교사들에게 펼쳤던 주장, 혹은 꿈에 대한 그들의 이론들처럼, 이런 미시시피 이후 소도시에서의 일상생활은 흔히 놀랄 만큼 친숙하게 느껴진다. 아마 계몽주의 시대가 전적으로 유럽에서 발원한 '문명화 과정'의 결과라는 생각에 깊이 빠진 사람들에게는 마음이 불편할 만큼 익숙할 것이다. 예를 들면, 크리크족에서는 미코의 직위에 딸린 권한이 회의를 진행하고 집단의 곡창을 감독하는 역할로 한정되었다. 매일 소도시의 성인 남자는 모여 앉아 하루 중 많은 시간을 담배를 피우고 카페인이 든 음료를 마시면서 이성적 토론 정신을 발휘하여 정치에 대해 논의하면서 보낸다.⁵⁷ 담배와 '검은 음료'는 원래 샤먼들이나 다른 영적 대가들이 환각 상태를 만들어내기 위해 매우 진하게 조제하여 한꺼번에 다량으로 흡입하고 복용하던 약물이었다. 그러나 이제는 그 분량을 신중하게 재어 모인 사람 모두에게 분배했다. 예수회원들이 북동부에서 보고한 내용이 여기에도 해당되는 것으로 보인다. "그들은 열정을 만족시키는 데 담배만 한 것이 없다고 믿는다. 그들이 회의에 참석할 때마다 파이프나 긴 담뱃대를 입에 물고 오는 것은 그 때문이다. 그들은 연기가 자신들에게 지성을 주며, 지극히 까다로운 문제를 명확히 파악할 수 있게 해준다고 말한다."⁵⁸

자, 이 모든 이야기가 계몽주의 시대의 커피하우스를 수상할 정도로 상기시킨다고 해도 전혀 우연은 아니다. 가령, 담배는 이 무렵 정착민들에게 받아들여졌고, 그다음에는 유럽 본토에 운반되어 인기를 얻었다. 그리고 유럽에서는 소량을 흡입하여 정신을 집중시키는 데 쓰였다. 명백히 여기에 문화의 직접적인 중계는 없다. 절대로 없다. 하지만 우리가 보았듯이, 북아메리카의 선주민 사상들—개인의 자유의 옹호에서 계시종교에 대한 회의에 이르는—은 확실히 유럽 계몽주의에 영향을 미쳤다. 비록 흡연처럼 그런 사상이 도중에 많은 변형을 겪었다고는 해도 말이다.[59] 계몽주의 자체가 17세기의 북아메리카에서 태동했다고 말한다면 당연히 지나친 주장이다. 하지만 그런 주장을 터무니없고 멍청한 생각이라 여기지 않는 장래의 비유럽 중심적 역사가 나오리라고 상상할 수는 있다.

오세이지족은 어떻게 나중에 몽테스키외의 《법의 정신The Spirit of Laws》에서 찬양될 자기 헌법의 원리를 구현하게 되었는가

분명히 진화론의 범주들은 여기서 제기된 이슈를 혼란스럽게 만들 뿐이다. 호프웰 주민들이 '무리'인지 '부족'인지 '족장 사회'인지, 또는 카호키아가 사실은 '복잡한 족장 사회'인지 '국가'인지 따져봤자 우리에게 전해지는 정보는 사실상 없다. 북아메리카 선주민들의 경우, 우리가 '국가'와 '족장 사회'를 거론하는 한, 거의 뜬금없이 국가 형성 프로젝트가 최우선으로 나서게 되며, 데 소토와 그의 계승자들이 관찰했던 족장 사회는 국가가 몰락한 뒤 남은 부스러기에 불과한 것처럼 보이게 된다.

과거에 대해 던질 수 있는 더 흥미롭고 쓸모 있는 질문이 분명히 있을 것이며, 이 책에서 우리가 발전시켜온 범주들은 이런 질문이 무엇일지 암시한다. 앞에서 보았듯이, 아메리카의 많은 지역에서 중요한 특징은 비교적秘敎的 지식과 관료제적 지식의 관계다. 표면상 이 두 가지는 별로 관련이 없는 것처럼 보일지도 모른다. 잔혹한 무력이 어떻게 하여 주권이라는 제도적 형태, 또는 경쟁적 정치 무대에 나선 카리스마의 자기주장으로 작용할 수 있는지는 알기 쉽다. 일반적인 지배 형태로서 지식에서 행정 권력으로 나아가는 길은 더욱 순환적으로 보일 수도 있겠다. 우리가 차빈에서 본 것 같은, 흔히 환각적 경험을 토대로 하는 비교적 지식이 정말로 후대 잉카에서 쓰인 회계법과 어떤 공통점을 갖는가? 갖지 않을 확률이 높아 보인다. 그러나 훨씬 최근까지도 관료제 속에 받아들여지는 자격이 일반적으로 실제 행정과는 거의 무관한 형태의 지식을 근거로 했던 것을 생각하면 사정은 달라진다. 그런 지식이 중요한 까닭은 오로지 그것이 불분명하기 때문이다. 그래서 10세기의 중국이나 18세기의 독일에서 장래의 공직자 후보들은 고대 언어나 심지어 죽은언어로 쓰인 문학적 고전 지식에 숙달했는지를 검사하는 시험에 통과해야 했다. 요즘이라면 합리적 선택 이론이나 자크 데리다Jacques Derrida의 철학에 관한 문제가 나온 시험에 합격해야 하는 식이다. 행정의 기술은 사실 나중에야 배우는 것이며, 더 전통적인 수단, 즉 훈련, 도제, 비공식적 멘토링을 통해서만 학습된다.

이와 비슷하게, 파버티포인트나 호프웰의 거대한 건설 프로젝트를 설계한 자들은 분명히 모종의 비교적 지식을 이용하고 있었다. 그런 천문학적·신화적·수비학적數秘學的 지식은 그런 설계를 구현하는 데 필요한 인간 노동력(자발적인 노동까지도)을 조직하고 감독하는 기술은 물론, 수학, 공학, 건축의 실용적 지식과 인접해 있다. 콜럼버스 이전의 긴 역사에 걸쳐 이런 특정한 종류의 지식은 항상 정기적으로 등장한 지배 시스템의 핵심에 놓여 있었던 것으로 보인다. 호프웰이 그 완벽한 예다. 제의 프로젝트에 수반되는 영웅적 게임은 사실 체계적 지배의 토대가 전혀 아니었기 때문이다.[60] 반면, 카호키아는 그런 행정적 비교 지식의 스타일을 주권의 토대로 변환하려는 자의식적인 노력을 대변하는 것으로 보인다. 우주적 원리에 따라 설계된 기하학적 토목공사를 실제의 요새화 작업으로 점차 변형한 것은 그 가장 두드러진 표시일 뿐이다. 그러나 결국 그것도 소용이 없었다. 정치적 권력은 단연코 더욱 격렬한 형태이기는 했지만, 영웅의 무대로 후퇴했다.

그러나 더욱 놀랍게도 비교적 지식의 원리 자체가 점점 더 많은 도전을 받게 되었다.

우리가 호프웰에서 본 것은 일종의 '개혁', 16세기에 일어난 유럽 종교개혁이 신성에 접근하는 통로의 근본적인 방향 조정이었던 것과 같은 의미로서의 개혁이었다. 다만 노동 조직부터 정치의 본성에 이르기까지 사회생활의 다른 모든 측면에 충격적인 영향을 미치는 한 가지만은 예외였다. 유럽에서 이런 전투는 성경이라는 매체를 놓고 벌어졌다. 의미가 불분명한 고대 언어로 쓰인 성경을 지역의 토착어로 번역하며, 고급 신앙의 폐쇄적 성소에서 해방하여 인쇄 기계를 통해 대중에게 보급한 것이다. 이와 달리, 콜럼버스 이전의 아메리카에서 있었던 이에 필적할 만한 매체 혁명은 공간적 형태로 신성을 포착하는 복잡한 기하학적 토목공사의 토대인 수학적 원리의 (문자 그대로의) 개혁에 집중했다.

두 경우 모두에서 그런 개혁은 이야기와 신화에 응결되어 있는 신성한 힘에 참여할 수 있는 사람과 그럴 수 없는 사람을 판정했다. 그 신성한 힘은 한편으로는 성서의 복잡한 층위(구약과 신약, 또 다른 성경들)에 암호화되어 있고, 또 한편으로는 그 나름으로 똑같이 복잡한 지형적 구조물의 네트워크에 구현되어 있다. 정말로 고대의 토목 작업에 응결되어 있는 지하 세계와 다른 존재들의 이미지가 일종의 증언이라고 생각할 이유는 얼마든지 있다. 그들은 일상의 시초에 건국 선조들이 수행했고 거대한 구조물의 형태로 장엄하게 표현되었으며 '높은 곳'에 거주하는 권력자에게 목격된 업적들을 회상하고 재활성화하도록 촉발하는 기억 보조적 구도였다. 유럽인 성직자는 향을 태워(성서의 동물 희생의 희미한 메아리 같은 행동) 불가시적인 존재와의 감성적인 연대를 형성하지만, 호프웰 사람들은 모형 파이프로 담배를 태워 하늘을 향해 연기를 올려 보낸다.

여기서 우리는 그런 구조물 제작을 완전히 중단한다는 것, 혹은 담배 같은 약물의 목표를 집단적이고 합리적인 토론을 하는 데 기여하는 방향으로 재조정한다는 것이 실제로 어떤 의미였을지 이해하기 시작한다. 물론 이것이 반드시 비교적 지식에 대한 체계적인 계몽주의 스타일의 거부라는 의미는 아니다. 그것은 그런 지식을 민주화하는 것일 수도 있다. 아니면 적어도 과거에 신정주의적이던 엘리트를 일종의 과두제로 변형한다는 의미일 수도 있다. 이것의 훌륭한 예가 오세이지족의 역사에 있다.

대평원의 민족인 오세이지족은 미시시피화한 포트에인션트 종족Mississippianized Fort Ancient people[오하이오강 계곡 지역에서 1000년에서 1750년 사이에 번성했던 선주민 부족—옮긴이]의 직계 후손이다. 그리고 그들의 제의와 신화의 많은 부분은 곧바로 추적해 올라가 중서부의 연원에 닿을 수 있다.[61] 오세이지족은 이중으로 운이 좋았다. 첫째, 미주리강 유역의 전략적 위치를 차지하는 데 성공하여 프랑스 정부와 동맹을 맺게 되었고, 그럼으로써 독립성을 유지할 수 있었다. 나아가 1678년에서

1803년까지는 일종의 교역 제국 같은 것을 만들기도 했다. 둘째, 20세기 초의 몇십 년 동안 그들의 고대 전통을 기록한 민족지학자인 프랜시스 라 플레셰Francis La Flesche 본인이 오마하어(오세이지어와 밀접하게 연결된 언어)를 쓰는 원어민이었으며, 그래서 비상하게 유능하고 순응적인 존재로 보였던 것 같다. 그 결과 우리는 오세이지족의 원로들이 자신들의 전통에 대해 어떻게 생각했는지를 대평원의 다른 대부분의 사회의 사례보다 훨씬 더 잘 이해할 수 있게 되었다.

전형적인 오세이지족 여름 마을의 지도에서 시작해보자. 오세이지족의 공동체는 일반적으로 계절에 따라 세 곳을 옮겨 다녔다. 여러 가정이 머무는 숙소로 이루어진 인구 2,000명가량의 상설 마을이 있고, 여름 숙영지가 있으며, 매년 한겨울에 벌이는 바이슨 사냥 때 쓰는 숙영지가 있다. 기본적인 마을의 배치도는 하늘과 땅이라는 두 반족으로 이루어진 원 형태를 띤다. 그중에는 전부 24개 씨족이 있으며, 각씨족은 어떤 정착지나 숙영지에서든 대표자를 두어야 한다. 모든 주요 제의에 각 씨족의 대표자가 적어도 한 명은 참석해야 하는 것도 마찬가지다. 그 시스템은 원래 3부 체제의 구분법을 기초로 했다. 7개 씨족이 각각 하늘 종족, 땅 종족, 물 종족을 지명하므로 21개 씨족이 존재하는데, 뒤 두 종족은 하늘과 대비되는 땅 반족으로 한데 묶인다. 그러다가 시간이 흐르면서 씨족들이 추가되어 7+2(하늘, 치주Tsizhu)에 대립하는 7+7+1(땅, 홍가Honga)이 되고, 그래서 전부 24개 씨족으로 확대된다.

이 지점에서 정확히 어떻게 사람들이 그처럼 정교한 패턴으로 스스로를 배치했는지 충분히 궁금해질 수 있다. 누가 24개 씨족 모두가 마을마다 각각의 대표자를 두어야 한다고 판단했으며, 그리고 그들은 어떻게 상황을 조율하여 그런 일이 실행될 수 있게 했는가? 오세이지

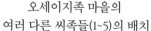

오세이지족 마을의
여러 다른 씨족들(1~5)의 배치

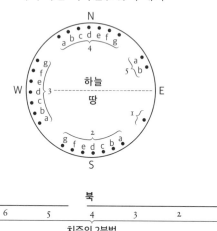

동일 씨족의 대표자들이 주요 제의 때
제의실 안에서 자리 잡는 방식

족의 경우 우리는 사실 대답 비슷한 것을 갖고 있다. 사람들이 기억하는 오세이지족의 역사는 본질적으로 공동체의 기본 체제상의 일련의 위기를 겪으면서 원로들이 바로 이런 설정을 점차 다듬어나간 과정이기 때문이다.

라 플레셰에 따르면, 역사는 모든 씨족에게 주어지기 때문에 그것들을 짜 맞추기 힘들다. 아니 더 정확하게 말하자면, 모두가 알고 있는 것은 전체 사연에서 뼈만 남은 버전이며 수수께끼 같은 비유로 가득하다. 그러나 각 씨족에는 또 고유한 역사가 있고, 비밀 지식의 저장고가 있으며, 입문식의 7단계를 통과하는 과정에서 그 이야기의 특정한 측면의 진정한 의미가 드러난다. 그렇다면 진짜 사연은 168조각으로 쪼개질 수 있다. 또는 336조각일 수도 있다. 왜냐하면 각 계시에는 두 부분이 있기 때문이다. 정치적 역사와 그에 수반되는 철학적 성찰, 별을 움직이고 식물을 자라게 한 원인인 가시적 세계의 역동적 측면에 책임을 져야 하는 힘에 관해 역사가 무엇을 밝혀주는지에 관한 철학적 성찰이 그것이다.

라 플레셰는 자연에 대한 이 연구가 낳은 다양한 결과가, 토론되고 논의되는 특정한 토론 또한 기록에 담겨 있다고 주장했다. 오세이지족은 이 힘이 궁극적으로는 미지의 것이라고 결론짓고, 그것에 와콘다Wakonda라는 이름을 붙였다. 와콘다는 '신' 혹은 '신비'로 번역될 수 있는 단어다.[62] 라 플레셰의 지적에 따르면, 원로들은 장기간의 조사를 통해 삶과 운동은 두 원리의 상호작용에 의해 만들어진다고 판단했고, 그럼으로써 자신들의 사회를 같은 방식으로 나누고 배열하여, 한 분파의 남자들이 다른 분파에서만 아내를 얻을 수 있도록 했다. 하나의 마을은 우주의 모델이며, 그럼으로써 그것을 살아 있게 하는 힘에 바치는 '탄원'의 형태가 된다.[63]

이해의 여러 층위를 통과하는 입문식을 치르려면 시간과 부를 상당히 투자해야 하며, 거의 모든 오세이지인은 첫 번째나 두 번째 층위만 통과한다. 맨 위 층위에 도달한 사람은 집단적으로 노호징가No-hozhinga, 또는 '작은 남성 노인들'(여성도 일부 있었지만)이라 알려지며,[64] 최고의 정치적 권위를 가진다. 모든 오세이지인이 일출 뒤 한 시간 동안 기도하는 명상에 잠겨야 하지만, 작은 남성 노인들은 일상적으로 자연철학적인 문제와 일상의 정치적 이슈와 그것들의 관계에 대해 성찰한다. 그들은 또한 가장 중요한 논의들의 역사도 기록했다.[65] 라 플레셰는 눈에 보이는 우주의 본성에 대해서든, 이런 이해를 인간사에 응용하는 일에 관한 것에서든 특히 까다로운 문제가 정기적으로 대두된다고 설명한다. 이런 상황이 닥치면 원로 두 명이 황야의 아무도 모르는 어딘가로 가서 여러 시간, 길게는 7일씩 '마음을 찾기' 위한 철야 기도를 수행한 다음 얻어진 결론을 보고하러 돌아오는 것이 관례였다.

노호징가는 매일 만나서 국가의 일을 논의하는 집단이었다.[66] 어떤 결정을 인준하기 위해 더 큰 회의가 소집될 수도 있었지만, 사실상 그들이 정부였다. 이런 의미에서 오세이지족은 신정정치였다고 할 수 있다. 더 정확히는 아마 공직자, 사제, 철학자 사이에 아무런 차이가 없었을 것이라고 말해야 할 것이다. 모두가 직함을 가진 공직자이며, 족장이 결정을 집행하는 데 돕도록 지명된 '군인들'도 여기 포함된다. 반면 사냥감을 훔쳐 가는 외부인을 추적하여 살해할 임무를 지닌 '땅의 수호자'도 종교적 인물이었다. 그들의 역사는 신화적 용어, '우의적인 동화'로 시작되었다가 급속히 제도 개혁에 관한 이야기로 전환한다.

태초에 중요한 세 분파—하늘 종족, 땅 종족, 물 종족—가 세상에 내려와서 선주민을 찾아 나섰다. 그들이 주민들을 찾아내고 보니 역겨운 상태에 처해 있었다. 쓰레기와 뼈와 썩은 살 속에서 살았고, 쓰레기와 썩어가는 고기를 먹거나 서로를 잡아먹기도 했다. 홉스의 자연보다 더 심한 이런 상황에도 불구하고, 고립된 땅 종족(그렇게 알려진 종족)은 강력한 마법사였고, 네 가지 바람을 구사하여 생명을 파괴할 수 있었다. 물 분파의 족장만이 용기를 내어 그들의 마을에 들어가서 지도자와 협상하고, 그 난폭하고 비위생적인 방식을 포기하도록 설득할 수 있었다. 결국 그는 고립된 땅 종족을 설득하여 함께 연방을 맺고, 부패한 시체의 오염이 없는 '새 땅으로 이동'하도록 했다. 이렇게 하여 원형 마을 계획이 처음 구상되었다. 과거의 마법사가 물 반대편인 동쪽 입구에 자리 잡는다. 그곳에서 그들은 신비의 집을 담당하여, 모든 평화로운 제의에 사용하고, 모든 아이들이 그곳에 와서 이름을 얻는다. 땅 분파인 곰 씨족은 그 반대편에 있는, 전쟁에 관한 제의에 쓰이는 신비의 집을 책임진다. 문제는 고립된 땅 종족이 더 이상 잔인하게 굴지는 않았지만 딱히 효과적인 동맹자가 되지도 못했다는 것이다. 얼마 지나지 않아 분쟁이 계속되고 파벌 간의 대립이 심해져 상황이 악화되었다. 그러다가 물 분파가 한 번 더 '새 땅으로 이동'하라고 요구했는데, 이로 인해 무엇보다도 정교한 헌법 개혁 과정에 착수하게 되었고, 모든 씨족의 승인 없이는 전쟁의 선언이 불가능하게 되었다. 그러나 이 역시 시간이 흐르면서 문제가 있음이 밝혀졌다. 만약 외부의 적이 국내에 들어오면, 그에 반응하여 군대를 조직하기까지 적어도 일주일은 걸렸기 때문이었다. 결국 다시 한번 '다른 땅으로 이동'할 필요가 생겼고, 이번에는 새롭고 탈중앙화한 씨족 단위의 군사 조직 시스템이 만들어졌다. 이는 또 새로운 위기와 개혁으로 이어졌다. 이제는 각 분파마다 세습되는 평화 족장을 세워 민간과 군사 업무를 분리했고, 그들의 집을 마을의 동쪽 끝과 서쪽 끝에 두었다. 또 다양한 예속 공직자들, 그리고 그와 병행하여 다섯 군데의 주요 오세이지족 마을 전체에 대한 책임을 지는 구조가 만들어졌다.

세부 내용을 설명하느라 시간을 소모하지는 않겠다. 그러나 그 이야기의 두 가지 요소는 강조할 필요가 있다. 첫째는 그 서사가 자의적인 권력의 중립화에서 출발한다는 것이다. 고립된 땅 종족의 지도자―수석 마법사인데, 치명적인 지식을 남용한다―에게 새로운 동맹 시스템 내의 어떤 중심 위치를 부여함으로써 그를 길들인다. 이것이 예전에 미시시피 문명의 영향하에 들어온 그룹들의 후손 사이에서 통상 전해지는 이야기다. 지도자를 공동 선택하는 과정에서 고립된 땅 종족이 과거에 보유하던 파괴적인 제의적 지식은 그것의 사용에 관련된 정교한 점검 및 균형 감각과 함께 결국 모두에게 전파되었다. 둘째는 정치적 업무에서 핵심적 역할을 신성한 지식에 부여한 오세이지족도 자신들의 사회적 구조를 높은 곳에서 주어진 어떤 것으로는 결코 보지 않았고, 그보다는 일련의 법적·지적 발견 과정으로, 심지어는 돌파구로도 보았다는 것이다.

이 마지막 요점이 결정적으로 중요하다. 왜냐하면—앞에서 개괄했듯이—우리는 자의식적으로 자신들의 제도적 장치를 만들어내는 사람이라는 개념을 대체로 계몽주의의 산물로 여기는 데 익숙하기 때문이다. 물론 민족국가가 사실상 아테네의 솔론, 스파르타의 리쿠르고스, 페르시아의 자라투스트라 같은 위대한 입법가에 의해 창조되었다는 생각, 그리고 그들의 국가 성격은 어떤 의미에서 그 제도적 구조의 산물이라는 생각은 고대에는 익숙했다. 하지만 우리는 일반적으로 프랑스의 정치철학자 샤를 루이 드 세콩다Charles-Louis de Secondat, 몽테스키외 남작이 그의 저서《법의 정신The Spirit of the Laws》(1748)을 통해 제도적 개혁의 원리에 근거하는 명시적이고 체계적인 이론을 구축한 최초의 인물이라고 배웠다. 그렇게 하여 그가 현대 정치학을 사실상 창조했다고 널리 믿게 된 것이다. 모두 몽테스키외의 열렬한 독자인 미국의 건국 시조들은 개인의 자유의 정신을 보존하게 될 헌법을 만들려고 했을 때 그의 이론을 실천에 옮기려고 의식적으로 노력했다. 그리고 그 결과물을 '인간이 아니라 법의 통치'라고 말했다.

알고 보니 바로 이런 종류의 사유가 북아메리카에서는 유럽인 정착민들이 무대에 올라오기 오래전부터 통상 있던 것이었다. 사실 1725년, 라옹탕의 저작이 인기의 절정에 올라 있던 무렵, 부르몽Bourg-mont이라는 프랑스 탐험가가 오세이지족과 미주리아족의 사절단을 대서양 너머 파리로 데려간 것은 우연의 소치가 아니었을 것이다. 당시에는 그런 '야만인' 외교관과 관련되는 일련의 대중적 행사를 기획하고 저명한 유럽 지식인들과 사적인 만남을 주선하는 것이 전통이었다. 그들이 구체적으로 누구와 만났는지 우리는 알지 못하지만, 몽테스키외는 당시에 실제로 파리에 있었으며, 이미 그런 주제로 작업하고 있었다. 오세이지족을 연구하는 어느 역사가가 지적하듯이, 몽테스키외가 그런 모임에 참석하지 않았을 것 같지는 않다. 어쨌든《법의 정신》에서 야만인 정부의 양식에 대해 성찰하는 몇 개의 장은 몽테스키외가 그들로부터 들었을 법한 내용을 거의 똑같이 옮긴 것으로 보인다. 단지 땅을 경작하는 사람과 하지 않는 사람 간의 인위적인 구별로 인한 제약이 있을 뿐이다.[67]

그 관련은 우리가 생각하는 것보다 더 깊을지도 모른다.

이로쿼이족으로 돌아가서 젊은 시절의 칸디아롱크가 친숙했을 법한 정치철학에 대해 살펴보자

이제 온전히 한 바퀴를 돌았다. 북아메리카의 사례는 전통적인 진화론 구도를 혼란에 빠뜨릴 뿐만 아니라, '국가 형성'의 덫에 한번 걸리게 되면 출구가 없다는 말이 전혀 사실이 아님을 명확하게 입증한다. 카호키아에서 무슨 일이 있었든 간에 그 여파는 너무나 심각하여, 그것이 퍼뜨린 반향은 오늘날에도 여전히 느껴진다.

우리가 주장하려는 것은, 프랑스 계몽주의 사상가들에게 그처럼 깊은 인상을 남겼던 개인의 자유, 상호 부조, 정치적 평등이라는 선주민들의 교리가 (그들 가운데 많은 수가 그렇게 추측했던 것처럼) 모든 인간이 자연 상태에서 그렇게 할 것으로 예상되는 행동 방식이 아니라는 것이다. 또한 (현재 수많은 인류학자들이 추측하는 것처럼) 단순히 문화적 인물들이 우연히도 세계의 그 특정 지역에서 몰락했던 방식도 아니었다. 양쪽 어디에도 진실이 전혀 들어 있지 않다는 말은 아니다. 앞에서 말했듯이, 복종하도록 특별히 길들여진 사람이 아닌 한 누구나 당연시하게 되는 어떤 자유—이동할, 복종하지 않을, 사회적 연대를 재조정할—가 있다(가령, 이 책의 독자라면 누구나 그렇게 해왔겠지만). 그런데도 유럽 정착민들이 만난 사회는, 그리고 칸디아롱크 같은 사상가들이 표현한 이념들은 특정한 정치적 역사의 산물로 보아야만 의미가 통하는 것들이었다. 그것은 세습 권력, 존경받는 종교, 개인의 자유, 여성의 독립성이라는 문제들이 여전히 자의식을 기반으로 한 토론의 주제가 되고 있었던 역사, 그리고 전반적인 방향 면에서 최소한 지난 세 세기 동안 명시적으로 반권위주의적이었던 역사다.

물론 이스트세인트루이스는 몬트리올에서 먼 거리에 있으며, 우리가 아는 한 아무도 5대호 연안의 이로쿼이어를 쓰는 사람들이 한 번이라도 미시시피족 치하에 직접 들어갔다고 주장하지 않았다. 그러므로 라옹탕 같은 사람들이 기록한 견해가 어떤 문자 그대로의 의미에서든 미시시피 문명을 전복한 이데올로기였다고 주장한다면 이는 지나친 판단일 것이다. 그렇지만 구전 전승, 역사적 서술, 민족지 기록을 꼼꼼히 검토해보면 우리가 유럽 문명에 대한 '선주민 비평'이라 부르는 것의 골격을 짠 사람은 대안적 정치의 가능성을 민감하게 알고 있었을 뿐만 아니라, 거의 대부분의 경우 자신들의 사회질서를 카호키아족이 대변했을 법한 모든 것, 혹은 나중에 프랑스인들이 너무나 불쾌하게 여기게 될 모든 특질을 막는 방벽으로 설계된 자의식적 창조물로 여겼음을 알려준다.

우리가 이용할 수 있는 구전 전승으로 시작해보자. 불운하게도 이런 것은 별로 없다. 16세기 후반에서 17세기 초반 사이에 이로쿼이족은 수많은 가변적 정치 연정들과 연방들로 쪼개졌는데, 그중에서 가장 두드러진 곳은 현재 퀘벡이 된 곳을 거점으로 하여 웬다트족(휴런), 현재 뉴욕주 북부에 흩어져 있던 호디노쇼니의 파이브 네이션스(흔히 '이로쿼이 연맹'으로 일컬어지는), 그리고 온타리오를 거점으로 하며 프랑스인들이 중립국이라 부르던 연맹이었다. 웬다트족은 이 마지막 일파를 아티완다롱크Attiwandaronk라 불렀는데, 이는 '말이 좀 올바르지 않은 자들'이라는 의미다. 중립국이 본인들을 어떻게 불렀는지 우리는 잘 모른다(분명히 위의 이름은 아니었을 것이다). 하지만 초기의 설명에 따르면 그들이 가장 수가 많고 힘이 강했다고 한다. 적어도 그들의 사회가 1630년대와 1640년대에 기근과 질병으로 파괴될 때까지는 그랬다. 그 이후 생존자들은 세네카족에게 흡수되어, 세네카 씨족 가운데 한두 일파의 이름을 얻고 그들에게 병합되었다.

이와 비슷한 운명이 웬다트 연합체에도 닥쳤다. 그들의 힘은 칸디아롱크가 태어난 1649년에 결정적으로 파괴되었고, 악명 높은 '비버 전쟁Beaver Wars'이 벌어진 동안 흩어지고 흡수되었다. 칸디아롱크가 살아 있던 시기에 잔존한 웬다트족은 아주 위태로운 삶을 이어갔다. 일부는 퀘벡이 있는 북쪽으로 내몰렸고, 일부는 미시간호 근처 미칠리매키낵Michilimackinac이라는 장소에 있던 프랑스 요새의 보호하에 들어갔다. 칸디아롱크 본인은 적어도 구전 역사에 따르면, 생애의 많은 기간을 연방의 파편들을 한데 모으고 침입자와 맞서 분쟁 관계에 있던 국가들을 통일할 연방을 세우려고 노력했다. 그는 성공하지 못했다.

그 결과, 우리는 이런 다른 위대한 연방의 일원들이 자신들의 정치적 제도의 기원에 대해 어떤 이야기를 했는지 실제로는 알지 못한다. 19세기에 구전 역사가 문자로 기록되기 시작했을 때 남아 있던 것은 호디노쇼니의 것뿐이었다.

그러나 파이브 네이션스 연맹(세네카, 오네이다, 오논다가, 카유가, 모호크)의 토대에 대해서는 다양한 버전의 이야기가 전해진다. 그것이《가야나샤고와Gayanashagowa》라 알려진 서사시다. 이 서사시에서, 적어도 현재의 맥락에서 가장 주목할 만한 점은 그것이 자의식이 있는 인간의 창조물로서의 정치제도를 얼마나 잘 표현하는가 하는 점이다. 확실히 그 이야기에는 마법적인 요소가 담겨 있다. 어떤 의미로 주인공들—평화주의자 데가나위데Deganawideh, 네이션스nations[아메리카 선주민 부족 연합을 가리킴—옮긴이]의 어머니 지고나사세Jigonsaseh 등등—은 창조 설화에 나오는 등장인물들의 화신이다. 하지만 텍스트에서 가장 강력하게 나타나는 것은 사회적 문제와 함께 그 사회적 해결책을 표현하는 부분이다. 나라가 혼란과 복수에 빠져들고 사회질서가 녹아 없어지고 권력자가 문자 그대로 식인종이 되어버리는 관계의 파탄이 그려진다. 가장 강력한 것은 아도다로Adodarhoh(타도다호Tadodaho)인데, 모습이 기괴하고 괴물 같고 타인들을 자신의 명령대로 휘두를 수 있는 마법사로 나타난다.

이야기 줄거리는 주인공인 평화주의자 데가나위데를 중심으로 진행된다. 그는 나중에 아티완다롱크(중립국)의 영토가 될 북서쪽에서 나타나 이 같은 혼란 상황을 종식하려고 결심한다. 그는 자신의 명분을 걸고 싸워 제일 먼저 지고나사세에게 승리한다. 지고나사세는 모든 분쟁으로부터 거리를 두는 것으로 유명한 여성이다(그는 그녀가 분쟁에 관여한 모든 진영의 일원들을 재워주고 먹여주는 것을 본다). 그다음에는 히아와사Hiawatha인데, 그는 아도다로의 식인종 하수인 가운데 한 명이다. 그들은 함께 각 네이션의 사람들을 설득하여 분쟁을 몰아내고 평화를 만들어내기 위한 공식적 구조를 만드는 데 동의하게 만든다. 직함들의 체계, 위원회의 역할, 합의 도출, 위령慰靈 제의, 정책 형성 과정에서 여성 원로들의 두드러진 역할이 그렇게 확립되었다. 이야기 속에서 가장 늦게 설득된 것이 아도다로인데, 그는 차츰 자신의 기형을 치유하고 인간으로 돌아온다. 끝에 가서 연맹의 법률이 왐펌 벨트에 '기록되고', 그 벨트가 헌법 역할을 한다. 기록은 아도다로에게 맡겨 보관하게 되며, 일을 끝낸 평화주의자는 지상에서 사라진다.

호디노쇼니족의 이름이 직함처럼 통용되었으므로 현재까지도 계속 아도다로가 있고, 여전히 지고나사세와 히아와사가 있다. 그들 네이션스 위원회의 결정을 전달하도록 위임받은 지도자인 사쳄sachem 49인은 계속 정기적으로 모인다. 이런 모임은 항상 '위령' 제의로 시작된다. 그 제의에서 그동안 세상을 떠난 자들의 기억이 불러일으킨 슬픔과 분노를 씻어버리고 마음을 깨끗이 하여 평화를 확립하는 일을 하러 간다(50번째 사쳄은 평화주의자 본인이며, 그는 항상 빈자리로 표현된다). 이 연방제는 그 하부에 속하는 남성과 여성 위원회들로 구성된 복잡한 기구의 정점에 있고, 그 위원회들은 제각기 신중하게 지명된 권력을 갖지만 실제로 강제할 힘은 갖고 있지 않다.

본질적으로 이 이야기는 오세이지족 사회질서의 수립과 별로 다르지 않다. 무시무시한 마법사가 사회로 돌아오는데 그 과정에서 평화주의자로 변신한다는 것이다. 이 경우 주된 차이는 아도다로가 아주 분명하게 명령권을 부여받은 지배자라는 점이다.

오논다가읍의 남쪽에 심성이 사악한 남자가 살았다. 그의 집은 수로 안에 있었고 그의 둥지는 부들로 만들어졌다. 그의 몸은 일곱 번 꺾여 비틀어졌고 헝클어진 긴 머리는 산 채로 말라버린 뱀으로 장식되어 있다. 게다가 이 괴물은 날고기를 먹는데, 인간의 살도 마다하지 않았다. 그는 또 마법의 대가였고, 그 마법으로 인간을 살해했지만 그는 살해될 수 없었다. 이 악한 남자의 이름이 아도다로였다.

아도다로의 악한 성격에도 불구하고 오논다가의 주민들, 여러 언덕의 네이션the Nation of Many Hills 주민들은 그의 명령에 복종했고, 수많은 생명을 대가로 치러야 했는데도 그의 미친 변덕을 채워주었다. 그 정도로 그들은 그와 그의 마법을 두려워했다.[68]

인류학적으로 어떤 사회의 궁극적 가치를 파악하고 싶다면 그들이 무엇을 최악의 행동이라고 여기는지 살펴보는 것이 흔히 가장 좋은 방법이다. 그리고 그들이 최악의 행동이라 여기는 것을 알아내려면 마법사에 관한 견해를 살펴보는 것이 가장 좋다. 호디노쇼니족은 명령을 내리는 것을 인간의 살을 먹는 것만큼이나 진지한 무도함으로 여긴다.[69]

아도다로를 왕으로 내세우는 것이 놀랍게 보일지도 모른다. 유럽인들이 오기 전에는 파이브 네이션스나 가까운 이웃들 사이에서 제멋대로 내려지는 명령을 직접 경험한 일이 있었을 것 같지는 않으니 말이다. 이는 정확하게 선주민들의 족장 제도가 사실은 국가가 출현할 일체의 위험을 예방하기 위해 고안되었다는 주장에 흔히 반박하는 질문을 제기한다.[70] 그처럼 많은 사회가 어떻게 그 전체 정치 체제를 자신들이 한 번도 경험하지 못한 어떤 것('국가' 같은)을 향해 조직할 수 있는가? 이에 대한 솔직한 응답은, 이 이야기의 대부분이 19세기에 채록되었는데 그때쯤이면 어떤 아메리카 선주민도 미국 정부가 가한 길고 고통스러운 경험을 했을 가능성이 크다는 것이다. 그러니 이 요소는 혹시 이 서사에 나중에 추가된 것일까?

물론 어떤 일이든 가능하지만, 이 경우에는 그럴 것 같지 않다.[71]

최근에도 공직자들은 마법을 부린다고 고소당할 위험 때문에 그 누구도 동료들보다 눈에 띄게 많은 이득―특히 재산 면에서―을 쌓지 못했다. 여기서 우리는 앞에서 언급된 바 있는, 꿈이 억압된 욕망이라는 이로쿼이족 이론으로 돌아가야 한다. 이 이론을 흥미롭게 변주한 한 버전은 그것이 동료 공동체 일원의 꿈을 실현해줄 책임으로 여겨졌다는 것이다. 설사 이웃의 소유물을 횡령하려는 꿈을 꾸었다 할지라도, 그들의 건강에 위협이 될 때를 제외하면 그 꿈의 실현을 거부할 수 없다. 거부한다면 단순히 관계가 불편해질 뿐만 아니라 거의 사회적으로 있을 수 없는 일로 취급된다. 그런 행동은 모욕적인 가십을 유발할 것이며, 십중팔구 잔혹한 보복을 불러온다. 어떤 이가 누군가의 영혼을 건 소망을 들어주지 않은 탓에 그 사람이 죽었다고 판단되면 죽은 이의 친척은 신체적으로, 혹은 초자연적 수단을 써서 보복할 수도 있었다.[72]

이로쿼이족 사회의 일원인 사람이 타인에게서 명령을 받았다면 누구나 개인적 자율권에 대한 위협이라 여겨 치열하게 저항했을 것이다. 그러나 이 규범에는 예외가 하나 있는데, 그것이 바로 꿈이다.[73] 어느 휴런-웬다트족 족장은 자신의 귀중한 유럽산 고양이, 퀘벡에서부터 내내 카누에 태워 온 고양이를, 자신이 그 고양이를 가져야만 치유될 수 있다는 꿈을 꾼 어느 여성에게 내주었다(이로쿼이족은 그들을 질투하는 사람이 의식적으로든 무의식적으로든 구사하는 마법의 제물이 될까봐 두려워했다). 꿈은 자신의 영혼에 의해, 또는 유독 생생하거나 불길한 내용일 경우에는 더 큰 혼령에 의해 전달된 명령처럼 취급된다. 그 혼령은 창조자일 수도 있고 전혀 알지 못하는 다른 혼령일 수도 있다. 꿈을 꾼 자는 대개 비교적 짧은 시간 동안이기는 하지만, 예언자가 될 수 있다.[74] 그러나 그 시간 동안만은 그들의 명령이 복종되어야 한다. (말할 필요도 없지만, 꿈을 거짓으로 지어내는 것만큼 무거운 범죄는 없다.)

다른 말로 하면, 마법사의 이미지는 전적으로 무의식적 욕망과 관련되는 복잡한 이념들의 중심에 있었다는 것이다. 지배하고 싶은 무의식적 욕망, 그것을 실현하고 계속 통제해야 할 필요가 그런 이념들이었다.

이 모든 것은 역사적으로 어떻게 발생하게 되었는가?

파이브 네이션스 연맹이 세워진 정확한 시간과 상황은 분명하지 않다. 날짜는 1142년에서 1650년경까지로 추정되었다.[75] 물론 그런 연합체의 창설은 계속 진행된 과정이었고, 당연히 거의 모든 역사적 대사건처럼 《가야나샤고와》는 여러 다른 시기의 역사적으로 정확한 요소들과 덜 정확한 요소들을 한데 모은 것이다. 고고학적 기록에서 우리가 아는 것은 17세기에 존재했던 이로쿼이족 사회가 대략 카호키아의 전성기와 비슷한 시기에 형성되기 시작했다는 것이다.

1100년경, 옥수수가 후대에 아티완다롱크(중립국)의 영토가 될 온타리오 지역에서 재배되고 있었다. 그 뒤의 여러 세기 동안, 작물 '세 자매'(옥수수, 콩, 호박)는 지역의 식단에서 점점 더 중요해졌다. 그렇기는 해도 이로쿼이족은 새 작물과 수렵, 어로, 채집이라는 더 오래된 전통 간의 균형을 신중하게 맞췄다. 핵심은 1230년에서 1375년 사이의 후기 오와스코Owasco 단계라 불리는 기간이었던 것 같다. 사람들은 예전에 살던 정착지를(그리고 계절적으로 이동하는 예전 패턴을) 떠나 물길을 따라 이동하다가 울타리를 두르고 1년 내내 상주하는 읍내에 정착하게 된다. 모계로 이어지는 씨족을 기초로 하는 그들의 지배적인 주거 형태는 아마 통나무집이었을 것이다. 이런 읍은 대다수가 상당한 규모였고, 주민의 수가 최대 2,000명에 이르기도 했다(이는 중앙 카호키아 인구의 4분의 1에 근접하는 규모다).[76]

《가야나샤고와》이야기에서 식인食人을 언급하는 부분은 순수한 환상이 아니다. 내전과 전쟁 포로를 고문하고 제의에서 제물로 바친 일은 1050년 이후 간헐적으로 기록되어 있다. 당대의 몇몇 호디노쇼니 연구자들은 그 신화가 당시 이로쿼이족 사회 내에서 실제로 일어났던 정치적 이데올로기상의 갈등을 가리킨다고 생각한다. 남성이 지배하는 질서의 더 나이 든 옹호자들, 완전히 전쟁과 수렵에 의거하는 특권의 소유자들과 맞서서 특히 여성과 농경의 중요성을 강조하는 것이다.[77] (만약 그렇다면, 그것은 신석기시대 초기 단계에 중동 지역에서 일어났으리라고 우리가 시사해온 그런 종류의 이데올로기적 분열과 별로 많이 달라 보이지 않을 것이다.)[78] 11세기경 이 두 입장 사이에서 일종의 타협이 이루어졌던 것으로 보인다. 그로 인해 인구가 소박한 수준에서 안정을 유지하게 되었다. 인구는 옥수수, 호박, 콩이 널리 재배된 이후 두세 세기 동안 아주 빠르게 증가했지만, 15세기경 성장 속도가 정체되었다. 예수회원들은 나중에 이로쿼이족 여성들이 출산을 신중하게 조절했는데 이는 농업 생산성의 잠재력이 아니라 그 지역의 어로와 사냥감의 분량에 맞춰 최적의 인구를 설정하기 위해서였다고 전한다. 이런 방식으로 남성 수렵에 대한 문화적 강조가 실제로는 이로쿼이족 여성들의 권력과 자율성을 강화했다. 그들은 자체의 위원회와 공직자를 유지했고 지역 업무에서의 권력이 적어도 같은 부족 남성들의 권력보다 분명히 더 컸다.[79]

12세기에서 14세기에 이르는 기간 동안, 웬다트 연방이나 호디노쇼니가 북동부에서는 주로 오하이오강 유역의 포트에인션트 지역과 가까운 모논가헬라 계곡에서 머물던 미시시피족과 광범위하게 접촉했다거나 교역을 행했다는 증거는 별로 보이지 않는다. 그러나 아티완다롱크의 경우는 그렇지 않았다. 1300년경, 온타리오의 많은 지역이 실제로 미시시피족의 영향권에 들어갔다. 카호키아의 심장부에서 이주해 왔다는 주장은 의심스럽지만 전혀 생각도 못 할 일은 아니다.[80] 설사 그런 일이 없었다 하더라도 아티완다롱크는 남쪽으로의 교역을 독점했으며, 남쪽을 통해 체사피크만灣과 그 너머로 나아간 것으로 보인다. 웬다트와 호디노쇼니는 그들이 아니라 북쪽과 동쪽에 있던 알곤퀸 종족과 관계를 맺게 되었다. 16세기에는 온타리오에서 미시시피 문화의 영향력이 급증했다. 숭배에 쓰이는 다양한 물건들과 제의에 쓰이는 옷차림, 심지어 포트에인션트에 있는 것과 동일한 스타일의 청키 게임용 돌 여러 개도 그런 영향을 받은 것에 속한다.

고고학자들은 이 모든 현상을 '미시시피화Mississippianization'라 부른다. 그리고 최소한 델라웨어까지 미치는 교역의 새로운 폭발에 대한 강력한 증거가 있다. 1610년경 이후 대서양 중부 해저에서 나는 조개껍질과 그것으로 만든 구슬이 엄청난 분량으로 유입되어 쌓여 있는 아티완다롱크의 무덤도 그런 증거에 속한다. 그 무렵 아티완다롱크의 인구는 이웃하는 연방의 종족들 가운데 이리Erie, 페툰Petun, 웬로Wenro 같은 작은 경쟁 종족들은 물론 웬다트, 호디노쇼니보다도 여러 배 더 많았다. 그 수도인 오우노티사스톤Ounotisaston은 당시 북동부 최대의 정착지였다. (예상할 수 있는 일이지만, 학자들은 중립국이 일개 '부족'이 아니라 '단순 족장 사회'로 불릴 자격을 가지는지에 대해 논쟁한다.)

확실히 아티완다롱크 사회가 전염병과 기근으로 파괴되기 전에 그 지역을 방문했던 예수회는 만장일치로 그곳의 체제가 이웃들의 체제와는 근본적으로 달랐다고 주장한다. 그 상황을 정확하게 재구성할 방도는 아마 결코 없을 것이다. 가령, 프랑스인들은 아티완다롱크를 '중립국'으로 일컫는데, 이는 대체로 그들이 웬다트와 호디노쇼니를 이루는 다양한 부족들 간의 거의 끊이지 않는 분쟁에 끼어들지 않았고, 싸우는 진영 양편이 각자의 영토를 자유롭게 지나다니도록 허용했기 때문이었다. 이는 부족의 어머니인 지고나사세에게 부여되었던 행동의 메아리다. 지고나사세는 후대의 호디노쇼니족과 그들의 부족적 서사 안에서 지위가 가장 높은 여성 공직자였는데, 실제로 아티완다롱크 출신이었다고 말해졌다. 하지만 그와 동시에 아티완다롱크는 서부와 남부 이웃들과의 관계에서는 결코 중립적이지 않았다.

사실 조지프 드 라 로셰 다이용Joseph de la Roche Daillon 신부의 회상에 따르면, 1627년에 아티완다롱크는 추하리셴Tsouharissen이라는 군벌이 지배하고 있었다. 그는 "이 모든 국가들에서 이제껏 가장 신망 있고 권위 있는 족장이다. 그는 자신의 소도시만의 족장이 아니라 그의 국가에 있는 모든 소도시의 족장이기 때문이다. (…) 그처럼 절대적인 족장은 다른 국가들에도 존재한 적이 없었다. 그는 용기를 통해, 그리고 적대하는 17개 부족을 상대로 하여 여러 차례 전쟁을 치름으로써 이 명예와 권력을 획득했다".[81] 사실, 그가 전쟁하러 떠나 있는 동안 연방위원회(다른 모든 이로쿼이족 사회에서 최고 권위를 가진)는 어떤 중요한 결정도 내릴 수 없었다. 추하리셴은 적어도 왕과 매우 비슷한 존재였던 것으로 보인다.

여러 면에서 왕권과 자기 과장의 정반대인 화해의 원리를 구현하게 된 지고나사세와 추하리셴의 관계는 무엇이었을까? 우리는 모른다. 추하리셴 생애의 세부적 내용을 알려주는 유일한 자료는 추하리센의 셋째 아내의 증언이라 주장되는 논란이 매우 많은 구전 역사인데, 그것은 현재까지 세 세기 동안 전승되어왔다.[82] 거의 모든 역사가들은 그 진실성을 인정하지 않는다. 하지만 그렇다고 해서 그 전승이 절대적으로 쓸모없는 것이 되지는 않는다. 어찌 되었든 그 서술에 따르면 추하리센은 신동이었고, 비교적祕敎的 지식을 탁월하게 익혔다고 한다. 그의 존재에 관한 소식이 어떤 체로키족 사제에게 전해졌고, 그는 직접 와서 그의 개인 교사가 되었다. 그는 거대한 수정을 찾아냈는데, 거기에 자신이 태양의 현신이라 표시되어 있었다고 주장했다. 또 전쟁을 여러 번 치렀으며, 네 번 결혼했다. 그러나 그가 가장 젊은 투스카로라족 출신의 아내가 낳은, 자신과 비슷하게 천재적 재능을 지닌 딸에게 지배자 자리를 물려주기로 결정했을 때 재앙이 닥쳤다. 고위 거북 씨족 출신인 그의 나이 든(아티완다롱크족) 아내는 이 계획에 너무나 분개한 나머지 매복했다가 딸을 죽였고, 그 어미는 절망하여 자살했다. 분노한 추하리센은 자신의 상속자도 포함하여 혐의자의 혈통 전체를 학살했고, 그럼으로써 왕조가 이어질 가능성이 사실상 사라졌다.

앞에서 말했지만, 이 이야기가 얼마나 신빙성이 있는지 우리는 전혀 모른다. 그러나 그 개략적인 줄거리가 실상을 반영한다는 것은 안다. 당시의 아티완다롱크는 실제로 멀리 체로키족까지도 포함하는 여러 국가들과 정기적인 관계를 맺었다. 비교적인 지식을 민주적 제도와 어떻게 상응시키느냐 하는 문제라든가, 내부적 지위가 전혀 없는 모계를 통해 후계의 계승이 이어지는 사회에서 강력한 남자들이 왕조를 확립하려고 할 때 겪게 되는 문제는 당시의 북아메리카에서 친숙한 이슈였을 것이다. 추하리센은 확실히 실존한 인물이었고, 분명히 전사로서 거둔 성공을 중앙 집권적 권력으로 바꾸려 했던 것 같다. 우

　　　　　모든 것의 새벽

리는 그런 시도가 결국은 아무 성과도 내지 못했다는 것도 알고 있다. 단지 그것이 정말 이런 식으로 했기 때문에 아무 성과가 없었는지 모를 뿐이다.

라옹탕 남작이 캐나다에 주둔한 프랑스 군대에 복무하던 무렵, 그리고 칸디아롱크가 프롱트낙 지사와 주기적으로 만찬을 함께 하면서 정치적 이론의 질문을 제기했을 무렵, 아티완다롱크는 살아 있지 않았다. 그렇기는 해도 추하리센의 생애를 둘러싼 사건들을 칸디아롱크는 잘 알고 있었을 것이다. 그의 성장기에 알고 지낸 여러 원로들의 생생한 어린 시절 기억이었을 테니 말이다. 예를 들면, 네이션스의 어머니 지고나사세는 여전히 살아 있었고, 그 직함을 가진 최후의 아티완다롱크인은 1650년에 세네카족의 늑대 씨족으로 병합되었다. 그녀는 나이아가라 협곡을 굽어보는 키에누카 요새에 있는 자신의 전통적 자리를 그대로 지켰다.[83] 지고나사세—혹은 십중팔구 그녀의 계승자—는 루이 14세가 숙련된 지휘관인 드 드농비유de Denonville 후작을 지사로 파견하여 오늘날 뉴욕 북부에 해당하는 지역에서 국가들을 몰아내는 데 필요하다면 어떤 무력이든 사용하라고 지시함으로써 파이브 네이션스가 프랑스 정착촌에 가하던 위협을 끝장내기로 결정한 1687년에도 그곳에 있었다.

라옹탕 본인의 회고록에 당시에 발생한 일에 대한 보고서가 실려 있다. 드농비유는 평화적 해결에 관심이 있는 척하면서 강화 조건을 협상한다는 명분을 내걸어 연맹 위원회 전체를 포트프롱트낙이라는 곳으로 초청했다(프롱트낙은 전임 지사). 200명가량의 협상단이 도착했는데, 그중에는 연방의 종신직 공직자 전부와 여성 위원들도 여럿 포함되어 있었다. 그 자리에서 그들을 사로잡은 드농비유는 그들을 프랑스로 실어 보내 갤리선의 노 젓는 노예로 일하게 했다. 그런 다음 그 여파로 일어난 혼란을 틈타 부하들을 시켜 파이브 네이션스의 영토로 쳐들어가게 했다. (그런 일 처리에 강력하게 반대했던 라옹탕은 중간에 개입하여 일부 부하들이 포로를 일상적으로 고문하는 일을 막다가 본인이 곤경에 처했다. 그는 떠나라는 명령을 받았지만 결국은 술에 취했었다고 항의하여 처벌은 면했다. 몇 년 뒤에 다른 이유로 그를 불복종 죄로 체포하라는 지시가 내려오자 그는 암스테르담으로 달아났다.)[84]

그러나 지고나사세는 드농비유의 회의에 가지 않는 편을 선택했다. 그래서 대위원회 전원이 체포되자 그녀가 최고위급 연맹 공직자가 되었다. 그런 긴급사태에서는 새 족장을 뽑을 시간이 없었으므로, 그녀와 남은 씨족 어머니들이 스스로 군대를 일으켰다. 징집된 군인들 가운데 세네카족의 여성들이 많았다고 전해진다. 진행 상황을 보면, 지고나사세는 드농비유보다 훨씬 뛰어난 군사전략가였다. 그녀가 이끄는 부대는 공격해 오던 프랑스 부대를 뉴욕주 빅터 근처에서 패주시킨 뒤 막 몬트리올에 들어갈 참이었는데, 그때 프랑스 정부가 강화를 요청하여 포트나이아가라를 무장 해제하고 살아 있는 갤리선 노예들을 돌려보내겠다고 제안했다.[85] 라옹탕은 나중에 '프랑스에서 갤리선 노예로 있었던 자들'은 칸디아롱크처럼 프랑스 제도에 심히 비판적이었다고 지적했는데, 그가 말한 것은 대체로 이때 포로로 잡혀갔던 사람들이었다. 더 구체적으로 말하자면 원래 잡혀갔던 200명 가운데 살아서 귀환한 여남은 명이다.

그런 살벌한 맥락에서 왜 영주로 자처한 추하리셴 같은 사람의 파괴 행위에 관심을 가지는가? 우리가 볼 때, 그의 사례가 보여주는 것은 선주민 사회 안에서도 정치적 문제는 절대로 확실하게 해결되지 않았다는 것이다. 분명히 카호키아의 여파로 그 사회는 전체적으로 어떤 형태든 대군주와 거리를 두는 방향으로 나아가면서 그런 군주가 절대로 복귀하지 못하도록 신중하게 권력을 분배하는 헌법적 구조를 향해 대범하게 움직였다. 하지만 그들이 뒷문으로 숨어들어 올 가능성은 항상 있다. 협치의 다른 패러다임은 존재했고, 야심적인 남성─혹은 여성─은 기회만 닿으면 그들에게 호소할 수 있었다. 드농비유를 무찌른 뒤 지고나사세는 군대를 해산하고 대위원회를 재구성하기 위해 새 공직자를 선출하는 과정으로 돌아간 것으로 보인다. 그러나 그녀가 다르게 행동하기로 선택했더라도 전례 없는 일은 아니었을 것이다.

우리가 유럽 사회에 대한 선주민 비평이라 불러온 것의 배후에 있는 것은 바로 그런 상충하는 이데올로기적 가능성들의 복합물─그리고 물론 장기적인 정치적 논의를 좋아하는 이로쿼이족의 성향─이다. 그 맥락을 벗어나서는, 예를 들어 개인의 자유 같은 것이 왜 특히 강조되는지 연원을 이해하기가 불가능할 것이다. 그와 같은 자유의 이념은 세계에 심각한 영향을 미쳤다. 다른 말로 하면, 북아메리카의 선주민은 결국 농경에서 어떤 전능한 국가나 제국으로 항상 반드시 이어진다고 추정되는 진화론적 덫을 거의 완전히 피할 수 있었을 뿐만 아니라, 그렇게 함으로써 궁극적으로는 계몽주의 사상가들에게 깊은 영향을 미쳤고, 그들을 통해 오늘날의 우리에게도 남아 있는 정치적 감수성을 개발했다.

적어도 이런 의미에서 웬다트족은 그 논쟁에서 승리했다. 오늘날 유럽인이라면, 사실은 누구라도─그 속마음이 어떻든 간에─17세기의 예수회원들 같은 입장을 취하여 자신들이 인간 자유의 원리에 반대한다고 선언하기는 불가능할 것이다.

12

결론

모든 것의 새벽

이 책은 더 나은 질문을 던지자는 호소로 시작했다. 우리는 불평등의 기원에 대한 조사는 필연적으로 어떤 신화, 은혜로부터의 전락, 창세기 제1장—창세기는 거의 모든 현대적 버전에서는 구원의 전망이 조금도 없는 신화적 서사의 형태를 띤다. 이런 서술에서 우리 인간이 바랄 수 있는 최선은 원천적으로 빈약한 우리의 존재 조건을 조금이나마 손질하는 것이다—의 기술적 변안, 그리고 바랄 수만 있다면 어떤 불길하고 절대적인 재앙을 막기 위한 극적인 행동을 의미한다고 주장하는 데서 시작했다. 지금까지 제안된 유일한 다른 이론은 불평등의 기원이 존재하지 않는다는 추정이었다. 인간은 자연적으로 어딘가 악당 같은 존재이며, 우리의 첫 출발점은 비참하고 폭력적인 일이었기 때문이다. 이 경우, '진보'나 '문명'—대체로 우리 자신의 이기적이고 경쟁적인 본성이 추동한—자체가 구원을 바란다. 이 견해는 억만장자들에게는 지극히 인기가 있지만 그 외의 다른 사람들에게는 거의 호소력이 없다. 그것이 사실에 부합하지 않음을 예리하게 알고 있는 과학자도 그런 사람들에 속한다.

거의 모든 사람이 이 이야기의 비극적 버전에 대해 저절로 친숙함을 느낀다는 것은 아마 별로 놀랄 일이 아닐 것이다. 또 그것이 성경에 뿌리를 두고 있기 때문만도 아니다. 더 밝은 낙관적인 서사—서구 문명의 진보가 불가피하게 모두를 더 행복하고 더 부유하고 더 안정되게 만들어준다는 서사—에는 적어도 한 가지 분명한 단점이 있다. 그 것은 왜 그 문명이 단순하게 그 자체로 전파되지 않았는지를 설명해주지 못한다. 그러니까 왜 유럽의 강대국들이 그 문명을 채택하도록 강요하기 위해 서로의 머리에 총을 겨눈 채 지난 500년가량의 시간을 소모해야 했는지 그 이유 말이다. (또 '미개' 상태에서 사는 것이 그토록 원천적으로 비참한 일이라면, 왜 바로 그 서구인들 가운데 그렇게 많은 수가 유의미한 선택지가 있을 경우 기회만 생기면 그 상태로 달아나려고 열심이었는지도 설명하지 못한다.) 유럽 제국주의가 전성기에 달했던 19세기 내내 모든 사람은 이 사실을 더욱 첨예하게 알고 있었던 것으로 보인다. 그 시대는 '진보의 불가피한 행진'에 대한 순진한 믿음의 시대로 기억되겠지만, 자유주의적인 튀르고 스타일의 진보는 실제로 빅토리아 왕조의 정치적 사유의 무대는 물론, 사회 이론에서도 절대로 지배적 위치를 점한 서사가 아니었다.

사실, 당시의 유럽 정치가들과 지식인들은 그 서사 못지않게 데카당스와 해체의 위험에도 집착했을 가능성이 크다. 거의 모든 인간은 진보의 능력을 갖지 못했다고 여겼으며, 그런 이유로 그들의 존재를 박멸하고 싶어 하던 노골적인 인종주의자가 많았다. 심지어 그런 견해에 동참하지 않는 사람도 인류의 여건을 개선하려는 계몽주의 기획이 지독히 순진한 생각이라고 여기는 경향이 있었다. 오늘날 우리가 알고 있는 사회 이론은 대체로 그런 반동적 사상가들의 대열에서 등장했다. 그들은 프랑스혁명이 낳은 격동적인 결과를 어깨 너머로 돌아보면서 재앙에 습격당한 해외의 사람들보다는 본국에서 발생하는 참상과 대중적 불안의 증가에 더 관심이 있는 사람들이었다. 그리하여 사회과학은 두 가지 핵심 질문을 중심으로 구상되고 조직되었다. (1) 과학과 도덕적 진보의 통합, 그리고 인류 사회의 개선을 구상한 계몽주의 기획에서 무엇이 잘못이었을까? 그리고 (2) 사회의 문제를 해결하려는 선의에서 나온 시도가 상황을 더 악화시키는 결과를 낳는 경우가 많은 까닭은 무엇인가?

이런 보수주의 사상가들은 질문했다. 계몽주의 혁명론자들이 자신들의 이념을 실천에 옮기는 것이 왜 그토록 어려운가? 우리는 왜 더 합리적인 사회질서를 구상하고 그것을 법으로 제정해 실현하지 못하는가? 자유, 평등, 박애를 향한 열정이 왜 공포정치를 만들어내고 말았는가? 그 기저에는 분명히 어떤 이유가 있을 것이다.

무엇보다도 이런 관심은 다른 방면으로는 딱히 성공적이지 못했던 장자크 루소라는 18세기 스위스 음악가가 지속적으로 이 주제에 관련되는 이유를 설명하는 데 도움이 된다. 1차적으로 첫 번째 문제에 관심을 가졌던 사람들은 그를 최초로 본질적으로 근대적인 방식으로 그 질문을 던진 인물로 보았다. 두 번째 문제에 주로 관심을 가졌던 사람들은 그를 궁극적으로 대책 없는 악당으로, 기존 질서는 비합리적인 것이므로 그냥 치워버리면 된다고 느끼는 단순 무지한 혁명가로 제시할 수 있었다. 루소 개인에게 기요틴을 등장시킨 책임이 있다고 주장한 사람들이 많았다. 반면, 오늘날 19세기 '전통주의자'의 글을 읽는 사람은 거의 없지만, 사실 그들이 중요한 것은 현대 사회 이론을 등장시킨 진정한 책임이 계몽주의 철학자가 아니라 그들에게 있기 때문이다. 현대 사회과학의 큰 이슈 거의 전부—전통, 연대, 권위, 지위, 소외, 신성—는 신정학자 드 보날드de Bonald 자작, 군주주의자 드 메스트르de Maistre 백작, 혹은 휘그당의 정치가이자 철학인 에드먼드 버크Edmund Burke 같은 사람들의 저술에서 계몽주의 사상가, 특히 루소가 진지하게 받아들이기를 거부했다가 (그들의 주장에 따르면) 처참한 결과를 낳은 완고한 사회적 현실의 사례로서 처음 제기된 것들이었다.

19세기에 있었던 이런 급진파와 반동자 사이의 논쟁은 사실 아직 끝나지 않았다. 그런 논쟁은 다른 형태로 계속 표면에 떠오른다. 예를 들면, 오늘날 우파 진영은 자신들을 계몽주의적 가치의 옹호자로 볼 확률이 높으며, 좌파 진영의 사람들은 그에 대한 열렬한 비판자들이다. 그러나 논쟁 과정에서 모든 진영은 한 가지 핵심 논점에는 동의하게 되었다. 즉 '계몽주의'라 불리는 어떤 것이 정말로 존재했고, 그것이 인류 역사에서의 근본적인 단절을 표시했으며, 미국독립혁명과 프랑스혁명이 어떤 의미에서는 이 단절의 결과물이라는 것 말이다. 계몽주의는 단순히 그 이전에는 존재하지 않았던 한 가지 가능성, 사회를 어떤 합리적 이념에 일치하도록 개조하는 자의식에 입각한 프로젝트의 가능성을 도입하는 것으로 여겨졌다. 그러니까 진정한 혁명적 정치의 가능성 말이다. 반란과 계시 운동은 분명히 18세기 이전에도 존재했다. 아무도 그것을 부정하지는 않는다. 하지만 그런 계몽주의 이전 사회운동은 이제 대체로 어떤 '고대적 방식'(흔히 그들이 그냥 꾸며낸)으로 복귀하자고 주장하는 수많은 사례로, 혹은 신이 주신 계시(혹은 지역적 등가물)에 따라 행동하는 사례로 치부될 수 있다.

계몽주의 이전 사회들, 혹은 그렇게 불리는 것들은 공동체, 지위, 권위, 신성을 토대로 한 '전통' 사회였다. 그런 사회는 그 속에 사는 인간 존재가 궁극적으로 개인적으로든 집단적으로든 자신을 위해 행동하지 않는 사회였다. 오히려 그들은 관습의 노예였고, 기껏해야 자신들이 신, 조상이나 또 다른 초자연적 힘이라는 형태로 우주에 투사한 가차 없는 사회적 힘의 대리인이었다. 현대에 와서야 계몽주의 이후 인간들이 자의식에 따라 역사에 개입하여 그 경로를 바꿀 능력이 생겼다. 모든 사람이 갑자기 이 점에 동의하는 것처럼 보였다. 그렇게 하는 것이 좋은 생각인지에 대해 이제껏 아무리 격렬하게 의견이 일치하지 않았더라도 말이다.

이 모두는 어딘가 캐리커처처럼 보일 수도 있다. 또 저자들 가운데 그 문제를 그처럼 투박하게 언급할 의사가 있는 이들은 소수에 불과했다. 하지만 대부분의 현대 사상가들은 자의식적인 사회적 기획이나 역사적 디자인이 예전 시대의 사람들로부터 유래했다는 생각을 괴상하게 여겼음이 분명하다. 일반적으로 그런 '비현대적인' 사람들은 너무 단순한 사고를 갖고 있거나('사회적 복잡성'의 단계에 도달하지 못했으므로), 혹은 일종의 신화적 꿈 세계에 살고 있거나, 아니면 기껏해야 적절한 수준의 테크놀로지 단계에서 단순히 환경에 적응하고 있는 존재로 여겨졌기 때문이었다. 고백해야겠지만, 인류학은 여기서 뛰어난 역할을 하지 못했다.

20세기의 대부분 기간 동안 인류학자들은 자신들이 연구한 사회들을 비역사적 용어로, 마치 일종의 영원한 현재에 살고 있는 것처럼 묘사하는 경향이 있었다. 이런 경향은 일부분 민족지학적 조사가 수행되던 식민지 상황이 미친 영향이었다. 가령, 영국 제국은 아프리카, 인도, 중동의 다양한 지역에서 간접적 지배의 시스템을 유지하여, 왕궁, 토지신의 신당, 씨족 원로들의 연합, 남성 전용 클럽 등등의 지역 기관들을 실제로 법률로 확정하여 적재적소에 설치했다. 중요한 정치적 변화—정당을 세운다거나 예언자 운동을 주도하는 등—는 전적으로 불법이었고, 그런 일을 시도하는 사람은 투옥될 확률이 높았다. 이런 이유로 인류학자들의 연구 대상인 사람들이 시간을 초월하고 불변적인 방식으로 생활한다고 묘사하는 편이 확실히 더 쉬웠다.

역사적 사건이란 그 정의상 예측 불가능한 것이므로, 실제로 예견할 수 있는 현상을 연구하는 것이 더 과학적으로 보였다. 즉 계속 여러 번 거듭하여 대략 같은 방식으로 발생하는 일들 말이다. 세네갈이나 버마의 마을이라면 이것은 매일매일의 일정, 계절적 주기, 통과의례, 왕조의 계승 패턴, 혹은 마을의 성장과 분열에 대한 묘사를 말하는 것으로 보일 수 있다. 인류학자들은 항상 이런 식으로 글을 써왔다. 그들은 자신들이 과학자(당시의 전문 용어로는 '구조기능주의자structural-function-alist')라고 생각했기 때문이다. 그렇게 함으로써 그들이 쓰는 글의 독자들은 연구 대상을 과학자와 정반대되는 사람들로 상상하기가 훨씬 쉬웠다. 아무것도 변하지 않고 실제로 발생하는 일은 거의 없는 신화적 우주에 붙잡혀 있는 사람들이라고 말이다. 루마니아의 위대한 종교사가인 미르체아 엘리아데Mircea Eliade는 '전통' 사회가 역사에 대해 무지한 '순환적 시간cyclical time' 속에 살았다고 주장했는데, 그는 단지 뻔히 나와 있던 결론을 내렸을 뿐이다. 그런데 사실 그는 이보다 더 멀리 나아갔다.

엘리아데에 따르면, 모든 중요한 일은 전통 사회에서 이미 발생했다. 모든 위대한 근본적 동작은 신화적 시간으로, 그때 그 시간illo tempore으로,[1] 동물들이 말을 하거나 인간으로 변하고, 하늘과 땅이 아직 분리되지 않았고, 진정으로 새로운 것(결혼이나 요리나 전쟁)을 창조할 수 있었던 모든 것의 새벽으로 소급된다. 그가 느끼기에, 이런 정신세계에 살고 있는 사람은 자신의 행동을 신들과 조상들의 창조적 동작을 위력이 줄어든 방식으로 단순 반복하거나, 제의를 통해 원초적 힘을 불러오는 것으로 보았다. 엘리아데에 따르면, 그리하여 역사적 사건은 원형原型으로 융합되려고 한다. 그가 전통 사회라 여긴 것 속의 누구든 어떤 놀라운 일을 한다면―도시를 세우거나 파괴하고, 특유한 음악 작품을 만들어내는―그 행위는 결국 어떤 멀리 있는 신화적 존재의 것으로 돌려지고 만다. 이와 달리 역사가 정말로 어딘가(종말의 날, 심판, 구원)로 향해 가고 있다는 사상을 엘리아데는 '선형 시간linear time'이라 일컬었다. 그런 시간관 속에서 역사적 사건은 과거만이 아니라 미래와의 관련에서도 중요성을 띠게 된다.

그리고 이 '선형' 시간 관념은 상대적으로 최근에 등장한 인간 사유에서의 혁신이며, 사회적·심리적으로 재앙을 불러올 개념이라고 엘리아데는 주장했다. 그가 볼 때, 사건들이 어떤 더 깊은 패턴의 재현과 반대인 누적적 순서에 따라 전개된다는 개념을 받아들이면 사람들은 전쟁의 잔혹상, 부정의와 불운을 견디기 어려워지고, 전례 없는 불운과 궁극적으로는 니힐리즘의 시대로 빠져들게 된다. 이런 입장은 아무리 줄여서 말하더라도 불안정한 정치적 함의를 갖는다. 엘리아데 본인이 학생 시절부터 파시스트 진영의 철위대Iron Guard와 가까웠는데, '역사의 공포'(그가 가끔 쓴 말)가 유대교와 구약성경에 의해 도입되었다는 것이 그의 기본 논지였다. 그는 이것을 계몽주의 사고가 초래한 또 다른 재앙의 앞길을 예비하는 것이라 보았다. 이 책의 저자인 우리는 유대인인만큼 역사에서 잘못된 모든 일에 대해 우리에게 어떤 식으로든 책임이 있다는 주장을 그다지 좋게 평가하지 않는다. 그렇기는 해도, 현재로서는 이런 종류의 주장을 진지하게 받아들인 사람이 있다는 것이 놀랍다.

그런 '역사적' 사회와 '전통적' 사회라는 엘리아데의 구분법을 인류의 과거 전체에 적용한다고 상상해보자. 앞선 장들에서 우리가 다루어온 그런 규모로 말이다. 그렇게 되면 역사의 위대한 발견—최초의 베 짜기, 혹은 최초의 태평양 항해, 혹은 야금술의 발명 같은 것들—은 거의 전부가 역사나 발견의 힘을 믿지 않는 사람들에 의해 이루어졌다는 의미가 되어야 하지 않을까? 그렇지는 않을 것 같다. 그런 것이 아니라면 유일한 대안은 거의 모든 인간 사회가 바로 얼마 전까지만 해도 '전통' 사회로 취급되지 않았다는 주장일 것이다. 아마 각 사회는 결국 평형 상태에 도달하여 거기에 안주하고 모두가 새로 발견한 여건을 정당화하기 위한 공통의 이데올로기적 골격을 고안해냈을 것이다. 이는 거기에 어떤 종류든 예전의 그때 그 시간$^{illo\ tempore}$, 또는 창조의 시간이 실제로 있었음을 의미할 것이다. 모든 인간이 우리가 지금 본질적으로 현대적이라고 여기는 고도로 창조적인 방식으로 생각하고 행동할 수 있었던 그런 시간 말이다. 그들이 이룬 주요 업적 가운데 하나는 아마 미래의 혁신의 전망을 거의 모두 말살할 방법을 찾아내는 것이었던 모양이다.

두 입장은 모두, 자명하게도, 무척 어리석다.

우리는 왜 그런 생각을 갖고 있는가? 먼 과거의 사람들이 자신의 역사를 만들어가는(그들 스스로 선택한 여건 하에서는 아닐지라도) 모습을 상상하는 것이 왜 그처럼 이상해 보이고, 심지어 비상식적으로까지 보이는가? 그 대답의 일부는 물론 과학이라는 것, 특히 사회과학이라는 것을 우리가 어떻게 규정하게 되었는가에 놓여 있다.

사회과학은 대체로 인간이 자유롭지 않은 방식에 대한 연구였다.

모든 것의 새벽

즉 우리의 행동과 이해가 우리의 통제 밖에 있는 힘에 의해 결정된다고 말해질 수도 있는 방식의 연구였다는 말이다. 그래서 인간이 자신들의 운명을 집단적으로 형성해나가고, 심지어 자유 자체를 표현하는 모습을 보여주는 것 같은 설명은 모두 환상 취급을 받고, '진정한' 과학이 나서서 실상을 설명해야 하는 것으로 치부되기 십상이다. 그런 과학적 설명이 전혀 제공되지 못할 상황이라면 ('사람들은 왜 춤을 출까?' 같은 질문처럼) 사회 이론의 범위를 아예 벗어난 것으로 간주된다. 이것은 거의 모든 '큰 역사'가 테크놀로지를 그처럼 강조하는 이유 가운데 하나다. 인간의 과거를 도구와 무기를 만드는 1차적 재료에 따라 구분하거나(석기시대, 청동기시대, 철기시대) 일련의 혁명적 돌파구로 서술한 다음(농업혁명, 도시혁명, 산업혁명), 테크놀로지 자체가 인간 사회가 그 이후 여러 세기 동안, 아니면 적어도 다음번의 갑작스럽고 예상치 못했던 돌파구가 와서 모든 것을 다시 변화시킬 때까지 취하게 될 형태를 대체로 결정한다고 추정한다.

지금 우리는 테크놀로지가 사회의 형성에서 중요한 역할을 한다는 것을 부정하려는 것이 아니다. 테크놀로지는 분명히 중요하다. 모든 새로운 발명은 이전에는 존재하지 않았던 사회적 가능성들을 열어준다. 그러면서도 사회 변화의 전반적 방향을 설정하는 데서 새로운 테크놀로지의 중요성을 과도하게 강조하기가 매우 쉽다. 알기 쉬운 예를 하나 들어보면, 테오티후아칸이나 틀락스칼테카는 도시를 짓고 유지하기 위해 석기를 썼든 모헨조다로나 크노소스의 주민들은 금속 도구를 썼든 도시의 내적 조직이나 규모에는 별 차이를 만들지 못한 것으로 보인다. 또 우리가 가진 증거는 중요한 혁신이 항상 갑작스럽고 혁명적인 폭발처럼 발생하며 그 여파로 모든 것을 변화시킨다는 견해를 지원하지도 않는다. (기억하겠지만, 이것은 농경의 기원에 할애한 두 장에서 나타나는 주요 논점 가운데 하나였다.)

물론 아무도 농경의 시작이 증기기관으로 작동되는 방직기나 전구의 발명과 같은 식으로 벌어졌다고 주장하지는 않는다. 모든 것을 작동시키는 개념적 돌파구를 갖고 등장한 에드먼드 카트라이트Edmund Cartwright나 토머스 에디슨Thomas Edison에 맞먹을 신석기시대의 발명가는 없었다고 아주 확실하게 말할 수 있다. 그렇기는 해도, 이와 비슷한 과거와의 극적인 단절 같은 것이 분명히 발생했으리라는 생각에 현대의 필자들이 저항하기 힘들어 보일 때가 많다. 그러나 사실, 우리도 보았지만, 실제 상황은 전혀 그런 식으로 진행되지 않았다. 신석기 사회에서의 혁신은 어떤 남성 천재가 혼자서 떠올린 영감을 실현하는 것이 아니라, 외형은 소박해 보이겠지만 실제로는 엄청나게 중요한 발견들이 대체로 여성들에 의해 끝없이 이어지며 여러 세기 동안 누적되어온 집단적 지식의 집합체를 근거로 했다. 이런 신석기시대 발견의 대부분이 자동 방직기나 전구만큼 일상생활의 모든 요소들을 깊이 개조하는 누적적 효과를 갖고 있었다.

아침 식사를 하러 앉을 때마다 우리는 매우 높은 확률로 열 개가 넘는 그런 선사시대 발명품의 혜택을 누린다. 이스트라 부르는 미세 유기물을 첨가함으로써 빵이 부풀어 오르게 할 수 있다고 생각한 최초의 인물은 누구였을까? 우리는 모른다. 하지만 그녀가 여성이었을 것이고, 오늘날 유럽 국가로 이주하려고 시도할 때 분명히 '백인' 범주로 분류되지는 않을 것이라고 거의 확신할 수 있다. 그녀의 업적이 계속 수십억 명의 삶을 풍요롭게 만들고 있다는 것은 확실히 알고 있다. 또 우리가 아는 것은 그런 발견이 또다시 여러 세기 동안 누적된 지식과 실험을 토대로 한다는 사실이다—농경의 기본 원칙이 누군가가 그것을 체계적으로 적용하기 오래전에 이미 알려져 있었음을 상기해

보라. 그리고 그런 실험의 결과가 흔히 제의, 게임, 연극 형태를 통해 (또는 더욱이, 아마 제의와 게임과 연극이 눈에 띄지 않게 서로에게 녹아들어가는 지점에서) 보존되고 전달되었으리라는 것도 알고 있다.

'아도니스의 정원'은 여기에 어울리는 상징이다. 나중에 주식 곡물이 되어 방대한 인구를 먹여 살리게 될 것들—밀, 쌀, 옥수수—의 성장 주기나 영양분에 대한 지식은 원래 바로 이런 종류의 제의적 연극 속의 농사를 통해 보존되었다. 이런 발견 패턴은 곡물에만 한정되지 않았다. 인형, 동물과 다른 물건들의 작은 모형을 만들기 위해 신석기시대가 도래하기 오래전에 제일 먼저 발명된 것은 토용이었는데, 나중에는 요리와 저장 용기의 제작에도 사용되었다. 광업은 처음에는 염료로 쓸 만한 광물을 구하려고 시작되었고, 산업 용도로 금속을 추출한 것은 나중의 일이다. 중앙아메리카 사회들은 바퀴 달린 운송 수단을 한 번도 쓴 적이 없었다. 그러나 그들이 바퀴살, 바퀴, 차축은 잘 알고 있었음을 우리는 안다. 아이들이 갖고 놀 장난감 버전을 만들었으니 말이다. 그리스 과학자들은 증기기관의 원리를 제시한 것으로 유명하지만, 그 원리를 저절로 열리는 신전 문 혹은 그와 비슷한 연극적 환상을 만들어내는 데만 활용했다. 중국의 과학자들 역시 최초로 화약을 불꽃놀이에 쓴 것으로 유명하다.

그렇다면 역사의 대부분의 기간 동안, 제의 연극의 영역은 실용적인 문제에 적용될 수도 있고 그렇지 않을 수도 있는 과학적 실험실과 어떤 사회에서의 지식과 기술의 저장고로서 구축되었다. 예를 들어, 오세이지족의 '작은 남성 노인들'과 그들이 자연의 원리에 대한 연구와 성찰을 자신들의 헌법 질서의 관리와 주기적 개혁과 어떻게 합쳤는지 상기해보라. 그들이 어떻게 이런 것들을 궁극적으로는 동일한 프로젝트로 보았고, 자신들의 성찰에 대한 신중한 (구전) 기록을 남겼는지를 상기해보라. 차탈회위크의 신석기시대 소도시나 트리폴리예의 메가 유적에 이와 비슷한 '작은 여성 노인들'의 단체가 있었던가? 확실히는 알 수 없지만, 각 사례에서 우리가 관찰한 사회적·기술적 혁신의 공통된 리듬과 그들의 미술과 제의에 들어 있는 여성적 주제에 대한 관심을 감안하면 있었을 확률이 높아 보인다. 역사에 대해 더 흥미로운 질문을 구상하려고 노력한다면, 이것이 그 질문일 수 있다. 대개 '성 평등gender equality'이라 불리는 것(단순하게 '여성의 자유'라고 부르는 편이 더 낫겠지만)과 어떤 사회에서 이루어지는 혁신의 정도 사이에는 긍정적인 상호 관련이 있는가?

역사를 이와 반대 방향으로, 기술적 혁명이 돌발적으로 이루어지지만 그 뒤에는 우리가 스스로 창조한 것들의 포로가 된 긴 기간이 이어지는 상황의 연속으로 서술하려는 선택에는 후과가 따른다. 궁극적으로 그런 묘사 방식은 인간 종을 실제로 그랬던 것보다 확연히 사려가 부족하고, 덜 창조적이고, 덜 자유로운 존재로 나타낸다. 그것은 역사를 새로운 사상과 혁신이 기술적으로든 아니든 끊임없이 이어지는 과정으로, 그동안 여러 다양한 공동체들이 어떤 기술이 자신들이 일상의 용도에 응용하기 적합하고, 어떤 기술은 실험이나 제의적 연극에 한정할 것이라고 집단적 판단을 내리던 기간으로 묘사하지 않는다는 의미다. 물론 기술적 창조성에 관해 말해진 진실은 사회적 창조성의 영역에서는 더욱 진실이다. 이 책을 쓰기 위해 조사하던 중에 우리가 발견한 가장 놀라운 패턴—우리에게는 정말로 진정한 돌파구처럼 느껴졌던 패턴—가운데 하나는 어떻게 인류 역사에서 그 제의적 연극의 영역이 사회적 실험의 현장이 되기도 하는 일이 여러 번 거듭하여 일어났는가이다. 심지어 어떤 의미로, 그 영역은 사회적 가능성들의 백과사전 역할도 했다.

이런 주장을 한 것이 우리가 처음은 아니다. 20세기 중반에 A. M. 호카트A. M. Hocart라는 영국의 인류학자는 군주제와 정부 기관들이 원래는 우주에서 인간 사회로 생명의 힘이 흘러가게 하도록 고안된 제의에서 유래한다고 주장했다. 그는 심지어 언젠가 '최초의 왕은 죽은 왕이었음이 분명하다'고 주장하기도 했다.[2] 그리고 명예를 얻은 개인들이 진정으로 신성한 지배자가 되는 것은 자신의 장례식에서라고 말했다. 호카트는 동료 인류학자들에게 괴짜 취급을 받았고, 주요 대학에서 종신직 일자리를 끝내 얻지 못했다. 많은 사람들이 그를 비과학적이라고, 쓸모없는 성찰에만 몰두한다고 비난했다. 아이러니한 일인데, 앞에서 보았듯이 이제 그의 성찰을 진지하게 받아들이라고 강요하는 것은 현대 고고학의 결과들이다. 많은 사람들이 놀랐지만, 호카트가 예언한 대로, 구석기시대 후반은 거창한 부와 명예를 대부분 죽었을 때 끌어모은 것으로 보이는 개인들을 위해 꼼꼼하게 연출된 장대한 매장의 증거를 정말로 남겼다.

그 원칙은 군주제나 귀족제만이 아니라 다른 제도에도 적용된다. 사유재산이 하나의 개념으로 처음 나타나는 것은 종교적 맥락에서였으며, 경찰 기능과 명령의 권력, 그리고 선거와 추첨같이 결국은 그런 권력을 제약하기 위해 배치될 (후대의) 온갖 다양한 공식적인 민주적 절차도 마찬가지임을 우리는 입증했다.

여기서 상황이 복잡해진다. 인류 역사의 거의 모든 기간 동안, 제의적인 1년이 일종의 사회적 가능성들에 대한 요약 역할을 했다는(가령, 유럽의 중세 시대에 위계를 준수하는 거리 행진이 끝나면 시끌벅적한 사육제 시간이 되는 것처럼) 말은 상황을 올바르게 설명해주지 않는다. 이는 축제를 이미 특이하고 어딘가 비현실적인, 아니면 적어도 매일의 일상 질서와 별개인 어떤 것으로 간주하는 말이기 때문이다. 오히려, 사실 구석기시대 이후 많은 ─아니 거의 모든─사람들이 한 해 중 다른 시기에 다른 사회질서를 단순히 상상하거나 제정한 것이 아니라, 상당히 긴 시간 동안 실제로 그 질서 속에서 살았다는 증거가 우리에게 있다. 우리의 현재 상황과의 대비가 이보다 더 적나라할 수 없다. 오늘날 우리 대부분은 지금과 다른 경제적 혹은 사회적 질서가 어떤 것일지 상상하는 것조차 갈수록 힘들어진다고 느낀다. 이와 달리 우리의 먼 선조들은 그런 상이한 질서 사이를 정기적으로 오갔던 것으로 보인다.

인류 역사에서 정말로 뭔가가 지독하게 잘못되었다면 ─그리고 세계의 현재 상태를 보건대 그렇지 않다고 부정하기는 힘들다─아마 그것은 사람들이 사회적 존재의 다른 형태를 상상하고 실행할 자유를 잃기 시작했을 바로 그때 잘못되기 시작했을 것이다. 어떤 사람들은 인류 역사의 많은 기간 동안 이런 특정한 유형의 자유가 존재하지도 않았거나 거의 실행되지도 않았다고 느낄 정도였다. 심지어 인간이 언제나 대안적인 사회적 가능성을 상상할 수 있었다고 주장하는 피에르 클라스트르와 후대의 크리스토퍼 뵘 같은 몇 안 되는 인류학자들도 ─어딘가 어색한 태도로─인간 종의 역사 가운데 대략 95퍼센트에 해당하는 기간 동안 바로 그 인간들은 평등한 소규모 사회 하나를 제외한 다른 모든 사회적 세계의 가능성으로부터 오싹해하며 물러섰다고 결론지었다. 우리의 유일한 꿈은 악몽, 즉 위계, 지배, 국가라는 끔찍한 비전이었다. 그러나 앞에서 보았듯이, 이는 분명히 사실이 아니다.

바로 앞 장에서 조사했던 북아메리카 동부 수림 지역 사회의 사례는 이 문제의 골격을 짤 더 유용한 방법을 제안한다. 가령, 왜 그들의 선조가 거만한 군주들과 사제들이 군림하는 카호키아의 유산에 등을 돌리고 스스로 자유 공화국으로 재조직할 수 있었는지 질문할 수 있다. 하지만 그들의 프랑스 교섭 상대자들이 사실상 그들을 본떠 자신들의 구식 위계에서 벗어나려고 시도했을 때 그 결과는 너무나 처참해 보였다. 거기에는 당연히 여러 가지 이유가 있다. 하지만 우리가 기억해야 할 요점은 여기서 말하는 것이 추상적 이념이나 형식적 원리로서의('자유Liberty, 평등Equality, 박애Fraternity!'에서와 같은) '자유freedom'에 대해서가 아니라는 점이다.[3] 이 장이 진행되는 동안 우리는 그런 것이 아니라 실제로 실천에 옮길 수 있는 사회적 자유social liberty의 기본 형태에 대해 이야기해왔다. (1) 자신의 환경에서 떠나거나 자리를 옮길 자유. (2) 타인이 내린 명령을 무시하거나 그에 복종하지 않을 자유. (3) 완전히 새로운 사회적 현실을 형성하거나 상이한 현실들 사이에서 옮겨 다닐 자유가 그런 것들이다.

지금 우리가 볼 수 있는 것은 첫 두 자유—이동할 자유와 명령에 복종하지 않을 자유—는 흔히 세 번째 자유, 더 창조적인 자유로 나아가는 일종의 보조 사다리 역할을 했다는 것이다. 이 세 번째 자유의 '지지대'가 실제로 작동한 방식 몇 가지를 명백히 밝혀보자. 북아메리카의 수많은 사회가 유럽인을 처음 만났을 무렵 그랬듯이 첫 두 자유가 당연시되는 한, 존재할 수 있는 유일한 왕은 언제나 결국 연극의 왕이었다. 왕이 선을 넘으면 그동안 예속민이던 존재는 언제든 그를 무시하거나 다른 곳으로 가버릴 수 있었다. 다른 공직 위계에서, 혹은 권위 시스템에서도 같은 일이 일어날 것이다. 이와 비슷하게, 한 해 중 석 달만 활동하고 매년 순번제로 구성원이 바뀌는 경찰도 어떤 의미에서는 연극 경찰이었다. 그렇기 때문에 그 구성원들이 제의 때의 광대들 사이에서 곧바로 모집되는 것이 별로 이상해 보이지 않는다.[4]

여기서 인간 사회에 관한 뭔가가 정말로 아주 심오하게 변화했음은 분명하다. 세 가지 기본 자유는 점차 후퇴하여, 현재를 살고 있는 대다수의 사람들은 그런 자유에 기초한 사회에서 산다는 것이 어떤 일일지 거의 이해하지 못한다.

어쩌다가 이렇게 되었는가? 어쩌다가 고착되었는가? 우리는 정말로 얼마나 심하게 고착되었는가?

유발 노아 하라리는 저서 《사피엔스》에서 "상상된 질서를 벗어날 길은 없다"고 쓴다. "우리가 감옥 벽을 허물고 자유를 향해 달려갈 때, 사실 우리는 더 큰 감옥의 더 널찍한 운동장으로 달려가고 있다."[5] 첫 장에서 보았듯이, 이런 결론에 도달한 것이 하라리만은 아니다. 거대한 규모에서 역사를 쓰는 사람들은 거의 모두 하나의 종으로서 우리는 정말로 고착되었고, 우리가 스스로를 위해 만든 제도적 우리에서 벗어날 가능성은 정말로 없다고 판단한 것으로 보인다. 하라리는 다시 한 번 루소의 말을 되풀이하면서 지배적인 분위기를 포착한 것 같다.

나중에 이 논점으로 돌아오겠지만, 지금은 그가 던진 첫 질문에 대해 조금 더 생각해보자. 어쩌다가 이렇게 되었는가? 어느 정도는 이것이 계속 성찰의 주제로 남아 있어야 한다. 올바른 질문을 던지는 것이 결국은 우리의 이해를 날카롭게 다듬어주겠지만, 지금은 우리에게 있는 자료 특히 그 과정의 초기 단계에 관한 자료가 여전히 너무 희박하고 애매모호하여 확정적인 대답을 얻기 힘들다. 우리가 제시할 수 있는 대답은 기껏해야 이 책에서 소개된 논의에 기초하는 몇 가지 예비적 제안이나 출발 지점뿐이다. 그리고 우리는 아마 루소 이후 다른 사람들이 어디에서 잘못을 범했는지를 더 명료하게 볼 수 있을지도 모른다.

한 가지 중요한 요인은 인간 사회가 점진적으로 종종 '문화 지역'

이라 일컬어진 것들로 나뉘는 듯 보이는 현상일 것이다. 즉 이웃하는 그룹들이 그런 영역에 따라 서로에게 맞서도록 스스로를 규정하기 시작하고, 일반적으로 차이를 과장하는 현상 말이다. 정체성은 그것 자체가 하나의 가치로 보이게 되었고, 문화적 분열생성의 과정을 작동시켰다. 캘리포니아의 채집인과 북서부 해안 지역에 살던 그들의 귀족제적 이웃의 사례에서 보았듯이, 그런 문화적 거부의 행동이 정치적 논쟁이라는 자의식에 의거한 행위일 수 있다. 그런 행동은 (이 경우) 그룹의 내전, 경쟁적 잔치와 가정 내 속박을 거부하는 사회—북서 해안 지역에 가장 가까이 살던 캘리포니아 선주민과 같이—와 그런 것이 받아들여지고 심지어는 사회생활의 핵심 특징으로 찬양되기까지 하는 사회 사이의 경계선을 표시한다. 고고학자들은 더 장기적인 관점에서, 특히 마지막 빙하시대가 끝난 시점에서 그런 문화 지역이 무성하게 생겨나는 상황을 바라보지만, 왜 그들이 출현했는지 혹은 그들 사이에 무엇이 경계선을 이루는지 설명하지 못할 때가 많다.

그렇기는 해도 이것은 획기적인 발전이었던 것 같다. 가령 빙하시대 이후 수렵 채집인들이, 특히 해안 지역이나 수림 지역에서 사는 채집인들이 어떻게 일종의 황금시대를 누렸는지 상기해보라. 사치스러운 무덤과 거대한 구조물의 건설 등 그 사회적 기능이 흔히 지금까지도 수수께끼로 남아 있는 온갖 종류의 지역적 실험이 있었던 것 같다. 멕시코만 연안 지역의 조개껍질로 지은 원형극장에서 일본의 조몬 문화에 속하는 산나이 마루야마의 거대한 창고, 또는 보트니아해에 있는 '거인들의 교회'라는 것에 이르기까지. 그런 중석기시대 인구들 사이에서 우리는 단지 특정한 문화 지역의 증식만이 아니라 그 내부가 영구적 지위로 나뉘었고 때로는 개인들 사이의 폭력이나 전쟁까지도 벌어지던 공동체들의 명백한 고고학적 흔적을 최초로 발견한다. 어떤 사례에서 이런 흔적들은 이미 가정들이 귀족, 평민, 노예로 계층화되었다는 의미일 수도 있다. 다른 사례에서는 아주 다른 형태의 위계가 뿌리를 내리기도 했다. 몇몇 사례는 사실상 이미 고착화된 것으로 보인다.

전쟁의 역할에 대해서는 여기서 더 논의할 필요가 있다. 폭력은 흔히 연극 형태가 더 영구적 특징을 띠게 되는 길이기 때문이다. 예를 들어, 나체즈나 실루크의 왕국들은 대체로 연극적인 왕국이었을 수도 있고, 그곳 지배자들은 고작 2, 3킬로미터 떨어진 곳에서도 자신의 명령에 따르게 만들 능력이 없었을 수도 있다. 그러나 누군가가 연극적 상황 속에서 자의적으로 살해되었다면 그 인물은 공연이 끝난 뒤에도 확실히 죽은 상태다. 너무나 뻔해서 지적할 필요도 없을 정도의 일이지만, 그래도 그것은 중요하다. 연극 속의 왕은 사람들을 죽이기 시작하는 바로 그 순간부터 더 이상 연극 속의 왕이 아니게 된다. 이는 제의적으로 허용된 폭력의 과잉이 왜 한 상태에서 다른 상태로 넘어가는 이행기에 그토록 자주 발생했는지 설명하는 데 아마 도움이 될 것이다. 전쟁에 대해서도 마찬가지다. 일레인 스캐리Elaine Scarry가 지적하듯이, 두 공동체가 경연에 참여함으로써 둘 사이의 분쟁을 해결하는 방법을 선택할 수 있고, 흔히들 그렇게 한다. 그러나 전쟁(또는 그녀의 표현에 따르면 '상해의 경연')과 다른 모든 종류의 경연 사이의 궁극적인 차이는 누구든 전쟁에서 살해되거나 불구가 된 사람은 경연이 끝난 뒤에도 계속 그 상태로 남아 있다는 사실이다.[6]

그래도 우리는 신중해야 한다. 인간은 항상 신체적으로 다른 사람을 공격할 수 있었지만(아무도 어떤 상황에서도 다른 사람을 공격하지 않는 사회를 찾아보기는 힘들다), 전쟁이 언제나 존재했다고 추측할 실질적인 이유는 없다. 기술적으로, 전쟁이란 조직된 폭력만이 아니라 명확히 구분된 두 진영 사이에서 벌어지는 일종의 경연을 가리킨다. 레이먼드 켈리Raymond Kelly가 노련하게 지적했듯이, 결코 자연적이거나 자명하지 않은 어떤 논리적 원칙에 근거하는데, 두 팀이 대형 폭력에 관련되고, 각 팀의 구성원은 다른 팀 구성원을 똑같은 과녁으로 취급한다는 원칙이다. 켈리는 이것을 '사회적 대체 가능성'의 원칙이라 부른다.[7] 그러니까 햇필드 일족의 어떤 사람이 매코이 일족의 누군가를 살해하여 매코이 일족이 보복할 때, 그 대상이 원래 살인자가 아니어도 된다는 것이다. 어떤 햇필드 일족원이든 정당한 대상이 된다. 같은 방식으로, 프랑스와 독일 간에 전쟁이 일어난다면 프랑스 군인은 누구나 어떤 독일 군인이든 죽일 수 있다. 그 역도 마찬가지다. 전체 주민의 살해는 단지 바로 이 논리를 한 단계 더 진전시켰을 뿐이다. 그런 설정에서 딱히 원시적이라 할 것은 없다. 확실히 그 논리가 어떤 식으로든 인간 심리 속에 미리 고착되어 있다고 믿을 이유는 없다. 그와 반대로, 제의와 약물과 심리적 기법을 복합적으로 사용하여 사람들을, 심지어 사춘기의 남성들을 설득하여 체계적이지만 무차별적인 방식으로 서로를 죽이고 상처 입히도록 납득시키는 일은 거의 예외 없이 필수다.

　인류 역사의 거의 모든 기간에 그런 일을 해야 할 이유는 많지 않았다. 또 있었다 할지라도 드물었다. 구석기시대의 기록에 대한 체계적인 연구에 따르면 이런 특정한 의미에서의 전쟁이 있었다는 증거는 거의 없다.[8] 더욱이 전쟁은 항상 일종의 게임이었으므로 때로는 더 연극적인 형태로, 때로는 더 치명적인 변형으로 표현되었더라도 전혀 놀랍지 않다. 민족지에는 연극 전쟁play war이라는 용어로 가장 잘 설명될 수 있을 것들의 예가 풍부하게 담겨 있다. 비살상 무기를 쓰고, 각 진영에 수천 명의 인원을 동원하고서도 하루의 '싸움'에서 발생하는 사상자는 두세 명인 전투가 그런 예다. 호메로스의 작품에 나오는 전쟁에서도 거의 모든 참여자들은 개별 영웅들이 비웃고, 야유하고, 가끔씩 창이나 짧은 화살을 상대편에게 던지거나, 결투를 하는 동안 관중으로 그곳에 존재한다. 그 반대편 극단에서는 우리가 보았듯이 노골적인 학살의 고고학적 증거가 점점 더 많이 나타난다. 마지막 빙하시대가 끝난 뒤 중부 유럽의 신석기시대 마을에서 벌어진 상황이 그런 예다.

충격적인 것은 그런 증거가 너무나 불균등하게 나타난다는 사실이다. 치열한 그룹 내부의 폭력과 교대하여 평화기가 나타나며, 때로는 몇 세기씩 이어지기도 한다. 그런 기간에는 어떤 종류든 파괴적 갈등의 증거가 거의 없거나 전혀 없다. 농경이 채택된 이후 전쟁은 인간의 삶에서 늘 있는 일은 아니게 되었다. 사실 오랜 기간 그것이 성공적으로 철폐된 것으로 보이던 때가 있었다. 하지만 전쟁은 몇 세대가 지난 뒤에도 끈질기게 다시 나타나곤 했다. 이 지점에서 새 질문 하나가 관심을 모은다. 처음에는 이 책의 후반부에서 우리가 논의했던 것 같은 서열 시스템으로, 그다음에는 마야, 상(商), 잉카 같은 제국과 최초의 왕조적 왕국에서 보이는 대규모의 지배 시스템으로 이어지는 길을 열어준 내부적 자유의 상실과 외부적 전쟁 사이에 관련이 있는가? 만약 관계가 있다면 이 상호 관련은 얼마나 직접적이었는가? 우리는 그런 질문에 대해 이런 고대의 정치체들이 우리 현대 국가의 단순한 고대식 버전일 것이라는 짐작만 앞세워 대답한다면 잘못이라는 사실은 알게 되었다.

우리가 오늘날 알고 있는 국가는 완전히 별개의 기원을 가진 요소들—주권, 관료제, 경쟁적 정치 무대—의 독특한 복합물이 낳은 결과다. 두 장 앞에서 행했던 사고 실험에서, 우리는 그런 요소들이 가족이나 가정에서부터 로마제국이나 타완틴수유의 초왕국에 이르기까지 인간 상호작용의 어떤 척도에서든 작동할 수 있는 사회 권력의 기본 형태에 어떻게 곧바로 연결되는지 보여주었다. 주권, 관료제, 정치는 각각 폭력과 지식과 카리스마의 사용 분야를 기초로 하는 초보적 지배 형태의 확대판이다. 고대의 정치 시스템―특히 '족장 사회'와 '국가'라는 용어로 확실하게 규정되기 힘든 올멕이나 차빈 데 우안타르 같은―은 흔히 그들이 어떻게 사회적 권력의 한 축을 비상한 정도로 발전시켰는지를 기준으로 하면(예를 들면, 올멕에서는 카리스마적 정치 경연과 스펙터클, 차빈의 경우에는 비교적秘敎的 지식의 통제) 더 잘 이해될 수 있다. 이런 것이 우리가 '1차 체제'라 부른 것이다.

권력의 두 축이 발달하여 단일한 지배 시스템으로 형식화되는 곳에서 우리는 '2차 체제'에 대한 논의를 시작할 수 있다. 가령, 이집트 고왕국의 건설자들은 주권의 원리와 관료제를 갖추고, 그것을 더 넓은 영토로 확장해냈다. 이와 대조적으로, 고대 메소포타미아 도시국가들의 지배자들은 주권을 직접적으로 요구하지 않았다. 주권이란 그들에게 천상에 있어야 마땅한 것이었기 때문이다. 그들이 땅이나 관개 시스템을 두고 전쟁을 벌인 것은 오로지 신들의 2차 대리인으로서였다. 대신에 그들은 카리스마적 경쟁을 고도로 발전한 행정 질서와 합쳤다. 고전 마야는 또 달랐다. 그들은 행정 활동을 대체로 우주적인 문제를 감독하는 데로 한정하고, 주권과 왕조 내부 정치의 강력한 융합을 토대로 지상의 권력을 세웠다.

공통적으로 '초기 국가들'(중국의 상商 같은)로 간주되는 이런 사례 및 다른 정치단체들이 어떤 공통의 특징을 정말로 공유하는 한, 그들은 현대의 국가와는 전혀 다른 영역에 속하는 것으로 보인다. 여기서 우리는 전쟁 및 사회 내부에서의 자유의 상실에 대한 질문으로 돌아가게 된다. 그들 모두는 그 시스템이 정점에 달했을 때 엄청난 폭력을 행사했다(그 폭력이 왕의 주권의 직접적인 연장으로 구상되었든, 아니면 신의 명령으로 수행되었다고 여겨졌든). 그리고 모두 어느 정도는 가부장제 가정 조직을 그들의 권력 중심—조정이나 왕궁—의 모델로 삼았다. 이것이 단순히 우연의 소치일까? 돌이켜보면, 이와 동일한 특질들의 복합이 한漢이나 아스테카, 로마 같은 거의 모든 후대 왕국이나 제국에서도 발견될 수 있다. 각각의 경우를 보면 가부장제적 가정과 군사적 무력 사이에 긴밀한 관련이 있었다. 하지만 정확히 왜 그래야 할까?

그 질문에 대해 피상적인 용어로밖에는 대답하기가 힘들었다. 부분적으로는 우리의 지적 전통이 사실상 제국주의적인 언어를 사용하여 대답하도록 강제하기 때문이다. 그리고 그 언어는 여기서 우리가 설명하려고 정말로 애쓰는 것들의 많은 부분에 대한 설명을, 심지어 정당화를 이미 함축하고 있다. 이 책을 써나가는 과정에서 우리가 때로 기초적인 인간적 자유와 지배 형태의 더 중립적인 우리만의(감히 과학적이라고 해도 될까?) 목록을 개발해야 할 필요를 느낀 것은 이 때문이다. 그리고 기존의 토론은 거의 예외 없이 로마법에서 발원하는 용어로 시작되는데, 수많은 이유로 여기에는 문제가 많기 때문이다.

로마법이 말하는 자연적 자유 개념은 본질적으로 개인(함의상 한 가정의 남성 수장)이 스스로 적절하다고 여기는 방식으로 자산을 처분할 권력에 근거를 둔다. 로마법에서 자산은 정확히 말해 권리도 아니다. 권리는 타인과 협상되는 것이며 상호 임무가 포함되는 것이다. 그것은 단순히 권력이다. 어떤 것을 소유한 누군가가 '법이나 강제력에 의해' 그것이 제한되는 경우가 아닌 한, 자신이 원하는 어떤 일이든 할 수 있다는 솔직한 현실이다. 이 공식에는 그 이후 법률가들이 내내 씨름해온 어떤 특이점이 있다. 그것이 자유란 본질적으로 법적 질서로부터의 원초적인 예외 상태임을 함축하기 때문이다. 그것은 또 자산이란 사물을 사용하거나 돌보는 사람들 사이의 이해관계가 아니라 한 인간과 절대적 권력을 특정으로 하는 대상물 사이의 관계를 함축한다. 수류탄으로 자신에게 허용되지 않은 것을 제외한 무슨 일이든 원하는 대로 할 수 있는 자연권을 가졌다고 말한다면 이는 무슨 의미일까? 누가 그런 이상한 공식을 만들어내겠는가?

이에 대한 대답은 서인도제도의 사회학자인 올랜도 패터슨Orlando Patterson이 제시했다. 그는 로마법에서 자산 개념(그리고 자유 개념)이 본질적으로는 노예법으로 소급된다는 것을 지적했다.[9] 자산을 한 인간과 사물 간의 지배 관계로 볼 수 있는 이유는, 로마법에서 주인의 권력이 노예를 사회적 권리나 타인에 대한 법적 의무를 지니는 인간이 아니라 사물로 규정했기 때문이다. 그래서 자산법은 대체로 그 결과로 발생할 수 있는 복잡한 상황을 다루기 위한 것이었다. 잠시 우리의 현행 법질서—우리의 정의 이론, 계약과 불법행위에 관한 용어, 공과 사의 구분 등등—의 기초를 놓은 이런 로마 법률가들이 실제로 누구였는지 상기해볼 필요가 있다. 그들은 사법관으로서 엄숙한 심판을 내리는 공적 생활을 하는 한편, 사적으로는 아내들, 자녀들, 다른 예속인들에 대한 거의 전적인 권한을 가졌을 뿐만 아니라 수십, 어쩌면 수백 명이었을 노예들이 그들의 모든 필요를 처리해주는 가정에서 사는 사람이었다.

노예들이 머리를 다듬어주고, 수건을 가져다주고, 애완동물에게 먹이를 주고, 샌들을 고쳐주고, 만찬장에서 음악을 연주하고, 그들의 자녀들에게 역사와 수학을 가르쳤다. 동시에 사법 이론에서 이런 노예들은 전쟁에서 정복되어 일체의 권리를 압수당한 포로가 된 외국인으로 분류되었다. 그리하여 로마 법률가들은 언제 어떤 식으로든 마음만 있다면 그들을 강간하고 고문하고 신체 부위를 자르거나 죽이더라도 그 문제는 사적인 사건으로만 취급되었다. (티베리우스 치하에서만 주인이 노예에게 할 수 있는 처사에 조금이라도 제약이 가해졌는데, 이것은 단지 야생 동물이 노예를 찢어 죽이게 하려면 지역 행정관에게 허가를 받아야 했다는 정도를 의미했다. 소유자의 변덕에 따라 다른 처형 형태도 가해질 수 있었다.) 한편으로 자유와 해방은 사적인 문제였고, 다른 한편으로 사적인 생활은 가부장의 사유재산으로 간주되는 정복된 사람들에 대한 그의 절대 권력으로 표시된다.[10]

로마의 거의 모든 노예가 문자 그대로의 의미로 전쟁 포로가 아니었다고 해도 여기서 별로 차이가 없다. 중요한 것은 그들의 법적 지위가 그런 기준에서 규정되었다는 것이다. 우리의 현재 목표에 있어서 충격적인 동시에 의미심장한 것은 로마의 법학에서 전쟁의 논리, 즉 자의적 폭력의 잠재력이 사회관계의 가장 내밀한 영역, 가정생활을 가능하게 해주는 보살핌의 관계를 포함하는 영역에 투입된 방식이다. 전쟁의 논리에 따르면 적이란 상호 교체 가능한 존재이고, 항복한다면 그들은 죽임을 당하거나 '사회적 사망'이 선언되어 상품으로 팔릴 수 있다. 아마조니아나 고대 이집트에 왕조적 권력이 뿌리를 내리게 된 과정 같은 사례를 돌이켜보면, 이제 폭력과 보살핌의 그 특정한 관계가 얼마나 중요했는지 우리 눈에 보이기 시작한다. 로마는 그 뒤엉킨 관계를 새로운 극단까지 밀고 나갔고, 그것의 유산은 지금도 우리가 가진 기본적인 사회구조 개념을 형성하고 있다.

'가족family'이라는 영어 단어는 가내 노예를 의미하는 라틴어 단어 파물루스famulus에서 발원하여 파밀리아familia를 거쳐 만들어졌다. 파밀리아는 원래 단일한 가부장paterfamilias, 혹은 한 가정의 남성 수장이 집안에서 갖는 권위 아래 있는 모든 사람을 가리켰다. '가정household'

을 뜻하는 라틴어 단어인 도무스domus는 '가정적domestic'이라는 의미와 '길들여진domesticated'이라는 의미만이 아니라 영유권dominium이라는 의미도 전해준다. 그것은 황제의 주권을 가리킬 뿐만 아니라 사유재산에 대한 시민의 권력도 의미하는 기술적 용어였다. 우리는 그 개념을 통해 '지배적dominant'이 되고, '영유권dominion'을 가지고, '지배하는dominate' 것이 무엇을 의미하는지 (문자 그대로 '가족같이 친숙한') 이해에 도달한다. 이 사유 노선을 따라 조금 더 가보기로 하자.

우리는 세계의 여러 지역에서 전쟁과 학살―포로의 획득을 포함한―의 직접 증거가 어떤 식으로 왕국이나 제국이 출현하기 오래전부터 탐지될 수 있는지를 보아왔다. 역사의 그처럼 이른 시기에 대해 훨씬 더 분간하기 힘든 것은 사로잡힌 적들에게 무슨 일이 일어났는가 하는 것이다. 그들은 살해되었는가, 아니면 흡수되었는가, 아니면 그 중간의 어떤 상황에 처했는가? 아메리카 선주민의 다양한 사례에서 우리가 알게 되었듯이, 언제나 상황은 명료하지 않다. 여러 가지 가능성이 있는 경우가 흔했다. 이 맥락에서 칸디아롱크가 있던 시절의 웬다트족에 관련된 사례로 돌아가보면 도움이 될 것이다. 이 종족은 그런 문제에서 애매모호함을 결단코 피하려 했던 사회였기 때문이다.

어떤 면에서 그 무렵 웬다트족과 이로쿼이족 사회는 대개 지극히 호전적이었다. 유럽인 정착자들이 선주민 파벌에 머스킷 총을 공급하여 '비버 전쟁'을 유발하기 전에도 그들은 이미 유혈적인 경쟁 관계였고 동부 수림 지역 북부의 여러 지역에서 싸움을 벌였다. 초기 예수회원들은 눈앞에 보인 광경에 경악했지만, 전쟁의 표면적 원인이 자신들이 익히 알던 것과는 완전히 다르다는 사실도 알아차렸다. 사실 웬다트족에게 모든 전쟁은 '애도 전쟁'이었다. 살해당한 누군가의 가까운 친척들이 느낀 비탄을 누그러뜨리기 위해 수행된 것이다. 전형적으로, 전쟁하는 집단은 전통적인 적을 공격하고, 약간의 머리 가죽과 소수의 포로와 함께 돌아온다. 사로잡힌 여성들과 아이들은 입양된다. 남성의 운명은 대체로 애도하는 이에게 맡겨지는데, 주로 여성들이 그 일을 맡는다. 외부인들의 눈에는 이것이 완전히 무원칙적으로 보였다. 만약 애도자가 온당하다고 느끼면 남성 포로에게 이름, 심지어 처음에 희생당한 이의 이름을 줄 수도 있었다. 사로잡힌 적은 그 이후 다른 인간이 되며, 몇 년간 시험적인 기간이 지나면, 그 사회의 온전한 일원으로 대우받는다. 그러나 다른 어떤 이유가 있어서 그렇게 되지 못할 경우, 그는 매우 다른 운명을 겪는다. 포로가 된 남성 전사가 웬다트족 사회에 완전히 받아들여지지 않을 경우 택할 수 있는 유일한 대안은 고문을 받으며 극도로 고통스럽게 죽는 일뿐이었다.

예수회는 그 자세한 내용이 충격적이고 흥미롭다고 여겼다. 그들이 때로는 직접 목격하면서 관찰한 것은 느리고, 공적이고, 고도로 연극적인 폭력의 사용이었다. 웬다트족의 포로 고문은 본국 프랑스에서 국가의 적들에게 행해진 그런 종류의 것보다 더 잔인하지는 않았다고 그들은 인정했다. 그러나 그들을 진정으로 경악하게 한 것은 채찍질하고, 끓는 물에 넣고, 낙인을 찍고, 살을 베는—때로는 요리하여 먹기까지 하는—행위 자체가 아니라, 웬다트족 마을이나 소도시의 거의 모두가, 여성들과 아이들까지도 거기에 참여한다는 사실이었다. 고통이 며칠씩 이어지기도 했고, 제물을 가끔 회복시키기도 했지만 그것은 오로지 더 많은 시련을 견디게 하기 위한 조처일 뿐이었으며, 그 모두가 공동체의 행사였다.[11] 이런 폭력은 바로 이 웬다트족 사회가 아이들을 때리지도 않고, 도둑이나 살인자를 직접 처벌하거나 자의적인 권위의 낌새를 보이는 공동체 일원들에 대한 그 어떤 조처든 취하기를 거부했던 것을 기억하면 더욱 이상해 보인다. 사회생활의 사실상 거의 모든 다른 영역에서 그들은 문제를 침착하고 이성적인 토론을 통해 해결하는 것으로 유명했다.

자, 억제된 공격성을 어떤 식으로든 분출해야 했기 때문이라는 논리를 내세우기는 쉬울 것이다. 그렇게 하면 미친 것 같은 공동체적 고문 행사가 단순히 비폭력적 공동체를 유지하는 데 필수적인 이면이 될 테니까. 그리고 현대의 일부 학자들은 실제로 이렇게 주장한다. 그러나 그런 주장은 제대로 통하지 않는다. 사실 이로쿼이족은 북아메리카에서 어떤 특정한 역사적 시기 동안만 폭력성이 불타올랐다가 다른 시기에는 대체로 사라졌던 바로 그런 지역에 살았던 것 같다. 예를 들면, 고고학자들이 '중부 수림 지역' 단계라 이름 붙인 시기인 기원전 100년에서 기원후 500년 사이에는―이는 대략 호프웰 문명의 전성기에 해당한다―전반적으로 평화가 유지되었던 것으로 보인다.[12] 그러다가 나중에는 전쟁의 열병이 풍토병처럼 다시 나타난다. 이 지역에서 살던 사람들은 그들 역사의 어느 지점에서는 상호 복수가 점증적으로 확대되어 보복이나 실제 전쟁으로 치닫지 않게 막을 효과적인 방법을 찾아냈다(호디노쇼니의 평화에 관한 위대한 법Great Law of the Peace에 관련된 이야기가 바로 그런 순간에 해당되는 것으로 보인다). 다른 시간에는 그 시스템이 와해되어 가학적인 잔혹함이 발휘될 가능성이 돌아왔다.

그렇다면 이런 폭력의 연극은 무엇을 의미하는가? 그 질문에 접근하는 한 가지 길은 그것들을 대략 같은 시기에 유럽에서 벌어지던 일과 비교해보는 것이다. 퀘벡 출신의 역사가 드니 들라주Denys Delâge가 지적하듯이, 프랑스를 방문한 웬다트족은 대중 앞의 처벌에서 자행되던 고문과 처형에 똑같이 경악했지만, 그들에게 가장 충격을 준 것은 프랑스인들이 외부의 적이 아니라 '그들 집단의 일원인 사람을 채찍으로 때리고, 목매달고, 죽이는 일'이었다. 들라주가 지적하듯이, 이 점은 의미심장하다.

[17세기의 유럽에서는] (…) 사형을 포함한 거의 모든 처벌이 심한 신체적 고통을 포함한다. 쇠로 된 차꼬 채우기, 채찍질, 손목 자르기, 혹은 낙인 찍기…… 그것은 눈에 잘 띄는 방식으로 권력을 나타내고, 그럼으로써 내전의 존재를 드러내는 제의였다. 주권은 그의 예속민들 위에 존재하며, 그들이 인정할 수밖에 없는 우월한 권력의 화신이었다. (…) 아메리카 선주민의 식인 제의가 외부인의 힘과 용기를 가져가서 그들과 더 잘 싸우려는 욕망을 보여준다면, 유럽인의 제의는 비대칭성의 존재, 권력의 돌이킬 수 없는 불균형을 드러냈다.[13]

웬다트족이 전쟁 포로(입양하려고 사로잡은 대상이 아닌)에게 행하는 징벌적 행동을 하려면 공동체가 단일한 집단, 폭력의 능력을 통해 통합된 집단이 될 필요가 있다. 이와 반대로 프랑스에서 '백성'은 왕의 폭력의 제물이 될 가능성에 의해 통합된다. 그러나 그들 간의 대비는 이보다 더 깊어진다.

웬다트족의 한 여행자가 프랑스의 시스템에 대해 관찰했듯이, 누구나─유죄든 무죄든─대중 앞의 본보기가 되는 결말을 맞을 수 있다. 그러나 웬다트족의 경우, 가족과 가정의 영역에서는 폭력이 확고하게 배제되었다. 사로잡힌 전사는 애정이 담긴 보살핌의 대상이 될 수도 있고, 상상도 못 할 최악의 대우를 받을 수도 있다. 그 중간 단계는 없다. 포로의 희생은 집단의 연대를 강화해줄 뿐만 아니라 가족과 가정 영역의 내부적 성역을 폭력과 정치와 명령에 의한 지배가 속하지 않는 여성 통치의 공간으로 선언하는 것이기도 했다. 다른 말로 하면, 웬다트족의 가정은 로마의 파밀리아와 정확하게 반대되는 용어로 규정되었다.

바로 이 특정한 측면에서 앙시앵레짐하의 프랑스 사회는 로마제국과 상당히 비슷한 장면을 보여준다. 적어도 둘 다 웬다트족의 관점에서 본다면 그렇다. 두 경우 모두, 가정과 왕국은 공통적인 복종 모델을 갖고 있다. 각각은 상대편의 이미지에 따라 만들어졌다. 가부장제 가족이 왕의 절대 권력의 주형 역할을 하며, 그 역도 마찬가지다.[14] 아이들은 부모에게 복종하고, 아내는 남편에게, 그리고 예속민들은 신에게서 권위를 받은 지배자에게 복종한다. 각 경우에 우월한 쪽은 적절하다고 판단할 경우 상대편에게 준엄한 징벌을 내릴 것으로 예상된다. 그러니까 폭력을 행사하고도 그에 대해 처벌받지 않는다는 말이다. 게다가 이 모든 것은 사랑과 애정의 감정과 묶여 있다고 가정된다. 궁극적으로 부르봉 군주―이집트 파라오, 로마 황제, 아스테카의 틀라토아니, 잉카의 사파 같은―의 가문은 단순히 지배의 구조만이 아니라 보살핌의 구조이기도 했다. 수많은 궁정 신하 부대가 밤낮으로 일하여 왕의 모든 신체적 필요를 보살피고, 그가 가능한 한 인간으로서 신성 외에 어떤 감정도 느끼지 않게 조처하는 것이다.

이런 모든 사례에서 폭력과 보살핌의 연대는 위를 향해서만이 아니라 아래쪽으로도 연장된다. 그 연대 관계를 가장 잘 이해하게 해주는 것이 영국 국왕 제임스 1세가 선포하여 유명해진 《자유 군주권의 진정한 법The True Law of Free Monarchies》(1598)이다.

아버지, 아비로서의 임무는 자녀들에게 영양과 교육을 제공하고 덕성으로 다스리는 것이다. 왕의 임무도 모든 예속민을 돌보는 것이다. (⋯) 아버지가 그를 분노하게 만드는 자녀들에게 분노하고 그들이 조금이라도 나아질 희망이 있는 한 그것을 교정하는 것이 아비로서의 연민 깃든 징벌이듯, 왕이 같은 기준에서 자신을 화나게 한 신하를 대하는 관계도 마찬가지다. (…) 아버지의 주된 기쁨이 자녀들의 복지를 확보하고, 그들의 행복에 기뻐하고 그들의 불운에 슬퍼하고 연민하며, 그들의 안전을 위해 위험을 무릅쓰는 것이어야 하듯 (…) 선한 군주도 백성들을 그렇게 생각해야 한다.

17세기 유럽에서 공개적인 고문은 작열하는 고통과 고난이 난무하는 잊을 수 없는 구경거리를 만들어냈다. 그것은 남편이 아내를 학대하고 부모가 아이를 때리는 행위가 궁극적으로는 사랑의 표현이라는 메시지를 전달하기 위한 행사였다. 역사의 동일한 기간에 웬다트족의 고문은 어떤 신체적 징벌 형태도 한 공동체나 한 가정 안에서 결코 용인되어서는 안 된다는 것을 분명히 하기 위해 고통과 고뇌가 작열하는 잊을 수 없는 구경거리를 만들어냈다. 웬다트족의 경우, 폭력과 보살핌은 전적으로 분리된다. 이 시각에서 보면 웬다트족의 포로 고문의 뚜렷한 특징이 명확해진다.

보살핌과 지배 간의 이런 연관성 ― 혹은 혼동이라고 하는 편이 더 낫겠다 ― 은 우리가 서로와의 관계를 재창조함으로써 자신을 자유롭게 재창조할 자유를 어떻게 잃었는가 하는 더 큰 질문에서 전적으로 중요한 요소다. 그러니까 우리가 어떻게 고착되었고, 왜 요즘 자신의 과거나 미래를 더 작은 우리에서 더 큰 우리로의 전환이 아닌 다른 것으로 상상하지 못하는지를 이해하는 데 결정적으로 중요하다는 말이다.

이 책을 쓰는 동안 우리는 어떤 균형을 유지하려고 노력했다. 우리가 다룬 주제에 몰입해 있는 고고학자나 인류학자에게는, 예컨대 스톤헨지, '우루크의 팽창', 혹은 이로쿼이 사회조직에 대한 학술적 견해를 모두 취합하고 어느 한 가지 해석을 다른 것보다 더 선호하거나, 또 다른 해석을 과감하게 선택하는 데 대해 설명하는 것이 당연한 상식으로 여겨질 것이다. 이것이 학계에서 통상 진실을 찾아가는 연구를 진행하는 방식이다. 그러나 우리가 다룬 자료에 대한 기존의 모든 해석을 개괄하거나 반박하려고 노력했더라면, 이 책은 지금보다 두세 배는 더 길어졌을 것이며, 아마도 저자들이 실제로는 손가락만 한 악령들과 끊임없이 싸우고 있다는 인상을 독자들에게 주었을 것이다. 그래서 그렇게 하는 대신에 우리는 정말로 일어났다고 생각하는 것들을 세심하게 기록하고 다른 학자들 논의의 결점에 대한 지적은 그런 것이 더 넓게 퍼진 오해를 반영한다고 보일 때만 하려고 노력했다.

우리가 상대해온 것 중에서 가장 풀기 힘든 오해는 아마 규모와 관련된 오해일 것이다. 학계든 아니든 많은 분야에서 지배의 구조는 엄청나게 증가하는 인구로 인한 불가피한 결과라는 생각이 통념으로 자리 잡은 듯 보인다. 그러니까 사회적·공간적 위계 사이에는 필연적인 상응 관계가 있다는 것이다. 우리는 한 사회의 규모가 더 크고 인구밀도가 더 높을수록 그것을 조직적으로 운영하는 데 필요한 시스템이 더 '복잡'해진다고 단순히 추정하는 글을 여러 번 거듭 만나곤 했다. 또한 복잡성은 여전히 위계의 동의어로 흔히 사용된다. 또한 위계는 명령 사슬('국가의 기원')의 완곡어로 쓰이는데, 이는 많은 수의 사람들이 한 장소에 살거나 공통의 프로젝트에 합류하기로 결정하자마자 그들은 두 번째 자유—명령을 거부할—를 포기해야 하며 지시대로 하지 않는 자들을 때리거나 가두는 법률적 장치로 대체해야 한다는 것을 의미한다.

앞에서 보았듯이, 이런 추정 가운데 어느 것 하나도 이론적으로 본질과 무관하며, 역사는 그것들을 사실로 판명해주지 않는 편으로 기운다. 인류학자이며 철기시대 유럽에 관한 전문가인 캐럴 크럼리Carol Crumley는 이 사실을 오랫동안 지적해왔다. 자연 세계에서나 사회 세계에서나 복잡한 시스템이 하향식으로 조직되어야 하는 것은 아니라고 말이다. 다른 방향으로 추정하는 경향이 인간에게 있다는 것은 아마 우리가 연구하는 현상이나 사람들에 대해서보다 우리 자신에 대해 더 많은 것을 말해줄 것이다.[15] 이 점을 지적한 사람이 그녀만은 아니다. 하지만 그런 관찰을 들어주는 사람은 많지 않았다.

아마 이제는 듣기 시작할 때가 되었는지도 모른다. '예외'가 규칙보다 우세해지기 시작했으니까. 도시를 예로 들어보자. 한때는 도시 생활의 등장이 일종의 역사적 회전문 같은 것, 그곳을 지나가는 모든 사람은 오로지 영구히 자신들의 기본 자유를 포기하고 얼굴 없는 행정관들, 엄격한 사제들, 가부장적 왕들, 혹은 전사 정치가들에게 복종해야 하는—단순히 혼란(혹은 인지적 과부하)을 피하기 위해—그런 지점을 표시한다고 여겨졌다. 오늘날 인류 역사를 그런 렌즈를 통해 보는 것은 현대판 제임스 왕의 망토를 걸치는 것이나 마찬가지다. 그런 시각은 전반적으로 현대 사회에서 보는 폭력과 불평등을 합리적 관리와 가부장적 보살핌의 구조에서는 자연히 발생하는 것으로 제시하는 결과를 낳기 때문이다. 그 구조는 구성원의 숫자가 일정 한도를 넘어서게 되면 갑자기 자체 통제가 불가능해진다고, 그렇게 믿으라고 요구되는 인간들을 위해 설계된 것이다.

그런 견해는 인간의 심리에 든든한 근거가 없을 뿐만 아니라 세계 각지에서 도시들이 실제로 어떻게 시작되었는지에 대한 고고학적 증거와도 들어맞지 않는다. 도시는 큰 규모의 도시적 경험으로 시작되

모든 것의 새벽

었지만 행정적 위계와 권위주의적 지배에서 예상되는 특징이 부족할 때가 많았다. 이런 초기 도시를 가리킬 적절한 용어는 없다. 앞에서 보았듯이, 그들을 '평등주의적'이라 부르는 것은 수많은 다른 내용을 의미할 수 있다. 그것은 콜럼버스 이전 아메리카의 몇몇 중심지들에 있었던 도시 의회와 협동에 의한 사회적 주택 프로젝트를 함축할 수도 있다. 아니면 흑해 북쪽의 선사시대 메가 유적에서처럼 자율적 가정들을 자체적으로 조직하여 동네와 시민 의회를 형성하는 경우도 있다. 혹은 우루크 시기의 메소포타미아에서처럼 균일성과 동일성의 원칙에 근거하는 어떤 명시적인 평등 개념을 도입할 수도 있다.

각 지역에서 도시 이전에 무엇이 존재했는지 기억해본다면 이런 가변성은 무엇이든 놀랍지 않다. 사실 그것은 초보적이거나 고립된 그룹이 아니라, 넓게 펼쳐진 사회들, 다양한 생태를 망라하고, 사람, 식물, 동물, 약물, 귀중한 물건, 노래, 사상 들이 끝없이 복잡하게 뒤얽히며 그들 사이를 이동하던 사회들의 네트워크였다. 개별 단위들의 인구가 적었고 한 해의 어느 기간 동안에는 특히 그랬다고는 해도 일반적으로는 느슨한 연정이나 연방으로 조직되어 있었다. 최소한 이들은 말 그대로 우리가 말한 첫 번째 자유의 논리적 산물이었다. 어느 먼 곳으로 가도 자신이 그곳에서 받아들여지고 보살핌을 받을 것이며, 심지어 귀하게 대접받으리라는 것을 알면서 자신의 집을 떠날 자유 말이다. 최선의 경우 그들은 신성한 장소를 돌보고 유지하는 책임을 지는, 일종의 형식적 조직인 '근린 동맹amphictyony'의 사례였을 것이다. 마르셀 모스가 '문명'이라는 용어를 그런 식의 큰 환대 구역을 가리키는 용도로 써야 한다고 주장한 데는 타당성이 있는 것 같다. 물론 우리는 '문명'을 도시에서 유래하는 어떤 것으로 생각하는 데 익숙하다. 하지만 새 지식을 갖추었으니 방향을 바꾸어 최초의 도시들을 그런 작은 공간 속에 압축되어 있는 큰 지역 연방의 하나로 생각하는 편이 더 현실적으로 보인다.

물론 군주제, 전사 귀족제, 혹은 또 다른 계급화의 형태들 역시 도시적 맥락에 자리 잡을 수 있고, 또 흔히 그렇게 되었다. 이런 일이 발생할 때 그 결과는 대단했다. 그렇기는 해도 큰 정착지의 존재만으로 이런 현상이 유도되지는 않으며, 결코 피할 수 없는 결과도 아니었다. 이 같은 지배 구조의 기원을 찾으려면 우리는 다른 곳을 바라보아야 한다. 세습적 귀족제는 인구가 적거나 그리 많지 않은 그룹에서도 똑같이 존재할 수 있다. 최초의 메소포타미아 도시들 주변에서 형성되어 그들과 광범위하게 교역한 아나톨리아 고원지대의 '영웅적 사회' 같은 곳이 그런 예다. 우리에게 있는 영구적 제도인 군주제가 끼어들었다는 증거가 도시가 아니라 바로 여기에 있는 것 같다. 세계의 다른 지역들에서 일부 도시 인구가 군주제를 향한 길을 모험적으로 떠나보았지만 돌아설 수밖에 없었다. 그런 예가 멕시코 계곡의 테오티후아칸 같은 곳인데, 그랬다가─태양과 달의 피라미드를 건설한 다음─도시 인구는 그런 과도한 프로젝트를 포기하고 대신에 대규모의 사회적 주거 프로젝트에 착수하여, 주민들을 위한 다가구 공동주택을 공급했다.

다른 곳에서는 초기 도시들이 정반대의 궤적을 따라갔다. 동네 의회로 시작하여 대중 집회로 확대되고 결국에는 호전적인 세습 군주들의 지배를 받는 것이다. 그들은 도시 정부의 더 오래된 제도들과 불편하게 공존해야 했다. 이 노선에 속한 어떤 현상이 우루크 시대 이후 초기 왕조 메소포타미아Early Dynastic Mesopotamia에서 발생했다. 여기서 다시 한번 폭력의 시스템과 보살핌의 시스템 간의 수렴이 결정적으로 중요해지는 것으로 보인다. 수메르의 신전은 항상 숭배의 대상인 조각상에 현신한 신을 섬기고 음식을 바치는 행위를 중심으로 경제적 삶을 운영했는데, 그러다가 복지에 관련된 온갖 산업과 관료제가 신전을 둘러싸고 발달하게 되었다. 더욱 결정적으로, 신전은 자선 기관이었다. 과부, 고아, 탈주자, 친족 집단에서 유배된 자, 혹은 다른 지원 조직들이 그곳에 피신한다. 가령, 우루크에서는 그 도시의 집회가 열리는 큰 마당을 굽어보는 도시의 수호 여신 이난나의 신전이 그런 곳이다.

최초의 카리스마적 전쟁왕들은 문자 그대로 문 하나만 열면 도시의 주신主神의 거처로 갈 수 있게 하여 그런 공간들과 자신들을 연결했다. 그런 식으로 하여 수메르 군주들은 자신들을 과거에 신의 보살핌을 위해 마련되었던 제도적 공간에 끼워 넣을 수 있었고, 그럼으로써 일상의 인간관계 영역에서 벗어날 수 있었다. 이는 타당한 생각이다. 왜냐하면 말라가시의 속담이 말하듯 왕은 '친척이 없기' 때문이다. 혹은 친척을 가져서는 안 된다. 왕은 모든 백성들에게 동등한 지배자이기 때문이다. 노예 역시 친척이 없다. 그들은 예전에 가졌던 모든 관계로부터 단절되었다. 양쪽 모두에서, 그런 개인들이 가질 만한 유일하게 인정되는 사회관계는 권력과 지배에 근거하는 것뿐이다. 구조적으로, 그리고 사회 내의 거의 모든 사람에게 맞서서 왕과 노예는 사실상 같은 기반에 서 있다. 차이는 각기 점유하게 된 곳이 권력 스펙트럼의 어느 쪽 끝인가뿐이다.

우리는 또 결핍된 자들이 그런 신전 기관으로 와서 정기적으로 배급을 받고 신전의 땅과 작업장에서 일했다는 것도 알고 있다. 최초의—아니면 적어도 우리가 역사에서 알고 있는 최초의—공장은 이런 종류의 자선 기관이었고, 신전 관리들이 일하는 여성들에게 실을 잣고 베를 짤 양모를 제공하고, 산물의 처분(그 대부분은 고지대 집단들과 강의 계곡에서는 얻을 수 없는 목재, 석재, 금속으로 바꾸었다)을 감독하고, 배급을 신중하게 할당했다. 이 모든 일은 왕이 출현하기 오래전에도 이미 실행되어왔다. 인간이 신에게 헌신하므로, 이런 여성들은 반드시 원래는 어떤 위엄, 심지어는 신성한 지위를 가졌다. 하지만 최초의 문자 기록이 출현할 무렵에는 이미 상황이 더 복잡해진 것으로 보인다.

그 무렵, 수메르 신전에서 일하던 일부 사람들 가운데는 전쟁 포로나 노예도 있었는데, 그들 역시 가족의 지원을 받지 못하기는 마찬가지였다. 시간이 흐르면서, 아마 그 결과로, 과부와 고아의 지위 또한 떨어진 것으로 보이며, 그러다가 신전 기관들이 어딘가 빅토리아시대의 빈민굴 비슷한 장소가 되었다. 그렇다면 우리는 신전 공장에서 일하는 여성들의 지위 하락이 어떻게 여성의 지위에 전반적으로 영향을 미치게 되었는지 물을 수 있다. 다른 건 차치하고라도 그로 인해 포학한 가족관계에서 벗어날 전망이 훨씬 더 암울해졌음은 분명하다. 첫번째 자유의 상실은 점점 더 두 번째 자유의 상실로 직결되게 되었다. 두 번째 자유의 상실은 곧 세 번째 자유의 말살을 의미했다. 그런 상황에 처한 여성이 새로운 종교, 새로운 신전, 사회관계에 대한 새로운 비전을 만들려고 시도할 때 그녀는 순식간에 전복적 존재로, 혁명가로 찍히게 된다. 그런 여성에게 추종자가 생길 경우 군대의 공격을 받을 수도 있다.

이 모든 것은 또 다른 질문에 집중하게 만든다. 외적 폭력과 내적 보살핌 간의—인간관계 가운데 가장 비개인적인 것과 가장 친밀한 것 사이의—새로 확립된 관계는 모든 것이 혼돈에 빠지기 시작한 지점을 표시하는가? 이는 한때 유연하고 협상 가능하던 관계들이 결국 한자리에 고착되어버린 것을 보여주는 예인가? 다른 말로 하면, 우리가 어떻게 사실상 고착되었는지를 보여주는 예인가? 우리가 해야 할 특정한 이야기, 우리가 인류 역사에 대해 해야 할 큰 질문이 있다면

('사회적 불평등의 기원'에 대한 질문이 아니라) 바로 이것이다. 우리는 어쩌다 사회적 현실의 오직 한 가지 형태에 고착되어버렸는가? 그리고 어쩌다 궁극적으로 폭력과 지배에 기초하는 관계들이 그 속에서 표준으로 취급되게 되었는가?

아마 지난 세기에 이 질문에 가장 근접했던 학자는 인류학자이자 시인인 프란츠 슈타이너Franz Steiner였을 것이다. 1952년에 세상을 떠난 슈타이너는 비극적이기는 했어도 매혹적인 삶을 살았다. 보헤미아의 한 유대인 가정에서 태어난 빼어난 박식가인 그는 나중에 예루살렘에서 어느 아랍인 가족과 함께 살다가 영국 당국에 의해 추방되었고, 카르파티아산맥에서 현지 조사를 진행했으며, 나치 때문에 두 번이나 대륙을 떠나야 했다. 그리고―정말 아이러니하게도―영국 남부에서 경력을 마감했다. 그의 가까운 가족은 거의 모두 비르케나우에서 살해되었다. 전하는 말에 의하면 그는 노예제의 비교사회학에 관한 800쪽의 학위 논문을 완성했지만, 초고와 연구 노트를 담은 트렁크를 열차에서 도난당했다. 그는 옥스퍼드에 있던 또 한 명의 유대인 망명객 엘리아스 카네티와 친구이자 낭만적인 경쟁자였고, 소설가 아이리스 머독Iris Murdoch에게 구혼하여 성공한 사람이었다. 하지만 그녀가 그의 청혼을 받아들인 이틀 뒤에 슈타이너는 심장마비로 사망했다. 그가 마흔세 살 때였다.

슈타이너의 학위 논문의 짧은 버전은 남아 있는데, 그가 '노예제 이전의 제도'라 부른 것에 집중한다. 그들의 생애를 생각하면 참으로 가슴에 사무칠 일이지만, 그것은 상이한 문화와 역사적 상황에서 거기에 닻을 내리지 못한 사람들에게 벌어지는 일에 관한 연구다. 빚이나 잘못 때문에 자신의 씨족으로부터 추방된 자, 탈주자, 범죄자, 도망자 들 말이다. 그것은 그 자신 같은 난민이 처음에는 환영받고, 거의 신성한 존재로 대우 받다가, 차츰 지위가 하락하고 이용되는 역사로 읽힐 수 있다. 이 또한 수메르의 신전 공장에서 일하던 여성들과도 많이 비슷하다. 본질적으로 슈타이너가 전하는 이야기는 엄밀하게 말해 우리가 첫 번째 기본 자유라고 부른 것(떠나거나 자리를 옮길 자유)의 붕괴에 관한 이야기이며, 이것이 두 번째 자유의 상실로 가는 길을 어떻게 닦았는가 하는 이야기다. 그것은 또 앞에서 지적한 바 있는 인간의 사회적 우주를 계속 세분화하여 점점 더 작은 단위로 나누어간다는 논지로까지 우리를 다시 데려다놓는데, '문화 지역'의 등장이 그 분화의 출발점이다(이는 중부 유럽 전통에 속한 민족학자들이 매혹되는 분야인데, 슈타이너가 처음 수련한 곳도 그 전통이었다).

　슈타이너는 묻는다. 이동의 자유를 가능하게 하는 예상—환대와 보호소, 예절과 안식처의 규범—이 훼손될 때 무슨 일이 발생하는가? 이것이 왜 걸핏하면 일부 사람들이 타인에 대해 독단적 권력을 행사할 수 있는 상황을 해결할 촉매제인 것처럼 보이는가? 슈타이너는 아마조니아의 후이토토족Huitoto과 동부 아프리카의 사프와족Safwa에서 티베트-버마어계의 루샤이족Tibeto-Burman Lushai에 이르는 여러 사례들을 꼼꼼하고 자세히 살펴보면서 길을 닦아나갔다. 그 여정에서 그는 로버트 로위와 나중에는 클라스트르도 그토록 당혹스럽게 만든 질문에 대해 한 가지 가능한 대답을 제안했다. '국가 없는 사회들이 정기적으로 족장들이 아무런 강제력을 갖지 않는 방식으로 스스로를 조직한다면, 애당초 어떻게 하향식 조직 형태가 세계에 존재하게 되었는가?' 하는 질문 말이다. 로위와 클라스트르가 둘 다 같은 답변에 당도한 과정을 기억할 것이다. 두 사람은 그것들이 분명히 종교적 계시의 산물이었으리라는 결론을 내렸다. 슈타이너는 그와 다른 경로를 제공했다. 그는 아마 그것이 모두 자선으로 돌아가는 것 같다고 주장했다.

아마조니아 사회에서는 고아만이 아니라 과부, 광인, 장애인, 기형인도—돌보아줄 사람이 없다면—족장의 거처로 피신하도록 허용되었다. 그곳에서 그들은 공동체와 함께 식사했다. 이들 외에 전쟁 포로, 특히 공격 작전에서 붙잡힌 아이들도 가끔 추가되었다. 사프와족이나 루샤이족에서 탈주자, 빚진 사람, 범죄자, 또 보호가 필요한 다른 사람들은 전투에서 항복한 자들과 같은 처지였다. 모두 족장의 부하 무리에 소속되었고, 젊은 남성은 흔히 경찰 비슷한 집행자의 역할을 맡았다. 족장이 그 부하들에게 얼마나 많은 권력을 실제로 가졌는지는—슈타이너가 사용한 단어는 로마법 용어인 포테스타스^{potestas}인데, 이는 아버지가 자신에게 의존하는 자들과 그 재산에 대해 마음대로 휘두를 수 있는 권력을 가리킨다—경우에 따라 다양할 것이다. 이는 구금자가 얼마나 쉽게 달아나 다른 곳에서 피신처를 구할 수 있는지, 혹은 적어도 친척들, 씨족 혹은 그들을 위해 기꺼이 나서주려는 외부 사람들과 약간의 연대를 유지할 수 있는지에 따라 달라진다. 그런 부하가 어느 정도까지 믿을 만하게 족장의 의지를 강제할 수 있는지 역시 다양하다. 하지만 그 순수한 잠재력은 중요했다.

그런 모든 경우에, 피신처를 제공하는 과정은 일반적으로 가정 내 기본적인 권력 구도의 변화로 이어졌다. 특히 포로가 된 여성은 가정에 통합되어 아버지의 포테스타스를 더욱 강화했다. 역사적으로 기록을 남긴 거의 모든 왕의 궁정에서는 이 논리 비슷한 요소가 탐지될 수 있는데, 그것은 예외 없이 괴짜거나 이탈자로 간주되는 자들을 끌어들였다. 중국에서 안데스에 이르기까지 세계의 어느 지역에서도 궁정 사회가 그런 확연히 독특한 개인들을 수용하지 않은 곳은 없었던 것으로 보인다. 또 과부들과 고아들의 보호자가 되겠다고 주장하지 않은 군주들도 거의 없었다. 이 노선에서 역사의 훨씬 이른 시기에 몇몇 특정한 수렵 채집 공동체에서 뭔가가 이미 벌어지고 있었으리라 쉽게 상상할 수 있다. 마지막 빙하시대에 사치스러운 장례의 수혜자였던 신체적으로 비정상인 개인들은 생전에도 분명히 보살핌을 많이 받았을 것이다. 당연히 그런 관행을 후대의 왕실 궁정과 연결하는—왕조 이전 이집트에서처럼 그 흔적이 잠깐 보인 적이 있다—순차적인 발달 단계가 있다. 비록 그 연결 고리의 대부분을 우리가 아직 재구성하지 못한다 할지라도 말이다.

슈타이너는 그 이슈를 중시하지 않았을지 모르지만, 그의 관찰은 가부장제의 기원에 관한 토론에 직접 관련된다. 페미니스트 인류학자들은 오랫동안 외적(대체로 남성의) 폭력과 가정 내 여성 지위의 변화 사이에 관련이 있다고 주장해왔다. 고고학적·역사적 기준에서 우리는 그 과정이 실제로 어떻게 작동했는지 이해해나가기에 충분한 자료를 이제 막 모으기 시작했다.

이 책으로 귀결된 연구는 약 10년 전에, 본질적으로는 놀이 형태로 시작되었다. 처음에 우리는, 공정하게 말해 각자의 더 진지한 학술적 책임에 대해 약간 반발하는 정신으로 그 주제를 추구했다. 우리는 주로 지난 30년간 축적되어온 새로운 고고학적 증거가 초기 인류 역사에 대한 우리의 개념을 어떻게 바꿀지, 특히 사회적 불평등의 기원에 관한 토론에 관련된 부분에 어떤 영향을 미칠지 궁금했다. 그러나 오래 지나지 않아 우리는 우리가 하고 있던 작업이 잠재적으로 중요하다는 것을 깨달았다. 우리 분야에서 이 종합 작업을 하는 것으로 보이는 사람은 거의 없었기 때문이다. 우리는 분명히 존재할 것이라 추측했지만 결과적으로는 전혀 존재하지 않는 책들을 찾다가 헛수고로 그칠 때가 많았다—예를 들면, 하향식 통치가 없었던 초기 도시들에 대한 개론이나 민주적 결정 과정이 아프리카나 아메리카에서 어떻게 진행되었는지를 다루는, 또는 우리가 '영웅적 사회'라 부른 사회들의 비교 등을 다룬 책 말이다. 그 분야의 학문에는 구멍이 숱하게 뚫려 있다.

결국 우리는 이처럼 종합을 꺼리는 태도가 단순히 고도로 전문화한 학자들 편에서 느끼는 내키지 않는 마음만이 아님을 깨닫게 되었다. 그것이 한 가지 요인임은 분명했다. 어느 정도 그것은 말 그대로 적절한 언어의 부족 때문이었다. 가령, '하향식 통치 구조가 없는 도시'를 무엇이라 부르는가? 지금 당장은 공통으로 받아들여지는 용어가 없다. 그것을 '민주주의'라 감히 부르겠는가? '공화국'? 그런 단어들('문명' 같은)은 역사적인 부담이 너무 많이 실려 있어서, 거의 모든 고고학자들과 인류학자들은 본능적으로 움츠러들게 되며, 역사가들은 그 단어의 사용을 유럽에만 한정하는 경향이 있다. 그렇다면 그것을 '평등주의 도시'라 부르겠는가? 아마 그러지 않을 것이다. 그런 용어를 불러오려면 그 도시가 '정말로' 평등주의적이었는지 증거를 내놓아야 할 테니까. 이는 대개 실제로는 가정과 종교적 설정을 포함한 그 주민의 삶의 어느 측면에도 구조적 불평등성의 요소가 없음을 보여야 한다는 의미다. 그런 증거는 설사 존재할지라도 좀처럼 나오기 힘든 만큼, 결국 이런 곳들은 진정으로 평등주의적인 도시가 아니라는 결론이 내려질 것이다.

동일한 논리에 따라 아주 작은 특정한 채집인 무리들을 제외하면 '평등주의적인 사회'는 정말로 없다고 쉽게 결론지을 수 있다. 진화론적 인류학 분야에서 많은 연구자들이 실제로 바로 이런 논지를 편다. 그러나 이런 종류의 사고를 통해 얻어지는 결과는 궁극적으로 모든 '비평등주의적' 도시나 모든 '비평등주의적 사회'를 한데 뭉뚱그리는 것인데, 이는 히피 공동체와 폭주족이 둘 다 완전히 비폭력이 아니라는 이유에서 둘 사이에 이렇다 할 유의미한 차이가 없다고 말하는 것과 좀 비슷하다. 결국은 이 모든 연구가 이룬 성과는 오로지 인류 역사에서 어떤 중요한 특징을 접했는데 문자 그대로 그것을 표현할 단어가 없는 상황이라는 것이다. 인간들이 '자신을 묶을 사슬을 향해 곧바로 달려가는 것' 외에 다른 어떤 일을 했다는 증거가 무엇이든 나올 때 우리는 이상하게 침묵해버린다. 그래서 과거의 증거에서 상전벽해와 같은 변화를 감지한 우리는 반대로 접근하기로 판단한 것이다.

이것은 실제로는 수많은 이분법의 역전을 의미했다. 이는 사회적 불평등의 이데올로기가 실제로 눈앞에 현존한다는 명시적인 증거가 없는 한, '평등'과 '불평등'이라는 말을 버린다는 의미다. 그것은 예를 들면 곡물 재배가 응석받이 같은 귀족 계급, 상비군, 빚에 의한 종살이를 출현시킨 5,000년이 아니라 그런 것이 출현하지 않았던 5,000년에 우리가 더 무게를 둔다면 무슨 일이 일어날지 묻는다는 뜻이다. 우리가 어떤 특정한 시간에 특정한 공간에서 일어난 도시적 삶이나 노예제에 대한 거부를 다른 시공간에서 동일한 현상이 출현한 것과 똑같이 중요하게 다룬다면 무슨 일이 일어날까? 그 과정에서 우리는 스스로 자주 놀라게 된다. 예를 들면, 우리는 노예제가 역사상 여러 번, 여러 곳에서 거의 철폐될 뻔했다고는 결코 추측하지 못했을 것이다. 그리고 전쟁에 대해서도 십중팔구는 같은 일이 사실이었을 것이다. 분명히 그런 철폐가 확정적으로 이루어진 경우는 드물었다. 그렇기는 해도, 자유롭거나 상대적으로 자유로운 사회들이 존재했던 기간이 중요하지 않은 것은 결코 아니었다. 실제로 유라시아의 철기시대를 잠시 제쳐둔다면(사실 여기서 우리가 하고 있는 바로 그런 행동) 인간의 사회적 경험의 절반을 훨씬 넘는 부분이 그런 기간을 나타낸다.

사회 이론가들은 과거에 대해 마치 모든 것이 사전에 예견될 수 있었던 것처럼 쓰는 경향이 있다. 이는 어딘가 정직하지 않은 행동이다. 우리가 실제로 미래를 예측하려 할 때 거의 예외 없이 틀린다는 것을 우리 모두 알고 있으니 말이다. 그리고 사회 이론가들만이 아니라 다른 사람들도 이는 마찬가지다. 그럼에도 불구하고 마치 21세기 초반에 이 세계의 현재 상태가 지난 1만 년 동안의 역사가 낳은 피할 수 없는 결과물인 것처럼 생각하고 그렇게 쓰려는 유혹에 저항하기는 힘들다. 물론, 실제로는 2150년은커녕 2075년의 세계가 어떤 모습일지에 대해서도 우리는 거의 상상하지 못한다.

인간 종이 먼 훗날 아직 미지인 이 미래에서 지금은 비정상처럼 보이는 먼 과거의 면모들을 어떻게 바라볼지 누가 알겠는가? 공동체 규모로 작동하는 관료제, 동네 의회에 의해 다스려지는 도시, 여성이 공식적으로 우세한 지위를 차지한 정부 시스템, 소유권과 수탈보다는 보살핌에 기초를 둔 토지 관리 형식 같은 면모들이 진정으로 중요한 돌파구로, 거대한 석조 피라미드나 조각상이 역사적으로 희귀한 물건처럼 보일 날이 올지도 모른다. 이제 우리가 크레타의 미노스문명이나 호프웰 문화를 국가와 제국으로 부단히 나아가는 길에 멋대로 돋아난 돌출부가 아니라 대안적 가능성이라 여기는 방향을 선택한다면, 가지 않은 길로 여긴다면 어떻게 될까?

결국 그런 것들은 실제로 존재했다. 설사 과거를 바라보는 우리의 습관적 시각이 그것들을 상황의 중심이 아니라 주변으로 밀어내도록 설계된 것처럼 보인다 할지라도 말이다. 이 책의 많은 부분은 그런 척도를 다시 조정하는 데 바쳐졌다. 사람들이 실제로 여러 세기 동안, 심지어 몇천 년 동안 그런 방식으로 살아왔음을 상기시키려는 것이다. 어떤 면에서 그런 시각은 '신의 은총을 잃고 타락한 사건'이라는 우리의 표준적 문명 서사보다 더 비극적으로 보일 수도 있다. 우리가 인간 사회의 실제 본질에 대한 근본적으로 다른 개념을 갖고 살았을 수도 있었다는 뜻이니 말이다. 그것은 대량의 노예화, 인종 절멸, 포로수용소, 심지어 가부장제나 강제 노동 체제도 일어날 수밖에 없었던 일이 아니라는 의미다. 하지만 다른 한편으로 그것은 지금이라도 인간이 개입할 수 있는 여지가 우리가 생각하고 싶어 하는 것보다 훨씬 더 크다는 것을 시사한다.

우리는 이 책을 카이로스kairos라는 그리스어 개념이 한 사회의 역사에서 이따금씩 그 참조 프레임이 변동—신화와 역사, 과학과 마법 사이의 경계선이 흐려질 때 일어나는 근본적인 원리와 상징의 변형—을 겪게 되고 그럼으로써 진정한 변화가 가능해지는 순간의 하나임을 가리키는 인용문으로 시작했다. 철학자들은 때로 '그 사건'—정치적 혁명, 과학적 발견, 예술적 걸작—대해 즐겨 말하곤 한다. 즉 예전에는 상상할 수도 없었지만, 한번 보이면 절대로 다시 보이지 않을 수는 없는, 실재의 면모를 드러내는 돌파구인 사건 말이다. 만약 그렇다면, 카이로스는 사건들이 발생하기 쉬운 그런 종류의 시간이다.

전 세계의 사회는 그런 지점을 향해 폭포수처럼 쏟아져 내리는 것처럼 보인다. 1차 세계대전 이후 자신들을 '서구인'이라 부르는 습관을 가졌던 사람들은 특히 그럴 것이다. 한편으로는 물리 과학에서, 혹은 예술적 표현에서의 근본적인 돌파구가 더는 19세기 후반에서 20세기 초반 사이에 사람들이 예상했던 것같이 꼬박꼬박 발생하지 않는 것으로 보인다. 하지만 그와 동시에 과거, 우리 종의 과거만이 아니라 이 행성의 과거까지도 이해하는 과학적 수단은 현기증이 날 만한 속도로 진보해왔다. 2020년의 과학자들은 (20세기 중반의 공상과학소설 독자들이 기대했던 것처럼) 먼 항성 체계에서 외계인 문명을 만나고 있는 것이 아니라 자신의 발밑에서 근본적으로 다른 형태의 사회를 만나고 있다. 그중의 몇몇은 잊혔다가 새로 재발견되었고, 다른 것들은 더 친숙한 것인데도 완전히 새로운 방식으로 이해되었다.

자신의 과거를 알기 위한 과학적 수단을 개발하는 과정에서 우리는 우리 '사회과학'의 신화적 기초 구조를 노출했다. 공격할 수 없는 공리로 보이던 것, 우리의 자기 인식이 안정적으로 구성되는 중심이던 지점들이 쥐들이 달아나듯 흩어지고 있다. 이 모든 새로운 지식이 우리가 누구인지, 어떤 존재가 될 수 있는지에 대한 우리의 이해를 재형성하는 것이 아니라면 그 목적은 무엇인가? 다른 말로 한다면, 우리의 세 번째 기본 자유, 새롭고 이전과는 다른 형태의 사회적 현실을 창조할 자유의 의미를 재발견하는 것이 아니라면 무엇이겠는가?

여기서 신화 그 자체는 문제가 아니다. 그것이 나쁜 과학이나 유치한 과학이라고 오해되어서는 안 된다. 모든 사회에 각각의 과학이 있듯, 모든 사회에는 각각의 신화가 있다. 신화는 인간 사회가 경험에 구조와 의미를 부여하는 방식이다. 하지만 우리가 지난 여러 세기 동안 채택해온 역사의 더 큰 신화적 구조는 이제 더 이상 효과가 없다. 그것들은 현재 우리 눈앞에 놓인 증거와 맞지 않고 그것들이 권장하는 구조와 의미는 천박하고, 진부하며, 정치적으로 재앙을 유발한다.

당연히 적어도 한동안은 변화가 거의 없을 것이다. 지식과 관련된 분야 전체—대학교 교수직과 학부는 말할 것도 없고, 과학 저널, 명망 있는 단체가 수여하는 연구비, 도서관, 데이터베이스, 학교 교과과정 등등—가 오래된 구조들과 질문들에 적합하도록 설계되었다. 막스 플랑크Max Planck는 새로운 과학적 진리는 기존의 과학자들에게 그들이 틀렸다는 것을 깨닫게 함으로써 오래된 진리를 대체하는 것이 아니라고 말한 적이 있다. 더 오래된 이론의 옹호자들이 결국 세상을 떠나고,

그 뒤를 이을 세대가 새로운 진리들과 이론들을 친숙하게, 심지어는 뻔한 것이라고 여기게 되기 때문에 그렇게 된다는 것이다. 우리는 낙관주의자다. 그렇게 되기까지 그리 오래 걸리지 않으리라고 생각하기를 좋아한다.

사실 우리는 이미 그 첫발자국을 내딛었다. 예를 들면, 우리는 이제 다른 모든 측면에서는 엄격한 어떤 연구가 인류 사회의 어떤 '원래' 형태가 존재했다는 검토되지 않은 가정에서 출발할 때 어떤 일이 일어나는지를 더 명확하게 볼 수 있다. 그 본성이 근본적으로 선하거나 악하다는, 불평등과 정치적 인식이 아직 발생하기 전의 시간이 존재했다는, 뭔가가 발생하여 이 모든 것을 바꾸었다는, '문명'과 '복잡성'이 항상 인간의 자유를 대가로 얻어진다는, 참여 민주주의는 작은 그룹에서는 자연스럽게 실행되지만 도시나 민족국가 같은 것으로 확대될 수는 없다는 가정 등이 그런 출발점이다.

이제 우리는 우리 앞에 있는 것이 신화임을 안다.

주

1. 인류의 어린 시절에 고하는 작별 인사

1   한 가지 예를 들자면, 이언 모리스Ian Morris의 《가치관의 탄생Foragers, Farmers, and
Fossil Fuels: How Human Values Evolve》(2015)은 빙하시대 수렵 채집인과 신석기시대
농부들이 추구하던 '가치'를 현대 경제학자들에게 익숙한 용어로 번역한 다음
그것들을 이용하여 지니계수(즉 공식적인 불평등 비율)를 책정함으로써 인류 역
사 전 영역에 적용할 수 있는 불평등의 균일한 척도를 찾아내겠다는 야심적인
과제를 설정한다. 그것은 칭찬할 만한 실험이지만, 순식간에 매우 이상한 결론으
로 이어진다. 가령 2015년에 〈뉴욕 타임스New York Times〉에 기고한 글에서, 모리
스는 구석기시대 수렵 채집인의 소득을 1990년의 통화가치를 기준으로 하여 하
루 1.10달러로 계산했다. 이 숫자는 어디에서 비롯되는가? 아마 일상 식량 섭취
의 칼로리 값과 어떤 관계가 있을 것이다. 그러나 이것을 오늘날의 일상 수입과
비교한다면, 구석기시대 채집인들은 공짜로 얻었지만 우리는 대가를 지불해야
하는 온갖 다른 것들도 감안해야 하지 않을까? 공짜로 얻는 오락비, 음악, 이야
기, 종교 활동은 물론, 안전, 논쟁 해결, 기초 교육, 노인 돌보기, 의료 등을 고려
해야 하지 않을까? 식량 문제에서도 품질을 고려해야 한다. 어쨌든 여기서 우리
는 순수한 자연 샘물로 세척된 100퍼센트 유기농 농산물을 말하고 있다. 현대인
의 소득 가운데 많은 부분이 주택 대출금과 집세로 지불된다. 그러나 도르도뉴
나 베제르 지역에 있는 구석기시대 전성기의 숙영지를 이용하는 비용을 생각해
보라. 자연주의적 암벽 벽화와 상아 세공의 최상급 교육과 온갖 모피 외투는 말
할 것도 없다. 분명히 이 모든 것의 비용은 하루에 1.10달러를 훨씬 넘지 않을 수
없다. 4장에서 보겠지만, 인류학자들이 가끔 채집인들을 가리켜 '원조 풍요 사
회'라 부른 것에는 이유가 없지 않다. 오늘날 그런 생활은 값싸게 얻어지지 않는
다. 당연히 이는 모두 좀 바보같이 들리겠지만, 그것이 우리의 논점이다. 세계 역
사를 지니계수로 환원한다면 필연코 바보 같은 일이 뒤따르리라는 것.

2   Fukuyama 2011: 43, 53-4.

3   Diamond 2012: 10-15.

4   Fukuyama 2011: 48.

5   Diamond 2012: 11.

6   후쿠야마와 다이아몬드의 경우, 적어도 그들이 한 번도 관련 분야에서 수련받

지 않았다는 점을 지적할 수 있다(전자는 정치학자였고, 후자는 담낭 생리학 박사였다). 그런데도 인류학자, 고고학자, 역사가 들이 '큰 그림'의 서사를 시도할 때, 그들은 루소에 관한 어딘가 비슷하게 소소한 변주로 끝나는 기묘한 경향이 있다. 가령, 플래너리Flannery와 마커스Marcus(2012)의《불평등의 창조: 인류는 왜 평등사회에서 왕국, 노예제, 제국으로 나아갔는가The Creation of Inequality: How our Prehistoric Ancestors Set the Stage for Monarchy, Slavery, and Empire》는 인류 사회에서 불평등이 어떻게 출현할 수 있는지에 대해 온갖 흥미로운 통찰을 제공하지만, 인류 역사를 엮는 그들의 전반적인 구도는 루소의 두 번째 논의인《인간 불평등 기원론》과 여전히 공공연히 한데 합쳐진 상태이며, 더 평등한 미래를 바란다면 '수렵인들과 채집인들에게 책임을 맡기는 것'이라고 결론짓는다. 경제적 지식을 더 많이 담고 있는 연구인 발터 샤이델Walter Scheidel의《불평등의 역사The Great Leveller: Violence and the History of Inequality from the Stone Age to the Twenty-First Century》(2017)는─똑같이 음울하게─불평등에 대해 우리가 할 수 있는 일은 정말로 아무것도 없다고 결론짓는다. 그의 주장에 따르면 문명은 예외 없이 자기들 몫을 점점 더 많이 차지하려고 드는 소수의 엘리트들에게 책임을 맡기며, 그들을 추방하는 데 성공했던 것은 오직 전쟁, 역병, 대규모 징병, 전반적인 고통과 죽음의 형태로 찾아오는 재앙뿐이었다. 그러므로 과거로 돌아가서 동굴에 살고 싶지 않은 한, 혹은 핵전쟁의 홀로코스트에서 죽고 싶지 않은 한(이 경우 역시 아마 생존자들이 동굴에서 사는 결과로 끝날 것이다), 여러분은 워런 버핏과 빌 게이츠의 존재를 그냥 받아들이는 수밖에 없을 것이라고 말이다.

7   Rousseau 1984[1754]: 78.

8   하버드 대학의 저명한 정치 이론가인 주디스 슈클라Judith Shklar(1964)가 표현한 내용.

9   Rousseau 1984[1754]: 122.

10 사실, 루소는 홉스와 달리 운명론자가 아니었다. 홉스의 경우, 역사에서의 크고 작은 모든 일은 신이 발동시킨 힘의 전개로 이해되어야 했으며, 궁극적으로는 인간의 통제 능력을 벗어나 있었다(Hunter 1989를 볼 것). 의상을 만드는 양재사도 첫 박음질을 하는 순간부터 자신은 저항할 수 없고 그 대부분에 대해 본인은 알지 못하는 역사적 뒤얽힘의 흐름 속에 들어가게 된다. 그가 취하는 행동 하나하나는 인류가 짜나간 역사 구조 그 자체인 거대한 인과 사슬 속에 들어 있는 아주 작은 고리들이다. 그리고─이 극단적인 뒤얽힘의 형이상학에서─그가 어떤 다른 일을 했을 수도 있었다고 주장하는 것은 세계 역사의 뒤집을 수 없는 전체 경로를 부인하는 것이다. 반대로, 루소가 볼 때 인간이 만든 것은 언제나 인간이 취소할 수 있거나, 적어도 다르게 할 수 있다. 우리는 우리를 묶고 있는 사슬

에서 스스로 풀려날 수 있다. 단지 쉬운 일이 아닐 뿐이다(루소 사상의 이 측면에 대한 고전적인 논의가 필요하면 역시 Shklar 1964를 볼 것).

11 Pinker 2012: 39, 43.

12 우리의 소개말에서 조급증의 기미가 느껴진다면, 그것은 다음 이유 때문이다. 수많은 현대 저자들이 자신들을 흡스와 루소 같은 계몽주의 시대의 위대한 사회철학자들의 현대식 버전으로 상상하면서, 그들과 똑같이 거대한 주제를 다루지만 더 정확한 배역들을 등장시키는 대화를 즐기는 것처럼 보이기 때문이다. 그리고 그 대화는 우리 같은 고고학자와 인류학자를 포함한 사회과학자들의 경험주의적 발견 내용을 이용한다. 그러면서도 사실 그들의 경험론적 일반화의 질은 거의 나아지지 않았다. 어떤 면에서는 더 나빠졌을 수도 있다. 어느 지점에서는 장난감을 아이들에게서 빼앗아야 한다.

13 Pinker 2012; 2018.

14 Pinker 2012: 42.

15 Tilley 2015.

16 Formicola 2007.

17 마거릿 미드Margaret Mead가 한번 이렇게 했던 적이 있다. 인류 역사상 '문명'의 첫 번째 신호는 도구 사용이 아니라 대퇴골이 부러졌다가 치료된 흔적이 있는 1만 5,000년 된 인골이라고 주장한 것이다. 그녀는 그런 부상이 나으려면 6주쯤 걸린다고 지적했다. 그런데 동물의 경우에는 대퇴골이 부러지면 동행들이 그 동물을 포기하기 때문에 거의 모두 죽는다. 인간이 그토록 특별해지는 이유 가운데 하나는 그런 상황에서 서로를 돌본다는 바로 그 점에 있다는 것이다.

18 아래의 주 21번. 다른 사람들이 지적하듯이, 야노마미족은 한 잠자리에서 여섯 명에서 열 명까지 함께 자는 경향이 있다. 그렇게 하려면 현대의 사회 이론가들은 거의 감당할 수 없는 수준으로 서로를 받아들이는 호인 같은 태도가 필요하다. 그들이 정말로 학부생들의 캐리커처에 그려진 '사나운 야만인' 같은 존재라면, 야노마미족은 한 명도 남아 있지 않을 것이다. 잠든 사이에 서로를 죽여 버렸을 테니까.

19 실제로는 섀그넌Chagnon이 야노마미족과 함께 살면서 현지 조사를 수행한 1960년대에서 1980년대 사이에, 그들은 우리의 선조들이 살던 '초기 여건'의 본보기가 되기는커녕, 그들이 살던 땅에서 금이 발견된 탓으로 더 강화된 유럽인들의 개입에 수십 년간 노출되어버렸다. 그 기간 동안 야노마미족의 인구는 선교사, 개발업자, 인류학자, 정부 대리인 들이 옮긴 감염 질병으로 원래의 10분의 1로 줄어들었다. Kopenawa & Albert 2013: 2-3을 보라.

20 Chagnon 1988.

21 이 가운데 일부는 섀그넌이 제시한 통계, 그리고 제의적으로 순수한 상태에 도

달한 남자(우노카이unokai)는 아내와 자손을 더 많이 얻게 된다는 주장에 관한 질문이다. 여기서 섀그넌이 끝까지 명백히 정리하지 못한 핵심 이슈는, 사람을 죽인 남자가 우노카이의 지위를 얻는 것이 아니라는 점이었다. 예를 들면, 그것은 이미 살해당한 적의 시신에 화살을 쏘아서 얻어질 수도 있었다. 아니면 마술 같은 비물질적인 수단으로 죽음을 유도할 수도 있었다. 다른 사람들은 거의 모든 우노카이가 동일 연령대에서 더 연장자였으며, 그들 중 일부는 마을 수장 자리에 있기도 했다고 지적한다. 두 방법 모두 자손을 더 많이 얻게 해주었을 것이며, 전쟁과의 직접 관련은 없다. 또 다른 사람들은 살인이 더 많은 살인의 억제제인 동시에(우노카이는 사납다는 평판을 얻었다) 원한을 품은 친족들 편에서 보복 살해의 순환—일종의 모두에 대한 전쟁—을 발동시키는 요소로 작용한다는 섀그넌의 주장에 논리적인 결함이 있다고 지적했다. Albert 1989; Ferguson 1989; 이에 대한 답변이 필요하면 Chagnon 1990을 보라.

22 Geertz 2001. 학계는 '분열생성'이라는 현상에 빠지기가 매우 쉽다. 그 현상에 대해서는 이 책의 다양한 지점에서 탐구하게 될 것이다.

23 가령, 미국 헌법의 얼개를 짠 사람들은 매우 공공연히 반민주적이었으며, 공적인 발언에서 자신들은 많은 부분 예전 식민지들(특히 그들이 우려한 곳은 펜실베이니아였다) 중 어딘가에서 '민주주의'가 발생할 위험을 제거하기 위해 헌법을 설계했음을 분명히 밝혔다. 한편, 실제로 직접민주주의적인 결정 과정은 아프리카나 아마조니아의 다양한 지역에서, 또 러시아나 프랑스의 농민 집회에서도 수천 년 동안 실천되어왔다. Graeber 2007b를 볼 것.

24 가령, 왜 유럽이 아닌 곳에서 나타나는 민주주의처럼 보이는 결정 형태가 '진정한' 민주주의가 아닌지, 엄격한 논리적 형태를 취하는 자연에 관한 철학적 논의가 왜 '진정한' 과학이 아닌지 등등에 대한 기형적인 이유를 들고 나오기 위해 시간을 소모하지 않게 될 것이다.

25 섀그넌(1998: 990)은 〈과학Science〉에 실린 자신의 유명한 논문을 바로 이런 취지의 일화로 끝내기로 했다. "1987년에 야노마미족의 한 젊은 남자가 보복 살인을 방지하기 위한 법의 힘에 대한 특별히 예리한 통찰을 내게 알려주었다. 그는 선교사들에게서 스페인어를 배웠으며, 간호사 수련을 받기 위해 영토의 수도로 보내졌다. 그곳에서 그는 경찰과 법에 대해 알게 되었다. 그는 그 도시의 가장 큰 파타pata[영지의 지사]를 찾아가서 그들이 더 이상 보복 전쟁에 참여하여 끊임없는 공포 속에서 살지 않도록 자신의 종족이 쓸 수 있는 법과 경찰을 만들어달라고 졸랐다고 내게 말했다."

26 Pinker 2012: 54.

27 발레로가 에토레 비오카Ettore Biocca에게 해준 이야기로, 비오카의 이름으로 1965

년에 출판되었다.

28 이에 대해서는 J. N. 허드J. N. Heard의 논문(1977), 〈18, 19세기 미국 변경에서 포로들의 동화 현상The Assimilation of Captives on the American Frontier in the Eighteenth and Nineteenth Centuries〉에 수록된 증거를 보라.

29 크레브쾨르J. Hector St John de Crevecoeur는 자신이 쓴 《어느 아메리카인 농부에게서 온 편지Letters from an American Farmer》(1782)에서, 전쟁이 끝났을 때 납치된 아이들의 부모들이 인디언 도시에 찾아가서 자녀들을 돌려달라고 요구한 점에 주목했다. "말할 수 없이 비탄스러운 일이었지만, 그들은 아이들이 너무나 철저하게 인디언화되어 많은 아이들이 부모들을 더 이상 알아보지 못했고, 나이가 더 들어 아버지와 어머니를 기억할 수 있었던 아이들도 부모를 따라가지 않겠다고 거부했으며, 양부모들에게 달려가서 불행한 친부모들이 자신들에게 쏟아부으려 하는 애정 공세로부터 보호해주기를 원하는 모습을 보았다."(Heard 1977: 55-6 에 인용됨. 그는 또 인디언들이 우리가 자랑삼을 만한 어떤 것보다도 훨씬 더 우월하고 대단히 매력적인 사회적 연대를 분명히 갖고 있다는 크레브쾨르의 결론도 인용한다.)

30 Franklin 1961[1753]: 481-3.

31 "아! 아!" 제임스 윌러드 슐츠는 이렇게 썼다. 그는 뉴욕의 한 명문가 출신의 18 세 소년으로서, 블랙풋Blackfoot 부족원과 결혼하여 보호구역으로 몰려날 때까지 그들과 함께 살았다. "왜 이 단순한 삶이 계속될 수 없는가? 왜 벌떼 같은 정착민 무리가 (…) 이 훌륭한 땅을 침범하여 그 군주들로부터 가치 있는 삶을 앗아 갔는가? 그들은 염려도, 굶주림도, 그 어떤 결핍도 몰랐다. 여기 내 창문에서 나는 거대한 도시의 소음을 듣고 군중들이 (…) '바퀴에 묶여' 서둘러 가는 광경을 본다. 죽음 외에 그곳에서 탈출할 길은 없다. 이것이 문명이라고! 적어도 나는 그 속에 (…) 어떤 행복도 없다고 본다. 평원의 인디언들만이 (…) 무엇이 완벽한 만족과 행복인지 알았고, 그것이 인간의 주된 목적이자 목표라고 배웠다. 결핍으로부터, 걱정으로부터, 염려로부터 자유로운 삶. 문명은 결코 그것을 주지 못할 것이다. 극소수 몇몇을 제외하면." (Schultz 1935: 46; Heard 1977: 42도 볼 것.)

32 Heard 1977: 44와 참고 문헌을 볼 것.

33 가령, 다음 장에서 다루게 될 대상인 17세기에 북아메리카 대륙 북동부에 살던 웬다트족('휴런') 사회에 대해 트리거Trigger는 이렇게 지적한다. "교우 관계와 물질적 호혜성은 교역 협정이라는 형태로 휴런 연방을 넘어선 범위에도 적용된다. 역사시대에, 교역은 사치품만이 아니라 한 종족이 근처의 사냥터가 고갈될 때 살아남는 데 필수품인 고기와 가죽의 거래도 포함했다. 그러나 이런 물품이 아무리 중요하더라도, 외부와의 교역은 단순히 경제적인 활동으로만 그치지 않았

다. 그것은 근본적으로는 휴런 연방 내에 존재한 교우 관계의 연장인 사회관계의 네트워크에 뿌리내리고 있었다."(강조는 저자.) '고대archaic 교역'에 대한 일반적인 인류학적 조사의 고전적 자료는 Servet 1981; 1982에 있다. 거의 모든 현대 고고학자들은 이 문헌을 잘 알고 있지만, '교역'과 '선물 교환'의 차이에 관한 논쟁에 붙들리는 경향이 있다. 그러면서 두 가지의 궁극적 핵심은 이익을 통해서든 특권을 통해서든, 아니면 둘 다에 의해서든 누군가의 지위를 높이는 데 있다고 가정한다. 대부분 학자들은 또한 여행이라는 현상과 먼 장소에서 하는 경험, 혹은 이국적 물질의 획득에는 원천적으로 귀중한 어떤 것, 심지어 우주론적으로 중요한 것이 있음을 인정할 것이다. 하지만 결국은 이것의 많은 부분 역시, 마치 서로 멀리 떨어져 있는 사람들이 상호작용하게 할 수 있는 다른 동기는 존재하지 않는 듯, 지위나 특권의 문제로 귀착되는 것으로 보인다. 이 이슈에 관한 추가 논의가 필요하면 Wengrow 2010b를 볼 것.

34 이로쿼이족의 '꿈의 경제'에 관해서는 Graeber 2001: 145-9를 볼 것.

35 카베자 데 바카Cabeza de Vaca의 서술에 대한 찰스 허드슨Charles Hudson (1976: 89-91)의 해석을 따랐다.

36 DeBoer 2001.

2장 사악한 자유

1 네빌 마타르 Nabil Matar는 (2009년에 낸) 저서 《아랍인의 눈으로 본 유럽, 1578~1727 Europe Through Arab Eyes, 1578-1727》에서, 중세 시대 무슬림 저자들이 프랑크 왕국 시대의 유럽에 대해 별 관심을 갖지 않았던 현상과 그것을 설명해줄 수 있는 이유를 검토한다(특히 pp. 6~18을 볼 것).

2 이 경향의 여러 사례가 데이비드 앨런 하비David Allen Harvey의 《프랑스 계몽주의와 그 외부인들The French Enlightenment and its Others》(2012)에서 논의된다.

3 악명 높은 사례는 라이프니츠에서 칸트 사이의 기간에 가장 유명했던 독일 철학자 크리스티안 볼프Christian Wolff의 경우였다. 그 역시 중국 애호가였고, 중국적 정부 양식의 우월성에 대해 강의했는데, 그로 인해 결국은 그를 시기하던 동료들이 그를 당국에 고발하여 체포 영장이 발부되었고, 그는 목숨을 구하기 위해 달아나야 했다.

4 특히 북아메리카에 관한 몇몇 고전적인 발언은 다음에서 찾아볼 수 있다. Chinard 1913; Healy 1958; Berkhofer 1978a, 1978b; Dickason 1984; McGregor 1988; Cro 1990; Pagden 1993; Sayre 1997; Franks 2002.

5 예를 들면 Grinde 1977; Johansen 1982, 1998; Sioui 1992; Levy 1996; Tooker 1988; 1990; Graeber 2007b 참조. 그러나 그런 문헌들은 아메리카 식민지에 선주민들의 사상이 미친 영향에 집중하며, 미국 헌법에 호디노쇼니 정치적 연방이 미친 구체적인 '영향'에 관한 논의의 수렁에 빠졌다. 실제로는 원래의 논의는 훨씬 더 범위가 넓었고, 아메리카에 온 유럽인 정착민들은 아메리카 선주민의 표준과 감수성 가운데 어떤 요소들, 아이들의 응석을 받아주는 너그러운 방식에서부터 공화적인 자치의 이념에 이르는 요소들을 받아들이기 시작했을 때에야 자신들을 '아메리카인'(영국인이나 프랑스인이나 네덜란드인보다는)으로 생각하게 되었다고 주장한다.

6 Alfani & Frigeni 2016.

7 이 토론에 관해 영어로 된 가장 좋은 자료는 Pagden 1986에 실려 있다.

8 논문 현상 공모에서 루소의 경쟁자 가운데 한 명이었던 다르장^{d'Argen} 후작은 수상하지는 못했지만 바로 이 논의를 전개했다. 그의 주장에 따르면, 군주제는 가장 참된 평등을 허용하며 그중에서도 절대주의 군주정이 가장 그러하다. 모두가 왕의 절대 권력 앞에서 평등하기 때문이다.

9 러브조이^{Lovejoy}와 보애스^{Boas}(1935)는 관련된 문헌 전부를 수집하고 주석을 달았다.

10 바버라 앨리스 만^{Barbara Alice Mann}이 우리에게 제안했듯이(개인적 서신에서), 부르주아 여성들은《예수회 보고서》를 특히 높이 평가했을 수도 있다. 그것을 통해 교회에서 전적으로 수용 가능한 형태의 여성의 성적 자유에 관한 논의를 읽을 수 있었기 때문이다.

11 가령, 데이비드 앨런 하비(2012: 75-6)는 라옹탕의《지혜로운 야만인 여행자와 나눈 신기한 대화》(곧 이에 대해 이야기할 것이다)를 디드로와 루소의 저작과 함께 문학 범주에 넣는다. 이 두 사람은 아메리카 선주민들과의 직접 경험은 거의 없지만 그들을 '함께 유럽식 관습과 문명에 대해 심문하게 될 토론으로 구축된 타자'라고 불렀다. Pagden 1983; 1993도 볼 것.

12 다음과 같은 생각을 한 사람은 매우 드물었던 것 같다. (1) 한 사람이 할 수 있는 논리적 주장은 한정되어 있으며, 지성인은 비슷한 상황에 놓인다면 비슷한 수사적 접근법을 들고 나올 것이다. 그리고 (2) 고전으로 훈련된 유럽의 저자들은 상대방이 그리스나 로마의 수사법을 이미 알고 있던 어떤 사람들을 연상시키는 논리에 특히 감명받았을 것이다. 확실히 그런 설명은 원래 대화를 알아보게 해주는 직접 창문은 열어주지 않지만, 그것들이 아무 관련 없다고 주장하는 것도 똑같이 말이 되지 않는다.

13 엄밀히 말하면 휴런족은 이로쿼이어를 쓰는 부족 연방에 속했다. 그 연방은 프

랑스인이 그곳에 온 시기에 존재했지만, 나중에는 호디노쇼니족의 공격으로 흩어져서 남쪽으로 이동했다가 페튠족 및 중립 연방의 난민들과 함께 와이언도트 혹은 웬다트로 재편되었다. 현대에 살아 있는 그들의 후손은 웬다트('웬닷Wen-dot'으로 발음되는)라는 이름을 선호하며, '휴런'은 원래 (자료 출처에 따라) '돼지 털' 혹은 '악취 풍기는'이라는 의미를 담은 모욕적인 호칭이었다고 지적한다. 당시의 자료들은 '휴런'이라는 호칭을 꾸준히 사용하며, 우리는 칸디아롱크 같은 선주민 발언자의 말을 인용할 때 그 이름을 '웬다트'로 바꾸는 바버라 만의 용법을 따르지만, 유럽 자료에서는 휴런을 계속 사용했다.

14 Biard 1611: 173-4, Ellingson 2001: 51에 인용됨.

15 명상수도회는 프란체스코회의 한 지파로서, 청빈서원을 한 수도사들의 집단이며, 뉴프랑스로 파견된 최초의 선교단 가운데 하나였다.

16 Sagard 1939[1632]: 192.

17 같은 책: 88-9.

18 Wallace 1958; Graeber 2001, 5장도 참조할 것.

19 《예수회 보고서와 동맹국의 자료: 1610-1791년 뉴프랑스에서 이루어진 예수회 선교사들의 여행과 탐사The Jesuit Relations and Allied Documents: Travels and Explorations of the Jesuit Missionaries in New France 1610-1791》, 루벤 골드 스웨이츠Reuben Gold Thwaites 편집, 그리고 이하에서는 JR로 표기. JR 6: 109-10/241. '대장captain'이라는 말은 프랑스 자료에서 권위 있는 지위의 모든 남성을 가리키는 용어로, 그 인물이 그저 한 무리나 마을의 수장이든 웬다트족이나 호디노쇼니 연방에서 공직을 가진 사람이든 가리지 않고 쓰인다.

20 JR 28: 47.

21 JR 28: 48-9, JR 10: 211-21 참조.

22 JR 28: 49-50. 이는 또 다른 예수회 신부인데, 당나귀의 주제로 다시 돌아온다. "아메리카 부족들을 통제하는 데는 그리 어려운 점이 없다. 이들 야만인들은 모두 야생 당나귀 같은 법칙에 따르는데, 통제받지 않고 자유로운 상태로 태어나고 살아가고 죽는다. 그들은 고삐를 채운다는 것이 무슨 의미인지 알지 못한다. 그들은 자신의 열정을 정복한다는 것을 대단한 농담으로 여긴다. 감각에 자유를 허용하는 것은 고상한 철학이다. 우리 주의 법칙은 이런 단호함과 거리가 한참 멀다. 그 법칙은 영역을 주고 한계를 지정하며, 그 밖에서 우리는 신과 이성을 거스르지 않고는 한 발자국도 디딜 수 없다."(JR 12: 191-2)

23 JR 5: 175.

24 JR 33: 49.

25 JR 28: 61-2.

26 *JR* 15: 155; Franks 2002: 4; Blackburn 2000: 68 참조.

27 그런 개념이 받아들여지는 상황 또한 균일하지 않았다. 거의 모든 예수회원들은 여전히 '야만인들'이 과거에는 은총과 문명의 더 높은 수준에서 살았지만 그 뒤 타락했다는 오래된 르네상스 시절의 교리를 따랐다(Blackburn 2000: 69).

28 엘링슨(2001)이 쓴 문헌을 포괄적으로 검토해보면, 유럽인 관찰자들이 일반적으로 자신들이 야만인이라고 여긴 대상을 낭만적 시각으로 본다는 견해가 전혀 근거 없다는 사실을 알게 된다. 가장 긍정적인 서술조차 균형이 잘 잡혀 있고, 장점과 단점을 모두 인정하는 편이다.

29 당시의 일부 자료와 웬다트족의 구전 전승에 따르면 그렇다(Steckley 1981).

30 공식 역사의 주장에 따르면, 그는 생애 마지막에 개종했다고 한다. 그리고 그가 몬트리올 노트르담 성당에 기독교도로 묻힌 것은 사실이다. 그러나 만은 죽기 직전에 개종했으며 교회에 묻혔다는 이야기는 선교사들 쪽의 단순한 정치적 책략에 불과할 가능성이 높다고 주장하는데, 설득력이 있다(Mann 2001: 53).

31 Chinard 1931; Allan 1966; Richter 1972; Betts 1984: 129–36; Ouellet 1990, 1995; White 1991; Basile 1997; Sayre 1997; Muthu 2003: 25–9; Pinette 2006; 그러나 중요한 예외를 알고 싶다면 Hall 2003: 160 ff.

32 Sioui 1972, 1992, 1999; Steckley 1981, 2014: 56–62; Mann 2001.

33 Mann 2001: 55.

34 같은 책: 57–61.

35 1704: 106–7. 인용된 참조 글은《지혜로운 야만인 여행자와 나눈 신기한 대화》의 1735년 영어판의 것이지만, 여기 나온 번역문은 그것과 만의 것(2001: 67–8)과 우리가 한 번역을 합친 것이다. 뒤에 나오는 번역문은 1735년 판에 의거하여 우리가 작성한 것이다.

36 "그가 그토록 강력하고 위대하다고 할 때, 그런 미지의 존재가 자신을 인간으로 만들고, 비참하게 살며, 불명예를 뒤집어쓰고 죽었을 가능성이 얼마나 있을까? 단지 태양과 별 아래 파리 한 마리의 존재처럼 그보다 훨씬 비천한 저열한 존재들의 죄를 씻어버리기 위해? 그것은 어디서 무한한 힘을 그에게 가져다주는가? 그것이 그에게 무슨 이득이 있으며, 그는 그것을 어떻게 이용할까? 내 입장에서 이런 종류의 저열함을 믿는 것은, 우리에 대해서는 과장스럽게 추정하면서도 그의 전능의 상상할 수 없는 위력에 대해서는 의심하는 것으로 보인다."(Mann 2001: 66에 인용됨)

37 Bateson 1935; 1936.

38 Sahlins 1999: 402, 414.

39 Allan 1966: 95.

40 Oullet 1995: 328. 공백이 있고 나서 1760년대에 인디언이 주인공인 비슷비
    슷한 희곡들이 홍수처럼 제작되었다. 샹포르Chamfort의 《인디언 소녀La Jeune
    Indienne》(1764)와 마르몽텔Marmontel이 쓴 《휴런족 남자Le Huron》(1768).

41 실제건 상상 속의 것이건 프랑스 계몽주의에서의 사회적 사유에 외국인의 시각
    이 미친 영향에 대한 최근의 훌륭한 요약이 필요하면 Harvey(2012)를 보라.

42 이 표현은 Pagden(1983)의 것.

43 Etienne 1876; Kavanah 1994 참조. 그라피니 부인의 책 2판이 나온 1753년
    에 퇴역 군인이자 스파이, 연극 감독이던 장 앙리 모베르 드 구베스트Jean Henri
    Maubert de Gouvest라는 사람 역시 《이로쿼이인의 편지Lettres Iroquois》라는 소설을 출
    간했다. 이는 이글리라는 허구의 이로쿼이족 여행자의 서한집 형식을 취했는데,
    역시 엄청난 성공을 거두었다.

44 "금이 없다면 자연이 모든 인간에게 공통적으로 준 이 땅의 한 부분을 얻을 수
    없다. 그들이 재산이라 부르는 것을 소유하지 않는다면 금을 가질 수 없다. 그
    런데도 자연의 상식을 침해하며 이성을 좌절시키는 모순적인 태도로, 이 고고
    한 나라는 온전히 자신들이 만들어낸 공허한 명예 규범에 따라, 자신의 생활과
    지위를 유지하는 데 필요한 것 이상을 지배자로부터 받는 것을 불명예로 여긴
    다."(de Graffigny 2009[1747]: 58)

45 Meek 1976: 70-71. 튀르고는 산업혁명이 시작되기 직전에 집필 활동을 했다.
    후대의 진화론자들은 '산업'이라는 단어를 그저 '상업'으로 바꾸기만 할 것이다.
    신대륙에는 목축 사회가 실제로 존재하지 않았는데도, 초기의 진화론자들은 이
    것을 전혀 문제 삼지 않았던 것 같다.

46 그 질문이 전통적인 용어로 규정되었다는 점을 지적해야 한다. 예술과 과학은 진
    보하는 것이 아니라 아직도 예전의(아마 고대의) 찬란한 상태로 복원되는 중일
    것이다. 진보 개념이 널리 받아들여지는 것은 그다음 10년 동안의 일이다.

47 이것은 '첫 번째 논의The First Discourse'라고 종종 지칭되는 《예술과 과학에 관한
    논의Discourse on the Arts & Sciences》의 세 번째 각주다. 몽테뉴가 1580년에 쓴 논문
    〈식인종에 관해On Cannibals〉는 유럽인 사회에 관한 아메리카 선주민의 관점을 살
    핀 최초의 논문으로 보인다. 투피남바족의 손님들은 왕실 사회의 자의성에 대해
    질문하고 왜 집 없는 사람들이 부자들의 저택을 불태우지 않는지 궁금해했다.
    토착 아메리카에서 강제력 있는 제도나 심지어 어떤 종류든 정부라는 공식적 제
    도가 없이도, 그토록 많은 사회들이 평화와 사회적 질서를 유지하는 것처럼 보
    인다는 사실은 매우 이른 시기부터 유럽인 관찰자들의 관심을 사로잡았다. 가령
    앞에서 보았듯이, 오랫동안 중국식 관료제를 합리적 국가 경영의 화신으로 선전
    해온 라이프니츠는 이것, 즉 국가 경영책이 전혀 필요하지 않을지도 모른다는

점이 라옹탕의 증언에서 정말 중요한 내용이라고 느꼈다(Ouellet 1995: 323).

48 Rousseau 1984[1754]: 109.

49 루소는 스스로 여행기를 아주 열심히 읽는 사람이라고 설명했고, 실제로도 기본적으로는 라옹탕의 요약인 르보Lebeau의 글과《야만인 광대l'Arlequin sauvage》를 인용한다(Allan 1966: 97-8; Muthu 2003: 12-13, 25-8; Pagden 1983: 33). 루소가 라옹탕의 글을 직접 읽지 않았을 가능성은 지극히 낮다. 설사 읽지 않았다 하더라도 그는 간접적인 경로를 통해서 같은 논의에 도달했을 것이다.

50 다른 예들을 보자. "땅을 경작하면 반드시 그것을 분배하는 일로 이어지며, 한번 인정되고 나면 재산은 최초의 사법적 지배를 출현시킨다. 저마다 자신의 것을 확보하려면 저마다 뭔가를 가질 수 있어야 하기 때문이다. 게다가 사람들이 미래를 내다보기 시작하고, 모두가 뭔 잃을 것을 갖게 되면서, 모든 사람은 다른 사람에게 행한 상처에는 보복이 따르리라는 것을 이해할 이유가 생겼다." 이 문장을 위에 인용된 칸디아롱크의 논지와 비교해보라. 웬다트족은 의도적으로 부의 나눔을 기피했다. 강제력 있는 사법 시스템을 만들고 싶은 욕구가 없었기 때문이다. 몽테스키외는 오세이지족에 대해 논의하면서 같은 논지를 전개했다. "땅의 구분은 시민 법규를 늘린 주요인이다. 이런 구분을 하지 않은 국가들에게는 민법이 거의 없다." 그의 이런 관찰은 부분적으로는 몽테스키외가 1725년에 파리를 방문한 오세이지족의 사절단과 나눈 대화에서 도출된 것으로 보인다(Burns 2004: 362).

51 Graeber 2011: 203-7을 보라.

52 루소 본인은 어렸을 때 가출하여, 스위스 시계공인 아버지에게 보낸 편지에서 자신은 '타인의 도움 없이' 살기를 바란다고 말했다.

53 Barruel 1799: 104. 인용문은 반일루미나티 조약에서 따온 것인데, 이것이 일루미나티 규약이라고 주장한다. 이 전체 논의에 대해서는 소문과 비방이 무성하여 우리가 가진 자료가 그냥 꾸며낸 것이 아닌지 확신할 수조차 없다. 하지만 어느 면에서 그것은 거의 중요하지 않다. 주된 쟁점은 우익이 루소적 이념을 좌파 혁명가 후보들의 활동으로 보았다는 점이다.

54 '일루미니즘Illuminism'이라 불리게 된 것이 혁명적 교리인지는 별로 분명하지 않다. 바이스하우프트 본인도 나중에는―그 협회가 금지되고 그 자신도 바이에른에서 추방된 뒤―그 사실을 부정하고, 순수하게 개혁주의라고 규정했기 때문이다. 그러나 그의 적들은 물론 이런 저항이 솔직하지 못하다고 주장했다.

55 결정적인 차이는, 루소는 진보를 본질적으로 은혜로운 인간 본성을 훼손하는 것으로 보는 반면, 고전적인 보수주의자들은 그 진보가 그 이전에는 인간 본성의 덜 은혜로운 측면을 수용할 수 있었던 권력 집단의 전통적인 관습과 예법을 잠

식하는 것으로 보는 경향이 있다는 점이다.

56 확실히, 이 모든 문헌에는 익숙하지 않은 사회에 소개되었을 때 그 사회를 전적으로 선하거나 전적으로 악한 존재로 취급하는 경향이 있다. 콜럼버스는 1490년 대에 벌써 이런 행동을 취하고 있었다. 여기서 우리가 말하는 바는 오로지 이것이 그들이 말한 어떤 것도 그들이 마주친 이들의 실제 관점과 무관하다는 의미는 아니라는 것이다.

57 Chinard 1913: 186, 번역문은 Ellingson 2001: 383을 따른다. 비슷한 문장이 있다. "모든 억제, 모든 법, 모든 위계에 대한 반항, 라옹탕 남작과 그가 만난 아메리카 야만인들은 제대로 된 아나키스트들이다.《한 야만인과의 대화록The Dialogues with a Savage》은 정치학 기고문도, 유식한 학위 논문도 아니다. 그것들은 혁명적 언론인의 행동을 촉구하는 외침이다. 라옹탕은 장자크 루소만이 아니라 뒤셴Duchesne 신부와 근대의 사회주의 혁명가들을 위한 길을 열었다. 그것도 루이 16세의 죽음보다 고작 10년 앞선 일이었다."(1913: 185, 번역은 우리가 한 것.)

58 Ellingson 2001: 383.

59 '우리 것'의 구축은 물론 아메리카 선주민들이 책을 읽지 않는다거나, 읽는 사람도 중요시되지 않는다고 추정한다.

60 Chinard 1913: 214.

61 "그의 상상력은 어떤 그림도 그리지 않는다. 그의 심장은 그에게 어떤 요구도 하지 않는다. 그의 극히 드문 욕구는 금방금방 충족되며, 그가 더 많이 원하게 하는데 필요한 것들의 지식이 전혀 없기 때문에 통찰도 호기심도 가질 수 없다. (…) 어느 것도 방해하지 못할 그의 영혼은 온전히 그 현존의 감각에 감싸여 있고, 아무리 임박한 것일지라도 미래에 대한 어떤 생각도 없다. 그의 시야에 한정된 것이기는 하지만, 그의 기획들은 하루도 채 이어지지 않는다. 지금 이 순간에도 그런 것이 카리브해 지역 선주민들의 시야의 범위다. 그는 아침에 즉흥적으로 당신에게 목면 이부자리를 팔았다가 저녁에는 울면서 다시 그것을 사러 온다. 그날 저녁에 이부자리가 다시 필요해질 것을 예상치 못했기 때문이다."(Rousseau 1984[1754]: 90).

62 '환대'는 여기서, 적어도 아메리카 선주민들의 영향력이 미치는 범위에서는 좀 생동맞아 보일지도 모른다. 하지만 아메리카인 관찰자들이 그토록 자주 언급했던 상호 부조와 지원의 책임감의 메아리가 그것에서 느껴진다는 증거를 제시할 수 있다. 몽테스키외는《법의 정신》에서 오세이지족에게서 형제간의 헌신이라는 의미를 중요하게 부각한다. 그리고 그의 책은 미국독립혁명과 프랑스혁명 양쪽 모두의 정치 이론가들에게 강한 영향을 미쳤다. 11장에서 보게 되겠지만, 몽테스키외 본인이 파리를 방문한 오세이지족의 사절단과 만났던 것으로 보이며,

그의 관찰은 그들과 직접 소통한 경험을 토대로 했을 수 있다(Burns 2004: 38, 362).

63 여성이 땅과 거기서 나는 산물, 그리고 그 외 거의 모든 다른 생산 자원을 관장하지만, 남성은 중요한 정치적 공직 대부분을 관장한다는 의미.

3장 빙하시대 녹이기

1 19세기에 들어선 지 한참 뒤에 나온 권위 있는 설명은 아마Armagh의 대주교인 제임스 어셔James Ussher의 것이었다. 그것은 1650년에 처음 발표되었지만, 다름 아닌 아이작 뉴턴이 또 다른 계산을 내놓고 실제 연대는 기원전 3988년이라고 주장했다는 점에 주목할 필요가 있다.

2 이 구절은 이 '시간 혁명'에 대한 토머스 트로트먼Thomas Trautmann의 설명(1992)의 도움을 얻었다. 인류학 분야가 '다윈의 10년'(《종의 기원The Origin of Species》이 출판된 1859년에서 《인간의 유래The Descent of Man》가 출간된 1871년 사이) 동안 탄생했지만, 실제로 우리가 알고 있는 인간 선사시대의 시간표를 확립한 것은 다윈이 아니라 고고학 발굴이었다. 지질학은 급속하고 거대한 일련의 격동을 거치며 지구가 탄생했다는 성서에서 영감을 얻은 견해 대신에 우리 행성의 기원에 대한 더 기계적이고 점진적인 설명을 제시하여 그 길을 닦았다. 과학적 선사시대의 초기 발전에 대한 더 자세한 연구, 그리고 화석 증거와 석기가 이 광범위한 지구상 생명의 연대기에 어떻게 들어맞는지에 대한 설명은 Schnapp 1993과 Trigger 2006에서 찾아볼 수 있다.

3 핵심적인 발견 내용은 Scerri et al 2018에 요약되어 있다. 설명이 필요하면 《뉴 사이언티스트New Scientist》에 실린 셰리Scerri의 기고문, 〈우리 종의 기원: 인간이 과거에는 왜 그토록 다양했는가Origin of our species: why humans were once so much more diverse〉라는 제목으로 온라인에 발표된(2018년 4월 25일) 글을 보면 된다.

4 사하라사막은 몬순의 강우대가 주기적으로 전진했다가 물러가는 과정을 통해 녹지가 되었다가 다시 가물어지는 주기를 되풀이하면서 인간의 진화에 있어서 일종의 회전문 같은 역할을 한 듯하다. 그렇게 하여 아프리카 대륙의 북부와 남부 지역 간 상호작용의 문을 열었다가 닫고는 한 것이다(Scerri 2017을 보라).

5 유전학자들은 유전적 혼합이 실제로 상당히 많이 발생했다고 추정했는데, 이는 충분히 타당성이 있다.

6 Green et al. 2010; Reich et al. 2010. 화석 증거는 현대인이 처음으로 아프리카를 벗어나기 시작한 것은 이르게는 21만 년 전이었다고 말해준다(Harvati et al.

2019). 그러나 이런 확장은 흔히 시험적으로 행해졌고 오래 지속되지 않았다. 적어도 인간 종이 기원전 6만 년경 더 확정적으로 퍼져나가기 시작할 때까지는 그랬다.

7 앞으로 보게 되겠지만, 최근의, 그리고 역사시대에서의 수렵 채집인들은 칼라하리의 주/토안시족Ju/'hoansi, 콩고의 음벤젤레 바야카족Mbendjele BaYaka, 필리핀의 아그타족Agta 같은 확실히 평등주의적인 그룹에서 캐나다 북서부 해안 지역의 주민들, 플로리다 키즈Florida Keys 지역의 칼루사Calusa, 파라과이의 숲 종족인 과이쿠루Guaicurú 같은(이 후자의 그룹들은 전혀 평등주의적이지 않았고, 전통적으로 노예를 부렸으며 서열이 있는 사회에 살았다고 알려져 있다) 확연히 위계적인 그룹에 이르기까지 엄청난 가능성 범위를 제시한다. 최근의 채집인들의 어느 특정한 하부 그룹을 '초기 인류 사회'의 대표자로 내세우는 것은 구미에 맞는 증거만 골라내는 처사다.

8 Hrdy 2009.

9 Will, Conrad & Tryon 2019, 기타 참고 문헌들.

10 '인간 혁명' 사상에 관한 중요한 리뷰와 비평이 필요하면 McBrearty & Brooks 2000; Mellars et al. 2007을 보라.

11 '비너스상像'이라는 용어는 아직도 널리 사용되고 있지만, 19세기와 20세기 초의 과학적 인종주의와 연결된다. 당시에는 선사시대의 형상과 인류의 '원시적' 형태의 살아 있는 표본으로 여겨지던 현대 인간의 해부학의 직접 비교가 이루어졌다. 사라 바트만Sara Baartman의 생애 이야기는 그 비극적인 사례다. 사라는 코이코이족Khoikhoi의 여성으로 엉덩이가 컸기 때문에 '호텐토트 비너스Hottentot Venus'라는 예명으로 유럽 전역을 돌면서 '기형'의 본보기로 전시되었다. Cook 2015를 보라.

12 Renfrew 2007.

13 유럽의 탁월성을 반증하는 증거가 샐리 맥브리어티Sally McBrearty와 앨리슨 브룩스Alison Brooks의 결정적인 출판물(2000)에서 제시되었다. 또 그 이후 남아시아(James & Petraglia 2005)와 아프리카(Deino et al. 2018)에서 발견된 사실들이 이를 보완했다.

14 Shipton et al. 2018.

15 Aubert et al. 2018.

16 아마 이것이 동굴미술의 제작에 포함되었을 것이다; Hoffmann et al. 2018.

17 후기 구석기시대(오리냐크Aurignacian 시대라 알려진)가 시작된 이후 인류의 인구 전체를 추산하려는 최근의 노력들에 따르면, 유럽의 서부와 중부 전체의 인구는 고작 1,500명이라는 빈약한 규모였다고 짐작된다. 이는 놀랄 만큼 낮은 수치다;

Schmidt & Zimmermann 2019.

18 구석기시대 후반 유럽의 인구밀도와 높아진 문화 전파 정도 사이의 관계에 대해 알고 싶다면 파월Powell, 셰넌Shennan, 토머스Thomas의 논의(2009)를 볼 것.

19 이는 명백히 최후의 수단일 뿐이며 대개는 그것이 정말로 틀림없이 요구되게 하려고 극한의 수단이 채택된다. 가령, 마다가스카르의 시골에서는 경찰이 사실상 부재할 때 누군가를 사적으로 폭행하는 것은 그의 부모가 먼저 허락을 했을 때만 가능하다는 것이 대체적인 규칙이었다. 이는 그 인물을 동네에서 쫓아내기만 하면 될 때는 대개 효과적인 방식이다(D. Graeber, 현지 조사).

20 Boehm 1999: 3-4.

21 처음에는 그랬지만 알고 보니 소년과 소녀라고 오해한 것이었다. 이 지점에서 새로운 유전학적 증거가 필요하면 Sikora et al. 2017을 볼 것.

22 다시 말하지만, 돌니 베스토니체 집단 매장에 관한 현대의 유전학적 연구는 세 무덤 모두가 남성의 것임을 확인했는데, 예전에는 이 사실이 의심의 대상이었다; Mittnik 2016.

23 이런 다양한 현장에서 얻은 증거는 Pettitt 2011에서 쓸모 있게 요약되고 평가되었고, 참고 사항들이 계속 추가되었다; Wengrow & Graeber 2015도 볼 것.

24 White 1999; Vanhaeren & D'Errico 2005를 보라. 상속은 결코 부와 아이들이 결합되는 현상을 설명할 수 있는 유일한 방법이 아니다. 부가 자유롭게 순환하는 많은 사회(목걸이나 팔찌를 찬미자에게 넘겨주라는 요청을 거절하기가 사회적으로 불가능한 곳 같은)에서, 장신구는 결국 사람들 손에서 돌아다니지 않게 하려고 아이들을 장식하는 데 쓰이곤 했다. 정교한 장신구가 무덤에 부장된 것이 부분적으로는 시샘 어린 눈길을 끌지 않도록 유통 구조에 들어오지 않게 하려던 것이었다면, 아이들과 함께 묻어버리는 것은 이 목적을 달성할 이상적인 방법일 수 있다.

25 Schmidt 2006; 그리고 간편한 요약문이 필요하다면 https://www.dainst.blog/the-tepe-telegrams/도 볼 것.

26 큰 울타리 세 곳 정도의 평면도에서 발견된 기하학적 규칙성과 상응 관계를 근거로 하여 Haklay & Gopher 2020에서 과감하게 시도되었다. 그러나 의심은 여전히 남아 있다. 그들의 연구는 울타리 뒤에서 연이어 시행된 복잡하고 역동적인 건설들을 고려하지 않으며, 엄밀하게 동시 시행되지 않은 건설 단계들을 비교하기 때문이다.

27 Acemoğlu & Robinson 2009: 679; Dietrich et al. 2019; Flannery & Marcus 2012: 128-31도 볼 것.

28 빙하시대를 배경으로 한 매머드 건축의 거대 구조물로서의 성격에 관해 알고 싶

으면 Soffer 1985; Iakovleva 2015: 325, 333을 보라. 아래에서 지적하겠지만, 미하일 사블린Mikhail Sablin, 너태샤 레이놀즈Natasha Reynolds와 동료들은 '매머드 집' 혹은 '거처'라는 용어가 일부 경우에는 잘못된 것일 수 있음을 보여준다. 사실 이런 인상적인 구조물의 정확한 기능은 지역과 시기에 따라 상당히 다양했을 수 있다(Pryor et al. 2020을 보라). 대규모로 모이는 계절적 소집의 증거인 거대한 목재 울타리에 관해서는 Zheltova 2015를 보라.

29 Sablin, Reynolds, Iltsevich & Germonpré(작업 중인 원고로, 너태샤 레이놀즈의 허락하에 열람함)

30 같은 글.

31 사실, 어린아이들도 일반적으로 이보다는 훨씬 더 상상력이 풍부하다. 우리 모두 알고 있듯이 그들의 시간 가운데 많은 부분이 대안적인 역할과 상징 세계를 구축하여 그 속에 거주하는 데 바쳐진다. 로버트 L. 켈리Robert L. Kelly는 '채집의 범위'에 관한 권위 있는 조사에서 채집인들의 전형화와 관련된 문제를 명확히 발언하고, '일반적인 설명 대 전문화된 설명, 단순 버전 대 복잡 버전, 저장 대 비저장, 혹은 즉각 보상 대 지연 보상 등의 느슨한 유형론적 대비가 아닌 다른 기준에서 수렵 채집의 선사시대'에 대한 연구를 주장했다(2013: 274). 그렇기는 해도, 우리는 켈리 연구의 중심 부분에서 본인이 고착된 내적 특질을 가진 사회('단순 대 복잡' 형태 간의 이원적 대비로 굳어진; Kelly 2013: 242, table 9-1)의 뚜렷한 유형들로서 '평등주의적' 수렵 채집인과 '비평등주의적' 수렵 채집인 사이의 그런 느슨한 이분법을 유지한다는 점에 주목한다.

32 예를 들면, 영국의 역사가 키스 토머스Keith Thomas는 중세와 르네상스 시대의 영어 자료에서 기독교에 대한 일상적인 거부를 보여주는 온갖 목록을 작성했다. "1600년에 엑스터 주교는 자신의 교구에서는 '신이 있는지 아닌지를 두고 논쟁하는 것이 매우 흔한 일이었다'고 불평했다. (⋯) 에식스에서 브래드웰니어더시Bradwell-near-the-Sea에 사는 한 농부는 '모든 일은 본성에 따라 일어난다고 주장하며 무신론자로 지내면서 그 주장을 확인해준다'. (⋯) 러틀랜드Rutland의 윙Wing에서 1633년에 리처드 샤프Richard Sharpe는 '신은 없고 그렇기 때문에 구원할 영혼도 없다'고 말했다는 이유로 고발되었다. 1635년에는 더럼Durham에서 브라이언 워커Brian Walker의 사건이 일어났다. 그는 신을 두려워하지 않느냐는 질문을 받자 이렇게 반박했다고 한다. '신이나 악마가 있다고 난 믿지 않는다. 내가 보는 것 외에 다른 어떤 것도 믿지 않겠다.' 성경의 대안으로서 그는 '초서Chaucer라는 책'을 추천했다."(1978: 202). 물론 위네바고족Winnebago은 그런 의견을 입 밖에 내는 사람을 재미있는 인물로 여기겠지만, 엘리자베스 1세나 제임스 왕의 치세에서라면 심각한 곤경을 초래할 수 있다는 차이가 있다. 이는 위에서 제시된 사

람들에 대해 우리가 알게 된 것이 모두 재판 기록을 통해서라는 사실로도 증명된다.

33 Beidelman 1971: 391-2. 그 서술은 예언자는 남성이지만 여성 예언자도 있었다는 기록들이 있다고 주장한다. 더글러스 존슨Douglas Johnson(1997)은 20세기 초반 누에르족 예언자들에 대한 역사의 결정판을 제공한다.

34 Lévi-Strauss 1967[1944]: 61.

35 Lee & Devore 1968: 11. 레비스트로스가《사냥하는 인간Man the Hunter》의 희망 없는 에필로그를 제안했다는 사실은 지적해둘 만할 것이다. 그것은 이제는 읽히지 않는다.

36 Formicola(2007)는 그 증거를 조사한다. 그리고 Trinkaus 2018; Trinkaus & Buzhilova 2018도 볼 것.

37 이것이 일반적인 패턴이다(Pettitt 2011). 물론 완전히 보편적이지는 않다―가령 로미토Romito 소인은 부장품 없이 묻힌 것으로 보인다.

38 고고학자들은 프랑스 페리고르의 후기 구석기시대에 속하는 대규모 군거群居 유적과 도르도뉴와 베제르에 있는 여울이나 강이 굽어 흐르는 곳 같은 자연적으로 막힌 지점, 혹은 '병목 지점' 사이에 긴밀한 공간적 관련성이 있음을 관찰했다. 그런 곳은 순록 무리가 철 따라 이동할 때 끼어들기 좋은 이상적인 지점이다(White 1985). 스페인 북부에서 유명한 알타미라와 카스티요 동굴 유적은 오랫동안 그 지형적 위치와 그곳에서 발견된 동물 흔적들 사이에 사슴, 아이벡스, 조개껍질 등 계절에 따라 풍부해지는 자원을 근거로 하여 사람들이 많이 모이는 지점으로 확인되어왔다(Straus 1977). 중부 러시아의 주빙하 '매머드 초원'에는 거창하게 큰 메지리히Mezhirich와 메진Mezin 같은 정착지들―거대한 매머드 뼈로 지은 주거와 고정식 저장 구덩이, 미술과 교역의 증거가 풍부한―이 큰 강들(드네프르강, 데스나강)을 따라 정렬되어 있다. 그 강들은 또한 초원의 바이슨, 말, 순록, 매머드가 매년 북에서 남으로 이동하는 통로이기도 하다(Soffer 1985). 이와 비슷하게, 모라비아 남부의 돌니 베스토니체가 자리 잡은 파블로프 힐스Pavlov Hills는 과거에 수림 초원이 이어지는 좁은 벨트 지역의 일부분이었으며, 동부와 서부 유럽의 빙하로 덮이지 않은 구역을 잇는 다리 역할을 했다(Roebroeks et al. 2000에 실린 이리 스보보다Jiří Svoboda의 기고문을 볼 것). 이런 지역 일부에서는 확실히 1년 내내 상주할 수도 있었지만, 인구밀도는 아직 계절에 따라 눈에 띄게 변동했을 확률이 높다. 최근에 고고학자들은 이주 패턴과 잡힌 동물의 식단을 판단하기 위해 더 미세하게 다듬어진 분석 기술―동물의 치아와 뿔의 성장 패턴에 대한 면밀한 연구나 동물 사체 내 안정동위소 비율에서 계절적인 변동에 대한 지구화학적 프록시proxy 측정 같은―을 사용하기 시작했다(도움이 될 만한 조사

를 알고 싶으면 Prendergast et al. 2018을 볼 것).

39 Lang et al. 2013; L. Dietrich et al. 2019(괴베클리 테페에서는 연마용 석판, 석재 대접, 망치, 절구와 공이가 모두 엄청나게 많이 발견되었다); O. Dietrich et al. 2012도 볼 것.

40 파커 피어슨Parker Pearson(2012)은 스톤헨지의 고고학에 대한 자세한 조사와 해석 및 최근 현지 조사의 결과를 제공한다. 신석기시대 귀족제에 대한 논의는 스톤헨지 건설의 상이한 단계들과 결부된 인간 흔적의 면밀한 분석과 연대 측정을 근거로 하는데, 이런 분석 결과는 스톤헨지의 첫 번째 서클이 고위급 묘지와 관련된다는 견해와 일관된다. 그 서클에는 기원전 2000년대 초반 화장된 핵가족의 유골이 안치되어 있다. 그 이후의 이동과 재건축, 거대한 사르센sarsen 석재[잉글랜드 중남부에서 나는 사암—옮긴이]의 추가는 아마 여러 세기가 지나는 동안 그 가족의 계보가 규모와 지위 면에서 확대된 탓으로 계속 행해진 장례 의식과 연결될 것이다.

41 선사시대 브리튼에서 거석 구조물이 지어지던 시기에 곡물 농경이 거부된 일에 대해서는 Stevens & Fuller 2012를 보라. 치아 유물로 파악된 더링턴 월스Durrington Walls에서 한겨울에 열린 계절적인 고기 잔치에 대해서는 Wright et al. 2014를 보라.

42 Viner et al. 2010; Madgwick et al. 2019.

43 물론 이렇게 하는 것이 인간만은 아니다. 침팬지와 보노보같이 인간 아닌 영장류 역시 영장류 학자들이 '분열융합fission-fusion' 시스템이라 부르는 식용 자원 분포 양상의 변화에 따라 계절적으로 집단의 구조와 규모가 달라진다(Dunbar 1988). 사실 다른 모든 군집적 동물 역시 그렇다. 그러나 모스가 말하고 있는 것은, 그리고 여기서 우리가 살펴보고 있는 것은 이것과는 원칙적으로 다르다. 특이하게도, 인간의 경우 그런 계절적인 교대에는 도덕적·법적·제의적 조직화에서 상응하는 변화도 포함된다. 단순히 전략적인 동맹만이 아니라 역할과 제도의 전체 시스템이 대체로 한 해의 다른 시기에 더 집중되는 방식의 생활을 가능케 함으로써 주기적으로 해체되었다가 재구성된다는 특징이 있다.

44 Mauss & Beuchat 1979[1904-5]. 계절적 변주의 측면 가운데 그들 본인들이 선택하여 강조한 것이 정치적 측면이 아니었음을 지적할 필요가 있다. 그들은 세속적 설정과 제의적 설정 간의 대비와 이것이 그 집단의 자의식에 미친 영향에 더 많은 관심을 가졌기 때문이다. 예를 들면 이런 식이다. "겨울은 에스키모 사회가 매우 집중적으로 모여들고 지속적인 흥분과 행동 과다인 상태가 유지되는 계절이다. 개인들이 서로와 밀접하게 접촉하게 되므로 그들의 사회적 상호작용이 더 잦아지고, 더 지속적으로 변하고, 더 결속력이 강해진다. 생각이 교환되고,

감정이 서로 재생되고 강화된다. 그룹은 그 존재와 끊임없는 활동에 의해 그 자체에 대한 인식이 더 깊어지고, 개인의 의식 속에 더 뚜렷한 자리를 차지하게 된다."(p. 76)

45 콰키우틀의 미술 가운데 그처럼 많은 부분이 '이름' '인물' '역할'의 관계를 시각적으로 다룬다는 것은 확실히 우연의 소치가 아니다. 이런 관계는 그들의 계절적 활동을 통해 비판에 열려 있다(Lévi-Strauss 1982).

46 Lowie 1948: 18.

47 "이 평원의 군사적 사회에서는 법과 국가의 씨앗을 찾아볼 수 없다. 그 씨앗은 싹이 터서 자랐다. 그것들은 우리의 근대국가의 전례가 아니라 그것과 비교될 존재이며, 연구를 위한 중요 쟁점으로 보이는 것은 한 사회가 다른 사회를 어떻게 능가하는가가 아니라 그것들이 법과 국가의 본성에 대해 빛을 던져줄 어떤 공통점을 갖고 있는가에 대한 조사다."(Provinse 1937: 365)

48 로위의 논문에서 나머지의 대부분은 족장의 역할에 집중하며, 정치 지도자가 아메리카의 무정부 상태 사회에 미치는 힘은 영구적인 강제 구조가 출현하지 못하게 막는 방향으로 지극히 조심스럽게 제한되어 있다고 주장한다. 그는 그곳에서 선주민의 국가들이 발달한 이상 그것은 예언의 힘을 통해서였을 수밖에 없다고 결론짓는다. 그것은 더 나은 세계의 약속, 신으로부터 직접 권위를 받았다고 주장하는 종교적 인물에 대한 예언이다. 한 세대 뒤, 피에르 클라스트르는 1974년에 낸 논문 〈국가에 대항하는 사회 Society Against the State〉에서 거의 똑같은 논지를 폈다. 그는 로위를 워낙 가까이 따랐기 때문에 그에게서 직접 영감을 얻지 않았을 수가 없다. 로위가 이제는 대체로 잊힌 반면, 클라스트르는 국가 없는 사회가 더 높은 조직을 알지 못하지만 강제적 권위에 대한 자의식적이고 원칙 있는 거부를 기초로 하는 하나의 진화론적 단계를 대변하지 않는다고 주장한 것으로 기억된다. 흥미롭게도, 로위에게서 클라스트르에게 전달되지 않은 한 가지 요소는 권위 양상의 계절적 변주라는 요소다. 그리고 클라스트르 본인이 대체로 한 해 중 다른 시기에 매우 다른 구조를 띠는 아마조니아 사회에 집중했음에도 그렇다(Maybury-Lewis ed. 1979). 엄청난 영향력을 여전히 갖고 있는 클라스트르의 주장에 대한 흔한 논리적 이의는, 아마조니아 사회가 자신들이 한 번도 실제로 경험하지 못한 권력 형태의 출현에 반대하여 의식적으로 스스로를 조직할 수 있었는가 하는 의문이다. 계절적 변주를 이 논쟁으로 도로 가져온다면 이 딜레마를 해결하는 데 중요한 진척을 이룰 것으로 보인다.

49 '보리옥수수 존 John Barleycorn'[보리나 옥수수, 그리고 그것으로 만든 맥주와 위스키를 의인화한 영국 민요, 또는 그 등장인물 — 옮긴이] 같은 계절적인 왕이나 영주 — 매년 수확기에 임기를 마치면 살해당하는 운명인 신성한 지배자의 변형 —

는 오늘날까지도 영국의 민담에 고정으로 등장하는 인물이지만, 그 기원이 16세기에 처음 문자로 기록되었을 때보다 얼마나 더 거슬러 올라가는지에 대해서는 합의된 바가 거의 없다. 그런 일시적 왕이 유럽, 아프리카, 인도, 그리스 로마의 신화와 전설 어디에나 있는 편재성이 제임스 프레이저의 《황금 가지The Golden Bough》 3권의 주제, 그가 '죽어가는 신'이라 부른 주제였다.

50 발표된 논문(Lowie 1948)이 잊힌 이유 가운데 하나는 누가 보아도 별 특징이 없는 제목 탓이기도 하다. 그 제목은 '아메리카 선주민의 정치적 조직의 몇 가지 특징Some aspects of political organization among the American Aborigines'이다.

51 Knight 1991.

52 D. 그레이버D. Graeber가 〈신성한 왕권의 정치에 대한 메모: 혹은 주권의 고고학을 위한 요소들Notes on the politics of divine kingship: Or, elements for an archaeology of sovereignty〉에서 논의한 내용, Graeber & Sahlins 2017, 7장.

53 고전 문헌의 '카니발레스크carnivalesque'[전통적 문학작품에서 우스꽝스러운 유머와 풍자, 공포와 무질서를 통해 의도적으로 그 질서나 가치를 전복하거나 해방하는 문학 양식─옮긴이]에 관해서는 바흐친Bakhtin의 《라블레와 그의 세계Rabelais and His World》(1940)를 보라.

54 여기서는 이런 토론의 역사에 대해 자세히 살펴볼 수 없지만, 그것들이 계절성에 관한 모스의 연구에서 곧바로 출현한다는 것을 관찰하면 흥미롭다. 모스는 이 연구를 삼촌인 에밀 뒤르켐Émile Durkheim과 협동으로 수행했는데, 뒤르켐은 모스가 프랑스 인류학에서 차지하는 것과 같은 의미로 프랑스 사회학의 설립자로 여겨지는 인물이다. 1912년에 《종교적 삶의 기초적 형식The Elementary Forms of Religious Life》에서 뒤르켐은 오스트레일리아 선주민 사회에 관한 모스의 연구를 이용하여 오스트레일리아 선주민 무리의 일상적인 경제적 존재─식량을 얻는 것에만 거의 전적으로 집중하는─라고 서술한 것을 코로보리corroboree라 불리는 그들의 계절적 소집의 일시성과 대비했다. 그의 주장에 따르면, 사회를 창조하는 힘이 토템 혼령과 그 상징에 투사된 어떤 외계적 힘처럼 그들에게 나타나는 것은 코로보리의 흥분 속에서였다. 여기서 그 이후 거의 모든 이론가들이 내내 씨름하지 않을 수 없었던 기본 문제가 최초로 형성된다. 제의는 사회구조가 현현하는 순간이자 동시에 새로운 사회 형태가 튀어나올 수 있는 반反구조가 현현하는 순간이라는 것이다. 1차적으로 뒤르켐에게서 최초의 이론적 영감을 얻은 영국의 사회인류학은 다양한 길(특히 에드먼드 리치Edmund Leach, 빅터 터너Victor Turner, 메리 더글러스Mary Douglas의 연구)을 통해 그 문제를 처리해나갔다. 이 딜레마를 해결하기 위한 가장 세련되고 우리가 보기에 강력한 제안은 현재 모리스 블로크Maurice Bloch(2008)의 '초월적transcendental' 대 '업무적transactional' 영역의 개

념, 그리고 셀리그먼 등Seligman et al.(2008)이 제시한, 현실과 의식적으로 분리되어 항상 파편적이고 혼란한 것으로 대비적 시각에서 제의를 바라보이는 '가정법적인' 혹은 '만약'이라는 질서 영역을 창출한다는 주장이다. 제의는 일상생활과 격리되어 존재하는 것으로 표시되었지만, 또한 본질적으로 상상적이고 계속 지속되는 제도(씨족이나 제국 등등)가 존재하며 유지되는 세계를 창조한다.

55 피터 버크Peter Burke(2009: 283-5)가 지적하듯이, 반항의 제의가 단순한 '안전밸브'나 평민들이 '증기를 분출'하도록 허용하는 방법이라는 생각은 증기기관이 발명된 지 고작 2년 만에 처음 기록되었다. 그 이전에는 포도주 통의 마개를 연다는 은유가 흔히 사용되었다. 그러나 동시에, 중세의 권력자들은 거의 모든 농민 반란이나 도시의 봉기가 바로 그런 제의적 순간에 시작된다는 사실을 잘 알고 있었다. 이 양가성은 계속 되풀이하여 나타난다. 루소는 이미 대중 축제가 혁명의 정신을 구현한다고 여겼다. 그런 사상은 나중에 로제 카유아Roger Caillois의 '축제'에 관한 획기적인 논문에서 개발되었다. 그 논문은 조르주 바타유George Bataille의 사회학 연구회Collège de Sociologie(2001년에 1939년 발행본이 영어로 번역됨)를 위해 집필된 것이다. 이 논문의 초고는 두 번 작성되었는데, 첫 번째 것은 축제를 혁명적인 사회 해방의 모델로 제시했고, 두 번째 것은 파시즘의 전조로 내세웠다.

4장 자유로운 인간, 문화의 기원, 사유재산의 등장

1 아니면, 적어도 형태와 기능 면에서는 대체로 비슷하다. 선사시대 석기 분석 전문가들은 물론 정밀한 분석을 토대로 하여 특정 집단의 것으로 인정된 옛 도구와 물건들을 구분하는 데 많은 시간을 쏟지만, 스스로를 '뭉뚱그리기'보다는 '쪼개는' 경향의 분석가라고 여기는 사람들도 후기 구석기시대의 전통—오리냐크Aurignacian, 그라베트Gravettian, 솔류트레Solutrean, 마들렌Magdalenian, 함부르크Hamburgian 등등—이 매우 광범위한 지리적 영역에 퍼져 있음을 부정하지는 않을 것이다. 이 이슈에 관한 최근의 논의가 필요하면 Reynolds & Riede 2019를 볼 것.

2 Schmidt & Zimmerman 2019.

3 Bird et al. 2019; Hill et al. 2011도 볼 것.

4 이것이 북아메리카에서 유명한 수어手語가 발달한 한 가지 이유다. 두 경우 어느 쪽이든 하나는 토템 씨족 시스템을 다루며, 그런 시스템이 그 자체로 장거리 경영의 일반적인 형태인가 하는 질문을 제기한다(Tooker 1971 참조). 다른 건 몰

라도 '원시적' 인간들이 그들의 특정한 지역 그룹 밖의 사람들을 오로지 적으로만 본다는 흔한 일반화는 전혀 근거가 없어 보인다.

5 Jordan et al. 2016; Clarke 1978; Sherratt 2004.

6 다음 장에서 예를 보게 될 것이다.

7 가령, 곡물 경제와 징세, 공격, 공물을 부과함으로써(곡물이란 잘 알다시피 눈에 잘 보이고, 수량화가 가능하며, 전용轉用성과 저장성이 높은 자원이기 때문에) 자신들의 권위를 강제하는 수탈자 엘리트들의 관심사 사이에 어떤 유사성이 존재한다는 제임스 C. 스콧James C. Scott의 논의(2017)에 동의할 수 있다. 그러나 어디에서도 스콧은 곡물 농경의 채택이 어떤 경우에든 국가를 만들어낼 것이라고 순진하게 주장하지는 않는다. 그는 단순히 이런 매우 실용적인 이유 때문에 성공한 국가와 제국의 다수가 예속민들에게 몇 안 되는 종류의 곡물 생산을 독려하기로—그리고 흔히 강요하기로— 했으며, 비슷한 이유로 더 혼란스럽고 유동적이며 따라서 관리하기 힘든, 유목 생활, 텃밭 농사, 혹은 계절적인 수렵과 채집 같은 생존 형태의 추구를 억제했다는 점을 지적할 뿐이다. 뒤에 이어질 장에서 우리는 이 주제로 돌아가려 한다.

8 기본 문헌으로는 Woodburn 1982, 1988, 2005를 보라.

9 Leacock 1978; 더 연장된 논의가 필요하면 Gardner 1991.

10 JR 33: 49. 랄르망Lallemant은 웬다트족은 뭔가를 금지한다는 것이 무슨 의미인지를 전혀 몰랐다고 하는데, 그 말뜻은 아마 인간 법에 따른 금지를 가리켰을 것이다. 어떤 종류든 제의적인 금지라면 그들도 당연히 익히 알고 있었다.

11 이 말의 뜻은 그들의 권력이 대체로 연극적이라는 것이다. 물론 그들은 중요한 조언자 역할도 수행했다.

12 여기서 이 용어를 쓰는 방식은 사회복지에 대한 아마르티아 센Amartya Sen(2001)과 마사 누스바움Martha Nussbaum(2011)의 '역량 접근법Capability Approach'과 어딘가 닮았다. 그것은 또한 경제적이거나 정치적인 활동에 참여하고 노령에 이를 때까지 살아가는 능력으로서의 '실체적 자유'에 대해 말한다. 하지만 우리는 그들과 무관한 방식으로 그 용어를 찾아냈다.

13 Gough 1971. 또 식민지 이후 시대로 문제를 연장하여 여성 자율성에 담긴 전체 의미를 알려면 Sharon Hutchinson 1996도 볼 것.

14 Evans-Pritchard 1940: 182.

15 이 측면에서 모든 인간의 언어에 명령문 형식이 있다는 지적은 흥미롭다. 하드자족 같은 근본적으로 반권위주의적인 사회에도 명령이라는 개념을 전혀 모르는 사람은 없다. 하지만 그와 동시에, 많은 사회들은 그 누구도 상대방에게 체계적인 명령을 내릴 수 없는 방식으로 상황을 설정한다.

16 이 맥락에서 튀르고가 집필 활동을 한 것이 18세기 중반이었다는 사실을 상기해야 한다. 그래서 오늘날 우리가 '서구 문명'(당시에는 존재하지 않았던 개념)의 우월성을 증명하기 위해 사용하는 거의 모든 기준은 명백히 적용할 수 없다. 가령 위생, 공공 보건에 관한 유럽식 표준은 경악할 만하고, 당시의 '원시'인들 사이의 보편적인 수준보다 훨씬 열악했다. 유럽에는 의지할 만한 민주주의 제도가 없었고, 그 사법 시스템은 세계 표준에서 볼 때 야만적이었다(가령 유럽인들은 여전히 이단자를 가두고 마녀를 불태웠는데, 다른 어디에서도 행하지 않던 처사였다). 생활 표준과 실질임금 수준도 인도나 중국보다 낮았고, 1830년대까지는 오스만제국이나 사파비왕조보다도 낮았다.

17 중세 유럽 농부들이 현대의 미국 사무직 근로자들보다 전체적으로 더 적은 시간 일했다는 유명한 주장은 미국의 사회학자 줄리엣 쇼어Juliet Schor가 저서《과로하는 미국인The Overworked American》(1991)에서 처음 제기했다. 그 주장은 반론들을 겪었지만 세월이 흐른 뒤에도 살아남았다.

18 사실 그것은 2년 전에 열린 심포지엄 "사냥하는 인간"에 제출한 그의 짧은 기고문을 근거로 했다. 원래 논문은《석기시대 경제학Stone Age Economics》이라는 제목을 달고 여러 판본으로 나온 살린스Sahlins의 논문집에 재수록되었다(가장 최근의 것은 Sahlins 2017).

19 살린스가 의지했던 결정적인 연구는 Lee & Devore 1968에 모여 있다. 이와 반대로 그 이전의 민족지학 연구는 통계적 자료의 지원을 거의 받지 못한다.

20 Braidwood 1957: 22.

21 이제는 농업혁명이라고 불릴 때가 더 많은 신석기혁명이라는 개념은 오스트레일리아의 선사학자 V. 고든 차일드V. Gordon Childe가 1930년대에 도입했다. 그는 농경의 기원을 인류 문명의 중심이 되는 혁명 세 가지 중 첫 번째로 규정했다. 두 번째는 도시혁명이며 세 번째가 산업혁명이다. Childe 1936을 보라.

22 1장에서 보았듯이, 사람들은 실제로 이런 종류의 주장을 아직도 규칙적으로 내놓는데, 살린스, 리Lee, 드보어Devore, 턴불Turnbull, 그 외에 많은 사람들이 제시한 증거가 있음에도 불구하고, 이런 연구가 하나도 발표된 적이 없는 것처럼 뻔뻔하게 무시한다.

23 아우구스티누스의 이 문장은 실제로 살린스 자신의 후대 연구(1996, 2008)에서 끌어왔다. 당시에는 물론 이 모든 것이 짐작일 뿐이었다. 이제 사람과 작물 사이의 진화하는 관계에 대한 새로운 사실들이 발견되어 그의 논지를 다시 꺼내지 않을 수 없게 되었다. 6장과 7장에서 이 문제를 다시 살펴볼 것이다.

24 Sahlins 2017[1968]: 36-7.

25 Codere 1950: 19.

26 정말 이상한 일이지만, 파버티포인트는 실제로 바이우 메이컨 야생 생물 관리 지역과 블랙베어 골프장 사이의 거의 정확히 중간 지점에 자리 잡고 있다.

27 이 내용은 키더Kidder(2018)의 요약 논문에서 인용한 것이다. 파버티포인트의 고고학에 관한 좀 특이하더라도 더 확대된 설명이 필요하다면 Gibson 2000을 볼 것. 더 광범위한 평가가 필요하면 Sassaman 2005를 보라.

28 로위(1928)가 입증했듯이, 더 최근의 아메리카 선주민 사회에서 토지와 자원에 관한 용익권用益權을 해방한 것은 영토의 직접 소유권보다는 대개 이런 '무형의' 물건의 소유권(그는 이것을 우리의 특허권, 저작권과 비교한다)이었다.

29 Clark 2004.

30 Gibson & Carr 2004: 7. 여기서 '단순한 일상적 채집인'의 문제에 관해 살린스의 '원조 풍요 사회'를 인용한다.

31 이 문제에 대해서는 Sassaman 2005: 341-5 ; 2010: 56 ff.; Sassaman & Heckenberger 2004도 볼 것.

32 〈미국 고고학회Society for American Archaeology〉 특별 호에 북아메리카의 여러 지역에 있는 '고대시대' 조개무지 문화에 대한 유용한 논의가 실려 있다. Sassaman (ed.) 2008을 보라. 브리티시컬럼비아 지역의 선사시대에 있었던 해안 요새화, 교역, 전쟁의 증거가 필요하면 Angelbeck & Grier 2012; Ritchie et al. 2016을 보라.

33 가장 크고 인상적인 조몬 문화 유적인 산나이 마루야마는 기원전 3900년에서 기원전 2300년 사이에 사람들이 거주한 곳으로, 일본 북부의 아오모리현에 있다. Habu & Fawcett(2008)은 그 유적의 발견과 수용 상황, 현대의 해석에 대해 생생한 서술을 제공한다. 조몬의 물질문화, 정착 패턴, 환경의 이용에 대해 더 넓은 논의가 필요하면 Takahashi & Hosoya 2003; Habu 2004; Kobayashi 2004; Matsui & Kanehara 2006; Crema 2013; Habu 2004를 볼 것. 고대 조몬 문화가 다른 면에서도 현대인의 의식에 침투하고 있음은 지적해둘 필요가 있다. 그들의 세공된 토기가 보여주는 뚜렷한 '밧줄무늬'의 미학은 닌텐도 사가 제작한 가장 인기 있는 비디오게임 가운데 하나인 〈젤다의 전설: 야생의 숨결The Legend of Zelda: Breath of the Wild〉의 그래픽 모형으로 사용되었다. 조몬은 디지털 시대에도 아주 편안하게 적응한 것 같다.

34 유럽에서 '중석기'라는 용어는 빙하시대가 끝난 뒤 농경 인구와의 최초의 만남을 포함한 어로 수렵 채집인의 역사를 가리킨다. 이에 대해서는 7장에서 논의하려 한다. 일부에서는 핀란드의 '거인의 교회'가 방어적 기능을 가졌다고 보는 한편(Sipilä & Lahelma 2006), 다른 사람들은 그들의 천문학적 배열과 훨씬 후대의 중세 노르딕 달력에서와 같이 한 해의 네 계절 구분법에서 그들이 갖는 상징적

역할을 지적한다. 소위 시기르 이돌^{Shigir Idol}이라는 것의 연대와 분석에 대해 알고 싶다면 Zhilin et al. 2018을 볼 것. 또 카렐리아와 유럽 대서양 해안 지대에 있는 중석기시대의 매장 전통에 대해서는 Jacobs 1995; Schulting 1996을 볼 것.

35 Sassaman (ed.) 2008.

36 라옹탕의 저서 영어판(1735), p. 113.

37 Tully 1994. 로크의 입장은 1823년에 '존슨과 그레이엄의 임대인 대 매킨토시^{Johnson and Grahame's Lesee v. McIntosh}' 재판에서 대법원장에 의해 반박되었다. 하지만 몇몇 나라에서는 관련된 테라 눌리우스^{terra nullius}('다른 누구도 아닌 내게 속하는 땅') 원칙이 훨씬 더 최근에야 환기되었다. 오스트레일리아에서는 1992년에 원주민과 토러스해협 섬 주민들이 결국은 영국 식민화 이전에 그들 고유의 토지 점유 형태를 모두 갖고 있었다고 판결한 '마보 결정^{Mabo Decision}'에서야 그렇게 되었다.

38 이것이 브루스 파스코^{Bruce Pascoe}의《검은 에뮤^{Dark Emu}》(2014)의 논지다. 농경의 이 기술적 정의를 받아들이건 그러지 않건, 그가 소개하는 증거의 위력은 압도적인 것으로, 선주민 인구가 수천 년 동안 꼬박꼬박 일을 했고, 영토를 경작하고 개발했음을 보여준다.

39 물론, 과거에 불평등과 수탈이 존재했다고 해서 어떤 면으로든 선주민 집단이 자격을 요구할 명분이 약해지지는 않는다. 어떤 상상적 자연 상태에 살고 있는 그룹들만 법적 보상을 받을 자격이 있다고 주장하기를 원하는 게 아닌 한 말이다.

40 Marquardt 1987: 98.

41 미국 민족학 관리국^{Bureau of American Ethnology}의 프랭크 쿠싱^{Frank Cushing}은 17세기와 18세기에 쇠퇴하여 노후해진 칼루사 사회의 흔적에 대한 체계적인 연구에 착수한 최초 인물들 중 하나다. 쿠싱은 당대의 초보적인 고고학적 방법을 가지고도 후대의 연구가 밝혀낸 결론에 도달했다. "이 방향에서 키^{Key} 지역 거주자들의 발전은 키의 모든―작든 크든―폐허로 증명된다. 그 폐허는 매우 오래전에 건설되었지만 그 이후 본토를 그처럼 유린한 폭풍우를 견뎌냈다. 그것은 키의 섬들에 있는 족장들의 주택과 신전을 위해 지어진 모든 거대한 조개무지에 의해, 바다 밑바닥에서부터 느리고 근면하게 쌓인 재료들로 지어진 긴 운하들에 의해, 침묵 속에서도 더욱 유창하게 입증된다. 그러므로 내가 생각하기에는 정부의 사회적 측면보다는 행정적 측면이 이런 고대의 키 거주자들 사이에서 거의 균형을 잃을 정도로까지 발전했다는 데는 의문의 여지가 없다. 그것은 푸에블로족처럼 거주자들 사이에서 토템 사제와 수장을 발탁했을 뿐만 아니라, 더 나아가서 애호하는 계급을 발전시키고, 민간인으로 생활하면서도 공직의 권력과 임기 면에서 조금도 부족하지 않은 족장들을 세우는 수준으로까지 발전했다."(Cushing

1896: 413; 더 최근의 설명으로는 Widmer 1988; Santos-Granero 2009를 볼 것).

42 칼루사의 생존 및 그 사회경제적 함의에 관한 증거의 요약이 필요하다면 Widmer 1988: 261-76을 보라.

43 Flew 1989.

44 Trouillot 2003.

45 러시아의 배 루리크Rurik호의 선장인 오토 폰 코체부Otto von Kotzebue가 1824년 11월에 새크라멘토강을 처음 보았을 때 보인 반응을 살펴보라. "이 풍성한 나라를 흘러가는 수많은 강은 장래의 정착민들에게 매우 쓸모가 있을 것이다. 저지대의 땅은 쌀 경작에 꼭 맞다. 더 높은 지대는 지력이 매우 좋아서 최고 품질의 밀을 거두게 해줄 것이다. 이곳에 포도나무를 심어도 이득이 클 것이다. 강둑을 따라 야생 포도나무가 자라는데, 워낙 무성하여 잡초처럼 지독하게 뒤엉켜 있다. 덩굴은 큰 무더기로 뭉쳐 있으며, 포도는 알이 작지만 매우 달콤하고 맛이 좋다. 우리는 포도를 많이 따 먹었는데, 그로 인해 불편한 일은 없었다. 인디언들 역시 게걸스럽게 먹었다." Lightfoot and Parrish 2009: 59에 인용된 부분.

46 Nabokov 1996: 1.

47 플로리다에서 우리는 최소한 1만 4,000년 된 마스토돈 뼈와 함께 석기를 발견했다(Halligan et al. 2016). 고대의 해안 지역이 소위 '해초 고속도로Kelp highway'[해수면이 지금보다 훨씬 낮았던 플라이스토세 말기, 1만 6,000년 전 무렵, 남북 아메리카 대륙의 북태평양 연안에 형성되던, 해초kelp가 잘 자라는 벨트 형태의 지역. 해조류와 조개, 어류, 해양 포유류 등 식량 자원이 풍부하여 주변 지역을 이동하는 사람들이 식량을 얻기가 쉬웠고, 훌륭한 이동 경로가 된 데서 나온 호칭―옮긴이]라는 것을 따라 아메리카 대륙 내부로 들어간 증거가 Erlandson et al. 2007에 실려 있다.

48 이제는 고전이 된 논의에서 Bailey & Milner(2002)는 플라이스토세 후기에서 홀로세 중기 사이 인간 사회의 진화에서, 해안 지역 수렵 채집인들이 중심 역할을 수행했음을 지지하는 강력한 증거를 제시했다. 그와 함께 해수면 높이의 변화가 엄청나게 많은 증거를 물에 잠기게 함으로써, 고대 인류의 전통적인 인구 분포도를 얼마나 심각하게 왜곡했는지를 지적한다. 스웨덴의 서부 스카니아에 있는 토게루프Tågerup곳―그리고 스칸디나비아 남부의 더 넓은 지역―은 중석기 정착지의 큰 규모와 긴 지속 기간을 보여주는 훌륭한 예다. 또 잔존하는 그런 고대의 모든 해안 지형 하나하나마다 그 수백 배는 되는 수의 지형들이 파도 아래에 숨겨져 있다고 반드시 예상해야 한다(Larsson 1990; Karsten & Knarrström 2013).

49 나체즈족의 신성한 왕권에 대한 더 자세한 분석이 필요하면 Graeber & Sahlins 2017: 390-95를 볼 것. 우리는 위대한 태양의 권력이 워낙 제한되어 있다는 것만 알고 있다. 프랑스인들과 영국인들이 동맹을 맺으려고 경쟁할 때, 나체즈족의 마을 하나하나가 모두 위대한 태양이 그들에게 어떤 행동을 하라고 말했든 상관없이, 상충될 때가 많은 자체의 외교 정책을 채택하고 있음을 발견했기 때문이다. 스페인인들이 거래 관계를 궁정으로만 한정했더라면, 그들은 아마 이쪽 방면에 관해서는 아예 모르고 넘어갔을 수도 있었다.

50 Woodburn 2005: 26(우리의 강조). 또 자유로운 사회의 다른 예를 찾기가 어렵지도 않다고 덧붙여야 할 것이다(예를 들면 캘리포니아나 티에라델푸에고의 원주민 같은). 그런 곳에서 성인은 다른 사람에게 결코 직접 지시를 내리지 않는다. 한 가지 예외는 제의적인 가장행렬 때인데, 그때는 그들에게 법을 내려주고 갈등을 처벌하는 신들과 혼령들과 조상들이 어떤 식으로든 참석한다고 가정된다. Loeb 1927을 볼 것. Graeber & Sahlins 2017의 첫 번째 장으로 실려 있는 Sahlins의 원래의 정치사회에 관한 논문도 볼 것.

51 설명이 필요하면 Turnbull 1985를 볼 것.

52 여성들은 그들이 실제로는 남자 형제와 남편이라는 것을 모르는 척해야 한다. 여성들이 정말 아는지(거의 틀림없이 아는 것 같지만), 그들이 안다는 것을 남성들이 정말 아는지, 자신들이 안다는 걸 남성들이 안다는 것을 여성들이 아는지, 이런 식의 무한 연속에 대해 확실하게 아는 사람은 아무도 없다.

53 맥퍼슨MacPherson — 여기서 우리의 주된 자료 출처인 — 이 자신의 저서《소유적 개인주의의 정치 이론Political Theory of Possissive Individualism》(1962)에서 지적하듯이, 우리 눈에는 부정적 권리가 긍정적 권리보다 훨씬 더 타당해 보인다. 그러니까 유엔의 인권 헌장은 모든 사람이 기본 인권으로서 직업과 생계를 누리도록 보장해주지만, 사람들을 실직시키거나 기본 식량 보조금을 폐지했다는 이유로 인권 학대로 고발된 정부는 없다. 대량의 기근을 초래하는데도 말이다. 인신에 대한 개인적인 '침해'만 고발될 뿐이다.

54 여기서 선주민의 토지권이 거의 언제나 어떤 식으로든 신성 개념을 환기하는 방식을 살펴보라. 신성한 산, 신성한 구역, 대지의 어머니, 조상의 무덤 등등. 이는 엄밀하게 주류 이데올로기에 대한 반박에 의거한다. 주류 이데올로기는 궁극적으로 신성한 것은 절대적이고 배타적으로 재산을 청구할 가능성에 의해 허용되는 자유라고 말한다.

55 Lowie 1928.

56 Walens 1981: 56-8은 콰키우틀족의 잔치 요리를 세심하게 분석한다. 그들이 죽은 뒤 다시 현신할 수 있으므로 그것은 신체적인 동시에 비신체적인 자산이다.

57 Lowie 1928: 557; Zedeño 2008도 볼 것.

58 Fausto 2008; Costa 2017도 볼 것.

59 Costa & Fausto 2019: 204.

60 Durkheim 1915, 2권, 1장: 'The Principal Totemic Beliefs: the Totem as Name and Emblem'; Lévi-Strauss 1966: 237-44도 볼 것.

61 Strehlow 1947: 99-100.

62 우리가 '자유로운 사회'라 부르는 것들의 수많은 사례가 그렇듯이, 모계의 양육은 자율성과 독립성을 길러내는 방향을 추구하는 반면, 부계의 양육은─오스트레일리아 성년식의 시련과 고난이 사실 '성장' 과정의 완결을 의미하기 때문에─적어도 그런 맥락에서는 그와 정반대의 본능이 전면에 나서도록 설계되었다. 이와 관련하여, 가드너가 표현한 대로(1971: 543) "비채집인들이 아이들을 복종과 책임감의 방향으로 밀고 가는 반면, 채집인들은 자결성, 독립성, 개인적 성취감의 방향으로 몰고 가는 경향이 있다"고 주장하는, 배리Barry, 차일드Child, 베이컨Bacon(1959)을 비롯한 상당히 많은 문헌이 있음을 지적할 필요가 있다.

5장 오랜 세월 전에

1 선주민의 숫자는 매우 불확실하지만, 태평양 연안 지역이 북아메리카 선주민들이 살던 지역 가운데 가장 인구밀도가 높은 지역에 속한다는 데는 합의가 이루어졌다. Denevan 1992; Lightfoot & Parrish 2009를 보라.

2 크로버Kroeber는 권위 있는 연구인 《캘리포니아 인디언 입문서Handbook of the Indians of California》에서 이렇게 언급한다. "농경은 미국의 주변부에 속하는 콜로라도강 유역의 저지대에 당도했다. 하지만 거의 모든 다른 부족들의 씨앗 활용법과 심히 정착형인 습관 때문에, 그 기술을 받아들였더라도 생활양식의 변화는 상대적으로 거의 없었을 것이다. 분명 식물 재배는 사람들이 과거에 그 관행을 익힌 적이 있는 사람들보다는 자연에 의존하여 살아가던 사람들에게 더 근본적인 혁신이었다."(1925: 815) 하지만 다른 곳에서는 캘리포니아의 많은 거주민들이─유록족Yurok, 후파족Hupa, 그리고 아마 윈툰족Wintun과 마이두족Maidu도─실제로 담배를 심고 길렀음을 충분히 인정한다(같은 책: 826). 그러므로 어쨌든 식물 재배가 그런 개념적 혁신일 수는 없었다. 더 최근에 베틴저Bettinger는 이렇게 지적했다. "농경이 끝내 캘리포니아로 전파되지 못한 것은 그곳이 고립되었기 때문은 아니었다. 캘리포니아는 대체로 농사를 짓는 사람들과 직접 교류하는 거리 안에 있었으며, 그들의 생산물은 고고학적 유적에서 가끔 발견된다."(2015: 28). 그는

캘리포니아 주민들은 단순히 지역의 환경에 '더 잘 적응하는 방법'을 개발했을 뿐이라고 주장한다. 그러나 이런 설명이 농사 거부의 체계적인 성격을 설명해주지는 않는다.

3 Hayden 1990.

4 물론 이런 사고방식은 지금도 보인다. 지구상의 어딘가에는 반드시 석기시대부터 외부와의 접촉 없이 고립되어 살아왔다고 할 수 있는 인간 그룹이 분명히 있으리라는 생각에 끝도 없이 매혹되는 저널리스트들을 보라. 실제로는 그런 그룹은 존재하지 않는다.

5 확실히 전시를 구성할 방법이 이것만은 아니다. 보애스Boas가 나오기 전에는 미국에 있는 대부분의 박물관들이 구슬 공예, 카누, 가면 등등 유형별로 전시물을 관리했다.

6 오늘날 '민족학ethnology'은 인류학의 작은 하부 분과지만, 20세기 초에는 수백 가지 미세 연구의 발견 결과를 한데 모아 인류 사회들 사이의 연결과 분기分岐 관계를 분석하고 비교하는 최고의 종합 형태로 여겨졌다.

7 이는 당연히 이해 가능한 지점이다. 과학적 인종주의의 옹호자들은 '햄족 가설Hamitic hypothesis' 같은 이론을 극단으로 추구했는데, 특히 오스트리아 독일의 '문화권 학파Kulturkreislehre'의 추종자들이 그렇다. 그러나 프랑스, 러시아, 영국, 미국의 당대 학자들이 쓴 글도 똑같이 많다. 문화권 학파의 민족학에서 한 가지 특히 흥미로운 점은, 오랫동안 유대 문화가 유럽에 끼친 고유하고도 획기적인 기여로 간주되어온 일신교의 기원에 관한 이야기다. '목축문화' '목동' '가축 사육자'의 엄청난 다양성에 대한 연구는 고대 이스라엘인들이 이룬 종교적 성취에 특별할 것이 전혀 없으며, 건조 지대와 초원 지형에서 동물과 이동하면서 많은 시간을 보내는 부족사회에서는 거의 예외 없이 '최고신'에 대한 유일신적인 신앙이 출현할 확률이 아주 높다는 것을 적어도 부분적으로는 보여주려는 것이었다. 20세기 중반에 이 문제에 관해 발표된 토론은 빌헬름 슈미트Wilhelm Schmidt의 열두 권짜리 저서 《신이라는 관념의 기원Der Ursprung der Gottesidee》으로 시작하여 작은 도서관을 채울 만큼 많다.

8 Wissler 1927: 885.

9 그리하여 영국 인류학의 창시자인 E. B. 타일러E. B. Tylor는 이렇게 썼다. "실뜨기 놀이가 지금은 서유럽 전역에 알려져 있지만, 우리가 사는 세계의 고대에서는 그 기록을 찾지 못했다. 동남아시아에는 그 놀이가 알려져 있었는데, 이 사실에 대한 가장 그럴듯한 설명은 이곳이 그 놀이가 기원한 중심지이며, 서쪽으로 이동하여 유럽에 들어왔고, 동쪽으로, 남쪽으로는 폴리네시아를 거쳐 오스트레일리아로 들어갔다는 것이다."(1879: 26) 1880년에서 1940년 사이의 인류학 학술지에서 '끈

놀이'string figure'를 찾아보기 위해 실시한 제이스토어JSTOR, Journal Storage 조사 결과 212건이 나왔고, 제목으로 '끈 놀이'가 붙은 논문은 42편 있었다.

10 Mauss 1968-9에 수록되어 있고, 지금은 영어로 번역되어 Schlanger 2006에 해설, 역사적 맥락과 함께 수록되었다.

11 1930년대와 1940년대에 인류학자들은 처음에는 구조기능주의 패러다임에 의지했다가 나중에는 문화적 의미에 더 집중하는 다른 패러다임으로 돌아섰지만, 두 경우 모두 관습의 역사적 기원은 그다지 흥미 있는 질문이 아니라는 결론을 내렸다. 그것은 관습이 오늘날 무슨 의미인지에 대해 거의 아무것도 말해주지 않기 때문이다.

12 Dumont 1992: 196을 보라.

13 이것은 어떤 점에서는 문화가 어떻게 전파되는지에 대한 오늘날의 연구가 옹호하는 종류의 접근법에 가깝다. 하지만 이제는 궁극적인 원인들이 인간 인지의 보편적 요인들에서 탐색되는 경향이 있다(Sperber 2005 같은 연구).

14 Mauss, Schlanger 2006: 44에 수록됨. 또 pp. 69, 137도 볼 것.

15 북서부 해안 지역 주민들의 역사와 생태, 물질문명에 관한 일반적인 검토가 필요하면 Ames & Maschner 1999를 볼 것. 또 캘리포니아 선주민에게서 같은 내용을 보려면 Lightfoot & Parrish 2009를 볼 것.

16 가령 Hayden 2014.

17 클라크 위슬러Clark Wissler와 다른 사람들이 20세기 초에 '문화 지역'이라는 개념을 처음 규정했을 때, 그 기초에는 음식 선호도와 자원 이용 가능성을 근거로 하는 그런 대략적인 구별이 있었다. 《아메리카 인디언The American Indian》(1922)에서, 위슬러는 실제로 제일 먼저 '음식 영역'을 규정하고 그것을 '문화 지역'으로 더 작게 나누었다. 이런 개략적인 생태적 분류법에 대한 더 최근의 비판적 견해가 필요하면 Moss 1993; Grier 2017을 볼 것. 위슬러의 영향력 있는 저서 《아메리카 인디언》에서 서술된 '문화 지역'의 요인으로 노예제의 존재나 부재가 한 번도 들어간 적이 없다는 사실은 주목할 만하다(분명히 동산 노예제는 북아메리카의 선주민 사회에서는 흔치 않은 제도였지만 존재하기는 했다).

18 사실, 그가 말하는 것은 관련 있는 사람들의 군집이다. 1차적으로는 유록족, 카룩족, 후파족인데, 그들은 전혀 관련이 없는 언어를 쓰는데도 매우 비슷한 문화적·사회적 제도를 갖고 있다. 인류학 문헌에서 유록족은 캘리포니아 일반을 대표하는 경우가 많다('콰키우틀족'이 북서 해안 지역의 모든 주민들을 대표하게 된 것과 마찬가지로). 이는, 앞으로 보게 되겠지만, 그들이 어떤 면에서 매우 특이했기 때문에 불행한 일이다.

19 Goldschmidt 1951: 506-8. 사실, 이런 모든 상황은 캘리포니아에서도 드문 현상

이었다. 앞으로 보게 되겠지만, 캘리포니아의 거의 모든 사회가 조개껍질을 화폐로 썼지만, 남녀를 불문하고 한 인간의 재산은 죽을 때 제의적으로 파괴된다.

20 Benedict 1934: 156-95. 아메리카 북서부 해안 지역의 사회들과 중세 유럽 귀족 가정들 간의 비교는 클로드 레비스트로스가 '가정 사회'의 정의로 가장 유명해진 한 글에서 탐구한 바 있다. 그리고 그 연구는 '인류학과 신화'라는 제목으로 묶인 논문 선집에 다시 수록되었다(Lévi-Strauss 1987: 151; Lévi-Strauss 1982-1976)도 볼 것).

21 Hajda(2005)는 컬럼비아강 하류 지역과 멀리 북쪽으로 북서부 연안 지역에 존재하던 상이한 형태의 노예제에 대해, 그리고 유럽과 처음 접촉하던 시기(1792~1830)에 이것들이 어떻게 발전했는지에 대한 섬세한 논의를 제공한다. 그러나 그녀는 케이프 멘도시노Cape Mendocino 남쪽에 있는 선주민 사회와 가진 광범위한 접촉은 다루지 않는데, 이들은 노예제를 전적으로 거부했다.

22 Sahlins 2004: 69.

23 Goldschmidt 1951: 513.

24 Drucker 1951: 131.

25 Elias 1969.

26 Boas & Hunt(1905)와 Codere 1950를 보라. 20세기 초의 민족지학자들은 확실히 그런 관행이 북부 캘리포니아 사회로 가끔 소개되는 것을 매우 이국적이고 비정상적인 상황이라 여겼다. 클래매스족에 대한 레슬리 스피어Leslie Spier의 논의에도 그런 내용이 있다. 클래매스족은 말을 기르기 시작한 뒤 노예제와 포틀래치의 일부 요소를 받아들였다.

27 Powers 1877: 408; Vayda 1967; Goldsmidt & Driver 1940.

28 특히 Blackburn 1976: 230-35을 볼 것.

29 Chase-Dunn & Mann 1998: 143-4. Napoleon Chagnon(1970: 17-18)은 심지어 이렇게까지 주장했다. "유록족은 덴탈리아dentalia[즉 화폐]를 반드시 기능적으로 '원해야' 했지만 이웃들로부터 얻는 것이어야 했다. 이런 방식으로 부를 얻는 데 포함되는 사회적 특권은 해당 지역에 자원이 부족해질 때 다른 부족을 공격하는 것 외에 교역을 대안으로 삼도록 허용함으로써 자원의 분배에 대한 더 안정적인 적응에 영향을 주었다."

30 Donald 1997을 볼 것.

31 Ames 2008; Coupland, Steward & Patton 2010 참조.

32 이 이른 시기에 있었던 사회적 계층화의 몇 가지 형태를 입증하는 증거가 고고학자 케네스 에임스Kenneth Ames의 수많은 선구적인 연구에서 설득력 있게 제시되었다(가령 Ames 2001 등).

33 Arnold 1995; Ames 2008; Angelbeck & Grier 2012.

34 Santos-Granero 2009.

35 Patterson 1982. 따라서 골드만은 콰키우틀족 노예들에 대해 말한다. "사로잡힌 외부인들, 그들은 새로운 고향에서 친족 관계가 없고, 원래의 부족과 마을과 더 이상 진정한 연대가 없다. 뿌리에서 과격하게 뜯겨 나간 사람들인 노예는 죽은 것이나 마찬가지 상태로 존재했다. 죽음의 가장자리에 있는 존재이므로 그들은 콰키우틀족의 기준에서는 카니발을 위한 희생의 제물로 적절했다."(1975:54)

36 Patterson 1982; Meillassoux 1996.

37 Santos-Granero 2009: 42-4.

38 Wolf 1982: 79-82.

39 Santos-Granero의 견해. 그는 공격자들이 실제로 자신들이 하고 있다고 말한 일에 관한 정보를 꼼꼼하게 수집했다.

40 Fausto 1999.

41 Santos-Granero 2009: 156. 이는 단지 유추만은 아닌 것으로 보인다. 노예를 보유하는 거의 모든 아마조니아 사회에서 노예는 공식적으로 애완동물과 똑같은 지위를 가졌던 것으로 보인다. 또한 앞에서 이미 보았듯이, 애완동물은 아마조니아의 많은 지역에서 더 일반적인 재산의 범주에 속한다(Costa 2017도 볼 것). 가령, 사람들이 기르는 개, 말, 앵무새, 노예는 친절한 대우를 받기는 해도 일반적으로 주인이 죽으면 모두 제의적으로 제물로 바쳐진다(Santos-Granero, 앞의 책 192-4).

42 Graeber 2006도 볼 것. 이와 관련하여 과이쿠루족은 농부를 사로잡기는 했지만, 노예로 잡아 온 자들에게 식물을 심거나 돌보는 일을 시키지 않고, 자신들의 채집 생활양식 속으로 통합했다.

43 Powers 1877: 69.

44 태평양 연안에서 교역자들과 정착자들을 통해 들어온 질병에 굴복한 것은 그들이 최초였다. 인종 말살을 노리는 공격과 합쳐져 이는 체트코족Chetco과 인근 집단들의 인구가 19세기에 거의 완전히 파괴되는 결과를 초래했다. 그로 인해 그들의 예전 영토 양편에 위치했던 캘리포니아와 북서부 해안 지역의 두 주요 '문화 지역'과 이들을 비교할 자세한 설명이 없다. 사실, 해안 지역에서 일Eel강과 컬럼비아강 하구 사이의 이 복잡한 소구역은 그런 문화 지역 간의 경계선을 긋는 방법을 찾는 학자들에게 중대한 분류의 문제를 제기했고, 그들이 어떤 관계였는지에 관한 이슈는 지금도 논쟁거리로 남아 있다. Kroeber 1939; Jorgensen 1980; Donald 2003.

45 북서부 해안 지역에서 있었던 고대의 이주와 전쟁에 관한 최초 국가 구전 전승

의 역사성은 고고학과 과학적으로 과거 1,000년도 더 된 시기로 거슬러 올라가는 인구의 변동에 관한 통계적 모델링을 혼합하는 혁신적인 연구의 주제였다. 그 저자들은 이렇게 결론지었다. "선주민의 구전 기록은 이제 지극히 엄밀한 검사를 거쳤다. 우리가 얻은 결과—[이번 경우에는] 침시안족Tsimshian의 구전 기록은 1,000년도 더 지난 과거에 일어난 사건들에 대한 서술에 관해 옳았다(제대로 말하자면 반증되지 않았다)—는 선주민 구전 전승의 효용성 평가 면에서 중요한 이정표다."(Edinborough et al. 2017: 12440)

46 그런 금지의 이야기가 얼마나 흔했는지는 알 수 없다. 초기의 관찰자들이 기록했을 법한 종류의 이야기가 아니기 때문이다(이 이야기가 살아남은 것은 오로지 위계가 난파당한 일본인일지도 모른다고 체이스가 믿었기 때문이었다!).

47 Spott & Kroeber 1942: 232.

48 흥미롭게도 캘리포니아의 일부 지역이 도토리를 주식으로 삼은 것은 4,000년 전으로 거슬러 올라갈 수 있다. 그것은 물고기를 집중적으로 포획하기 한참 전의 일이다. Tushingham & Bettinger 2013을 보라.

49 북서부 해안 지역에서 연어 및 다른 어종을 대량으로 포획하던 시기는 기원전 2000년 전으로까지 소급되며, 최근까지도 선주민 경제의 초석 역할을 해왔다. Ames & Maschner 1999을 볼 것.

50 Suttles 1968.

51 Turner & Loewen 1998.

52 가령, 호아킨 밀러Joaquin Miller의 《모도크스족과의 생활, 쓰이지 않은 역사Life Amongst the Modocs, Unwritten History》(1873: 373-4)에 실린 서술을 보라. "여기서 우리는 굉장한 참나무 숲을 지나갔다. 참나무 둥치는 직경이 1.5미터에서 1.8미터 정도였고, 가지에는 도토리가 빽빽이 달려 있었으며, 겨우살이가 많이 붙어 있었다. 피트Pit 강둑으로 내려왔을 때, 우리는 인디언 여자아이들이 도토리를 주우면서 노래하고 소리치는 것을 들었다. 그들은 참나무에 올라가 있었고 겨우살이에 거지반 가려져 있었다. 그들은 막대기로 도토리를 때리거나 손도끼로 가지를 잘랐고, 아래쪽에서 노인들이 그것들을 주워 모아 이마에 벨트를 걸어 등에 지고 있던 광주리로 던져 넣었다." (그런 다음 그는 인디언 소녀들이 유럽식의 꼭 끼는 신발을 신지 않는데도 그들의 발이 얼마나 정교하게 작고 예뻤는지 장황하게 묘사한다. 그래서 당시의 개척지 마을에서 잘난 체하는 어머니들 사이에 퍼져 있던 '대중적인 망상'을 드러낸다. 발은 자유로울 수 있고, 우아할 수 있다고.)

53 베팅저의 표현처럼, 도토리는 "거의 전적으로 등짐으로 운반되므로 줍는 것이든 저장하는 것이든 시간 절약 면에서는 별로 의미가 없다. (…) 그에 따라 불평등을 발달시킬 영향력도 적다. 또 공격자를 유인하거나 방어나 보복을 위해 조직

적인 수단을 개발하는 면에서도 마찬가지다".(2015: 233). 그의 논지는 기본적으로 마이두Maidu, 포모Pomo, 미워크Miwok, 윈투Wintu, 또 다른 캘리포니아의 집단들의 먼 조상들이 단기적으로는 영양학적 가치 면에서 손해를 보았지만 장기적으로 식량 안전성 면에서는 소득이 있었다는 말로 보인다.

54 앞의 단락에서 우리가 소개한 내용의 많은 부분은 투싱엄Tushingham과 베틴저Bettinger(2013)가 전개한 더 자세한 논의를 기초로 하지만, 그들의 접근법―채집인의 노예제가 수산자원의 계절에 따른 이용에 근거한다는 주장을 포함하여―의 기초는 허먼 니보어Herman Nieboer의 《산업적 시스템으로서의 노예제Slavery as an Industrial System》(1900)로까지 거슬러 올라가는 출판물에서 발견될 수 있다.

55 북서부 해안 지역에서 전통적인 공격 관행의 일반적인 재구성 및 그 이상의 논의에 대해서는 Donald 1997을 볼 것.

56 Drucker 1951: 279.

57 Golla 1987: 94.

58 Ames 2001; 2008을 비교해보라. 노예들은 탈출 시도를 할 수 있었고 자주 시도했으며, 성공하는 경우도 많았다. 특히 한 공동체에서 많은 수의 노예가 같은 장소에 잡혀 있을 때 그렇게 되었다(가령, Swadesh 1948: 80을 볼 것).

59 컬럼비아강 하류 유역에는 동산 노예가 다양한 형태의 몸종으로 변해가는 이행 구역 비슷한 것이 있었던 것으로 보인다. 그것을 넘어서면 대체로 노예가 없는 구역이 이어진다(Hajda 2005). 그리고 다른 제한적인 예외 사례에 대해서는 Kroeber 1925: 308-20; Powers 1877: 254-75; Spier 1930을 보라.

60 MacLeod 1928; Mitchell 1985; Donald 1997.

61 Kroeber 1925: 49. MacLeod(1929: 102)는 이 점에 대해 납득하지 않았다. 그는 틀링기트족Tlingit과 다른 북서부 해안 지역 집단들 사이에 이와 비슷한 법률적 메커니즘이 존재했음을 지적했는데, 그런 메커니즘이 있었는데도 "외부 그룹을 예속시키고, 공물을 받고, 포로를 노예로 삼는 행동을 막지 못했다". 하지만 북서부 해안 캘리포니아에서 진정한 노예는 빚에 의한 노예뿐이었으며, 그런 노예도 숫자가 적었다는 데는 모든 자료가 동의한다(Bettinger 2015: 171 참조). 크로버의 메커니즘이 아니더라도 당시에는 동산 노예제를 억제하는 뭔가 다른 메커니즘이 분명히 실행되고 있었을 것이다.

62 Donald 1997: 124-6.

63 Goldschmidt 1951: 514.

64 Brightman 1999.

65 Boas 1966:172; Goldman 1975: 102 참조.

66 Kan 2001.

67 Lévi-Strauss 1982.

68 Garth 1976: 338.

69 Buckley 2002: 117; Kroeber 1925: 40, 107 참조.

70 "북서부는 아마 캘리포니아에서 노예제가 있는 유일한 지역이었을 것이다. 이 제도는 전적으로 이곳의 경제적 기초에 의거한다. 추마시족은 노예를 보유했을지 모른다. 그러나 그에 대한 정확한 정보는 부족하다. 콜로라도강 부족들은 감정 문제 때문에 여성 포로들을 보유했지만 그들의 노동을 수탈하지는 않았다."(Kroeber 1925: 834).

71 Loeb 1926: 195; Du Bois 1935: 66; Goldschmidt 1951: 340-41; Bettinger 2015: 198. 베틴저는 (고고학적으로 눈에 보이는) 부의 불평등은 중부 캘리포니아에 모뿔조개가 들어온 이후 꾸준히 줄어들었다고 지적하며, 화폐의 도입이 낳은 전반적인 효과는 채무 관계에 제약이 걸리고, 그럼으로써 의존성과 '불평등'의 전반적인 감소로 이어진 것으로 보인다고 주장한다.

72 Pilling 1989; Lesure 1998.

73 전쟁에서 잡힌 포로들이 빠르게 구조되기는 했지만, 그들을 구제할 집단적 책임이 부족의 지파에 있다고 여긴 캘리포니아의 다른 지역들과 달리, 이곳에서는 개별 가족의 몫이었다. 몸값을 지불할 수 없을 때 빚으로 인한 종살이가 발생했던 것으로 보인다. Bettinger(2015: 171)는 이런 빚과 전쟁의 연계가 캘리포니아 북서부 집단들에서의 인구적 파편화 현상, 그리고 애당초 그리 강했던 적은 없었지만(예를 들면 토템 씨족은 없었다), 더 남쪽에서 존재하기는 했던 집단적 그룹들의 해체를 부분적으로 설명해줄 수도 있다고 제안한다. 어떤 초기의 자료(Waterman 1903: 201)는 살인자가 배상금을 지불하지 못하더라도 빚으로 인한 강제 종살이를 하는 게 아니라, 그가 속한 공동체의 불명예가 되고 고립되고 은둔하게 되며 빚이 청산된 뒤에도 그런 상태가 계속되곤 했다고 덧붙인다. 부를 상속받은 남자들이 흔히 전쟁을 일으키고 그에 따른 평화를 부르는 제의를 감독했으며, 그 뒤에는 발생한 빚을 정리하는 전체적인 상황은 어딘가 계급 시스템과 비슷해 보였다. 그 과정에서 더 가난한 가정이 속한 계급은 주변적 지위로 전락하게 되며, 그 구성원들은 지역 방방곡곡으로 흩어지고 부계 중심의 무리로 해체되는 반면, 또 다른 계급이 승자를 둘러싸고 의지하게 된다. 그러나 북서부 해안 지역에서의 상황과는 달리, 거물들이 '노예들'을 강요하여 노동하게 할 수 있는 정도는 확연히 한정되어 있다(Spott & Kroeber 1942: 149-53).

74 Wengrow & Graeber(2018)에서 계속 논의되었으며, 서부 해안 지역의 고고학과 인류학의 지역 전문가들이 남긴 코멘트, 그리고 저자의 답변이 있다.

1 *Phaedrus* 276B.

2 전자의 의견에 대해 알고 싶다면 Detienne 1994를, 후자의 입장을 알고 싶다면 Piccaluga 1977을 보라.

3 동화 《야생 생물이 있는 곳^{Where the Wild Things Are}》(1963).

4 Mellaart 1967.

5 그 유적지에 관한 우리의 이해는 대체로 최근에 그곳을 발굴한 이언 호더^{Ian Hodder}가 개발한 것에 따른다. 다만 사회구조에서의 계절적 변형을 더 큰 정도로 강조한 것은 우리 몫이다. Hodder 2006을 볼 것. 또 더 많은 정보와 그림과 데이터베이스가 필요하면 www.catalhoyuk.com과 다수의 유적 현장 보고서를 참조할 것. 그 가운데 몇 섹션은 아래에도 언급되어 있다.

6 Meskel et al. 2008.

7 예를 들면, Gimbutas 1982를 볼 것. 더 최근의 연구들은 김부타스의 출판물이 신석기시대 인형들의 군집 안에서 여성 형체가 출현하는 빈도를 부풀릴 때가 많았다고 지적한다. 더 자세히 조사해보면 거기에는 명백히 여성인 것과 명백히 남성인 것, 혼합 형태, 또는 단순히 무성적인 형태의 비율이 더 균형을 이루고 있다(Bailey 2017 같은 연구).

8 Charlene Spretnak(2011)는 김부타스를 향해 계속 이어지는 비판의 물결에 대해 논의하며 추가적인 참고 문헌을 알려준다.

9 초원 이주의 유전체학^{genomics}에 관한 결정적인 출판물은 Haak et al. 2015다. 이런 발견 내용이 발표된 직후에 저명한 선사학자 콜린 렌프루^{Colin Renfrew}는 시카고 대학에서 'Marija Rediviva[Marija Born Again]: DNA and Indo-European Origins'라는 제목으로 강연했다. 그는 고대 DNA의 발견이 김부타스의 '쿠르간 가설'을 위해 '대단하게 복수해'주었다고 주장했는데, 이는 인도·유럽어의 보급과 기원전 3000년대 후반에서 기원전 2000년대 초반 사이에 흑해 북쪽 초원으로부터 서쪽으로 얌나야^{Yamnaya} 문화 복합군이 퍼져나간 일 사이에 관련이 있음을 시사한다. 이런 발견 내용이 인도·유럽어가 아나톨리아 지역에서 발원하여 몇천 년 전에 신석기시대 농경문화와 함께 전파되었다는 렌프루 본인의 가설(1987)과 상충한다는 사실은 지적해둘 필요가 있다. 그러나 다른 고고학자들은 게놈 자료가 아직은 너무 엉성하여 생물학적 유전, 물질문화, 언어의 전파 사이에 어떤 연관이 있음을 확립하기는커녕 대규모의 이주에 대한 논의를 허용하기는 힘들다고 느낀다(더 자세한 비판이 필요하면 Furholt 2018을 볼 것).

10 여기서 샌데이^{Sanday}의 《중심에 있는 여성^{Women at the Center}》(2002)을 볼 것. 샌

데이는 김부타스가 '가모장matriarchy'이라는 단어를 가부장제의 거울 이미지로 보며 그것이 여성의 전제적 지배나 정치적 우세를 함축하기 때문에 거부하고 '모계matric'라는 단어를 선호한다고 지적한다. 샌데이는 미낭카바우족Minangkabau 도 '가모장에 의한 지배matriachate'라는 영어 단어를 다른 의미로 사용한다는 점을 지적한다(같은 책: 230-37).

11 Hodder 2003; 2004; 2006, 도판 22를 볼 것. 최근에 발견된 (나이 든?) 여성의 작은 석회석재 조각상들 거의 대부분에 대해서는 주요 연구자들의 코멘트를 포함하여 《스탠퍼드 뉴스Stanford News》에 실린 크리스 카크Chris Kark의 짧지만 유익한 기고문, 〈스탠퍼드 대학교 고고학자들이 중부 튀르키예에서 8,000년 전의 여신 인형을 발견하다Archaeologists from Stanford find an 8,000-year-old "goddes figurines" in central Turkey〉(2016)를 볼 것.

12 이 지역에서 이와 유사하게 가면 쓴 인형들이 발견되는 빈도와 인형과 그 밖의 다른 신석기시대 가면 인간 형상의 묘사 간의 관련에 대해 알고 싶으면 Belcher 2014의 여기저기와 Bánffy 2017을 볼 것.

13 다른 참고 문헌 포함, Hodder 2006: 210.

14 Hodder & Cessford 2004.

15 사실 차탈회위크에는 주요한 고고학적 둔덕이 두 개 있다. 지금까지 우리가 말해온 것은 전부 초기의 '동쪽 둔덕'에 해당되는 반면, '서쪽 둔덕'은 주로 선사시대의 후반부에 관련되며, 여기서 우리가 논의할 범위를 넘어선다.

16 Matthews 2005.

17 Fairbairn et al. 2006.

18 3장에서 논의한 것과 같은 종류.

19 다른 참고 문헌 포함, Bogaard et al. 2014.

20 Arbuckle 2013; Arbuckle & Makarewicz 2009.

21 Scheffler 2003을 보라.

22 환경의 기준에서, 비옥한 초승달 지역의 고지대는 이란투라니안Irano-Turanian 생물 기후 구역에 속한다. 현재까지 재구성된 내용으로 볼 때 이 지역에 낙엽수 수림이 들어선 것이 홀로세holocene 초기에 더 따뜻하고 습한 여건이 시작된 것의 직접 결과는 아니었지만, 원래는 채집인들이 수행하다가 뒤에는 재배자들과 목축인들이 이어받은 지형 관리 전략의 산물이었음이 짐작된다(Asouti & Kabukcu 2014).

23 Asouti et al.(2015)는 고고학 유적에서 발견된 탄화목 잔재의 분석을 근거로 하여 홀로세 초기의 더 습하던 이 지역 환경을 재구성한다. 당시에는, 특히 요르단강 리프트 밸리Rift Valley를 따라 그 인접 지역에 오늘날 보이는 것보다 상당히 많

은 나무가 있었다. 지중해 해안 쪽으로 이 저지대 지역은 수림 지대와 초지 생물 종들의 레퓨지아refugia[환경이나 지질 등의 급격한 변화로 한 지역 생물 종의 태반이 절멸할 때 살아남은 극히 일부가 생식하는 좁은 장소—옮긴이] 역할을 했는데, 이런 생물 종은 마지막 최대 빙하기를 거쳐 홀로세 초기까지 계속 살아남았다.

24 선사학자들은 비옥한 초승달 지역을 구석기 후기와 막간기, 그리고 신석기 초기(혹은 토기 이전)의 주된 구분에 따라 '문화 지역' 혹은 '상호작용 구역'으로 분류하는 온갖 다양한 방법을 실험했다. 이런 다양한 분류의 역사는 아수티Asouti(2006)에서 검토되고 평가되어 있다. 여기서 우리는 셰럿Sherratt(2007)이 개략적으로 설정한 구분을 따르는데, 그것은 석기와 무기를 제작하는 상이한 방식 같은 고고학 자료들의 고립된(그리고 매우 자의적인) 범주보다는 광범위한 생태적·문화적 패턴 간의 상호 관련을 기초로 한다. 셰럿의 분류법은 또한 다른 연구에서 보이는 목적론적 경향을 피한다는 장점도 있다. 그런 연구는, 문화적 복잡성의 모든 증거(실질적인 정착지와 건축 같은)는 필시 식량 생산에서의 발전에 어떤 식으로든 관련되어 있을 것이라고 가정한다. 다르게 표현하자면, 그는 식물과 동물의 길들임에 그다지 관심을 보이지 않는 채집 사회 내에도 그런 발전이 있다고 인정한다.

25 신석기 초기의 공동체에 있었던 공예의 전문화에 대해 알고 싶다면 Wright et al. 2009, 그리고 전체적으로는 Asouti & Fuller 2013을 보라.

26 Sherratt 1999.

27 Willcox 2005; 2007.

28 서부 이란과 이라크령 쿠르디스탄에 대해서는 Zeder & Hesse 2000을 볼 것. 그리고 동부 아나톨리아에 대해서는 Peters et al. 2017을 보라.

29 Asouti & Fuller 2013: 314-23, 326-8.

30 Harari 2014: 80.

31 Hillman & Davies 1990.

32 Maeda et al. 2016.

33 영구 정착촌 초기의 성장—기원전 1만 1000년에서 기원전 9500년 사이—은 마지막 빙하시대가 끝나 비옥한 초승달 지역 저지대의 채집인들이 물이 풍부한 장소에 집중하지 않을 수 없게 만든 빙하기의 기후 여건이 일시 돌아온 때('영거 드라이아스기Younger Dryas'라 알려진 시기)와 관계가 깊다(Moore & Hillman 1992).

34 더 아래쪽에서 설명되었듯이, 이 결론은 고고학 발굴에서 발견된 샘플에서 얻은 유전학과 식물학 자료들을 근거로 내린 것이다. 요약이 필요하면 Fuller 2010;

Fuller & Allaby 2010을 볼 것.

35 Wilcox et al. 2008; Wilcox 2012.

36 다른 참고 문헌 포함, Fuller 2007; 2010; Asouti & Fuller 2013.

37 Scott 2017: 72 참조.

38 사실 그들은 노예들에게 그런 것을 바라지도 않았다.

39 Fuller 2010: 10에서 제안된 내용. Fuller et al. 2010도 볼 것.

40 범람 퇴수 농법이 농경의 발원에서 갖는 중요성은 앤드루 셰럿Andrew Sherratt의 획기적인 논문(1980)에서 처음 지적되었다. Sherratt 1997에 증보되어 재수록됨.

41 이런 종류의 재배 시스템은 최근까지도 인도와 파키스탄의 시골에서 시행되어 왔고, 아메리카 남서부에서도 그랬다. 뉴멕시코 푸에블로족의 농사에 대해 어느 지리학자는 이렇게 관찰했다. "그 시스템하에서 농사에 적합한 종류의 장소는 (⋯) 선사시대 정착 생활 시기부터 존재했다. 그러나 농사를 지으려면 지표에 손을 대야 하기 때문에 재배는 물을 주고 물길을 트는 것으로 이어졌는데, 이는 일시적으로든 영구적으로든 들판을 훼손한다. 따라서 한 장소 안에서도 식물을 심기에 가장 좋은 위치는 면적이 제한되고 장소도 가변적이다. 오늘날 인디언들은 선사시대의 조상들처럼 땅에 거의 손을 대지 않는다. 쟁기질을 하지 않고 단지 파종 막대기로 땅에 구멍을 내어 씨앗을 집어넣기 때문이다. (⋯) 그런 방법을 써도 들판은 나중에 다시 쓰기 위해 주기적으로 방치되어야 한다. 그와 같은 장소 변동의 주된 원인은 퇴적의 단계에서 개울이 잠시 나타났다 금방 사라지곤 하는 성향 때문이다."(Bryan 1929: 452).

42 이에 대해서는 Sanday 1981, 특히 2장 'Scripts fo Male Dominance'를 볼 것.

43 Diamond 1987.

44 Murdock 1937; Murdock & Provost 1973.

45 Owen 1994; 1996.

46 Barber 1992; 1994.

47 Soffer et al. 2000.

48 Lévi-Strauss 1966: 269.

49 MacCormack & Strathern (eds) 1980.

50 우리는 실비아 페데리치Silvia Federici의 《캘리번과 마녀Caliban and the Witch》(1998)를 상기하게 된다. 거기서 그녀는 유럽에서는 생산에 대한 그런 마술적인 접근법이 어떻게 하여 단지 여성만이 아니라 마술과도 결부되었는지를 보여준다. 페데리치는 현대 과학의 확립뿐만 아니라 자본주의 임금노동의 성장에도 그런 태도의 배제가 필수라고 주장한다. "이것이 교회가 최선을 다해 노력했음에도 중세 내내 대중적인 수준을 지배한 마술과 세계에 대한 마술적 시각에 대항하는

공격을 우리가 해석해야 하는 방식이다. (…) 이 관점에서 (…) 모든 요소—허브, 식물, 금속, 거의 모든 인간 신체—는 장점과 그에 특유한 힘을 숨기고 있다. (…) 손금 보기에서 점술에 이르기까지, 마술의 사용에서 동종 요법에 이르기까지 마술은 수많은 가능성을 열어주었다. (…) 이런 관행을 시정하는 것은 일에 대한 자본주의적 합리화의 필요 전제 조건이었다. 마술은 일을 하지 않고도 원하는 것을 얻게 해주는 부적절한 힘과 도구의 사용으로 보였기 때문이다. (…) '마술은 산업을 죽인다'고 프랜시스 베이컨이 탄식했다. 그는 몸소 땀 흘려 일하지 않고 몇 가지 나태한 실험으로 성과를 얻을 수 있다는 가정만큼 역겨운 것은 없다고 인정했다."(Federici 1998: 142)

51 Lévi-Strauss 1966:15.

52 Wengrow 1998; 2003. 신석기시대의 계산 도구의 진화 및 그것과 필기의 발명의 관계에 대해 알고 싶다면 Schmandt-Besserat 1992를 볼 것.

53 Vidale 2013.

54 Schmidt 2006; Koksal-Schmidt & Schmidt 2010; Notroff et al. 2016. 고고학자들에게 '선물 주는 자'로 알려진 돌 형상 역시 인간 머리를 어떤 미지의 대상에게 가져간다. 이런 조각과 괴베클리 테페에서 나온 다른 수많은 발견물들의 사진은 https://www.dainst.blog/the-tepe-telegrams/에서 볼 수 있다.

55 Schmidt 1998; Stordeur 2000, fig. 6.1, 2.

56 O. Dietrich et al. 2019.

57 이것이 폭력적 갈등에 대한 그런 증거가 전혀 존재하지 않는다는 말은 아니다. 중동 지역에 잔존하는 초기 홀로세의 인간 유골들 가운데 가장 규모가 큰 것은 쾨르티크 테페에서 나온 것이다. 그곳은 괴베클리 테페의 북동쪽, 현대의 바트만시에서 19킬로미터 떨어진 티그리스강 상류의 둑에 있는 곳으로, 비옥한 초승달의 고지대 안에 안전하게 자리 잡고 있다. 800명분 이상의 유골이 이 유적지에서 발굴되었는데, 그중 지금까지 분석된 것은 446명분으로 골격 외상의 비율이 높다(전체 269개의 두개골 가운데 34.2퍼센트에 부상당한 흔적이 보이는데, 여성 두개골 두 개에는 눌려서 깨지고 관통된 상처가 있다. 두개골 부상을 당한 뒤에 입은 상처가 전체 연구 대상의 20퍼센트에서 발견되었는데, 그중에는 치유된 팔뚝 골절이 세 건 있다). 다른 전쟁의 흔적이 없다는 점을 감안할 때, 이 증거는 야생 자원이 풍부한 지역에 정착한 수렵 어로 채집인 공동체 내에서 일어난 개인들 간의 폭력이라고—전적으로 설득력이 있지는 않지만—설명되었다. 쾨르티크 테페에서 발견된 인간 유골의 상당수는 사후 변형의 대상이 되었는데, 그중에는 두개골을 절개한 흔적도 있었다. 이 중 어느 것이나 머리 가죽을 벗기거나 두상을 트로피로 가져가는 관행(Erdal 2015에서 보고된 내용)과는 확실히 무

관하다.

58 차외뉘 테페시Çayönü Tepesi에서 나온 동물과 식물 흔적은 그곳이 약 3,000년의 기간 동안 수많은 변화를 겪어온 유연한 경제였음을 보여준다. 지금 우리의 관심 대상인 그 유적지의 초기 단계에서는 그곳 주민들이 완두콩, 렌틸 콩, 쓴살갈퀴 등의 야생 콩류와 견과류, 또 소량의 야생 곡물들을 광범위하게 활용했다. 이들 가운데 적어도 몇 가지가 재배되었을 확률은 높지만, 이 유적지의 후기 단계에 이를 때까지 식물이 재배되었다는 명확한 증거는 없다. 동물 유골은 그곳 주민들이 목축과 수렵을 혼합하는 전략을 추구했음을 시사한다. 그 전략은 여러 세기에 걸쳐 다양하게 변하는데, 가끔은 돼지와 야생 멧돼지에 크게 의존했고, 또 가끔은 양과 소, 가젤, 붉은 사슴, 그리고 토끼 같은 작은 사냥감에도 의존했다(Pearson et al. 2013, 다른 참고 문헌도 볼 것).

59 해골의 집the House of Skulls과 그에 관련된 인간 유골의 분석에 대해 알려면 Özbek 1988; 1992; Schirmer 1990; Wood 1992를 보라. 또 비옥한 초승달 지역의 북부에서 행해지던 제의적 폭력에 관한 코르니엔코Kornienko의 폭넓은 검토(2015)도 볼 것. 인간 유골에 대한 방사성동위원소 분석 결과는 유골이 해골의 집Skull Building에 보관된 개인들은 그 유적지의 다른 곳에 묻힌 사람들과 상당히 다른 음식을 먹었음을 시사한다. 이는 지역 내 지위에 차이가 있었다는 의미일 수도 있다(Pearson et al. 2013). 아니면 지역의 장례 제의에 외부인을 끌어들였는지도 모른다.

60 Allsen(2016)은 유라시아 역사에서 수렵과 군주제 사이의 실제적이고 상징적인 관계에 대해 포괄적으로 설명한다. 그런 관계는 중동에서 인도, 중앙아시아, 중국에 이르기까지, 그리고 고대에서 인도제국 시대까지 놀랄 만큼 일관되게 나타난다.

61 Gresky et al. 2017.

62 당연히 이런 대비는 사회 자체 내에서도 발견될 수 있다. 핵심적인 차이는 기술적 활동의 이런 다양한 스타일이 어느 정도로 평가되느냐, 그리고 어떤 것이 예술적·제의적 시스템의 기초로 선택되느냐에 있다. 남부 레반트 지역의 초기 신석기 시대 사회에서 성별에 따른 위계가 전반적으로 부재했고 제의와 경제 활동에서 여성이 대등한 기준으로 참여했다는 증거에 대해서도 Peterson 2016을 보라.

63 Kuijt 1996; Croucher 2012; Slon et al. 2014.

64 Santana 2012.

65 고고학자들은 자신들이 설명할 수 없는 물건을 보게 되면 흔히 민족지학적 유추로 눈을 돌린다. 여기서 검토되는 사례 가운데 파푸아뉴기니의 세픽Sepik강 유역에 사는 이아트물족Iatmul의 사례가 있다. 이들은 아주 최근까지도 해골 장식

을 해온 종족이다. 이아트물족에게 해골 초상 제작은 인두人頭 사냥과 밀접하게 연결되어 있다. 일반적으로 그것은 전쟁에서 적의 수급을 베는 것으로 시작되었고, 오로지 남성들만의 일이었다. 패배한 적의 머리는 점토, 염료, 머리카락, 조개껍질로 장식되어 명예로운 대접을 받았다. 그렇게 변하고 나면 그것은 특별한 남성의 건물 안 다른 두개골들과 함께 보관되어 보살핌을 받고 '부양된다'(Silverman 2001: 117 ff). 이 경우는 중요하다. 조상의 숭배와 분쟁에서 폭력에 의한 인두 탈취가 몇몇 경우에 어떻게 동일한 제의 시스템에 속하게 되는지 보여주기 때문이다. 2008년에 사회인류학자 알랭 테스타르Alain Testart는 《팔레오리앙Paléorient》에 논문을 싣고, 이와 비슷한 일이 중동 지역의 신석기 사회에서도 분명 일어났을 텐데, 고고학자들이 두상 초상과 수급 사냥 간의 뻔히 보이는 연결을 놓쳤다고 주장했다. 이 글은 같은 저널에서 고고학자들로부터 홍수 같은 반응을 불러일으켰다. 그들은 대부분 분노하여 바로 그런 공동체들 사이에 전쟁이 있었다는 증거가 부족함을 지적하며, 심지어 두상 꾸미기가 신석기시대 마을 주민들 사이에서 평화롭고 평등주의적인 관계를 증진하기 위한 제의적 전략(처음에 이렇게 주장한 것이 Kuijt 1996)이었다고까지 주장했다. 우리가 여기서 시사하는 것은 논쟁에 참여한 두 진영이 어떤 의미에서는 모두 옳다는 것이다. 하지만 그들이 논의하는 목표는 사실 엇갈린 것이다. 혹은 같은 동전의 다른 면들에 대해 말한다고 하는 편이 더 낫겠다. 한편으로 우리는 비옥한 초승달 지역의 북부(고지대)에 살던 채집인들에게서 약탈적인 폭력성(두개골을 트로피로 전시하는 것도 포함하여)이 적어도 제의적으로, 또 상징적으로도 중요했다는 증거가 쌓이고 있음을 인정해야 한다. 그와 똑같이 우리는 두개골 전시(혹은 '석고 바른 두개골')이 그 지역의 남부(저지대)에서의 그런 가치 전도를 나타낸다고 볼 수 있을지도 모르겠다. 모든 것이 동일한 모델에 반드시 들어맞아야 하는 것은 아니다. 그것이 동시에 발생하고 있었으므로, 또 이번 경우에는 그와 정반대의 사실이 참일 가능성이 커 보인다.

66 Clarke 1973: 11.

7장 자유의 생태학

1 티그리스강 상류 계곡 지역에서의 석재 그릇과 구슬 생산 분야의 대단한 발전에 관해서는 Özkaya & Coşkun 2009를 볼 것.
2 Elinor Ostrom(1990)은 공유된 자연 자원의 집단적 관리를 위한 공식적인 경제 모델뿐만 아니라 광범위한 현지 연구와 역사적 예를 제공한다. 그러나 기본 요

점은 우리가 아래에서 그중 몇몇을 인용하는 그 이전의 연구들에서 이미 널리 지적되었다.

3 Georgescu-Roegen 1976: 215.

4 지역 차원에서 주기적인 토지 재구획의 문제가 오커리O'Curry의 《고대 아일랜드 인들의 예의범절과 관습On the Manners and Customs of the Ancient Irish》(1873)과 베이 든파월Baden-Powell의 유명한 논문 《인디언의 마을 공동체The Indian Village Community》 (1896)에서도 논의되었다. 더 최근의 것으로는 Enajero 2015를 보라.

5 오스만제국과 영국 치하 팔레스타인 마을들에서는 공동체의 풀 뜯기와 농토의 연례적인 재분배 관행이 있었다. 이웃하는 필지의 소유자들은 자원을 공동으로 사용하여 쟁기질, 파종, 김매기, 수확 같은 노동 집약적인 과제를 완수하며, 1년 동안 강우량의 기복에도 대응한다(Atran 1986). 발리에서 관개된 쌀농사는 전통 적으로 선출된 '물 관리 위원회' 시스템을 통해 작동했다. 지역의 대의원들은 신 전에서의 회의에 참석하고, 회의에서는 토지와 물 사용이 매년 합의에 의해 협 상한다(Lansing 1991). 몇몇 공동체 조직 형태하에서의 지속 가능한 토지 관리 의 다른 사례들을 스리랑카(Pfaffenberger 1998)와 일본(Brown 2006) 등의 최 근 역사에서 찾아볼 수 있다.

6 Fuller 2010, 다른 참고 문헌도 볼 것.

7 Diamond 1997: 178.

8 Bettinger & Baumhoff 1982; Bettinger 2015: 21-8.

9 그런 과정이 세계 각지에서 어떻게 진행되는지에 대한 검토가 필요하면 Fuller & Lucas 2017을 보라. 이 중 어느 것도 작물이 구세계의 다양한 지역에 빈번하 게 당도했으며, 그 규모도 놀랄 만큼 컸다는 사실을 부정하지 않는다. 중국의 수수가 서쪽으로 이동하여 인더스 지역에 당도했고, 그 반대 방향으로 기원전 2000년경 서아시아와 중앙아시아의 밀이 동쪽으로 이동하여 중국에 전해진 것 도 그런 경우다. 하지만 그런 초기 작물들의 이동을 16세기에 있었던 콜럼버스 적 교환의 선구 형태로 규정하려는 노력(특히 Jones et al. 2011에 의한)은 잘못 된 것이다. 수많은 중요한 차이들을 무시하고 있기 때문이다. Boivin, Fuller & Crowther(2012)가 이런 사실을 지적했는데, 그들은 유라시아에서의 초기 작물 전파는 원래 실험 삼아 작은 분량으로 시작되었고, 도시의 확장 중심지가 아니라 유라시아 초원의 기마 목축인들이나 인도양의 해양 유랑민들처럼 이동성이 강하 고 흔히 규모가 작은 중개 집단에 의해 추진되어 수천 년에 걸쳐 '장기적이고 느 리게 성장하는 연결과 거래의 네트워크' 속에서 발생했다고 지적한다. 바로 이 생물 종들이 아메리카와 오세아니아로 풀려나갔을 때 한번 발생했던 대규모의 생태적 균열이 다시 발생하지 않은 것은, 바로 이렇게 유라시아의 생물 종들 사

이에서 일어난 느린 문화적 교환과 유전자 흐름의 1,000년 역사 덕분이다.

10 Crosby 1972; 1986.

11 Richerson, Boyd & Bettinger 2001를 볼 것.

12 최근에는 유럽인들이 1492년에 상륙하기 전의 아메리카 인구를 6,000만 명가량으로 추산한다. 광활한 경작 가능 토지를 잃은 사람의 수가 5,000만이라는 것은 Koch et al. 2019에 나온 1인당 토지 사용 모델을 기초로 하여 계산된 수치다.

13 플라이스토세 후기에서 홀로세로 넘어갈 무렵 일어난 전 지구 차원의 해수면 변동에 대해서는 Day et al. 2012; Pennington et al. 2016을 볼 것. 그리고 세계적 종의 분포를 변화시키는 데서 같은 시기의 인류 발생 활동이 맡은 역할에 대해 알고 싶으면 Richerson et al. 2001; Boivin et al. 2016을 볼 것.

14 Bailey & Milner 2002; Bailey & Flemming 2008; Marean 2014.

15 Boivin et al. 2016, 다른 참고 문헌도 볼 것.

16 클라크Clarke의 《중석기시대의 유럽: 경제적 기초Mesolithic Europe: The Economic Basis》는 지금도 이런 과정에 대한 기본적인 연구다. 더 최신의 개괄이 필요하면 Mithen 2003; Rowley-Conwy 2001; Straus et al. (eds) 1990을 볼 것.

17 Bookchin 1982. 우리는 사회생태학에 관한 이정표라 할 북친의 저서 제목을 수용하지만, 인간의 선사시대나 농경의 기원에 관한 그의 사상은 따를 수 없다. 그것은 지금은 몇십 년은 뒤떨어진 정보를 기초로 하고 있다. 그러나 그의 기본적인 통찰로부터는 배울 점이 많다. 즉 생물계에 대한 인간의 개입은 항상 그들이 그 일부가 되어 있는 사회관계와 사회적 시스템의 유형에 의해 강하게 제약된다는 생각이다. 5장에서 논의했던 아메리카 서부 해안 지역에서의 채집인 생태의 상호적 차별화는 같은 원리의 또 하나의 탁월한 예일 것이다.

18 인류학자 에릭 울프Eric Wolf가 예전에 표현한 대로.

19 Bruce Smith(2001)는 전체 현상을 '낮은 수준의 식량 생산'이라는 표제하에서 논의한다. 그는 이 표제로 '수렵 어로 채집과 농경 사이에 있는 방대하고 다양한 중간 지대'를 점유하는 경제를 묘사한다.

20 Wild et al. 2004; Schulting & Fibiger (eds) 2012; Meyer et al. 2015; Teschler-Nicola et al. 1996도 볼 것.

21 행동생태학과 문화진화론을 통해 이해된 신석기시대 농경의 유럽 전파에 대한 광범위한 서술이 필요하면 Shennan 2018을 볼 것.

22 Coudart 1998; Jeunesse 1997; Kerig 2003; van de Velde 1990.

23 Shennan et al. 2013; Shennan 2009; Shennan & Edinborough 2006도 볼 것.

24 Haak et al. 2005; 2010; Larson et al. 2007; Lipson et al. 2017.

25 Zvelebil 2006. 그리고 중석기시대 묘지에서 부로 표시되는 지위의 차이

를 말해주는 증거가 필요하면 카렐리아^{Karelia} 지역 묘지를 다룬 O'Shea & Zvelebil(1984); 남부 스칸디나비아를 다룬 Nilsson Stutz(2010); 브르타뉴 해안을 다룬 Schulting(1996)를 볼 것.

26 Kashina & Zhulnikov 2011; Veil et al. 2012.

27 Schulting & Richards 2001.

28 Golitko & Keeley(2007)는 신석기시대 농부와 정착이 더 이루어진 중석기시대 인구 간의 적대적인 만남을 상상하면서, 요새화한 마을이 신석기시대 식민지의 가장자리 주위에 몰려 있는 경향이 있다고 지적한다.

29 Wengrow 2006, 2장에서 3장; Kuper & Kroepelin 2006.

30 Wengrow et al. 2014, 다른 참고 문헌도 볼 것.

31 Spriggs 1997; Sheppard 2011.

32 Denham et al. 2003; Golson et al .(eds) 2017; Yen 1995도 볼 것.

33 Spriggs 1995를 볼 것. 정착한 인구를 빈 공간으로 교대로 이동시키는 라피타족의 습관은 고대 DNA의 발견에 의해 부분적으로 확인될 수 있다. 이 점에 대해서는 Skoglund et al. 2016을 보라.

34 Kirch 1990; Kononenko et al. 2016. 젤^{Gell}(1993)은 더 최근의 폴리네시아 사회에서 보디페인팅과 문신의 지역적 전통 및 그들의 사회적·개념적 치환에 대한 체계적이고 비교적인 연구를 제공한다.

35 Holdaway & Wendrich (eds) 2017.

36 앞에서 지적했듯이, 라피타족은 오스트로네시아^{Austronesian} 언어의 전파와 결부되어 있다. 농경과 언어의 전파 간의 상호 관계는 나일강 유역의 문화에서도 가능성이 있어 보인다(또 훨씬 후대에 반투족이 서부 아프리카에서 남부 아프리카로 팽창하는 현상에서도). 이것 및 다른 언어-농경 전파에 대한 전반적인 검토가 필요하면 Bellwood 2005; Bellwood & Renfrew (eds) 2002를 보라. 인도·유럽어와 초기 신석기시대 농경의 유럽 전파 간의 관련은 이제 확률이 낮아 보인다(다른 참고 문헌과 Haak et al. 2015를 보라.).

37 Capriles 2019.

38 Fausto 1999; Costa 2017.

39 Descola 1994; 2005.

40 Roosevelt 2013.

41 Hornborg 2005; Hornborg & Hill (eds) 2011.

42 여기서 효력을 발생시키는 단어는 '복잡성'이다. 아마조니아의 선주민 미술은 믿을 수 없이 풍부하고 다양하며, 여러 지역적·민족적 변형이 있다. 그럼에도 분석가들은 놀랄 만큼 넓은 지역에서 비슷한 원리들이 시각 문화에서 작용하고 있음

을 발견했다. 브라질인의 시각이 필요하면 Lagrou 2009를 보라.

43 Erickson 2008; Heckenberger & Neves 2009; Heckenberger et al. 2008; Pärssinen et al. 2009.

44 Lombardo et al. 2020.

45 Piperno 2011; Clement et al. 2015; Fausto & Neves 2018도 볼 것.

46 Arroyo-Kalin 2010; Schmidt et al. 2014; Woods et al. (eds) 2009.

47 Scott 2009.

48 Smith 2001.

49 증거는 멕시코의 리오 발사스Rio Balsas 계곡에 있는 고고학 유적에서 나온 것들; Ranere et al. 2009.

50 Smith 2006.

51 Fuller 2007: 911-15.

52 Redding 1998. 그런 '아양 떨기'는 아마 농사를 여성에게 한정하는 선택적 가축 관리 형태로 나타났을 것이다. 그럼으로써 남성이 제멋대로 돌아다닐 수 있게 하는 것이다.

53 토기 이전의 신석기 CPre-Pottery Neolithic C라 불리는 고고학적 단계PPNC.

54 Colledge et al. 2004; 2005. 작물 다양성의 쇠퇴가 신석기시대 농경 패키지가 튀르키예와 발칸 지역을 거쳐 유럽을 향해 북쪽과 서쪽으로 이동한 것과 대략 같은 시기에 비옥한 초승달 지역 내에서 시작되었을지도 모른다는 점에 주목할 필요가 있다. 기원전 7000년경(토기 이전 신석기 BLate Pre-Pottery Neolithic B의 말엽) 비옥한 초승달 내의 유적지에서 평균적인 작물 다양성을 보면 원래 열 내지 열한 가지의 토대 작물을 기르던 것이 고작 대여섯 가지로 줄어들었다. 흥미롭게도, 이 지역에서는 뒤이어 (토기 이전 신석기 C 시기 동안) 인구가 감소하고 대형 마을이 버려졌으며 인간들의 정착지가 더 분산된 형태를 띠기 시작했다.

55 Bogaard 2005도 볼 것.

8장 상상의 도시

1 예를 들어 Dunbar 1996; 2010.

2 Dunbar 1996: 69-71. 던바의 숫자가 성립할 인지적 기초는 비인간 영장류들에 대한 비교 연구에서 추론되었다. 그런 연구는 다양한 원숭이 종과 유인원 종에서 신피질의 크기와 그룹의 크기 간의 상호 관련성이 있음을 시사한다(Dunbar 2002). 그런 발견이 영장류 연구에서 갖는 중요성은 여기서 문제 삼을 대상이

아니다. 단지 그것들이 우리 종에게 단순하거나 직접적인 어떤 방식으로 확장되는지에 대해서만 질문한다.

3 Bird et al. 2019; Hill et al. 2011; Migliano et al. 2017도 볼 것.

4 Sikora et al. 2017.

5 Bloch 2013.

6 Anderson 1991.

7 Bird et al. 2019를 보고, Bloch 2008과 비교해보라.

8 Fischer 1977: 454.

9 특히 Childe 1950을 볼 것.

10 우리는 앞으로의 연구에서, 고대 이집트 이외에 아프리카에 관한 풍부한 재료를, 여기서 함께 다룰 수 없는 다른 귀중한 사례들과 함께 더 충분히 다루게 되기를 고대한다. 아메리카 남서부의 푸에블로 전통 같은 것이 그런 사례에 속한다. 초기 도시들의 탈집중화되고 자체 조직하는 성격에 대한 우리의 관찰 가운데 많은 부분을 지지하는 아프리카 자료에 대한 기존의 중요한 토론에 대해 알고 싶다면 S. McIntosh 2009; R. McIntosh 2005를 볼 것.

11 고고학자들은 거의 모두 일반적으로 1.5제곱킬로미터 이상의 면적에 인구가 빽빽이 모여 사는 장소를 기꺼이 '도시'라 부른다. 또는 2제곱킬로미터를 넘는 곳이라면 확실히 그렇게 부른다(예를 들어 Fletcher 1995를 볼 것).

12 Fleming 2009.

13 테오티후아칸으로의 이주의 직접 증거, 인간 유골에 대한 방사성동위원소 분석에 근거한 증거로는 White et al. 2008을 보라. 하라파에 관한 비슷한 증거가 필요하면 Valentine et al. 2015를 볼 것. 동네 형성과 초기 도시에서 그것이 맡은 역할에 대한 전반적인 논의를 보려면 Smith 2015.

14 Plunket & Uruñela 2006.

15 Day et al. 2007; Pennington et al. 2016.

16 Pournelle 2003을 보라.

17 Sherratt 1997; Styring et al. 2017.

18 Pournelle 2003; Scott 2017을 보라.

19 중국의 경우는 Underhill et al. 2008을 보라. 페루의 경우는 Shady Solis, Haas & Creamer 2001을 볼 것.

20 Inomata et al. 2020. 여기서 핵심적인 유적은 타바스코 스테이트[Tabasco State]에 있으며, 아구아다 페닉스[Aguada Fénix]라는 이름으로 알려져 있다. 기원전 1000년에서 기원전 800년 사이의 유적으로, 지금은 '마야 지역에서 이제껏 발견된 가장 오래된 거대 구조물이며, 그 지역의 히스패닉 역사 전체에서 최대의 구조물'

로 인정된다. 아구아다 페닉스는 결코 특이한 사례가 아니다. 고대 이집트 피라미드 규모의 공동 노동이 행해졌음을 의미하는 육중한 건축 특징은 지금은 마야 저지대의 수많은 유적에서 발견되었으며, 그 연대는 고전 마야 왕권이 시작되기 여러 세기 전이었다. 이런 유적에는 거의 대부분 피라미드가 아니라 어마어마한 규모와 넓이의 평평한 흙 기단이 있는데, 대략 E자 형태로 꼼꼼하게 놓여 있다. 그런 구조물의 기능이 무엇인지는 여전히 불분명하다. 이런 현장 거의 모두가 원격 감지(LiDar 기술을 사용한)에 의해 밝혀졌으며, 아직 어떤 규모로도 발굴된 적이 없다.

21 Anthony 2007.

22 많은 부분(오로지 러시아어로만 발표된)이 당시 기준으로 최첨단 연구로서, 항공사진, 지표하 검사, 신중한 발굴 등의 기법이 포함되었다. 영어로 된 요약과 설명이 필요하면 Videiko 1996; Menotti & Korvin-Piotrovsky 2012를 볼 것.

23 Shumilovskikh, Novenko & Giesecke 2017. 이런 토양의 물리적 특징은 높은 부엽토 함량과 습기 저장 용량이다.

24 Anthony 2007: 160-74.

25 상대적인 척도를 파악하기 위해서는 메가 유적의 텅 빈 중앙부에만도 차탈회위크 같은 대형 신석기시대 소도시의 두 배 규모도 수용될 수 있음을 고려해보라.

26 과학적 연대 측정법은 지금까지 알려진 최대의 메가 유적 가운데 몇몇이 같은 시대의 것임을 보여준다. Müller et al. 2016: 167-8.

27 Ohlrau et al. 2016; Shumilovskikh, Novenko & Giesecke 2017.

28 Nebbia et al.(2018)은 이 극단적으로 계절적인 모델을 지지하는 증거를 제시하지만, 다른 가능성이 있을 여지는 허용한다.

29 메가 유적의 사람들은 고의로 자기 집을 불태우는 전통이 있었는데, 이 때문에 각 유적지가 어느 정도 동시적으로 사용되고 있었는지를 확인하려는 현대 분석가들의 일이 까다로워진다. 왜 이렇게 집을 불태웠는지는 알려져 있지 않다(제의적인 목적 때문인지, 위생 때문인지, 아니면 둘 다인지). 그런 일이 정착지 내에서 정기적으로 일어났고, 그래서 메가 유적의 일부분은 사람들이 생활하고 작물을 기르는 동안, 다른 부분은 일종의 '주택묘지house-cemetery' 상태로 남아 있었던 것일까? 일상적으로 정확도가 높은 방사성동위원소 연대 측정을 신중하게 적용하면 고고학자들이 그런 문제를 해결할 수 있을 것이다. 그러나 이 경우에는 안타깝게도 기원전 3000년대에 나타나는 검정檢定 곡선의 비정상성 때문에 그렇게 할 수가 없다.

30 Kirleis & Dal Corso 2016.

31 Chapman & Gaydarska 2003; Manzura 2005.

772

32 다른 대답도 허용해야 하는데, 그런 대답은 각 메가 유적에 따라 달라진다. 예를 들어, 마이데네츠케와 네베리브카 같은 그중의 일부는 인구를 동원하여 원형의 참호를 파고, 외곽에 원형으로 배치된 주택들과 정착지 가장자리 사이에 텃밭 공간을 표시했다. 탈리얀키 같은 다른 유적은 그렇게 하지 않았다. 이런 참호가 요새나 방어 시설의 기능은 하지 못했다는 점을 강조해야 한다. 그 참호는 얕았고, 걸핏하면 끊어진 곳들이 있어서 사람들이 왕래할 수 있었다. 이 점을 강조해야 하는 이유는, 더 이른 시기의 학자들이 메가 유적을 지역 주민들의 방어를 위해 만든 '피난 도시'로 보는 경우가 많았기 때문이다. 이는 전쟁이나 다른 분쟁 형태로 명백하게 나타나는 증거가 없어서 대체로 포기된 견해다(Chapman 2010; Chapman, Gaydarska & Hale 2016을 볼 것).

33 Bailey 2010; Lazarovici 2010.

34 존 채프먼John Chapman과 동료들이 보여주듯이, 이 집회소에는 정치적 혹은 종교적 상류 계급이 그곳에 수용되었음을 시사하는 요소가 전혀 없었다. "트리필리아의 메가 유적이 주민 수천 명을 다스리는 엘리트가 있는 계층적 사회를 건축학적으로든 인공 유물로든 반영할 것으로 기대한 사람들은 실망할 것이다."(Chapman, Gaydarska & Hale 2016: 120). 규모, 그리고 종종 강조된 출입구와는 별개로, 이런 건물들은 비치된 가구로 볼 때 흥미롭게도 음식을 장만하고 저장하기 위한 시설이 없다는 점을 제외하면 일반 주거와 비슷하다. 그런 건물에는 "제의적이거나 행정적인 중심지처럼 퇴적된 특징이 전혀 없다"(같은 책). 그리고 어떤 규모로든 영구적으로 거주했던 것으로는 보이지 않으며, 그럼으로써 그곳이 주기적으로, 아마 계절적인 모임에 사용되었으리라는 견해를 지지한다.

35 Chapman, Gaydarska & Hale 2016.

36 바스크식 정착 조직 시스템은 마샤 애셔Marcia Ascher의 저서 《다른 지역의 수학Mathematics Elsewhere》(2004) 5장에 서술되어 있다. 여기서는 자세한 설명이나 그녀가 알려주는 수학적 통찰까지 제대로 전달할 수 없지만 관심 있는 독자들은 그녀의 연구와 그녀가 의지하는 원래의 민족지학적 자료를 참고할 것(Ott 1981).

37 Ascher 2004: 130.

38 대표적인 발굴자 가운데 하나인 선사학자 요하네스 뮐러Johannes Müller(2016: 304)는 이렇게 말한다. "후기 트리필리아[혹은 '트리폴리예'] 메가 유적에서 나타나는 공간 체계의 새롭고 독특한 성격은 현재의 우리에게도 관련이 있을 수 있는 인간과 집단행동에 대한 몇 가지 통찰을 제시한다. 농촌의 생산, 분배, 소비 여건하에 있는 문자 비사용 사회가 거대한 인구를 가진 집단으로 뭉칠 수 있는

능력과, 불필요한 사회적 피라미드를 피하고 대신에 더 대중적인 결정 구조를 실천할 수 있는 능력은 둘 다 우리 자신의 가능성과 능력을 상기시킨다."

39 '도시의 심장부Heartland of Cities'는 중앙 메소포타미아 범람원에 대한 이정표가 된 로버트 매코믹 애덤스Robert McCormick Adams의 고고학 조사와 분석 저서(1981)의 제목이었다.

40 남부 이라크의 늪지대는 마단족Ma'dān(때로는 늪지 아랍인이라 불리는)의 고향인데, 이 지역이 유럽인들에게 잘 알려지게 된 것은 윌프레드 세시저Wilfred Thesiger의 저서를 통해서였다. 사담 후세인의 바트Ba'ath당 정부는 정치적 보복의 일환으로 그 늪지대에서 체계적으로 물을 빼내 그 지역 선주민을 대량으로 이주하게 만들었고, 고대로부터 존속해온 이 거주지에 엄청난 피해를 입혔다. 2003년 이후 늪지대를 되살리고 그들의 조상들이 거주하던 공동체와 생활 방식을 재건하려는 계획이 시행되어 부분적으로는 성공을 거두었다.

41 Oats et al. 2007. 결정적인 증거는 시리아에 있는데, 이 나라에서는 군사적 분쟁으로 인해 카부르Khabur 강변(유프라테스강의 주요 지류)의 텔 브라크Tell Brak 같은 유적지에서의 고고학적 작업이 방해받아왔다. 고고학자들은 메소포타미아 북부에 있는 이런 초지를 '건조지 농업' 구역이라 부른다. 왜냐하면 천연 강우만으로도 농사를 지을 수 있었기 때문이다. 이와 대조되는 곳이 남부 메소포타미아인데, 이곳은 건조대로서 곡물 농사를 지으려면 큰 강에서 물을 끌어와야 했다.

42 이런 둔덕은 인간의 삶과 죽음의 거대한 물질적 퇴적으로서 아랍어의 'tell'이라는 단어로 알려져 있으며, 수십 세대 혹은 수백 세대가 이어지는 동안 건립되었다가 붕괴되는 과정의 연속에 의해 세워졌다.

43 '수메르 세계'에 대한 조사는 크로퍼드Crawford(ed.). 2013을 볼 것.

44 이는 현대에 '메소포타미아'라 불리는 지역에서 영국 식민지의 관심사, 즉 그들 자신의 이해관계에 도움이 되는 지역 군주제를 선출하는(가끔은 만들어내기도 하는) 정책에 근거한 관심사와도 상당히 잘 들어맞았다.

45 Dalley 2000을 볼 것.

46 Wengrow 2010: 131–6; Steinkeller 2015. 필경사들은 코르베 노동과 왕조의 계승을 가리키는 데 가끔 다른 단어(bala)—'기간term' 혹은 '순환cycle'이라는 의미—를 사용하기도 했지만, 이는 후대의 일이다. 전체 현상을 말라가시의 파놈포아나fanompoana 혹은 'service'와 비교해보는 것도 흥미롭다. 파놈포아나란 군주제로 인해 생긴, 이론적으로는 한도가 없는 노동의 임무다. 이 경우에 군주 본인의 가족은 그 의무에서 면제되지만, 모든 사람이 절대적으로 평등한 대우를 받아 왕실 프로젝트에 따라 함께 땅을 파면서 즐겁게 열정을 쏟는 모습에 대한 비슷한 설명이 있다(Graeber 2007a: 265–7).

47 Steinkeller 2015: 149-50.

48 메소포타미아 역사의 다양한 기간에서 나온 문자 증거로 지배자들이 아주 정규적으로 즉위 기념일과 기타 축제 행사 때 빚의 탕감을 선언하고, 예속민들의 죄상을 씻어주고 그들이 생산적 민간 생활을 재개할 수 있게 해주었음이 밝혀진다. 왕의 선언에 의해서든 '사면의 세월'을 지넘으로써든, 빚으로부터 구제해주는 것은 훌륭한 재정적 감각이다. 그것은 메소포타미아 도시들의 경제에 균형을 복원해주는 메커니즘이었고, 채무자들과 그 친척들을 징역에서 풀어줌으로써 그들이 생산적 민간 생활을 계속할 수 있게 해주었다(Graeber 2011; Hudson 2018).

49 여성들은 시민이었고 토지를 소유했다. 메소포타미아의 어느 지역의 것이든 가장 초기의 석조 구조물 가운데 일부에는 남성과 여성 소유자들 간의 거래가 기록되어 있는데, 그들은 입지가 동등한 법률적 진영이었다. 여성들은 신전에서도 높은 지위를 차지했으며, 여성 왕족은 필경사 훈련을 받았다. 그들의 남편이 빚을 지게 되면 여성들이 가정의 수장 역할을 대행할 수 있었다. 여성은 메소포타미아의 번영하는 직물 산업의 버팀대였으며, 그 산업은 외국 무역의 재정을 담당했다. 그들은 신전이나 다른 대형 기관에서 일했는데, 여성들이 감독하는 경우가 흔했다. 그 여성들에게는 남성과 비슷한 비율로 토지가 분배되었다. 일부 여성들은 독립적인 재정을 운용했고, 다른 여성들에게 대출을 해주기도 했다. 이 문제를 전반적으로 보려면 Zagarell 1986; van de Mieroop 1989; Wright 2007; Asher-Greve 2012를 보라. 이런 문제에 관한 가장 이른 시기의 자료 가운데 일부는 도시국가 라가시Lagash에 속한 기르수Girsu에서 기원전 2000년대 중반에 작성된 것이다. 그 자료는 거의 전부 '여성의 집'이라는 이름으로 나중에는 '여신 바바Baba의 집'이라 불린 기관에서 나온 설형문자 문헌 1,800점가량으로 이루어졌다. 그 기관에 대해서는 Karahashi 2016를 보라.

50 동산 노예제, 개인 가정에서 노예를 재산으로 보유하는 제도는 고전기 그리스 사회와 경제에 너무나 깊이 뿌리박은 것이어서, 많은 사람들은 그리스의 도시들을 노예제 사회라 규정하는 것이 정당하다고 느낀다. 고대 메소포타미아에서는 이것에 명백하게 해당할 만한 요소를 찾지 못했다. 신전과 궁궐은 전쟁 포로들과 채무 불이행자들을 노예나 반자유민 노동자로 보유했는데, 그들은 제분이나 도예 같은 육체노동을 1년 내내 수행하여 식량을 배급받았지만 토지는 소유하지 못했다. 그런 경우에도 그들이 공적 부문 노동력에서 차지하는 비중은 작았다. 노골적인 동산 노예제 역시 존재했지만, 메소포타미아 경제에서 상대적으로 중심 역할은 하지 못했다. Gelb 1973; Powell (ed.) 1987; Steinkeller & Hudson (eds) 2015.

51 Jacobson 1943; Postgate 1992: 80-81도 볼 것.

52 Barjamovic 2004: 50 n.7.

53 Fleming 2004.

54 John Wills(1970)가 오래전에 지적했듯이, 집회의 활동 가운데 일부는 아마 메
    소포타미아 전설에 나오는 신과 여신에게 바쳐진 연설에 담겨 보존되어 있을 것
    이다. 그 신들 역시 집회에 참석하는데, 그런 행사에서 그들은 수사학, 설득력 있
    는 연설, 논리적인 논지 전개의 기술을 구사하며, 가끔은 궤변도 펼친다.

55 Barjamovic 2004: 52.

56 니컬러스 포스트게이트Nicholas Postgate(1992: 81-2)가 쓰는 표현으로 그런 '도시
    적 마을' 한 곳이 디알라Diyala 계곡 안에 있는 도시 에슈눈나Eshnunna에서 발굴된
    명판 하나에 기록되어 있는데, 그 기록에 따르면 각각의 구역에 따라 '도시 안에
    서 사는' 민족들의 명단에 아모리족이 올라가 있고, 남성 가족 수장과 아들들의
    이름으로 표시되어 있다.

57 예를 들면 Van de Mieroop 1999, 특히 123쪽을 볼 것.

58 같은 책, 160-61.

59 Stone & Zimansky 1995:123.

60 Fleming 2009: 1-2.

61 Fleming(2009: 197-9)은 "왕의 지도력에 맞서는 강력한 집단적 균형의 전통이
    긴 도시 역사가 물려준 것일지도 모른다"고 지적한다. 그리고 장로 위원회는 왕
    본인의 조언자 서클의 일부로 여겨질 수 없다. 그것은 고대로부터 이어지는 '완
    전히 독립적인 정치적 세력'이며 도시적 지도력의 집단적 형태로서, "1차적으로
    군주제적인 구도에서 비중이 작은 선수로 보일 수는 없다".

62 초기의 메소포타미아 도시 정치 시스템을 재구축하기 위해 야콥센Jacobsen은 특
    히 '길가메시와 아가Agga' 설화에 의지했다. 이는 우루크와 키시 사이에 벌어진
    전쟁을 다룬 짧은 서사시로서, 도시 위원회가 두 개의 방으로 나뉜 것을 묘사
    한다.

63 그리하여 기원전 3000년대에 인구의 추산은 거의 전적으로 지형적 조사와 지표
    에서 발견된 것들의 분포에 의거한다(Nissen 2002를 보라).

64 Nissen, Damerow & Englund 1993.

65 Englund 1998: 32-41; Nissen 2002. 에안나 복합군에 있는 거대 구조물의 상당
    수가 일반 가정 주택 유형(소위 '3중 주택'이라는 형태)을 거창하게 확대한 버전
    이다. 이런 유형은 그 전 단계인 기원전 4000년대의 우바이드Ubaid 시기에는 어
    느 마을에서든 볼 수 있었다. 전문가들은 이런 건물 가운데 일부가 신전이라기
    보다는 개인용 궁전이 아닌지를 두고 논쟁하지만, 사실 그것들은 후대의 궁전이

나 신전과는 별로 닮지 않았다. 본질적으로 그런 건물은 규모를 키운 전통적 주택 형태이며, 회의가 열리거나 다수의 사람들이 상주하는 수호신의 보호하에 대가족이라는 형태로 모인 곳이었을 것이다(Wengrow 1998; Ur 2014). 남부 메소포타미아 충적토 평원에 있는 도시에 지어진 궁전 건축의 최초의 설득력 있는 예는 몇 세기는 더 지난 뒤인 초기 왕조기가 되어야 출현한다(Moorey 1964).

66 Crüsemann et al. (eds) 2019에서 오랜 세월 동안 우루크의 건축이 발달해온 과정에 대한 훌륭한 조사를 볼 수 있다. 다만 우리는 그들의 해석이, 도시 계획의 시민적 참여와 명백히 관련된다고 보는 측면들의 비중을 과소평가한다는 점은 지적한다(특히 에안나 성소의 초기 단계에 관련하여, 그들은 문자 증거가 없는 상황에서도 지배 엘리트들의 독점권을 확립하기 위해서는 어떤 종류든 거대한 건축적 기획이 반드시 필요했다고 추정하는 경향이 있다).

67 그것들 중에는 소위 '직함과 직업 목록'이라는 초기 문헌들이 있다. 그 목록은 후대에 널리 재생산되었고, (다른 용어들과 함께) 다양한 종류의 판관, 시장, 사제, 의장, 사절단, 전령, 가축 무리와 숲과 들판과 농경 장비의 감독, 또 도예와 야금술의 감독 등을 가리키는 용어가 포함되어 있다. Nissen, Damerow & Englund(1993: 110-11)는 그런 자료에서 어떤 종류든 사회 역사를 추출해내는 엄청난 어려움을 평가한다. 그것은 특정한 용어와 그것이 같은 시기의 기능적인 행정적 문헌에서 어느 정도로 되풀이하여 등장하는지를 찾아내고, 그 사이에 어떤 협업 관계가 있는지 알아내는 데 달려 있는데, 당시에도 약간 편향성이 있었다.

68 다만 우리는 적어도 구바빌론 시대(대략 기원전 2000년에서 기원전 1500년 사이)에는 개인 가정에서도 필경사 교육이 많이 행해졌음에 주목해야 한다.

69 Englund 1988.

70 Bartash 2015. 일부는 그 시기에 이미 노예였거나 전쟁 포로였을 가능성이 있다 (Englund 2009). 그리고 앞으로 보게 되겠지만, 후대에는 이런 현상이 훨씬 흔해진다. 사실, 원래는 자선단체이던 것이 포로들이 추가되어 섞이면서 점차 변형되었을 가능성이 있다. 우루크 시대 신전 작업장의 인구 구성에 대해 알고 싶으면 Liverani 1998을 볼 것.

71 도시 신전에서의 품질 관리의 또 다른 측면은 원통형 봉인의 사용이었다. 더 이상 깨뜨릴 수 없을 정도로 아주 작게 조각된 이런 석재는 최초의 도시가 생겼을 때부터 페르시아제국에 이르는 시기(대략 기원전 3500년에서 기원전 500년 사이)에 중동 지역에서 행해지던 3,000년간의 이미지 메이킹에 대해 우리가 얻는 지식의 주된 출처다. 그것들은 여러 가지 기능이 있으며, 단순한 '예술품'이 아니었다. 사실, 원통형 봉인은 기계적으로 재생산되는 복잡한 이미지의 최초 도구

였다. 덩어리나 벨트 형태의 점토에 봉인을 굴림으로써 형체와 사인이 양각되는 것이니 최초의 인쇄 매체이기도 했다. 그것들은 글씨가 적힌 점토판에 압인되지만, 식품과 음료가 담긴 항아리의 점토 뚜껑에도 표시되었다. 이런 식으로 인간, 동물, 괴물, 신 등등의 아주 작은 그림이 그 내용을 보존하고 인정하는 데 사용되었고, 그런 봉인이 찍히지 않았더라면 표준 수준에 그쳤을 신전과 후대 궁전 작업장의 산물들을 차별화하고 낯선 진영들 사이로 유통되는 동안 그것이 진짜임을 보장했다(Wengrow 2008을 볼 것).

72 일부 아시리아학자들은 이 영역이 거의 모든 것을 포괄한다고 믿은 적이 있었다. 최초의 메소포타미아 도시는 '신정 사회주의theocratic socialism'라는 토대 위에서 지배하는 '신전神殿 국가temple state'였다는 것이다. 이 논지는 설득력 있게 반박되었다. Foster 1981을 볼 것. 신전이 관리하는 지역 밖의 경제생활이 어떤 것이었는지 우리는 사실 모른다. 단지 신전이 경제의 어떤 부분은 관리했지만 전부 장악한 것은 아니었고, 그들이 정치적 주권 같은 것은 전혀 갖지 않았다는 것만 알고 있다.

73 우루크 항아리에는 여신, 아마도 이난나일 형체가 그녀를 향해 걸어오는 남성들보다 더 크게 그려져 있다. 유일한 예외는 행렬의 맨 앞에 서서 그녀에게 정면으로 다가오는 인물인데, 항아리가 깨진 탓으로 행렬의 대부분은 사라졌지만, 아마 그 시기의 원통형 봉인과 다른 구조물에 나타나는 표준 남성 형체처럼, 특징적인 턱수염을 기르고, 머리는 쪽을 쪄서 올리고, 긴 직조물 의상을 걸친 모습일 가능성이 높다. 이 남성 인물이 어떤 지위를 가리키는지, 또는 그것이 세습적 지위인지 순환제 지위인지는 알 길이 없다. 여신은 긴 망토를 입어 신체의 굴곡이 전부 가려지지만, 더 작은 남성 형체들은 누드로 그려졌고, 남녀가 확실히 구별되어 있다(Wengrow 1998: 792; Bahrani 2002).

74 Yoffee 1995: Van de Mieroop 2013: 283-4.

75 Algaze 1993을 보라. 어머니 도시의 행정 담당 구역에는 이런 식민지가 있었다는 힌트는 전혀 없다(그리고 식민지 자체에서 문자는 거의 쓰이지 않았다).

76 본질적으로 이것들은 지금 우리가 상품 브랜딩이라 부르는 것의 신성한 기원이었다. Wengrow 2008을 보라.

77 Frangipane 2012를 볼 것.

78 Helwig 2012.

79 Frangepane 2006; Hassett & Sağlamtimur 2018.

80 Treherne 1995: 129.

81 동부 아나톨리아의 바쇠르 회위크Başur Höyük에 있는 초기 청동기시대의 묘지에서 발견된 것들 가운데 더 놀라운 것으로는 조각된 게임 기구 세트가 있다.

82 사실, 대체로 Andrew Sherratt(1996)가 예측한 대로다. 또 Wengrow 2011도 볼 것. 도시 사회들과 고지대 사회들이 수렴하는 곳에서 부족적 귀족제와도, 더 평등주의적인 도시와도 닮지 않은 세 번째 요소가 등장한다. 고고학자들은 이 요소를 쿠라아락시스[Kura-Araxes] 또는 트랜스캅카스[Transcaucasian] 문화라고 부르지만, 그 내부의 다양성 범위가 매우 넓기 때문에 어떤 하나의 정착 유형을 기준으로 규정하기는 어렵다. 고고학자들이 볼 때 트랜스캅카스 문화를 규정하는 것은 무엇보다도 아주 매끈하게 광택을 낸 토기인데, 남쪽으로는 캅카스에서 멀리 요르단 계곡까지 놀랄 만큼 넓게 분포된 품목이었다. 그처럼 먼 거리에 걸쳐 토기 제작이나 다른 확실한 공예 산물의 제작 방법이 놀랄 만큼 꾸준히 유지되었으므로, 이는 직공들과 심지어 마을 전체가 멀리 떨어진 곳에 이주하여 정착했을 수 있음을 시사한다. 금속, 특히 구리를 유통하고 가공하는 일에 그런 이주 집단이 광범위하게 개입되었던 것으로 보인다. 휴대용 요리 공구의 사용법같이 차별화된 특정 관행들이 그들과 함께 이동했다. 그런 공구는 때로는 얼굴 그림으로 꾸며지기도 했는데, 그런 장식은 스튜와 찜 같은 요리를 준비하는 데 쓰이는 뚜껑 달린 냄비의 지지대 역할을 했다. 이는 고정식 오븐에서 음식을 굽고 익히는 것이 신석기시대까지 거슬러 올라가는 오랜 관행이었던 지역에서는 어딘가 특이한 관행이다(Wilkinson 2014, 다른 참고 문헌도 볼 것).

83 최근의 연구에서는 인더스문명의 점진적 쇠퇴가 몬순 주기에 생긴 변화로 촉발된, 대하大河 시스템의 범람 체제의 변화 탓으로 여겨진다. 과거에는 인더스강의 본류이던 가가하크라[Ghaggar-Hakra]강이 말라버린 것이 그 가장 현저한 사례다. 또 인간들의 정착지가 물을 더 쉽게 접할 수 있는 인더스강과 펀자브의 여러 강들이 합류하는 지점, 또는 여전히 몬순 벨트 범위 내에 들어가는 힌두스탄평원의 여러 지역으로 이동한 것도 그런 예다. Giosan et al. 2012.

84 논쟁들에 대한 리뷰를 보려면 Green(2020)을 볼 것. 그는 인더스문명이 평등주의적인 도시들을 토대로 했지만, 그런 도시는 우리 사회들과는 좀 다른 노선을 따라가는 사례라는 논의를 전개한다.

85 인더스문명에 대한 전반적인 개괄, 그리고 주요 도시들에 대한 추가적인 서술이 필요하면 Kenoyer 1998; Possehl 2003; Ratnagar 2016을 볼 것.

86 청동기시대 인더스 계곡의 상업적·문화적인 광범위한 접촉에 대한 전반적인 개괄이 필요하면 Ratnagar 2004; Wright 2010을 보라.

87 인더스 문서 일반에 대해 알고 싶으면 Possehl 1996을 볼 것. 돌라비라[Dholavira] 거리 표지에 대해서는 Subramanian 2010을, 그리고 인더스 봉인의 기능에 대해서는 Frenez 2018을 보라.

88 Jansen 1993을 보라.

89 Wright 2010: 107-10.

90 Rissman 1988을 보라.

91 Kenoyer 1992; H. M.-L. Miller 2000; Vidale 2000.

92 "인더스문명은 어딘가 얼굴 없는 사회 문화적 시스템 같은 것이다. 고고학 기록에서, 예를 들면, 메소포타미아와 왕조 시대 이집트에서처럼, 저명인사라 할지라도 개인이 쉽게 전면에 나오지는 않는다. 조각이나 궁전의 형태로 된 왕권의 명백한 신호는 없다. 국가 관료제나 또 다른 '국가성stateness'의 겉치장의 증거도 없다."(Possehl 2002: 6)

93 이 세 가지 논점에 대한 대니얼 밀러Daniel Miller의 예리한 토론(1985)은 지금까지도 중요하다.

94 무엇보다도 Lamberg-Karlovsky 1999에서 논의된 내용. 때로 인더스 계곡의 청동기시대 문명을 카스트제도의 렌즈를 통해 살펴보는 것은 곧 인위적으로 '시간 요소를 삭제하여' 남아시아 사회를 묘사하는 것이며, 따라서 '오리엔탈리즘'의 진부한 주장에 빠져들게 된다는 반대가 제기된다. 카스트제도와 그 기본적인 사회적 차별 혹은 바르나varnas를 언급한 가장 오래된 문자 기록은 1,000년가량 뒤의 송가인《리그베다Rig Veda》에 나오기 때문이다. 여러 면에서 그것은 당혹스러운—그리고 어느 정도는 자멸적인—반박이다. 그것은 카스트 원리에 의거하는 하나의 사회 시스템이 계급 시스템이나 봉건 시스템이 세월이 흐르는 동안 중요한 구조적 변형을 겪는 것처럼 스스로 진화할 수 없다고 가정해야만 의미가 통하기 때문이다. 이런 입장을 공개적으로 취한 사람들이(가장 유명한 것은 Dumont 1972) 분명히 있다. 그러나 우리는 분명히 여기서 그런 입장을 택하지 않는다. 또 이 맥락에서 카스트와 언어, 인종적 정체성 사이의 어떤 연속성도 보지 못한다(또 다른 잘못된 등식인데, 과거에는 이런 종류의 논의를 강요했었다).

95 이 점에 대해서는 모헨조다로와 그 고고학적 기록에 대한 비달Vidal의 중요한 재평가(2010)를 보라.

96 하라파 문명에 일반적으로 무기가 드물다는 것은 놀라운 사실이다. 하지만 코크Corke(2005)가 지적하듯이, 다른 청동기시대 문명들(가령 이집트, 중국, 메소포타미아)에서 무기는 정착지보다는 무덤에서 발견되는 경향이 있다. 그렇기 때문에—그의 추론에 따르면—인더스 계곡에서 무기와 전쟁 관련 유물은 전체적으로 부장품이 적기 때문에 눈에 잘 띄지 않은 것일 수도 있다. 하지만 그는 무기가 권위의 상징으로 사용되었거나(메소포타미아 같은 곳과 대조적으로), 어떤 식으로든 인더스문명에서 '엘리트 정체성의 중요한 부분'을 차지했다는 증거는 없다는 사실도 지적한다. 무기 및 그것을 사용하는 자들에 대한 미화는 확실히 부재한다.

97 분명히, 그것은 부분적으로는 '서구'라 불리는 것을 위해 민주주의를 '발명했다'는 공을 계속 차지하고 싶다는 욕망일 것이다. 또 설명의 일부는 학계 자체가 지극히 위계적인 방식으로 조직되어 있으며, 그렇기 때문에 거의 모든 학자들 본인이 민주적인 결정 과정을 거의 체험하지 못했고, 그래서 결과적으로는 다른 사람들이 그렇게 하는 것을 상상하기 힘들어한다는 사실에 있을지도 모른다.

98 Gombrich 1988: 49-50, 110 ff. Muhlenberg & Paine 1996: 35-6도 볼 것.

99 그런 모든 경우에서처럼, 초기 인더스 '민주주의'라는 주제에 관한 거의 모든 것이 논쟁의 대상이 된다. 가장 이른 문헌 자료인 베다Veda는 완전히 시골에 있는 사회와 군주제가 유일하게 가능한 정부 형태인 사회를 전제한다. 비록 일부 인도 학자들은 그 이전에 민주주의적 제도가 있었던 흔적을 감지했지만 말이다(Sharma 1968). 그러나 기원전 5세기경 붓다가 출현하던 시기, 갠지스 계곡은 수많은 도시국가, 작은 공화국, 연방 들의 거점이었고, 그중 많은 수(가나상가gana-sangha)가 전사 계급의 모든 남성 일원들로 구성된 집회에 의해 다스려진 것으로 보인다. 메가스테네스Megasthenes 같은 그리스인 여행자들은 그런 사회를 민주주의라 부르기를 전혀 꺼리지 않았다. 그리스의 민주주의도 기본적으로는 동일했기 때문인데, 현재의 학자들은 그들이 정말로 어느 정도로 민주적이었는지 논쟁한다. 전체 토론은 민주주의라는 것이 어떤 역사 시기에도 작동할 수 있었던 자치의 습관이라기보다는 일종의 놀라운 역사적 돌파구였다는 가정을 전제로 하는 것으로 보인다(Sharan 1983; Thapar 1984를 보라. 적절한 자료를 찾도록 안내해준 매슈 밀리건Matthew Milligan에게 감사한다. 그 자료를 이용한 이후의 책임은 전적으로 우리에게 있다).

100 세카 원리에 대해서는 Geertz & Geertz 1978; Warren 1993을 보라.

101 Lansing 1991.

102 Wengrow 2015에서 주장된 내용.

103 Possehl 2002; Vidale 2010.

104 유럽에서 독립적인 도시가 완전히 사라진 것은 17세기와 18세기에 근대의 민족국가가 세워지면서 그 일환으로서였다. 유럽 제국들과 20세기의 현대적 외교 시스템의 수립은 세계의 다른 지역에서도 그런 도시의 흔적을 완전히 씻어내는 데 성공했다.

105 Bagley 1999.

106 Steinke & Ching 2014.

107 흥미롭게도 가장 작은 곳 중 몇몇은 후대의 유명한 왕조의 심장부인 허난河南 내에 있다. 하夏―상商 이전의 반쯤 전설적인 왕조―와 결부되는 도시 왕청강王城崗은 성벽으로 완전히 둘러싸인 0.3제곱킬로미터가량의 면적을 보유한다. Liu &

Chen 2012: 222를 볼 것.

108 같은 책; Renfrew & Liu 2018.

109 몇몇 학자들은 원래 룽산龍山 시기는 샤머니즘이 성하여, 후대의 반고盤古 신화에 이어지는 시대였다고 주장했다. 반고는 영적인 힘을 가진 자들만이 하늘과 땅 사이를 오갈 수 있는 그런 방식으로 하늘과 땅을 억지로 떼어놓은 신이다. 다른 사람들은 처음에는 그것을 권력이 하, 상, 주周 왕조로 나뉘기 전 만국萬國 시대의 고전 반고 신화와 결부했다. Chang 1999를 볼 것.

110 Jaang et al. 2018.

111 He 2013: 269.

112 같은 곳.

113 He 2018.

9장 등잔 밑이 어두운

1 아스틀란의 정확한 위치는 알려져 있지 않다. 다양한 노선의 증거에 따르면 나후아틀어(멕시카/아즈텍의 언어)를 쓰는 인구가 남쪽으로 이주하기 전에 도시와 시골의 환경에 흩어져 살았다고 시사한다. 그들이 다양한 다른 민족적·언어적 그룹들과 함께 톨텍Toltec의 수도인 멕시코 분지 북쪽에 있는 툴라Tula에 살았음은 거의 틀림없다(Smith 1984).

2 소위 세 도시국가, 즉 테노치티틀란, 텍스코코Texcoco, 틀라코판Tlacopan의 정치적 연합의 창립을 위해.

3 멕시코의 왕들은 쿨후아칸Culhuacan이라는 도시를 다스린 톨텍 지배자들의 부분적인 후계라고 주장했다. 그곳에서 그들은 이주 경로 연변에 머물렀고 거기서 쿨후아멕시카Culhua-Mexica라는 민족 이름이 나왔다. Sahlins 2017을 볼 것.

4 Stuart 2000.

5 Taube 1986; 1992.

6 발표된 계산에 따르면 인구는 최대 20만에서 최소 7만 5,000에 이르기까지 다양하다(Millon 1976: 212). 그러나 지금까지 가장 철저하게 재구성한 바(Amith et al. 2019)에 의하면 그 도시의 크숄라판메테펙Xolapan-Metepec 단계에 해당하는 기원후 약 350년에서 600년 사이에 10만 명 정도였다고 평가된다. 그 시기에 인구의 대다수—부자와 빈민 모두—는 돌로 지어진 공동주택에 살았는데, 나중에 이에 대해 논의하게 될 것이다.

7 사실, 어떤 형태든 필기 시스템이 테오티후아칸에서 사용되었을 가능성은 아

주 높지만, 우리가 알아볼 수 있는 것은 모두 인체를 묘사한 벽화나 항아리 그림에 되풀이하여 나오는 서로 연계되지 않은 신호들이나 작은 무리들뿐이다. 아마 언젠가는 그것들이 테오티후아칸을 건설한 사회에 관한 열띤 질문에 대답을 해주겠지만, 지금 당장은 대체로 불가해한 상태로 남아 있다. 학자들은 아직도 그 신호들이 개인을 지칭하는지 그룹을 지칭하는지, 아니면 발원한 장소를 가리키는지도 확신을 가지고 말하지 못한다. 가끔은 상충하는 최근의 논의는 Taube 2000; Headrick 2007; Domenici 2018을 볼 것. 물론 테오티후아칸의 주민들이 지금까지 살아남지 못한 기록 매체, 즉 후대의 아즈텍 필경사들이 사용한 더 수명이 짧은 갈대나 나무껍질로 만들어진 종이amatl 같은 매체에 더 광범위한 기록을 만들었을 가능성도 충분히 있다.

8 멀리 베라크루스Veracruz와 오악사카Oaxaca 같은 곳에서도 다른 이주민들이 테오티후아칸에 와서, 그들 고유의 주거 구역을 형성하고 전통적 공예를 육성했다. 그 도시의 수많은 구역 가운데 적어도 일부에는 '치아파스Chiapas 타운' '유카탄Yucatán 타운' 등등이 있었으리라고 상상할 수 있다. Manzanilla 2015를 볼 것.

9 고전 마야의 구기 경기장의 우주론적·정치적 의미에 대해 알고 싶으면 Miller & Houston 1987을 볼 것.

10 Taube 1986을 보라.

11 말이 난 김에 덧붙이자면, 병행하면서도 어느 면에서는 상반되는 문명 유형으로서의 이집트와 메소포타미아의 등장에 관한 약간은 비슷한 논의가 고고학자이자 미술사가인 헨리 프랭크퍼트Henri Frankfort(1948; 1951)에 의해 전개되었다는 것을 지적해둘 만하다. Wengrow 2010도 볼 것.

12 Pasztory 1988: 50; Pasztory 1992; 1997도 볼 것.

13 Millon 1976; 1988: 112; Cowgill 1997: 155–6; 이와 비슷한 노선의 더 최근의 논의가 필요하면 Froese, Gershenon & Manzanilla 2014를 볼 것.

14 Sharer 2003; Ashmore 2015.

15 Stuart 2000; Braswell (ed.) 2003; Martin 2001. 최근에 발견된 전례 없는 수준의 테오티후아칸 마야 벽화에 대해서는 Sugiyama et al. 2019를 보라.

16 하와이의 풍요와 평화의 신인 로노Lono로 오인된 쿡 선장에 대해서는 Sahlins 1985를 보라. 에르난 코르테스는 일부 사람들이 자신을 아스테카의 과거와 미래의 왕인 케찰코아틀Quetzalcoatl의 재림으로 해석한 뒤 1519년에 이와 비슷한 일을 시도했다. 하지만 당대 대부분의 역사가들은 그와 모크테주마Moctezuma가 사실은 아무도 특별히 진지하게 받아들이지 않았던 게임을 하고 있었다고 결론지었다. 다른 예가 필요하다면, 그리고 '이방인 왕'이라는 일반적인 현상에 대해 알고 싶다면 Sahlins 2008; Graeber & Sahlins 2017을 볼 것.

17 코판Copan에 있는 후날Hunal 무덤에서 발견된 성인 남성의 유골에 대한 화학적 분석을 토대로 한 것으로, 그 무덤 주인—왕조의 설립자인 키니치 약스 쿡 모K'inich Yax K'uk Mo라고 밝혀짐—의 출신지가 중앙 페텐Petén 지역임을 시사한다 (Buikstra et al. 2004).

18 Cowgill 2013 참조. 후대의 몇몇 정복자들도 비슷한 역할을 수행했다. 악명 높은 누뇨 벨트란 데 구스만Nuño Beltrán de Guzmán(1490?~1558)이 그런 예인데, 구스만은 스페인 궁정에서 카를 5세의 호위병으로 경력을 시작했다가 나중에 멕시코 북서부의 도시들을 건립하여 건설자–독재자로 지배하게 된다.

19 5세기와의 닮은 점들은 충격적으로 보이겠지만, 치첸 잇싸와 툴라라는 두 툴란을 연결하는 증거를 어떻게 해석할지에 대한 학술적인 합의는 없다(Kowalski & Kristian-Graham 2017을 보라).

20 Millon 1964.

21 Plunket & Uruñuela 2005; Nichols 2016도 볼 것.

22 Froese, Gershenson & Manzanilla 2014.

23 Carballo et al.(2019: 109)은 테오티후아칸이 확장되던 초기 단계에 지어진 가정 건축에 대한 이해가 매우 빈약하다고 지적한다. 지금까지 발견된 그런 건축의 흔적에 따르면 규칙성이 없고 평범하며, 돌로 된 기초가 아니라 기둥 위에 세워진 주거였음을 짐작하게 된다. Smith et al. 2017도 볼 것.

24 Manzanilla 2017을 보라.

25 확실히 대규모의 이동과 자연재해로 집을 잃은 상황을 배경으로 할 때 전체 사건은 강한 종말론적인 느낌을 풍긴다. Paulinyi 1981: 334.

26 Pasztory 1997: 73-138. 관련된 방사성동위원소 측정 결과와 함께 다양한 건설 단계에 대한 더 최신의 설명이 필요하다면 S. Sugiyama & Castro 2007; N. Sugiyama et al. 2013을 볼 것.

27 Sugiyama 2005. 또 인간의 유골과 그 기원에 대한 자세한 연구가 필요하면 White, Price & Longstaffe 2007; White et al. 2002도 볼 것.

28 Cowgill 1997: 155.

29 Cowgill 2015: 145-6.

30 Sugiyama & Castro 2007. Froese et al.(2014: 3)은 태양과 달의 피라미드가 "대부분의 인구를 위한 대규모의 주거 건설과 연속선 위에 있는 대규모 공공재"로 여겨졌을 수도 있다고 지적한다.

31 Carballo et al. 2019; Smith et al. 2017 참조.

32 Pasztory(1992: 287)의 관찰에 따르면, "메소포타미아 역사상 다른 어떤 평민도 그런 집에 살지 않았다". 그러나 앞으로 보게 되겠지만, 테오티후아칸에서의 사

회적 주거는 예전에 생각되던 것처럼 한 번으로 그치는 사례는 아니다.

33 Manzanilla 1993; 1996을 보라.

34 Millon 1976: 215.

35 Manzanilla 1993.

36 Froese et al. 2014: 4-5; Headrick 2007: 105-6, 도판 6.3 참조; Arnauld, Manzanilla & Smith (eds) 2012. 이런 커다란 신전 셋이 모인 복합군의 상당수가 사자死者의 길을 따라 다양한 지점에 자리 잡고 있지만, 다른 것들은 도시의 주거 구역에 분포해 있다.

37 결정적인 증거로는 현란한 색채 대비, 서로 녹아드는 유기적 형태들의 프랙털적 배열, 거의 만화경 화면이라 할 정도로 강렬한 기하학적 패턴 등이 있다.

38 가장 유명한 것으로는, 테판티틀라Tepantitla 공동주택 복합군에 그려진 벽화 가운데, 궁정이 아니라 야외 시민 공간에서 진행되는 구기 경기를 보여주는 것이 있다(10장에서 더 자세히 논의할 내용). Uriarte 2006을 보라. 또 Froese et al. 2014: 9-10도 볼 것.

39 상형문자 필기에서의 개별적 요소들은 특정한 개인이나 그룹을 지칭하여 이 상황을 더 복잡하게 만들지도 모른다. 비록 정확하게 어떤 기준에서 그렇게 하는지는 아직 알려져 있지 않다; Domenici 2018.

40 Manzanilla 2015.

41 Domenici(2018: 50-51)는 리처드 블랜턴(1998; Blanton et al. 1996)의 연구를 이용하여 시민의 책임과 대체로 자치적인 동네들의 이해관계 사이에 긴장감이 커질 때 설득력 있는 일련의 개발 기획이 진행되었다고 주장한다. 사유화의 몇몇 형태가 구상되어 그 이전 시대의 집단적 에토스나 '기업적 이데올로기'를 훼손한다는 것이다.

42 역사가 졸탄 파울리니Zoltán Paulinyi(1981: 315-16)가 지적한 대로.

43 Mann 2005: 124.

44 중요하지만 여전히 다른 것과 무관한 예외가 필요하면 아래에 인용된 레인 F. 파거Lane F. Fargher 및 그 동료들의 연구를 보라.

45 Cortés 1928[1520]: 51.

46 이에 대해서는 Isaac 1983을 볼 것.

47 Crosby 1986; Diamond 1997.

48 16세기에 멕시코의 도시국가들altepetl에서 칼폴리calpolli라 불린 이런 도시 구역은 상당한 자율을 누렸다. 칼폴리는 이상적으로는 대칭을 이루는 세트 형태로 조직되었고, 호혜적 권한과 임무가 있었다. 도시 전체는 각 칼폴리가 차례로 자치 정부의 임무를 완수하는 것을 기초로 작동했다. 그런 임무로는 각각에게 할

당된 공물을 내고, 코르베 봉사를 위한 노동자와 인원을 파견하여 틀라토아니tlatoani(왕, 문자 그대로의 의미로는 '발언자')의 직무를 포함하는—왕이 있는 도시의 경우—정치 관직의 고위직 인원을 채우는 등의 업무가 있었다. 공직에는 흔히 그 직위에 따른 특별한 토지가 할당되어 현직 행정가를 지원했으며, 임기가 끝나면 반환되어야 했다. 이는 세습 영지를 갖지 못한 이들에게도 권위 있는 지위에 오를 길을 열어주었다. 칼폴리는 또한 도시 밖—시골 정착지와 작은 읍들—에도 존재했다. 그런 곳에서는 확대된 친족 단위에 더 밀접하게 소통했을 것이다. 도시 안에서 그들은 행정적으로 십일조, 세금 납부, 코르베 노동의 공동 책임자로 규정되지만, 때로는 민족적이거나 직업적인 노선에 따라, 혹은 공동의 종교적 임무나 건국신화에 의해서도 규정된다. 칼폴리는 현대의 학술적인 문헌에서는 영어의 '동네neighbourhood'라는 단어와 어딘가 비슷하게, 불분명하지만 엄청나게 다양한 사회적 형태와 단위를 포괄할 잠재력을 가진 개념이 된 것 같다. Lockhart 1985; Fargher et al. 2010; Smith 2012: 135-6 외.

49 세르반테스 데 살라사르Cervantes de Salazar가 '신에스파냐'에 관해 쓴 글의 문학적 맥락에 대해 알고 싶으면 González González 2014를 보라. 또 Fargher, Heredia Espinoza & Blanton 2010: 236 및 다른 참고 문헌들도 볼 것.

50 Nuttal 1921: 67.

51 같은 책 88-9.

52 이 가운데 하나라도 어딘가 신빙성이 없다면, 독자들에게 디에고 무뇨즈 카마르고Diego Muñoz Camargo가 쓴 놀라운 《틀락사칼라의 역사Historia de Tlaxcala》 원고를 살펴보라고 요청할 것이다. 그 원고는 세 부분으로 이루어지는데—하나는 스페인어로 된 글 원고이고 다른 두 권은 스페인어와 나후아틀어로 된 그림 원고다—약 두 세기 동안 사람들의 눈앞에서 사실상 사라진 상태였고, 1975년에 중앙아메리카의 원고를 찾기 위해 수행된 포괄적인 조사에 기록되지 않았다. 그것은 결국 18세기에 윌리엄 헌터William Hunter가 글래스고 대학에 위임한 컬렉션에서 마침내 다시 등장했는데, 영인본은 아마 1981년에 가서야 만들어졌을 것이다.

53 부에노스아이레스의 가상 대학 도서관Biblioteca Virtual University 덕분에 독자들은 세르반테스 데 살라사르의 문헌 《신에스파냐 연대기》의 디지털 판본을 다음에서 찾아볼 수 있다. http://www.cervantesvirtual.com/obra-visor/cronica-de-la-nueva-espana--0/html/

54 소小 치코텐카틀Xicotencatl the Younger, 또는 치코텐카틀 악사야카틀Xicotencatl Axayacatl은 원래 스페인 식민지와 틀락스칼테카의 서술 양편 모두에서 배신자로 취급되었다. 로스 해시그Ross Hasig(2001)에 따르면 스페인인들에게 대항하여 싸

운 선주민 전사인 그의 복권과 재평가는 멕시코가 독립을 선언한 뒤에야 이루어
졌다.

55 여기 이 문장은 스페인어에서 의역한 것이다. 우리가 아는 한 이런 문장을 영어
로 번역한 공인된 결과물은 없다. 덧붙여 말하자면, 대大 치코텐카틀은 이 모든
점에 대해 아주 옳았다. 테노치티틀란이 정복된 뒤 틀락스칼라가 스페인 왕실로
부터 받은 특권과 면제권을 잃기까지는 오래 걸리지 않았고, 그 백성들은 그저
공물을 바칠 또 하나의 자원에 불과한 존재로 격하되었다.

56 Hassig(2001: 30-32)는 주로 베르날 디아스 델 카스티요를 중심으로 하는 표준
적인 설명의 요약을 제공한다. 그는 또 스페인인들이 소 치코텐카틀을 처형한
일 배후에 있을 수 있는 요인들도 검토한다. 그는 서른일곱 살 때 교수형을 당해
죽었다.

57 예수회원들이 이제껏 누구보다도 영리한 사람으로 꼽았던 칸디아롱크 본인이
프랑스인들과 대화하는 과정에서 루키아노스의 가장 훌륭한 글귀를 일부 익혔
을 수도 있고, 좋은 인상을 받아 나중에 토론할 때 그런 글귀를 변조하여 이용했
을 가능성은 그런 학자들이 상상조차 못 한 것 같다.

58 Lockhart, Berdan & Anderson 1986을 보라. 또 나후아틀의 직설적인 발언과 정
치적 수사법 전통에 대해 알고 싶으면 Lockhart 1985: 474를 볼 것.

59 MacLachlan(1991: xii & n.12)은 이 측면에서 아주 전형적이다. 그는 틀락스칼
테카의 위원회 회원들이 (추정상) 유럽적인 관습에 '놀랄 정도로 잘 적응한' 것
에 관해 발언했는데, 그는 이를 거의 전적으로 제국의 지배 여건하에서 선주민
들이 자기 이익을 챙긴 데 기인하는 것으로 돌린다.

60 그런 문제에 관한 학계의 견해를 바꾸는 일에 관한 유용한 토론에서 Lockhart
(1985)가 여전히 귀중하다.

61 가령, 앞으로 다루겠지만, 호디노쇼니의 연방적 구조가 미국 헌법의 모델 가운데
하나였을 수 있다는 주장에 촉발된 소위 '영향력 토론'이라는 것에 대한 학계의
반응에서와 같이.

62 Motolinia 1914[1541]: 227. 설사 데 살라사르, 모톨리니아Motolinía, 또 다른 연
대기 작가들의 잔존하는 문헌들 사이에 직접 연결 고리를 항상 잇지는 못하더라
도, 1540년대에는 틀락스칼라 같은 대규모의 중심지에는 나후아틀어와 스페인
어를 둘 다 쓰면서 그들의 유명한 최근 선조들의 행동과 발언에 대해 이야기를
나누는 사용자들이 많았을 것으로 짐작해도 좋을 것 같다.

63 Gibson 1952; Fargher, Heredia Espinoza & Blanton 2010: 238-9도 볼 것.

64 치치멕족에 대해서는 Sahlins 2017 및 다른 참고 문헌들도 볼 것.

65 Balsera 2008.

66 Fargher et al. 2011.

10장 국가에 기원이 없는 이유

1 레비스트로스Lévi-Strauss(1987)는 북서부 해안 지역의 사회들을 '가정house' 사회 라 불렀다. 그러니까 친족들이 고귀한 가정, 즉 엄밀하게 말해 직함과 상속재산 (노예들과 신하들의 충성심 포함)의 소유자를 중심으로 조직되는 사회라는 것이 다. 이런 설정은 더 일반적으로는 영웅적 사회의 전형으로 보인다. 우리가 8장에 서 서술한 아르슬란테페에 있는 궁전은 십중팔구 바로 이 가정의 더 정교한 버 전에 불과할 것이다. 이것과 베버가 '조상 전래의', 그리고 '보상으로 하사하는' 정부 형태라 부른 것은 그대로 연결된다. 그런 형태에서는 전체 왕국이나 제국 도 단일한 왕가의 확장으로 생각된다.

2 이 역시 활동가 그룹들이나 구성원들 사이의 평등성을 유지하려고 자의식적으 로 노력하는 어떤 그룹에서든 쉽게 보인다. 공식적인 권력이 부재하는 상황에서 균형에 어긋나는 권력을 얻는 비공식적 파벌은 거의 예외 없이 이런저런 형태의 정보에 접하는 특권적 통로를 통해서 그렇게 된다. 이것을 선점하기 위해 자의 식적인 노력이 행해진다면, 그리고 중요한 정보에 대해 모두에게 동등한 접근권 이 보장된다면, 남는 것은 개인의 카리스마뿐이다.

3 이 정의가 유럽에서 오랫동안 지배적이었다. 중세의 영국이 의회 대의원들을 선 출하는 선거를 이르게는 13세기에 이미 시행할 수 있었던 이유가 이것이다. 하 지만 아무도 이것이 '민주주의'(당시에는 거의 전적으로 악평의 대상이던 용어) 와 어떤 관련이 있었다고는 생각하지 않았다. 훨씬 더 최근, 19세기 후반이 되어, 톰 페인Tom Paine 같은 사람들이 '대의제 민주주의'라는 발상을 들고 나왔을 때에 야 정치적 엘리트들 사이의 거창한 경쟁에서 후보를 가늠해볼 권리가 정치적 자 유의 반대가 아니라 그 본질로 간주되게 되었다.

4 주권을 무시하는 정의는 거의 통용되지 않는다. 가설적으로 말해 '국가 자 격statehood'의 본질이 적어도 행정적 위계의 세 층위가 있고 전문적 관료들이 임 명되는 지배의 시스템이라고 주장할 수 있다. 그러나 그 정의에 따르면 우리는 유럽연합EU, 유네스코, IMF 같은 단체를 국가로 규정해야 하는데, 이는 이치에 맞지 않는다. 그런 단체는 주권이 없으며 그것을 요구하지 않는다는 바로 그런 이유에서 어떤 공통적 정의에 따르더라도 국가가 아니다.

5 물론 이렇게 말한다고 해서 그들이 영토적 주권에 대한 거창한 요구를 하지 않 았다는 뜻은 아니다. 단지 고대의 문자 자료와 고고학적 자료에 대한 꼼꼼한 분

788

석 결과 이런 주장이 일반적으로 공허했음이 밝혀졌을 뿐이다. Richardson 2012
를 볼 것.

6 서부 유라시아에서의 '초기 청동기시대의 도시와 그 주변부'에 관해서는 Sherratt
   1997: 457-70도 볼 것. 더 일반적으로는 스콧Scott(2017: 219-56)의 '야만인들
   의 황금시대'에 관한 성찰을 볼 것.

7 이 패턴은 베버의 유명한 '카리스마의 일상화' 개념과 많이 비슷하다. 그에 따르
   면 드러내놓고 전통적인 사상과 관행과의 전적인 단절을 보여주는 데 기초하는
   카리스마적 성질의 소유자인 '종교적 대가'의 비전이 세대를 거듭하면서 점차
   관료화된다. 베버는 이것이 종교적 변화의 내적 역동성을 이해하는 열쇠라고 주
   장했다.

8 Nash 1978: 356, Soustelle(1962), 그리고 베르나디노 데 사아군Bernadino de
   Sahagún의 《신에스파냐의 일반 역사Historia general de las cosas de Nueva España》를 인
   용함.

9 도즈 페넉Dodds Pennock(2017: 152-3)은 1427년에 있었던 의미심장한 일화를 논
   의한다. 테파넥족Tepanec의 잔치에 방문한 아즈텍인들은 막스틀라Maxtla(테파넥
   의 지배자)의 명령에 따라 여자 옷을 입어야 했다. 이는 그들 본인들과 그들의
   지배자를 모욕하려는 의도였다. 아즈텍의 지배자는 그 얼마 전 코요아칸Coyoacan
   시장에서 테파넥인이 아즈텍 여성들을 강간한 일에 대해 보복하지 못한 일이 있
   었기 때문이다. 그 2년 뒤 상황은 완전히 뒤바뀌었다. 아즈텍 군대는 아츠카포찰
   코Atzcapotzalco에 들어가서 막스틀라를 신에게 공물로 바쳤다.

10 가령, 베르날 디아스의 회고록(모즐리Maudslay의 번역)에서 전하는 대로, 다른
   것보다도 '몬테주마['모크테주마'를 스페인인들이 잘못 표기한 것이다—옮긴
   이]의 독재에 대한 불평'에 관한 섹션을 보라. "그러나 그들[지역 족장들]이 말
   하기를, 몬테주마의 징세원들이 족장의 아내들과 딸들이 미인이면 잡아가서 겁
   탈했으며, 토토낙어Totonac가 쓰이는 전 지역에서 이런 일을 저질렀다고 했다."
   Townsend 2006; Gomez-Cano 2010: 156도 볼 것.

11 Dodds Pennock(2008)은 종교적 폭력의 대중적인 행사를 더 폭넓은 아즈텍 방식
   의 성별, 활력, 희생 범주에 포함되는 것으로 보았다. Clendinnen 1991도 볼 것.

12 Wolf 1999: 133-96; Smith 2012.

13 잉카제국과 그 고고학적 유물에 대한 전반적인 검토가 필요하면 Morris & van
   Hagen 2011; D'Altroy 2015를 볼 것.

14 Murra 1982.

15 이 장의 후반에서 다시 논의하겠지만, 아이유는 여러 가정들을 초월하는 혈통
   이라는 연대로 묶이는 지주 그룹이었다. 그들의 원래 기능은 마을들 내부에서,

또 가끔은 여러 마을 사이에서 노동의 재분배 문제를 관리하여, 방치되어 혼자서 먹고살아야 하는 가정이 없게 하는 것이었다. 대개 아이유 사업으로 수행되는 종류의 과제는 일상적으로 필요하지만 전형적인 핵가족의 능력으로는 감당하지 못하는 것들이다. 예를 들면 들판을 정리하고, 작물을 수확하고, 운하와 저수지를 관리하고, 다리나 다른 건물을 짓거나 수리하는 등등의 일이다. 중요한 점을 보자면, 아이유 조직은 삶의 주기에 관련된 제의에 필요한 기본적인 필수 재료를 구할 능력이 없는 가족들을 위한 지원 시스템 역할도 했다. 장례를 위한 옥수수 술인 치차chicha, 신혼 가정을 위한 집 등등의 것들 말이다. Murra 1956; Godoy 1986; Salomon 2004를 볼 것.

16 Gose 1996; 2016.

17 Kolata 1992; 1997을 볼 것.

18 Silverblatt 1987; Gose 2000 참조.

19 Urton & Brezine 2005.

20 Hyland 2016.

21 Hyland 2017.

22 Clendinnen 1987.

23 《칠람 발람Chilam Balam》 같은 책에서 보이는 초기 식민지 시대의 마야의 글은 거의 예외 없이 스페인인을 실제 정부가 아니라 짜증 나는 간섭자로, 아직도 진짜 정부를 구성하는 마야 귀족들의 경쟁 파벌―소위 정복자라는 자들이 전혀 예상치 못했던 것으로 보이는 영향력을 위한 계속되는 투쟁에 참여한―로 여긴다 (Edmonson 1982).

24 열대 지형을 측량하는 새로운 LiDAR 기술은 아직도 얼마나 많은 것들이 발견되지 않고 남아 있는지를 집중 조명했다. 이 기술 덕분에 최근에 전문가들은 고전 마야 인구에 대한 평가 수치를 세 배로 높였다. Canuto et al. 2018을 보라.

25 Martin & Grube 2000; Martin 2020을 볼 것.

26 마야의 지도부가 어떻게 그 이전의 샤먼적인 권력 형태에서 발전해 나왔는지를 잠정적으로 재구성한 내용을 보려면 Freidel & Schele 1988을 볼 것.

27 확정적인 증거가 없는 상황에서 몰락의 이론들은 그들 시대의 정치적 관심사를 따라가는 경향이 있었다. 냉전 시대에는 유럽과 미국의 여러 마야학자들이 일종의 계급투쟁이나 농민 반란 같은 것을 몰락의 원인으로 추정했던 것 같다. 1990년대 이후에는 주된 원인으로서 이런저런 생태 위기에 집중하는 경향이 있었다.

28 Ringle 2004; Lincoln 1994도 볼 것. 이런 재구성은 여전히 열띤 토론의 주제다 (Braswell (ed.) 2012를 보라). 하지만 대체로는, 윤곽만으로는 옳더라도 그것들은 그레이버Graeber와 살린스Sahlins (2017)가 '신적divine' 형태에서 '신성sacred' 형

태의 왕권으로의 이동, 심지어 '역신성화'라고 묘사한 것에 상응할 것이다.

29 Kowaleski 2003.

30 K'iche와 비슷한 예에 대해 알고 싶으면 Grube et al (eds) 2001: 356-71에 실린 포크 삭스Fauke Sachse: 〈군사 왕조들─마야 고지대에서의 포스트 고전 시대The Martial Dynasties ─ the Postclassic in the Maya Highlands〉를 볼 것.

31 Kubler 1962.

32 크로버Kroeber(1944: 761)는 장대한 결론을 다음의 말로 시작했다. "현상에 준수되어야 할 어떤 진정한 법칙이 있다는 증거는 전혀 보이지 않는다. 순환적인 법칙도, 규칙적으로 반복적인 것도, 필연적인 것도 없다. 모든 문화는 어떤 성질이 전성기를 맞게 해줄 패턴을 개발해야 한다거나, 그것이 한번 전성기를 맞은 다음에는 되살아날 기회가 전혀 없이 반드시 시들어야 함을 보여주는 것은 전혀 없다." 그는 또 문화적 성취와 정부의 시스템 사이에서 어떤 필연적인 관계도 발견하지 못했다.

33 유럽 대륙에서는 학술적인 범주 하나가 온전히 '원사시대proto-history'라는 것에 할애되어 있다. 그것은 그리스나 로마 식민지 건설자들의 글을 통해 역사의 조명 속으로 잠시 뚫고 들어왔다가 학자들의 눈길이 다른 곳으로 옮겨 가자 금방 흐지부지 사라져버린 스키타이, 트라키아, 켈트 같은 종족들의 연구를 다룬다.

34 '신의 손'이라는 종교적 역할이 추가된 아문의 아내들─아메니르디스 1세와 셰페누페트 2세 같은─은 우주적 자위행위로 남성인 창조주 신을 보조할 의무를 진다. 따라서 제의적인 기준에서, 그녀는 쉽게 상상할 수 있듯이 남성 지배자에게 예속되었지만, 현실에서는 이집트 북부 경제의 많은 부분을 운영하며, 궁정에서 정치적인 영향력을 발휘한다. 카르낙Karnak과 메디네트 하부Medinet Habu에 있는 그들의 장례용 신전의 장대한 위치로 보건대, 그들은 함께 매우 효과적인 현실 정치를 수행한 것으로 보인다.

35 Shaw (ed.) 2000: 330-69에 실린 3차 중간기에 관해 존 테일러John Taylor가 쓴 장을 보라. 또 Ayad 2009도 볼 것.

36 Schneider 2008: 184.

37 가령,《옥스퍼드 고대 이집트사The Oxford History of Ancient Egypt》(Shaw ed. 2000)에서 관련된 장의 제목은 '중왕국 르네상스Middle Kingdom Renaissance(기원전 2055~기원전 1650년경)'라 되어 있다.

38 쓸모 있는 요약이 필요하면 Pool 2007을 볼 것.

39 Rosenwig 2017. 이 상황은 타바스코주와 베라크루스주에서 LiDAR 조사 기술을 적용하면 매우 극적으로 변하기 쉬운데, 글을 쓰고 있던 시기에 그 기술이 그 지역에 이미 적용되고 있었다.

40 Rosenwig 2010을 볼 것.

41 개인적 차이와 개인적 미학에 대한 관심 역시 산로렌초에 풍부하게 수집되어 있
는 올멕 조각의 두 번째로 주요한 범주에서 자명하게 나타난다. 그것은 특이하
거나 비정상적인 특징을 가진 인간 형체를 묘사하는데, 척추 장애인, 소인, 나환
자 같은 형태가 있고, 유산된 태아에 대한 관찰을 기초로 하는 그림도 있을 수 있
다. Tate 2012를 볼 것.

42 Drucker 1981; Clark 1997; Hill & Clark 2001.

43 Miller & Houston 1987.

44 Hill & Clark 2001. 이 맥락에서 테오티후아칸—올멕, 마야, 아스테카의 도시들
보다 더 집단적인 원리로 통치되던—소싸움의 공식적 공연을 위한 경기장 같은
것은 없었다는 사실은 그냥 지나치는 관심사 이상의 것이다. 도시계획에 대중
구기 경기장을 넣지 않은 것은 분명히 의도적인 선택이었을 것이다. 테오티후아
칸의 많은 주민들은 그런 구경거리에 익숙했을 것이며, 9장에서 보았듯이, 그것
을 제외한 도심부의 거의 모든 것은 엄밀한 예측과 정확도에 따라 설치되어 있
기 때문이다. 구기 경기가 테오티후아칸에 출현한 것은 다른 맥락에서다. 너무
달라서 주위의 오악사카와 마야 저지대의 왕국들에서 표준이던 관념들의 어떤
의식적인 전도가 있었으리라고 의심되기 시작한다(이런 지역에서 규칙적으로
사람들이 이동했으며 이웃 동네의 관행에 친숙했음이 상기되면서).
증거는 테오티후아칸의 유명한 주택단지 가운데 하나인 테판티틀라Tepantitla라는
곳의 가정용 벽화에서 나온다. 이 벽화는 신들도 그려져 있지만, 발과 손, 그리고
막대기를 써서 구기 경기—축구, 농구, 하키와 비슷한 어떤 것—를 하는 사람들
이 그려진 최초의 사례다(Uriarte 2006을 보라). 이 모든 것은 귀족주의 규범을
위반한다. 그 장면은 거리가 배경이며, 모두 같은 축척으로 그려진 수많은 참여
자가 있다. 이런 장면과 결부된 것이 강력한 환각제인 수련이 반복하여 나오는
상징이다. 아마 우리가 여기서 보는 것은 테오티후아칸에 특유한 어떤 것일지도
모른다. 아니면 중앙아메리카 전역에서 일반 민중들이 하던 게임의 편린을 보고
있는지도 모른다. 계층화된 정치에서는 대체로 눈에 보이지 않는 삶의 한 측면
말이다.

45 Clendinnen 1991: 144.

46 이 측면에서, 올멕 지평의 역동성과 미스 월드와 미스 유니버스 같은 현대의 미
인 대회 행진이 주는 문화적/정치적 충격을 자극적으로 비교한 윌크Wilk의 연구
(2004)는 매우 적절해 보인다. 기어츠Geertz는 발리 왕국들을 묘사하기 위해 '극
장 국가theatre state'라는 용어를 만들었는데(1980), 그곳에서는 조공이라는 장치
전체가 기본적으로 거창한 제의를 조직하려는 용도로 존재했다고 주장한다. 조

공을 진행하기 위해 제의를 조직한 것이 아니라는 말이다. 그의 주장에는 눈에 띄는 약점들이—특히 발리 여성의 시각에서 볼 때—몇 가지 있지만, 그 유추는 그래도 도움이 될 수 있다. 특히 이런 유명한 발리 투계鬪鷄의 원래 역할(인류학을 공부하는 신입생도 잘 알고 있는 내용)을 고려할 때는 그렇다. 그 게임은, 처음에는 왕궁에서 사람들을 빚에 몰아넣기 위해 선전되고 상연되었는데, 그 결과 사람들의 처자식이 궁전에 넘어가서 노비나 첩이 되거나, 외부로 팔리는 일이 빈번했다(Graeber 2011: 157-8, 413 n.88).

47 8장에서 본 내용.

48 Conklin & Quilter (eds) 2008을 보라.

49 Isbell 2008을 보라.

50 Quilter 2002; Castillo Butters 2005.

51 Weismantel 2013 참조.

52 이는 정확하게 인류학자 카를로 세베리Carlo Severi(2015)가 '키메라chimera 원리'의 고전적인 분석에서 연구한 매우 복잡한 이미지와 같은 종류다.

53 Burger 2011; Torres 2008. 차빈 데 우안타르의 석조 조각은 대체로 환각 상태의 본질적으로 덧없는 경험을 영속화하는 데 관심이 있는 것으로 보인다. 차빈 미술의 전형적 특징인 동물 모티프—고양잇과 동물, 뱀, 관독수리 같은—는 실제로 1,000년 전의 면직물과 구슬 공예에 나타나는데, 이는 이미 고지대와 해안 지역에서 널리 유통되었다. 흥미롭게도, 후기에 만들어진 직물의 더 잘 보존된 표본들은 차빈의 권력이 전성기에 달했을 때도 해안 사회들이 공공연히 여성 형태를 띤 신들에게 접근했음을 보여준다(Burger 1993). 차빈 데 우안타르 자체에는 남아 있는 인체 조각의 레퍼토리에 여성은 없는 것으로 보인다.

54 Rick 2017.

55 Burger 2008을 보라.

56 Weismantel 2013을 보라.

57 나체즈족의 신적인 왕권에 대한 더 상세한 논의와 충분한 참고 문헌이 필요하면 Graeber & Sahlins 2017: 390-98에 실린 그레이버의 〈신성 왕권의 정치에 관한 주석Notes on the Politics of Divine Kingship〉을 볼 것.

58 Graeber, 같은 책, p. 394에 인용됨.

59 Lorenz 1997.

60 Gerth & Wright Mills (eds) 1946: pp. 233-4.

61 Brown 1990: 3, 존 스완턴John Swanton의 《미시시피강 하류 계곡과 인근 멕시코만 연안의 인디언 부족들Indian Tribes of the Lower Mississippi Valey and Adjacent Coast of the Gulf of Mexico》(1911)(Bureau of American Ethnology, Buuletin 43)에서 인용함.

62 그런 왕실의 '업적'에 대한 훌륭한 요약이 필요하면 de Heusch 1982를 볼 것; 자신의 백성들을 총으로 쓰러뜨려 유명해진 왕은 간다^{Ganda}의 왕 무테사^{Mutesa}였다. 그는 데이비드 리빙스턴이 라이플을 선물한 뒤 그에게 인상을 남기려고 그런 행동을 했지만, 절대 그때만 그런 것이 아니었다. Simonse 1992; 2005.

63 Graeber & Sahlins 2017:129.

64 Crazzolara 1951:139.

65 디트리히 베스테만^{Dietrich Westermann}, 《실루크 사람들: 언어와 민속^{Shilluk People: their Language and Folklore}》(1911)에서 보고되었다. Philadelphia: Board of Foreign Mission of the United Presbyterian Church of North America, p. 175.

66 Graeber & Sahlins 2017: 96, 100-101, 130.

67 다음 장에서 그런 가능성을 계속 살펴보려 한다.

68 사실, 여기서 우리는 솔직하지 못하다. 이것은 단순한 사고 실험이 아니다. 위대한 마을의 유적—이제는 고고학자들에게 애덤스 카운티의 파덜랜드^{Fatherland} 유적으로 알려져 있는—이 발굴되었는데, 특히 스투 나이첼^{Stu Neitzel}은 1960년대와 1970년대 초반에 유적 조사를 드문드문 두어 번 시행했다. 그곳이 버려진 이후의 몇 세기 동안 유적의 남은 부분은 세인트캐서린 크릭^{St Catherine Creek}이 쌓아둔 3미터 두께의 점토에 뒤덮여 있었으므로, 조사를 하려면 먼저 점토층을 중장비(불도저)로 치워야 했다. 그 과정에서 그 아래에 있던 고고학적 유물이 엉망으로 파괴되었고, 핵심적인 증거가 사라졌다. 나이첼^{Neitzel}(1965; 1971)이 보고한 내용은 우리가 방금 서술한 것과 대체적인 윤곽이 일치한다. 당연히 더 신중하고 현대적인 기술은 고고학적 복원이라는 측면에서 훨씬 더 잘해낼 수 있을 것이다(Brown 1990 참조).

69 사실, 나체즈족 신전이 있었던 장소일 확률이 높은 둔덕 C 근처에서 행해진 초기의 발굴로, 그 지역에서 제작된 물건과 함께 프랑스제 물건도 함께 부장된 무덤이 20기 이상 드러났다. 하지만 그 무덤의 발굴은 제대로 진행되지 않았고, 체계적인 자료 기록도 없었으며, 아마 십중팔구는 건물이 파괴되기 직전 신전이 마지막으로 사용된 시기, 그리고 위대한 태양의 힘이 말할 필요도 없이 이미 많이 줄어들었을 때의 기록이었을 것이다(Brown 1990; Neitzel 1965를 볼 것. 모로 B. C. 체임버스^{Moreau B. C. Chambers}가 1930년에 처음 올린 보고의 내용).

70 이집트학자들은 제1왕조와 제2왕조를 이집트의 '초기 왕조' 시대로 지칭하는 반면, '고왕국'은—어딘가 혼란스럽게—제3왕조에야 시작된다.

71 Dickson 2006; Morris 2007; Campbell (ed.) 2014; Graeber & Sahlins 2017: 443-4 및 다른 참고 문헌도 볼 것.

72 후자의 가능성, 그리고 초기의 해석에 대한 검토 결과가 필요하면 Moorey(1977)

를 보라. 하지만 이와 다른 견해, 그것들을 진정한 왕족의 무덤이라고 보는 견해
가 필요하면 Marchesi 2004를 보라.

73 Campbell 2014.

74 Campbell 2009 참조.

75 그것이 유일한 무덤은 아닐 것이다. 이집트의 가장 이른 시대의 지배자들은 가
끔 선조들의 시신을 나누어서 하나 이상의 장소에 묻어 그들 죽음에 대한 숭배
를 최대한 넓게 분포시키려고 했기 때문이다.

76 Wengrow 1996: 245-58. Bestock 2008; Morris 2007, 2014도 볼 것.

77 Macy Roth 2002.

78 모리스 블로크Maurice Bloch(2008)는 이와 비슷한 노선에서 다음과 같이 주장했
다. 초기의 국가들에서는 거의 예외 없이 외견상으로는 무작위적이고 거창한 폭
력성이 폭발했으며, 그런 국가들은 결과적으로 일상 가정의 제의적 생활을 '해체
하여', 국가가 몰락하더라도 어떻게 해서든 예전 상태로 절대 돌아가지 못하게
했다. 보편 종교라는 현상이 출현한 것은 이 딜레마로 인한 것이었다고 그는 주
장한다.

79 이것이 낳은 영향 가운데 하나로 이집트의 영토 경계 주위에 연속적인 '무인 지
대'가 만들어졌다. 예를 들면, 이집트를 예전에 밀접하게 연결되던 수단의 땅과
백성들로부터 정치적으로 분리하자 이집트의 새로 설립된 남부 영토의 인구가
줄었고, 누비아 내 족장들이 권력 기구를 박탈당한 것으로 보인다. 고고학자들
이 쓰는 호칭에 따르면 이 권력 기구는 소위 A-그룹이다. 이런 상황은 폭력적 지
배 행위의 산물로, 세컨드 카타락트Second Cataract의 게벨 샤이크 술레이만Gebel
Sheikh Suleiman에 있는 암각화에 기념되어 있다. 그러므로 사실상 신이집트 정치
집단의 중심부에서의 제의적 살해(지배자가 몰락하는 경우)와 그 영토 경계에서
행해지거나 기념되는, 건국에 관련된 폭력성 사이에 일종의 대칭이 이루어진다.
Baines 2003; Wengrow 2006.

80 Lehner 2015를 보라.

81 Wengrow et al. 2014.

82 Jones et al. 2014. 신석기시대의 무덤은 대개 나일 계곡의 건조대 주변부(시신이
자연적으로 보존될 만큼 건조한 지역)에 자리 잡고 있으며, 때로는 인근의 사막
지대 속으로 더 들어가기도 한다. 그들은 어떤 오래 지속되는 상부구조는 없었
던 것 같지만, 그래도 흔히 대형 묘지에 안치되었다. 다른 계통의 증거들은 이들
이 죽은 이를 기억하고 무덤을 다시 찾아갔으며, 여러 세대 동안 같은 위치를 재
사용했음을 보여준다. Wengrow 2006: 41-7; Wengrow et al. 2014.

83 사실, 이집트학자들은 오랫동안 후대 왕권의 어떤 요소들이 미술에서 '너무 이르

게' 나타난다는 점에 주목해왔다. 예를 들면, 남부 이집트의 유명한 붉은 왕관Red Crown이 붉은 왕관과 흰 왕관이 통합되어 통일 이집트의 공식적 상징이 되기 1,000년 전에 만들어진 토기 한 점에 그려져 있다거나, 못 박힌 곤봉을 휘둘러 적들을 공격하는 왕의 표준적 모티프가 나르메르 팔레트Narmer Palette가 나오기 500년 전에 히에라콘폴리스Hierakonpolis의 어느 벽화 무덤에서 출현하는 일 등이 그런 예다. 이런 사례와 참고 문헌을 더 알고 싶으면 Baines 1995를 보라.

84 최근의 나일강 유역 민족들은 엄격하게 부계父系를 따르는 경향이 있다. 실제로 이것은 여성들이 눈에 띄는 지위를 갖지 못하게 완전히 막는 것은 아니지만, 일반적으로는 그들에게 남자 노릇을 떠맡겨 그런 결과를 유도한다. 예를 들면, 누에르족에 '황소', 즉 마을 지도자에게 남자 상속인이 없을 때 그는 자신의 딸을 간단하게 남자라고 선언한다. 그녀는 아버지의 지위를 맡으며, 심지어 여성과 결혼하여 그 여성의 자녀의 아버지로 인정되기도 한다. 이집트 역사에서도 지배적 지위를 차지한 여성들이 흔히 자신을 사실상 남성이라고 선언함으로써 그렇게 했다는(눈에 띄는 예외는 아문 신의 아내가 되는 것인데, 이에 대해서는 이 장 앞쪽에서 논의한 바 있다) 것은 아마 우연의 소치가 아닐 것이다.

85 Wengrow 2006, 1장, 4장, 5장; Kemp 2006; Teeter (ed.) 2011을 볼 것. 이런 원왕국proto-kingdom의 인구에 대한 평가는 고대 생활 구역을 접할 길이 없고, 선사 시대 정착지의 넓은 면적이 현대의 농경지와 범람원 아래에 묻혀 있기 때문에 대체로 짐작에 그친다.

86 Friedman 2008; 2011을 볼 것.

87 Wengrow 2006: 92-8.

88 같은 책: 142-6.

89 치차 대량 소비를 생활 주기 제의로 통합하는 것은 사실 잉카가 행한 혁신이 아니었다. 그것은 차빈(매우 다른 제의적 식료품을 쓰는)과 잉카의 중간 지점인 티와나쿠Tiwanaku의 팽창 때로 거슬러 올라간다.

90 Murra 1956: 20-37을 보라.

91 Wengrow 2006: 95, 160-63, 239-45 및 다른 참고 문헌도 볼 것.

92 Lehner 2015.

93 Roth 1991도 볼 것.

94 레바논의 비블로스Byblos(주베일Jbeil)에 있는 청동기 후기의 석조 신전에 관해 거대 구조물 건축과 선원들의 행동이 상징적인 동시에 실질적으로 결부될 수 있음이 시사된다. 주베일은 이집트와 긴밀한 교역과 문화적 연결이 이루어지는 항구도시였다(Wengrow 2010b: 156를 보라). 그리고 배를 다루는 법에서 무거운 석조 작업의 조작에 이르는 팀의 기술 전달에 대한 민족지학적 묘사는, 예를 들

면 존 레이어드^{John Layard}의 멜라네시아의 어느 섬에 관한 고전적인 민족지인 《말레쿨라의 석인들^{Stone Men of Malekula}》(1942)에 실려 있다. London: Chatto & Windus.

95 생산 라인의 비유는 루이스 멈퍼드^{Lewis Mumford}가 '메가 기계^{mega-mechine}'에 대해 쓴 글에서 영감을 얻었다. 그 글은 멈퍼드가 최초의 복잡 기계가 사실은 인간으로 이루어졌다고 주장한 것으로 유명하다. 에릭 윌리엄스^{Eric Williams} 같은 학자들이 오래전에 주장했듯이, 공장제 시스템의 전형인 노동의 '합리화'는 사실 노예를 부린 17세기와 18세기의 대농장에서 개척되었지만, 다른 학자들은 그 무렵의 배는 상선이든 군선이든 상관없이 또 다른 실험실 같은 곳이었다는 사실을 지적했다. 그런 배에 탄다는 것은 다수의 인간이 온전히 감독 한 명의 지휘하에 과제를 부여받는 매우 드문 상황의 하나로 보이기 때문이다.

96 페미니스트 이론가들(예를 들어 Noddings 1984)이 지적한 대로.

97 이집트의 고왕국 시대 최고위직 관리들의 일부 무덤에서 우리는 그들의 가장 중요한 직함들 중에 단지 군사적·관료적·종교적 직책만이 아니라 '왕이 아끼는 지인' '궁전의 손톱 관리자 감독' 등등의 직무도 있음을 알게 되었다(Strudwick 1985).

98 Baines 1997, 2003; Kolata 1997과 비교해보라.

99 이집트와 메소포타미아 왕권의 상이한 형태에 대해 알고 싶다면 Frankfort 1948; Wengrow 2010a를 볼 것. 메소포타미아의 왕들이 신이나 거의 신에 가까운 지위를 주장한 것으로 보이는 이 패턴의 드문 예외에 대해 알고 싶다면 Brisch (ed.) 2008에 실린 피오트르 미할로프스키^{Piotr Michjalowski}와 아이린 윈터^{Irene Winter}의 기고문을 볼 것. 두 사람 모두 그런 주장의 예외적이고 양가적인 성격을 강조한다.

100 이 상황은 후기 메소포타미아 역사시대까지도 잔존했다. 함무라비가 기원전 18세기에 유명한 법전을 새긴 돌기둥을 세웠을 때, 이는 지배자로서 해야 할 행동의 본질 그 자체로 보였을 수 있다. 왕의 영토 내에서 폭력이 어떤 방식으로 행사될 수 있고 행사될 수 없는지를 선포하여 새로운 질서를 무로부터 창조해낸 것이다. 그러나 사실은 이런 거대한 칙령 대부분은 한 번도 체계적으로 집행된 적이 없었던 것으로 보인다. 바빌로니아의 백성들은 그 전에 가졌던 전통적인 법전과 관행의 복잡한 조각보 같은 체계를 계속 사용했다. 게다가 그 돌기둥의 장식적인 구성을 보면, 함무라비는 태양신 샤마시^{Shamash}의 권위를 빌려 행동하고 있음이 분명하다. Yoffee 2005: 104-12.

101 그리고 여기서 우리는 메소포타미아와의 대비를 계속 끌어낼 수 있다. 메소포타미아에서는 행정이 지상 정부의 확실한 특징인 반면, 우주─예측 가능하게 조직된 것이 전혀 아닌─에는 신들이 살면서 흔히 예상치 못하게 개입하며, 걸핏하

면 인간사에 균열을 초래하는 혼돈을 유발한다. Jacobsen 1976.

102 주권과 경쟁적 정치가 지상 영역을 지배하고, 행정적 위계가 우주에 투사되는 체제의 다른 예로 남아시아의 여러 사회도 포함될 수 있는데, 그들은 우주적 순환에 대해 이와 비슷하게 매혹되어 있다. 또 중세 유럽 역시 거기에 포함된다. 중세의 교회와 그 천사들의 위계라는 이미지는 고대 로마의 오래된 법적-관료제적 질서의 기억을 보존하는 것처럼 보인다.

103 Martin & Grube 2000: 20; Martin 2020.

104 Bagley 1999를 보라.

105 Shaughnessy 1989.

106 점술에 대한 의존은 신왕국 이전의 이집트로 한정되며, 잉카의 정부 시스템에서도 양가적인 역할을 했다. 고즈^{Gose}(1996: 2)가 설명하듯이, 잉카의 사례에서 신탁 행위는 실제로 살아 있는 왕의 인격적 권위와 일치하지 않았다. 대신에 그들은 미라가 된 왕실 조상들의 시신이나 그것에 맞먹는 그들의 조각상에 집중했다. 그런 것은 지배자의 절대적 주권과 최고 권위의 가정에 도전하지 않는 방식으로 하위의 (그리고 전복적인 잠재력을 가진) 견해를 표현할 몇 안 되는 출구가 되어주었다. 비슷한 방식으로 르네상스 시대에 왕이나 여왕의 12궁도로 점을 치는 것은 흔히 반역 행위로 간주되었다. 마야의 왕들은 피를 뽑고 돌을 던져 점치는 방법을 택했지만, 그것이 국가 업무의 중심으로 부각될 만큼 중요시되지는 않은 것 같다.

107 Yuan & Flad 2005. 글자를 모르는 사람들 사이에서도 동물의 신체 일부로 점을 치는 일이 널리 행해졌다.

108 Keightley 1999.

109 Shaughnessy1999.

110 중국의 상 왕조는 인류학자 스탠리 탐비아^{Stanley Tambiah}(1973)가 '은하계 정치체'라 묘사한 것의 패러다임으로 여겨질 수 있다. 그것은 후대의 동남아시아 역사에서 가장 흔한 형태이기도 했다. 그런 형태에서 주권은 중심에 집중되고 바깥으로 나갈수록 점점 경감되어, 몇몇 장소에 집중하고, 다른 곳들에서는 그 힘이 사그라들어, 주변부에서는 특정 지배자나 귀족이 실제로 제국의 일부라고―심지어 제국 시조의 먼 후손이라고―주장하기까지 하는데, 중앙의 현재 지배자는 그들을 아예 알지도 못한다. 이런 종류의 밖으로 향하는 주권의 번성을 다른 종류의 거대 정치 패턴과 대비할 수 있다. 이 패턴은 중동 지역에서 처음 나타났다가 점차 유라시아의 많은 지역으로 퍼진 것으로, 그곳에서 실제로 '정부'를 구성하는 상반된 개념들이 서로 역동적인 긴장 관계를 형성하면서 대결하고, 관료적 체제(중국이든 인도든 로마든)와 그들을 끊임없이 압도하려고 위협했던 유

목 민족의 영웅적 정치를 구분하는 대변경 지역을 창출했다. 이 관계에 대해서는 Lattimore 1962; Scott 2017을 볼 것.

111 이 고왕국이 쓰던 왕족이라는 주제를 가장 명료하게 보여주는 것이 아부시르Abusir의 사후레Sahure 장제전葬祭殿에 남아 있는 부조에서 발견된다. Baines 1997을 보라.

112 Baines 1999.

113 Seidlmayer 1990; Moreno Garcia 2014를 보라.

114 Seidlemayer 1990: 118-21의 번역에 따름. 이 측면에서 특히 충격적인 것은 백성들의 건강뿐만 아니라 완전한 사회생활에 필요한 기본 사항들을 모두 제공해야 한다는 주지사의 주장이다. 가족을 부양하고, 제대로 된 장례를 거행하고, 지역에서 의지할 것들로부터 단절되지 않게 하며, 난민으로 살아갈 운명에 처하지 않게 해주는 자원 말이다.

115 Dunbar 1996: 102; Diamond 2012: 11. 이 가정은 우리가 8장의 시작 부분에서 논의했던 종류의 '스케일러 스트레스scalar stress' 이론[규모가 커지면 압력이 따른다는 내용의 이론—옮긴이] 및 사회가 일대일의 상호작용이 가능한 어떤 문턱을 넘어 규모가 커질 때, 관료 제도가 정보의 저장과 관리의 문제에 대해 행정적 해결책을 제공한다고 주장하는 특정한 노선의 진화론적 심리학(역시 Dunbar 2010을 볼 것) 모두에 담겨 있다. 그런 이론에 따르면, 관료제는 인간 심성이 정보(예를 들면 상품이나 노동의 흐름에 관련된)를 저장하고 상기하는 내적 용량이 감당하지 못하게 될 때 작동하는 일종의 '외부적인 상징 저장 용량'의 역할을 한다. 우리가 아는 한 이 가설적이지만 깊이 각인된 '관료제의 기원'의 재구성을 지지하는 경험적 증거는 전혀 없다.

116 흥미롭게도, 19세기에 마다가스카르에 있던 메리나Merina 왕국의 문서고 기록도 이와 대체로 같다. 그 왕국은 왕의 가정으로서 가부장적적 기준으로 구상되었고, 각 후계 그룹의 진정한 성격은 그들이 왕을 위해 수행하는 봉사에 따라 규정되었다. 왕은 흔히 아이로, 백성은 그의 보모로 여겨진다. 기록은 지배자를 뒷바라지하기 위해 왕의 가정을 들고 나는 모든 항목에 관한 끝도 없고 엄밀한 세부 내용을 다루지만, 그 외의 경제적 사건에 관해서는 거의 침묵한다(Graeber & Sahlins 2017에 실린 그레이버의 〈왕의 보모로서의 백성The People as Nursemaids of the King〉을 보라).

117 Akkermans (ed.) 1996.

118 Schmandt-Besserat 1992를 보라.

119 이상한 일이지만, 그런 봉인이 텔 사비 아비야드Tell Sabi Abyad 자체에서는 거의 발견되지 않았다. 아마 보존되기 힘든 목재 같은 재질로 만들어졌기 때문일 것이다.

돌로 된 소형 인장 봉인과 여기서 우리가 거론하는 종류는 같은 시기('신석기 후기' 혹은 '할라프Halaf')의 메소포타미아 북부의 유적 어디에서나 발견된다.

120 Akkermans & Verhoeven 1995; Wengrow 1996.

121 이 모든 것이 목축 시즌 동안 주민들이 가축 떼를 몰고 근처의 언덕으로 올라가 풀을 뜯게(이동 방목이라는 관행) 하기 위해 마을을 비워둔 탓이라는 시사—때로는 발언의 속뜻—는 아마 너무 단순한 논리일 것이다. 또 별로 타당하지도 않다. 마을에는 여전히 나이 든 사람들, 배우자들, 자녀들, 자손들이 남아서 재산을 돌보고 문제가 생기면 소식을 전했다.

122 Wengrow 2010a: 4장을 볼 것.

123 Wengrow 1998: 790-92; 2001.

124 이는 물론 좀 아이러니하다. 더 오래된 사회 진화라는 골격 속에서 작업하는 고고학자들은 오랫동안 우바이드 사회가 분명 '복잡한 족장 사회' 같은 것을 조직했음이 분명하다고 짐작해왔기 때문이다. 단순히 그것들이 연대기상으로 최초의 농경 정착지와 최초의 도시들(이는 또한 '국가의 탄생'을 불러들인다고 가정되었다) 사이에 놓인다는 이유만으로 그렇게 짐작한 것이다. 문제의 기간 동안을 위한 고고학적 증거의 부족과 마찬가지로, 그런 주장의 순환 논리 또한 이제는 매우 명백해졌다.

125 Murra 1956: 156.

126 특히 Salomon 2004를 보라. 얼핏 보기에는 영국의 중세 마을에서 시장 시스템이 덜 공식적이지만 대체로 같은 방식으로 작동한 것 같다. 거래의 대부분은 신용으로 이루어지며, 6개월이나 1년마다 모든 빚과 신용을 0으로 돌리기 위한 노력의 일환으로 집단 회계가 실시되었다. (Graeber 2011: 327).

127 Salomon 2004: 269; Hyland 2016. 선사시대 메소포타미아에서 끈을 사용하는 계산 기법이 점토 상징물, 인장과 함께 사용되었을 수도 있다. 규칙적인 형태를 띠며 때로는 압인된 신호나 상징 무늬가 담긴 구멍 뚫린 점토 덩어리가 그에 대한 증거다(Wengrow 1998: 787).

128 Wernke 2006: 180-81, 다른 참고 문헌들도 볼 것.

129 조직의 방식과 노동 공물 스케줄을 알고 싶다면 Hyland 2016을 볼 것.

130 존 빅터 무라John Victor Murra의 권위 있는 논문 《잉카 국가의 경제적 조직The Economic Organization of the Inca State》(1956)은 스페인의 자료를 인용하여, 지역의 수전노와 불한당들이 새로이 권력자의 지위로 승격되었다고 말한다. 또 동네들이 서로를 적대하게 되고, 채무자들이 마을에서 추방당했다. 그러나 이런 사태가 어느 정도까지 남아메리카 정복 자체의 결과인지는 확신할 수 없다. Rowe 1982도 볼 것.

131 이에 대해서는 현재 이 책의 저자 가운데 한 명이 쓴《부채: 그 첫 5,000년Debt: The First 5000 Years》(Graeber 2011)을 보라. Hudson 2018도 볼 것.

132 Von Dassow 2011 : 208.

133 Murra(1956: 228)는 잉카 국가가 사회주의였다는 환상이 실제로는 아이유의 기능이던 것을 국가의 것이라 여긴 데서 비롯되었다고 결론짓는다. "능력을 잃은 자들의 안전은 잉카가 세워지기 이전 오래된 공동체의 자산과 잉여에 대한 자율적인 접근 및 호혜적인 노동 봉사에 의해 제공되었다." "서리와 가뭄으로 큰 피해가 발생할 경우 국가의 구호가 일부 있었을 수 있다. 이에 대한 참조는 예비군의 사용, 궁정, 교회, 행정적 용도에 대한 수백 건의 언급에 비하면 최근의 것뿐이고 수도 극히 적다." 아마 이는 과장되었을 것이다. 잉카 역시 그들이 정복한 왕국들의 행정적 구조와 사회복지 기구를 물려받았으며, 현실은 분명히 장소에 따라 분명히 달랐을 테니 말이다(S. 록펠러S. Rockfeller와의 개인적 소통).

134 가령, 메소포타미아에 관해서는 Richardson(2012), 초기 왕조의 군사 조직의 계절적 차원에 관해서는 Schrakamp(2010), 고전 마야의 계절적 전쟁에 대해서는 Tuerenhout(2002), 또 다른 사례와 논의에 대해서는 Neumann et al. (eds) (2014); Meller & Schefik(2015)를 볼 것.

135 제임스 스콧James Scott(2017: 15)은 저서《곡물에 반대하여Against the Grain》의 시작 부분에서 이와 비슷한 관찰을 한다. "세계의 많은 지역에서, 국가는 계절적인 기구였고, 국력이 강성할 때도 마찬가지였다. 아주 최근까지는 동남아시아의 연례적인 몬순 기간 동안 국가가 그 권력을 방어하는 능력은 사실상 그 왕궁의 담벼락 안으로 줄어들었다. 국가들의 거의 모든 표준 역사에서 자체 이미지와 중앙집중성이 어떻든 간에, 국가가 처음 출현하고 나서 수천 년 동안 그것이 상수가 아니라 변수였음을, 그것도 수많은 인류의 삶에서 매우 불안정한 변수였음을 인정해야 한다."

136 아마, 독단적 권력을 주장하는 수많은 사람들에게 공통적인 환상에 들떴을 것이다. 당신의 백성을 죽일 능력이 있다는 사실이 그들에게 생명을 주는 것과 어떤 면에서 대등하다는 환상 말이다.

137 제임스 스콧은 과소평가된 탁월한 저서《지배와 저항의 기술Domination and the Arts of Resistance》(1990)에서, 한 공동체가 영주와 농노, 주인과 노예, 상류 계급과 불가촉천민으로 나뉠 때처럼, 한 그룹이 다른 그룹에 비해 압도적인 권력을 가질 때는 항상 양편 모두가 결국은 그 역사적 기록을 왜곡하려고 음모를 꾸미게 되는 경향이 있다고 주장한다. 말하자면 이런 식이다. 항상 현실의 '공식 버전'이 있다. 즉 대농장 주인들은 자애로운 아버지 같은 존재로서 노예들에게 최대의 이익이 되도록 진심을 다한다. 실제로는 이 버전을 믿는 사람은 아무도—노예도

주인도—없다. 그리고 '무대 밖에' 나와 자기들끼리 말할 때는 십중팔구 뻔하게 바보 같은 소리로 취급된다. 하지만 지배 그룹들은 예속민들이 그 주장에 맞춰 행동하도록 요구한다. 특히 대중 행사 같은 경우에는 더욱 그렇다. 어떤 면에서 이는 권력의 순수한 표현이다. 그것은 피지배자들에게 2 더하기 2는 5인 것처럼 가장하라고 강요하는 능력이다. 혹은 파라오가 신이라는 듯 굴라고 강요하는 것이다. 그 결과, 바로 그런 '공식 필기록'이 역사와 후세를 위해 보존된 현실의 기록이다.

138 Abrams 1977.

139 Wengrow 2010a도 볼 것.

140 예를 들면, 메리 해리스Mary Harris(1997)가 지적한 바도 마찬가지다. 여기서 차빈, 고전 마야, 또 다른 콜럼버스 이전 정치단체들의 중앙 집중식 지식 시스템은 대륙 전체에 걸친 수학 시스템, 원래는 끈과 매듭의 도움을 받아 계산되었고, 궁극적으로는 직조 기술을 기초로 한 시스템에 의존했을 수 있음을 기억하라(Clark 2004). 또 도시에서 설형문자 수학이 발명되기 이전의 수천 년 동안, 마을에서 수준 높은 직조 기술이 이미 실행되고 있었다는 것도 기억하라. 그런 기술의 메아리가 메소포타미아 전역의 선사시대 도자기 전통의 형태와 장식에 보존되어 있다.

141 Renfrew 1972.

142 섬 전체에서 고고학자들이 널리 사용해온 연대기적 구도이며, '궁전 이전 시대'에서 시작하여 '원궁전 시대' '신궁전 시대' 등등으로 이어진다.

143 Whitelaw 2004.

144 Davis 1995를 보라.

145 Preziosi & Hitchcock 1999.

146 아마 여기서 아서 에번스Arthur Evans가 20세기 초에 크노소스에서 발굴한 그림 속의 인물들 가운데 '사제 왕'의 존재를 확인했던 악명 높은 사건을 언급해야 할 것이다(이 문제에 대해서는 S. Sherratt 2000을 볼 것). 사실 에번스가 이 이미지를 조합하는 데 사용한 장식된 벽 부조의 다양한 파편들은 서로 다른 고고학적 지층에서 출토되었고, 아마 단일한 인물의 것이 절대 아니었을 것이다(그 자신도 처음에는 이렇게 생각했지만 마음을 바꾸었다). 심지어 이제는 미술사가들이 사제 왕의 성별도 의심한다. 그러나 더 기본적인 질문은 미노스 회화 미술의 압도적인 다수가 전혀 다른 방향을 가리키는 상황에서 누가 왜 단일한, 남성 인물, 깃털 달린 인상적인 모자를 쓴 인물을 왕의 증거로 포착하고 싶어 할까 하는 것이다. 이 문제를 곧 다루게 될 것이다. 그러나 간단하게 말해, 크노소스의 사제 왕은 8장에서 만난 바 있는 그 이전 청동기시대에 속하는 인더스 계곡 모헨조다

로의, 이름도 비슷하고 고립된 처지도 비슷하던 사람들에 비해 왕좌에 더 가까이 있지 않았다.

147 Younger 2016.

148 에번스는 이렇게 썼다. "미노스문명의 전성기에 정부 부문에서 남성적 요소가 아무리 자신을 주장했다 하더라도, 종교의 인장은 여전히 사회 발전의 더 오래된 가모장제 단계를 반영하고 있다."(Schoep 2018: 21에 인용됨)

149 레바논을 거쳐 크레타에 수입된 초기 이집트의 물품들 및 그것들이 여성 제의와 결부된 점에 대한 자세한 논의가 필요하면 Wengrow 2010b를 볼 것.

150 Voutsaki 1997.

151 궁전에는 어떤 특정한 물품—아마포, 양모, 금속 등—으로 공물을 바칠 때만 방문하며, 그것들은 궁전의 작업장에서 섬세한 직물, 전차, 무기, 향유 등 더 특정한 범위에 속하는 물품으로 변신한다. 토기 생산 같은 다른 주요 산업은 행정 기록에서 완전히 누락되어 있다. Whitelaw 2001을 보라.

152 Bennett 2001; S. Cherratt 2001을 볼 것.

153 Kilian 1988.

154 Rehak 2002.

155 Groenewegen-Frankfort 1951.

11장 한 바퀴 돌아오다

1 몽테스키외가 (아마) 가장 간명하게 표현한 대로, 문자 그대로 비문명인이다. "이런 사람들은 굉장한 자유를 누린다. 땅을 경작하지 않으므로 땅에 붙들려 있지 않다. 그들은 방랑자이고 유랑자다. (…)"《법의 정신Spirit of Law》, 18: 14 — '땅을 경작하지 않는 백성의 정치적 상태에 대해Of the political State of the People who do not cultivate the Land').

2 Lovejoy & Boas 1965.

3 Scott 2017: 129-30.

4 같은 책: 135.

5 같은 책: 253.

6 Sahlins & Service 1960.

7 우리에게 있는 가장 가까운 역사적 비교 대상은 경제적인 것이다. 대략 1917년에서 1991년까지 존속했으며, 그 전성기에는 세계 육지의 상당 부분과 인구를 차지했던 사회주의 진영은 흔히 이런 의미에서 (실패한) 실험으로 취급된다. 하

지만 그것이 실제로는 한 번도 더 큰 자본주의 세계 시스템에서 독립한 적이 없었고, 단지 국가자본주의의 하부 범주였다고 말할 수도 있다.

8 우리는 여기서 《부채: 그 첫 5,000년Debt: The First 5000 Years》(Graeber 2011: 9장)에 길게 논의되어 있는 사례들을 끌어다 쓰고 있다. 그 부분은 이런 협동된 변화를 물리적인(금과 은) 통화와 다양한 형태의 추상적인(무형적인) 신용 화폐 간의 교체라는 기준에서 묘사한다.

9 카호키아에 대한 전반적인 개괄이 필요하면 Pauketat 2009를 볼 것.

10 Williams 1990.

11 Severi(2015)는 북아메리카 종족들 사이에서 상형문자 시스템 사용의 증거를 가지고, 왜 그들을 '구전' 사회라고 규정하는 것이 여러 면에서 잘못인지 논의한다.

12 *JR*(1645-6) 30: 47; Delâge 1993: 74도 볼 것.

13 Carr et al. 2008.

14 Knight 2001; 2006.

15 Sherwood & Kidder 2011.

16 "고대의 측정 단위는 아데나 시기에도 살아남은 것으로 보인다. (…) 그러나 수림 지대 종족들은 (…) 적어도 부분적으로는 당시 형성되고 있던 중앙아메리카에서 유래한 (…) 다른 측정 시스템과 기하학적 형태를 채택했다. (…) 그 시스템은 표준 단위와 그 단위들을 조합하여 측정할 때 더 짧은 측정 끈(1.544미터)을 썼지만, 그 외에는 전통적인 셈과 산수의 많은 부분을 그대로 보존했다. (…) 또 다양한 표준 거시 단위SMU: Standard Macro Unit에서 삼각형 위주의 추세가 직각 그리드와 원과 사각형의 사용으로 대체되었는데, 이는 호프웰 토목공사에서도 뚜렷이 드러난다."(Clark 2004: 205, 다른 참고 문헌도 볼 것).

17 Yerkes 2005: 245.

18 전문가들은 이것을 팍스 호프웰리아나Pax Hopewelliana라 부르게 되었다. 트로피로 전시된 해골처럼 예외도 간혹 있지만 전반적인 검토가 필요하면 Seeman 1988을 볼 것.

19 Carr & Case (eds) 2005; Case & Carr (eds) 2008.

20 현대의 학자들은 호프웰 지역 중앙부에 있던 조합의 '3중 동맹'에서 적어도 아홉 개 씨족을 열거한다. 곰, 개, 고양이, 맹금류, 너구리, 엘크, 비버, 비육식 조류, 여우. 이런 씨족들은 지금도 그 지역에 살고 있는 중앙 알곤킨 종족들로 기록된 최대 씨족들과 대략 상응한다(Carr 2005; Thomas et al. 2005: 339-40).

21 상상할 수 있겠지만, 이것은 토론의 주제였다. 그러나 우리는 여기서 또 다른 자세한 참고 문헌들도 포함하여, Carr & Case (eds) 2005가 광범위한 자료를 근거로 제시한 견해를 따른다.

22 DeBoer 1997: 232: "나는 호프웰의 토목공사 유적을 제의 중심지로 본다. 이곳은 장례식과 잔치, 도보 경주, 또 다른 '게임들'과 춤, 도박 같은, 중심부 자체에 대규모의 상주인구가 없는 상황에서 주기적으로 시행되는 다양한 활동이 일어난 장소다." 매장에 대해서는 Seeman 1979을 볼 것.

23 남과 북의 구분에 대해서는 Coon(2009)을 볼 것. 그는 또한 남쪽에서는 매장이 대부분 집단으로 무차별적으로 이루어지며, 보물은 시신과 따로 매장되고, 특정한 개인과 동일시되지 않는다고 지적한다. 미술은 의상을 입은 인물들을 보여주는데, 호프웰에서처럼 머리 장식을 쓴 개인보다는 승려처럼 차려입은 모습이다. 이 모든 것들은 더 자의식적으로 평등주의적이거나, 적어도 반영웅주의적인 이데올로기가 남쪽에 있었음을 시사한다. 샤먼과 대지의 신의 사당 유적이 함께 나타나는 것에 대해 알고 싶으면 DeBoer 1997을 보라. 성별과 관직 문제에 대해서는 Field, Goldberg & Lee 2005; Rodrigues 2005를 볼 것. Carr(Carr & Case 2005: 112에서)는 남/북의 구분이 후대의 가부장제인 5대호 알곤킨족의 조상과 모계적인 남동부 사회(크리[Cree], 체로키[Cherokee], 촉토[Choctaw] 등등)의 조상들 간의 구분을 반영하는지도 모른다고 생각한다. 그러나 무덤에 반영된 패턴은 훨씬 더 급진적으로 보인다. 남부에서는 장례식을 주재하는 남성 사제들이 일부 있기는 하지만 주요 관직 담당자들은 모두 여성이었던 것으로 보인다. 해골에 대한 로드리게스[Rodrigues]의 분석(2005)은 남부에 더 놀라운 차이가 있음을 시사한다. 남부에서는 "여성도 보통은 아메리카 선주민 남성들이 더 많이 담당하는 관리와 생계 활동, 예를 들면 부싯돌 석재 채집, 사냥할 때 필요한 달리기 같은 활동에 참여했다. 반대로, 남성은 식물 식량을 처리하는 일에 동참했는데, 이는 전형적으로 여성과 결부된 활동이었다".(Case & Carr eds 2008: 248에 수록된 카[Carr]의 글). 이런 연구 결과가 더 널리 논의되지 않았다는 것은 좀 놀랍다.

24 포장도로에 관해서는 Lepper 1997을 볼 것.

25 4장에서 논의한 대로, 미시시피강 하류의 파버티포인트에 거대하게 지어진 수렵채집인 센터는 거의 2,000년도 더 전에 이와 비슷하게 넓은 지역에서 물건과 재료를 들여왔고, 거꾸로 그것이 다양한 형태의 무형적인 물건과 지식을 멀리까지 넓게 퍼뜨렸을 수 있다. 하지만 파버티포인트는 호프웰과 성격이 다르다. 그곳은 단일한 중력 구심점에 단단하게 집중되어 있고, 매장 제의나 정착지 패턴 같은 사회적 제도의 확산은 그보다 덜 분명하게 표시된다.

26 기원전 3500년에서 기원전 3200년 사이에, 범위는 비슷하지만 성격은 매우 다른 문화적 확산이 최초의 대규모 영토 왕국이 이집트에서 등장하기 이전에 먼저 이루어졌다. 이는 관련 문헌에서 흔히 정치적 통합에 선행한 문화적 통합이라 일컬어진다. 하지만 실제로는 나일강 계곡과 나일 삼각주 지역의 통합에서

장례 제의 및 그에 관련된 개인적 전시 형태에 한정된 경우가 많았던 것 같다 (Wengrow 2006: 38, 39).

27 Seeman 2004: 58-61.

28 이 노선에 따른 더 자세한 논의가 필요하면 Braun(1986)을 볼 것.

29 DeBoer 1997.

30 Hudson 1976. 뉴욕시의 주민들은 브로드웨이가 원래 인디언들이 쓰던 길이었으며, 그 길의 시작점인 애스토어플레이스Astor Place가 맨해튼을 공유하던 세 민족이 함께 쓰던 라크로스lacrosse 경기장이었다는 것을 알게 되면 흥미로워할 것이다.

31 래틀스네이크 코즈웨이Rattlesnake Causeway와 둔덕과 카호키아의 기원에 관해서 알고 싶으면 Baires 2014; 2015를 보라. 카호키아가 처음에 순례 장소로 시작했던 것에 관해서는 Skousen 2016을 볼 것.

32 청키Chunkey는 후프Hoop와 폴Pole이라는 아이들의 인기 있는 놀이를 모델로 한 것으로 보인다. 청키의 기원과 그 후대의 역할에 대해 알고 싶으면 DeBoer 1993; Pauketat 2009: 4장을 볼 것.

33 후대의 한 관찰자는 촉토족에 대해 이렇게 기록했다. "그들이 가장 좋아한 청케chunké 게임 (…) 그들은 아침부터 밤까지 경기했고, 지치지도 않고 경기에 임했으며 내기를 크게 걸었다. 여기서는 어떤 야만인이 갖고 있던 가죽을 전부 내기에 걸었다가 잃고, 다음에는 파이프를, 다음에는 구슬을, 또 크고 작은 장신구들을 거는 모습을 보게 된다. 그는 결국 담요와 의상, 그리고 무기까지 건다. 그들이 모든 것을 잃고는 집에 돌아가서 총을 빌려 스스로를 쏘아버리는 일이 드물지 않았다."(Swanton 1931: 156-7에 실린 이야기). 유럽인들과 접촉할 무렵, 그런 극단적 운동경기는 평준화하는 메커니즘으로 작동했던 것으로 보인다. 맨 윗자리에 오래 머무는 사람은 거의 없었고, 본인까지 팔아 치우는 사람도 오랫동안 그런 상태로 있지는 않은 것으로 보이기 때문이다.

34 Pauketat 2009: 20. 카호키아에 관한 문헌은 방대하다. 우리가 이미 인용한 전반적인 개괄 외에도 Alt 2018; Byers 2006; Emerson 1997a; Fowler 1997; Milner 1998; Pauketat 1994; 2004; Emerson & Lewis 1991에 실린 논문들; Pauketat & Emerson (eds) 1997을 볼 것; 환경의 맥락에 관해서는 Benson et al. 2009; Woods 2004를 볼 것.

35 Emerson et al. 2018.

36 Smith 1992: 17.

37 Emerson 1997a; 1997b: 187; Alt 2018 참조. Pauketat et al.(2015: 446)은 이것을 '농촌화'의 과정이라 칭한다.

38 Betzenhauser & Pauketat 2019. 에머슨Emerson(1997b)이 지적하듯이, 기원후 1050년에서 1200년 사이에 그가 '시민적 노드node[노드란 네트워크의 분기점이나 접속점, 교점, 결절을 말한다—옮긴이]'라 이름 붙인 것들의 구축을 통해 감시가 시골 지역까지 확장되었다. 그것은 제의적·관리적 기능의 혼합 기능을 수행한 기구로 보인다. Pauketat et al. 2015: 446-7도 볼 것.

39 원래는 중심에 두 남성이 있고 곁에 신하들이 부장된 무덤으로 확인되었지만, 이 보관소의 진정한 복잡성에 대해서는 Emerson et al. 2016을 보라. 이 시설은 고고학자들에게 둔덕 72라 알려진 대광장 남쪽에 있는 고분 안에 들어 있다.

40 Fowler et al. 1999는 집단적 무덤이 모두 여성의 것이었다고 보고했지만, 사실 그 상황은 여기서도 더 복잡하다. Ambrose et al. 2004; Thompson et al. 2015를 보라.

41 Knight 1986; 1989; Knight et al. 2011; Pauketat 2009: 4장. 새인간의 상징에 대해 읽을 수 있는 또 다른 저술로는 Emerson et al. 2016이 있다.

42 Emerson 2007; 2012.

43 카호키아 몰락의 배후에 있는 정확한 이유가 무엇인지는 열띤 논쟁의 주제였다. 광범위한 견해들에 대해 알고 싶다면 Emerson & Headman 2014; Kelly 2008 및 다른 참고 문헌도 보라.

44 Cobb & Butler 2002를 보라.

45 뒤의 이슈에 관한 광범위한 견해들에 대해서는 Holt 2009를 비교해보라. Pauketat 2007; Milner 1998도 볼 것.

46 카호이카에서의 이 상황에 관해 알고 싶으면 Smith 1992; Pauketat 2013을 볼 것.

47 Pauketat et al. 2015: 452 참조.

48 La Flesche 1921: 62-3; Rollings 1992: 28; Edwards 2010: 17.

49 King 2003을 볼 것.

50 King 2003; 2004; 2007; Cobb & King 2005.

51 Clayton et al. (eds) 1993: 92-3.

52 Ethridge 2010에서 논의된 대로.

53 같은 책: 33-7, 74-7. 18세기에 아메리카 동남부에서 출현한 공화제 정부의 토착적 형태도 자연과의 어떤 관계를 전제했지만, 결코 조화의 관계는 아니었다. 궁극적으로 그것은 전쟁의 관계였다. 식물은 인간의 동맹이고 동물은 적이었다. 제의의 올바른 공식을 따르지 않고 제물을 죽이는 것은 전쟁 법칙의 위반이었는데, 그러면 그 동물이 보복으로 인간 공동체에 질병을 보낸다. 하지만 그와 동시에 사냥은 특히 남자들에게 개인적 자유의 어떤 이상형을 나타내는 일로 이해되는 방향으로 기울어진다.

54 같은 책: 82-3.

55 이 논의는 웨스크러브Waskelov와 듀머스Dumas가 제시한 것이지만 한 번도 발표된 적은 없다. 그것은 에스리지Ethridge(2010: 83-4)와 스턴Stern(2017: 33)에 인용되고 논의되었지만, 우리 의견으로는 그것이 전체 사례를 뒤집어놓아, 유럽인들의 침공으로 발생한 재앙에 직면하여 "새로운 강제적 공동체를 창조하고 [그리고] (…) 더 평등하고 합의에 기초하는 사회구조를 출현시킨다". 그때가 되어서야 고리처럼 이어진 사각형을 상징으로 삼고 의회장을 우주로 나타내는, 이 '새로운 실재'에 대한 일종의 적응으로 나타내는 새로운 우주론이 출현한다. 하지만 평등주의의 자의식적인 이상형이 일종의 우주론적 표현을 통하지 않고서 어떻게 출현하고 채택될 수 있었을까?

56 Fogelson 1984. 포겔슨이 지적하듯이, 또 우리도 곧 보게 되겠지만, 17세기에 체로키족에는 사제가 있었다. 비록 그들이 차츰 개인 치유사들로 대체되었지만 말이다. 전설을 실제 역사적 사건을 어느 정도 반영하는 것으로 보지 않기는 힘들다. 한 예로, 에티와Etowah는 나중에 체로키족의 영토가 된 곳에 있었다.

57 커피 자체는 에티오피아나 예멘 중 어느 한 곳에서 처음 재배되었다. 아메리카 대륙에서 같은 역할을 한 것이 '검은 음료'라 불렸고, 그 시원이 적어도 제의적인 용도로 다량 사용되던 호프웰 시기로까지 추적된다(Hudson 2979; Crown et al. 2012). 크리크족의 일상적인 모임에 관해 알고 싶으면 Hahn 2004; Fairbank 1979를 볼 것.

58 *JR* 10: 219에 실린 Brebeuf.

59 확실히, 유럽에서 생겨나던 비습관성 마약 정책―여러 면에서 당시 성장하던 세계경제의 기초이기도 했던(처음에는 향료 무역으로, 다음에는 마약, 무기, 노예무역을 기초로 했던)―은 아주 달랐다. 그것은 새로운 노동 체제에 워낙 많이 집중했기 때문이다. 중세에는 거의 모두가 와인이나 맥주 같은 중독성이 약한 음료를 일상적으로 소비했지만, 새로운 체제는 수월하게 일하도록 도와주는 약한 약물들―커피와 차, 특히 설탕의 용제로 쓰일 때, 그리고 담배와 함께 할 때―과 주말에 마시는 도수 높은 주류를 구분했다(Goodman, Lovejoy & Sherratt eds 1995에 실린 다양한 기고문을 보라).

60 우리 기준에서 보자면, 아데나-호프웰이 '지배의 1차 체제'였다는 것조차 분명하지 않다. 우리가 시사했듯이, 거의 모든 측면에서 그것은 거대한 확대 구역, 문화 지역, 상호작용 공간, 또는 세계의 다른 지역에서 예전에 많이 만났던 문명들의 종류에 더 가까워 보인다.

61 오세이지족과 카호키아족의 고고학에 관한 민족-역사적 자료가 필요하면 Kehoe(2007)를 보라(Hall 1997도 볼 것). 그러나 그들이 카호키아와 가진 정확

한 관계는 고고학적으로 분명하지 않다. 그리고 로버트 쿡Robert Cook(2017)은 그들의 발원지인 오하이오 중부의 미시시피화한 지역에 있는 포트에인션트Fort Ancient, 그곳 주민들이 카호키아 심장부와 상호 교류한 것으로 보이는 정착지가 가장 최근에 붕괴한 일에 대해 알려준다(특히 pp. 141-2, 162-3을 볼 것).

62 La Flesche 1930: 530, Rollings 1992: 29-30; Bailey & La Flesche 1995: 60-62.

63 La Flesche 1921: 51.

64 Rollings 1992: 38; Edwards 2010.

65 라 플레셰La Flesche(1921: 48-9)는 이렇게 쓴다. "여러 해에 걸쳐 오세이지족에 관한 이 연구를 하는 과정에서, 남자들에게로 전승되어온 자연과 생명의 신비 속으로 파고들어 간 옛날의 공식적인 제의와 별개로, 이런 예언자들이 깊은 생각을 한 태도를 말해주는 전통적 형태로 전승되어온 이야기들이 있음을 오늘날 노호징가족이 된 종족의 일부 노인들로부터 알게 되었다. 현대의 노호징가족에게 가장 강한 인상을 주었다고 보이는 이야기는 그런 남자들, 자연의 제자들이 점차 어떤 조직 연합으로 흘러들어 가게 되는 이야기였다. 그 연합은 노호징가, 작은 남성 노인들Little-Old-Men이라는 이름으로 알려지게 된다. 세월이 흐르면서 이 연합은 친절과 환대를 통해 부족민들의 마음을 얻게 된 어떤 남자의 집을 거점으로 삼게 되었다. (…) 그 이후 그들을 대접하는 것이 저명한 남자에게 명예가 되었다."

66 La Flesche 1939: 34.

67 위의 책, n.1을 볼 것. 또 Burns 2004: 37-8, 362도 볼 것. 번스 본인은 오세이지 혼혈이며, 오세이지족으로 자라났다. 선주민 저자들이 그런 대화가 쌍방적일 수 있는 가능성을 얼마나 꾸준히 열어두는지, 또 유럽 역사가들이나 유럽 혈통의 아메리카 역사가들이 얼마나 순식간에 그런 제안을 터무니없는 것으로 간주하고 사실상 그 가능성을 차단하는지를 보면 놀랍다.

68 Parker 1916: 17, 강조는 저자. 조사이아 클라크Josiah Clark 같은 초기의 일부 자료가 아도다로Adodharoh라는 후대의 인물을 '왕'이라 칭한 것을 보면 흥미롭다. 다른 곳에서는 '연방의 민원 업무 수석 관리'라고 부르기는 했지만 말이다(Henige 1999: 134-5).

69 여기서 아서 파커Arthur Parker가 당시 이로쿼이족 마법사들을 본질적으로는 괴물 같은 야수로 변신할 능력을 가진 동시에 텔레파시를 통해 타인들을 자신들의 뜻대로 휘두를 수 있는 존재로 묘사한 점을 지적할 필요가 있다(Parker 1912: 27-8 n.2; Smith 1888 참조; Dennis 1993: 90-94; Shimony 1961: 261-88; 1970; Tooker 1964: 117-20). 만Mann 역시 그 칭호의 정치적 성격을 강조한다. "이로쿼이족의 사상에서 유럽식 마법과 가장 비슷해지는 부분은 마법을 은밀하게 사용하고, 다른 사람으로 하여금 자발적이지도 않고 그들 스스로 원하지

도 않는 행동을 하도록 술수 부리는 모든 사람에 대한 혐오감이다."(Mann 2000: 318; 마다가스카르에서 발견한 사랑의 마술에 집중된 이와 비슷한 사례를 보려면 Graeber 1996 참조).

70 여기서 우리는 특히 로버트 로위와 피에르 클라스트르가 행한 논의에 대해 생각하고 있는데, 그 내용은 앞선 여러 장의 다양한 지점에서 소개되었다.

71 예를 들면, 호디노쇼니 역시 자신들이 수적으로 우세한 아디롱닥Adirondaks('나무껍질 먹는 자Barkeaters')이라 불리는 적들에게 복속했던 농노 생활에서 탈출한 사람들의 후손이라고 주장했다(Holm 2002: 160). 여기서 복속subjugation과 봉기insurrection는 결코 낯선 개념이 아니었다.

72 Trigger 1990: 136-7.

73 같은 책: 137.

74 Wallace(1958: 235)에 실린 Fremin 부분: "이로쿼이족에게 있는 신은 제대로 말하자면, 오직 하나, 꿈뿐이다. 그들은 꿈에게 복종하며, 꿈이 지시하는 것을 최대한 정확하게 따른다. 촌논토우엔스족Tsonnontouens[세네카Seneca]은 다른 종족들보다 이 미신에 더 밀착해 있다. 이 측면에서 그들의 종교는 양심의 문제가 된다. 꿈에서 자신들이 무슨 일을 했다고 생각하든, 최대한 빠르게 절대적으로 그 일을 수행해야 한다고 믿기 때문이다. 다른 부족들은 가장 중요한 꿈의 지시를 따르는 것으로 만족한다. 하지만 이웃들보다 더 종교적으로 생활한다는 평판이 있는 이 부족은 꿈의 명령을 준수하는 데 한 번만 실패해도 대단한 죄를 지었다고 여긴다. 그들은 그 문제만 생각하고, 오로지 그 이야기만 하며, 그들의 숙소는 꿈으로 가득 채워진다. (…) 심지어 퀘벡에서 개 한 마리를 사는 꿈을 꾼 어떤 사람은 오로지 그 개를 사기 위해 720킬로미터 떨어진 그곳까지 가기도 했다. (…)" 월리스는 이것이 이로쿼이족 사회에서 극기克己와 개인적 자유와 자율성의 중요성이 낳은 직접적인 심리적 결과라고 주장한다. Blau 1963; Graeber 2001: 136-9도 볼 것.

75 더 이른 날짜들은 파이브 네이션스 연맹의 창설에 관한 문헌에서 언급된 일식의 날짜다(Mann & Fields 1997; Henige 1999 참조; Snow 1992; Atkins 2002; Starna 2008).

76 일반적인 고고학적 이해에 대해 알고 싶으면 Tuck 1978; Bamann et al. 1992; Engelbreche 2003; Birch 2015를 보라. 온타리오의 옥수수 재배에 관해 알고 싶으면 Johansen & Mann 2000: 119-20을 볼 것.

77 Mann & Fields 1997: 122-3; Johansen & Mann 2000: 278-9.

78 6장을 보라.

79 Morgan 1851; Beauchamp 1907; Fenton 1949; 1998; Tooker 1978; 특히 여성

들의 역할에 관해서는 Brown 1970; Tooker 1984; Mann 1997; 1998; 2000을 보라.

80 Jamieson 1992: 74.

81 Noble 1985: 133, 1978:161 참조. 추하리센Tsouharissen에 대한 선교사들의 주장을 얼마나 진지하게 받아들일 것인지에 대해서는 논란이 좀 있다. Trigger(1985: 233). 가령 그가 단지 특히 뛰어난 전쟁 족장이었을 뿐이라는 주장이 있지만, 인류학계의 주류 의견은 중립파를 '단순한 족장 사회'로 보는 쪽으로 기울어지는 것 같다.

82 Noble 1985: 134-42.

83 Parker 1919: 16, 30-32.

84 Lahontan 1990[1703]: 122-4.

85 이 이야기는 Mann 2000: 146-52에 자세히 서술되어 있다.

12장 결론

1 때로 그는 illud tempus(영원한 순간)라는 구절도 사용했다; 다른 연구들 중에서도 Eliade 1959를 보라.

2 Hocart 1954: 77; Hocart 1969[1927]; 1970[1936]도 볼 것.

3 돌이켜보면, 우리가 자유의 정수 그 자체라고 여기는 것 중 많은 것─'발언의 자유'라거나 '행복을 추구할 자유' 같은─이 전혀 사회적 자유가 아니다. 원하는 대로 무슨 말을 해도 좋지만, 아무도 관심을 갖거나 듣지 않는다면 아무 소용이 없다. 그와 똑같이, 원하는 만큼 얼마든지 행복해질 수 있지만, 그 행복이 타인의 비참을 대가로 주어진다면, 그것 역시 무의미해진다. 확실히 본질적인 자유라고 흔히 인용되는 것이 루소가 그의 두 번째 논의《인간 불평등 기원론》에서 만들어낸 바로 그 환상 즉 인간의 고독한 삶이라는 환상에 기초한다.

4 이 점에 대해서는 Graeber & Sahlins 2017: 여기저기를 보라.

5 Harari 2014: 133.

6 Scarry 1085.

7 Kelly 2000.

8 Haas & Piscitelli 2013을 보라.

9 Patterson 1982.

10 논의를 이어가려면 Graeber 2011: 198-201 및 거기에 인용된 자료들을 보라.

11 이런 공개적 고문이 거칠고 무도한 행위라고 생각할지도 모른다. 하지만 실제로

는 죄수를 제물로 바치는 일의 준비는 공직자가 차분하고 질서 있게 행동하라고 명령할 수 있는 드문 기회 가운데 하나였다. 성행위의 금지도 마찬가지였다. 위에 언급된 모든 일에 대해서는 Trigger 1976: 68-75를 보라.

12 아마 다섯 세기쯤 될 기간 동안 북아메리카 동부 전역에서 발견된 인간 유골에는 외상 입히기, 두피 벗기기 등 다른 인간들 간의 폭력 형태의 증거가 놀랄 만큼 적게 남아 있다(Milner et al. 2013). 개인 간 폭력과 전쟁의 증거는 그 이전과 이후 시기에는 모두 존재한다. 그 이후 시기의 증거로 가장 유명한 사례는, 둘 다 700년쯤 전의 크로 크리크Crow Creek와 오네오타Oneota 마을 묘지에서 발굴된 대량의 무덤으로, 외상의 증거가 방대하게 발견되었다. 그런 증거는 아마 수십 년 또는 그 이상의 기간 동안—기껏해야 한 세기—이루어진 사회 역사를 설명해 주며, 지역에 따라 매우 한정되었다. 현대의 폭력 이론가들이 투박하게 추정하듯이 전체 지역이 1,000년 동안 홉스가 말한 것 같은 상태로 존재했다고 믿을 이유는 절대로 없다.

13 Delâge 1993: 65-6.

14 Merrick 1991을 보라.

15 의심할 여지 없이 영향력 있었지만 여전히 그에 걸맞은 영향력을 드러내지 못했던 (1995년에 쓰인) 어느 논문에서, 크럼리는 고고학적 해석에서의 사회적 복잡성의 위계적 모델을 대신할 대안의 필요성을 지적했다. 그녀가 지적한 대로, 고고학적 기록은 복잡하며 고도로 구조화된, 단지 위계적 원리에만 따르지 않는 사회적·생태적 시스템의 발전에 대한 증거로 가득하다. '혼계heterarchy'—그녀가 그런 다른 시스템 유형들을 소개하기 위해 고안한 포괄적 용어—는 인지과학에서 빌려 온 것이다. 권력이 사회의 다른 요소들 사이에, 혹은 통합의 다른 수준에 따라, 혹은 같은 사회 내에서도 한 해의 다른 시기에 따라 유연하게 분산되고 분포되었다고 전제할 때, 이 책에서 우리가 관심을 집중한 사회들 가운데 많은 수—후기 구석기시대의 매머드 사냥꾼부터 16세기 이로쿼이족의 이동식 연정과 연방에 이르기까지—가 이런 용어로 설명될 수 있었다(시스템 이론의 언어를 선택할 기회가 우리에게 있었더라면).

지도와 도판 목록

1 20세기 초 민족학자들의 규정에 따른 북아메리카(작은 지도는 북부 캘리포니아의 민족-언어적 '파쇄 지대')
(C. D. Wissler(1913), 'The North American Indians of the Plains', *Popular Science Monthly* 82; A. L. Kroeber(1925), *Handbook of the Indians of California*. Bureau of American Ethnology Bulletin 78, Washington, DC: Smithsonian Institution).

2 중동의 비옥한 초승달—기원전 8500~기원전 8000년, 중석기 수렵 채집인들의 세계 속 신석기 농부들. (A. G. 셔럿A. G. Sherratt이 그린 원래 지도를 S. 셔럿S. Sherratt의 허가하에 응용함.)

3 식물과 동물 길들임의 각기 독자적인 중심지. (D. 풀러D. Fuller가 소장한 원래 지도의 응용.)

4 네베리브카: 우크라이나 수림 초원 지대의 선사시대 '메가 유적'. (D. 헤일D. Hale 의 자료를 토대로 하여 Y. 비드넬Y. Beadnell이 그린 지도를 바탕으로 함. 자료 출처는 J. Chapman, B. Gaydarska)

5 테오티후아칸: 중심부에 있는 주요 구조물을 둘러싼 주거용 공동주택. (R. Millo(1973), The Teotihuacan Map. Austin: University of Texas Press를 응용한 것. 자료 출처는 Teotihuacan Mapping Project and M. E. Smith.)

6 미시시피강 분지와 인근 지역의 몇몇 주요 고고학적 유적. (T. R. 포크탯T. R. Pauketat이 제공한 원래 지도의 응용.)

7 위: 오세이지족 마을의 여러 다른 씨족들(1-5)의 배치. 아래: 동일 씨족의 대

표자들이 주요 제의 때 제의실 안에서 자리 잡는 방식 (A. C. Fletcher & F. La Flesche(1911), 'The Omaha tribe', *Twenty-seventh Annual Report of the Bureau of American Ethnology*, 1905-6, Washington D. C.: Bureau of American Ethnology; F. La Flesche(1939), *War Ceremony and Peace Ceremony of the Osage Indians*. Bureau of American Ethnology Bulletin 101. Washington: US Government.)

참고 문헌

Abrams, Philip. 1977. 'Notes on the difficulty of studying the State.' *Journal of Historical Sociology* 1 (1): 58–89.

Acemoğlu, Daron and James Robinson. 2009. 'Foundations of societal inequality.' *Science* 326: 678–9.

Adams, Robert McCormick. 1981. *Heartland of Cities: Surveys of Ancient Settlement and Land Use on the Central Floodplain of the Euphrates.* Chicago and London: University of Chicago Press.

Akkermans, Peter M. M. G. (ed.). 1996. *Tell Sabi Abyad: Late Neolithic Settlement. Report on the Excavations of the University of Amsterdam (1988) and the National Museum of Antiquities Leiden (1991–1993) in Syria.* Istanbul: Nederlands Historisch-Archaeologisch Instituut te Istanbul.

Akkermans, Peter M. M. G. and Mark Verhoeven. 1995. 'An image of complexity: the burnt village at Late Neolithic Sabi Abyad, Syria.' *American Journal of Archaeology* 99 (1): 5–32.

Albert, Bruce. 1989. 'Yanomami "violence": inclusive fitness or ethnographer's representation?' *Current Anthropology* 30 (5): 637–40.

Alfani, Guido and Roberta Frigeni. 2016. 'Inequality (un)perceived: the emergence of a discourse on economic inequality from the Middle Ages to the age of Revolution.' *Journal of European Economic History* 45 (1): 21–66.

Algaze, Guillermo. 1993. *The Uruk World System: The Dynamics of Expansion of Early*

Mesopotamian Civilization. Chicago: University of Chicago Press.

Allan, Peter. 1966. 'Baron Lahontan.' Master's thesis, University of British Columbia.

Allsen, Thomas T. 2016. *The Royal Hunt in Eurasian History*. Philadelphia: University of Pennsylvania Press.

Alt, Susan. M. 2018. *Cahokia's Complexities*. Tuscaloosa: University of Alabama Press.

Ambrose, Stanley H., Jane Buikstra and Harold W. Krueger (2003). 'Status and gender differences in diet at Mound 72, Cahokia, revealed by isotopic analysis of bone.' *Journal of Anthropological Archaeology* 22 (3): 217–26.

Ames, Kenneth M. 1995. 'Chiefly power and household production on the Northwest Coast.' In T. Douglas Price and Gary M. Feinman (eds), *Foundations of Social Inequality*. New York: Plenum Press, pp. 155–87.

——. 2001. 'Slaves, chiefs and labour on the northern Northwest Coast.' *World Archaeology* 33 (1): 1–17.

——. 2008. 'Slavery, household production and demography on the southern Northwest Coast: cables, tacking and ropewalks.' In Catherine M. Cameron (ed.), *Invisible Citizens: Captives and their Consequences*. Salt Lake City: University of Utah Press, pp. 138–58.

Ames, Kenneth M. and Herbert D. G. Maschner. 1999. *Peoples of the Northwest Coast*. London: Thames and Hudson.

Anderson, Benedict. 1991. *Imagined Communities: Reflections on the Origin and Spread of Nationalism*. London: Verso.

Angelbeck, Bill and Colin Grier. 2012. 'Anarchism and the archaeology of anarchic societies: resistance to centralization in the Coast Salish Region of the Pacific Northwest Coast.' *Current Anthropology* 53 (5): 547–87.

Anthony, David. W. 2007. *The Horse, the Wheel, and Language: How Bronze-Age Riders from the Steppes Shaped the Modern World*. Princeton, NJ and Oxford: Princeton University Press.

——. (ed.) 2010. *The Lost World of Old Europe: the Danube Valley 5000–3500 bc*. Princeton, NJ and Oxford: Princeton University Press.

Arbuckle, Benjamin S. 2013. 'The late adoption of cattle and pig husbandry in Neolithic Central Turkey.' *Journal of Archaeological Science* 40: 1805–15.

Arbuckle, Benjamin S. and Cheryl Makarewicz. 2009. 'The early management of cattle (*Bos taurus*) in Neolithic Central Anatolia.' *Antiquity* 83 (321): 669–86.

Arnauld, Charlotte M., Linda Manzanilla and Michael E. Smith (eds). 2012.

The Neighborhood as a Social and Spatial Unit in Mesoamerican Cities. Tucson: University of Arizona Press.

Arnold, Jeanne E. 1995. 'Transportation, innovation and social complexity among maritime hunter-gatherer societies.' *American Anthropologist* 97 (4): 733–47.

Arroyo-Kalin, Manuel. 2010. 'The Amazonian Formative: crop domestication and anthropogenic soils.' *Diversity* 2: 473–504.

Ascher, Marcia. 2004. *Mathematics Elsewhere: An Exploration of Ideas Across Cultures*. Princeton, NJ: Princeton University Press.

Asher-Greve, Julia M. 2013. 'Women and agency: a survey from Late Uruk to the end of Ur III.' In Crawford (ed.), pp. 359–77.

Ashmore, Wendy. 2015. 'Contingent acts of remembrance: royal ancestors of Classic Maya Copan and Quirigua.' *Ancient Mesoamerica* 26: 213–31.

Asouti, Eleni. 2006. 'Beyond the Pre-Pottery Neolithic-B interaction sphere.' *Journal of World Prehistory* 20: 87–126.

Asouti, Eleni and Dorian Q. Fuller. 2013. 'A contextual approach to the emergence of agriculture in Southwest Asia: reconstructing early Neolithic plant-food production.' *Current Anthropology* 54 (3): 299–345.

Asouti, Eleni and Ceren Kabukcu. 2014. 'Holocene semi-arid oak woodlands in the Irano-Anatolian region of Southwest Asia: natural or anthropogenic?' *Quaternary Science Reviews* 90: 158–82.

Asouti, Eleni et al. 2015. 'Early Holocene woodland vegetation and human impacts in the arid zone of the southern Levant.' *The Holocene* 25 (10): 1565–80.

Atkins, Sandra Erin. 2002. 'The Formation of the League of the Haudenosaunee (Iroquois): Interpreting the Archaeological Record through the Oral Narrative Gayanashagowa.' Master's thesis, Trent University.

Atran, Scott. 1986. 'Hamula organisation and Masha'a tenure in Palestine.' *Man* (N.S.) 21 (2): 271–95.

Aubert, M. et al. 2014. 'Pleistocene cave art from Sulawesi, Indonesia.' *Nature* 514: 223–7.

——. 2018. 'Palaeolithic cave art in Borneo.' *Nature* 564: 254–7.

——. 2019. 'Earliest hunting scene in prehistoric art.' *Nature* 576: 442–5.

Ayad, Mariam F. 2009. *God's Wife, God's Servant: The God's Wife of Amun (c. 740–525 bc)*. London and New York: Routledge.

Baden-Powell, Baden Henry. 1896. *The Indian Village Community*. London, New

York, Bombay: Longmans, Green and Co.

Bagley, Robert. 1999. 'Shang archaeology.' In Loewe and Shaughnessy (eds), pp. 124–231.

Bahrani, Zeinab. 2002. 'Performativity and the image: narrative, representation and the Uruk vase.' In E. Ehrenberg (ed.), *Leaving No Stones Unturned: Essays on the Ancient Near East and Egypt in Honor of Donald P. Hansen.* Winona Lake, Indiana: Eisenbrauns, pp. 15–22.

Bailey, Douglass W. 2010. 'The figurines of Old Europe.' In Anthony (ed.), pp. 112–27.

——. 2017. 'Southeast European Neolithic figurines: beyond context, interpretation, and meaning.' In Insoll (ed.), pp. 823–50.

Bailey, Garrick and Francis La Flesche. 1995. *The Osages and the Invisible World. From the Works of Francis La Flesche.* Norman and London: University of Oklahoma Press.

Bailey, Geoff N. and Nicky J. Milner. 2002. 'Coastal hunter-gatherers and social evolution: marginal or central?' In *Before Farming: The Archaeology of Old World Hunter-Gatherers* 3–4 (1): 1–15.

Bailey, Geoff N. and Nicholas C. Flemming. 2008. 'Archaeology of the continental shelf: marine resources, submerged landscapes and underwater archaeology.' *Quaternary Science Reviews* 27: 2153–65.

Baines, John. 1995. 'Origins of Egyptian kingship.' In D. O'Connor and D. Silverman (eds), *Ancient Egyptian Kingship.* Leiden, New York and Cologne: Brill, pp. 95–156.

——. 1997. 'Kingship before literature: the world of the king in the Old Kingdom.' In R. Gundlach and C. Raedler (eds), *Selbstverständnis und Realität: Akten des Symposiums zur ägyptischen Königsideologie Mainz 15–17.6.1995.* Wiesbaden: Harrassowitz, pp. 125–86.

——. 1999. 'Forerunners of narrative biographies.' In A. Leahy and J. Tait (eds), *Studies on Ancient Egypt in Honour of H.S. Smith.* London: Egypt Exploration Society, pp. 23–37.

——. 2003. 'Early definitions of the Egyptian world and its surroundings.' In T. F. Potts, M. Roaf and D. Stein (eds), *Culture through Objects: Ancient Near Eastern Studies in Honour of P .R. S. Moorey.* Oxford: Griffith Institute, pp. 27–57.

Baires, Sarah E. 2014. 'Cahokia's Rattlesnake Causeway.' *Midcontinental Journal of*

818

Archaeology 39 (2): 145–62.

———. 2015. 'The role of water in the emergence of the pre-Columbian Native American City.' *Wiley Interdisciplinary Reviews* 2 (5): 489–503.

Bakhtin, Mikhail M. (transl. H. Iswolsky). 1993 [1940]. *Rabelais and His World*. Bloomington: Indiana University Press.

Balsera, Viviana Díaz. 2008. 'Celebrating the rise of a new sun: the Tlaxcalans conquer Jerusalem in 1539.' *Estudios de cultura Náhuatl* 39: 311–30.

Bamann, Susan et al. 1992. 'Iroquoian archaeology.' *Annual Review of Anthropology* 21: 435–60.

Bánffy, Eszter. 2017. 'Neolithic Eastern and Central Europe.' In Insoll (ed.), pp. 705–28.

Barber, Elizabeth. J. W. 1991. *Prehistoric Textiles*. Princeton, NJ: Princeton University Press.

———. *Women's Work: The First 20,000 Years*. New York: W. W. Norton.

Barjamovic, Gojko. 2003. 'Civic institutions and self-government in Southern Mesopotamia in the mid-first millennium BC.' In J. G. Dercksen (ed.), *Assyria and Beyond: Studies Presented to M. T. Larsen*. Leiden, Istanbul: NINO, pp. 47–98.

Barruel, Abbé. 1799. *Memoirs Illustrating the History of Jacobinism*, vol. 3: *The Anti-Social Conspiracy*. New York: Isaac Collins.

Barry, Herbert, Irvin. L. Child and Margaret. K. Bacon. 1959. 'Relation of child training to subsistence economy.' *American Anthropologist* 61: 51–63.

Bartash, Vitali. 2015. 'Children in institutional households of Late Uruk period Mesopotamia.' *Zeitschrift für Assyriologie* 105 (2): 131–8.

Basile, Paola. 1997. 'Lahontan et l'évolution moderne du mythe du "bon savage".' Master's thesis, McGill University.

Bateson, Gregory. 1935. 'Culture Contact and Schismogenesis.' *Man* 35: 178–83.

———. 1936. *Naven. A Survey of the Problems Suggested by a Composite Picture of the Culture of a New Guinea Tribe Drawn from Three Points of View*. Cambridge: Cambridge University Press.

Bean, Lowell J. and Thomas C. Blackburn. 1976. *Native Californians: A Theoretical Retrospective*. Socorro, NM: Ballena Press.

Beauchamp, William M. 1907. *Civil, Religious, and Mourning Councils and Ceremonies of Adoption of the New York Indians*. New York State Museum Bulletin

113. Albany, NY: New York State Education Department.

Beidelman, Thomas. O. 1971. 'Nuer priests and prophets: charisma, authority and power among the Nuer.' In T. O. Beidelman (ed.), *The Translation of Culture: Essays to E.E. Evans-Pritchard.* London: Tavistock, pp. 375–415.

Belcher, Ellen. 2014. 'Embodiment of the Halaf: Sixth Millennium Figurines in Northern Mesopotamia.' PhD dissertation, Columbia University, New York.

Bell, Ellen E., Marcello Canuto and Robert J. Sharer (eds). 2004. *Understanding Early Classic Copan.* Philadelphia: University of Pennsylvania Museum, pp. 191–212.

Bellwood, Peter. 2005. *First Farmers: The Origins of Agricultural Societies.* Malden, MA and Oxford: Blackwell.

Bellwood, Peter and Colin Renfrew (eds). 2002. *Explaining the Farming/Language Dispersal Hypothesis.* Cambridge: McDonald Institute for Archaeological Research.

Benedict, Ruth. 1934. *Patterns of Culture.* London: Routledge.

Bennett, John. 2001. 'Agency and bureaucracy: thoughts on the nature and extent of administration in Bronze Age Pylos.' In Voutsaki and Killen (eds), pp. 25–37.

Benson, Larry, Timothy R. Pauketat and Edwin Cook. 2009. 'Cahokia's boom and bust in the context of climate change.' *American Antiquity* 74: 467–83.

Berkhofer, Robert F. 1978a. 'White conceptions of Indians.' In William C. Sturtevant and Bruce G. Trigger (eds), *Handbook of North American Indians*, vol. 15: Northeast. Washington: Smithsonian Institution Press, pp. 522–47.

——. 1978b. *The White Man's Indian: Images of the American Indian from Columbus to the Present.* New York: Knopf.

Berrin, Kathleen (ed.). 1988. *Feathered Serpents and Flowering Trees: Reconstructing the Murals of Teotihuacan.* San Francisco: Fine Ars Museums of San Francisco.

Berrin, Kathleen and Esther Pasztory (eds). 1993. *Teotihuacan: Art from the City of the Gods.* London: Thames and Hudson.

Bestock, Laurel D. 2008. 'The Early Dynastic funerary enclosures of Abydos.' *Archéo-Nil* 18: 43–59.

Bettinger, Robert L. 2015. *Orderly Anarchy: Sociopolitical Evolution in Aboriginal California.* Berkeley: University of California Press.

Bettinger, Robert L. and Martin A. Baumhoff. 1982. 'The Numic spread: Great Basin cultures in competition.' *American Antiquity* 47: 485–503.

Betts, Christopher J. 1984. 'Early Deism in France: from the so-called "Deistes" of

Lyon (1564) to Voltaire's "Lettres Philosophiques" (1734).' *International Archives of the History of Ideas*. Leiden: Martinus Nijhoff Publishers.

Betzenhauser, Alleen and Timothy R. Pauketat. 2019. 'Elements of Cahokian neighborhoods.' *Archaeological Papers of the American Anthropological Association* 30: 133–47.

Biocca, Ettore and Helena Valero. 1965. *Yanoáma: dal racconto di una donna rapita dagli Indi*. Bari: Leonardo da Vinci.

Birch, Jennifer. 2015. 'Current research on the historical development of Northern Iroquoian societies.' *Journal of Archaeological Research* 23: 263–323.

Bird, Douglas W. et al. 2019. 'Variability in the organization and size of hunter-gatherer groups: foragers do not live in small-scale societies.' *Journal of Human Evolution* 131: 96–108.

Blackburn, Carole. 2000. *Harvest of Souls: The Jesuit Missions and Colonialism in North America*, 1632–1650. Montreal and Kingston: McGill-Queen's University Press.

Blackburn, Thomas C. 1976. 'Ceremonial integration and social interaction in Aboriginal California.' In Bean and Blackburn, pp. 225–44.

Blanton, Richard E. 1998. 'Beyond centralization: steps toward a theory of egalitarian behaviour in archaic states.' In G. A. Feinman and J. Marcus (eds), *Archaic States*. Santa Fe: School of American Research, pp. 135–72.

Blanton, Richard E., Gary Feinman, Stephen A. Kowalewski and Peter N. Peregrine. 1996. 'A dual-processual theory for the evolution of Mesoamerican civilization.' *Current Anthropology* 37 (1): 1–14.

Blanton, Richard and Lane Fargher. 2008. *Collective Action in the Formationof Pre-Modern States*. New York: Springer.

Blau, Harold. 1963. 'Dream guessing: a comparative analysis.' *Ethnohistory* 10: 233–49.

Bloch, Maurice. 1977. 'The past and the present in the present.' Man (N.S.) 12 (2): 278–92.

——. 2008. 'Why religion is nothing special but is central.' *Philosophical Transactions of the Royal Society B* 363: 2055–61.

——. 2013. *In and Out of Each Other's Bodies: Theory of Mind, Evolution, Truth, and the Nature of the Social*. Boulder, CO: Paradigm.

Boas, Franz and George Hunt. 1905. *Kwakiutl Texts*. Publications of the Jesup North

Pacific Expedition, vol. 3. Leiden: Brill.

Boehm, Christopher. 1999. *Hierarchy in the Forest: The Evolution of Egalitarian Behaviour.* Cambridge, MA: Harvard University Press.

Bogaard, Amy. 2005. ' "Garden agriculture" and the nature of early farming in Europe and the Near East.' *World Archaeology* 37 (2): 177–96.

Bogaard, Amy et al. 2014. 'Locating land use at Neolithic Çatalhöyük, Turkey: the implications of 87SR/86SR signatures in plants and sheep tooth sequences.' *Archaeometry* 56 (5): 860–77.

Boivin, Nicole, Dorian Q. Fuller and Alison Crowther. 2012. 'Old World globalization and the Columbian exchange: comparison and contrast.' *World Archaeology* 44 (3): 452–69.

Boivin, Nicole et al. 2016. 'Ecological consequences of human niche construction: examining long-term anthropogenic shaping of global species distributions.' *Proceedings of the National Academy of Sciences* 113: 6388–96.

Bookchin, Murray 1982. *The Ecology of Freedom.* Palo Alto: Cheshire Books.

——. 1992. *Urbanization Without Cities: The Rise and Decline of Citizenship.* Montreal and New York: Black Rose Books.

Bowles, Samuel and Jung-Kyoo Choi. 2013. 'Coevolution of farming and private property during the early Holocene.' *Proceedings of the National Academy of Sciences* 110 (22): 8830–35.

Braidwood, Robert. 1957. *Prehistoric Men.* Chicago: Natural History Museum Press.

Braswell, Geoffrey E. (ed.). 2003. *The Maya and Teotihuacan: Reinterpreting Early Classic Interaction.* Austin: University of Texas Press.

——. 2012. *The Ancient Maya of Mexico: Reinterpreting the Past of the Northern Maya Lowlands.* Sheffield: Equinox.

Braun, David P. 1986. 'Midwestern Hopewellian exchange and supralocation interaction.' In Colin Renfrew and John. F. Cherry (eds), *Peer Polity Interaction and Socio-Political Change.* Cambridge and New York: Cambridge University Press, pp. 117–26.

Brightman, Robert. 1999. 'Traditions of subversion and the subversion of tradition: cultural criticism in Maidu clown performances.' *American Anthropologist* 101 (2): 272–87.

Brisch, Nicole (ed.). 2008. *Religion and Power: Divine Kingship in the Ancient World and Beyond.* Chicago: Chicago University Press.

Broodbank, Cyprian. 2014. *The Making of the Middle Sea: A History of the Mediterranean from the Beginning to the Emergence of the Classical World*. London: Thames and Hudson.

Brown, James A. 1990. 'Archaeology confronts history at the Natchez temple.' *Southwestern Archaeology* 9 (1): 1–10.

Brown, Judith K. 1970. 'Economic organization and the position of women among the Iroquois.' *Ethnohistory* 17 (3– 4): 151–67.

Brown, Philip C. 2006. 'Arable land as commons: land reallocation in early modern Japan.' *Social Science History* 30 (3): 431–61.

Bryan, Kirk. 1929. 'Flood- water farming.' *Geographical Review* 19 (3): 444–56.

Buckley, Thomas. 2002. *Standing Ground: Yurok Indian Spirituality, 1850–1990*. Berkeley: University of California Press.

Buikstra, Jane E. et al. 2004. 'Tombs from the Copan Acropolis: a life history approach.' In E. E. Bell et al. (eds.), pp. 185–205.

Burger, Richard. L. 2003. 'The Chavin Horizon: chimera or socioeconomic metamorphosis.' In Don S. Rice (ed.), *Latin American Horizons*. Washington: Dumbarton Oaks, pp. 41–82.

——. 2008. 'Chavín de Huántar and its sphere of influence.' In H. Silverman and W. Isbell (eds), *Handbook of South American Archaeology*. New York: Springer, pp. 681–703.

——. 2011. 'What kind of hallucinogenic snuff was used at Chavín de Huántar? An iconographic identification.' *Journal of Andean Archaeology* 31 (2): 123–40.

Burke, Peter. 2009. *Popular Culture in Early Modern Europe*. Farnham, Surrey: Ashgate.

Burns, Louis F. 2004. *A History of the Osage People*. Tuscaloosa: University of Alabama Press.

Byers, A. Martin. 2006. *Cahokia: A World Renewal Cult Heterarchy*. Gainsville: University Press of Florida.

Caillois, R. (transl. M. Barash). 2001 [1939]. *Man and the Sacred*. Glencoe: University of Illinois Press.

Campbell, Roderick. 2009. 'Towards a networks and boundaries approach to early complex polities: the Late Shang Case.' *Current Anthropology* 50 (6): 821–48.

——. 2014. 'Transformations of violence: on humanity and inhumanity in early China.' In Campbell (ed.), pp. 94–118.

——. (ed.) 2014. *Violence and Civilization: Studies of Social Violence in History and Prehistory*. Oxford: Oxbow.

Canetti, Elias. 1962. *Crowds and Power*. London: Gollancz.

Cannadine, David. 2001. *Ornamentalism: How the British Saw their Empire*. London: Penguin.

Canuto, Marcello et al. 2018. 'Ancient lowland Maya complexity as revealed by airborne laser scanning of northern Guatemala.' *Science* 361 (6409): eaau0137.

Capriles, José. 2019. 'Persistent Early to Middle Holocene tropical foraging in southwestern Amazonia.' *Science Advances* 5 (4): eaav5449.

Carballo, David M. et al. 2019. 'New research at Teotihuacan's Tlajinga district, 2012–2015.' *Ancient Mesoamerica* 30: 95–113.

Carbonell, Eudald and Marina Mosquera. 2006. 'The emergence of a symbolic behaviour: the sepulchral pit of Sima de los Huesos, Sierra de Atapuerca, Burgos, Spain.' *Comptes Rendus Palevol* 5 (1–2): 155–60.

Carr, Christopher. 2005. 'The tripartite ceremonial alliance among Scioto Hopewellian communities and the question of social ranking.' In Case and Carr (eds), pp. 258–338.

Carr, Christopher and D. Troy Case. 2005. *Gathering Hopewell: Society, Ritual, and Ritual Interaction*. New York: Kluwer Academic.

Carr, Christopher et al. 2008. 'The functions and meanings of Ohio Hopewell ceremonial artifacts in ethnohistorical perspective.' In Case and Carr (eds), pp. 501–21.

Case, D. Troy and Christopher Carr (eds), 2008. *The Scioto Hopewell and their Neighbors: Bioarchaeological Documentation and Cultural Understanding*. Berlin: Springer.

Castillo Butters, Luis Jaime. 2005. 'Las Senoras de San José de Moro: Rituales funerarios de mujeres de élite en la costa norte del Perú.' In *Divina y humana. La mujer en los antiguos Perú y México*. Lima: Ministerio de Educación, pp. 18–29.

Cervantes de Salazar, Franciso. 1914. *Crónica de la Nueva España*. Madrid: The Hispanic Society of America.

Chadwick, H. M. 1926. *The Heroic Age*. Cambridge: Cambridge University Press.

Chagnon, Napoleon. 1968. *Yanomamö: The Fierce People*. New York; London: Holt, Rinehart and Winston.

——. 1970. 'Ecological and adaptive aspects of California shell money.' *UCLA*

Archaeological Survey Annual Report 12: 1–25.

——. 1988. 'Life histories, blood revenge, and warfare in a tribal population.' *Science* 239 (4843): 985–92.

——. 1990. 'Reply to Albert.' *Current Anthropology* 31 (1): 49–53.

Chang, Kwang-chih. 1999. 'China on the eve of the historical period.' In Loewe and Shaughnessy (eds), pp. 37–73.

Chapman, John. 2010. 'Houses, households, villages, and proto-cities in Southeastern Europe.' In Anthony (ed.), pp. 74–89.

Chapman, John and Bisserka Gaydarska. 2003. 'The provision of salt to Tripolye mega-Sites.' In Aleksey Korvin-Piotrovsky, Vladimir Kruts and Sergei M. Rizhov (eds), *Tripolye Settlements-Giants*. Kiev: Institute of Archaeology, pp. 203–11.

Chapman, John, Bisserka Gaydarska and Duncan Hale. 2016. 'Nebelivka: assembly houses, ditches, and social structure.' In Müller et al. (eds), pp. 117–32.

Charles, Douglas and Jane E. Buikstra (eds). 2006. *Recreating Hopewell*. Gainesville: University Press of Florida.

Charlevoix, Pirre Francois Xavier de. 1944 [1744]. *Journal d'un voyage fait par ordre du roi dans l'Amérique septentrionnale*. Édition critique par Pierre Berthiaume. 2 vols. Bibliotheque du Nouveau Monde. Montreal: Les Presses de l'Université de Montréal.

Chase, Alexander W. 1873. 'Indian mounds and relics on the coast of Oregon.' *American Journal of Science and Arts* 7 (31): 26–32.

Chase-Dunn, Christopher K. and Kelly Marie Mann. 1998. *The Wintu and Their Neighbors: A Very Small World System*. Tucson: University of Arizona Press.

Chiappelli, Fredi (ed.). 1976. *First Images of America: The Impact of the New World on the Old*. Berkeley: University of California Press.

Childe, V. G. 1936. *Man Makes Himself*. London: Watts.

——. 1950. 'The urban revolution.' *Town Planning Review* 21: 3–17.

Chinard, Gilbert. 1911. *L'Exotisme Américain dans la littérature française au XVIe siècle*. Paris: Hachette.

——. 1913. *L'Amérique et le rêve exotique dans la littérature française au XVIIe et au XVIIIe siècle*. Paris: Hachette.

——. (ed.) 1931. 'Introduction.' *Dialogues curieux entre l'auteur et un sauvage de bons sens qui a voyagé, et Mémoires de l'Amérique septentrionale by Lahontan, Louis Armand de Lom d'Arce*. Baltimore: Johns Hopkins University Press.

Christie, Agatha. 1936. *Murder in Mesopotamia*. London: Collins.

Clark, John E. 1997. 'The arts of government in Early Mesoamerica.' *Annual Review of Anthropology* 26: 211–34.

——. 2004. 'Surrounding the sacred: geometry and design of early mound groups as meaning and function.' In Jon L. Gibson and Philip J. Carr (eds), *Signs of Power: The Rise of Complexity in the Southeast*. Tuscaloosa: University of Alabama Press, pp. 162–213.

Clarke, David. L. 1973. 'Archaeology: the loss of innocence.' *Antiquity* 43: 6–18.

——. 1978. *Mesolithic Europe: The Economic Basis*. London: Duckworth.

Clastres, Pierre. 1987 [1974]. *Society Against the State: Essays in Political Anthropology*. New York: Zone Books.

Clayton, Lawrence A., Vernon J. Knight and Edward C. Moore. 1993. *The De Soto Chronicles: The Expedition of Hernando de Soto to North America in 1539–1543*. Tuscaloosa: University of Alabama Press.

Clement, Charles R. et al. 2015. 'The domestication of Amazonia before European conquest.' *Proceedings of the Royal Society B* 282: 20150813.

Clendinnen, Inga. 1987. *Ambivalent Conquests: Maya and Spaniard in Yucatan, 1517–1570*. Cambridge: Cambridge University Press.

——. 1991. *Aztecs: An Interpretation*. Cambridge: Cambridge University Press.

Cobb, Charles R. and Brian M. Butler. 2002. 'The Vacant Quarter revisited: Late Mississippian abandonment of the Lower Ohio Valley.' *American Antiquity* 67 (4): 625–41.

Cobb, Charles R. and Adam King. 2005. 'Re- Inventing Mississippian tradition at Etowah, Georgia.' *Journal of Archaeological Method and Theory* 12 (3): 167–93.

Codere, Helen. 1950. *Fighting with Property: A Study of Kwakiutl Potlatching and Warfare, 1792–1930*. New York: J. J. Augustin.

Colas, Pierre. R. 2011. 'Writing in space: glottographic and semasiographic notation at Teotihuacan.' *Ancient Mesoamerica* 22 (1): 13–25.

Colledge, Sue, James Conolly and Stephen Shennan. 2004. 'Archaeobotanical evidence for the spread of farming in the eastern Mediterranean.' *Current Anthropology* 45 (4): 35–58.

——. 2005. 'The evolution of Neolithic farming from SW Asian Origins to NW European limits.' *European Journal of Archaeology* 8 (2): 137–56.

Colledge, Sue and James Conolly (eds). 2007. *The Origins and Spread of Domestic*

Plants in Southwest Asia and Europe. Walnut Creek, CA: Left Coast Press.

Conklin, William J. and Jeffrey Quilter (eds). 2008. *Chavín: Art, Architecture, and Culture*. Los Angeles: Cotsen Institute of Archaeology.

Cook, Jill. 2015. 'Was bedeutet ein Name? Ein Rückblick auf die Ursprünge, Geschichte und Unangemessenheit des Begriffs *Venusfigur.' Zeitschrift für niedersächsische Archäologie* 66: 43–72.

Cook, Robert A. 2017. *Continuity and Change in the Native American Village: Multicultural Origins and Descendants of the Fort Ancient Culture*. Cambridge: Cambridge University Press.

Coon, Matthew S. 2009. 'Variation in Ohio Hopewell political economies.' *American Antiquity* 74 (1): 49–76.

Cork, Edward. 2005. 'Peaceful Harappans? Reviewing the evidence for the absence of warfare in the Indus Civilization of north-west India and Pakistan (c. 2500–1900 BC).' *Antiquity* 79 (304): 411–23.

Cortés, Hernando. 1928. *Five Letters, 1519–1526*. London: Routledge.

Costa, Luiz. 2017. *The Owners of Kinship: Asymmetrical Relations in Indigenous Amazonia*. Chicago: HAU Books.

Costa, Luiz and Carlos Fausto. 2019. 'The enemy, the unwilling guest, and the jaguar host: an Amazonian story.' *L'Homme* (231–2): 195–226.

Coudart, Anick. 1998. *Architecture et Société Néolithique*. Paris: Éditions de la Maison des Sciences de l'Homme.

Coupland, Gary, Kathlyn Stewart and Katherine Patton. 2010. 'Do you ever get tired of salmon? Evidence for extreme salmon specialization at Prince Rupert Harbour, British Columbia.' *Journal of Anthropological Archaeology* 29: 189–207.

Cowgill, George L. 1997. 'State and society at Teotihuacan, Mexico.' *Annual Review of Anthropology* 26: 129–61.

——. 2003. 'Teotihuacan and early classic interaction: a perspective from outside the Maya region.' In Braswell (ed.), pp. 315–35.

——. 2008. 'An update on Teotihuacan.' *Antiquity* 82: 962–75.

——. 2015. *Ancient Teotihuacan. Early Urbanism in Central Mexico*. Cambridge: Cambridge University Press.

Crawford, Harriet (ed.). 2013. *The Sumerian World*. Abingdon; New York: Routledge.

Crazzolara, Joseph Pasquale. 1951. *The Lwoo, Part II: Lwoo Traditions*. Verona:

Missioni Africane.

Crema, Enrico R. 2013. 'Cycles of change in Jomon settlement: a case study from eastern Tokyo Bay.' *Antiquity* 87 (338): 1169–81.

Cro, Stelio. 1990. *The Noble Savage: Allegory of Freedom.* Waterloo, Ontario: Wilfred Laurier University Press.

Crosby, Alfred. W. 1972. *The Columbian Exchange: Biological and Cultural Consequences of 1492.* Westport, CT: Greenwood Press.

——.1986. Ecological Imperialism: *The Biological Expansion of Europe, 900–1900 bc.* Cambridge: Cambridge University Press.

Croucher, Karina. 2012. *Death and Dying in the Neolithic Near East.* Oxford: Oxford University Press.

——. 2017. 'Keeping the dead close: grief and bereavement in the treatment of skulls from the Neolithic Middle East.' *Mortality* 23 (2): 103–20.

Crown, Patricia L. et al. 2012. 'Ritual Black Drink consumption at Cahokia.' Proceedings of the National Academy of Sciences of the United States 109 (35): 13944–9.

Crumley, Carole. 1995. 'Heterarchy and the analysis of complex societies.' *Archaeological Papers of the American Anthropological Association* 6 (1): 1–5.

Crüsemann, Nicola et al. (eds). 2019. *Uruk: City of the Ancient World.* Los Angeles: The J. Paul Getty Museum.

Cunliffe, Barry (ed.). 1998. *Prehistoric Europe: An Illustrated History.* Oxford: Oxford University Press.

Cushing, Frank Hamilton. 1896. 'Exploration of the ancient key dwellers' remains on the Gulf Coast of Florida.' *Proceedings of the American Philosophical Society* 35: 329–448.

Cushner, Nicholas P. 2006. *Why Have You Come Here? The Jesuits and the First Evangelization of Native America.* Oxford: Oxford University Press.

Dalley, Stephanie. 2000. *Myths from Mesopotamia: Creation, The Flood, Gilgamesh, and Others.* Oxford: Oxford University Press.

D'Altroy, Terence N. 2015. *The Incas* (2nd edn). Chichester: Wiley-Blackwell.

Davis, E. N. 1995. 'Art and politics in the Aegean: the missing ruler.' In Paul Rehak (ed.), *The Role of the Ruler in the Prehistoric Aegean* (Aegaeum 11). Liege: University of Liege, pp. 11–20.

Day, John W. et al. 2007. 'Emergence of complex societies after sea level stabilized.'

EOS 88 (15): 169–76.

De Waal, Frans. 2000. *Chimpanzee Politics: Power and Sex Among Apes*. Baltimore: Johns Hopkins University Press.

DeBoer, Warren R. 1993. 'Like a rolling stone: the Chunkey game and political organization in Eastern North America.' *Southeastern Archaeology* 12: 83–92.

——. 1997. 'Ceremonial centers from the Cayapas to Chillicothe.' *Cambridge Archaeological Journal* 7: 225–53.

——. 2001. 'Of dice and women: gambling and exchange in Native North America.' *Journal of Archaeological Method and Theory* 8 (3): 215–68.

Deino, Alan L. et al. 2018. 'Chronology of the Acheulean to Middle Stone transition in eastern Africa.' *Science* 360 (6384): 95–8.

Delâge, Denys (transl. Jane Brierley). 1993. *Bitter Feast: Amerindians and Europeans in Northeastern North America, 1600–64*. Vancouver: UBC Press.

Denevan, William M. 1992. *The Native Population of the Americas in 1492*. Wisconsin: University of Wisconsin Press.

Denham, Timothy et al. 2003. 'Origins of agriculture at Kuk Swamp in the highlands of New Guinea.' *Science* 301 (5630): 189–93.

Dennis, Matthew. 1993. *Cultivating a Landscape of Peace: Iroquois-European Encounters in Seventeenth-Century America*. Ithaca, NY: Cornell University Press.

Descola, Philippe. 1994. 'Pourquoi les Indiens d'Amazonie n' ont-ils pas domestiqué le pécari? Genéalogie des objets et anthropologie de l' objectivation.' In Bruno Latour and Pierre Lemonnier (eds), *De la préhistoire aux missiles balistiques: L'intelligence sociale des techniques*. Paris: La Découverte, pp. 329–44.

——. 2005. *Par-delà nature et culture*. Paris: E'ditions Gallimard.

Detienne, Marcel. 1994. *The Gardens of Adonis. Spices in Greek Mythology*. Princeton, NJ: Princeton University Press.

Diamond, Jared. 1987. 'The worst mistake in the history of the human race.' *Discover Magazine* (May 1987).

——. 1997. *Guns, Germs and Steel: The Fates of Human Societies*. New York; London: W. W. Norton.

——. 2012. *The World Until Yesterday: What Can We Learn from Traditional Societies?* London: Allen Lane.

Dickason, Olive Patricia. 1984. *The Myth of the Savage and the Beginnings of French Colonialism in the Americas*. Alberta: University of Alberta Press.

Dickson, D. Bruce. 2006. 'Public transcripts expressed in theatres of cruelty: the Royal Graves at Ur in Mesopotamia.' *Cambridge Archaeological Journal* 16 (2): 123–44.

Dietrich, Laura et al. 2019. 'Cereal processing at Early Neolithic Göbekli Tepe, southeastern Turkey.' *PLoS ONE* 14 (5): e0215214.

Dietrich, O., L. Dietrich and J. Notroff. 2019. 'Anthropomorphic imagery at Göbekli Tepe.' In J. Becker, C. Beuger and B. Müller-Neuhof (eds), *Human Iconography and Symbolic Meaning in Near Eastern Prehistory*. Vienna: Austrian Academy of Sciences, pp. 151–66.

Dietrich, Olivier, Manfred Heun, Jens Notroff and Klaus Schmidt. 2012. 'The role of cult and feasting in the emergence of Neolithic communities. New evidence from Göbekli Tepe, south-eastern Turkey.' *Antiquity* 86 (333): 674–95.

Dodds Pennock, Caroline. 2008. *Bonds of Blood: Gender, Lifecyle, and Sacrifice in Aztec Culture*. New York: Palgrave Macmillan.

——. 2017. 'Gender and Aztec life cycles.' In D. L. Nichols and E. Rodríguez-Algería (eds), *The Oxford Handbook of the Aztecs*. Oxford: Oxford University Press, pp. 387–98.

Domenici, Davide. 2018. 'Beyond dichotomies: Teotihuacan and the Mesoamerican urban tradition.' In D. Domenici and N. Marchetti, *Urbanized Landscapes in Early Syro-Mesopotamia and Prehispanic Mesoamerica*. Wiesbaden: Harrassowitz Verlag, pp. 35–70.

Donald, Leland. 1997. *Aboriginal Slavery on the Northwest Coast of North America*. Berkeley: University of California Press.

——. 2003. 'The Northwest Coast as a study area: natural, prehistoric, and ethnographic issues.' In G. G. Coupland, R. G. Matson, and Q. Mackie (eds), *Emerging from the Mist: Studies in Northwest Coast Culture History*. Vancouver: UBC Press, pp. 289–327.

Douglas, Mary. 1966. *Purity and Danger: An Analysis of Concepts of Pollution and Taboo*. London: Routledge.

Driver, Harold. E. 1938. 'Culture element distributions VIII: The reliability of culture element data.' *Anthropological Records* 1: 205–20.

——. 1962. 'The contribution of A. L. Kroeber to culture area theory and practice.' *Indiana University Publications in Anthropology and Linguistics* (Memoir 18).

Drucker, Philip. 1981. 'On the nature of Olmec polity.' In Elizabeth P. Benson (ed.), *The Olmec and Their Neighbors: Essays in Memory of Matthew W. Stirling*. Washington: Dumbarton Oaks, pp. 29–47.

Du Bois, Cora. 1935. 'Wintu Ethnography.' *University of California Publications in American Archaeology and Ethnology* 36 (1): 1–142. Berkeley: University of California Press.

Duchet, Michele. 1995. *Anthropologie et histoire au siècle des Lumières*. Paris: A. Michel.

Dumont, Louis. 1972. *Homo Hierarchicus: The Caste System and its Implications*. London: Weidenfeld and Nicolson.

——. 1992. *Essays on Individualism: Modern Ideology in Anthropological Perspective*. Chicago: University of Chicago Press.

Dunbar, Robin I. M. 1988. *Primate Social Systems*. London and Sydney: Croom Helm.

——. 1992. 'Neocortex size as a constraint on group size in primates.' *Journal of Human Evolution* 20: 469–93.

——. 1996. *Grooming, Gossip, and the Evolution of Language*. London: Faber and Faber.

——. 2010. *How Many Friends Does One Person Need? Dunbar's Number and Other Evolutionary Quirks*. Cambridge, MA: Harvard University Press.

Dunbar, Robin I. M., Clive Gamble and John A. K. Gowlett (eds). 2014. *Lucy to Language: The Benchmark Papers*. Oxford: Oxford University Press.

Durkheim, Émile. 1915 [1912]. *The Elementary Forms of Religious Life*. London: Allen and Unwin.

Eastman, Charles A. 1937. *Indian Boyhood*. Boston: Little, Brown and Company.

Edinborough, Kevan et al. 2017. 'Radiocarbon test for demographic events in written and oral history.' *PNAS* 114 (47): 12436–41.

Edmonson, Munro S. 1982. *The Ancient Future of the Itza: The Book of Chilam Balam of Tizimin*. Austin: University of Texas Press.

Edwards, Tai S. 2010. 'Osage Gender: Continuity, Change, and Colonization, 1720s-1870s.' Doctoral dissertation, University of Kansas.

Eliade, Mircea. 1959. *The Sacred and the Profane: The Nature of Religion*. New York: Harcourt, Brace.

Elias, Norbert. 1969. *The Court Society*. Oxford: Blackwell.

Ellingson, Ter. 2001. *The Myth of the Noble Savage*. Berkeley: University of California

Press.

Emerson, Thomas. 1997a. *Cahokia and the Archaeology of Power*. Tuscaloosa: University of Alabama Press.

——. 1997b. 'Reflections from the countryside on Cahokian hegemony.' In Pauketat and Emerson (eds), pp. 167–89.

——. 2007. 'Cahokia and the evidence for Late Pre-Columbian war in the North American midcontinent.' In R. J. Chacon and R. G. Mendoza (eds), *North American Indigenous Warfare and Ritual Violence*. Tucson: University of Arizona Press, pp. 129–48.

——. 2012. 'Cahokia interaction and ethnogenesis in the northern Midcontinent.' In Timothy R. Pauketat (ed.), *The Oxford Handbook of North American Archaeology*. Oxford: Oxford University Press, pp. 398–409.

Emerson, Thomas E. and R. Barry Lewis (eds). 1991. *Cahokia and the Hinterlands: Middle Mississippian Cultures of The Midwest*. Urbana: University of Illinois Press.

Emerson, Thomas. E. and Kristin. M. Hedman. 2014. 'The dangers of diversity: the consolidation and dissolution of Cahokia, Native America's first urban polity.' In Ronald K. Faulseit (ed.), *Beyond Collapse: Archaeological Perspectives on Resilience, Revitalization, and Transformation in Complex Societies*. Carbondale: Center for Archaeological Investigations, Southern Illinois University Press, Occasional Paper no. 42, pp. 147–75.

Emerson, Thomas et al. 2016. 'Paradigms lost: reconfiguring Cahokia's Mound 72 Beaded Burial.' *American Antiquity* 81 (3): 405–25.

Emerson, Thomas E., Brad H. Koldeho and Tamira K. Brennan (eds). 2018. *Revealing Greater Cahokia, North America's First Native City: Rediscovery and Large-Scale Excavations of the East St. Louis Precinct*. Studies in Archaeology 12. Urbana: Illinois State Archaeological Survey, University of Illinois.

Enajero, Samuel. 2015. *Collective Institutions in Industrialized Nations*. New York: Page.

Engelbrecht, William. 2003. *Iroquoia: The Development of a Native World*. Syracuse, NY: Syracuse University Press.

Englund, Robert K. 1988. 'Administrative timekeeping in ancient Mesopotamia.' *Journal of the Economic and Social History of the Orient* 31 (2): 121–85.

——. 1998. 'Texts from the Late Uruk period.' In J. Bauer, R. K. Englund and M. Krebernik (eds), *Mesopotamien. Späturuk-Zeit und Frühdynastische Zeit*.

Göttingen: Vandenhoeck and Ruprecht.

——. 2009. 'The smell of the cage.' *Cuneiform Digital Library* 4. Erdal, Yilmaz. 2015. 'Bone or flesh: defleshing and post-depositional treatments at Körtik Tepe (Southeastern Anatolia, PPNA Period).' *European Journal of Archaeology* 18 (1): 4–32.

Erickson, Clark L. 2008. 'Amazonia: the historical ecology of a domesticated landscape.' In H. Silverman and W. Isbell (eds), *Handbook of South American Archaeology*. New York: Springer, pp. 157–83.

Erlandson, Jon et al. 2007. 'The Kelp Highway hypothesis: marine ecology, the coastal migration theory, and the peopling of the Americas.' *The Journal of Island and Coastal Archaeology* 2 (2): 161–74.

Ethridge, Robbie. 2010. *From Chicaza to Chickasaw: The European Invasion and the Transformation of the Mississippian World, 1540–1715*. Chapel Hill: University of North Carolina Press.

Étienne, Louis. 1871. 'Un Roman socialiste d'autrefois.' *Revue des deux mondes*, 15 Juillet.

Eyre, Christopher J. 1999. 'The village economy in Pharaonic Egypt.' In Alan K. Bowman and Eugene Rogan (eds), *Proceedings of the British Academy, 96: Agriculture in Egypt from Pharaonic to Modern Times*. Oxford: Oxford University Press, pp. 33–60.

Fairbairn, Andrew et al. 2006. 'Seasonality (Çatalhöyük East).' In Ian Hodder (ed.), *Çatalhöyük Perspectives: Themes from the 1995–9 Seasons*. Cambridge: McDonald Institute Monographs, British Institute of Archaeology at Ankara, pp. 93–108.

Fairbanks, Charles. 1979. 'The function of Black Drink among the Creeks.' In C. Hudson (ed.), pp. 120–49.

Fargher, Lane, Richard E. Blanton and Verenice Y. Heredia Espinoza. 2010. 'Egalitarian ideology and political power in prehispanic Central Mexico: the case of Tlaxcalan.' *Latin American Antiquity* 21 (3): 227–51.

Fargher, Lane, Verenice Y. Heredia Espinoza and Richard E. Blanton. 2011. 'Alternative pathways to power in late Postclassic Highland Mesoamerica.' *Journal of Anthropological Archaeology* 30: 306–26.

Fargher, Lane et al. 2011. 'Tlaxcallan: the archaeology of an ancient republic in the New World.' *Antiquity* 85: 172–86.

Fausto, Carlo. 1999. 'Of enemies and pets: warfare and shamanism in Amazonia.'

American Ethnologist 26 (4): 933–56.

——. 2008. 'Too many owners: mastery and ownership in Amazonia.' *Mana* 14 (2): 329–66.

Fausto, Carlo and Eduardo G. Neves. 2009. 'Was there ever a Neolithic in the Neotropics? Plant familiarization and biodiversity in the Amazon.' *Antiquity* 92 (366): 1604–18.

Federici, Silvia. 1998. *Caliban and the Witch*. New York: Autonomedia.

Fenton, William N. 1949. 'Seth Newhouse's traditional history and constitution of the Iroquois Confederacy.' *Proceedings of the American Philosophical Society* 93 (2): 141–58.

——. 1998. *The Great Law and the Longhouse: A Political History of the Iroquois Confederacy*. Norman: University of Oklahoma Press, 1998.

Ferguson, R. Brian. 1989. 'Do Yanomamo killers have more kids?' *American Ethnologist* 16 (3): 564–5.

Ferguson, R. Brian and Neil L. Whitehead. 1992. *War in the Tribal Zone: Expanding States and Indigenous Warfare*. Santa Fe: School for Advanced Research.

Field, Stephanie, Anne Goldberg and Tina Lee. 2005. 'Gender, status, and ethnicity in the Scioto, Miami, and Northeastern Ohio Hopewellian regions, as evidenced by mortuary practices.' In Carr and Case (eds), pp. 386–404.

Fischer, Claude S. 1977. 'Comment on Mayhew and Levinger's "Size and the density of interaction in human aggregates".' *American Journal of Sociology* 83 (2): 452–5.

Fitzhugh, William W. 1985. *Cultures in Contact: the Impact of European Contacts on Native American Cultural Institutions A.D. 1000–1800*. Washington: Smithsonian Institution Press.

Flannery, Kent and Joyce Marcus. 2012. *The Creation of Inequality: How our Prehistoric Ancestors Set the Stage for Monarchy, Slavery, and Empire*. Cambridge, MA: Harvard University Press.

Fleming Daniel. E. 2009. Democracy's Ancient Ancestors: Mari and Early Collective Governance. Cambridge: Cambridge University Press.

Fletcher, Alice C. and Francis La Flesche. 1911. 'The Omaha tribe.' Twenty-seventh Annual Report of the Bureau of American Ethnology, 1905–6. Washington: Bureau of American Ethnology, pp. 17–654.

Fletcher, Roland. 1995. *The Limits of Settlement Growth: A Theoretical Outline*. Cambridge: Cambridge University Press.

Flew, Antony. 1989. *An Introduction to Western Philosophy: Ideas and Argument from Plato to Popper*. London: Thames and Hudson.

Fogelson, Raymond D. 1984. 'Who were the Aní-Kutání? An excursion into Cherokee historical thought.' *Ethnohistory* 31 (4): 255–63.

Formicola, Vincenzo. 2007. 'From the Sungir children to the Romito dwarf: aspects of the Upper Palaeolithic funerary landscape.' *Current Anthropology* 48: 446–53.

Foster, Benjamin. 1981. 'A new look at the Sumerian temple state.' *Journal of the Economic and Social History of the Orient* 24 (3): 225–41.

Fowler, Melvin. L. 1997. *The Cahokia Atlas: A Historical Atlas of Cahokia Archaeology*. Urbana: University of Illinois Press.

Fowler, Melvin L. et al. 1999. *The Mound 72 Area: Dedicated and Sacred Space in Early Cahokia*. Reports of Investigation no. 54. Springfield: Illinois State Museum.

Frangipane, Marcella. 2006. 'The Arslantepe "Royal Tomb": new funerary customs and political changes in the Upper Euphrates valley at the beginning of the third millennium BC.' In G. Bartoloni and M. G. Benedettini (eds), *Buried Among the Living*. Rome: Universita degli studi di Roma 'La Sapienza', pp. 169–94.

——. 2012. 'Fourth millennium Arslantepe: the development of a centralized society without urbanization.' *Origini* 34: 19–40.

Frankfort, Henri. 1948. *Kingship and the Gods: A Study of Ancient Near Eastern Religion as the Integration of Society and Nature*. Chicago: Chicago University Press.

——. 1951. *The Birth of Civilization in the Near East*. Bloomington: Indiana University Press.

Franklin, Benjamin. 1961 [1753]. Letter to Peter Collinson, 9 May 1753. In Leonard W. Labaree (ed.), *The Papers of Benjamin Franklin*. New Haven, CT and London: Yale University Press, vol. 4, pp. 481–3.

Franks, C. E. S. 2002. 'In search of the savage Sauvage : an exploration into North America's political cultures.' *The American Review of Canadian Studies* 32 (4): 547–80.

Frazer, James G. 1911 [1890]. *The Dying God* (book 3 of *The Golden Bough: A Study in Magic and Religion*) (3rd edn). London: Macmillan.

Freidel, David A. and Linda Schele. 1988. 'Kingship in the Late Preclassic Maya Lowlands: the instruments and places of ritual power.' *American Anthropologist* 90

(3): 547–67.

Frenez, Dennys. 2018. 'Private person or public persona? Use and significance of standard Indus seals as markers of formal socio-economic identities.' In D. Frenez et al. (eds), *Walking with the Unicorn: Social Organization and Material Culture in Ancient South Asia*. Oxford: Archaeopress, pp. 166–93.

Friedman, Renée F. 2008. 'Excavating Egypt's early kings: recent discoveries in the elite cemetery at Hierakonpolis.' In B. Midant-Reynes and Y. Tristant (eds), *Egypt at its Origins 2. Proceedings of the International Conference Origin of the State. Predynastic and Early Dynastic Egypt, Toulouse, 5th–8th September 2005*. Orientalia Lovaniensia Analecta 172. Leuven: Peeters, pp. 1157–94.

——. 2011. 'Hierakonpolis.' In Teeter (ed.), pp. 33–44.

Froese, Tom, Carlos Gershenson and Linda R. Manzanilla. 2014. 'Can government be self-organized? A mathematical model of the collective social organization of ancient Teotihuacan, Central Mexico.' *PLoS ONE* 9 (10): e109966.

Fukuyama, Francis. 2011. *The Origins of Political Order: From Prehuman Times to the French Revolution*. London: Profile.

Fuller, Dorian Q. 2007. 'Contrasting patterns in crop domestication and domestication rates: recent archaeobotanical insights from the Old World.' *Annals of Botany* 100: 903–9.

——. 2010. 'An emerging paradigm shift in the origins of agriculture.' *General Anthropology* 17 (2): 8–12.

Fuller, Dorian Q. and Robin G. Allaby. 2010. 'Seed dispersal and crop domestication: shattering, germination and seasonality in evolution under cultivation.' In L. Ostergaard (ed.), *Fruit Development and Seed Dispersal* (Annual Plant Reviews vol. 38). Oxford: Wiley-Blackwell, pp. 238–95.

Fuller, Dorian Q. et al. 2010. 'Domestication as innovation: the entanglement of techniques, technology and chance in the domestication of cereal crops.' *World Archaeology* 42 (1): 13–28.

Fuller, Dorian Q. and Leilani Lucas. 2017. 'Adapting crops, landscapes, and food choices: Patterns in the dispersal of domesticated plants across Eurasia.' In N. Boivin et al. (eds), *Complexity: Species Movements in the Holocene*. Cambridge: Cambridge University Press, pp. 304–31.

Furholt, Martin. 2018. 'Massive migrations? The impact of recent aDNA studies on our view of third millennium Europe.' *European Journal of Archaeology* 21 (2):

159–91.

Gage, Matilda Joslyn. 1893. *Woman, Church, and State. A Historical Account of the Status of Woman through the Christian Ages: with Reminiscences of Matriarchate.* Chicago: C. H. Kerr.

Gardner, Peter M. 1991. 'Foragers' pursuit of individual autonomy.' *Current Anthropology* 32: 543–72.

Garth, Thomas R. Jr. 1976. 'Emphasis on industriousness among the Atsugewi.' In Bean and Blackburn, pp. 337–54.

Geertz, Clifford 1980. *Negara: The Theatre State in Nineteenth-Century Bali.* Princeton, NJ: Princeton University Press.

——. 2001. 'Life among the anthros.' *New York Review of Books* 48 (2): 18–22.

Geertz, Hildred and Clifford Geertz. 1978. *Kinship in Bali.* Chicago: Chicago University Press.

Gelb, Ignace J. 1973. 'Prisoners of war in early Mesopotamia.' *Journal of Near Eastern Studies* 32 (1/2): 70–98.

Gell, Alfred. 1993. *Wrapping in Images: Tattooing in Polynesia.* Oxford: Clarendon Press.

Georgescu-Roegen, Nicholas. 1976. *Energy and Economic Myths: Institutional and Analytical Economic Essays.* New York: Pergamon.

Gerth, Hans H. and C. Wright Mills (eds). 1946. *From Max Weber: Essays in Sociology.* New York: Oxford University Press.

Gibson, Charles. 1952. *Tlaxcala in the Sixteenth Century.* New Haven, CT and London: Yale University Press.

Gibson, Jon L. 2000. *Ancient Mounds of Poverty Point: Place of Rings.* Gainesville: University Press of Florida.

Gibson, Jon. L. and Philip J. Carr. 2004. 'Big mounds, big rings, big power.' In J. L. Gibson and P. J. Carr (eds), *Signs of Power: The Rise of Complexity in the Southeast.* Tuscaloosa: University of Alabama Press, pp. 1–9.

Gimbutas, Marija. 1982. *The Goddesses and Gods of Old Europe.* London: Thames and Hudson.

Giosan, Liviu et al. 2012. 'Fluvial landscapes of the Harappan civilization.' *PNAS* : E1688–E1694.

Godoy, Ricardo A. 1986. 'The fiscal role of the Andean Ayllu.' *Man* (N.S.) 21 (4): 723–41.

Goldman, Irving. 1975. *The Mouth of Heaven: An Introduction to Kwakiutl Religious Thought*. New York: John Wiley and Sons.

Goldschmidt, Walter. 1951. 'Ethics and the structure of society: an ethnological contribution to the sociology of knowledge.' *American Anthropologist* 53 (4): 506–24.

Goldstein, Paul S. 2003. 'From stew-eaters to maize-drinkers: the *Chicha* economy and Tiwanaku.' In Tamara L. Bray (ed.), *The Archaeology and Politics of Food and Feasting in Early States and Empires*. New York: Plenum, pp. 143–71.

Golitko, Mark and Lawrence H. Keeley. 2007. 'Beating ploughshares back into swords: warfare in the Linearbandkeramik.' *Antiquity* 81: 332–42.

Golla, Susan. 1987. '"He has a name": History and Social Structure among the Indians of Western Vancouver Island.' PhD. dissertation, Columbia University.

Golson, Jack. et al. (eds). 2017. *Ten Thousand Years of Cultivation at Kuk Swamp in the Highlands of Papua New Guinea*. Acton, ACT: Australian National University Press.

Gombrich, Richard F. 1988. *Theravāda Buddhism. A Social History from Ancient Benares to Modern Colombo*. London and New York: Routledge.

Gómez-Cano, Grisel. 2010. *The Return to Coatlicue: Goddesses and Warladies in Mexican Folklore*. Bloomington, Indiana: XLibris.

González González, Enrique. 2014. 'A humanist in the New World: Francisco Cervantes de Salazar (c. 1514–75).' In L. Dietz et al. (eds), *Neo-Latin and the Humanities: Essays in Honour of Charles E. Fantazzi*. Toronto: Center for Reformation and Renaissance Studies, pp. 235–57.

Goodman, Jordan, Paul E. Lovejoy and Andrew G. Sherratt (eds). 1995. *Consuming Habits: Drugs in Anthropology and History*. London and New York: Routledge.

Gose, Peter. 1996. 'Oracles, divine kingship, and political representation in the Inka State.' *Ethnohistory* 43 (1): 1–32.

——. 2000. 'The state as a chosen woman: brideservice and the feeding of tributaries in the Inka Empire.' *American Anthropologist* 102 (1): 84–97.

——. 2016. 'Mountains, kurakas and mummies: transformations in indigenous Andean sovereignty.' *Población & Sociedad* 23 (2): 9–34.

Gough, Kathleen. 1971. 'Nuer Kinship: a re-examination.' In T. O. Beidelman (ed.), *The Translation of Culture*. London: Tavistock, pp. 79–122.

Graeber, David. 1996. 'Love magic and political morality in Central Madagascar,

1875–1990.' *Gender & History* 8 (3): 416–39.

——. 2001. *Toward an Anthropological Theory of Value: The False Coin of Our Own Dreams*. New York: Palgrave.

——. 2006. 'Turning modes of production inside out: or, why capitalism is a transformation of slavery.' *Critique of Anthropology* 26 (1): 61–85.

——. 2007a. *Possibilities: Essays on Hierarchy, Rebellion, and Desire*. Oakland, CA: AK Press.

——. 2007b. 'There never was a West: or, democracy emerges from the spaces in between.' In Graeber 2007a, pp. 329–74.

——. 2011. *Debt: The First 5,000 Years*. New York: Melville House.

Graeber, David and Marshall Sahlins. 2017. *On Kings*. Chicago: HAU Books.

Graffigny, Françoise de. 1747. *Lettres d'une Péruvienne*. Paris: A. Peine. (English translation by Jonathan Mallason. 2009. *Letters of a Peruvian Woman*. Oxford: Oxford University Press.)

Green, Adam S. 2020. 'Killing the priest-king: addressing egalitarianism in the Indus civilization.' *Journal of Archaeological Research*. https://doi.org/10.1007/ s10814-020-09147-9

Green, Richard. E., Johannes Krause et al. 2010. 'A draft sequence of the Neanderthal genome.' *Science* 328: 710–22.

Gresky, Julia, Juliane Haelm and Lee Clare. 2017. 'Modified human crania from Göbekli Tepe provide evidence for a new form of Neolithic skull cult.' *Science Advances* 3: e1700564.

Grier, Colin. 2017. 'Expanding notions of hunter-gatherer diversity: identifying core organizational principles and practices in Coast Salish Societies of the Northwest Coast of North America.' In Graeme Warren and Bill Finlayson (eds), *The Diversity of Hunter-Gatherer Pasts*. Oxford: Oxbow Press, pp. 16–33.

Grinde, Donald A. 1977. *The Iroquois and the Founding of the American Nation*. San Francisco: Indian Historian Press.

Groenewegen-Frankfort, Henriette. 1951. *Arrest and Movement: An Essay on Space and Time in the Representational Art of the Ancient Near East*. London: Faber and Faber.

Gron, Kurt J. et al. 2018. 'A meeting in the forest: hunters and farmers at the Coneybury "Anomaly", Wiltshire.' *Proceedings of the Prehistoric Society* 84: 111–44.

Grube, Nikolai, Eva Eggebrecht and Matthias Seidel (eds). 2001. *Maya: Divine Kings of the Rainforest.* Cologne: Könemann.

Haak, Wolfgang et al. 2005. 'Ancient DNA from the first European farmers in 7, 500-year-old Neolithic sites.' *Science* 310: 1016–18.

——. 2010. 'Ancient DNA from European early Neolithic farmers reveals their Near Eastern affinities.' *PLoS Biology* 8: 1–16.

——. 2015. 'Massive migration from the steppe was a source for Indo-European languages in Europe.' *Nature* 522: 207–11.

Haas, Jonathan and Matthew Piscitelli. 2013. 'The prehistory of warfare: Misled by ethnography.' In Douglas P. Fry (ed.), *War, Peace, and Human Nature: The Convergence of Evolutionary and Cultural Views.* New York: Oxford University Press, pp. 168–90.

Habu, Junko. 2004. *Ancient Jomon of Japan.* Cambridge: Cambridge University Press.

Habu, Junko and Clare Fawcett. 2008. 'Science or narratives? Multiple interpretations of the Sannai Maruyama site, Japan.' In Junko Habu, Clare Fawcett and John M. Matsunaga (eds), *Evaluating Multiple Narratives: Beyond Nationalist, Colonialist, Imperialist Archaeologies.* New York: Springer, pp. 91–117.

Haddon, Alfred. C. and W. H. R. Rivers. 1902. 'A method of recording string figures and tricks.' *Man* 109: 146–53.

Hahn, Steven C. 2004. *The Invention of the Creek Nation, 1670–1763.* Lincoln: University of Nebraska Press.

Hajda, Yvonne P. 2005. 'Slavery in the Greater Lower Columbia region.' *Ethnohistory* 64 (1): 1–17.

Haklay, Gil and Avi Gopher. 2020. 'Geometry and architectural planning at Göbekli Tepe, Turkey.' *Cambridge Archaeological Journal* 30 (2): 343–57.

Hall, Anthony J. 2003. *The American Empire and the Fourth World.* Montreal and Kingston: McGill-Queen's University Press.

Hall, Robert L. 1997. *An Archaeology of the Soul: North American Indian Belief and Ritual.* Chicago: University of Illinois Press.

Halligan, Jessi J., Michael R. Waters et al. 2016. 'Pre-Clovis occupation 14,550 years ago at the Page-Ladson site, Florida, and the peopling of the Americas.' *Scientific Advances* 2 (5): e1600375.

Hamilton, Marcus et al. 2007. 'The complex structure of hunter-gatherer social networks.' *Proceedings of the Royal Society B* 274: 2195–2202.

Harari, Yuval N. 2014. *Sapiens: A Brief History of Humankind*. London: Harvill Secker.

Harris, David R. (ed.). 1996. *The Origins and Spread of Agriculture and Pastoralism in Eurasia*. London: UCL Press.

Harris, Mary. 1997. *Common Threads: Women, Mathematics, and Work*. Stoke on Trent: Trentham.

Harvati, Katerina et al. 2019. 'Apidima cave fossils provide earliest evidence of Homo sapiens in Eurasia.' *Nature* 571: 500–504.

Harvey, David. 2012. *Rebel Cities: From the Right to the City to the Urban Revolution*. London and New York: Verso.

Harvey, David Allen. 2012. *The French Enlightenment and its Others: The Mandarin, the Savage, and the Invention of the Human Sciences*. London: Palgrave.

Hassett, Brenna R. and Haluk Sağlamtimur. 2018. 'Radical "royals"? New evidence from Başur Höyük for radical burial practices in the transition to early states in Mesopotamia.' *Antiquity* 92: 640–54.

Hassig, Ross. 2001. 'Xicotencatl: rethinking an indigenous Mexican hero.' *Estudios de cultura náhuatl* 32: 29–49.

Havard, Gilles (transl. Phyllis Aronoff and Howard Scott). 2001. *The Great Peace of Montreal of 1701: French-Native Diplomacy in the Seventeenth Century*. Montreal: McGill-Queen's University Press.

Hayden, Brian. 1990. 'Nimrods, piscators, pluckers, and planters: the emergence of food production.' *Journal of Anthropological Archaeology* 9: 31–69.

——. 2014. *The Power of Feasts*. Cambridge: Cambridge University Press.

He, Nu. 2013. 'The Longshan period site of Taosi in Southern Shanxi Province.' In A. P. Underhill (ed.), *A Companion to Chinese Archaeology*. Chichester: Wiley, pp. 255–78.

——. 2018. 'Taosi: an archaeological example of urbanization as a political center in prehistoric China.' *Archaeological Research in Asia* 14: 20–32.

Headrick, Annabeth. 2007. *The Teotihuacan Trinity: The Sociopolitical Structure of an Ancient Mesoamerican City*. Austin: University of Texas Press.

Healy, George R. 1958. 'The French Jesuits and the idea of the noble savage.' *William and Mary Quarterly* 15: 143–67.

Heard, Joseph Norman. 1977. 'The Assimilation of Captives on the American Frontier in the Eighteenth and Nineteenth Centuries.' Doctoral thesis, Louisiana

State University: LSU Digital Commons.

Heckenberger Michael J. et al. 2008. 'Pre-Columbian urbanism, anthropogenic landscapes, and the future of the Amazon.' *Science* 321: 1214–17.

Heckenberger Michael J. and Eduardo G. Neves. 2009. 'Amazonian archaeology.' *Annual Review of Anthropolology* 38: 251–66.

Helwig, Barbara. 2012. 'An age of heroes? Some thoughts on Early Bronze Age funerary customs in northern Mesopotamia.' In H. Niehr et al. (eds), *(Re-) constructing Funerary Rituals in the Ancient Near East*. Wiesbaden: Harrassowitz, pp. 47–58.

Henige, David. 1999. 'Can a myth be astronomically dated?' *American Indian Culture and Research Journal* 23 (4): 127–57.

de Heusch, Luc (transl. Roy Willis). 1982. *The Drunken King, or the Origin of the State*. Bloomington: Indiana University Press.

Hill, Kim et al. 2011. 'Co-residence patterns in hunter-gatherer societies show unique human social structure.' *Science* 331: 1286–9.

Hill, Warren and John E. Clark. 2001. 'Sports, gambling, and government: America's first social compact?' *American Anthropologist* 103 (2): 331–45.

Hillman, Gordon C. and Stuart Davies. 1990. 'Measured domestication rates in wild wheats and barley under primitive cultivation, and their archaeological implications.' *Journal of World Prehistory* 4 (2): 157–222.

Hobbes, Thomas. 1651. *Leviathan: Or the Matter, Forme and Power of a Commonwealth, Ecclesiasticall and Civil*. London: Andrew Crooke.

Hocart, Arthur. M. 1954. *Social Origins*. London: Watts.

——. 1969 [1927]. *Kingship*. London: Oxford University Press.

——. 1970 [1936]. *Kings and Councillors: An Essay in the Comparative Anatomy of Human Society*. Chicago: University of Chicago Press.

Hodder, Ian. 2003. 'The lady and the seed: some thoughts on the role of agriculture in the Neolithic Revolution.' In Mehmet Özdoğan, Harald Hauptmann and Nezih Başgelen (eds), *From Villages to Cities: Early Villages in the Near East – Studies Presented to Ufuk Esin*. Istanbul: Arkeoloji ve Sanat Yayinlari, pp. 155–61.

——. 2004. 'Women and men at Çatalhöyük.' *Scientific American* 290 (1): 76–83.

——. 2006. *Çatalhöyük. The Leopard's Tale. Revealing the Mysteries of Turkey's Ancient 'Town'*. London: Thames and Hudson.

Hodder, Ian and Craig Cessford. 2004. 'Daily practice and social memory at Çatalhöyük.' *American Antiquity* 69 (1): 17–40.

Hodgen, Margaret Trabue. 1964. *Early Anthropology in the Sixteenth and Seventeenth Centuries*. Philadelphia: University of Pennsylvania Press.

Hoffmann, Dirk et al. 2018. 'U-Th dating of carbonate crusts reveals Neanderthal origin of Iberian cave art.' *Science* 359 (6378): 912–15.

Holdaway, Simon J. and Willeke Wendrich (eds). 2017. *The Desert Fayum Reinvestigated: The Early to Mid-Holocene Landscape Archaeology of the Fayum North Shore, Egypt*. Los Angeles: UCLA Cotsen Institute of Archaeology.

Holm, Tom. 2002. 'American Indian warfare: the cycles of conflict and the militarization of Native North America.' In Philip J. Deloria and Neal Salisbury (eds), *A Companion to American Indian History*. Oxford: Blackwell, pp. 154–72.

Holt, Julie Zimmerman. 2009. 'Rethinking the Ramey state: was Cahokia the center of a theater state?' *American Antiquity* 74 (2): 231–54.

Hornborg, Alf. 2005. 'Ethnogenesis, regional interaction, and ecology in prehistoric Amazonia: toward a systems perspective.' *Current Anthropology* 46 (4): 589–620.

Hornborg, Alf and Jonathan D. Hill (eds). 2011. *Ethnicity in Amazonia: Reconstructing Past Identities from Archaeology, Linguistics, and Ethnohistory*. Boulder: University Press of Colorado.

Hrdy, Sarah Blaffer. 2009. *Mothers and Others: The Evolutionary Origins of Mutual Understanding*. Cambridge, MA: Harvard University Press.

Hudson, Charles. 1976. *The Southeastern Indians*. Knoxville: University of Tennessee Press.

——. (ed.) 1979. *Black Drink: A Native American Tea*. Athens: University of Georgia Press.

Hudson, Michael. 2018. *And Forgive Them Their Debts: Lending, Foreclosure, and Redemption from Bronze Age Finance to the Jubilee Year*. Dresden: ISLET-Verlag.

Hudson, Michael and Baruch A. Levine (eds). 1996. *Privatization in the Ancient Near East and the Classical World*. Cambridge, MA: Peabody Museum of Archaeology and Ethnology.

Humphrey, Louise and Chris Stringer. 2018. *Our Human Story*. London: Natural History Museum.

Hunter, Graeme. 1989. 'The fate of Thomas Hobbes.' *Studia Leibnitiana* 21 (1): 5–20.

Hutchinson, Sharon. 1996. *Nuer Dilemmas: Coping with Money, War, and the State.* Berkeley: University of California Press.

Hyland, Sabine. 2016. 'How khipus indicated labour contributions in an Andean village: An explanation of colour banding, seriation and ethnocategories.' *Journal of Material Culture* 21 (4): 490–509.

——. 2017. 'Writing with twisted cords: the inscriptive capacity of Andean *khipus*.' *Current Anthropology* 58 (3): 412–19.

Iakovleva, Lioudmila. 2015. 'The architecture of mammoth bone circular dwellings of the Upper Palaeolithic settlements in Central and Eastern Europe and their socio-symbolic meanings.' *Quaternary International* 359–60: 324–34.

Ingold, Tim, David Riches and James Woodburn (eds). 1998. *Hunters and Gatherers 1: History, Evolution and Social Change.* Oxford: Berg.

Insoll, Timothy (ed.). 2017. *The Oxford Handbook of Prehistoric Figurines.* Oxford: Oxford University Press.

Isaac, Barry. L. 1983. 'The Aztec "Flowery War": a geopolitical explanation.' *Journal of Anthropological Research* 39 (4): 415–32.

Isakhan, Benjamin. 2011. 'What is so "primitive" about "primitive democracy"? Comparing the ancient Middle East and classical Athens.' In B. Isakhan and S. Stockwell (eds), *The Secret History of Democracy.* London: Palgrave Macmillan, pp. 19–34.

Isbell, William H. 2008. 'Wari and Tiwanaku: international identities in the Central Andean Middle Horizon.' In H. Silverman and W. H. Isbell (eds), *The Handbook of South American Archaeology.* New York: Springer, pp. 731–59.

Jacobs, Jane. 1969. *The Economy of Cities.* New York: Knopf Doubleday.

Jacobs, Ken. 1995. 'Returning to Oleni' ostrov: social, economic, and skeletal dimensions of a Boreal Forest Mesolithic cemetery.' *Journal of Anthropological Archaeology* 14 (4): 359–403.

Jacobsen, Thorkild. 1943. 'Primitive democracy in ancient Mesopotamia.' *Journal of Near Eastern Studies* 2 (3): 159–72.

——. 1976. *The Treasures of Darkness: A History of Mesopotamian Religion.* New Haven, CT and London: Yale University Press.

James, Hannah V. A. and Michael D. Petraglia. 2005. 'Modern human origins and the evolution of behaviour in the Later Pleistocene record of South Asia.' *Current Anthropology* 46: 3–27.

Jamieson, Susan M. 1992. 'Regional interaction and Ontario Iroquois evolution.' *Canadian Journal of Archaeology/Journal Canadien d'Archéologie* 16: 70–88.

Jansen, Michael. 1993. 'Mohenjo- daro, type site of the earliest urbanization process in South Asia; ten years of research at Mohenjo-daro Pakistan and an attempt at a synopsis.' In A. Parpola and P. Koskikallio (eds), *South Asian Archaeology*. Helsinki: Suomalainen Tiedeakatemia, pp. 263–80.

Jaubert, Jacques et al. 2016. 'Early Neanderthal constructions deep in Bruniquel Cave in southwestern France.' *Nature* 534: 111–15.

Jeunesse, C. 1997. *Pratiques funéraires au néolithique ancien: Sépultures et nécropoles danubiennes 5500–4900 av. J.-C.* Paris: Errance.

Johansen, Bruce E. 1982. *Forgotten Founders: Benjamin Franklin, the Iroquois, and the Rationale for the American Revolution*. Ipswich, MA: Gambit, Inc.

——. 1998. *Debating Democracy: Native American Legacy of Freedom*. Santa Fe: Clear Light Publishers.

Johansen, Bruce Elliot and Barbara Alice Mann (eds). 2000. *Encyclopedia of the Haudenosaunee (Iroquois Confederacy)*. Westport, CT: Greenwood Press.

Johnson, Douglas. 1997. *Nuer Prophets: A History of Prophecy from the Upper Nile in the Nineteenth and Twentieth Centuries*. Oxford: Clarendon Press.

Johnson, Gregory A. 1982. 'Organizational structure and scalar stress.' In Colin Renfrew, Michael Rowlands and Barbara A. Segraves- Whallon (eds), *Theory and Explanation in Archaeology*. New York: Academic Press, pp. 389–421.

Jones, Jana et al. 2014. 'Evidence for prehistoric origins of Egyptian mummification in Late Neolithic burials.' *PLoS ONE* 9 (8): e103608.

Jones, Martin et al. 2011. 'Food globalization in prehistory.' *World Archaeology* 43 (4): 665–75.

Jordan, Peter et al. 2016. 'Modelling the diffusion of pottery technologies across Afro-Eurasia: emerging insights and future research.' *Antiquity* 90 (351): 590–603.

Jorgensen, Joseph G. 1980. *Western Indians: Comparative Environments, Languages and Cultures of 172 Western American Indian Tribes*. San Francisco: W. H. Freeman and Co.

Jung, Carl G. 1958. *The Undiscovered Self*. Boston: Little, Brown and Co.

Kan, Sergei (ed.). 2001. *Strangers to Relatives: The Adoption and Naming of Anthropologists in North America*. Lincoln: University of Nebraska Press.

Kanjou, Youssef et al. 2013. 'Early human decapitation, 11,700–10,700 cal BP, within the Pre-Pottery Neolithic village of Tell Qaramel, North Syria.' *International Journal of Osteoarchaeology* 25 (5): 743–52.

Karahashi, Fumi. 2016. 'Women and land in the Presargonic Lagaš Corpus.' In B. Lyon and C. Michel (eds), *The Role of Women in Work and Society in the Ancient Near East*. Boston and Berlin: De Gruyter, pp. 57–70.

Karsten, Per and Bo Knarrström. 2001. 'Tagerup–fifteen hundred years of Mesolithic occupation in western Scania, Sweden: a preliminary view.' *European Journal of Archaeology* 4 (2): 165–74.

Kashina, E. and A. Zhulnikov. 2011. 'Rods with elk heads: symbols in ritual context.' *Estonian Journal of Archaeology* 15: 18–31.

Kavanagh, Thomas M. 1994. 'Reading the moment and the moment of Reading in Graffigny's *Lettres d'une Péruvienne*.' *Modern Language Quarterly* 55 (2): 125–47.

Kehoe, Alice Beck. 2007. 'Osage texts and Cahokia data.' In F. Kent Reilly III and James F. Garber (eds), *Ancient Objects and Sacred Realms: Interpretations of Mississippian Iconography*. Austin: University of Texas Press, pp. 246–62.

Keightley, David N. 1999. 'The Shang: China's first historical dynasty.' In M. Loewe and E. L. Shaughnessy (eds), pp. 232–91.

Kelly, John E. 2008. 'Contemplating Cahokia's collapse.' In Jim A. Railey and Richard Martin Reycraft (eds), *Global Perspectives on the Collapse of Complex Systems*. Anthropological Papers no. 8. Albuquerque: Maxwell Museum of Anthropology.

Kelly, Raymond C. 2000. *Warless Societies and the Origins of War*. Ann Arbor: University of Michigan Press.

Kelly, Robert L. 2013. *The Lifeways of Hunter-Gatherers: The Foraging Spectrum*. Cambridge: Cambridge University Press.

Kemp, Barry. 2006. *Ancient Egypt: Anatomy of a Civilization* (2nd edn). London: Routledge.

Kenoyer, J. M. 1992. 'Harappan craft specialization and the question of urban segregation and stratification.' *The Eastern Anthropologist* 45 (1–2): 39–54.

——. 1998. *Ancient Cities of the Indus Valley*. Karachi: Oxford University Press.

Kerig, T. 2003. 'Von Gräbern und Stämmen: Zur Interpretation bandkeramischer Erdwerke.' In U. Veit, T. L. Kienlin, C. Kümmel et al. (eds), *Spuren und Botschaften: Interpretationen materieller Kultur*. Münster: Waxmann, pp. 225–44.

Kidder, Tristram R. 2018. 'Poverty Point.' In Timothy R. Pauketat (ed.), *The Oxford Handbook of North American Archaeology*. Oxford: Oxford University Press, pp. 464–9.

Kilian, Klaus. 1988. 'The emergence of wanax ideology in the Mycenaean palaces.' *Oxford Journal of Archaeology* 7 (3): 291–302.

King, Adam. 2003. *Etowah: The Political History of a Chiefdom Capital*. Tuscaloosa: University of Alabama Press.

——. 2004. 'Power and the sacred: Mound C and the Etowah chiefdom.' In Richard F. Townsend and Robert V. Sharp (eds), *Hero, Hawk, and Open Hand: American Indian Art of the Ancient Midwest and South*. New Haven, CT: The Art Institute of Chicago, pp. 151–65.

——. 2007. 'Mound C and the Southeastern ceremonial complex in the history of the Etowah site.' In A. King (ed.), *Southeastern Ceremonial Complex Chronology, Content, Context*. Tuscaloosa, University of Alabama Press, pp. 107–33.

Kirch, Patrick V. 1990. 'Specialization and exchange in the Lapita Complex of Oceania (1600–500 B.C.).' *Asian Perspectives* 29 (2): 117–33.

Kirleis, Wiebke and Marta Dal Corso. 2016. 'Trypillian subsistence economy: animal and plant exploitation.' In Müller et al. (eds), pp. 195–206.

Knight, Chris. 1991. *Blood Relations. Menstruation and the Origins of Culture*. New Haven, CT and London: Yale University Press.

Knight, Vernon J. Jr. 1986. 'The institutional organization of Mississippian religion.' *American Antiquity* 51: 675–87.

——. 1989. 'Some speculations on Mississippian monsters.' In Patricia Galloway (ed.), *The Southeastern Ceremonial Complex: Artifacts and Analysis*. Lincoln: University of Nebraska Press, pp. 205–10.

——. 2001. 'Feasting and the emergence of platform mound ceremonialism in Eastern North America.' In Michael Dietler and Brian Hayden (eds), *Feasts: Archaeological and Ethnographic Perspectives on Food, Politics and Power*. Washington: Smithsonian Institution Press, pp. 311–33.

——. 2006. 'Symbolism of Mississippian mounds.' In Gregory A. Waselkov, Peter H. Wood and Tom Hatley (eds), *Powhatan's Mantle: Indians in the Colonial Southeast* (revised and expanded edn). Lincoln: Nebraska University Press, pp. 421–34.

Kobayashi, Tatsuo. 2004. *Jomon Reflections: Forager Life and Culture in the Prehistoric Japanese Archipelago*. Oxford: Oxbow.

Koch, Alexander et al. 2019. 'Earth system impacts of the European arrival and Great Dying in the Americas after 1492.' *Quaternary Science Reviews* 207 (1): 13–36.

Köksal-Schmidt, Çiğdem and Klaus Schmidt. 2010. 'The Göbekli Tepe "Totem Pole." A first discussion of an autumn 2010 discovery (PPN, Southeastern Turkey).' *Neo-Lithics* 1 (10): 74–6.

Kolata, Alan. 1992. 'In the realm of the Four Quarters.' In Alvin M. Josephy (ed.), *America in 1492*. New York: Knopf, pp. 215–47.

——. 1997. 'Of kings and capitals: principles of authority and the nature of cities in the Native Andean state.' In D. L. Nichols and T. H. Charlton (eds), *The Archaeology of City States: Cross-Cultural Approaches*. Washington: Smithsonian Institution Press, pp. 245–54.

Kononenko, Nina et al. 2016. 'Detecting early tattooing in the Pacific region through experimental usewear and residue analyses of obsidian tools.' *Journal of Archaeological Science*, Reports 8: 147–63.

Kopenawa, Davi and Bruce Albert. 2013. *The Falling Sky: Words of a Yanomami Shaman*. London and Cambridge, MA: The Belknap Press of Harvard University Press.

Kornienko, Tatiana V. 2015. 'On the problem of human sacrifice in Northern Mesopotamia in the Pre-Pottery Neolithic.' *Archaeology, Ethnology and Anthropology of Eurasia* 43 (3): 42–9.

Kowaleski, Jeff. 2003. 'Evidence for the functions and meanings of some northern Maya palaces.' In J. J. Christie (ed.), *Maya Palaces and Elite Residences*. Austin: University of Texas Press, pp. 204–52.

Kristiansen, Kristian. 1993. 'The strength of the past and its great might: an essay on the use of the past.' *Journal of European Archaeology* 1 (1): 3–32.

Kroeber, Alfred L. 1925. *Handbook of the Indians of California*. Bureau of American Ethnology Bulletin 78. Washington: Smithsonian Institution.

——. 1944. *Configurations of Cultural Growth*. Berkeley: University of California Press.

Kubler, George. 1962. *The Shape of Time. Remarks on the History of Things*. New Haven, CT and London: Yale University Press.

Kuijt, Ian. 1996. 'Negotiating equality through ritual: a consideration of Late Natufian and Prepottery Neolithic A period mortuary practices.' *Journal of Anthropological Archaeology* 15: 313–36.

Kuper, Rudoplh and Stefan Kroepelin. 2006. 'Climate-controlled Holocene occupation in the Sahara: motor of Africa's evolution'. *Science* 313: 803–7.

La Flesche, Francis. 1921. 'The Osage tribe: rite of the chiefs: sayings of the ancient men.' *Thirty-sixth Annual Report of the Bureau of American Ethnology* (1914–15), pp. 35–604. Washington.

——. 1930. 'The Osage tribe: rite of the Wa-xo'-be.' *Forty-fifth Annual Report of the Bureau of American Ethnology* (1927–28), pp. 529–833. Washington.

——. 1939. *War Ceremony and Peace Ceremony of the Osage Indians*. Bureau of American Ethnology Bulletin 101. Washington: US Government.

Lagrou, Els. 2009. *Arte Indígena no Brasil: Agência, Alteridade e Relação*. Belo Horizonte: C/Arte.

Lahontan, Louis Armand de Lom d'Arce (ed. Réal Ouellet and Alain Beaulieu). 1990 [1702a]. *Mémoires de l'Amérique septentrionale, ou la suite des voyages de Mr. le Baron de Lahontan*. Montreal: Presses de l'Université de Montréal.

——. (ed. Réal Ouellet and Alain Beaulieu). 1990 [1702b]. *Nouveaux Voyages de Mr. Le Baron de Lahontan, dans l'Amérique Septentrionale*. Montreal: Presses de l'Université de Montréal.

——. (ed. Réal Ouellet and Alain Beaulieu).1990 [1703]. *Supplément aux Voyages du Baron de Lahontan, ou l'on trouve des dialogues curieux entre l'auteur et un sauvage de bon sens qui a voyagé*. Montreal: Presses de l'Université de Montréal.

——. 1735. *New Voyages to North America Giving a Full Account of the Customs, Commerce, Religion, and Strange Opinions of the Savages of That Country, With Political Remarks upon the Courts of Portugal and Denmark, and the Present State of the Commerce of Those Countries*. London: J. Walthoe.

Lang, Caroline et al. 2013. 'Gazelle behaviour and human presence at early Neolithic Göbekli Tepe, south-east Anatolia.' World Archaeology 45: 410–29.

Langley, Michelle C., Christopher Clarkson and Sean Ulm. 2008. 'Behavioural complexity in Eurasian Neanderthal populations: a chronological examination of the archaeological evidence.' *Cambridge Archaeological Journal* 18 (3): 289–307.

Lansing, J. Stephen. 1991. *Priests and Programmers: Technologies of Power in the Engineered Landscapes of Bali*. Princeton, NJ: Princeton University Press.

Larson, Greger. et al. 2007. 'Ancient DNA, pig domestication, and the spread of the Neolithic into Europe.' *Proceedings of the National Academy of Sciences* 104:

15276–81.

Larsson, Lars. 1990. 'The Mesolithic of southern Scandinavia.' *Journal of World Prehistory* 4 (3): 257–309.

Lattas, Andrew. 2006. 'The utopian promise of government.' *The Journal of the Royal Anthropological Institute* 12 (1): 129–50.

Lattimore, Owen. 1962. *Studies in Frontier History*. Collected Papers 1929–58. London: Oxford University Press.

Lazarovici, Cornelia-Magda. 2010. 'Cucuteni ceramics: technology, typology, evolution, and aesthetics.' In Anthony (ed.). pp. 128–61.

Le Guin, Ursula K. 1993 [1973]. *The Ones Who Walk Away from Omelas*. Mankato, MN: Creative Education.

Leach, Edmund. 1976. *Culture and Communication*. Cambridge: Cambridge University Press.

Leacock, Eleanor. 1978. 'Women's status in egalitarian society: implications for social evolution.' *Current Anthropology* 19: 247–76.

Lee, Richard B. and Irven DeVore (eds). 1968. *Man the Hunter*. Chicago: Aldine.

Lehner, Mark. 2015. 'Labor and the pyramids. The Heit el-Ghurab "workers town" at Giza.' In Steinkeller and Hudson (eds), pp. 397–522.

Lepper, Bradley T. 1995. 'Tracking Ohio's Great Hopewell Road.' *Archaeology* 48 (6): 52–6.

Lesure, Richard. 1998. 'The constitution of inequality in Yurok society.' *Journal of California and Great Basin Anthropology* 20 (2): 171–94.

Lévi-Strauss, Claude. 1963. 'Do dual organizations exist?' In C. Lévi- Strauss, *Structural Anthropology*. Harmondsworth: Penguin, pp. 132–63.

——. 1966. *The Savage Mind*. Chicago: University of Chicago Press.

——. 1967 [1944]. 'The social and psychological aspects of chieftainship in a primitive tribe: the Nambikwara of northwestern Mato Grosso.' In R. Cohen and J. Middleton (eds), *Comparative Political Systems*. Austin and London: University of Texas Press, pp. 45–62.

——. 1982 [1976]. *The Way of the Masks*. Seattle: University of Washington Press.

——. 1987. *Anthropology and Myth: Lectures 1951–1982*. Oxford: Blackwell.

Levy, Philip A. 1996. 'Exemplars of taking liberties: the Iroquois influence thesis and the problem of evidence.' *William and Mary Quarterly* 53 (3): 587–604.

Li, Jaang, Zhouyong Sun, Jing Shao and Min Li. 2018. 'When peripheries were centres: a preliminary study of the Shimao-centred polity in the loess highland, China.' *Antiquity* 92 (364): 1008–22.

Lightfoot, Kent G. and Otis Parrish. 2009. *Californian Indians and their Environment*. Berkeley: University of California Press.

Lincoln, Charles K. 1994. 'Structural and philological evidence for divine kingship at Chichén Itzá, Yucatan, México.' In Hanns J. Prem (ed.), *Hidden Among the Hills*. Acta Mesoamericana, vol. 7. Möckmühl: Verlag von Flemming, pp. 164–96.

Lipson, M. et al. 2017. 'Parallel palaeogenomic transects reveal complex genetic history of early European farmers.' *Nature* 551: 368–72.

Liu, Li and Xingcan Chen. 2012. *The Archaeology of China: From the Late Paleolithic to the Early Bronze Age*. Cambridge: Cambridge University Press.

Liverani, Mario (ed. and transl. Z. Bahrani and M. Van De Mieroop). 1998. *Uruk. The First City*. Sheffield: Equinox.

Lockhart, James. 1985. 'Some Nahua concepts in postconquest guise.' *History of European Ideas* 6 (4): 465–82.

Lockhart, James, Frances Berdan and Arthur J. O. Anderson. 1986. *The Tlaxcalan Actas: A Compendium of the Records of the Cabildo of Tlaxcala (1545–1627)*. Salt Lake City: University of Utah Press.

Loeb, Edwin M. 1931. 'The religious organizations of North-Central California and Tierra del Fuego.' *American Anthropologist* 33 (4): 517–56.

Loewe, Michael and Edward. L. Shaughnessy (eds). 1999. *The Cambridge History of Ancient China*. Cambridge: Cambridge University Press.

Lombardo, Umberto et al. 2020. 'Early Holocene crop cultivation and landscape modification in Amazonia.' *Nature* 581 (2020): 190–93.

Lorenz, Karl G. 1997. 'A re-examination of Natchez sociopolitical complexity: a view from the grand village and beyond.' *Southeastern Archaeology* 16 (2): 97–112.

Lovejoy, Arthur O. and George Boas. 1935. *Primitivism and Related Ideas in Antiquity*. Baltimore: Johns Hopkins University Press.

Lowie, Robert H. 1928. 'Incorporeal property in primitive society.' *Yale Law Journal* 37 (5): 551–63.

——. 1948. 'Some aspects of political organisation among the American Aborigines.' *Journal of the Royal Anthropological Institute of Great Britain and Ireland* 78: 11–24.

McBrearty, Sally and Alison S. Brooks. 2000. 'The revolution that wasn't: a new interpretation of the origin of modern human behaviour.' *Journal of Human Evolution* 39: 453–563.

MacCormack, Carol P. and Marilyn Strathern (eds). 1980. *Nature, Culture, and Gender*. Cambridge: Cambridge University Press.

McGregor, Gaile. 1988. *The Noble Savage in the New World Garden: Notes Toward a Syntactics of Place*. Toronto: University of Toronto Press.

McIntosh, Roderick. 2005. *Ancient Middle Niger: Urbanism and the Self-Organizing Past*. Cambridge: Cambridge University Press.

McIntosh, Susan Keech. 2009. *Beyond Chiefdoms: Pathways to Complexity in Africa*. Cambridge: Cambridge University Press.

MacLachlan, Colin M. 1991. *Spain's Empire in the New World: The Role of Ideas in Institutional and Social Change*. Berkeley: University of California Press.

MacLeod, William C. 1928. 'Economic aspects of indigenous American slavery.' *American Anthropologist* 30 (4): 632–50.

——. 1929. 'The origin of servile labor groups.' *American Anthropologist* 31 (1): 89–113.

MacPherson, C. B. 1962. *The Political Theory of Possessive Individualism*. Oxford: Oxford University Press.

Madgwick, Richard et al. 2019. 'Multi- isotope analysis reveals that feasts in the Stonehenge environs and across Wessex drew people and animals from throughout Britain.' *Science Advances* 5 (3): eaau6078.

Maeda, Osamu et al. 2016. 'Narrowing the harvest: increasing sickle investment and the rise of domesticated cereal agriculture in the Fertile Crescent.' *Quaternary Science Reviews* 145: 226–37.

Maine, Henry Sumner. 1893 [1875]. *Lectures on the Early History of Institutions*. London: John Murray.

Malinowski, Bronisław. 1922. *Argonauts of the Western Pacific: An Account of Native Enterprise and Adventure in the Archipelagoes of Melanesian New Guinea*. London: Routledge.

Mann, Barbara Alice. 1997. 'The lynx in time: Haudenosaunee women's traditions and history.' *American Indian Quarterly* 21 (3): 423–50.

——. 1998. 'Haudenosaunee (Iroquois) women, legal and political status.' In Bruce Elliott Johansen (ed.), *The Encyclopedia of Native American Legal Tradition*. Westport, CT: Greenwood Press, pp. 112–31.

——. 2000. *Iroquoian Women: The Gantowisas*. New York: Peter Lang.

——. 2001. 'Are you delusional? Kandiaronk on Christianity.' In B. A. Mann (ed.), *Native American Speakers of the Eastern Woodlands: Selected Speeches and Critical Analysis*. Westport, CT: Greenwood Press, pp. 35–82.

Mann, Barbara A. and Jerry L. Fields. 1997. 'A sign in the sky: dating the League of the Haudenosaunee.' *American Indian Culture and Research Journal* 21 (2): 105–63.

Mann, Charles C. 2005. *1491: The Americas before Columbus*. London: Granta.

Mann, Michael. 1986. *The Sources of Social Power*, vol. 1: *A History of Power from the Beginning to ad 1760*. Cambridge: Cambridge University Press.

Manning, Joseph G. 2003. *Land and Power in Ptolemaic Egypt: The Structure of Land Tenure*. Cambridge: Cambridge University Press.

Manzanilla, Linda R. 1993. 'Daily life in Teotihuacan apartment compounds.' In Berrin and Pasztory (eds), pp. 90–99.

——. 1996. 'Corporate groups and domestic activities at Teotihuacan.' *Latin American Antiquity* 7 (3): 228–46.

——. 2015. 'Cooperation and tensions in multi-ethnic corporate societies using Teotihuacan, Central Mexico, as a case study.' *Proceedings of the National Academy of Sciences* 112 (30): 9210–15.

——. 2017. 'Discussion: the subsistence of the Teotihuacan metropolis.' *Archaeological and Anthropological Sciences* 9: 133–40.

Manzura, Igor. 2005. 'Steps to the steppe: or, how the North Pontic region was colonised.' *Oxford Journal of Archaeology* 24(4): 313–38.

Marchesi, Gianni. 2004. 'Who was buried in the royal tombs of Ur? The epigraphic and textual data.' *Orientalia* 73 (2): 153–97.

Marean, Curtis. W. 2014. 'The origins and significance of coastal resource use in Africa and Western Eurasia.' *Journal of Human Evolution* 77: 17–40.

Martin, Simon. 2001. 'The power in the west: the Maya and Teotihuacan.' In Grube et al. (eds), pp. 98–113.

——. 2020. *Ancient Maya Politics: A Political Anthropology of the Classic Period 150–900 CE*. Cambridge: Cambridge University Press.

Martin, Simon and Nikolai Grube. 2000. *Chronicle of the Maya Kings and Queens: Deciphering the Dynasties of the Ancient Maya*. London: Thames and Hudson.

Matar, Nabil. 2009. *Europe Through Arab Eyes, 1578–1727*. New York: Columbia

University Press.

Matsui, Akira and Masaaki Kanehara. 2006. 'The question of prehistoric plant husbandry during the Jomon period in Japan.' *World Archaeology* 38 (2): 259–73.

Matthews, Wendy. 2005. 'Micromorphological and microstratigraphic traces of uses and concepts of space.' In Ian Hodder (ed.), *Inhabiting Çatalhöyük: Reports from the 1995–1999 Seasons*. Cambridge: McDonald Institute for Archaeological Research, British Institute of Archaeology at Ankara, pp. 355–98.

Mauss, Marcel. 1968–9. *Oeuvres*, vols 1–3. Paris: Éditions de Minuit.

——. 2016 [1925]. *The Gift* (expanded edn, selected, annotated and transl. Jane I. Guyer). Chicago: HAU Books.

Mauss, Marcel and Henri Beuchat. 1979 [1904–5]. *Seasonal Variations of the Eskimo: A Study in Social Morphology*. London: Routledge.

Maybury-Lewis, David (ed.). 1979. *Dialectical Societies: The Gê and Bororo of Central Brazil*. Cambridge, MA: Harvard University Press.

Meek, Ronald. 1976. *Social Sciences and the Ignoble Savage*. Cambridge: Cambridge University Press.

Meillassoux, Claude (transl. Alide Dasnois). 1996. *The Anthropology of Slavery: The Womb of Iron and Gold*. Chicago: University of Chicago Press.

Mellaart, James. 1967. *Çatal Hüyük: A Neolithic Town in Anatolia*. London: Thames and Hudson.

Mellars, Paul et al. (eds). 2007. *Rethinking the Human Revolution: New Behavioural and Biological Perspectives on the Origin and Dispersal of Modern Humans*. Cambridge: McDonald Institute.

Meller, Harald and Michael Schefik. 2015. *Krieg: Eine Archäologische Spurensuche*. Halle (Saale): Landesmuseum für Vorgeschichte. Menotti, Francesco and Aleksey G. Korvin- Piotrovskiy (eds). 2012. *The Tripolye Culture. Giant-Settlements in Ukraine. Formation, Development and Decline*. Oxford: Oxbow Books.

Merrick, Jeffrey. 1991. 'Patriarchalism and constitutionalism in eighteenth-century parliamentary discourse.' *Studies in Eighteenth-Century Culture* 20: 317–30.

Meskell, Lynn, Carolyn Nakamura, Rachel King and Shahina Farid. 2008. 'Figured lifeworlds and depositional practices at Çatalhöyük.' *Cambridge Archaeological Journal* 18 (2): 139–61.

Mieroop, Marc Van De. 1989. 'Women in the economy of Sumer.' In B. S. Lesko (ed.), *Women's Earliest Records: Western Asia and Egypt*. Atlanta, GA: Scholars

Press, pp. 53–66.

——. 1997. *The Ancient Mesopotamian City*. Oxford: Oxford University Press.

——. 1999. 'The government of an ancient Mesopotamian city: what we know and why we know so little.' In K. Watanabe (ed.), *Priests and Officials in the Ancient Near East*. Heidelberg: Universitätsverlag C. Winter, pp. 139–61.

——. 2013. 'Democracy and the rule of law, the assembly, and the first law code.' In Crawford (ed.), pp. 277–89.

Migliano, Andrea et al. 2017. 'Characterization of hunter-gatherer networks and implications for cumulative culture.' *Nature Human Behaviour* 1 (2): 43.

Miller, Daniel. 1985. 'Ideology and the Harappan civilization.' *Journal of Anthropological Archaeology* 4: 34–71.

Miller, Heather. M. L. 2000. 'Reassessing the urban structure of Harappa: evidence from craft production distribution.' *South Asian Archaeology* (1997), pp. 207–47.

Miller, Joaquin. 1873. *Life Amongst the Modocs: Unwritten History*. London: Richard Bentley and Son.

Miller, Mary Ellen and Stephen D. Houston. 1987. 'The classic Maya ballgame and its architectural setting.' *RES* 14: 47–65.

Millon, René. 1964. 'The Teotihuacan mapping project.' *American Antiquity* 29 (3): 345–52.

——. 1970. 'Teotihuacan: completion of map of giant ancient city in the Valley of Mexico.' *Science* 170: 1077–82.

——. 1976. 'Social relations at ancient Teotihuacan.' In E. Wolf (ed.), *The Valley of Mexico: Studies in Pre-Hispanic Ecology and Society*. Albuquerque: University of New Mexico Press, pp. 205–48.

——. 1988. 'Where do they all come from? The provenance of the Wagner murals at Teotihuacan.' In Berrin (ed.), pp. 16–43.

——. 1993. 'The place where time began: an archaeologist's interpretation of what happened in Teotihuacan history.' In Berrin and Pasztory (eds), pp. 16–43.

Milner, George R. 1998. *The Cahokia Chiefdom: The Archaeology of a Mississippian Society*. Washington: Smithsonian Institution Press.

Milner, George R., George Chaplin and Emily Zavodny. 2013. 'Conflict and societal change in Late Prehistoric Eastern North America.' *Evolutionary Anthropology* 22(3): 96–102.

Mitchell, Donald. 1985. 'A demographic profile of Northwest Coast slavery.' In M.

Thompson, M. T. Garcia and F. J. Kense (eds), *Status, Structure and Stratification: Current Archaeological Reconstructions*. Calgary, Alberta: Archaeological Association of the University of Calgary, pp. 227–36.

Mithen, Steven. J. 2003. *After the Ice: A Global Human History 20,000–5000 bc*. London: Weidenfeld and Nicolson.

Mittnik, Alissa et al. 2016. 'A molecular approach to the sexing of the triple burial at the Upper Paleolithic site of Dolní Věstonice.' *PLoS ONE* 11 (10): e0163019.

Moore, Andrew M. T. and Gordon C. Hillman. 1992. 'The Pleistocene to Holocene transition and human economy in Southwest Asia: the impact of the Younger Dryas.' *American Antiquity* 57 (3): 482–94.

Moorey, P. R. S. 1964. 'The "Plano-Convex Building" at Kish and Early Mesopotamian
Palaces.' *Iraq* 26 (2): 83–98.

——. 1977. 'What do we know about the people buried in the royal cemetery?' *Expedition* 20 (1): 24–40.

Moreno García, Juan Carlos. 2014. 'Recent developments in the social and economic history of Ancient Egypt.' *Journal of Ancient Near Eastern History* 1 (2): 231–61.

Morgan, Lewis Henry. 1851. *League of the Ho-de-no-sau-nee, or Iroquois*. New York: Dodd, Mead and Co.

——. 1877. *Ancient Society, or Researches in the Lines of Human Progress, from Savagery through Barbarism to Civilization*. New York: Henry Holt and Co.

Morphy, Howard. 1991. *Ancestral Connections: Art and an Aboriginal System of Knowledge*. Chicago: University of Chicago Press.

Morris, Craig and Adriana von Hagen. 2011. *The Incas: Lords of the Four Quarters*. London: Thames and Hudson.

Morris, Ellen. 2007. 'Sacrifice for the state: First Dynasty royal funerals and the rites at Macramallah's triangle.' In Nicola Laneri (ed.), *Performing Death: Social Analysis of Funerary Traditions in the Ancient Near East and Mediterranean*. Chicago: Oriental Institute of Chicago, pp. 15–38.

——. 2014. '(Un)dying loyalty: meditations on retainer sacrifice in ancient Egypt and elsewhere.' In Campbell (ed.), pp. 61–93.

Morris, Ian. 2015. *Foragers, Farmers, and Fossil Fuels: How Human Values Evolve*. Princeton, NJ: Princeton University Press.

Moss, Madonna. 1993. 'Shellfish, gender, and status on the Northwest Coast:

reconciling archaeological, ethnographic, and ethnohistorical records of the Tlingit.' *American Anthropologist* 95 (3): 631–52.

Motolinía, Fr. Toribio de Benavente. 1914 [1541]. *Historia de los Indios de la Neuva España*. Barcelona: Herederos de Juan Gili.

Muhlberger, Steven and Phil Pain. 1996. 'Democracy's place in world history.' *Journal of World History* 4 (1): 23–45.

Müller, Johannes. 2016. 'Human structure, social space: what we can learn from Trypyllia.' In Müller et al. (eds), pp. 301–4.

Müller, Johannes et al. 2016. 'Chronology and demography: how many people lived in a mega-site.' In Müller et al. (eds), pp. 133–70.

Müller, Johannes, Knut Rassmann and Mykhailo Videiko (eds). 2016. *Trypillia Mega-Sites and European Prehistory, 4100–3400 BCE*. London and New York: Routledge.

Murdock, George P. 1937. 'Comparative data on the division of labour by sex.' *Social Forces* 15: 551–3.

Murdock, George P. and Caterina Provost. 1973. 'Factors in the division of labour by sex: a cross-cultural analysis.' *Ethnology* 12: 203–26.

Murra, John Victor. 1956. *The Economic Organization of the Inca State*. Chicago: Department of Anthropology. PhD dissertation, republished as The Economic Organization of the Inka State by JAI Press, Stamford, CT 1980).

——. 1982. 'The Mit'a obligations of ethnic groups to the Inka state.' In G. Collier, R. Rosaldo and J. Wirth (eds), *The Inca and Aztec States, 1400–1800*. New York: Academic Press, pp. 237–62.

Muthu, Sankar. 2003. *Enlightenment Against Empire*. Princeton, NJ: Princeton University Press.

Nabokov, Peter. 1996. 'Native views of history.' In Bruce G. Trigger and Wilcomb E. Washburn (eds), *The Cambridge History of the Native Peoples of the Americas*. Cambridge: Cambridge University Press, pp. 1–60.

Nash, June. 1978. 'The Aztecs and the ideology of male dominance.' *Signs* 4 (2): 349–62.

Nebbia, Marco et al. 2018. 'The making of Chalcolithic assembly places: Trypillia megasites as materialized consensus among equal strangers?' *World Archaeology* 50: 41–61.

Neitzel, Robert S. 1965. *Archaeology of the Fatherland Site: The Grand Village of the*

Natchez. New York: American Museum of Natural History.

——. 1972. *The Grand Village of the Natchez Revisited: Excavations at the Fatherland Site, Adams County, Mississippi*. New York: American Museum of Natural History.

Neumann, Hans et al. 2014. *Krieg und Frieden im Alten Vorderasien*. Münster: Ugarit-Verlag.

Nichols, Deborah L. 2016. 'Teotihuacan.' *Journal of Archaeological Research* 24: 1–74.

Nieboer, Herman J. 1900. *Slavery as an Industrial System: Ethnological Researches*. The Hague: Martinus Nijhoff.

Nilsson Stutz, L. 2010. 'A Baltic way of death? A tentative exploration of identity in Mesolithic cemetery practices.' In Å.M. Larsson and L. Papmehl-Dufay (eds), *Uniting Sea II; Stone Age Societies in the Baltic Sea Region*. Borgholm: Uppsala University.

Nisbet, Robert A. 1966. *The Sociological Tradition*. London: Heineman.

Nissen, Hans. 2002. 'Uruk: key site of the period and key site of the problem.' In N. Postgate (ed.), *Artefacts of Complexity: Tracking the Uruk in the Near East*. London: British School of Archaeology in Iraq, pp. 1–16.

Nissen, Hans, Peter Damerow and Robert Englund. 1993. *Archaic Bookkeeping: Early Writing and Techniques of Economic Administration in the Ancient Near East*. Chicago: University of Chicago Press.

Noble, William C. 1978. 'The Neutral Indians.' In William Englebrecht and Donald Grayson (eds), *Essays in Northeastern Anthropology in Memory of Marian E. White*. Occasional publication in Northeastern Anthropology 5. Department of Anthropology, Franklin Pierce College, Rindge, pp. 152–64.

——. 1985. 'Tsouharissen's chiefdom: an early historic 17th Century Neutral Iroquoian ranked society.' *Canadian Journal of Archaeology/Journal Canadien d'Archéologie* 9 (2): 131–46.

Noddings, Nel. 1984. *Caring: A Feminine Approach to Ethics and Moral Education*. Berkeley: University of California Press.

Notroff, Jens, Oliver Dietrich and Klaus Schmidt. 2016. 'Gathering of the dead? The early Neolithic sanctuaries at Göbekli Tepe, southeastern Turkey.' In Colin Renfrew, Michael J. Boyd and Iain Morley (eds), *Death Rituals, Social Order, and the Archaeology of Immortality in the Ancient World*. Cambridge: Cambridge University Press, pp. 65–81.

Nussbaum, Martha. 2011. *Creating Capabilities: The Human Development Approach*.

Cambridge, MA: Harvard University Press.

Nuttall, Zelia. 1921. 'Francisco Cervantes de Salazar. Biographical notes.' *Journal de la Société des Américanistes* 13 (1): 59–90.

O'Curry, Eugene. 1873. *On the Manners and Customs of the Ancient Irish*. London: Williams and Norgate.

O'Meara, Walter. 1968. *Daughters of the Country*. New York: Harcourt, Brace.

O'Shea, John and Marek Zvelebil. 1984. 'Oleneostrovski Mogilnik: reconstructing the social and economic organization of prehistoric foragers in Northern Russia.' *Journal of Anthropological Archaeology* 3: 1–40.

Oates, Joan et al. 2007. 'Early Mesopotamian urbanism: a new view from the north.' *Antiquity* 81 (313): 585–600.

Ohlrau, René et al. 2016. 'Living on the edge? Carrying capacities of Trypillian settlements in the Buh-Dnipro Interfluve.' In Müller et al. (eds), 2016, pp. 207–20.

Oppenheim, A. Leo. 1977. *Ancient Mesopotamia: Portrait of a Dead Civilization*. Chicago and London: University of Chicago Press.

Ostrom, Elinor. 1990. *Governing the Commons: The Evolution of Institutions for Collective Action*. Cambridge: Cambridge University Press.

Ott, Sandra. 1981. *The Circle of Mountains: A Basque Shepherding Community*. Oxford: Clarendon Press.

Ouellet, Réal. 1990. 'Jésuites et philosophes lecteurs de Lahontan.' *Saggi e ricerche di letteratura francese* 29: 119–64.

——. 1995. 'A la découverte de Lahontan.' *Dix-Huitième Siècle* 27: 323–33.

Owen, Linda R. 1994. 'Gender, crafts, and the reconstruction of tool use.' *Helinium* 34: 186–200.

——. 1996. 'Der Gebrauch von Pflanzen in Jungpaläolithikum Mitteleuropas.' *Ethnographisch-Archäologische Zeitschrift* 37: 119–46.

Özbek Metin. 1988. 'Culte des cranes humains a Çayönü.' *Anatolica* 15: 127–37.

——. 1992. 'The human remains at Çayönü' *American Journal of Archaeology* 96 (2): 374.

Özkaya, Vecihi and Aytaç Coşkun. 2009. 'Körtik Tepe, a new Pre-Pottery Neolithic A site in south-eastern Anatolia.' *Antiquity* 83 (320).

Pagden, Anthony. 1982. *The Fall of Natural Man: The American Indian and the Origins of Comparative Ethnology*. Cambridge: Cambridge University Press.

——. 1983. 'The savage critic: some European images of the primitive.' *The Yearbook of English Studies* 13 (Colonial and Imperial Themes special number): 32–45.

——. 1993. *European Encounters with the New World: From Renaissance to Romanticism.* New Haven, CT and London: Yale University Press.

Parker, Arthur C. 1912. *The Code of Handsome Lake, the Seneca Prophet.* New York State Museum Bulletin 163, Education Department Bulletin 530. Albany: University of the State of New York.

——. 1916. *The Constitution of the Five Nations, or the Iroquois Book of the Great Law.* New York State Museum Bulletin 184. Albany: University of the State of New York.

——. 1919. *The Life of General Ely S. Parker, Last Grand Sachem of the Iroquois and General Grant's Military Secretary.* Buffalo Historical Society Publications 23. Buffalo, NY: Buffalo Historical Society.

Parker Pearson, Mike (and the Stonehenge Riverside Project). 2012. *Stonehenge: Exploring the Greatest Stone Age Mystery.* London: Simon and Schuster.

Pärssinen, Martti et al. 2009. 'Pre-Columbian geometric earthworks in the upper Purús: a complex society in western Amazonia.' *Antiquity* 83: 1084–95.

Pascoe, Bruce. 2014. *Dark Emu: Aboriginal Australia and the Birth of Agriculture.* London: Scribe.

Pasztory, Esther. 1988. 'A reinterpretation of Teotihuacan and its mural painting tradition.' In Berrin (ed.), pp. 45–77.

——. 1992. 'Abstraction and the rise of a utopian state at Teotihuacan.' In J. C. Berlo (ed.), *Art, Ideology, and the City of Teotihuacan.* Washington: Dumbarton Oaks Research Library and Collection, pp. 281–320.

——. 1997. *Teotihuacan. An Experiment in Living.* Norman: University of Oklahoma Press.

Patterson, Orlando. 1982. *Slavery and Social Death: A Comparative Study.* Cambridge, MA: Harvard University Press.

Pauketat, Timothy R. 1994. *The Ascent of Chiefs: Cahokia and Mississippian Politics in Native North America.* Tuscaloosa: University of Alabama Press.

——. 2004. *Ancient Cahokia and the Mississippians.* Cambridge: Cambridge University Press.

——. 2007. *Chiefdoms and Other Archaeological Delusions.* Lanham, MD: AltaMira Press.

——. 2009. *Cahokia: Ancient America's Great City on the Mississippi.* Penguin Library of American Indian History. New York: Viking.

——. 2013. *An Archaeology of the Cosmos: Rethinking Agency and Religion in Ancient Times.* London: Routledge.

Pauketat, Timothy R. and Thomas E. Emerson (eds). 1997. *Cahokia: Domination and Ideology in the Mississippian World.* Lincoln: University of Nebraska Press.

Pauketat, Timothy R., Susan M. Alt and Jeffery D. Kruchten. 2015. 'City of earth and wood: New Cahokia and its material-historical implications.' In Norman Yoffee (ed.), *The Cambridge World History.* Cambridge: Cambridge University Press, pp. 437–54.

Paulinyi, Zoltán. 1981. 'Capitals in pre-Aztec Central Mexico.' *Acta Orientalia Academiae Scientiarum Hungaricae* 35 (2/3): 315–50.

Pearson, Jessica et al. 2013. 'Food and social complexity at Çayönü Tepesi, southeastern Anatolia: stable isotope evidence of differentiation in diet according to burial practice and sex in the early Neolithic.' *Journal of Anthropological Archaeology* 32 (2): 180–89.

Pennington, B. et al. 2016. 'Emergence of civilization, changes in fluvio-deltaic style and nutrient redistribution forced by Holocene seal-level rise.' *Geoarchaeology* 31: 194–210.

Peters, Joris et al. 2017. 'The emergence of livestock husbandry in Early Neolithic Anatolia.' In U. Albarella et al. (eds), *The Oxford Handbook of Zooarchaeology.* Oxford: Oxford University Press, pp. 247–65.

Peterson, Jane. 2016. 'Woman's share in Neolithic society: a view from the Southern Levant.' *Near Eastern Archaeology* 79 (3): 132–9.

Pettitt, Paul. 2011. *The Palaeolithic Origins of Human Burial.* London: Routledge.

Pfaffenberger, Bryan. 1988. 'Fetishised objects and humanised nature: towards an anthropology of technology.' *Man* (N.S.) 23 (2): 236–52.

Piccaluga, Giulia. 1977. 'Adonis, i cacciatori falliti e l'avvento dell'agricoltura.' In Bruno Gentili and Giuseppe Paioni (eds), *Il mito greco.* Rome: Edizioni dell'Ateneo, Bizzarri, pp. 33–48.

Pilling, Arnold R. 1989. 'Yurok Aristocracy and "Great Houses".' *American Indian Quarterly* 13 (4): 421–36.

Pinette, Susan. 2006. 'The importance of the literary: Lahontan's dialogues and primitivist thought.' *Prose Studies* 28 (1): 41–53.

Pinker, Steven. 2012. *The Better Angels of Our Nature: A History of Violence and Humanity*. London: Penguin.

——. 2018. *Enlightenment Now: The Case for Science, Reason, Humanism and Progress*. London: Allen Lane.

Piperno, Dolores R. 2011. 'The origins of plant cultivation and domestication in the new world tropics: patterns, process, and new developments.' *Current Anthropology* 52 (4): 453–70.

Plunket, Patricia and Gabriela Urunuela. 2005. 'Recent research in Puebla prehistory.' *Journal of Archaeological Research* 13 (2): 89–127.

——. 2006. 'Social and cultural consequences of a late Holocene eruption of Popocatépetl in central Mexico.' *Quarternary International* 151 (1): 19–28.

Pomeau, René. 1967. *Voyages et lumières dans la littérature française du XVIIIe siècle*. SVEC LVII 22: 1269–89.

Pool, Christopher A. 2007. *Olmec Archaeology and Early Mesoamerica*. Cambridge: Cambridge University Press.

Possehl, G. L. 1996. *Indus Age: The Writing System*. Philadelphia: University of Pennsylvania Press.

——. 2002. *The Indus Civilization: A Contemporary Perspective*. Walnut Creek, CA: AltaMira Press.

Postgate, Nicholas. 1992. *Early Mesopotamia: Society and Economy at the Dawn of History*. London: Routledge.

Pournelle, Jennifer. 2003. *Marshland of Cities: Deltaic Landscapes and the Evolution of Mesopotamian Civilization*. San Diego: University of California.

Powell, Adam, Shennan Stephen and Mark G. Thomas. 2009. 'Late Pleistocene demography and the appearance of modern human behaviour.' *Science* 324: 1298–301.

Powell, Marvin A (ed.). 1987. *Labor in the Ancient Near East*. New Haven, CT: American Oriental Society.

Powers, Stephen. 1877. *Tribes of California*. Washington: Government Printing Office.

Prendergast, Amy L., Alexander J. E. Pryor, Hazel Reade and Rhiannon E. Stevens. 2018. 'Seasonal records of palaeoenvironmental change and resource use from archaeological assemblages.' *Journal of Archaeological Science*: Reports 21.

Preziosi, Donald and Louise A. Hitchcock. 1999. *Aegean Art and Architecture*.

Oxford: Oxford University Press.

Provinse, John. 1937. 'Plains Indian culture.' In Fred Eggan (ed.), *Social Anthropology of North American Tribes*. Chicago: University of Chicago Press.

Pryor, Alexander J. E. et al. 2020. 'The chronology and function of a new circular mammoth-bone structure at Kostenki 11.' *Antiquity* 94 (374): 323–41.

Quilter, Jeffrey. 2002. 'Moche politics, religion, and warfare.' *Journal of World Prehistory* 16 (2): 145–95.

Ranere, Anthony J. et al. 2009. 'The cultural and chronological context of early Holocene maize and squash domestication in the Central Balsas River Valley, Mexico.' *Proceedings of the National Academy of Sciences* 106 (13): 5014.

Ratnagar, Shereen. 2004. *Trading Encounters: From the Euphrates to the Indus in the Bronze Age*. New Delhi: Oxford University Press.

——. 2016. *Harappan Archaeology: Early State Perspectives*. Delhi: Primus Books.

Redding, Richard W. 1998. 'Ancestoral pigs: a New (Guinea) model for pig domestication in the Middle East.' *MASCA Research Papers in Science and Archaeology* 15: 65–76.

Rehak, Paul. 2002. 'Imag(in)ing a women's world in Bronze Age Greece.' In Nancy Sorkin Rabinowitz and Lisa Auanger (eds), *Among Women from the Homosocial to the Homoerotic in the Ancient World*. Austin: University of Texas Press, pp. 34–59.

Reich, David, Richard E. Green et al. 2010. 'Genetic history of an archaic hominin group from Denisova Cave in Siberia.' *Nature* 468 (7327): 1053.

Renfrew, Colin. 1972. *The Emergence of Civilization: The Cyclades and the Aegean in the Third Millennium BC*. London: Methuen.

——. 1987. *Archaeology and Language: The Puzzle of Indo-European Origins*. Cambridge: Cambridge University Press.

——. 2007. *Prehistory: The Making of the Human Mind*. London: Weidenfeld and Nicolson.

Renfrew, Colin and Bin Liu. 2018. 'The emergence of complex society in China: the case of Liangzhu.' *Antiquity* 92 (364): 975–90.

Renger, Johannes M. 1995. 'Institutional, communal, and individual ownership or possession of arable land in ancient Mesopotamia from the end of the fourth to the end of the first millennium BC.' *Chicago-Kent Law Review* 71 (1): 269–319.

Reynolds, Natasha and Felix Riede. 2019. 'House of cards: cultural taxonomy and the study of the European Upper Palaeolithic.' *Antiquity* 371: 1350–58.

Richardson, Seth. 2012. 'Early Mesopotamia: the presumptive state.' *Past and Present* 215: 3–49.

Richerson, Peter J. and Robert Boyd. 2001. 'Institutional evolution in the Holocene: the rise of complex societies.' *Proceedings of the British Academy* 110: 197–234.

Richerson, Peter J., Robert Boyd and Robert L. Bettinger. 2001. 'Was agriculture impossible during the Pleistocene but mandatory during the Holocene? A climate change hypothesis.' *American Antiquity* 66 (3): 387–411.

Richter, Daniel K. 1972. 'Lahontan dans l'Encyclopédie et ses suites.' In Jacques Proust (ed.), *Recherches nouvelles sur quelques écrivains des Lumières*. Geneva: Librairie Droz, pp. 163–200.

——. 1992. *The Ordeal of the Longhouse: The Peoples of the Iroquois League in the Era of European Colonization*. Chapel Hill: University of North Carolina Press.

Rick, John W. 2017. 'The nature of ritual space at Chavín de Huántar.' In Silvana Rosenfeld and Stefanie L. Bautista (eds), *Rituals of the Past: Prehispanic and Colonial Case Studies in Andean Archaeology*. Boulder: University Press of Colorado, pp. 21–50.

Ringle, William A. 2004. 'On the political organization of Chichen Itza.' *Ancient Mesoamerica* 15: 167–218.

Rissman, Paul. 1988. 'Public displays and private values: a guide to buried wealth in Harappan archaeology.' *World Archaeology* 20: 209–28.

Ritchie, Morgan, Dana Lepofsky et al. 2016. 'Beyond culture history: Coast Salish settlement patterning and demography in the Fraser Valley, BC.' *Journal of Anthropological Archaeology* 43: 140–54.

Rodrigues, Teresa. 2005. 'Gender and social differentiation within the Turner Population, Ohio, as evidenced by activity-induced musculoskeletal stress markers.' In Carr and Case (eds), pp. 405–27.

Roebroeks, Wil et al. 2000. *Hunters of the Golden Age: The Mid-Upper Palaeolithic of Eurasia 30,000–20,00 BP*. Leiden: University of Leiden Press.

Rollings, Willard H. 1992. *The Osage: An Ethnohistorical Study of Hegemony on the Prairie-Plains*. Columbia: University of Missouri Press.

Roosevelt, Anna. 2013. 'The Amazon and the Anthropocene: 13,000 years of human influence in a tropical rainforest.' *Anthropocene* 4: 69–87.

Rosenwig, Robert M. 2010. *The Beginnings of Mesoamerican Civilization: Inter-Regional Interaction and the Olmec*. Cambridge: Cambridge University Press.

——. 2017. 'Olmec globalization: a Mesoamerican archipelago of complexity.' In Tamar Hodos (ed.), *The Routledge Handbook of Archaeology and Globalization*. London: Routledge, pp. 177–93.

Roth, Anne Macy. 1991. *Egyptian Phyles in the Old Kingdom: The Evolution of a System of Social Organization*. Chicago: Oriental Institute.

——. 2002. 'The meaning of menial labour: "servant statues" in Old Kingdom serdabs.' *Journal of the American Research Center in Egypt* 39: 103–21.

Rousseau, Jean-Jacques (transl. Maurice Cranston). 1984 [1754]. *A Discourse on Inequality*. London: Penguin.

Rowe, John. 1982. 'Inca policies and institutions relating to cultural unification of the Empire.' In G. A. Collier, R. I. Rosaldo and J. D. Wirth (eds), *The Inca and Aztec States, 1400–1800*. New York: Academic, pp. 93–117.

Rowley-Conwy, Peter. 2001. 'Time, change, and the archaeology of hunter-gatherers: how original is the "Original Affluent Society"?' In P. R. Rowley-Conwy, R. Layton and C. Panter- Brick (eds), *Hunter-Gatherers: An Interdisciplinary Perspective*. Cambridge: Cambridge University Press, pp. 39–72.

Sablin, Mikhail, Natasha Reynolds et al. (in preparation). 'The Epigravettian site of Yudinovo, Russia: mammoth bone structures as ritualized middens.'

Sagard, Gabriel. 1939 [1632]. *Le Grand Voyage du Pays des Hurons*. Paris: Denys Moreau.

Sahlins, Marshall. 1968. 'Notes on the Original Affluent Society.' In Lee and DeVore (eds), pp. 85–9.

——. 1985. *Islands of History*. Chicago: Chicago University Press.

——. 1996. 'The sadness of sweetness: the native anthropology of western cosmology.' *Current Anthropology* 37 (3): 395–428.

——. 1999. 'Two or three things I know about culture.' *Journal of the Royal Anthropological Institute* 5 (3): 399–421.

——. 2004. *Apologies to Thucydides*. Chicago: University of Chicago Press.

——. 2008. 'The stranger-king, or, elementary forms of political life.' *Indonesia and the Malay World* 36 (105): 177–99.

——. 2017 [1972]. *Stone Age Economics*. Abingdon and New York: Routledge.

——. 2017. 'The stranger-kingship of the Mexica.' In Graeber and Sahlins, pp. 223–48.

Sahlins, Marshall D. and Elman R. Service. 1960. *Evolution and Culture*. Ann Arbor:

University of Michigan Press.

Saller, Richard P. 1984. '*Familia, domus*, and the Roman conception of the family.' *Phoenix* 38 (4): 336–55.

Salomon, Frank. 2004. *The Cord Keepers. Khipus and Cultural Life in a Peruvian Village*. Durham, NC and London: Duke University Press.

Sanday, Peggy R. 1981. *Female Power and Male Dominance: On the Origins of Sexual Inequality*. Cambridge: Cambridge University Press.

——. 2002. *Women at the Center: Life in a Modern Matriarchy*. Ithaca, NY: Cornell University Press.

Santana, Jonathan et al. 2012. 'Crania with mutilated facial skeletons: a new ritual treatment in an early Pre-Pottery Neolithic B cranial cache at Tell Qarassa North (South Syria).' *American Journal of Physical Anthropology* 149: 205–16.

Santos-Granero, Fernando. 2009. *Vital Enemies: Slavery, Predation, and the Amerindian Political Economy of Life*. Austin: University of Texas Press.

Sassaman, Kenneth E. 2005. 'Poverty Point as structure, event, process.' *Journal of Archaeological Method and Theory* 12 (4): 335–64.

——. (ed.). 2008. 'The New Archaic.' *The Society for American Archaeology: Archaeological Record* 8 (5), Special Issue.

——. 2010. *The Eastern Archaic, Historicized*. Lanham, MD: AltaMira Press.

Sassaman, Kenneth E. and Michael J. Heckenberger. 2004. 'Roots of the theocratic Formative in the Archaic Southeast.' In G. Crothers (ed.), *Hunter-Gatherers in Theory and Archaeology*. Carbondale: Center for Archaeological Investigations, Southern Illinois University Press, pp. 423–44.

Sayre, Gordon M. 1997. *Les Sauvages Américains: Representations of Native Americans in French and English Colonial Literature*. Chapel Hill: University of North Carolina Press.

Scarry, Elaine. 1985. *The Body in Pain: The Making and Unmaking of the World*. Oxford: Oxford University Press.

Scerri, Eleanor M. L. 2017. 'The North African Middle Stone Age and its place in recent human evolution.' *Evolutionary Anthropology* 26 (3): 119–35.

Scerri, Eleanor M. L., Mark G. Thomas et al. 2018. 'Did our species evolve in subdivided populations across Africa, and why does it matter?' *Trends in Ecology & Evolution* 33 (8): 582–94.

Scheffler, Thomas. 2003. ' "Fertile Crescent", "Orient", "Middle East": the changing mental maps of Southwest Asia.' *European Review of History* 10 (2): 253–72.

Scheidel, Walter. 2017. *The Great Leveller: Violence and the History of Inequality from the Stone Age to the Twenty-First Century*. Princeton, NJ: Princeton University Press.

Schirmer, Wulf. 1990. 'Some aspects of building at the "aceramic- neolithic" settlement of Çayönü Tepesi.' *World Archaeology* 21 (3): 363–87.

Schlanger, Nathan. 2006. *Marcel Mauss: Techniques, Technology, and Civilisation*. New York and Oxford: Durkheim Press/Berghahn Books.

Schmandt-Besserat, Denise. 1992. *Before Writing*. Austin: University of Texas Press.

Schmidt, Isabell and Andreas Zimmermann. 2019. 'Population dynamics and socio-spatial organization of the Aurignacian: scalable quantitative demographic data for western and central Europe.' *PLoS ONE* 14 (2): e0211562.

Schmidt, Klaus. 1998. 'Frühneolithische Silexdolche.' In Güven Arsebük et al. (eds), *Light on Top of the Black Hill. Studies Presented to Halet Çambel*. Istanbul: Yeni, pp. 681–92.

——. 2006. *Sie bauten die ersten Tempel. Das rätselhafte Heiligtum der Steinzeitjäger*. Munich: C. H. Beck.

Schmidt, Morgan J. et al. 2014. 'Dark earths and the human built landscape in Amazonia: a widespread pattern of anthrosol formation.' *Journal of Archaeological Science* 42: 152–65.

Schnapp, Alain. 1996. *The Discovery of the Past: The Origins of Archaeology*. London: British Museum Press.

Schneider, Thomas. 2008. 'Periodizing Egyptian history: Manetho, convention, and beyond.' In Klaus-Peter Adam (ed.), *Historiographie in der Antike*. Berlin and New York: De Gruyter, pp. 183–97.

Schoep, Ilse. 2008. 'Building the labyrinth: Arthur Evans and the construction of Minoan civlisation.' *American Journal of Archaeology* 122 (1): 5–32.

Schor, Juliet B. 1991. *The Overworked American: The Unexpected Decline of Leisure*. New York: Basic Books.

Schrakamp, I. 2010. *Krieger und Waffen im frühen Mesopotamien. Organisation und Bewaffnung des Militärs in frühdynastischer und sargonischer Zeit*. Marburg: Philipps-Universität.

Schulting, Rick J. 2006. 'Antlers, bone pins and flint blades: the Mesolithic cemeteries of Téviec and Hoëdic, Brittany.' *Antiquity* 70 (268): 335–50.

Schulting, Rick J. and Michael P. Richards. 2001. 'Dating women and becoming farmers: new palaeodietary and AMS dating evidence from the Breton Mesolithic cemeteries of Téviec and Hoëdic.' *Journal of Anthropological Archaeology* 20: 314–44.

Schulting, Rick J. and Linda Fibiger (eds). 2012. *Sticks, Stones, and Broken Bones: Neolithic Violence in a European Perspective*. Oxford: Oxford University Press.

Schultz, James W. 1935. *My Life as an Indian*. Boston: Houghton Mifflin Company.

Scott, James C. 1990. *Domination and the Arts of Resistance*. New Haven, CT and London: Yale University Press.

——. 2009. *The Art of Not Being Governed: An Anarchist History of Upland Southeast Asia*. New Haven, CT and London: Yale University Press.

——. 2017. *Against the Grain: A Deep History of the Earliest States*. New Haven, CT and London: Yale University Press.

Seeman, Mark F. 1979. 'Feasting with the dead: Ohio Hopewell charnel house ritual as a context for redistribution.' In David S. Brose and N'omi B. Greber (eds), *Hopewell Archaeology: The Chillicothe Conference*. Kent, Ohio: Kent State University Press, pp. 39–46.

——. 1988. 'Ohio Hopewell trophy-skull artifacts as evidence for competition in Middle Woodland societies circa 50 B.C.–A.D. 350.' *American Antiquity* 53 (3): 565–77.

——. 2004. 'Hopewell art in Hopewell places.' In Richard F. Townsend and Robert V. Sharp (eds), *Hero, Hawk, and Open Hand: American Indian Art of the Ancient Midwest and South*. New Haven, CT and London: Yale University Press, pp. 57–71.

Seidlmayer, Stephan J. 2000. 'The First Intermediate Period (c. 2160–2055 BC).' in I. Shaw (ed.), pp. 118–47.

Seligman, Adam B., Robert P. Weller, Michael J. Puett and Bennett Simon. 2008. *Ritual and its Consequences: An Essay on the Limits of Sincerity*. Oxford: Oxford University Press.

Sen, Amartya. 2001. *Development as Freedom*. Oxford: Oxford University Press.

Servet, Jean-Michel. 1981. 'Primitive order and archaic trade. Part I.' *Economy and Society* 10 (4): 423–50.

——. 1982. 'Primitive order and archaic trade. Part II.' *Economy and Society* 11 (1): 22–59.

Severi, Carlo (transl. Janet Lloyd, Foreword by David Graeber). 2015. *The Chimera Principle: An Anthropology of Memory and Imagination*. Chicago: HAU Books.

Shady Solis, Ruth, Jonathan Haas and Winifred Creamer. 2001. 'Dating Caral, a Preceramic site in the Supe Valley on the central coast of Peru.' *Science* 292 (5517): 723–6.

Sharan, M. K. 1983. 'Origin of republics in India with special reference to the Yaudheya tribe.' In B. N. Mukherjee et al. (eds), *Sri Dinesacandrika–Studies in Indology*. Delhi: Sundeep Prakashan, pp. 241–52.

Sharer, Robert J. 2003. 'Founding events and Teotihuacan connections at Copán, Honduras.' In Braswell (ed.), pp. 143–65.

Sharma, J. P. 1968. *Republics in Ancient India, 1500 B.C. to 500 B.C.* Leiden: Brill.

Shaughnessy, Edward. L. 1989. 'Historical geography and the extent of the earliest Chinese kingdom.' *Asia Minor* (2) 2: 1–22.

——. 1999. 'Western Zhou history.' In Loewe and Shaughnessy (eds), pp. 288–351.

Shaw, Ian (ed.). 2000. *The Oxford History of Ancient Egypt*. Oxford: Oxford University Press.

Shennan, Stephen. 2009. 'Evolutionary demography and the population history of the European Early Neolithic.' *Human Biology* 81: 339–55.

——. 2018. *The First Farmers of Europe: An Evolutionary Perspective*. Cambridge: Cambridge University Press.

Shennan, Stephen and Kevan Edinborough. 2006. 'Prehistoric population history: from the Late Glacial to the Late Neolithic in Central and Northern Europe.' *Journal of Archaeological Science* 34: 1339–45.

Shennan, Stephen et al. 2013. 'Regional population collapse followed initial agriculture booms in mid-Holocene Europe.' Nature 4: 1–8.

Sheppard, Peter J. 2011. 'Lapita colonization across the Near/Remote Oceania boundary.' *Current Anthropology* 52 (6): 799–840.

Sherratt, Andrew. 1980. 'Water, soil and seasonality in early cereal cultivation.' *World Archaeology* 11: 313–30.

——. 1995. 'Reviving the grand narrative: archaeology and long-term change.' *Journal of European Archaeology* 3 (1): 1–32.

——. 1997. *Economy and Society in Prehistoric Europe. Changing Perspectives*. Edinburgh: Edinburgh University Press.

——. 1999. 'Cash crops before cash: organic consumables and trade.' In Chris

Gosden and John G. Hather (eds), *The Prehistory of Food: Appetites for Change*. London: Routledge, pp. 13–34.

——. 2004. 'Fractal farmers: patterns of Neolithic origins and dispersal.' In C. Scarre et al. (eds), *Explaining Social Change: Studies in Honour of Colin Renfrew*. Cambridge: McDonald Institute, pp. 53–63.

——. 2007. 'Diverse origins: regional contributions to the genesis of farming.' In Colledge and Conolly (eds), pp. 1–20.

Sherratt, Susan. 2000. *Arthur Evans, Knossos, and the Priest-King*. Oxford: Ashmolean Museum.

——. 2001. 'Potemkin palaces and route-based economies.' In Voutsaki and Killen (eds), pp. 214–38.

Sherwood, Sarah C. and Tristam R. Kidder. 2011. 'The DaVincis of dirt: geoarchaeological perspectives on Native American mound building in the Mississippi River basin.' *Journal of Anthropological Archaeology* 30: 69–87.

Shimony, Annemarie. 1961. *Conservatism Among the Six Nations Iroquois Reservation*. Yale University Publications in Anthropology 65. New Haven, CT and London: Yale University Press.

——. 1970. 'Iroquois witchcraft at Six Nations.' In Deward E. Walker, Jr (ed.), *Systems of Witchcraft and Sorcery*. Moscow, ID: Anthropological Monographs of the University of Idaho, pp. 239–65.

Shipton, Ceri et al. 2018. '78,000-year-old record of Middle and Later Stone Age innovation in an East African tropical forest.' *Nature Communications* 9: 1832.

Shklar, Judith. 1964. 'Rousseau's images of authority.' *The American Political Science Review* 58 (4): 919–32.

Shumilovskikh, Lyudmila S., Elena Novenko and Thomas Giesecke. 2017. 'Long-term dynamics of the East European forest-steppe ecotone.' *Journal of Vegetation Science* 29 (3): 416–26.

Sikora, Martin et al. 2017. 'Ancient genomes show social and reproductive behavior of early Upper Paleolithic foragers.' *Science* 358 (6363): 659–62.

Silver, Morris. 2015. 'Reinstating classical Athens: the production of public order in an ancient community.' *Journal on European History of Law* 1: 3–17.

Silverblatt, Irene. 1987. *Moon, Sun and Witches: Gender Ideologies and Class in Inca and Colonial Peru*. Princeton, NJ: Princeton University Press.

Silverman, Eric K. 2001. *Masculinity, Motherhood, and Mockery: Psychoanalyzing*

Culture and the Iatmul Naven Rite in New Guinea. Ann Arbor: University of Michigan Press.

Simonse, Simon. 1992. *Kings of Disaster: Dualism, Centralism, and the Scapegoat-king in Southeastern Sudan.* Leiden: Brill.

——. 2005. 'Tragedy, ritual and power in Nilotic regicide: the regicidal dramas of the Eastern Nilotes of Sudan in contemporary perspective.' In D. Quigley (ed.), *The Character of Kingship.* Oxford: Berg, pp. 67–100.

Sioui, Georges. 1972. 'A la réflexion des Blancs d'Amérique du Nord et autres étrangers.' *Recherches amérindiennes au Quebec* 2 (4–5): 65–8.

——. 1992. *For an Amerindian Autohistory: An Essay on the Foundations of a Social Ethic.* Montreal: McGill-Queen's University Press.

——. 1999. *Huron-Wendat. The Heritage of the Circle.* Vancouver: British Columbia University Press.

Sipilä, Joonäs and Antti Lahelma. 2006. 'War as a paradigmatic phenomenon: endemic violence and the Finnish Subneolithic.' In T. Pollard and I. Banks (eds), *Studies in the Archaeology of Conflict.* Leiden: Brill, pp. 189–209.

Skoglund, Pontus et al. 2016. 'Genomic insights into the peopling of the Southwest Pacific.' *Nature* 538 (7626): 510–13.

Skousen, B. Jacob. 2016. 'Pilgrimage and the Construction of Cahokia: A View from the Emerald Site'. Doctoral dissertation, University of Illinois at Urbana-Champaign.

Slon, Viviane et al. 2014. 'The plastered skulls from the Pre-Pottery Neolithic B Site of Yiftahel (Israel)–a computed tomography-cased analysis.' *PLoS ONE* 9 (2): e89242.

Smith, Bruce D. 1992. 'Mississippian elites and solar alignments: a reflection of managerial necessity, or levers of social inequality?' In A. W. Barker and T. R. Pauketat (eds), *Lords of the Southeast: Social Inequality and the Native Elites of Southeastern North America.* Washington: Archaeological Papers of the American Anthropological Association, pp 11–30.

——. 2001. 'Low- level food production.' *Journal of Archaeological Research* 9 (1): 1–43.

Smith, De Cost. 1888. 'Witchcraft and demonism of the modern Iroquois.' *The Journal of American Folklore* 1 (3): 184–94.

Smith, Michael E. 1984. 'The Aztlan migrations of the Nahuatl chronicles: myth or history?' *Ethnohistory* 31 (3): 153–86.

——. 2012. *The Aztecs* (3rd edn). Oxford: Wiley-Blackwell.

——. 2015. 'Neighborhood formation in semi-urban settlements.' *Journal of Urbanism* 8 (2): 173–98.

——. 2019. 'Energized crowding and the generative role of settlement aggregation and urbanization.' In Attila Gyucha (ed.), *Coming Together: Comparative Approaches to Population Aggregation and Early Urbanization*. New York: SUNY Press, pp. 37–58.

Smith, Michael. E. et al. 2017. 'The Teotihuacan anomaly: the historical trajectory of urban design in ancient Central Mexico.' *Open Archaeology* 3: 175–93.

——. 2019. 'Apartment compounds, households, and population in the ancient city of Teotihuacan, Mexico.' *Ancient Mesoamerica* 1–20. doi:10.1017/S0956536118000573.

Snow, Dean. 1991. 'Dating the emergence of the League of the Iroquois: a reconsideration of the documentary evidence.' In Nancy-Anne McClure Zeller (ed.), *A Beautiful and Fruitful Place: Selected Rensselaerswijck Seminar Papers*. Albany, NY: New Netherland Publishing, pp. 139–43.

Soffer, Olga. 1985. *The Upper Palaeolithic of the Central Russian Plain*. London: Academic Press.

Soffer, Olga, James M. Adovasio and David C. Hyland. 2000. 'Textiles, basketry, gender and status in the Upper Paleolithic.' *Current Anthropology* 41 (4): 511–37.

Soustelle, Jacques. 1962. *The Daily Life of the Aztecs on the Eve of the Spanish Conquest*. New York: Macmillan.

Sperber, Dan. 2005. *Explaining Culture: A Naturalistic Approach*. Oxford: Blackwell.

Spier, Leslie. 1930. *Klamath Ethnography*. Berkeley: University of California Press.

Spott, Robert and Alfred L. Kroeber. 1942. 'Yurok narratives.' *University of California Publications in American Archaeology and Ethnology* 35 (9): 143–256.

Spretnak, Charlene. 2011. 'Anatomy of a backlash: concerning the work of Marija Gimbutas.' *Journal of Archaeomythology* 7: 25–51.

Spriggs, Matthew. 1995. 'The Lapita culture and Austronesian prehistory in Oceania.' In Peter Bellwood et al. (eds), *The Austronesians: Historical and Comparative Perspectives*. Canberra: ANU Press, pp. 112–33.

——. 1997. *The Island Melanesians*. Oxford: Blackwell.

Starna, William A. 2008. 'Retrospecting the origins of the League of the Iroquois.' *Proceedings of the American Philosophical Society* 152 (3): 279–321.

Steckley, John. 1981 'Kandiaronk: a man called Rat.' In J. Steckley, *Untold Tales: Four Seventeenth-Century Hurons*. Toronto: Associated Heritage Publishing, pp. 41–52.

——. 2014. *The Eighteenth-Century Wyandot: A Clan-Based Study*. Waterloo, Ontario: Wilfrid Laurier University Press.

Steinke, Kyle and Dora C. Y. Ching (eds). 2014. *Art and Archaeology of the Erligang Civilization*. Princeton, NJ: Princeton University Press.

Steinkeller, Piotr. 2015. 'The employment of labour on national building projects in the Ur III period.' In Steinkeller and Hudson (eds), pp. 137–236.

Steinkeller, Piotr and Michael Hudson (eds). 2015. *Labor in the Ancient World*. Dresden: ISLET-Verlag.

Stern, Jessica Yirush. 2017. *The Lives in Objects: Native Americans, British Colonists, and Cultures of Labor and Exchange in the Southeast*. Chapel Hill: University of North Carolina Press.

Stevens, Chris and Dorian Q. Fuller. 2012. 'Did Neolithic farming fail? The case for a Bronze Age agricultural revolution in the British Isles.' *Antiquity* 86 (333): 707–22.

Stone, Elizabeth C. and Paul Zimansky. 1995. 'The tapestry of power in a Mesopotamian city.' *Scientific American* 272 (4): 118–23.

Stordeur, Danielle. 2000. 'Jerf el Ahmar et l'émergence du Néolithique au Proche-Orient.' In Jean Guilaine (ed.), *Premiers paysans du monde: Naissances des agricultures, Séminaire du Collège de France*. Paris: Errance, pp. 33–60.

Straus, Lawrence G. 1977. 'The Upper Palaeolithic cave site of Altamira (Santander, Spain).' *Quaternaria* 19: 135–48.

Straus, Lawrence. G. et al. (eds). 1990. *Humans at the End of the Ice Age: The Archaeology of the Pleistocene-Holocene Transition*. New York and London: Plenum Press.

Strehlow, T. G. H. 1947. *Aranda Traditions*. Carlton: Melbourne University Press.

Strudwick, Nigel. 1985. *The Administration of Egypt in the Old Kingdom: The Highest Titles and their Holders*. London: KPI.

Stuart, David. 2000. 'The arrival of strangers: Teotihuacan and Tollan in Classic Maya history.' In D. Carrasco, L. Jones and S. Sessions (eds), *Mesoamerica's Classic Heritage: From Teotihuacan to Aztecs*. Boulder: University Press of Colorado, pp. 465–513.

Styring, A. et al. 2017. 'Isotope evidence for agricultural extensification reveals how the world's first cities were fed.' *Nature Plants* 3: 17076.

Subramanian T. S. 2010. 'The rise and fall of a Harappan city.' *Frontline* 27 (12).

Sugiyama, Nawa et al. 2019. 'Artistas mayas en Teotihuacan?' *Arqueología Mexicana* 24 (142): 8.

Sugiyama, Nawa, Saburo Sugiyama and Alejandro G. Sarabia. 2013. 'Inside the Sun Pyramid at Teotihuacan, Mexico: 2008–2011 excavations and preliminary results.' *Latin American Antiquity* 24 (4): 403–32.

Sugiyama, Saburo. 2005. *Human Sacrifice, Militarism, and Rulership: Materialization of State Ideology at the Feathered Serpent Pyramid, Teotihuacan.* Cambridge: Cambridge University Press.

Sugiyama, Saburo and Rubén Cabrera Castro. 2007. 'The Moon Pyramid project and the Teotihuacan state polity.' *Ancient Mesoamerica* 18: 109–25.

Suttles, Wayne. 1968. 'Coping with abundance.' In Lee and DeVore (eds), pp. 56–68.

Swanton, John Reed. 1931. 'Source material for the social and ceremonial life of the Choctaw Indians.' Bureau of American Ethnology Bulletin 103: 1–282.

Takahashi, Ryuzaburo and Leo Aoi Hosoya. 2003. 'Nut exploitation in Jomon society.' In S. L. R. Mason and J. G. Hather (eds), *Hunter-Gatherer Archaeobotany: Perspectives from the Northern Temperate Zone*. London: Institute of Archaeology, pp. 146–55.

Tambiah, Stanley J. 1973. 'The galactic polity in Southeast Asia.' In S. J. Tambiah, *Culture, Thought, and Social Action*. Cambridge, MA: Harvard University Press, pp. 3–31.

Tate, Carolyn E. 2012. *Reconsidering Olmec Visual Culture: The Unborn, Women, and Creation*. Austin: University of Texas Press.

Taube, Karl. A. 1986. 'The Teotihuacan cave of origin: the iconography and architecture of emergence mythology in Mesoamerica and the American Southwest.' *RES: Anthropology and Aesthetics* 12: 51–82.

——. 1992. 'The temple of Quetzalcoatl and the cult of sacred war at Teotihuacan.' *Anthropology and Aesthetics* 21: 53–87.

——. 2000. 'The writing system of ancient Teotihuacan.' *Ancient America*, vol. 1. Bardarsville, NC: Center for Ancient American Studies.

Teeter, Emily (ed.). 2011. *Before the Pyramids: The Origins of Egyptian Civilization*. Chicago: Oriental Institute. Teschler-Nicola, M. et al. 1996. 'Anthropologische Spurensicherung–Die traumatischen und postmortalen Veränderungen an den linearbandkeramischen Skelettresten von Asparn/Schletz.' In H. Windl (ed.),

Rätsel um Gewalt und Tod vor 7.000 Jahren. Eine Spurensicherung. Asparn: Katalog des Niederösterreichischen Landesmuseum, pp. 47−64.

Testart, Alain. 1982. 'The significance of food storage among hunter-gatherers.' *Current Anthropology* 23 (5): 523−37.

——. 2008. 'Des crânes et des vautours ou la guerre oubliée.' *Paléorient* 34 (1): 33−58.

Thapar, Romila. 1984. *From Lineage to State: Social Formations in the Mid-First Millennium BC in the Ganga Valley.* Oxford: Oxford University Press.

Thomas, Chad R., Christopher Carr and Cynthia Keller. 2005. 'Animal-totemic clans of Ohio Hopewellian peoples.' In Carr and Case (eds), pp. 339−85.

Thomas, Keith. 1978. *Religion and the Decline of Magic. Studies in Popular Beliefs in Sixteenth-and Seventeenth-Century England.* Harmondsworth: Penguin.

Thompson, Andrew et al. 2015. 'New dental and isotope evidence of biological distance and place of origin for mass burial groups at Cahokia's Mound 72.' *American Journal of Physical Anthropology* 158: 341−57.

Thwaites, Reuben Gold (ed.). 1896−1901. *The Jesuit Relations and Allied Documents: Travels and Explorations of the Jesuit Missionaries in New France, 1610−1791.* 73 vols. Cleveland, OH: Burrows Brothers.

Tilley, Lorna. 2015. 'Accommodating difference in the prehistoric past: revisiting the case of Romito 2 from a bioarchaeology of care perspective.' *International Journal of Paleopathology* 8: 64−74.

Tisserand, Roger. 1936. *Les Concurrents de J.−J. Rousseau à l'Académie de Dijon pour le prix de 1754.* Paris: Boivin.

Tooker, Elisabeth. 1964. *An Ethnography of the Huron Indians, 1615−1649.* Washington: Bureau of Ethnology, Bulletin number 190.

——. 1971. 'Clans and moieties in North America.' *Current Anthropology* 12 (3): 357−76.

——. 1978. 'The League of the Iroquois: its history, politics, and ritual.' In Bruce G. Trigger (ed.), *Handbook of North American Indians,* vol. 15: *Northeast.* Washington: Smithsonian Press, pp. 418−41.

——. 1984. 'Women in Iroquois society.' In M. K. Foster, J. Campisi and M. Mithun (eds), *Extending the Rafters: Interdisciplinary Approaches to Iroquoian Studies.* Albany: State University of New York Press, pp. 109−23.

——. 1988. 'The United States Constitution and the Iroquois League.' *Ethnohistory* 35: 305−36.

——. 1990. 'Rejoinder to Johansen.' *Ethnohistory* 37: 291–7.

Torres, Constantino Manuel. 2008. 'Chavín's psychoactive pharmacopoeia: the iconographic evidence.' In Conklin and Quilter (eds), pp. 237–57.

Townsend, Camilla. 2006. 'What in the world have you done to me, my lover? Sex, servitude, and politics among the pre-Conquest Nahuas as seen in the Cantares Mexicanos.' *The Americas* 62 (3): 349–89.

Trautmann, Thomas R. 1992. 'The revolution in ethnological time.' *Man* 27 (2): 379–97.

Treherne, Paul. 1995. 'The warrior's beauty: the masculine body and self-identity in Bronze Age Europe.' *Journal of European Archaeology* 3 (1): 105–44.

Trigger, Bruce G. 1976. *The Children of Aataentsic: A History of the Huron People to 1660*. Montreal: McGill-Queen's University Press.

——. 1985. *Natives and Newcomers: Canada's 'Heroic Age' Reconsidered*. Montreal: McGill-Queen's University Press.

——. 1990. 'Maintaining economic equality in opposition to complexity: an Iroquoian case study.' In S. Upham (ed.), *The Evolution of Political Systems: Sociopolitics in Small-Scale Sedentary Societies*. Cambridge: Cambridge University Press, pp. 119–45.

——. 2006. *A History of Archaeological Thought* (2nd edn). Cambridge: Cambridge University Press.

Trinkaus, Erik. 2018. 'An abundance of developmental anomalies and abnormalities in Pleistocene people.' *PNAS* 115 (47): 11941–6.

Trinkaus, Erik and Alexandra P. Buzhilova. 2018. 'Diversity and differential disposal of the dead at Sunghir.' *Antiquity* 92 (361): 7–21.

Trouillot, Michel-Rolph. 2003. 'Anthropology and the savage slot: the poetics and politics of otherness.' In M. R. Trouillot, *Global Transformations: Anthropology and the Modern World*. New York: Palgrave Macmillan, pp.7–28.

Tuck, James A. 1978. 'Northern Iroquoian prehistory.' In Bruce G. Trigger (ed.), *Handbook of North American Indians*, vol. 15: Northeast. Washington: Smithsonian Press, pp. 322–33.

Tuerenhout, Dirk Van. 2002. 'Maya warfare: sources and interpretations.' *Civilisations* 50: 129–52.

Tully, James. 1994. 'Aboriginal property and Western theory: recovering a middle ground.' *Social Philosophy and Policy* 11 (2): 153–80.

Turnbull, Colin M. 1982. 'The ritualization of potential conflict between the sexes in Mbuti.' In Eleanor B. Leacock and Richard B. Lee (eds), *Politics and History in Band Societies*. Cambridge: Cambridge University Press, pp. 133–55.

Turner, Nancy J. and Dawn C. Loewen. 1998. 'The original "free trade": exchange of botanical products and associated plant knowledge in Northwestern North America.' *Anthropologica* 40 (1): 49–70.

Turner, Victor. 1969. *The Ritual Process: Structure and Anti-Structure*. Chicago: Aldine.

Tushingham, Shannon and Robert L. Bettinger. 2013. 'Why foragers choose acorns before salmon: storage, mobility, and risk in Aboriginal California.' *Journal of Anthropological Archaeology* 32 (4): 527–37.

Tylor, Edward. B. 1879. 'Remarks on the geographical distribution of games.' *Journal of the Anthropological Institute* 9 (1): 26.

Underhill, Anne P. et al. 2008. 'Changes in regional settlement patterns and the development of complex societies in southeastern Shandong, China.' *Journal of Anthropological Archaeology* 27 (1): 1–29.

Ur, Jason. 2014. 'Households and the emergence of cities in Ancient Mesopotamia.' *Cambridge Archaeological Journal* 24: 249–68.

Uriarte, María Teresa. 2016. 'The Teotihuacan ballgame and the beginning of time.' *Ancient Mesoamerica* 17 (1): 17–38.

Urton, Gary and Carrie J. Brezine. 2005. 'Khipu accounting in ancient Peru.' *Science* 309 (5737): 1065–7.

Ussher, James. 1650. *The Annals of the Old and New Testament with the Synchronisms of Heathen Story to the Destruction of Hierusalem by the Romanes*. London: J. Crook and G. Bedell.

Valentine, B. et al. 2015. 'Evidence for patterns of selective urban migration in the Greater Indus Valley (2600–1900 BC): a lead and strontium isotope mortuary analysis.' *PLoS ONE* 10 (4): e0123103.

van der Velde, Pieter. 1990. 'Banderamik social inequality: A case study.' *Germania* 68: 19–38.

Vanhaeren, Marian and Francesco D'Errico. 2005. 'Grave goods from the Saint-Germain-de-la-Riviere burial: evidence for social inequality in the Upper Palaeolithic.' *Journal of Anthropological Archaeology* 24: 117–34.

Vayda, Andrew P. 1967. 'Pomo trade feasts.' In G. Dalton (ed.), *Tribal and Peasant*

Economies. Garden City, NY: Natural History Press, pp. 495–500.

Veil, Stephan., K. et al. 2012. 'A 14, 000-year-old amber elk and the origins of northern European art.' *Antiquity* 86: 660–63.

Vennum, Jr, Thomas. 1988. *Wild Rice and the Ojibway People*. St Paul: Minnesota History Society Press.

Vidale, Massimo. 2000. *The Archaeology of Indus Crafts: Indus Crafts-people and Why We Study Them*. Rome: IsIAO.

——. 2010. 'Aspects of palace life at Mohenjo-Daro.' *South Asian Studies* 26 (1): 59–76.

——. 2013. 'T- Shaped pillars and Mesolithic "chiefdoms" in the prehistory of Southern Eurasia: a preliminary note.' In Dennys Frenez and Maurizio Tosi (eds), *South Asian Archaeology 2007. Proceedings of the 19th International Conference of the European Association of South Asian Archaeology*. Oxford: BAR, pp. 51–8.

Videiko, Mikhail. 1996. 'Die Grossiedlungen der Tripol' e-Kultur in der Ukraine.' *Eurasia Antiqua* 1: 45–80.

Viner, Sarah et al. 2010. 'Cattle mobility in prehistoric Britain: strontium isotope analysis of cattle teeth from Durrington Walls (Wiltshire, Britain).' *Journal of Archaeological Science* 37: 2812–20.

Von Dassow, Eva. 2011. 'Freedom in ancient Near Eastern societies.' In Karen Radner and Eleanor Robson (eds), *The Oxford Handbook of Cuneiform Culture*. Oxford: Oxford University Press, pp. 205–28.

Voutsaki, Sofia. 1997. 'The creation of value and prestige in the Aegean Late Bronze Age.' *Journal of European Archaeology* 5 (2): 34–52.

Voutsaki, Sofia and John Killen (eds). 2001. *Economy and Politics in the Mycenaean Palatial States*. Cambridge: Cambridge Philological Society.

Walens, Stanley. 1981. *Feasting with Cannibals: An Essay on Kwakiutl Cosmology*. Princeton, NJ: Princeton University Press.

Wallace, Anthony F. C. 1956. 'Revitalization movements.' *American Anthropologist* 58 (2): 264–81.

——. 1958. 'Dreams and the wishes of the soul: a type of psychoanalytic theory among the seventeenth century Iroquois.' *American Anthropologist* (N.S.) 60 (2): 234–48.

Warren, Carol. 1993. *Adat and Dinas: Balinese Communities in the Indonesian State*. Kuala Lumpur: Oxford University Press.

Weber, Max (transl. Talcott Parsons). 1930 [1905]. *The Protestant Ethic and the Spirit of Capitalism*. London: Unwin.

Weismantel, Mary. 2013. 'Inhuman eyes: looking at Chavín de Huantar.' In Christopher Watts (ed.), *Relational Archaeologies: Humans, Animals, Things*. London: Routledge, pp. 21–41.

Wengrow, David. 1998. 'The changing face of clay: continuity and change in the transition from village to urban life in the Near East.' *Antiquity* 72: 783–95.

——. 2001. 'The evolution of simplicity: aesthetic labour and social change in the Neolithic Near East.' *World Archaeology* 33 (2): 168–88.

——. 2003. 'Interpreting animal art in the prehistoric Near East.' In T. Potts, M. Roaf and D. Stein (eds), *Culture through Objects. Ancient Near Eastern Studies in Honour of P. R. S. Moorey*. Oxford: Griffith Institute, pp. 139–60.

——. 2006. *The Archaeology of Early Egypt: Social Transformations in North-East Africa, 10,000 to 2650 bc*. Cambridge: Cambridge University Press.

——. 2008. 'Prehistories of commodity branding.' *Current Anthropology* 49 (1): 7–34.

——. 2010a. *What Makes Civilization? The Ancient Near East and the Future of the West*. Oxford: Oxford University Press.

——. 2010b. 'The voyages of Europa: ritual and trade in the Eastern Mediterranean, c. 2300–1850 BC.' In William A. Parkinson and Michael L. Galaty (eds), *Archaic State Interaction: The Eastern Mediterranean in the Bronze Age*. Santa Fe: School for Advanced Research Press, pp. 141–60.

——. 2011. 'Archival and sacrificial economies in Bronze Age Eurasia: an interactionist approach to the hoarding of metals.' In T. Wilkinson, D. J. Bennet and S. Sherratt (eds), *Interweaving Worlds*. Oxford: Oxbow Books, pp. 135–44.

——. 2015. 'Cities before the State in early Eurasia' (the Jack Goody Lecture). Halle: Max Planck Institute for Social Anthropology.

Wengrow, David et al. 2014. 'Cultural convergence in the Neolithic of the Nile Valley: a prehistoric perspective on Egypt's place in Africa.' *Antiquity* 88: 95–111.

Wengrow, David and David Graeber. 2015. 'Farewell to the childhood of man: ritual, seasonality, and the origins of inequality' (the 2014 Henry Myers Lecture). *Journal of the Royal Anthropological Institute* 21 (3): 597–619.

——. 2018. 'Many seasons ago: slavery and its rejection among foragers on the Pacific Coast of North America.' *American Anthropologist* 120 (2): 237–49.

Wernke, Stephen. 2006. 'The politics of community and Inka statecraft in the Colca

Valley, Peru.' *Latin American Antiquity* 17 (2): 177–208.

White, Christine, T. Douglas Price and Fred J. Longstaffe. 2007. 'Residential histories of the human sacrifices at the Moon Pyramid, Teotihuacan: evidence from oxygen and strontium isotopes.' *Ancient Mesoamerica* 18 (1): 159–72.

White, Christine D. et al. 2002. 'Geographic identities of the sacrificial victims from the Feathered Serpent Pyramid, Teotihuacan: implications for the nature of state power.' *Latin American Antiquity* 13 (2): 217–36.

——. 2008. 'The Teotihuacan dream: an isotopic study of economic organization and immigration.' *Ontario Archaeology* 85–8: 279–97.

White, Randall. 1985. *Upper Palaeolithic Land Use in the Périgord: A Topographical Approach to Subsistence and Settlement.* Oxford: British Archaeological Reports.

——. 1999. 'Intégrer la complexité sociale et opérationnelle: la construction matérielle de l'identité sociale a Sungir.' In M. Julien et al. (eds), *Préhistoire d'os: recueil d'études sur l'industrie osseuse préhistorique offert à Henriette Camps-Faber.* Aix-en-Provence: L'Université de Provence, pp. 319–31.

White, Richard. 1991. *The Middle Ground: Indians, Empires, and Republics in the Great Lakes Region, 1650–1815.* Cambridge: Cambridge University Press.

Whitelaw, Todd. 2001. 'Reading between the tablets: assessing Mycenaean palatial involvement in ceramic production and consumption.' In Voutsaki and Killen (eds), pp. 51–79.

——. 2004. 'Estimating the population of Neopalatial Knossos.' In Gerald Cadogan, Eleni Hatzaki and Antonis Vasilakis (eds), *Knossos: Palace, City, State.* London: The British School at Athens, pp. 147–58.

Widmer, Randolph J. 1988. *The Evolution of the Calusa: A Nonagricultural Chiefdom on the Southwest Florida Coast.* Tuscaloosa and London: University of Alabama Press.

Wild, Eva. M. et al. 2004. 'Neolithic massacres: local skirmishes or general warfare in Europe?' *Radiocarbon* 46: 377–85.

Wilk, Richard. 2004. 'Miss Universe, the Olmec and the Valley of Oaxaca.' *Journal of Social Archaeology* 4 (1): 81–98.

Wilkinson, Toby. 2014. 'The Early Transcaucasian phenomenon in structural-systemic perspective: cuisine, craft and economy.' *Paléorient* 40 (2): 203–29.

Wilkinson, Tony J. 2010. 'The Tell: social archaeology and territorial space.' In D.

Bolger and L. Maguire (eds), *The Development of Pre-state Communities in the Ancient Near East: Studies in Honour of Edgar Peltenburg*. Oxford: Oxbow, pp. 55–62.

Will, Manuel, Nicholas J. Conard and Christian A. Tryon. 2019. 'Timing and trajectory of cultural evolution on the African continent 200,000–30,000 years ago.' In Y. Sahle et al. (eds), *Modern Human Origins and Dispersal*. Tübingen: Kerns Verlag, pp. 25–72.

Willcox, George. 2005. 'The distribution, natural habitats and availability of wild cereals in relation to their domestication in the Near East: multiple events, multiple centres.' *Vegetation History and Archaeobotany* 14: 534–41.

——. 2007. 'The adoption of farming and the beginnings of the Neolithic in the Euphrates valley: cereal exploitation between the 12th and 8th millennia cal. BC.' In Colledge and Conolly (eds), pp. 21–36.

——. 2012. 'Searching for the origins of arable weeds in the Near East.' *Vegetation History and Archaeobotany* 21 (2): 163–7.

Willcox, G., Sandra Fornite and Linda Herveux. 2008. 'Early Holocene cultivation before domestication in northern Syria.' *Vegetation History and Archaeobotany* 17: 313–25.

Williams, Stephen. 1990. 'The Vacant Quarter and other late events in the Lower Valley.' In D. H. Dye (ed.), *Towns and Temples Along the Mississippi*. Tuscaloosa: University of Alabama Press, pp. 170–80.

Wills, John H. 1970. 'Speaking arenas of ancient Mesopotamia.' *Quarterly Journal of Speech* 56 (4): 398–405.

Wissler, Clark. H. 1922. *The American Indian*. New York: Douglas C. McMurtrie.

——. 1927. 'The culture-area concept in social anthropology.' *American Journal of Sociology* 32 (6): 881–91.

Wolf, Eric. R. 1982. *Europe and the People Without History*. Berkeley: University of California Press.

——. 1999. *Envisioning Power: Ideologies of Dominance and Crisis*. Berkeley: University of California Press.

Wood, Andrée. R. 1992. 'The detection, removal, storage, and species identification of prehistoric blood residues from Çayönü.' *American Journal of Archaeology* 96 (2): 374.

Woodburn, James. 1982. 'Egalitarian societies.' *Man* (N.S.) 17: 431–51.

——. 1988. 'African hunter-gatherer social organization: is it best understood as a product of encapsulation?' In T. Ingold, D. Riches and J. Woodburn (eds), *Hunters and Gatherers*, vol. 1: History Evolution and Social Change. Oxford: Berg, pp. 43–64.

——. 2005. 'Egalitarian societies revisited.' In T. Widlok and W. G. Tadesse (eds), Property and Equality, vol. 1: *Ritualisation, Sharing, Egalitarianism*. New York: Berghahn Books, pp. 18–31.

Woods, William I. 2004. 'Population nucleation, intensive agriculture, and environmental degradation: the Cahokia example.' *Agriculture and Human Values* 21: 255–61.

Woods, William I. et al. (eds). 2009. *Amazonian Dark Earths: Wim Sombroak's Vision*. Dordrecht and London: Springer.

Wright, Emily et al. 2014. 'Age and season of pig slaughter at Late Neolithic Durrington Walls (Wiltshire, UK) as detected through a new system for recording tooth wear.' *Journal of Archaeological Science* 52: 497–514.

Wright, Katherine I. 2007. 'Women and the emergence of urban society in Mesopotamia.' In S. Hamilton and R. D. Whitehouse (eds), *Archaeology and Women: Ancient and Modern Issues*. Walnut Creek, CA: Left Coast Press, pp. 199–245.

Wright, Katherine I. et al. 2008. 'Stone bead technologies and early craft specialization: insights from two Neolithic Sites in eastern Jordan.' *Levant* 40 (2): 131–65.

Wright, Rita P. 2010. *The Ancient Indus: Urbanism, Economy, and Society*. New York: Cambridge University Press.

Yen, Douglas. E. 1995. 'The development of Sahul agriculture with Australia as bystander.' *Antiquity* 69 (265): 831–47.

Yerkes, Richard W. 2005. 'Bone chemistry, body parts, and growth marks: evaluating Ohio Hopewell and Cahokia Mississippian seasonality, subsistence, ritual, and feasting.' *American Antiquity* 70 (2): 241–65.

Yoffee, Norman. 1995. 'The political economy of early Mesopotamian states.' *Annual Review of Anthropology* 24: 281–311.

——. 2005. *Myths of the Archaic State: Evolution of the Earliest Cities, States, and Civilizations*. Cambridge: Cambridge University Press.

Younger, John. 2016. 'Minoan women.' In S. L. Budin and J. M. Turfa (eds), *Women in Antiquity: Real Women Across the Ancient World*. London and New York: Routledge, pp. 573–94.

Yuan, Jing and Rowan Flad. 2005. 'New zooarchaeological evidence for changes in Shang Dynasty animal sacrifice.' *Journal of Anthropological Archaeology* 24 (3): 252–70.

Zagarell, Allen. 1986. 'Trade, women, class, and society in Ancient Western Asia.' *Current Anthropology* 27 (5): 415–30.

Zedeño, María Nieves. 2008. 'Bundled worlds: the roles and interactions of complex objects from the North American Plains.' *Journal of Archaeological Method and Theory* 15: 362–78.

Zeder, Melinda A. and Brian Hesse. 2000. 'The initial domestication of goats (*Capra hircus*) in the Zagros Mountains 10,000 years ago.' *Science* 287: 2254–7.

Zheltova, Maria N. 2015. 'Kostenki 4: Gravettian of the east–not Eastern Gravettian.' *Quaternary International* 359–60: 362–71.

Zhilin, Mikhail et al. 2018. 'Early art in the Urals: new research on the wooden sculpture from Shigir.' *Antiquity* 92 (362): 334–50.

Zvelebil, Marek. 2006. 'Mobility, contact, and exchange in the Baltic Sea basin, 6000–2000 BC.' *Journal of Anthropological Archaeology* 25: 178–92.

감사의 말

슬픈 상황이 발생하여 나 데이비드 웬그로가 데이비드 그레이버 없이 이 감사의 말을 쓰지 않을 수 없게 되었다. 그는 아내 니카를 남겨두고 세상을 떠났다. 데이비드의 죽음은 엄청난 비탄을 자아냈고, 여러 대륙들과 사회 계급들과 이데올로기적 경계를 넘어선 사람들이 그 비탄 속에서 하나가 되었다. 함께 글을 쓰고 함께 생각했던 10년이라는 기간은 긴 시간이지만, 데이비드가 이 특정한 맥락에서 무엇에 감사하고 싶었을지 짐작하는 것은 내 일이 아니다. 이 책에 이르는 길을 그와 함께 걸은 여행자들은 자신들이 누구인지, 그리고 자신들의 지원과 관심과 조언을 그가 얼마나 귀중히 여겼는지 이미 알고 있을 것이다. 저술과 관련한 모든 일에 관한 우리의 현명한 조언자인 멜리사 플래시먼의 영감과 에너지가 없었더라면 이 책은 시작되지—적어도 지금의 이 형태와 조금이라도 비슷한 것으로는—않았을 것이다. 파라, 스트라우스 앤드 지루 출판사의 에릭 친스키와 펭귄 UK의 토머스 펜은 뛰어난 편집 팀이었고 우리의 진정한 지적 파트너였다. 데비

북친, 알파 샤, 에르하르트 쉬트펠츠, 안드레아 루카 치머만에게, 우리의 생각에 열정적으로 참여하고 개입해온 오랜 세월에 대해 진심 어린 감사를 전한다. 이 책의 다양한 측면에 대한 관대하고 뛰어난 안내자들에게 감사를 전한다. 그들의 이름은 마누엘 아로요칼린, 엘리자베스 바케다노, 노라 베이트슨, 스티븐 버키스트, 누리트 버드데이비드, 모리스 블로크, 데이비드 카발로, 존 채프먼, 루이즈 코스타, 필리프 데스콜라, 알렉산드르 디아첸코, 케번 에든버러, 도리안 풀러, 비세르카 게이다르스카, 콜린 그리어, 토머스 그리사피, 크리스 한, 웬디 제임스, 메건 로스, 퍼트리샤 매캐내니, 바버라 앨리스 만, 사이먼 마틴, 젠스 노프로프, 호세 R. 올리버, 마이크 파커 피어슨, 티머시 포크탯, 매슈 포프, 캐런 래드너, 너태샤 레이놀즈, 마셜 샐린스, 제임스 C. 스콧, 스티븐 셰넌, 미셸 울스턴크로프트다.

이 책에 실린 논지들 가운데 많은 수가 기명 강연과 학술 저널에 먼저 소개되었다. 2장의 초기 버전은 프랑스어로 〈현자 칸디아롱크: 선주민 비평, 진보의 신화와 좌파의 탄생〉(《La Revue du MAUSS》)이라는 제목으로 발표되었다. 3장의 일부는 〈인류의 어린 시절에 고하는 작별 인사: 제의, 계절성, 불평등의 기원〉(2014년의 헨리 마이어스 강연Henry Myers Lecture, 《왕립 인류학회 저널Journal of the Royal Anthropological Institute》)이라는 제목으로 처음 소개되었다. 4장은 〈오랜 세월 전에: 노예제와 북아메리카 태평양 연안의 채집인들의 노예제 거부〉(《미국 인류학자American Anthropologist》)라는 제목으로 소개되었다. 그리고 8장은 〈초기 유라시아에서 국가 이전의 도시들〉(막스 플랑크 사회인류학 연구소에서 2015년에 열린 잭 구디 강연The 2015 Jack Goody Lecture, *Max Planck Institute for Social Anthropology*)이라는 제목으로 소개되었다.

이 책에 관련된 주제들에 대해 연설하고 토론하도록 환영해준 여러 학술 기관과 연구 집단에 감사를 전한다. 특히 암스테르담 대학과 콜레주 드 프랑스의 엔조 로시와 필리프 데스콜라에게 감사한다. 제임스 톰슨(《유로진Eurozine》의 전임 편집장)은 처음에 〈인간 역사의 과정을 (적어도 이미 일어난 부분만이라도) 어떻게 바꿀 것인가〉라는 논문을 통해 우리 생각을 더 넓은 세상에 전달할 수 있도록 도와주었다. 다른 출판 기관들이 몸을 사릴 때 그는 확신을 가지고 이 논문을 받아주었다. 그 이후 다양한 언어를 쓰는 청중들에게 도달할 수 있게 해준 여러 번역자들에게 감사한다. 그리고 우리의 기고문을 민주주의를 주제로 한 특별 호에 실어준 《계간 라팜Lapham's Quarterly》의 켈리 버딕에게 감사를 전한다. 이 책 9장의 몇몇 생각들이 거기서 발표되었다.

처음 시작할 때부터 이 책에서 행한 작업 내용을 데이비드는 런던 정치 경제 대학LSE 인류학부에서, 나는 유니버시티 칼리지 런던UCL 고고학 연구소에서 행한 강의에 포함했다. 우리 두 사람을 대표해 나는 지난 10년간 우리에게 배운 학생들에게, 그들이 보여준 수많은 통찰과 성찰에 대해 감사하고 싶다. 마틴, 주디, 애비게일, 잭 웬그로는 내가 걷는 한 걸음 한 걸음마다 내 곁을 지켜주었다. 마지막으로, 가장 깊은 감사는 이와 도마라즈카에게 전한다. 그녀는 파트너가 기대할 수 있는 가장 날카로운 비판과 가장 헌신적인 지원을 모두 해주었다. 당신은 데이비드와 이 책이 그랬던 것처럼 내 삶 속으로 들어왔습니다. '갑자기 하늘에서 쏟아지는 비, 헐벗은 태양의 벽을 두드리네 (…) 비, 마른땅에 비가 내리네![영국의 극작가 크리스토퍼 프라이Christopher Fry 의 시극 〈The Boy with a Cart〉에 수록된 시 〈Rain〉—옮긴이]

886

감수자의 추천사

우리는 인류 역사에 방향성이 있다고 배운다. 작고 단순한 원시사회에서 크고 복잡한 국가로, 평등한 수렵 채집 경제에서 계급적인 농경 경제로 진행되어온 결과, 지금의 세계 자본주의와 시장경제가 있다고 한다. 그레이버와 웬그로는 역작《모든 것의 새벽》에서 지금과 같은 체제는 오히려 잠깐 고착된 '일탈'이며, 인류는 수만 년 전부터 다양하고 유동적으로 살아가는 방법을 끊임없이 찾아왔음을 보여준다. 기성 학계에서 지워진 실제 인류 역사를 복원하는 저자들의 여정을 함께하면서, 우리는 어쩌면 지구와 우리 자신을 되살리는 길을 선택할 수 있음을 깨닫는다. 희망과 영감이 가득한 훌륭한 책이다.

이상희
캘리포니아 리버사이드대학교 인류학과 교수

옮긴이의 글

데이비드 그레이버와 데이비드 웬그로는 2008년 세계 금융위기 이후 날로 심화하는 경제적·사회적 불평등에 대한 문제의식을 공유하며 공동 작업을 시작했다. 두 사람은 자연스럽게 각자의 분야가 불평등 해결에 어떻게 기여할 수 있을지 논의하기에 이른다. 처음에는 지적 놀이처럼 시작된 대화에 점점 무게가 실리고 범위가 넓어져, 애초에 염두에 두었던 소책자 범위를 넘어서서 본격적인 인류사의 저술로 발전하게 되었다. 이 책은 10년 넘게 이어진 그 대화의 결실이다.

2008년 이후 불평등에 대한 논의는 세계적으로 활발하게 벌어졌다. 20세기 말엽 이후 세계 경제를 주도해온 신자유주의는 명칭과는 정반대로 인간에게서 자유를 박탈하는 체제다. 많은 저술가가 지금의 세계 질서에서 벗어날 길이 보이지 않는다고 본다. 두 저자는 이런 비관론에 반대한다. 신자유주의의 병폐에서 벗어날 길이 정말로 없는가? 지금의 세계 질서가 정말 인간 종이 살아갈 유일한 방식인가? 선택 가능한 다른 세상은 없는가? 이 질서를 낳은 세계관은 타당한 근거에 기반하고 있는가? 그리고 그 세계관에 의거해 쓴 역사는 사실에 입각한 것인가?

전통적인 역사 서술은 대체로 수십만 년 전부터 지구상에서 살아오던 인류가 1만 2,000년쯤 전부터 농경을 시작했고 모든 일이, 역사와 문명이 거기서부터 시작되었다는 것을 기본 골자로 한다. 20~30명이 작은 무리를 이루어 수렵 채집을 하며 평등하게 살아가는 인간 집단이 그 시초에 있었는데, 농경이 발명된 이후 그 태초의 평등한 삶은 사라지고 불평등한 사회의 길로 나아가게 되었다는 것이다. 루소가 '사회적 불평등의 기원이 어디에 있는가?' 하는 질문에 답했을 때, 그 질문은 이런 태초의 평등 사회를 전제했다. 그것은 유대교-기독교적 세계관에서 말하는 전락 이전의 상태와도 상통한다. 농경이 시작된 이후 인류는 불평등과 부자유의 길을 걸어갔고, 그 길은 피할 수 없는 운명이었다는 이야기다.

수많은 역사 서술이 그런 도식을 채택하고 있다. 저자들이 볼 때 인류사 분야의 주요 저서인《총, 균, 쇠》와《사피엔스》같은 책의 저자들도 그런 도식에서 자유롭지 못하다. 하지만 그런 역사는 사실이 아니다. 그들의 주장은 증거에 의거한 사실 판단이 아니라 근거가 부족한 추정에서 시작한 역사다. 루소 본인도 말했듯이 그의 세계관도 하나의 사고 실험일 뿐이다. 홉스와 루소를 이어받았다는 현대 학자들은 선사시대와 역사를 충분히 관찰하지 않은 가설에서 유도된, 목적론적 사고방식에 매몰되어 있다.

예컨대, 프랜시스 후쿠야마는 정치적 불평등의 기원이 농경에 있다고 지적한 루소가 옳았다고 주장한다. 재레드 다이아몬드는 평등 사회는 소수로 이루어진 무리일 때만 가능하다고 생각한다. 유발 하라리 역시 이와 비슷하게 인구가 많아질 때 그 이전과 같은 평등과 자유가 유지되기는 힘들다고 본다. 스티븐 핑커는 현대판 홉스주의자라 할 수 있는 입장에서 농경보다도 도시가 등장한 의미를 해석한다. 이들은 모두 인류의 유년 시절이 지나 일단 불평등과 복잡한 사회가 발생한 다음에는 그런 상황을 바꿀 대안이 없다고 보는데, 그레이버와 웽그로는 그런 판단을 뒷받침할 증거가 없다고 비판한다. 고고학과 인류학이 최근 30~40년 동안 내놓은 연구 성과에는 내로라하는 인류사 저자들의 주장을 반박할 증거가 담겨 있다. 이런 증거들을 충분히, 충실히, 과학적으로 살펴본다면 역사상 인간의 삶이 보여주는 훨씬 다양하고 고착되지 않은 모습을 묘사할 수 있지 않을까. 추정에 의거한 기존의 통념은 과거에 대한 우리의 이해에 개념적 피해를 입힌다. 이 책은 그런 피해를 해소하고 사실을 복원하려는 시도다.

우선, '농업혁명'은 잘못된 개념이다. 농경의 도입은 '혁명'이라는 말이 어울리는, 단기간에 급속히 이루어진 사건이 아니었다. 농경은 수렵 채집을 깔끔하게 밀어내고 주요 생산 방식으로 자리 잡은 것이 아니라 시도되었다가 폐기되고 또다시 시도되고, 다른 곳에서 다른 작물로 시도되었다가 또다시 폐기되는 식의 과정을 여러 번, 장기간 거듭했고, 완전히 폐기되지 않은 채 수렵 채집과 함께 식량 생산에 참여하는 방식으로 오래 존속했다. 이 책에서 '저수위 식량 생산' 또는 '취미 농업'이라 부르는 단계가 이것인데, 이 시기가 수천 년 이상 이어져서, 겉으로는 수렵 채집기가 변함없이 이어지는 것으로 보이기도 한다. 그러므로 농경의 도입 과정을 '혁명'이라 부르는 것은 적절하지 않다. 그리고 농경이 시작된 이후 진행된 인류 역사도 통념과는 다르다. 즉 농경이 생산물의 잉여를 낳았고, 그것이 부의 축적을 유도하여 불평등한 사회 위계를 만들어냈으며, 동시에 인구가 집중한 도시의 발생으로 이어지고, 나아가서는 국가를 탄생시켰다는 선형적 단계론은 인류 역사의 실제 진행 과정을 반영한 것이 아니었다는 것이다.

역사가 흘러가면서 사회적 불평등이 심화함으로써 수많은 인간이 자유를 잃었다. 하지만 지금까지 역사가들이 말해온 이유, 그러니까 농업혁명 때문은 아니었다. 농경이 시작되고 그로 인해 인류가 불평등한 상태로 전락했다는 말은 틀렸다. 그랬다는 증거도 없다. 실제로는 우리가 알던 것보다 훨씬 더 많은 도시가 고대에 있었는데, 그중 많은 수가 이미 알려진 왕국이나 문자나 관료제 사회보다 훨씬 더 먼저 존재했다. 또 그중 많은 수가 평등주의 노선 위에서 세워지고 운영되었다. 따라서 우리가 불평등해지고 자유를 잃은 데에는 뭔가 다른 이유가 있다. 중요한 것은 '불평등이 언제 시작되었는가?'가 아니라 '그 자유를 재발견할 수 있는가?' 하는 질문이다.

인류의 초기 집단이 얼마 안 되는 인구로 이루어진 무리였으며, 평등은 그 정도 규모의 집단에서만 유지될 수 있다는 주장 또한 옳지 않다. 고고학 연구에 따르면 인구밀도가 높고 구성원 수가 많은 집단에서 위계와 권력 기구가 존재한 증거가 발견되지 않은 경우가 많다. 다수의 인구가 모여 산다고 해서 반드시 위계가 발생하고 권력 구조와 불평등이 발생한 것은 아니었다. 다수의 인구가 모여 큰 도시를 이루고 살면서도 중앙 집중화한 권력 구조 없이, 왕, 관료제, 상비군 등 지금 우리가 국가의 특징으로 보는 여러 요소가 없이도 잘 유지되고 관리된 사회의 흔적이 세계 각지에서 발견된다. 그러니까 인간이 대규모 집단을 이루고 살 때 필연적으로 계급 사회나 왕정, 귀족제 등이 수반되는 것은 아니라는 말이다. 농경의 발생이 곧바로 잉여의 발생과 부의 축적으로 이어진 것도 아니었다.

농경 이전 수렵 채집인은 결코 소규모의 무리를 지어 고립된 상태로 살아가지 않았다. 최후의 빙하기 이전에도 이미 공동체들은 고도로 구조화되어 있었고, 광범위하게 서로 연결되어 있었다. 사람들은 그런 네트워크 위에서 움직였고, 그것을 통해 실용적이고 과학적인 기술을 전파했다. 그러므로 인구 규모와 사회적 복잡성 간의 관계는 그렇게 단순하게 상응하지 않는다.

◔

저자들이 중시하는 주제는 세 가지다.

첫째, 인류의 역사 경로는 흔히들 생각하는 것과 달리 하나로 굳어진, 그 길 외에 다른 길은 없었고, 그 길을 따를 수밖에 없는 불가피한 경로가 아니었다. 역사는 돌에 새겨진 듯 움직이지 않는 고정된 길을 따라 흘러온 것이 아니다. 덜 엄격하고 가능성이 훨씬 많은, 신나고 실험적인 과정이다. 이 책은 다른 대안이 있는지 찾아보기 위해, 한 방향이 아닌 어떤 모습으로 진행해왔는지 살펴보기 위해 세계 곳곳을 살펴보고 헝클어놓으려는 시도다. 그리고 역사가 불가피하게 지금 같은 모습으로 진행할 수밖에 없었다는 주장에 저항하라고 독려한다. 그레이버는 평생 '다른 세계 체제가 가능한가?'라는 질문을 제기해왔다. 이 책의 목표는 하나의 체제와 이념에 고착된 상태에서 인간을 해방시키는 데 있으며, 인간이 가능성이 풍부하고 흥겹게 살 수 있는 존재라는 깨달음을 자극하려 한다.

인간이 수렵 채집인들의 초소형 무리 사회에서만 역사의 95퍼센트를 보낸 것이 아니라면, 그동안 무얼 하고 살았을까? 계층구조와 패권으로 인간을 전락시킨 게 아니라면 농경과 도시는 어떤 변화를 몰고 왔는가? 국가가 등장했다고 간주되어온 시기에 실제로는 무슨 일이 일어났는가? 이 책은 이런 질문에 세계 각지에서 수집한 다양한 증거를 들어 구체적이고 자세하게 대답한다.

둘째, 인간 역사가 평등하고 순진한 상태에서 계층적 사회로 나아가는 선형적 행진이었다는 신화를 버려야 한다. 그리고 평등과 순진함이 소수 및 소규모와, 불평등과 복잡함이 다수 및 대규모와 직결된다는 공식도 틀렸다. 그런 단계 설정론은 과학이 아니라 몇 마디 깔끔한 단어로 요약될 수 있는 신화에 불과하다. 현실은 그보다 훨씬 다채롭고 광범위하며 복잡하다. (스톤헨지와 괴베클리 테페의 건설 등 농경 이전 사회 사람들이 행한 다양한 대규모 공동 작업의 예를 보라.)

복잡한 사회구조가 필연적으로 관료제와 국가 발생으로 이어진다는 통념 또한 오류다. 역사에는 다양한 도시 형태, 왕 없는 국가, 현대에서 국가라 불릴 요소를 갖지 않은 대규모 집단사회도 여러 형태로 존재했다. 우크라이나에는 5,000년 전 수천수만 명의 사람들이 어떤 중앙 집중화한 조직 없이 대규모 공동체를 이루어 살았던 유적이 있다. 또 아마존강 유역, 이누이트 거주지역 등 각지에는 계절에 따라 집단의 규모와 관리 체제를 바꾸는 방식으로 존재한 수많은 사회가 있었다. 북아메리카 대평원에서는 선주민 부족들이 바이슨, 버팔로 무리를 사냥하는 기간에 수많은 인원의 행동을 통제하기 위해 일시적 경찰 조직, 즉 '버팔로 경찰'을 결성했고, 사냥철이 끝나면, 혹은 끝나기 전이라도 일정 기간이 지나면 서로 역할을 바꾸어 돌아가며 경찰 역할을 맡았다. 그러므로 인류 사회와 문명이 발전하고 부가 축적되면 필연적으로 권력이 발호해 주민들의 자유가 사라진다는 주장은 오류이거나 근거가 없다. (아메리카 선주민 사회에서는 부를 권력으로 전환한다는 개념 자체가 없었기 때문에, 초기 식민주의자들과 선주민들 간에 상당한 의사 불통이 생겼을 정도다.)

셋째, 문명의 역사는 이제 막 쓰이기 시작했다. 가능성은 열려 있다. 인류는 현 상태에 고착되고 끝나버릴 존재가 아니다. 자본주의는 역사상 극히 최근에 급속히 고착된 세계관의 하나일 뿐, 역사의 훨씬 더 많은 기간 동안 인류는 어느 한 체제에 고착되지 않은 상태로 살아왔고, 수많은 문명과 발전을 실현해왔다. 수직적, 하향식 독단적 권력에 의한 명령 체계가 있어야 대규모 인구가 통제 가능하며 기술이 발달할 수 있다는 생각은 역사적 근거 위에서 볼 때 틀린 생각이다. 항해술, 천문학 등 실제 인류가 이룬 수많은 기술은 그런 하향식 지시 체계가 아닌 공동체 형태에서 이루어졌다. 농경조차도 그런 방식으로 발전했다. 어떤 천재가 우월한 지위에서 농사법을 발명하고 관료제를 통해 관리하여 발전시킨 것이 아니라는 말이다. 관개 시스템과 관료제의 관련성 같은 통설도 진작 폐기되었다.

주민 참여 형태의 의사결정 과정에서는 과학기술이 발달하기 힘들다는 생각은 틀렸다. 레비스트로스는 과학에 두 가지 방식이 있다고 말한다. 즉 과학이 발달하기 전 원시사회에서 사람들이 자연을 관찰하고 분류해 질서를 부여했던 것도 엄연한 과학이었다는 것이다. 이런 방식으로 인류는 현대인이 생각하는 것보다 훨씬 더 많은 발전을 이루어왔다. 인류는 지난 몇백 년간 생각해온 것처럼 체제에 얽매인 존재가 아니었고, 아닐 수 있었다. 저자들은 인간이 자유를 희생하지 않고도 다르게 살아갈 가능성을 추구할 수 있다고 믿는다. 과거 우리 선조는 그런 가능성을 추구하면서 살아왔다. 우리는 어디에선가 그 가능성을 잃었다. 우리가 잃은 것은 평등이 아니라 바로 그런 가능성이었다.

이 책의 핵심은 문명과 고도 발전 사회가, 혹은 문명의 복잡성이 자유를 대가로 얻어졌다는 주장을 반박하는 데 있다. 이 책에서 말하는 자유는 구체적이다. 저자들은 이동의 자유, 즉 자신이 이때껏 살던 공동체를 떠나 다른 곳으로 이동하면서도 먹고살 수 있으리라고 기대하는 자유, 그리고 족쇄에 얽매이지 않고 다른 사회구조를 선택할 자유, 마지막으로 처벌받거나 생명의 위협을 느끼지 않으면서 권력에 불복종할 자유를 중요시한다. 간단하게 말해, 그것은 변화의 가능성을 믿고 실현할 자유다. 우리 조상들은 그런 유연성을 당연시했고, 대규모의 도시 차원에서도 그것을 실현하고 누릴 수 있었다. 지금은 왜 그런 자유는 없어졌다고 생각하는가? 우리는 어쩌다가 그런 상태에 붙들리게 되었을까? 우리가 잃은 것은 한 번도 존재하지 않았던 평등이 아니라 그 가능성과 그것을 실현할 수 있는 능력이다. 우리의 미래는 그 능력의 회복 여부에 달려 있다.

이런 자유를 자신들의 책의 핵심으로 삼은 점에서 두 저자는 확실히 아나키스트라는 평가를 들을 만하다. 데이비드 그레이버는 아나키스트라는 평가를 생전에 자주 들어왔고 그 방향에서 왕성하게 활동했으며, 데이비드 웬그로는 한 인터뷰에서 자신은 그런 호칭의 고정관념에 갇히고 싶지 않지만, 대상에게 딱지 붙이기를 거부한다는 점에서는 아나키스트일 수도 있다고 말한 적이 있다. 어쨌든 두 사람이 추구하는 것은 인간이 어디에 고착됨 없이, 다양하고 다채로운 가능성을 추구하면서 살아갈 수 있는 삶의 방식이다.

데이비드 그레이버는 인류학자지만 신자유주의에 대항하는 활동가로서도 잘 알려져 있다. 그는 '월가를 점령하라!Occupy Wall Street' 운동의 지도적 인물이었고, 과거의 원시적 사회든 현대의 부족사회나 도시사회든 당대 사람들의 삶을 구체적이고 세부적으로 들여다본다는 점에서 인류학의 기본 방향성을 작업의 토대로 삼았다. 현대 사회의 문제점이 자유로움의 상실, 물신화, 고착화, 시장 자본주의로의 종속에 있다고 보고, 신자유주의의 세계화에 저항하며 시장 자본주의의 대체물을 찾고, 대안 운동의 이론적 토대를 마련하는 것이 학자로서, 활동가로서 그의 전 생애를 관통하는 목표였다.

데이비드 웬그로는 영국에서 고고학을 전공한 고고학자로, 이 책에서 중요하게 다루는 비옥한 초승달 지역 및 이라크 쿠르디스탄 등지에서 수차례 현장조사를 이끌었으며, 농경의 기원과 국가의 출현 등에서 굵직한 성과를 내고 있는 명망 있는 학자다. 이 책의 핵심 논의를 전개하는 데 있어서 웬그로의 역할이 지대했음은 말할 것도 없다.

주제 자체가 거대한 데다(새로운 인류 역사라니!) 루소의 논문에서 시작해 곧바로 계몽주의 사상가들에게 영향을 미친 아메리카 선주민들의 자유·평등 개념으로 넘어가고, 수많은 선사시대 유적을 방문해 고고학과 인류학 자료를 토대로 그들의 삶을 재구성해나가는 저자들의 서술이 워낙 광범위하고 다채롭다 보니, 내용을 따라가다가 방향 감각을 제대로 유지하기가 힘들 정도였다. 그런데도 저자들의 이야기 방식은 책을 손에서 놓을 수 없도록 흥미진진했고 (본문의 소제목들이 자세하게 내용을 묘사하는 문장 형태로 되어 있는 점이 특이한데, 혹시 이것이 저자들이 시종일관 대화를 통해 저술을 진행한 것과 관련이 있지는 않은지 모르겠다. 그들의 대화 방식이 그대로 반영된 형태의 소제목은 아닐지…), 그들이 제공하는 증거 사례들은 옮긴이의 눈을 새로 열어줄 만큼 참신했으며, 기존의 통념에 대한 반박은 명쾌했다.

대담한 정면 반박과 함께 충실한 근거 자료를 제공하며, 시종일관 일관된 관심에 입각해 과거 흔적들을 해석하고 의미를 부여하는 데 저자들의 특장점이 있다. 그 관심은 '인간은 과연 자유로울 수 있는가?' 하는 질문으로 요약된다. 저자들은 긍정적으로 대답하며, 자유의 가능성을 계속 열어둔다. 이들은 인간의 열린 가능성을 토대로 역사 서술의 방향을 새로이 설정하려 한다. 학자이자 활동가이면서 이런 긍정적 시각을 계속 유지하는 이가 드문 지금의 세계에서, 그레이버는 본인을 "전문적 낙관론자"라고 표현한 바 있다. 그의 글과 말을 보고 들으면 지금 이 세계에서 낙관론을 밀고 나가기 위해 필요한 에너지가 느껴진다. 현실은 아무리 힘들지라도 그는 "이미 자유로운 것처럼" 글을 쓰고 활동했다. 최근의 세계는 전체 인류 역사에 비추어 볼 때 짧은 시간에 불과하다. 인류는 그보다 훨씬 더 긴 시간 동안 지금의 세계 질서 없이도 충분히 잘 해왔다고, 인류에게는 그것을 떨칠 충분한 가능성이 있다고 저자들은 힘을 합쳐 우리에게 주지시킨다.

워낙 방대한 분량인 데다 내용까지 복잡해 미궁 같던 번역문이 온전한 한 권의 책으로 정리되기까지는 김영사 편집부 박민수 선생님의 공이 매우 컸다. 그리고 원고를 감수해주신 인류학자 이상희 선생님이 아니었더라면 전공 분야의 지식이 부족한 옮긴이는 이 걸작을 오류 덩어리로 만드는 대죄를 범했을 것이다. 그럼에도 남아 있을 오류는 당연히 옮긴이의 탓이겠지만, 두 분께 깊은 감사의 말을 전한다.

2025년 4월
김병화

찾아보기

인명·부족명·지명

739n22, 741n38
뒤르켐, 에밀 228, 232, 744n54
드 메스트르, 조제프 682
드 보날드, 루이 682

카리브족 54

칸디아롱크 14, 74~88, 90, 93, 99,
104, 113, 139~140, 189, 214,
310, 493, 609, 626, 628, 663~665,
675~676, 703, 731~732n13,
735n50, 787n57

칼루사족 217~218, 221~222,
224~225, 236, 268, 618, 738n7,
749~750n41, 750n42

코르테스, 에르난 52, 466, 481~484,
487~489, 491~492, 494~495, 498,
513~514, 521, 783~784n16

콰키우틀족 157, 166, 168, 176, 202,
230, 248, 256, 259, 261, 290,
743n45, 751~752n56, 754n18,
756n35

쿠스코 89, 516~517, 519, 569

쿡, 제임스 361, 373, 466, 783~784n16

크로버, 앨프리드 283~284, 525,
752~753n2, 758n61, 791n32

크로즈비, 앨프리드 W. 360~361, 485

클라스트르, 피에르 108, 163~166,
197, 692, 716, 743n48, 810n70

클라크, 데이비드 348

클라크, 존 207~208

E

타오쓰 454

탈리얀키 405~406, 408, 773n32

테노치티틀란 400, 457, 459, 483~485,

497~498, 514~515, 521, 534,
782n2, 787n55

테베 527, 569, 576

테오티후아칸 399~401, 458~481,
498, 607, 612, 687, 712, 771n13,
783n7, 783n15, 784n23,
784~785n32, 792n44

텔 사비 아비야드 580~582, 588,
799~800n119

톨텍 467~468, 480, 496, 782n1,
782n3

투커, 엘리자베스 630~631

튀르고, A. R. J. 89~94, 99, 101, 111,
140, 146~147, 194, 610, 616, 626,
680, 734n45, 747n16

티그리스강 318, 322, 342, 401, 404,
416, 764~765n57, 766n1

티칼 460, 462, 464~465, 467~468,
473, 480, 522

ㅍ

파버티포인트 203~206, 208~209,
213, 226~227, 233, 236, 625,
632~633, 636, 654, 748n26,
748n27, 805n25

파스토리, 에스터 462~463

파이브 네이션스 69, 71, 75, 665~666,
668, 670, 675~676, 810n75

패터슨, 올랜도 267, 701

퍼스트 네이션스 178, 189

민주주의 31~32, 43, 112, 257,
  421~422, 416, 426, 446, 464, 481,
  486, 492, 495, 497~498, 509, 511,
  575, 595, 611, 719, 724, 728n23,
  728n24, 747n16, 781n97, 781n99,
  788n3

THE DAWN OF
EVERYTHING

모든 것의 새벽

이상희 감수

캘리포니아 리버사이드대학교 인류학과 교수. 미국과학진흥회AAAS 펠로. 서울대학교 고고미술사학과를 졸업한 뒤 미국 미시간 대학교 인류학과에서 석사와 박사 학위를 받고, 일본 소고켄큐다이가쿠인 대학교에서 박사 후 연구원을 지냈다. 저서《인류의 기원》은 8개 국어로 번역 및 출간되었다.

수렵 채집, 농경, 사유재산, 도시, 국가, 민주주의 등
문명 전반에 걸친 신화와 통념을 전복하는 획기적 통찰
다른 삶의 가능성을 위한 자유와 희망의 메시지까지

문명론의 대가들은 '인류는 자유를 희생해 문명을 이루어냈다'고 주장한다. 그들에 따르면, 농업혁명으로 인구가 늘어난 결과 폭력과 억압으로 계층화된 도시와 국가가 탄생했다. 오늘날 심화하는 불평등은 이렇듯 인류가 단계를 밟아 진화해온 필연적 결과다. 우리가 스스로 속박을 향해 달려들었다는 말인데, 정말 그럴까?

《모든 것의 새벽》은 지난 30여 년간의 인류학과 고고학 연구 성과를 통해 그간 각광받아온 지리학자, 경제학자, 진화심리학자, 정치학자 등의 문명사가 실제 역사와 부합하지 않는다는 놀라운 사실을 알려준다. 수렵 채집인들은 미개하거나 순진무구한 존재들이 아니었다. 위계질서와 관료제가 없어도 대규모 사회는 건재했다. 농경은 불가역적인 혁명적 사건이 아니라 상당히 유동적인 변화였고, 민주주의와 자유·평등의 이념은 유럽 계몽주의보다 아메리카 선주민 사상에서 발원했다.

역사의 진실에 기반한 문명의 역사는 이제 막 쓰이기 시작했다. 심화하는 사회적 불평등의 원인과 해결책을 주제로 가볍게 주고받던 대화에서 시작한 인류학자와 고고학자의 지적 기획이 인류사 전체를 대상으로 확대되었다. 이 책은 10년 동안 이어진 두 학자 간 우정 어린 협업의 산물이자 데이비드 그레이버가 남긴 마지막 마스터피스다.